CONVERSATIONS INTIMES

WINSTON CHURCHILL CHEZ TALLANDIER

Mes jeunes années, coll. « Texto », 2007.
Réflexions et aventures, coll. « Texto », 2008.
Discours de guerre, coll. « Texto », 2009.
Mon voyage en Afrique, coll. « Texto », 2010.
Journal politique, coll. « Texto », 2010.
Mémoires de guerre, 1919-1941, tome I, 2010 ; coll. « Texto », 2013.
Mémoires de guerre, 1941-1945, tome II, 2010 ; coll. « Texto », 2013.

WINSTON ET CLEMENTINE CHURCHILL

CONVERSATIONS INTIMES

1908-1964

Traduit de l'anglais par Dominique Boulonnais et Antoine Capet

Présenté par François Kersaudy

Introduit et annoté par Lady Mary Soames-Churchill

TALLANDIER

Cet ouvrage est publié sur le conseil de Jean-Claude Zylberstein.

Cet ouvrage est traduit avec le concours du Centre national du livre.

Ouvrage édité avec le soutien de la Fondation d'entreprise La Poste.
La Fondation d'entreprise La Poste a pour objectif de soutenir l'expression écrite en aidant l'édition de correspondances, en favorisant les manifestations artistiques qui rendent plus vivantes la lettre et l'écriture, en encourageant les jeunes talents qui associent texte et musique et en s'engageant en faveur des exclus de la pratique, de la maîtrise et du plaisir de l'écriture.

www.fondationlaposte.org

Titre original : *Speaking For Themselves.*
The Personal Letters of Winston and Clementine Churchill

Les lettres écrites par Sir Winston S. Churchill avant le 1er août 1946 : © Winston S. Churchill. Les lettres écrites par Winston S. Churchill après le 31 juillet 1946 : © C&T Publications Limited. Les lettres de Lady Spencer-Churchill contenues dans les Chartwell Papers et les Churchill Papers: © The Lady Soames, DBE. Les lettres de Lady Spencer-Churchill contenues dans les Baroness Spencer-Churchill Papers: © The Master Fellows and Scholars of Churchill College, Cambridge.
Introduction, sélection et autres textes : © The Lady Soames DBE, 1998

© Éditions Tallandier, 2013 pour la traduction en langue française
et la préface de François Kersaudy
2, rue Rotrou – 75006 Paris

www.tallandier.com

SOMMAIRE

Préface, *par François Kersaudy*	9
Introduction, *par Lady Mary Soames-Churchill, leur fille*	13
Note des traducteurs	25
Préambule	27
Chapitre I. Fiançailles et mariage	37
Chapitre II. Les débuts	53
Chapitre III. Le ministère de l'Intérieur	73
Chapitre IV. L'Amirauté	91
Chapitre V. Les moissons de la guerre	139
Chapitre VI. Les Dardanelles	147
Chapitre VII. « Plug Street »	189
Chapitre VIII. « À sa vraie place »	241
Chapitre IX. Les derniers efforts	267
Chapitre X. Heureuse époque de paix	285
Chapitre XI. Une sombre année	305
Chapitre XII. Sans siège, sans parti et sans appendice	337
Chapitre XIII. Au numéro 11	367
Chapitre XIV. « À l'ouest, regardez, la terre s'illumine ! »	407
Chapitre XV. « Exclu du voyage »	427
Chapitre XVI. « Mais là-bas se trouve une île… »	443
Chapitre XVII. L'horizon s'assombrit	493
Chapitre XVIII. Il n'est pire sourd	519
Chapitre XIX. Une paix sans honneur	541
Chapitre XX. De nouveau sur la brèche	559
Chapitre XXI. Voyages et pourparlers	585
Chapitre XXII. L'heure de la victoire	621
Chapitre XXIII. Entre deux mondes	655
Chapitre XXIV. À quelque chose malheur est bon	677
Chapitre XXV. De retour au 10	715

Chapitre XXVI. Le temps du départ 737
Chapitre XXVII. En quête de soleil 757
Chapitre XXVIII. « Tout droit, jusqu'au bout de la route » 787
Chapitre XXIX. L'allongement des ombres 813

Index des noms de personnes 831

PRÉFACE

Ce document unique, qui est un cadeau pour le lecteur et un trésor pour l'historien, resterait largement incompréhensible s'il n'était introduit et abondamment commenté par Mary Soames, la dernière fille de Winston et Clementine Churchill. C'est que la correspondance du couple était émaillée d'innombrables allusions, conventions, réminiscences, confidences et signes de reconnaissance que seul un membre de la famille pouvait décrypter. Voilà pourquoi les nombreux éclaircissements de Mary nous sont aussi précieux que les échanges épistolaires de Winston et Clementine.

La seconde chance dont bénéficie le lecteur francophone, c'est que la qualité de la traduction rend cette correspondance tout aussi intelligible en français qu'en anglais. La chose est si rare qu'elle mérite d'être soulignée : l'expertise des deux traducteurs permet de saisir l'expression exacte des sentiments et des humeurs de deux êtres très dissemblables, mais dont le vocabulaire reflète la même éducation victorienne. Winston Churchill, prix Nobel de littérature si souvent trahi par ses traducteurs, est honoré ici par l'impeccable restitution en langue française de ce qu'il avait de plus cher : sa correspondance intime.

Que nous apprennent donc ces lettres sur l'un des plus grands hommes du XXe siècle ? Tout d'abord, elles permettent de mesurer la parfaite justesse de ce commentaire de Lady Lytton, la première flamme purement platonique du jeune Churchill : « Quand on rencontre Winston pour la première fois, on voit d'emblée tous ses défauts – et on passe le reste de sa vie à admirer ses qualités. » De fait, les premières missives nous montrent un galant timide, maladroit et bridé par les conventions sociales, mais aussi un trentenaire résolu, persistant et constamment soucieux de bien faire[1]. C'est ainsi que l'on peut lire ce chef d'œuvre d'auto-promotion négative : « Je suis stupide et maladroit, [...] et par nature

---

[1]. Ce qui ne l'empêchera pas de commettre d'innombrables impairs, rectifiés *in extremis* par sa mère, sa tante ou son cousin « Sunny ». Ces effets de la distraction et de la dispersion sur les relations initales au sein du couple n'ont guère laissé de traces dans la correspondance.

complètement autonome et renfermé », voisinant avec cette invitation plutôt hardie de la part d'un soupirant aussi novice : « J'espère que nous nous reverrons, et que nous aurons l'occasion de faire mieux connaissance et de nous apprécier davantage – et je ne vois pas ce qui pourrait y faire obstacle. »

Après le mariage et durant les cinquante années suivantes, on trouve invariablement des expressions d'affection sous de multiples formes, souvent poétiques et toujours extrêmement touchantes. Elles expriment un sentiment d'interdépendance quasiment fusionnelle, chacun déclarant en toute occasion combien sa vie se trouve enrichie par la présence de l'autre – alors même qu'ils se trouvent séparés pendant de longues périodes. Comme c'est souvent le cas dans les couples les plus harmonieux, l'affection s'exprime constamment par des métaphores animales ; si l'on ne s'étonnera pas que Clementine se présente comme une chatte, l'identification de Winston à un carlin (*Pug*), et surtout à un cochon (*Pig*), est déjà plus surprenante[1] – mais fort heureuse, puisqu'elle nous permet d'apprécier pleinement les talents de l'artiste en tant que dessinateur animalier...

Suivre cette correspondance année après année, c'est également découvrir à quel point Clementine, une libérale convaincue, s'est intéressée de près à la politique et n'a cessé de conseiller judicieusement son époux en la matière. Les avis qu'elle a donnés sur les affaires sociales, administratives et même dynastiques étaient en effet marqués au coin du plus grand bon sens, et Winston les a parfois négligés à son plus grand détriment[2]. Dans les domaines de la défense et de la politique internationale, par contre, elle s'est gardée d'émettre des opinions catégoriques, sachant à quel point son époux était plus compétent et mieux informé qu'elle. Les lettres écrites par celui-ci depuis ses divers théâtres d'opérations durant les deux guerres sont sans doute les plus émouvantes. Cet homme qui ne cesse de s'exposer aux plus grands dangers prend toujours soin de rassurer sa compagne, tout en lui contant les détails anodins permis par la censure. Mais durant la Seconde Guerre mondiale, lorsque les communications paraissent plus sûres, il tient son épouse au courant de ses tractations avec les chefs d'État et les militaires alliés, non sans faire preuve à l'occasion d'une inquiétante naïveté en se déclarant persuadé d'avoir amené Tito à coopérer loyalement avec lui,

---

1. Sauf si l'on tient compte de cette phrase admirative souvent répétée par Churchill : « Les chiens vous regardent d'en bas, les chats vous regardent de haut, mais le cochon est le seul animal à vous regarder droit dans les yeux. »
2. Notamment lors de l'abdication du roi Édouard VIII.

en refusant de prendre au sérieux le général de Gaulle, ou en écrivant au sujet du « vieil ours » [Staline] : « Plus je le vois, plus il me plaît ». Bien entendu, il n'exprime jamais le moindre doute quant à l'amitié personnelle du président Roosevelt, auquel il prête spontanément ses propres accès de romantisme et d'attachement sentimental à l'union des peuples de langue anglaise.

Toute tendresse mise à part, le Winston qui écrit à son épouse est bien peu différent de celui qui pontifie à Chartwell, déclame au Parlement et pérore dans les conférences au sommet : mêmes expressions splendidement imagées, même patriotisme intransigeant, même rigueur morale, même tempérament pugnace, même rejet du bellicisme et du pacifisme, même volonté farouche de vaincre une fois les hostilités engagées, mêmes méditations constantes sur les perspectives historiques à long terme, même sens de l'humour omniprésent dans les situations les plus dramatiques – ainsi qu'en témoigne ce passage d'une lettre écrite de France le 23 février 1918 : « Sur le chemin du retour, nous sommes passés devant l'asile d'aliénés réduit en poussière par les gens sains d'esprit du dehors ! »

Les préoccupations concernant la santé, l'éducation, les débuts professionnels et les déboires sentimentaux des enfants occupent une grande place dans ces lettres. L'indulgence avec laquelle Winston accueille les frasques politiques et les excès éthyliques de son fils Randolph ne laissent pas d'étonner, d'autant que les brouilles entre le père et le fils sont récurrentes dès la fin des années trente. On constate également que Clementine et Winston désapprouvent au plus haut point les deux premiers mariages de leur fille Sarah, mais qu'ils font un très gros effort pour ne pas le montrer. Du reste, dans les affaires familiales, comme dans la politique et les lendemains de guerre, Winston se montre fort peu rancunier – moins encore que Clementine. Par contre, celle-ci a manifestement peu d'estime pour certains amis de son mari, comme F.E. Smith, Brendan Bracken, Emery Reeves et sa compagne Wendy. Concernant ces deux derniers, par exemple, les excuses qu'elle trouve pour ne pas se rendre à leurs invitations répétées ne peuvent tromper personne – et les intéressés moins que tout autre.

Bien des aspects fascinants mériteraient d'être mentionnés : les comptes rendus de voyage de Clementine, ses accès de mélancolie et ses ennuis de santé qu'elle s'attache toujours à minimiser, les efforts surhumains que fait Winston pour lui écrire de sa propre main immédiatement après ses accidents vasculaires cérébraux, la place que tiennent les soucis d'argent dans leur correspondance jusque tard dans l'après-guerre, enfin et peut-être surtout cette relation très particulière que Winston Churchill entretient avec la mort : on constate lettre après lettre que le mystère de l'au-delà ne cesse de le fasciner, qu'il lui est à peu près indifférent de mourir d'un accident de la circulation, d'une pneumonie ou d'un obus ennemi[1], et qu'il exprime constamment sa surprise d'être encore en vie après la cinquantaine – alors qu'il s'attend depuis son plus jeune âge à mourir jeune, tout comme son père. Or, voici que cet homme exceptionnel, dont les prévisions se sont révélées si étrangement prophétiques, s'est finalement trompé sur l'essentiel ; car c'est justement après soixante-cinq ans qu'il va marquer l'histoire d'une empreinte indélébile…

François Kersaudy

---

1. À condition dans les deux derniers cas que la victoire des armées du roi soit déjà assurée…

INTRODUCTION

J'ai pour la première fois posé les yeux sur cette correspondance remarquable lorsque ma mère m'a fait parvenir ses archives personnelles en 1963, afin que je puisse les utiliser pour écrire l'histoire de sa vie. Mon frère Randolph travaillait au même moment sur la biographie officielle de notre père, et dans la vaste collection de documents que comprenait le fonds Churchill se trouvaient également un grand nombre de lettres entre nos parents : ensemble, elles constituent un dialogue écrit entre Winston et Clementine Churchill de 1908 à 1964 – l'année qui a précédé la mort de mon père –, comprenant quelque 1 700 lettres, notes, télégrammes et mémorandums.

Ces documents forment la base de la biographie que j'ai écrite de ma mère[1] : Randolph y a également eu accès, de même que Martin (devenu Sir Martin) Gilbert qui entreprit la tâche de terminer la biographie autorisée de Winston Churchill après la mort en 1968 de Randolph, qui n'avait achevé que deux volumes. Aux huit volumes de la biographie s'ajoutent les *Companion Volumes*, annexes dans lesquelles sir Martin a rassemblé une large sélection de documents et de correspondance de diverses sources lui ayant servi à composer son œuvre magistrale (d'autres volumes concernant la période postérieure à 1940 sont en préparation). Il a également écrit une biographie en un volume publiée en 1991. De très nombreuses lettres échangées par mes parents figurent dans ces ouvrages.

Une grande partie de la correspondance qui constitue le présent volume est déjà parue en partie ou en totalité dans les ouvrages mentionnés ci-dessus et sous forme d'extraits ailleurs, mais de nombreuses lettres que je n'avais jamais vues ont également été découvertes dans les Churchill Papers et les archives de Chartwell. Il s'agit essentiellement de télégrammes échangés par mes parents pendant les deux longues croisières que fit ma mère en 1934-1935 et 1938-1939, de télégrammes et de messages qu'ils se sont envoyé pendant la Seconde Guerre mon-

---

[1]. *Clementine Churchill by Her Daughter Mary Soames*, 1979.

diale, principalement lors des conférences qui eurent lieu à cette époque, et d'un nombre considérable de lettres postérieures à 1945. Des recherches au Public Record Office de Kew ont également permis de découvrir quelques documents intéressants, de même que les chemises conservées au 10 Downing Street (maintenant à Kew), qui ont révélé quelques pépites inattendues.

Lorsqu'il y a plus de trente ans, j'ai lu l'intégralité de ces sources, j'ai été très fortement impressionnée, et au fil des ans, j'ai acquis la certitude que les lettres devaient un jour être présentées sous la forme du dialogue d'une vie, ce qu'elles sont fondamentalement. Cette idée qui sommeillait en moi prit corps lorsque le défunt Dr Frederick Woods FRSA, chargé d'établir la bibliographie des ouvrages de Sir Winston Churchill (et qui avait déjà accès aux archives du Churchill College à Cambridge, sur lesquelles il travaillait), proposa d'éditer les lettres et suggéra que j'écrive une introduction et des commentaires d'accompagnement. Nous avions signé un contrat commun avec Doubleday à cet effet lorsque le projet fut brutalement interrompu par la mort tragique du Dr Woods des suites d'un cancer en février 1995.

En ce moment triste et difficile, fort heureusement pour moi, Ann Hoffmann, qui avait travaillé avec moi sur la biographie de ma mère comme assistante de recherche et d'édition et avec qui j'étais restée en contact, accepta cette nouvelle collaboration. En plus des grandes qualités professionnelles qu'elle mit à ma disposition, Ann connaissait déjà les documents et l'histoire de notre famille de par notre collaboration passée.

Et maintenant, parlons des lettres – et des deux êtres qui se les sont échangées sur une période de cinquante-six ans.

La caractéristique la plus frappante de cette correspondance est sa spontanéité et son naturel : ces lettres étaient destinées à être lues exclusivement par leur destinataire sans aucune pensée pour une postérité curieuse qui regarderait par-dessus leurs épaules. De temps à autre, Clementine supplie Winston d'enfermer ses lettres et de ne pas les laisser traîner – de peur que les serviteurs ne les lisent –, et dans une lettre du 18 décembre 1915 écrite au front, à un moment d'amertume et de grand tourment personnel, Winston demande à Clementine de brûler deux de ses lettres : « J'étais déprimé et je n'avais pas les idées claires.... Tout le monde a ses moments de réaction, & il n'y a aucune raison d'en conserver la trace écrite... » Ces lettres n'ont pas survécu. La valeur de cette correspondance tient au fait que les pensées, les jugements et les sentiments qu'elle relate sont véritablement les leurs – dans le contexte et l'humeur du moment.

INTRODUCTION

Il y a aussi des lettres dans lesquelles Clementine principalement exprime un avis mûrement réfléchi sur une personne, une situation ou un problème (domestique ou politique) et d'autres dans lesquelles elle encourage Winston à prendre une décision dans un sens ou dans un autre. Ces lettres, notes ou mémorandums furent parfois écrits alors qu'ils étaient sous le même toit et qu'ils allaient se retrouver plus tard dans la journée ou dans la soirée. Cela peut sembler étrange, mais Clementine avait du mal à présenter ses idées dans un débat : elle devenait rapidement véhémente et excessive, et gâchait souvent son argumentation par ses exagérations. Winston, confronté à de telles attaques, se montrait obstinément défensif – ce qui l'exaspérait encore plus. De telles discussions se terminaient parfois par une explosion et « un départ furieux ». Une fois, elle lui envoya même un plat d'épinards à la figure, qui n'atteignit pas sa cible mais laissa une marque visible sur le mur. Winston pouvait aussi piquer des colères – mais le soleil se couchait rarement sans qu'ils se soient réconciliés. Dans leur long échange, il y a des notes touchantes de Winston – probablement glissées sous la porte de la chambre de Clementine – exprimant son remords et son amour, et signées d'un *pig* ou d'un *pug* repentant. Dans ses lettres également, Clementine reconnaît avec regret les effets pénibles que ses propres explosions de colère et de passion pouvaient produire.

Ces plaidoyers par « courrier interne » (✉) fonctionnaient assez bien : elle rédigeait un argumentaire raisonné, et il prenait bonne note de ses remarques. Leur correspondance interne n'était pas toujours à propos de controverses – Clementine détestait véritablement déranger Winston lorsqu'il travaillait, en particulier pendant la guerre. Elle ne voulait pas non plus encombrer le temps précieux qu'ils passaient *à deux* par des considérations domestiques sans importance.

Leurs lettres révèlent les différences de personnalité qui existaient entre eux dans leurs amitiés, leurs rythmes de vie, leurs passe-temps et leurs choix de vacances – en fait, un étranger pourrait à juste titre se demander ce qu'ils avaient en commun. La réponse se trouve aussi dans leurs lettres. L'amour qu'ils avaient l'un pour l'autre, qui s'enflamma rapidement et prit profondément racine, fut la clé de leur longue et héroïque association. J'utilise l'adjectif « héroïque » à dessein, car leur relation ne fut pas toujours facile, mais l'amour, la loyauté et – pour chacun d'eux – un engagement profond dans leur mariage leur permirent de traverser les années tumultueuses. Le fait que tous les deux aient eu la capacité d'exprimer leur amour était comme de la rosée sur l'herbe et ne se limitait pas à la page écrite : les étreintes chaleureuses, la

« patte » tendue, le cri de ralliement « WOW » (susceptible de tant d'inflexions différentes) – tels étaient les moyens qu'ils utilisaient pour exprimer ouvertement leur affection l'un pour l'autre – une affection dont furent témoins leurs proches, et même de simples connaissances.

Un autre lien essentiel entre eux était la politique. Dès le départ, Clementine fut attirée par la vie politique, et elle en acceptait l'excitation, les incertitudes et les frustrations. Elle ne se plaignait que rarement des exigences qu'imposait la vie publique de Winston, même si dès les premiers jours de leur mariage, ses obligations publiques et parlementaires furent souvent à l'origine de séparations ; mais toute absence, même de deux jours, était marquée par un échange de parfois plusieurs lettres – ce qui en dit long sur la qualité des services postaux de l'époque. Il y avait certainement le téléphone dans la plupart des maisons où ils séjournaient, mais il restait un instrument assez peu pratique, et souvent situé dans un passage, une entrée ou quelque autre endroit public. À l'époque, il servait à transmettre les informations essentielles (les arrivées, les départs, les naissances ou les décès), mais ce n'était pas un moyen de communication pour le bavardage ou les confidences – et cela ne l'a certainement jamais été pour eux.

Clementine épousa un libéralisme radical avec enthousiasme et parti pris. Le zèle réformateur du gouvernement libéral élu triomphalement en 1906 répondait aux aspirations nobles et puritaines de sa personnalité. Lorsqu'on lui demande de nombreuses années plus tard ce qui avait été le moment le plus heureux de sa vie, elle répondit sans hésitation : les premiers jours enflammés de leur mariage, quand elle avait l'impression de faire partie d'une croisade pour les réformes sociales et se réjouissait de la part que Winston y prenait.

Il est difficile de trouver une époque où la politique et la vie sociale en Grande-Bretagne ont été plus fascinantes et plus intimement mêlées que pendant la première décennie du vingtième siècle, et Clementine, bien que parfois inhibée par sa réserve et sa timidité naturelle, s'épanouissait en général dans le monde des amis et collègues de Winston. Ce monde couvrait un large éventail de personnalités, en commençant par le vieil establishment libéral et en passant par le brillant cercle d'Asquith et de Lloyd George, l'étoile montante, auxquels s'ajoutaient les fonctionnaires dévoués et les intellectuels qui élaboraient les politiques gouvernementales, les écrivains et les journalistes politiques. Il y avait le monde patricien des Marlborough (les Spencer-Churchill, cousins de Winston), les Cecil et les Cavendish. Et de l'autre côté du fossé de plus en plus amer qui divisait le parti tory et les libéraux, Winston ne rompit jamais ses liens d'amitié avec des hommes tels que F.E. Smith et A.J. Balfour. Une véritable constellation !

L'intérêt de Clementine pour les grandes questions de cette époque et son implication sont tout à fait évidents. Elle n'était pas toujours du même avis que lui ; en fait, une grande partie de la contribution inestimable qu'elle apporta à la carrière de Winston fut sa capacité à s'opposer à son point de vue. Elle n'avait pas non plus toujours raison – et il ne suivait pas nécessairement ses conseils –, mais sa capacité et sa volonté de faire entendre une opinion contraire ou modératrice furent d'une importance incommensurable, en particulier lorsqu'il était à l'apogée de sa carrière politique.

Clementine possédait cet ingrédient de première importance en politique – un instinct sûr. Elle avait également, dans l'ensemble, un jugement plus avisé sur les gens que Winston, et elle désapprouvait ou n'aimait pas plusieurs de ses amis. C'était une source de disputes et Winston était véritablement peiné qu'elle n'apprécie pas davantage certains de ses proches compères. Pourtant, bien que ses désaccords et ses critiques aient parfois ennuyé Winston, il recherchait toujours son opinion – que ce soit sur la politique, les gens ou les épreuves de ses écrits.

Je me suis souvent demandé ce qui serait advenu de la vie de mon père et de sa carrière s'il avait épousé une femme frivole avec des prétentions sociales. Il se serait de toute façon fait un nom en politique par ses talents et son désir d'aller de l'avant, mais ses forces auraient pu être détournées ou – qui sait ? – l'épée de sa destinée émoussée ou ternie, s'il avait épousé une femme avec une personnalité médiocre et moins de principes.

Winston était un mari aimant, et il voulait toujours que Clementine « soit là » ; mais son égocentrisme et son engagement total en politique ne faisaient pas de lui un mari très présent. De plus, pour son époque et sa classe sociale, il n'était pas riche et devait subvenir aux besoins de sa famille par sa plume. Cette nécessité impérative qu'était l'écriture et son étonnante capacité de travail apparaissent constamment dans ses lettres. Et puis, il y avait aussi la peinture. Découverte grâce à l'aubaine d'une ruse thérapeutique l'été de la crise des Dardanelles (1915), elle devint le passe-temps d'une vie, un plaisir et une distraction. À cette passion absorbante, il faut ajouter les heures sans fin passées avec bonheur à Chartwell à faire de la maçonnerie, à aménager le parc et (jusqu'après la fin de la Seconde Guerre mondiale) à s'occuper de ses activités agricoles, modestes mais généralement désastreuses. Ses « Bulletins de Chartwell », dictés et dactylographiés, accompagnent de nombreuses lettres, décrivant en détail ses projets. La vie des animaux de ferme et les prédations des animaux sauvages y constituent une saga dramatique continue. Winston – toujours honnête – écrivit à Clementine (le 4 avril 1928) : « Je suis toujours "présent" ; mais je sais bien que ts souvent mes dossiers & mes joujoux ont fait de moi un piètre compagnon. »

Présenter un échange de lettres entre un mari et sa femme a bien sûr pour effet de mettre l'accent sur leurs séparations. Dans les premières années de leur mariage, ces dernières étaient essentiellement dues à la naissance de leurs enfants. À cette époque, dans les classes aisées, trois semaines de repos étaient *de rigueur*, suivies d'une période de convalescence. Clementine mettait toujours du temps à se remettre et elle allaita ses cinq enfants. Les vacances familiales avec les petits étaient de grands moments très attendus. Ils louaient des maisons qui étaient souvent joyeusement partagées avec Jack et Goonie Churchill (le frère de Winston et sa femme) et leurs propres enfants. Les deux papas – Winston et Jack – venaient le week-end, l'un du Parlement et l'autre de la Cité, et les jours de la semaine étaient invariablement l'occasion d'un échange de lettres entre Winston et Clementine.

Au cours de son premier mandat en tant que ministre de la Marine (1911-1915), Winston fit du yacht de l'Amirauté, l'*Enchantress*, une véritable annexe de son bureau. Bien que sujet au mal de mer, il y passait souvent plusieurs jours de suite. Il savourait le fait d'être « en mer » et en contact avec les bateaux et les hommes qui étaient au centre de ses préoccupations et de ses projets pour la marine. Leurs lettres, pratiquement quotidiennes, étaient alors portées par des messagers ou par un secrétaire particulier chargé du courrier officiel, ce qui leur permettait de voyager plus rapidement que par la poste.

Lorsqu'ils se marièrent, le monde dans son ensemble était en paix – la menace du cataclysme à venir ne se cristallisa que tardivement –, mais en Grande-Bretagne, ces années furent marquées par des convulsions sociales et des luttes ouvrières. Alors que le gouvernement libéral essayait de faire avancer son programme radical et d'assurer son financement, il y eut une formidable opposition des classes aisées, et les passions que fit naître le Budget du peuple (1909) furent suivies d'un sentiment d'amertume lorsque le projet de loi sur le Parlement fut élaboré et finalement voté (1911). Le *Home Rule* pour l'Irlande avait toujours été la source d'amères confrontations, mais le combat glissait maintenant vers la violence. Au même moment, les suffragettes hurlaient leur colère dans les rassemblements publics et s'en prenaient physiquement aux ministres. Tout cela fait partie intégrante des lettres de Wins-

INTRODUCTION

ton et Clementine, parallèlement aux nouvelles familiales, domestiques et sociales.

En 1915, ce fut la débâcle de la campagne des Dardanelles. Winston portait une grande part de responsabilité dans la conception et la mise en œuvre du plan d'origine (mais il n'était pas le seul). En conséquence, il démissionna du gouvernement en 1915 et, faisant valoir son statut d'officier dans l'Oxfordshire Yeomanry, servit sur le front de l'Ouest en tant que commandant dans un bataillon de grenadiers, avant de prendre la tête du 6e bataillon de fusiliers royaux écossais. Les lettres entre Winston et Clementine de la mi-novembre au début mai 1916, alors qu'il était pratiquement toujours en première ligne, sont parmi les plus émouvantes et les plus passionnantes de leur longue correspondance. Elles sont d'une extrême importance par ce qu'elles révèlent de leurs relations, et aussi des tensions et des rivalités sur le front politique.

Winston avait touché le fond. Il se sentait déserté par ses collègues en politique et écrasé par le double poids de la catastrophe des Dardanelles avec son énorme coût en vies humaines, et de l'effondrement d'une brillante stratégie qui aurait pu considérablement abréger la guerre. Clementine fut sa bouée de sauvetage. Il se confiait à elle et – bien qu'amère, anéantie par les événements qui avaient terrassé Winston et angoissée de le savoir en danger –, elle fit preuve d'une extrême noblesse et d'une grande force de caractère dans les conseils mesurés qu'elle lui donna (souvent à l'opposé même de ses propres désirs) et le soutint par son amour et une croyance infaillible en son destin.

Les vacances de Winston et de Clementine au fil du temps inclurent des projets séparés. Au début des années 1920, Clementine, qui était une joueuse de tennis passionnée et excellente, fit des séjours à Nice ou à Cannes plusieurs années au printemps pour prendre part à d'importants tournois de tennis amateur. Winston recherchait des paysages ensoleillés à peindre, et il avait l'habitude de rendre visite à de vieux amis dans le midi de la France ; Clementine était toujours invitée mais, bien qu'elle l'ait parfois accompagné dans ces voyages, elle en vint graduellement à exécrer la vie sur la Côte d'Azur et tout ce qu'elle représentait. En fait, ce *monde* socialement brillant (mais essentiellement frivole) ne constituait pas non plus un habitat naturel pour Winston – mais plus indulgent que Clementine, il tolérait mieux la diversité de la compagnie. De plus, il y menait la plupart du temps sa propre vie – travaillant à ses livres et peignant jusqu'au crépuscule. La nuit, il y avait aussi pour lui l'attrait du casino : il adorait jouer. Clementine jouait parfois elle-même – et elle écrivit quelques lettres amusantes à propos de ses (més)aventures ; mais elle finit par acquérir une révulsion pour ce qu'elle considérait comme un passe-temps pernicieux, et elle était toujours très inquiète de l'emprise potentielle du jeu sur Winston. Ainsi, au fil des ans, lorsque Winston se rendait dans le midi de la France, Clementine prenait ses propres dispositions : soit elle restait à Chartwell, soit elle partait en voyage avec Diana et Sarah, qui devenaient d'une société de plus en plus agréable ; la première avait tout juste vingt ans passés et la seconde émergeait de son cocon d'écolière et s'apprêtait à « faire ses débuts ».

Mais il y avait bien sûr aussi des endroits où ils aimaient se rendre ensemble et des amis chez qui ils se retrouvaient. Clementine adorait voyager, et au cours des années, Winston et elle firent plusieurs croisières en Méditerranée et voyages au Moyen-Orient. Les séjours à Florence et à Venise étaient toujours des succès ; lui peignait et elle faisait du tourisme.

Clementine avait une grande vitalité et beaucoup d'enthousiasme, mais elle manquait de l'endurance physique et nerveuse nécessaire pour accompagner ces traits positifs – et elle se faisait constamment du souci. Elle en était tout à fait consciente, comme elle l'écrivait à Winston le 29 janvier 1927 : « C'est un grand défaut que j'ai de laisser les petites choses me harceler & me tourmenter. » Bien que tout au long de sa vie, elle n'ait eu que peu de maladies, elle succombait souvent à ce qu'un vieil ami de la famille (Alastair Forbes) a très bien décrit comme une « forte fatigue des métaux ». En conséquence, parfois à intervalles relativement fréquents, elle se réfugiait dans un établissement de cure pour raviver ses forces déclinantes et retrouver son équilibre. Winston était toujours compatissant et attentif et restait en contact permanent. Naturellement, en ces moments, leurs lettres tournaient en grande partie autour de sa santé et de la cure qu'elle suivait, mais tout aussi affectée physiquement et mentalement qu'elle ait pu être, elle ne cessait que rarement de suivre l'actualité et continuait à la commenter avec son habituelle acuité.

Dans toute cette correspondance (dont le présent volume n'est qu'une sélection), les lettres sont manuscrites jusqu'en août 1918, date à laquelle apparaît la première lettre dictée et dactylographiée de Winston à Clementine. Les lettres dactylographiées de Clementine sont beaucoup moins nombreuses et apparaissent beaucoup plus tard ; ce sont en général des mémorandums concernant des affaires domestiques, des visiteurs ou d'autres arrangements. Winston ajoutait invariablement des petits mots affectueux « de sa propre patte » au début et à la fin des lettres qu'il dictait, et souvent aussi des commentaires ou d'assez longs postscriptum. Ses « Bulletins de Chartwell » arrivaient presque toujours avec une lettre d'accompagnement manuscrite. Pour Winston, le fait de dicter ses lettres était naturel ; ses pensées et ses sentiments coulaient sans être gênés par la collaboration essentielle d'une secrétaire. Il expérimenta divers systèmes audio au cours des années, mais sans aucun succès. « Il n'y a rien de mieux que "Miss" », disait-il. Mais Clementine ruait dans les brancards lorsqu'il lui envoyait trop de lettres dactylographiées.

Tous les deux télégraphiaient fréquemment et ils ont dû mettre les services télégraphiques à rude épreuve à une époque où les télégrammes étaient pour la plupart écrits à la main au bureau de poste local – tout particulièrement lorsque d'étranges mots churchilliens comme « WOW » figuraient dans le texte. Lorsque Winston était submergé par la préparation de ses discours et l'écriture de ses livres et qu'il avait accumulé du retard dans sa correspondance, il essayait d'y remédier par une série de télégrammes à sa « chatte absente » – qui un jour lui répondit d'un coup de griffe : « Je vous en prie ne télégraphiez pas – Je déteste les télégrammes qui disent uniquement "Tout va bien temps pluvieux Baisers Winston." »

Au cours de la Seconde Guerre mondiale, leurs séparations furent moins nombreuses et se limitèrent principalement aux moments où Winston se rendait à des conférences, y assistait ou en revenait. En dépit de l'énorme poids de son travail, Winston était un correspondant hors pair, et ses lettres et ses télégrammes informaient Clementine des pourparlers en cours. Les nouvelles en provenance d'Angleterre étaient nécessairement moins passionnantes, bien que parfois ponctuées par l'explosion des bombes.

Les télégrammes leur permettaient de garder le contact et constituaient souvent le seul lien rapide entre eux – ils étaient toujours codés et bien sûr lus par d'autres yeux (contrairement aux lettres) –, et à ce moment-là, il n'était pas question de s'en offusquer ! À la lecture de ces messages syncopés, on ressent la pression, le secret et l'anxiété contrôlée mais profonde de ceux qui étaient restés en Angleterre. Il est facile d'oublier les dangers et l'inconfort des voyages en temps de guerre. Les traversées avec la marine ou à bord du *Queen Mary*, le grand paquebot converti en transport de troupes, étaient les plus supportables, même si le risque de repérage et d'attaque ennemie était toujours présent, mais les voyages en avion pouvaient être spartiates. Les limitations techniques des avions de l'époque s'ajoutaient au risque d'être pris pour cible par l'ennemi. Au début de la guerre, les distances de vol étaient considérablement limitées par la nécessité de se réapprovisionner en carburant. La cabine principale des avions n'était pas chauffée et il n'y avait pas de pressurisation (l'oxygène n'était fourni qu'exceptionnellement grâce à un masque relié à une bouteille portable). Les plans de vol étaient soumis à de nombreuses contraintes et il arrivait qu'ils soient modifiés en cours de route (au-dessus de la mer, par exemple, pour éviter les sous-marins dont la position était connue). Enfin, jusqu'à la libération des pays européens, il était nécessaire de faire de longs détours pour se rendre en avion en Afrique du Nord et au Moyen-Orient. Beaucoup de ces facteurs sont mentionnés en passant dans les lettres, de même que le manque total de confort pour les passagers de ces appareils fondamentalement conçus pour des besoins militaires – VIP compris. Sont également mentionnées avec reconnaissance les améliorations qui apparaissent au fur et à mesure des voyages, les équipements déjà bien améliorés du York étant surpassés par ceux du Skymaster.

L'insistance de mon éditeur pour que cette correspondance tienne en un seul volume m'a obligée à omettre de nombreuses lettres et à en abréger d'autres. Cela a été pour moi un processus douloureux, mais, grâce à l'aide compétente d'Ann Hoffmann, j'ai pu établir des règles, certaines lettres étant répétitives ou simplement moins intéressantes que les autres. Les discussions de projets domestiques ou de voyages, les lettres concernant des questions financières ou familiales, ou contenant trop de références à des problèmes de santé mineurs et à leur traitement, les listes d'invités à dîner ou à déjeuner – tout cela pouvait être supprimé. Les récits vivants, mais terriblement longs, des voyages de Clementine en Extrême-Orient et dans les Antilles dans les années 1930 mériteraient d'être publiés en un volume séparé, mais ont dû subir ici des coupes claires, de même que certains passages des Bulletins de Chartwell de Winston.

Ce livre est *ma sélection* des lettres échangées par mes parents. L'édition définitive reste à faire – et c'est une tâche gigantesque. D'ici là, l'ensemble du fonds (les Chartwell Papers, les Churchill Papers et les Baroness Spencer-Churchill Papers) peut être consulté au Churchill Archives Centre du Churchill College de Cambridge, et les télégrammes de la Seconde Guerre mondiale aux Archives nationales de Kew.

Je suis convaincue que les lettres qui sont présentées ici donnent de mes parents un portrait exact de ce qu'ils ont été. En « s'exprimant directement[1] », ils ont révélé leur personnalité et la nature de leur relation : nous les suivons dans les échanges ardents et débonnaires de leurs

---

1. Le titre anglais du volume est *Speaking for Themselves*.

premières années de mariage, puis nous les voyons mûrir dans les années d'effort. Nous assistons à l'épanouissement de la carrière politique de Winston et nous ressentons leur angoisse face au traumatisme des Dardanelles et à la perte brutale de pouvoir de Winston. Après la Première Guerre mondiale, les lettres relatent les années intermédiaires de paix. Elles se font l'écho du désenchantement long et tenace de Clementine face au « Rêve de Chartwell » de Winston, et des soucis financiers qui furent une source récurrente d'inquiétude, en particulier pour elle. Nous nous étonnons de l'énergie stupéfiante que Winston avait pour le travail et le divertissement. Les enfants grandissent, causant à leurs parents les inévitables espoirs, craintes et déceptions. Nous partageons les chagrins de la famille.

Les lettres de la dernière décennie forment une coda à leur vie. Winston ressentait profondément le déclin de ses immenses capacités. Sa constitution de géant inéluctablement minée par une série d'attaques (dont une majeure en 1953), il abandonna définitivement les rênes du pouvoir en 1955, même si ce fut à regret. Mais il avait encore des livres à terminer, Chartwell, ses chevaux de course, et – bien sûr – la peinture. Il fit sa dernière campagne électorale (bien qu'en sourdine) en 1959, et continua à attacher beaucoup d'importance à sa présence aux Communes. Il confia tristement à Diana en 1960 : « Ma vie est finie, mais elle n'est pas encore terminée[1]. » Et le paysage s'assombrit encore davantage lorsqu'il prit sa retraite du Parlement en 1964.

Clementine, bien que de dix ans plus jeune que Winston, était exténuée émotionnellement et physiquement lorsqu'ils atteignirent cette dernière étape de leur longue route commune. Elle avait espéré qu'il se retirerait après 1945 et n'avait pas souhaité qu'il continue à se battre comme chef de file de l'opposition – et encore moins qu'il fasse un nouveau mandat en tant que Premier ministre. Elle suivait péniblement, mais vaillamment. Tout cela avait un coût. Sa propre nature et ses divers maux, principalement causés par la tension nerveuse et une trop grande anxiété, rendirent ces dernières années de la vie publique de Winston de plus en plus difficiles pour elle. Sa belle apparence *soignée* quelles que soient les circonstances et l'impression de sérénité qu'elle dégageait étaient le résultat d'une longue vie de maîtrise de soi. Il y eut bien sûr des moments ensoleillés : Chartwell était désormais pour elle davantage un plaisir et moins un souci financier ; la perspective de sa prise en charge par le National Trust (à partir de 1946) l'encouragea à s'engager

---

1. Martin Gilbert, *Churchill : A Life*, 1991, p. 956.

dans des projets à long terme. Ses petits-enfants, d'une grande diversité d'âge, furent pour elle une source de plaisir et de stimulation ; elle voyagea avec des amis et fit quatre croisières avec Winston sur le yacht d'Ari Onassis, le *Christina*. En septembre 1958, ils célébrèrent leurs noces d'or dans une joie qui fut partagée par de nombreux proches et, au Nouvel An de 1959, ils firent tous les deux un dernier voyage à Marrakech avec un groupe d'amis ; Winston devait bientôt abandonner la peinture, mais il peignit une scène de la terrasse de sa chambre d'hôtel.

Et comme toujours lorsqu'ils étaient séparés, il y avait des lettres, bien qu'elles n'aient pas été aussi riches en nouvelles et en réflexions que par le passé : c'était maintenant la météo, les visites d'amis, les nouvelles des petits-enfants – et de leur santé. Dans ces dernières années, la plume de Clementine se tarit et ses lettres se font rares. Winston cependant s'efforça de continuer, attirant parfois l'attention de Clementine sur le fait qu'il écrivait « de sa propre patte ». Les lettres sont brèves et l'écriture tremblotante, mais les notes qu'il lui envoie lui font constamment part de son amour et de la tendresse attentive qu'il lui portait.

Nos grands-parents conservaient soigneusement leurs précieuses lettres sous forme de liasses attachées par des rubans roses ; toute la correspondance de Winston et de Clementine est rangée dans des dossiers et fait partie de nos archives nationales, mais si leurs lettres étaient conservées comme par le passé, on peut certainement penser en les lisant que le lien qui les réunirait ne serait autre que le fil d'or de l'amour.

Mary Soames
Londres
Mars 1998

NOTE DES TRADUCTEURS

Les lettres échangées entre Winston et Clementine Churchill ne sont ni des exercices de style, ni un legs à la postérité. Si bon nombre d'entre elles ont été griffonnées à la hâte, elles n'en constituent pas moins les précieux fragments d'un échange intime qu'ils ont entretenu leur vie durant, et dont toute trace aurait pu disparaître avec eux.

Le style familier, les envolées lyriques et les formules littéraires ponctuant leur correspondance ont été scrupuleusement respectés. Nous avons opté pour le vouvoiement parce qu'il était de règle à l'époque dans les familles françaises du même milieu, mais surtout par respect du choix de leur fille Mary Soames, qui nous a confié qu'elle n'avait jamais entendu sa mère tutoyer qui que ce soit en français, même si toute règle a ses exceptions...[1] Les surnoms affectueux empruntés à leur bestiaire personnel (*Pig*, *Pug* pour lui et *Cat* ou *Kat* pour elle) sont conservés ici sous leur forme originale, comme autant de fenêtres sur l'intimité qu'ils partageaient. Il en est de même pour d'autres conventions parfois mystérieuses, reflétant une relation exclusive que ne partageaient pas même leurs enfants.

Les abréviations des lettres manuscrites sont ici respectées, tout comme l'écriture hâtive, les coq-à-l'âne, les néologismes, les changements de construction, l'usage immodéré des majuscules, l'écriture accumulative, les soulignements simples ou doubles, l'emploi inhabituel des tirets par Clementine et la ponctuation souvent erratique de Winston – pourtant déjà partiellement amendée par Mary Soames dans l'édition anglaise. Enfin, toutes les citations en français apparaissent en italiques sous leur forme originale, préservant ainsi la langue très personnelle du francophile impénitent et francophone téméraire qu'était Winston Churchill.

Nous avons annoté pour le lecteur français les nombreuses références littéraires et bibliques propres au mode d'expression d'une classe sociale et d'une époque ; il a été procédé de même pour certains faits histo-

---

1. Voir lettre de CSC, 13 août 1908.

riques bien connus des Britanniques, mais qui ne font pas nécessairement partie de l'arrière-plan culturel français.

Ces remarques préliminaires devraient éviter au lecteur d'être surpris par des allusions, des tournures, des conventions, des abréviations et une ponctuation souvent peu orthodoxes, mais reflétant précisément le mode d'expression des époux Churchill. Notre souci constant a été de faire entendre fidèlement leurs voix, dans ce fascinant dialogue long de plus d'un demi-siècle.

D. Boulonnais
A. Capet

Sources

La plupart des lettres reproduites ici se trouvent désormais réunies au Churchill Archive Centre, à Churchill College, Cambridge. Elles correspondent aux fonds suivants :
◊ Chartwell Papers : Archives de WSC jusqu'à sa démission en juillet 1945 (CHAR)
□ Churchill Papers : Archives de WSC après sa démission en juillet 1945 (CHUR)
o Baroness Spencer-Churchill Papers (CSCT)
Les symboles correspondants apparaissent au début de chaque lettre.

Quelques télégrammes datant de la Seconde Guerre mondiale se trouvent également aux National Archives (ex-Public Record Office) à Kew (*Cabinet Papers and Premier Papers*). La référence de chaque télégramme est indiquée en note dans le texte.

PRÉAMBULE

Winston Churchill et Clementine Hozier[1] se rencontrèrent pour la première fois au cours de l'été 1904 à un bal qui eut lieu à Londres, à Crewe House[2]. Il avait vingt-neuf ans et elle en avait dix-neuf.

Winston Churchill était né en 1874 à Blenheim Palace, la demeure de ses grands-parents, le septième duc et la duchesse de Marlborough. Il était l'aîné des deux fils de Lord Randolph Churchill et de Jennie Jerome (Lady Randolph Churchill), l'une des trois ravissantes filles du financier et patron de presse américain Leonard Jerome, de New York, et de sa femme Clara.

Après des études secondaires à Harrow, où les résultats scolaires du jeune Winston ne laissaient pas véritablement augurer d'une brillante carrière à venir – bien qu'il ait souvent été le meilleur de sa classe en histoire et en géographie –, il opta pour l'armée et fut admis (à son deuxième essai) au Royal Military College de Sandhurst. Nommé officier au 4e hussards, un régiment de cavalerie, Winston se mit immédiatement en quête d'aventure et d'action et, au cours d'une période de congé prolongée, lui et un camarade officier trouvèrent aussitôt ce qu'ils recherchaient à Cuba, où les Espagnols combattaient un soulèvement de guérilleros. Winston connut son baptême du feu le jour de son vingt-et-unième anniversaire, le 30 novembre 1895. À l'automne de l'année suivante, le 4e hussards fut envoyé en Inde. Winston devint bientôt un éminent joueur de polo et découvrit aussi la beauté des papillons. Et ce qui est plus important, au cours des deux années ou presque qu'il passa en Inde, il fut pris d'un immense désir d'apprendre : sa mère avait des difficultés à satisfaire son appétit vorace pour les livres qu'elle lui envoyait régulièrement. Toujours à la recherche d'action, Winston s'empressa de prendre part à la campagne de la frontière du nord-ouest

---

1. Winston Spencer Churchill, désormais abrégé WSC. De même, nous abrégerons Clementine Spencer Churchill par CSC.
2. La demeure du comte (par la suite marquis) de Crewe (1858-1945), éminent homme politique libéral, et de sa seconde épouse, Lady Margaret (Peggy) Primrose, fille cadette du cinquième comte de Rosebery, qu'il avait épousée en 1889.

en 1897, en tant qu'officier et correspondant de guerre. Il raconte cette campagne dans son premier livre, *The Story of the Malakand Field Force*, paru en 1898. Le livre fut l'objet d'une attention considérable et reçut des critiques généralement favorables.

C'est alors qu'un nouveau champ d'action attira son attention toujours à l'affût d'aventure, en l'occurrence le Soudan et l'Égypte, où Lord Kitchener[1] combattait le Mahdi[2]. Grâce aux manœuvres de sa mère et aux interventions de son amie Lady Jeune (par la suite Lady St Helier)[3] – qui s'ajoutèrent à ses propres efforts pour obtenir une recommandation du Premier ministre, Lord Salisbury[4] –, son souhait devint réalité. Il rejoignit l'armée du Nil en tant que lieutenant « à la suite[5] » au 21e régiment de lanciers, à temps pour prendre part à l'une des dernières charges de cavalerie de l'histoire le 2 septembre 1898, à Omdurman. Ses lettres décrivant la bataille furent publiées dans le *Morning Post* et, à son retour en Inde, il entama un récit de la campagne d'Égypte en deux volumes, *The River War*, qui parut en novembre 1899.

La politique commençait à l'intéresser. Après avoir démissionné de l'armée, Winston se présenta à une élection partielle à Oldham, dans le Lancashire, début juillet 1899, sous l'étiquette de conservateur unioniste. Il fut battu d'une courte longueur. En octobre de cette même année, la guerre des Boers éclata, et il partit en Afrique du Sud comme correspondant du *Morning Post*. À son arrivée au Cap, il obtint un brevet d'officier dans les hussards du Lancashire et prit la route du Natal. Une série d'événements extraordinaires allait s'ensuivre.

Le 15 novembre 1899, Churchill était à bord d'un train blindé sous le commandement du capitaine Aylmer Haldane[6], en reconnaissance dans une zone contrôlée par les Boers, lorsque ces derniers firent dérailler

---

1. Horatio Herbert Kitchener (1850-1916), KG, OM, PC, GCMG. Maréchal à partir de 1909 ; fait comte Kitchener de Khartoum en 1914. À cette date, Sirdar [commandant en chef, *ndt*] de l'armée égyptienne. Par la suite, chef d'état-major de Lord Roberts en Afrique du Sud de 1899 à 1900 ; commandant en chef en Inde de 1902 à 1909 ; agent britannique et consul général en Égypte de 1911 à 1914 ; ministre de la Guerre de 1914 à 1915. Mort en mer.

2. Muhammad Ahmad al-Mahdi (1848-1885), messie musulman.

3. Mary Stewart-Mackenzie, dont le premier mari était le colonel John Stanley, fils du second baron Stanley d'Alderley. Son second mari, Sir F.H. Jeune, fut fait Lord St Helier en 1905. Une femme de la haute société et une hôtesse exceptionnelle, elle était la grand-tante de Clementine par mariage. Décédée en 1931.

4. Robert Gascoyne-Cecil, troisième marquis de Salisbury (1830-1903). Premier ministre en 1885-1886, 1886-1892 et 1895-1902.

5. Officier qui attend son tour pour avoir un commandement actif. [*ndt*]

6. Capitaine (par la suite général Sir) James Aylmer Haldane (1862-1950), GCMG, KCB, DSO. Soldat et écrivain. Commandant en chef en Mésopotamie de 1920 à 1922.

le train dans une embuscade. Lors de l'escarmouche qui suivit, dans laquelle Churchill joua un rôle important et courageux, Haldane, Churchill et 50 autres officiers furent faits prisonniers. Mais Winston ne supportait pas d'être détenu, et le 12 décembre, il s'évada[1] et se dirigea vers la frontière du Mozambique portugais, à l'est, un périple de quelque 450 km en zone hostile. Après une série d'aventures, il arriva à Durban le 23 décembre pour découvrir qu'entre-temps, il était devenu un héros populaire. La presse avait relaté sa capture, son emprisonnement et son évasion, et les spéculations concernant l'endroit où il se trouvait et ce qu'il était advenu de lui avaient fait le tour du monde.

Alors qu'il était en Afrique du Sud parut le premier et seul roman de Winston – *Savrola* – qui fut suivi par *London to Ladysmith via Pretoria* et *Ian Hamilton's March* quelque temps plus tard. De retour en Angleterre en juillet 1900, il se présenta de nouveau à Oldham pour les législatives de l'automne, et fut cette fois élu. Il fit son premier discours à la Chambre des communes au Nouvel An de 1901.

En 1903, lorsque Joseph Chamberlain[2] se prononça en faveur d'une réforme des droits de douane, et alors qu'un mouvement protectionniste se faisait jour au sein du Parti conservateur, Winston, en tant que partisan du libre-échange, se retrouva en porte-à-faux avec la politique et l'esprit conservateurs. En mai 1904, il traversa la Chambre pour rejoindre les libéraux. Sa défection fit de lui un renégat aux yeux de son propre parti, et beaucoup le considérèrent comme un traître à sa propre classe.

La vie politique était plus passionnée à l'époque qu'elle ne l'est aujourd'hui, et elle imprégnait la vie sociale. Les portes d'un grand nombre de maisons d'éminents tories lui furent fermées ; les libéraux en revanche étaient enchantés de leur nouvelle recrue, et ce fut à bras ouverts qu'il fut accueilli à Crewe House pour le bal qui se tint au début de l'été 1904.

Winston arriva au bal avec sa mère, Jennie (devenue Mrs Cornwallis-West). De l'autre côté de la salle, seule, encadrée dans l'embrasure d'une porte, il vit une jeune fille d'une grande beauté.

---

1. Deux autres prisonniers, le capitaine Haldane et l'adjudant-chef A. Brockie, avec lesquels Winston devait s'évader, ne réussirent finalement pas à s'échapper, et WSC partit seul après avoir attendu à l'extérieur des murs de la prison aussi longtemps qu'il le pouvait. Haldane et Brockie s'évadèrent trois mois plus tard. Haldane en ressentit plus tard de l'amertume et accusa par la suite WSC d'avoir abandonné ses deux compagnons, bien que dans son récit initial, il n'ait jamais fait mention de ces accusations. Pour un compte rendu détaillé de l'évasion et de la controverse qui s'ensuivit, voir Randolph S. Churchill, *Winston S. Churchill, Companion Vol. I*, 1967, p. 1087-1116.

2. Joseph Chamberlain (1836-1914), ministre des Colonies de 1895 à 1903.

Clementine était la seconde des quatre enfants de Sir Henry Hozier et de Lady Blanche Ogilvy, fille du dixième comte d'Airlie. À l'époque de leur mariage en 1878, Blanche avait vingt-six ans et Hozier quarante. Contrairement à la mariée, il n'appartenait pas à l'aristocratie et, en dépit d'une brillante carrière militaire et de la perspective d'un avenir assuré (il avait été nommé secrétaire général de la corporation des Lloyd's en 1874), Hozier n'était pas un homme riche. Ceci, ajouté à la différence d'âge et au fait qu'il venait de divorcer, faisait que le mariage n'était pas entièrement satisfaisant d'un point de vue pratique. Mais c'est peut-être avec un sentiment de soulagement que les parents de Blanche ont donné leur accord aux fiançailles. Blanche avait déjà plus de vingt-cinq ans, et malgré son charme et sa grande beauté, elle avait un tempérament qu'on pouvait qualifier de rebelle et de tumultueux.

Avec le recul, les tempéraments de Blanche et d'Henry apparaissent comme trop dissemblables pour qu'ils aient pu être heureux ensemble. Une cause grave de mécontentement pour Blanche fut la détermination avouée de son mari dès le début de leur mariage à ne pas avoir d'enfants. Elle-même avait un profond instinct maternel. Son premier enfant, Kitty, ne naquit que cinq ans plus tard, en 1883. Clementine suivit en 1885, et les jumeaux, Bill et Nellie, en 1888. On sait maintenant qu'il est extrêmement peu probable qu'Henry ait été le père de tous – ou même d'aucun de ces enfants. Cependant, le mariage survécut tant bien que mal, dans une atmosphère d'amertume croissante, jusqu'en 1891. Après avoir menacé de divorcer, Hozier (à l'encontre de qui il existait également des preuves solides d'adultère) consentit à une simple séparation.

Plus tard dans sa vie, Clementine se persuada qu'elle n'était pas l'enfant d'Henry Hozier, et elle se demandait parfois en privé s'il en était de même pour Kitty et les jumeaux. Mais la question ne l'effleura pas pendant sa jeunesse et, bien qu'elle ait craint son père de manière instinctive – car son influence planait, menaçante, sur la vie de la famille –, elle s'intéressa de plus en plus à ce père supposé au fur et à mesure qu'elle grandissait, reconnaissant en lui un homme brillant et peu ordinaire, et elle regretta toute sa vie que la mort d'Henry Hozier en 1907 ne lui ait pas permis de connaître Winston.

Qui était son véritable père ? Il est possible qu'Hozier ait cru que ses deux filles aînées, Kitty et Clementine, étaient de lui ; il se comportait en effet de manière possessive envers elles, alors qu'il ignorait totalement les jumeaux. Il ne faisait aucun doute que Blanche Hozier avait eu de multiples aventures ; et à l'époque où son mari menaçait de divorcer, le bruit courrait qu'elle avait eu au moins neuf amants[1].

On a dit que l'un des amants de Blanche était son propre beau-frère, « Bertie » Mitford[2], qui avait épousé sa sœur cadette, Lady Clementine Ogilvy, en 1874. Mitford était entré aux Affaires étrangères à l'âge de vingt et un ans et avait servi à Saint-Pétersbourg, à Pékin et au Japon, et il avait écrit plusieurs livres fascinants sur ces endroits. Certains, plus tard, ont vu en lui le père de Clementine.

Il y avait toutefois un autre candidat possible, qui ne peut être écarté pour des raisons évidentes. Blanche Hozier elle-même raconta à Wilfrid Scawen Blunt[3], ancien amant et ami de longue date, que le père de ses deux filles aînées était le capitaine William Middleton[4], du douzième régiment de lanciers – surnommé « Bay » en raison de ses cheveux mordorés et de ses yeux roux. C'était un ami de Lady Randolph du temps où elle chassait en Irlande[5], et il se trouvait, par pure coïncidence, qu'elle et Blanche Hozier étaient des amies proches dans les premières années de mariage de cette dernière. Dans son journal de Londres, Lady Randolph fait clairement allusion à Middleton comme étant l'amant de Blanche[6].

Étant donné la liberté de mœurs de Lady Blanche et l'existence de preuves contradictoires, il est, je crois, difficile d'adopter un point de vue dogmatique sur les origines de Clementine. Avant les tests ADN, de telles questions ne dépassaient que rarement le stade des suppositions. Comme à leur habitude, les Français ont une très bonne expression pour cela : *Je n'y ai pas tenu la chandelle*. Pour la génération sur laquelle j'écris, il semble plus élégant de permettre aux morts de garder leurs secrets.

Après la séparation des Hozier en 1891, Blanche eut d'importantes difficultés financières, et à cette époque, les femmes vivant séparées de leur mari étaient gravement stigmatisées socialement. Elle vécut avec ses

---

1. Wilfrid Scawen Blunt, *Secret Memoirs*, vol. XIV, FM 31/75, 29 mai 1891 et XV, FM 32 1975, p. 36.
2. Algernon Bertram Freeman-Mitford (1837-1916), par la suite premier baron Redesdale. Décoré de la GCVO [Grand Cross of the Royal Victorian Order] pour services rendus en 1905.
3. Wilfried Scawen Blunt (1840-1922), poète, arabisant et défenseur passionné du *Home Rule* pour l'Irlande. C'était un homme brillant et un grand séducteur.
4. Capitaine William Middleton (1846-1892). Cavalier hors pair qui excellait à la chasse à courre. Tué dans un accident de steeple-chase.
5. Lord Randolph avait été le secrétaire particulier de son père, le septième duc de Marlborough, lorsque celui-ci était lord-lieutenant d'Irlande de 1876 à 1880. Lui et Jennie avaient vécu à Dublin pendant quatre ans.
6. John Pearson, *Citadel of the Heart*, 1991, p. 118.

enfants et leur gouvernante dans une série de meublés ; mais leur mode de vie péripatétique résultait peut-être aussi de la nature capricieuse et agitée de Blanche. Ils passaient les vacances d'été à Airlie Castle chez la mère de Blanche, la comtesse douairière d'Airlie. Ils firent également des séjours à la mer à Seaford dans le Sussex, et rendirent visite aux Stanley, des parents, à Londres et dans le Cheshire, où Clementine noua des liens d'amitié à vie, en particulier avec ses cousines Sylvia (Henley) et Venetia Stanley (Montagu).

Au cours de l'été 1899, avec une imprévisibilité et une soudaineté qui caractérisèrent tant d'événements dans la vie des enfants Hozier, leur mère les emmena en France. Son mari ne payait plus la maigre pension qu'il lui devait et Blanche avait des dettes ; mais la véritable raison de leur départ d'Angleterre était qu'elle pensait, à juste titre, qu'Hozier pourrait, en dépit de son habituel désintérêt pour sa famille, essayer de reprendre la garde des deux aînées. Ils s'installèrent à Dieppe sur la côte normande, mais la vie de la famille allait rapidement être bouleversée et assombrie : en février 1900, Kitty contracta la typhoïde et mourut après quinze jours d'une maladie angoissante, un mois tout juste avant son dix-septième anniversaire.

La mort de Kitty marqua la fin d'une période dans la vie de Clementine : elle avait perdu sa plus chère amie et compagne. Kitty avait aussi été la favorite de sa mère, et Clementine se sentait maintenant seule dans sa famille (les jumeaux étaient encore des enfants). Elle n'avait pas l'entrain et l'assurance de sa sœur aînée et, dans ses premières années d'adolescence, elle ne montrait que peu de signes de sa beauté à venir.

Après la mort de Kitty, Blanche Hozier ramena sa famille en Angleterre, où elle s'installa à Berkhamsted dans le Hertfordshire afin que les enfants puissent y continuer leur éducation. Alors que la plupart des jeunes filles de sa classe sociale étaient encore à cette époque éduquées par des gouvernantes, Clementine profita grandement du niveau d'éducation supérieur et plus académique qu'elle recevait à l'école de filles de Berkhamsted, où elle était également confrontée à une plus grande diversité de camarades.

Alors que Clementine approchait de la fin de son adolescence, sa mère commença à se préoccuper de son introduction dans la société à laquelle elle appartenait par sa naissance. Lady St Helier (sa grand-tante), qui vivait fastueusement à Londres, vint chaleureusement à la rescousse, emmenant Clementine à des bals et l'invitant aux dîners qu'elle donnait.

Les quelques années qui suivirent, cependant, ne furent ni faciles ni heureuses pour Clementine. Bien que de plus en plus belle et très admirée, elle était par nature plutôt timide et réservée, et à la maison il y avait des tensions continuelles avec sa mère. Pour compléter sa maigre pension, elle donnait des leçons de français, et elle travailla également quelque temps pour une cousine qui avait un petit atelier de couture.

Lors du bal à Crewe House en 1904, Winston avait demandé à sa mère de le présenter à cette jeune fille dont la beauté l'avait tant impressionné de l'autre côté de la salle de bal bondée. Une fois présenté, cependant, Winston demeura simplement planté là à la dévisager, sans dire un mot. Clementine, extrêmement embarrassée, fit signe à un prétendant qui s'empressa de venir l'inviter, lui faisant remarquer, alors qu'il l'entraînait dans une danse, qu'il était surpris de la voir parler à « cet horrible Winston Churchill ». Après cette rencontre peu propice, quatre années allaient s'écouler avant que leurs chemins ne se croisent à nouveau.

Clementine ne manquait pas d'admirateurs. Elle avait en Sidney Peel[1] un *fidèle serviteur*. C'était un homme brillant et distingué, qui l'aimait avec dévouement ; deux fois, ils s'étaient fiancés secrètement, mais elle connaissait instinctivement la différence entre l'amitié et l'amour. En 1906, elle se fiança officiellement avec Lionel Earle[2], un fonctionnaire distingué qui avait presque le double de son âge, mais après quelques semaines, elle commença à avoir de sérieux doutes et Lady Blanche (qu'elle en soit éternellement remerciée) la soutint dans sa décision de rompre ses fiançailles, même si ce mariage aurait constitué une bonne et solide union pour une jeune fille sans fortune.

Winston de son côté ne fut jamais un « séducteur », mais il n'en admirait pas moins les femmes belles et spirituelles et il s'était, au cours des dernières années, attaché à diverses jeunes femmes. Son premier grand amour avait été Pamela Plowden, la fille du ministre résident à Hyderabad, qu'il avait rencontrée alors qu'il était un jeune officier subalterne en Inde ; en 1902, elle épousa le comte de Lytton[3], mais leur

---

1. Colonel Sir Sidney Cornwallis Peel (1870-1938), troisième fils du premier vicomte Peel. En 1914, il épousa Lady Adelia (Delia) Spencer. Fait premier baron Peel en 1936.
2. Lionel Earle (1866-1948), fait chevalier en 1916.
3. Victor Lytton (1876-1947), second comte de Lytton à partir de 1891. Occupa plusieurs postes gouvernementaux dont ceux de sous-secrétaire d'État à l'Inde de 1920 à 1922 et vice-roi d'Inde par intérim d'avril à août 1925. Épousa Pamela Plowden (1874-1971) en 1902. Leur héritier, Anthony, vicomte Knebworth, fut tué dans un accident d'avion en 1933 à l'âge de 30 ans, et leur fils cadet mourut au combat à El-Alamein en 1942. Le titre revint au jeune frère de Lord Lytton, Neville (troisième comte de Lytton, 1879-1951).

amitié dura toute leur vie. Peu de temps après, Winston courtisa une autre belle jeune femme, Muriel Wilson[1], fille d'un armateur de Hull, qui le rejeta (on a dit qu'elle ne lui voyait pas un grand avenir) ; ils restèrent également amis. Il demanda aussi en mariage Ethel Barrymore, la célèbre actrice, mais elle lui répondit qu'elle se sentait incapable de faire face au monde de la politique – et la politique était et serait toujours l'univers de Winston, et sa toute première passion.

En décembre 1905, après vingt ans de pouvoir conservateur, Balfour[2], dont le gouvernement avait été sérieusement affaibli par la division sur la question du protectionnisme, démissionna. Il fut remplacé par le chef de file des libéraux, Sir Henry Campbell-Bannerman, qui offrit à Winston son premier poste au gouvernement en tant que sous-secrétaire d'État au ministère des Colonies. Lors des législatives de l'année suivante (1906), le Parti libéral revint triomphalement au pouvoir avec une avance importante sur tous les autres partis. En avril 1908, Sir Henry démissionna pour des raisons de santé et fut remplacé par Herbert H. Asquith, qui forma un nouveau gouvernement. Churchill, alors âgé de trente-trois ans, fit son entrée au Conseil restreint comme président du Board of Trade [ministre du Commerce].

Quelques semaines plus tôt, à un dîner donné par Lady St Helier, Winston avait de nouveau rencontré Clementine. Rétrospectivement, le caractère romanesque de la coïncidence est frappant : Clementine avait été invitée par sa grand-tante au tout dernier moment pour éviter que les invités ne se retrouvent à treize, ce qui portait malheur. Clementine était fatiguée, n'avait pas de gants blancs propres (un impératif à cette époque), et n'avait pas vraiment envie d'accepter l'invitation. Mais sa mère la gronda, lui rappela les nombreuses gentillesses que sa grand-tante Mary avait eues à son égard et la poussa dehors. Ce soir-là, le sous-secrétaire d'État aux Colonies n'avait guère envie non plus de participer à un dîner mondain, mais il fut fermement remis sur le droit chemin par son fidèle secrétaire particulier, Eddie Marsh. Winston arriva en retard au dîner et, après une profusion d'excuses, rejoignit sa place – à côté de Clementine Hozier ; et cette fois-ci, il sut saisir sa chance.

---

1. Muriel Wilson (1871-1964). Elle épousa le major Richard Warde en 1917.
2. Arthur James Balfour (1848-1930), fait premier comte de Balfour en 1922. Homme d'État conservateur et philosophe. Entra au Parlement en 1874. Premier ministre de 1902 à 1905. Succéda à WSC comme Premier lord de l'Amirauté en 1915. Ministre des Affaires étrangères de 1916 à 1919 ; lord président du Conseil privé [du roi] de 1919 à 1922 et de 1925 à 1929. Mourut célibataire.

PRÉAMBULE

À la requête de son fils, Lady Randolph invita sa vieille amie Lady Blanche et Clementine chez elle à Salisbury Hall (près de St Albans) pour le week-end des 11 et 12 avril. Beaucoup de choses se passaient dans la vie de Winston : il était amoureux pour de bon et il avait été nommé président du Board of Trade ce même week-end. Mais le destin voulut que les deux amoureux soient presque immédiatement séparés. À cette époque, lorsqu'un député était nommé ministre, il devait se faire réélire. Winston fut donc contraint de se représenter à une élection partielle dans sa circonscription de North West Manchester, pour le siège qu'il avait obtenu comme libéral aux législatives. Clementine, de son côté, s'était engagée à partir avec sa mère pour Nordrach en Allemagne le 13 avril. Elles devaient aller chercher sa sœur Nellie, qui était dans les dernières semaines d'un traitement rigoureux contre la tuberculose. Avant de rentrer, elles avaient toutes les trois prévu de rendre visite à la vieille Lady Airlie dans sa résidence d'été à Florence. Il a certainement dû être difficile pour Clementine de quitter l'Angleterre juste à ce moment-là. Quant à Lady St Helier, elle pensa que Blanche Hozier avait perdu l'esprit en éloignant sa fille à un moment aussi critique.

Commença alors un long dialogue épistolaire entre Winston et Clementine, qui allait durer plus d'un demi-siècle.

Chapitre I

FIANÇAILLES ET MARIAGE

o De Winston
16 avril 1908   12 Bolton Street, [Londres] W.

Je suis de retour ici pour une nuit et une journée en vue du « baise-main » qui va avec ma nomination & je saisis cette fugace heure de loisir pour écrire & vous dire à quel point j'ai apprécié notre longue conversation de dimanche, et quel réconfort et quel plaisir cela a été pour moi de rencontrer une jeune fille avec tant de qualités intellectuelles & de telles réserves de nobles sentiments. J'espère que nous nous reverrons et que nous aurons l'occasion de faire mieux connaissance et de nous apprécier davantage – et je ne vois pas ce qui pourrait y faire obstacle. Le temps passe vite et les six semaines où vous allez être à l'étranger seront bientôt écoulées. Écrivez-moi donc pour me dire quels sont vos projets, comment vous occupez vos journées, & surtout quand vous revenez. Dans l'intervalle, je vous raconterai de temps en temps comment les choses se passent pour moi ici, au milieu de la tempête ; et nous pourrons peut-être jeter les fondations d'une amitié franche & lucide, que pour ma part je priserais et chérirais avec de nombreux sentiments de respect.

Jusqu'ici, le combat de Manchester a été très napoléonien dans ses débuts & sa poursuite. Les trois jours que j'ai déjà passés dans la ville ont produit un très heureux changement dans le moral de mes amis, & des modifications pas moins satisfaisantes dans les différentes forces politiques. Les juifs, les Irlandais, les libre-échangistes unionistes – ces trois éléments incertains – que l'on supposait perdus sont revenus ou en train de revenir au bercail, & je ne crains guère de les voir ne pas voter en bloc pour moi vendredi.

Le candidat socialiste ne fait pas grand progrès car il a été lâché par le Parti travailliste. Il va cependant me priver de pas mal de voix et c'est là l'élément le plus inquiétant dans une situation par ailleurs bonne et en voie d'amélioration rapide. Au risque qu'un résultat contraire soit proclamé avant que ma lettre ne vous rattrape, je dois dire que j'ai confiance en un solide succès. Lady Dorothy[1] est venue de son plein gré – seule & indépendante. Je l'ai taquinée en refusant de lui donner une réponse précise sur le vote des femmes et elle est repartie illico pour le nord d'une humeur parfaitement intraitable. Pourtant, en lisant mes réponses faites en public, elle est revenue et elle mène le combat comme Diane pour les Grecs – grande dame remarquable à tous points de vue. Mais ma parole quel tyran ! Un esprit de marbre – calme et sans détour, précis, implacable dans sa logique dépourvue de toute souplesse –, une chose à admirer, mais à laquelle il ne faut pas se frotter. Malgré tout adorable !

Je n'ai jamais attaché grand crédit aux formules & aux catégorisations. L'esprit humain & encore plus le langage humain sont très inadéquats pour rendre justice à la variété & à la complexité infinies des phénomènes. Les femmes en sont si rarement conscientes. Quand elles se mettent à penser elles sont si sûres d'avoir raison. Or la nature ne procède jamais en noir ou en blanc. C'est toujours quelque nuance de gris. Elle ne tire jamais un trait sans lui laisser des bavures. Et il faut toujours une certaine marge de latitude même en ce qui concerne les convictions les plus profondes & les plus assurées. Mais peut-être direz-vous qu'il ne s'agit là que des sophismes d'un opportuniste en politique. Oui ? Eh bien, je ne m'en offusquerai pas – dites-le donc dans une belle lettre à

Votre très sincère
Winston S. Churchill

1. Lady Dorothy Howard, fille du neuvième comte de Carlisle et de son épouse Rosalind (Stanley). Cousine de CSC. En 1913 elle épousa Francis Robert Eden, sixième baron Henley (1877-1962). Elle mourut en 1968.

o De Clementine Nordrach-Colonie
Jeudi 23 [avril 1908] Badischer Schwarzwald

Votre lettre ne m'est parvenue qu'hier – Apparemment, notre femme de chambre à la maison a jugé qu'il n'était pas urgent de réexpédier le courrier – si ce n'était l'excitation que j'ai à suivre, avec retard, les nouvelles de Manchester tous les jours dans les journaux, j'aurais l'impression de vivre dans un autre monde que celui, délicieux, que nous avons partagé un jour durant à Salisbury Hall[1] –

Ici les gens consacrent tout leur temps à essayer d'aller mieux – Certains avec un succès total comme Nellie, que Mère & moi accompagnerons à Milan le 30. La plupart du temps que nous passerons sur place devra être consacré à l'achat de vêtements pour Nellie, qui après neuf mois ici ressemble à une suffragette après une rude mêlée...

Comme j'envie Dorothy Howard – Cela doit être si excitant de sentir qu'on a le pouvoir d'influencer les gens, même un tant soit peu. Encore une journée & nous connaîtrons les résultats de l'élection – Je me sens aussi impatiente que si j'étais candidate.

Ces derniers temps, j'ai eu le sentiment d'avoir besoin de quelque chose pour maintenir le sérieux & l'équilibre d'un esprit que vous me dites si gentiment apprécier, aussi j'ai étudié chaque mot de Lord Cromer[2] du début à la fin – Mais maintenant j'ai commencé votre livre[3] – si plein de vie & d'énergie – Cette lettre ne vous parviendra que lorsque l'orage & les tensions de Manchester seront passés, sinon je ne songerais pas même à prendre une minute de votre temps –

Je ne sais pas si les désirs & les souhaits peuvent influer sur les affaires humaines – mais si c'est le cas – malheur à Joynson-Hicks[4] !

Très sincèrement vôtre,
Clementine Hozier

1. Résidence de la mère de WSC à la campagne. [ndt]
2. Evelyn Baring, premier comte de Cromer (1841-1917). Agent et consul-général en Égypte entre 1883 et 1907. Son livre, *Modern Egypt*, en deux volumes fut publié en 1908.
3. Probablement *Lord Randolph Churchill* (1906) de WSC, qu'il avait promis de lui envoyer.
4. William Joynson-Hicks, conservateur. Il remporta l'élection, le 23 avril, avec une avance de 429 voix.

o De Winston Taplow[1]
27 avril [1908]

J'étais encore dans les brumes opaques de la réaction samedi, après tous les efforts & l'agitation de cette fatigante élection, et ma plume ne glissait pas facilement, sans heurts. Toutefois, ce matin je suis de nouveau plein d'allant et ragaillardi par un dimanche tranquille et réjouissant ici. J'ai entrepris de vous écrire quelques lignes.

Ce fut un vrai plaisir pour moi de recevoir votre lettre & votre télégramme. Je suis content d'imaginer que vous avez suivi la bataille de loin d'un œil bienveillant envers mon sort. Ce fut une lutte très dure & sans ces catholiques irlandais boudeurs qui ont changé de camp au dernier moment sous la pression de la prêtrise, le résultat aurait été différent.

Aujourd'hui, il faut que je recommence tout – vraisemblablement une nouvelle campagne électorale longue & épuisante. Comme c'est rageant !

Je dois dire que c'est un plaisir de combattre aux côtés du Parti libéral. Jamais je n'ai vu telle fidélité & telle sollicitude dans le malheur. De la façon dont ils me traitent, on pourrait croire que je leur ai apporté une grande victoire. Déjà huit ou neuf sièges imperdables ont été mis à ma disposition. De mon point de vue, en fait, cette élection peut très bien se révéler comme un bonheur caché. C'est un embarras épouvantable pour quiconque est dans ma position que d'être toujours forcé de lutter pour sa survie en ayant en permanence à aligner ses opinions en matière de politique nationale sur les exigences locales. Si j'avais gagné Manchester cette fois, je l'aurais vraisemblablement perdue aux prochaines législatives. L'ayant perdue, je peux désormais espérer obtenir un siège qui m'offrira la sécurité pour un bon nombre d'années. Reste que je ne cache pas que je suis fort marri. La défaite est insupportable, quelle que soit la façon dont on la console, l'explique ou la minimise. Quels hurlements de triomphe dans la presse des tories ! Quel chagrin chez mes pauvres amis & soutiens locaux ! Quel dommage causé à tant d'affaires importantes ! Seule une chose donne du baume au cœur : tout ce qui est humainement possible a été fait.

Ici, nous subissons un temps exécrable – tempêtes de neige, gel, vent déchaîné – absolument repoussant pour tout le monde : …. Que j'aimerais partir pour Florence & pour le soleil ! Mais je suis là, prisonnier du cours des événements.

Lady Dorothy a mené la lutte comme Jeanne d'Arc devant Orléans. Le taudis le plus crasseux, la foule la plus rétive, le coin de rue le plus horrible. C'est une femme merveilleuse – infatigable, sans peur, convaincue, inflexible – en conservant toute sa féminité.

Comme j'aurais aimé que vous ayez été là ! Vous y auriez trouvé du plaisir, je crois. Nous formions une joyeuse équipe et la semaine est passée comme un tourbillon. Malgré toutes ses frustrations, la vie est parfois réjouissante.

Écrivez-moi encore – je suis une créature solitaire au milieu des foules. Soyez bonne avec moi.

Ts sincèrement vôtre,
W

1. Taplow, Buckinghamshire, résidence de William Henry Grenfell, premier baron Desborough (1855-1945), et de son épouse Ethel (Ettie) Fane.

o De Clementine   Hôtel Como
Dimanche 3 mai [1908]   Milan

    Votre lettre est arrivée juste avant que nous ne quittions Nordrach. Manchester a été une affreuse déception. Mais je ne suis pas surprise que le Parti libéral vous ait traité comme si vous lui aviez rapporté une victoire, car je suis sûre qu'ils pensent que personne d'autre que vous n'aurait réussi à perdre si peu de voix compte tenu des circonstances.

    Je déteste l'idée que vous ayez à subir les épreuves et les tracas d'une nouvelle élection.

    Cela fait deux jours que nous n'avons pas reçu de journaux, aussi je n'ai aucune idée de ce qui se passe à Dundee ou ailleurs. J'ai perdu le fil. J'espère sincèrement que tout va comme vous le souhaitez –

    Nous sommes ici depuis trois jours, et après le froid mordant de Nordrach, on se croirait au paradis. En fait, la ville est moderne et pas très intéressante, mais le soleil rend tout beau et gai – Il y a partout de superbes azalées en pleine floraison....

    Mère a la manie d'acheter des animaux partout où elle va – C'est du plus encombrant lorsqu'on voyage – À Paris, elle a acheté 2 moineaux de Java à un gamin dans la rue – Ce n'est que lorsque je lui ai dit qu'elle aurait à choisir entre moi & les moineaux qu'elle a consenti à les laisser sur place – Hier, elle a jeté son dévolu sur un petit bâtard italien, qu'on appelle « lupetto » – Heureusement elle a dû y renoncer à cause de la quarantaine – Aujourd'hui ce sont des inséparables – Je n'ai pas encore trouvé de bon argument pour qu'elle change d'avis –

    Jeudi nous partons pour Florence[1]. J'espère vraiment que vous aurez une majorité record –

Très sincèrement vôtre,
Clementine Hozier

1. Pour rendre visite à la grand-mère de CSC, Blanche, comtesse d'Airlie.

    Après son échec dans la circonscription de North West Manchester, Winston s'en trouva rapidement une autre – Dundee, en Écosse – où il se présenta début mai à une troisième élection partielle qu'il remporta cette fois-ci avec une confortable majorité. Il allait représenter Dundee pendant quatorze ans.

    En juin et en juillet, Winston et Clementine se rencontrèrent plusieurs fois, mais puisque à cette époque les jeunes filles ne dînaient ni ne déjeunaient seules avec des hommes, leurs rencontres se limitèrent à des événements mondains. Ils avaient tous les deux divers engagements de prévus pour le début de l'intersession parlementaire, mais ils prirent des dispositions pour se voir à Salisbury Hall à la mi-août. Dans l'intervalle, Clementine se rendit à Cowes sur l'île de Wight, où elle participa, quelque peu distraite, *à divers bals et divertissements. Avant le mariage de son frère cadet, Jack Churchill, avec Lady Gwendeline Bertie (dite « Goonie »)*[1], *Winston se rendit à Oakham dans le Rutland, où il séjourna au château de Burley-on-the-Hill, loué par ses cousins Freddie et Henry Guest. Tôt le 6 août, un incendie se déclara après que tout le monde se soit couché et une aile entière du château fut réduite en cendres. Clementine, qui avait entendu à Cowes des rapports déformés sur l'incendie, était folle d'inquiétude jusqu'à ce qu'elle lise un compte rendu circonstancié des événements dans le* Times. *Grandement soulagée de savoir que Winston était sain et sauf (bien qu'ayant activement participé au sauvetage de tableaux et d'autres objets de valeur), elle abandonna toute réserve et lui télégraphia son soulagement et sa joie.*

1. Lady Gwendeline Bertie (1885-1941), fille du septième comte d'Abingdon.

o De Winston Nuneham Park[1]
7 août 1908 Oxford

Juste une ligne pour vous dire à quel point j'ai hâte de vous revoir lundi. Mais j'ai un changement à vous proposer dans nos plans, qui j'espère vous ira. Allons donc tous passer lundi & mardi à Blenheim avant de pousser jusqu'à Salisbury Hall mercredi. Sunny [neuvième duc de Marlborough, cousin de WSC[2]] nous invite tous & ma mère s'occupera de vous – moi aussi. Je voudrais tant vous montrer ce magnifique endroit & dans ses jardins nous trouverons plein de coins où bavarder & plein de choses pour alimenter la conversation. Ma mère vous aura déjà envoyé un télégramme & Sunny le fera demain. Il n'y aura personne d'autre là-bas sauf peut-être F.E. Smith et son épouse.

Jack s'est marié aujourd'hui – civilement[3]. La cérémonie religieuse a lieu demain à Oxford ; mais nous avons tous fait une descente en automobile sur la petite ville d'Abington et accompli la chose devant l'officier d'état civil – aux yeux du monde comme s'il s'agissait d'une fugue d'amoureux – avec des parents en colère qui nous suivaient à bout de souffle. Après, on nous a fait visiter la mairie, avec ses reliques & ses trésors – tout à fait considérables pour un endroit si petit – avant que les mariés ne retournent chacun dans leur famille jusqu'à demain. Tous deux ont gardé « un parfait sang-froid » & l'affaire a été expédiée avec une célérité et une facilité qui étaient presque consternantes.

J'ai été ravi de recevoir votre télégramme ce matin & de constater que vous ne m'aviez pas oublié. L'incendie a été un moment très amusant & nous avons tous intensément aimé cela. C'est dommage que des divertissements aussi réjouissants soient si coûteux. Hélas pour les archives ! Elles ont atteint la gloire éternelle en une dizaine de minutes. Les tableaux n'étaient pas de grande valeur & bon nombre, avec toutes les tapisseries & environ ½ des meubles intéressants, ont été sauvés. Il faudra que je vous raconte tout cela lors de notre rencontre. Mes yeux continuent à piquer & écrire me fatigue. C'est une chose étrange d'être enfermé dans un corps à corps mortel avec ce cruel élément. Je n'avais aucune idée – sauf par la lecture – de la puissance & de la majesté d'un grand incendie. Des pièces entières s'enflammaient comme par enchantement. Les chaises & les tables brûlaient comme des allumettes. Les planchers s'effondraient & les plafonds s'écroulaient. Le toit est descendu dans une pluie en fusion. Toutes les fenêtres crachaient le feu & depuis le centre de l'édifice un volcan rugissait vers le ciel dans un tourbillon d'étincelles…. Seules les archives méritent qu'on leur porte un deuil inconsolable. Le pauvre Eddie Marsh a tout perdu (y compris beaucoup de mes papiers) en ne faisant pas ses bagages quand je le lui ai dit. J'ai sauvé toutes mes affaires en ordonnant à Reynolds [son valet de pied] de les jeter par la fenêtre. C'est heureux que le feu ait été découvert avant que nous ne soyons tous endormis – autrement il aurait pu y avoir davantage de victimes qu'un unique canari – & même là il y a eu des moments de danger pour certains.

Votre télégramme à ma mère vient d'arriver.

C'est ma faute si les plans ont changé. Je pensais que ce serait si bien d'aller à Blenheim, & je l'ai moi-même proposé à Sunny. Si vous avez une raison sérieuse de ne pas souhaiter y aller, je vais lui télégraphier demain matin & tenter d'arrêter les dispositions prises ; mais je crains qu'il n'ait déjà demandé à F.E. Smith & son épouse de venir nous faire équilibre.

J'espère que votre réticence vient seulement du fait que vous ne comprenez pas tout à fait les raisons de ce changement & imaginiez qu'il devait y avoir une grande réception, ou bien que vous exigiez comme c'est bien naturel une invitation plus officielle ; et non pas à une quelconque aversion à l'encontre de Sunny ou à un sévère jugement défavorable que vous avez été amenée – peut-être à partir de renseignements incomplets – à former sur lui. C'est mon plus grand ami, & cela me chagrinerait beaucoup si tel était le cas. Mais je suis sûr qu'il n'en est rien. Écrivez pour me parler de tout cela & de votre séjour à Cowes ; & de ce qui a occupé vos pensées ; & si vous auriez au moins un peu pensé à moi – si les journaux n'avaient pas rafraîchi votre mémoire ! Vous savez quelle réponse je veux entendre.

Toujours vôtre
W.

1. Résidence de Mr et Mrs Lewis Harcourt, où certains des rescapés de Burley avaient trouvé refuge. Éminent homme politique libéral, « Lulu » Harcourt (1863-1922) fut fait premier vicomte Harcourt en 1916.
2. Winston Spencer Churchill, désormais abrégé WSC. De même, nous abrégerons Clementine Spencer Churchill par CSC.
3. La mariée était catholique.

o De Winston   Nuneham
8 août [1908]

Ma chère – je reviens juste de jeter une vieille pantoufle dans l'automobile de Jack, qui partait. Cela a été un très joli mariage. Pas de meutes d'écornifleurs londoniens. Seuls sont venus ceux qui prenaient la chose à cœur, & les uniques spectateurs étaient des métayers & des gens de la campagne. Seulement des enfants comme demoiselles d'honneur & la Yeomanry avec les sabres croisés pour la pompe. La mariée était adorable & ses père & mère étaient vraiment tristes de la perdre. Mais Jack, triomphant, l'a emportée au milieu des acclamations qui les accompagnaient & des pluies de riz vers – prions pour qu'il en soit ainsi – le bonheur et l'honneur pour le restant de ses jours.

J'ai été très content de recevoir votre télégramme ce matin, me disant que vous allez venir à Blenheim lundi. Il n'y aura absolument personne d'autre que ma mère & les Smith & Mr Clark, mon secrétaire au ministère du Commerce, & le duc et son jeune fils – qui s'épanouit, ou plutôt qu'on a engoncé, dans les uniformes d'Eton. Vous n'aviez aucune raison d'avoir des appréhensions, car je suis la sagesse faite homme quand je le veux bien & ne prends aucune décision sans être sûr de mon fait.

Ici à Nuneham nous avons les reliefs du repas de noce & également de Burley-on-the-Hill. Les Harcourt sont très gentils & hospitaliers et ils hébergent toutes sortes de tantes, cousins & nièces rassemblés pour la cérémonie. Parmi les premières – Leonie[1] – qui me donne des nouvelles de Cowes – d'une jeune fille qui a fait une grande impression aux spectateurs lors d'un bal il y a quatre soirs. Je me demande qui cela a bien pu être !

Je vais partir pour Blenheim très tôt lundi matin, & veillez à venir par le premier train possible. Le trajet est très simple entre Southampton et Oxford <u>via</u> Didcot. Je viendrai vous chercher à Oxford en automobile si vous voulez bien m'envoyer un télégramme <u>ici</u> pour me dire à quelle heure vous arriverez.

Vous ne vous êtes guère distinguée comme correspondante ; en effet, aucune ligne de votre main n'a lui jusqu'ici au milieu de mon courrier. Mais je suppose que vous attendiez après moi – & j'étais empêché et entravé par cette « cruelle catastrophe ». Hélas !

Sunny a fait un charmant discours après le repas de noce en y faisant montre de toute sa maîtrise de la courtoisie pour son plus grand avantage. J'espère que vous aimerez bien mon ami, & que vous le fascinerez avec ces étranges et mystérieux yeux que vous avez, et dont j'essaye si difficilement d'apprendre le secret. Sa vie a été douloureusement amputée[2], et il y a beaucoup de gens pour lui jeter la pierre – pas tout à fait à tort. Mais n'importe quelle femme habile qu'il aimait aurait pu acquérir une influence absolument totale sur sa nature & il aurait été aussi heureux qu'il est maintenant triste.

Il est très différent de moi : il comprend profondément les femmes et établit le contact avec elles immédiatement, & il est entièrement dépendant d'une forme ou d'une autre d'influence féminine pour la paix & l'harmonie de son âme. Tandis que je suis stupide & maladroit dans ces relations, et par nature complètement autonome et renfermé. Pourtant, par des voies aussi divergentes, nous parvenons tous deux à la solitude affective !

Je crois que Blenheim vous divertira. Il a beaucoup de glorieux attraits à offrir au cœur de l'été. Des bassins, des roseraies, un noble lac dissimulé par des arbres géants ; des tapisseries, des tableaux & des statues à l'intérieur. Et mercredi nous repartirons en auto pour Salisbury Hall, vers des décors plus humbles même s'ils sont plus chaleureux. Pour le reste, je ferai ce que je pourrai pour égayer les heures, faute de meilleure compagnie. À lundi, donc, & pourvu qu'il n'y ait pas de coup du sort.

Toujours vôtre
W

1. Lady Leslie (1859-1943), sœur cadette de Lady Randolph et tante de WSC, qui avait épousé Sir John Leslie, baronnet de Castle Leslie, comté de Monaghan (Irlande).
2. Sa femme, la belle Consuelo Vanderbilt, qu'il avait épousée en 1895, l'avait quitté en 1906.

o De Clementine Nubia House
Soirée du samedi 8 [août 1908] Cowes

J'ai été extrêmement contente de recevoir votre charmante lettre ce matin – Je suis allée me réfugier avec elle dans le jardin, mais avant de l'ouvrir je me suis longuement amusée à imaginer ce qu'elle contenait –

Le feu & le terrible danger que vous avez encouru m'ont empêchée de penser à quoi que ce soit d'autre – Une première rumeur a d'abord circulé que la maison avait entièrement brûlé – Rien d'autre – Cher Winston, mon cœur atterré s'est arrêté de battre –

De toute façon, je n'avais pas besoin de cette terrible émotion pour « raviver ma mémoire » –

Nous sommes tous allés au bal le soir suivant, à mon plus grand déplaisir – J'ai été parfaitement odieuse envers plusieurs jeunes partenaires, pas à dessein, mais parce qu'ils interrompaient mes pensées par des bavardages inopportuns à propos de yachts, de courses, du temps qu'il faisait, de commérages locaux, etc. – J'ai dû feindre d'être sourde –

Surtout ne pensez pas qu'il y ait une véritable raison à mon refus initial de venir à Blenheim. Ce n'était qu'un soudain accès de timidité –

Aujourd'hui nous nous sommes tous rendus en yacht dans un joli endroit nommé Bembridge, où la plupart du groupe a joué au golf. J'ai continué jusqu'à Portsmouth pour voir Bill (mon frère)[1] qui est hospitalisé pour un rhumatisme aigu – Je suis assez inquiète à son sujet, il semblait très pâle & très seul….

Adieu jusqu'à lundi.
Bien à vous,
Clementine H.

1. William Hozier (1888-1921), alors sous-lieutenant dans la Royal Navy.

Le groupe qui se réunit à Blenheim le lundi 10 août était composé de Winston, de Lady Randolph Churchill, de Clementine, de F.E. Smith et de sa femme, et du secrétaire particulier de Winston.

Winston prit rendez-vous avec Clementine dans la roseraie le lendemain matin après le petit-déjeuner. Il fut (comme à son habitude) en retard et Clementine – ponctuelle (comme toujours) – fut très froissée de cette attitude cavalière ; elle envisagea sérieusement de retourner à Londres. Le duc, s'apercevant de la chose, envoya une note bien sentie à Winston qui traînait dans sa chambre et, déployant tout son charme, entraîna Clemen-

tine dans un tour du parc en buggy. À leur retour au palais, Winston les attendait anxieusement.

Dans l'après-midi, Winston et Clementine firent une promenade et, surpris par une averse, ils se réfugièrent dans le petit temple de Diane qui dominait le grand lac ; c'est là que Winston fit sa demande en mariage, qui fut acceptée. Clementine lui demanda de garder le secret jusqu'à ce qu'elle ait parlé à sa mère, mais, sur le chemin du retour, ils croisèrent le duc et d'autres invités sur la pelouse ; incapable de contenir sa joie, Winston laissa échapper l'heureuse nouvelle.

Dans les quelques jours qui suivirent, les femmes de chambre et les valets de Blenheim furent très occupés à transmettre des messages d'un bout à l'autre des longues galeries majestueuses du palais.

o De Winston ✉ Blenheim Palace
[12 août 1908]

Ma très chère,

Comment allez-vous ? Je vous envoie le meilleur témoignage de mon amour pour vous saluer & je me lève illico pour que nous allions nous promener dans la roseraie après le petit-déjeuner, si cela vous va, & cueillir un bouquet avant votre départ. Il faudra que vous partiez d'ici vers 10 h 30 & je vous accompagnerai à Oxford.

Est-ce que ce ne serait pas une bonne idée si je vous donnais une lettre pour votre Mère ?

Toujours
W.

o De Clementine ✉ Blenheim Palace
12 août [1908]

Mon très cher

Je vais très bien – Oui, donnez-moi s'il vous plaît une lettre pour Mère –

J'adorerais aller faire un tour dans la roseraie.

À vous pour toujours
Clementine

Après s'être rendus tous les deux chez Lady Blanche [la mère de Clementine] au 51 Abindgon Villas à Kensington, et obtenu son consentement et sa bénédiction, ils retournèrent à Blenheim dans l'après-midi en compagnie de cette dernière.

Les petits mots d'amour circulèrent de nouveau dans les galeries.

o De Winston ✉ Blenheim Palace
[non daté, vraisemblablement le 13 août 1908]

Ma très chère – j'espère que vous avez dormi comme un loir. Je ne suis pas allé au lit avant une heure du matin, du fait que Sunny m'a retenu longtemps pour discuter de ses affaires, qui ne vont pas aussi merveilleusement bien que les nôtres. Mais à partir d'une heure, j'ai dormi du sommeil du juste, et ce matin je suis frais & dispos. Dites-moi comment vous vous sentez & si vous avez l'intention de vous lever pour le petit-déjeuner. Le but de cette lettre est également de vous envoyer des tonnes d'amour et quatre baisers.

XXXX

de
Votre toujours dévoué
Winston

o De Clementine ✉ Blenheim Palace
[non daté, vraisemblablement le 13 août 1908]

Mon chéri

Je n'ai jamais aussi bien dormi & j'ai fait les rêves les plus divins.

Je descends dans une minute – Mère est épuisée d'avoir passé ces 2 dernières heures à discuter avec moi –

Je t'aime passionnément – Je me sens moins timide en français.

Clementine

Les fiançailles furent annoncées le samedi 15 août, et Winston et Clementine passèrent le week-end à Salisbury Hall en compagnie de Lady Randolph Churchill.

o De Winston ✉   [Salisbury Hall]
[non daté]

Ma bien-aimée – Debout ! J'ai tellement envie de vous voir. Allons faire un tour avant le déjeuner. J'ai dormi jusqu'à 10 h 30 ! J'ai reçu plusieurs lettres intéressantes que je veux vous montrer. Le soleil brille, & mon cœur bat à l'idée de vous revoir.

Votre dévoué
W.

o De Clementine ✉   Salisbury Hall
[non daté]

Chéri – Je suis entourée de millions de lettres auxquelles j'essaie de répondre. Je serai en bas dans environ une heure ou un petit peu plus – <u>Je vous aime</u>

Clementine

o De Winston   12 Bolton Street
[non daté]

Ma très chère et absolue bien-aimée –

Je vous envoie le télégramme du Roi auquel j'ai <u>respectueusement</u> répondu.

Il n'existe pas de mots pour vous exprimer les sentiments d'amour & de joie qui ont envahi tout mon être. Puisse Dieu, qui m'a donné tellement plus que j'ai jamais su demander, prenne soin de votre santé.

Votre Winston
qui vous aime

o De Clementine   Batsford Park[1]
[non daté, vraisemblablement août 1908]   Moreton-in-Marsh

Mon chéri,

Vous me manquez tellement –

Je me demande comment j'ai pu vivre 23 ans sans vous – Tout ce qui est arrivé avant ces 5 derniers mois me semble irréel – J'ai passé une matinée très ennuyeuse à écrire encore & encore jusqu'à ce que j'aie les doigts pleins d'encre & que j'en attrape des crampes – Après le déjeuner, l'oncle Berty [Mitford] a déclaré que j'avais besoin d'un peu d'air frais & nous a emmenés dans son automobile, l'oncle Algernon[2] et moi, à Stratford, où il y avait de très nombreux Américains qui visitaient la maison natale de Shakespeare, etc. – Je m'impatientais intérieurement parce que je pensais que j'allais manquer le départ du courrier. Mais je suis arrivée juste à temps pour vous dire que je vous <u>aime</u>, mais je ne vous dirai pas jusqu'à quel point – c'est à vous de le deviner.

L'oncle Algernon vous apprécie, mais il est irrité par la facilité avec laquelle je suis devenue libérale. Il m'a soumise à un interrogatoire politique approfondi –

Au revoir, mon très cher.

À vous pour toujours
Clementine

1. Résidence de la famille Mitford (par la suite Redesdale).
2. Le très révérend monseigneur Algernon Stanley (1843-1928), fils du second baron Stanley d'Alderley.

o De Clementine   51 Abingdon Villas
[non daté]   Kensington

Mon chéri

La seule chose agréable aujourd'hui a été de penser à vous.

J'ai essayé tant de vêtements (dont on me dit qu'ils sont tous indispensables)….

Mon tailleur m'a confié qu'il avait une haute opinion de vous & qu'il avait payé 10 shillings et 6 pence pour écouter votre discours sur la guerre à Birmingham – Après cela, il ne m'était plus possible de négocier les prix avec lui….

Je vous ai dit que rien d'agréable ne m'était arrivé aujourd'hui, mais c'était inexact – Nellie est de retour. Nous avons été ravies de nous retrouver.

Winston chéri, j'ai été si heureuse de vous accompagner en automobile à la gare hier soir.

J'ai hâte de vous revoir – Mercredi, jeudi, vendredi, 3 longues journées –

Au revoir, mon chéri, j'ai le sentiment qu'il n'y a plus de place dans mon cœur pour d'autres que vous – vous en occupez chaque recoin –

Clementine

FIANÇAILLES ET MARIAGE

La cérémonie du mariage eut lieu le 12 septembre 1908 à l'église St Margaret de Westminster. Bien qu'à cette époque de l'année beaucoup de gens aient été absents de Londres, l'église était bondée et il y avait à l'extérieur une foule nombreuse et enthousiaste. L'évêque de St Asaph officia et l'allocution fut prononcée par l'évêque Welldon, doyen de Manchester – ancien principal de Winston à Harrow. Le vieil évêque devait avoir des dons de prophète, car il déclara dans son discours :

« Il y a nécessairement dans la vie d'un homme d'État de nombreuses occasions où il dépend de l'amour, de la perspicacité, de la profonde compassion et du dévouement de sa femme. L'influence bénéfique que les femmes de nos hommes d'État ont exercée sur la vie de leurs maris est un chapitre de l'histoire d'Angleterre qui reste à écrire... »

Chapitre II

LES DÉBUTS

Winston et Clementine, qui avaient débuté leur vie conjugale dans la maison de célibataire que Winston occupait à Londres, au 12 Bolton Street, W1, firent l'acquisition d'une véritable maison familiale au 33 Eccleston Square, SW1 en mars 1909. Il y avait alors une certaine urgence, car Clementine attendait son premier enfant pour juillet. Entre les deux [le bail de Bolton Street ayant expiré, ndt], *ils s'installèrent dans la maison de Freddie Guest, au 22 Carlton House Terrace.*

Sur le front politique, le gouvernement libéral allait de l'avant avec sa politique radicale et posait les bases de l'État-providence moderne. Au ministère du Commerce, Churchill était pleinement occupé par des mesures législatives qui affectaient de près la vie professionnelle de millions d'hommes et de femmes. Dans ses nouvelles fonctions, il s'appliquait à mettre en œuvre les initiatives prises par Lloyd George à qui il succédait. Ces mesures incluaient la loi sur le port de Londres instaurant la Port of London Authority, et la loi sur les mines de charbon (connue sous le nom de « loi des huit heures »), qui limitait le nombre d'heures de travail souterrain dans les mines et améliorait la sécurité.

Le ministère du Commerce devait également faciliter la concertation entre les partenaires sociaux et arbitrer les conflits. La dépression économique ayant conduit plusieurs employeurs d'importance à annoncer des réductions de salaires, Churchill dut bientôt faire face à de multiples grèves et lock-out : en janvier, les charpentiers de marine, en février, les mécaniciens, en mai, les travailleurs des chantiers navals de la Tyne, de la Mersey et de la Clyde, et plus tard ce même été, les ouvriers des filatures et des ateliers de tissage.

Un autre problème endémique était celui de l'« exploitation des travailleurs », en particulier dans la confection, mais aussi sur les docks. En avril 1909, Churchill introduisit le Trade Boards Act, qui instituait des chambres de métier dans certains domaines d'activité, avec pouvoir de fixer des rémunérations minimales et d'imposer des amendes aux employeurs qui refusaient de s'y conformer.

Le chômage avait considérablement augmenté en 1907-1908. Pour faire face au problème, Churchill, influencé par le travail de Beatrice et Sidney Webb[1] *et inspiré par les modèles allemands, fut le premier à s'engager dans la création de bourses du travail*[2]*. Il posa les bases d'une police d'assurance chômage obligatoire et d'un système de retraites, qui furent mis en œuvre par Lloyd George, alors chancelier de l'Échiquier, et devinrent partie intégrante de la législation libérale.*

Toutes ces mesures avaient un coût. Quand, en avril 1909, Lloyd George introduisit son « budget du peuple », qui augmentait les droits de succession et introduisait non seulement une supertaxe [majoration de l'impôt pour les hauts revenus, ndt]*, mais aussi des taxes sur le tabac, l'alcool, les automobiles et l'essence, et – pire encore – des redevances sur la valeur de la terre, les passions au Parlement et dans l'ensemble du pays atteignirent leur paroxysme. En juillet, Clementine assista au fameux discours de Lloyd George à Limehouse* [dans l'est de Londres, ndt]*, au cours duquel il galvanisa l'opinion publique en s'en prenant violemment aux propriétaires terriens. À la fin de l'été et au cours de l'automne, il devint de plus en plus évident que la Chambre des lords allait rejeter le projet de loi de finances. Bien que voté par une large majorité aux Communes le 4 novembre, le budget fut rejeté par les Lords le 30. Asquith (qui était Premier ministre depuis avril) dénonça la décision des Lords comme constituant « une violation de la Constitution et une usurpation des droits des Communes*[3] *». Le 3 décembre, le roi autorisa la dissolution du Parlement et les préparatifs commencèrent pour des élections législatives à la nouvelle année. « Les pairs contre le peuple » devint le cri de bataille des libéraux.*

C'est sur cet arrière-plan d'activité et d'effervescence politiques que Winston et Clementine commencèrent leur vie commune. Winston était habitué au tohu-bohu de la vie politique, mais Clementine le découvrait. Cela ne l'empêcha pas de s'engager dans la bataille avec enthousiasme. Les responsabilités politiques de Winston et la naissance de leur premier enfant, Diana, en 1909 entraînèrent des séparations brèves, mais relativement fréquentes. Les absences, même très courtes (un jour ou deux), donnaient lieu à un flot de lettres de part et d'autre. Il y avait trois ou quatre levées du courrier par jour, y compris dans les secteurs ruraux, et la poste et le télégraphe furent mis à lourde contribution par les jeunes mariés.

Dans les lettres qui suivent, on voit apparaître pour la première fois les surnoms affectueux qu'ils se donnèrent, et les croquis qui accompagnèrent leur signature tout au long de leur vie.

Winston fut d'abord « Amber Dog » [Chien ambre, ndt], puis « Pug » [Carlin], surnom qui fut graduellement remplacé par « Pig » [Cochon]. Des cochons et des dogues, joyeux ou tristes, rampants ou joueurs, ornent de nombreuses lettres à sa femme – de même parfois que des lions ou des paons.

Clementine était surnommée « Cat » ou « Kat » [Chatte]. Sa signature était accompagnée de représentations félines rudimentaires (parfois enceintes), qui informaient Winston de son état d'esprit. Clementine apparaissait également sous la forme d'un étrange hybride, le « Clem Pussy Bird » [Clem Minette-oiseau]. Quant au bébé qui allait naître, il était surnommé le « Puppy Kitten », ou P.K. [Chiot-chaton].

1. Sidney Webb, futur premier baron Passfield (1859-1947), et son épouse Beatrice, née Potter (1858-1943). Réformateurs sociaux britanniques, fondateurs de la London School of Economics et du *New Statesman*.
2. Les précurseurs des actuelles agences locales pour l'emploi.
3. Le rejet du budget par les Lords ébranlait la tradition, qui voulait que le contrôle des recettes et des dépenses relève de la seule Chambre des communes.

o De Winston   [Ministère du Commerce]
21 avril 1909

Ma chérie,

Vous m'avez beaucoup manqué. Votre chambre est toute vide. Le pauvre Pug piaule, sans pouvoir se consoler. Tendre Kat – j'arriverai demain par le train de 6 h 15. Dites-leur de venir me chercher. Ce sera délicieux d'être de retour dans ce magnifique Blenheim….

La chambre avance d'un pas assuré ; & je pense qu'ils tiendront leurs engagements.

Le lavabo en marbre est arrivé. Votre fenêtre est installée – grande amélioration. Toutes les bibliothèques sont à leur place… La salle à manger est étincelante avec sa peinture crème. Le salon est prêt. La salle de bain bien avancée. Dans l'ensemble, vous découvrirez un beau spectacle lundi.

J'espère que vous avez lu le débat d'hier soir autour du projet de loi sur le statut du ministère du Commerce. Sinon, prenez le Times d'aujourd'hui.

Demain, je dois déposer mon projet de loi sur les assurances protection de paiement dans le cadre de la règle des dix minutes, & je rejoindrai Blenheim ensuite.

Je vais dîner avec Mamma, qui a également invité F.E. [Smith]. En retard, comme d'habitude !

Et donc avec l'amour le plus tendre et un bouquet de baisers bien choisis et judicieusement placés à ma douce et bien-aimée Clemmie-cat

croyez bien que je suis votre
Mari dévoué qui vous aime

o De Clementine   Blenheim Palace
21 avril [1909]

Mon chéri,

Faites tout votre possible pour venir demain, au lieu de vendredi – L'endroit est tout à fait superbe, mais je n'en profite pas vraiment sans vous. Lloyd George peut parfaitement se débrouiller tout seul avec son projet de loi sur la séparation de l'Église et de l'État –

Une grande couronne d'or a été posée sur la tête de la Dame de la fontaine (de Consuelo)[1], et des tambourins dorés ont été ajoutés aux nymphes de son escorte à ses pieds –

Le groupe ressemble maintenant à une représentation païenne de l'assomption de la Vierge Marie entourée de membres déchus de l'Armée du Salut –

Sunny [Marlborough] (très satisfait) & Goonie & moi avons assisté à l'installation de la couronne et des tambourins – Sunny, après avoir longuement regardé la Dame de la fontaine, a fait remarquer que ses proportions n'étaient pas parfaites & que la plupart de ses amies, à <u>lui</u>, étaient mieux faites ! Ensuite nous nous sommes attaqués à celles de la Vénus de Médicis –

Goonie & moi avons passé la première moitié de la journée ensemble & nous sommes maintenant dans nos chambres respectives à vous écrire à tous les deux, Jack [Churchill] & vous....

Il y a plusieurs choses auxquelles il faut <u>absolument</u> penser : le papier peint & le manteau de la cheminée & la grille du foyer dans votre chambre....

J'espère que vous êtes confortablement installé à Carlton [House Terrace] – J'ai envoyé un télégramme à Edith hier soir lui demandant de trouver des rideaux pour les fenêtres de votre chambre – J'espère que c'est fait –

Au revoir, mon Winston chéri
Votre Clemmie
qui vous aime

1. La fontaine à laquelle il est fait allusion se trouve dans le jardin italien de Blenheim.

o De Winston   [Chambre des communes]
28 avril [1909]

Ma chérie – j'écris ce petit mot depuis le banc des ministres. Le projet de loi sur le ministère du Commerce a été magnifiquement accueilli & il va être adopté sans vote. A. Balfour & Alfred Lyttleton[1] lui ont réservé un accueil des plus favorables & toute opposition s'est évanouie. Mais la Chambre était si fatiguée & si excédée que s'adresser à elle était une tâche ardue.

Il est bien certain que vous avez fait un choix extrêmement judicieux de tapis & je l'approuve entièrement.... Les travaux se poursuivent parfaitement. Les rayonnages sont en cours d'installation dans les bibliothèques & la couleur du bois une fois poli est magnifique.

Demain, c'est le *Dies Irae* ! J'ai le sentiment que le présent budget va être un va-tout. Ou bien nous obtenons de larges fonds pour de grandes réformes l'an prochain, ou bien les Lords contraignent à une dissolution en septembre.

Hier, j'ai pris le petit-déjeuner avec Cassel[2]. Il veut que nous venions tous deux dans sa villa à la montagne. Le courrier part à l'instant, donc avec tout mon amour et de tendres baisers, croyez-moi à jamais

Votre mari dévoué
qui vous aime
W.

1. Alfred Lyttleton, PC, KC (1857-1913), avocat et député libéral-unioniste, secrétaire d'État aux Colonies. Sa première épouse, Laura Tennant (décédée en 1886), était la sœur de Margot Asquith.
2. Sir Ernest Cassel (1852-1921). Financier et philanthrope d'origine juive allemande, et grande figure de la haute société anglaise. Ami d'Édouard VII.

Winston et Jack Churchill étaient tous les deux officiers dans la Queen's Own Oxfordshire Yeomanry et les manœuvres d'été représentaient un grand moment dans leur entraînement. Leurs femmes logeaient agréablement dans les manoirs des environs, à Blenheim Palace ou, comme en 1909, à Nuneham Park, chez les Harcourt.

Le premier enfant de Goonie et de Jack, John George, naquit le 31 mai, et Clementine donna naissance à Diana à Londres, le 11 juillet. Bien que l'accouchement se soit bien passé, Clementine mit du temps à se rétablir et passa une grande partie de la fin de l'été et de l'automne en convalescence chez des amis et des parents.

o De Winston   Camp Goring
30 [31] mai 1909

 Ma tendre chérie –

 …

 J'imagine que vous avez lu les journaux sur la journée de manœuvres. Ma pauvre figure a été rôtie comme une châtaigne et elle brûle affreusement. Nous nous sommes bien amusés toute la journée. Il y avait des tas de soldats et de pseudo-soldats qui galopaient dans tous les sens, & les 8 régiments de la Yeomanry ont présenté un beau spectacle. Mais à mon avis la journée de manœuvres n'a pas été très bien conduite… Ces militaires sont souvent totalement incapables de voir les vérités très simples qui sous-tendent les relations de toutes les forces armées, & comment on peut utiliser sur elles les leviers du pouvoir. Vous savez, j'aimerais vivement avoir une certaine pratique du maniement de grandes forces. J'ai une grande confiance dans mon jugement quand je perçois clairement les choses, mais il me semble que rien ne me fait davantage <u>sentir</u> où est la vérité que les combinaisons tactiques. C'est vaniteux et stupide de dire cela – mais <u>vous</u>, vous n'en rirez pas. Je suis sûr que c'est enraciné en moi – mais jamais, je le crains, dans la situation de mon existence, cela n'aura l'occasion de s'épanouir – sous la forme de lumineuses fleurs rouges.

 Alors, ça y est, Jack & Goonie ont leur P.K. ! Jack se pavane comme un petit dindon satisfait, en se donnant des airs comme pour dire « j'ai fait cela tout seul ».

 Cela semble s'être passé tout en douceur, avec un plein succès. Goonie avait dîné en ville avant de rentrer à la maison à pied et de dormir profondément jusqu'à deux heures du matin. C'est alors qu'elle a ressenti les signes prémonitoires qui précèdent l'action du destin. Et à 4 ou 5 heures, tout était magnifiquement terminé – & une nouvelle âme, s'échappant de sa quiétude ou de son inquiétude dans les profondeurs des océans du monde des esprits, s'est hissée timidement sur le frêle radeau de la conscience et des sens, pour y flotter – quelques instants. Elle n'a presque pas eu mal & Phillips [le médecin] a fait preuve d'un très grand savoir-faire.

Mon petit Oiseau – cet heureux événement très encourageant vous sera d'une grande aide. Je l'appréhende un peu – parce que je n'aime pas vous voir obligée de souffrir & de traverser cette épreuve. Mais nous sommes prisonniers des circonstances, & la joie sortira de la douleur & des forces nouvelles s'élèveront de la faiblesse passagère.

Bourke Cockran[1] – un grand ami à moi – vient juste d'arriver en Angleterre, en provenance des États-Unis. C'est un type remarquable – peut-être le plus bel orateur d'Amérique, avec une tête géante à la C.J. [Charles James] Fox[2] – & un esprit qui a guidé mes pensées en maintes directions importantes. Je l'ai invité à déjeuner vendredi à la C. des C. & irai à Londres ce jour-là pour obtenir mon amendement budgétaire en faveur du projet de loi sur les chambres de métier.

Mais que diriez-vous de venir aussi & de nous avoir tous deux (& sa jolie jeune épouse) à déjeuner à Eccleston ? Nous pourrions régler un tas de choses & nous voir… Réfléchissez-y bien ; & faites-moi savoir si c'est faisable.

Là maintenant, il pleut à verse – mais je vais emmener tout mon escadron au galop de l'autre côté des Downs[3] – Demain il y a journée de manœuvres contre le Berkshire. Si bien que c'est forcément jeudi que Pussy doit venir déjeuner, si elle pense que cela en vaut la peine….

Au revoir ma Clemmie bien-aimée je voudrais tant baiser vos lèvres chéries & me pelotonner confortablement dans vos bras, mais je suis content que vous ayez trouvé un agréable refuge contre la peinture & les soucis pour ces quelques jours [à Blenheim Palace].

Au revoir ma chérie. Écrivez – et envoyez par le porteur – un petit mot de nouvelles et d'amour à votre cher

Mari qui vous aime
W

---

1. William Bourke Cockran (1854-1925), homme politique démocrate américain, que WSC avait rencontré lors de son premier voyage aux États-Unis.
2. Charles James Fox (1749-1806), chef de file whig, grand adversaire de Pitt, et cible favorite du caricaturiste Gillray. [ndt]
3. Ensembles de collines du sud-est de l'Angleterre. [ndt]

o De Winston [Ministère du Commerce]
[non daté, vraisemblablement le 30 juillet 1909] 18 h 15

Nous sommes sur le point de régler complètement la question[1].

Smillie, le chef de file très va-t-en-guerre des mineurs, a été mis en minorité par ses troupes & il a démissionné à l'issue d'un farouche combat.

Les termes des accords reprennent pratiquement les miens.
Cela va prendre encore 2 heures.

Votre mari qui vous aime à jamais
W

1. WSC était au centre de négociations avec les dirigeants syndicaux des mineurs. Une grève menaçait d'arrêter toute production dans les houillères.

Pour se remettre de la naissance de Diana, Clementine passa quelque temps avec sa mère et sa sœur Nellie à Carpenter's [House], une petite maison qui se trouvait sur la propriété de Wilfrid Scawen Blunt à Southwater, dans le Sussex, et qu'il avait l'habitude de mettre à la disposition de la famille Hozier. Diana (le P.K.) était restée à Londres en compagnie de sa nounou – et « tenait la maison » avec son père.

o De Winston
6 septembre 1909

Ma tendre Clemmie, je suis dans le train de Swindon & je vais monter à cheval demain avec la Cavalerie...

Je viens de voir le P.K. Elle a une santé florissante & pèse dix tonnes ! La nurse dit qu'elle vous a écrit à propos du landau. Voulez-vous décider ce qu'il faut faire ?

Je suis pas mal fatigué ce soir ma bien-aimée & très las – du fait que je me suis levé si tôt. Mais je crois que l'air frais de demain me fera du bien. Une journée à cheval constitue toujours un grand remontant. Mon dimanche avec vous dans la maison en pleine forêt m'a <u>vraiment</u> fait plaisir, & Eccleston paraît si désert sans vous que je suis content d'en sortir.

Très chère Clemmie essayez absolument de reprendre des forces. Ne les dépensez pas comme elles viennent. Laissez-les s'accumuler. Rappelez-vous mes deux règles – Pas de promenade à pied de plus de ¾ de kilomètre ; pas de risque d'attraper froid. Il va y avoir tant à faire à l'automne & s'il y a des élections – vous aurez un grand rôle à y jouer. Tout au long de ces 8 derniers mois vous avez croulé sous le poids de votre imposant effort. Mais quand vous serez complètement remise je vous trouverai tant de travail à faire – que vous me traiterez de monstre. Ma chérie je veux tellement que vous ayez une vie de plénitude et de douceur, je veux qu'elle soit digne de toutes les beautés de votre nature. Je me concentre tellement sur ma vie politique que j'ai souvent l'impression que je dois être un compagnon ennuyeux pour tous ceux qui ne sont pas du sérail eux aussi. Cela me donne tant de joie de vous rendre heureuse & je me dis souvent qu'il faudrait que je varie davantage mes sujets de conversation. Pourtant, le mieux est de rester fidèle à sa nature – sauf s'il se trouve que l'on a une nature lassante ! Bonne nuit ma tendre Clemmie, transmettez toute mon affection à votre Mamma & Nellinita – et gardez pour vous les vœux les plus chers à mon cœur – maintenant & à jamais.

Votre mari qui vous aime
W

Après l'interlude de Carpenter's House, Clementine, qui avait retrouvé le P.K., se rendit dans le Nord à Alderley Park, dans le Cheshire, chez des parents du côté des Stanley d'Alderley. Dans ses lettres, elle surnomme affectueusement les femmes de la famille Stanley les « Alderney Cows » et son grand-oncle, Lyulph Stanley, l'« Alderney Bull » [par allusion à la célèbre race de bovins d'Aurigny dans les îles Anglo-Normandes, en anglais Alderney, ndt].

Winston, de son côté, assista aux manœuvres de l'armée allemande à l'invitation personnelle du Kaiser Guillaume II.

o De Clementine   Alderley Park
11 septembre [1909]   Chelford

Mon chéri

Je suis ravie que votre voyage ait été confortable & que vous vous amusiez bien – J'ai peiné à lire le discours de Rosebery[1]. Votre Kat l'a trouvé bien ennuyeux. Sa contre-proposition pour le budget, réduire la fonction publique, dépenser moins pour l'Irlande & encourager l'autonomie financière & la parcimonie chez les classes laborieuses, me semble difficilement à même d'assurer les fonds nécessaires ; mais « étant pair… je ne me considère pas comme un financier » ! Sa nature délicate & raffinée a été préservée depuis sa jeunesse (grâce à un mariage avantageux) de l'obligation sordide de devoir joindre les deux bouts….

Il y a six bébés ici, le plus âgé a 4 ans & le plus jeune 4 jours ! Aucun n'arrive à la cheville de notre P.K., qui n'a rien à leur envier – Il y a également un grand nombre de chiens & un adorable petit ours gris – Il fait à peu près un mètre de haut. Son pelage est magnifique & très doux & il pousse de mignons petits grognements – Hier il a essayé de s'en prendre aux ruches & il a été gravement piqué – Il se promène avec les chiens & joue avec eux – Quand ils l'ennuient, il se réfugie dans un arbre – Les Alderney Cows sont toutes très gentilles – Venetia Stanley [Montagu]² est en visite chez les Asquith – Nous avons reçu une lettre d'elle hier, dans laquelle elle nous raconte que le Premier ministre & Herbert Gladstone³ sont couverts de bleus après les multiples coups qu'ils ont reçus des 3 suffragettes⁴. L'oncle Lyulph (l'Alderney Bull) dit qu'il n'aurait quant à lui aucune pitié envers elles ; il les nourrirait de force avec une pompe stomacale, les mettrait au cachot, les expédierait au bagne, les condamnerait aux travaux forcés, etc. etc.

Birmingham n'est pas très loin d'ici & j'aimerais tant aller écouter le discours du Premier ministre le 17 – Croyez vous qu'il soit possible d'obtenir des billets ?... La tante Maisie⁵ souhaiterait tellement y aller –

Mon Pug bien-aimé, prenez grand soin de vous – Votre Kat vous envoie tout son amour & de très nombreux baisers

La Clem-Pussy-Bird

chat et chaton

---

1. Archibald Philip Primrose, cinquième comte de Rosebery (1847-1929). Libéral. Premier ministre en 1894-1895 et ami de Lord Randoph Churchill auquel il consacra une étude biographique. Il épousa Hannah, fille et héritière du baron Meyer de Rothschild.

2. Venetia Stanley (1887-1948). L'une des filles du quatrième baron Stanley d'Alderley. Cousine et amie de CSC, elle était également très appréciée de WSC. Elle entretint une relation avec H.H. Asquith qui dura jusqu'à son mariage avec Edwin Montagu en 1915.

3. Herbert Gladstone (1854-1930), premier vicomte Gladstone, alors ministre de l'Intérieur. Fils de William Ewart Gladstone, homme d'État libéral. Premier gouverneur général de l'Afrique du Sud, de 1910 à 1914.

4. Le Premier ministre avait été malmené par trois suffragettes, dont l'une l'avait frappé à de multiples reprises alors qu'il quittait l'église de Lympne le dimanche précédent (5 septembre). Dans l'après-midi du même jour, il avait été de nouveau pris à partie par les mêmes femmes au club de golf de Littlestone et, à 10 heures du soir, deux grosses pierres avaient été jetées à travers les vitres de la salle à manger des Asquith, où il dînait avec sa femme en compagnie d'invités.

5. Épouse du quatrième baron Sheffield (Stanley d'Alderley).

---

o De Clementine Alderley Park
Dimanche 12 septembre [1909]

Mon chéri,

Comme j'aimerais que nous soyons ensemble aujourd'hui – Il est 17 heures exactement – À la même heure l'année dernière, nous quittions la gare de Paddington à toute vapeur pour Blenheim – Le Pug lisait à haute voix à sa Kat la liste de leurs cadeaux de mariage dans le Westminster !

Puis le Pug a pris sa Kat dans ses bras, mais malheureusement un autre train nous dépassait à petite vitesse & ses occupants l'ont surpris en flagrant délit –

Mon Winston adoré, j'espère que vous passez un agréable moment. J'ai tellement envie de vous retrouver – Dites à Eddie [Marsh] & Freddie [Guest] que, s'ils ne vous ramènent pas à moi très vite & en pleine forme, je ne leur pardonnerai jamais....

Notre nurse ronronne de joie devant les compliments qui fusent sur notre P.K., qu'on considère sans exception (chez les domestiques) comme le spécimen le plus parfait qui ait jamais pénétré en ces murs....

Votre très aimante
Clemmie Kat
Miaou

Toujours aucune lettre d'un très vilain petit Pug

La queue de votre Kat retrouve progressivement sa courbe, comme vous pouvez le voir sur le dessin[1] !

1. Lorsque CSC était enceinte, la queue des chats sur les dessins renfermait un petit chaton (voir lettre du 11 septembre 1909). [*ndt*]

o De Winston   Strassburg [Strasbourg]
12 septembre 1909

Ma Clemmie chérie,

Il y a un an aujourd'hui ma mignonne Pussy-Cat blanche est venue à moi & j'espère, en priant, qu'elle n'aura en ce matin de septembre aucun motif – aussi vague ou secret soit-il – de le regretter. Les cloches de cette ville ancienne sont en train de sonner actuellement & elles me remettent en mémoire les carillons qui saluèrent notre mariage & les foules qui acclamaient. Une année a passé – & si elle ne vous a pas apporté toute la joie étincelante de perfection que dépeint l'imagination, elle a cependant apporté une éclatante clarté de lumineux bonheur & quelques grandes choses. Ma précieuse et bien-aimée Clemmie, mon désir le plus ardent est de pénétrer encore plus profondément dans votre cœur & votre nature si chers & de me pelotonner dans vos bras chéris. Je me sens tellement en sécurité auprès de vous & je n'y conserve le moindre masque. Vous avez été si tendre & gentille avec moi que je ne peux exprimer à quel point je me sens reconnaissant envers vous de votre douce nature, & beauté incomparable. Ne dédaignez pas, je vous en prie, les caresses de votre dévoué Pug. Embrassez tout particulièrement le beau P.K. de ma part. Je me demande ce qu'elle deviendra en grandissant & si elle aura eu ou non de la chance en étant tirée du chaos. Elle devrait avoir quelques rares qualités à la fois intellectuelles et physiques. Mais cela ne garantit pas toujours le bonheur ou la tranquillité d'esprit. Pourtant, je pense que son étoile brille pour elle....

Le discours de Rosebery est arrivé dans le Times de ce matin – Quelle médiocrité ! & tellement inexact factuellement – à chaque instant il trahit une méconnaissance presque puérile des détails évidents du budget. Il n'enjoint pas les Lords de le rejeter. D'un autre côté il les met en garde contre – Mais la structuration du discours, son argumentation, son choix des formules, me semblent d'une indigence qui laisse pantois...

Nous n'avons pas de domestique & malgré ma malle-cabine & son excellente conception, il y a un constant tourbillon de linge & de vêtements dans toute ma chambre. Hélas....

Toujours à ma chérie à moi
Clem-puss-bird
Votre mari qui vous aime
W

o De Winston   Kronprinz Hotel
15 septembre 1909   Wurzburg

Ma chérie. Nous avons passé toute la journée dehors à regarder ces grandes manœuvres.... J'ai un cheval qui est très bien, venu de l'écurie de l'Empereur, & je peux me promener partout où je veux, accompagné comme il se doit. Comme je suis censé être une « Excellence », j'ai une très bonne place. En revanche, Freddie n'est pas très bien traité. Ces gens-là sont si incroyablement *routinière* [sic] que tout ce qui sort le moins du monde de l'ordinaire – tout ce qu'ils n'ont pas pris en considération officiellement & depuis des mois – les perturbe effroyablement.... J'ai vu l'Empereur aujourd'hui & eu une conversation de quelques minutes avec lui. Il a le teint gris – mais il paraît par ailleurs très bien se porter...

Nous avons eu un dîner de gala ce soir au palais de Bavière. Une foule de princes de tout rang & les officiers étrangers de différents pays. Il débutait à 18 h 00 & fut extrêmement ennuyeux....

Cette armée est un engin terrifiant. Elle parcourt parfois 55 kilomètres en une journée. Ses effectifs sont aussi nombreux que les grains de sable de la mer – & avec tous les moyens modernes. Il y a un divorce complet entre les deux camps de la vie en Allemagne – les Impérialistes et les Socialistes. Rien ne les unit. Ils constituent deux nations différentes. Chez nous, il y a tellement de nuances. Ici, tout est noir & blanc (les couleurs de la Prusse). Je crois qu'il faudra attendre 50 ans pour voir un monde plus avisé & moins dur. Mais nous n'en serons pas les spectateurs. Seul le P.K. brillera sur une scène moins malheureuse. Comme les hommes pourraient facilement rendre les choses bien meilleures qu'elles ne sont – si seulement ils y mettaient tous du leur ! La guerre a beau m'attirer & fasciner mon esprit avec ses situations exceptionnelles – je perçois chaque année davantage – & peux le mesurer ici au milieu des armes – quelle folie & quel barbarisme vils & pervers tout cela constitue.

Tendre Cat – j'embrasse votre image, qui apparaît telle une vision dans ma tête. Votre cœur très cher bat souvent dans le mien. Dieu vous bénisse, chérie, et qu'il vous préserve des dangers et de la maladie.

Embrassez le P.K. partout de ma part.

Avec mon amour le plus tendre
W

voici le Pug galopant – pour les voyages en Europe

o De Clementine   Alderley Park
16 septembre [1909]

Mon chéri

Votre tendre lettre me remplit de joie – L'année que j'ai passée avec vous a été de loin la plus heureuse de ma vie, & même si cela n'avait pas été le cas, elle aurait vraiment valu la peine d'être vécue.

J'ai tellement envie de retrouver mon petit Pug –

La journée d'hier a été mauvaise, car le P.K. n'était pas bien – Ce n'était rien de sérieux & aujourd'hui, elle va mieux, mais son petit visage pâle & pincé m'a fait peur –

Elle a passé une bonne nuit & la nurse dit qu'elle sera tout à fait rétablie demain....

Je vois que quelqu'un dans le Times proteste contre votre présence aux manœuvres allemandes. Mon pauvre Pug ne peut se divertir où que ce soit en Europe sans que cela ne suscite des commentaires –

Votre Kat vous écrit dans la froidure de l'aube – Elle se réveille si tôt & aimerait tellement que son délicieux petit Pug tout chaud la prenne dans ses bras & la couvre de baisers –

Votre très aimante
Clemmie-Kat

oDe Winston Hotel Russicher Hof
[non daté, Ulm
vraisemblablement le 19 septembre 1909]

Ma chérie,

Je vais prendre le chemin du retour & serai auprès de vous mercredi, tôt dans la matinée. Comment vais-je vous trouver ? J'espère bien que vous aurez fait de grands progrès pendant cette quinzaine....

Hier, nous avons visité le champ de bataille de Blenheim[1]. Ce n'est pas difficile de suivre les positions des armées. Dans le village de Blenheim nous avons trouvé un aimable vicaire & un facteur intelligent, qui tous deux connaissaient la bataille & pouvaient indiquer les caractéristiques du terrain... l'ancienne rive du fleuve – où était la droite de la position française – est clairement visible ; et le ruisseau, le Nebel, qu'avait à traverser l'armée alliée, & le terrain de la grande charge de cavalerie, & les collines boisées à travers lesquelles le prince Eugène s'était frayé un chemin en combattant – tout est reconnaissable...

Les manœuvres se sont achevées sur une impressionnante canonnade dans le brouillard. Je n'ai eu que deux minutes pour parler à l'Empereur – juste pour dire au revoir & le remercier de m'avoir permis de venir. Il était très amical – « Mon cher Winston », etc. – mais je n'ai jamais eu le temps de lui parler vraiment. C'est peut-être aussi bien. Au fond, j'appréhendais la responsabilité d'une discussion politique. Il est si facile de dire quelque chose qui peut être mal interprété – & les affaires étrangères ne sont pas – après tout – ma spécialité. J'ai cependant rencontré Enver Bey[2], le Jeune Turc qui a fait la révolution. Charmant garçon –

très bien de sa personne & fort capable. Nous sommes devenus amis immédiatement. C'est une grande force en Turquie – bien que derrière le trône. J'ai eu une conversation très utile avec lui sur le chemin de fer de Bagdad...

Il faut que j'arrête là ma tendre Clemmie – car nous allons nous mettre en route. J'espère trouver une lettre de vous à Paris sinon à Nancy. Cela fait 4 jours que je n'ai pas eu « *signe de vie* ». Le Pug a donc besoin de consolation.

Votre W
qui vous aime à jamais

1. La bataille de Blenheim, au cours de laquelle l'ancêtre de WSC, le premier duc de Marlborough, et le prince Eugène de Savoie remportèrent une célèbre victoire sur les Français le 13 août 1704.
2. Enver Pacha (1881-1922), dirigeant jeune-turc lors de la révolution de 1908. Ministre turc de la Guerre en 1914.

Cet automne, Winston dut se rendre à Dundee pour s'occuper des affaires de sa circonscription. À Londres, il était submergé par son travail de ministre et de parlementaire. Clementine en profita pour aller passer quelques semaines avec Diana et sa nounou au Crest Hotel, à Crowborough, dans le Sussex ; Winston les rejoignait en fin de semaine.

Leurs lettres à cette époque font régulièrement allusion aux suffragettes, dont la campagne s'était amplifiée depuis le rejet par le Parlement en 1907 d'un projet de loi déposé par un député de base qui visait à donner le droit de vote aux femmes. Les activistes perturbaient de plus en plus fréquemment les rassemblements politiques. Elles s'enchaînaient aux grilles de Buckingham Palace et du 10 Downing Street, harcelaient les ministres et les attaquaient physiquement. Asquith, qui était fermement opposé au vote des femmes, était la cible constante de leur plus violente hostilité. Winston n'était pas convaincu de l'opportunité d'accorder le droit de vote aux femmes, mais il ne s'y opposa jamais non plus lors de ses campagnes électorales. En novembre 1909, à la gare de Bristol, une femme l'attaqua avec un fouet à chien et tenta de le pousser sur la voie au moment où un train arrivait. Clementine sauta par-dessus une pile de bagages et parvint à le ramener à temps sur le quai.

Clementine était favorable au vote des femmes, mais, comme beaucoup d'autres, elle déplorait les tactiques violentes des militantes.

o De Winston [Dundee]
18 octobre [1909]

Ma chérie – je vous écris la présente en toute hâte entre deux réunions & en avalant mon dîner.

J'espère que vous ne m'en voudrez pas d'avoir été intraitable avec les suffragettes. Je n'essayerai jamais de faire taire vos convictions. Je ne peux que revendiquer la même liberté pour moi-même. Je leur ai dit que je ne pouvais rien pour elles tant que les tactiques actuelles se poursuivront. Je suis désolé pour elles. Ici, le ressentiment à leur encontre est très vif. L'assemblée de femmes devant laquelle je me suis exprimé ensuite – 1 500 personnes – absolument calmes & enthousiastes – a été unanime contre l'agitation violente. L'Association libérale des femmes a vu le nombre de ses adhérentes doubler au cours des 12 derniers mois. Elles étaient pleines de sollicitude pour vous & je leur ai dit que vous seriez à leur tête le jour de la bataille.

Ma tendre Cat – mon cœur se transporte vers vous ce soir. Je sens en moi une claire prise de conscience de tout ce que vous êtes pour moi & de l'influence bonne et réconfortante que vous avez apportée à mon existence. C'est une existence bien meilleure désormais. Et puis je pense aussi à cette belle Pussy Cat qui ronronne et fait la belle devant moi, & je me sens aussi fier & orgueilleux que les paons de la posséder….

Je n'arrive pas du tout à trouver quoi dire ce soir & demain.

Toujours – ma chérie votre
mari qui vous aime
W

Embrassez le P.K. de ma part.

o De Clementine Crest Hotel
3 novembre [1909] Crowborough

Mon très aimé chéri

Votre lettre vient juste d'arriver & je vous écris ces quelques lignes pour vous dire combien je pense à mon Pug toute la journée & à tous les combats, toutes les difficultés & toutes les complications auxquels il est confronté en ce moment plus que jamais –

Cher Winston, je veux que vous oubliiez complètement mon entêtement de dimanche dernier. Je me sens très humiliée d'avoir été prise en défaut pour quelque chose d'aussi peu important – Ma joie sera à son comble lorsque j'aurai le sentiment de vous être d'un réel soutien dans la vie & de pouvoir vous réconforter dans les déconvenues & les revers...

Le P.K. vous adresse un sourire divin – Elle est allongée dans son petit berceau & son amour de petit visage ressemble à un bouton de rose velouté, couronné d'or –

Au revoir & courage, mon cher cœur

Votre Clemmie Kat
à vous

o De Winston   [Ministère du Commerce]
3 novembre 1909

<u>Secret</u>

Ma chérie – je n'étais pas sérieusement abattu hier – seulement, je m'aperçois qu'il y a à l'œuvre certaines forces qui ne sont pas si amicales ni si impartiales que j'avais été enclin à l'espérer par le passé.

Nous avons eu une réunion du Conseil restreint passionnante ce matin sur la question de la conduite à tenir en cas de rejet[1] par les Lords – comme on s'y attend désormais. J'ai pris une position très claire & j'étais presque seul au début, mais petit à petit, ils se sont tous ralliés à mon point de vue....

Je suis au cœur de la mêlée avec mon projet de loi sur les Assurances qui reste en suspens. Les difficultés surgissent l'une après l'autre....

Bonne nuit ma chère et tendre Clemmie, avec toute mon affection et tout mon amour pour vous et le P.K.

Votre mari qui vous aime
W

un Pug serein

P.-S. Je n'ai pas parlé à une seule représentante de la race des chattes en dehors de ma mère !!!!!

1. Rejet du budget. [*ndt*]

o De Clementine   Crest Hotel
4 novembre [1909]   Crowborough

Mon chéri

J'ai donné son bain au P.K. ce soir – Hodgy Podgy[1] me dit que je m'y suis très bien prise & j'ai décidé de m'en charger désormais. Cela l'a rendue, H.P., très jalouse –

J'ai trouvé une jolie promenade à cheval pour nous samedi –

J'espère que la réception à dîner ce soir sera agréable – J'aurais vraiment aimé être des vôtres....

Bonne nuit, mon Pug chéri – Il faudrait que je prenne des leçons de dessin, car vos Pugs sont tellement mieux que mes Kats

Votre Clemmie
qui vous aime

1. Nurse Hodgson, la nounou de Diana.

o De Winston   Ministère du Commerce
10 novembre 1909

Ma chérie – Le P.M. a de toute évidence été très content que je le consulte sur mon discours. Il m'a autorisé à faire une déclaration qui restera fortement imprimée dans les mémoires sur les conséquences d'un rejet....

Ma très chère, cela me préoccupe beaucoup que vous sembliez entretenir ces soupçons complètement fous qui sont tellement déshonorants vis-à-vis de tout l'amour & de toute la fidélité que je manifeste envers vous, & que je continuerai à manifester – plaise à Dieu ! – jusqu'à mon dernier souffle : ils sont indignes et de vous et de moi. Et ils remplissent mon esprit de sentiments d'embarras que je n'ai pas connus depuis mes années d'écolier. Je sais bien qu'ils émanent du grand amour que vous me portez, et donc ils m'inclinent à la tendresse à votre égard & à la volonté de toujours mériter ce bien le plus précieux de mon existence. Mais en même temps, ils me blessent et me conduisent à la dépression – & cela sans raison.

Nous ne vivons pas dans un monde de petites intrigues, mais d'affaires sérieuses & importantes. Je n'imagine pas que je pourrais forger d'autres liens sentimentaux que ceux sur lesquels j'ai fondé le bonheur de ma vie ici-bas. Et cela heurte ce qu'il y a de meilleur en moi de vous voir donner libre cours – contre vos véritables instincts – à des émotions de petitesse & à des doutes qui laissent des plaies. Il faut que vous me fassiez confiance, car je n'aime & n'aimerai jamais aucune femme au monde en dehors de vous, et ce que je désire au premier chef, c'est de m'attacher à vous davantage chaque jour que Dieu fait par des liens qui iront sans cesse s'approfondissant dans leur intimité.

Ma bien-aimée, j'embrasse votre souvenir – Votre douceur & votre beauté ont couvert ma vie de gloire. Vous me trouverez toujours Votre

dévoué mari qui vous aime
W

mélancolique mais pas honteux

Comme ils passèrent beaucoup de temps séparés dans les premières années de leur mariage, il n'est guère surprenant que des malentendus et des appréhensions aient pu se glisser entre eux de temps à autre. Je n'ai trouvé aucune explication au « froissement » dont il est question dans la dernière lettre, et auquel Winston réagit si vivement – bien qu'avec une tendresse insistante. Quelle qu'en ait été la nature, il n'y est plus jamais fait allusion par la suite et, lorsque ma mère a relu cette lettre plus de cinquante ans plus tard, elle n'avait aucun souvenir de ce qui avait pu causer l'incident.

Chapitre III

LE MINISTÈRE DE L'INTÉRIEUR

Winston, Clementine et la petite Diana passèrent les fêtes de Noël 1909 et du Nouvel An à Blenheim. Winston et Clementine se hâtèrent ensuite de rejoindre Dundee pour la campagne des élections législatives[1]*. Ce fut la première des quinze batailles électorales qu'ils allaient mener ensemble.*

Winston l'emporta avec une très confortable majorité, mais le gouvernement perdit 104 sièges et les libéraux, leur majorité absolue : ce fut la fin de la grande majorité libérale de 1906. Dans la refonte du gouvernement qui suivit, Asquith nomma Winston ministre de l'Intérieur. À trente-cinq ans, il devenait le plus jeune homme politique à occuper ce poste depuis Robert Peel.

Les compétences du ministre de l'Intérieur étaient vastes : elles comprenaient les prisons et les prisonniers, ainsi que la police et la sinistre responsabilité de signer les condamnations à mort. Le ministre était par ailleurs responsable des conditions de travail de sept millions de personnes dans les commerces, les usines et les ateliers, et d'un million supplémentaire dans les mines. En plus de sa charge spécifique de ministre de l'Intérieur, Churchill était également très impliqué dans la préparation et le vote des projets de loi sur le Parlement et sur les assurances sociales. De plus, Asquith s'en remettait fréquemment à lui pour le bouclage de débats cruciaux (en particulier après les dîners)[2]*.*

Le projet de loi le plus important relevant directement de ses compétences de ministre de l'Intérieur était celui des houillères, présenté au Parlement en mars 1911. Le projet concernait principalement la sécurité et la protection sociale, mais réglementait aussi l'emploi des femmes et des enfants dans les mines. Une autre loi émanant également du ministère de l'Intérieur était celle sur les commerces, qui comprenait une multitude d'articles destinés à améliorer les conditions de travail des employés.

À la fin du mois d'avril 1910, la loi de finances (le budget) fut adoptée par la Chambre des communes, et ratifiée par la Chambre des lords sans qu'il y ait de vote. Le gouvernement restait cependant décidé à mettre fin au pouvoir de veto des Lords sur les lois passées par les Communes, et le projet de loi sur le Parlement avait déjà été présenté à la Chambre. Les dissensions politiques continuèrent avec virulence, interrompues seulement par le deuil national occasionné par la mort soudaine du roi Édouard VII, le 6 mai.

Au cours de l'été, Henry Guest[3], l'un des cousins de Winston, se présenta à une élection partielle dans la circonscription du Dorset-Est. Winston, qui était retenu par ses obligations ministérielles, envoya Clementine « au combat », armée d'un discours qu'elle devait lire pour lui. Elle logea chez les Wimborne, à Canford Manor.

1. 14 janvier-9 février. À cette époque, les élections législatives se tenaient normalement tous les sept ans ; la fréquence fut réduite à cinq ans en 1911 (avec une exception pendant la Première Guerre mondiale). Le scrutin s'étalait sur une période pouvant durer quatre semaines, jusqu'aux élections de décembre 1918, où le scrutin fut ramené à un jour en application du *New Reform Act* de janvier 1918.
2. Voir la lettre de WSC du 22 avril 1911, p. 77.
3. Le lieutenant-colonel Henry Guest (1874-1957), second fils du premier baron Wimborne, et frère d'Ivor et Freddie Guest.

o De Clementine Canford Manor
Mardi [28 juin 1910 ?] Wimborne

Mon chéri

Quelques lignes après une journée épuisante, mais non dénuée de succès –

Je me suis vraiment bien amusée au rassemblement en plein air de Swanage hier – Beaucoup de monde –

Votre Kat a lu votre discours avec panache – Sylvia [Henley][1], qui était à l'arrière de la foule, en a entendu chaque mot – Le seul problème est qu'il a été imprimé & diffusé dans toute la circonscription – Je vais donc maintenant devoir me creuser la cervelle pour trouver de nouveaux mots & de nouvelles idées. Nous avons passé la journée d'aujourd'hui à faire campagne à Swanage, mais nous n'avons pas rencontré d'indécis, ils étaient tous littéralement enragés dans un sens ou dans l'autre. Hier soir, j'ai écouté le discours de Henry [Guest, le candidat] à Wimborne – carré – sincère – bref – clair – Freddy [Guest, son frère] a très bien parlé & il a été applaudi à de multiples reprises….

On m'appelle pour la réunion.
Cette lettre est incohérente.

Votre très aimante
Clemmy Kat

1. Sylvia Henley (1882-1980), née Stanley. L'une des filles du quatrième baron Stanley d'Alderley. Sœur de Venetia et cousine de CSC. Amie de CSC et de WSC, elle avait épousé le colonel Anthony Henley en 1906.

À son accession au trône, le roi George V, soucieux de sortir de l'impasse constitutionnelle qui opposait les Lords et les Communes, avait convoqué une conférence constitutionnelle interpartis. Début novembre, après vingt et une séances, aucun compromis viable n'avait pu être trouvé. Asquith décida donc d'appeler à de nouvelles élections législatives pour statuer spécifiquement sur la réforme de la Chambre des lords. Il avait arraché au roi la promesse secrète que, si le Parti libéral gagnait les élections et que les Lords bloquaient le passage du projet de loi sur le Parlement, le roi créerait un nombre suffisant de nouveaux pairs pour garantir son adoption. Le 28 novembre, le Parlement fut dissous et les secondes élections législatives de l'année eurent lieu avant Noël. La position respective des partis demeurait pratiquement inchangée par rapport aux résultats de janvier.

Clementine était de nouveau enceinte ; elle attendait son deuxième enfant (que Winston et elle surnommaient entre eux « le Chumbolly[1] »).

1. Peut-être dérivé du nom d'une fleur magnifique qui pousse dans le nord-ouest de l'Inde, où WSC avait servi presque quinze ans plus tôt, ou du mot persan (farsi) désignant un nouveau-né vigoureux et joufflu (Winston S. Churchill, *His Father's Son: The Life of Randolph S. Churchill*, 1996, p. 3).

o De Winston Warter Priory[1]
19 décembre [1910] York

Bien-aimée –

Il se fait tard, mais je griffonne ce mot du fait que demain nous nous mettons en route de bonne heure.

Belle partie de chasse – des puissants d'une fière apparence, des progressistes en majorité – rare combinaison. Comme j'aimerais que vous soyez là ! Cela me rappelle beaucoup des cercles qui ont depuis disparu de ma vie. Que des hommes, ou presque…. Demain, des milliers de faisans – tout ce qu'on n'a jamais vu de mieux. Ce soir, le Poker – j'ai perdu un petit peu – mais les mises étaient faibles.

Tout bien considéré, je mesure à quel point le pouvoir et les affaires importantes comptent davantage pour moi que ce genre de chose, aussi agréable puisse-t-il paraître par comparaison avec nos humbles modes de divertissement.

Je m'attends à avoir mal à la tête demain soir après avoir tiré tant de cartouches. Toutes les paillettes du monde m'attirent – mais grâce à Dieu ce n'est rien à côté des choses sérieuses.

Ce n'est pas bien de la part de ma Kat d'avoir attrapé le rhume. Dites au Dr Beauchamp d'envoyer des télégrammes détaillés & prenez les plus grandes précautions. Je reviens mercr[di]....

J'ai dit à Johnson de vous envoyer des fleurs.

Bonne nuit, très chère
Votre Pug couvert de trèfle. W.

1. Résidence de Lord et Lady Nunburnholme, où WSC était allé chasser.

o De Clementine   33 Eccleston Square
19 décembre [1910]

Mon chéri à moi

Après avoir déjeuné avec votre Mamma aujourd'hui & fait quelques emplettes pour Noël, je me suis de nouveau allongée dans ma chambre & assoupie – Lorsque je me suis réveillée, imaginez ma surprise & ma joie de la voir transformée en un paradis de fleurs exquises, avec un joli melon à mon chevet – Vous êtes un adorable amour de Lamb Bird[1] !! Je n'ai jamais rien vu de semblable à ces fleurs – Des chrysanthèmes roses dans un énorme vase, des dorés dans un autre, du mimosa odorant, du muguet, de grands & gros œillets roses, des branches de lilas, des myosotis bleus, des jacinthes blanches diaphanes & des violettes parfumées couvrent chaque table & transforment ma chambre en un jardin printanier – Le Puppy Kitten a poussé des petits cris de surprise quand elle est entrée – Quant au melon, il est <u>trop</u> délicieux –

Quel <u>magnifique</u> score à Romford[2] – Et dire que ces sales types se vantaient qu'ils allaient gagner – Le « résultat » était bien caché dans un recoin des journaux du soir conservateurs.

Au revoir, mon Pig Pug adoré – Revenez moi sain & sauf mercredi…

Votre Clemmie
qui vous aime

1. Littéralement « Oiseau-agneau ». [*ndt*]
2. Les libéraux obtinrent 22 119 voix et les unionistes 18 850.

o De Winston   [Ministère de l'Intérieur]
22 avril 1911

Ma bien-aimée – Vous verrez dans le Hansard ci-joint quel comportement de petit porc a eu Winterton[1]. J'ai eu tort, dans ma position, de crier son nom – mais la Chambre était absolument dans de bonnes dispositions & je ne m'attendais pas à ce qu'il adopte une telle ligne de conduite....

Mardi soir le P.M. [Asquith] était très mal en point & je ne savais pas où me mettre. C'est tout juste s'il pouvait parler & beaucoup ont remarqué son état. Il continue d'être très amical & bienveillant, & il se repose sur moi pour tout une fois le dîner terminé. Jusqu'à cette heure il est au mieux de sa forme – mais ensuite ! Cela fait vraiment pitié & c'est seulement l'éternelle franc-maçonnerie de la Chambre des communes qui empêche le scandale. J'aime bien notre vieil ami et j'admire à la fois son intellect & son caractère. Mais quels risques il court. L'autre soir, nous l'avons fait disparaître juste avant que Balfour n'entame les négociations que j'ai menées, mais qui sinon lui auraient échu – avec des conséquences désastreuses. Le lendemain, il était serein, efficace, pas du tout perturbé.

... J'ai mieux joué au golf cet après-midi – & j'ai dormi 10 heures la nuit dernière. Lundi, nous allons siéger toute la nuit – & je vais mettre la pression sur le projet de loi sur le Parlement comme jamais on ne l'a fait dans les jours à venir. Il faut avancer. Pas de répit avant le choc....

Prévenez-moi de votre retour par télégramme & amenez votre P.K. & C.B. avec vous ma tendre chérie Clem pussie bird –

Votre dévoué mari qui vous aime
W.

1. Edward Turnour, sixième comte Winterton (1883-1962). Député unioniste à partir de 1904, il remplit diverses fonctions gouvernementales. En qualité de pair irlandais, il ne siégeait pas à la Chambre des lords. Au cours du débat sur un amendement au projet de loi sur le Parlement, au petit matin du 20 avril 1911, il y eut un feu nourri d'interruptions. Winterton accusa WSC de faire des interruptions contraires au règlement et de crier son nom avec des intentions discourtoises, et il en appela au président de la Chambre. WSC récusa cette accusation.

o De Clementine   Penrhos
22 avril [1911]

    Mon chéri à moi

…

    L'attitude de Lord Winterton est détestable – Il n'apporte rien au débat si ce n'est son odieuse insolence –

    Je me suis bien amusée à la réunion publique hier soir – Les Gallois ont une excellente opinion d'eux-mêmes – Redmond[1] a été condamné à jouer les seconds violons par rapport à Ellis-Griffith[2] ! L'organisateur a dit combien ils étaient tous ravis d'accueillir deux grands dirigeants, celui du Parti gallois, Mr Ellis-Griffith (d'une voix forte de trombone), & celui du Parti irlandais, Mr Redmond (de manière assez désinvolte). Ellis-Griffith a ensuite prononcé un discours où il a tenté de convaincre le public que le Home Rule devait précéder la loi sur la séparation de l'Église & de l'État au pays de Galles….

    Redmond a ensuite pris la parole avec beaucoup de bon sens – L'idée générale de son discours était que nous serions bien plus puissants & unis spirituellement avec le Home Rule…. Dans un moment d'excitation, il a toutefois ajouté : « Nous, les Irlandais & les Gallois, n'avons pas une <u>seule</u> goutte de sang britannique dans nos veines. » Acclamations enthousiastes du public….

    Ellis-Griffith a pris la parole de nouveau avant la fin – cette fois en gallois, pendant plus de 20 minutes. Le public se tordait de rire & Redmond avait l'air de faire quelque peu la tête –

    Le tout s'est terminé par des chants vraiment superbes –

    Au revoir, mon Winston chéri. J'espère que le golf sera agréable & que vous vous reposerez bien après cette semaine fatigante –

Votre Clemmie Kat
qui vous aime

    1. John Edward Redmond (1856-1918). Homme politique irlandais et avocat ; chef de file du Parti nationaliste en 1900. Il refusa de participer au gouvernement de coalition d'Asquith (1915), mais soutint la guerre. Il était opposé au Sinn Féin et déplora la rébellion irlandaise.

    2. Sir Ellis Jones Ellis-Griffith (1860-1926), fait chevalier en 1911 et premier baronnet Ellis-Griffith en 1918. Député libéral d'Anglesey depuis 1895.

Le Chumbolly – Randolph Spencer Churchill – naquit le 28 mai au 33 Eccleston Square. Quelques jours plus tard, Winston rejoignit ses collègues officiers pour l'habituelle période d'entraînement d'été des Yeomen, qui se tenait cette année-là à Blenheim.

o De Winston Blenheim Camp
2 juin [1911]

    Ma tendre et bien-aimée Clemmie,
    Le temps est magnifique et tout le parc étale ses gloires en tenue de gala. J'ai été dehors à suivre les exercices toute la matinée & mon pauvre visage est déjà victime du soleil – L'air est cependant délicieusement frais. Nous avons 3 régiments en place – deux juste en dehors des jardins d'ornement, & le 3ᵉ du côté de Bladon.
    … On m'adresse beaucoup de félicitations à propos du fils. Avec cette absence de jalousie qui anoblit ma nature, je les dépose toutes à vos pieds.
    Ma précieuse petite chatte, je suis sûr et j'espère que vous êtes bien sage, & que vous ne vous couchez pas trop tard ou ne vous faites pas de souci pour un rien. Simplement, remettez-vous, reprenez des forces et profitez pleinement de l'enrichissement que ce nouvel événement aura je le sais apporté à votre existence. Il faut que le Chumbolly accomplisse son devoir et qu'il ne boude pas votre lait. Dites-le-lui de ma part. À son âge, la gourmandise & même se conduire à table comme un porc sont des vertus.
    Nous allons tous nous baigner dans le lac ce matin. On dit que l'eau est très bonne. Pas de chattes autorisées. Comme j'aimerais que vous soyez là – ce serait si divertissant pour vous….

        Toujours ma chérie votre Winston à vous qui vous aime.

    … Cette lettre va vous parvenir par le messager officiel qui emporte mon courrier ministériel.

o De Winston Yewhurst[1]
18 juin 1911 East Grinstead

    Ma chérie,
    Il y a eu bcp de vent toute la journée, mais nous avons fait 2 parcours de golf bien que le général Botha[2] joue aussi ! C'est un débutant, mais il fait des progrès. Il joue également au tennis & au bridge – excellemment pour ce dernier. Je ne l'avais jamais vu à l'œuvre dans ces activités auparavant. Le soir, il nous raconte ses exploits militaires – toujours avec une grande modestie & une profonde connaissance de tout ce qui

compte à la guerre. Ce grand homme léonin est désormais Dieu merci un pilier de l'Empire britannique.

Mrs Botha est là elle aussi. C'est une femme remarquable – d'une intelligence supérieure & d'une grande force de caractère – & pourtant très féminine. La guerre n'a pas été une promenade de santé pour ces deux-là. Ils l'ont traversée avec une tristesse non feinte & une détermination inflexible. Elle transportait des messages pour son mari pendant les négociations de paix & était présente dans les camps pendant le siège de Ladysmith & lors d'autres opérations importantes. Nous sommes tous parfaitement amis désormais et ces souvenirs cruels ne sont plus douloureux. « Les batailles, comme je l'ai dit à la Chambre des communes le soir après vous avoir rencontrée chez les Crewe, ne resteront dans les mémoires que pour célébrer les vertus martiales de deux races de braves. » C'est déjà fait....

J'arriverai vers 11 h 30 demain.

J'espère que vous avez pris du plaisir à votre excursion vers le sofa cet après-midi.

Avec mon amour le plus profond.
W.

1. Résidence de Sir Abe Bailey, premier baronnet (1864-1940), un Sud-Africain et l'un des principaux propriétaires de mines du Transvaal. Il avait été ami de Lord Randolph Churchill et connaissait WSC depuis des années.
2. Louis Botha (1862-1919), homme d'État et soldat sud-africain, commandant en chef des forces boers au cours de la guerre des Boers. En 1907, il devint Premier ministre de la Colonie du Transvaal et, ensuite, le premier à occuper ce poste en Union sud-africaine en 1910.

À la fin du mois de juin, Clementine emmena Diana, Randolph et leur nounou dans une maison qu'ils avaient louée à Seaford, dans le Sussex. Lady Blanche s'y trouvait également en compagnie d'une vieille amie, Mrs Jack.

o De Winston   33 Eccleston Square
26 juin [1911]

Il revient à la *maison*. Pas de chatte ! Pas de Puppy Kitten !! Pas de Chumbolly !!! Tous partis. Vous avez tous décampé pour aller où ? Que complotez-vous contre moi ? Quelle cabale avez-vous montée ? Soyez gentils – soyez fidèles – revenez vite – bien gras, bien forts & tout beaux & je pardonnerai cet exode.

Le vote sur le projet de loi du ministère de l'Intérieur a suscité une attaque surprise de la part d'Alfred Lyttleton [député libéral-unioniste], qui est allé rechercher les vieilles histoires – Sidney Street, Tonypandy & le berger de Dartmoor[1] – sur quoi j'ai donné une réponse impromptue parfaitement satisfaisante. Ensuite, le débat s'est enlisé dans tous les tenants & aboutissants de la législation du travail….

Aucune lettre de vous n'est encore arrivée ma très chère et j'en attendrai une demain….

J'ai rédigé un discours bien senti à l'intention du Roi, pour qu'il le prononce devant les élèves d'Eton – en remettant ces petits gommeux à leur place – Il en est très content. Tout cela va dans le sens de ses idées sur la discipline dans la marine, comme je m'y attendais.

Je m'en vais à l'instant (très en retard – pas de mon fait) pour le Gala : & ensuite pour Grosvenor House. On dit que Bendor [Westminster] ne sera pas là pour recevoir le Roi & la Reine. Il est parti sans laisser d'adresse pour aller voir une amie que nous connaissons tous de vue[2] ! C'est perçu comme un peu culotté même pour un duc.

Toujours votre dévoué Winston
qui vous aime

1. Tous sujets faits pour provoquer WSC. Voir Randolph S. Churchill, *Winston S. Churchill*, vol. III, 1967, pp. 378-380, 391 et 407-410.
2. Gertie Millar, célèbre vedette de la comédie musicale, sa maîtresse du moment.

o De Clementine [Seaford]
Mardi 27 juin [1911]

Juste une ligne, mon chéri, de votre Kat épuisée, qui revient de Brighton après avoir été torturée (mentalement surtout, je dois l'admettre) par un féroce dentiste….

Je vois que le Roi & la Reine n'ont pas pris le risque d'être accueillis en haut de l'escalier par Gertie Millar & qu'ils n'ont pas assisté au bal hier soir – Le Chumbolly est <u>vraiment</u> très vorace – J'espère que la laiterie suivra….

Votre Clemmie
qui vous aime

Vous avez dû bien vous amuser avec le discours du R. aux élèves d'Eton !

o De Winston [Ministère de l'Intérieur]
29 juin 1911

Ma bien-aimée, je viens de revenir d'une longue journée de visite avec le Roi à la Cité de Londres, avec retour par le nord de la ville. On m'a mis dans le carrosse d'État, juste avant l'escorte royale – avec la Duch^e de Devonshire & Mary Minto [comtesse de Minto]. Bien entendu, tout au long du parcours, j'ai été acclamé et par endroits copieusement hué. C'était plutôt embarrassant pour ces deux grandes dames tories. Elles étaient affreusement abattues lorsque les acclamations étaient très fortes, mais elles ont repris un peu du poil de la bête autour de Mansion House, où il y a eu des manifestations d'hostilité. Elles étaient très polies mais plutôt perturbées – je n'ai répondu à aucune des acclamations & n'ai pas accordé la moindre attention aux foules.

Le Roi a été très amical & la Reine m'a beaucoup demandé de vos nouvelles & elle a insisté sur l'importance d'un repos complet avant de reprendre les réjouissances.

Ce soir nous avons un dîner au Other Club[1] – Il sera présidé par Kitchener[2]. <u>Secret</u>. Nous allons l'envoyer en Égypte – Comme il serait heureux de le savoir ! Mais rien n'est définitivement décidé.

J'ai deux questions qui me tracassent à régler – premièrement Haldane[3] a ma promesse de procéder à une nomination qui j'en ai bien peur sera considérée comme du copinage, ... deuxièmement une condamnation à mort très désagréable, qui va me prendre pas mal d'heures – une femme qui a tué son enfant illégitime de 2 ans dans des circonstances horribles.

Voici ce que nous avons décidé pour le Veto Bill. Dès qu'il partira pour les Lords, nous leur dirons par le truchement de leurs chefs que nous avons les garanties [sur la création de pairs] & que nous les utiliserons <u>sur-le-champ</u> sauf s'ils s'engagent à adopter le projet. Nous ne traiterons pas des amendements des Lords à la C. des Communes tant que les nouveaux pairs ne seront pas nommés ou que les autres n'auront pas capitulé, si bien que s'ils choisissent la lutte le projet ne sera pas renvoyé devant l'actuelle C. des Lords mais devant une nouvelle où nous aurons la majorité !!! Des renseignements secrets tendent à indiquer que les dirigeants tories n'ont pas l'intention de lutter et ne cherchent qu'un moyen ou un autre de sauver la face. Mais quoi qu'ils fassent cela ne changera rien pour nous.

Hier soir j'ai invité L.G. [Lloyd George] au Café Royal et nous avons eu une conversation très intéressante. Il n'arrêtait pas de chanter vos louanges – en disant que vous étiez mon « salut » & que votre beauté était le moindre de vos attributs. Nous avons renouvelé des traités d'alliance pour un autre bail de sept ans.

Ma précieuse épouse – Je vais descendre vous voir en auto samedi, venant de Walton Heath [le terrain de golf] et arrivant pour le dîner. Le lendemain, j'inspecterai l'infanterie. Il faudra qu'ils soient parfaitement assemblés et alignés en fonction de leurs brigades. Ce sera si bien de vous revoir. Cet édifice est très silencieux sans vous ; & j'en reviens à mes habitudes de célibataire avec une triste rapidité.

Ma très chère je suis assez fatigué ce soir – le long parcours en uniforme & les clameurs incessantes ont constitué une bonne journée de travail. Je pars pour un agréable dîner à notre club – demain le golf.

Bonne nuit ma très chère,
Toujours votre mari qui vous aime à jamais,
W

1. L'Other Club, fondé en mai 1911 par WSC et F.E. Smith pour s'opposer au « Club », qui refusait d'admettre des libéraux, se réunissait tous les quinze jours pour dîner au Savoy Hotel lorsque le Parlement siégeait. Les dîners de l'Other Club devinrent l'un des grands plaisirs conviviaux et durables de WSC.
2. Kitchener fut agent et consul général de Grande-Bretagne en Égypte de 1911 à 1914.
3. Richard Burdon Haldane (1856-1928), fait premier vicomte Haldane en 1911. Homme politique, avocat, philosophe et écrivain libéral. Secrétaire d'État à la Guerre de 1905 à 1912.

Au cours de cet été caniculaire – marqué par la pompe des cérémonies du couronnement, les querelles parlementaires et les mouvements sociaux – on entendit en provenance de l'étranger un avertissement glaçant de dangers mortels à venir qui retint l'attention de ceux qui avaient des oreilles pour entendre. Ce fut l'« incident d'Agadir[1] *». La tension monta pendant quelques semaines et la guerre apparut comme une réelle possibilité, mais la crise passa. Les responsables de la défense en Grande-Bretagne en tirèrent néanmoins les conséquences.*

1. En juillet, les troupes françaises occupèrent Fès, la capitale du Maroc, afin d'étouffer une rébellion contre le sultan. Dans un geste de contestation, l'Allemagne, qui craignait une annexion imminente du Maroc par la France, envoya une canonnière au large du port d'Agadir, la *Panthère*. Il n'y eut pas d'affrontement, mais des ondes de choc traversèrent l'Europe, occasionnant de nombreux « va-et-vient » officiels entre les gouvernements.

o De Winston   Chambre des communes
3 juillet 1911

Ma chérie,

Tout va bien ici. Le calme règne à Hull et la grève a été réglée. Il est impossible de nier que la violence a joué un rôle dans l'affaire – mais ce n'est pas ma faute. La Chambre m'a chaleureusement soutenu aujourd'hui sur l'envoi de la police.

L'action des Allemands au Maroc a fait des vagues. Les Français veulent que nous dépêchions un « *bâtiment* » à Agadir. Ce serait là une mesure qu'il serait bon de ne pas prendre sans être prêt à aller jusqu'au bout si nécessaire. Il doit y avoir une réunion spéciale du Conseil restreint sur la question demain....

Mon rhume est très fort mais sans complications. Pas de chance d'attraper froid en juillet !

J'ai beaucoup aimé mon dimanche, c'était merveilleux de voir toute la famille réunie sous le même toit. J'ai été vraiment très content de voir que vous récupériez si bien. Il n'y a rien de tel qu'un rétablissement complet. Une rechute est tellement démoralisante. Je crains que cette période ne vous semble un peu ennuyeuse – mais cela en vaut la peine....

Écrivez-moi régulièrement – & pensez souvent à votre

                               dévoué mari à vous qui vous aime
                                               W.

o De Clementine   [Seaford]
Mardi 4 juillet 1911

Mon chéri

... Nurse Hodgson est partie hier ; elle me manque beaucoup.

Une petite contrariété, mais qui n'en est pas néanmoins fâcheuse : l'assistante de la nurse que j'avais engagée, charmée que j'étais par son air angélique, se révèle être une petite peste qui n'a rien d'un ange – Elle n'aide pas du tout la nurse & se plaint tout le temps. Elle trouve que ce meublé n'est pas suffisamment bien..., etc. etc. – Et ce qui est plus grave, elle est négligente lorsqu'elle s'occupe de Diana, qu'elle devrait maintenant surveiller, & la laisse trébucher...

Je vous raconte ces petits incidents, qui vous sembleront peu importants, mais ici ils prennent des proportions qui dépassent la mauvaise conduite de l'Allemagne au Maroc....

J'espère vraiment que nous serons fermes avec ces perfides Allemands – Je me demande si tout cela n'est pas un coup du Kaiser, peut-être décidé sans l'avis de ses ministres ?

Votre Clemmie
qui vous aime énormément
& vous envoie de nombreux baisers tendres –
Revenez-moi dimanche prochain,
mon cher amour –

o De Winston　　　　　　　　　　　　[Ministère de l'Intérieur]
5 juillet 1911

Ma chérie,

J'ai attrapé un méchant rhume qui me gêne considérablement & jusqu'ici tous les remèdes se sont révélés inefficaces....

Je suis désolé que l'assistante de la nurse ne soit qu'une bécasse. « N'hésitez pas à virer », comme dirait Balfour. J'espère pouvoir venir vous rejoindre ce dimanche – mais je préférerais ne pas sortir pour dîner. Dînons tranquillement ensemble....

L.G. [Lloyd George], Grey, Haldane & moi avons dîné ensemble hier soir et nous avons bien progressé sur le problème du Home Rule. Mais j'espère que nous pourrons encore obtenir un peu d'aide dans l'autre camp. Pendant ce temps, les Lords continuent à déchirer le Veto Bill en petits morceaux. Je serai très content quand la crise éclatera véritablement.

Nous avons décidé de ne pas mâcher nos mots devant l'Allemagne et de lui dire que si elle croit que le Maroc peut être découpé sans John Bull [*personnification de la Grande-Bretagne*, ndt], elle se trompe du tout au tout....

Avec mon amour le plus profond (je ne suis pas en état de proposer des baisers)

Votre toujours dévoué mari
W.

o De Winston　　　　　　　　　　　　[Ministère de l'Intérieur]
11 juillet 1911

Ma très chère,

J'ai acheté des jouets pour le P.K. hier soir – mais elle est si petite qu'il est difficile de savoir ce qui va l'amuser. Veillez bien à ne pas la laisser lécher la peinture des animaux de l'arche de Noé. J'ai longuement hésité à acheter des animaux simplement en bois blanc – mais j'ai finalement décidé de courir le risque de prendre ceux qui étaient en couleurs. Ils sont tellement plus intéressants ! Le commerçant, plein d'espoir, s'est répandu sur les qualités nutritives de la peinture & le nombre vendu – et on peut le supposer léchée sans conséquences néfastes. Mais ne vous y fiez pas....

Tout se déroule en douceur ici. Dîner très bien hier soir avec Ivor & Alice [Guest]. Des gens très agréables et très sympathiques.... Ivor continue de se considérer comme un invalide, sauf pour ce qui est des plaisirs de l'existence !

Alice m'a beaucoup intéressé en parlant de son docteur en Allemagne qui a complètement guéri sa dépression. Je crois que cet homme-là pourrait m'être utile – si mon chien noir[1] revient. Il semble très loin actuellement – C'est un grand soulagement. Toutes les couleurs reviennent sur l'image ; la plus brillante, celle de votre cher visage, ma Chérie....

Avec mon amour le plus profond
Toujours votre dévoué
W.

1. Nom, *black dog*, donné par WSC lui-même à ses périodes de dépression.

En tant que ministre de l'Intérieur, Winston eut, comme le voulait la tradition, un rôle important à jouer dans l'investiture du prince de Galles. La cérémonie se déroula au château de Caernarvon le 13 juillet.

o De Winston   H.M. Yacht Victoria & Albert
13 juillet 1911

Ma chérie,

Nous avons fait le trajet très agréable de Chester à Penrhos en auto hier.... Le yacht est arrivé vers 7 h & je suis monté à bord aussitôt. Le Roi m'a fait appeler & j'ai eu une longue conversation avec lui sur ce qui est le plus important. Tout est parfaitement satisfaisant de notre point de vue, mais bien évidemment il y a une bonne dose de tension sous-jacente[1]. Nous avons répété la cérémonie aujourd'hui avec le petit prince[2]. C'est un garçon très bien – très simple & terriblement discipliné. Le Roi a beaucoup appris depuis qu'il a accédé au trône & il semble *très dans son assiette*. La Reine, à côté de qui j'étais assis, est assez imposante & la conversation n'est pas aussi facile qu'avec son seigneur et maître – qui fait tout le travail ou presque lui-même....

Le navire est magnifique & hier soir avec ce temps parfait & la pleine lune nous aurions pu tout aussi bien être ancrés dans la baie de Naples.

Le chœur féminin de Holyhead est venu sur le pont arrière chanter extrêmement bien après le dîner.

Avec mon amour le plus profond ma Clemmie chérie

Je reste votre dévoué
W.

1. À cause de la poursuite de la crise entre les Communes et les Lords.
2. SAR le prince Édouard (1894-1972). Roi Édouard VIII de janvier à décembre 1936, mois où il abdiqua pour prendre le titre de SAR le duc de Windsor.

o De Winston [Penrhos]
14 juillet 1911

Ma Clemmie chérie,

J'ai été le témoin hier d'une cérémonie vraiment magnifique et émouvante. Quand on le voyait & l'entendait, nul n'aurait pu faire mieux que le petit prince. L'enthousiasme était sincère et sans bornes. Les grandes foules radicales ont donné au Roi & à son fils le meilleur accueil possible. Ce fut un événement extrêmement joyeux & il restera longtemps dans la mémoire de tous ceux qui y ont participé.

Ma lecture des lettres patentes a reçu beaucoup de félicitations & je pense qu'elle s'est bien passée. Après la cérémonie, je suis retourné sur le yacht & ai dîné encore à bord. Le P.M. avait aussi été mandé. Il a eu une bonne & utile conversation avec le Roi. Je suis très content d'avoir suggéré cette rencontre. Il est clair que tout tend vers une crise très aiguë. Que peut-on faire pour des gens qui se sont laissé aveugler par l'obstination & l'orgueil au point de ne tenir compte ni de leurs intérêts ni des conseils dictés par la raison. Il ne serait pas surprenant que nous ayons effectivement à créer les 500 [pairs]. Nous n'allons pas mégoter quand sera venu le moment crucial.

... C'est très agréable ici. Le temps parfait : le jardin délicieux. Nous nous baignons tous chaque matin et nous nous étendons au soleil sur les rochers tout chauds. Que ce serait bien si vous étiez là ma chérie & comme vous seriez resplendissante dans votre costume de bain vénitien le plus mince ! Le P.M. est en grande forme – apparemment sans le moindre souci du monde, tout heureux de bavarder avec les jeunes. Sylvia [Henley] est là, ainsi que Blanche et Mrs Goodenough[1]. Eddie [Marsh] part ce soir. Je reviens à Londres tôt lundi matin.

Avec mon amour le plus profond
Toujours votre dévoué
W.

1. Sylvia, Blanche et Margaret (Goodenough), toutes filles du quatrième baron Stanley d'Alderley, ensuite quatrième baron Sheffield.

À la fin du mois de juillet, Clementine et Venetia Stanley (Montagu) partirent en vacances dans les Alpes bavaroises, où Jack (Churchill) et Goonie les rejoignirent. Il était prévu que Winston les y retrouverait dès que ses obligations ministérielles et parlementaires le lui permettraient ; la crise parlementaire et la prolifération des grèves dans l'industrie, cependant, l'en empêchèrent.

Malgré les résultats des deux élections législatives et l'adoption par la Chambre des communes du projet de loi sur le Parlement le 15 mai, les pairs conservateurs continuèrent leur combat acharné contre le projet. Ils ne capitulèrent que lorsque le gouvernement rendit public l'engagement du roi à créer suffisamment de pairs libéraux pour garantir le vote du projet à la Chambre des lords. Le projet fut adopté par la Chambre haute le 10 août.

Après son séjour en Bavière, Clementine rentra en Angleterre et, plus tard en septembre, Winston et elle entamèrent un voyage en Écosse dans leur nouvelle voiture – une Napier 1520, achetée par Winston pendant son absence pour la somme de 610 livres et qui fut pour eux la source d'un enthousiasme et d'un plaisir partagés.

o De Winston Château de Balmoral
24 septembre 1911

Secret

Ma très chère,

Me voici dans la traditionnelle « salle des ministres » avec tous les portraits des Premiers ministres & autres dignitaires politiques décédés sur les murs qui m'entourent. La liste des invités du château n'est guère enthousiasmante : principalement les Connaught[1], Soveral[2] & Sir Francis Hopwood[3]. Également le Dr Laking[4] qui m'a informé qu'il vous avait mise au monde il y a quelques années. Ce matin, nous sommes allés à l'église, où on nous a prêché un copieux sermon....

Le Roi me parle beaucoup des affaires. L.G. [Lloyd George] semble avoir laissé après son passage ici une impression moins bonne que l'an dernier. Il a électrisé leurs Majestés en faisant remarquer qu'il pensait que ce serait bien dommage que la guerre n'éclate pas maintenant. Ils répètent naturellement cette déclaration sans grande retenue. Je vais observer une certaine prudence. Au début, le Roi adoptait même un air choqué – mais qui s'est vite évanoui...

Tout le monde est très poli & amical & la vie est très tranquille & facile. J'aimerais que vous soyez là. Ce serait très agréable. Il y a très peu de protocole et beaucoup de confort.

Présentez mes respects à votre Grand-Mamma. Je vais ramener l'auto jusqu'ici & avec elle j'espère pouvoir vous rejoindre à temps pour le déjeuner de mercredi.

Votre mari qui vous aime à jamais
W.

1. Le duc et la duchesse de Connaught et Strathearn ; le prince Arthur (1850-1942), troisième fils de la reine Victoria, qui épousa en 1879 la princesse Louise (1849-1917), fille du prince Frédéric-Charles de Prusse.
2. Le marquis de Soveral (1853-1922), ministre du Portugal à Londres de 1897 à 1910.
3. Sir Francis Hopwood, par la suite premier baron Southborough (1860-1947), Permanent Under-Secretary of State for the Colonies de 1907 à 1911.
4. Francis Henry Laking (1847-1914), premier baronnet. Physician in Ordinary and Surgeon Apothecary auprès de la reine Victoria, du roi Édouard VII et du roi George V.

Lors de leur visite aux Asquith [à North Berwick, près d'Édimbourg, en Écosse, ndt]*, le Premier ministre proposa à Winston Churchill le poste de Premier lord de l'Amirauté* [ministre de la Marine, ndt] *– offre qui fut acceptée avec empressement.*

Chapitre IV

L'AMIRAUTÉ

*Winston Churchill fut nommé Premier lord de l'Amirauté le 23 octobre 1911. Jusqu'à la Grande Guerre, les lords commissaires de l'Amirauté, et notamment le Premier lord, disposaient du yacht de l'Amirauté, l'*Enchantress*, pour faciliter leurs visites à la flotte britannique. De tels voyages permettaient de combiner fonctions officielles et agrément, et rien ne s'opposait à ce qu'il y ait des invités civils à bord.*

Winston usa pleinement de cette facilité ; dans les trois années qui précédèrent la guerre, il passa en tout huit mois à bord. Il inspecta tous les principaux navires, bassins, chantiers et établissements navals dans les îles Britanniques et la Méditerranée.

La résidence officielle du Premier lord était Admiralty House, une magnifique maison du XVIIIe siècle qui jouxtait l'Amirauté, sur Whitehall, avec vue sur la Horse-Guards Parade et le parc St James. Les Churchill furent cependant contraints de retarder leur déménagement, car ils ne pouvaient pas se permettre les domestiques supplémentaires que nécessitait leur nouvelle résidence (une douzaine par rapport aux cinq qu'ils employaient à Eccleston Square).

L'année 1912 débuta pour Clementine par des parties de chasse à Blenheim et Burley-on-the-Hill, un sport pour lequel elle s'était prise d'une véritable passion.

o De Winston [Amirauté]
23 janvier 1912 / 23 h

Ma bien-aimée chérie,

...

Il y a du nouveau dans la situation à Belfast[1]. Les orangistes ont obtenu la salle la veille & vont évidemment tenter de la conserver jusqu'au 8. Le

War Office prépare 3 brigades (2 d'Irlande & 1 d'Angleterre) pour maintenir l'ordre – cela ne me plaît pas, & j'ai suspendu les ordres. Je suis tout à fait prêt à laisser les orangistes cuire dans leur jus dans leur salle pendant que nous aurons un cortège triomphal de 6 kilomètres à travers le quartier nationaliste & prendrons la parole au St Mary's Hall.

C'est comme cela à mon avis que les choses vont finalement se régler d'elles-mêmes. Ld Pirrie[2] est arrivé aujourd'hui, très perturbé. Il conseillerait l'abandon de la réunion publique. Je lui ai dit que *coûte que coûte* je commencerai ponctuellement à 8 heures le 8 février à m'exprimer sur le Home Rule à Belfast.

...

J'espère que vous avez passé une bonne journée – pas de télégramme, méchante Cat – mais pas de nouvelles bonnes nouvelles. Ne faites rien de stupide –

Dites à Freddie [Guest] de venir à Belfast.

...

Toujours votre dévoué mari
Winston

...

1. WSC avait promis de s'exprimer sur le *Home Rule* devant l'Ulster Liberal Association dans une réunion publique à Belfast. Lorsque cela se sut, les unionistes et les orangistes en firent toute une affaire.
2. William James Pirrie, baron (par la suite premier vicomte) (1847-1924). Propriétaire de chantier naval et ancien lord-maire de Belfast ; nommé lieutenant du roi pour la Ville de Belfast en 1911.

Winston, accompagné de Clementine, se rendit comme prévu à Belfast. Une foule nombreuse et hostile encercla l'hôtel Grand Central, où ils étaient descendus. Des gens assiégèrent leur voiture sur le chemin du Celtic Football Ground et réussirent presque à la renverser malgré la protection de la police, mais lorsqu'ils atteignirent le quartier catholique de Falls, les cris et les imprécations se transformèrent en applaudissements. Malgré une pluie torrentielle, 5 000 personnes s'étaient massées sur le terrain de football et sous la marquise, principalement des nationalistes irlandais. Churchill s'adressa à eux dans un discours d'une heure.

Au début de 1912, Clementine fut de nouveau enceinte, mais peut-être à la suite de ses parties de chasse ou de la tension et de l'émotion de leur visite à Belfast, elle fit une fausse couche à la fin du mois de mars. Ce fut pour elle le début d'une longue période de mauvaise santé.

L'AMIRAUTÉ

o De Winston　　　　　　　　　　　　　H.M.S. Enchantress
24 mars [1912]　　　　　　　　　　　　　　　　　Portland

Ma Clemmie bien-aimée,

Ma chérie, j'espère que vous ne vous impatientez pas & que tout se passe bien. C'est vraisemblablement mieux comme cela…. Ce n'est pas étonnant que vous ne vous sentiez pas bien depuis un mois. Pauvre petit agneau. Cependant, vous allez pouvoir avoir une année magnifique & reprendre la chasse à courre cet hiver. Vous avez plein de temps devant vous.

La grève[1] semble très lointaine vue de Portland avec sa flotte parfaitement disciplinée & ses montagnes de charbon. Ce sera un grand soulagement d'apprendre qu'elle est réglée. Nous avons tant de difficultés à affronter. Pourtant, je crois que nous allons les surmonter. Les gouvernements sont des organismes très durs au mal. Ils résistent à l'usure & sont faits pour cela.

J'espère que Diana est bien obéissante & que Randolph continue de grandir & de faire ses dents.

Sauf en cas d'urgence, je ne reviendrai pas avant mercredi.

J'espère que vous serez assez d'aplomb pour descendre à Portsmouth vendredi – nous serons à l'ancre dans le Solent & cela vous fera énormément de bien.

Bonne nuit ma chérie & douce Kat

　　　　　　　　　　　　　　Toujours votre mari qui vous aime
　　　　　　　　　　　　　　　　　　　　　W.

---

1. Une grève nationale des mineurs pour le salaire minimum avait débuté le 1ᵉʳ mars 1912 ; au 11 mars, 850 000 mineurs avaient cessé le travail. Le *Coal Miners (Minimum Wage) Act*, déposé au Parlement le 19 mars, fut adopté le 29, et la grève prit fin le 11 avril, après que les résultats d'une consultation de la base eurent montré qu'il n'y avait pas la majorité des deux tiers nécessaire pour la poursuivre.

o De Clementine　　　　　　　　　　　　　33 Eccleston Square
25 mars [1912]

Mon chéri à moi

La journée d'hier a été si douce & printanière que je mourais d'envie d'être au soleil plutôt qu'allongée sur le dos à regarder les sommets noirs de suie des arbres du square –

C'est vraiment étrange de ressentir les mêmes sensations que celles que l'on a après avoir eu un vrai bébé, mais sans le résultat. J'espère que cela ne m'arrivera plus jamais –

Je ne serai malheureusement pas en mesure de me rendre à Portsmouth <u>vendredi</u> prochain car le docteur Phillips m'a prescrit de rester allongée jusqu'à samedi....

Que se passera-t-il si les propriétaires des houillères & les mineurs ne parviennent pas à s'entendre ?....

Tendres pensées pour mon chéri
de votre Clementine
qui vous aime énormément

o De Winston   H.M.S. Enchantress
[non daté, 26 mars 1912]

Ma très chère,

Je reviens juste d'une longue journée de canonnade, qui valait très largement la peine d'être vue. Les tourelles électriques de l'Invincible ont causé tant d'ennuis qu'on se demandait s'il ne fallait pas les remplacer par des hydrauliques. Cela coûterait 150 000 £ ! Je les ai fait tester comme jamais elles ne l'avaient été auparavant – en faisant tirer un canon huit coups à la suite. Je suis resté dans la tourelle moi-même pour voir ce qui allait arriver. Tout s'est bien passé. Il sera difficile de condamner le système au vu des résultats de ce jour.

L'escadre de 4 navires qui faisaient feu en même temps était extrêmement impressionnante – implacable & redoutable image de la colère humaine.

La grève apparaît sous un jour très noir. Ici, tout est réglé comme un mouvement d'horlogerie. Ailleurs, l'incertitude & la confusion couvrent le ciel de nuages. Je ne crois pas avoir manqué grand-chose en n'étant pas présent au Conseil des ministres restreint aujourd'hui. Ils vont bientôt être rattrapés par les événements.

Nous revenons tous demain par le 10 h 10, & je viendrai vous voir dès que possible à mon retour. Votre lettre est arrivée ce matin, juste au moment où je partais. C'est dur pour vous d'être enfermée comme cela. Avec mon amour le plus profond.

Votre mari dévoué à jamais
W.

o De Clementine ✉   33 Eccleston Square
27 mars [1912]

Mon chéri à moi

Je suis contente de vous savoir de retour ! Je vous envoie ce petit mot de bienvenue au cas où vous iriez directement de la gare au travail – La situation en ce qui concerne la grève paraît si noire qu'une nouvelle aube devrait bientôt poindre. Le Times se comporte enfin très bien – en soutenant le Premier ministre dans l'éditorial d'aujourd'hui – Il va même jusqu'à insinuer que Balfour[1] est un homme d'une intelligence limitée (mais peut-être l'avez-vous déjà lu ?). Venez aussi vite que vous le pourrez…

1. Homme politique conservateur. Ancien Premier ministre (1902-1905) et leader du Parti conservateur jusqu'en 1911. [ndt]

Se sentant rétablie, Clementine fila à Paris avec quelques amis.

o De Clementine   Hôtel Bristol
18 avril [1912]   Paris

Mon chéri

… Je rentre parce que je ne me sens pas bien – Rosie[1] a été la gentillesse même –

Hier, après être sortie pendant moins d'une heure, j'étais totalement épuisée & je me sentais assez mal. Elle a cherché qui était le meilleur spécialiste des problèmes féminins à Paris & il est venu me voir ce matin –

Il dit que, vu l'état de mon ventre, il aurait pensé que la fausse couche avait eu lieu il y a 3 jours & pas 3 semaines….

… J'ai demandé au médecin français si c'était vraiment grave. Il a dit Pas encore, mais que si je ne prenais pas les choses au sérieux, je serais très malade & devrais être opérée….

J'en veux amèrement au Dr Phillips – Il était de son devoir de nous avertir – Si j'ai la chance d'avoir un autre bébé, je me passerai de ses services – Mais ne lui écrivez pas & ne faites rien jusqu'à ce que nous nous revoyions.

J'arrive à Victoria à 7 h 10 demain soir – Si vous en trouvez le temps, venez m'attendre….

... Je serai à nouveau heureuse quand je vous reverrai mon chéri –

Votre Clem
qui vous aime

J'ai envoyé 15 £ sur les 60 que vous m'avez données au Daily Mail pour le Titanic[2].

1. Rosamond Guest, fille du premier baron Wimborne et épouse de Matt White Ridley, second vicomte Ridley. Cousine de CSC, elle était également la marraine de Randolph.
2. Le paquebot de luxe *SS Titanic* avait heurté un iceberg au sud de Terre-Neuve au cours de son voyage inaugural de Southampton à New York, la nuit du 14 au 15 avril 1912, entraînant la mort de 1 513 personnes.

o De Winston   H.M.S. Enchantress
20 avril 1912   Douvres

Ma chérie,

Votre télégramme m'est parvenu à temps ici. J'espère que le rapport du médecin arrivera ce soir. Il n'y aura rien de tel qu'un mois où il faudra faire très attention. Avez-vous reçu les fleurs que j'ai commandées chez Solomon ? J'espère qu'elles étaient fraîches & jolies.

Ici, nous avons eu une belle journée & la vue du port depuis les batteries des falaises était splendide. La mer turquoise – et les digues & môles parfaitement tracés comme sur une carte. J'ai fait le tour de tout l'endroit & découvert plusieurs choses –

En premier lieu – que les barrages flottants qu'ils sont censés avoir pour fermer les accès du port sont tout simplement inexistants !....

... Tout cet épisode [du *Titanic*] me fascine. Il montre que malgré toutes les inégalités et artificialités de notre vie moderne, au bout du compte – éprouvée dans ses fondements –, notre civilisation est humaine, chrétienne, & absolument démocratique. La Rome impériale ou la Grèce antique auraient réglé le problème de façon bien différente.

Les huiles et les potentats seraient partis avec leurs concubines & leurs esclaves préférés & leurs gardes prétoriennes, & ensuite les marins auraient eu leur chance, le commandant en tête, quant au reste – celui qui aurait pu verser les pots-de-vin les plus élevés à l'équipage aurait eu la préférence & les autres auraient pu aller au diable – Mais ce n'est pas à partir de ce genre d'éthique qu'on peut construire des Titanic avec science ou les perdre avec honneur.

L'AMIRAUTÉ

Je me sens ts égoïste de faire le rigolo ici, avec vous qui avez le fil à la patte à Londres. Mon profond amour. Bonne nuit ma très chère Clem.

Votre dévoué mari qui vous aime
W.

o De Winston   H.M.S. Enchantress
8 mai 1912

Ma chérie –

La brume intermittente mais revenant en rouleaux environ toutes les heures pour former d'épaisses nappes a interdit tout tir aujourd'hui. L'amiral a raté sa chance comme une nouille et quand il y a eu un moment de luminosité ses machines n'avaient pas assez de pression & il ne pouvait pas se déplacer. Le Roi est venu en sous-marin accompagné d'un petit P.K. de prince[1] et je leur ai fait faire une plongée sur deux milles. J'ai de plus en plus l'expérience des sous-marins & la nouveauté & le sens du danger s'estompent. Le bâtiment plonge ts bien – je ne pouvais pas laisser le Roi partir tout seul.

… Nous avons fait le tour de la flotte sur le yacht & les navires étaient magnifiques. Le ciel plein d'aéroplanes, la mer noire de dreadnoughts…

Je reviens avec Mr Balfour demain soir, mais arrive seulement à temps pour le vote sur le *Home Rule*, & ne vous verrai pas avant 11 h – vers 11 h 30. Pouvez-vous rester à attendre si longtemps, pauvre chatte fatiguée, pour me donner un baiser ?….

Comment vous sentez-vous ? Il n'y a pas eu de lettre de vous. J'espère vraiment que votre respect sans faille des règles les plus strictes des médecins produira un bon résultat, et que vous rechargez progressivement vos batteries d'accumulateurs d'énergie & de bonne santé.

Il est prévu que nous dînions tous sur le yacht royal ce soir.

Ce bestiau de Briggs[2] n'a montré aucune reconnaissance de la belle nomination que je lui ai attribuée ; mais Dieu merci je ne reverrai plus sa tête. Il a à la fois du caractère & des capacités, mais c'est quelqu'un de profondément désagréable, & son cerveau est coincé & son âme est malade & aigrie & boudeuse & grognon & dans l'ensemble digne d'un <u>porc</u>[3].

Permettez-moi de tirer un trait entre lui
& mon amour le plus profond pour ma chère Clemmie chérie à moi
Winston

1. Le prince Albert, par la suite duc d'York (1895-1952). Il succéda à son frère, le roi Édouard VIII, en décembre 1936 sous le nom de George VI.

2. Vice-amiral Charles Briggs (1858-1951). Troisième Sea Lord et contrôleur de la Marine. Nommé vice-amiral d'escadre à la tête de la quatrième escadre de la Home Fleet, 1912-1914. Fait chevalier en 1913.
3. Les allitérations intraduisibles se succèdent dans le texte de Churchill (où *swinish* est souligné trois fois) : « ... *his soul is sore & sour & sulky & surly & generally swinish* ». [ndt]

o De Winston   H.M.S. Enchantress
12 mai 1912

    Ma très chère chérie,

Je vais revenir demain, mais si ce sera à temps pour le dîner dépendra de la météo d'ici. 4 destroyers torpilleurs doivent sortir et faire feu au galop et il pourrait y avoir des brumes matinales. Je télégraphierai dès que je le saurai....

    J'ai fait des choses importantes aujourd'hui – viré Briggs, nommé Moore[1] à sa place, & un nouveau contre-amiral chargé des destroyers, & un nouveau directeur de l'intendance navale. D'une manière générale, je me suis débarrassé de pas mal d'affaires sérieuses & difficiles qui restaient en suspens depuis des semaines.

    Le Roi a tenu des propos sur la marine plus stupides que jamais auparavant. C'est vraiment à baisser les bras d'entendre les sornettes faciles & idiotes avec lesquelles il se laisse embobiner....

    Bonne nuit ma tendre petite chatte

                      Toujours votre mari qui vous aime
                                        W.

1. Archibald Wilson Moore (1862-1934). Troisième Sea Lord, 1912-1914 ; amiral, 1919. Fait chevalier en 1914.

o De Clementine   33 Eccleston Square
Samedi soir [22 juin 1912 ?]

    Mon chéri adoré

    Quelles belles fleurs ! Quelles pêches succulentes !

Je vous aime énormément. J'espère que vous vous êtes bien amusé à la piscine & que vous passerez une délicieuse & douce journée de dimanche parmi les arbres & les fleurs[1] – Faites mes amitiés à tout le monde –

    Goonie [l'épouse de Jack Churchill] & Venetia [Stanley/Montagu] sont venues me rendre visite, comme deux chattes apprivoisées & amicales. Le vilain vieux « Sage » [Asquith] a emmené Venetia faire une longue balade en automobile dans la campagne après le bridge aux enchères avec Pig & Kat. Je dois dire que si j'étais toujours une demoiselle jeune & libre, je partagerais mes promenades avec un plus jeune soupirant ! Brûlez cette lettre, vilain Pig que vous êtes, au lieu de la laisser traîner dans votre nécessaire à écrire.

Je me sens beaucoup mieux ! Revenez tôt lundi matin ou vous pourriez bien me retrouver en train de folâtrer sur les toits (ou est-ce toîts ?).

1. À Knebworth House, dans le Hertfordshire, demeure du second comte de Lytton et de sa femme, Pamela, née Plowden, amie et premier grand amour de WSC.

o De Winston   H.M.S. Enchantress
9 juillet 1912   Spithead

Ma chérie,
Cela a été très gentil à vous de m'envoyer votre télégramme ; mais j'ai ressenti vos douleurs & votre inconfort toute la journée par procuration....

Mais ma chérie je compatis tellement avec vous. Comme je regrette que vous n'ayez pas pu être ici....

L'attaque sous-marine a été ts dangereuse à cause de la présence de bateaux & le sous-marin a abîmé un petit yacht. Heureusement il a refait surface sans problème – mais nous avons vraiment frôlé le drame ! La flotte est sur le point de lever l'ancre pour prendre la mer. Je suis sur la brèche depuis 7 heures ce matin & je suis épuisé.

Margot[1] a passé une bonne journée. Elle voulait rester pour la nuit – mais je n'ai pas de cabine & l'en ai dissuadée. Qu'elle est bavarde – absolument tout ce qui lui passe par la tête ressort par sa langue indiscrète. Quelles drôles d'opinions – & quelle façon de les exprimer.

Le P.M. est totalement infatigable & il est resté debout toute la journée. Il adore ce type d'existence & il est fait pour elle. Il aurait fait un bien meilleur amiral que la plupart de ceux qu'il faut que je côtoie.

Le prince Louis[2] avait ts fière allure sur son splendide Thunderer.

Je remonte demain dans le train spécial de [Sir Ernest] Cassel & arriverai peu après 10 h. En attendant, Mon plus profond amour, & que Dieu vous accorde une vie tranquille & reposante.

Toujours votre dévoué
W.

1. Margaret (« Margot ») Asquith, par la suite comtesse d'Oxford et Asquith (1864-1945), fille de Sir Charles Tennant, premier baronnet. Elle était devenue la deuxième épouse de H.H. Asquith en 1894.

2. Le prince Louis de Battenberg, puis Mountbatten et premier marquis de Milford Haven (1854-1921). À cette date, premier Sea Lord.

o De Clementine   33 Eccleston Square
Dimanche [14 juillet 1912]

Mon chéri à moi

Je suis vraiment ravie des résultats de Hanley[1]. C'est un véritable triomphe en ce moment, avec l'anxiété & le doute que tous les électeurs doivent ressentir à la veille de la mise en application de la nouvelle loi de prévoyance sociale – Je suppose que c'est probablement la toute première fois que chaque personne dans ce pays sera contrainte de se conformer à un acte unique du Parlement. Tout le monde sera affecté en tant qu'employé ou employeur.... Avez-vous lu l'odieux discours prononcé par le gouverneur de la Banque d'Angleterre à un banquet de la Cité où Lloyd George était son invité[2] ?

Mon Amber Pug chéri adoré – Ne vous laissez pas aveugler par l'attrait de l'élégance & du raffinement, & le renouvellement d'anciennes alliances. Ces gens charmants que vous rencontrez aujourd'hui – ils ne représentent pas le torysme, ils ne sont que la crème sur le dessus – En dessous, ils sont ignorants, vulgaires, pleins de préjugés – Ils ne peuvent pas supporter l'idée que les classes inférieures puissent être indépendantes & libres – Ils veulent qu'elles suent sang & eau pour eux lorsqu'elles sont en bonne santé, qu'elles se contentent d'une couverture & d'un bouillon clair pour toute assistance lorsqu'elles tombent malades, & qu'elles saluent & fassent la révérence quand les grands de ce monde viennent à croiser leur chemin – Au revoir mon chéri, je vous aime énormément.

...

1. Lors de l'élection partielle du 13 juillet, les libéraux avaient repris le siège aux travaillistes. Libéraux : 6 647, unionistes : 5 993 et travaillistes : 1 694.
2. Référence au discours annuel du chancelier de l'Échiquier devant les banquiers de la Cité à Mansion House, résidence du Lord-maire de Londres. [ndt]

La santé de Clementine finit par s'améliorer et, à la fin du mois de juillet, elle emmena les enfants passer quelques semaines à Rest Harrow près de Sandwich, dans le Kent, une résidence qui leur avait été prêtée par Waldorf et Nancy Astor[1]. Winston rendait visite à sa petite famille chaque fois qu'il le pouvait.

1. Waldorf Astor, par la suite second vicomte Astor (1879-1952), arrière-petit-fils du millionnaire américain John Jacob Astor. Lui et sa femme Nancy, originaire de Virginie, née Langhorn (1879-1964), étaient des personnalités importantes de la vie politique britannique. Propriétaire de l'*Observer*. Député conservateur de Plymouth depuis 1910 ; lorsqu'il devint pair en 1919, Lady Astor fut élue dans sa circonscription. Elle fut la première femme à siéger aux Communes.

o De Winston H.M.S. Enchantress
30 janvier 1913

Bien-aimée Clemmie

Tout s'est déroulé admirablement. Le P.M. en grande forme, les suffragettes en déroute, & les Dundoniens[1] absolument ravis. J'ai fait, sans grand mal, un discours presque impromptu, qui a été bien reçu & ne m'a valu dans l'ensemble que des éloges...

Il y a eu de nombreuses questions sur ma Kat & son accident d'auto[2]. Ce sont tous de braves gens là-haut & ils savent sobrement apprécier leurs amis.

J'espère que vous allez prendre l'intendance[3] de l'Amirauté en main cette semaine & être à même de me dire quels sont vos projets à mon retour.

J'ai été stupide hier soir – mais vous savez à quel point je suis en proie à l'emportement & aux forces qui me dépassent. C'est pour moi un grand réconfort d'avoir une confiance <u>absolue</u> en votre amour & la façon dont vous chérissez votre pauvre P.D. [Pug Dog]

Avec beaucoup de baisers
& mon amour dévoué toujours votre mari qui vous aime
W
...

P.-S. Comme j'aimerais que vous soyez là ! J'aurais plaisir à embrasser votre cher visage... et à vous faire doucement ronronner dans mes bras.

Ne me soyez pas infidèle par la pensée. Je n'ai que vous pour briser la solitude d'une existence bousculante & bousculée.

Écrivez-moi à Queensferry à réception de la présente. Cela me parviendra sam[di] matin & me dira quelle place occupe dans vos pensées votre pauvre

W.

X.X.X. Voici trois baisers, un pour chacun de vous. Ne les gâchez pas. Ils sont de bon aloi.

1. Le Premier ministre et WSC avaient pris la parole lors d'une réunion publique au Kinnaird Hall de Dundee le 30 janvier.

2. Le 18 janvier, CSC avait été impliquée dans une collision dans le brouillard près de Melton Mowbray (Leicestershire). Elle échappa de peu à de sérieuses blessures, mais elle subit quelques coupures au visage et fut fortement commotionnée.

3. Les Churchill avaient pris la décision d'emménager à Admiralty House, ce qu'ils firent en avril.

o De Clementine 33 Eccleston Square
31 janvier [1913]

Mon aimé

Je suis ravie que votre visite à Dundee se soit si bien passée – J'ai lu votre discours avec admiration et intérêt. Le Daily News (chose extraordinaire) est très content de vous.

Un léger incident, qui n'a pas échappé à l'œil attentif de votre Kat : vous n'êtes arrivé au Kinnaird Hall que bien après le début du discours du « Prem ». Je me demande si cela était dû à un retard de votre train ou au fait qu'il n'y ait pas eu de Mrs Grimalkin [vieille chatte] pour vous miauler après !

J'ai aimé le discours du P.M., mais j'ai trouvé la plaisanterie sur votre « timide modestie » plutôt éculée.

J'ai passé les matinées d'hier & d'aujourd'hui aux prises avec l'installation à l'Amirauté & les fonctionnaires du service des Domaines. J'ai bien peur que, même si nous pouvons « choisir » le mobilier des chambres à coucher, il soit difficile de trouver quoi que ce soit qui nous plaise, car le « choix » est à faire dans un catalogue sinistre ; jusqu'à présent j'ai écarté beaucoup de choses, mais je n'ai encore rien choisi.

Je suis convaincue qu'il faudrait une femme pour diriger les Domaines – quelqu'un comme votre Mama. Peut-être que si j'avais épousé Lionel[1], le mobilier des catalogues serait plus joli, mais cela ne me servirait à rien, car je n'aurais pas à habiter l'Amirauté ! Je suis toutefois persuadée que cela sera très confortable....

Winston, mon doux chéri, je vous aime tellement. Ce que je veux & qui me remplit de joie est que vous vous plaisiez avec moi & que vous vous sentiez tout à fait bien – Vous savez que je n'ai aucune *arrière-pensée* qui ne fasse surface et ne déborde immédiatement ; de sorte que, quand je m'énerve & que je me fâche, j'en dis toujours plus que ce que je pense ou que je ressens, & pas moins – Il ne reste rien au fond de la casserole.

Ce n'est que lorsque les moments de répit se font rares & très espacés dans une existence « bousculante & bousculée » que je me sens un peu déprimée. Je suppose que ces moments ne sont pas <u>vraiment</u> rares, mais je suis une Kat très gourmande et j'ai besoin de beaucoup de crème.

J'ai gardé pour moi toute seule les trois précieux baisers, car je les apprécie plus encore que le P.K. & le C.B.

Faites mes amitiés au « Prem » & à Violet, avec un message très spécial de ma part pour le Prem....

Au revoir, mon précieux amour
Votre Kat à vous
...

---

1. Lionel Earle, à qui CSC avait été brièvement fiancée en 1906. Secrétaire permanent du service des Domaines de sa Majesté de 1912 à 1933.

o De Winston   H.M.S. Enchantress
1er février 1913   Forth Bridge

Ma très Précieuse – Votre chère lettre m'a procuré les plus grands plaisir & réconfort.

Le vent a tourné complètement & il vient désormais de la terre, ce qui nous permet d'espérer un trajet sans grande difficulté vers le sud... Nous partons ce soir & espérons arriver lundi de bonne heure. Je serai avec vous pour le déjeuner....

Veillez surtout à ne pas ouvrir de colis suspects[1] arrivés par la poste sans précaution. D'un autre côté, ne les laissez pas rester dans la maison sans être ouverts. Il faut s'en occuper soigneusement & promptement. Ces harpies sont bien capables d'essayer de nous faire rôtir. Téléphonez à Scotland Yard si vous avez le moindre doute sur un paquet.

Puisque vous avez conservé les 3 baisers pour vous, je vous en envoie 2 autres pour le P.K. & le C.B. ☒☒ et, en les prenant dans une réserve inépuisable, six de plus pour vous x x x x x x

Toujours votre dévoué mari qui vous aime
W.

---

1. Cette mise en garde semble douloureusement d'actualité. En outre, à cause des menaces d'enlèvement, les enfants Churchill bénéficiaient de la protection de la police lors de leurs promenades dans les jardins publics. Les suffragettes les plus militantes adoptaient alors des tactiques de plus en plus violentes, y compris l'incendie criminel, ce qui porta un coup d'arrêt à la législation accordant le droit de vote à certaines catégories de femmes au début de 1913.

o De Clementine Burley-on-the-Hill[1]
7 février [1913]

    Les enfants vous envoient tout leur amour
    & 6 baisers de la part de Diana
    & 3 de Randolph, qui est plus pingre

    Mon chéri
    J'espère que vous avez raison d'insister sur l'accélération du programme de construction. Je pensais plutôt que vous n'étiez pas convaincu de l'<u>absolue</u> nécessité de ces bateaux canadiens, mais que vous vous étiez engagé auprès de Borden[2]...
    Maintenant que vous vous êtes battu si âprement & que vous avez tant obtenu, ne remettez pas tout en jeu pour une affaire qui n'est pas vitale en soi (en vous assurant toujours que *l'honneur est sauf*). Vous avez toujours su faire preuve d'un calme extraordinaire & d'une humeur égale.
    Le fait de ne pas pouvoir chasser me rend plutôt triste & déprimée[3]. Je suis allée au rendez-vous ce matin & j'étais comme un chat devant une souris juste hors de sa portée. Le vent sifflait autour de cette maison imposante & sinistre comme une caserne....
    Amy est gentille, mais plus suffragette, Christian Science & Yankee Doodle que jamais. Ce pauvre Freddie [Guest] est un mouton déguisé en lion –

 Votre Clemmie
 qui vous aime

    1. Où CSC séjournait de nouveau en compagnie de Freddie Guest et de sa femme américaine, Amy, née Phipps, originaire de Pittsburgh.
    2. Sir Robert (Laird) Borden (1854-1937), alors Premier ministre du Canada. Au cours de l'année 1913, WSC et Borden discutèrent du financement de trois dreadnoughts par le Canada. Début 1914, il devint évident que le Sénat canadien allait rejeter le projet.
    3. CSC était toujours quelque peu fragile après sa fausse couche de l'année précédente et se remettait lentement de son accident de voiture.

o De Winston H.M.S. Enchantress
6 avril 1913 Portsmouth

    Ma chérie,
    Nous sommes revenus ici après un excellent voyage depuis Devonport & restons au port jusqu'à demain soir, où nous faisons route pour

Chatham. Les membres du Conseil de l'amirauté issus de la marine ayant eu tout leur saoul de la mer se sont éclipsés jusqu'à lundi...

J'espère qu'on sera à vos petits soins, vous & le P.M., au Wharf[1], maintenant que [les] trois créatures [suffragettes] sont dans leur cage.

La condamnation pénale infligée à Mrs P[2] va permettre au gouvernement de s'occuper d'elle de temps en temps comme il l'entend. C'est aussi bien que la loi « Cat & Mouse[3] ».

Ici, les nouvelles concernent uniquement les navires & les canons. J'ai toujours aimé ce port. Je reste placidement dans ma belle cabine à travailler toute la matinée, fais le tour de l'arsenal à pied l'après-midi, revenant pour le thé & une ou deux nouvelles heures de travail avant le dîner. Les dossiers arrivent sans discontinuer dans des chemises, des sacs & des cartons. On a l'impression de ne rien faire d'autre que de ne pas prendre de retard dans leur traitement.

Ce sera bien de revenir à l'Amirauté. J'aime l'idée de ces pièces spacieuses. Je suis sûr que vous vous y plairez quand vous y serez. Je crains que tout cela n'entraîne un ts gros travail pour vous – Pauvre petit agneau. Mais rappelez-vous que je vais tourner ma nouvelle page ! Cela, c'est promis – le seul mystère, c'est « Qu'est-il écrit sur l'autre côté. » Cela pourrait n'être que « ditto, ditto » !

J'espère que vous allez passer un week-end agréable avec les Asquith. Ne prenez pas sans nécessité d'engagement à propos du yacht auprès de Margot, si vous pouvez l'éviter. Mais je connais votre discrétion.

Bonne nuit ma douce chérie – Avec l'amour & les baisers les plus tendres de votre

toujours dévoué & rempli d'amour
W.

1. La résidence des Asquith sur la Tamise, à Sutton Courtenay (Berkshire). [*ndt*]
2. Mrs Emmeline Pankhurst (1858-1928), fondatrice de la Women's Social and Political Union, qui lança en 1905 la campagne des suffragettes militantes. Elle était soutenue par ses deux filles, Christabel et Sylvia. À cette date, elle venait de se voir infliger une peine de prison de trois ans pour avoir incité ses adeptes à déposer des explosifs dans la résidence du chancelier de l'Échiquier (Lloyd George). Elle ne devait purger sa peine que pendant un an, dont elle consacra une grande partie à une grève de la faim.
3. L'alimentation par la force des prisonniers en grève de la faim, permise quelque temps, avait suscité de fortes critiques. La signature du roi donnée au *Prisoners (Temporary Discharge for Ill-Health) Act* de 1913, connu sous le nom de *« Cat and Mouse » Bill* (de l'expression « jouer au chat et à la souris » [*ndt*]), autorisait la relaxe de femmes affaiblies par la grève de la faim et leur nouvelle arrestation lorsqu'elles avaient recouvré la santé.

o De Clementine   The Wharf
Dimanche 6 avril [1913]   Sutton Courtenay

Mon Winston chéri

Dimanche très agréable ici – Le Prem & Violet [Asquith][1] sont venus me chercher hier matin à Eccleston Square &, en partant, j'ai eu l'impression que c'était la fin d'un chapitre de ma vie – Quitter une maison où l'on a vécu pendant presque 4 ans est un événement tout aussi important dans une vie de « Kat » que de passer du ministère de l'Intérieur à l'Amirauté pour un homme d'État !

…

Demain, je rentre aussi vite que possible par le premier train, car j'ai hâte de prendre possession de notre majestueuse demeure –

Mon chéri – J'ai l'impression que je ne vous ai pas vu depuis très longtemps – C'est peut-être parce que je ne vous ai pas écrit de belles lettres, seulement des gribouillis fastidieux à propos de rendez-vous ou pas pour le déjeuner….

Je suis allée au mariage de Mr Steel[2] – Il rayonnait de bonheur – J'espère qu'il reviendra de sa lune de miel à la fin de son congé ! Ils donnaient tous les deux l'impression qu'ils s'apprêtaient à « prendre le large pour un an & un jour[3] ».

                                               Votre Clemmie
                                               qui vous aime

1. Violet Asquith (1887-1969). Fille de H.H. Asquith, née d'un premier mariage. Épousa, en 1915, Maurice (par la suite Sir Maurice) Bonham Carter, secrétaire particulier de son père. Elle était devenue une grande amie de WSC lorsque celui-ci était jeune ministre dans le gouvernement libéral de son père (1908-1915), une amitié qui devait durer, malgré quelques différends, jusqu'à la fin de leur vie. Oratrice de talent et fervente supporter du Parti libéral, elle prit part à de nombreux combats et publia, en 1965, un excellent livre de souvenirs intitulé *Winston Churchill as I Knew Him*.
2. Gerald Arthur Steel, secrétaire particulier adjoint de WSC de 1911 à 1915.
3. Extrait d'un poème d'Edward Lear, *The Owl and the Pussycat* (*La Chouette et le Petit Chat*). [ndt]

o De Winston   H.M.S. Enchantress
7 avril 1913   Chatham

Ma chérie,

Deux magnifiques lettres de vous me sont parvenues, l'une sam^{di} soir, l'autre dim^{che} matin. Je suppose que vous êtes en plein dans les affres du déménagement & c'est une bonne chose que je ne sois pas là. Nous avons fait le tour jusqu'ici par la Manche sans encombre. Brab[1] est là jusqu'à demain. Je crois qu'il ne s'est pas ennuyé, & qu'il a été traité avec les plus grands égards. Pour un homme de 70 ans, il est formidable. Je serais ts content de lui ressembler physiquement & mentalement quand j'aurai 60 ans – si toutefois je parviens à ce stade....

Je reviens merc^di matin à temps pour le Conseil restreint. Vous m'accueillerez à l'Amirauté.

Votre mari qui vous aime à jamais
W.

Ma douce et chère – J'ai pensé très tendrement à vous pendant ma croisière. XX pour vous & X & X pour Diana & Randolph. Ne les gardez pas pour vous.

1. Général de division Sir John Palmer Brabazon (1843-1922). Il avait été le premier chef de corps de WSC dans le quatrième régiment de hussards, en 1893.

o De Clementine [Admiralty House]
28 avril 1913

Mon chéri

Je vous imagine rôdant dans l'arsenal & inspectant tous les bâtiments de guerre du port, puis vous retirant dans la salle du conseil avec la ferme intention de réfléchir à l'Irlande & à ses besoins, plutôt qu'à la question de l'Allemagne & de son destin – J'espère que vous reviendrez reposé & portant en vous un œuf [discours] superbe & brillant, bien plein, prêt à être pondu mardi.

Violet [Asquith] va passer ; elle m'a envoyé un télégramme ravi hier. Margot [Asquith] est venue me voir à l'heure du thé & a été tout à fait charmante. J'ai passé cinq minutes très embarrassantes lorsque j'ai découvert qu'elle ignorait que le « Prem » ferait partie du voyage en Méditerranée. Elle a dit « Comme j'aimerais qu'Henry parte avec vous à la Pentecôte – cela lui ferait tellement de bien. » J'ai répondu « mais il vient avec nous ». Elle était enchantée, mais a semblé quelque peu blessée quand elle a découvert que Violet venait également & qu'elle n'était pas du voyage. Il y a eu un silence & elle a dit « Oh je vois » & a changé de sujet. J'ai déduit du télégramme de Violet que le « Prem » ne lui avait pas dit un mot de tout cela & que c'était totalement nouveau pour elle[1]....

Votre Clemmie
qui vous aime
...

1. En mai 1913, Mr et Mrs Asquith *et* Violet furent tous les trois invités par les Churchill pour une croisière en Méditerranée qui incluait une visite à Malte et la supervision de manœuvres en mer.

o De Winston H.M.S. Enchantress
[non daté, vraisemblablement le 23 juillet 1913] South Queensferry

Clemmie –

Nous n'avons pas fait route vers Scapa [Flow] hier, finalement, parce que le C.-en-C. vient au sud & et tout ce que nous avons à faire, c'est d'aller à sa rencontre au large de la Forth… Oui, bien sûr, priez K [Kitchener] à déjeuner la semaine prochaine – mardi serait un bon jour. Restons *à trois*. Il faut que je lui parle de certaines choses[1].

Les invités se sont installés et ils sont très contents & je crois qu'ils ont décidé de prendre du bon temps. La météo est de la partie, ciel lumineux & clair, & tout laisse penser que les manœuvres vont au moins débuter sur une mer d'huile.

Mon tendre amour à ma douce & à nos deux petits chatons – surtout ce rayonnant Randolph. Diana est à croquer, elle aussi – & je me repens d'avoir exprimé une préférence. Mais je ne sais pourquoi il paraît avoir une nature plus généreuse & plus ouverte, alors qu'elle est mystérieuse & repliée sur elle-même. Ils sont ts beaux & nous feront honneur un jour, quand tout le monde admirera la fille & se plaindra du garçon.

Ma très chère vous m'êtes ts précieuse et je me réjouis d'avoir conquis & conservé votre cœur rempli d'amour. Que jamais il ne perde sa chaleur envers moi, c'est ma prière & que je puisse mériter votre amour, ma résolution.

Écrivez tous les jours –

Toujours votre mari qui vous aime
W.

1. Lord Kitchener était à l'époque agent et consul général en Égypte, et il devait devenir secrétaire d'État à la Guerre en 1914. WSC était soucieux d'établir de bonnes relations de travail avec lui car il y avait entre eux une froideur de longue date, qui datait de 1898, quand « K » avait refusé que WSC intègre son armée au Soudan. Après la bataille d'Omdurman, WSC avait sévèrement critiqué Kitchener sur le traitement des derviches blessés et la profanation de la tombe du Mahdi.

Lorsque Winston se rendit à Balmoral pour sa visite annuelle de ministre, Clementine, Goonie, Nellie [la sœur de Clementine] et la petite

L'AMIRAUTÉ

*Diana restèrent à bord de l'*Enchantress *à Greenock et se divertirent en explorant les environs.*

o De Winston
20 septembre 1913
         Château de Balmoral

 Ma bien-aimée,
 J'écris depuis l'un des pavillons des gardes-chasse où je suis retourné après la poursuite & où j'attends le prince de Galles. Sans nul doute la plus belle journée de chasse que j'aie connue dans le pays – 4 beaux cerfs & de retour de bonne heure ! Trois étaient en train de courir & l'un d'entre eux était très difficile à tirer – en descente, à demi couvert, & en pleine vitesse. Pas mal comme résultat pour moi qui n'ai pas tiré une seule cartouche depuis l'an dernier....
 Hier soir j'ai eu une longue conversation avec le jeune Prince [de Galles, dix-neuf ans] et nous avons fait le tour de mes dossiers de l'Amirauté ensemble. Il est si charmant, & nous sommes presque devenus amis. Ils se font un peu de souci pour lui, car il est devenu tellement spartiate – levé à 6 heures, il ne mange presque rien. Il faut qu'il tombe amoureux d'une jolie chatte, qui l'empêchera de devenir trop exigeant vis-à-vis de lui-même.
 Le Roi a été extrêmement cordial & intime dans ses conversations avec moi, et je me réjouis de penser que je l'ai pas mal rassuré sur la situation d'ensemble....
 Tout bien pesé, cela a été très agréable, & pas du tout pesant ni embarrassant. Je suis content d'être venu – même si quitter le yacht a été comme toujours un arrache-cœur pour moi.
 Je suis ravi que vous soyez heureuse & sereine et que Goonie et Nellinita soient à vos côtés.
 Je vous reverrai dans la grisaille du petit matin londonien lundi, & nous déjeunerons ensemble au Ritz...
 J'ai abattu un gros travail et j'ai aussi longuement écrit au P.M.

      Tout mon tendre amour ma chérie à vous
  et à la douce Diana de la part de votre toujours dévoué mari
                 W
                 ...

o De Winston   H.M.S. Enchantress
19 octobre 1913   Newcastle

Ma très chère,

Nous avons fait bon voyage et passons un dimanche paisible à bord. Je vais aller jouer au golf cet après-midi. J'étais vraiment très fatigué et j'ai dormi ts profondément. C'est éprouvant de faire un discours comme cela[1] – il y a tant de choses à prendre en compte & à garder constamment à l'esprit. Je suppose qu'on ne peut éviter de faire beaucoup d'erreurs.

Si les Allemands refusent j'aurai du moins présenté mes arguments pour dire qu'il fallait faire quelque chose[2] – S'ils acceptent ce sera un grand événement dans les affaires du monde...

Ci-joint une lettre de Cornelia [Wimborne[3]]. Je veux que vous écriviez pour accepter. J'ai une grande considération pour elle – & nous n'avons pas tant d'amis que cela. Si toutefois vous ne voulez pas y aller – j'irai tout seul. Ne venez pas dressée sur vos ergots & comme si on vous prenait à rebrousse-poil. – Coquine que vous êtes.

Votre mari qui vous aimera toujours
W.

1. Le 18 octobre 1913, WSC fit un discours important devant une réunion de libéraux où il y avait foule, au Free Trade Hall de Manchester.
2. L'un des thèmes du discours était les « vacances navales » que WSC avait une première fois suggérées en 1912 et qu'il renouvela en 1913. L'idée était qu'aussi bien l'Allemagne que la Grande-Bretagne devaient s'abstenir de construire de nouveaux navires de guerre. Le gouvernement allemand refusa en avançant la nécessité de maintenir les emplois.
3. Épouse du premier baron Wimborne (Sir Ivor Bertie Guest) et tante de WSC.

o De Clementine   Alderley Park[1]
[non daté, 20 octobre 1913]   Chelford
Dans le train de Londres 19 h

Mon Winston chéri

Je suis écœurée par les deux journaux que j'ai lus. Le Times semble penser que vous retournez à vos anciens errements concernant l'Ulster & C.P. Scott[2] refuse de se laisser séduire par l'attrait de bateaux coûteux ! Ils sont vraiment déraisonnables.

J'ai adoré venir avec vous & j'étais triste lorsque vous êtes parti pour Newcastle.

La chasse cependant a été vraiment très agréable ce matin – Nous sommes partis très tôt chasser le renardeau &, pendant longtemps, il ne s'est rien passé d'intéressant. Plusieurs renardeaux ont été tués juste à la sortie des fourrés &, vers 11 heures, Venetia [Stanley/Montagu] & moi allions rentrer quand les chiens sont partis à la poursuite d'un gros renardeau (je suppose que c'était un vieux renard !) & nous avons fait une course épatante pendant près d'une demi-heure...

... Le maître d'équipage (le capitaine Higson, qui était dans le 14e régiment de hussards) m'a donné la queue ! Cela a été un moment extraordinaire – Mais ma joie a été quelque peu assombrie par la nécessité de parcourir 8 km à cheval sur une route très difficile jusqu'à l'auto.

J'ai reçu votre gentille lettre. Je répondrai demain à la tante Cornelia. Je suis ravie d'y aller & je me comporterai très bien, je vous le promets, surtout si vous caressez ma queue soyeuse !

J'avais presque oublié combien il est agréable de chasser – Je me suis <u>vraiment</u> amusée...

Au revoir, Winston, mon chéri adoré. J'espère que le P.M. dira quelque chose de bien ce samedi pour faire progresser les choses en Ulster.... Mais il a une vieille tendance à laisser traîner les choses...

Votre Clemmie
qui vous aime

1. La résidence de Lord et Lady Sheffield (anciennement Stanley d'Alderley) dans le Cheshire.
2. C.P. Scott (1846-1932). Rédacteur en chef du *Manchester Guardian* de 1872 à 1929.

o De Winston H.M.S. Enchantress
22 octobre 1913

Ma toute belle,

Je suis si content que vous ayez passé une très belle journée à poursuivre les petits renards...

Aujourd'hui, je devais prendre un hydravion (comme ce monoplan) mais à peine avait-il quitté son hangar pour rejoindre l'Enchantress qu'il a « vrillé » & il n'en reste plus qu'une épave. Les officiers ont eu de la chance de s'en tirer avec un bain forcé.

[Le centre de formation de] Shotley était très présentable ce matin, tous les élèves ayant l'air propres et en bonne santé. Nous y avons désormais un ts bon commandant.

Je crois que mes invités se plaisent bien – Cet après-midi je les ai tous emmenés dans un sous-marin.

Mon petit oiseau je vous aime vraiment bcp bcp bcp & j'adore penser que vous êtes à moi & à moi seulement. Comme j'ai eu de la chance – Pas ts doué question Cats – je tombe justement par droit divin sur la première & la meilleure.

Mon plus tendre amour
Votre toujours dévoué –
W.

o De Winston   H.M.S. Enchantress
23 octobre 1913   Sheerness

Chérie, Nous avons passé une excellente journée dans les airs. Nous avons commencé par aller à Eastchurch [la base aéronavale de l'île de Sheppey] où nous avons trouvé des dizaines d'avions, & tout le monde [ses adjoints et ses invités] a effectué un vol... J'ai autorisé les officiers de l'armée de terre & de la marine à survoler le fleuve avec moi pour rejoindre notre autre base aérienne sur l'île de Grain – délicieux voyage où je fus emmené par le redoutable Samson[1].

Là-bas, nous avons trouvé un gros troupeau d'hydravions en pleine activité. Au moment où nous arrivions & atterrissions, le dirigeable Astra-Torres, que j'avais fait venir de Farnborough, est arrivé lui aussi, &... j'y suis monté pour aller faire une magnifique croisière à environ 300 mètres autour de Chatham & de la Medway. C'est un aéronef ts réussi, et si facile à prendre en main qu'ils m'ont laissé le piloter tout seul une heure entière. Ensuite, après le déjeuner, encore des hydravions, & j'ai fini la journée en inspectant l'arsenal de Sheerness. J'ai passé une aussi bonne journée qu'à la vieille époque de la guerre en Afrique du Sud, & j'ai vécu concentré uniquement sur l'instant, sans du tout me soucier de tout ce lassant jeu politique, de ces journaux inquisiteurs, de ces élections partielles ingérables, de ces orangistes boudeurs, de ces Cecil malfaisants, ni de ces minables qui pratiquent l'autosatisfaction comme Runciman[2].

Comme porte-bonheur j'ai mis votre médaillon avant de partir. Il est dans un tiroir de mon bureau depuis qu'il est tordu – & comme d'habitude son charme a opéré.

Tous les oiseaux [pilotes] viennent dîner ce soir. Vous pouvez imaginer à quel point les autres ont été ravis d'avoir l'occasion de perdre leur virginité céleste !

C'est ts réjouissant de constater tous ces signes de progrès dans les différentes branches de l'aéronavale. Dans un an – si on me conserve dans mon poste ministériel –, il y aura une gde expansion. Lorsque j'aurai injecté un million de plus tout cela sera plein de vitalité & apte à voler....

Comment vont les poussins ? Le monde sera un endroit ts intéressant pour eux quand ils seront grands.

Bonne nuit ma chérie
avec le plus tendre amour de votre dévoué mari,
W.

1. Charles Rumney Samson (1883-1931), aviateur.
2. Walter Runciman, par la suite premier vicomte Runciman de Duxford (1870-1949), armateur et député libéral. À cette date, président du conseil de l'Agriculture (1911-1914).

o De Clementine   Blenheim Palace
Jeudi [23 octobre 1913]

Mon chéri

Nellie & moi sommes arrivées ici mardi & nous passons très agréablement notre temps –

Sunny [Marlborough] a fait construire un nouveau court de tennis en terre battue & un professionnel nous donne des leçons & nous nous entraînons tous les matins.

Le discours de Lloyd George à Swindon[1] est vraiment splendide ! Je crois que c'est le meilleur discours que j'aie jamais entendu – Nellie me l'a lu à voix haute ce matin & nous étions toutes les deux émues jusqu'aux larmes – Sunny est (« *au fond* ») large d'esprit pour ce qui est des réformes agraires, mais il n'en laisse rien transparaître & se complaît dans l'amertume & l'aigreur d'une pomme sauvage ! Heureusement tout cela s'évanouit sur le court de tennis –

Ce serait vraiment épatant si votre proposition pour la marine [« les vacances navales »] devait porter ses fruits....

... Sunny envisageait d'écrire une réponse au discours de Swindon dans le Daily Mail, mais il est revenu sur sa décision après l'avoir lu !
...

Votre Clemmie
qui vous aime

1. Dans son discours de Swindon, le 22 octobre 1913, le chancelier de l'Échiquier avait présenté les grandes lignes des propositions gouvernementales en matière de

réforme agraire et avait mis l'accent sur l'habitat rural ; il s'en était pris violemment aux grands propriétaires et assimilés.

Au début de 1913, Winston avait commencé à prendre des leçons de pilotage avec des instructeurs sur les bases aéronavales : il trouvait extrêmement exaltant de voler et d'être en compagnie de jeunes aviateurs courageux et brillants qui faisaient œuvre de pionniers dans cette nouvelle science. Dès ses débuts à l'Amirauté, Churchill avait encouragé le tout jeune Service royal aéronaval.

Clementine, mais aussi de nombreux amis de Winston, dont Sunny Marlborough et F.E. Smith, essayèrent de le persuader de renoncer à cette occupation, alors hautement risquée, qui ne faisait en aucune manière partie des devoirs et des obligations du Premier lord de l'Amirauté.

o De Clementine   Blenheim Palace
24 octobre [1913]

Mon chéri

J'espère que mon télégramme ne vous aura pas fâché mais, s'il vous plaît, soyez gentil & arrêtez de voler pour le moment…. Fait-il très froid sur l'Enchantress ? Avez-vous vraiment l'intention d'aller à Portland après Portsmouth ? Pourquoi ne viendriez-vous passer quelques jours à Blenheim ? C'est très agréable ici.

Votre Clemmie
qui vous aime

o De Clementine   Admiralty House
2 novembre [1913]

Mon chéri

Hier soir, je suis rentrée à la maison sans problème….

J'ai y trouvé deux délicieux chatons endormis ; Randolph avait l'air d'un tendre chérubin avec ses petits bras au-dessus de sa tête –

Ce matin, mon rhume est descendu dans la poitrine, mais tout devrait rentrer dans l'ordre si je reste au lit. Je n'ai pas encore vu les enfants, car je ne veux pas le leur passer…

J'espère que vous aurez un temps favorable pour Portland….

Amour tendre
Clemmie…

Mon cher et tendre Pig, quand je serai une vieille femme flétrie, je serais très malheureuse si j'ai perturbé votre vie & troublé votre esprit par mes emportements. Ne cessez pas de m'aimer – je ne saurais pas me passer de votre amour. Si personne ne m'aime, au lieu d'être une chatte avec des dents & des griffes, mais aussi, vous l'admettrez, un doux pelage, je deviendrai comme le porc-épic, toute hérissée à l'extérieur & écorchée vive & terriblement malheureuse à l'intérieur – Au revoir, mon adoré, j'aimerais caresser votre doux visage –

Il me faut maintenant poursuivre le combat sur les terres de mon Pig & lui demander de ne <u>pas</u> laisser les gribouillages de sa Cat traîner partout. Elles sont dans le couvercle du nécessaire à écrire, facilement accessibles à tous les curieux –

o De Winston   H.M.S. Enchantress
3 novembre 1913   Portland

Ma chère et précieuse –

...

J'ai adoré lire ce que vous écrivez dans votre chère lettre. Vous me connaissez si bien, & avec votre intuition vous avez mesuré le bien & le mal de ma nature. Hélas je n'ai pas une ts bonne opinion de moi-même. Parfois, je crois que je pourrais tout conquérir – & puis je sais de nouveau que je ne suis qu'un imbécile plein de faiblesse et de vanité. Mais votre amour pour moi constitue la plus grande gloire, la plus belle reconnaissance qui ait pu m'échoir, maintenant et à jamais : & ce qui m'attache à vous ne peut être altéré par le genre de chose qui arrive dans ce bas monde. Je n'ai qu'un regret, c'est de ne pas être davantage digne de vous, & mieux capable de répondre aux attentes intérieures de votre âme....

Jack [Churchill] est là – toujours à son affaire dans l'ambiance militaire.

Embrassez les deux P.K. de ma part : & télégraphiez-moi demain de bonne heure pour me dire que votre rhume est complètement terminé. Il faut que vous fassiez attention à ce qu'il ne tourne pas en rhume de poitrine. Vérifiez votre température, & au moindre signe d'augmentation appelez le médecin – N'oubliez surtout pas – C'est un <u>ordre</u>, qu'une chatte sage & docile doit respecter.

Toujours avec le plus tendre amour
Votre dévoué mari,
W.
X X X X

o De Clementine   Admiralty House
4 novembre [1913] <u>7 h du matin</u>

Mon chéri

J'ai dîné agréablement hier soir avec le « Prem », Violet [Asquith] & son frère, Arthur[1] – L'incident des suffragettes sur la route de Stirling a été affreux & a terriblement bouleversé Violet. L'une de ces femmes a frappé Mr Asquith à coups de cravache sur la tête à 4 reprises avant d'être maîtrisée – Heureusement son visage a été épargné (comme le vôtre à Bristol) grâce au bord rigide de son chapeau. Il ne se défend apparemment jamais dans ces circonstances. Il reste calme & impassible, sans même sourciller ! Elles ont jeté à peu près un litre de poivre dans la voiture, mais heureusement personne n'en a reçu dans les yeux – Lorsqu'elles ont été arrêtées, les trois femmes ont donné pour nom : Violet Asquith, Frances Tennant[2] & Maud Allan[3] ! Et c'est sous ces noms qu'elles ont été inculpées & devront comparaître !

Ce soir, le Prem & Violet dînent ici avec moi & je vais essayer de contacter Sir Edward Grey pour faire le quatrième au bridge.

Merci mon chéri pour votre gentille lettre – Je me sens <u>si</u> bien maintenant que j'ai l'impression que je ne pourrai plus jamais redevenir méchante !

Votre Clemmie
qui vous aime

...

1. Arthur Asquith (1883-1939), troisième fils de H.H. Asquith et de sa première femme, Helen Melland. Toujours appelé « Oc ».
2. Frances Tennant, sœur de Margot Asquith (décédée en 1925).
3. Maud Allan (décédée en 1956). Danseuse, actrice, pianiste, écrivain. Elle fit sensation à Londres en 1908 par son interprétation osée de la *Vision de Salomé*. Son invitation à une garden-party à Downing Street avait causé un certain émoi.

o De Winston   [Eastchurch, près de Sheerness]
29 novembre 1913

Ma chérie,

Je suis absolument désolé d'apprendre dans votre télégramme qu'il va falloir que votre Mère soit opérée lundi. J'ai peur que cela ne constitue une gde source d'inquiétude pour vous. Mais ne vous laissez pas envahir par des conclusions sinistres alors qu'il y a tant de possibilités qui redonnent de l'espoir....

Aujourd'hui, je n'ai pas été sage et j'ai refait de l'avion. Quand on est ici avec vingt appareils dans les airs à la fois et des milliers de vols effectués sans incident, il n'est pas possible de voir cela comme un risque ts sérieux. Ne m'en tenez pas rigueur. Je serai de retour demain entre 11 & 12 & j'ai pensé que cela nous ferait du bien à tous les deux d'aller jouer un peu au golf à W[alton] Heath.

Mon plus tendre amour ma chérie & ma plus profonde compassion dans ce nuage qui est apparu à votre horizon. Il faut que nous nous disions qu'il se dissipera complètement avec l'aide de Dieu[1]. Prenez toutes les dispositions nécessaires au confort de votre mère. Je peux parfaitement coucher dans la petite chambre & c'est ce que je préférerais. Ne changez pas – je vous en prie – Cela m'éloignerait de vous....

Toujours votre mari qui vous aime,
W.

1. La mère de CSC se remit très bien.

o De Clementine ✉[1] Admiralty House
[non daté, aux environs de 1913]

Mon chéri,

J'apprends que vous voulez l'automobile. Mais, je vous en <u>supplie</u> de toutes mes forces, ne volez pas ce matin. Il y a un vent violent & du mauvais temps. Envoyez-moi vite un petit mot pour me rassurer.

Tremblante & anxieuse

1. Admiralty House et l'Amirauté communiquaient par des portes intérieures.

En janvier 1914, il y eut une passe d'armes au sein du Conseil restreint à propos du budget de la marine. McKenna [ministre de l'Intérieur] et Lloyd George [chancelier de l'Échiquier] s'opposaient à Churchill, qui demandait un supplément de 3 millions de livres par rapport à l'enveloppe de l'année précédente. Churchill fit savoir qu'il démissionnerait s'il n'obtenait pas satisfaction. Des compromis furent faits, mais Churchill obtint ses navires.

Le projet de Home Rule *fut présenté pour la troisième fois à la Chambre des communes au début du mois de mars. Les unionistes [partisans d'une forme de rattachement avec la Grande-Bretagne, ndt] rejetèrent violemment les dispositions cruciales prises pour la partition. Avec l'imminence du vote de la loi, les troubles s'intensifièrent en Angleterre comme en Irlande, avec en Irlande la formation des volontaires de l'Ulster et des Volontaires nationalistes – qui constituaient de facto des armées privées.*

Dans un discours important à Bradford le 14 mars, Churchill annonça la détermination politique du gouvernement concernant le Home Rule *et sa ferme résolution de s'opposer à la rébellion en Ulster.*

o De Winston   H.M.S. Enchantress
8 février 1914   Sheerness

Ma chérie,

Le temps s'est notablement détérioré depuis mon départ samedi & actuellement il y a des grains détestables. Nous avons donc décidé de ne pas aller braver la mer démontée au large de l'estuaire de la Tamise & sommes restés ici tranquillement toute la journée... J'ai effectué un petit vol hier avec le lieut. Seldon [instructeur], très agréable & pas du tout dangereux – bien qu'un peu venteux.

Demain matin, le yacht va à Gravesend & je remonte le fleuve à partir de là sur l'allège verte, pour arriver à l'Amirauté vers 11 h.

Réunion du Conseil restreint à 12 h. Je me demande si on va accepter <u>mes</u> propositions [sur l'Amirauté] & comment cela va se passer – ou si cela va traîner encore une semaine. Cette inquiétude est épuisante, & je suis content de m'être changé les idées en changeant de décor, de compagnons & d'occupations, avec une pointe de contre-excitation. De toute façon, les dés sont jetés – L'accélération du programme ou la mort ! J'explique ts bien mes positions, difficilement réfutables, dans mon dernier document de travail, que je vous montrerai à votre retour.

L'Enchantress a été ts bien rénovée. Le pont du gaillard d'avant est terminé & fait d'elle un bien meilleur navire de mer. La passerelle qui va de l'avant à l'arrière donne une splendide promenade de 49 pas.... Tout est étincelant.

C'est peut-être la dernière fois que je vais passer une semaine sur ce bâtiment, qui a tenu une si grande place dans ma vie au cours des 30 derniers mois....

Je deviens de plus en plus fataliste. Il y avait un bon verset dans le sermon d'aujourd'hui – tiré de l'Apocalypse. « Celui qui vaincra héritera toutes choses ; je serai son Dieu, & il sera mon fils. » J'aurais tendance à y voir un bon augure, mais je crains que « vaincra » ne veuille dire

L'AMIRAUTÉ

« vaincra sur lui-même » – tâche ardue quand on sait combien d'autres tentent de faire de même.

Bon – c'est un moment critique très difficile pour moi. Je suis content de voir désormais si clairement la voie que je veux suivre sur la question de la marine : mais l'Ulster reste obscur à mes yeux. Je ne sais pas ce qu'il faut faire – tant que le temps où les enjeux seront nettement définis n'est pas venu.

Mon tendre amour à vous ma chérie, & gros baisers à nos deux amours de caniches qui sont si petits –

Toujours votre dévoué mari,
W.

o De Clementine ✉   Admiralty House
[non daté, aux environs de 1913]

Mon chéri,

<u>Lorsque</u> vous aurez terminé ce que vous faites, venez vous coucher aussi vite que possible. Vous avez l'air las de quelqu'un qui manque de sommeil & demain vous aurez besoin de toute votre fraîcheur d'esprit & de jugement.

Cette année-là, Winston et Clementine passèrent Pâques à Madrid. Lorsque Winston fut contraint de rentrer, Clementine se rendit à Séville, où elle séjourna chez Sir Ernest Cassel.

o De Winston   Amirauté
23 avril 1914

Ma chérie,

J'ai été entravé dans ma correspondance par le laps de temps qui intervient forcément avant que la lettre ne vous parvienne & par la pression de tout ce que je subis ici.

Le rhume de Madrid me poursuit toujours & je coasse comme un crapaud....

À mon retour, j'ai détecté comme d'habitude différents cas d'écarts de conduite chez les Seals[1] & j'ai systématiquement fait en sorte de restaurer l'ordre et la discipline dans leurs rangs.

Le « Pogrome de l'Ulster[2] » tourne à plein rendement comme vous le lirez dans les journaux. Nous avons désormais tout publié et je suis sûr que ces accusations fantasques seront peu à peu discréditées. Bonar Law³ s'est surpassé dans son incivilité vis-à-vis du P.M. ! & le ressentiment est partout présent avec un degré d'aigreur jamais vu jusqu'ici....

Les chatons vont parfaitement bien et ne cessent de poser des questions et de se plaindre sur votre non-retour. J'espère vraiment que vous vous amusez bien et que ce que vous découvrez compense l'exil & la fatigue. Je suis ts content d'être de retour : & serai encore plus content quand vous reviendrez....

Nos finances sont dans une situation qui exige une sérieuse & prompte attention. Les dépenses du 1ᵉʳ trimestre de 1914 avec notre voyage d'agrément sont stupéfiantes. L'argent semble disparaître dans la nature. Je vois Cox [de la banque Cox & Co.] aujourd'hui & je me propose de me consacrer à cette question, aussi désagréable soit-elle, pendant une longue période.

Mon amour le plus tendre ma chérie et beaucoup de baisers de la part des bébés & de la mienne.

Toujours votre dévoué mari qui vous aime,
W.

1. Abréviation de Sea Lords : jeu de mots sur *Seal*, qui en anglais signifie « phoque ». Rappelons que le ministre de la Marine (*First Lord of the Admiralty*/Premier lord de l'Amirauté – ici Churchill) est un homme politique civil, et qu'il est secondé par quatre *Sea Lords*/Lords navals, militaires de rang décroissant du premier au quatrième. [*ndt*]

2. En réponse au risque que les dépôts d'armes ne soient pris d'assaut par les Ulster Volunteers, WSC, avec l'aval du Conseil restreint, prit la précaution d'envoyer des navires sur la côte irlandaise, au cas où il s'avérerait nécessaire de transporter des troupes du sud vers le nord. Il fut violemment attaqué au Parlement par les conservateurs, qui l'accusèrent de vouloir instaurer un « Pogrome de l'Ulster » – le terme est resté.

3. Andrew Bonar Law (1858-1923), homme d'État britannique né au Canada. Député unioniste à partir de 1900 et leader du parti aux Communes à compter de 1911. Membre du gouvernement de coalition à partir de 1915 ; successivement secrétaire d'État aux Colonies, chancelier de l'Échiquier, lord du Sceau privé et ministre chargé des relations avec le Parlement. Membre du Cabinet de guerre. Premier ministre d'octobre 1922 à mai 1923.

o De Clementine   Hôtel Ritz
Lundi 27 [avril 1914] 8 h 30 du matin   Madrid

Mon chéri à moi

Nous arrivons de Grenade après un long trajet de 24 heures. Le voyage a été confortable, mais j'ai raté la plupart des beaux paysages, car j'étais tellement épuisée par toutes nos visites que j'ai dormi la plus grande partie de la journée, ne me réveillant que pour manger un peu de poulet froid de temps en temps ! Nous nous sommes de nouveau arrêtés à Cordoue & nous nous sommes rendus en auto dans un beau jardin sur les collines....

J'ai eu grand plaisir à trouver votre lettre ici – Je n'ai eu absolument aucune nouvelle jusqu'à hier, à Cordoue, lorsque je suis tombée sur un exemplaire du Times du 21 ! & j'ai ainsi appris que l'on reparlait du « Pogrome »....

Je suis vraiment désolée, mon chéri, que vous vous fassiez du souci à propos de nos finances. Je ferai tout ce que je peux pour contribuer à la réduction de nos frais. Je n'ai dépensé qu'une toute petite partie de l'argent que vous m'aviez donné, car Sir Ernest a refusé de me laisser payer quoi que ce soit. J'espère que lui ne sera pas ruiné !....

Je me suis énormément amusée, mais il me tarde de vous retrouver, mon chéri à moi – J'espère que je vous manque un petit peu, bien que l'excitation de la vie politique ne vous en laisse sans doute guère le temps –

J'espère que les domestiques font de leur mieux pour vous faciliter la vie.

J'arriverai sans doute en même temps que cette lettre.

Je suis désolée que les Phoques *[Seals]* se soient mal comportés, mais ne soyez pas trop dur avec ces pauvres bêtes – quand le chat est parti –

J'ai l'impression d'assez bien connaître Alice Keppel[1]. C'est une « brave femme », mais avec un étrange mélange de qualités. Elle est très pointilleuse sur ce que lit Violet[2], etc. – & a refusé que je lui prête un roman qui était vraiment très inoffensif.

Au revoir mon Winston chéri –
Votre Clem qui vous aime

1. Alice Keppel (née Edmonstone) (1869-1947), épouse du lieutenant-colonel George Keppel, fils du septième comte d'Albemarle. Elle fut longtemps la maîtresse du roi Édouard VII.

2. Violet Keppel (1894-1972), l'une des deux filles de George et Alice Keppel. Elle épousa Denys Trefusis en 1919. Écrivain bilingue (français/anglais). Elle eut une liaison lesbienne notoire avec l'auteur/poétesse/jardinière Victoria (« Vita ») Sackville-West (1892-1962), épouse d'Harold Nicolson.

o De Winston   Dans le train
27 avril 1914

Ma Clemmie chérie,

J'ai été ravi de recevoir vtre télégramme m'informant de vos progrès en direction du foyer domestique...

J'ai passé le week-end à Portsmouth & rentre maintenant pour une semaine chargée. Demain, je dois répondre à la motion de censure d'Austen Chamberlain[1] à propos du Pogrome. La situation du point de vue parlementaire a beaucoup évolué en notre faveur du fait de l'aventure des Ulstermen et de leurs armes de contrebande[2]. Ils se sont mis complètement dans leur tort et ont pleinement justifié les modestes précautions qui ont été prises. Ma position sera ts ferme.

Ma très chère – tout va bien à la maison. Les chatons attendent impatiemment votre retour & posent souvent des questions. Je crois que la nurse est ts bien. Mon rhume va mieux, mais je n'ai pas encore entièrement retrouvé ma voix. Le temps est superbe. Si vous ne rentrez pas avant la fin de la semaine, je retournerai sur le yacht. Cela me permet d'échapper à la routine du travail et la mer me procure repos & délassement....

J'ai eu une longue entrevue avec Cox [& Co.] & suite à cela, je mets au point un plan qui nous permettra de nous débarrasser de nos dettes & de nos factures et de recommencer sur des bases saines avec suffisamment de liquidités. Il va falloir se calmer. L'argent s'évapore tout simplement[3].

S'il vous reste quoi que ce soit sur les 40 £, achetez-vous quelque petite chose qui vous fera plaisir à Paris.

Toujours votre mari qui vous aime,
W.

1. Austen Chamberlain (1863-1937), fils aîné de Joseph Chamberlain. Homme d'État conservateur. À diverses dates, chancelier de l'Échiquier et ministre des Indes ; ministre des Affaires étrangères entre 1922 et 1929.
2. Le 24 avril, à Larne [en Irlande du Nord, *ndt*], les volontaires de l'Ulster avaient introduit illégalement 30 000 fusils et des munitions avec la complicité de Sir Edward Carson, député et chef de file des unionistes de l'Ulster, sans qu'il y ait d'intervention préventive de la police.
3. Les inquiétudes de CSC concernant le déménagement d'Eccleston Square à Admiralty House, où ils étaient maintenant installés depuis un an, étaient déjà pleinement justifiées.

o De Winston   Admiralty [House]
29 avril 1914 20 h 15

Ma chérie & ma très Précieuse,

...

Je suis si content que vous reveniez demain – Dites-moi où il faut que j'aille vous chercher.

J'ai demandé ce matin à Randolph s'il voulait que vous reveniez & pourquoi & il a répondu : « Pace que je l'adaure. » Donc il faut que vous arriviez ma minette chérie & que vous reveniez dans le panier familial.

Je suis tout juste de retour du débat sur le Pogrome. Il faut que vous lisiez tout ce qu'on en dit. Nous avons complètement anéanti l'idée d'un « complot » ; mais comme vous le verrez, hier, à la fin de mon discours, avec une grande audace et de mon propre chef, j'ai lancé dans la Chambre à l'intention de Carson[1] une phrase qui a révolutionné la situation, & nous revoilà tous pleinement réconciliés....

Revenez demain soir, mon adorée, dans votre foyer où tous ceux qui vous aiment salueront votre présence.

Transmettez mes amitiés à votre Mamma & dites-lui à quel point j'espère que son rétablissement progresse – je suis ts content que vous soyez passée la voir.

Toujours ma chérie
Votre mari qui vous aime,
W.

1. Sir Edward Henry Carson (1854-1935), fait baron Carson en 1921. Avocat et homme politique irlandais, membre en Ulster du mouvement de résistance au *Home Rule*. Il fit par la suite campagne en Ulster pour soutenir le gouvernement et fut nommé Attorney General en 1915 ; Premier lord de l'Amirauté en 1917 ; membre du Cabinet de guerre en 1917-1918 ; Lord of Appeal in Ordinary de 1921 à 1929.

Clementine attendait son troisième enfant, mais cette période fut assombrie par une profonde angoisse causée par les activités aéronautiques persistantes de Winston.

Les pertes de pilotes et d'avions à cette époque de pionniers étaient élevées : Winston lui-même avait échappé de justesse à un accident en avril lorsqu'une panne de moteur avait obligé le pilote de l'avion dans lequel il se trouvait à procéder à un amerrissage d'urgence près de la jetée de Clacton.

o De Winston	H.M.S. Enchantress
29 mai 1914	Portsmouth

Ma chérie,

J'ai passé deux jours à l'École centrale d'aviation – y faisant quelques vols entre de bonnes mains vigilantes & dans des conditions parfaites. Aussi ne vous ai-je pas écrit de là-bas, sachant que vous seriez contrariée. Mais désormais je suis de retour à bord, en partance pour Portland. Je me hâte de vous dire que je vous ai eus beaucoup & souvent dans mes pensées, vous & les bébés, pendant ces jours heureux & intéressants. J'ai été ravi de recevoir votre télégramme même si je l'ai lu avec mauvaise conscience : mais je ne voulais pas vous répondre à partir de cette adresse ! – de crainte de vous inquiéter – alors qu'il n'y avait pas vraiment lieu.

Nous avons eu le faux espoir qu'Hamel[1] était bien arrivé, espoir qui s'est évanoui avec la sombre nouvelle des journaux du matin... Il semble que cela ait suscité partout une immense vague d'intérêt ; & Masterton[2] me dit que dans les rues les gens formaient de petits attroupements autour des vendeurs de journaux dans leur hâte d'avoir les éditions spéciales.

Je suis allé rendre visite (en avion) à la Yeomanry dans leur camp à une vingtaine de kilomètres d'ici et j'ai constaté qu'ils étaient ravis de me voir. Nous avons été magnifiquement accueillis – les soldats accourant tous en groupe, comme s'ils n'avaient jamais vu un aéroplane auparavant... Goonie & Jack [Churchill] viennent d'arriver à bord avec A. Sinclair[3] – & tous les invités sont donc là....

Transmettez mes meilleures amitiés à votre Mère & dites-lui qu'il faut qu'elle prenne mon parti & ma défense lorsque vous lui racontez quel mauvais mari, pas du tout à la hauteur, je fais. Cela vaut aussi pour Nellie. L'autre possibilité, c'est qu'elles me calomnient comme un voleur à la tire & que vous justifiiez ma conduite en disant qu'après tout je ne suis pas si mauvais. C'est le discours que je veux entendre et que je veux imaginer en pensant que vous le tenez réellement. Embrassez aussi Diana & Randolph de ma part en y mettant tout votre cœur. Lui avez-vous acheté un jouet en mon nom pour son anniversaire & qu'est-ce que c'est ? J'espère beaucoup passer les voir la semaine prochaine – mais il faut trouver une bonne raison pour faire venir le yacht.

J'espère que vous êtes contente & passez du bon temps[4]. Ma lettre n'est qu'un brouillon décousu – mais si elle parvient à vous exprimer le sentiment que j'ai de vouloir beaucoup être aimé & caressé par vous malgré ma dissipation & mon indiscipline elle aura rempli son objectif.

Votre dévoué mari qui vous aime à jamais,
W.
…

---

1. Gustav Hamel (1889-1914), pionnier de l'aviation. Mort le 23 mai 1914 en traversant la Manche en avion. WSC, qui l'avait invité à venir faire une démonstration devant les pilotes de l'aéronavale stationnés à Portsmouth, faisait partie de ceux qui avaient attendu son arrivée.

2. James Masterton-Smith (1878-1938), à l'époque secrétaire particulier de WSC à l'Amirauté. Haut fonctionnaire distingué, il remplit ces fonctions auprès de Premiers lords successifs de 1910 à 1917. Par la suite assistant-secrétaire de WSC au ministère de l'Armement (1917-1919), puis au War Office (1919-1920). Sous-secrétaire d'État permanent aux Colonies de 1921 à 1924. Fait chevalier en 1919.

3. Sir Archibald Sinclair, quatrième baronnet, par la suite premier vicomte Thurso (1890-1970). Officier dans l'armée en 1910, adjoint de WSC en 1916. Secrétaire particulier de WSC au War Office de 1919 à 1921, puis au Colonial Office en 1922. Député libéral. Secrétaire d'État à l'Écosse en 1931-1932. Leader du Parti libéral de 1935 à 1945. Secrétaire d'État à l'Armée de l'air de 1940 à 1945.

4. CSC séjournait à Dieppe chez sa mère.

o De Winston H.M.S. Enchantress
30 mai 1914 Portland

Ma chérie,

Nous venons d'arriver ici, où est rassemblée une vaste flotte, y compris la plupart des bâtiments les plus récents. Les Commandants viennent dîner ce soir, ainsi que Warrender[1]. Goonie s'est chargée de s'occuper de lui....

Ce soir, le temps est devenu un peu plus gris, s'harmonisant avec mes sentiments – car Oh ma chatte j'attends avec impatience une chère lettre pleine d'amour de votre main. J'espère qu'une me parviendra demain, & tant qu'elle ne sera pas arrivée je continuerai à imaginer que vous êtes pleine de réprimandes & de reproches à mon encontre à cause de mes vols. Je sais que cela sera dissipé par ce que vous aurez écrit – mais le pire quand on a mauvaise conscience ce sont les opinions défavorables que l'on attribue à ceux qui sont susceptibles de nous demander des comptes.

Bonne nuit, donc, ma très chère. Embrassez les chatons et envoyez-moi votre plus tendre amour, comme je vous envoie le mien. Toujours votre dévoué

W.

1. Vice-amiral Sir George John Scott Warrender, septième baronnet (1860-1917). Officier de marine distingué. Commandant de la 2ᵉ escadre de bataille de 1912 à 1916.

o De Clementine St Antoine
30 mai [1914] 16 rue des Fontaines
  Dieppe

Mon chéri

J'avais commencé à vous écrire, mais j'ai été arrêtée net dans mon élan par la lecture de vos exploits [aériens] & de votre détermination à les renouveler le lendemain !....

J'ai su ce que vous faisiez avant même de le lire, mais je me sentais trop faible & trop fatiguée pour m'y opposer – Autant se taper la tête contre un mur de pierre...

Les bébés vont bien & sont très heureux & je pense qu'ils font la joie de Mère – Ils partagent la grande maison avec elle, tandis que Nellie & moi avons élu domicile dans la dépendance en face [l'ancienne remise à voitures]. Tout y est minuscule, mais c'est très confortable – Nous partons tous les matins avec un grand panier & faisons nos courses, ce qui est très absorbant, même si c'est à petite échelle.

Au revoir, mon aimé – Peut-être que si je vous voyais, je parviendrais à vous aimer et à vous cajoler, mais vous avez été si méchant que je ne peux pas le faire par écrit – Il vous faudrait d'abord m'« amadouer ».

Votre Clemmie
qui vous aime

o De Clementine   St Antoine
1ᵉʳ juin [1914]   Dieppe

Mon chéri

La vie ici est si calme & si paisible que les jours passent sans que l'on s'en aperçoive – presque trop facilement & on pourrait devenir vieux sans jamais avoir ressenti de sensation forte de plaisir ou de douleur. Le Daily Mail me permet de rester en contact avec le monde extérieur où il se passe des choses, comme d'épouvantables naufrages – sans parler des cochons qui volent & autres faits marquants ; lorsque le Times arrive à 6 h de l'après-midi, je suis trop paresseuse pour l'ouvrir – Je connais déjà les nouvelles & je me moque totalement de savoir que Mr Geoffrey Robinson [rédacteur en chef du Times] souhaite que les ministres passent leurs vacances en Ulster – Il espère sans doute qu'ils y seraient lynchés.

En contrepartie, j'ai eu tout le loisir de jouer avec les « chatons » & de les observer – Vous serez surpris d'entendre que <u>eux</u> me témoignent de plus en plus d'affection – Je découvre beaucoup de choses en ce qui les concerne – Il leur arrive de demander de vos nouvelles avec sollicitude & respect....

Je vais sortir poster cette lettre. Ensuite je pense que j'en aurai assez fait pour une journée –

Au revoir, Pig errant & toujours absent !

Votre Clemmie
qui vous aime
...

o De Winston
1ᵉʳ juin 1914

H.M.S. Enchantress
Dartmouth

Ma chérie,

…

Je projette de vous rejoindre dans la journée de mercredi, en route pour Cherbourg….

Nous avons eu un temps digne du mois de juin : & ce magnifique collège [Royal Naval College] n'a jamais paru plus resplendissant. Il semble qu'on ne brutalise plus les élèves comme dans le temps & et mes suggestions sont toutes allées dans le sens d'une moins grande dureté. Il n'est pas douteux que c'est la meilleure forme d'éducation que quiconque puisse recevoir.

Mes négociations financières sont mal parties – du fait que les compagnies d'assurance veulent me faire payer des primes excessives sur la vie – surmenage politique, ascendance de courte vie & bien sûr pratique de l'aviation…

Bon, bonsoir ma tendre aimée. J'ai tellement hâte de vous voir ainsi que les chatons – & votre Mamma & Nellinita : et j'espère que vous m'accueillerez avec des mots de bienvenue unanimes.

Votre dévoué mari
qui vous aime à jamais,
W.

o De Clementine
1ᵉʳ juin [1914]

St Antoine
Dieppe

Mon chéri

Les bébés ont été très tristes lorsqu'ils ont découvert que l'Enchantress était partie dans la nuit & que le lit de « Papa » dans la salle de jeux des enfants était vide…

Très cher Winston, je me doute malheureusement que vous allez devoir vous rendre à Sheerness en avion & cela me remplit d'angoisse. Je sais que rien ne pourra vous en dissuader, aussi je ne vais pas vous importuner avec d'ennuyeuses supplications, mais gardez à l'esprit que j'y pense tout le temps. Volez aussi peu & aussi prudemment que possible & uniquement avec le meilleur pilote. Mes pauvres oreilles en sont toutes « rabattues »....

Votre Clemmie
qui vous aime

Vous me manquez terriblement aujourd'hui, après votre visite –

o De Clementine 　　　　　　　　　　　　　　　St Antoine
5 juin [1914] 　　　　　　　　　　　　　　　　　Dieppe

Mon chéri

Nellie et moi avons passé une très agréable journée à nous promener dans les environs de Puys[1] et à nous reposer au soleil sur la plage.

... Nous sommes rentrées très tard – Mais après cette très belle journée, j'ai passé une nuit épouvantable hantée par des rêves affreux de sorte que ce matin je suis triste & épuisée.

J'ai rêvé que le bébé venait au monde, mais que le médecin & l'infirmière refusaient de me le montrer & l'emportaient pour le cacher – Finalement, après que toutes mes prières aient été rejetées, j'ai bondi hors du lit & couru à sa recherche dans toute la maison – Je l'ai enfin trouvé dans une pièce sombre. Il semblait en bonne santé. Je l'ai déshabillé fiévreusement & compté ses doigts & ses orteils – Il avait l'air tout à fait normal & je suis sortie de la pièce en courant avec lui dans mes bras – Et puis à la lumière du jour, j'ai découvert que c'était un idiot profond. Et c'est alors que le pire est arrivé. Je voulais que le médecin le tue – Mais, choqué, il me l'a retiré, & j'étais devenue folle aussi. Et puis je me suis réveillée & rendormie de nouveau et j'ai refait le même rêve une seconde fois. Je suis très inquiète et malheureuse & la petite chose en moi s'est agitée toute la matinée –

Votre télégramme est arrivé tard la nuit dernière, après que nous nous soyons tous couchés – Chaque fois que je vois un télégramme maintenant, je pense que c'est pour m'annoncer que vous vous êtes tué en avion – J'ai eu très peur, mais je me suis endormie soulagée & rassurée ; mais ce matin après le cauchemar de la nuit, je l'ai relu pour tenter de me réconforter & j'ai découvert avec horreur qu'il venait de Sheerness, & non de Douvres, où je pensais que vous vous rendriez d'abord – Donc vous êtes probablement en vol de nouveau en ce moment même.

Au revoir, mon cher mais cruel amour

Votre Clemmie
qui vous aime

Le soleil a disparu aujourd'hui & le temps est devenu très froid & morne.

1. Où Blanche Hozier et ses enfants avaient passé l'été de 1899, avant de s'installer à Dieppe.

o De Winston H.M.S. Enchantress
6 juin 1914

Ma chérie,

Je ne ferai plus d'avion du moins tant que vous ne vous serez pas remise de la naissance de votre chaton : & alors ou peut-être plus tard il se peut que les risques se soient grandement réduits.

C'est un crève-cœur, parce que j'étais sur le point de passer mon brevet de pilote. Tout ce qu'il me fallait, c'était une ou deux matinées calmes, & je suis sûr de mon aptitude à l'obtenir ts honorablement – j'aurais beaucoup aimé atteindre ce stade, qui aurait constitué le moment idéal pour arrêter. Mais je dois avouer que les nombreux accidents mortels de cette année justifieraient que vous vous plaigniez si je continuais à partager – comme j'en suis fier – les risques de ces braves garçons. Donc, c'est décidé : je laisse tomber pour de nombreux mois & peut-être pour toujours. C'est là un cadeau qui – stupide comme je suis – me coûte plus que toute chose qu'on puisse acheter avec de l'argent. Donc je suis très heureux de le déposer à vos pieds, parce que je sais qu'il va réjouir & soulager votre cœur.

De toute façon, je peux me dire que je m'y connais très bien dans ce nouvel art fascinant. Je sais dominer un appareil sans difficulté dans les airs, même par grand vent, & avec seulement encore un peu d'entraînement pour les atterrissages j'aurais été capable de piloter en solo presque en toute sécurité. J'ai accompli près de 140 sorties en vol, avec beaucoup de copilotes, & toutes sortes d'appareils, et donc je connais les difficultés, les dangers, & les joies de l'aviation – assez bien pour les apprécier, & pour comprendre tous les problèmes de décisions politiques qui vont se poser dans un proche avenir.

C'est curieux de voir qu'alors que j'ai eu de la chance, des accidents sont arrivés dans des proportions démesurées aux autres personnes qui m'ont accompagné en vol. Ce pauvre lieutenant dont la perte a suscité de nouveau votre anxiété m'a emmené seulement la semaine dernière dans le même appareil !

Vous me donnerez quelques baisers en me pardonnant vos angoisses passées – j'en suis sûr. Même si ce n'était pas une nécessité – ni peut-être un droit – ce fut un pan important de mon existence au cours des 7 derniers mois, & je suis sûr que mon sang-froid, mon état d'esprit & mes vertus en ont tous bénéficié. Mais à vos dépens ma pauvre chatte ! J'en suis absolument désolé....

       Toujours votre dévoué mari qui vous aime,
       W.

Pendant les vacances d'été, les « Winston » et les « Jack » avaient loué deux petites maisons proches l'une de l'autre au bord de la mer – le Pear Tree Cottage [Le poirier] et le Beehive Cottage [La ruche] – à Overstrand, près de Cromer, sur la côte est.

*Winston rendait visite à sa famille aussi souvent qu'il le pouvait, descendant par le train ou « faisant un saut » à bord de l'*Enchantress.

Débarrassée de l'anxiété qui la rongeait par la promesse que Winston lui avait faite de cesser de voler, Clementine passait des semaines heureuses et ensoleillées au dernier terme de sa grossesse.

Mais déjà planait au-dessus de cet été ensoleillé l'ombre menaçante d'une guerre imminente.

o De Clementine   [Pear Tree Cottage
6 juillet 1914   Overstrand]

  Mon chéri

   ...

  Je suis si heureuse que vous n'ayez pas « désapprécié » Pear Tree. Je suis très à mon aise perchée dans ses branches – C'est gentil de votre part de m'avoir fait ce cadeau ; je suis sûre que le nouveau chaton en tirera profit & en sera encore plus beau & plus vigoureux.

  Diana & Randolph me regardent vous écrire, & Diana me demande de mettre dans la lettre que « Diana et Randolph est de bons petits enfants » !....

  Je suis si contente que vous ayez pu attraper le train – Vous avez dû être profondément indigné d'avoir eu à attendre 5 min à la gare –

               Votre Clemmie
               qui vous aime

o De Winston   Amirauté
7 juillet 1914

    Ma chérie,

...

    Je lève l'ancre demain soir et vous écrirai plus tard à quelle heure j'arriverai.

    Ma très chère chérie je vous ai tant aimée au cours de cette semaine écoulée, & vous voir dans votre panier entourée des chatons a été pour moi une profonde joie. Ils sont gentils. Embrassez-les pour moi.

                                  Votre dévoué qui vous aime à jamais,
                                                                          W.

o De Winston   H.M.S. Enchantress
13 juillet 1914

    Ma chérie,

...

    J'étais très abattu de vous quitter hier soir. Je ne sais pas pourquoi un départ en mer semble avoir tellement plus d'importance qu'un départ par le train. Nous observions vos silhouettes qui remontaient lentement le chemin en zigzag & qui s'évanouissaient lentement dans le crépuscule : et cela me faisait comme si je partais à l'autre bout du monde.

    Les chatons ont été très mignons & très câlins. Ils sont chaque jour plus adorables. Tout ce que j'ai vu à Pear Tree reste une image de bonheur ensoleillé dans ma mémoire.

    Avec mon tendre amour ma très chère – il faut que je vous trouve une petite maison de campagne « pour toujours »....

                                  Votre dévoué mari qui vous aime à jamais,
                                                                          W.

La tension ayant atteint un point de rupture concernant la question irlandaise, le roi, en dernier ressort, convoqua une conférence sur le Home Rule *au palais de Buckingham le 21 juillet ; elle prit fin après quelques jours, sans que l'on ait pu parvenir à un accord.*

    Le pays était si absorbé par ses querelles internes que l'assassinat de l'archiduc François-Ferdinand (successeur désigné de son oncle, l'empereur François-Joseph d'Autriche-Hongrie) et de sa femme à Sarajevo, le 28 juin, passa presque inaperçu. Il devait toutefois déclencher une suite fatale d'événements.

o De Winston Amirauté
22 juillet 1914

Ma chérie,
Un mot seulement pour que la matinée de demain vous accueille avec mon amour.
<u>Secretissime.</u>
La conférence atteint sa limite ultime. Nous préparons une partition du comté de Tyrone avec l'accord chichement concédé des nationalistes. Carson la refuse absolument bien que le président de la Chambre des communes l'ait fortement approuvée. Carson & Redmond tous deux tout juste aimables et il n'y a apparemment rien à attendre d'eux. Et nous, alors ? – nous sommes quand même 40 millions !
En quittant le palais de Buckingham, Redmond & Dillon[1] ont été poursuivis par une foule qui les acclamait et alors qu'ils longeaient leur caserne, les soldats des Irish Guards sortaient en agitant les bras & en acclamant, ce qui constituait une démonstration de soutien remarquable. Cela va conduire l'Europe à se faire une opinion très négative de la situation en Grande-Bretagne – qui, aussi grave soit-elle, va être largement exagérée....
La crise politique m'inquiète – que faire d'utile ?

    Mon tendre amour ma très chère, à vous & aux chatons
        de la part de votre dévoué mari,
              W.

1. John Dillon (1851-1927), député nationaliste irlandais.

o De Clementine [Pear Tree Cottage]
23 juillet [1914]

Mon chéri
J'ai été vraiment ravie de recevoir votre lettre, tôt ce matin.
Le Daily Mail semble de nouveau avoir eu vent d'informations secrètes concernant la mort prochaine de la conférence. La situation semble très noire ; peut-être le fait de ne pas être sur place rend-il les choses plus sombres encore....
Je tremble à l'idée d'apprendre que la conférence a été interrompue.

Quoi qu'il en soit, j'espère que ces rebelles en Ulster ne nous obligeront pas à une nouvelle élection. J'espère que vous userez de toute votre influence pour maintenir le cap en faisant des propositions justes et généreuses à l'Ulster. Qu'ils se rebellent ensuite s'ils osent –

Je suis sûre que vous serez d'une grande utilité dans cette affaire, vous vous distinguez toujours dans les moments critiques & dangereux....

Je suis allée me promener hier après-midi & je me suis sentie soudain très mal. Je me suis précipitée à la maison & j'ai sauté au lit – Aujourd'hui, après une nuit pénible pleine d'anxiété, je me sens mieux, mais je fais attention....

Votre Clemmie
qui vous aime

Diana & Randolph ont été très turbulents ce matin, de sorte que tous les trois m'ont causé des soucis ! Beaucoup d'amour pour vous, mon très cher

En juillet, il y eut un exercice de mobilisation d'une partie de la flotte, suivi par une inspection générale de la flotte par le roi, les 17 et 18 juillet, à Spithead. Les navires devaient se disperser pour retourner dans leur port d'attache lorsque l'Autriche lança son ultimatum à la Serbie. Le dimanche 26 juillet, Churchill était à Overstrand avec sa famille. Il s'entretint par téléphone avec le prince Louis de Battenberg (Premier lord naval) et, le même soir, le prince Louis donna l'ordre à la flotte de ne pas se disperser. Winston retourna à Londres et, après diverses consultations, comme la crise empirait et que la probabilité de la guerre augmentait d'heure en heure, avec l'assentiment du Premier ministre, il ordonna à la Première flotte de quitter Portland pour rejoindre la mer du Nord – son poste de combat. Le grand rassemblement de navires de guerre franchit sans encombre le pas de Calais la nuit du 29 juillet, tous feux éteints.

La veille, l'Autriche Hongrie avait déclaré la guerre à la Serbie. Le Conseil restreint était alors partagé entre ceux qui considéraient la guerre comme inévitable et ceux (au moins la moitié) qui se refusaient à l'envisager au cas où l'Allemagne attaquerait la France ou la Belgique ; de nombreux membres du Parti libéral partageaient ce dernier point de vue. Churchill n'en continua pas moins à effectuer tous les préparatifs nécessaires à la guerre, en mer comme sur le littoral.

Le 1er août, l'Allemagne déclara la guerre à la Russie. Elle allait sous peu attaquer la France, alliée de la Russie.

Le 2 août, après avoir consulté le Premier ministre, Churchill ordonna la mobilisation générale de la flotte.

o De Winston						Amirauté
24 juillet 1914

Ma chérie,

J'ai réussi à reporter mes conférences navales et je viendrai vous voir demain, vous & les chatons, par le train d'1 heure.

Je vous donnerai alors toutes les nouvelles. L'Europe tremble, au bord d'une guerre généralisée. L'ultimatum de l'Autriche à la Serbie étant le document de ce type le plus insolent jamais conçu. À côté de cela, la formation d'un gouv. provisoire en Ulster, désormais imminente, paraît presque de la routine.

Il faudra juger des événements à venir en Ulster quand ils se produiront. Personne ne semble guère s'en alarmer.

Avec mon tendre & profond amour,
W.

o De Clementine						Pear Tree Cottage
Lundi soir [27 juillet 1914]

Mon chéri

Je viens juste de raccrocher[1]. C'est merveilleux d'entendre votre voix si clairement d'aussi loin –

J'avais tellement envie de vous prendre dans mes bras & d'embrasser votre cher visage – Mais je dois aussi vous dire que je ne suis pas une chatte aveugle ! J'ai perçu une note de critique indulgente dans votre voix lorsque je vous ai dit que je n'avais pas vu l'ordre donné à la Première flotte dans les journaux ! Je me suis précipitée à la maison « les oreilles rabattues & la queue au vent » & j'ai dévoré le « times » de la première à la dernière page, y compris les annonces & le courrier du cœur, mais sans succès ! Je soupçonne que l'édition du Times qui est distribuée dans ce coin reculé est imprimée pendant la nuit !

Bonne nuit, mon très cher amour – J'aime à croire que les choses s'amélioreront demain – Assurément, toute heure de sursis ne peut être que favorable au camp de la paix. Ce serait une mauvaise guerre –

Votre Clemmie
qui vous aime

L'AMIRAUTÉ

1. Pear Tree n'ayant pas le téléphone, des voisins des Churchill (Sir Edgar et Lady Speyer) avaient aimablement mis le leur à leur disposition.

o De Winston   Amirauté
28 juillet 1914, minuit

 Ma chérie & ma toute belle –
 Tout se dirige vers la catastrophe & l'effondrement. Je suis intéressé, remonté à bloc & content. Ce n'est pas épouvantable d'être ainsi fait ? Ces préparatifs exercent sur moi une horrible fascination. Je prie Dieu de me pardonner ces effroyables passes de légèreté – Reste que je ferais tout mon possible pour la paix, & que rien ne m'inciterait à porter le premier coup par vilenie – Je n'arrive pas à me persuader que nous, dans notre île, nous ayons une sérieuse responsabilité dans la vague de folie qui a emporté les esprits du monde chrétien. Personne ne peut en mesurer les conséquences. Je me demandais si ces imbéciles de Rois & d'Empereurs ne pourraient pas se réunir & redonner du sens à la Royauté en sauvant les nations de l'enfer, mais nous sommes tous à la dérive, mus par une sorte de sourde transe cataleptique. Comme s'il s'agissait de chirurgie pour quelqu'un d'autre !
 Les deux cygnes noirs du lac du parc St James ont un adorable petit – gris, duveteux, précieux & unique. Je les ai observés ce soir pour me changer de tous les projets & plans de bataille. Nous mettons l'ensemble de la marine sur le pied de guerre (sauf les réservistes). Et tout semble parfaitement au point dans le moindre détail. Les marins sont tout excités et sûrs d'eux. Tout le matériel est au niveau des dotations prévues. Tout est prêt comme jamais auparavant. Et nous sommes en alerte du matin au soir. Mais la guerre, c'est l'Inconnu & l'Inattendu ! Que Dieu nous garde, ainsi que ce que nous a légué notre long passé. Vous savez à quel point je serais prêt à fièrement risquer – ou si besoin est à donner – ma période d'existence pour que notre pays reste grand & célèbre & prospère & libre. Mais ces problèmes sont ts difficiles. Il faut essayer de mesurer l'indéfini & de peser l'impondérable – je suis sûr cependant que si la guerre survient nous leur donnerons une bonne raclée.
 Ma chérie... Téléphonez-moi à heure fixe. Mais parlez en paraboles – car tous nous écoutent.
 Embrassez donc les chatons & soyez aimée à jamais seulement de moi.

                 Je suis à vous seule,
                      W.

o De Winston   Amirauté
31 juillet 1914

Secret
À ne pas laisser traîner –
mais à mettre sous clé ou à brûler.

    Ma chérie –

    Il y a encore de l'espoir bien que les nuages soient de plus en plus noirs. Je crois que l'Allemagne s'aperçoit de l'ampleur des forces dressées contre elle & essaye un peu tard de modérer son idiote d'alliée. Nous essayons de calmer la Russie. Mais tout le monde se prépare rapidement à la guerre et le couperet peut désormais tomber à tout moment. Nous sommes prêts.

    Je ne pourrais pas vous dire tout ce que j'ai fait & les responsabilités que j'ai prises ces derniers jours : mais tout marche bien & tout le monde a bien réagi. Les journaux ont observé une retenue admirable...

    L'Allemagne nous a envoyé une proposition aux termes de laquelle nous resterions neutres si elle promet de ne pas annexer de territoire français ni d'envahir la Hollande – Il est inévitable qu'elle annexe des colonies françaises & elle ne peut pas promettre de ne pas envahir la Belgique – qu'elle est contrainte par traité non seulement de respecter, mais de défendre. Grey [ministre des Affaires étrangères] a répondu que ces propositions sont impossibles & déshonorantes. Tout laisse donc présager une confrontation sur ces questions. Pourtant l'espoir n'est pas mort.

    La Cité de Londres sombre tout simplement dans le chaos. Le système bancaire mondial est pratiquement en panne. On ne peut vendre ni valeurs ni actions. On ne peut emprunter. Bientôt, peut-être, il ne sera plus possible d'échanger un chèque contre des espèces. Le prix des marchandises augmente jusqu'à atteindre des niveaux de panique. Des centaines de pauvres vont se retrouver sans le sou...

    Mais je suppose que l'appréhension de la guerre heurte ces intérêts davantage ou autant que la guerre elle-même. Vivement la victoire si elle advient.

    J'ai décidé de déplacer Callaghan[1] & de confier le commandement suprême à Jellicoe[2] dès qu'il deviendra certain que la guerre va éclater.

    Hier soir j'ai de nouveau dîné avec le P.M. Serein comme jamais. Mais il me soutient bien pour toutes les mesures nécessaires.

Tous les officiers de l'Enchantress mobilisés partent en bloc pour l'Invincible. Je retiens par la force les 2 dreadnoughts turcs qui sont prêts [à livrer]. Pour l'Irlande, je crois que cela va se régler.

Je suis décontenancé d'apprendre que les dépenses du mois s'élèvent à 175 £. Veuillez SVP m'envoyer les factures à la fois pour Pear Tree & pour Admiralty House séparément. Il va falloir prendre des mesures de rigueur. Je vais régler les factures directement moi-même, & Jack [Churchill] pourra surveiller les dépenses courantes d'ici en votre absence.

Je vous envoie le chèque pour Pear Tree. Je suis si content que vous y trouviez repos et bien-être.

Avec mon plus tendre amour ma chérie –
Votre dévoué mari
W.

1. Sir George Callaghan (1852-1920), amiral de la Flotte, marin distingué. Commandant en chef de la Home Fleet, de 1911 à 1914, puis de flotte de l'estuaire de la Tamise (Nore) de 1915 à 1918.

2. John Rushworth Jellicoe, GCB, GCVO, OM (1859-1935), amiral de la Flotte. Entré dans la marine en 1872. Deuxième lord naval de 1912 à 1914. Commandant de la Grande flotte pendant la guerre de 1914-1918. Premier lord naval, 1916. Chef d'état-major de la marine, 1917. Gouverneur général de la Nouvelle-Zélande de 1920 à 1924. Fait vicomte en 1918 et premier comte Jellicoe en 1925.

o De Clementine   [Pear Tree Cottage]
31 juillet [1914]

Mon chéri

Tout ce que vous me dites dans votre lettre m'intéresse profondément. Je souhaiterais vraiment être avec vous en cette période tourmentée & exaltante. Je sais dans quel état d'esprit vous êtes – fourmillant de vie jusqu'au bout des doigts –

Je suis étonnée de la réserve des journaux – Quelle perversité de la part de l'Allemagne que de faire une proposition aussi cynique – La « cité » semble être une bulle vraiment fragile…

Je suis sûre que vous avez raison en ce qui concerne le commandement suprême de la flotte….

Les bébés vont bien et sont épanouis – Ils ont été terriblement déçus lorsqu'ils ont aperçu Jack [Churchill] qui descendait de la falaise en direction de la plage & ont découvert que ce n'était <u>pas</u> leur « Papa », mais celui de John George –

Randolph s'est évertué à poser des questions sur votre absence pendant 5 minutes. Il est maintenant résigné, mais il n'est toujours pas convaincu de sa nécessité !....

Amour tendre pour vous, chéri, de la part de votre
Clemmie
…

o De Winston   Amirauté
2 août 1914 1 h du matin

Ma chatte – ma chère –

C'est fini. L'Allemagne a éteint les derniers espoirs de paix en déclarant la guerre à la Russie, & la déclaration contre la France est attendue à tout moment.

Je comprends tout à fait votre point de vue – Mais le monde est devenu fou – & il faut que nous nous occupions de nous-mêmes – & de nos amis. Ce serait bien si vous pouviez venir un jour ou deux la semaine prochaine. Vous me manquez beaucoup – Votre influence quand elle me guide & ne va pas dans un sens contraire au mien m'est de la plus grande utilité.

Douce Kat – mon tendre amour –
Votre dévoué
W.

Embrassez les Chatons.

Le 3 août, l'Allemagne envahit la Belgique. Le Conseil restreint dans son ensemble était maintenant convaincu que la Grande-Bretagne devait intervenir pour défendre la neutralité belge ; il avait le soutien de tous les partis et il n'y eut pas de vote au Parlement. À 23 h le 4 août, son ultimatum ayant expiré, la Grande-Bretagne déclara la guerre à l'Allemagne.

Chapitre V

LES MOISSONS DE LA GUERRE

Après l'entrée en guerre de la Grande-Bretagne, mis à part quelques brèves visites à Londres, Clementine demeura à Pear Tree, avec les enfants, jusqu'à la fin août.

o De Clementine [Pear Tree Cottage]
Mardi [vraisemblablement le 4 août 1914]
<u>Brûlez cette lettre.</u>

Mon chéri

J'ai cogité une heure ou deux à propos de la crise « Callico Jellatine[1] », qui Dieu merci est terminée, du moins pour l'essentiel.

Il ne reste plus que la blessure profonde au cœur d'un vieil homme.

Si vous appliquez le mauvais cataplasme, la blessure s'envenimera – (Je sais que vous êtes occupé par une multitude de choses cruciales, mais ne soyez pas irrité par mes remarques à ce sujet, qui d'une certaine manière sont importantes elles aussi). Une entrevue avec le Souverain et une décoration seraient, à mon sens, un mauvais cataplasme. Pour un homme fier et sensible, une décoration en ces circonstances ne peut être qu'une insulte –

<u>Je vous en prie</u>, recevez-le vous-même & prenez-le par la main et offrez-lui un siège au Conseil (ou créez-en un pour lui), ou si c'est impossible, donnez-lui un <u>quelconque</u> poste de conseiller à l'Amirauté – Peu importe qu'il soit « un grand timide » – Il ne pourra plus rien dire et sa femme non plus – Ne considérez pas cette affaire comme insignifiante. En ces temps, vous avez besoin de tous les cœurs & de toutes les âmes – Il faut éviter que même une petite clique de retraités puisse ressentir de l'amertume & se mette à jacasser. Si vous lui accordez un poste d'honneur et de confiance, toute la marine pensera qu'il a été

traité aussi bien que possible vu les circonstances & qu'on lui a épargné toute humiliation –

Cela empêchera les gens qui sont maintenant au sommet de l'arbre de penser « Dans quelques années, c'est <u>moi</u> qui serai jeté comme une vieille chaussure » – Jellicoe & Beatty & Warrender & Bayly[2], qui sont actuellement la fine fleur du Ministère, n'ont que quelques années de moins que Callaghan.

Et puis ne sous-estimez pas le pouvoir de nuire des femmes. Je ne veux pas que Lady Callaghan & Lady Bridgeman[3] forment une ligue de femmes d'officiers retraités pour vous dénigrer comme des vieilles pies. La peine de cette malheureuse Lady Callaghan sera intense, mais si vous êtes bon avec lui maintenant, elle ne pourra qu'en être atténuée ; et s'il est toujours en poste, elle sera astreinte à une certaine discrétion.

Quoi qu'il en soit, je vous supplie de le voir –

Si c'était moi – s'il refusait le poste, je le presserais ardemment encore & encore... de l'accepter, en disant que vous avez besoin de ses services – Il le croira & reviendra sur sa décision, & il ne restera plus de désagrément dans cette pénible affaire.

1. Jeu de mots. [*ndt*] WSC avait déjà fait part à CSC (le 31 juillet 1914) de son intention de remplacer Sir George Callaghan par Sir John Jellicoe en tant que commandant suprême de la Home Fleet en cas de guerre, bien que Callaghan ait été de toute façon à quelques mois de la retraite. La passation des pouvoirs eut lieu le 4 août. Callaghan fut nommé commandant en chef du Nore en 1915.
2. Le vice-amiral Lewis Bayly (1857-1938) était alors commandant de la 3ᵉ escadre de bataille. Fait chevalier en 1914 ; nommé amiral en 1917.
3. Épouse de l'amiral Sir Francis Bridgeman, qui en 1912 avait pris une retraite anticipée en tant que Premier lord naval pour laisser la place au prince Louis de Battenberg.

o De Winston   Amirauté
9 août 1914

Ma chérie,

Le document ci-joint vous dira ce que l'on sait officiellement. C'est un bon résumé. Ne manquez <u>surtout</u> pas de le brûler immédiatement.

Je suis plongé dans le travail jusqu'au cou & j'ai beaucoup de retard.

Cela m'inquiète un peu que vous soyez sur la côte. Il y a une chance sur cent qu'il y ait un raid – mais malgré tout il y en a une : & Cromer a un bon terrain d'atterrissage pas loin.

J'aimerais bien que vous fassiez réparer l'auto & que vous la gardiez à proximité pour pouvoir filer – au moindre signe de danger. Je me demande en fait si je ne devrais pas vous rappeler immédiatement, à la Callaghan – « Baissez le drapeau & revenez à terre. »

Embrassez les Chatons de ma part.

Mon tendre amour à vous tous
Votre très attentionné & dévoué,
W.

o De Clementine   [Pear Tree Cottage]
9 août [1914]

Mon amour

... J'ai eu une très bonne idée – Au printemps prochain, lorsque nous pourrions peut-être nous permettre une automobile à nouveau, pourquoi n'achèterions-nous pas plutôt 2 alezans « aux longues queues élégantes » pour nous promener une heure tous les matins. Cela vous serait beaucoup plus utile qu'une auto & me ferait tellement plaisir – Assurément, cela ne devrait pas coûter si cher ?

Les « visiteurs » s'enfuient d'ici & la « saison » est gâchée pour les pauvres petits résidents, qui ne toucheront pas de shekels cette année. Ils sont très tristes & se lamentent sur leur sort. Hier, dans un effort désespéré pour contenir le reflux des touristes, les autorités locales ont fait afficher sur l'écran du cinéma local l'appel pathétique suivant – (en substance, car je ne suis pas sûre des mots exacts)

« Visiteurs ! Pourquoi quittez-vous Cromer ? Mrs Winston Churchill et ses enfants sont en villégiature dans les environs – Si l'endroit est assez sûr pour elle, assurément, il est assez sûr pour vous ! »

Quel merveilleux exploit a dû être la prise de Mülhausen[1]. Aucune allusion n'y est faite dans l'édition des journaux du dimanche que nous recevons ici.

J'attends avec impatience votre lettre avec les nouvelles secrètes – Elle sera détruite immédiatement. J'espère que dans cette lettre vous me parlez du corps expéditionnaire. Est-ce que j'ai raison de penser que certains sont déjà partis ? Soyez gentil & écrivez-moi à nouveau pour m'alimenter en morceaux de choix – Je me comporte de manière tellement raisonnable & sage, assise sur la plage & jouant avec mes chatons, & m'occupant de ma petite maison, mais comme j'aimerais me précipiter pour être près de vous et au cœur de l'action.

C'était exaltant de voir ce petit destroyer impertinent ramener le cargo [ennemi] – Comme j'aurais aimé que ce soit Bill[2], mais je ne crois pas que cela ait pu être lui. Sa mission actuelle est de patrouiller l'estuaire de la Wash, qui n'est que bancs de sable – J'espère qu'il les évite soigneusement.

Votre Clemmie
qui vous aime

Miaou

1. Mülhausen [Mulhouse], au sud de l'Alsace (territoire français annexé par les Allemands après la guerre de 1870-1871), avait été reprise par les troupes françaises en moins d'une heure ; ce fut la première bataille de la guerre.
2. William Hozier commandait alors le contre-torpilleur HMS *Thorn*.

---

o De Clementine   [Pear Tree Cottage]
10 août [1914]

Mon chéri

Le document secret a été lu & brûlé sous mes yeux dans la cuisinière !

C'était très intéressant, mais j'ai été déçue parce que j'espérais que vous alliez me donner des nouvelles du corps expéditionnaire – Tenez-moi au courant, s'il vous plaît – Quand va-t-il partir, où va-t-il débarquer, quels régiments feront partie de la première vague, etc. –

Je voudrais tellement qu'il arrive à temps pour empêcher les habitants de Liège d'être massacrés dans leurs maisons....

Un nouvel avion nous a survolés ce matin – Cela donne le sentiment extraordinaire de ne pas avoir été oubliés dans le plan de défense !

Votre Clemmie
qui vous aime
…

---

o De Winston   Amirauté
11 août 1914

Ma chérie,

Ces quelques mots d'un Winston ts fatigué. Le Corps expéd.re qui vous tracasse tellement est en route & sera sur place à temps. Ce serait bien si je pouvais m'éclipser pour vous rejoindre & jouer au sable sur la plage. Ici mon travail est très lourd & si intéressant que je ne peux pas le quitter.

Mais là je vais vraiment m'arrêter.

Toujours avec tout mon amour
W.

o De Clementine [Pear Tree Cottage]
12 août [1914]

Mon chéri à moi

Je sens une réelle note d'épuisement dans votre lettre.

Voyons, faites-vous vraiment tout ce qu'il faut pour ne pas être trop fatigué ?

1) Ne jamais oublier votre promenade à cheval le matin –

2) Aller au lit bien <u>avant</u> minuit, bien dormir & <u>interdire</u> que l'on vous réveille à chaque fois qu'un Belge tue un Allemand (vous <u>devez</u> dormir 8 heures chaque nuit pour être au mieux de votre forme)

3) Ne pas trop fumer & éviter les indigestions.

Souhaitez-vous que je vienne pour un jour ou deux lundi prochain & que je vous asticote gentiment de manière à ce que vous fassiez toutes ces choses ? ou faites-vous déjà le nécessaire tout seul comme un bon garçon –

Lorsque la méchante & sévère Grimalkin est absente, j'ai l'impression que vous retombez dans un délicieux état de « *laissez faire* » pour ce qui est des détails –

Les plages dorées sont si belles & n'attendent que vous pour qu'on les couvre de fortifications & il y a un petit cours d'eau qui a <u>vraiment</u> besoin d'être endigué – Mais hélas, c'est trop loin –

Au revoir, mon adoré. Je suis si fière de vous & je vous aime énormément

Votre Clemmie
qui vous aime

o De Clementine [Admiralty House]
Samedi [19 septembre 1914 ?]

Mon cher & unique amour

… Je vous en prie, n'allez pas penser que je suis <u>moi</u> fatigante ; mais je veux que vous avertissiez le P.M. de la visite que vous projetez de faire à Sir John French[1]. Ce serait très impoli de votre part si vous ne le faisiez pas & il en serait mécontent et blessé –

Bien sûr, je sais que vous consulterez K[itchener][2] – Sinon le voyage aurait l'air d'une escapade de fin de semaine, & non d'une mission – Vous seriez surpris & furieux si K filait voir Jellicoe sans consulter qui que ce soit –

J'aurais préféré, mon chéri, que vous n'ayez pas ce désir impérieux d'y aller – Cela me désole de voir que vous êtes déprimé & mécontent de la position exceptionnelle que vous avez atteinte grâce à des années de perspicacité & d'efforts incessants – Le P.M. se repose sur vous & vous écoute de plus en plus. Vous êtes le seul jeune à occuper une position qui compte au Conseil. C'est vraiment pervers de votre part de ne pas être fier d'être Premier lord de l'Amirauté dans la plus grande guerre depuis l'origine du monde. Et il reste encore beaucoup d'autres choses à faire & vous <u>seul</u> en êtes capable....

Vous savez que les marins ne peuvent rien accomplir seuls &, même si vos préparatifs sont si parfaits qu'il ne semble pas y avoir grand-chose à faire pour l'instant, ce n'est pas le moment de passer la main à quelqu'un d'autre ou de permettre aux marins qui ont été encadrés & soumis au joug ces deux dernières années de prendre les choses en main –

Soyez gentil, réjouissez-vous & ne piaffez d'impatience. Aussi grands & glorieux qu'aient pu être les résultats de notre armée, elle reste petite, 1/8e des forces alliées – Alors que vous dirigez cette gigantesque marine qui, en fin de compte, décidera de l'issue de la guerre. Pardonnez-moi cette longue lettre, mais je n'ai rien d'autre à faire que de rester au lit & de réfléchir & votre état d'esprit actuel me rend anxieuse –

Votre Clemmie
qui vous aime

1. Sir John French (1852-1925), maréchal, par la suite premier comte d'Ypres. Alors commandant en chef des forces expéditionnaires en France.
2. Lord Kitchener, maréchal [et ministre de la Guerre en 1914-1915, *ndt*] (voir p. 28 n. 1).

o De Winston HMS Adventure
[non daté, 26 septembre 1914] – à toute vapeur –

Ma chérie,

Vous avez été ts gentille de me laisser repartir, & je vous en suis ts reconnaissant. Le courage & le bon sens dont vous avez fait preuve au cours de cette période étrange vu vos propres intenses préoccupations (à savoir – les chatons) sont merveilleux. Bill va venir vous voir aujourd'hui.

Je suis vraiment désolé de ne pas pouvoir le voir. Prêtez-lui mes fusils pour qu'il aille à la chasse.

Pour ce qui est de parler à K., comme vous aviez raison.

Avec tout mon tendre amour ma très chère
Votre mari qui vous aimera toujours
W.

Sarah, leur troisième enfant, naquit le 7 octobre à Admiralty House. Pendant les derniers jours de sa grossesse, Clementine s'était sentie seule et très inquiète pour Winston, qui avait été envoyé à Anvers par le Conseil restreint pour renforcer la résistance de la ville assiégée. Il rentra quelques heures après la naissance de Sarah.

o De Clementine — Belcaire[1]
19 novembre [1914] — Lympne

Mon chéri

… La pauvre Goonie est terriblement inquiète à propos de Jack [Churchill][2], car la deuxième division était au feu mardi & elle a calculé d'après sa dernière lettre que Jack était certainement dans les tranchées ce jour-là.

Un hiver triste s'est abattu sur nous ici ; il tombe d'énormes flocons de neige cotonneux –

J'ai demandé à Band [un domestique ?] d'envoyer à Bill votre bonnet fourré d'aviateur, dont vous n'aurez pas besoin (je l'espère) avant longtemps. Il dit qu'il fait un froid glacial. Ils ont essuyé un terrible coup de vent & sont rentrés au port en très mauvais état. Combien de temps cela va-t-il prendre pour que Jellicoe récupère ses 3 grands croiseurs, ou au moins l'un d'entre eux ? Je suis anxieuse. Les Allemands sont horriblement puissants, & rusés aussi ; pendant des années, ils ont consacré leurs meilleurs cerveaux à la préparation de cette guerre, alors que nous avons toujours considéré les soldats & les marins comme des hommes courageux et bourrus, & simples, pour ne pas dire stupides….

Plus tard

Je viens juste de raccrocher[3]. Goonie est tellement contente que Jack ait été affecté à l'état-major. Elle a été terriblement triste toute la journée, mais elle est aux anges maintenant.

Nous avons passé l'après-midi toutes les deux enterrées sous une avalanche de papiers à payer nos factures. Dehors, la neige tombe drue, en flocons épais.

Amour tendre pour vous, mon chéri. J'espère que votre mal de tête ne reviendra pas –

Votre Clemmie
qui vous aime

1. La maison de Philip Sassoon dans le Kent, à quelques kilomètres de la côte. Député unioniste depuis 1912, millionnaire, esthète et passionné d'aviation, il possédait son propre avion. Ministre de l'Air de 1924 à 1929 et de 1931 à 1937.
2. Jack Churchill était en France avec les hussards de l'Oxfordshire.
3. L'appel téléphonique annonçait la bonne nouvelle que WSC reprend dans sa lettre suivante.

o De Winston Amirauté
19 novembre 1914

Très secret

Ma chérie,
J'ai de bonnes nouvelles pour Goonie. French vient de prendre Jack [Churchill] dans l'état-major. Il l'a fait de son propre chef, sans que Jack ou moi lui ait rien demandé. Mais j'en suis ts reconnaissant, parce que même s'il y a toujours du danger, le risque est moindre & le travail plus intéressant. Jack a connu des conditions de service très éprouvantes & il mérite bien de profiter de sa bonne fortune…

Les pourceaux [la flotte allemande] se concentrent à Wilhelmshaven, & la situation revient absolument à « jouer au chat et à la souris ». Qui sera la souris ?….

… K. a mis son armée en mouvement, ce qui agite bcp les esprits, en vue de l'invasion attendue de longue date. Mais nous n'aurons pas cette chance.

Avec tout mon tendre amour & force baisers
Votre dévoué qui vous aimera toujours
W.

Alors que 1914 touchait à sa fin, la guerre s'enlisait. On avait cru dans l'exubérance des premiers jours qu'elle serait « terminée avant Noël ». La bataille de Mons et la retraite qui suivit, celle de la Marne, et la première bataille d'Ypres avaient été les terribles signes avant-coureurs du sacrifice de vies à venir. Sur le front de l'ouest, les armées se faisaient face dans une étreinte d'acier et une funeste guerre de tranchées s'était installée de la Manche à la frontière suisse.

Chapitre VI

LES DARDANELLES

La tragique saga des Dardanelles n'est pas seulement un élément essentiel pour comprendre les lettres qu'échangèrent Winston et Clementine à cette époque ; ce fut un événement qui assombrit leur vie pendant très longtemps.

Cinquante ans plus tard, Clementine conservait une mémoire vive de la douleur et du quasi-désespoir de ces jours de 1915-1916, où la destinée politique de Winston atteignit son point le plus bas. Il fut si accablé par les pertes terribles en vies humaines qu'elle confia à Martin Gilbert, son biographe officiel : « Les Dardanelles le hantèrent toute sa vie. Il y a toujours cru. Lorsqu'il a quitté l'Amirauté, il pensait qu'il était fini... J'ai cru qu'il ne se remettrait jamais des Dardanelles et j'ai pensé qu'il allait mourir de chagrin[1]*. »*

Le projet initialement adopté par le Conseil de guerre (composé des ministres d'État et de leurs conseillers) consistait à forcer le détroit des Dardanelles[2] *pour atteindre le joyau scintillant de Constantinople par la mer de Marmara. Il nécessitait, en plus des forces navales, un contingent militaire important pour prendre et occuper la péninsule de Gallipoli, mais Lord Kitchener déclara au Conseil qu'aucune troupe ne pourrait être retirée du front occidental pour une opération en Méditerranée. L'opinion respectée du vice-amiral Carden*[3] *– qui était d'avis que les Dardanelles pouvaient être prises par les seules forces navales – finit par l'emporter et, le 13 janvier 1915, le Conseil de guerre demanda à l'Amirauté de se préparer à une expédition navale.*

La décision ayant également été prise d'envoyer un contingent militaire à Gallipoli, la Royal Naval Division prit la mer fin février sous le commandement du général de division Sir Ian Hamilton[4] *; parmi ses officiers se trouvait le major* [chef de bataillon, ndt] *Jack Churchill.*

Le bombardement des défenses avancées des Dardanelles commença le 19 février. Très rapidement, Churchill s'inquiéta du manque apparent de vigueur de l'attaque de Carden : ce dernier était en fait malade et il démissionna le 16 mars pour être remplacé par son second, le vice-amiral de Robeck[5]. Le 18 mars, les navires britanniques et français pénétrèrent dans le détroit et bombardèrent les forts turcs, mais après que deux navires britanniques et un français eurent été coulés par des mines, de Robeck mit fin à l'offensive, qui ne devait jamais reprendre. Des débarquements amphibies sur la péninsule le 25 avril causèrent de lourdes pertes humaines parmi les troupes britanniques, mais aussi australiennes et néozélandaises (Anzac) ; bien qu'une tête de pont précaire ait pu être établie le long de la pointe sud de la péninsule, les Turcs contrôlaient les hauteurs, et aucune avance n'était possible. Dans une tragique répétition des événements du front occidental, nos troupes s'enterrèrent dans des lignes de tranchées.

Churchill fut plongé dans une profonde consternation et fit tout ce qui était en son pouvoir pour que l'on donne l'ordre de reprendre l'offensive. Il restait persuadé de la valeur stratégique de l'opération (qui, en cas de succès, aurait effectivement écourté la guerre), mais l'Amirauté et Downing Street se montraient peu enclins à s'opposer au commandement local. L'amiral de la Flotte, Lord Fisher[6], qui était à l'origine un partisan enthousiaste du plan, fit systématiquement obstacle aux efforts de Churchill pour envoyer des renforts navals.

Lorsque Churchill était devenu Premier lord de l'Amirauté, il consultait fréquemment Lord Fisher, alors à la retraite et, en octobre 1914, il insista pour qu'il soit de nouveau nommé Premier lord naval pour succéder au prince Louis de Battenberg : ce fut une nomination que Winston allait regretter très amèrement. Fisher pouvait être farouchement favorable à une stratégie à un moment donné et lui être tout aussi violemment opposé le moment suivant. Les tergiversations de cet amiral septuagénaire faisaient de lui un collègue difficile – voire impossible lorsque les événements commencèrent à prendre un tour désastreux.

Mais Gallipoli n'était pas la seule source de mauvaises nouvelles : lors de la seconde bataille d'Ypres, qui commença le 22 avril, les Allemands utilisèrent pour la première fois des gaz toxiques – ajoutant une nouvelle dimension funeste à la guerre de tranchées. En même temps éclata le « scandale des obus ». Sir John French s'était plaint d'une pénurie de munitions et l'affaire fut attisée par Lord Northcliffe[7] dans ses journaux, mettant en cause Kitchener, tout en embarrassant et discréditant le gouvernement.

Sur le front de la politique partisane, la trêve déclenchée par la guerre se fissurait : de nombreux parlementaires conservateurs commençaient à s'inquiéter et à critiquer le gouvernement. Leur hostilité se concentrait sur ce « renégat » de Winston Churchill. Chaque désastre naval, la part qu'il avait prise à la défense d'Anvers, et (au fur et à mesure que les nouvelles filtraient) son rôle en tant que principal instigateur de l'opération chaque jour plus désastreuse des Dardanelles, faisaient de lui la cible favorite de leur venin.

Le 15 mai, à ce moment tendu et crucial, Lord Fisher démissionna. La veille, il avait déclaré (lors d'une réunion, à un Conseil de guerre médusé) qu'il « avait été contre l'opération des Dardanelles depuis le début[8] ». Churchill écrivit ce même jour dans une lettre au Premier ministre : « Le Premier lord naval a approuvé par écrit chacun des télégrammes de commandement à partir desquels les opérations ont été menées. » Bien que ce soir-là, Churchill et Fisher aient eu une longue conversation et soient parvenus à se mettre d'accord sur tous les points abordés, le lendemain le Premier ministre et Churchill recevaient de lui des lettres de démission. Asquith, outré, lui ordonna de reprendre son poste au nom du roi. Churchill lui écrivit une longue lettre émouvante. Entre-temps, Fisher disparut. Il fut finalement retrouvé au Charing Cross Hotel, où il s'était tapi. Il rencontra par la suite le Premier ministre et Lloyd George, mais refusa obstinément de revenir sur sa décision, alléguant qu'il ne pouvait plus travailler avec Churchill et refusant même de le voir.

La rumeur de la démission de Fisher parvint jusqu'à l'opposition et, le matin du 17 mai, Bonar Law (leader de l'opposition conservatrice) se rendit à Downing Street pour avoir confirmation de la nouvelle. Il fit comprendre à Asquith et à Lloyd George que la démission de Fisher, ajoutée au « scandale des obus », l'empêchait de modérer son parti, que la trêve politique était terminée, que les tories s'opposeraient à ce que Churchill reste Premier lord de l'Amirauté et que, de plus, ils étaient prêts à porter l'affaire devant le Parlement en bonne et due forme. Après diverses consultations, ensemble et séparément, le Premier ministre, Lloyd George et Bonar Law décidèrent de former un gouvernement de coalition. Bonar Law y mit comme condition que Churchill et Haldane[9] soient démis de leurs fonctions.

Le nouveau gouvernement de coalition vit le jour le 26 mai. Churchill accepta le poste sans portefeuille de chancelier du duché de Lancastre, qui lui permettait de conserver son siège au Conseil restreint et au Conseil de guerre. Il était déterminé à soutenir jusqu'au bout des opérations dont il était largement responsable, et des stratégies auxquelles il croyait de tout cœur.

Winston et Clementine quittèrent Admiralty House aussi rapidement que possible ; leur maison de Londres ayant été louée, ils furent invités par Ivor Guest (qui avait été fait Lord Wimborne) à résider dans sa maison d'Arlington Street, le temps de s'organiser. Ils avaient déjà réservé une maison – Hoe Farm, près de Godalming, dans le Surrey – pour les week-ends d'été.

Au duché de Lancastre, Churchill perdait plus de la moitié de son salaire ministériel. Les « Jack » connaissaient également des problèmes financiers, aussi les deux familles décidèrent-elles de partager la spacieuse maison que Jack et Goonie occupaient au numéro 41 de Cromwell Road, à South Kensington.

Hoe Farm allait se révéler un véritable refuge pour Churchill dans la période d'angoisse qui suivit la crise des Dardanelles et l'humiliation personnelle de sa démission. C'est aussi là que Churchill se mit à peindre pour la première fois. Un jour qu'il se promenait dans le jardin en ressassant misérablement ce qui s'était passé, Winston tomba sur Goonie qui faisait de l'aquarelle sur un chevalet : elle le persuada de prendre un pinceau et de faire un essai. Ce fut comme un coup de baguette magique. La peinture allait devenir une passion et un passe-temps qu'il pratiquerait toute sa vie.

En juillet, Lord Kitchener demanda à Churchill de se rendre aux Dardanelles pour lui faire un rapport sur ce qui s'y passait. La visite prévue n'eut jamais lieu en raison de l'opposition véhémente des ministres conservateurs. La lettre qui suit fut écrite juste avant la date prévue du départ de Winston pour Gallipoli, où il aurait facilement pu être sous le feu des obus.

1. Martin Gilbert, *Winston S. Churchill*, vol. III, 1971, p. 473.
2. Situé entre la péninsule de Gallipoli et la Turquie continentale. La Turquie était entrée en guerre aux côtés des Allemands en novembre 1914.
3. Vice-amiral, et par la suite amiral Sir S.H. Carden (1857-1930), alors commandant en Méditerranée orientale.
4. Général de division Sir Ian Hamilton (1853-1947). Un ami personnel de la guerre des Boers. Il avait inspiré à WSC *Ian Hamilton's March* (La marche de Ian Hamilton), publié en 1900.
5. Le vice-amiral John de Robeck, par la suite amiral Sir John de Robeck (1862-1928). Commandant en chef en Méditerranée de 1919 à 1922 ; amiral de la Flotte en 1925.
6. John Arbuthnot Fisher, amiral de la Flotte, OM, premier baron Fisher de Kilverstone (1841-1920). Né à Ceylan ; il entra dans la marine en 1854. Premier lord naval de 1904 à 1910 et, de nouveau, en 1914-1915. Modernisateur de la Royal Navy, il introduisit les dreadnoughts.
7. Alfred Harmsworth, premier vicomte Northcliffe (1865-1922). Fondateur du *Daily Mail* et du *Daily Mirror* ; propriétaire du *Times* à partir de 1908.
8. M. Gilbert, *Winston S. Churchill*, vol. III, p. 431.
9. La demande de démission de Lord Haldane (lord grand chancelier) émanait d'une campagne de dénigrement abjecte qui prenait pour prétexte les travaux qu'Haldane avait consacrés sa vie durant à la philosophie et la littérature allemandes.

o De Winston Bureaux du duché de Lancastre
17 juillet 1915 Strand, W.C.
[enveloppe avec l'inscription :]
À transmettre à Mrs Churchill
en cas de décès
WSC

Ma chérie,
Cox détient pour environ mille livres de valeurs que je possède (principalement Houillères de Witbank). Jack [Churchill] a en son nom propre environ pour mille livres d'actions dans les Ciments de Pretoria ; & Cassel a des obligations américaines à moi dont la valeur devrait dépasser d'environ mille livres les emprunts que j'ai contractés auprès de lui. Je pense que tout cela suffira à rembourser mes dettes et le déficit de mon compte en banque. J'ai réglé la plupart de mes factures l'an dernier.

Les polices d'assurance sont toutes à jour & tous les risques sont couverts. Vous recevrez dix mille livres et trois cents livres en plus jusqu'à ce que vous ayez la succession de ma Mère. Ces dix mille livres peuvent soit servir à rapporter des intérêts, c'est-à-dire environ 450 £ par an ou bien à prendre une assurance sur la vie de Mère...

Je souhaite vivement que vous preniez possession de tous mes papiers, surtout ceux qui ont trait à mon action à l'Amirauté. Je vous ai désignée comme seule exécutrice testamentaire littéraire. Masterton Smith vous aidera à rassembler tout ce qui est nécessaire pour rédiger un état complet de la question. Il n'y a pas urgence : mais un jour j'aimerais que toute la lumière soit faite. Randolph reprendra le flambeau.

Ne me pleurez pas à l'excès. J'ai un esprit sûr de ses droits. La mort n'est qu'un incident, & pas le plus important qui nous arrive dans notre existence terrestre. Dans l'ensemble, en particulier depuis je vous ai rencontrée ma chérie j'ai été heureux, & vous m'avez appris quelle noblesse un cœur de femme pouvait avoir. S'il existe un autre monde, je vous y rechercherai. En attendant allez de l'avant, sentez-vous libre, jouissez de la Vie, chérissez les enfants, préservez ma mémoire. Dieu vous bénisse.

Au revoir.
W.

Alors que l'été avançait, la campagne de Gallipoli rencontra encore de nouvelles difficultés qui atteignirent leur paroxysme au début du mois d'août, avec la désastreuse attaque de la baie de Suvla, qui eut des répercussions bien au-delà des plages ensanglantées, jusqu'en Grèce et dans les États balkaniques. En octobre, la Bulgarie rejoignit l'Allemagne et l'Autriche.

En tant que machine de guerre, le gouvernement de coalition se révélait pire encore que celui qui l'avait précédé. Le comité élargi des Dardanelles ayant été considéré comme trop important pour être efficace, le Conseil restreint décida en novembre de réduire le nombre de ses membres : Churchill fut exclu de l'équipe restreinte.

Cette nouvelle exclusion, qui l'empêchait de participer étroitement et efficacement à la conduite de la guerre, rendait sa situation encore plus insupportable : le 11 novembre, il écrivit au Premier ministre pour lui proposer sa démission, ajoutant : « Je ne me sens pas capable en de telles circonstances de continuer à bénéficier d'une position d'oisiveté bien rémunérée... Je suis un officier et je me mets, sans réserve, à la disposition des autorités militaires, en faisant remarquer que mon régiment est en France[1]. »

1. Une copie de cette lettre se trouve dans les CSCT Papers au Archives Centre du Churchill College à Cambridge.

Une semaine plus tard, le 18 novembre, le « major Churchill » partit pour la France. Après s'être brièvement présenté à son propre régiment de Yeomen (The Queen's Own Oxfordshire Hussars), il se rendit à l'état-major général à Saint-Omer à l'invitation de Sir John French, qui le reçut de la façon la plus cordiale. French lui donna le choix entre rester à l'état-major en tant qu'aide de camp ou prendre le commandement d'une brigade : Winston opta sans hésiter pour la seconde proposition, mais demanda à servir en tant que chef de corps sur le terrain avant de prendre un poste aussi important.

Le 20 novembre, Churchill fut assigné au 2ᵉ bataillon de grenadiers de la Garde, dont le quartier général au front se trouvait près de Neuve-Chapelle.

o De Winston État-major général
18 novembre 1915 Armée britannique en campagne

Ma chérie,
Les choses se sont déroulées ts largement comme je le prévoyais. Une convocation pour l'état-major général m'attendait, et je m'y suis rendu après être allé voir mon régiment. French ts amical comme toujours. Il souhaitait que je prenne une brigade dès que possible. Je lui ai dit,

comme à vous, qu'auparavant il fallait que je sente que j'avais pleinement assimilé les conditions de la guerre de tranchées du point de vue du commandement dans les régiments ; & je lui ai suggéré ceux de la Garde comme étant la meilleure école. Cela va donc se faire & je crois que je vais monter en ligne samedi pour une semaine ou deux. Que cela ne vous inquiète pas le moins du monde. Aucune opération n'est prévue et il ne faut rien envisager d'autre que les risques de routine habituels. Mais je serai éternellement fier d'avoir servi dans ce célèbre corps : en fait, c'est beaucoup moins dangereux que de monter en ligne avec les Q.O.O.H. [Queen's Own Oxfordshire Hussars].

Ces derniers ont été très contents de me voir dans leurs malheureux quartiers réquisitionnés dispersés dans la campagne. Je passe la nuit à l'état-major général, dans un beau château, avec eau chaude, lits, champagne & tout le confort. Redmond [chef de file des nationalistes irlandais] était là au dîner. Ts aimable, & il reconnaît que j'ai eu absolument raison de quitter le gouvt. Ils s'enfoncent dans l'abîme. Je suis sûr que je vais être parfaitement heureux ici & en paix avec moi-même. Il faut que j'essaye de me faire admettre comme un bon soldat sincère. Mais n'allez pas imaginer que je vais courir des risques insensés ou faire quoi que ce soit sans nécessité évidente.

Je vous réécrirai demain mon petit trésor dès que mes projets seront définitivement confirmés.

Toujours votre dévoué mari
qui vous aime
Winston S.C.

P.-S. Il va absolument me falloir de nouvelles culottes de cheval car le tissu de celles que j'ai présente des signes de pourriture. Je vous demanderai d'en commander 2 chez Tautz sans lacets ni boutons au genou – & de les envoyer de toute urgence au colonel Barry, État-major général, qui me les fera suivre.

WSC

o De Clementine 41 Cromwell Road
19 novembre 1915

Mon Winston chéri

Je suis impatiente de recevoir de vos nouvelles – Je veux savoir où vous êtes, à quoi ressemble votre cantonnement, si vous avez tout ce qu'il vous faut, ce que vous avez mangé, si vous êtes content mon amour, & ce que vous pensez & ressentez.

Hier, j'ai expédié à votre intention les pantalons & les chemises kaki qui sont arrivés après votre départ.

Est-ce que vous recevez les journaux sans trop de problèmes ou dois-je vous les faire envoyer ?

Bien q. vous ne soyez qu'à quelques kilomètres d'ici, vous me semblez aussi loin que les étoiles, perdu parmi un million de silhouettes kaki....

Aujourd'hui, je suis allée à mon centre de ravitaillement à Enfield Lock[1]... [et] j'ai retrouvé mon panier après une journée épuisante (vous savez que j'y trouve toujours réconfort & consolation). Sans automobile, il est plus difficile d'aller à Enfield que de se rendre en France – j'ai passé ¼ de la journée dans le métro, les trams, le train, & le reste du temps à batailler avec des comités...

Écrivez-moi, Winston, j'ai grand besoin d'avoir de vos nouvelles

Votre Clemmie
qui vous aime
...

1. En juin, CSC avait rejoint le Comité auxiliaire des travailleurs de l'armement, qui venait d'être formé sous les auspices de la YMCA (Young Men's Christian Association) et dont la fonction était d'organiser et de gérer des cantines pour l'armée croissante de civils – hommes et femmes – qui travaillaient jour et nuit dans les usines d'armement. CSC avait pour tâche d'organiser les cantines dans le nord et le nord-est du grand Londres.

o De Winston   État-major général
Minuit, 19 novembre 1915

Ma très chère âme – (c'est ce que le gd d[uc] de Marlborough écrivait à sa chatte depuis les pays bas). Tout est réglé au mieux. J'ai rencontré aujourd'hui Lord Cavan[1], à qui j'ai dit après quelques instants de conversation « je considérerai comme un ts gd honneur de monter en ligne avec les Gardes », sur quoi il m'a répondu – & je pense sincèrement – « nous serons <u>fiers</u> de vous avoir ». Je pars donc demain ; mais comme je ne sais pas dans quel bataillon on va m'envoyer, je ne peux pas savoir quel tour de service nous suivrons pour aller dans les tranchées. Mais j'espère que vous comprendrez à quel point tout cela est anodin. J'apprends à ma grande surprise qu'ils n'ont qu'une quinzaine de tués & de blessés par jour sur 8 000 hommes au feu ! Je vous en voudrai beaucoup si je suis amené à penser que vous vous laissez perturber par ce genre de risque. Vous vouliez que j'écrive pour tout vous dire & c'est donc ce que je fais – pour vous faire plaisir, & non pas parce que j'attache la moindre importance à cette expérience qui sort si peu du train-train ordinaire.

Cet après-midi je suis allé voir mon régimt : également mon général de brigade. Ils m'ont chouchouté. Ils ont totalement approuvé ma ligne de conduite & l'ont jugée parfaitement juste & appropriée. Finalement je me rends compte que l'armée est toute disposée à m'accueillir de nouveau en qualité « d'enfant prodigue ». Quoi qu'il en soit je sais ce qu'ils estiment être la bonne voie, & j'entends la suivre....

Je suis ts heureux ici. Je ne savais pas ce que voulait dire être libéré de tout souci. C'est une paix et une bénédiction. Comment j'ai pu perdre tant de mois à rester malheureux dans mon impuissance alors que j'aurais pu les passer au front, je ne sais pas.

Entre deux périodes dans les tranchées je reviendrai prendre un bain chaud, etc. à l'état-major général, où on m'a dit que j'avais porte ouverte. French me dit qu'il vous a écrit aujourd'hui. C'est un bon ami.

Toujours votre mari qui vous aime,
W.

1. Le maréchal Frederic Rudolph Lambart, dixième comte de Cavan (1865-1946), qui commandait à cette époque la division de la brigade des Gardes.

o De Winston « Quelque part en France »
21 novembre 1915

Ma chérie,
Me voici en ligne. En dehors de tirs d'artillerie lourde dont les objectifs sont éloignés de nous, tout est ts calme. Il arrive qu'un homme ou deux soit touché de temps en temps par des balles perdues qui rasent les tranchées, ou par des tireurs d'élite. Mais nous pouvons gagner les tranchées debout sans avoir à ramper dans une sape, & même dans les cinq tranchées du front il règne une grande tranquillité. Nous sommes arrivés hier soir pour une période de 48 heures, ensuite 48 heures en soutien, & ensuite retour en première ligne pour faire un total de 12 jours au bout desquels nous avons droit à 6 jours de repos dans la réserve de la division. Je suis affté au 2e bataillon des Grenadiers de la Garde, où jadis le gd d[uc] de Marlborough a servi avant de le commander. Je m'entends ts bien avec les officiers – même s'ils étaient un

peu soupçonneux au début – & tous les généraux sont très polis & très aimables. Je ne vais pas me presser de quitter ce régimt tant qu'il reste en ligne, car son colonel[1] est l'un des tout meilleurs de l'armée, & sa connaissance de la guerre de tranchées est à la fois complète & profonde. Tous les commentaires & instructions adressés à ses hommes sont imprégnés de sagesse militaire ; & il faut voir de près le régime des Gardes – discipline & labeur constant – pour pleinement l'admirer comme il le mérite. Pour toutes ces raisons je prévois de passer une période de formation extrêmement profitable.

Les conditions d'existence, bien que dures, ne sont pas insalubres, & on n'a vraiment pas à s'en plaindre – sauf le froid aux pieds....

Je veux que vous m'achetiez les fournitures suivantes et que vous me les envoyiez <u>le plus vite possible</u> à l'état-major général.

1. Un gilet chaud en cuir marron

2. Une paire de bottes pour patauger dans les tranchées, pied en cuir marron, & jambe en toile imperméable montant jusqu'à la cuisse

3. Un périscope (extrêmement important)

4. Un sac de couchage en peau de mouton ; qui pourra soit contenir mon barda soit me servir pour y dormir. Bertram[2] saura vous conseiller pour tout cela

En plus

Veuillez SVP m'envoyer

5. 2 pantalons kaki (que Morris a bêtement oublié de mettre dans mes bagages)

6. 1 paire de mes brodequins marron à boutons –

7. Trois petits gants de toilette

Voilà, c'est tout.

Votre petit oreiller est une bénédiction & un petit trésor.

La canonnade s'éteint peu à peu maintenant que le jour baisse ; & débute en revanche une certaine quantité de tirs de mitrailleuses & de fusils.

J'écris depuis un abri à quelques centaines de mètres derrière la tranchée où se trouvent le Colonel et le Major du régiment....

Que je suis content d'être débarrassé des soucis & des vexations !

Avec mon plus tendre amour
V^{tre} toujours dévoué
W.

1. Lieutenant-colonel George Darell Jeffreys (1878-1960). Connu sous le nom de « Ma » Jeffreys.

2. Bertram Romilly (1878-1940), auparavant sous-lieutenant dans les Scots Guards, à cette date colonel affecté au Egyptian Camel Corps. Fiancé à Nellie Hozier, sœur de CSC, qu'il épousa le 4 décembre 1915 après avoir été réformé définitivement à la suite d'une grave blessure à la tête.

o De Winston [Bout Deville]
23 novembre 1915 France

Ma chérie. Nous avons fini nos premières 48 heures dans les tranchées & nous sommes au repos en soutien dans les quartiers réquisitionnés. Nous sommes assez proches pour entendre les fusillades mais hors de portée de tout sauf de l'artillerie, qui ne risque pas de se préoccuper des masures & des fermes où nous logeons. J'ai passé la matinée à ma toilette, avec un bain chaud, obtenu après quelques problèmes techniques... J'ai perdu tout intérêt pour le monde extérieur et je ne me soucie plus ni de lui ni de ses stupides journaux. Je suis installé au QG du bataillon – avec le Colonel, le commandant en second et le commandant-major. Quand le bataillon est dans les tranchées nous logeons environ 900 mètres derrière dans un abri en retrait d'une ferme en ruine. J'ai passé la nuit de dimanche dans les tranchées à la place – en compagnie de Grigg[1] : & quand nous y retournerons demain soir je resterai avec eux pendant toute la période. Cela me permet de voir & d'apprendre tout en détail. Ce n'est pas plus dangereux qu'au QG du bataillon, parce que cela évite les allées et venues entre les deux dans une zone où volent les balles perdues. C'est une scène sauvage. La ligne de tranchées – ou plutôt de talus – que nous tenons est construite le long des décombres d'autres lignes plus anciennes prises aux Allemands ou érigées par les Indiens. Les Gardes sont en train de tout nettoyer & travaillent jour et nuit pour consolider les parapets & améliorer la protection. La négligence & la paresse des occupants précédents est visible à chaque instant. Saleté & ordures partout, tombes creusées à l'endroit des défenses & dispersées sans discrimination, avec des pieds & des vêtements qui ressortent du sol, eau & boue de tout côté ; et au milieu de cette scène inondée de lumière par le clair de lune des armées de rats grouillent en se faufilant, au son incessant des fusils & des mitrailleuses accompagné par le sifflement gémissant des balles qui passent en l'air. Dans cette ambiance, avec le renfort de l'humidité & du froid, & de toutes les petites choses qui rendent la vie inconfortable, j'ai trouvé le bonheur & le contentement comme jamais depuis de longs mois. Cet après-midi, je suis allé à cheval voir Raymond [Asquith][2], qui est à une dizaine de kilomètres. Nous avons eu une agréable conversation en prenant le thé. C'est désormais un vrai soldat, & qui a tiré grand profit de l'expérience. Je suis en passe de me faire des amis avec les officiers & le Colonel, et c'est plaisant de voir leurs doutes & préjugés initiaux s'estomper. La discipline & l'organisation du bataillon sont admirables. En dépit des pertes qui laissent subsister à peine une douzaine des cadres d'origine, et de remplacements à répétition issus de sources diverses, la tradition & l'ordonnancement des Gardes se font sentir par l'ardeur au travail, l'élégance & le comportement de bon soldat. Cela restera toujours pour moi une expérience inoubliable que d'avoir été des leurs.

Pourriez-vous désormais m'envoyer régulièrement chaque semaine un <u>petit</u> colis de nourriture pour compléter les rations ? Des sardines, du chocolat, des viandes en conserve, et toute autre chose qui pourrait vous venir à l'idée. Commencez dès que possible....

Envoyez-moi aussi un nouveau stylo Onoto. J'ai bêtement perdu le mien. Envoyez-moi aussi des tas d'amour & de baisers. Écrivez-moi en me parlant de tout ce que vous faites & de ce que vous avez en tête pour l'avenir. Je joins une lettre pour Cox afin que vous ayez 100 £ pour régler toute facture ts urgente qui puisse tracasser Goonie. Cela m'ennuie de penser qu'elle puisse se faire du souci. Transmettez mes meilleures amitiés à Nellie : & dites à Bertram de me décrire sous un jour favorable auprès de ses confrères officiers.

Vous rendez-vous compte de ce que c'est que d'être Commandant ? 99 membres sur 100 de cette gde armée doivent me faire le salut militaire. Avec cette réflexion qui inspire la méditation permettez-moi de signer comme

Votre dévoué mari qui vous aime
W.

Embrassez Randolph, Diana & cette blondinette de Sarah de ma part.

1. Edward William Macleay Grigg, par la suite premier baron Altrincham (1879-1955), député (libéral national) de 1922 à 1925, puis conservateur de 1933 à 1945. Remplit différentes fonctions gouvernementales. Membre du gouvernement de coalition de WSC au cours de la guerre (voir p. 655 n. 1, lettre du 28 mars 1945). Épousa en 1923 Joan Poynder, fille unique du premier baron Islington.

2. Raymond Asquith (1878-1916), fils aîné de H.H. Asquith et de sa première femme, Helen Melland. Tué au combat lors de la bataille de la Somme, le 18 septembre 1916.

o De Clementine					41 Cromwell Road
25 novembre 1915 7 h 30 du matin

Mon chéri,
Je me suis arrangée hier pour vous envoyer tout ce que vous m'aviez demandé dans votre lettre écrite dans les tranchées, à la seule exception (hélas) des cuissardes imperméables – Londres semble avoir été complètement dévalisée, mais je vais essayer de nouveau ce matin &, si je n'en trouve pas, je vous en enverrai une paire en caoutchouc en attendant qui, à ce qu'on dit, sont presque aussi bien. Je me réveille au milieu de la nuit & pense à vous, tremblant de froid dans les tranchées ; cela me rend terriblement malheureuse – (Vous savez à quel point votre Kat a besoin d'avoir bien chaud pour s'endormir) – Je ne pourrais jamais dormir dans une tranchée, j'en ai peur, même dans un sac de couchage en peau de mouton. Randolph souhaite venir avec moi pour choisir les cuissardes – Il veut vous envoyer, comme cadeaux personnels de sa part, une photo de lui & une pelle – Il dit qu'il vous faut une pelle « pour creuser un petit peu sur le côté, pour que si une bombe arrive dans la tranchée Papa ne soit pas tué » – N'est-ce pas merveilleux qu'un enfant de quatre ans ait pensé à cela. Lundi, j'ai dîné avec Venetia [Montagu]. Tout le monde trouvait épatant que vous ayez rejoint les Grenadiers....

Nellie a rencontré un jeune soldat d'un régiment de ligne (un ancien ami) qui lui a dit que c'était un fait bien connu que vous aviez refusé une brigade & souhaité rejoindre les tranchées – Il a dit que tout le monde trouvait cela splendide, car ce à quoi s'attendent en général les soldats du rang de la part d'un officier comme vous, c'est qu'il rejoigne son régiment pour une expérience d'une semaine ou deux, qu'il soit affecté à une quelconque fonction d'état-major tandis que le régiment se livre à une tâche intéressante, & qu'il reçoive ensuite une brigade – J'attends avec impatience que vous partiez en réserve – J'ai calculé que vous quitteriez la ligne le 2 décembre – Dites-moi si c'est bien cela...

Mon chéri, je pense constamment à vous & j'espère sincèrement que, lorsque vous pensez à moi, vous ne voyez pas une harpie qui vous rabroue durement, mais votre Clemmie qui vous aime & qui est triste. Je vous aime énormément, plus encore que je ne le pensais – vous avez rempli toute ma vie depuis sept ans & maintenant j'ai l'impression que plus de la moitié de ma vie s'est évanouie de l'autre côté de la Manche – J'ai découpé dans le Daily Mirror une merveilleuse photo de vous en uniforme prise juste au moment où vous quittiez la maison – Il y avait un épais brouillard & votre silhouette est floue & imprécise, & c'est comme cela que je vous vois, disparaissant dans le brouillard & la boue des Flandres sans espoir de retour avant très longtemps....

Votre Clemmie & vos chatons
qui vous aiment
...

o De Winston [France]
25 novembre 1915

Ma chérie, je suis dans un abri de tranchée. Nous allons être relevés ce soir, ce qui achèvera notre deuxième période de 48 heures. Les canons, gros & petits, tonnent sans arrêt des deux côtés mais ils ne font pas attention à nous pour le moment. Ce matin nous avons reçu des obus & je suppose qu'il y en aura d'autres ce soir. Cela ne nous a causé ni angoisse ni appréhension, pas plus que l'approche d'un obus n'accélère mon pouls ou ne met mes nerfs à l'épreuve, ni ne me fait vouloir rentrer la tête – comme le font tant d'autres. Je suis satisfait de constater que toutes ces années de luxe n'ont en rien entamé l'équilibre de mon système. J'espère qu'à ce petit jeu je serai à la hauteur des autres. Mais bien sûr nous n'avons encore rien vu de sérieux.

Hier, il y a eu un curieux incident. Nous étions en train de manger dans l'abri (pas celui où je suis) quand un télégramme nous a prévenus que le commandant du corps d'armée souhaitait me voir & qu'une auto m'attendrait à 4 h 30 sur la route principale. Je me suis dit que c'était un ordre un peu sévère que de me forcer à sortir des tranchées en plein jour – une marche de 5 kilomètres à travers des champs gorgés d'eau et criblés de balles perdues, en suivant des pistes périodiquement visées par les obus. Mais je supposais que c'était quelque chose d'important et de toute façon je n'avais pas le choix. Donc, m'étant fait aussi propre que possible, je me suis mis en route juste au moment où l'ennemi se mettait à bombarder les routes & les tranchées avec ses obus pour se venger de ceux que lui avait envoyés notre artillerie provocatrice au feu bien nourri. J'ai échappé de justesse à toute une volée d'obus qui tombait sur la piste à une centaine de mètres derrière moi, et après une heure de marche je suis arrivé couvert de boue, tout trempé & en nage au point de rendez-vous où je devais trouver l'auto. Pas d'auto ! Bientôt un colonel de l'État-major est apparu – m'expliquant qu'il avait perdu l'auto, qui avait été forcée de quitter la route à cause des obus. Il a ajouté que le général avait voulu avoir une conversation avec moi mais que c'était seulement sur des questions d'ensemble & qu'un autre jour ferait tout aussi bien l'affaire. J'ai répondu que j'obéissais à un ordre, que je regrettais d'avoir été contraint de quitter les tranchées au moment où elles subissaient un bombardement, que si l'on n'avait pas besoin de moi pour une mission officielle j'y retournerais sur-le-champ. Et c'est ce que j'ai fait – encore une heure à travers les champs noyés désormais plongés dans l'obscurité.

Vous pouvez imaginer combien je pestais intérieurement contre l'absence de considération – même dictée par des intentions louables – de ce général qui m'avait fait venir pour rien sous la pluie & dans la boue.

J'ai regagné les tranchées sans encombre ; & c'est alors que j'ai appris qu'un quart d'heure après mon départ, l'abri où je vivais avait été heurté par un obus qui avait éclaté à deux ou trois mètres de l'endroit où j'aurais été assis, détruisant la structure & tuant l'ordonnance attachée au mess qui était à l'intérieur. Une autre ordonnance et un officier qui étaient à l'intérieur ont été tout secoués & commotionnés, & toutes nos affaires enfouies dans la boue & les débris. Quand j'ai vu les décombres, je n'en voulais plus guère au général au bout du compte. Mon domestique a lui aussi été vraisemblablement épargné du fait que je l'avais emmené pour porter ma capote. Déduisez donc de cela à quel point il est inutile de se faire du souci. Tout est dû au hasard ou à la destinée et il vaut mieux planter nos pas hésitants sans trop de calcul. Il faut se prêter avec simplicité & naturel à l'esprit du jeu, et faire confiance à Dieu, ce qui revient à dire la même chose….

… Je monte la garde pendant une partie de la nuit pour que d'autres puissent dormir. La nuit dernière, j'ai trouvé une sentinelle endormie à son poste. Je lui ai fait une peur épouvantable mais je ne l'ai pas poursuivi pour ce manquement. C'était encore un jeune garçon – & je ne suis pas officier de son régiment. La peine, c'est la mort ou au moins 2 ans.

Voudriez-vous maintenant m'envoyer 2 bouteilles de mon vieux cognac & une bouteille d'alcool de pêche. Il serait bon que cet envoi se répète à intervalles de dix jours.

Nous avons une autre période à faire dans les tranchées avant d'être mis au repos dans la réserve de la Division. Ensuite, je retournerai à l'état-major général. Je crois que j'en comprends les exigences et que je ne serai pas perdu si je prends un commandement. Seule l'expérience directe que j'ai acquise en personne comme officier de compagnie aurait pu me donner cette connaissance. Rares sont les généraux qui ont puisé aux mêmes sources profondes.

Avec mon tendre amour pour vous et toutes mes chaleureuses pensées pour nos amis.

Croyez-moi bien
Votre dévoué mari qui vous aimera toujours
W.

o De Winston   [France]
27 novembre 1915

Ma chérie,

J'ai bien reçu vtre lettre du 25, & avec d'autres envoyées plus tôt. Nous sommes de nouveau au repos après notre deuxième période de 48 heures. Nous remettons cela demain soir, le 28 et rejoignons la réserve la nuit tombée le 30 – mon anniversaire ! Je ne prête pas du tout attention à l'inconfort & n'allez pas imaginer que cela affectera ma santé le moins du monde....

Nous avons quitté les lignes hier soir sans encombre, & regagné l'arrière sous un clair de lune éclatant pendant que les hommes chantaient « Tipperary » & « The Farmer's boy » et que les canons tonnaient pour nous applaudir. C'est comme aller à une auberge chaleureuse après une longue journée de chasse, trempé, glacé & affamé – mais en se disant qu'il y a eu du sport. La discipline de ce bataillon est très stricte. À la moindre incartade – un mot maugréé, se recroqueviller une seule fois sous le parapet au mauvais moment, une légère trace de négligence dans la tenue – les hommes sont sévèrement punis. Mais les résultats sont bons. L'esprit qui règne est admirable. Les hommes sont supérieurs à la plupart des officiers. Les officiers sont tout à fait au niveau. Une totale indifférence à la mort ou aux blessures prévaut. Ce qui est à faire, on le fait & les pertes sont acceptées sans broncher et sans commentaire....

Mon petit caniche, j'adore vs lettres et c'est délicieux pour moi de penser que vous êtes là à la maison avec vos 3 chatons en pensant à moi avec le sentiment que ce que je fais est bien. Je n'ai pas le moindre sentiment de révolte face à la tournure des événements. Ll.G [Lloyd George] & McK [McKenna][1] et le vieux schnock [Asquith] sont loin & ont l'air de mandarins dans une province reculée de Chine. Si je survis à la guerre, je n'aurai aucune difficulté pour prendre ma place à la Chambre des communes & elle ne pourra qu'être bonne.

Il faut cultiver Garvin[2], [C.P.] Scott, Rothermere[3] & d'autres. Ce sont des amis fidèles, des amis de qualité & de pouvoir. Gardez le contact avec le Gouvernement. Montrez une confiance absolue dans notre fortune. Tenez bien haut la tête. C'est toujours ce que vous faites. Surtout, ne vous faites pas de souci pour moi. Si mon destin n'a pas encore été accompli je serai sûrement protégé. S'il l'a été, Randolph n'aura aucune raison d'avoir honte de quoi que ce soit que j'aie pu faire pour le pays.

Je dis à Cox de mettre 300 £ à votre crédit, auxquelles je ne veux pas que vous touchiez, pour les garder en réserve en cas d'accidents en attendant que tout soit réglé.

Je veux encore 2 paires de chaussettes (moelleuses) & 2 caleçons et tricots de peau épais de chez Jaeger

2 autres paires de gants de cuir marron (chauds)

1 autre paire de bottes de campagne (comme celles que j'ai eues chez Fortnum & Mason), seulement à partir du quatrième œillet depuis le bas il faudrait des crochets solides et de bonne qualité au lieu d'œillets pour les lacer plus vite. Une taille au-dessus des dernières.

Également une autre paire de brodequins de Fortnum & M qui ne monte pas plus haut que la cheville avec des crochets dès le rang du bas (celles-ci de même taille qu'avant).

Du fait que tout est mouillé en permanence et qu'il n'y a pas moyen de faire sécher il faut avoir beaucoup de rechange. Je suis désolé d'être si dépensier.

Bon, ma chérie, je termine maintenant avec mon tendre amour, pour vous & tous les bébés.

Votre mari dévoué à jamais
W.

1. À cette date, Lloyd George était ministre de l'Armement et McKenna chancelier de l'Échiquier.
2. James Louis Garvin (1868-1947), rédacteur en chef de l'*Observer* de 1908 à 1942.
3. Harold Sidney Harmsworth, par la suite premier vicomte Rothermere (1868-1940). Frère cadet de Lord Northcliffe. Propriétaire de journaux. Président de l'Air Council en 1917-1918.

o De Clementine   41 Cromwell Road
Dimanche 28 novembre [1915]

Mon chéri

Vous me manquez terriblement – Je souffre de ne pas vous voir. Quand pensez-vous que vous aurez une petite permission ? Voulez-vous que je vienne la passer avec vous à Paris ou rentrerez-vous à la maison ?

Je n'aime pas vous demander quoi que ce soit qui puisse vous causer de l'inquiétude ou de l'irritation, mais je suis terriblement anxieuse à l'idée que vous passiez plus de temps dans les tranchées que le devoir ne vous y oblige. Tous les autres officiers & les soldats ont appris à supporter le froid & l'humidité lors de leur entraînement, mais vous, vous êtes passé d'un seul coup de l'atmosphère de pièces surchauffées, d'un travail sédentaire & de bains turcs, à une vie cruellement dure & exposée. En plus de penser à moi & aux bébés, pensez à votre devoir envers vous-même, & à votre réputation – Si vous étiez tué & que vous vous étiez trop exposé, le monde pourrait penser que vous avez voulu votre propre mort par désespoir pour votre rôle dans les Dardanelles. Il en va de votre devoir envers votre pays d'essayer de vivre (devoir qui va de pair avec votre honneur de soldat)….

Donnez-moi davantage de détails sur votre vie – Votre domestique est-il gentil ? – Que vous donne-t-on à manger & prenez-vous vos repas dans la tranchée, dans une ferme ou ailleurs ? Les rats sont encore pires que les balles – Pouvez-vous les tuer, ou est-ce que cela reviendrait à gaspiller de bonnes munitions ?

Je me débats avec les cantines de la YMCA pour les travailleurs de l'armement. Les trains sont malcommodes & il est difficile de se rendre sur les sites.

… Votre Mère est très généreuse & contribuera 40 £ par mois au fonctionnement de notre arrangement jusqu'à ce qu'elle vienne vivre avec nous. Cela – à partir du 1er décembre….

Le Daily Mail m'appelle presque chaque jour & me demande si j'ai des nouvelles du « Major Churchill ». Major Churchill sonne bizarrement, mais je suis plus fière de ce titre que de n'importe quel autre….

Pour la première fois depuis sept ans, excepté les moments où nous étions séparés, je suis coupée de ma source privée d'information & je dois me fier aux journaux & aux <u>rumeurs</u>, de sorte que je suis en état d'hibernation artificielle….

Pour ce qui est du réconfort & de la confiance, nous nous tournons tous vers le P.M. & McKenna, qui donnent tous les deux l'impression d'être heureux, placides & contents d'eux-mêmes, & pour ce qui est du divertissement, nous avons le mariage[1] prochain de Violet [Asquith], qui enfièvre la ville et la met dans tous ses états – Mais quand je pense à vous, mon amour chéri, j'oublie toutes mes déceptions, mon amertume ou mon ambition & il me tarde de vous avoir en bonne santé, tout chaud & vivant dans mes bras. Depuis que vous êtes redevenu soldat, je regarde les civils, quel que soit leur statut social, avec pitié & indulgence – Les épouses d'hommes qui ont passé l'âge d'être soldats ont peut-être de la chance, mais je les plains d'être mariées à des vieillards faibles & incapables.

Vous devriez recevoir cette lettre le jour de votre anniversaire. Elle vous apportera tout mon amour & beaucoup de baisers passionnés – mon Winston chéri adoré – Je me sens si seule sans vous au petit-déjeuner que Sarah prend votre place & fait tout ce qu'elle peut pour vous ressembler presque totalement. Je fais front en attendant votre retour en me levant tôt le matin & en descendant pour le petit-déjeuner.

Helen Mitford[2] a dîné ici il y a 2 jours – Son bébé a 5 semaines. Elle a le cœur brisé que ce ne soit pas un garçon – Elle a 23 ans & des cheveux gris, ce qui fait bizarre sur un si jeune visage.

Au revoir, mon chéri. J'<u>adore</u> vos lettres. Je les lis et les relis encore & encore –

Clemmie
…

Je vous envoie des provisions & le stylo Onoto.

1. Violet Asquith épousa Maurice Bonham Carter (1880-1960) le 30 novembre 1915 ; secrétaire particulier d'Asquith, il fut fait chevalier en 1916. Connu sous le nom de « Bongey ».
2. Lady Helen Mitford, cousine germaine de CSC, dont le mari Clement Mitford avait été tué au combat le 13 mai 1915. Si son enfant avait été un fils, il aurait succédé à son grand-père comme second baron Redesdale.

o De Clementine   41 Cromwell Road
1ᵉʳ décembre [1915] 5 h du matin

Mon chéri

Votre dernière lettre était datée du 23 novembre & j'attends impatiemment d'autres nouvelles de vous....

Hier, c'était le mariage de Violet – De grandes foules massées partout – Randolph était l'un de ses garçons d'honneur & il avait l'air <u>très</u> beau dans son petit costume de velours russe garni de fourrure. Il a vraiment fait sensation & plus tard à Downing Street, il a été entouré, embrassé & admiré par des dizaines de jolies femmes....

Le grand événement au mariage d'hier a été la réapparition de K[itchener][1], qui est arrivé à grands pas dans l'église & a ensuite signé le registre, alors que tout le monde le croyait toujours occupé à se faire applaudir en Italie. Je me suis laissée dire qu'en son absence, on avait commencé à balayer & mettre en ordre[2] le M.G. [ministère de la Guerre] & que son retour inopiné avait causé un certain désarroi !....

– – – Plus tard – Votre lettre du 27 vient juste d'arriver &, maintenant que je <u>sais</u> que, pour le moment, vous êtes relativement en sécurité, je me rends compte à quel point l'anxiété m'avait rendue malade – Mon Winston chéri adoré – je voudrais passer un petit moment avec vous dans les tranchées. J'ai l'impression que si je savais exactement ce qui s'y passe, j'aurais moins d'appréhension, mais peut-être serait-ce le contraire !....

2 déc. 6 h du matin

... Hier Simon[3] s'est livré à une longue attaque contre Northcliffe qui aurait pu lui faire beaucoup de tort si elle n'avait pas été le fait d'un poseur aussi ennuyeux...

Randolph & Diana demandent anxieusement de vos nouvelles chaque matin –

Je vous envoie, mon aimé, beaucoup, beaucoup de baisers & tout mon amour.

Clemmie

...

1. Kitchener, en tant que ministre de la Guerre, avait été envoyé dans les Dardanelles par le Conseil restreint début novembre pour étudier la situation afin de décider si la campagne devait ou non continuer. Il s'était arrêté en Italie sur le chemin du retour.
2. De l'expression biblique « *swept and garnished* » (Matthieu 12:44), fréquemment reprise dans la littérature. [ndt]
3. Sir John Simon, par la suite premier vicomte Simon (1873-1954), avocat et député libéral. Alors ministre de l'Intérieur.

o De Winston [France]
1er décembre 1915

Ma chérie,

Nous sommes sortis des tranchées hier soir, & notre bataillon n'y retournera pas avant 8 jours. D'ailleurs, il est vraisemblable que la Division des Gardes va être entièrement rappelée des lignes. Donc, comme on m'a dit de le faire, je vais aujourd'hui à l'état-major général & vous écrirai plus tard sur le sort qu'on m'y réserve. Ce sera un coup dur pour moi si French s'en va ; mais je suis assez fort pour me défendre tout seul dans l'Armée...

Bien sûr, j'ai vu ts peu de chose, mais j'en ai vu assez pour être parfaitement à mon aise pour tout ce qui ne sort pas de l'ordinaire.

Avec mon tendre amour
Votre dévoué
W.

Plus tard

Je rouvre mon enveloppe pour vous dire que je viens de recevoir votre précieuse lettre du 28. Je vous retourne avec intensité les sentiments d'amour & de dévotion que vous me manifestez. Ma plus grande chance dans une vie brillante d'expérience a été de vous trouver & de mener ma vie auprès de vous. Je ne me sens pas du tout loin de vous là-bas. Je me sens tt proche dans mon cœur ; & je sens également que plus près je suis de l'honneur, plus près je suis de vous. Une auto vient me chercher ce matin pour m'emmener à l'état-major général, où je serai fixé sur l'avenir. Tout y baigne, je le crains, dans une triste instabilité ; & mon excellent ami [French] sera peut-être parti dans ts peu de jours....

Indéfectiblement vôtre
W.

o De Winston [État-major général]
Encore plus tard
[1ᵉʳ décembre 1915]

Ma chérie,

Me voici après un divin bain chaud à me reposer dans des draps avant le dîner dans ce lieu de confort. Je vous ai envoyé un télégramme disant « Tout va bien », ce qui devrait mettre fin à vos inquiétudes pour un certain temps. Mon départ du 2ᵉ Grenadiers a été ts différent de mon arrivée. Ce jour-là, le colonel avait jugé bon de faire des remarques : « Nous ne voulons pas manquer aux règles de l'hospitalité, mais je crois qu'il est conforme à la vérité de dire qu'on ne nous a pas laissé le choix quant à votre venue. » Mais aujourd'hui tout le monde est tout sourire, avec force signes d'adieu & invitations pressantes à revenir toutes les fois que j'en aurai envie & à rester aussi longtemps que je le voudrai, etc. Je me suis bien sûr donné beaucoup de mal & je me suis montré sous mon meilleur jour, mais j'ai sans conteste réussi – & j'ai presque eu le sentiment de quitter un endroit où j'étais depuis des mois. Les pertes totales de notre bataillon ont été de 35 sur 700 en six jours à ne rien faire.

Ma chère – où sont les envois de nourriture bihebdomadaires ? Ce serait là ma seule contribution aux mess où je serais affecté. Nous mangeons nos rations, & les officiers reçoivent des colis avec des petits extras de chez eux. Comme cela, nous n'avons pas de notes à régler au mess. Mais je veux mettre quelque chose dans le pot commun. Alors ne manquez pas de m'envoyer des compléments à notre ordinaire utiles & faciles à consommer. Côté spiritueux, l'alcool de pêche me semble constituer un élément à cultiver.

J'ai de nouveau déjeuné avec Lord Cavan & ai eu une longue conversation avec lui. Il m'a fortement conseillé de prendre un bataillon avant une Brigade ; & c'est ce que je crois que je vais faire, si j'ai le choix. Il parlait d'un haut commandement pour moi comme si cela allait de soi, mais il a insisté sur l'importance de procéder étape par étape....

Je suis absolument ravi que ma Mère ait décidé de participer aux dépenses de Cromwell. Elle a un cœur d'or. Je ne vois vraiment pas pourquoi vous & Goonie vous priveriez d'un niveau raisonnable de confort ou de commodité. Ayez une table bien garnie : conservez un nombre suffisant de domestiques & votre femme de chambre, recevez avec discrimination, offrez-vous un petit divertissement de temps en temps. Je ne vois aucune raison de mégoter inutilement. Avec 140 £ par mois cela devrait suffire. Pour les factures supplémentaires, il faut que vous m'écriviez. Je connais votre probité & votre bon sens sur toutes ces questions. Mais je ne veux pas que vous soyez dans la gêne : en tout cas, pas avant 6 mois....

Écrivez souvent & écrivez longtemps. Goonie peut elle aussi m'écrire des ragots sur Downing Strasse. Également, des nouvelles de Jack [Churchill] seraient les bienvenues.

Avec mon plus tendre amour
Votre dévoué
W.

o De Clementine   41 Cromwell Road
Samedi 4 décembre 1915 6 h 30 du matin

Mon chéri

Hier, j'ai reçu une grosse enveloppe de vous contenant plusieurs lettres palpitantes, dont celle écrite dans votre abri que vous n'avez pas envoyée tout de suite. C'est affreux d'être assise ici au chaud & dans le luxe, alors que vous côtoyez le danger & la souffrance de si près – Cette terrible marche à travers les champs & le retour parmi les obus qui pleuvaient ont eu lieu le 24 novembre & nous voici maintenant 10 jours plus tard & Dieu seul sait à quels dangers vous avez échappé de justesse depuis –

Mon chéri, bien q. je désire ardemment que vous ayez une brigade pour être moins exposé, je vous admire énormément d'avoir choisi de prendre un bataillon d'abord – Je suis sûre que c'était la bonne décision, & la plus sage –

Le général Bridges[1] est venu me voir hier soir (quelle stature impressionnante). Il m'a dit qu'il vous avait vu & qu'il vous avait trouvé dans de très bonnes dispositions – Il a ajouté « Je suppose que Winston va obtenir une brigade. » Je lui ai répondu que je pensais que vous souhaitiez d'abord prendre un bataillon – Son visage s'est éclairé & il a ajouté « Je suis très content » – C'est du nectar pour moi d'être le témoin de ces généreuses manifestations d'admiration & d'estime dont vous avez été si longtemps injustement privé –

Le général B m'a également parlé de votre accession à terme au haut commandement comme d'une chose naturelle, mais lui aussi a expressément recommandé de procéder étape par étape – comme Lord Cavan.

Je suis vraiment contente que vous & Lord Cavan soyez amis – Il donne l'impression d'être un bon soldat & l'un des rares généraux qui n'aient pas été frappés par l'épidémie générale de mildiou.

Ce que vous me dites à propos de Sir John F[rench] m'accable, mais pas vraiment pour ce qui est de vous, car je préfère que vous gagniez vous-même vos galons plutôt que d'être considéré comme le favori du C. en C. Je crois en votre étoile – mon amour, & je sais que tous les soldats que vous rencontrerez vous apprécieront – Jusqu'à ce que je reçoive votre lettre, je n'avais aucune idée qu'un changement puisse être plus imminent en France qu'il y a un mois, par exemple. Le général Bridges a confirmé ce que vous disiez, mais il semble que rien ne soit décidé ? Il a dit que le retour de K avait causé une grande consternation car, même en une seule semaine d'absence du chef, la circulation de l'information au ministère de la Guerre s'était améliorée – Ah ! Si pendant tous ces mois difficiles, nous avions pu avoir un homme de valeur à sa place –

Margot Asquith & Elizabeth [sa fille] sont venues hier prendre le thé & se sont montrées très amicales. Quant au « vieux Schnock » [H.H. Asquith], je ne l'ai vu qu'à Downing Street après le mariage de Violet ; il nous a croisés, moi & Lord Haldane (!), ensemble dans le hall, a marmonné quelques mots polis, & s'en est allé, traînant les pieds & reniflant nerveusement – Goonie & moi avons été invitées à déjeuner dimanche au 10, ce qui est extrêmement bizarre car ils sont généralement absents ; je doute que notre vieil ami soit de la partie....

– – –

Je vois dans votre post-scriptum que vous avez repris espoir pour Sir J [John French]. Mais je crains que ce ne soit qu'une amélioration temporaire – Je crois que le P.M. s'achemine lentement, de manière indécise & vacillante, vers un changement.

J'ai vu cette pauvre Clare Sheridan[2] l'autre jour – Mon chéri, je ne sais pas comment on peut supporter une chose pareille. Je crois que je ne pourrais pas survivre à une telle épreuve – Elle a un magnifique petit garçon de 8 semaines, mais son pauvre « minet noir » dort maintenant dans les Flandres – Il <u>faut</u> que vous me reveniez, mon aimé – (Vous voilà de nouveau mon pug orange qui s'en va joyeusement au combat en trottant le « panache » haut & les oreilles au vent)….

J'entends beaucoup de bribes de nouvelles indirectes à votre propos –

Avec mon amour le plus tendre –
Clemmie
…

---

1. Général de corps d'armée (puis Sir) G.T.M. Bridges (1871-1939). Lieutenant-colonel au 4ᵉ hussards en 1914 ; chef de la mission militaire britannique auprès de l'armée de campagne belge de 1914 à 1916.
2. Clare Sheridan (née Frewen) (1885-1970), cousine germaine de WSC. Son mari, William Sheridan, avait été tué au combat à la bataille de Loos, le 25 septembre 1915. Très douée, elle fit une brillante carrière de sculptrice.

---

o De Winston État-major général
4 décembre 1915

Ma chérie,

…

[dans la marge, le long des deux paragraphes suivants : « ts ts secret »]

French est revenu hier soir & nous avons dîné avec deux ou trois fidèles esclaves, en discutant de la situation avec inquiétude. Il est clair qu'Asquith veut le voir partir, & partir sans la moindre forme de friction. French veut rester mais aussi se comporter avec dignité. La façon dont Asquith a laissé les choses en l'état fait que French est libre de rester & qu'il est constamment torturé par un sentiment de totale insécurité. Cela fait trois semaines que personne ne pense à l'ennemi. C'est un secret. Quoi qu'il en soit, je ne vois pas de changement dans l'immédiat.

J'ai proposé à French de prendre un bataillon ; mais il a refusé, en disant « non une brigade dès maintenant » & qu'il allait vite régler cela au cas où quelque chose lui arriverait. J'ai donné mon consentement. Le 2ᵉ Grenadiers ne retourne dans les tranchées que le 8 – au plus tôt –

Si mes affaires ne sont alors toujours pas réglées j'irai avec eux. C'est la bonne conduite à tenir – En attendant, je vis ici dans un gd confort. Je reviens à l'instant d'une ts longue promenade avec French – où nous avons refait le monde. Je suis tellement désolé pour lui. Aucun homme ne peut affronter deux sortes différentes d'inquiétudes aux motifs séparés – une gigantesque armée face à l'ennemi ; une intrigue qui le ronge à l'arrière. Il semble avoir parlé à pas mal de gens de mon refus de prendre une Brigade et de mon insistance pour aller dans les tranchées. Il m'a dit que le P.M. parlait de moi avec émotion. Mais les sentiments d'Asquith sont toujours gouvernés par ses intérêts. Il sont ts cordiaux & ts chaleureux dans la limite de ce qui ne lui coûte rien.

Demain, je vais auprès de la 10e armée française chaperonné par Spiers[1]. Ce sera ts intéressant de voir la scène de ces terribles batailles autour d'Arras & j'apprendrai beaucoup sur leur organisation dans les tranchées.

Mon petit oiseau – aucune lettre de vous n'est encore arrivée aujourd'hui : & j'espère vivement qu'une tournée livrée plus tard va m'en apporter une. Toujours pas de colis de nourriture. Où l'avez-vous expédié ? Je veux tout particulièrement en emporter un avec moi pour les Grenadiers si je retourne partager la fortune du pot avec eux.

Envoyez-moi aussi une grande serviette de bain. Actuellement, il faut que je m'essuie tout le corps avec des machins qui ressemblent à des mouchoirs de poche. J'aurai la possibilité de conserver tout mon barda qui s'accumule, ici, dans une malle-cabine, ou bien ailleurs à Saint-Omer, & ce sera pour moi un grand élément de confort.

Tout le monde dit que j'ai l'air 5 ans plus jeune ; & de fait je n'ai jamais été en si grande forme physique et mentale. Noël à Paris – j'y pense pour vous & pour moi. J'aurai alors vraisemblablement repris le collier ; mais 2 ou 3 jours ne devraient pas être impossibles.

Avec mon tendre amour ma chérie de la part de
Votre dévoué
W.

[1]. Capitaine (par la suite général de division, Sir) Edward Louis Spiers (1886-1974), puis premier baronnet. À l'époque, officier de liaison auprès de la 10e armée française, de 1915 à 1916. Il changea l'orthographe de son nom en Spears en 1918.

o De Clementine   41 Cromwell Road
Lundi 6 décembre [1915] 7 h 30 du matin

Mon chéri,
...

Vos deux longues lettres du 3 & du 4 sont maintenant arrivées –
J'espère vraiment, mon amour, que vous n'avez <u>pas encore</u> renoncé à prendre un bataillon dans un premier temps, même si je souhaiterais que vous ne passiez pas autant de temps dans les tranchées. Je suis absolument certaine que vous obtiendrez un haut commandement quel que soit le C en C. Tout le monde, j'en suis sûre, est convaincu que toute autre solution reviendrait à sous-employer un instrument de valeur. Mais tous ceux qui vous aiment <u>vraiment</u> & ont votre intérêt à cœur souhaitent que vous progressiez étape par étape. Pourtant je remarque que le ton à Downing Street est « c'est évident, Winston aura une brigade dans les quinze jours » – Ils espèrent ainsi soulager leur conscience des torts qu'ils vous ont faits pour ne plus entendre parler de vous par la suite. Je crains que, si l'on décide soudain de vous confier une brigade maintenant & que Sir John parte peu après, vous ne soyez peut-être contraint de rester à ce poste, car son successeur pourrait se sentir excédé & trouver qu'on en a déjà fait assez pour vous. Sir John vous aime beaucoup & souhaite <u>personnellement</u> avoir la joie de faire quelque chose pour vous, mais je crois au conseil de Lord Cavan – Vous & lui formeriez certainement une équipe très solide &, s'il obtient un corps d'armée, je suis sûre que vous auriez rapidement une division sous son commandement. Prenez un bataillon <u>maintenant</u> & une brigade plus tard.

Je suis vraiment désolée à propos des victuailles & aujourd'hui j'ai envoyé un grand colis à l'état-major général. Le précédent avait été envoyé au 2e bat. de Grenadiers, car je pensais que c'était pour leur mess <u>à eux</u> que vous le vouliez. Il a dû arriver après votre départ. J'ai également envoyé des bottes (3 paires), des chemises de corps, des caleçons, des chaussettes, des gants, un bonnet de nuit, un stylo Onoto....

Les graves problèmes de Sir J [French] m'affligent profondément, mais je suis sûre que son remplacement est inévitable &, bien q. je sois convaincue que c'est un bon soldat, si j'étais le Premier ministre, je changerais de C en C ; j'espère toutefois que le P.M. procédera rapidement & fermement, sans vaciller dans sa résolution comme il le fait pour tout – Mon cher Winston, ne soyez pas choqué par mes propos ou fâché contre moi – Je sais qu'il est votre ami & moi aussi je ressens une affection chaleureuse & beaucoup de gratitude envers lui, mais, avec les 2 désastres qui se profilent à l'est, je préférerais que l'on ait un esprit plus frais & moins tourmenté à l'ouest –

Au revoir, mon chéri – Je me sens triste aujourd'hui & j'ai comme l'impression que nous sommes incapables de gagner la guerre. Mais c'est peut-être parce q. j'ai vraiment hâte de vous revoir, & que je ressens le contrecoup du mariage de Nellie [le 4 décembre, *ndt*], & qu'il pleut à verse – Il n'y a qu'en votre étoile que je crois.

Votre Clemmie
qui vous aime

Est-ce que ce sont des commandants qui sont à la tête des bataillons ou des colonels ?

o De Winston   [France]
8 décembre 1915

Ma chérie,

Je suis toujours dans l'incertitude quant à mon affectation dans l'immédiat. Un bataillon ou une brigade – rien n'est décidé. French est parti à Paris & l'instabilité générale est aux commandes.... Je vais donc retourner demain chez les Grenadiers pour un nouveau cycle dans les tranchées. Je serai parfaitement heureux avec eux.

Je vous envoie une lettre de Curzon [Lord Privy Seal] qui est arrivée hier soir avec des pièces jointes. J'ai l'impression que la décision a été prise de reprendre l'assaut naval. Vous allez voir comme Rosie Wemyss[1] s'en tire bien. Cela n'aurait servi à rien que je participe à ces discussions. Un champion de notre cause tout frais comme Curzon, compromis nulle part, avait bien davantage de chances que toutes celles que j'aurais pu avoir : & il l'a exposée tout aussi bien que j'aurais pu le faire. Veuillez SVP mettre tous ces papiers sous clé après les avoir lus, & ne jamais dire que vous les avez vus. Également, restez en contact avec Curzon & les autres. Ne laissez pas échapper les fils de tout cela. Informez-moi de ce que vous voyez. La lettre de Curzon & ses documents ont bien sûr réveillé en moi des pensées douloureuses. Mon mépris pour Kitchener est intense. S'ils évacuent [Gallipoli] en débandade – tous les faits vont apparaître au grand jour. Ils seront incroyables pour le monde. L'addition va être lourde & je vais m'assurer qu'elle soit réclamée et payée.

Hier je suis allé à La Panne voir le général Bridges & les positions alentour. Le capitaine Spiers m'accompagnait. Nous avons passé une matinée intéressante et avons vu une grande succession de lignes à la fois depuis les tranchées & les décombres de clochers d'église. Quelques obus. Sur le chemin du retour, j'ai rendu visite à Maxine [Elliott] dans sa péniche[2], où Spiers & moi sommes restés à dîner. Endroit charmant, & après tant de mois de danger & de fatigue due à la guerre Spiers a eu énormément de mal à gravir l'échelle pour ressortir vers la nuit. Je l'aime bcp & il est totalement fasciné par la guerre.

Les Français m'ont donné un beau casque en acier que je vais porter parce qu'il fait si bien & protégera peut-être mon précieux crâne.

Ma chérie à moi – Je vous aime tant et pense encore & toujours à vous avec vos chatons à vos côtés.

Avec mes plus tendres sentiments
Votre éternellement dévoué
W.

P.-S....

Ching – gardez les yeux rivés sur Parigi [Paris], un jour ou l'autre nous allons nous y rencontrer & boire un vin rouge généreux & acheter des vêtements de goût pleins de gaieté...

Bonne nuit ma chérie
W.

1. Vice-amiral Roselyn Wemyss (1864-1933), vice-amiral d'escadre à titre provisoire aux Dardanelles en novembre-décembre 1915. Fait chevalier en 1916, puis baron Wester Wemyss en 1919.
2. Maxine Elliott (1868-1940) avait mis en place une péniche à partir de laquelle elle distribuait des vivres et des vêtements à un grand nombre de réfugiés belges. Actrice américaine célèbre, elle venait souvent en Angleterre, où elle avait été introduite dans la haute société.

o De Winston [État-major général]
10 décembre 1915

<u>Secret</u>

Ma chérie,

On va me donner le commandement de la 56e Brigade de la 19e Division. C'est Bridges qui commandera la Division..., & la Bde que je vais commander comprend 4 bataillons du régiment du Lancashire. La division a une bonne réputation, est là-bas depuis un certain temps, & est actuellement en ligne, à côté des Gardes....

J'espère obtenir Spiers comme Capitaine-Major de la Brigade & Archie [Sinclair] comme Capitaine d'état-major.

Bien sûr, il y aura des critiques & des grincements de dents. Mais cela ne vaut pas la peine d'y prêter attention. Si j'avais pris un bataillon pendant quelques semaines, on aurait dit tout autant « il ne s'est servi de cela que comme marchepied, etc. » Je suis convaincu que c'est la bonne décision vu les circonstances, & quant au reste mon attention va se concentrer sur les Allemands.

Les lignes tenues par les Grenadiers se sont grandement améliorées – avec de bonnes communications au sec entre les tranchées & des abris confortables. Je suis allé leur rendre visite hier et ils m'ont proposé le titre de commandant en second à titre provisoire – ce qui tout bien considéré est un gd compliment. J'ai l'intention de continuer auprès d'eux jusqu'à ce que je rejoigne véritablement la Brigade. French m'a demandé de rester ici à l'état-major général jusqu'à demain ou après-demain vu les gdes incertitudes de la situation politique & de ses propres affaires....

Cela va ts mal à Salonique – 10ᵉ Division en déroute avec perte de canons : flanc droit des Français exposé : leur repli compromis. Tout s'est écroulé comme je l'avais prédit il y a 6 semaines. Je suis enclin à penser qu'un désastre à cet endroit & à Bagdad[1] pourrait rendre le Gouvernement encore moins enclin à mettre sur pied un troisième assaut à Gallipoli : & qu'ils vont en tout cas décider d'adopter une politique de « Wait & see[2] ».

J'ai trouvé le premier colis de nourriture à l'état-major des Grenadiers. Ni bottes ni brodequins ne me sont encore parvenus ; mais je peux attendre encore quelques jours. Maintenant que je vais démarrer mon propre mess il me faudra un approvisionnement bihebdomadaire régulier & je vous donnerai des instructions complètes plus tard. Aucune de ces dépenses ne doit être prélevée sur l'argent du ménage que je vous verse, car ma solde est faite entre autres pour cela.

Veuillez SVP me commander une nouvelle vareuse kaki de Général de brigade. Que les poches soient moins flottantes que sur les 2 autres, & que le tissu soit plus solide....

Avec mon plus tendre amour
Votre dévoué
W.

1. Le corps expéditionnaire britannique avait échoué dans sa mission de capturer Bagdad. Après une grande victoire à Kut-el-Amara le 29 septembre, ce corps s'était

approché jusqu'à une vingtaine de kilomètres de Bagdad mais il fut battu le 24 novembre, un dixième de ses hommes ayant été tués ou blessés, et se replia sur Kut.
2. « *Wait and see* » (Attendons de voir) était une maxime favorite d'Asquith.

o De Clementine   41 Cromwell Road
12 décembre [1915]

Mon chéri

Votre lettre du 8 contenant celle de Lord Curzon & les pièces jointes m'a mise sens dessus dessous avec l'espoir insensé qu'enfin, pour la première fois depuis que vous avez quitté l'Amirauté, une décision courageuse & audacieuse allait être prise, ou l'avait déjà été. Comme les 2 études de Lord C sont claires & habiles – J'aimerais qu'il puisse être min.^{tre} de la Guerre à la place de ce vieux couard méprisable de K [Kitchener].

J'ai réussi à contacter Eddie [Marsh][1] & j'ai appris la triste nouvelle pour Suvla & l'Anzac[2], & aussi pour Sir John [French]….

Je n'arrive pas à comprendre ce calme surnaturel qui s'est abattu sur le Parlement & la presse – Est-ce de la torpeur ou une accalmie de mauvais augure avant une explosion de colère ? Le gouvernement semble se satisfaire du fiasco de Bagdad. Lord Crew [lord président du Conseil privé] a été très *naïf* à ce sujet [en déclarant] à la Chambre des lords – Les choses ne se sont pas passées aussi bien que le gouvernement l'espérait, c'est tout – C'est dommage, mais ce n'est la faute de personne – Une surprise totale pour tout le monde.

Mon chéri, je suis terriblement désolée à propos des colis contenant les vêtements & les bottes. Aucun ne dépassait les 3 kg ? & presque toutes vos lettres passent par Mr Creedy[3]. Je suppose que tout est arrivé maintenant, les bottes & le reste….

Sarah est malade depuis une semaine, ce qui me rend malheureuse – Des crises aiguës de névralgies à la tête – Elle se raidit & hurle de douleur pendant environ 20 minutes &, quand la douleur s'arrête, elle s'effondre & s'endort épuisée. Elle n'a plus ses jolies joues roses & perd du poids. On a fait venir [le Dr] Parkinson & il a prescrit du bromure à utiliser en dernier recours, mais nous n'avons pas encore ouvert le flacon. Il est sur la cheminée & je retarde le moment aussi longtemps que je le peux. Aujourd'hui elle va un peu mieux.

Nous n'avons aucune nouvelle de Downing Street. J'ai l'impression que le P.M. me voit comme le fantôme de Banquo [dans *Macbeth*, ndt] ! Aujourd'hui, je me sens quelque peu rassurée, car (d'après mes calculs) vous n'êtes pas dans les tranchées. Mais vous y retournez, hélas !, la nuit de lundi. J'entends dire de toutes parts que les jeunes officiers des Grenadiers vous apprécient & vous estiment. Mon chéri, faites également attention à ce que vous dites – J'ai appris par ce déplaisant jeune Philip Kerr[4] (à n^tre table) qu'un officier avait déclaré en sa présence qu'il craignait de s'exprimer librement tant il regorgeait de secrets du Conseil restreint que vous lui auriez racontés….

En attendant, je m'échine dans mes restaurants pour les ouvriers. Il est prévu que j'en ouvre 2 de 400 places chacun après Noël[5].

Dites-moi quand vous pensez avoir une permission. Peut-être à Noël ?….

Il neige dru & j'ai peur que vous soyez mouillé & que vous ayez froid. Écrivez-moi & racontez-moi ce que tout un chacun pense du départ de Sir John French. Je crains que vous n'ayez plus l'occasion de vous rendre aussi souvent à l'état-major général maintenant ? Connaissez-vous Haig[6], & est-il bien disposé à votre égard ?

Votre Clemmie
à vous

1. Alors secrétaire particulier adjoint du Premier ministre (Asquith).
2. Sur la côte nord-est de la péninsule de Gallipoli. L'évacuation se termina le 20 décembre 1915.
3. Herbert James Creedy (1878-1973), secrétaire particulier des ministres de la Guerre successifs entre 1913 et 1920. Fait chevalier en 1919.
4. Philip Kerr (1882-1940). Rédacteur en chef de *The Round Table* de 1916 à 1921 ; secrétaire du Premier ministre de 1916 à 1921. Succéda à son cousin comme onzième marquis de Lothian en 1930. Ambassadeur de Grande-Bretagne à Washington de 1939 à sa mort.
5. Au cours des mois qui suivirent, CSC ouvrit neuf cantines, servant chacune des repas à 400 ou 500 ouvriers de l'armement. Elle assurait le recrutement et s'occupait de leur fonctionnement.
6. Sir Douglas Haig (1861-1928), par la suite premier comte Haig KT, OM. Commandant du 1er corps d'armée en 1914-1915. Succéda à Sir John French en tant que C. en C. de la force expéditionnaire britannique le 19 décembre 1915 ; nommé maréchal en 1917.

o De Winston [France]
12 décembre 1915

Ma chérie,

Je suis de nouveau là-bas avec les Gardes dans une bourgade en grande partie détruite par les obus dont il n'est pas utile de dire le nom. Nous rejoignons les tranchées demain, & je continuerai à servir auprès d'eux jusqu'à nouvel ordre. J'ai vu Cavan aujourd'hui & lui ai dit ce qui était décidé. Il avait l'air très content & il a pris des dispositions pour que j'étudie le système d'approvisionnement demain matin – ce qu'ils appellent le service I [Intendance] –, il est prévu que je suive le parcours d'un morceau de biscuit de la base jusqu'aux tranchées, etc. Il a rédigé une longue note sur mes « Variantes de l'offensive[1] » exprimant dans l'ensemble son cordial accord & appelant à agir en conséquence. Si seulement French pouvait rester – toutes ces idées prendraient forme & trouveraient leur aboutissement dans quelque haut fait. Cet odieux Asquith, & sa meute d'incompétents & d'intrigants, gâchent tout.

Je suis actuellement totalement coupé des nouvelles du monde et j'en suis satisfait. J'ai jugé plus convenable de venir ici que de rester à attendre à l'état-major général – aussi confortable soit-il, & aussi aimable que tout le monde y soit. Vraiment, ils sont très gentils avec moi ici, & ravis de me voir...

Ma Chérie, le sac de couchage le plus magnifique & le plus divin est arrivé, & je l'ai utilisé cette nuit, passant 11 heures à y ronronner d'un seul trait. Tous les colis de nourriture se succèdent désormais avec régularité ; & j'ai la preuve quotidienne du zèle inlassable de la Chatte à mon égard. Le périscope... est exactement du modèle que je voulais. Vous êtes vraiment douée d'avoir tapé dans le mille.

Mon casque [français] en acier fait beaucoup d'envieux. Avec lui, j'ai l'air très martial – tel un Cromwellien – et j'ai bien l'intention de toujours le porter sous le feu ennemi – mais surtout pour faire bien.

Ma très chère – j'ai maintenant votre petite photographie ici avec moi – et l'embrasse tous les soirs avant d'aller me coucher.

Tout mon amour aux enfants et à tous nos proches

Toujours votre dévoué
W.

Rassurez Curzon en lui disant que ses lettres sont toutes en sûreté, & encouragez-le à en écrire encore. Je crois que F.E. [Smith] va venir me voir un jour de cette semaine. Il pourra apporter lettres & paquets pour moi. Contactez-le.

---

1. « Variantes de l'offensive » (*Variants of the Offensive*), note de WSC datée GQG du corps expéditionnaire britannique, 3 décembre 1915. Archives Churchill (Churchill Papers, CHAR 2/73), texte publié intégralement dans Martin Gilbert, *Winston S. Churchill, Companion* Vol. III, 1972, partie 2, p. 1303-1308.

o De Winston [État-major général]
15 décembre 1915

Ma chérie à moi,
Je suis de retour ici à l'état-major général pour y voir pour la dernière fois mon pauvre ami qui revient demain faire son paquetage. Je ne sais pas trop quel effet ce changement de commandement pourra avoir sur ce qui va se passer pour moi sur place : il est fort possible qu'il remette tout dans la moulinette. Croyez-moi quand je dis que je suis au-dessus de tout ce qui peut m'arriver là où je suis. La conviction que la partie la plus importante de mon œuvre reste à faire est très forte en moi ; & j'accompagne sereinement la tempête – je suppose qu'il sera de mon devoir dans les premiers mois de l'année à venir – si tout va bien pour moi – de me lever pour prendre la parole au Parlement en m'efforçant d'obtenir le renvoi d'Asquith & de Kitchener : & lorsque je serai sûr que l'heure sera venue je ne reculerai devant aucun effort ni aucun conflit. J'ai en moi une gde confiance en ma force : & actuellement – nu – rien ne peut m'atteindre.

Après lundi ou mardi c'en sera fini pour moi à l'état-major général : mais je vous indiquerai où écrire & comment les lettres peuvent être acheminées en toute sécurité. F.E. [Smith] vient samedi matin & devrait pouvoir emporter tout ce que vous avez à m'envoyer....

Nous avons eu une période de tranquillité dans les tranchées. J'ai terminé une nouvelle montée en première ligne de 48 heures hier soir. Des deux côtés, l'artillerie a pas mal arrosé l'infanterie de l'adversaire, mais les obus passaient au-dessus de la ligne de front et éclataient derrière nous, sur les communications ou les habitations, etc. de l'arrière. 10 grenadiers commandés par un jouvenceau sont sortis nuitamment pour aller jusqu'à la Tranchée allemande, qu'ils ont trouvée presque abandonnée ou envahie par les eaux. Ils sont tombés sur un piquet d'Allemands, ont écrasé la cervelle de deux d'entre eux avec des gourdins & en ont fait prisonnier un troisième, qu'ils ont traîné triomphalement jusqu'à nous. Par accident, le jeune officier a laissé partir son pistolet sur un de ses propres Grenadiers, le tuant sur le coup : mais les autres ont gardé le secret en prétendant que c'était l'ennemi – faites de même. Des hommes comme eux, on n'en fait plus. La scène du petit abri où a été amené le prisonnier entouré de ces redoutables guerriers, en treillis & casques d'acier, leurs gourdins ensanglantés à la main – tableau vivant d'une guerre sans merci – est de celles qui restent dans les mémoires. Ils ont passé une main rassurante sur le prisonnier en lui donnant des cigarettes & tenté de lui remonter le moral.

Il n'était pas ts mécontent de s'être fait prendre & de savoir qu'il serait en sécurité & bien nourri jusqu'à la fin de la guerre.

... Chez les Grenadiers, on s'accorde pour penser que je vais avoir une division. Ils semblaient considérer cela comme parfaitement raisonnable. Je serais heureux de prendre une compagnie : mais je ne veux pas vraiment retourner au feu – sauf avec une responsabilité précise, aussi petite soit-elle....

L'heure du châtiment d'Asquith & de la dénonciation publique de K[itchener] approche. Ces pauvres types ont presque anéanti nos chances. Il se peut que ce soit à moi qu'échoie de porter le coup fatal. Je le ferai sans le moindre scrupule de conscience.

Je n'ai eu qu'une seule lettre de ma Chérie en 5 jours & aimerais bien en recevoir une tous les jours. Il se peut que la tournée à venir m'en apporte une.

Avec mon tendre amour. Je vois des photos de Diana & de Randolph dans tous les journaux. Ils vont devenir tout vaniteux. Embrassez-les.

Votre éternellement dévoué
W.

<u>Plus tard</u>

Ma chérie,

Je rouvre ma lettre pour vous dire que French a téléphoné de Londres et que le P.M. lui a écrit qu'il a été décidé que je n'aurai pas une Brigade mais un bataillon. J'espère cependant en obtenir un qui monte actuellement en ligne. Il faut que vous annuliez la commande pour la vareuse !

Ne permettez pas au P.M. de discuter de mes affaires avec vous. Soyez ts froide & détachée et évitez tout signe d'approbation quoi qu'il dise.

Votre dévoué
W.

o De Clementine   41 Cromwell Road
15 décembre [1915]

Mon chéri

Je suis enchantée d'apprendre qu'on va vous confier une brigade[1], mais je me réjouirais davantage encore si je pensais que vous seriez moins exposé dans ce grade que vous ne l'êtes actuellement. Je suppose que le danger des tirs de fusils sera moins grand & celui des obus plus grand....

Eddie [Marsh] m'a dit en « toute confidentialité » que la démission de Sir John [French] serait dans les journaux aujourd'hui – Mais rien à ce sujet. Se pourrait-il qu'il y ait de nouveau des changements ?....

– – –

Plus tard. Goonie vient juste de rentrer d'un déjeuner à Downing Street, où elle était assise entre le P.M. & K[itchener]. Elle raconte que K avait l'air très amaigri ; il lui a dit qu'il avait vu votre étude sur la Guerre de tranchées, qu'il jugeait très bonne, & qu'il la faisait circuler dans les états-majors. Le P.M. a reniflé & demandé de vos nouvelles. Il a voulu savoir si vous étiez content, ce à quoi Goonie a répondu, comme convenu (car nous en avions discuté auparavant), que dans toutes vos lettres vous disiez que vous étiez très content – Notre vieil ami a eu l'air assez mal à l'aise & puis il s'est enquis de moi – « Pourquoi est-ce que je ne vois plus Clemmie, pourquoi est-ce qu'elle ne vient plus ici ? » Goonie lui a alors demandé si j'avais jamais été invitée, ce à quoi il a répondu que c'était à moi d'en prendre l'initiative. Je crois qu'il se sentait extrêmement penaud & embarrassé, ou peut-être le prétendait-il parce qu'il pensait que c'était de bon ton....

Je suis tellement soulagée que ce que j'ai commandé commence enfin à arriver – Les grands achats de Noël ont maintenant commencé, aussi si vous voulez quelque chose de très spécial, faites-le-moi savoir rapidement & je le confierai à F.E. [Smith] pour qu'il vous l'apporte. Je lui ai parlé au téléphone ce matin & il a dit qu'il passerait me voir avant de partir.

La position du gouvernement est que tout va merveilleusement bien à Salonique – Londres est bien sûr plein de rumeurs d'évacuation des Dardanelles (les fuites habituelles du M.G. [ministère de la Guerre], je suppose), mais elles diffèrent.

Le dernier *canard* mondain est que le gouvernement va tomber cette semaine & que le Président de la Chambre sera nommé P.M. pour la durée de la guerre ! Cela vient de sortir – la semaine dernière, c'était Lord Derby[2] –

Noël arrive très bientôt – Nous verrons-nous alors ?

Au revoir, mon Winston chéri – Je pense à vous constamment, en particulier la nuit – J'espère que vous n'avez pas trop froid

Votre
Clemmie
...

1. CSC n'avait pas encore reçu la lettre de WSC du 15 décembre.

2. Edward Stanley, dix-septième comte de Derby (1865-1948). Il avait été nommé Directeur général du recrutement en octobre 1915. [*ndt*]

o De Clementine41 Cromwell Road
17 décembre [1915]

    Mon Winston chéri

    Le communiqué officiel d'hier dit que mercredi, au SO d'Ypres, l'ennemi a fait sauter une mine sous l'une de nos tranchées, mais que nos hommes se sont précipités, ont réussi à s'emparer du cratère & ont repoussé les Allemands – J'ai l'impression que cette mine vous était destinée & je me sens tellement soulagée que ce danger-là soit passé, du moins en ce qui vous concerne – Mr Steel[1] m'a appelée pour me dire qu'il vous avait parlé au téléphone & que vous alliez bien.

    Hier au restaurant, j'ai croisé Lord Esher[2] qui revenait tout juste de France – Il a dit que vous aviez l'air d'un garçonnet & que toutes les marques de fatigue avaient disparu de votre visage.

    Il semblait penser qu'il y aurait de la bagarre à propos de votre brigade. Je lui ai fait remarquer que, si on vous avait confié un bataillon d'abord & une brigade ensuite, il y aurait eu 2 sujets de bagarre au lieu d'un.

    Jack Tennant[3] a déclaré hier à la Chambre ne rien savoir à ce sujet –

    Quand saura-t-on officiellement ? Je suis anxieuse & impatiente de vous entrevoir.... Connaissez-vous Sir Douglas Haig ? Était-il d'accord pour votre affectation ou l'affaire était-elle définitivement réglée avant qu'il n'entre en scène ? Il donne l'impression d'être extrêmement capable, mais son discours est froid & plein de préjugés, & je crains qu'il ne soit étroit d'esprit....

    Randolph s'enquiert de vous tous les jours & demande chaque jour quand la guerre finira. J'ai peur qu'il ne soit un farouche partisan de la paix. Moi aussi d'ailleurs !

Votre Clemmie
qui vous aime

    1. Gerald Arthur Steel, qui avait été le secrétaire particulier de WSC à l'Amirauté.
    2. Reginald Baliol Brett, second vicomte Esher (1852-1930). Membre du Comité de défense impérial de 1905 à 1918 ; à la tête de la mission britannique à Paris pendant la Première Guerre mondiale.
    3. Harold John Tennant (1865-1935), sous-secrétaire d'État à la Guerre de 1912 à 1916. (Frère de Margot Asquith.) Il répondait à une question écrite du major Sir Charles Hunter, député conservateur.

o De Clementine   41 Cromwell Road
17 décembre [1915]

Mon chéri

Après vous avoir écrit, je me suis demandée si je n'aurais pas dû vous rapporter ce que Lord Esher m'avait dit exactement – Je ne l'avais pas fait parce q. je pensais que votre nomination était chose certaine ; mais j'apprends maintenant par Eddie [Marsh] que vous pensez que le rappel de Sir John [French] peut affecter votre sort personnel. Aussi vais-je vous raconter ce que Lord E[sher] m'a dit (pour ce que cela vaut) – Vous saurez bien sûr mieux que moi s'il est ou non en phase avec le sentiment de l'armée, & s'il faut attacher de l'importance & du poids à son opinion. Il a dit « Vous savez, bien entendu, que Winston va prendre une brigade &, étant un ami personnel, j'en suis vraiment désolé, car à mon avis il fait une grave erreur. Ce n'est bien sûr pas de sa faute, Sir John le lui a imposé – Tous les amis de W. en sont très affligés, car ils espéraient qu'il prendrait d'abord un bataillon. »

Il a dit combien vous étiez devenu populaire & respecté dans le peu de temps que vous aviez passé là-bas & m'a répété l'histoire que vous m'aviez racontée du colonel des Grenadiers qui vous avait reçu de manière si désagréable & qui a ensuite été entièrement gagné à votre cause. Cette entrevue a eu lieu dans le grill bondé du Berkeley – J'ai conservé un visage calme & composé, mais j'étais étonnée & blessée qu'il m'abreuve de toutes ces paroles. Il a répété à de multiples reprises que toute cette affaire était une erreur ; j'ai finalement fait de mon mieux pour le faire changer de sujet en lui posant des questions personnelles vous concernant, comment vous lui aviez semblé, si vous alliez bien – Il a alors remis cela en disant que vous aviez été en grand danger & cela plus que nécessaire, etc. – & que French avait décidé de vous donner une brigade car il était convaincu que sinon vous seriez tué – Après cela, je suis rentrée à la maison sur les genoux, totalement accablée & le cœur brisé.

Mon amour chéri – Je vis jour après jour dans l'incertitude et l'angoisse – La nuit quand je me mets au lit, je me dis Merci mon Dieu, il est toujours en vie. Les 4 semaines de votre absence me semblent 4 ans –

Si seulement, mon cher ami, vous n'aviez pas d'ambition militaire. Si seulement vous acceptiez de rester avec les Hussards de l'Oxfordshire dans leur cantonnement –

Je peux tout juste supporter la situation – en pensant que vous êtes vraiment heureux. J'ai cessé d'avoir des ambitions pour vous – Revenez-moi juste vivant, c'est tout –

Votre Clemmie
qui vous aime

o De Clementine   41 Cromwell Road
18 décembre [1915] 1 h du matin

Mon chéri

Tard dans la soirée, j'ai reçu un message téléphonique de F.E. [Smith] me disant qu'il allait vous voir demain – J'aurais aimé pouvoir vous faire parvenir quelques produits fins, mais les boutiques étaient fermées, aussi ne recevrez-vous que mon amour tendre avec cette lettre.

Mon cher Winston – Je viens juste de recevoir votre lettre me disant que vos espoirs d'obtenir une brigade s'étaient évanouis – Je reste convaincue qu'Haig vous en donnera une plus tard – Si c'est le cas, ce sera peut-être pour le mieux – mais s'il ne le faisait pas, ce serait vraiment cruel que le changement à l'EMG ait eu lieu avant que la décision n'ait été prise.

Vous allez bientôt recevoir par messager d'État 2 lettres écrites plus tôt dans l'après-midi – Ne faites pas attention à la lettre n° 2 écrite dans un moment de tristesse, d'incertitude & d'agitation. Le ton ferme & confiant de votre lettre m'a permis de me ressaisir.

J'ai pu joindre F.E. au téléphone à l'endroit où il dînait & il est très gentiment passé me voir. Il a pour vous une amitié sincère & fidèle, & je suis si contente que vous alliez maintenant vous revoir....

Je dois dire que je suis stupéfaite que le P.M. ne vous ait pas soutenu pour une brigade, mais je ne peux pas m'empêcher d'espérer qu'il ait demandé à Haig de vous en confier une plus tard, après que vous ayez commandé un bataillon pendant quelque temps.

Mon chéri à moi, j'ai une confiance absolue en votre avenir – C'est le présent qui me met à l'agonie – J'ai l'impression que mon cœur est enserré dans un étau de douleur –

Je suis remplie d'une grande fierté à la pensée que vous avez gagné l'amour & le respect de ces splendides Grenadiers & de leur austère colonel. En des jours plus heureux, il faudra absolument que vous me permettiez de les rencontrer. Si certains rentrent en permission, peut-être pourraient-ils venir me voir –

Votre Clemmie
qui vous aime
…

o De Winston
18 décembre 1915

État-major général
Armée britannique en campagne

Ma chérie,

French est de retour. Voici où nous en sommes. Il a vu Asquith, lui a dit qu'il m'avait donné une brigade & Asquith a répondu qu'il était ravi. Quelques heures après, effrayé je suppose par la question posée à la Chambre, Asquith a écrit une note à French (que French m'a montrée à titre <u>strictement privé</u>) en disant « en ce qui concerne notre conversation à propos de notre ami – cette nomination pourrait alimenter certaines critiques » & ne devrait donc pas avoir lieu – et en ajoutant « Vous pourriez peut-être lui donner un bataillon. » L'indifférence presque méprisante de cette note a été pour moi une révélation. French était étonné ; mais dans sa position de faiblesse il ne pouvait rn faire, & désormais il n'est plus C. en C. Dans l'intervalle, il avait raconté à tout le monde qu'il m'avait donné une Brigade & est bien sûr profondément affecté par la tournure des événements.

Pour prendre la mesure du comportement d'Asquith il faut se rappeler que lorsque j'ai quitté l'Amirauté il m'a proposé une Brigade : & que quand je lui ai parlé il y a trois mois des propositions que French m'avait faites si je partais pour le front, il m'a conseillé de le faire en m'assurant que tout avancement jugé approprié par le C. en C. aurait de tout cœur son approbation. Il faut également se rappeler tout le reste de la longue histoire de mon travail & de mes liens avec lui. Tout bien pesé je suis enclin à penser que sa conduite atteint la limite de la mesquinerie & du manque de générosité. Des sentiments d'amitié exprimés dans les termes les plus exagérés, conjugués à la résolution de ne pas encourir la plus légère critique ni de rencontrer la moindre opposition – même venues des milieux les plus indignes. Personnellement, j'ai le sentiment que tous les liens sont rompus ; & même si je ne souhaite pas prendre de décision hâtive – mon impression est qu'il faut mettre fin à toute relation. Je vous réécrirai à ce sujet….

Cet après-midi French doit voir Haig & il a l'intention de tout lui raconter. Mes actes vont par nécessité dépendre de l'opinion & de la disposition d'esprit du nouveau chef. S'il n'est pas enclin à reprendre à son compte la décision à laquelle French était parvenu en adoptant sans ambiguïté un point de vue favorable & amical, je resterai chez les Grenadier Guards comme officier de compagnie. Je pense qu'ils seront disposés à faire une exception à leur règle selon laquelle seuls des Guards peuvent commander des Guards & me laisseront accomplir ma tâche normalement. C'est là de toute façon la place que me dicte l'honneur et comme ils seront continuellement en ligne jusqu'au 25 jan[er] je trouverai un grand intérêt à ce tour de service.

Cependant, je ne crois pas qu'on mettrait des obstacles en travers de ma route si je demandais à revenir à Londres pour y effectuer mon travail de parlementaire et que la situation exigeait ma présence.

Chérie, je veux que vous brûliez les deux lettres que je vous ai envoyées hier[1]. J'étais déprimé & je n'avais pas les idées claires. Elles le sont redevenues & je vois parfaitement la marche à suivre. Vous me ferez plaisir en faisant cela. Tout le monde a ses moments de réaction, & il n'y a aucune raison d'en conserver la trace écrite.

F.E. [Smith] vient me voir ce soir & je serai ts content de pouvoir discuter de la situation dans son ensemble avec lui.

Toujours votre dévoué
W.

Plus tard.

Haig est venu voir French, qui lui a exposé comment tout se présentait. On m'a fait entrer et j'ai eu un entretien avec Haig. Il m'a traité avec les plus grands égards et la plus grande amabilité, m'assurant que rien ne lui ferait plus plaisir que de me donner une Brigade, que son seul souhait était de voir des hommes capables venir sur le front, & que je pouvais compter sur son soutien à tous niveaux. Il avait entendu parler par Cavan de « l'excellent travail » que j'avais accompli dans les tranchées. Au bout du compte, il était parfaitement clair qu'il allait me donner ma chance équitablement. Dans ces circonstances, j'ai accepté de prendre un bataillon – lequel, ce n'est pas encore décidé – mais c'en sera un qui montera en ligne. Comme officier, j'ai demandé à avoir Archie [Sinclair] ou Spiers – et il a quitté la pièce pour aller immédiatement faire le nécessaire afin que j'aie ce que je voulais. Il est même possible que j'aie les deux dans peu de temps. Il est vraiment indispensable que j'aie avec moi des professionnels compétents, et tout ce que je fais est épié par des yeux curieux. Il faut que je sois bien secondé.

J'ai été grandement rassuré par son attitude, qui était presque affectueuse. Il m'a pris par le bras en me faisant les plus grandes démonstrations d'amitié. Je l'ai assez bien connu autrefois, à l'époque où il était commandant & moi jeune député. Mais je suis bien forcé de dire que la chaleur de son accueil m'a surpris.

Je lui ai demandé s'il aimerait regarder « Variantes de l'offensive » & il m'a répondu qu'il en serait « honoré » – et donc me revoilà sur mon perchoir, avec mon plumage caressé dans le bon sens. French a beaucoup été soulagé d'apprendre que j'étais satisfait. C'est un ami qui m'est cher. Je veux que vous & Goonie le fassiez venir dîner avec vous et que vous le gâtiez comme il faut : & que vous lui adressiez une gentille lettre. Cela m'a arraché le cœur de savoir qu'il partait. Nous sommes allés ensemble en auto aujourd'hui pique-niquer dans une petite masure & nous avons eu de longues conversations sur tout et n'importe quoi sur le chemin du retour.

Quant à Asquith – pas de changement de votre part, sauf une réserve plus prononcée pour ce qui est de moi & de mes affaires. Le mieux est de passer l'incident sous silence ; ce qui n'empêche pas de ne pas l'oublier. Ne me dites pas qu'il a eu tout à fait raison – ou ne le laissez pas vous en persuader. Esher parle comme un imbécile. Ce n'aurait pas été une grande erreur de ma part de prendre une Brigade. Il y avait des arguments dans les deux sens. Mais tout bien pesé, cela aurait valu la peine d'en avoir une. Quant à me voir exposé « aux plus grands dangers », etc., ce ne sont là que balivernes. Un seul officier sur l'ensemble de la division des Grenadiers de la Garde a été touché pendant que j'étais avec eux, & il était sorti pour attaquer la tranchée allemande....

Quelles merveilleuses lettres vous m'écrivez. Les deux d'aujourd'hui m'ont procuré le plus grand plaisir. (Envoyez-moi <u>toutes</u> les coupures de presse, également mes archives du Conseil restreint que je vous ai demandées)....

Votre dévoué & qui vous aimera éternellement
W.

1. Les deux lettres du 17 décembre auxquelles il est fait référence ici n'ont pas survécu.

o De Winston [Saint-Omer]
20 décembre 1915

Ma chérie,
Votre lettre du 18 à 1 h du matin vient d'arriver, & m'incite à ajouter quelques remarques à ce que j'ai écrit ce matin. J'ai désormais emmé-

nagé dans la maison de Max Aitken[1] – une sorte de ministère de la Guerre canadien – où j'ai tout le confort et où on s'occupe bien de moi. J'attends tout simplement les ordres en dansant *d'un pied à l'autre* [sic]. C'est étrange de passer ces journées d'oisiveté complète – à attendre 3 ou 4 heures d'affilée entouré d'une paisible végétation, lorsque l'on se remémore les longues années d'agitation & de labeur incessants que j'ai passées. Cela me laisse froid. À la guerre on prend les choses comme elles viennent & je semble avoir des critères de jugement différents. À mesure que sa bonne fortune se réduit, il faut développer son mental pour remplir le vide.

Je pense à tout ce qui est laissé en plan & à mes propres énergies & capacités pour le réaliser & le mener à bien qui sont gâchées – sans vraiment de douleur. J'observe – autant que je le peux – la dérive de la politique du gouvernement, faite de faiblesse, d'irrésolution & d'incompétence et je retourne dans ma tête tout ce qu'il faudrait faire, & puis je laisse tout cela s'évanouir de mes pensées sans déchirement. Je vais être très profondément absorbé par les petites tâches capitales que mes nouvelles fonctions vont m'imposer & j'espère apporter un peu d'air frais à ces hommes. J'espère qu'ils se réjouiront d'être sous mes ordres & s'en remettront à moi en pleine confiance. Je leur donnerai tout ce que j'ai de mieux en moi.

Le départ de French a été émouvant. Il a vu une succession de généraux, etc., avant d'ouvrir la porte en me disant : « Winston, c'est une ts bonne chose que je passe mon dernier quart d'heure ici avec vous. » Sur ce, il est parti avec une garde d'honneur, saluant au milieu de leurs acclamations les officiers, les soldats & la population de la ville – quittant rapidement la scène de l'histoire pour rejoindre le morne train-train de la vie ordinaire. Son départ m'a profondément marqué sur tous les plans – publics & privés. Il n'était je pense ni nécessaire ni justifié. Les Français en sont plutôt mécontents : L'armée n'a pas vraiment d'opinion. Mais Asquith est prêt à jeter n'importe qui en pâture aux chiens pour se maintenir au pouvoir....

Ma très chère & très douce – je vous aime tant.

Votre dévoué
W.

1. Sir Max Aitken – par la suite Lord Beaverbrook – faisait office de témoin oculaire canadien sur le front et il avait une résidence à Saint-Omer, près de l'état-major général.

Chapitre VII

« PLUG STREET »

*Winston eut une brève permission du 24 au 27 décembre et passa Noël chez lui. Pendant cette courte période, il rencontra Asquith, Lloyd George et Garvin [rédacteur en chef de l'*Observer*].*

o De Clementine [41 Cromwell Road]
28 décembre [1915]

Mon chéri,
Votre lettre de Douvres vient juste d'arriver & je la fais suivre immédiatement à Ll.G. [Lloyd George] avec une invitation à déjeuner. Il me semble qu'il y a des siècles que vous êtes parti, & je suis enveloppée d'un épais manteau de brouillard au travers duquel je ne peux ni voir ni entendre le conflit [au sein du gouvernement, *ndt*]. Quelque chose de bon devrait sortir de tout cela. Si, comme je le crains, le P.M. tient parole, nous aurons au moins la conscription[1].

Je pars demain pour Alderley, où je resterai jusqu'à lundi. L'émotion & l'excitation de vous avoir retrouvé m'ont laissée totalement épuisée & j'ai besoin de quelques jours de repos. L'anxiété m'empêche de dormir.

Je vous envoie une ou deux lettres & une coupure de presse. Je ne sais rien, mais j'ai l'impression que la rupture n'est pas pour tout de suite ; ce gouvernement futile devrait continuer à avancer à tâtons encore quelques mois.

Je n'ai pas pu vous dire combien j'avais besoin de vous à la gare. J'étais si essoufflée d'avoir couru après le train.

Votre Clemmie
qui vous aime
(Avec une terrible migraine)

...

1. Le manque d'effectifs dans les armées avait fait de la conscription (obligatoire) un sujet permanent de controverse. WSC et Lloyd George avaient tous les deux admis à contrecœur qu'elle était nécessaire. Le Conseil restreint était profondément divisé, Asquith continuant à défendre le volontariat, avant de changer finalement d'avis. En janvier 1916, le gouvernement instaura les premières mesures de service obligatoire.

◊ De Clementine [41 Cromwell Road]
29 décembre [1915]

Mon chéri

Les journaux annoncent que la « crise » a pris fin et que la conscription obligatoire va être mise en place immédiatement. Il semblerait que cela soit vrai, car tous les ministres s'en sont retournés à la campagne finir leurs vacances. J'ai fait suivre votre lettre à Ll.G. [Lloyd George], mais il était parti pour Walton Heath – Il déjeune avec moi aujourd'hui ; j'espère donc bientôt pouvoir vous envoyer de <u>vraies</u> nouvelles....

<u>Plus tard</u> Ll.G. est venu & reparti. Comme je le craignais, la crise s'est terminée « sans changement » [au gouvernement], mis à part la démission surprise de Runciman [ministre du Commerce] & de Simon[1]. Le P.M. a fait une apparition hier au Conseil restreint & il a été le <u>seul</u> à se battre <u>pour</u> le service obligatoire – Ll.G. & Curzon ont à peine ouvert la bouche. Runciman et McKenna [chancelier de l'Échiquier] se sont opposés au projet au motif des dommages que cela causerait au commerce & à l'industrie dans [le] pays mais, en fin de compte, tous se sont ralliés, à l'exception de Simon & de Runciman, qui « réfléchissent » à leur position. J'ai demandé à Ll.G. si lui & les autres irréductibles avaient essayé de provoquer une crise au sein du gouvernement. Il a répondu que cela aurait de toute façon été impossible, car le P.M. s'était directement rallié à leur camp. Il s'est dit très peiné que vous ne fassiez pas partie du gouvernement – Il a répété à plusieurs reprises « Il faut faire revenir Winston » – Il m'a demandé si vous accepteriez de rentrer & de vous occuper du département de l'artillerie lourde au ministère de l'Armement....

Ll.G. est un homme étrange. Il a été très poli & courtois, & extrêmement amical, mais, comme la possibilité de travailler avec vous n'est plus d'actualité pour l'instant, son enthousiasme a disparu, & il était plus détaché que l'autre jour.... Écrivez-moi une lettre d'amour, je suis dans l'impossibilité de vous écrire des choses agréables avant d'en avoir reçu une, mais je vous aime vraiment.

Votre Clemmie
qui vous aime

1. Sir John Simon, ministre de l'Intérieur, fut le seul ministre du gouvernement à démissionner à propos de la conscription. Voir p. 166 n. 3.

◊ De Clementine Alderley Park
30 décembre [1915]

Mon chéri,

Je suis arrivée ici hier soir & j'ai l'intention de rester jusqu'à lundi. J'espère que le changement me guérira de la dépression qui avait disparu avec votre retour, mais qui est maintenant revenue !....

J'ai oublié de vous dire dans la lettre d'hier que McKenna s'était dispensé du Conseil de guerre pour aller bouder à Munstead, ce qui a causé un certain émoi, mais Ll.G. [Lloyd George] a dit qu'un peu de flatterie & de cajolerie de la part du P.M. ne manquerait pas de le ramener. Je suppose que, si la conscription obligatoire l'emporte sans une seule démission (ce qui semble probable), ce sera pour le P.M. un titre de gloire & que cela justifiera sa manière lente de gouverner. J'ai bien peur que cela ne soit un « triomphe personnel » pour lui.

Je crois, mon chéri, que vous allez devoir être très patient – Ne brûlez aucun de vos vaisseaux – Le P.M. ne s'est pas conduit plus mal envers vous que Ll.G. En fait, il ne vous a pas traité si mal que cela si l'on tient compte du fait qu'il vous est moins redevable que Ll.G. (je pense à l'affaire Marconi[1]). D'un autre côté, il y a les Dardanelles.

Je suis sûre que, toutes choses étant égales, vous préféreriez travailler avec le P.M. plutôt qu'avec Ll.G. – Il est vrai que, quand les liens sont rompus avec le P.M., il se refroidit & congèle à vue d'œil mais, tout le temps où vous étiez à l'Amirauté, il a été loyal & constant, alors que Ll.G. vous lâcherait à n'importe quel moment, n'importe où – Je vous garantis qu'il descend en droite ligne de Judas Iscariote. En ce moment, bien q. je haïsse le P.M., s'il me tendait la main, je pourrais la saisir (en la lui tordant méchamment) mais, avant de saisir celle de Ll.G., il faudrait que je me protège par des charmes, des exorcismes, en touchant du bois & en me signant –

J'arrive toujours à m'entendre avec lui & j'ai apprécié la conversion d'hier, mais je ne parviens pas à retenir son regard fuyant –

Comme vous le savez, j'ai du mal à dissimuler mes sentiments, mais je vais mettre ma fierté dans ma poche et aller en reconnaissance à Downing Street.

Même une seule nuit à la campagne m'a fait du bien & je me sens capable de me redresser et de m'intéresser à la vie – Hier, j'étais amèrement déprimée & je ne parvenais pas à tarir un flot continu de larmes.

Les arguments de McKenna & de Runciman, à savoir que, si on enrôlait plus d'hommes, la machine du pays cesserait de fonctionner, m'ont semblé plutôt justes hier pendant le voyage. Pas un seul porteur en vue pendant des km, même dans les grandes gares comme Crewe, & les un ou deux aux cheveux gris que nous avons enfin trouvés portaient des brassards kaki[2] – Comme on était dans le « comté de Derby », les hommes portaient leur brassard, au lieu de le garder dans leur poche....

Votre Clemmie
qui vous aime
...

Votre petite pochette grise a disparu, ce qui est très irritant – Mais je vous en prie, prenez avec vous suffisamment de morphine pour soulager <u>un</u> homme, mais pas pour en tuer 500 – Sérieusement, vous pourriez facilement vous tromper si vous étiez blessé.

Bien des baisers, mon chéri à moi.

1. WSC avait fait beaucoup pour aider Lloyd George au moment du scandale Marconi en 1912-1913. Celui-ci avait omis d'informer la Chambre des communes qu'il possédait des actions de la compagnie américaine du même nom.

2. Allusion au « plan Derby » introduit en 1915 [à l'initiative d'Edward Stanley, duc de Derby, *ndt*]. Portaient des brassards kaki les hommes qui s'étaient portés volontaires pour servir dans l'armée ou la marine, mais n'avaient pas encore été « appelés », car le plan prévoyait de mobiliser les jeunes et les célibataires avant les hommes mariés plus âgés. En tant qu'étape intermédiaire entre le volontariat et la conscription obligatoire, le plan avait pour but de protéger les porteurs de brassards du zèle des officiers recruteurs et de la vindicte des femmes qui distribuaient des plumes blanches [à ceux qu'elles considéraient comme des poules mouillées, *ndt*]. L'échec du plan conduisit à l'adoption de la conscription obligatoire au début de 1916.

o De Winston [France]
1er janvier 1916

Ma chérie,

Tous mes vœux les plus tendres pour la Nouvelle Année. Je crois qu'elle sera meilleure pour nous que la dernière – qui après tout n'a pas été aussi mauvaise. En tout cas, nos perspectives ont davantage de possibilités d'amélioration & moins de détérioration qu'en jan^r dernier. Il faut envisager une nouvelle année de guerre. Je ne vois pas comment on pourrait en voir la fin en 1916 : et il est vraisemblable que 1917 s'ouvrira comme cette nouvelle année dans le sang & les ruines à l'échelle mondiale. Il ne faut ni céder ni flancher. Il faut faire plus que ce que nous avons jamais fait. Il faut trouver le moyen de gagner.

Bien sûr, je ne peux pas m'empêcher d'avoir conscience de l'horizon bouché qui se dresse devant mes idées & ma volonté. Je vois tant à faire & qui pourrait facilement être fait, qui ne sera jamais fait ou fait à moitié : & je ne peux m'empêcher d'ambitionner le pouvoir de donner ces vastes instructions qui occupaient mes journées à l'Amirauté. Il semble y avoir un tel manque de dynamisme & d'idées nouvelles dans les milieux militaires. Quant à la Marine – elle s'est endormie avec ce vieux matou [Balfour] à sa tête. Tous les plans des Alliés convergent vers une grande offensive pour laquelle personne n'a encore trouvé la méthode.

Bon – l'attribution d'un bataillon est désormais imminente ; l'un semble en attente & d'autres pointent leur nez en coulisse. Je pense accrocher mon étendard chez l'un ou l'autre dans un jour ou deux. Le plus probable est le 6e Royal Scots Fusiliers, de la IXe division…. Le général commandant la division (je ne le connais pas), Furse[1], a la réputation d'être ts capable, & il a très envie de m'avoir. Le chef d'état-major est Tom Holland[2], ce bel homme – que vous connaissez – un ts vieil ami à moi, & je crois qu'il s'occupe de l'affaire. J'espère donc être bientôt au travail. Notre emplacement sur les lignes serait à quelques kilomètres à gauche de l'endroit où j'étais avant. (Je n'ai pas le droit de vous donner plus de précisions.) Mais je serai dans le même coin & je ne crois pas qu'il soit particulièrement malsain.

J'ai vu Haig hier. Il était ts poli & amical : mais sans nerf & rongé par les soucis. L'état-major général est devenu un désert – seul Philip [Sassoon][3] est assis devant la porte comme un épagneul vigilant….

Je suis ts content que vous ayez reçu Ll.G. [Lloyd George] à déjeuner. Refaites-le & tenez-moi au courant. C'est vraiment de la plus haute importance. Une situation nouvelle peut se créer à tout moment, & elle nous conduirait inévitablement à collaborer. Nos relations sont actuellement bonnes – & il faut qu'elles le restent.

Bien sûr je ne pourrais quitter l'armée sur le terrain que pour un poste qui me donnerait un rôle effectif dans la conduite de la guerre.

Mon tendre amour à vous & aux chatons. Embrassez-les tous souvent de ma part. J'écris à Diana pour répondre à sa jolie lettre.

Votre mari qui vous aime à jamais
W.

1. Général de brigade (ensuite Sir) William Furse (1865-1953), à l'époque commandant de la 9e division (écossaise).
2. Général de division (ensuite général de corps d'armée, Sir) Arthur E.A. Holland (1862-1927), connu sous le nom de « Tom ». Commandant de la 1re division en 1915-1916.
3. Philip Sassoon était alors secrétaire particulier de Sir Douglas Haig.

o De Winston [France]
2 janvier 1916

Ma chérie,

Je suis allé voir le QG de la IXe division hier soir et j'ai été chaleureusement accueilli par Tom Holland & son général. J'ai dîné avec eux & constaté que nous étions tous en plein accord sur les questions militaires. De toute évidence, ils voudraient bcp m'avoir. Le général – Furse – est ts apprécié ici & c'est un homme d'une absolue franchise, aux idées larges… La plupart des officiers de l'état-major m'avaient déjà rencontré en tant que soldat ici ou là, & nous avons passé une agréable soirée. Je me suis soigneusement renseigné sur le bataillon. Comme tout le reste de la division écossaise il a lutté avec la plus grande bravoure au cours de la grande bataille¹, & a été mis en pièces. Plus de la moitié des hommes, & les ¾ des officiers ont été touchés, & ces trous béants ont été comblés par des recrues de bonne qualité et des officiers inexpérimentés très jeunes. Je devrais donc pouvoir y amener mes deux bons officiers, Spiers & Archie [Sinclair] & les mettre où je veux. Leur présence sera cruellement nécessaire. Malgré ses forces entamées le régiment est depuis deux mois au pire endroit du front ; mais actuellement ils sont au repos & n'y retournent pas avant le 20, & ce à un emplacement moins ardu. Ainsi, cela devrait me laisser une quinzaine de jours pour les faire se ressaisir et les prendre en main. Au vu de tout cela je crois que je vais les prendre demain – jour où j'espère que ce sera réglé.

Vous êtes une chatte d'une grande sagacité pour écrire comme vs le faites dans votre dernière lettre [30 décembre 1915]. Mais j'ai le sentiment que ma collaboration avec Asquith est terminée. J'ai trouvé en lui un chef mou et déloyal. J'espère que je n'aurai plus jamais à être dans son gouvernement. Après la lettre avec « Vous pourriez peut-être lui donner un bataillon » je ne suis plus capable de lui porter la moindre considération. Ll.G. [Lloyd George] est sans aucun doute tel que vous le décrivez : mais ses intérêts ne divergent pas des miens et dans ces circonstances nous pouvons collaborer – si l'occasion se présente. Après tout, il a toujours été en désaccord avec les D'lles [Dardanelles]. Il n'était pas comme H.H.A. [Asquith], mon compagnon d'aventure – donnant son approbation & son accord à tous les stades. Et il avait le pouvoir de mettre les choses au point à la fois sur ma politique & sur moi-même. Mais sa paresse & sa procrastination ont fait échouer la politique convenue, & sa froideur politicienne a anéanti son argtion [argumentation]. Cependant, il n'y a aucune raison pour que les relations normales ne soient pas conservées.

Ma très chère – je réécrirai demain. Cela m'irrite de ne pas pouvoir récupérer la pochette où il y avait des notes au crayon, sous la morphine !....

Avec mon amour le plus tendre
Votre dévoué à jamais
W.

P.-S. : Cela m'a fait tout drôle d'écrire à Diana – & de signer pour la première fois « ton père qui t'aime de tout son cœur » !

1. La bataille de Loos (25 septembre-8 octobre 1915), au cours de laquelle les Allemands furent repoussés vers Lens et Loos, leurs lignes restant intactes ; plus de 15 000 soldats britanniques furent tués les deux premiers jours de l'offensive.

◊ De Clementine   [41 Cromwell Road]
Mercredi 5 janvier 1916 5 h du matin

Mon chéri,

Quand je suis rentrée lundi tard dans la soirée, j'ai trouvé votre première lettre & une autre est arrivée hier matin, aussi j'ai repris des forces, mais je reste encore sur ma faim.

J'espère vraiment que vous prendrez le bataillon sous le commandement du général Furse – J'ai toujours entendu dire beaucoup de bien de lui. Sa femme est charmante & lorsque je saurai que tout est arrangé, j'irai la saluer...

Lorsque Ll.G. [Lloyd George] a déjeuné ici, il venait juste de rentrer de sa visite de Noël à Glasgow – Il m'a dit qu'il n'avait pas été très bien reçu par « <u>certaines</u> personnes », qui l'avaient « interrompu » – Il apparaît maintenant qu'il a été pratiquement contraint de refaire le coup de Birmingham[1] ! Je crois qu'il n'a pas du tout prononcé son discours, mais qu'il en a simplement donné copie à la presse.... La couverture de la réunion & toute sa visite ont été censurées sur son ordre. Le Forward, un torchon socialiste de Glasgow, a fait paraître un compte rendu parfaitement exact de ce qui s'est passé & sa publication a été suspendue. Je vais essayer de vous en trouver un exemplaire....

Je suppose qu'après l'incident de Glasgow, vous trouverez Ll.G. plus chaleureux que jamais – C'est un baromètre, mais assez peu utile, car il ne donne jamais que sa propre température, pas la vôtre !...

– – – – Plus tard. Le courrier est arrivé, avec 2 lettres de vous – Comme mes colis de victuailles, elles ont été retardées. Aussi pardonnez-moi la « bévue » d'Alderley –

Je vous donnerai d'autres nouvelles dans la journée. N'oubliez pas de me dire quand je pourrai mettre Lt.-Col. sur mes lettres, et indiquez-moi <u>où</u> les envoyer, car passer par le G.Q.G. [Grand Quartier général] est à coup sûr cause de retards.

Votre très aimante Clemmie
De nombreux baisers pour vous, mon chéri.

1. Le 18 décembre 1901, Lloyd George devait faire un discours à la mairie de Birmingham. Il avait, entre autres, suscité l'hostilité des partisans de Joseph Chamberlain (dont c'était le fief), en critiquant ouvertement ce dernier et en prenant position contre la guerre des Boers. Incapable de prononcer son discours du fait de l'attitude tumultueuse et menaçante des quelque 7 000 personnes présentes, Lloyd George l'avait dicté et l'avait fait distribuer à la presse comme s'il l'avait effectivement prononcé, et avait quitté la mairie déguisé en policier.

Churchill rejoignit le 6ᵉ bataillon des fusiliers royaux écossais à Méteren [au cœur de la Flandre française] le 5 janvier ; pendant presque trois semaines, il fut cantonné avec son petit état-major dans le village de Moolenacker. La mission du bataillon était de défendre 900 m de front avec, au milieu, le village belge de Ploegsteert (immédiatement rebaptisé « Plug Street » [rue de la Vidange] par les soldats). En tant que chef de bataillon, Churchill logeait, selon les circonstances, soit à l'hospice du village, qui appartenait aux sœurs de Sion et qui servait de QG de soutien au bataillon, soit à la ferme Laurence, son QG avancé, beaucoup plus proche du front.

o De Winston   France
6 janvier 1916

Ma bien-aimée,

Je suis un correspondant très fidèle & régulier depuis mon retour, & chaque jour une longue lettre a entamé son périple vers vous. Je les envoie toujours avec le courrier de l'état-major général….

Je suis actuellement complètement plongé dans les tout petits détails qui m'échoient. Je fais tout ce que je peux en y mettant du cœur : mais il faut que j'avoue avoir beaucoup de passages à vide & de moments de dépression dictés par l'étroitesse de la sphère où j'évolue & de l'horizon qui s'ouvre à moi. Lorsque nous serons en première ligne, cela passera : parce que la guerre reste la guerre & vaut largement la peine d'être vécue. Mais il va s'écouler au moins une quinzaine de jours avant de connaître cette expérience.

Ce régiment est pathétique. Les jeunes officiers sont tous des petits-bourgeois écossais – ts courageux & pleins de bonne volonté & intelligents : mais bien sûr tous absolument ignorants de la chose militaire. Tous les anciens & tous les soldats de carrière sont tombés au combat. J'ai passé la matinée à observer les compagnies chacune leur tour, à l'exercice et au maniement d'armes. Elles sont ts bonnes. Le mess lui aussi est ts bien géré – bcp mieux que chez les Grenadiers. Le régiment est plein de vie & d'énergie, & je crois que je peux leur apporter quelque chose. Archie [Sinclair] est ts heureux, & j'espère qu'il va être promu Commandant.

Seely[1] a décidé de repartir en Angleterre pour le projet de loi sur la conscription & je crois qu'il aura passé la matinée avec vous. Il vous donnera toutes les nouvelles que j'ai. Je continue à retourner tout dans ma tête sans grand résultat. Mais grosso modo ma conclusion, c'est que seul un changement total de régime nécessitera mon retour – ou servira à quelque chose. Asquith ne confrontera jamais les éléments d'opposition avérés qui me sont hostiles. Seule la <u>nécessité</u> comptera.

En attendant, je ressens ts mal le départ de mon ami [sir John French]. Haig, bien que courtois, voire amical, est complètement en dehors de ma sphère : & je ne crois pas qu'il prenne le moindre intérêt à mes affaires dans un sens ou dans l'autre –

Ma lettre part dans tous les sens : mais il faut que vous teniez compte des circonstances ! Je vais être porté par ma forte vitalité naturelle.

Toujours vtre dévoué
W.

---

1. Général de division John (« Jack ») Seely (1868-1947), fait premier baron Mottistone en 1933. Secrétaire d'État à la Guerre de 1912 à 1914. Commandant de la brigade de cavalerie canadienne de 1915 à 1918.

---

o De Winston 6ᵉ Royal Scots Fusiliers
7 janvier 1916 France

Ma chérie,

Je suppose que j'ai raté la levée…. En attendant, mon déménagement de l'état-major général a introduit un nouveau retard dans le courrier que je reçois de mon côté, & je suis forcé de patienter sans avoir d'informations à un moment où elles seraient particulièrement utiles & bienvenues. J'observe dans le Times (du 6 courant) le cours des événements politiques & je dois avouer que cela m'agite & me perturbe l'esprit. J'essaie cependant de ne pas trop regarder en arrière, maintenant que j'ai non seulement mis la main à la charrue[1], mais l'y ai attachée. Il faut que je compte sur vous pour garder un contact constant avec les amis & pseudo-amis que j'ai. Je n'aime pas me sentir oublié & *déconsidéré* loin comme je suis – surtout quand je ne suis pas dans les tranchées, mais seulement à attendre dans les logements réquisitionnés de la réserve – c'est-à-dire de dégoûtants petits bâtiments de ferme français juchés sur une mer de champs gorgés d'eau & de sentiers boueux.

J'ai fait défiler mon bataillon ce matin & j'ai conduit moi-même l'exercice d'ensemble. Ils ne l'avaient jamais fait et je tiens à leur inculquer l'esprit de corps & le sentiment que c'est bien sous mes ordres qu'ils sont. Dans son domaine, un colonel est un autocrate qui punit & promeut & déplace à son gré. Le Général[2] me laisse tranquille ces premiers jours de façon à ce que je puisse prendre tous les éléments en main. Cela ne me pèse pas de donner des ordres comme vous le savez et je ne me sens aucunement investi d'une charge trop lourde à porter. Archie [Sinclair] fait un gros travail d'intendance, & les jeunes officiers sont également appelés à y prendre leur pleine part.

… Là où je suis, je me sens énormément emporté par le tourbillon des événements, et quand la vie politique se calmera de nouveau, je me prêterai à ce mouvement inexorable avec souplesse et placidité. Mais la paix d'ici & la crise du pays font une combinaison qui me perturbe l'esprit.

Vous ne pouvez pas m'écrire trop souvent ni trop longtemps – ma très chère & très tendre. La beauté & la force de votre caractère, & la sagacité de vtre jugement, j'en prends conscience davantage chaque jour. J'aurais dû suivre vs avis au temps de ma prospérité. Seulement, parfois ils sont trop négatifs. Je n'aurais rien fait si je n'avais pas fait d'erreurs. Pays ingrat !

Avec mon amour le plus tendre pour vous & les chatons
Votre dévoué mari W.

1. *Cf.* Luc 9:62. Traduction de Louis Segond (1910) : « Jésus lui répondit : Quiconque met la main à la charrue, et regarde en arrière, n'est pas propre au royaume de Dieu. » [*ndt*]

2. Général de brigade Henry Walshe (1866-1947), commandant la 27e brigade d'infanterie de septembre 1915 à avril 1916.

◊ De Clementine [41 Cromwell Road]
Dimanche 9 janvier 1916

Mon chéri,
Aujourd'hui, j'ai déjeuné à Downing Street & j'ai parlé au P.M. pour la première fois depuis votre démission. Il a beaucoup parlé de vous et m'a posé de très nombreuses questions. J'ai été parfaitement naturelle (sauf peut-être un petit peu trop enjouée) & il a lui aussi essayé d'être naturel, mais on voyait qu'il faisait des efforts. Je pense que c'est une bonne chose de maintenir des relations de politesse & il est toujours intéressant de suivre le cheminement de pensée du vieux Block [surnom donné à Asquith]. Il semblait très satisfait de la situation au <u>Parlement</u>, mais je suppose que rien n'est encore certain, si j'en juge par le fait que c'est le second dimanche qu'il passe à Londres. Le nouveau chouchou est Robertson[1] ; ce pauvre vieux K[itchener] n'a plus aucun ami. Violet [Asquith/Bonham Carter] lui a réglé son compte avec sa langue acérée !... Bongey & elle sont de retour de leur lune de miel italienne.... Randolph voudrait que vous lui écriviez une lettre & insiste beaucoup....

Pas de lettre de vous hier et pas de courrier aujourd'hui, car c'est dimanche. J'attends avec impatience des nouvelles de votre régiment & de vous.

Amour tendre et de nombreux baisers de
Clemmie

1. Général de division Sir William Robertson (1860-1933), fait premier baronnet en 1919. Entré dans l'armée en tant que simple soldat en 1877, il fut nommé maréchal en 1920. Chef de l'état-major général impérial de 1915 à 1918.

o De Winston 6e Royal Scots Fusiliers
10 janvier 1916 En campagne

Ma chérie,
Vos deux lettres des 5 et 6 me sont enfin parvenues & seront je l'espère l'avant-garde d'un courant soutenu.

Je continue de travailler aux détails de mon bataillon qui a comme officiers uniquement des garçons ts jeunes... ils sont d'une fidélité & d'une obéissance qui vont de soi & s'efforcent de satisfaire ou de devancer tout souhait de ma part. Je crois vraiment pouvoir les aider à bien faire, malgré l'effroyable réduction des effectifs du régiment en officiers.

Les canons tonnent au loin, & la nuit dans le secteur nord le ciel clignote, éclairé par éclipses par les pervers éclats de lumière de la guerre. Mais autrement nous baignons dans une profonde tranquillité. Cette fermette est ts confortable, bien que ma chambre ne puisse contenir autre chose qu'un lit.

Je pense que c'est un peu dur pour Ll.G. [Lloyd George] de se faire moquer de lui pour être allé confronter ces anarcho-syndicalistes mal embouchés de Glasgow. Il n'a pas joué franc jeu et n'a pas été malin. Mais continuez de garder le contact avec lui. Je ne vois pas de cas de figure où les intérêts d'Asquith lui feraient avoir besoin de moi. Aussi amicaux que soient ses sentiments, ses <u>intérêts</u> sont mieux servis par mon effacement. Si j'étais tué, cela le désolerait : mais cela renforcerait ses atouts politiques. Inversement, cela ne désolerait pas Ll.G., mais cela ne renforcerait pas ses atouts politiques. C'est uniquement ce facteur qui compte dans la cruelle vie politique d'aujourd'hui. Je ne peux arriver à avoir le moindre sentiment de fidélité ou d'amitié pour Asquith après la révélation de son indifférence totale dans sa lettre à French. Pourtant, là non plus, il n'y a aucune justification à une rupture personnelle.

Pendant les moments où mon esprit n'est pas accaparé par la guerre, je ressens profondément l'injustice avec laquelle mon travail à l'Amirauté a été traité. Je ne peux pas m'en empêcher – bien que j'essaye. Alors, l'impéritie condamnable qui a fait échouer l'entreprise aux Dardanelles & gâché tant de vies & d'occasions en vain réclame châtiment : & si je survis, le jour viendra où je l'exigerai publiquement....

Avec mon amour le plus tendre ma très chère
Votre dévoué à jamais
W.

P.-S. Jamais je ne montre autre chose qu'un visage souriant aux milieux militaires : un détachement & un contentement complets de bon aloi. Mais c'est donc un soulagement de vous ouvrir mon cœur. Soyez compréhensive.

◊ De Clementine   [41 Cromwell Road]
11 janvier [1916]

Mon chéri

Hier, j'ai reçu un lot de 3 lettres qui sont arrivées simultanément. J'ai l'impression que la poste de terrain est probablement aussi efficace que la « sacoche officielle »...

Je savais, mon chéri, que vous prendriez part à l'excitation politique des 10 derniers jours.

Tout le monde ici a l'air plutôt ravi, mais je ne suis pas parvenue à m'enthousiasmer car il me semblait impossible que les adversaires de la conscription puissent l'emporter. Je ne crois malheureusement pas que la position du P.M. ne s'en trouvera que temporairement renforcée – Il basculera toujours en fin de compte du côté des mesures fortes, après les avoir repoussées & affaiblies dans le but de maintenir la cohésion générale.

Sa technique pour mettre l'ennemi en déroute ne repose pas sur des frappes éclair soigneusement planifiées, mais consiste à lui opposer une énorme masse impassible & gélatineuse qu'il (l'ennemi) est censé marteler en vain à coups de poing.

J'ai peur que la guerre n'atteigne péniblement sa fin avec lui & K[itchener] à la barre jusqu'au bout. Personne ne fait confiance à Ll.G. [Lloyd George] & Bonar [Law] n'est pas un homme de poids. Ce ne sont que mes propres réflexions, car je n'ai vu personne d'important depuis plusieurs jours – la fin de Gallipoli hier & la perte d'un bon navire de guerre[1] m'ont profondément attristée.

Si vous demandez au P.M. de publier les archives des Dardanelles, faites-moi savoir sa réaction. S'il refuse ou remet sa réponse à plus tard, je vous en supplie, ne faites rien sans m'en parler d'abord & me donner le temps de vous faire part de ma précieuse opinion (!) sur la question. C'est un match inégal entre le P.M. & un officier sur le terrain en période de guerre....

... Mais êtes-vous absolument certain que ce soit le meilleur moment pour leur publication, alors que vous êtes absent et incapable de prendre part au débat qui ne manquera pas d'avoir lieu ? Il ne faudrait absolument pas que vous émoussiez une lame aussi précieuse de manière prématurée....

Clemmie
qui vous envoie, mon chéri,
son amour tendre et ses baisers.

1. Nos derniers soldats furent évacués de Gallipoli à la mi-janvier. Le cuirassé *King Edward VII* heurta une mine dans la passe de Pentland le 6 janvier 1916 et coula sans pertes humaines.

◊ De Clementine   [41 Cromwell Road]
12 janvier 1916

Mon chéri à moi,

J'aimerais tant pouvoir vous réconforter. Plus tard, dans le danger des tranchées, vous serez placide et d'humeur égale, tandis que moi, qui suis relativement sereine en ce moment, je serai en proie à une frayeur mortelle. Essayez de ne pas trop broyer du noir ; cela me rendrait profondément malheureuse si votre nature habituellement si ouverte et confiante se faisait amère. La patience est la seule qualité qui vous manque. Si vous n'êtes pas tué, aussi sûr que le jour succède à la nuit, vous retrouverez ce qui vous est dû. Je sais que <u>vous</u>, vous ne craignez pas de mourir, c'est moi qui ai peur. Mais je suis presque contente de souffrir en ce moment, parce q. je suis sûre qu'aucune âme ne traversera cette période sans douleur ; aussi peut-être ce que nous endurons actuellement sera-t-il pris en compte et échapperons-nous à la plus grande peine de toutes.

Je me souviens très bien, lorsque nous étions à l'Amirauté pendant ces merveilleuses semaines du début de la guerre, que nous étions si heureux, vous à cause du succès des préparatifs navals & de l'excitation liée à la précipitation des événements, et moi parce que j'étais fière du prestige qui vous entourait, vous & la marine – Je me souviens de m'être sentie coupable et honteuse de ne pas avoir été plus affligée par les terribles pertes subies lors de ces premières batailles. Je me demandais combien de temps nous continuerions à marcher sur un nuage –

Lorsque tout sera terminé, nous serons fiers que vous ayez été un soldat, & pas un homme politique, pendant la plus grande partie de la guerre – les soldats et les femmes de soldat me semblent les seules personnes authentiques en ce moment.

Mon chéri, je suis contente que vous me racontiez tout ce que vous ressentez ; je veux tout savoir. Moi aussi, je montre au monde un visage détaché et souriant.

J'ai Goonie pour soupape de sûreté, & vous, vous devez mettre à contribution Archie [Sinclair], qui est loyal et sûr – Évitez de faire part aux curieux parmi vos connaissances de vos opinions sur la personne du P.M. ou sa politique....

Maintenant que le cap Helles a été évacué, nous espérons que Jack [Churchill] rentrera bientôt en permission, mais nous n'avons reçu aucune nouvelle....

Je vais essayer de voir Lloyd George à nouveau –

J'aurais aimé avoir des nouvelles intéressantes à vous donner. Au revoir, mon chéri. Je vous envoie de nombreux baisers – Vos lettres sont très précieuses.

Votre Clemmie
qui vous aime

Voulez-vous que je vous envoie d'autres cigares dès à présent ?

o De Winston   6 RSF [6ᵉ Royal Scots Fusiliers]
13 janvier 1916   En campagne

Ma chérie,

J'ai pris du retard dans mon courrier – non pas qu'il se passe beaucoup de choses – mais au contraire presque rien ! Les jours filent assez vite, & bien que mon moral varie d'un extrême à l'autre, dans l'ensemble ils passent agréablement. Le Général de brigade [Walshe] me laisse faire tout seul, même s'il est ts courtois – Il ne s'est pas du tout mêlé de mes affaires que je dirige d'une main sûre.... J'ai passé la journée d'hier à voir tous les officiers & sous-officiers, compagnie par compagnie & à leur expliquer comment je souhaite que les choses soient faites. C'était étrange de voir ces militants politiques d'il y a un an – épiciers, ajusteurs, mineurs de Glasgow – tous des syndicalistes, vraisemblablement, que j'ai harangués naguère dans le St Andrews Hall – désormais tous transformés en Adjudants & sergents raidis par la discipline et endurcis par la guerre pour former un belle brochette de soldats.

Ce matin, avec Archie [Sinclair], nous nous sommes exercés au lancer de grenades. C'est une tâche à aborder avec doigté. On tire la goupille de sécurité, & ensuite tant qu'on tient l'engin en main, rien ne se passe.... Dès qu'on l'a lancée, on se couche derrière le parapet, jusqu'à l'explosion.... Il faut bien que tout le monde apprenne. C'est parfaitement simple & sans danger tant qu'on s'y prend comme il faut....

Tout porte à croire que Ll.G. [Lloyd George] est isolé. Il a été ts stupide dans ses relations avec moi, Bonar Law, F.E. [Smith] & Curzon. Il aurait pu tous nous rassembler. Au lieu de cela, il a suscité la profonde méfiance de chacun, & moi qui étais son ami et avais collaboré avec lui si longtemps, j'ai été en grande partie de son fait rendu totalement impuissant pour l'instant.

Vous ne me racontez pas dans vtre lettre ce que le P.M. vous a dit. Vous dites seulement qu'il a dit bcp de choses. Mais j'aimerais un compte rendu <u>mot pour mot</u> de la conversation de la Chatte avec le vieux matois. Il a fermé la porte à la conscription autant qu'il a pu, & bien plus longtemps que nécessaire ; & ne l'a adoptée qu'au bout du compte, contre ses convictions les plus profondes, pour conserver son poste – ou ce qui est peut-être plus juste – pour empêcher Ll.G. d'avoir le poste ; et pour ce « comportement d'homme d'État » aux dépens de nos armes & de nos finances – il est acclamé en sauveur de la Nation....

Grâce à Dieu ils ont réussi à quitter Helles. Je suppose que les Turcs étaient aussi épuisés que nos hommes, & trop contents de les laisser partir. Peut-être aussi que quelque argent a changé de mains & rendu cette fuite « au souvenir impérissable » moins dangereuse qu'il n'y paraissait. Bon, comme le Lokalanzeiger [un journal de Berlin] le fait joyeusement observer – « Le rêve qu'avait Churchill d'une marche victorieuse sur Constantinople a pris fin. » À la place, j'emmène le bataillon ce matin pour une marche d'endurance.

Votre gros panier de Noël est enfin tout à coup arrivé. Je n'ai jamais vu autant de douceurs & à profusion. Nous allons les manger en faisant attention à garder le meilleur pour les tranchées....

J'ai vraiment hâte de voir ces garçons sur le front. Une nouvelle semaine de repos serait plus bénéfique après notre tour de service de 12 jours qu'avant....

Je vais écrire à Randolph. Transmettez-lui, ainsi qu'à tous les chatons, mon plus tendre amour & plein de gros baisers.

Recevez la même chose ma chérie à moi.

Votre dévoué à jamais
W.

o De Winston   6ᵉ Royal Scots Fusiliers
16 janvier 1916   En campagne

Ma chérie,

Votre lettre du 12 est magnifique. Mon humeur est variable, mais je ne doute pas que venir ici ait été une décision sage & nécessaire : je ne m'en repens donc pas du tout. Je n'aurais pas pu être d'accord avec la politique suivie aux Dardanelles/Salonique & démissionner sur une question comme celle-là aurait été très difficile. Je n'aurais pas pu non plus rester tranquillement assis en Angleterre – à peindre pour m'apaiser l'esprit & à attendre que le vent tourne. Ici, je suis forcé de rester tranquillement assis mais, je ne sais pourquoi, l'ennui ne me fait pas m'agiter.

Les jours filent rapidement & bientôt la tâche va devenir plus intéressante. Un mois seulement loin du front, et les pensées des généraux se fixent sur les boutons de guêtre, & autres points mineurs de la vie militaire en temps de paix. Ce bataillon est le plus faible de la brigade & sa tenue fait la moins bonne impression.... Jusqu'ici j'ai cependant été complètement accaparé par des questions pratiques – masques à gaz, fusils en bon état, discipline & règlement des tranchées, etc. Comme nous allons passer une semaine de plus loin du front, je vais leur faire faire des marches & des exercices bien précis. C'est ts bénéfique.

Je fais une pause pour le <u>Bain</u> – un événement bihebdomadaire. Un grand baquet – l'eau chaude refroidit. Je reprends après....

L'après-midi de sport que j'ai organisé va avoir lieu aujourd'hui & ce soir, à la nuit tombée, nous avons le concert du régiment, auql viennent Jack Seely & peut-être le Chef d'état-major – Holland. Les officiers & les hommes ont prit un vif intérêt aux deux. C'est bizarre que personne n'ait mis cela sur pied pour eux auparavant. Nous avons réussi à avoir un piano – & il y a eu bcp de répétitions.... Je vous dirai comment cela s'est passé. Je crois qu'ils ont plus besoin qu'on les dorlote & les encourage que d'aboiement par les adjudants : mais il faut suivre la mode.

Toujours votre mari qui vous aime & vous est dévoué,
W.

◊ De Clementine   [41 Cromwell Road]
16 janvier 1916

Mon chéri,
... Si vous avez eu l'impression à la lecture de ma dernière lettre que le P.M. avait dit « beaucoup de choses » concernant la politique et la situation, je vous ai induit en erreur – Il a beaucoup parlé de choses sans importance et de préoccupations féminines, ce qu'il adore faire, comme vous le savez. Il a posé de très nombreuses questions à votre sujet & sur les conditions de votre vie là-bas – Il <u>voulait</u> que les réponses soient rassurantes et mes bonnes manières, en tant qu'invitée, m'ont empêchée de le mettre mal à l'aise, ce que j'aurais bien sûr aisément pu faire. Il a semblé reconnaissant envers moi de l'avoir épargné ! C'est un épicurien & si j'avais fait de vous un portrait tragique & sinistre, cela aurait gâché son repas & je n'aurais probablement plus été invitée ! Chéri, je n'apprécie pas vraiment que vous écriviez que le P.M. a agi

contre ses « convictions les plus profondes » pour « <u>conserver son poste</u> » (car si vous l'écrivez, je crains que vous ne le disiez aussi). Je pars du principe que tous les hommes politiques (de premier rang) sont gouvernés par de nobles motifs, car je suis moi-même la femme de l'un d'entre eux ! Je ne suis pas d'accord avec les gens qui disent « La politique est un jeu sans morale » et autres choses de ce genre. Je m'attends à ce que vous occupiez de hautes fonctions d'ici un an ou deux, aussi ne faut-il pas déprécier la monnaie !...

Je me suis laissée dire que le P.M. avait remarqué l'autre jour avec satisfaction que Ll[oyd] George ne pouvait prendre la parole dans aucune grande ville sans que les travailleurs ne créent des perturbations...

Amour tendre de
Clemmie

Plus tard

...

Le nombre de mes cantines s'accroît chaque jour – Une nouvelle grande usine nationale va s'ouvrir dans six semaines dans les marais de Hackney.... Elle emploiera 3 000 hommes, dont la moitié travaillera de jour & l'autre de nuit – On m'a demandé de prendre en charge l'organisation des repas... Il faudra nourrir 1 000 hommes par service & la cantine sera ouverte jour & nuit....

Si je venais à Dieppe, pourriez-vous vous arranger pour avoir une permission de 2 jours ? J'ai tellement envie de vous voir. Je me sens très, très seule...

o De Winston   [France]
17 janvier 1916

Ma chérie,

Les sports ont eu beaucoup de succès & les hommes étaient vraiment ravis. C'étaient des sports très amusants – courses de mules, batailles de polochon, courses d'obstacles, etc. Tout parfaitement organisé, & avec des supporters ts motivés et ts intéressés. La nuit tombée, nous avons eu notre premier concert dans une vaste grange. Jamais on n'a entendu chanter comme cela. Les gens chantaient, n'écoutant que leur courage, même s'ils n'avaient aucune idée des paroles ni de l'air. C'est Jack Seely qui a remis les prix pour les sports, & réclamé des « Hip – Hip – Hurrah » trois fois pour moi, avec une fois supplémentaire pour vous, que la salle a criés de tout cœur. Dans la soirée, nous avons eu véritable banquet… Vraiment une journée sympathique. Les hommes y ont pris énormément de plaisir. Les pauvres gars – on n'avait jamais rien fait de tel pour eux auparavant. Ils n'ont pas grand-chose pour égayer leur vie – aussi courte soit-elle….

Des combats aériens ont eu lieu au-dessus de nous ce matin, & je crois qu'il y a eu un bombardement sur certaines bourgades voisines, parce que bcp de nos appareils sont en vol. Il n'y a aucune excuse pour que nous n'ayons pas la maîtrise des airs.

Depuis que j'ai quitté l'Amirauté, on a délaissé l'ensemble de l'aéronavale : & toute notre avance précédente a été dissipée. S'ils m'avaient donné la tête de cette arme quand j'ai quitté l'Amirauté, nous aurions aujourd'hui la suprématie. Asquith le voulait, mais au moindre signe de difficulté & de résistance, il s'est tu comme d'habitude….

Avec mon tendre amour

Votre dévoué
W.

o De Winston   R.S.F
18 janvier 1916   En campagne

Ma chérie,

Les ordres nous sont désormais parvenus, stipulant que nous devons nous rapprocher des premières lignes le 24, monter en soutien le 26 & prendre la véritable relève dans les tranchées le 27. Où nous allons, je n'ai pas le droit de l'écrire – mais c'est en ce moment une partie très calme du front – bcp plus calme que celle que tenaient les Gardes. Je vous en dirai plus sur sa nature quand je l'aurai vue, comme j'espère le faire jeudi.

Tout va bien avec le bataillon & je crois que je les ai bien en main. Mais je suis marri de détecter un ton distinctement hostile au sein de l'état-major de la Brigade….

D'un autre côté, les gens de la Division sont authentiquement amicaux. Furse est passé nous voir hier matin, & je l'ai emmené dans la salle des ordonnances & lui ai présenté tous mes officiers. Tom Holland aussi – qui est le cerveau de cette Division et son soldat le plus accompli – est bien sûr un ami sur qui on peut absolument compter….

Le bain, bihebdomadaire, me réclame tout de suite.

Je suis allé à cheval à – – – (la ville) [Hazebrouck] hier pour assister à la conférence de Tom Holland sur la bataille de Loos. L'amphithéâtre était rempli de généraux & d'officiers…. Tom a fait un bel exposé mais qui ne parlait que d'échec désespéré, d'héroïsme sublime entièrement gâché & de splendides soldats écossais fauchés en vain – sans jamais la moindre ombre de réussite. 6 000 t[ués] & b[lessés] sur 10 000 dans cette division écossaise à elle seule. Hélas hélas. Après, ils ont demandé quelle était la leçon de cette conférence. J'ai retenu mon envie de répondre « Ne recommencez pas ». Mais ils le referont – j'en suis sûr.

Votre dévoué à jamais
W.

o De Winston   Saint-Omer
19 janvier 1916   [État-major général]

Ma bien-aimée,

Je suis ici pour une heure ou deux. J'ai passé toute la journée à l'École des mitrailleuses, avec des dizaines de Colonels, à écouter des conférences qui n'étaient guère éclairantes….

Ma précieuse – je ne retire pas un mot de ce que j'ai écrit sur Asquith. Il m'a cruellement & inutilement fait du tort ; & même dans sa période de pouvoir & de prospérité il a eu la mesquinerie de me porter des coups. Non – si je survis – ma vie politique sera sans aucun lien avec la sienne. Il a perdu ma considération. Mon esprit fourmille actuellement d'idées & d'opinions sur bcp de questions militaires & liées à la guerre. Mais je n'ai aucun moyen d'expression. Je suis impuissant à donner ce qu'il y a à donner – en termes de vérité & de valeur & d'urgence. Je suis contraint d'attendre en silence le sombre mouvement des événements. Certes, il vaut mieux être bâillonné que de donner des conseils qu'on n'écoute pas….

J'ai eu une aimable lettre de Rothermere – disant que « j'étais sorti sans dommage de Gallipoli ». Je vous adjure <u>absolument</u> de rester en contact avec lui, & aussi par l'intermédiaire d'Aitken [Beaverbrook] avec Bonar Law. Ne négligez pas ces questions – je n'ai que vous pour agir à ma place. J'aimerais que vous fassiez de la rencontre de mes amis une pratique régulière – comme vos cantines, qui marchent si bien. Il est fatal de laisser les fils tomber. Curzon, F.E. [Smith] ; B.L. [Bonar Law] ; Carson ; Garvin ; Rothermere ; Goulding ; Alick M[1], il faut que vous gardiez le contact avec eux tous. Il n'y a rien à leur demander – représentez-<u>moi</u> uniquement dans leur cercle….

Bon, c'est une lettre d'humeur. 6 heures, c'est la mauvaise heure pour moi. C'est à ce moment-là que je ressens le plus la nécessité du pouvoir comme soupape ; & que l'énergie de l'esprit & du corps est forte en moi –

Fisher souffre, lui aussi – hélas il nous a fait chuter tous deux. Non, en fait, c'est Kitchener avec ses cafouillages....

... Dites à Randolph que je vais lui écrire une lettre demain.

Tout mon tendre amour mon doux oiseau – sans vous je serais c'est certain sans logis.

Votre dévoué
W.

1. Alexander Murray, baron Murray d'Elibank (1870-1920), sous-secrétaire d'État à l'Inde en 1909 ; chargé des relations entre le gouvernement et le Parti libéral de 1909 à 1912. À cette époque, directeur du Recrutement pour les ateliers d'armement.

◊ De Clementine [41 Cromwell Road]
20 janvier [1916]

Mon chéri à moi

Je viens de vous envoyer votre vareuse de colonel (via Creedy & la Messagerie royale)...

Quels que soient vos états d'âme mon chéri, ne regrettez jamais d'avoir démissionné au moment où vous l'avez fait – Vous auriez, comme vous le dites vous-même, été pratiquement obligé de le faire par la suite lors de l'évacuation des Dardanelles. Comme cette dernière a été parfaitement réussie, votre position aurait été sensiblement moins bonne.

Vous auriez été malheureux si vous étiez resté à ne rien faire en Angleterre –

Cela me rend terriblement anxieuse de savoir que votre bataillon est si faible. Ce sera tout à votre crédit si vous parvenez à améliorer les choses & à le remettre à niveau. Ne pensez pas que je suis trop prudente, mais ne soyez pas trop ambitieux au début en attendant trop de vos hommes – Je souhaiterais que vous ne montiez pas en ligne aussi rapidement, avec ces hommes qui manquent d'expérience.... Randolph réclame une lettre – Il devient un grand garçon [à quatre ans passés] et a besoin de beaucoup d'attention....

Clemmie
qui vous envoie, mon chéri, son plus tendre amour

J'espère que vous m'aimez énormément, chéri – Vous me manquez souvent – Je me réveille la nuit et je pense à vous dans votre cantonnement sordide, & à toutes les femmes d'Europe qui, éveillées, prient pour le salut de leurs hommes.

o De Winston 6ᵉ Royal Scots Fusiliers
20 janvier 1916 En campagne

Ma bien-aimée,

J'ai écrit une lettre miaulante hier, & je suppose que la Chatte sera perturbée par mes directives lui demandant de garder le contact avec tant de gens. Ne faites que ce qui vous vient facilement & naturellement ma chérie. D'un autre côté, ne vous contentez pas de disparaître du cercle politique en vous plongeant dans le lit & les cantines. Faites ce que vous pouvez.

Je reviens tout juste des lignes après avoir passé une bonne journée. J'ai examiné à fond l'ensemble de notre front & de ses approches. C'est de loin le secteur de lignes le meilleur que j'aie vu tout au long du front. Incomparablement meilleur à tout point de vue que celui où étaient les Gardes. Il est sec – les tranchées sont planchéiées & drainées. Les parapets sont épais & à l'épreuve des balles. Les barbelés sont de bonne qualité. Le champ de tir est clair.... Je crois que nous pourrions y résister à un bon pilonnage avec relativement peu de pertes. Le poste de commandement du bataillon (où je loge) est à environ 500 mètres seulement des tranchées dans un corps de ferme [la ferme Laurence]. Cela fait souvent de bons quartiers. J'ai une petite pièce pour moi avec une minuscule cave en dessous où Archie [Sinclair] pense s'installer....

Je suis assez attiré par les caves d'un couvent en ruine juste à côté des lignes de feu, & si elles peuvent être drainées et rendues confortables cela ferait un meilleur poste de commandement, moins dangereux, surtout au moment des combats, que cette ferme commode mais très visible....

Il y a eu quelques tirs d'obus aujourd'hui. Très beau temps ce matin. Je vais bcp aimer ces lignes & serai ts fier de prendre en charge ces 900 mètres de « la frontière entre le bien & le mal »....

C'est très curieux que vous ayez parlé de Dieppe dans votre lettre d'hier. J'avais la même idée en tête en recevant votre lettre, avant de l'ouvrir. Cela pourrait se faire, je crois, mais pas avant que nous ayons eu une période ou deux en première ligne & que tout tourne sans problème. J'essayerai de fixer une date dans environ trois semaines. Ce serait magnifique de vous voir, & Dieppe est tranquille – pas de journaux pleins de venin ni de colporteurs de ragots. Ce serait divin – nous sommes dans un monde kaki – Mon petit cœur j'aimerais vraiment que cela se fasse.

Ce qui suit est important : Achetez <u>immédiatement</u> aux Army & Navy Stores une petite machine à écrire « Corona » et envoyez-la-moi ici par l'estafette officielle la plus dévouée ou par le meilleur itinéraire qui soit à votre portée. Je veux instiller davantage d'ordre & de style dans ma correspondance officielle. À présent, nous gribouillons au crayon, & cela fait ts négligé. Ma nouvelle vareuse n'est pas arrivée. Je crains qu'elle ne se soit retrouvée sur ce maudit itinéraire du Havre.

Votre mari qui vous aime à jamais & dévoué
W.

◊ De Clementine [41 Cromwell Road]
21 janvier 1916

Mon chéri

Trois lettres de vous sont arrivées d'un coup ce matin – l'une décrivant les sports et le concert, écrite avec gaieté, les autres d'humeur sombre. Je n'ai jamais autant besoin d'être avec vous que lorsque vous êtes triste – (22 jan.)….

Je vais essayer de voir vos amis, mais tous ceux qui sont « en place » semblent être incroyablement satisfaits d'eux-mêmes – Est-ce que nous étions comme cela lorsque vous étiez au pouvoir ? Il s'est installé une barrière atmosphérique non conductrice entre ceux dont les hommes sont en danger & ceux dont les hommes sont au pouvoir ici, en toute sécurité. Le Trésor envisage maintenant de supprimer la rémunération des députés qui sont soldats au front, sous prétexte qu'ils ne peuvent s'acquitter des deux fonctions à la fois[1]. Hier soir, Edwin Montagu m'a rappelé combien vous aviez été fâché contre lui, il y a très longtemps, lorsque l'idée avait été évoquée pour la première fois…. Tout le monde, sauf le gouvernement, est très inquiet de la domination croissante des avions allemands. Si seulement on vous avait donné l'« Air » lorsque vous avez quitté l'Amirauté ! Je pense que, si vous l'aviez réellement voulu, vous auriez peut-être pu l'obtenir, car il y avait un mouvement en ce sens dans la presse – Croyez-vous qu'il y ait toujours une chance que cela puisse arriver maintenant, bien q. ce soit « trop tard » ?

Le P.M. a alarmé les gens en annonçant qu'il y avait une grave pénurie de travailleurs pour les nouvelles usines nationales d'armement. J'espère que ce n'est pas le prélude à de futures révélations de manque d'anticipation & de pagaille générale. Je pense que Ll[oyd] George [ministre de l'Armement] mettra très longtemps à s'en remettre (même en tenant compte de son extraordinaire pouvoir de récupération) – Si le P.M. disparaissait demain, Bonar Law lui succéderait. Il a fait grande impression à la Chambre ces dernières semaines par son habileté à traiter des questions difficiles & cette impression ne manquera pas de gagner le pays – Je pense, quant à moi, que Bonar n'est pas une grande pointure, mais il est très habile & ne laisse pas passer les occasions. À mon avis, Ll. George restera « embusqué » pendant un certain temps & renoncera ensuite progressivement à soutenir la « conscription » des travailleurs.

Montagu, après 6 mois d'absence du Conseil restreint[2], trouve qu'il y a très peu de changement, sauf une plus grande aversion pour l'action ; le seul véritable guerrier est Curzon.

Dieu vous bénisse, mon chéri, & vous protège

Votre Clemmie
qui vous aime

1. Le 17 février, le Premier ministre recommanda qu'on interdise aux députés de cumuler une solde de combattant et un salaire de parlementaire. Cette motion controversée fut retirée en avril.
2. Edwin Montagu avait quitté le Conseil restreint à l'occasion du changement de gouvernement en mai 1915, abandonnant la chancellerie du duché de Lancastre pour retourner au Trésor en tant que Financial Secretary. Il réintégra le Conseil en janvier 1916, avec un siège au Comité de guerre, en tant que Financial Secretary to the Treasury et chancelier du duché de Lancastre.

o De Winston   6ᵉ Royal Scots Fusiliers
23 janvier 1916   En campagne

Ma chérie,

... Aujourd'hui, j'ai déjeuné avec Tom Holland au QG de la Division & Archie [Sinclair] & moi venons de revenir au petit trot à travers champs. Holland m'a complètement rassuré sur l'état-major de la Brigade. Son commandant [Walshe] avait été, m'a-t-il dit, très perturbé à l'idée de ma venue ; mais désormais il est satisfait, & il lui a confié que cela avait constitué un ts gd avantage pour le bataillon, qui avait fait des progrès sensibles. Furse a été lui aussi plein d'éloges. Au moins, donc, nous montons en ligne avec un bon soutien.

Hier soir, Archie & moi avons invité tous les officiers à un dîner du régiment dans la ville voisine. Nous étions 20 à table & nous avons fait un fameux festin, avec des huîtres en entrée & le champagne qui coulait à flots.... J'ai fait un petit discours aux officiers ; & le capitaine-major de la Brigade leur a tout expliqué sur la place du régiment dans la bataille & les cornemuses ont joué des complaintes déchirantes ; & nous avons entonné « Ce n'est qu'un au revoir, mes frères » et tout le monde s'est bien amusé. C'est la première fois qu'on les mettait tous autour d'une table. Pauvres garçons, ils étaient vraiment ravis.

Dans l'ensemble, ici, les choses se sont ts bien passées. J'ai demandé à Holland & au Général de la division (Furse) de ne pas nous pousser à faire des coups de main, etc. tant que nous n'avions pas une pleine connaissance du terrain & de l'ennemi…

Entre-temps, je vais établir une réplique du Poste de commandement dans les caves du couvent – que j'appellerai « La tourelle de sous-marin » où tous mes téléphones seront installés si bien que s'ils nous taquinent trop à la Ferme [Laurence] j'aurai une deuxième corde à mon arc.

… Je suis enchanté à l'idée de voir F.E. [Smith] venir ici. Dites-lui de ne pas en parler pour ne pas prêter la main à des ragots politiques & journalistiques. Je lui ai dit d'aller vous voir & de m'apporter tout ce que vous lui donnerez. Cognac & cigares seraient les bienvenus….

Je ne crois pas que je pourrais facilement aller à Paris – ni même bouger d'ici en ce moment. Dieppe dans environ 3 semaines, c'est très prometteur. Oh ma belle chérie c'est merveilleux de posséder votre tendre amour. Ne vous inquiétez pas pour moi – les Parques ont décidé de mon destin. Je ne crois pas qu'il y ait de danger particulier. Des femmes & des enfants continuent d'habiter dans les fermes & les maisons près de l'endroit où nous serons. Il est contraire au règlement pour un chef de corps de prendre part en personne aux actions secondaires. Il faut qu'il reste au téléphone dans un abri à l'épreuve (plus ou moins) des bombardements….

Votre mari qui vous aime à jamais & dévoué
W

P.-S.… Je fais signer & affranchir ces lettres à ma place par Archie pour ne pas susciter la curiosité de quelque censeur. Je mets donc toutes les chances de mon côté, à 100 contre 1. Par ailleurs je suis ts discret.

◊ De Clementine   [41 Cromwell Road]
24 janvier [1916]

Mon chéri,
J'ai commandé votre cognac, le stilton, les raisins secs, etc.…

J'ai aussi acheté votre machine à écrire (11 guinées) et je vais essayer de trouver un messager dévoué, mais il faudra qu'il le soit extrêmement, car c'est un lourd paquet.

Aujourd'hui, j'ai déjeuné avec Lloyd George & la conversation a été facile & agréable – Il est très soucieux d'être aimable – Il a parlé de la situation actuelle ; pour l'instant, il n'est plus vraiment de la partie – J'ai mentionné le nom de Bonar Law & je lui ai dit tout le bien que je pensais de la façon dont il avait mené la Chambre. Il n'a pas vraiment apprécié & a rétorqué qu'il s'était mis à dos plus de tories qu'il ne s'était concilié de libéraux – Il part pour la France la semaine prochaine & dit qu'il essayera de vous voir.... Il a promis d'inaugurer une nouvelle grande cantine pour moi & j'ai promis de rassembler 1 000 ouvriers de l'armement bien disposés pour l'écouter !...

Et puis ne reprochez pas trop à votre Kat de vivre en ermite. En deux jours ici, j'ai frayé avec Montagu, Birrell[1], Lloyd George et un potentat sud-africain ! Demain soir, je dîne avec Cassel. Envoyez-moi immédiatement à la maison, je vous prie, la « Distinguished Conduct Medal » et un concert d'éloges....

Lloyd George a exprimé un profond désir d'avoir une longue conversation avec vous – Je m'entends vraiment bien avec lui & je sais qu'il m'apprécie, mais c'est un traître – Je ne voudrais pas que vous soyez un jour étroitement associés car, bien qu'il semble se tirer encore & toujours de ses cafouillages et de ses erreurs, je ne suis pas sûre qu'il en serait de même pour ses partenaires ; ils hériteraient de tous les problèmes, tandis que Ll.G. décamperait en riant.

Votre ferme exposée aux regards de tous me rend nerveuse – Je préfère les caves du couvent. Je vous en prie, demandez à Archie des pompes à main pour évacuer l'eau.

Votre Clemmie
qui vous aime
et qui envoie, à son chéri à elle, son plus tendre amour

J'ai mis du sel sur la queue du messager royal – Il prendra la machine à écrire

1. Augustin Birrell (1850-1933), avocat, écrivain et député libéral. Ministre de l'Éducation de 1905 à 1907 ; chargé du gouvernement de l'Irlande en tant que chef de cabinet du lord-lieutenant d'Irlande de 1907 à 1916.

o De Winston   6ᵉ Royal Scots Fusiliers
24 janvier 1916   En campagne

Ma chérie,

... Votre lettre du 22 vient d'arriver, avec une autre de Goonie – la première que je reçoive. Ma nouvelle vareuse & le calot écossais sont parvenus ici au moment où nous arrivions... Le bataillon a désormais 500 casques d'acier & paraissait ts imposant lors de son parcours au pas. J'ai passé l'après-midi à faire la tournée des fermes & des granges où les hommes sont logés, en discutant de la guerre avec les femmes françaises qui font marcher l'exploitation à elles seules en dehors des vieillards & des enfants....

Bien sûr que je prendrais un ministère de l'Air – si on me le proposait <u>à condition</u> qu'il inclue une place au sein du Conseil de guerre. Mais jamais le P.M. n'acceptera les petites difficultés d'une telle innovation, & je suis certain qu'il sait que ses intérêts sont mieux servis par mon extinction politique ou autre. Je réfléchis à de ts nombreux projets ; mais il vaut mieux continuer simplement ici pendant quelque temps....

C'est merveilleux de vous savoir à la maison occupée à penser à moi & à m'aimer & à partager mes rêves les plus profonds. À quoi aurais-je à me raccrocher sans vous. Tout mon acquis politique semble s'être évanoui – tous mes amis sont muets – tous mes moyens sont en sommeil. Mais il y a la Chatte avec ses chatons, bien pourvue je veux le croire en lait & en souris de temps en temps. C'est là tout mon monde en Angleterre.

        Mon amour le plus tendre & beaucoup beaucoup de baisers –
            De votre toujours plein d'amour & dévoué
                W.

o De Winston   6ᵉ Royal Scots Fusiliers
26 janvier 1916   En campagne

Ma Bien-aimée,

Je suis extrêmement bien logé ici [à l'hospice] – avec une belle chambre qui donne au-delà des champs sur les lignes allemandes à 3 kilomètres. Deux religieuses demeurent ici pour s'occuper de la petite chapelle qui fait partie du bâtiment. Elles m'ont reçu avec les plus grandes gracieusetés quand je suis arrivé ce matin, en me disant que nous avions sauvé ce petit morceau de Belgique des Allemands, qui avaient effectivement séjourné une semaine ici avant d'en être chassés. Dans tous les endroits réquisitionnés où j'ai été logé j'ai dit aux femmes de nous faire de leur excellente soupe – ce qu'elles font bien volontiers... Sur la droite & la gauche les canons tonnent, & derrière nous une pièce d'artillerie britannique aboie comme un épagneul à intervalles rapprochés. Mais les femmes & les enfants habitent toujours le bourg & rient des obus qui viennent de temps en temps s'écraser sur leur vieille église.... Les tranchées sont bonnes, bien protégées par les barbelés, avec un large espace entre les lignes. Les maisons ont subi peu de dégâts. Certains hommes du bataillon que nous relevons ont baptisé l'endroit « La maison de convalescence ». Je crois qu'au lieu de vous faire du souci vous feriez mieux de mettre votre esprit en paix avec reconnaissance. Le Btn que nous relevons a perdu 70 hommes seulement en 4 mois : alors qu'en une seule journée là où j'étais auparavant les Grenadiers en ont perdu 20 – sans rien faire.

Nous prenons la suite dans les tranchées demain avant l'aube. N'allez pas croire qu'elles ne seront pas défendues comme il faut. Bien que nous n'ayons que 700 hommes au lieu des 900 qu'avaient nos prédécesseurs et des 1 050 que nous devrions avoir, nous avons davantage de mitrailleuses – si importantes. Soyez certaine qu'il n'y aura aucun secteur du front des Alpes à la mer mieux gardé. Il sera surveillé avec la vigilance qui a mobilisé la Flotte.

Ce matin, alors que nous montions en ligne dans la demi-obscurité un soldat d'un autre régiment s'est écrié « Nous voudrions que vous retourniez auprès de la Marine, mon commandant – La bonne vieille Enchantress. » Je me demande d'où il venait....

Ce que vous me dites de Ll.G. [Lloyd George] me désole. Il n'a pas eu de fidélité & désormais il n'a pas d'amis. Reste qu'il a été plus souvent que quiconque sur la bonne voie depuis le début de la guerre.

Ici, j'aurais bcp de mal à écrire quoi que ce soit pour publication. Les jours passent vite, & mes lettres quotidiennes pour vous rognent sur mon temps à proportion du plaisir & du soulagement que je trouve à les écrire. J'avais presque perdu l'art d'écrire à l'Amirauté. Je le retrouve progressivement dans les missives que je vous envoie – Ma Chérie à moi....

Il y a 2 porcs rouge vif qui fouinent dans les trous d'obus du pré qui se trouve devant la maison où je suis. Ce doit être des Tamworth[1] belges.

Toujours & à jamais votre
W.

---

1. Race porcine anglaise.

◊ De Clementine   [41 Cromwell Road]
27 janvier 1916

Mon chéri

J'ai reçu un message téléphonique de F.E. [Smith] ce matin m'informant qu'il partait pour la France demain & m'invitant à dîner – Je lui confierai cette lettre, ainsi que la machine à écrire... J'espère aussi vous envoyer les cigares, le cognac & le périscope....

L'inauguration de ma cantine par Ll.G. [Lloyd George] prend des proportions assez extraordinaires ! Elle est en train de se transformer en rassemblement public & le directeur de l'usine a prévu qu'il s'adresse aux équipes de jour & de nuit réunies..., aussi parlera-t-il devant environ 2 000 personnes. J'ai la responsabilité totale des dispositions à prendre & j'ai l'impression d'être un chef de file de parti ! Il va être très bien accueilli, je l'espère, à la différence de sa désastreuse visite à Glasgow. Je suis allée voir Ll. George[1] au ministère de l'Armement, & il m'a reçue dans ses appartements grandioses, où il trônait solitaire....

Une lettre de vous vient juste d'arriver, mon chéri, avec des mots tendres & affectueux à mon intention. N'ayez crainte, votre capital politique ne s'est pas dissipé, il vous attend tout entier quand l'occasion se présentera, ce qui (hélas pour le pays) n'arrivera probablement pas avant la fin de la guerre – Si par chance vous en réchappez sain & sauf.

C'est aujourd'hui votre premier jour dans les tranchées & je prie ardemment pour que vous soyez protégé. J'espère que vous portez toujours un casque d'acier, & pas le calot écossais....

Il m'est terriblement pénible de ne pas pouvoir vous rendre visite – Cela serait si facile, & je pourrais vivre avec ces pauvres femmes françaises dans une petite maison en ruine & sarcler des navets. Randolph était fou de joie lorsqu'il a reçu votre lettre.

Tout mon amour et beaucoup de tendres baisers
Clemmie

1. Alors ministre de l'Armement.

o De Winston   6ᵉ Royal Scots Fusiliers
27 janvier 1916   En campagne

Ma chérie –

La relève s'est effectuée ce matin avant l'aube avec la plus grande précision en moins de 2 heures. Je ne crois pas que les Grenadiers aient jamais fait mieux. Nous tenons désormais quelque 900 mètres de tranchées & j'en suis responsable quoi qu'il arrive. Jusqu'ici, nous n'avons pas de pertes – bien que nous ayons reçu des obus & des tirs embusqués & que notre parapet ait sauté à un endroit. Tout se passe en bon ordre & la journée a été calme & normale bien que ce soit l'anniversaire du Kaiser. J'ai passé trois heures dans les tranchées ce matin à décider de toutes les améliorations que je vais y apporter, & à m'occuper des dispositions à prendre pour les commandants de compagnie. La nuit est maintenant tombée & nous pouvons allumer le feu sans être trahis par la fumée, si bien que nous allons avoir un dîner chaud comme d'habitude. Archie [Sinclair] fait actuellement la tournée des tranchées, & j'y retournerai après le dîner. Cela prend presque 2 heures pour traverser ce labyrinthe de boue....

J'ai parlé à tous les officiers pendant une heure hier soir, & je leur ai exposé mes idées & mes instructions & différents tuyaux. « Ne soyez pas trop négligents vis-à-vis de vous-mêmes – mais pas trop soigneux non plus. Gardez une paire de bottes à part pour dormir & n'allez dans la boue avec qu'en cas de véritable urgence. Usez de l'alcool avec modération mais n'alignez pas les bouteilles à l'envi dans vs abris. Vivez bien mais ne l'exhibez pas. Riez un peu, & apprenez à rire à vos hommes – sous le feu, l'humour est excellent – la guerre est un jeu auquel on participe avec le sourire. Si vous ne pouvez avoir un large sourire, esquissez-en un. Si vous ne pouvez en esquisser un, mettez-vous à l'écart jusqu'à ce que vous y parveniez. » Depuis les conseils de Polonius à Laërte[1] on n'avait jamais vu cela – je suis sûr qu'ils ont été édifiés....

Je suis ravi que Ll.G. [Lloyd George] vienne en France et j'espère que nous nous verrons. J'ai bcp à lui dire. Vous avez de fait été très active pour rencontrer tous ces gens. C'est si important d'être là & pas là en même temps. Persévérez. La DCM est à vous....

Au rayon victuailles – voici le genre de chose que je veux que vous m'envoyiez – de grosses tranches de corned-beef ; des fromages de Stilton ; de la crème ; des jambons ; des sardines – des fruits secs ; vous pourriez presque essayer une grosse tourte à la viande de bœuf : mais pas de coq de bruyère en boîte ou autre raffinement fantaisie en boîte. Le plus simple sera le mieux : & copieux également ; car la viande de nos rations est dure & sans goût : & ici nous ne pouvons pas faire de feu quand il fait jour. J'ai bien peur que vous ne trouviez que je reviens ts cher. Veillez à me facturer tout cela en dehors de l'argent du ménage....

Avec mon amour le plus tendre ma chérie à moi,
votre dévoué & rempli d'amour –
même si je crains que vous n'y ajoutiez gourmand
W.

P.-S. Je vois un nouveau ton dans certaines des coupures de presse à propos de mon travail à l'Amirauté. L'ambiance est moins venimeuse....

1. Dans *Hamlet*, acte I, scène III. [ndt]

◊ De Clementine [41 Cromwell Road]
30 janvier [1916]

Mon chéri

Les journaux d'aujourd'hui font état de nouvelles très alarmantes à propos d'une attaque allemande – J'aurais aimé être sûre que ce n'était pas du tout dans votre coin – Aucune lettre de vous ces derniers temps, la dernière est datée du 24 jan....

L'atmosphère ici est sombre & sinistre, & me glace le sang chaque fois que mon travail me laisse un peu de répit – Les gens au gouvernement sont incroyablement satisfaits d'eux-mêmes – Je les rencontre de temps en temps pour vous faire plaisir mon chéri, mais je ne peux pas m'intéresser à ces tortues au sang froid & sans âme, & j'ai cessé d'avoir toute curiosité à leur égard. J'ai l'impression que c'est aussi l'attitude des gens en général ; ils en ont tout simplement assez d'eux, sans pour autant leur être hostiles, car il n'y a pas d'alternative évidente à l'horizon et quelqu'un doit gouverner le pays. Je vais voir Lloyd George cette semaine & je prospecterai ensuite quelque peu du côté de Bonar Law, puis autour de chez Curzon. Aucun de ces potentats ne semble travailler de concert ou s'associer aux autres d'une quelconque manière...

J'ai bien peur que cette lettre sans intérêt ne vous soit pas d'un grand secours, mon chéri ; je suis plutôt dans une ornière aujourd'hui & je ne vois qu'une route qui monte sur des kilomètres & des kilomètres – Vos hommes & vos officiers sont-ils religieux ? Dites-moi si la proximité du danger vous fait penser au Christ. Le fait d'être malheureuse conduit mes pensées vers lui, pas pour lui-même, j'en ai peur, mais seulement parce q. j'ai besoin d'être réconfortée. Vous trouverez, recopié ci-dessous, un petit poème auquel je pense parfois[1] – Je continue à vous envoyer les coupures de presse – Il est devenu très inhabituel de lire une phrase qui ne soit ni mal informée ni partisane. Mais rien de tout cela n'influence défavorablement les gens contre vous, car vous êtes une personnalité très appréciée du public.

Au revoir, mon très cher amour – Je vous envoie de tendres baisers et mes souhaits les plus fervents pour qu'il ne vous arrive rien.

Votre Clemmie
qui vous aime

1. *Up-hill*, poème de Christina Rossetti (1830-1894) [à qui CSC reprend l'image de la route qui monte, *ndt*].

o De Winston [France]
31 janvier 1916

Ma bien-aimée,

F.E. [Smith] vous donnera toutes les nouvelles d'ici...

J'approuve totalement votre rencontre avec Ll.G. [Lloyd George]. Chantez bien vos louanges l'un pour l'autre, & trouvez-m'en quelques miettes en plus. Je suis sûr que son recul n'est que provisoire. Bonar Law & lui & moi avons passé toute la matinée en voiture, & je suis désormais parfaitement au fait de la situation. Je suppose que nous nous retrouverons à collaborer un jour ou l'autre – si aucun accident n'intervient. Ils sont plutôt enclins à me voir au ministère de l'Air. <u>Oui</u> – si les conditions étaient réunies.

Nous montons en première ligne demain pour 6 jours, & comme vous le savez j'aime bcp ce genre de tâche. Cela m'occupe & j'espère savoir bien m'y prendre. Je ne crois pas être vraiment plus en sécurité dans nos « quartiers de repos » que dans les tranchées. Mon QG avancé et mon QC de soutien sont tous deux repérés & visés par les obus. Mais à moins d'un manque de chance, il faut un énorme paquet d'obus pour qu'il y ait des dégâts notables. Dans l'ensemble, je préfère les tranchées, où il y a toujours quelque chose qui se passe & où on combat réellement au cours de cette gde guerre pour le triomphe du droit & de la raison. Il n'y a aucun doute là-dessus – on fait la seule chose qui compte vraiment – & qui doit bien être faite par quelqu'un.

D'excellentes victuailles de toutes sortes sont arrivées & la machine à écrire – & des cigares & du cognac. Donc nous avons bien tout ce qu'il faut.

Je dois dire que je me suis senti ts fort & ts indépendant lors de ma rencontre avec ces deux messieurs aujourd'hui : sans envier leur situation ni regretter ma décision de les quitter. Si je m'en sors bien ma force sera plus grande que jamais. Je préfère de bcp retourner dans les tranchées ce soir plutôt que de rentrer à Londres avec des fonctions sans grande autorité. Mais j'aimerais <u>vraiment</u> voir ma petite chatte bien-aimée.

Votre tout dévoué
W.

o De Winston   6ᵉ Royal Scots Fusiliers
[non daté, 1ᵉʳ février 1916 ?]   En campagne

Ma chérie,

... Nous sommes revenus dans nos tranchées ce matin & j'y ai passé presque toute la journée à organiser le travail & à étudier leur complexité.... Je suis très intéressé par votre déjeuner avec McKenna.... Le groupe avec lequel je veux travailler & transformer en instrument de gouvernement véritable comprend Ll.G. [Lloyd George], F.E. [Smith], B.L. [Bonar Law], Carson, & Curzon. Gardez cela régulièrement à l'esprit. C'est le Gouvernement de substitution, pour quand « wait & see » ne sera plus à l'ordre du jour.

Tout mon tendre amour, mon petit cœur, à vous & aux chatons.

Envoyez-moi une autre boîte de plumes de stylo. J'ai été vacciné contre le tétanos, parce que je me suis piqué la main en montrant comme c'était facile de passer par-dessus des barbelés, & ici la moindre égratignure exige d'être soignée. Un coup de froid me menace & je le garde à distance avec de la quinine. Le temps est lumineux & glacial – mais il ne gèle pas vraiment. Nous sommes ts confortablement installés & ts bien ravitaillés, & j'ai plein de vêtements & de brodequins....

Bonne nuit ma très chère,
Votre dévoué
W

o De Winston   6ᵉ Royal Scots Fusiliers
2 février 1916   En campagne

Ma chérie,

... Nous avons eu une paix royale ici aujourd'hui – Pas un obus ni un homme touché – à peine une balle.... Je suis enclin à penser qu'aucune opération sérieuse ne va avoir lieu actuellement.... Ne vous faites donc pas de souci....

Tout mon tendre amour ma très chère. Transmettez mes messages les plus tendres à Diana & Randolph & embrassez mille fois cette joufflue de Sarah de ma part.

Non, je ne crois pas que la route sera pour nous une montée sans fin [allusion au poème que CSC lui avait envoyé] – si elle se poursuit assez loin, elle mènera à un plateau élevé – avec une vue imprenable du pays des deux côtés, l'air sera très clair, & mon œil sera reposé & entraîné, & j'embrasserai de vastes régions de mon regard. Je crois pouvoir dire que je ne serai pas plus heureux que dans la boue des tranchées des Flandres –

Je veux vous voir, mon petit caniche – je me penche sur le projet de Dieppe. Mais il faut d'abord que je reste ici encore quelque temps.

Votre dévoué à jamais
W.

◊ De Clementine [41 Cromwell Road]
Vendredi 4 février 1916

Mon chéri,
La grande réunion[1] a eu lieu & tout s'est merveilleusement bien passé – Ll-G [Lloyd George] a fait un discours assez médiocre et ce minable petit rustre n'a même pas mentionné votre nom bien qu'il ait annoncé qu'il venait juste de rentrer du front. Sur le chemin du retour, il a remarqué en passant « Je suis extrêmement surpris, Curzon veut l'"Air" [le ministère de l'Air], je pensais que Winston aurait peut-être pu s'en occuper – Pensez-vous que cela l'aurait intéressé ? » Je lui ai répondu « Winston s'en occuperait mieux que quiconque. » Il n'a pas répondu – Je ne le hais pas, mais j'éprouve du mépris pour lui & presque de la pitié. Cette absence de générosité dans sa nature & sa tendance à la méfiance feront de lui un homme solitaire & sans amis dans sa vieillesse, qui approche à grands pas – Ismaël ! Je ne pense pas que vous, vous aurez jamais besoin de lui, mais lui aura besoin de vous quand il sera sur le déclin – & bien sûr, vous l'aiderez, & il le sait. Alors que nous rentrions à la maison en silence dans la nuit, il était très blanc, miteux & fatigué, & je me sentais jeune, forte & pleine de vie, & je vous imaginais là-bas, jeune & fort & plein de vie, & j'ai pensé, & je sais qu'il en était conscient, « Si par chance Winston n'est pas tué, vous aurez besoin de nous deux – D'ici là, vous ne lèverez pas le petit doigt pour faire ou dire quoi que ce soit en sa faveur, parce q. vous savez que cela ne fera aucune différence dans

son attitude plus tard – Vous pouvez continuer à compter sur lui dans toutes sortes d'affaires "Marconi" » – Il est <u>très</u> courtois envers moi – Mais je dois absolument vous raconter la réunion publique. Tout d'abord, il y a eu une petite réception à la cantine… avec le couvert déjà mis pour 500 personnes & les tables prêtes pour le dîner – Mon chef cuisinier, Mr Quinlan, était là, en toque, resplendissant dans sa tenue blanche, ainsi que les employés, en blouses de toile marron, & mes volontaires (environ 150), qui ressemblaient à des anges blancs & bleus. Il y avait une grande foule venue des environs, & des gens de Londres, et toutes les huiles de la YMCA… J'ai fait visiter les cuisines, les garde-manger, etc. à Ll. G et je l'ai présenté à des tas de gens, puis nous sommes tous allés jusqu'aux nouveaux ateliers pour la réunion où se trouvaient rassemblés les gens vraiment importants – Les hommes, environ 2 000, étaient debout, très silencieux, entassés comme des sardines. Ils n'ont pas acclamé Ll. G lorsqu'ils l'ont vu ; ils l'ont observé avec intérêt & curiosité (mais, ne dites pas que c'est moi qui vous l'ai dit), ils m'ont applaudie très chaleureusement…. Certains des hommes avaient envisagé d'offrir à Ll.G. des boutons de manchette en forme d'obus de 150, mais hier ils ont changé d'avis & ont décidé qu'il fallait vous envoyer ce cadeau, à vous, dans les Flandres ! Ll. G est au <u>courant</u> de la chose, car je lui avais annoncé qu'il allait recevoir un cadeau. Il a été <u>très bien</u> reçu, mais <u>sans enthousiasme</u>. J'ai été tout bonnement submergée de cadeaux, un bouquet, un chèque de 100 guinées de la part des directeurs de l'entreprise (pas pour moi ! mais pour les cantines, à dépenser comme je l'entends), les boutons de manchette pour vous de la part des ouvriers, <u>et</u>, pour moi, une petite broche en forme d'obus, également de leur part, dans une boîte en or <u>vraiment</u> ravissante, incrustée de turquoises, de perles & de diamants[2]. Je me suis presque évanouie tellement j'étais émue & je n'ai pas pu faire mon discours, car je ne m'attendais pas du tout à ces cadeaux – (sauf le chèque). J'ai simplement lu votre message & les hommes étaient enchantés – N'en dites rien à personne, car cela pourrait paraître vain, mais je voulais vous faire part de mon petit succès. J'ai vraiment travaillé dur, mais maintenant je vais devoir redoubler mes efforts pour mériter tout cela. Je crois qu'il va falloir que je serve des poulets dodus aux hommes tous les jours !….

Mon amour chéri, aujourd'hui, je me sens heureuse & pleine d'espoir en ce qui vous concerne & en ce qui concerne votre avenir. Je sais (si Dieu le veut) que vous reviendrez de la guerre fortifié & régénéré, & que vous damerez le pion à tous ces hommes politiques décrépits & fatigués. N'écartez pas complètement le P.M. de vos pensées. Il est paresseux, mais (ou peut-être donc) en bonne santé &, de toute façon, ce n'est pas un escroc, même si c'est une vieille tortue rusée. Il faut que je le voie cette semaine & que je lui tire les oreilles – J'ai l'impression que rien ne pourra m'arrêter, comme si vous étiez commandant en chef, & pas simplement lt.-colonel....

J'attends avec impatience de vos nouvelles.

Dieu vous bénisse, & mille baisers de ma part

Clemmie

...

1. La cantine de Ponderes End fut inaugurée par Lloyd George le 3 février 1916.
2. La petite boîte est maintenant en ma possession. Un précieux souvenir.

o De Winston   6ᵉ Royal Scots Fusiliers
4 [février] 1916[1]   En campagne

Ma chérie à moi,

Hier (le 3) nous avons eu de la chance. Nous venions de finir un excellent déjeuner et étions tous à table pour le café & le porto lorsqu'un obus a éclaté à proximité en faisant trembler la fenêtre. Archie [Sinclair] a alors proposé qu'au prochain nous allions dans notre abri de la grange juste en face & nous en discutions quand une énorme explosion est survenue, avec de la poussière & des éclats qui volaient à travers la pièce, des assiettes qui se cassaient et des chaises qui s'écroulaient. Tout le monde était couvert de débris et le capitaine-major (il n'a que 18 ans) était touché au doigt[2].... La chance miraculeuse, c'est que l'engin (un obus de 110) n'a pas éclaté comme il faut – ou alors il était défectueux. Sinon nous aurions eu le mur projeté contre nous – & certains auraient sûrement été blessés.

Je leur ai fait installer un autre abri encore plus solide – tout près, sur lequel ils s'activent actuellement. Cette nuit, j'ai dormi paisiblement dans ma petite pièce marquée par la guerre, après une longue tournée des tranchées. Aujourd'hui on nous a laissés tranquilles, mais notre QG de « repos » a été pas mal attaqué, comme celui de la Bgde....

... Les caves du couvent, que j'appelle « la tourelle de sous-marin », sont désormais hors d'eau, & feront un magnifique QG de bataille[3]. Tout le monde continue d'être très courtois : & le bataillon travaille admirablement....

Votre mari dévoué qui vous aime
W.

1. La présente lettre ainsi que les douze suivantes de WSC, dont neuf sont citées ici, sont toutes datées *janvier* 1916. Quand on les lit en regard des lettres de CSC, il devient évident qu'elles ont été écrites en *février* 1916. J'ai rectifié les dates en conséquence, comme dans Martin Gilbert, *Winston S. Churchill, Companion*, Vol. III, 1972.

2. Lieutenant Jock McDavid (1897-), nommé aux fonctions de capitaine-major du 6ᵉ Royal Scots Fusiliers en décembre 1915. Gazé en 1918.

3. Mais pas pour longtemps, à cause de fortes infiltrations dues au débordement des eaux de la Warnave.

o De Winston 6ᵉ Royal Scots Fusiliers
6 [février] 1916 En campagne

Ma bien-aimée,

Ce matin, j'ai reçu un télégramme pour me dire de prendre le commandement de la Brigade, & donc je suis allé au QG de la Brigade & j'ai désormais autorité sur 5 bataillons & presque 4 000 mètres de front. Au début, j'ai cru que cela représentait un changement réel : mais il apparaît que je suis le commandant de l'unité seulement pour le moment, & que le retour du Général – Walshe – est attendu demain…. Demain à l'aube l'ensemble de la Brigade est relevée des lignes et entre en réserve. Je suppose que je serai de nouveau auprès de mon bataillon demain soir.

À mon arrivée ici [au QG de la Brigade] j'ai trouvé une invitation à déjeuner avec la Division, où j'ai rencontré George Curzon [lord du Sceau privé], qui avait demandé à me voir avec beaucoup d'insistance & qu'on est allé chercher le moment venu. Je l'ai emmené dans ma ferme en décombres & dans mes tranchées ; & il m'a donné toutes les nouvelles & son opinion des hommes & de la politique dans son style alerte habituel. Il est clair qu'il voudrait l'Air – comme il en a parlé avec le P.M. si j'ai bien compris ce qu'il m'a dit. « Napou » comme prononcent ici les soldats pour dire *« Il n'y a plus »*.

J'ai reçu vtre longue lettre sur l'ouverture de la cantine & je suis vraiment ravi que cela ait été un plein succès pour vous & que votre travail ait fait forte impression. J'ai lu & relu vtre récit et également le reportage du Times. Je suis tout revigoré par vtre optimisme. Ma chérie, que ferais-je sans vous ?

Le jeune Mr McDavid, le capitaine-major – 18 ans ! –, part en permission ce soir & il viendra vous voir demain. C'est un gentil garçon & il vous racontera tout sur notre vie ici. J'ai eu une lettre de ma mère qui me rapporte sa conversation intéressante avec Asquith au dîner chez les Cassel. Une autre également de Masterton Smith – qui me dit que ma « chenillette[1] » a fait l'objet d'un essai devant le vieux matou [Balfour, Premier lord de l'Amirauté] et a réussi des miracles. Imbéciles de traînards, toujours à freiner le mouvement….

Bon – bonne nuit, mon petit oiseau.

Avec tout mon tendre amour
Votre dévoué
W

1. Les « chenillettes » [*caterpillars*] étaient des prototypes de chars d'assaut. Lors de son passage à l'Amirauté, WSC avait lancé des recherches sur la mise au point de ce qui allait être connu sous le nom de « tanks ». Après son départ de l'Amirauté, ces travaux se poursuivirent mais sans la dynamique de son « coup de pouce ».

◊ De Clementine [41 Cromwell Road]
Lundi 7 février [1916] 6 h du matin

Mon chéri

… Avant que cette lettre ne vous parvienne, vous aurez certainement vu l'appel lancé par Garvin dans l'*Observer* pour votre retour au pouvoir & celui de Lord Fisher – Vous en tant que ministre de l'Air & Fisher comme premier Sea Lord. Si seulement on vous avait confié l'« Air » en mai dernier, quelque chose d'important en aurait certainement résulté aujourd'hui. – Oh, mon chéri, j'ai tellement envie que cela arrive, & j'ai l'impression que cela arriverait s'il n'y avait pas cette concurrence pour le poste au sein du Conseil – Il y a, hélas, 12 ministres avec des postes mineurs qui se croient probablement tous compétents. J'ai été invitée à passer dimanche prochain à Walmer[1]. Comme ce serait merveilleux si d'ici là vous étiez de retour.

Goonie revient juste de la cour du vice-roi[2], où son séjour n'a été qu'une succession de plaisirs, & elle trouve Londres plutôt terne, j'en ai peur –

Vous allez être surpris lorsque vous verrez Diana – Je lui ai coupé les cheveux & maintenant elle ressemble à Peter Pan – Une grande amélioration ! Sarah est prête à parler avec volubilité & n'attend plus que quelques dents…

Clemmie
qui vous envoie son plus tendre amour, mon chéri

1. Walmer Castle dans le Kent, résidence officielle du Lord Warden of the Cinque Ports. Lord Beauchamp, qui détenait alors cette charge historique, avait mis le château à la disposition des Asquith pour les week-ends.

2. Elle avait séjourné à Dublin chez Lord et Lady Wimborne (Ivor et Alice Guest). Lord Wimborne occupait alors le poste de Lord Lieutenant of Ireland.

◊ De Clementine [41 Cromwell Road]
8 février [1916]

Mon chéri

Il est arrivé hier soir un charmant jeune homme, Mr McDavid, qui avait avec lui le nez de l'obus qui a fait voler votre chambre en éclats, votre lampe à pétrole et des photographies de vous, et aussi des nouvelles excitantes, à savoir que vous êtes temporairement Général de brigade – Je me demande si vous allez l'être pour de bon ? J'ai aussi reçu une visite de Lord Curzon…

Écrivez-moi vite et dites-moi que vous avez trouvé un quartier général plus sûr – J'ai tellement peur que les Allemands d'en face sachent que vous êtes là.

J'ai demandé à Mr McDavid de venir dîner ici la semaine prochaine lorsqu'il retournera auprès de vous….

Au revoir mon cœur, soyez de bonne humeur & écrivez-moi tous les jours pour que je puisse nager avec la tête très au-dessus de l'eau.

de Clemmie

P.-S. Vos 3 bébés vous envoient des baisers.

o De Winston 6ᵉ Royal Scots Fusiliers
8 [février] 1916 En campagne

Ma chérie,

Le Général n'est pas revenu hier comme prévu et personne ne semble savoir quand on le reverra…. Donc je reste ici à tout commander. Ce ne sont pas des dispositions ts satisfaisantes, car bien sûr je n'expédie que les affaires courantes et ne peux rien faire pour prendre cette lourde machine en main. Je remplis toute la paperasserie et me suis préparé à toute situation d'urgence ; mais sinon je passe mon temps à attendre heure après heure. L'ensemble de la Brigade a désormais quitté la première ligne & loge dans ses quartiers de repos, si bien qu'il ne se passe rien. Archie [Sinclair] a cependant téléphoné qu'ils ont lancé des obus sur l'une des fermes de la compagnie & ont blessé 3 hommes. Ils laissent éclater leur dépit & tirent 5 ou 6 obus à la fois sans avertir – puis ils attendent une vingtaine de minutes et remettent cela.

J'ai pris le thé hier avec le général Tudor[1]. Il commande toute l'artillerie de la Division, & il est très jeune – à peu près de mon âge. Lui & moi étions amis comme lieutenants à Bangalore – & que de belles parties de polo nous avons faites ensemble. Nous avons été ts contents de nous revoir après tant d'années – je ne l'avais pas vu depuis l'Afrique du Sud – Ma chérie, quelles erreurs ils ont pu commettre à Loos. On ne peut pas croire que cela soit possible. Mais il y a un gd manque de « souffle » d'un bout à l'autre de l'administration de l'Armée. Prenez par exemple le réseau téléphonique. Il est grotesque. On ne peut jamais avoir la ligne. Quand on l'a, on n'entend rien. Il y a toujours une énorme friture sur les câbles. Ils en sont restés aux petits appareils de campagne identiques à ceux qu'utilise une armée en mouvement, au lieu de construire un réseau parfait, ce qui ne serait pas difficile à faire. Et quelle importance vitale cela pourrait avoir en pleine bataille ! Si à l'Amirauté nous nous étions contentés de ramer sans vigueur à cette vitesse, nous n'aurions jamais eu la maîtrise sur les sous-marins allemands. Et puis bien sûr il faudrait 10 fois plus (au bas mot) de chemins de fer légers sur le front. La présente guerre est une guerre de mécanique & de cerveaux & jamais le simple sacrifice de fantassins courageux & dévoués ne pourra en tenir lieu. Bon sang, je les ferais se démener si j'en avais le pouvoir – ne serait-ce qu'un mois....

Quoique je ne doute jamais de la sagesse de ma décision de démissionner de mes fonctions, je me tortille d'impatience tous les jours face à mon impuissance à faire marcher les choses. Je suis sûr qu'il en va de même pour le vieux Malais[2]. Le moment arrivera peut-être où je sentirai que c'est mon devoir de rentrer & de manifester une opposition efficace. Mais pas encore. Cela fait maintenant 3 mois que je suis ici. Le temps s'est écoulé ts rapidement, & pas désagréablement....

L'accalmie partout dans les opérations militaires a permis au Gouvt de repartir pour un bon petit roupillon. La direction de la guerre est passée dans les mains du Conseil de guerre : et ce Conseil de guerre ne se réunit presque jamais. J'ai demandé à certains de mes anciens collègues qui conduisait la guerre. On m'a répondu « Elle se conduit toute seule. » Pourtant il ne se passe pas une seule minute au cours des 24 heures où il ne serait pas possible de prendre des mesures qui épargneraient des vies & les finances publiques et accéléreraient la fin du conflit....

... Envoyez-moi une édition petit format de Shakespeare – & le Burns – comme je l'ai demandé. Également à intervalles <u>réguliers</u> des boîtes de ces gros cigares que j'affectionne, & du cognac....

... Je suis si content que vous ayez tant de travail important à faire. Vous ne pouvez pas être trop active à la fois pour moi & pour vous.

Votre toujours dévoué qui vous aime
W.

1. Henry Hugh Tudor (1871-1965), général de brigade dans l'artillerie royale, commandant de la 9ᵉ division de 1916 à 1918. Fait chevalier en 1923. Il avait servi en Inde et en Afrique du Sud avec WSC.
2. Lord Fisher était appelé « le vieux Malais » du fait de ses traits orientaux.

o De Winston   6ᵉ Royal Scots Fusiliers
10 [février] 1916   En campagne

Ma chérie,

... Je suis de retour chez les Fusiliers. C'était ts peu satisfaisant de commander la Brigade d'heure en heure en expédiant seulement les affaires courantes.... Nous sommes installés dans une ferme[1] plus en arrière que notre ancien QG de réserve & croit-on parfaitement à l'abri des obus. Mais comme nous sommes les uns sur les autres & que c'est inconfortable je retourne chaque soir à la nuit tombée dans l'ancien QG pour y dîner & coucher. C'est un système commode. Depuis notre ferme j'ai observé hier après-midi les tirs d'obus sur la bourgade [Ploegsteert] dont je n'ai pas le droit de dire le nom... Trois de nos hommes qui s'y promenaient ont été touchés – l'un mortellement, & un autre a subi le choc d'un obus tombé à proximité, avec mort instantanée. Ces deux derniers jours de « repos » j'ai perdu 8 hommes, soit plus qu'en 6 jours en première ligne. Je suis désormais réduit à moins de 680 hommes au lieu de 1 000. Il y a bcp d'autres bataillons dans le même cas ; & c'est là l'un des résultats du « wait & see » & de l'admirable & habile tact politique pour lql le Premier ministre est si justement renommé.

Je ne crois pas qu'ils voudront de moi à l'Air. L'idée que j'ai de mon devoir me rend actuellement impuissant comme critique du gouvernement, & par là même Asquith peut se permettre de me laisser dans mon coin. Il le sait & agira naturellement en conséquence. L'article de Garvin[2] était ts amical & je suis touché par sa fidélité : mais cela ne pèsera pas sur la décision finale. Je n'attends pas non plus de promotion rapide ici.... Haig finira bien – si je survis – par me donner une Brigade. Mais il se préoccupera avant tout de l'impression que cette promotion produirait dans l'armée : & il ne courra certainement aucun risque pour moi. Qui peut le lui reprocher ? Nous ne sommes que des connaissances. Les soldats sont bien sûr impressionnés par mon rang & ts respectueux & amicaux à cet égard, mais en même temps ils sont naturellement assez embarrassés d'avoir un si gros poisson dans un si petit bocal....

J'ai dit à G. Curzon d'aller vous voir à son retour. Il vous donnera toutes les nouvelles à mon propos....

Votre toujours dévoué qui vous aime
W

1. La ferme Soyer, que WSC utilisa quelques semaines comme QG de son bataillon.
2. Dans l'*Observer* du 6 février 1916. CSC y fait allusion dans sa lettre du 7 février.

◊ De Clementine « 41 Cromwell »
11 février [1916]

Mon chéri

Pas de lettre de vous depuis celle datée du 4, qui décrit la destruction de votre ferme par l'obus – Je sais que vous avez vécu des choses intéressantes depuis, puisque vous avez été nommé Général de brigade temp^{aire} & que vous avez reçu la visite de Lord Curzon – & j'attends avec impatience que vous me racontiez tout cela par écrit. J'aurai de vos nouvelles aujourd'hui, car je déjeune avec Lord Curzon dans ce but !....

... Encore une demi-heure jusqu'à ce que le courrier arrive. Je vais attendre pour voir s'il y a une lettre pour moi.

– – –

(12 fév. 5 h du matin) Il y avait une belle grosse lettre pour moi, mais je n'ai pas pu continuer la mienne hier.... Jusqu'à ce que je reçoive votre lettre hier, je ne m'étais pas rendu compte que vous étiez actuellement dans un cantonnement de repos. Le soulagement que j'éprouve est tout à fait extraordinaire. Il est difficile de se rendre compte à quel point la tension est grande avant qu'elle ne retombe soudainement. Combien de temps resterez-vous au repos & êtes-vous à l'abri des obus dans votre cantonnement actuel ?...

Hier Goonie & moi avons déjeuné avec Lord Curzon dans sa somptueuse demeure, qui (pour montrer que la guerre frappe même les plus riches dans le pays) était entièrement recouverte de draps de protection – Il s'est montré très affable & a beaucoup parlé de vous &, également & plus précisément, de lui & de ce qu'il avait vécu en Flandre ! Il m'a dit que vous alliez bien & que votre moral était excellent, et il a ajouté qu'il pensait que vous seriez bientôt nommé général de brigade. Mais il ne s'est montré ni indigné ni surpris, comme je l'aurais souhaité, que vous ne commandiez qu'un bataillon. Il semblait penser que c'était tout à fait naturel, approprié et opportun – Ces gens-là ont vraiment la mémoire courte !... Dans l'ensemble, il s'est révélé parfaitement suffisant & condescendant, bien q. sincèrement amical. Nous nous sommes beaucoup moquées de lui, Goonie & moi, sur le chemin du retour dans son auto, qu'il avait aimablement mise à notre disposition pour l'après-midi – Il m'a donné 3 bouteilles de cognac pour vous, que je vais vous envoyer par une estafette officielle.

Les terribles erreurs commises à Loos me fendent le cœur – il n'y a, je suppose, aucune raison de penser qu'elles ne se reproduiront pas.... J'ai froid dans le dos lorsque vous dites que « La victoire n'est pas encore hors de portée de nos ennemis. » Assurément, vous devez vous tromper sur ce point. Malgré tout ce qui s'est passé, les cafouillages, les erreurs, les négligences, nous allons certainement gagner – J'ai beaucoup ri de ce que vous avez dit à propos du gouvernement qui « repartait pour un bon petit roupillon » – Cependant leur profond sommeil a été quelque peu troublé par le vieux Fisher & ses partisans, qui se déchaînent comme ce n'est pas permis... Peut-être recevra-t-il une distinction officielle ! Je suppose que je n'apprendrai rien à ce sujet à Walmer – Je ne pense pas que j'aurais été invitée là-bas si votre ennemi était sur le point de revenir au pouvoir.

Clemmie
qui vous envoie son plus tendre amour, mon chéri

o De Winston Dans les tranchées
13 [février] 1916

Ma bien-aimée,

C'est étrange de songer à vous à Walmer en ce moment. Je me souviens si bien de mon séjour là-bas à la fin du mois de février dernier, lorsque tout était plein d'espoir dans les Dardanelles & que l'avenir m'apparaissait comme largement dominé par une activité triomphale. Tout est désormais différent – seul le vieux Block [Asquith] continue sur sa lancée, inébranlable dans sa mollesse.

Je suis de nouveau en première ligne et je loge dans la ferme dont je vous ai parlé [la ferme Laurence]. Je travaille à la protéger de différentes manières avec des sacs de sable, etc. contre une nouvelle incursion d'obus ; & j'ai désormais 2 abris ts substantiels – des sacs de sable par-dessus des coupoles d'acier – qui peuvent à la limite héberger toute la population de notre QG – 35 ou 40 personnes.

Cet après-midi bcp d'avions au-dessus de nous, & bcp de tirs en leur direction. J'ai été dégoûté de voir 1 avion allemand se promener avec mépris au milieu de 14 appareils britanniques... Quant à nos canons, ils ont tiré des centaines d'obus sans soulever la moindre plume de cet oiseau de malheur.

Je vous envoie quelques tirages de la photo d'Archie [Sinclair] avec moi prise à Armentières....

Embrassez les chatons. Je pense bcp à vous. Jamais je n'aurais pensé que je serais happé si complètement par la machine militaire. Il me semble presque que ma vie dans le vaste monde était un rêve, & que j'ai lentement progressé dans l'armée toutes ces années d'officier subalterne à colonel. Bonne nuit mon petit cœur.

Votre éternellement dévoué
W

o De Winston   [6ᵉ Royal Scots Fusiliers
14 [février] 1916   En campagne]

Ma chérie,
Je prends la plume pour vous envoyer ma missive quotidienne. Une nouvelle longue journée dans les tranchées vient de s'achever, & je suis sur une chaise d'osier en piteux état auprès d'un brasero où brûlent des morceaux de charbon à l'intérieur de ce refuge endommagé par les tirs, éclairé par une lampe à carbure. À 6 h je suis allé faire la tournée de mes tranchées, juste au point du jour et j'ai été salué sur le pas de ma porte par une balle ts boudeuse. Toute la matinée j'ai été occupé par la petite routine du bataillon, & j'ai vu mes commandants de compagnie & envoyé les nombreux rapports que réclament nos supérieurs... Puis au déjeuner est arrivé le général Tudor qui avait organisé un nouveau « sträfe » d'artillerie – cette fois-ci sur notre secteur du front... Au bout d'une demi-heure nous (Tudor & moi) sommes partis rejoindre les autres dans l'abri : pour recevoir votre lettre & la lire avec un appétit d'ogre & pour feuilleter les coupures de presse ingrates & les journaux hostiles....

Et donc ici – la nuit est tombée & le dîner est presque prêt. Je referai une tournée des tranchées dans la soirée, & dans l'ensemble quand le sommeil viendra je crois que j'aurai bien gagné mes 25 shillings.

Je vois que Garvin a eu vent du fait que George Curzon doit devenir ministre de l'Air. Eh bien je m'en moque. J'aurais pu faire cela ts bien….

Eh bien ma chérie & très chère compagne, voilà mon récit de ce soir & il porte avec lui mon plus tendre amour pour vous & les bébés –

Votre toujours dévoué qui vous aime
W

o De Winston 6ᵉ Royal Scots Fusiliers
15 [février] 1916 En campagne

Ma chérie,

La journée a filé vite & presque sans incident…. Il y a eu pas mal de combats au nord d'Ypres & nos tranchées ont été sérieusement atteintes sur un front de trois divisions. Nous avons entendu le fracas & le rugissement des tirs d'artillerie toute la nuit….

Hier soir après avoir écrit & après le dîner, j'ai fait une magnifique promenade avec Archie [Sinclair] sur tout le terrain plat. Nous avons complètement quitté les tranchées pour faire un examen approfondi de tous les champs, sentiers, décombres, etc. qui sont immédiatement derrière notre ligne. De jour, on ne peut pas s'y montrer, mais avec un beau clair de lune il est possible de s'y déplacer sans danger (hormis les balles perdues) & de se faire une idée très nette des lieux. Archie faisait un excellent guide. Nous sommes aussi allés devant notre parapet jusque dans le No man's land comme des maraudeurs, vérifiant nos barbelés & rendant visite à nos postes d'écoute avancés. C'est toujours un grand moment. La nuit dernière deux de mes patrouilles d'officiers ont atteint les barbelés allemands & en ont coupé de gros tronçons comme trophées. L'une a cependant eu la stupidité de laisser par bravade un drapeau britannique en l'attachant. Cela ne peut que les rendre plus vigilants. Pouvez-vous imaginer sottise pareille.

Voici la forme que prennent mes projets de permission : … J'essayerai de partir le 2 & de faire la traversée via Dunkerque sur un destroyer – arrivant auprès de vous le même soir. Cela me donnera sept jours francs à la maison – c'est-à-dire jusqu'au 9. C'est là la seule permission que j'aurai avant 3 mois. Ce sera donc important que je voie différentes personnes : et je prendrai des décisions quant à mes projets d'avenir….

Bonne nuit ma chérie – avec mon tendre amour & plein de baisers.

Votre dévoué
W

◊ De Clementine [41 Cromwell Road]
Mercredi 16 février [1916] 5 h du matin

Mon chéri

Trois lettres de vous sont arrivées en même temps comme un vol de perdrix…

Chéri, l'une des lettres que j'ai reçues hier était d'humeur sombre. Je vous en supplie, ne laissez pas cette humeur empirer & affecter votre cœur & votre esprit de manière permanente.

Il n'y a que 2 choses qui peuvent vous empêcher de revenir au cœur de l'action dans ce pays – je veux dire votre mort ou une blessure grave. Mais je <u>refuse</u> de croire que l'une ou l'autre de ces choses terribles puisse arriver. Je suis sûre que vous reviendrez au pouvoir après la guerre avec un prestige accru. Il y aura 2 millions de votes kaki pour Churchill….

Les enfants deviennent vraiment adultes & intelligents. Ils seront d'une très douce compagnie, & j'attends avec impatience le moment où vous me reviendrez & nous aurons un petit nid quelque part dans la campagne où nous nous blottirons tous ensemble lorsque votre travail le permettra, & où nous serons si heureux. La seule chose est qu'il ne vous faudra pas devenir trop célèbre ou vous n'aurez plus de temps pour ces joies pastorales ! Vous devez me promettre qu'à l'avenir, quels que soient votre charge de travail & vos projets, vous réserverez une heure par jour & un jour par semaine & 6 semaines par an pour les petites choses de la vie. Des choses comme peindre, jouer au grizzly, vous asseoir sur l'herbe avec moi, bref les loisirs avec un grand L….

Clemmie
qui vous envoie son plus tendre amour, mon chéri

o De Winston [6ᵉ Royal Scots Fusiliers
16 [février] 1916 En campagne]

Ma chérie,

Hier soir Archie [Sinclair] & moi sommes restés tard dans les tranchées, où il est ts difficile de maintenir l'extrême vigilance continue dont dépendent l'honneur & la sécurité, & nous ne sommes allés nous coucher qu'à 1 h 30 après nous être montrés fort désagréables. Nous venions seulement de finir de nous habiller ce matin lorsque des obus se sont mis à tomber dans le voisinage…. Je prenais le petit-déjeuner avec Archie, & nous avons persévéré – jusqu'au moment où une énorme détonation, des nuées de débris & le sifflement des éclats nous ont avertis que notre logement était touché une fois de plus – cette fois notre salle à manger était percée sur le côté opposé, & notre chambre commune pénétrée en 5 ou 6 endroits – avec le bureau des transmissions dans la pièce voisine qui avait volé en éclats. (Grâce au ciel, je venais d'ordonner au personnel d'aller se réfugier dans l'abri.) L'officier des transmissions, le lieutenant Kemp – blessé (sans danger pour sa vie) à 5 endroits & un autre homme touché. Sans savoir tout ce qui était arrivé, nous avions ramassé nos œufs au bacon & notre pain & notre confiture d'oranges pour aller nous réfugier dans notre abri... Le « sträfe » terminé, nous avons réémergé pour vaquer à nos occupations. Sur mes 5 officiers du mess du QG, j'en ai désormais 2 qui ont été touchés : & cela ne fait pas de doute que nous sommes plus ou moins visés. Mais je n'ai pas l'intention de déménager ce QG, parce qu'il est commode & qu'il est difficile d'en trouver un autre. Plutôt que de partir j'entasse des sacs de sable à l'intérieur de tous les murs & sur le plancher du haut & essaye de le consolider pour qu'il soit à l'épreuve des obus de 110....

C'était bizarre d'avaler notre bacon & notre confiture dans l'abri, pendant que le médecin bandait les grandes plaies béantes de notre pauvre officier à moins d'un mètre ! Archie est ts bien – méthodique, prudent et plein de sang-froid – tout en ignorant totalement la peur. Je ne crois pas que tout cela me préoccupe bcp. En tout cas cela n'affecte pas mon moral ni mon humeur. Mais c'est un mode de vie ts curieux.

La lettre ci-jointe[1] qui parle d'elle-même est arrivée hier soir, envoyée par le fidèle d'Eyncourt[2]. Vous voyez que l'idée suit son chemin....

Votre éternellement dévoué qui vous aime
W.

P.-S. Lisez la lettre, & transmettez-la à Asquith si vous en êtes d'accord – en la mettant sous enveloppe fermée à votre nom[3] – L'affaire est si importante que je me sens tenu de la lui mettre sous le nez. J'aurai fait ce qui m'échoit....

W.S.C.

1. Sur les premiers essais du « tank ».
2. Eustace Tennyson d'Eyncourt (1868-1951). Architecte naval, à l'époque directeur des constructions navales et conseiller technique principal à l'Amirauté. Fait chevalier en 1917, puis premier baronnet en 1930.
3. Asquith renvoya la lettre à CSC en lui disant qu'elle l'avait beaucoup intéressé.

o De Winston   6ᵉ Royal Scots Fusiliers
18 [février] 1916   En campagne

Ma chérie,
La pluie & la bruine d'aujourd'hui ont empêché l'ennemi de nous envoyer des obus, donc il n'y a pas eu d'occasion d'éprouver nos nouvelles défenses en sacs de sable....

Nous sommes relevés demain à l'aube après avoir effectué six jours. Pertes 10 hommes & 1 officier. Hier soir, un ts bon sous-officier s'est fait tuer & un autre gravement blesser. Autrement la plupart des pertes ont eu lieu au QG. J'ai organisé un petit sträfe hier soir, dont je joins le compte rendu. Il fallait que je reste collé au téléphone, si bien que je n'en ai guère tiré d'amusement. Mais cela a ts bien marché....

Je suis déçu de n'avoir aucun commentaire de vtre part sur vs conversations à Walmer que j'attendais avec un certain intérêt....

Je suis d'humeur sombre ce soir – je vais donc reposer ma plume avant de noircir le papier.

Votre éternellement dévoué qui vous aime
W.

o De Winston   6ᵉ Royal Scots Fusiliers
22 février 1916   En campagne

Ma chérie,
J'ai ts bon espoir de revenir à la maison le 2. Je vous propose de venir à Douvres en destroyer & vous m'attendriez au Lord Warden Hotel où nous pourrions déjeuner avant de monter à Londres tous les deux. Il faut que vous répartissiez ces journées au mieux. Je dînerai un soir chez ma mère, au moins 3 à la maison, 2 soirées au théâtre seul avec vous & un dîner entre hommes quelque part à l'extérieur. Préparez un programme à partir de cela. Également les déjeuners & essayez d'intégrer tous mes amis. Vous pouvez faire savoir aux gens que je viens à la maison pour une semaine. Je vous laisse le soin de tout organiser.... Je me conduirai comme il faut & respecterai tous mes engagements avec ponctualité. Il y a si peu de temps. Veillez à avoir un domestique sous la main pour s'occuper de moi, & faites-le venir à l'avance pour que tout soit prêt à mon arrivée. Je m'en remets entièrement à vous mon petit cœur. Prévoyez tout ce qui vous passe par la tête pour nous divertir au mieux tous les deux. Je préfère de bcp que les gens viennent dîner chez moi

plutôt que d'aller dîner chez eux. Je veux avoir au moins une journée pour peindre à l'atelier de Lavery. Vous savez je crois que [peindre] me donnera bcp de plaisir & de ressources – si tout se passe bien pour moi.

Nous avons passé la journée tranquilles hier – pas un obus à proximité, bien qu'il y ait eu des canonnades ts nourries & de longue durée au sud de nous. Aujourd'hui, il neige et ils n'y voient rien pour tirer. Cet interlude inhabituel est le bienvenu....

J'ai soudain vraiment hâte de revenir à la maison.

Ce vieux matou grisonnant [Balfour] va dissoudre la Division navale[1]. Comme c'est facile de détruire. Comme c'est difficile de construire. Comme c'est facile d'évacuer. Comme c'est difficile de capturer. Comme c'est facile de ne rien faire. Comme c'est difficile de réussir quoi que ce soit. La guerre, c'est l'action, l'énergie, & le danger. Ces moutons n'ont qu'une envie, brouter parmi les pâquerettes....

Votre dévoué qui vous aime à jamais
W

1. La Royal Naval Division avait été constituée par WSC le 16 août 1914, lorsqu'il était Premier lord de l'Amirauté. En fait, Balfour ne décida pas de dissoudre la division : elle subit de lourdes pertes à Gallipoli, mais fut regarnie à partir de divers bataillons et envoyée en France en mai 1916.

◊ De Clementine   [41 Cromwell Road]
23 février [1916]

Mon chéri à moi

J'ai été désemparée ce matin de recevoir deux lettres de vous assez tristes, me reprochant de ne pas avoir écrit, & surtout de ne pas vous avoir rapporté les conversations que j'avais eues à Walmer.

Mes lettres ont dû être retardées, car en fait je vous ai écrit presque chaque jour et, pour ce qui est des « conversations » à Walmer, elles étaient pratiquement inexistantes en dehors des frivolités & autres banalités. Vous savez comment est le P.M. – Il déteste parler de la guerre ou du travail en général. Il a demandé avec anxiété si vous étiez heureux –

Lulu[1] m'a dit que le P.M. avait exhumé votre lettre de sa poche (celle à propos de la chenillette que je lui avais fait parvenir). Il lui en a lu de brefs extraits & semblait très content d'avoir eu de vos nouvelles.

Je pense que, si vous vous en sentiez capable, vous pourriez lui écrire de temps à autre des lettres personnelles, amicales & intéressantes. Avec lui c'est vraiment loin des yeux, loin du cœur – Je suis sûre qu'il a de l'affection pour vous & qu'il aimerait que vous soyez de nouveau au gouvernement si cela pouvait se faire sans susciter de bagarres. C'est peut-être très lâche, mais peu de Premiers ministres en feraient davantage. De toute façon, il n'y a rien à gagner à lui laisser voir qu'on pense qu'il s'est mal conduit ; il s'éloigne en se dandinant aussi vite que possible, et vous évite ensuite...

Après vos remontrances concernant mon mutisme à propos de Walmer, dans l'une de vos lettres il y a un passage barré qui se termine par « Que voulez-vous ! » – J'ai essayé de le lire, mais je n'y suis pas parvenue. J'ai peur que vous ne soyez fâché contre moi. Je vous en prie, mon chéri, ne le soyez pas – De quoi s'agit-il ?

Tous ces dangers auxquels vous avez échappé de justesse me glacent le sang...

Au revoir, mon très cher, écrivez-moi & dites-moi que vous m'aimez.

Clemmie

Rothermere nous a fait faux bond pour ce qui est du Daily Mail – Il ne sert à rien d'essayer d'influencer une presse capricieuse, j'en ai peur. Un jour, lorsque vous n'en aurez plus besoin, ils ramperont devant vous....

Les nouvelles de Verdun[2] sont de nouveau très menaçantes – J'ose espérer que votre partie du front ne sera pas impliquée dans une quelconque contre-offensive.

J'ai essayé hier de reprendre les divers fils de mon travail pour les cantines & j'ai découvert que dans les 10 derniers jours toutes sortes de petites choses étaient allées de travers – L'un des cuisiniers avait bu & s'était montré grossier ! Le thé servi lors d'un repas dans une autre cantine était trop léger – ce qui avait causé un grave mécontentement !!

Au revoir, mon Winston chéri – J'attends de vos nouvelles avec impatience et vous écrirai de nouveau à ce moment-là.

Votre Clemmie
qui vous aime

1. Lewis Harcourt ; voir p. 44 n. 1. Premier commissaire des domaines de 1915 à 1917.
2. Le 21 février, les Allemands avaient lancé une offensive contre les forts qui entouraient Verdun. Quatre mois de féroces combats devaient suivre, mais Verdun et les forts du cercle intérieur restèrent aux mains des Français.

o De Winston 6ᵉ Royal Scots Fusiliers
[non daté,
vraisemblablement le 24 février 1916] En campagne

Ma bien-aimée à moi – Le couperet est tombé. Toute permission est annulée sauf en cas exceptionnel jusqu'à nouvel ordre. Il semble que les Allemands vont lancer une gde offensive sur ce front de l'ouest ts bientôt....

Je suis vraiment ts déçu de ne pas pouvoir venir vous voir tous à la maison. Je m'étais mis à y penser avec tant de plaisir. C'est seulement quand on songe au retour chez soi que l'on mesure la tension & la sévérité de cette vie.

Je réécrirai demain lorsque je retournerai en première ligne.

À jamais votre dévoué qui vous aime
W.

o De Winston 6ᵉ Royal Scots Fusiliers
26 février 1916 En campagne

Ma chérie,
Nous revoilà en première ligne. Notre ferme est désormais bien mieux protégée et il faudrait des canons de 150 pour la faire sauter....

Le général Holland est venu nous dire au revoir hier. Il va être <u>premier général d'état-major</u> auprès de la 3ᵉ armée.... Il m'a dit que le général Furse lui avait spontanément adressé une recommandation officielle en vue de me sélectionner pour le commandement d'une Brigade ; & que lui (Holland) allait le faire valoir devant l'état-major général où il passe la nuit. C'est en tout cas satisfaisant de voir que mes supérieurs immédiats font confiance à mon travail.

La neige recouvre le sol et nous faisons nos reconnaissances en manteaux de calicot – presque invisibles à 20 mètres. Je suis resté debout dans les tranchées jusqu'à 1 h 30, car la nuit était si noire & le prix de la sécurité est une vigilance sans relâche....

J'aime cette ferme [Laurence] infiniment mieux que celle où je suis pendant le « repos ». Archie [Sinclair] & moi partageons une belle petite chambre, le plafond est soutenu par des étais en bois, & il y a 3 couches de sacs de sable & de sacs de briques au-dessus, et tous les côtés sont fortement protégés.... À l'intérieur, nous avons un brasero rougeoyant & deux lits de toile confortables, sur lesquels nous étalons « Womb of the Red Hot Polar Bear » & « Bosom of the Amorous Pole Cats », nos sacs de couchage[1] – nous y dormons au chaud et en paix....

Votre dévoué qui vous aime à jamais
W

1. Selon la tradition de grivoiserie des salles de garde militaires, WSC a baptisé son duvet « Matrice de l'ourse polaire en chaleur » et Archibald Sinclair « Poitrine des langoureux putois » le sien. [*ndt*]

◊ De Clementine   [41 Cromwell Road]
Le 28 [février 1916] 4 h 30 du matin

Mon chéri,

J'ai le cœur brisé d'apprendre que vous ne rentrerez pas à la maison. Je comptais les jours jusqu'à votre retour. Hélas ! Quand vous reverrai-je maintenant ? J'avais prévu de si merveilleux dîners pour vous, mon très cher amour – Je suis si déçue que je ne peux vous en dire plus pour l'instant ; j'attendrai demain.

Tous vos amis seront désolés. Ils étaient tous impatients de vous revoir.

Amour tendre et un millier de baisers de
Clemmie

L'attaque allemande attendue qui avait causé l'annulation de toutes les permissions n'eut en fait jamais lieu, aussi toutes les permissions prévues furent-elles rétablies ; Winston et Clementine se retrouvèrent, comme prévu, au Lord Warden Hotel à Douvres le 2 mars.

Chapitre VIII

« À SA VRAIE PLACE »

Dès son arrivée à Londres, Winston apprit que la semaine suivante il y aurait un débat à la Chambre des communes sur le budget de la marine (mardi 7 et mercredi 8 mars 1916) ; il décida d'y prendre part et d'attaquer le gouvernement pour sa conduite inefficace de la guerre sur mer et l'insuffisance de son programme de construction navale. Dans les jours qui suivirent, il eut des discussions avec des amis politiques qui étaient non seulement désireux de le voir prendre part au débat, mais qui attendaient également son retour sur le front politique intérieur pour former une véritable force d'opposition à ce qu'ils considéraient comme une conduite molle et inepte de la guerre.

*Il rencontra, entre autres, G.L. Garvin de l'*Observer *et C.P. Scott du* Manchester Guardian *qui œuvraient depuis un certain temps pour rapprocher Churchill et Fisher, et qui appelaient au retour de Fisher à l'Amirauté afin de galvaniser les responsables de la marine dans leurs efforts. Il vit également F.E. Smith et Max Aitken (Beaverbrook) ; ce dernier, en particulier, incitait Winston à rentrer. Clementine était déjà embarrassée par l'amitié grandissante entre Winston et ce Canadien entreprenant, et la défiance qu'elle devait éprouver jusqu'à la fin de sa vie à son égard date probablement de cette époque où elle savait qu'Aitken poussait son mari sur une voie qu'elle désapprouvait totalement.*

Ce fut pour elle une période de grande anxiété : une fois de plus, comme pour la « brigade », elle se trouvait d'un avis opposé à celui de Winston – bien qu'à son corps défendant – et le retour possible de Lord Fisher sur le devant de la scène la plongeait dans une profonde consternation.

La veille du débat, les Asquith dînèrent avec les Churchill. Lors d'une conversation privée après le dîner, le Premier ministre tenta de dissuader Winston d'entreprendre ce qu'il considérait comme une action mal avisée et personnellement dommageable[1] *: mais la décision de Winston était prise.*

Churchill prit la parole depuis le premier banc de l'opposition le mardi en fin d'après-midi. Il défendit vigoureusement son point de vue et sa connaissance sans pareille de la question mobilisa l'attention de la Chambre : mais ses toutes dernières phrases, dans lesquelles il exhortait le Premier lord de l'Amirauté à rappeler Lord Fisher, changèrent totalement la donne, « transformant ce qui avait été jusque-là l'un des discours les plus marquants et les plus habiles qu'il ait jamais prononcés en un objet de dérision[2] ».

Le lendemain, Balfour [Premier lord de l'Amirauté, ndt] *répliqua par un discours cinglant, auquel Churchill répondit brièvement et avec dignité ; mais il avait perdu l'écoute et la sympathie de la Chambre : il fut abasourdi et humilié par la réaction qu'il avait provoquée. Il n'y eut que le* Manchester Guardian *dans la presse pour défendre son discours.*

Churchill se débattait également avec la question de savoir s'il devait ou non rentrer en Angleterre. Le 8 mars, il écrivit à Lord Kitchener (ministre de la Guerre) pour demander à être relevé de son commandement dès que l'occasion se présenterait sans que cela soit préjudiciable au bon fonctionnement de l'armée. En dépit de l'hostilité qui avait accueilli son discours sur le budget de la marine, Churchill était maintenant déterminé à prendre part au débat sur le budget de l'armée qui devait avoir lieu la semaine suivante ; Kitchener, à sa demande, prolongea sa permission (qui devait prendre fin le lendemain).

Le jeudi 9 mars, Churchill se rendit au 10 Downing Street afin de rencontrer le Premier ministre. Asquith avait eu connaissance de sa requête à Kitchener, et l'avait approuvée, mais il le conjura sincèrement de ne pas suivre l'exemple de son père, Lord Randolph Churchill, qui « s'était suicidé politiquement par un seul acte impulsif[3] ». Le lendemain Churchill écrivit au Premier ministre qu'il avait décidé de rejoindre son bataillon.

Lors de son séjour en Angleterre, il rencontra Fisher à plusieurs reprises ; le 12 mars, il s'entretint également avec Sir Henry Dalziel[4], l'un de ses rares partisans à la Chambre des communes. Il fut aussi en contact avec Aitken. Tous l'incitèrent vivement à rester à Londres.

Churchill avait déjà préparé son discours pour le débat sur le budget de l'armée, mais sa décision n'était pas encore prise : le ferme parti pris de Clementine en faveur d'un retour dans son bataillon (ne serait-ce qu'à court terme) fit pencher la balance, mais Churchill demanda et obtint du Premier ministre l'assurance écrite qu'aucun obstacle ne barrerait sa route s'il décidait de revenir à la vie politique par la suite[5]. Il quitta Londres le dimanche 12 mars et rejoignit son bataillon au front le lendemain.

Bien qu'il ait été maintenant de retour en France, Winston restait déterminé à rentrer en Angleterre aussi rapidement que possible pour prendre la tête d'un groupe d'opposition fort. Clementine avait une vue beaucoup moins optimiste, mais infiniment plus réaliste du soutien qu'il obtiendrait. Mais lorsqu'elle le quitta sur la jetée de Douvres, elle avait en sa possession sa lettre au Premier ministre (pour envoi immédiat) lui demandant d'être relevé de ses obligations militaires afin de pouvoir rentrer en Angleterre pour prendre part à la vie politique. Elle avait également avec elle une déclaration à l'intention de la Press Association, et des instructions pour contacter diverses personnalités qui devaient être mises au courant de la situation.

La suite de l'histoire se trouve dans leurs lettres.

1. Violet Bonham Carter, *Winston Churchill as I Knew Him*, 1965, p. 445.
2. Martin Gilbert, *Winston S. Churchill*, Vol. III, 1971, p. 722.
3. V. Bonham Carter, *Winston Churchill as I Knew Him*, p. 454.
4. Sir Henry Dalziel (1868-1935), député libéral et patron de presse. Fait baron Dalziel de Kirkland en 1921.
5. De H.H. Asquith à WSC, le 11 mars 1916, CHAR 1/124. Cité dans M. Gilbert, *Winston S. Churchill, Companion*, Vol. III, 1972, p. 1450.

o De Winston 6ᵉ R.S.F.
13 mars 1916 En campagne

Ma chérie,

J'ai ressenti le besoin d'avoir quelques jours de réflexion supplémentaires dans cette atmosphère ts différente & j'ai par conséquent télégraphié à Asquith de ne pas tenir compte de ma lettre d'hier [12 mars] avant d'avoir un nouveau courrier de ma part. Je ne peux imaginer que je vais revenir sur ma décision, mais j'avais cruellement besoin de repos – ma très chère, & vous aussi j'en suis sûr. Contentez-vous de ne rien faire du tout – vis-à-vis de la presse & des amis....

Mon cher petit cœur – vous m'avez vu ts faible & ts stupide & infirme mentalement cette semaine. Mes doubles obligations, toutes honorables & pesantes, m'ont déchiré.

Mais je suis certain que dans cette guerre mon vrai poste est à la C. des C. [Chambre des communes]. C'est là que je peux véritablement contribuer au mouvement des événements.

Je ne peux vous dire à quel point je vous aime & vous honore et quelle tendresse, quelle résolution vous avez montrées devant mes hésitations & ma perplexité.

Je ne vais écrire à personne – ni demander son avis ou son opinion à quiconque.

Mon plus tendre amour ma chérie à moi. Cela m'a fait si mal de penser à vous épuisée & solitaire sur la jetée tandis que mon destroyer glissait vers le clapot du large.

Comme le monde où nous vivons est étrange – plein de tableaux merveilleux & de questions complexes. Dans ces eaux troubles on ne peut que naviguer à la boussole – ne rien faire qui ne soit honorable & courageux, & à cette condition utiliser mes forces vitales à leur maximum pour gagner la guerre – voilà l'aune à laquelle je vais mesurer mes décisions.

Toujours votre dévoué qui vous aime
W.

Beaucoup, beaucoup de baisers aux chatons.

◊ De Clementine   41 Cromwell Road
13 mars [1916] 19 h

Mon chéri

Je viens juste de rentrer et de trouver le mot de « Bongie[1] » – Bien entendu, je ne sais pas encore ce que cela signifie, & j'attends avec impatience d'en savoir plus, mais d'ici là, si cela veut dire que vous allez prendre le temps de réfléchir, je suis sûre mon chéri que c'est une sage décision.

J'ai eu une longue conversation avec Sir Edward Carson ce matin &, bien qu'il ait été personnellement très amical à votre égard & qu'il ait exprimé un grand désir de vous rencontrer, il m'a dit franchement qu'il pensait que ce serait pour vous une erreur de rentrer maintenant, car les circonstances étaient « peu propices »... Lorsqu'il a compris que votre décision était prise (comme je le croyais alors), il a dit qu'il vous faudrait, à son avis, faire preuve de la plus grande retenue si vous souhaitiez vraiment réussir & être très prudent & avisé. <u>Lui</u> au moins a apprécié ce que vous avez dit à propos de Fisher dans votre discours (je veux dire l'idée d'une réconciliation), mais évidemment il a trouvé le ton dictatorial !

Je dois absolument, mon très cher, vous écrire une longue lettre demain à propos de tout cela, & de mon amour, & de la tendresse que j'éprouve pour vous. Ceci n'est qu'un mot rapide qui partira avec la « valise », juste pour vous donner une « idée générale » de l'entrevue avec Carson (une vue à vol d'oiseau en quelque sorte). Je suis très, très fatiguée, car nous avons eu plusieurs pannes de voiture.... J'ai passé 2 heures chez les Carson. Je souhaiterais vraiment être près de vous en ce moment, mon chéri. J'ai peur que vous ne reveniez peut-être sur votre décision maintenant que vous êtes en France. J'attends avec impatience que vous rentriez, mais je veux que vous soyez bien accueilli & acclamé par tous, comme vous le <u>méritez</u> et comme, j'en suis sûre, ce sera très bientôt le cas. Quoi que vous décidiez, j'en <u>prendrai loyalement mon parti</u>.

– – – Une terrible angoisse me saisit. Je viens juste de me souvenir que vous aviez dit que la seule chose qui vous arrêterait serait de savoir que nous allons attaquer. Dieu fasse que cela ne soit pas la raison. Assurément nous n'allons pas nous engager dans une contre-offensive ? Dites-moi vite la vérité.

Mon très cher Winston à moi, au cours de ces jours tumultueux que nous avons passés ensemble, je n'ai jamais eu l'occasion de vous exprimer ou de vous montrer combien mon amour pour vous est profond & sincère, et de vous dire ma conviction que ce que vous déciderez au bout du compte sera juste & bien.

Dieu vous bénisse
Clemmie

1. Maurice Bonham Carter, secrétaire particulier d'Asquith ; époux de Violet Asquith. Voir p. 165 n. 1. Sa lettre informait certainement CSC de l'envoi du télégramme de WSC à Asquith.

◊ De Clementine   41 Cromwell Road
14 mars [1916] 6 h du matin

Mon chéri

Hier soir, je n'ai pu vous envoyer qu'un gribouillis hâtif pour attraper la valise –

J'ai regardé le petit destroyer s'éloigner à toute vapeur avec son grand pavillon blanc, puis je suis rentrée à mon hôtel[1]... Je me sentais épuisée & j'avais envie de me retrouver seule pour tenter d'organiser les choses dans mon esprit. J'ai écrit

    (1) au P.M., en lui joignant le communiqué pour la Press Association & en lui demandant l'autorisation de publier –

    (2) à Sir Frederick Cawley[2] une lettre privée expliquant brièvement l'évolution de la situation & en lui envoyant, pour son information personnelle, votre lettre au P.M. concernant l'Amirauté....

Ensuite je me suis glissée dans le lit épuisée, & j'ai pensé à vous & prié pour des jours meilleurs & des eaux calmes.

Hier matin [le 13], je me suis levée tôt & dès 9 h 30 j'étais en route pour Birchington, qui s'est avéré être à plus de 30 km d'ici par de très mauvaises routes sinueuses, [où] je suis arrivée vers 11 h, mais il a fallu une demi-heure encore pour trouver le « *Chateau* Carson »... Une fois sur place, j'ai été reçue par Lady Carson, surprise, mais très aimable – Elle m'a d'abord informée que je ne pourrais pas voir Sir Edward, car il dormait.

Peu de temps après, j'ai été invitée à monter à l'étage &, en haut, dans un petit lit étroit se trouvait ce pauvre Carson, allongé, l'air très affaibli, mais en pleine possession de ses moyens intellectuels. (Ne répétez pas ce que je vous dis sur sa santé, car ils sont tous les deux très susceptibles sur ce point.) Il était très pâle, & l'un de ses yeux était légèrement plus grand que l'autre – Il a tout d'abord voulu savoir si votre lettre au P.M. (lui demandant d'être relevé de vos fonctions) avait déjà été envoyée &, quand je lui ai dit que « oui », il a eu l'air préoccupé, & il a dit que c'était une décision extrêmement grave & qu'il espérait que vous n'aviez pas fait une erreur – Je lui ai répondu que vous aviez réfléchi très sérieusement à la question & que vous considériez qu'il était de votre devoir d'être au Parlement – Il pensait aussi qu'il était souhaitable que vous y soyez & il a ajouté qu'il avait toujours désapprouvé votre départ du Conseil.... Mais il a également dit que, si vous rentriez dans des circonstances aussi peu favorables qu'actuellement, il craignait que vous ne soyez en mauvaise posture & qu'en conséquence, vous ne perdiez temporairement de votre utilité – Il a déclaré – « Winston a probablement rendu service au gouvernement et au pays par son intervention de mardi dernier, mais il ne s'est pas rendu service à lui-même. » Il a évoqué vos qualités avec beaucoup d'admiration.... Il m'a demandé quand je pensais que vous seriez de retour. Je lui ai dit que je pensais que ce serait dans une semaine & il a répondu qu'il aimerait <u>vraiment</u> beaucoup vous voir à ce moment-là. Il ne peut pas vous écrire, car il n'y est pas encore autorisé. Il espère être rétabli dans une quinzaine de jours....

J'aurais vraiment souhaité que nous ayons mieux planifié les choses & que vous l'ayez vu avant d'envoyer votre lettre au P.M. – Je suis convaincue que prendre des décisions extraordinaires nécessite du <u>temps</u> & une atmosphère sereine. L'enfer de la semaine dernière n'était pas une atmosphère favorable. J'espère ne pas vous avoir donné l'impression que Carson n'était pas convaincu que votre présence ici puisse être un atout – Il l'est, mais il souhaiterait que l'atout arrive intact. Je suis certaine que nous n'avons rien à perdre à attendre – Mon chéri, s'il n'y avait pas eu le télégramme [à Asquith] hier soir, j'aurais pensé que votre décision était irrévocable & je ne vous aurais pas fait perdre votre cadence en vous racontant tout cela – J'aurais peint la situation dans des teintes plus effacées…. J'ai ensuite pris congé & Lady Carson m'a offert une petite collation pour le déjeuner avant de me souhaiter un bon retour. Elle a de beaux yeux & c'est, je crois, une femme bien, mais avec un tempérament très violent ! Je pense que nous avons là une amie.

Il était une heure et demie lorsque je suis repartie. La pluie était aveuglante, les routes mauvaises, & la voiture avançait encore plus lentement que la veille.

Finalement, à Gravesend, à 16 h 15, nous avons crevé….

À 18 h 30, je suis arrivée épuisée à « Cromwell », où j'ai trouvé une multitude de questions téléphoniques de la part de la presse, auxquelles Goonie avait répondu : « Le col. Churchill est en France. » – « Je ne sais pas », etc. etc. …

Je vous avais brièvement donné mes impressions de ma visite aux Carson [dans la lettre du 13 mars], au cas où elles pourraient vous être d'une quelconque utilité, & c'est tout ce que j'ai fait depuis que nous nous sommes quittés – Maintenant, je me sens dépourvue de ressources, & je ne peux qu'attendre & prier. Dieu vous bénisse & vous ait en bonne garde, et vous guide & vous inspire, mon chéri, & vous apporte la paix du cœur.

Votre dévouée Clemmie
qui vous aime

1. WSC était parti la nuit du dimanche 12 mars. CSC l'avait accompagné à Douvres et avait passé la nuit au Lord Warden Hotel.
2. Sir Frederick Cawley (1850-1937), fait premier baron Cawley de Prestwich en 1918. Député libéral, alors président du comité de Guerre libéral.

◊ De Clementine   41 Cromwell Road
16 mars [1916] 5 h 30 du matin

Mon chéri

À chaque distribution de courrier hier, je me suis précipitée dans l'entrée, en espérant y trouver la lettre qui expliquait votre télégramme au P.M.

Chaque fois mon attente été déçue – En fin d'après-midi, je suis allée m'allonger, car le rhume était descendu dans ma poitrine – Je suis tombée dans un lourd sommeil & je viens juste de me réveiller il y a quelques minutes – Je me suis immédiatement rendu compte que, pendant que je dormais, la distribution la plus propice pour les lettres du front (10 h du soir) avait déjà eu lieu – Je suis descendue doucement pour ne pas réveiller la maisonnée & là, sur la table de l'entrée, se trouvait l'enveloppe bleue tant attendue...

Je suis si reconnaissante que vous ayez décidé d'envoyer le télégramme au Premier ministre, car cette très grave décision nécessite un calme & une concentration dont elle n'aurait pas pu bénéficier dans l'agitation qui règne ici – J'aurais vraiment souhaité que vous ayez pu rencontrer Sir Edward Carson – J'ai fait de mon mieux pour vous donner un compte rendu fidèle de ma visite dans mes deux lettres –

Je crois qu'il existe quelques solides qualités que les hommes & les femmes d'Angleterre tiennent en très haute estime – des vertus telles que la constance & la stabilité – Après votre discours à la Chambre des C [le 15 novembre 1915], dans lequel vous vous êtes mis « sans réserve à la disposition des autorités militaires », il me semble qu'il faudra plus que votre propre conviction qu'il est de votre devoir de revenir au Parlement –

Je suis convaincue que, tôt ou tard, on vous demandera de rentrer & qu'une fois la demande faite, elle se fera insistante – Votre discours a certainement animé & galvanisé l'Amirauté, mais il vous a nui personnellement – Ce que je veux dire, c'est que, si vous vous étiez abstenu ou si vous aviez formulé les choses différemment, votre rappel serait peut-être venu plus vite – Mais il viendra – C'est inéluctable.

Je souhaite donc instamment, mon amour chéri, que vous décidiez d'attendre votre heure – Nous vivons à une échelle si gigantesque que tout à mon sens doit être simplifié – nos actions également, de sorte que ces dernières & leurs motifs puissent être compris & saisis par tous sans explication ou justification. Vous avez accepté le joug de votre plein gré, comme beaucoup d'autres hommes, même si aucun d'entre eux n'est dans votre situation. Les autres qui ont accepté le joug ne peuvent s'en dégager. Du fait de votre situation exceptionnelle, vous avez reçu la promesse écrite du chef du gouvernement que vous en serez libéré lorsque vous le déciderez. Mais cette décision doit être le fait d'autres que vous, si une fois libéré vous devez contribuer efficacement à l'avancée des choses. Pardonnez-moi, je vous en prie mon chéri, si je m'exprime maladroitement...

Je n'ai vu aucune personnalité officielle – J'ai passé les 3 derniers jours à me replonger dans la routine de mon travail pour les cantines...

J'attends avec impatience de vos nouvelles. Écrivez-moi souvent, mon Winston à moi – Je vous aime tendrement –

> Votre Clemmie
> qui vous aime
> ...

o De Winston 6ᵉ R.S.F.
16 [mars] 1916¹ En campagne

Ma chérie des chéries,
Vos 2 fort intéressantes lettres sont arrivées ce matin.

Je réfléchis toujours à ce que je vais faire, & je ne peux croire que je vais perdre quoi que ce soit à prendre mon temps – maintenant que je ne puis plus participer aux débats sur l'armée. Carson est un facteur très important & je suis impressionné par ses doutes. Qu'il soit bon que je revienne est certain. Ce qui n'est pas clair, c'est quand & pour quel motif. Cela vaut la peine d'étudier la question encore quelque temps – & ici les journées passent tranquillement & calmement sans agitation ni avis importuns. Dans quelques jours je vais décider soit (a) de demander à Asquith d'agir selon ma lettre du 12, soit (b) de rester ici définitivement pour au moins encore 2 mois.... Le général Furse à qui j'en ai parlé ouvertement ne doute pas que mon devoir est à Londres – « bien que cela puisse être plus facile pour vous ici avec un bataillon ou une brigade & plus agréable, vous n'avez pas le droit de prendre cela en compte ». Tout ce qui concerne les remplacements, etc. – est pour lui sans pertinence. « Cela dépasse de loin ces questions. »

Dans l'intervalle, le malheureux Walshe – le général commandant la Brigade – a été « limogé » & il est reparti en Angleterre précipitamment, si bien que son poste est vacant ; & nul doute que ma candidature – si on peut l'appeler ainsi – va désormais être examinée à l'état-major général. Quoique ce facteur ne puisse en aucun cas être <u>déterminant</u>, ce serait aussi bien si j'avais sa décision avant de prendre la mienne. Je suppose que cela ne va pas prendre plus d'un jour ou deux.

Archie [Sinclair] est ts partisan que je reste ici – jusqu'à ce que se présente une raison précise pour que j'en finisse. Il est d'un gd réconfort ici auprès de moi. C'est curieux de voir la similitude des points de vue que vous adoptez tous deux quant à mes fastidieuses affaires.

Dans l'intervalle, nous avons déménagé de la ferme Soyer, crasseuse et pleine de monde, pour aller dans une autre ferme², à seulement 600 mètres derrière mon QG avancé. Elle est bien protégée. La Maison est renforcée par de nombreux sacs de sable & les plafonds sont tous étayés par des troncs d'arbre pour pouvoir supporter une charge de briques & de terre vraiment efficace…. Nous sommes donc tout autant en sécurité avec bcp plus de confort que dans la ferme Soyer – bien que les routes & les abords soient exposés aux obus.

Toute la journée les Allemands ont pilonné la bourgade [Ploegsteert]. L'hospice (où j'avais reçu F.E. [Smith]) a été touché à plusieurs reprises, & la petite chapelle détruite & toutes les maisons alentour touchées. De grosses nuées roses de poussière de brique mêlées à la fumée noire & blanche des obus, les trous béants dans les bâtiments, les soldats & la population qui se sauvaient dans tous les sens, le fracas des détonations qui suivaient le sifflement continuel des projectiles passant au-dessus de nos têtes – tout cela faisait une vive impression sur les esprits. Nous n'étions qu'à une centaine de mètres de toute la scène, & depuis l'entrebâillement de la porte de mon abri j'y ai assisté du début à la fin….

… Dimanche soir je vais offrir un concert aux hommes, & j'ai réservé la musique de la Division pour l'occasion. Peut-être qu'alors ma décision sera prise. Sinon, nouvelle période dans les tranchées ! « Livre-toi volontiers à Cloton³ – – –⁴ »….

Mon tendre amour mon très cher petit cœur – je ne peux vous dire combien je chéris & prise vtre aide & vos conseils. Vous imposer des tâches si épuisantes a été d'une gde dureté vis-à-vis de vous. Vous les avez merveilleusement accomplies.

Veillez maintenant à garder le contact avec Garvin, Scott & Dalziel & ne les laissez pas s'éloigner ni croire que j'ai abandonné la partie. Dites-leur que je prends du temps pour réfléchir, à la méthode & à l'occasion propice, mais que sur le principe ma décision est arrêtée. Je crois que vous pourriez aussi avoir une conversation avec Cawley – voire avec le Diable [Lord Fisher] lui-même.

Votre dévoué qui vous aime
W

Il me faut des plumes. J'utilise la <u>dernière</u>. Envoyez-m'en quelques-unes dans une enveloppe.

1. Comme d'autres, cette lettre est datée « janvier » par WSC, mais le contexte les situe clairement en mars. Redatée ici selon Martin Gilbert, *Winston S. Churchill, Companion*, Vol. III, p. 1454-1457.

2. La « *Maison 1875* », qui devait rester le QG de réserve de WSC jusqu'à la fin de son affectation en France.
3. L'une des trois Parques de la mythologie antique, Cloton fabrique le fil de la vie.
4. WSC cite ici de mémoire (en le déformant légèrement) un passage (« *yield thyself readily to the wheel of Clotho* ») de *Marius the Epicurean* (1885) de Walter Pater. [*ndt*]

o De Winston   6ᵉ R.S.F.
17 [mars] 1916   En campagne

Ma chérie,
Jour tranquille – pas un obus dans les parages. Je suis resté à la ferme & dans les alentours. J'ai reçu des journaux qui parlent des débats sur l'armée. J'aurais pu les rendre si différents ! Je suis chaque jour davantage renforcé dans ma conviction que ma place est là-bas, & que je pourrais la tenir avec utilité & dans l'intérêt général. En attendant, toutefois, la décision semble tellement facile à reporter – tellement irrévocable une fois prise que je continue à hésiter à franchir le pas, attitude non pas irrésolue mais dilatoire....

Ce soir, avec Archie [Sinclair], nous sommes allés faire un tour sur les lignes de notre aile droite, en rendant visite au QG de leur bataillon. Les mêmes conditions & les mêmes caractéristiques se retrouvent dans toutes les sections – bâtiments détruits, habitations en sacs de sable, tranchées fortement protégées par des barbelés, trous d'obus, nombreux cimetières avec leurs petites croix serrées, herbes folles qui envahissent tout, routes boueuses, soldats kaki –, & ainsi de suite sur des centaines & des centaines de kilomètres – des deux côtés. Malheureuse Europe. Seuls quelques coups de fusil & une détonation de canon de temps en temps ont rompu le silence de cette soirée. On pouvait se demander si les États en avaient pour leur argent avec ces armées boudeuses.

Pourrais-je davantage contribuer à une paix victorieuse à la C. des C. qu'ici ? Voilà l'unique question. Croyez-moi si donner ma vie pouvait matériellement accroître nos chances je le ferais de bon cœur.

Toujours votre dévoué qui vous aime
W.

o De Winston   6ᵉ R.S.F.
19 mars 1916   En campagne

Ma chérie à moi,
Les permissions sont à nouveau possibles, et Archie [Sinclair] qui est au bout du rouleau part pour Londres le 21 pour 7 jours. Je veux qu'il

séjourne à Cromwell [Road] & que vous & Goonie le chérissiez & le nourissiez. Il est absolument seul au monde, & très précieux pour moi comme ami. Je lui dis d'aller directement vous voir à son arrivée – préparez donc ma chambre pour lui sans tarder. Il vous racontera tout sur notre vie d'ici, & mes humeurs préoccupantes....

Archie expliquera lui-même à Asquith comment les choses se présentent.

G. Trotter – ancien colonel des Coldstream Guards – une ts vieille connaissance à moi & un soldat de premier plan vient de se voir attribuer la Brigade. Ce sera ts bien, & un gd progrès par rapport à notre dernier chef. Mais cette nomination montre clairement que je n'ai pas de perspectives d'avenir. Cela ne me gêne pas le moins du monde. Si je devais rester ici, ce serait difficile de trouver une affectation meilleure que l'actuelle. Une Brigade ne me donnerait pas plus d'initiative & moins d'intérêt personnellement. Il n'y a aucun doute dans mon esprit quant à ce qu'il me reste à faire, & c'est cette conviction qui l'emporte sur les arguments de votre lettre, tout imprimés soient-ils dans mon esprit....

Nous retournons dans les tranchées pour six jours demain matin. Pas un obus n'est tombé sur la ferme Laurence en mon absence. Curieux ! Mais je suis sûr qu'ils ne connaissent pas mes mouvements, ni où je me trouve....

Avec mon tendre amour ma très chère. Il faut m'écrire tous les jours. Je serai ts seul pendant qu'Archie sera parti. Votre lettre est toujours pour moi l'événement du jour....

Toujours votre dévoué qui vous aime à jamais
W.

◊ De Clementine   41 Cromwell Road
22 mars [1916]

Mon chéri,

Votre lettre m'annonçant l'arrivée imminente d'Archie [Sinclair] vient seulement d'arriver et j'ai pris à la hâte les dispositions nécessaires pour le recevoir – Je suis vraiment heureuse qu'il vienne ici, car il me donnera d'autres nouvelles, plus fraîches, de vous – – –. J'ai été interrompue par la visite de Mr C.P. Scott [rédacteur en chef du *Manchester Guardian*] – Archie est arrivé juste à ce moment-là & il a pu lui donner votre lettre en mains propres.

Mr Scott se félicite que vous continuiez à penser que la Chambre des communes est l'endroit où vous devez être, mais il ne voudrait pas que votre retour puisse donner une impression défavorable – Il pense qu'il vous faut attendre le moment opportun et alors saisir l'occasion immédiatement....

J'ai été frappée par l'apparence d'Archie – Il a l'air pâle et accablé. Il vous apprécie beaucoup & je crois qu'il prend votre destin à cœur.

Il me donne l'impression d'avoir besoin de repos et de distractions.

Il est parti aux bains turcs & rentrera pour dîner – Je vous écrirai à nouveau plus tard – Gardez la tête froide & le cœur vaillant, mon chéri.

Votre Clemmie
qui vous aime

o De Winston 6ᵉ R.S.F.
22 [mars] 1916 En campagne

Ma bien-aimée,

Archie [Sinclair] doit être actuellement auprès de vous & il vous aura donné des nouvelles complètes de moi. Je lui ai dit d'aller voir différentes personnes de ma part et j'attends avec impatience qu'il me rapporte la teneur de ses entretiens.... On peut sans crainte soumettre les faits à l'opinion publique dans leurs grandes lignes. Quels sont-ils ? 1. J'ai démissionné de mes fonctions & renoncé à une indemnité de 4 300 £ par an plutôt que d'être en possession d'une sinécure en ce moment. 2. J'aurai été en poste sur le front près de cinq mois, presque toujours en première ligne, assurément sans discrédit – à remplir des missions pesantes & ardues à la pleine satisfaction de mes supérieurs & à l'avantage de mes officiers & de mes hommes. 3. J'ai une position reconnue sur la scène politique britannique acquise par des années au service du pays, ce qui me permet d'être écouté (à tout le moins) de mes compatriotes d'une manière que tout au plus 3 ou 4 de mes contemporains peuvent surpasser. 4. L'heure est grave pour notre destin national : et presque toutes les questions qui touchent à la fois la guerre & la paix avec lesquelles j'ai toujours été associé au premier rang sont actuellement soulevées. Je ne peux m'exclure de ces discussions ni me décharger des responsabilités qu'elles engendrent.

Il est sûr que ces faits parlent d'eux-mêmes en réponse aux ricanements & aux chicaneries. En tout cas je suis persuadé que je peux me reposer sur eux la conscience tranquille. Ne sous-estimez pas ma chérie la contribution que j'ai apportée à la chose publique, ni la solidité d'une position politique acquise par tant d'années de labeur & de pouvoir. Les vents du venin journalistique & de la malveillance sont passagers. Mais les hommes publics qui sont vraiment connus de la masse de la nation ne perdent leur place dans l'arène politique que pour des raisons qui touchent à leur trempe personnelle & à leur honneur. Mon passage à la tête du 6e R.S.F. ne pourra certainement qu'être positif à cet égard....

       Votre dévoué qui vous aime à jamais
       W

◊ De Clementine   41 Cromwell Road
Vendredi 24 mars [1916] 4 h du matin
[page de couverture, de la main de CSC :
« N° 1 écrite pendant la nuit »]

Mon chéri,
Hier matin, j'ai reçu une nouvelle visite de Mr C.P. Scott – Il avait réfléchi à la lettre qu'il avait reçue de vous – Il m'a dit qu'il allait vous écrire pour vous engager à revenir dès que possible. J'ai beaucoup d'admiration pour sa personne & son intégrité, mais je ne pense pas qu'il soit bon juge de ce qu'est une action politique <u>efficace</u> – Vous vous souvenez de son soutien au suffragisme <u>militant</u>. Garvin, même s'il est un ami cher & fidèle, n'est pas non plus de bon conseil....

Sir Ian Hamilton est venu prendre le thé hier & s'est montré très agréable. Je lui ai dit que vous alliez presque certainement rentrer – Il a demandé quand ? J'ai répondu « Dès que possible, je pense ; peut-être lorsque son régiment quittera le front » – Il a pris un air grave & a dit « Dites-lui de ne revenir en aucun cas <u>avant</u> cela » –

Mon très cher amour, vous savez que vous pouvez vous reposer sur ma constance & ma loyauté, mais l'anxiété & la détresse que me cause la décision que vous êtes sur le point de prendre s'enfoncent chaque jour davantage dans mon cœur. Il me semble que c'est un risque terrible à prendre – de revenir <u>maintenant</u>, si seul & sans protection, sans partisans à la Chambre & sans soutien dans le pays – Je vous en prie, ne soyez pas fâché contre moi si je m'exprime sans détour –

Je pense très bien vous connaître & il me semble que vous êtes animé par 2 motifs – 1) Vous voulez être là où vos capacités seraient le mieux employées pour gagner la guerre 2) Vous êtes dévoré par le besoin de la « diriger » – Je vous supplie de réfléchir à ce 2nd point – La guerre (*Deo volente*) est aux ¾ terminée, le tournant est pratiquement pris – (Mais peut-être ne partagez-vous pas ce point de vue.) Et si la fin de la guerre est encore loin, je reste convaincue que nous allons la gagner en dépit des lenteurs & des hésitations – Dans votre situation actuelle de relative faiblesse, retrouverez-vous à temps votre prestige, & le pouvoir nécessaire pour être véritablement utile ? Je pense que c'est peut-être possible si vous consentez à <u>attendre</u> quelque peu – Mais le risque est grand – C'est <u>vraiment</u> un pari – Si vous ne réussissez pas, vous risquez de perdre progressivement la faveur du public (bien qu'un discours de vous ne manquerait en aucun cas de mobiliser l'attention).

Si cela devait arriver, votre retour du champ de bataille en pleine guerre pourrait être un handicap sérieux à l'avenir – Le gouvernement est faible & démuni, mais il n'y a personne d'autre dans la vie publique – Si vous revenez & si vous les attaquez, ils vont forcément se défendre & essayer de vous enfoncer – Or, <u>en ce moment</u>, vous êtes totalement sans défense. Il se peut que le gouvernement ne mène pas la guerre avec beaucoup de vigueur, mais quand ils sont sur la défensive, ils sont très forts.

Mon attitude ne doit pas vous inquiéter – Je ne fais part de mes pensées à nul autre que vous. Lors de votre visite la semaine dernière, je n'ai pas eu l'impression qu'il y ait eu autour de vous qui que ce soit qui puisse vous apporter un soutien crucial ou efficace. Fisher, une machine puissante, mais malveillante ; vous le croyez épargné par l'âge mais, lorsque viendra l'inéluctable séparation, elle causera une explosion qui n'épargnera personne autour de lui – Garvin & Scott, des amis personnels avec lesquels nous avons passé de bons moments, mais qui s'obstinent souvent dans la mauvaise voie ; Dalziel, curieux & intéressé, mais corrompu & opportuniste. <u>Au sein même</u> du Conseil, ce Judas de Lloyd George, sans courage dans l'épreuve, toujours prêt à nuire en secret à ceux avec qui il est associé publiquement (par exemple, le fait de vous avoir fait parvenir ces documents secrets sur la situation de la Marine était un acte vil de traîtrise envers le gouvernement dont il est membre. S'il était honnête, il démissionnerait). Si vous rentriez sans trouver <u>aucun</u> soutien, auriez-vous le courage & l'abnégation nécessaires pour être constructif & ne pas simplement critiquer, pour vous abstenir absolument de toute attaque personnelle (vous êtes vulnérable & vos ennemis n'attendraient que cela de vous), pour vous abstenir également de <u>toute</u> récrimination et attaque concernant le <u>passé</u> et ne vous préoccuper que de l'avenir…

Je réfléchis à votre situation, mon chéri, des heures durant & ces derniers temps, j'ai eu tout le loisir de le faire, car j'ai eu une petite attaque de bronchite que j'ai dû soigner.

J'avais prévu d'aller passer 3 jours à la campagne pour essayer de m'en débarrasser lorsque j'ai appris l'arrivée d'Archie & j'ai été contrainte de remettre mon séjour à plus tard. Je ne suis pas d'une compagnie très divertissante pour lui, car je ne peux pas sortir –

L'atmosphère ici est viciée & étouffante. Là où vous êtes, elle est propre & claire – Je crains très fort que vous ne soyez vraiment triste et malheureux ici.

Pardonnez-moi cette lettre. Si je ne vous disais pas mes pensées, je ne pourrais pas vous écrire du tout –

La guerre est un terrible révélateur de force morale. On doit continuer son chemin péniblement & persévérer & mettre son ego totalement de côté. Si, en fin de compte, on a réussi à s'en tenir fermement à sa simple tâche quotidienne, on ne peut pas avoir totalement échoué….

Il est prévu que Jack [Churchill] ait une permission début mai, ce qui est merveilleux – Birdwood[1] sera alors en France, je suppose, et Jack le suivra…

Dieu vous bénisse, mon chéri
Clemmie

1. Le général Birdwood, de retour d'Égypte, établit le quartier général du corps de l'Anzac qu'il commandait près d'Hazebrouck en avril 1916.

◊ De Clementine [41 Cromwell Road]
25 mars [1916]

Mon très cher,
Votre lettre [du 22 mars] vient juste d'arriver & m'a remonté le moral – Votre silence commençait à le faire chuter sérieusement –

Les faits que vous mentionnez en faveur de votre retour immédiat sont probants & bien exprimés, mais il aurait été préférable qu'ils soient mis en avant par d'autres que vous (je veux dire en public, bien sûr). Je suis convaincue qu'ils le seraient si vous étiez attaqué sérieusement….

Archie [Sinclair] a terriblement besoin de repos ; il avait l'air pâle & amaigri lorsqu'il est arrivé. Je pense que cela a changé depuis & que les choses se sont améliorées –

Mon chéri, ces graves soucis publics sont très éprouvants – Quand je vous reverrai la prochaine fois, j'espère que nous trouverons un peu de temps à passer seuls – Nous sommes encore jeunes, mais le temps s'enfuit en emportant l'amour avec lui & en ne laissant que de l'amitié, qui est un sentiment très paisible, mais qui n'apporte aucune stimulation et ne réchauffe pas le cœur –

Clemmie

o De Winston 6ᵉ R.S.F.
26 mars 1916 En campagne

Ma chérie,

Toutes vos lettres sont arrivées ensemble. Je vous joins ma réponse à Carson. Envoyez-la à l'adresse où il la recevra le plus tôt…. Bien sûr, si C. [Carson] le veut, il peut aplanir les obstacles qui se dressent sur mon chemin, mais obstacles ou pas j'ai l'intention d'aller de l'avant. Je suis absolument certain que c'est la bonne décision – & toutes ces craintes de sarcasmes & de critiques, il faut les traiter comme si c'étaient des obus de l'ennemi – c'est-à-dire qu'il ne faudrait pas qu'elles conduisent à renoncer aux actions qui sont dans l'intérêt général…. Soyez confiante & ne prêtez pas complaisamment l'oreille aux jugements formulés par ceux qui ne seront jamais satisfaits tant que je n'aurai pas rendu le dernier soupir. Tout cet immobilisme est malfaisant. Manœuvrer pour se mettre dans la bonne position n'est qu'un aspect secondaire de la guerre ; ce qui fait avancer, c'est la force de l'armée & la justesse de la cause & l'abondance des munitions.

En attendant je me porte extrêmement bien, & je deviens parfaitement blindé face aux dangers courants du quotidien. Rien désormais ne pourra plus me détourner de mon intention. Plus je me sens calme & indifférent au danger ici, plus je me sens fort pour la tâche qui m'attend. Je n'ai pas hésité à courir des risques ces derniers temps. Si je pensais au fond de moi-même que la peur était la vraie explication, jamais je n'oserais affronter les épreuves de la politique intérieure en ce moment. Mais sûr de moi je suis prêt à suivre mon instinct. Si Carson et tout son comité[1] déconseillaient mon retour – voire protestaient – je reviendrais quand même – & sur-le-champ.

Avec mon tendre amour ma chérie
Votre dévoué qui vous aime
W

1. L'Unionist War Committee de Carson, regroupant plus de 150 députés conservateurs et unionistes, avait été constitué au début de 1916, pour pousser à un accrois-

sement de l'intervention de l'État dans les transports maritimes, les houillères et la distribution alimentaire, ainsi qu'à davantage d'efficacité dans la conduite de la guerre.

o De Winston 6ᵉ R.S.F.
28 mars 1916 En campagne

    Ma Bien-aimée et Clemmie chérie,
    J'ai dîné hier soir avec le général Lipsett[1] – celui qui est à l'origine des raids.... Il a tout fait ici pour me rendre service, allant jusqu'à m'accompagner dans une incursion en plein no man's land pour voir s'il y avait la moindre possibilité d'entreprendre quelque chose ctre les tranchées allemandes....

    Oh ma chérie, ne me parlez pas « d'amitié » dans vos lettres – je vous aime davantage chaque mois qui passe et sens que j'ai besoin de vous & de toute votre beauté. Ma précieuse charmante Clemmie – moi aussi je ressens parfois cette aspiration au repos & à la paix. Tant d'efforts, tant d'années de lutte & de soucis incessants, tant d'exaltation & maintenant cette dure & farouche existence d'ici sous le marteau de Thor – tout cela détourne, pour la première fois je crois, mes pensées d'homme qui prend de l'âge vers autre chose que l'action.... Mais est-ce que ce ne serait pas délicieux d'aller passer quelques semaines dans un endroit charmant, en Italie ou en Espagne & simplement de peindre & de nous promener tous les deux dans la douce chaleur d'un soleil éclatant loin du fracas des armes ou des criailleries des Parlements ? Nous nous connaissons désormais si bien & pourrions jouir de la vie mieux que jamais.

    Quelquefois également je me dis que cela ne me dérangerait pas bcp de quitter l'existence – je suis tellement dévoré par l'égoïsme que j'aimerais avoir une autre âme dans un autre monde & vous rencontrer dans un autre décor, & vous combler d'amour & d'honneur comme dans les gds récits de chevalerie....

                Avec mon plus tendre amour ma chérie
                       Votre dévoué à jamais
                               W

    P.-S. Les deux [porcs] Tamworth rouges dont je vous ai parlé dans une lettre d'il y a environ deux mois ont survécu à tous les périls de ces champs balayés par les balles, & aux risques liés à leur profession, et ils viennent d'arriver devant l'ouverture de mon abri pour me rendre une visite de politesse – dont je leur suis reconnaissant faute d'en avoir d'autres.

Qu'est-ce que c'est que cette bronchite ma chérie ? Je suis navré de vous entendre vous en plaindre. Ne manquez pas de voir Parky [le Dr Parkinson] & ensuite allez à Brighton pour quelques jours de tranquillité.... Prenez absolument soin de vous-même, & ne consacrez pas trop d'énergie aux cantines....

Tout mon amour encore une fois – & gros baisers à Diana & Randolph.

[coin de la première page de la lettre en haut à gauche]
P.P.S. Je me sens obligé de rouvrir ma lettre pour vous dire qu'une souris de bonne taille vient également de me rendre visite à l'instant. J'observe la petite bestiole qui explore le sol de l'abri avec habileté, audace & sang-froid remarquables.

1. Général de brigade Louis James Lipsett (1874-1918), du Royal Irish Regiment, détaché auprès du corps expéditionnaire canadien de 1914 à 1916.

◊ De Clementine   41 Cromwell Road
1ᵉʳ avril 1916

Mon chéri à moi,
Votre délicieuse et tendre lettre est arrivée hier soir et elle m'a réchauffé le cœur et réconfortée. Aujourd'hui, c'est mon anniversaire. On dirait un 1ᵉʳ mai dans un livre de poèmes, avec un ciel si bleu et si plein de soleil – Cet après-midi je pars à Bournemouth passer quelque temps chez Sir Ernest Cassel....

Je vous écrirai du bord de mer. Au revoir juste pour l'instant, mon doux Winston – J'ai 31 ans mais, si la guerre était presque gagnée et que vous soyez sain et sauf, et en paix avec vous-même, j'aurais l'impression de ne pas en avoir plus de 20 –

Votre Clemmie
qui vous aime

◊ De Clementine   [41 Cromwell Road]
6 avril 1916

Mon chéri à moi,
Je suis de retour de la très salubre station de Bournemouth & j'ai déjà effectué 2 jours de travail pour les cantines....

Mon Winston chéri adoré à moi, je suis terriblement déchirée & lacérée en ce qui vous concerne. Si je dis « restez là où vous êtes », une mauvaise balle pourrait vous trouver, à laquelle, sans moi, vous auriez pu échapper – Quand je pense avec joie à votre retour imminent, mon cœur sombre quelque peu à l'idée exprimée dans votre dernière lettre que vous pourriez perdre votre aura de soldat, qui, si vous la conservez, est unique & différente de toutes les autres – C'était une chose magnifique que de partir comme vous l'avez fait ; cela a fait vibrer mon cœur de fierté (& celui de beaucoup d'autres, moins intimes) et je ne peux pas supporter l'idée que vos ennemis s'acharnent à essayer d'étouffer cette audace irréprochable sous le ridicule.

Si j'étais sûre que vous reveniez indemne, je dirais : « attendez, attendez, soyez patient, ne cueillez pas le fruit avant qu'il ne soit mûr – Vous obtiendrez tout ce que vous voulez si vous ne vous précipitez pas pour vous en emparer » – Pour être grandes, nos actions doivent pouvoir être comprises par des gens simples. Votre raison d'aller au front était facile à comprendre – La raison de votre retour nécessite une explication.

C'est pour cela que votre discours sur Fisher n'a pas été un succès – les gens ne l'ont pas compris. Il aurait fallu un autre discours pour clarifier les choses. J'ai si terriblement besoin de vous voir – Votre dernière visite ne m'a été d'aucun secours personnel – Il faut absolument que je vous voie rapidement –

En attendant, votre pauvre Mama va mal – On l'a amputée d'un orteil (qui était très enflammé) & elle souffre terriblement. Pensez à lui écrire pour la réconforter. En plus, des cambrioleurs ont dérobé toutes ses jolies babioles, des effets personnels et de valeur qu'elle avait collectionnés toute sa vie. C'est cruel.

Mon chéri, ne soyez pas fâché si je m'exprime aussi brutalement – Si je pouvais donner ma vie pour vous aider, ou faire de vous un grand homme ou un homme heureux, cela ne me poserait aucun problème. Je vous aime énormément – En ne faisant rien, vous risquez votre vie, en décidant de faire ce que vous envisagez, vous risquez de le regretter amèrement toute votre vie, sans même pouvoir vous l'avouer. Vous ressasseriez les événements du passé en vous efforçant de vous convaincre que c'était _effectivement_ la bonne chose à faire – Et vous seriez contraint de revivre les choses maintes & maintes fois & de vous replier progressivement dans le passé au lieu de vivre dans le présent & d'envisager un avenir glorieux…

Si vous acceptiez de m'écouter seulement un peu, je sais que vous allez vous imposer (sauf accident tragique) & qu'un jour, peut-être bientôt ou peut-être pas avant 5 ans, vous aurez une position importante & décisive dans ce pays. Vous serez cher au cœur des gens & ils vous respecteront. Je n'ai ni talent original ni génie, mais je sens que j'ai en moi le pouvoir de vous aider en ce moment si vous me le permettez. Simplement parce q. je suis un être ordinaire & que je vous aime, je sais ce qui en fin de compte est bon & bien pour vous.

Votre dévouée Clemmie
qui vous aime

o De Winston　　　　　　　　　　　　　　　　　　　6ᵉ R.S.F.
10 avril 1916　　　　　　　　　　　　　　　　　　　En campagne

Ma chérie,

Vous devriez lire les lettres ci-jointes, si vous le souhaitez, et ensuite les mettre sous enveloppe fermée et les envoyer toutes sauf celle destinée à Asquith. J'écris cette dernière pour remplacer l'ancienne, plus d'actualité, & j'aimerais que vous la gardiez sous la main prête à envoyer dès que je télégraphierai « Transmettre lettre ». Il faut que je sois prêt à agir à tout moment & ne peux faire confiance à ce courrier irrégulier. Vous pourrez indiquer la date, soit 2 jours avant l'envoi. Toutes ces lettres vous parviennent par l'intermédiaire de Mr McDavid, qui a une nouvelle permission….

Vous vous faites des illusions si vous croyez qu'en restant ici à ne rien faire je retrouverai mon influence sur le cours des choses – D'un autre côté il faut que je fasse ts attention à tout ce que je fais & comment je m'y prends.

Si la Coalition dirigée par Asquith vole en éclats, il est ts vraisemblable que les impératifs de Lloyd George, la bienveillance de B.L. [Bonar Law] & de Carson, & l'activisme de F.E. [Smith] en ma faveur me fassent réintégrer la direction des opérations. Mais je peux naturellement me tromper, & dans ce cas si un nouveau Gouvernement se forme sans moi, je serai contraint de continuer le combat ici – comme je suis parfaitement prêt à le faire si aucune plus ample possibilité de contribuer à l'effort de guerre ne s'ouvre à moi.

En revanche, si Asquith reste, je reviendrai dès qu'une bonne occasion se présentera – & attendrai tranquillement & patiemment sur place de voir la tournure que prennent les événements.

C'est ts éprouvant d'être obligé d'observer ces questions vitales à distance : mais pourvu que les forces sur lesqlles je compte soient bien là, cela pourrait s'avérer la meilleure stratégie. Je vois bien davantage d'objections à revenir précipitamment à la veille d'une crise qu'à prendre la décision mûrement réfléchie de rejoindre le Parlement uniquement à partir de principes généraux....

Donc veillez surtout à rester en contact avec mon cercle de soutiens au cours de ces journées critiques. Vous pourriez bien constater que vous êtes davantage à même de faire avancer les choses que vous ne l'auriez cru....

Il fait un temps magnifique.

Avec mon plus tendre amour
Votre dévoué
W

◊ De Clementine   41 Cromwell Road
12 avril 1916

Mon chéri,

Mr McDavid nous a trouvées, Goonie & moi, en train de dîner avec Lord French[1]. Il m'a donné votre lettre & viendra dîner lorsqu'il retournera au front. Je lui donnerai une lettre pour vous –

J'ai lu votre lettre attentivement & je suis vos instructions, à savoir j'ai fait suivre toutes les lettres à leurs destinataires à l'exception de celle au Premier ministre que je conserve sous clé. Quant à la lettre précédente que vous lui aviez adressée, je la détruis.

J'espère que vous réfléchirez soigneusement avant d'envoyer votre télégramme de demande de relève, car une fois que cette lettre sera arrivée, il n'y aura plus de retour en arrière possible. À y bien réfléchir, je vous renvoie votre <u>première</u> lettre au P.M., avec une copie de la nouvelle, afin que vous puissiez les comparer. La 2nde lettre n'est pas formulée avec la même courtoisie – je ne sais pas si c'est intentionnel ? Cela me semble dommage....

Vous dites dans la lettre que vous m'écrivez : « Vous vous faites des illusions si vous croyez qu'en restant ici à ne rien faire je retrouverai mon influence sur le cours des choses. » Ce n'est pas ce que je pense.

Ce que je pense, c'est qu'en restant là-bas, vous êtes dans une position honorable, <u>compréhensible</u> par tous, jusqu'à ce qu'au moins une partie du pays ne requière vos services pour l'État. Si vous devancez l'appel, vous pourriez vous émousser – Les gens vont systématiquement essayer de vous refuser le pouvoir s'ils croient que vous le recherchez. Pour obtenir un rôle dans la direction de la guerre, vous vous exposez à un risque terrible, celui d'une déception & d'une amertume qui vous suivront toute votre vie. Mon amour chéri – <u>Pour cette fois seulement</u>, je vous en supplie, soyez patient. Le moment viendra si vous savez attendre. N'arrachez pas le fruit vert qui mûrit, même lentement, et n'entravez pas sa croissance par le gel d'un retour prématuré –

Je ne pourrais pas supporter de vous voir perdre votre aura militaire. J'ai eu de multiples raisons pendant ces 8 années que nous avons vécues ensemble d'être souvent fière, et heureuse pour vous, mais c'est cette aura qui est la plus chère à mon cœur. Et c'est cette période de votre vie qui, lorsqu'elle sera connue, frappera l'imagination des gens – L'homme qui a préparé & mobilisé la Flotte, qui a réellement donné la victoire à l'Angleterre dans les tranchées en tant que simple colonel. Cela ferait une merveilleuse histoire –

Vous dites que votre place est là où vous pouvez être le plus utile à l'effort de guerre. Si vous rentrez & que votre retour n'est pas perçu par tous comme une conduite correcte pour un soldat, vous ne serez pas véritablement en mesure de faire avancer les choses. Vous le faites <u>déjà</u> en ce moment en montrant l'exemple. Vous êtes déjà un personnage intéressant, soyez en plus un grand homme, mon chéri – Vous en avez l'occasion.

Oh Winston, je n'aime pas du tout toutes ces lettres que je dois faire suivre. Je préfère Charlotte Corday[2] – Est-ce cela que je dois faire pour vous ?

Ne laissez pas le contenu de mes lettres vous éloigner de moi – Si je vous cachais ce que je ressens, la contrainte serait intolérable.

Votre Clemmie
qui vous aime

1. Sir John French, fait vicomte en 1916 ; premier comte d'Ypres en 1922. (Voir p. 144 n. 1.)
2. Charlotte Corday (1768-1793), républicaine de droite pendant la Révolution française. Elle poignarda le chef de file des Jacobins, Jean-Paul Marat, dans son bain en juillet 1793 et fut guillotinée quatre jours plus tard.

◊ De Clementine   41 Cromwell Road
14 avril [1916]

Mon chéri,

Cela fait longtemps que je n'ai pas eu de véritables nouvelles de vous – Votre dernière lettre ne contenait que des instructions & des pièces jointes. J'ai besoin de plus pour aller de l'avant. Ces dernières semaines depuis votre retour en France ont été tristes & cruelles, & je ne me suis pas sentie bien, ce qui rend toujours l'anxiété plus difficile à supporter. Parfois, lorsque j'ai passé toute la journée à l'extérieur à m'occuper des cantines, je redoute de rentrer à la maison et de trouver un télégramme m'annonçant une terrible nouvelle. Et maintenant, si le téléphone sonne, j'ai peur que ce soit le ministère de la Guerre pour me dire que vous avez été tué. Et pourtant, en dépit de tout, je continue à vous écrire pour vous presser de ne pas quitter la scène de ces terribles dangers….

Oh mon ami, je donnerais un de vos bras ou une de vos jambes pour que vous rentriez vivant à la maison.

Ce soir, je dîne à Downing Street – Je vais voir si je peux découvrir quelque chose de nouveau….

Ma bronchite est revenue – J'ai cessé de résister !

Votre Clemmie
qui vous aime

Le Premier ministre convoqua une session secrète du Parlement les 25 et 26 avril pour débattre de la question de la conscription[1]. *Apprenant la nouvelle, Churchill demanda une permission, qui lui fut accordée à condition qu'il retourne immédiatement à son poste une fois le débat terminé. Il arriva à Londres le 19 avril et sollicita deux semaines supplémentaires de congé pour s'attaquer à la situation compliquée qui naîtrait du débat. Elles lui furent également accordées.*

Le 25 avril, Churchill prit la parole lors de la session secrète et il s'apprêtait à prendre part à la session publique du vendredi 27 lorsqu'il reçut un télégramme le rappelant immédiatement à son poste car son bataillon était dans les tranchées : il repartit aussitôt pour la France.

1. Le *Military Service Act* de février 1916 prévoyait une conscription partielle, mais, en mai de la même année, la conscription fut généralisée à tous les hommes de 18 à 41 ans.

◊ De Clementine [41 Cromwell Road]
Vendredi [28] avril 1916

Mon chéri à moi

J'ai été soulagée lorsque j'ai appris que vous aviez réussi à embarquer sur le destroyer, mais pas pour très longtemps – Les nouvelles de ce matin expliquent pourquoi vous avez été rappelé avec autant d'insistance – De lourds combats sur toute la longueur de notre front – Je prie ardemment pour que Ploegsteert soit épargné....

Mon chéri, je meurs d'angoisse en pensant à vous. Mais j'ai du mal à m'imaginer qu'après avoir survécu indemne pendant ces mois dangereux, les derniers jours puissent vous être fatals....

Si seulement votre discours [à la session secrète] avait été rendu public, je crois que la presse aurait réclamé votre retour....

Dieu vous bénisse & vous préserve.
Clemmie

Winston avait toujours espéré qu'une « rupture naturelle » lui fournirait une occasion acceptable pour quitter son bataillon et rentrer – car c'était l'option qu'il avait désormais choisie. À la suite de lourdes pertes dans les régiments écossais, plusieurs bataillons furent fusionnés ; lors de la réorganisation, la préférence fut donnée à un colonel plus ancien dans le grade, mettant ainsi fin au commandement du 6ᵉ bataillon par Churchill.

o De Winston 6ᵉ R.S.F.
2 mai 1916

Ma chérie,

... Je vais demain à l'état major général pour m'occuper de ma permission libérable & du devenir de différents officiers. Je n'appréhende pas de difficultés : & je prévois de rentrer (*Deo volente*) samedi ou dimanche. Le bataillon aura alors cessé d'exister. C'est réellement là une conclusion ts heureuse & parfaitement naturelle : & cela valait la peine de l'attendre.

Ce serait vraiment ts bien si nous allions passer le dimanche à Blenheim. Si vous pouvez arranger cela, alors apportez-moi s'il vous plaît 3 gros tubes de Blanc <u>dilué</u> (pas épais) de chez Roberson avec 3 toiles supplémentaires et un flacon de ce liquide toxique qui décape la peinture des vieilles toiles.

Je vais faire un discours devant mes électeurs de Dundee le samedi suivant : mais pour les détails cela peut attendre mon retour.

Les Allemands viennent de tirer 30 obus sur notre ferme, la touchant 4 fois : mais il n'y a pas eu de blessés. C'est j'en suis sûr pour saluer mon départ.

Votre dévoué qui vous aime à jamais
W.

Le 6 mai, Churchill offrit à ses officiers un déjeuner d'adieu à Armentières et, après avoir pris congé de ses hommes le lendemain, il rentra en Angleterre.

Chapitre IX

LES DERNIERS EFFORTS

À son retour de France, Churchill rejoignit la Chambre des communes sur les bancs de l'opposition. Mais l'ombre sinistre des Dardanelles planait sur lui, bridant ses capacités d'opposition et compromettant ses chances de participer à un quelconque gouvernement. Winston était déterminé à défendre sa réputation et fit énergiquement pression pour que l'on publie les archives officielles. Le 1ᵉʳ juin 1916, le gouvernement annonça que ces documents seraient présentés au Parlement, mais Asquith revint sur sa décision pour des raisons de sécurité, et parce que ce n'était pas dans l'intérêt du public. De nombreux députés furieux de ce revirement, comme Churchill, insistèrent pour obtenir un débat en bonne et due forme (18 juillet). Le gouvernement proposa alors de mettre en place un comité restreint dont la mission serait « d'examiner la conduite des opérations dans les Dardanelles ».

La Commission d'enquête sur les Dardanelles siégea pour la première fois en août 1916 et publia un rapport intérimaire en mars 1917. Bien que le rapport n'ait concerné qu'une partie des faits, Churchill fut publiquement exonéré de toutes les charges préjudiciables qui avaient été émises à son encontre sans avoir jamais été contestées, et le rapport montrait clairement qu'il n'avait pas été le seul à prendre les décisions pendant les opérations.

En décembre 1916, un mécontentement général s'installa au sein du gouvernement et à l'extérieur, alimenté par l'interminable massacre de la bataille de la Somme (juillet-novembre), un état de choses qui permit à Lloyd George de manœuvrer pour écarter Asquith du pouvoir. Le 5 décembre, cinq ministres dont Bonar Law, Curzon et Lloyd George démissionnèrent : l'importance de cette défection entraîna la démission d'Asquith le soir même. Winston était confiant qu'il ferait partie de la nouvelle équipe gouvernante, mais le rapport final de la Commission des Dardanelles n'était pas encore publié et Lloyd George hésitait à passer outre à l'opinion de certains tories puissants qui s'opposaient violemment à l'idée que l'on puisse confier un poste à Churchill.

Fin 1916, Winston et Clementine réintégrèrent le 33 Eccleston Square ; ils commencèrent à chercher une propriété à la campagne et, le printemps suivant, ils achetèrent Lullenden, une petite ferme avec une maison charmante, à proximité d'East Grinstead, dans le Sussex.

De la période qui va de mai 1916, où Churchill quitta définitivement la France et sa vie de soldat pour reprendre la politique, à la fin du mois de mai 1917, il ne subsiste qu'une seule lettre entre lui et Clementine : ils passaient alors la plupart de leur temps ensemble et sa vie tournait une fois de plus autour de la Chambre des communes. Clementine était occupée à plein temps par sa vie familiale, leur nouvelle maison de Lullenden et le travail qu'elle effectuait pour les cantines – qui lui vaudrait, en janvier 1918, d'être nommée commandeur de l'ordre de l'Empire britannique.

L'année 1917 allait, de multiples manières, se révéler l'année la plus difficile de la guerre ; rares étaient les familles qui n'avaient pas été endeuillées ; la conscription universelle et les exigences de l'effort de guerre pesaient sur la vie des gens ; les attaques de zeppelins ajoutaient à la tension, et l'étranglement de l'approvisionnement par les sous-marins allemands rendait nécessaire le contrôle des prix et le rationnement de la nourriture et des matériaux.

Au début de l'été, Lloyd George commença à se confier régulièrement à Winston, ne cachant pas qu'il souhaitait ardemment qu'il entre au gouvernement, et le 17 juillet, Churchill fut nommé ministre de l'Armement, une décision très largement critiquée. Comme tous les ministres nouvellement nommés avaient pour obligation de se faire réélire, il fut immédiatement procédé à une élection partielle dans sa circonscription de Dundee. La campagne fut extrêmement orageuse et Clementine y participa pleinement, prenant la parole lors des rassemblements lorsque Winston était retenu à Londres par ses tâches ministérielles. Le résultat annoncé le 29 juillet donna à Churchill une majorité de 5 226 voix.

En tant que ministre de l'Armement, Winston rendait fréquemment visite aux commandants militaires en France pour connaître leurs besoins directement.

o De Winston   Tramécourt
17 février 1918

Ma chérie,
Le temps est ts clair & la position de la lune va certainement vous exposer au danger. J'aimerais vraiment que vs ne perdiez pas de temps pour envoyer les enfants à la campagne & bien sûr je souhaiterais vive-

ment que vous ne couchiez pas à Londres pendant la période des bombardements sauf nécessité absolue. Je me suis fait bcp de mauvais sang cette nuit en voyant ce temps si calme & ce ciel si lumineux. L'auto est prête & vous pouvez partir quand bon vous semble....

Je viens de me lever à Tramécourt – non loin du champ de bataille d'Azincourt – pour y passer une assez longue journée consacrée aux munitions, aux chars & aux gaz auprès des différents responsables que nous approvisionnons.... Demain, je vais vraisemblablement descendre vers le sud, où se trouve la Cavalerie. Je n'irai pas à Paris cette fois-ci. Je vous préviendrai si jamais mon retour est retardé pour une raison ou pour une autre.

Ma chérie je vous transmets mon amour le plus profond. C'est parfait d'être ici – sans le moindre souci – sauf que je n'aime pas vous savoir à Londres avec les chatons[1]. Les précautions ne sont jamais inutiles....

Avec de tendres pensées & bcp d'amour
Vtre dévoué
W.

1. À cause des raids aériens des zeppelins, la décision fut prise d'envoyer désormais les trois enfants (âgés de huit, six et trois ans) à la campagne ; ils furent rejoints à Lullenden par les deux garçons de Jack et Goonie, Johnnie et Peregrine (huit ans et trois ans).

o De Winston [France]
23 février 1918

Ma Chérie à moi – Je me plais vraiment bcp ici, & j'y ai passé des journées ts intéressantes & des soirées agréables. Je suis resté une journée avec le général Lipsett comme je vous l'ai dit, & le lendemain j'ai poussé jusqu'ici, auprès du général Barnes[1], où nous avons été ts chaleureusement accueillis. J'ai refait tout le tour de mes anciennes tranchées de Plugstreet. Tout a été mis en pièces & les tirs d'obus continuent parfois d'être sévères. La ligne de front britannique a avancé d'un ou deux kilomètres, mais toutes mes anciennes fermes ne sont plus que des monceaux de briques & de sacs de sable qui se désagrègent. Le petit cimetière s'est rempli avant d'être pulvérisé par les obus. J'ai raté l'église de Plugstreet. Nos véhicules sont passés à son ancien emplacement sans que nous le reconnaissions ! Toutefois, l'abri renforcé que je m'étais construit à la ferme Laurence a bien résisté à ces deux longues années de pilonnage, & il sert toujours. Pareil pour les caves du couvent que j'avais fait drainer & que j'appelais la « tourelle de sous-marin ». Sinon désolation partout.

Jack [Churchill] nous a accompagnés dans cette expédition & nous avons déjeuné au QG de Birdwood avant de partir. Birdwood m'a confié qu'il s'attendait tous les jours, plein d'espoir, à voir le nom de Jack sur la liste des médaillés du DSO[2]. Il est très apprécié là où il est, & semble avoir à s'occuper de plein de choses variées & intéressantes….

Hier… nous sommes allés voir le saillant d'Ypres. Cela faisait 3 ans que je n'étais pas retourné à Ypres. La ville est pratiquement rayée de la carte. Quant à la campagne qui l'entoure & du côté de l'ennemi – il n'en reste presque plus rien en dehors de quelques moignons de troncs d'arbre perdus dans des étendues de terre brunâtre parsemées de trous d'obus contigus. Cela s'étend dans toutes les directions sur une dizaine ou une douzaine de kilomètres. Des pistes en caillebotis, bcp parfaitement visibles depuis les lignes ennemies, serpentent à travers ces scènes de désolation….

Ensuite, nous avons emprunté ces caillebotis pendant des kilomètres (j'ai marché pendant au moins cinq heures chaque jour) avant de finir par atteindre Glencorse Wood & Polygon Wood. Ces anciens bois ne comprennent plus qu'une petite centaine de moignons d'arbres déchiquetés & éclatés. Mais la vue du champ de bataille est remarquable. La désolation y règne de tous côtés. Des déchets, de la boue, des barbelés rouillés & les cratères du sol – Très peu de soldats en vue, la plupart dans des redoutes prises à l'industrieux Boche. En l'air des aéroplanes qui se font tirer dessus en permanence. La crête de Passchendaele était trop loin pour que nous puissions l'atteindre mais l'immense terrain du massacre était visible dans son ensemble. Près de 800 000 de nos hommes de Grande-Bretagne y ont versé leur sang ou perdu la vie en 3 ans ½ de conflit incessant ! Beaucoup de nos amis & de mes contemporains y ont péri. La mort semble aussi banale & aussi peu effrayante que l'employé des pompes funèbres. C'est un événement naturel tout à fait ordinaire, qui peut arriver à n'importe qui à n'importe quel moment, comme ce fut le cas pour toutes ces dizaines de milliers de soldats qui reposent dans ce gigantesque cimetière, anoblis & couverts à jamais de gloire par le souvenir de leur bravoure.

C'est ts bizarre de voir que l'on peut désormais se promener en étant parfaitement visible par l'ennemi & à portée de fusil…. Hier la piste en caillebotis nous a en fait emmenés à moins de 500 mètres d'une position ts solidement tenue par le Boche au château de Polderhoek. C'était comme si on remontait une rue – pas la moindre possibilité d'abri ni même de camouflage. Pourtant pas un coup n'a été tiré malgré toutes les allées & venues. De mon temps à Plugstreet cela aurait conduit à une mort certaine. Mais je suppose qu'ils sont tellement blasés de la guerre que cela ne les intéresse même pas de tuer quelques passants. Nous, de notre côté, nous tirons sur la moindre silhouette que nous apercevons.

Sur le chemin du retour nous sommes passés devant l'asile d'aliénés réduit en poussière par les gens sains d'esprit du dehors !....

Ma douce, là, il faut vraiment que je termine.... Si tout va bien je serai à Paris mardi.... J'espère faire la traversée sur un destroyer et vous retrouver vers la fin de la journée de jeudi, j'espère à temps pour le dîner....

Votre dévoué qui vous aime à jamais
W.

...

1. Général de division (ensuite Sir) Reginald Barnes (1871-1946), l'un des amis les plus proches de WSC dans l'armée depuis l'époque de Cuba (1895). En février 1918, il commandait la 57e division.
2. Distinguished Service Order, distinction militaire. [ndt]

o De Winston   Ritz, Paris
31 mars 1918

Ma chérie,

J'espère que Ll.G. [Lloyd George] va vous montrer mes télégrammes qui donnent le meilleur récit de mes activités.

Hier a été ts intéressant, car avec Clemenceau[1] j'ai vu <u>tous</u> les chefs – Haig, Foch[2], Pétain[3], Weygand[4], Rawlinson[5], etc. ; et j'ai entendu expliquer la situation de la bouche de chacun. Le vieux [Clemenceau] est ts aimable avec moi & me parle en toute confiance. Il est encore plus jeune que moi ! et il a insisté pour qu'on nous emmène sur la périphérie des opérations qui se déroulaient au N de Moreuil. La Brigade de Seely venait de lancer l'assaut sur le bois qui surplombait le village & elle était sous le feu des Boches. Les soldats égarés, les chevaux blessés, le sang & les explosifs donnaient une sombre image de la guerre. J'ai fini par convaincre le vieux tigre de s'arracher à ce qu'il appelait « *un moment délicieux* ».

Nous avons dîné avec Pétain dans son somptueux train et Clemenceau m'a bien amusé. C'est un personnage extraordinaire, chacune de ses paroles – en particulier ses observations générales sur l'existence & la morale – vaut la peine d'être écoutée. Son allant & son énergie sont indomptables. 15 heures de voiture hier à toute vitesse sur des mauvaises routes. J'étais épuisé – & il a 76 ans !

Il me fait le même genre d'impression que Fisher : mais bcp plus efficace, & tout aussi prompt à se retourner pour mordre ! Je vais être sur mes gardes.

« Cette bataille se présente comme la guerre de l'aube,
« Quand l'amoncellement des nuées lutte avec le point du jour »
(Vous devriez lire ce passage d'Henry VI, IIIe partie[6].) Je pense que nous devrions les contenir pour l'instant, mais un combat de longue durée, absolument gigantesque & effroyable, est devant nous – si nous voulons en sortir vivants....

Ma bien-aimée, c'est demain vtre anniversaire.... Je vous transmets mon amour le plus tendre et vous souhaite de tout cœur de connaître de longues & heureuses années. Ne manquez pas de m'écrire en me racontant tout ce que vous faites....

Donnez bien suite à tous les projets d'évacuation d'Eccleston Square[7]....
Avec mon tendre amour

Votre dévoué
W.

1. Georges Clemenceau (1841-1929), président du Conseil de 1906 à 1909 et de 1917 à 1920, et de la Conférence de la paix en 1919. Connu sous le nom du « Tigre ».
2. Général Ferdinand Foch (1851-1929), commandant en chef des armées alliées en France à partir de mars 1918. Nommé maréchal de France en août 1918.
3. Général Philippe Pétain (1856-1951), nommé maréchal de France en 1916. Chef militaire français et héros national à la suite de sa défense de Verdun en 1916. Commandant en chef de mai 1917 à novembre 1918. Au cours de la Deuxième Guerre mondiale, il négocia un armistice avec l'Allemagne en qualité de président du Conseil (juin 1940) et devint chef de l'État français sous le régime de Vichy (1940-1944). Condamné à mort ensuite pour haute trahison, sa peine fut commuée en réclusion à perpétuité.
4. Général Maxime Weygand (1867-1965), chef d'état-major du général Foch de 1914 à 1923. Brièvement commandant suprême allié en 1940. Fit partie du gouvernement de Vichy dirigé par Pétain. Arrêté et emprisonné en Allemagne en 1942. Accusé de haute trahison, mais acquitté, après la guerre.
5. Général Sir Henry (ensuite baron) Rawlinson (1864-1925), commandant de la 4e armée de 1916 à 1918.
6. De Shakespeare. [ndt]
7. Le bail du 33 Eccleston Square expirait cette année-là, et ils ne le renouvelèrent pas.

o De Winston Paris
6 juin 1918

Ma bien-aimée chérie,
Il y a des bombardements aériens en cours & j'ai besoin & plus que besoin d'aller au lit. Ces quelques lignes seront donc courtes mais iront

droit au but. Je me suis retrouvé avec bcp de travail ici & les journées m'apparaissent bien trop courtes – j'ai vu bcp de gens intéressants & influents & j'ai réglé un bon nombre de questions avec eux à la satisfaction de tous.

Vous pouvez juger vous-même de la situation générale. Dans l'ensemble j'ai bon espoir. Mais le sort de la capitale reste en suspens – à seulement 75 kilomètres[1]. La prochaine fois que je viendrai ici (s'il y a une « prochaine fois ») il faut vraiment que vous essayiez de m'accompagner. Il faut que vous organisiez une bonne cause sous l'égide de la YMCA[2] (*Y'a Moyens Coucher Avec*) (comme Loucheur[3] l'appelle) pour venir passer quelques journées de bon temps dans cette ville menacée mais toujours délicieuse....

Deo volente, si le temps le permet & tout le tralala, j'ai l'intention de prendre l'avion pour l'aérodrome de Kenley[4] merc. ou jeudi. Je vous avertirai. Essayez d'être à Lullenden pour que nous puissions être ensemble....

Avec mon tendre amour pour vous & tous les êtres chers & très chers....

Vtre dévoué
W.

1. Les Allemands avaient lancé une grande offensive de printemps et le 3 juin leur ligne avancée était à un endroit situé à moins de 80 kilomètres de Paris. Le 11 juin la contre-attaque française interdit toute nouvelle progression de l'ennemi en direction de la capitale.
2. Les cantines de CSC dépendaient de la Young Men's Christian Association (YMCA).
3. Louis Loucheur (1872-1931), ministre français de l'Armement de 1917 à 1930.
4. Situé à quelques kilomètres au sud de Croydon, dans le Surrey.

o De Winston Paris
Minuit 10 juin [1918]

Ma chérie à moi,

Des combats meurtriers & cruciaux ont fait rage toute la journée sur le front de Montdidier à Noyon, & les dernières nouvelles (17 h 30) sont apparemment satisfaisantes. Rien là de surprenant, seulement une sévère épreuve de force – les lignes sont solidement tenues avec des troupes & de bonnes réserves immédiatement disponibles. Si les Français ne réussissent pas à les contenir dans ce secteur, il n'est pas facile de voir ce que nous devrions faire de notre côté. J'ai bon espoir....

Je vous ai acheté un petit cadeau à Paris, que je vous monterai à mon arrivée –

Le jeune officier d'aviation[1] m'a conquis. Sa femme était là l'autre jour lors de notre départ. Il est ts brave, & porte de nombreuses <u>cicatrices</u>.

Avec mon tendre amour mon petit cœur pour vous & tous vos poussins....

Toujours votre mari qui vous aime
W.

1. Lieutenant (ensuite cdt.) Cyril Patteson, des Royal Engineers, qui avait reçu la Military Cross à la baie de Souvla (Dardanelles). Détaché auprès du Royal Flying Corps en 1917. Affecté à cette date au 7e Aircraft Acceptance Park, l'aérodrome de Kenley. Surnommé le « Canari », il servit souvent de pilote à WSC.

o De Winston [dactylographié[1]]   Château Verchocq[2]
10 août 1918

Ma chérie,

Notre vol a été très agréable et nous avons presque survolé Lullenden. Je pouvais très facilement observer la route qui passe à Croydon & Caterham.... Nous avons atterri ici largement à temps pour le dîner. Le château est très confortable – simple, mais propre. J'ai une chambre charmante, avec des meubles anciens en bois sculpté comme vous les aimez, et qui me paraissent très beaux et très vieux. Le parc comporte des avenues avec des arbres magnifiques, des hêtres et des pins, d'une hauteur gigantesque, et qui constituent de larges promenades telles des nefs de cathédrale. L'une d'entre elles ne doit pas faire loin d'un kilomètre. Les jardins sont très jolis, bien que naturellement il n'y ait pas beaucoup de fleurs. Je vous écris en plein air en profitant de cette soirée radieuse.

Hier nous sommes allés sur le champ de bataille, en traversant Amiens et Villers-Bretonneux.... Nous sommes descendus de l'auto à près de 5 kilomètres derrière les lignes que les Allemands tenaient encore la veille[3]. Comme ils pilonnaient le village et tentaient de pilonner aussi la route, nous avons enfoncé la voiture d'un petit kilomètre dans un chemin de traverse pour nous mettre en sécurité, et ensuite nous sommes allés à pied sur le champ de bataille en nous faisant discrets sur le trajet. Le champ de bataille proprement dit avait reculé de plus de six kilomètres par rapport à là où nous étions, et toute notre artillerie lourde présente dans le secteur venait de recevoir l'ordre de reprendre sa marche en avant. Jack [Churchill], qui comme Birdwood est dans les environs de Verchocq, nous a accompagnés, faisant fonction d'escorte et de guide. Le terrain était partout crevassé à cause des obus, mais cela n'avait rien à voir avec les champs de bataille de la Somme et d'Ypres. On voyait partout les traces des Tanks[4]....

Sur le trajet menant au champ de bataille nous sommes passés devant près de 5 000 prisonniers allemands, enfermés dans des cages ou au repos sous bonne escorte en longues colonnes sur le bord de la route.... Je suis entré dans les cages et les ai très soigneusement observés. Ils avaient l'air assez costauds, même si certains étaient très jeunes. Je ne pouvais m'empêcher d'être désolé pour eux, complètement démoralisés dans leur situation misérable après avoir parcouru tous ces kilomètres depuis le champ de bataille sans manger ni se reposer, et toutes les horreurs du combat qu'ils avaient connues. Pourtant, j'étais très content de les voir là où ils étaient.

Aujourd'hui, j'ai travaillé sur les obus à l'état-major général. Les obus allemands ont un faux nez qui les fait aller bien plus loin que les nôtres, et la question est donc : « Pourquoi n'avons-nous pas mis les mêmes au point plus tôt ? » Il n'est point douteux que nous avons pris du retard, et qu'il va falloir de gros efforts dans ce domaine si nous voulons le rattraper l'an prochain.... Je retourne sur le champ de bataille demain si je peux avoir des chevaux. Ce sera très intéressant de voir les armées avancer. Les événements qui se sont déroulés ces 3 derniers jours sont parmi les plus importants qui aient eu lieu au cours de la guerre, et, conjugués aux défaites allemandes sur la Marne et à Reims, ils nous autorisent à penser que le vent a tourné. À ce jour, il doit y avoir au bas mot 30 000 prisonniers entre nos mains, ainsi que plusieurs centaines de canons. De plus, Montdidier est encerclé et les troupes qui le tiennent sont coupées du reste.... Sur l'avant de trois armées, la quatrième britannique et les première et troisième françaises, plusieurs centaines de milliers d'hommes progressent depuis plusieurs jours en territoire libéré. Notre cavalerie est toujours en première ligne, et en certains endroits du front il n'y a en ce moment aucun Allemand qui reste. Les blindés légers australiens ont foncé dès que les lignes allemandes ont été rompues, en attaquant le QG des transports et tout ce qu'ils trouvaient à l'arrière.... Je suis si content de cette grande et belle victoire de l'Armée britannique. Cette victoire est la nôtre, remportée principalement par nos troupes sous commandement britannique, très largement grâce à l'invincible Tank inventé et mis au point par des cerveaux britanniques. Haig a très bien manœuvré, et rien ne dit que notre bonne fortune va bientôt nous abandonner.... Un régiment américain a participé à la bataille avec nous dans ce secteur. On a peine à le croire – seules trois Divisions américaines étaient en ligne à un moment ou à un autre entre Reims et Soissons[5]. Elles ont assurément eu bonne presse. C'est là une des raisons qui me font me réjouir d'avoir remporté un grand succès que personne ne peut nous voler....

Je vous envoie la copie d'un télégramme extrêmement appréciatif que j'ai reçu de Haig en réponse à mes félicitations. Il est assurément très gratifiant d'avoir réussi à gagner la confiance et la bienveillance des chefs militaires d'ici, connaissant leur caractère extrêmement difficile et dans une certaine mesure leurs préjugés. Il ne fait aucun doute qu'ils ont jugé qu'ils ne manquaient de rien.

Avec mon tendre amour ma chérie à moi
Votre mari qui vous aime à jamais
W

1. Il semble que ce soit là la première lettre de WSC à CSC tapée à la machine. [On y notera l'absence des abréviations trouvées dans les lettres écrites à la main. *ndt*]
2. Lord Haig avait mis le château Verchocq, près de Saint-Omer, à la disposition de WSC pour faciliter ses visites en France.
3. La contre-offensive alliée avait été lancée le 8 août près d'Amiens.
4. Les chars (*tanks*) avaient été utilisés pour la première fois en septembre 1916, au cours de la bataille de la Somme.
5. Les États-Unis avaient déclaré la guerre à l'Allemagne le 2 avril 1917. Les premières troupes américaines débarquèrent en Europe en juin 1917.

o De Winston [Paris]
15 août 1918

Ma chérie à moi,
Jamais auparavant je n'ai vu ici pareille transparence tropicale du ciel. Chaque jour est plus parfait que le précédent. C'était de la provocation d'être enfermé dans une salle de conférences heure après heure[1].... C'est une assemblée très impressionnante – les 4 grandes nations réunies autour des tables avec leurs ministres & leurs généraux, etc. Nous avons prévu que chaque gde puissance représente un petit pays (de façon à limiter les membres). La France a pris la Grèce, on a donné la Serbie à l'Italie, la Belgique aux États-Unis, & nous nous occupons des Portugais ; nous ressemblons donc à quatre kangourous, chacun avec un enfant dans sa poche. Je crains bien que le nôtre ne soit plutôt un sale gosse....

Ma très chère & toute bien-aimée faites-moi savoir quels projets vous avez pour Lullenden dimanche prochain....

Toujours vtre dévoué
W.

1. WSC participait à une série de réunions sur les questions d'armement.

o De Winston   Verchocq
8 septembre 1918

Ma bien-aimée,
Nous avons traversé la Manche au milieu d'un orage féroce et avons commencé à survoler l'autre rive au bout d'à peu près 11 minutes.... Je déjeune avec Haig ce midi et je passe la matinée au lit avec mes papiers....

C'était si bien hier sur la plage [St Margaret's Bay] avec vous & les chatons. Ils avaient tous l'air en pleine forme. J'espère seulement que vous n'avez pas eu froid en retournant à la voiture, ou que vous ne vous êtes pas fait de souci à cause de mes habitudes de voyage [par avion]. Cela me donne un sentiment de suprême conquête de l'espace, & je sais que vous-même, vous aimeriez cela. Le Canari [son pilote, Cyril Patteson] a très peur des automobiles & pense qu'elles sont bien plus dangereuses que les aéroplanes.

J'attends avec impatience de recevoir une longue et délicieuse lettre remplie d'amour à laquelle je ferai de mon mieux pour envoyer la réponse qui convient. Je suis ts heureux d'être marié avec vous ma chérie à moi, & au fil des ans je me sens de plus en plus dépendant de vous & de tout ce que vous me donnez.

Avec mon tendre amour
Votre
W

o De Winston   Verchocq
10 septembre 1918

Ma chérie,
J'ai passé toute la journée d'hier sur le champ de bataille & j'ai franchi les célèbres lignes de Drocourt à Quéant avec le général Lipsett comme guide. Je ne veux pas vous ennuyer avec les leçons que j'en ai

tirées du point de vue militaire, mais elles ont été ts intéressantes & instructives. Partout les soldats m'ont accueilli avec un large sourire & souvent un cri d'amitié ou un salut de la main. Je crois bien que j'accorde davantage de prix à la bienveillance spontanée & imméritée de ces hommes héroïques qu'aux domaines de Garron Towers[1]. Mais n'ayez crainte, je ne vais pas y renoncer....

Ma chérie à moi – je n'oublie pas que cette lettre devrait vous parvenir le 12 septembre. Il y a dix ans ma belle chatte blanche vous êtes venue à moi. Cela a été là assurément les plus belles années de mon existence, & jamais à aucun moment je ne me suis senti plus profondément & éternellement attaché à vous. J'espère sincèrement que vous n'éprouverez rétrospectivement aucun regret & prie en ce sens. Si c'est le cas c'[est] ma faute & la faute de ceux qui m'ont fabriqué. Je vous suis reconnaissant au-delà des mots de tout ce que vous m'avez donné. Ma douce chérie je vous aime ts fort.

Votre mari qui n'est pas à la hauteur
W
...

1. En Irlande, dans le comté d'Antrim. Cela faisait partie de l'héritage à venir de WSC par son arrière-grand-mère, Frances, épouse du septième duc de Marlborough, née Lady Frances Vane-Tempest-Stewart, fille du troisième marquis de Londonderry.

o De Winston   Hôtel Ritz
12 septembre 1918   Paris

Ma chérie,

Loucheur veut passer une nuit à Verchocq avec moi & se propose de venir dimanche. Je crains donc de ne pas pouvoir revenir ce week-end comme je l'avais espéré. J'essayerai d'être de retour à Londres tôt mardi matin. Faites-moi savoir par Eddie [Marsh][1] où vous serez ce jour-là & quels sont vos projets pour la semaine.

Je suis venu ici en auto hier car le temps était trop mauvais pour le Canari. J'étais tout seul & j'ai pris la route qui passe par Montdidier pour voir la dévastation que la guerre avait apportée à cette malheureuse ville.... Mais aussi horrible soit-elle, elle n'atteint pas la totale destruction de Bailleul & de Méteren dans le Nord. Là, l'artillerie britannique a fait son œuvre – sans regarder à la dépense – & en dehors des traces rouges des éclats de brique rien ne marque plus l'emplacement de ce qui était encore au printemps des bourgades prospères....

J'essaye aussi de faire en sorte de pouvoir donner aux Allemands une bonne première dose de gaz moutarde avant la fin du mois[2]. Haig y tient bcp & je crois que nous en aurons assez pour produire un effet décisif. Leurs gémissements dans la défaite sont un plaisir à entendre.

Il y a dix ans ma très chère nous voguions vers Blenheim dans notre train spécial. Vous vous en souvenez ? C'est là une longue étape sur le chemin de l'existence. Pensez-vous que nous avons été moins heureux ou plus heureux que la moyenne des couples mariés ? Je me fais souvent le reproche de ne pas avoir été davantage à vous. Mais au moins au cours de ces dix années la nuit n'est encore jamais tombée sans que notre colère soit calmée. Pas une seule fois nos yeux ne se sont fermés, gagnés par le sommeil, sur un différend en suspens. Ma douce et très chère j'espère – & prie pour cela – que l'avenir vous apportera des jours sereins & souriants, & une activité soutenue & fructueuse. Je crois que vous allez trouver un réel épanouissement dans le monde nouveau qui s'ouvre aux femmes, & découvrir des centres d'intérêt qui enrichiront votre existence. Et vous trouverez toujours à vos côtés dans une véritable & tendre amitié tant que le souffle de la vie ne l'aura pas quitté votre mari dévoué, même s'il n'est pas entièrement à la hauteur, W

Plein de baisers.

1. Eddie Marsh était redevenu secrétaire particulier de WSC en 1917.
2. Le gaz moutarde (ypérite) avait été utilisé pour la première fois par les Allemands à Ypres en juillet 1917. La première utilisation réelle de ce gaz par les Britanniques eut lieu la nuit du 26 au 27 septembre 1918. Le gaz chloré avait été utilisé par les Allemands au début de la deuxième bataille d'Ypres, en avril 1915, et par les Britanniques pour la première fois au début de la bataille de Loos, le 25 septembre 1915.

o De Winston [Château Verchocq]
15 septembre 1918

Ma chérie,
Eddie [Marsh] a reçu hier mes instructions pour vous transmettre mes reproches. À ce jour, je n'ai toujours aucune lettre de vous. Ce n'est vraiment pas gentil. Un volumineux courrier m'est parvenu avec régularité & promptitude par avion ou estafettes. Il comportait toutes sortes de messages, mais pas la moindre ligne de la Chatte. En revanche, le Canari reçoit quotidiennement une épaisse missive de sa compagne dans mon sac postal. Vous ne m'avez assurément donné aucune occasion de répondre à vos lettres. Vous vous êtes privée de la possibilité de m'accuser de ne pas les avoir lues – Lorsque je réfléchis aux façons nombreuses

& variées dont vous savez jouer les petites chipies, je suis étonné par leur raffinement & leur diversité. Et vlan !

Maintenant que j'ai terminé mon tir de barrage sur vos tranchées, il faut que je vous explique plus en détail pourquoi je ne suis pas rentré à la maison. Loucheur doit aller voir Dunkerque aujourd'hui & en revenant il se propose d'amener son entourage (six personnes en tout) à dîner ici. J'ai également convié Jack [Churchill] & [sir John] Simon, & de même j'ai eu le tact d'inviter le propriétaire du Château (c'est un comte) au festin. Demain, il faut que je retourne à Paris, où Mr Ryan[1] (Air) vient enfin d'arriver....

Mes journées ici ont été bien remplies & fructueuses & j'ai fait avancer pas mal de dossiers qui restaient bloqués. Le paquet cadeau de gaz moutarde est en route. Ce poison infernal va normalement être administré aux Boches avant la fin du mois – près de 100 tonnes en une seule dose. Tous les jours je trouve des tas de choses à faire & des tas de choses à voir. En réalité je n'ai pas encore fait la moitié de ce que je voulais faire. Le matin ou l'après-midi je reste tranquillement à mon bureau à traiter mes dossiers – ou bien je peux faire une expédition en voiture pour aller voir un ami sur les lignes. Ou bien encore je peux inviter à venir dîner ici quelqu'un avec qui je veux parler travail. Pendant ce temps les tâches n'arrêtent pas de s'empiler, & le téléphone & l'avion me permettent de garder le contact au plus près des événements. C'est exactement le genre de vie que j'aime – Quand je me vois ici je suis parfaitement satisfait de mes fonctions. Je n'ai cure des combinaisons politiques hostiles, ni du fait que je ne participe pas aux grandes décisions de politique générale. Je me contente d'être associé aux splendides machines de l'Armée britannique, & de voir que tellement d'occasions s'offrent à moi de les servir....

Ma chérie à moi – je ne crois pas pouvoir revenir avant mercredi. Samedi nous allons chez Edwin [Montagu] – c'est bien cela ? Tout cela me rend impatient d'avoir des nouvelles de Lullenden – Écrivez-moi donc tout ce qui s'y passe par la valise ministérielle....

Ma toute belle je termine avec l'amour le plus tendre & quantité de baisers de la part de

Votre toujours dévoué
bien que cruellement négligé
Pig

1. John Dennis Ryan (1864-1933), directeur du bureau de la Production aérienne des États-Unis de mai à juillet 1918. Sous-secrétaire à la Guerre et président de la Commission aérienne d'août à novembre 1918.

Ayant déménagé du 33 Eccleston Square, les Churchill furent un certain temps sans domicile à Londres ; ils se posèrent dans différentes maisons prêtées ou louées. Pendant cette parenthèse où ils étaient « SDF », Winston, pris par les exigences de son travail, passait souvent la nuit dans les chambres du ministère – l'hôtel Metropole, réquisitionné par le gouvernement, sur la Northumberland Avenue, près de Trafalgar Square.

o De Clementine   16 Lower Berkeley Street[1]
17 septembre 1918

Mon Winston chéri

Vous êtes parti depuis si longtemps, & je ne vous ai pas écrit une seule fois, & vous m'avez envoyé deux adorables lettres.

Il me semble qu'il s'est passé des années depuis cette soirée où vous avez disparu telle une hirondelle dans le crépuscule de l'autre côté de la mer – Vous êtes parti trop tard dans la soirée ; il faisait déjà sombre & froid, & 5 minutes après que vous ayez quitté le sol, un orage terrible a éclaté [voir la lettre de WSC du 8 septembre] – J'étais vraiment très inquiète & je suis restée éveillée toute la nuit à attendre & à redouter qu'un message ne me parvienne. C'était comme si vous vous enfonciez directement <u>dans</u> l'orage.

J'attends votre retour avec beaucoup d'impatience –

N'oubliez pas que vendredi prochain nous allons à Breccles [dans le Norfolk] chez Edwin & Venetia [Montagu]....

Je vous en prie, revenez vite – Cela fait presque un mois que vous avez passé loin de Londres avec ces 2 missions – vilain vagabond que vous êtes. La prochaine fois, j'en profiterai pour faire un aller-retour en Amérique. Je reviendrai juste à temps pour que vous me trouviez en train de sommeiller devant la cheminée à Lullenden quand vous rentrerez de votre *Château* ou de Paris –

Baisers de
Clemmie

1. L'hôtel particulier des Horner, prêté aux Churchill pendant les deux derniers mois de grossesse de CSC [qui attendait son quatrième enfant, *ndt*].

o De Clementine 3 Tenterden Street[1]
29 octobre [1918]

Mon chéri

J'apprends qu'une valise est sur le point de s'envoler vers vous, d'où ces quelques lignes à la hâte.

Je ne sais pas où vous imaginer ces derniers jours : – assistant au triomphe des troupes britanniques dans les villes de Flandre reprises à l'ennemi en compagnie de Millie[2] & de Rosemary[3]... ou assis dans la tribune, à Lille, derrière les galons rouges [des hauts gradés], ou à Paris, participant aux conseils interalliés – J'espère que cette dernière image est la bonne –

C'est un spectacle plutôt horrible que ces deux grands empires se fissurant, vacillant & sur le point de tomber en ruine – Si seulement les choses pouvaient se passer progressivement & sans désordre....

En attendant revenez à Londres, je vous en prie mon chéri, et occupez-vous de ce qu'il adviendra des travailleurs de l'armement lorsque les combats seront véritablement terminés. Même si ce n'est toujours pas le cas, votre rôle dans le conflit doit arriver à sa fin, & j'aimerais qu'on reconnaisse vos talents en tant que génie de la reconstruction, et qu'on ne se souvienne pas uniquement de vous comme d'un démon du gaz moutarde, un titan des chars d'assaut & une terreur volante. En plus, tout le mérite pour ces rôles d'épouvantail sera attribué à des subordonnés, et pas à mon cher Tamworth [Pig] –

J'ai un plan – Les hommes qui travaillaient dans l'armement ne peuvent-ils pas construire de jolies cités-jardins & abattre les taudis dans des endroits tels que Bethnal Green, Newcastle, Glasgow, Leeds, etc., & les femmes fabriquer tous les jolis meubles pour mettre à l'intérieur – Des berceaux, des placards, etc. ?....

Je vous en prie, rentrez pour vous en occuper....

Clemmie
qui vous envoie son amour tendre

J'aurais <u>vraiment</u> apprécié une lettre de vous ces derniers jours, mais je ne suis ni inquiète ni désespérée de vous savoir loin. Je pense seulement que vous êtes un petit porc. « Que peut-on attendre d'un porc si ce n'est un grognement ? » dit l'adage – Mais je n'ai pas même reçu un grognement de mon Pig à moi –

...

1. La maison de Lady Wimborne (la tante Cornelia), prêtée à WSC et CSC pour la naissance du bébé.
2. Millicent, duchesse de Sutherland (1867-1955), veuve du quatrième duc de Sutherland (décédé en 1913) ; deux fois remariée. Directrice d'une ambulance de la Croix-Rouge au front de 1914 à 1918. Elle s'établit par la suite en France.
3. Lady Rosemary Leveson-Gower (1893-1930), fille du quatrième duc de Sutherland et de Millicent, duchesse de Sutherland. Servit dans la Croix-Rouge. Épousa en 1919 le vicomte Ednam (Eric Ward), par la suite troisième duc de Dudley (1894-1969).

La victoire arriva enfin. Le 11 novembre 1918, Londres explosa de soulagement et de joie. Quatre jours plus tard, le 15 novembre, Clementine donna naissance à leur quatrième enfant – une autre petite fille rousse – Marigold Frances.

Deux semaines après l'armistice, le Parlement fut dissous et des élections législatives eurent lieu – les premières depuis décembre 1910. Lloyd George, soutenu par son propre courant au sein du Parti libéral, souhaitait maintenir le gouvernement de coalition au pouvoir. Il s'en référa au pays dans ce qui allait devenir l'« élection des coupons ». Lui et Bonar Law (leader du Parti conservateur) rédigèrent un programme commun de coalition, et adressèrent des lettres signées – ou « coupons » – aux candidats qui soutenaient cette dernière. (Aucun « coupon » ne fut envoyé à Asquith et à ses 106 partisans.)

La campagne se déroula aux cris de « Pendez le Kaiser », dans une atmosphère hystérique de ferveur patriotique et de demande de vengeance contre l'Allemagne. Churchill fit campagne en partisan convaincu du maintien de la coalition et il fut l'un des seuls candidats à s'opposer à des conditions de paix trop sévères envers l'Allemagne ; il avertit également ses concitoyens des dangers du bolchevisme dans des termes sans équivoque.

L'élection le 28 décembre fut un triomphe pour la coalition[1].

1. La coalition remporta plus de 5 millions de voix (47,6 % de l'ensemble des suffrages). Les libéraux n'obtinrent que 28 sièges (Asquith lui-même fut battu), les travaillistes 63 et le Sinn Féin 73 (pour ce qui fut sa première participation).

Chapitre X

HEUREUSE ÉPOQUE DE PAIX

Dans le nouveau gouvernement, Winston Churchill fut nommé ministre de la Guerre et de l'Air. Il eut immédiatement à assurer la démobilisation de quelque 3 500 000 soldats. Un mécontentement grandissant régnait dans l'armée et, le 8 janvier 1919, il y eut une quasi-mutinerie à Londres. Peu de temps après sa nomination, Churchill annonça un nouveau plan qui fut considéré comme globalement équitable. Mais la puissance militaire britannique devait faire face à ses tâches de paix (en participant notamment à l'armée d'occupation du Rhin). Un million d'hommes durent être mobilisés en temps de paix, une mesure nécessaire, mais impopulaire.

En Irlande, la situation avait pris un tour sinistre et de plus en plus violent. Les soixante-treize députés du Sinn Féin nouvellement élus refusèrent d'occuper leurs sièges à Westminster et formèrent leur propre parlement à Dublin – le Dail –, exigeant une indépendance immédiate et proclamant la République d'Irlande. À la suite de cela, l'IRA (l'Armée républicaine irlandaise) s'engagea dans une campagne de terrorisme contre la police et le gouvernement. En février 1920, un nouveau projet de Home Rule *qui envisageait la possibilité d'une partition entre le nord et le sud de l'Irlande fut farouchement dénoncé par le Sinn Féin. Churchill, en tant que ministre de la Guerre, fut directement responsable de l'envoi de nouvelles troupes en Irlande pour faire face à la violence et au glissement vers la guerre civile.*

En novembre 1920, des rapports des services de renseignements révélèrent que le Sinn Féin envisageait d'enlever un certain nombre de ministres, dont le Premier ministre et Churchill. À la suite de ces révélations, un officier des forces spéciales fut assigné à Churchill comme garde du corps – le Detective Constable Walter Thompson[1], *qui allait l'accompagner dans tous ses voyages pendant de nombreuses années.*

La Conférence de la paix se réunit à Versailles en janvier 1919. Les trois principaux protagonistes étaient Lloyd George pour la Grande-Bretagne, Clemenceau pour la France, et le président Wilson[2] *pour les États-Unis d'Amérique.*

1. Walter H. Thompson, garde du corps de Churchill de 1920 à 1932 et de 1939 à 1945.
2. Thomas Woodrow Wilson (1856-1924), démocrate ; 28ᵉ président des États-Unis de 1912 à 1921 ; à l'origine de la Société des Nations.

o De Clementine   1 Dean Trench Street[1]
9 mars 1919

Mon Winston chéri

J'espère que les décisions qui se prennent à Paris cette semaine sont sages et raisonnables. Les gens ici ne semblent pas se préoccuper pour deux sous de ce qui se passe en Allemagne, et d'ailleurs où que ce soit en Europe de l'Est.

J'ai passé une soirée agréable avec Philip Sassoon [millionnaire, esthète et homme politique, ami des Churchill] vendredi – il y avait également Consuelo [Marlborough/Balsan], toute nouvellement élue[2]....

Vraiment chéri, ne croyez-vous pas qu'il serait préférable d'abandonner l'Air & de continuer à vous concentrer, comme actuellement, sur le ministère de la Guerre ? Ce serait une véritable preuve de force qui susciterait l'admiration. Vouloir cumuler 2 fonctions est une faiblesse – En fait, vous n'en assumez qu'une. Ou, dit autrement, si vous persistez à vouloir dévorer les 2, vous en attraperez de violentes indigestions ! Assurer les 2 serait un *tour de force*, comme de maintenir en l'air un grand nombre de balles en même temps. Après tout, vous avez vocation d'homme d'État, pas de jongleur....

Vous êtes totalement époustouflant au M.G. [ministère de la Guerre] & je ne veux pas qu'il y ait un seul point faible dans votre armure – Il y a, dans l'Observer, un paragraphe merveilleux à votre propos disant que la semaine dernière avait été votre semaine aux Communes & que vous étiez comme un super-Dreadnought manœuvrant au milieu de navires dépassés !....

Au revoir, mon cher Winston.

Je suis très inquiète à propos de notre situation actuelle – Il est clair que nous avons bien trop de charges –

J'envoie ce mot par un coursier du ministère. J'espère qu'il vous parviendra rapidement.

Votre Clemmie
qui vous aime

1. Maison louée par les Churchill du début de 1919 au début de 1920.

2. Elle avait obtenu un siège au London County Council pour la circonscription de North Southwark sous l'étiquette de Progressiste.

Plus tard cette même année, Winston et Clementine décidèrent à regret qu'ils devaient vendre Lullenden. Les acheteurs étaient de vieux amis, Sir Ian et Lady Hamilton.

En 1918 et 1919, une virulente épidémie de grippe fit rage dans le monde entier : plus de 150 000 personnes en moururent dans la seule Angleterre, et les Churchill eux-mêmes furent affectés par un événement tragique. Winston était en France lorsque leur charmante nounou écossaise, Isabelle, qui était chez eux depuis plusieurs années, fut frappée par cette terrible maladie ; prise de délire, elle sortit Marigold de son berceau pour l'emmener avec elle dans son lit. Clementine essaya de trouver un médecin, mais tant de gens étaient malades qu'elle n'y parvint pas ; elle prit Marigold dans son propre lit et passa une nuit épouvantable, courant de haut en bas de la maison entre Isabelle, mourante, et son enfant terrifiée.

Clementine attrapa également la grippe, mais heureusement pas de la souche mortelle. Après plusieurs jours de grande inquiétude, Marigold échappa elle aussi au fléau.

o De Winston [Paris]
11 septembre 1919

Ma chérie à moi,

Seulement ces quelques lignes pour marquer la onzième fois que nous voyons ensemble le 12 septembre. Comme je me réjouis quand je pense à mon énorme bonne fortune ce jour-là ! C'est alors que j'ai connu le plus grand bonheur & le plus grand honneur de ma vie. Ma chère c'est un roc de réconfort que d'avoir vtre amour & votre compagnie à mes côtés. Chaque année nous avons formé de nouveaux liens de profonde affection. Jamais je ne pourrai exprimer ma gratitude envers vous pour tout ce que vous avez fait pour moi & tout ce que vous avez été pour moi.

Vtre toujours dévoué qui vous aime
W.

Ci-joint quelque chose [chèque] qui sera utile pour des babioles.

o De Clementine   Lullenden
14 septembre 1919

Mon Winston chéri

Tôt le matin du 12 septembre à Wynyard[1], je me suis réveillée & je me suis soudain rappelée de l'importance de ce jour. Je me suis rendu compte que j'avais oublié de vous écrire ! Et puis votre chère lettre est apparue sur le plateau du petit-déjeuner. Elle m'a rendue très heureuse et a illuminé ma journée.

Je me réjouis à l'idée que je puisse être un réconfort dans votre vie plutôt tumultueuse – Mon chéri, vous avez été le grand événement qui a marqué la mienne. Vous m'avez détournée du petit chemin tout tracé sur lequel j'étais engagée et vous m'avez entraînée avec vous sur la grand-route, avec sa vie, ses couleurs & ses cahots. Mais comme il est triste que le temps passe si vite – Encore onze ans & nous aurons largement atteint la force de l'âge. Mais, depuis le début, j'ai été chaque année plus heureuse.

Merci <u>beaucoup</u> pour le chèque – Je garde 10 £ pour des frivolités et le reste sera réparti équitablement entre les fournisseurs....

Nellie est rentrée de Palestine[2] & elle est actuellement à Dieppe chez Mère.

Dieu vous bénisse, mon chéri – Peut-être serez-vous rentré lorsque cette lettre arrivera au M.G.

Votre Clemmie
qui vous aime
...

1. Wynyard, dans le comté de Durham. Demeure du marquis de Londonderry et des Castlereagh.
2. Bertram Romilly était alors gouverneur de la province de Galilée (1919-1920).

Avec la vente de Lullenden, les Churchill étaient une fois de plus sans domicile. Pendant l'hiver et le printemps 1920, la famille s'installa chez Freddie et Amy Guest [homme politique, cousin de WSC, et sa femme] à Templeton, une vaste maison située à Roehampton, dans les environs de Londres, dont ils partagèrent les frais.

Clementine continua à chercher une maison et en trouva une au 2 Sussex Square, au nord de Hyde Park (qui devait plus tard être détruite pendant le Blitz), haute et de belle apparence, dans laquelle ils s'installèrent en avril. Elle était parfaite pour les besoins de la famille – et ils prévoyaient d'aménager un vaste atelier pour Winston dans une ancienne écurie derrière la maison dont ils firent également l'acquisition.

Tandis que Clementine s'occupait du déménagement, Winston partit en vacances dans la propriété que le duc de Westminster possédait à Mimizan dans les Landes pour y peindre et chasser le sanglier.

o De Winston [dactylographié] [The Woolsack
26 mars 1920 Mimizan, Landes]

Ma chérie à moi,

... La mer était calme lors de notre traversée et notre voyage s'est déroulé sans incident. J'ai dîné à l'Ambassade... Avant le dîner, j'ai eu la visite du ministre français de la Guerre (Lefèvre), et pendant une heure et quart il a déversé tous ses griefs contre l'Angleterre. Jamais on n'a rien entendu de tel. On aurait vraiment cru que nous étions pires que les Allemands. En commençant par le « *charbon* » et en terminant par Constantinople, il a traversé le monde entier et n'a trouvé aucun sujet sur lequel la France n'ait été traitée avec injustice ou malveillance par toutes les autres nations du monde. Malheureux pays !....

Sa principale exigence était d'entrer en Allemagne pour y saisir Francfort et Darmstadt et de les conserver à titre de garantie supplémentaire ; pour le *charbon*, une indemnité... Je l'ai averti sans détour que nous ne voulions absolument pas d'une politique d'écrasement de l'Allemagne. Il paraissait stupide et inexpérimenté, parlant de Clemenceau avec grand mépris, comme pour montrer à quel point il faisait mieux que lui – comme si !....

Aujourd'hui nous[1] sommes allés à la chasse. Nous n'avons pas réussi à débusquer un seul chiffon[2] ; pourtant nous en avons eu un à deux minutes de nous et les chiens hurlaient comme des fous. Nous avons passé plus de cinq heures à cheval, sans ménager notre peine, mais je ne suis pas du tout fatigué. Nous sommes revenus ici à temps pour que je puisse peindre un tableau pas mal. Il y a des vues splendides à cet endroit ; maintenant que les genêts sont en fleur toutes ces obscures pinèdes ont des sous-bois d'un jaune extrêmement vif et l'ensemble est magnifique. ✍ Le temps est clair – mais un peu frisquet... Nous allons partir faire une promenade à cheval jusqu'au bord de la mer.

Avec mon plus tendre amour ma chérie, à vous & à ts vos chers chatons.

Croyez-moi
Votre dévoué qui vous aime
W.

1. L'autre invité, en dehors de WSC, était le général Lord Rawlinson (voir p. 272 n. 5), qu'il connaissait depuis l'époque de la guerre.
2. C'était le nom que WSC donnait aux sangliers, qui lui rappelaient les chiffons qui servaient à essuyer les plumes de stylo.

o De Winston [The Woolsack]
30 mars 1920

Ma Chérie à moi,
Une ligne & une ligne seulement (car il y a un soleil radieux) pour vous souhaiter tous les bonheurs en ce jour. Douze fois j'ai vu vtre anniversaire arriver, & à chaque fois vtre gracieuse beauté & votre tendre charme ont imprimé une marque plus profonde dans mon cœur. Que Dieu vous bénisse ma chérie en cette année qui s'ouvre & qu'il remplisse vtre vie de bonheur. Toujours vtre mari qui vous aime

W.

◊ De Clementine Templeton
31 mars 1920 Roehampton

Mon Winston chéri
Mr Brindley [un ancien collègue des cantines] est mort. Je n'arrive pas à le croire – Il a attrapé la grippe, et a contracté une pneumonie –
C'est vraiment une grande perte – C'était un homme extrêmement bon – Je lui ai rendu visite, à lui & à sa nouvelle épouse, seulement 3 jours avant qu'il ne tombe malade....
Les cantines – je me demande parfois si tout cela n'était pas un rêve. Une chose est certaine, je serais incapable de m'en occuper à nouveau – J'avais commencé à croire que j'avais de réelles capacités d'organisation, mais tout cela a disparu avec la guerre – à supposer que ces qualités aient jamais existé !...
Cette semaine, j'ai accompagné Randolph car il fallait faire des retouches à ses nouveaux vêtements pour l'école. Il a l'air d'une petite crevette en pantalon et avec son grand col rabattu d'écolier[1] !

Votre Clem
qui vous aime

J'espère que vous attraperez un ou deux chiffons – S'il vous plaît, rapportez-moi leurs défenses chatoyantes.

1. Cette année au semestre d'été, Randolph, qui avait neuf ans, entra à la Sandroyd Preparatory School près de Cobham, dans le Surrey.

Le Jour de l'an 1921, Lloyd George offrit à Churchill le poste de ministre des Colonies. Il lui demanda également de prendre en charge le nouveau bureau des affaires du Moyen-Orient, qui incluait la responsabilité des mandats britanniques en Irak et en Palestine ; la nomination ne devait prendre effet que le 13 février, mais Winston commença immédiatement à réfléchir aux questions relevant de ses nouvelles fonctions. Dans l'intervalle, il prit des vacances au soleil ; à partir du 13 janvier, Clementine et lui séjournèrent à l'Excelsior Hôtel Regina à Nice, invités par Sir Ernest Cassel.

Le 22 janvier, Winston fut contraint de retourner en Angleterre pour son travail, mais Clementine resta sur place. Elle était épuisée mentalement et physiquement. La naissance de Marigold, immédiatement après les tensions de la guerre, l'avait laissée sans force. Les séjours successifs dans diverses résidences temporaires à Londres, la recherche d'une maison et le grand déménagement de Lullenden avant leur installation au 2 Sussex Square avaient eu des conséquences importantes sur son état de santé. Le soleil, le tennis et une compagnie agréable lui offraient alors exactement les vacances dont elle avait tant besoin.

o De Winston [Colonial Office]
27 janvier 1921

Ma Chérie à moi,
J'espère que vous avez trouvé mon télégramme à votre arrivée pour vous accueillir. Je vous envie le beau soleil. Ici tout va bien – mais j'ai rarement eu autant de travail ardu. L'Irlande, le sort de l'Armée de la Marine & de l'Aviation, les discours les accords les dossiers du Conseil restreint exercent sur moi une pression permanente qui me surmène. Je ne peux en faire plus. Mais je le fais....

Les travaux avancent rapidement ici [2 Sussex Square] & l'atelier, etc. sera bientôt prêt. Nous avons eu mercredi le jour le plus froid jamais vu sous ces latitudes, & bien sûr cela a coïncidé avec une panne d'eau chaude ! Maintenant il fait moins froid & les tuyaux ont repris leurs gargouillis et tout remarche....

Je suis content que le livre[1] soit si près d'être terminé. Cet argent frais sera le bienvenu. J'ai des tas de factures à régler – presque 3 000 £ en tout. Il faut que nous essayions de vivre sans dépasser nos revenus....

10 h 30 du matin ma réun. du Cté – il faut que je me dépêche d'aller prendre mon bain.

Chérie à moi – Veillez bien à ne pas trop vous fatiguer & essayez bien de profiter au maximum de cette magnifique Côte d'Azur. Il importe que vous soyez en forme pour les combats politiques qui s'annoncent.

Toujours vtre dévoué mari qui vous aime
W.

P.-S. J'ai fini de lire Le Prince et le Pauvre[2] à Randolph avant qu'il ne parte. Il est très mignon.

1. Le premier volume de The World Crisis (La Crise mondiale), publié en 1923.
2. Classique victorien (The Prince and the Pauper) de Mark Twain (1881).

o De Winston   Chequers[1]
6 février 1921

Ma chérie,

Me voici arrivé. Vous aimeriez voir cet endroit – Ce sera peut-être le cas un jour ! C'est exactement le genre de demeure que vous admirez – un musée lambrissé rempli d'histoire, rempli de trésors – mais pas assez chauffé – Cependant une possession merveilleuse.

La nommée Duckadilly [Marigold], apparemment d'une santé éclatante, est venue jusque dans ma chambre ce matin. Il s'agissait d'une visite de politesse & elle n'avait pas d'informations particulières à me communiquer. Mais le cœur y était. Je n'ai pas encore reçu de nouvelles de la petite famille de Broadstairs[2] – sauf qu'ils vont bien. Pas de lettre de Randolph non plus....

Je vais officiellement prendre mes fonctions au ministère des Colonies demain à 7 h. Ainsi, pendant une semaine, j'aurai la responsabilité de trois départements distincts – un record, je pense [Colonies, Guerre et Air]....

Le Strand Magazine accepte mes conditions & payera 1 000 £ pour deux articles avec des tableaux reproduits en couleurs. Comme cela ne sera pas soumis à l'impôt sur le revenu, cela équivaut en réalité à 1 600 £. Donc la peinture a fini par rapporter, & ce avec un joli bénéfice³....

Avec mon tendre amour ma chérie à moi
de vtre dévoué
W.

1. Vaste demeure élisabéthaine au milieu de terres situées près de Princes Risborough, dans le Buckinghamshire, offerte à la nation par Lord et Lady Lee de Fareham « comme endroit de repos et de délassement » à perpétuité pour ses Premiers ministres. Une loi de 1917 sanctionna ce don et introduisit les dispositions administratives nécessaires, mais ce n'est qu'au début de 1921 que Lloyd George en prit possession officiellement pour succéder aux Lee (8 janvier 1921), et donc WSC fut parmi les premiers visiteurs invités. Voir Norma Major, *Chequers, The Prime Minister's Country House and its History*, 1996.

2. Diana (douze ans) et Sarah (sept ans) avaient fait leur rentrée à la Notting Hill High School comme externes à l'automne 1920. Mais après un hiver de toux et de rhumes elles avaient été envoyées en bord de mer, bien que ce fût en cours d'année scolaire, à Broadstairs, dans le Kent, avec Annie (une domestique de longue date à qui l'on pouvait faire confiance).

3. Ces articles, publiés dans le *Strand Magazine* en décembre 1921, furent plus tard repris sous la forme d'un charmant petit livre, *Painting as a Pastime* (1948).

Après son séjour à Nice, Clementine se rendit chez la comtesse d'Essex¹ à Saint-Jean-Cap-Ferrat et, dans sa première lettre, elle mentionne un événement extrêmement important dans la vie des Churchill – l'héritage que reçut Winston à la mort de Lord Henry Vane-Tempest², un parent qui avait été tué dans un accident de chemin de fer au pays de Galles le 26 janvier. Le domaine de Garron Towers rapportait environ 4 000 £ par an ; des bijoux et autres biens figuraient également dans le testament.

1. Adèle (née Grant), comtesse d'Essex (1859-1922). Américaine, seconde épouse du septième comte d'Essex, décédé en 1916.
2. Lord Henry Vane-Tempest (1862-1921), frère du sixième marquis de Londonderry. Mourut célibataire. (Sur le domaine de Garron Towers, voir p. 278 n. 1 et 301.)

◊ De Clementine Lou Mas
7 février 1921 Saint-Jean-Cap-Ferrat

Mon Winston chéri

... J'imagine que toutes ces choses différentes qui occupent votre esprit – votre nouveau poste, votre héritage, la peinture, les Chequers, le P.M., la réorganisation du gouvernement, les émeraudes¹, le livre, ce pauvre vieux ministère usé de la Guerre – rendent cette petite péninsule semblable à un point dans la mer, alors que vous, vous survolez en avion la grande corniche de la vie.... tant de choses nous sont arrivées ce dernier mois que j'en ai le vertige. Et étrangement vos nouvelles fonctions, qui, d'habitude en pareil cas, suscitaient chez moi un intérêt intense & parfois des frissons d'excitation, me semblent aujourd'hui d'une importance secondaire. Mais cela ne durera pas, car je pense vraiment que votre poste est le meilleur de tous en ce moment & que, si vous parvenez à remettre l'Empire « en vedette », cela rendra tous les Anglais très heureux, ils seront en paix les uns avec les autres (plus ou moins) & ils pourront renouer avec notre dédain hautain, bien qu'inconscient, des Étrangers – J'aimerais être avec vous à tournoyer encore & encore, au lieu de paresser ici assise au soleil....

Hier, j'ai eu une journée désastreuse à Monte-Carlo (à ma petite échelle). Tout d'abord, dans les salons privés, une vilaine vieille dame m'a chipé 2 louis que je venais de gagner & que j'avais laissés sur le tapis pour augmenter mes gains.

Étant quelque peu inexpérimentée, je n'ai pas protesté assez fort, ni assez longtemps pour qu'on me rende justice – Aussi, secouant la poussière de mes souliers, je me suis rendue au Sporting Club, plus sélect, où j'ai perdu tout l'argent que j'avais gagné...

J'attends avec impatience de vos nouvelles mon chéri, & qu'en est-il des émeraudes ?

Votre Clem
qui vous aime très fort

...

1. Partie de l'héritage de Garron Towers.

o De Clementine   Lou Mas
10 février [1921]

Mon chéri

J'ai réfléchi de nouveau à la proposition du Strand Magazine & voici ce qui m'est venu à l'esprit : –

Ne serait-il pas envisageable de reproduire vos tableaux, <u>mais</u> que ce soit quelqu'un d'autre qui écrive l'article –

Car si c'est <u>vous</u> qui écrivez l'article, de quoi allez-vous parler.

1) De l'art en général ?

Je suppose que les professionnels s'en irriteraient & diraient que vous n'en savez pas encore assez à ce sujet –

2) De vos propres tableaux en particulier ?

Le danger me semble là que l'on considère la démarche comme naïve ou prétentieuse –

Je suis aussi désireuse que vous d'empocher ces 1 000 £ & aussi fière que vous pouvez l'être d'avoir fait l'objet d'une telle proposition ; mais en ce moment, je ne pense pas qu'il soit sage de vous engager sur une voie qui puisse faire de vous l'objet de débats somme toute futiles. S'il <u>doit</u> y avoir discussion, que cela soit à propos de votre capacité à être ou non un bon « ministre de l'Empire » – Et qui plus est, les Colonies & les Dominions pourraient penser que vous feriez mieux de leur consacrer votre temps –

N'oubliez pas non plus que M. Charles Morin[1] existe toujours. Vous ne l'avez pas encore répudié publiquement. J'ai une sorte d'intuition que sa « Seigneurie » [Curzon][2] se réjouit à chaque fois que vous écrivez un article & pense que cela le rapproche, <u>lui</u>, un peu plus du poste de Premier ministre, même si je pense qu'un homme qui a eu besoin du soutien de 2 femmes riches pour subvenir à ses besoins est probablement moins apte à maintenir l'Empire en état de marche que vous, qui avez fait partie du Conseil pendant 12 ans & avez, en plus, subvenu aux besoins d'une Chatte sans fortune & de quatre Chatons affamés.

Je pense que l'une des raisons pour lesquelles vos amis se réjouissent de votre nouvelle fortune est qu'elle vous libère de la nécessité de gagner de l'argent en étant obligé d'écrire à des moments inopportuns....

Je me demande <u>à quel moment</u> vous partez pour l'Égypte[3] ?

Amour tendre de
Clemmie
…

1. En janvier 1921, WSC avait exposé un certain nombre de ses tableaux à la galerie Druet, rue Royale à Paris, sous le pseudonyme de Charles Morin. Six tableaux furent vendus, mais on ne connaît pas le montant perçu. WSC, naturellement, fut très flatté d'entrer dans la catégorie des artistes « commerciaux ».

2. Curzon était alors ministre des Affaires étrangères (1919-1924) et chef de la majorité gouvernementale à la Chambre des lords.

3. Une conférence sur le Moyen-Orient devait avoir lieu au Caire en mars.

◊ De Clementine Lou Mas
13 février 1921

Mon chéri

… Je suis un peu déçue que les émeraudes ou leur équivalent en argent d'aujourd'hui se soient envolées pour toujours, mais d'autre part, cela évite la possibilité d'une querelle ou tout au moins d'un froid certain avec l'une des branches de votre famille.

Je suis vraiment très contente que vous vous occupiez des affaires de Mère pour elle.

J'espère que vous parviendrez à améliorer sa situation &, de toute manière, j'aimerais qu'elle puisse recevoir 100 £ par an sur la nouvelle somme annuelle que vous m'avez si gentiment accordée....

Mr Garvin [rédacteur en chef de l'*Observer*] est venu déjeuner hier. Adèle l'avait gentiment invité, à ma demande... Il m'a dit que Northcliffe était très curieux à propos de vos tableaux & de votre héritage – Il voulait absolument savoir ce que M. Morin avait reçu en paiement des tableaux vendus chez Druet... Il a aussi posé de nombreuses questions sur le montant de l'héritage...

Votre Cat qui vous aime

...

o De Winston [dactylographié]   War Office
14 février 1921   [Ministère de la Guerre]

Ma chérie,

Je suis allé voir Randolph hier à Sandroyd et je l'ai trouvé en pleine forme. Le Directeur me l'a décrit comme étant très combatif, ajoutant qu'au moindre prétexte ou à la moindre excuse il se joint aux bagarres et aux querelles ; mais ils semblent très satisfaits de lui malgré tout....

Il se déclare parfaitement heureux et dit qu'il n'a besoin de rien. La plupart des élèves ont le rhume, et il fait heureusement exception....

Je vais bien réfléchir à tout ce que vous dites à propos de l'article sur la peinture. Il ne paraîtra pas avant un an ou presque et ce sera le seul que j'écrirai. Il n'a aucun rapport avec la politique et ne peut donc prêter le flanc aux objections que d'autres ont suscitées. Un article de Mr Balfour sur le golf ou la philosophie, ou de Mr Bonar Law sur les échecs ne serait jamais considéré comme déplacé. Je crois que je peux le faire sur un ton léger et humoristique sans offenser en rien les peintres professionnels. Au contraire, j'espère encourager les autres à faire l'effort de se lancer avec le pinceau pour voir s'ils ne peuvent pas en tirer une partie du plaisir que j'ai trouvé dans la peinture en amateur....

Vous verrez que j'ai prononcé une allocution au banquet de l'English-Speaking Union devant Lord Reading qui a eu un écho favorable dans le Times. J'ai été élu nouveau [président] de l'English-Speaking Union.

Cela a été une tâche ingrate que de faire un discours enthousiaste sur les États-Unis à un moment où on dit tant de mal de nous là-bas et où ils essayent de soutirer le dernier sou à leurs malheureux alliés. Malgré tout une seule voie s'offre à nous, et c'est de rester amis avec eux autant que possible, d'avoir une patience extrême et d'attendre qu'apparaissent de meilleurs sentiments ce qui ne manquera pas lorsque la question d'Irlande cessera d'être dans son lamentable état actuel. Dans les faits, elle s'est aggravée ces dernières semaines et les assurances d'Hamar Greenwood[1] et des militaires ne semblent pas confirmées par les événements. Je tâte le terrain en vue d'un projet pour soumettre le cas et de l'Irlande et de l'Égypte au Conseil des ministres impérial, qui se réunit en juin et rassemblera tous les Premiers ministres....

Journée d'intense pression, très bousculée. Je réécrirai demain – Mon tendre amour. Dites-moi combien d'argent il vous faut en plus si c'est le cas.

Vtre dévoué qui vous aime
W

1. Hamar Greenwood (1870-1948), né au Canada, fait vicomte en 1937. Député libéral de 1906 à 1922, puis conservateur de 1924 à 1929. Chief Secretary chargé de l'Irlande de 1920 à 1922.

o De Winston   War Office
16 février 1921

Ma bien-aimée,

Vtre magnifique lettre du 13 vient d'arriver. Je les lis toutes avec ravissement. Vous écrivez des lettres tellement pétillantes avec une véritable touche littéraire et toutes brûlantes d'amour....

Que c'est bizarre cette malveillance calomnieuse d'Haldane[1] : & que j'en aie eu connaissance sous cette forme alors que le P.M. me pousse depuis un certain temps à me débarrasser de lui, & que je l'ai conservé – pour l'instant – à son poste. Je connais son attitude depuis des années – mais me suis toujours enorgueilli de lui être si supérieur en tous points que je pouvais me permettre non seulement de n'en concevoir aucune vindicte, mais même de le prendre en quelque sorte en pitié. C'est pour cela que je lui ai donné sa nomination actuelle qui était tellement vitale pour lui : & lorsque le moment venu je le déplacerai pour mettre quelqu'un de plus jeune (comme c'est la règle chez les militaires) ce sera uniquement pour des raisons de service.

Je ferais peut-être davantage preuve de force de caractère si je m'en débarrassais. Mais c'est trop de tracas, dans une vie si pleine de travail intéressant & de mouvement & si heureuse & si confortable – avec tant de gens pour occuper mes pensées....

Hier toute la journée je me suis attelé à la formation de mon nouveau département chargé du Moyen-Orient. J'ai persuadé Lawrence[2] de reprendre du service. Curzon [ministre des Affaires étrangères] va me donner du fil à retordre & il faudra que je sois mi-flatteur, mi-autoritaire avec lui. Nos secteurs se recoupent affreusement. Je ne crois pas qu'il vaille grand-chose. Quoi qu'il en soit je vais l'avoir sur le dos. Sur le plan personnel, nous nous entendons bien. Il va falloir que je fasse bien attention à le mettre de mon côté....

Je dois rencontrer Cox[3] au Caire le 8 mars. J'ai le budget des forces aériennes à faire passer aux Communes le 1er. Attendez-vous à me voir un jour entre ces deux dates....

Ma chère chatte chérie. Question santé & résistance nerveuse faites-vous réellement des progrès continus ? Je l'espère tellement. Vous en avez une si belle occasion. Je suppose que vous allez bientôt avoir un temps splendide.

Avec mon tendre amour
Vtre dévoué
W.

1. Général de corps d'armée (puis d'armée) Sir James Aylmer Haldane (voir p. 28 n. 6). À cette époque, commandant en chef en Mésopotamie. Pendant la guerre des Boers il avait été fait prisonnier avec WSC. [Il accusait maintenant WSC de s'être évadé en égoïste, ce qui aurait renforcé la vigilance des Boers à l'encontre de ses camarades. *ndt*]

2. Thomas Edward Lawrence (« Lawrence d'Arabie », 1888-1935), soldat, écrivain et spécialiste du monde antique. En 1916 il avait contribué à la réorganisation de l'armée arabe et entra à Damas avec elle. Membre de la délégation britannique à la Conférence de la paix en 1919. Conseiller pour les affaires arabes au Colonial Office [ministère des Colonies] en 1921-1922. Engagé comme aviateur dans la Royal Air Force en 1922. Les exploits de Lawrence dans le monde arabe furent publiés en 1935 dans son célèbre ouvrage *Seven Pillars of Wisdom* (éd. fr., *Les Sept Piliers de la sagesse*, 1936). Il fut invité à Chartwell à plusieurs reprises. Tué dans un accident de moto.

3. Général de division Sir Percy Cox (1864-1937), haut-commissaire en Mésopotamie de 1920 à 1923.

◊ De Clementine Hôtel Bristol
18 février 1921 Beaulieu-sur-Mer

Mon Winston chéri

Me voilà bien seule dans ce grand hôtel rempli d'Anglais de la classe moyenne. Mais j'y ai fait la connaissance de votre redoutable ennemi, le lieutenant-colonel J.B. Maclean[1]....

J'ai dit au colonel Maclean qu'il avait la réputation d'être un grand partisan de l'Empire & que vous en étiez un aussi, & que, puisqu'il en était ainsi, il lui fallait « attendre de voir » avant de vous attaquer. Il m'a alors longuement parlé de F.E. [Smith] & m'a dit qu'une grande partie de ses préjugés envers vous venait du fait que vous étiez ami avec lui – Je lui ai demandé pourquoi il n'aimait pas F.E. & il a répondu que sa visite en Amérique & au Canada pendant la guerre n'avait été qu'une suite de bévues & d'affronts. Qu'à chaque dîner officiel il était ivre, que ses discours étaient totalement dépourvus de tact, condescendants, & de mauvais goût, qu'à un endroit de jolies femmes avaient été invitées à le rencontrer pour dîner & qu'il avait parié qu'il les embrasserait toutes les sept avant la fin de la soirée, etc. – etc. – etc. –

J'ai dit au colonel Maclean que, depuis ces événements, F.E. était devenu Lord-chancelier & qu'il était considéré comme l'un des plus grands ministres de la Justice qui aient jamais existé, qu'il n'avait pas pu être tout à fait aussi ivre qu'il en avait l'air, que c'était un redoutable sportif (chasse, tennis, etc.), que son désir d'embrasser les sept dames en question ne témoignait que de son admiration pour la gent féminine outre-Atlantique & que, de toute façon, vous n'aviez rien du tout de commun avec lui....

Puis je l'ai encouragé à parler du Canada & de lui-même, ce qu'il a fait extraordinairement longuement. Il est naïf, vaniteux, susceptible, généreux, terriblement énergique & plein de vitalité...

Vous dites dans votre lettre que vous feriez peut être davantage « preuve de force de caractère » si vous étiez vindicatif de nature. Je n'en crois rien – Je reste persuadée que le fait que vous ne le soyez pas malgré votre grande ambition adoucit & renforce votre caractère....

Que c'est <u>intelligent</u> de votre part d'avoir mis Lawrence dans votre poche, & on vous félicitera si vous réussissez à amadouer sa « Seigneurie » [Curzon].

Je suis quelque peu inquiète que vous conserviez le ministère de l'Air dans votre escarcelle – Ne serait-il pas préférable de persuader le P.M.

de le confier à quelque jeune homme compétent & vous pourriez toujours continuer à défendre sa cause par vos conseils[2] ?....

– – –

Au moment même où j'écris ces mots, on me remet votre télégramme qui dit Conférence en Égypte le 13. Je viens d'avoir une inspiration soudaine. Comme je serai sur place, ne pourrais-je pas prendre le bateau avec vous pour l'Égypte. Une croisière <u>au soleil</u> me ferait du bien & j'adorerais cela....

S'il n'était pas convenable que je participe à un événement aussi officiel & sérieux, ne pourrais-je pas loger dans un hôtel incognito ?

J'ai lu vos deux discours & je les ai trouvés bons, en particulier celui d'adieu au ministère de la Guerre. Je suis sûre que les soldats vous regretteront beaucoup....

Je vous en prie, mon chéri, usez de votre influence <u>maintenant</u> en faveur d'une forme de modération ou, du moins, de justice en Irlande – Mettez-vous à la place des Irlandais – Si vous étiez leur chef, vous ne seriez pas intimidé par la sévérité, & certainement pas par les représailles qui pleuvent du ciel sur les bons comme sur les méchants[3] –

Vous dites (dans une lettre récente) que les assurances d'Hamar [Greenwood] ne semblent pas confirmées par les faits. Je rougis à la pensée que des hommes de votre calibre & de celui du P.M. aient pu écouter un homme de l'acabit d'Hamar, qui n'est qu'un brave clown colonial, courageux, mal embouché & vulgaire – Je pense qu'il a rempli ses fonctions exécutives avec cran & efficacité (bien q. je ne voie pas ce qui peut l'inquiéter, vu qu'il a toutes les ressources de Scotland Yard pour le protéger). Il a probablement un estomac solide qui lui permet d'avoir bonne conscience.

Je suis toujours malheureuse & déçue lorsque je vous vois <u>enclin</u> à considérer comme acquis qu'une poigne de fer & une brutalité de Hun sont nécessaires pour l'emporter....

Je déjeune demain avec les Lavery [artistes et amis des Churchill], qui viennent d'arriver. Ils sont précédés d'une gloire éblouissante, car toute la Côte d'Azur résonne de la réception qu'ils ont donnée en l'honneur du petit prince [le futur Édouard VIII, qui devait abdiquer en 1936, *ndt*] & tous les amateurs de soirées mondaines se lamentent d'être <u>ici</u> & pas à Londres.

Je ne me suis pas sentie <u>vraiment</u> bien ces 3 derniers jours, aussi je me repose & je dîne au lit de mon mets favori, un œuf poché, au lieu de descendre dîner –

Ne vous inquiétez pas – Je prends grand soin de moi.

Votre Clemmie
qui vous aime

Vous me manquez beaucoup, cher Winston, & je suis « remplie d'aise » à l'idée que nous allons bientôt nous revoir. Si vous ne pouvez pas m'emmener en Égypte dans la poche de votre gilet, essayez au moins de passer plus de 2 jours dans les parages.

1. Lieutenant-colonel John Baine Maclean (1862-1950), journaliste et éditeur canadien, dont la famille était d'origine écossaise.
2. Expression biblique (Jérémie 32:19, par exemple « *great in counsel and mighty in deed* » : « grand en conseils et puissant en exploits »). [ndt]
3. Idem (Matthieu 5:45). [ndt]

o De Winston   [Papier à en-tête du secrétaire d'État à la Guerre]
19 février 1921

Ma chérie,
J'ai eu un choc hier quand j'ai découvert que le Domaine [de Garron Towers] avait une valeur inférieure d'environ 7 000 £ à ce que j'avais cru....
J'ai vraiment un travail monstre. Bcp de gdes questions épineuses en attente d'une solution immédiate en Conseil restreint & dans mes divers départements. Pas le temps de peindre ni de lire. Rien que du travail – mais ts intéressant.
Avec mon tendre amour ma chérie – j'ai cherché en vain une lettre de vous ces 3 derniers matins. J'aime tellement vos lettres. Écrivez je vous en prie. J'ai écrit à Adèle [comtesse d'Essex] –
x x x x x x x x x x

Votre mari qui vous aime à jamais
W.

◊ De Clementine   Hôtel Bristol
21 février 1921   Beaulieu-sur-Mer

Mon amour chéri
Je viens de recevoir la lettre où vous vous plaignez à la fin que je ne vous aie pas écrit & qui dit « J'aime tellement vos lettres » –
La lecture de ces mots me fait chaud au cœur, car je suis très seule dans cet immense hôtel plutôt lugubre, mais aussi très heureuse, car je

vis dans la contemplation sereine de notre avenir, désormais facile et sans souci (je veux dire financièrement) & j'accumule des réserves de santé en passant beaucoup de temps au lit. Ces deux derniers jours, j'ai surtout pensé au grand plaisir et à l'excitation de vous accompagner en Égypte & en Palestine. Mon cœur bat à l'idée & j'ai tellement, tellement envie de vous revoir....

Je suis vraiment désolée, mon très cher Winston, de votre déconvenue à propos du montant de l'héritage – C'est certainement très décevant au vu des calculs rigoureux auxquels vous vous étiez livré & des dispositions que vous aviez envisagées pour en tirer le meilleur parti ; mais ne laissez pas « une feuille de rose froissée » de cette sorte gâcher cet événement merveilleux qui nous est arrivé si soudainement il y a quelque temps – à savoir la disparition de notre vie à tout jamais des soucis qui nous obsédaient –

C'est une sensation tellement délicieuse que d'être financièrement à l'aise – J'espère que je ne m'habituerai jamais à cette situation & que je continuerai à me sentir comme un bouchon qui flotte au soleil sur la mer....

Est-ce que j'emmène Bessie [sa femme de chambre] en Égypte & en Palestine ? Cela m'arrangerait vraiment si ce n'est pas trop cher & que sa présence ne pose pas de problème – Pouvez-vous me télégraphier votre réponse, car je vais devoir composer ma garde-robe quelque peu différemment si elle n'est pas du voyage[1].

Dois-je annoncer ma venue aux Hamilton & vous rejoindre à Marseille à partir de leur maison, qui est à 2 heures de là ?....

Avec tout mon amour et toute ma tendresse, mon chéri –
Votre Clemmie
qui vous aime
...

1. Bessie fit partie du voyage.

o De Winston   Colonial Office
27 février 1921 7 h 30 du matin   [Ministère des Colonies]
Dur labeur autour du budget des forces aériennes
toute la journée d'aujourd'hui

Ma Clemmie chérie,
...
Vtre lettre ts tendre. J'ai plus que hâte de vous revoir. Nous partagerons une jolie cabine – si seulement la mer n'est pas démontée – si

elle l'est je me cacherai dans une vieille fente du bois loin de vtre regard…. Si elle est belle, ce sera magnifique & j'écrirai & peindrai : & nous parlerons de toutes nos affaires.

Le détachement de Broadstairs est arrivé à la maison hier. Tous en grande forme. Je les ai fait revenir à la maison deux jours plus tôt pour avoir une chance de les voir avant mon départ. La Duckadilly [Marigold] les a accueillis avec joie & elle n'a pas de coup de froid. D'ailleurs, elle doit sortir aujourd'hui….

Nous allons voir Randolph aujourd'hui. J'avais donné le choix aux enfants entre Randolph ou le zoo. N'écoutant que leur fidélité pour leur frère, ils ont opté pour Randolph à grands cris. Donc nous avons aussi prévu le zoo…. Ils ont été ts mignons & ont énormément mangé….

F.E. [Smith] est venu dîner hier soir. Que du cidre ! Il devient ts redoutable & ts calme – c'est un personnage qui en impose – plutôt morose – ts ambitieux. Terribles résultats d'une sobriété immodérée.

Vtre mari qui vous aime à jamais
W

Winston quitta Londres le 2 mars 1921 en route pour Le Caire. Il prit Clementine au passage, le lendemain à Marseille.

À la fin de la conférence du Caire le 22 mars, ils passèrent quelques jours à Jérusalem, où Winston fut très absorbé. Il reçut des délégations et eut des discussions avec les organisations juives et arabes, et avec l'émir Abdullah de Transjordanie.

Ils rentrèrent enfin en passant par Alexandrie, Naples et Syracuse, et arrivèrent à Londres le 10 avril.

Chapitre XI

UNE SOMBRE ANNÉE

Winston et Clementine étaient rentrés depuis moins d'une semaine lorsqu'une terrible nouvelle leur parvint.

Le frère adoré de Clementine, Bill Hozier, âgé de trente-trois ans, avait été retrouvé mort dans sa chambre d'hôtel à Paris le 15 avril : il s'était suicidé par balle. Bill avait quitté la marine après la guerre et était entré dans les affaires ; malheureusement il était joueur, comme sa mère et sa sœur jumelle Nellie, ce qui lui avait causé des difficultés financières. Aucune preuve toutefois ne fut jamais découverte indiquant qu'il avait des problèmes d'argent au moment de sa mort. Clementine et Nellie se rendirent immédiatement à Dieppe auprès de leur mère.

◊ De Clementine Hôtel Métropole
Dimanche [17 avril 1921] Dieppe

Mon Winston chéri
J'ai reçu votre très belle lettre –
Ma pauvre Mama est tellement courageuse et digne, mais je ne crois pas qu'elle puisse jamais se remettre du choc & du chagrin. Elle reste assise dans son fauteuil, rétrécie et petite. Lorsque nous l'avons vue, elle ne savait pas encore que Bill s'était suicidé, mais j'ai compris à son regard de douleur & de crainte qu'elle l'avait à demi deviné. Elle m'a dit à ce moment-là « Personne jamais ne doit jamais savoir – Winston s'arrangera pour que les journaux n'en parlent pas, n'est-ce pas ? » Plus tard, elle a ajouté : « Je suis sûre que notre pasteur ici ne l'enterrera pas – Cela m'est égal qu'il refuse mais, si c'est le cas, il faudra que Bill soit enterré dans le jardin de ma maison, sous l'orme »…
Nous espérions que le cercueil serait transporté à l'église pour qu'il y repose jusqu'à l'office, mais cela ne sera pas possible, & il est toujours

dans la remise à voitures, dans le corbillard qui l'a ramené de Paris en attendant d'être transféré dans l'autre voiture qui l'amènera au cimetière – Oh mon cher Winston, je vous en prie, venez demain & honorez de votre présence ce pauvre enterrement de suicidé. Si cela vous était possible, je me suis arrangée pour que l'enterrement soit retardé jusqu'à 4 h, mais personne ne saura que vous êtes attendu, au cas où vous ne pourriez pas venir – Le train part de Victoria à 10 h & le bateau arrive juste avant 3 h[1]….

– – –

Plus tard

Nellie vient juste de voir Mr Hodgson, le pasteur. Il a été très gentil & il nous a informées que le corps de Bill pourrait reposer à l'église à partir de demain matin – Le cortège partira de l'église à 3 h 30 pour être au cimetière à 4 h – Je lui ai fait parvenir votre lettre pour qu'il se rende compte de l'affection que nous portions tous à Bill & qu'il n'était pas simplement un mauvais sujet rejeté par sa famille.

… Bill n'a laissé aucun message. Son relevé de banque indiquait que 10 000 francs venaient d'être versés sur son compte – Nous n'avons pas connaissance d'éventuelles pertes d'argent à Paris. On a trouvé sur lui des souches de PMU pour de très petits paris, environ 200 francs –

Je crains que Mère ne soit pas en mesure d'assister aux obsèques. Tout le monde à Dieppe est stupéfait & peiné, car Mère est tellement connue & appréciée de tous.

Hier lorsque nous sommes arrivées à Newhaven, j'ai vu le responsable de la voiture pullman courir après Nellie & lui étreindre la main. Il avait les larmes aux yeux. Il connaissait Bill, qui voyageait souvent sur cette ligne & qui lui avait donné de l'argent un jour où il était dans la gêne….

Plus tard. Je rentrerai mardi….

Votre Clemmie, très fatiguée,
qui vous aime

1. WSC renonça à des engagements publics importants et se rendit à Dieppe pour les obsèques de Bill, auquel il avait toujours été très attaché.

À la fin du mois de mai, Lady Randolph [Churchill], qui portait ses habituelles chaussures à hauts talons, trébucha et tomba dans un escalier, se fracturant gravement la cheville : la gangrène s'installa et sa jambe dut être amputée. Elle affronta l'opération et ses suites avec son cran habituel et semblait se remettre progressivement dans sa résidence de Londres, à Westbourne Street. Le 23 juin, en effet, Winston télégraphia à son mari, Montagu Porch[1], qui était en voyage d'affaires en Afrique, pour lui faire part de ses progrès. Mais le 29 juin, Jennie fut soudainement victime d'une violente hémorragie : appelé d'urgence, Winston, qui se trouvait tout près à Sussex Square, se rendit chez elle en courant, mais sa mère était morte lorsqu'il arriva. Elle avait soixante-sept ans.

Jennie avait été une forte personnalité, d'une grande beauté et avec beaucoup de charme. Son amour des mondanités et ses extravagances étaient contrebalancés par sa vitalité et son courage. À sa mort, les hommages et les lettres plurent ; elle avait été une légende de son vivant.

Sur le plan public, il était devenu de plus en plus clair que la politique de la force en Irlande avait échoué, mais le gouvernement était profondément divisé : Churchill était en faveur de la négociation et de la conciliation et soutenait fermement Lloyd George dans ses efforts pour obtenir une trêve. À la fin du mois de mai, des élections eurent lieu à la fois en Irlande du Sud et en Ulster[2]. Au sud, la victoire alla massivement au Sinn Féin, tandis qu'en Irlande du Nord, les unionistes l'emportaient avec une large majorité sur les nationalistes et le Sinn Féin.

Le roi George V ouvrit officiellement le premier Parlement d'Irlande du Nord le 22 juin et lança un appel appuyé pour la paix à tous les partis. Le 8 juillet, la Trêve fut signée : il y eut des mois de négociations et les actes de violence continuèrent, mais finalement le 6 décembre un traité vit le jour entre la Grande-Bretagne et l'Irlande, qui accordait à l'Irlande du Sud le statut de dominion (Churchill en fut l'un des signataires). L'Irlande (en tant que dominion) relevait désormais de la compétence du ministre des Colonies. Churchill devint ainsi une cible à abattre pour l'IRA et les mesures de sécurité dont il faisait l'objet furent renforcées ; pendant de nombreux mois, il dormit avec un revolver à portée de main.

---

1. Montagu Porch (1877-1964), fonctionnaire de l'administration britannique au Niger. Plus jeune que Jennie de 23 ans, il l'avait épousée en juin 1918.
2. Le *Government of Ireland Act* de 1920 divisait l'Irlande en deux, avec un parlement à Dublin et un autre à Belfast pour les six comtés de l'Ulster.

◊ De Clementine
11 juillet [1921]

Menabilly[1]
Gare de Par, Cornouaille

Mon chéri

Je suis très intéressée d'apprendre que vous allez vous rendre à « Peelings[2] »....

... Chéri, faisons en sorte de ne pas risquer notre nouvelle fortune dans des opérations que nous ne comprenons pas & que nous n'avons pas le temps de maîtriser, & encore moins de pratiquer une fois maîtrisées. La politique vous absorbe totalement, en vérité, ou le <u>devrait</u>, et puis vous avez maintenant la peinture pour vos loisirs, & le polo pour l'excitation & l'attrait du danger.

J'adorerais avoir une maison à la campagne, mais j'aimerais que ce soit un petit nid calme & joyeux, & pas une nouvelle source de préoccupations.

Je pense que si nous <u>vivions</u> réellement à la campagne, ce serait extrêmement amusant, mais aussi une occupation à temps plein... &, pour l'instant, je préfère une vie plus calme –

Je veux m'allonger au soleil & cligner des yeux & me réveiller de temps en temps pour avaler une souris attrapée par quelqu'un d'autre & laper un peu de crème & sommeiller à nouveau –

Mais en ce moment, j'aurais vraiment souhaité, mon <u>cher</u> amour, que vous ayez participé à l'accord sur l'Irlande [la Trêve du 8 juillet]. Est-ce que cela aurait été le cas si vous n'aviez pas été *en froid* avec Ll.G. [Lloyd George][3] ? Je crois sincèrement que tant qu'il est P.M., il serait préférable de chasser avec lui plutôt que de rester tapi dans les buissons à le suivre dans sa course d'un œil envieux – La maisonnée ici est bien sûr très opposée au gouvernement & c'est plutôt amusant de voir leur dégoût & leur frayeur à l'idée que le *Régime* actuel puisse être sur le point de mener à bien cette chose merveilleuse – Cela devrait maintenir Ll-G au pouvoir encore longtemps –

Comment allez-vous ? Je n'ai pas eu l'honneur de recevoir beaucoup de nouvelles du front domestique – n'est-ce pas ?

Je rentre jeudi matin au chant du coq & prendrai le petit-déjeuner avec vous, & vous me donnerez de vos nouvelles....

C'est aujourd'hui l'anniversaire de Diana – 12 ans.

Je vous en prie, gardez mes lettres sous clé ou <u>brûlez</u>-les.

M'aimez-vous ? Il le faut – Ce n'est pas quelque chose que je puisse activement faire seule....

Votre Clemmie
qui vous aime

---

1. Menabilly, une vieille demeure, très belle, proche de la mer, qui était louée à cette époque à la famille Horner.

2. Un domaine au bord de la mer dans le Sussex qui appartenait au duc de Devonshire.

3. WSC était en froid avec Lloyd George depuis le remaniement du gouvernement en mars. WSC prenait part à la conférence du Caire lorsque des changements furent décidés dans la composition du Conseil restreint ; il ambitionnait le ministère des Finances. Mais lorsqu'il rentra à Londres, Sir Robert Horne (par la suite premier vicomte Horne de Slamannan, 1871-1940, député conservateur de 1918 à 1937, ministre du Commerce de 1920 à 1921, chancelier de l'Échiquier en 1921-1922) était déjà chancelier de l'Échiquier depuis 12 jours. WSC, pendant un certain temps, en voulut profondément à Lloyd George.

C'est à cette époque que l'on entend parler de Chartwell pour la première fois. Clementine se trouvait alors à Fairlawne, près de Tonbridge dans le Kent, une maison qui appartenait à la famille Cazalet, où elle s'était rendue pour une partie de tennis. Plus tôt en juillet, Winston avait été fasciné par une propriété des environs, le manoir de Chartwell, près de Westerham ; Clementine saisit l'occasion pour inspecter les lieux.

◊ De Clementine   Fairlawne
Mercredi [20 ou 27 juillet 1921]

Mon chéri

Je ne peux pas m'empêcher de penser à cette colline paradisiaque couronnée d'arbres – On a comme une vue d'avion de là-haut –

J'espère vraiment que nous pourrons l'avoir – Si c'est le cas, je crois que nous y passerons beaucoup de temps & que nous y serons très, très heureux –

Randolph arrive aujourd'hui – avec une bonne mine, j'espère – Le bulletin de notes de Sarah vient juste d'arriver & il est excellent – On lui reproche cependant de « trop parler en classe » !

Pour en revenir à la maison sur la colline couronnée d'arbres :

Ne pensez-vous pas que si le domaine [de Garron Towers] le permet, il serait avisé d'ajouter immédiatement une aile à gauche de la maison pour faire pendant à l'autre ?...

... (L'un des avantages merveilleux d'avoir une maison à la campagne sera de pouvoir recevoir Jack [Churchill], Goonie & leurs enfants.) Si nous construisons cette aile, nous pourrions avoir 3 chambres agréables de plus & une belle grande pièce face au nord avec une fenêtre <u>haute</u>....

Amour tendre

...

Les projets pour les vacances d'été s'annonçaient fort agréables : les quatre enfants passeraient les deux premières semaines d'août dans un meublé à Broadstairs, sur la côte du Kent, sous la responsabilité d'une jeune gouvernante française, mademoiselle Rose. Vers la mi-août, il était prévu que les trois aînés rejoindraient leurs parents en Écosse.

Clementine partit en avance le 8 août pour Chester, où elle devait rendre visite aux Westminster à Eaton Hall et jouer au tennis...

Les lettres envoyées de Broadstairs par les enfants racontent des aventures typiques de vacances au bord de la mer : jambes brûlées par le soleil, expéditions en bateau à rames et pêche à la crevette. Marigold avait attrapé un mauvais rhume, mais semblait aller beaucoup mieux. Sans doute à cause du fait qu'elle avait eu de la toux et de très fréquents maux de gorge pendant les mois qui avaient précédé, on ne prêta pas suffisamment attention au départ à ce qui allait se révéler être le premier stade d'une maladie mortelle. Malheureusement pour la petite « Duckadilly » adorée, les antibiotiques n'avaient pas encore été inventés et son mal de gorge douloureux évolua en septicémie. Vers le 14 août son cas s'aggrava, mais il fallut un jour ou deux avant que Mlle Rose (pressée par la propriétaire inquiète) ne fasse venir sa mère. Clementine quitta immédiatement Eaton et se précipita à Broadstairs ; les trois aînés se rendirent en Écosse comme prévu, accompagnés par Bessie, la femme de chambre de leur mère.

La santé de Marigold se détériora rapidement : Winston vint de Londres et un spécialiste fut appelé – mais sans résultat. Elle mourut le soir du 23 août à deux ans et neuf mois ; ses parents étaient auprès d'elle. Elle fut enterrée au cimetière de Kansal Green le 26 août et, le soir même, Winston et Clementine, anéantis par le chagrin, prirent le train de nuit pour rejoindre leurs autres enfants en Écosse.

Ils passèrent presque deux semaines ensemble à Lochmore, puis Clementine ramena les enfants à Londres pour la rentrée scolaire. Winston continua jusqu'à Dunrobin Castle, où il rendit visite au duc et à la duchesse de Sutherland.

Longtemps Clementine éprouva d'amers remords de ne pas avoir été là lorsque Marigold était tombée malade ; elle regrettait aussi d'avoir confié les enfants à une jeune nounou sans expérience. Mais toutes les tragédies ont leur lot de questions sans réponses.

◊ De Winston [dactylographié]　　　　　　　　　　Dunrobin Castle
19 [18] septembre 1921

Ma chérie,
Nous formons ici un groupe énorme d'invités, 25 ou 30, la plupart extrêmement jeunes. Je regrette que vous n'ayez pas pu venir car les parties de tennis n'arrêtent pas sur le gazon et il y a plein de choses agréables à faire. Mais vous auriez trouvé qu'il y avait trop de monde....

Aujourd'hui, ciel magnifique, sans nuages ; temps splendide mais frais....

L'après-midi je suis allé peindre une très belle rivière dans la lumière vespérale avec des collines carmin et dorées en arrière-plan. J'espère pouvoir y ajouter quelques touches demain. Geordie [duc de Sutherland] veut que j'aille à la chasse à la grouse demain. Ils en ont un certain nombre à tuer, mais je crois que je vais demander à être excusé s'il fait beau et retourner à mon ruisseau....

J'ai réfléchi aux thèmes de mon discours de samedi [à Dundee]. Trois grands sujets – premièrement les raisons qui ont contraint le Gouvernement à prendre son temps pour mettre en œuvre son programme social.... Deuxièmement, l'Irlande, sur laquelle vous connaissez mes opinions ; mais bien sûr il faut que je m'adapte à l'évolution de la situation d'ici là. Troisièmement pour terminer : la paix, le désarmement et la conférence de Washington[1]. J'espère qu'on me laissera parler, sans remous ni impatience, car j'ai l'intention de faire un discours mûrement équilibré.

Le prince de Galles est là avec son frère, ainsi que Dudley Ward[2] et sa femme, et une ribambelle de jeunes enfants....

Je brûle de revenir à Londres – on n'est jamais si bien que chez soi !

X X X X X X

✍ le 19.
Encore une très belle journée, & je repars à la rivière pour y trouver des idées de tableaux – c'est bien plus drôle que la pêche au saumon.

Je pense bcp à vous ma chérie à moi & à vos adorables chatons. Hélas je ne cesse de ressentir la blessure de la Duckadilly – je suppose que vous aurez fait un pèlerinage hier....

Avec mon amour le plus tendre ma douce chatte
de la part de vtre dévoué mari qui vous aime
W.

P.-S. Je lis l'Amélie de Fielding[3]. C'est d'une écriture très enlevée.

1. La conférence de Washington sur le désarmement, 12 novembre 1921-6 février 1922.
2. William Dudley Ward (1877-1946), avocat et député. Trésorier de la Maison du roi de 1909 à 1912, adjoint au Grand chambellan de 1917 à 1922. Il épousa Winifred (Freda) Birkin en 1913.
3. Henry Fielding, *Amelia*, publié en 1752 [*Amélie : Histoire angloise*, 1762. ndt]

◊ De Clementine   2 Sussex Square
22 septembre 1921

Mon Winston chéri

J'ai honte de ne pas vous avoir écrit plus tôt, mais il y avait tellement à faire pour les enfants que j'ai à peine pu me poser une minute –

J'ai été stupéfaite d'apprendre la mort de Sir Ernest [Cassel] ce matin. Son secrétaire m'a appelée de bonne heure pour m'en informer, & m'a demandé de vous en faire part. J'ai traversé tant d'épreuves ces derniers temps que je ne croyais plus vraiment être capable de sentiments, mais j'ai pleuré pour notre cher vieil ami ; il faisait partie de notre vie et il tenait profondément à vous....

... Je me suis rendue à Brook House cet après-midi & j'ai apporté des fleurs de notre part à tous les deux. Ils m'ont conduite dans sa grande chambre vide – Il était là, déjà dans son cercueil – il avait l'air serein & donnait l'impression de sommeiller légèrement – Son départ m'affecte profondément – C'était un ami sincère & loyal, & un homme bon.

Dimanche, j'ai emmené les enfants sur la tombe de Marigold et lorsque nous nous sommes agenouillés autour... un petit papillon blanc... qui voltigeait est venu se poser sur les fleurs qui poussent maintenant dessus – Nous avons cueilli quelques petits bouquets. Les enfants étaient très silencieux sur le chemin du retour.

Hier, nous avons loué une voiture... & nous avons tous escorté Randolph triomphalement jusqu'à son école. Miss Elgie [la gouvernante], qui nous a rendu visite chaque jour, est venue également.

Nous nous sommes arrêtés en chemin pour un splendide pique-nique & une partie de cache-cache & nous sommes arrivés à Sandroyd échevelés & les vêtements déchirés.... Aujourd'hui, c'était le tour de Diana & de Sarah & maintenant je peux me reposer avec soulagement – Mais il me reste encore un lot de vêtements à leur faire parvenir !....

J'aurais tellement aimé pouvoir être à Dundee pour vous écouter samedi soir.

J'ai très envie de vous revoir....

Votre Clemmie
qui vous aime

Après avoir passé Noël en famille, Winston se rendit à Cannes avec Lloyd George ; comme c'étaient les vacances scolaires, Clementine resta à la maison, prévoyant de le rejoindre plus tard.

À peine Winston avait-il quitté la maison le lundi 26 décembre que le 2 Sussex Square fut frappé par l'épidémie de grippe qui sévissait alors à Londres.... Bessie et Gertrude (les femmes de chambre), Randolph et, par la suite, Diana furent victimes du « fléau » ; tous eurent une forte fièvre qui dura plusieurs jours....

o De Winston Cannes
29 décembre 1921

Ma Chérie à moi,

Je suis si soulagé de recevoir vtre télégramme me disant « Tout le monde va mieux. » J'espère bien que cela vous inclut. Quel cataclysme ! Pauvre chérie vous êtes passée par des moments affreux. Mais comme toujours vous avez été à la hauteur, & vtre lettre qui raconte tout cela a des accents napoléoniens.

Je suis également ts content que vous soyez allée au lit. Une semaine sur le dos, cela vous fera le pls gd bien. Ensuite venez récupérer ici sous ce soleil délicieux et laissez-moi monter la garde à vtre place auprès des Chatons....

Ll.G. [Lloyd George] a lu deux de mes chapitres[1] dans le train & il a été ts content des passages qui font référence à lui. Il a fait l'éloge du style et m'a fait plusieurs suggestions judicieuses que je vais incorporer. Je ne peux m'empêcher d'être pris de passion pour ce livre. C'est une gde chance que de pouvoir présenter tous mes arguments sous une forme agréable à un public attentif. Et cela va nous mettre du beurre dans les épinards. Donc, à la tombée de la nuit, imaginez-moi dans mon lit à écrire, dicter & trier des papiers comme le rédacteur en chef d'un journal populaire. De là où je suis, je vous vois bien – également dans votre lit (je suppose) et sur le point de dîner avec un peu de champagne pour vous maintenir le moral. Bien au-delà, dans les ténèbres extérieures, s'étend le vaste Empire colonial et l'île d'Émeraude [l'Irlande, *ndt*]. Dans dix jours, j'aurai de nouveau ce fardeau à porter....

Freddie [Guest] poursuit de ses assiduités la belle Miss Gellibrand qui séjourne ici chez un membre éloigné de la famille royale française.

Il m'a même parlé de bague au doigt – après s'être débarrassé du problème Amy [sa femme] – je lui ai répondu d'un ton sépulcral qu'il avait l'âge d'être son père, & que dans dix ans nous serions tous deux proches de la soixantaine. Également qu'il perdrait son portefeuille[2] s'il perdait son Amy. Il y a donc un problème ! Ne badinez pas avec cela.

Bonne nuit ma douce Clemmie.

Avec mon amour le plus tendre
de la part de vtre dévoué mais *fainéant* Pig
W.

...

1. De *The World Crisis*, publié en 4 volumes de 1923 à 1929.
2. Freddie Guest était alors secrétaire d'État à l'Air.

o De Winston   Lou Mas[1]
1er janvier 1922

Ma Clemmie chérie,

Je suis arrivé ici hier & repars à Cannes demain….

J'espère voir vtre Mama à Monte-C[arlo] en fin d'après-midi, à la tombée de la nuit. Elle s'y est rendue assez célèbre. Les gens du Sporting Club ont mentionné son nom devant moi avec la plus gde appréciation & m'ont accordé un billet d'entrée *sans phrase*. Il est évident qu'elle a pris possession de cette ville de jeux[2]….

… De ma chambre (vous la connaissez) je vois l'Hôtel du Cap d'Ail : si lié dans mon esprit avec les quelques derniers jours où j'ai vu ma pauvre Mamma. Quels bouleversements en un an ! Quels trous béants ! Quel sentiment de n'être que des ombres qui ne font que passer ! Mais vtre délicieux amour & vtre compagnie sont une lueur qui brille plus fort chaque année de notre brève vie.

Avec mon tendre amour
Bien à vous avec tout mon dévouement
W.

...

1. WSC séjournait chez la comtesse d'Essex (Adèle).
2. Avec son héritage, WSC avait fait un don généreux à Lady Blanche, et CSC et lui avaient espéré que cela lui permettrait de vivre avec davantage de confort : mais non ! Elle préférait descendre dans un hôtel bon marché à Monte-Carlo et joyeusement dépenser le reste au jeu !

◊ De Clementine   2 Sussex Square
4 janvier 1922

Mon Winston chéri,

Vous aurez été surpris par mon télégramme vous demandant de ne pas ouvrir une certaine lettre. J'espère que vous en aurez tenu compte et que vous n'aurez pas joué les Pandore – Je vous en prie, brûlez cette lettre sans l'ouvrir – Je sais qu'il n'y a pas de feu sur la Côte d'Azur, seulement du chauffage central, mais vous pouvez la brûler dans une cheminée vide.

Car il y a deux lettres dans cette même enveloppe, rédigées ce Lundi noir n° 2 [2 janvier], un jour de profonde souffrance et de dépression –

La lettre que vous m'aviez promise le vendredi d'avant pour ce matin-là n'était pas arrivée & j'étais très déçue – Plus tard dans la journée est arrivée votre lettre dactylographiée [non disponible] – Après l'une des semaines les plus lugubres & hallucinantes que j'aie jamais vécues, c'était entasser Pélion sur Ossa, d'où cette lettre amère & détestable que j'ai écrite à mon pauvre Pig – Lundi tard dans la soirée une vraie lettre de sa patte est enfin arrivée, suivie d'une autre hier me disant tout ce que j'attendais avec tellement d'impatience.

Mon chéri à moi – je suis heureuse que vous profitiez de ces quelques jours ensoleillés et sans soucis – Je souhaiterais seulement être avec vous à profiter du soleil.

Mais on a eu de la chance de s'en sortir à la maison – Tous nos malades recouvrent la santé, bien q. Diana ait un peu de mal. Il y a eu de très nombreux cas qui se sont transformés en pneumonies & beaucoup de morts à Marylebone, principalement des pauvres gens qui ne se sont pas alités à temps & qui n'ont pas été soignés convenablement.

Sarah & moi nous en sommes sorties mais, la semaine que j'ai passée au lit, j'ai hanté la vallée de la mort, trop épuisée que j'étais pour lire longuement – tous les événements de l'année dernière, avec Marigold pour point culminant, passant & repassant dans mon cœur triste comme une armée de théâtre. Mais maintenant que j'ai quitté le lit – je me sens mieux & plus reposée. Le fait de toujours m'effondrer de fatigue sans aucune raison m'irrite profondément. J'aimerais pouvoir accumuler des réserves de force. Mais mes batteries ne contiennent suffisamment d'électricité que pour une demi-journée, ensuite il faut les recharger....

Randolph s'est levé aujourd'hui ; il a l'air affaibli & amaigri, pauvre petit.

Amour tendre
Clemmie

o De Winston [Cannes]
4 janvier 1922

Ma Clemmie chérie,

Hier soir j'ai donné un dîner chez Ciro ! Vtre Mamma, Consuelo & Balsan[1], Adèle [comtesse d'Essex] & Philip [Sassoon], ts agréable… Après, nous sommes allés au Sporting Club et vtre Mamma a gagné 400 francs. Je crois qu'elle a bien aimé sa soirée. Elle est tellement adorable….

J'ai bcp travaillé au livre matin & soir : & ai écrit plus de vingt mille mots.

Hier lundi & aujourd'hui j'ai peint ou vais peindre à la villa de Consuelo. J'ai fait un beau tableau d'Èze – que, je le sais, vous allez vouloir, mais que je ne peux vous donner – parce que Consuelo & Balsan en ont fait un tel éloge que je le leur ai donné….

Aujourd'hui je pars pour le Negresco de Nice, où je séjournerai un ou deux jours avec Max [Beaverbrook], & nous repartirons ensemble samedi. Ma chère il était furieux contre moi d'avoir insisté pour qu'il nous rejoigne ici & de ne pas être allé au Mont-Fleury [Cannes] à son arrivée ! Quel tintouin. Le P.M. [Lloyd George] l'apaisant de son mieux. Bonar [Law] lui prodiguant des caresses. Freddie [Guest] presque en larmes. (C'est <u>vrai</u> que je me suis plutôt mal conduit.) J'ai donc présenté mes excuses – Comme il continuait de bouder je lui ai dit que j'avais fait tout ce que je pvais & dit tout ce que j'avais à dire, & que s'il n'était pas content il pvait aller au diable. Il semblait presque prêt à me prendre au mot : mais finalement nous nous sommes réconciliés. N'en parlons plus.

Le P.M. s'est singulièrement calmé. Je ne l'ai jamais vu vraiment comme cela. Ts content de m'avoir de nouveau à ses côtés. Il m'accable actuellement de travail. La semaine qui vient va être ts lourde. Il me semble avoir bcp moins de vitalité qu'auparavant. Mais ses manières sont pleines d'allant & sa conversation extrêmement amusante….

Avec mon tendre amour ma douce Clemmie
de la part de vtre dévoué Pig
qui vous aime à jamais…
W.

1. Le lieutenant-colonel Jacques Balsan, qui venait d'épouser Consuelo, ex-duchesse de Marlborough.

o De Winston [Hôtel Mont-Fleury
4 janvier 1922 Cannes]

Ma chérie,

Je n'ai pas pu m'empêcher d'ouvrir vtre lettre dans l'enveloppe crème, malgré vtre télégramme. Juridiquement elle m'appartenait une fois remise entre mes mains, & n'importe quelle lettre de vous vaut mieux que pas de lettre du tout. Mon pauvre amour je vois exactement ce qui s'est passé. Mon « addendum » est arrivé avant ma lettre principale. Je suis tellement désolé que vous ayez reçu un message aussi rustre. J'aime tant savoir que vous êtes heureuse d'avoir de mes nouvelles, & j'y attache tant de prix, & même quand comme ici le plaisir de la réception est gâché par la déception de la lecture je préfère encore cela.

Je pense tellement à vous en me faisant du souci pour vtre santé. Adèle [Essex] a été charmante – pleine d'éloges pour vous. Je suis revenu au Mont-Fleury auprès de l'*exigeant* Max [Beaverbrook].

Il faut que je vous avoue que j'ai perdu un peu d'argent ici – quoique rien de comparable à l'an dernier. Cela m'excite tellement de jouer – tête de linotte que je suis. Mais j'ai gagné plusieurs fois ce que j'ai perdu grâce au travail que j'ai effectué ici pour mon livre : & d'autre part nos actions ont pris de la valeur à la Bourse. Reste que je m'en veux. Max s'est montré extrêmement désapprobateur à tout point de vue. Comme la Chatte m'a puni quand je n'étais pas en tort, maintenant que je le suis il faut que vous me pardonniez !

Cette lettre devrait arriver samedi, & moi je devrais arriver dimanche. J'ai hâte de revenir à la maison. Ma tâche sera ts importante la semaine prochaine... Mais comme ces choses seraient stériles, & comme mes centres d'intérêt & mes plaisirs seraient précaires si je n'avais pas un vrai foyer où retourner & une épouse vraiment tendre pour m'y attendre –

Bonne nuit ma chérie à moi
Votre dévoué à jamais
W.

Winston rentra de la Côte d'Azur le 7 janvier et, à la fin du mois, Clementine, qui avait alors grand besoin de vacances, partit pour Cannes où elle s'installa à l'hôtel Mont-Fleury ; elle avait pour compagnie Venetia Montagu qui, comme elle, aimait jouer au tennis.

o De Winston   Dans le train
27 janvier 1922

Ma Bien-aimée Clemmie chérie,

Je suis en route pour Lympne [chez Sir Philip Sassoon]. J'ai réellement eu une semaine de dur labeur. Discours & débats constants sur des sujets tous plus graves les uns que les autres. Un avant-goût peut-être de ce qui m'attend un jour. J'ai parfaitement réussi à faire valoir mon point de vue à propos du rapport Geddes sur les finances[1], etc. Mais la bagarre avec les trois armées, terre, mer & air, d'un côté, & contre Ll.G. [Lloyd George] & Geddes & la presse à sensation de l'autre a été très rude.

Je n'ai pas la moindre confiance dans le jugement de Ll.G., qui se moque bien de ce qui constituerait une position rationnelle pour la marine. Tout ce qui va dans le sens de l'humeur du temps & des caquetages des journaux ignares à l'échine souple lui convient. Mais j'essaye – aussi faibles soient mes moyens – de penser pour l'Angleterre. Or, d'un autre côté il faut que je secoue Beatty[2] sans aucun ménagement pour qu'on « dégraisse » la marine sans s'attaquer ni au cerveau ni au reste indispensable du corps. C'est une épreuve ts particulière & le vulgaire n'en a aucune idée.

Vous aurez sans aucun doute vu les discours dans les journaux... Tout le monde ici fourbit ses armes. C'est bien comme cela. Plus tôt les élections ont lieu mieux cela vaut maintenant que la controverse est incontestablement engagée....

Les enfants sont ts mignons. Diana sera ts belle en grandissant. Sarah pleine de vie & de qualités humaines – & avec des cheveux magnifiques. Le Lapin [Randolph] a sauté de classe dans 3 matières.

Je suis un peu embêté pour le pauvre Porch. Nous avions cautionné le déficit de son compte en banque à hauteur de 4 500 £ & il semble que 1 000 £ vont me retomber dessus. Je fais de mon mieux.

Je ne vois pas bcp de possibilités de pouvoir m'évader un peu. La situation politique s'anime chque jour davantage. Les attaques se concentrent sur Ll.G., sa personnalité, son bilan, sa politique insaisissable & déroutante, son petit confort opportuniste. Pourtant je n'ai pas encore entièrement abandonné l'espoir de m'échapper quelques jours....

J'espère bien que vous passez du bon temps & jouez au tennis, & <u>surtout</u> que vous rechargez vos accus. Rappelez-vous ma douce que vous avez une nouvelle tâche que nous deux sommes les seuls à connaître, & qui sollicitera le meilleur de toutes vos énergies[3].

Toujours vtre dévoué mari qui vous aime
W.

Il a été bien nourri ces derniers temps !

1. En réponse aux clameurs des journaux et du Parlement en faveur de mesures d'économie dans les dépenses publiques, une commission avait été constituée sous la présidence de Sir Eric Geddes et, en décembre 1921, elle préconisa, parmi d'autres propositions, des réductions draconiennes dans les effectifs et la solde des forces armées. Cette politique de restrictions reçut le nom de « Geddes Axe » (la hache de Geddes). Suite à ses véhémentes protestations, Lloyd George nomma WSC président d'un comité issu du Conseil restreint chargé du projet de budget de la Défense.
2. David Beatty (1871-1936), fait premier comte Beatty en 1919. Premier conseiller naval de Churchill en 1912. Commandant en chef de la Grande flotte de 1916 à 1918 et héros de la bataille du Jutland en 1916. Premier lord naval de 1919 à 1927.
3. CSC était dans les premières semaines d'une nouvelle grossesse.

◊ De Clementine   Hôtel Mont-Fleury
Samedi [28 janvier 1922]

Mon chéri

Quel temps ! Un froid glacial et de la pluie, tantôt des trombes d'eau, tantôt une petite bruine glacée –

Aujourd'hui, nous allons à Monte-Carlo rendre visite à Mère. J'ai lu votre discours[1], qui était largement reproduit dans le Times – avec plaisir. J'ai pensé qu'il était <u>très</u> bon.... La seule chose avec laquelle je n'étais pas tout à fait d'accord était quand vous dites que la plupart des libéraux (les chefs de file, comme la base) se sont abstenus de participer à l'effort général & au combat en temps de paix, comme en temps de <u>guerre</u>. Votre Chatte ne pense pas que cela soit très juste, car les libéraux se sont (presque tous) conduits magnifiquement pendant la guerre, ce qui est tout à leur honneur, par opposition aux torics, qui se complaisaient dans les massacres, l'armée, etc. – Pensez à Raymond & à Oc Asquith. Mais peut-être les choses n'ont-elles pas été rapportées tout à fait exactement ?...

Amour tendre
de votre « Pawser[2] »

1. Prononcé lors d'un dîner du Club 1920 à l'hôtel Victoria, à Londres, le 25 janvier 1922.

2. CSC signe « Pawser » (également orthographié « pauser », celui ou celle qui réfléchit ou qui tempère), une expression empruntée à Shakespeare (*Macbeth*, acte II, scène III) qui l'utilise pour décrire la raison (« *the pawser, reason* »). [ndt]

o De Winston   [pas d'adresse]
3 février 1922

Ma Bien-aimée,

Je vous envoie un texte dicté [daté 4 février] qui résume certaines des affaires que j'ai en cours. La situation est de nouveau explosive en Irlande & les réactions d'hostilité en Ulster face à la crise croissante entre les partis peuvent s'avérer ts graves. Je viens seulement de terminer mon rapport sur Geddes. Ces tâches & les Arabes & les gens du Kenya & les ismaéliens d'Irak & de Palestine m'ont tenu occupé du matin au soir. J'ai bien porté le fardeau. Il vaut mieux avoir quelques gros fardeaux que des tas de petits paquets – tant qu'on peut ne pas crouler sous le poids.

J'ai dîné avec Jack [Churchill] & Goonie avant-hier soir, mais habituellement (3 soirs sur les 4 derniers) le P.M., F.E., Max[1] & moi dînons ensemble. Tous jugent la situation ts critique. Je pense que les nuages vont se dissiper, & que nous nous en sortirons…

Chérie je n'ai aucune nouvelle de vous depuis trois jours – Envoyez-moi vtre télégramme quotidien, je vous en prie. J'espère vraiment que vous profitez bien de vtre repos & du dépaysement.

Les Enfants vont bien et sont ts mignons.

Vtre dévoué mari qui vous aime
W.

1. Lloyd George, Lord Birkenhead (lord-chancelier) et Lord Beaverbrook.

o De Winston [dactylographié]   2 Sussex Square
4 février 1922

Ma très chère Clemmie,

Je suppose que vous avez lu les journaux et que vous avez compris qu'ici la température politique ne cesse de monter. F.E. [Smith/Birkenhead] a fait un discours très bien accueilli, qui a bénéficié d'une large publicité et allait entièrement dans le sens que je souhaitais….

Vous avez absolument raison de souligner cette phrase malencontreuse sur Asquith et les Wee Frees[1] dans mon discours. Goonie me dit que notre vieil ami est très contrarié et qu'en fait, en acceptant son invitation à dîner la semaine prochaine, il a exigé qu'il ne m'y voie pas. Assurément, mon intention n'était pas de faire allusion à son action personnelle du temps où il était Premier ministre. Mais il est hors de doute qu'une fois dépossédé de ce poste il est resté sur la touche, n'a rien fait pour aider, et s'est montré prêt à tirer parti du moindre contretemps que rencontrait le gouvernement.... Et donc je crois que ce que j'ai dit était pleinement justifié, même si je suis désolé qu'on puisse apparemment interpréter mes propos comme s'appliquant à sa participation à l'effort de guerre. Je crois que ni rétractation ni explication n'est à envisager. Tout va devenir plus désagréable, et non pas moins désagréable, d'ici à la date des Élections. J'ai toujours fait montre de courtoisie et de considération à l'endroit de notre vieil ami... Malgré tout, je ne peux pas oublier la façon dont il m'a laissé tomber sur la question des Dardanelles, me laissant tranquillement faire seul les frais de la politique qu'il avait activement soutenue à tous les stades. Je peux encore moins oublier son intervention après mon départ du Gouvernement pour empêcher Bonar Law de me donner le commandement en Afrique orientale et pour me priver de la Brigade à la tête de laquelle French m'avait déjà nommé. Enfin, il y a la vacance de 1916 au ministère de l'Armement, qui lui aurait très facilement permis de me faire revenir, comme Lloyd George l'y poussait.... Comme vous le savez, je ne suis aucunement vindicatif ; au contraire, plutôt l'inverse. Malgré tout, je ne crois pas que si l'on met les torts de chacun dans la balance on puisse douter le moins du monde du côté où elle penchera.

... L'Irlande va immanquablement nous causer toutes sortes de difficulté et d'embarras, et je suppose que ce sera à moi d'en porter le poids à la Chambre des communes. Reste que je suis très content que cette tâche soit entre mes mains, et espère réussir à naviguer au mieux à travers toutes les tempêtes et tous les écueils....

Je vais régler un nouvel épais paquet de factures pour Miss Street[2]. Elle me dit que les comptes étaient proches de l'équilibre la semaine dernière.

Je pars à l'instant pour Sutton [Place][3]. J'espère voir Randolph, peut-être ce soir à l'aller, peut-être sur le chemin du retour lundi....

Longues conversations avec Thornton Butterworth [l'éditeur] sur la taille du livre. Il est clair pour lui que le premier tome ne doit avoir qu'un volume et pas deux, mais son lecteur juge tout le contenu si intéressant que c'est dommage d'éliminer quoi que ce soit. Je n'en suis pas sûr du tout. Je pense que beaucoup d'élagage est souhaitable...

Nous avons convoqué Arthur Griffith[4] et Michael Collins[5] ici immédiatement afin de tenter de redresser la situation qui se détériore en Irlande. Mais viendront-ils ? C'est là que le bât blesse. S'ils viennent, il faudra que je revienne de Sutton demain....

Les Arabes de Palestine sont venus me voir ce matin et sont repartis avec un projet de Constitution sur lequel ils pourront grommeler à loisir....

Allenby[6] a quitté l'Égypte, et il est sur le chemin du retour, mais cette fois-ci cependant pas tout à fait en qualité de Conquérant de l'Orient. Tous les journaux patriotards font l'éloge du noble et puissant géant militaire et se gaussent du pauvre Gouvernement, faible et indécis, prêt à tous les abandons. Ils n'ont qu'une vague notion de la réalité des faits....

J'ai donné mon accord à Mr Hunt pour la construction des rayonnages à livres et pour les caves à charbon et à vin. Je continuerai à me passer de parquet dans ma chambre. Il y a au moins huit très gros clous qui dépassent du linoléum, en embuscade pour ma patte qui ne se méfie pas.

Hélas, je ne vois aucune perspective de Soleil et de Midi, sauf bien sûr si les prophètes de malheur ont raison et que nous sommes déchargés de nos fonctions par une bombe parlementaire. Dans ce cas je me hâterai de vous rejoindre.

Beaucoup d'Amour
Vtre mari qui vous aime
W

1. « Wee Frees » était le nom donné à la minorité de la Free Church of Scotland qui resta à l'écart lorsque la plus grande partie fusionna avec la United Presbyterian Church pour former la United Free Church en 1900. Cela devint le surnom des libéraux asquithiens après la rupture de décembre 1916 avec les libéraux qui suivirent Lloyd George.

2. Margery Street, secrétaire particulière australienne qui arriva en avril 1921 pour renforcer les effectifs quelques mois mais resta en fait auprès de la famille jusqu'en 1933, où elle repartit pour l'Australie. Connue affectueusement sous le nom de « Streetie ». Nous sommes toujours restés en contact avec elle.

3. Sutton Place, près de Guilford, l'une des résidences du duc de Sutherland. Appartint ensuite à J. Paul Getty, milliardaire américain du pétrole et collectionneur d'art.

4. Arthur Griffith (1872-1922), élu président du parti Sinn Féin en 1917, et chef de file des délégués qui avaient signé l'*Irish Treaty* en décembre 1921. Président du Dail [Assemblée nationale irlandaise, *ndt*].

5. Michael Collins (1890-1922), nationaliste irlandais et personnalité du Sinn Féin.

6. Maréchal Sir Edmund Allenby, premier vicomte Allenby (1861-1936), haut-commissaire pour l'Égypte de 1919 à 1925.

◊ De Clementine   Hôtel Mont-Fleury
3 février 1922

Mon Winston chéri

Ne vous faites pas de souci pour ma santé – Je me sens <u>vraiment</u> très bien vu les circonstances....

Un soleil magnifique ces 3 derniers jours, mais aujourd'hui du mistral, mais aussi du soleil – Je fais un peu de tennis – Il y a ici, en ce moment, un tournoi de club de difficulté modérée & j'y participe, mais uniquement en « double »…. N'allez pas penser que j'en fais trop. Au contraire depuis que le soleil est arrivé & que j'ai commencé à jouer, je me sens mieux & après le tennis je retourne à mon petit nid. J'évite le casino, sa chaleur & la fumée de tabac sans parler des dangers financiers. Votre pauvre Chatte a perdu 10 £ au chemin de fer & en est très fâchée –

Cet hôtel est tellement douillet & tout le monde est très gentil avec moi....

J'ai lu le discours de F.E. [Smith/Birkenhead] – Plutôt bon, à mon avis. Je dois dire que je n'aime pas cette histoire de Gênes. Ll.G. [Lloyd George] va faire ami-ami avec ces canailles de bolcheviks & monter les Allemands ctre ces pauvres Français[1].

Je ne pense pas qu'il soit opportun de rencontrer Lénine avant qu'il n'ait organisé des élections législatives – Les hommes politiques français sont exaspérants, mais les Français eux-mêmes sont si courageux & durs à la tâche qu'à mon avis, nous ne devrions pas leur donner des raisons de se quereller avec nous....

J'adore recevoir vos lettres....

Oh mon doux Pig chéri, j'ai tellement envie que vous soyez ici....

Au revoir chéri – Embrassez nos deux chatons roux pour moi. Je me demande si le prochain aura aussi les cheveux roux. Qu'est-ce qu'on parie : « *Rouge ou noir* » ?

Votre Clemmie
qui vous aime

1. La conférence de Gênes de 1922 avait pour objet de trouver un accord sur un rééchelonnement des réparations allemandes (qui accusaient des retards), de persuader les États-Unis d'annuler ou de réduire les dettes de guerre des Alliés et d'encourager la Russie à commercer avec d'autres pays. En fin de compte, les Américains ne parti-

cipèrent pas à la conférence, les Français refusèrent de faire quelque concession que ce soit sur les réparations, et les Russes et les Allemands conclurent un accord séparé.

o De Winston
7 février 1922

Chambre des communes
[depuis le banc des ministres]

Ma chérie,

J'écoute Sir Donald Maclean[1] ! La session commence bien – & se terminera vraisemblablement mal.

Archie [Sinclair] est revenu ce matin et m'a donné des nouvelles fraîches & magnifiques de vous. Il m'a décrit vos prouesses & vtre agilité au tennis… en des termes qui m'ont procuré bcp de plaisir – mais aussi quelque inquiétude (eu égard à certaines circonstances que nous sommes les seuls à connaître).... Mais il m'a aussi énormément remonté le moral par le tableau qu'il m'a peint de vtre belle récupération physique & mentale. Je suis si content. Surtout, restez jusqu'à ce que vous soyez vraiment rétablie pour affronter le combat. J'aurai bcp besoin de vous. La situation va inéluctablement aboutir à une crise & vous pouvez me rendre d'énormes services dans la bataille....

Je suis tout à fait d'accord avec vous sur Gênes. Cette orientation est exécrable. Ce n'est pas une politique nationale britannique mais seulement l'affaire purement personnelle de Ll.G. [Lloyd George]. Reste que nous sommes tous prisonniers les uns des autres ! (Sir Donald est toujours à l'œuvre ; & le P.M. trépigne en attendant de pouvoir répondre.) …

Mon tendre amour ma douce chérie – Voulez-vous que je vous envoie de l'argent – Vous n'avez qu'à me communiquer vos délicates volontés. Cela fait aujourd'hui quinze jours que vous êtes partie. Je sais quelle chatte économe vous êtes, mais la Côte d'Azur est un endroit effroyablement cher....

Par-dessus tout ne vous épuisez pas....

… Ça y est, Sir Donald a fini son insipide discours & Ll.G. est debout.

Avec mon profond amour une fois de plus & je regrette de ne pvoir déposer un baiser sur vs chères lèvres

Au revoir ma bien-aimée
Ici se termine ce petit mot fragmentaire & décousu de
Votre fidèle Pig mal dégrossi
W

1. Sir Donald Maclean (1864-1932), député libéral. Président du groupe parlementaire libéral de 1919 à 1922.

◊ De Clementine Hôtel Mont-Fleury
7 février 1922

Mon chéri

Deux lettres merveilleuses et passionnantes de vous....

Je suis un peu triste à propos de l'épisode Asquith (je veux dire, la phrase dans votre discours). Tout ce que vous me dites de la manière froide & détachée dont il vous a traité dans les cas que vous citez est plus que vrai –

Néanmoins, comme votre intention n'était <u>pas</u> de faire allusion à sa contribution pendant la guerre & que c'était <u>simplement</u> la manière dont la phrase était tournée qui le laissait penser, il me semble qu'il serait élégant, raisonnable & généreux de le faire savoir.

Tout le monde est conscient de ses limites & je crois que, dans ses rêves & dans ses pensées intimes, notre vieil ami se remémore sa guerre & essaie de se convaincre qu'il n'aurait pas pu faire preuve de plus d'énergie – Il en a mobilisé autant qu'il le pouvait, mais il n'est pas dynamique par nature – Il a déployé plus d'énergie alors qu'il ne le fait actuellement pour se hisser de nouveau au pouvoir.

C'est une chose tout à fait différente que de critiquer son manque de soutien au gouvernement maintenant que la guerre est terminée ; mais il ne serait pas vraiment humain s'il ne se réveillait pas de temps à autre pour essayer de leur mettre des bâtons dans les roues – Oh mon chéri, faites-vous colombe & corrigez cette injustice – pour nous faire plaisir, à vous & à moi. Les gens ne pourront que dire « Voyez comme Winston est quelqu'un de bien. »

Les coups violents ne me dérangent pas (du moins pas outre mesure), mais je pense vraiment qu'il est extrêmement cruel de dire quoi que ce soit à propos de ce qu'un homme est parvenu à accomplir en temps de guerre – Et il a été affecté plus que nous ne l'avons été par la guerre, et par la mort....

Ah, j'allais oublier de vous dire que Mr Scovell & moi avons gagné le double mixte (à handicap) du tournoi de tennis de Cannes ! C'est un grand événement dans mon expérience du tennis, car je n'avais jamais auparavant remporté de trophée dans une compétition officielle. Je me sens si bien quand je joue & le petit chaton en moi adore cela aussi – Il [Elle – en fait !] me dit de temps à autre de manière très distincte « bien joué »....

J'aimerais tant vous voir, mon Winston chéri à moi.

Je suis toute rose & en bonne santé, à ce qu'on me dit, ou comme le dit Bessie [sa femme de chambre] de manière plus prosaïque, « vous avez le teint moins gris que lorsque nous sommes arrivées »....

Amour tendre de
Clemmie
...

o De Winston [dactylographié]   Colonial Office
10 février 1922

Ma chérie,

...

La Session s'est ouverte très timidement. Le Parlement semble plus mort que vif, et on ne peut s'empêcher de penser qu'il a épuisé son utilité et sa mission.

Toute la charge de ce qui concerne l'Irlande m'est désormais dévolue... Ce sera très difficile de conserver la confiance des populations de l'Ulster tout en poursuivant la politique du Gouvernement. Actuellement, c'est bizarre, elles semblent bcp mieux disposées envers moi que vis-à-vis d'aucun des dirigeants conservateurs patentés....

Tard dans la soirée d'avant-hier j'ai fait un discours qui répondait en bloc aux questions soulevées au cours du Débat et en particulier à Master Oswald Mosley[1]. J'avais décidé de ne le préparer d'aucune manière, et je suis donc parti dîner avec Edie [marquise de Londonderry] à Londonderry House.... Je suis ensuite revenu trois-quarts d'heure avant de prendre la parole, j'ai écouté ce qui se disait, et comme dirait F.E. [Smith/Birkenhead] je me suis mis à voler de mes propres ailes « pleinement déployées ». Ce fut vraiment un beau succès ; pas de souci, pas de travail, mais une expérience plus qu'agréable.... Je crois que je suis désormais à même d'intervenir dans les débats en toute liberté, et j'ai l'intention de recourir aux notes encore beaucoup moins qu'auparavant....

Vos triomphes au tennis m'enthousiasment. Vous semblez être au sommet de votre forme là-bas, et ce doit être délicieux de briller à un jeu que vous aimez tant....

Je sens nettement que j'ai quelque chose à la gorge depuis quelque temps et j'ai passé les quatre dernières nuits avec des compresses d'eau froide. Il faut que j'essaye de fumer un peu moins.

UNE SOMBRE ANNÉE

✍ Je suis resté trop tard dans la nuit hier au dîner d'anniversaire d'Edwin [Montagu] – seulement 8 hommes – mais bcp de papotage.

Avec mon tendre amour ma très chère Clemmie
Votre mari qui vous aime
W.

1. Oswald Mosley (ensuite sixième baronnet Mosley, 1896-1980), à l'époque député conservateur. [Les Churchill prennent un malin plaisir à lui donner du « Master » car il y a droit, étant héritier du titre. *ndt*] En 1920 il avait épousé Lady Cynthia Curzon, fille de Lord Curzon. Elle mourut en 1933, et en 1936 il se remaria avec Diana Mitford, fille du second baron Redesdale. Brièvement député indépendant, puis travailliste de 1924 à 1931. Chancelier du duché de Lancastre en 1929-1930. Fondateur de la British Union of Fascists en 1932. Lui et sa femme furent internés pendant la Deuxième Guerre mondiale suite à la proclamation de l'état d'urgence.

◊ De Clementine   Hôtel Mont-Fleury
13 février 1922

Mon chéri

...

Votre brillante réponse dans le débat de la semaine dernière m'a ravie. C'est bien sûr beaucoup plus dangereux de parler sans notes, au cas où l'on ferait une erreur, mais aussi beaucoup plus amusant –

Master Oswald Mosley est un jeune lionceau très effronté qui a besoin d'être maintenu à sa place mais, bien sûr, c'est plutôt un honneur que d'avoir l'un des personnages les plus en vue du pays pour vous y maintenir.

Je suis très heureuse à la pensée que votre point de vue l'emporte sur tant de sujets importants....

Nous nous sommes bien amusés au tournoi de Nice, mais nous ne sommes pas allés très loin car il y avait beaucoup de joueurs exceptionnels....

Est-il préférable que je rentre pour [le] mariage royal[1] ou que je reste jusqu'à la 1re semaine de mars ? La maison me manque & j'ai besoin d'être caressée par mon Pig. Aujourd'hui est notre première journée de vrai beau temps & je suis assise sur le balcon, où je vous écris.

Au revoir, mon amour chéri. Venetia [Montagu] m'a quittée & vous donnera de mes nouvelles dans le détail.

Votre Clemmie
qui vous aime

1. Le mariage de la princesse Mary, fille unique du roi George V et de la reine Mary, avec le vicomte Lascelles (par la suite sixième comte de Harewood), le 28 février 1922.

En juillet, Goonie et Clementine, qui devait accoucher en septembre, louèrent une maison au bord de la mer dans le Devonshire pour quelques semaines.

o De Winston   Colonial Office
15 juillet 1922

    Ma chérie,

    Une adorable lettre de vous est arrivée ce matin – ce qui me met sur un pied d'égalité avec vtre Mamma qui a reçu la sienne hier soir !... Je suis sûr que vous & Goonie allez passer de bon moments ensemble, chacune distrayant l'autre, & que vous allez reprendre des forces dans la paix & la tranquillité....

    J'ai eu une semaine ts fatigante avec des séances de nuit aux Communes, & hier soir un bal chez Philip [Sassoon] où je suis resté jusqu'à 2 heures du matin. Toutes mes cavalières étaient là & j'ai fait 8 danses de suite. Bon exercice. J'ai acheté ce matin un exemplaire de Milton relié par « Cobcore »[1] pour Edwina[2]. Je le lui envoie avec un mot pour lui expliquer que « Le paradis perdu » n'est pas le message que je veux lui transmettre. Elle a passé toute la soirée d'hier à danser, extasiée, avec son gamin de marin. Spectacle ts agréable. J'espère qu'ils seront heureux. Ils n'auront à s'en prendre qu'à eux-mêmes s'ils ne le sont pas.

    Le dîner pour le Prince prend de l'ampleur & on atteindra je pense 16, voire 18 convives. N'ayez aucune crainte. Je vais tout organiser avec vtre excellent personnel.

    L'Irlande se débat dans la tourmente, & maintenant voilà que le projet de budget des trois armées me tombe dessus avec les critiques qu'il m'incombe de formuler à son encontre, & bcp bcp d'autres corvées aussi. Toutefois j'ai accepté ces charges & il faut que je les prenne sur moi. Je le peux !

    Au revoir ma chérie à moi. Mes amitiés à Goonie & mille baisers à vous de

                      Vtre mari qui vous aime à jamais
                                  W

1. John Milton, *Paradise Lost*, imprimé et relié à la Doves Press, Hammersmith, Londres (Cobden Sanderson), 1902. Cette édition valait 1 000 £ à la fin des années 1990.

UNE SOMBRE ANNÉE

2. Edwina Ashley, petite-fille de Sir Ernest Cassel, épousa le lieutenant Lord Louis Mountbatten de la Royal Navy (ensuite comte Mountbatten de Birmanie [Earl Mountbatten of Burma]) le 18 juillet 1922.

o De Winston
Dimanche 16 juillet 1922

Gunnersbury Park[1]
Acton [Londres], W.3.

Ma chérie,

Je ne sais pas trop ce que je suis venu faire ici. À l'intérieur il y avait plusieurs personnes que je ne connaissais pas, & dehors une absence totale de soleil....

Je voulais vous parler de Northcliffe hier. Il a une infection due aux streptocoques dans le sang & personne ne s'est jamais remis de cette maladie-là. Je tiens le renseignement de son frère[2]. « *Sic transit gloria mundi.* » Je ne peux m'empêcher de compatir – même si Dieu sait à quel point il a été cruel avec moi en ces jours maudits de 1916.

Notre chef révéré [Lloyd George] en est sans doute grandement soulagé, mais sur la question des Honneurs ou plutôt des Déshonneurs il est poltron comme un lièvre[3].... Il a consenti à la création d'une Commission nationale pour voir quelles mesures il faudrait prendre pour interdire à un Premier ministre de détourner la Prérogative royale de ses fins. Effroyable humiliation qu'il espère pouvoir effacer à bon compte en biaisant & en louvoyant.

Mon tendre amour ma très chère. Je n'arrive pas à me faire à vtre absence. Dites-moi quand vous allez revenir de vtre excursion dans le Devon....

Votre dévoué
W.

P.-S. Notre vieil ami [Asquith] est arrivé à la soirée de Philip [Sassoon] passablement éméché. Le P.M. l'a accompagné jusqu'en haut des escaliers en se montrant assez chevaleresque pour lui laisser la rampe. C'était un spectacle qui faisait mal. Il embrassait un grand nombre de gens affectueusement. Je présume que c'étaient tous des parents.

Vraiment cette lettre consiste à raconter « des histoires tristes de morts de rois[4] ».

J'irai danser chez V. Rutland[5] demain soir – après le Vote.

WSC.

1. Gunnersbury Park était l'une des résidences de Mrs Leopold Rothschild.

2. Harold Sidney Harmsworth, premier vicomte Rothermere (voir p. 163 n. 3).

3. Lloyd George avait autorisé la vente de titres de chevalier et autres distinctions à des récipiendaires qui n'avaient rien fait pour les justifier, et cela contribua au bout du compte à sa chute.

4. Shakespeare, *Richard II* (acte III, scène II). [*ndt*]

5. Violet, duchesse de Rutland (née Lindsay), épouse du huitième duc de Rutland (1852-1925). Artiste décédée en 1937. Mère de Lady Diana Cooper.

◊ De Clementine Preston House
17 juillet 1922 Saunton Sands

Winston chéri

Votre lettre m'est parvenue ce matin, de même que le livre de Coué, qui est remarquable, mais très court vu son formidable sujet.

La soirée dansante chez Philip [Sassoon] a dû être très amusante – C'est un hôte merveilleux –

J'ai bien peur que ma pauvre petite nappe ne parvienne pas à accommoder 18 convives. Mais j'ai par chance acheté une armature pour la table au cas où vous recevriez des hôtes royaux tout au long de ces deux semaines ! (on ne sait jamais, cela pourrait devenir une habitude)....

J'espère que le gouvernement réussira malgré tout à se sortir du débat des « Honneurs » aujourd'hui – Ils devraient y parvenir dans la mesure où la Chambre des communes a l'air tout à fait incompétente & incapable de faire valoir son point de vue sur quoi que ce soit....

J'ai vu que Lady Beatty était convaincue que l'un des invités de son bal lui avait chipé sa broche de 2 000 £ ! Auriez-vous par hasard assisté à ce bal ?!!

J'ai toujours adoré les perles roses & grises –

Votre

qui vous aime et qui « tous les jours et à tous points de vue » devient de plus en plus ronde[1].

1. Une allusion à la méthode Coué qui exigeait de ceux qui la suivaient de répéter constamment le mantra : « Tous les jours et à tous points de vue, je vais de mieux en mieux. »

o De Winston   Colonial Office
18 juillet 1921[22]

XX pour Goonie
Jack dîne avec moi ce soir.

Ma chérie,
Quel choc j'ai eu dimanche quand [le Dr] Hartigan a téléphoné à propos de Sarah. J'ai vraiment été soulagé d'apprendre qu'il s'agissait de la rougeole. Cette école semble assurément avoir des réserves inépuisables de maladies. Ce matin Sarah était normale & Hartigan l'a déclarée convalescente. Mais il faut que nous fassions ts attention à ne pas la laisser sortir trop tôt. Pour l'instant Diana semble aller bien.

J'étais si content que vous soyez ailleurs. Vous ne devez revenir à aucun prix....

Il a fallu reporter mon dîner. Le prince n'ayant jamais eu la rougeole – il avait peur de compromettre ses vacances – bien méritées. Il viendra en octobre à la place.

Le débat sur les Honneurs a été sordide à l'extrême & ne pourra que nuire au Gouvt dans le pays, & au pays dans l'Empire. Le P.M. [Lloyd George] a été lamentable & tout le monde s'accorde pour juger qu'il a fait là le plus mauvais discours de sa carrière. C'est un vrai déclin. Tout au long de l'année nous avons souffert de ses contradictions personnelles.... & voici pour finir la Gaffe sur les Honneurs. En dehors de cela – tout se passe assez bien.

Ma chérie à moi j'espère bien que vous prenez du bon temps sans vous faire le moindre souci....

Les choses vont bien à la Bourse. Énorme foule au mariage des Cassel. Je n'ai pas pu y aller.

Avec mon tendre amour
Vtre dévoué
W.

o De Winston   Colonial Office
20 juillet 1922

Ma chérie,
Je vous conseille fortement d'aller au Ritz vous loger à la bonne franquette[1] lors de votre passage à Londres. Vous vous devez d'éviter d'entrer en contact avec Diana car si elle incube la rougeole & que vous

l'attrapez ce serait catastrophique pour vous & vtre chaton. Je crois qu'il faut obéir à Hartigan sur ce point....

J'espère que le Parlt vaquera le 4 août & avant cette date j'essayerai de vous rejoindre à Frinton [-on-Sea]....

Mon tendre amour ma Clemmie chérie. J'ai hâte de recevoir une nouvelle lettre & encore plus de vous revoir.

Toujours vtre dévoué
W

1. L'un des aphorismes préférés de mon père était « En fin de compte c'est moins cher au Ritz. »

Lors des derniers mois de sa grossesse, Clementine, qui toute sa vie avait adoré être au bord de la mer, était heureuse et sereine à Frinton-on-Sea en compagnie de ses enfants. Elle était parfaitement satisfaite que Winston poursuive ses propres engagements. Il les rejoignit tous quelque temps avant leur retour à Londres pour la naissance de leur cinquième enfant.

◊ De Clementine
8 août 1922

Maryland
Frinton-on-Sea

Mon Winston chéri

...

Victor Cazalet & sa sœur[1] arrivent aujourd'hui & Nellie est ici. Ses enfants sont de véritables amours & Sarah en est <u>folle</u>.... Lord Northcliffe semble mourir à petit feu. Qu'adviendra-t-il de ses journaux ? Lénine, par contre, donne l'impression de se requinquer. Pauvre Pig – Pas de chance !! J'espère, mon chéri à moi, que vous êtes sage & prudent & que vous ne <u>brûlez</u> pas vos pauvres moustaches aux tables de jeu. Rappelez-vous que l'an dernier vous avez perdu en une nuit la presque totalité du loyer de cette jolie maison. Je suis <u>vraiment</u> si heureuse ici – C'est un endroit exquis & tellement confortable. Je ne sors que rarement du jardin et je passe mon temps à me prélasser. Les enfants gambadent partout, mais je ne suis pas (pour l'instant) suffisamment agile pour courir derrière eux.... Je lis Shakespeare à Diana & à Randolph & ils <u>adorent</u> cela, ce qui me fait plaisir, mais me surprend quelque peu.

Nous venons juste de terminer le Marchand de Venise & allons commencer Henri V. Je leur ai fait apprendre certains passages par cœur....

Je suis tout excitée par l'arrivée d'un nouveau chaton – Encore 5 semaines & un nouvel être – un génie peut-être – mais de toute façon très cher à nos cœurs – fera son apparition & réclamera notre attention. J'espère, chéri, qu'il sera comme vous –

Dans trois jours, le 11 août, notre Marigold a commencé à décliner ; elle est morte le 23....

Votre Clemmie
qui vous aime très fort

1. Thelma Cazalet (1899-1989), militante féministe et collectionneuse d'art. Députée conservatrice de 1931 à 1945 ; occupa brièvement un poste subalterne dans le gouvernement provisoire de WSC de mai à juillet 1945. En 1939, elle épousa David Keir (décédé en 1969) et prit le nom de Cazalet-Keir.

o De Winston   Dans le train
9 août 1922

Ma Clemmie chérie,

Je suis en route pour Paris. À Deauville le temps était ts décevant – nuageux, froid, un déluge de pluie. J'ai eu un maigre soleil capricieux les après-midi & j'ai peint un petit tableau & barbouillé quelques toiles.

Hier Max [Beaverbrook] a eu de la fièvre suite à un coup de froid attrapé en se baignant ; & le soir il avait plus de 39 et n'allait vraiment pas bien. Aujourd'hui il va mieux & le médecin (français[1]) déclare que demain il sera sur pied.... J'ai fait du cheval tous les jours avec Jack W[odehouse][2] ; & je vais vraiment bcp mieux pour ce qui est de l'indigestion – & en fait sur tous les plans. Deauville gagne à être connu à mesure qu'on s'y fait un cercle d'amis....

Le roi d'Espagne arrive cet après-midi. Son avant-garde sous la forme d'une actrice de toute beauté s'est déjà installée dans une somptueuse villa ; & un gd nombre de poneys sont également là.

Quel ramassis de commérages ! Mais l'endroit est partout rempli de ce genre de chose. Je ne regrette pas de m'en éloigner – même si j'aurais bien aimé voir Max entièrement remis avant de partir....

Max m'a fait un récit extrêmement sombre des derniers moments de Northcliffe. Résistance violente au traitement, 2 infirmiers, ts solide constitution en lutte avec un poison pernicieux, peu d'amis, pas d'enfants, délire, dépression, frénésie.... Le pauvre – ses pires ennemis ne peuvent que le plaindre. Max a fait montre d'une gde compassion & d'un grand chagrin & il a conservé en tous points une attitude extrêmement correcte vis-à-vis du sort malheureux de son colossal rival. Il n'en a plus pour longtemps.

Ma douce chérie je joue affreusement les paresseux. Fainéant au sens premier du terme. Au lit tous les soirs avant minuit. Pas de casino – j'ai perdu mes 300 francs & franchement dans le plus gd ennui. J'ai évité la mer (après un unique plongeon qui m'a fait grelotter) & j'ai coupé aux fâcheuses conséquences que Max a subies.

J'aurai l'immense plaisir de vous revoir tous le 20.

Avec mon tendre amour
Votre dévoué à jamais
W.

P.-S.

Parmi d'autres célébrités dans les salles j'ai aperçu le Shah de Perse qui se délestait de l'argent de ses sujets, que lui tendait son Premier ministre paquet par paquet. Vraiment nous ne connaissons pas du tout cela avec notre bon Monarque !

1. WSC écrit « (frog) », *grenouille*. [ndt]
2. John (« Jack ») Wodehouse, ensuite troisième comte de Kimberley (1883-1941), ami de polo de WSC et son secrétaire politique particulier de 1922 à 1925.

o De Winston   The Woolsack
14 août 1922   [Mimizan, Landes]

Ma Chérie à moi,

Les jours passent à la vitesse de l'éclair. Je fais du cheval de 7 h 30 à 9 h. Travaille à mon livre[1] jusqu'au déjeuner 12 h 30. Prends l'auto avec Ferdinand pour aller peindre jusqu'au Dîner. Ensuite au lit. Demain nous[2] allons à Biarritz & Saint-Jean-de-Luz[3] pour deux ou trois jours. Je crois que nous n'y resterons pas longtemps. Le temps n'a pas été spécialement beau…. bien que j'aie peint tous les jours. Cet endroit du monde est vraiment merveilleux. Les gens sont prospères dans leur pauvreté. Heureux, accueillants & avec une ribambelle d'enfants adorables. Le paysage est non seulement riche mais varié. Je le trouve plein de beauté & de charme….

Côté politique, je ne perds rien à être si loin & peut-être même que pour un certain nombre de raisons c'est tout aussi bien que j'aie pris un peu mes distances.

La situation en Irlande mûrit doucement & il devrait bientôt y avoir la possibilité de progresser vers l'unité. La mort d'Arthur Griffith[4] est un coup dur. Mais je pense que nous sommes désormais assez solides pour survivre. Le pauvre – c'était quelqu'un de bonne volonté & de bonne foi. Je regrette sa mort....

Ma chérie j'ai souvent pensé à vous tous & tout particulièrement à vous. Oui je revis ces tristes scènes de l'an dernier lorsque nous avons perdu notre chère duckadilly. Pauvre petit agneau – c'est une plaie béante, à chaque fois que l'on y touche & soulève les bandages & les pansements de la vie quotidienne. J'espère vraiment, en priant pour cela, que tout va bien de votre côté. Je n'ai pas eu de lettre par estafette – mais je suis sûr que pas de nouvelles, bonnes nouvelles.

Votre aventure est maintenant ts proche de sa fin & j'ai tellement hâte de vous voir tirée d'affaire & en bonne santé avec un nouveau mignon petit chaton à chérir...

Avec mon tendre amour le plus profond à vous & Diana, Randolph & Sarah X X X

Je reste
Votre mari qui vous aime à jamais
W.

P.-S. J'ai lu et relu en fignolant & terminé les 3 chapitres restants du livre & les ai expédiés à l'imprimeur.

1. Le premier volume de *The World Crisis* (*La Crise mondiale*), publié en 1923.
2. WSC était accompagné par Eddie Marsh, le secrétaire particulier de service.
3. WSC écrit « St John of Lice » (*lice* = les poux) et MS donne [Saint-Jean-de-Luz] entre crochets. Saint-Jean-de-Luz est donc renommé Saint Jean des Poux par WSC. [*ndt*]
4. Après le décès de Griffith le 12 août 1922, Michael Collins prit sa suite à la tête de l'État ; il fut assassiné par des compatriotes irlandais dix jours plus tard, le 22 août.

À son retour, Winston se rendit comme prévu à Frinton où toute la famille fut rassemblée pendant une dizaine de jours ; après quoi Winston et Clementine retournèrent à Londres.

Tôt le matin du 15 septembre, Clementine accoucha sans problème de son cinquième et dernier enfant – une petite fille nommée Mary.

Un autre événement important pour la famille marqua ce mois de septembre : Winston acheta le manoir de Chartwell, près de Westerham dans le Kent, qu'il avait vu l'année précédente et dont il était tombé amoureux. Nous savons que la première impression de Clementine lorsqu'elle avait découvert la propriété avait été extrêmement favorable, mais, après plusieurs autres visites, son enthousiasme avait rapidement décliné. En dépit de sa magnifique situation surplombant le Weald du Kent, le manoir vic-

torien, construit autour d'une maison beaucoup plus ancienne, était humide, délabré et envahi par la pourriture sèche. Clementine était consciente que ces nuisances ne pouvaient être surmontées qu'en reconstruisant pratiquement toute la maison. Ses objections grandissantes à l'achat de Chartwell semblèrent, dans un premier temps, avoir convaincu Winston, mais il était tombé amoureux de l'endroit et, alors même qu'ils visitaient d'autres propriétés, le charme de Chartwell restait présent à son esprit et dans son cœur. Peu de temps avant ma naissance, il fit une offre sans en parler à Clementine et plus tard le même mois son offre, qui correspondait au prix demandé de 5 500 £ pour la maison et les 32 hectares de terrain, fut acceptée.

Ma mère m'a raconté qu'au cours de leurs 57 années de mariage, cela avait été la seule fois où mon père n'avait pas été d'une franchise totale envers elle. « Winston n'était pas indifférent à ce que pensait Clementine à ce propos – au contraire, il recherchait son approbation pour ce qui était une décision majeure dans leur vie. Mais il ne douta jamais qu'il parviendrait à lui faire partager son enthousiasme pour un endroit qui l'avait tant séduit et qui, il en était sûr, serait une demeure parfaite pour eux tous[1]. »

1. Mary Soames, *Clementine Churchill*, 1979, p. 219.

Chapitre XII

SANS SIÈGE, SANS PARTI ET SANS APPENDICE

Bien que les résultats des élections législatives de 1918 aient été une victoire décisive pour la Coalition et un triomphe personnel pour Lloyd George, la position des libéraux était fragile car le gouvernement dépendait du soutien des conservateurs et, au fur et à mesure que le temps s'écoulait, la tension s'accroissait entre les deux partis. À l'issue du scrutin, le Parti travailliste était devenu le plus important parti d'opposition et, dans les années qui suivirent, le soutien de la classe ouvrière pour Lloyd George et les libéraux déclina graduellement. La vente avérée de distinctions par Lloyd George et enfin l'incident de Chanak lors de la guerre gréco-turque[1] au début de l'automne 1922 exacerbèrent la pression pour un éclatement de la Coalition. À la célèbre réunion du Carlton Club, le 19 octobre 1922, auquel participa une large majorité des élus conservateurs, Stanley Baldwin[2], soutenu par Bonar Law, réclama avec force qu'il soit mis fin à cette dernière ; Churchill, qui avait essayé de dissuader Baldwin de suivre cette voie, était lui-même absent car il avait été pris trois jours plus tôt d'une violente crise d'appendicite.

Au Carlton Club, une large majorité se prononça en faveur d'un retrait de la Coalition, ce qui précipita la chute du gouvernement. Bonar Law forma un gouvernement conservateur et des élections législatives s'ensuivirent.

À cette époque l'appendicite était une affection dangereuse : le 17 octobre, Winston fut opéré avec succès à l'hôpital, mais il était trop mal en point pour voyager ou prendre part à la campagne électorale à Dundee avant qu'elle ne se termine. Aussi le 6 novembre, Clementine prit son bébé de sept semaines avec elle et s'en alla courageusement rejoindre la mêlée au nord.

Un groupe de partisans et d'amis fidèles et enthousiastes se rassemblèrent à Dundee, comme le général Spears (un ami de Winston depuis ses jours au front) et Lord Wodehouse, mais la maison dans laquelle logeait

Clementine se trouvait à Dudhope Terrace [la rue Sans Espoir], ce qui n'était pas vraiment de bon augure.

    1. En août 1922, alors que l'armée turque avançait dans son offensive contre les Grecs en direction de Chanak, sur la rive asiatique des Dardanelles (une zone neutre imposée par le traité de Sèvres de 1920), Lloyd George, soutenu par Churchill, avait fait savoir avec fermeté à la Turquie que toute violation du traité entraînerait une guerre avec l'Empire britannique. Grâce à l'action indépendante du commandant local et à la fermeté affichée par Lloyd George, la guerre fut évitée. Lloyd George fut très critiqué en Grande-Bretagne ; les conservateurs étaient particulièrement irrités par le fait qu'il n'avait pas consulté les responsables des dominions. Churchill lui-même ne fut pas épargné.
    2. Stanley Baldwin (1867-1947), par la suite premier comte Baldwin de Bewdley. À l'époque, ministre des Finances (1922). Effectuera trois mandats en tant que Premier ministre, 1923-1924, 1924-1929 et 1935-1937.

o De Winston [dactylographié]   2 Sussex Square
6 novembre 1922

    Ma chérie,
    [Le Dr] Hartigan a examiné Sarah ce matin et il dit qu'elle a eu un petit coup de froid rétro-nasal qui comme c'est tout naturel a causé une certaine irritation dans l'oreille, et que cela n'a absolument aucun rapport avec les glandes[1]. Sa température est normale et elle va très bien. Nous la gardons cependant à la maison pendant un jour ou deux par précaution....
    J'espère vraiment que vous n'avez pas été trop fatiguée par votre long voyage. J'ai eu le sentiment que c'était un gros effort pour vous de vous transporter, vous et votre chaton, sur toute cette distance hier soir. Jack Wodehouse a téléphoné ce matin pour dire que vous alliez bien et que vous alliez prendre la parole lors d'une réunion publique ce soir. Ne forcez pas. Votre simple présence aura j'en suis sûr des effets extrêmement bénéfiques....
    Ce matin, les médecins étaient très contents de mes progrès et ils ont l'air de penser qu'il ne fait aucun doute que je serai en état de tenir mes engagements à Dundee.

Avec mon tendre amour ma chérie chérie –
gros baisers à vous & au petit chaton
De vtre dévoué mari qui vous aime à jamais
W.

    1. Sarah souffrait de glandes tuberculeuses dans le cou à peu près à cette époque, et elle subit plusieurs opérations au cours de son enfance qui aboutirent à l'en débarrasser.

Clementine se jeta dans la bataille, prononçant des discours fougueux dans des réunions bondées et houleuses. Le général Spears rapporta à Winston l'âpreté et la violence de la campagne : lors d'un rassemblement, Clementine, qui portait un collier de perles, fut attaquée par des femmes qui lui crachèrent dessus. Spears lui confia avec admiration : « Clementine s'est magnifiquement comportée – telle une aristocrate que l'on mène à la guillotine dans un tombereau[1]. »

1. Relaté par Martin Gilbert dans *Winston S. Churchill*, Vol. IV, 1972, p. 878.

◊ De Clementine 10 Dudhope Terrace
Jeudi après-midi [peut-être le 9 novembre 1922]

Mon chéri,
J'ai vu F.E. [Smith/Birkenhead] qui m'a donné votre lettre – Je me réjouis d'avance que vous soyez nommé « Companion of Honour[1] ». Je pense que c'est une distinction dont il faut être fier.

La situation ici est préoccupante…. Bien sûr, je pense qu'à la minute où vous arriverez l'atmosphère changera & le public se mobilisera – Si vous venez avec le sergent Thompson [garde du corps], etc., demandez-lui d'être extrêmement discret car il ne faudrait pas que la populace pense que vous avez peur d'elle. Les journaux sont si <u>abjects</u> qu'ils interpréteraient cela de manière erronée & affirmeraient que vous aviez amené des policiers parce q. les éléments perturbateurs vous faisaient peur – La presse est capable de tout. Si vous vous en sentez la force, en plus du rassemblement du Drill Hall qui va très certainement être interrompu, je crois que vous devriez aussi prendre la parole dans une ou deux petites réunions publiques. Chaque rassemblement perturbé suscite la sympathie & apporte des voix, & cela d'autant plus que vous avez été gravement malade.

Même là où il y a eu le plus de perturbations et de grossièretés, l'atmosphère était à la bonhomie, en dépit des propos injurieux….

Je vous attends avec impatience & Dundee aussi – J'aurai le cœur brisé si vous n'êtes pas élu – J'ai l'impression que c'est la résolution de la question irlandaise qui impressionne le plus les gens. Aussi est-ce cela que je mets en avant, de même que votre contribution à l'autonomie des Boers. En revanche il me semble que ce que l'on vous reproche, c'est d'être un « belliciste[2] », mais je vous dépeins comme un Ange de paix, avec de petites ailes ébouriffées de part et d'autre de votre visage rebondi. Je pense que la ligne à suivre n'est pas tant d'« écraser les socialistes » que d'essayer, grâce à vos grandes capacités, de contribuer à apporter une solution au problème du capital & du travail. Aussi je dis à qui veut l'entendre que, puisque vous êtes maintenant dégagé des soucis & des charges du gouvernement, vous aurez le temps de trouver une solution & d'œuvrer pour cette dernière au prochain Parlement.

Mon chéri, la misère ici est effarante – Il y a des gens qui donnent l'impression de mourir de faim – Le discours électoral de Morel [le candidat travailliste] vient de paraître, <u>très modéré</u> & en faveur des seules méthodes constitutionnelles. Aussi ne peut-on pas le comparer à Gallacher[3] –

Votre Clemmie
qui vous aime

1. WSC avait été nommé Companion of Honour dans la liste des distinctions de fin de mandat.
2. Une étiquette que l'attitude de Churchill lors de l'incident de Chanak avait largement contribué à populariser.
3. William Gallacher (1881-1965), candidat du Parti communiste. Élu député dans le comté de Fife en 1935, il siégea à la Chambre de 1935 à 1950 et fut l'un des deux députés communistes élus au Parlement de 1945-1950, et le dernier (à ce jour) à siéger aux Communes.

En dépit d'efforts courageux, le courant allait inexorablement contre Churchill qui arriva à Dundee le 11 novembre ; encore très affaibli, il fut contraint de prononcer la majeure partie de ses discours assis. L'hostilité dans les rassemblements se fit encore plus violente alors que la campagne touchait à sa fin : lorsque les résultats furent rendus publics, son énorme majorité de 1918 (15 365 voix) avait été balayée[1].

Les conservateurs obtinrent une très forte majorité dans le pays. Il y eut au sein du Parti libéral un rejet décisif de Lloyd George. Mais – ce qui était plus significatif – le Parti travailliste remporta 4 millions de voix contre 5,5 pour les conservateurs.

Battus et totalement épuisés, Winston et Clementine s'en retournèrent chez eux panser leurs plaies. Winston avait siégé au Parlement sans interruption pendant vingt-deux ans et maintenant qu'il était libre de toute obligation ministérielle et parlementaire, ils décidèrent d'aller passer l'hiver à l'étranger. Le 2 Sussex Square fut mis en location et, début décembre, la famille s'installa à Cannes où elle avait loué la villa Rêve d'Or pour six mois.

Winston, beaucoup plus tard, devait se décrire ironiquement comme étant à la veille de 1923 « sans poste, sans siège, sans parti et sans appendice² ». Mais ce fut une période agréable : Clementine jouait au tennis, Winston continuait à écrire ses mémoires de guerre (The World Crisis) et, en peignant sous le soleil d'hiver, il avait tout loisir de réfléchir à sa situation.

Dans les derniers mois du gouvernement Lloyd George, Winston s'était efforcé, sans succès, d'encourager l'esprit de coalition en préconisant la formation d'un regroupement au centre qui inciterait les courants libéraux/radicaux à former un rempart efficace contre la montée de la menace socialiste. Il se retrouvait maintenant isolé dans un « no man's land » politique, entre des conservateurs purs et durs et un Parti libéral divisé et considérablement affaibli.

Au cours de ces quelques mois, il ne retourna en Angleterre qu'à trois reprises, pour accompagner Randolph et les autres enfants entre leurs écoles et Cannes, s'occuper de ses affaires littéraires et superviser les importants travaux en cours à Chartwell. Clementine resta à Cannes, où elle célébra son 37ᵉ anniversaire le 1ᵉʳ avril – Winston lui offrit une magnifique broche en diamants.

---

1. Les élus (dans cette circonscription à deux sièges) furent E.D. Morel (travailliste) et Edwin Scrymgeour (prohibitionniste).
2. Winston S. Churchill, « Souvenirs d'élections » dans *Thoughts and Adventures*, 1932, p. 213.

o De Winston [dactylographié]   Hôtel Ritz
27 janvier 1923   Londres

Ma chérie,

Nous sommes arrivés après un voyage facile et confortable, et Randolph n'a pas du tout accusé la fatigue. Le lendemain je l'ai emmené avec Pebbin [Peregrine Churchill] à Chartwell, où Tilden nous attendait¹. J'ai pris bien soin de revenir sur la grande question de la nouvelle aile à l'arrière de la maison....

D'abord.... Le plafond de la bibliothèque est à nu et c'est vraiment un très beau plafond à charpente apparente en chêne comme à Blois.... Elle peut donc être transformée en pièce de réception supplémentaire avec un plafond en chêne, dans le prolongement du salon et du boudoir. Lorsque toutes leurs portes sont ouvertes en alignement la longueur totale atteint presque 25 mètres. Tilden y tient beaucoup. C'est vrai que cela fait une très belle enfilade....

Je vais faire activer les travaux pour qu'ils parviennent à un stade d'avancement où nous pourrons discuter de tout cela dès mon retour… Goonie et Jack [Churchill] viennent voir avec moi demain…. Tout l'aménagement du jardin progresse comme il faut.

Je travaille au livre sans discontinuer et il y a beaucoup de choses que je peux régler ici alors que c'est tout à fait impossible par correspondance. Je crois que j'en serai débarrassé pour de bon lors de mon départ dimanche en huit.

… Grey[2] et Garvin ont déjeuné avec moi hier et nous avons eu une longue conversation intéressante. Ils sont très pessimistes sur la situation de l'Europe et ont l'air de penser que quelque chose d'affreux va bientôt arriver. Je n'y crois pas. Je pense que la chose affreuse est déjà arrivée.

Je suis allé voir Sir Hugh Fraser, l'avocat recommandé par mon notaire, à propos de la diffamation de l'Evening News[3]. Il ne fait aucun doute qu'il s'agit de diffamation caractérisée non protégée par le droit de critique. Je vais donc porter plainte contre l'Evening News dans les jours qui viennent et j'examine les autres journaux qui ont commis le même délit…

Voilà pour les nouvelles.

✍ Avec mon tendre amour ma chérie à moi pour vous & pour vs chatons. Randolph était triste d'avoir à faire sa rentrée, mais il s'est conduit en homme.

Vivement que je retourne au soleil….

Votre mari qui vous aime à jamais
W

1. Philip Armstrong Tilden (1887-1956), architecte, décorateur spécialiste des fresques et dessinateur d'ex-libris. En sus des Churchill, ses clients comprenaient Lloyd George et Philip Sassoon.
2. Sir Edward Grey, devenu premier vicomte Grey de Fallodon.
3. L'*Evening News* du 12 janvier 1923, suivi par le *Daily Herald* du lendemain, avait avancé que des dépenses injustifiées avaient été effectuées sur fonds publics lors du voyage de WSC en Égypte en mars 1921. WSC intenta et gagna un procès en diffamation à l'encontre des deux journaux devant la Haute cour de justice en juillet 1923.

o De Clementine   Villa Rêve d'Or
Mardi 29 janvier [1923]

Mon chéri,

Merci pour vos deux lettres….

Les projets pour Chartwell me semblent tout à fait charmants. J'espère que la « salle de couture » n'a pas disparu dans le nouvel aménagement de la tour ? À ne pas confondre avec la « lingerie »…. Parlez-en à Mr Tilden. La salle de couture doit être aussi grande & <u>agréable</u> que la lingerie ici. 2 ou 3 femmes de chambre y coudront chaque jour.

L'ajout d'une pièce qui portera la longueur de la réception à 25 mètres me paraît une idée séduisante & grandiose. Il faudra qu'on y organise un Festival officiel !

J'espère sincèrement que nous attraperons cet abject Rothermere & que nous le forcerons à s'aplatir[1].

J'ai gagné le tournoi avec Mr Scovel ! C'était très excitant. Je me suis beaucoup amusée. Mama est venue me rendre visite & aujourd'hui, je la ramène à Monte-Carlo dans notre voiture….

Mama est allée au casino 2 ou 3 fois. Elle y reste de 3 h à 7 h [du soir]. Je n'y ai pas mis les pieds depuis votre départ, sauf en coup de vent pour en extraire Mère de force. Elle a péniblement gagné 7 000 francs & a tout reperdu en 10 minutes. Une telle folie me dépasse….

… J'ai maintenant devant moi quatre jours de tranquillité, comme Diogène dans son tonneau, avec de temps en temps une petite escapade pour jouer au tennis – N'oubliez pas de rendre visite au Lapin [Randolph] avant de revenir. Le temps est <u>divin</u>.

Votre Clemmie
qui vous aime
…

1. Une allusion au procès en diffamation contre l'*Evening News*, qui appartenait à Lord Rothermere.

o De Winston [dactylographié] Hôtel Ritz
29 janvier 1923

Ma chérie,

Je vous envoie la présente par Archie [Sinclair], qui part à l'instant pour Cannes. Je n'ai rien de neuf à ajouter à ce que je vous ai écrit avant-hier. J'ai travaillé constamment au livre et il ne reste pratiquement plus rien à faire si ce n'est relire les dernières pages d'épreuves. Tout ce qui restait en suspens est réglé…. Cela a été une énorme bousculade…. Nous avons encore des doutes sur le titre, qui sera définitivement décidé mardi. « The World Crisis », « The Meteor Flag » et « Within the Storm » sont les meilleures suggestions que nous ayons à ce jour. Aucune n'est très satisfaisante….

Jack [Churchill] est venu voir une pièce de théâtre avec moi hier soir. Demain, je dîne avec les Wodehouse ; mardi avec Haldane[1]. Garvin relit actuellement mes épreuves et il vient déjeuner mardi pour me donner ses impressions. Ce sera très intéressant de voir si cela lui plaît.

✍ Avec mon tendre amour ma douce – ts bonne photo de vous dans le Times d'hier faisant un revers imparable.

J'ai extrêmement hâte de revenir –

Votre dévoué mari qui vous aime
W

1. Premier vicomte Haldane, ancien lord-chancelier. Voir p. 83 n. 3.

o De Winston [dactylographié]　　　　　　　　　　Hôtel Ritz
30 janvier 1923

Ma chérie à moi,

La semaine s'écoule très rapidement et j'ai tellement à faire que je ne quitte guère le Ritz que pour les repas.

... Demain je déjeune à New Court [maison de banque N.M. Rothschild] pour régler des affaires dans la Cité. Je vais me rendre dans les bureaux de Jack[1] pour la première fois. Jeudi le Prince [de Galles] déjeune avec moi au Bucks Club avec aussi Freddie Guest et Jack Wodehouse pour parler polo et politique....

Devant mon dépôt de plainte, l'Evening News m'a fait savoir qu'il souhaitait m'adresser des excuses en jurant ses grands dieux qu'il n'y avait jamais eu intention de nuire. Je constate que nombre d'autres journaux ont publié des calomnies encore pires, et mon idée est de m'occuper d'eux un bon coup en les faisant tous venir devant le tribunal pour y présenter leurs excuses....

Le commandant Hilton Young, le nouveau chef des députés libéraux fidèles à Lloyd George, m'a demandé de le recevoir. Il semble vouloir tout faire pour me retrouver un siège. Il va sans aucun doute chercher, mais c'est ce qu'Asquith appelait « Une aventure obscure et difficile[2] ».

J'ai pratiquement terminé le livre désormais et n'ai plus rien à faire si ce n'est relire les dernières pages d'épreuves et modifier des virgules et un mot par-ci par-là. Nous avons atteint le moment où l'on doit dire « Advienne que pourra. »

... Je vois dans mes coupures de presse de ravissantes photographies de Sarah et de Diana prises lors de la Bataille de fleurs...

J'ai vraiment hâte de repartir. J'espère que nous allons avoir un agréable soleil qui me permette de peindre tout mon soûl.

Au revoir ma chérie
Avec mon tendre amour pour tous
Votre dévoué
W

1. Jack Churchill venait de rejoindre le cabinet d'agents de change Vickers Da Costa.
2. Au cours de sa campagne pour retrouver un siège à l'occasion de l'élection partielle de Paisley en février 1920. [ndt]

Chartwell étant encore loin d'être habitable, ils louèrent une charmante maison, Hosey Rigge, sur Hosey Common au-dessus de Westerham, d'où ils pouvaient facilement se rendre au manoir ; les enfants les plus âgés pouvaient déjà profiter du jardin. Inutile de dire que Hosey Rigge fut aussitôt renommée « Cosy Pigge » ou « Rosy Pigge » [respectivement cochon douillet et cochon rose, ndt].

En août, Clementine passa quelque temps dans une pension de famille à Cromer, sur la côte du Norfolk, et prit part à un tournoi de tennis.

La lettre qui suit est difficile à dater précisément, mais elle appartient de toute évidence à cette période pendant laquelle Winston était sans siège : elle montre à quel point Clementine suivait de près les affaires politiques et portait sur elles un regard perspicace.

o De Clementine   2 Sussex Square
Samedi [probablement pendant l'été 1923]

Mon Winston chéri

J'en appelle à vous pour que vous réfléchissiez à nouveau avant de vous rendre chez Max [Beaverbrook], ce soir. Ll.G. [Lloyd George] n'est pas dans la même position que vous – Il n'est pas dehors [hors de la Chambre des communes], & il partage pratiquement le trône avec Asquith.

Je suis sûre que les vieux libéraux <u>traditionnels</u> voudront votre retour, mais il y <u>a</u> bien sûr entre vous la gêne d'un long éloignement. Ne leur donnez pas de raison de penser (à tort, je le sais) que vous souhaiteriez une nouvelle coalition entre les tories et les libéraux – Cela pourrait les refroidir.

Instinctivement, l'une des raisons pour lesquelles j'avais voulu Rusholme[1] était que, si vous deviez perdre un siège, il me semblait préférable pour vous que vous soyez battu par un tory (ce qui ne manquerait pas de susciter la sympathie des libéraux) plutôt que par un socialiste.

Mon chéri, c'est vraiment important –, je ne dirai <u>rien</u> si vous y allez, mais gardez à l'esprit l'imprudence qu'il y aurait à renoncer à l'offre d'un bon siège Wee Free (par opposition au défunt parti Nat. Liberal[2]), simplement pour passer une bonne soirée.

Votre Pawser qui vous aime & qui compatit
…

1. Rusholme (qui fait maintenant partie du grand Manchester) était l'un des sièges auxquels WSC s'était intéressé à l'époque.
2. National Liberal Party, parti formé par Lloyd George en 1922 qui ne survécut pas à la défaite électorale des libéraux en 1923. Les Wee Free étaient les partisans d'Asquith. [*ndt*]

o De Winston [dactylographié] 2 Sussex Square
13 août 1923

Ma Clemmie chérie,
Cela fait trois heures que je transpire sur des épreuves et j'espère donc que vous me pardonnerez la lettre tapée.

Nous avons passé un agréable dimanche chez Philip [Sassoon]…. J'ai travaillé presque toute la journée.

J'ai emmené Fowler [le chauffeur] dans la petite voiture avec moi samedi, et j'ai conduit sur tout le trajet. Je l'ai renvoyé par le train pour qu'il fasse tout le nécessaire sur la grosse voiture. Ce matin je suis revenu en conduisant la Voiture moi-même. Cela fait exactement 80 kilomètres, et nous les avons effectués en une heure 55… Je peux désormais conduire la voiture sans difficulté, ce qui nous facilitera grandement la vie. Elle fait un bon 55 à l'heure & peut monter allègrement à 65…

Je dois voir Baldwin[1] demain à 3 heures, et donc je reviendrai à Sussex Square demain matin pour y travailler.

✍ J'envoie les épreuves demain.

Avec mon tendre amour ma chérie à moi. Je pars à l'instant pour Chartwell, après avoir fini ma corvée, afin de surveiller l'avancement des travaux….

Avec plein de gros baisers, de ma part & de celle de Mary
Votre mari qui vous aime à jamais
W

1. Stanley Baldwin était devenu Premier ministre le 22 mai, succédant à Bonar Law, qui avait démissionné pour raisons de santé.

o De Winston   2 Sussex Square
15 août 1923

Secret

Ma Clemmie chérie,

Mon entretien avec le P.M. a été extrêmement agréable. Il m'a assuré qu'il avait tout son temps & m'a reçu avec la plus gde cordialité. Nous avons parlé Ruhr, Pétrole, Amirauté & Air, Réparations, Dette Américaine & politique générale. J'ai constaté qu'il était entièrement en faveur du Règlement Pétrolier tel que proposé. En fait il aurait pu être Waley Cohen[1] vu ce qu'il disait. Je suis sûr qu'il va être adopté. La seule chose qui me chiffonne c'est ma propre affaire[2]. Cependant je dois voir Cohen vendredi. La question c'est comment procéder pour ne pas prêter le flanc à des critiques fondées. Ma conversation avec le P.M. est restée ts générale & je n'ai absolument pas soulevé l'aspect personnel à ce stade préliminaire & qui n'engage à rien. Masterton[3] que j'ai mis dans la confidence y voit bcp d'objections du point de vue des vastes implications politiques. Cependant je vais continuer à réfléchir avant de prendre une décision.

J'ai accédé à Downing Street par l'entrée du Trésor [sur Whitehall] pour éviter les commentaires. Cela a bien amusé Baldwin. Cependant Max [Beaverbrook] a téléphoné ce matin pour me dire qu'il espérait que l'entretien s'était déroulé dans un bon climat, & que j'avais mis bcp de baume au cœur au P.M. au sujet de la Ruhr ! Il a le nez fureteur. Il faut qu'il parte en Écosse ce soir et donc je vais dîner au Vineyard[4] au lieu que ce soit lui qui vienne ici.

Keyes[5] est venu [à Chartwell] hier soir & nous avons eu de longues conversations animées sur la guerre & ce qui motivait ceux qui s'y entretuaient. J'avais acheté à Londres deux délicieuses jeunes grouses du beau sexe qui ont constitué le faîte du dîner....

... J'ai 8 articles à rédiger dès que le livre sera fini 500, 400, & 200 = 1 100 £. Nous n'allons pas mourir de faim.

J'espère bien que vous passez du bon tps ma bien-aimée & que vous ne vous épuisez pas. Le juste milieu.

Avec mon tendre amour le plus profond
Votre éternellement dévoué
W

1. Sir Robert Waley Cohen (1877-1952), administrateur délégué de Shell Transport & Trading Co. Ltd.
2. WSC avait été invité par les sociétés Royal Dutch Shell et Burmah Oil à les représenter lors de leur demande de fusion avec l'Anglo-Persian Oil Company. À la suite de consultations avec le Premier ministre, un montage fut mis au point sous la houlette de WSC, mais avant qu'il ne puisse être examiné Baldwin fit une déclaration en faveur du protectionnisme et annonça des élections législatives. WSC, considérant qu'il était de son devoir de revenir à la vie publique pour s'opposer à cette orientation, se retira en novembre 1923 des négociations autour de la fusion des sociétés pétrolières et renonça à ses intérêts personnels dans l'affaire.
3. James Masterton-Smith (voir p. 125 n. 2). À cette époque, chef de cabinet du secrétaire d'État aux Colonies.
4. The Vineyard [« Le Vignoble », *ndt*] était la résidence de Lord Beaverbrook à Fulham, au sud-ouest de Londres.
5. Sir Roger Keyes, ensuite amiral de la Flotte, premier baron Keyes de Zeebrugge GCB, KCVO, DSO (1872-1945). Adjoint au chef d'état-major de la Marine de 1921 à 1925.

o De Winston [dactylographié]   2 Sussex Square
16 août 1923

Secret

Ma chérie,

Tilden m'a envoyé les plans ci-joints qui constituent une variante par rapport à l'original. Je crois qu'il s'agit d'une amélioration... Il faudra que nous prenions la décision finale au plus tard mardi. D'ici là je suis d'accord avec tout, des fondations jusqu'au toit.

L'avancement des travaux est vraiment excellent.... L'eau va être raccordée dans quelques jours, et baignoires, robinets, cuisines, etc., seront tous alimentés dans toute la maison....

J'ai dîné avec Max hier soir. Après avoir bcp tourné autour du pot il m'a donné la clé du mystère. Il était au courant de ma visite à Baldwin parce qu'il lui avait lui-même rendu visite ensuite, à la demande de B, et l'avait trouvé ravi....

Les enfants reviennent demain, et j'ai reçu une lettre délicieuse de Diana. Je vais les amuser samedi et dimanche en leur fabriquant une cabane aérienne dans le tilleul. Vous pouvez être sûre que je vais prendre les plus grandes précautions pour veiller à ce qu'ils ne puissent pas tomber. Les buissons qui se trouvent au pied de l'arbre sont tellement épais qu'il n'y aura aucun danger, et je ne les laisserai pas y monter sans que je sois là en personne pour m'occuper d'eux.

Votre mari dévoué qui vous aime à jamais
W

De toute évidence, Clementine avait fait part à Winston de ses craintes grandissantes à propos de l'augmentation constante du coût des travaux en cours à Chartwell et des futures dépenses qu'ils auraient à encourir en y habitant (et sur lesquelles elle avait depuis longtemps adopté un point de vue pessimiste). Les efforts de Winston pour la rassurer en lui exposant dans le détail ce qu'il espérait recevoir pour ses écrits soulignent à quel point ses travaux d'écriture et son zèle sans faille contribuaient alors – et contribuèrent sa vie durant – à faire vivre sa famille.

o De Winston Flying Cloud[1]
2 septembre 1923

Ma chérie,

Le yacht est magnifique. Imaginez un navire de commerce à quatre mâts, entièrement aménagé en chêne sculpté comme un petit manoir, avec des portes d'entrée, des escaliers, & des tableaux ravissants. Il peut filer 12 nœuds à la voile & 8 au moteur, & loger 16 invités.... Nous sommes amarrés dans le port de Bayonne, avec aujourd'hui un ciel radieux, & qui attend mon pinceau & ma boîte de peinture depuis la poupe.... Benny [duc de Westminster] absolument charmant & Violet [sa femme] également. Ils sont ts contents que je sois avec eux, mais aimeraient bcp votre présence. Paix & tranquillité totales. Personne n'est obligé de faire quoi que ce soit ni de voir quiconque. On dit que le terrain de polo est excellent, & la première partie est pour aujourd'hui. Il y a de nombreux Français[2], qui ne jouent pas très bien, Ivor W [Guest/Wimborne] vient avec ses champions, & Alphonse le Toréador (Spaghoni)[3]. Nous avons une équipe pas mauvaise du tout, considérant le handicap....

Le transport des poneys de Boulogne à Bayonne ne coûte que 6 £ par tête, et grâce à un régime de faveur cela comprend le retour. Pour aller à Folkestone, ils marcheront. Donc ce n'est pas ts cher....

Ma bien-aimée – je vous supplie vraiment de ne pas vous faire de souci pour l'argent, ni d'avoir un sentiment d'insécurité. Au contraire, les dispositions que nous prenons visent avant tout à la stabilité.

(Comme Bonar Law !) Chartwell sera notre <u>foyer</u>. Il nous aura coûté 20 000 £ et en vaudra au moins 15 000 sans vouloir rêver. Nous devons nous efforcer d'y demeurer pendant de longues années & de le transmettre ensuite à Randolph. Nous devons en faire un endroit charmant sur tous les plans & si possible économiquement autonome. Il sera moins cher que Londres.

À long terme – bien qu'il n'y ait pas urgence – il faudra revendre [le 2] Sussex [Square] & trouver un petit appartement pour vous & moi…. Alors avec les autos nous serons parfaitement équipés pour le travail ou le plaisir. Si nous recevons un portefeuille nous habiterons à Downing Street !

Le patrimoine [Garron Towers, son héritage] est actuellement presque aussi élevé que lors de la succession, mais une partie en est investie dans Chartwell au lieu d'actions. Vous devez voir les choses sous cet angle….

Ajoutez à cela ma chérie vtre courage & vtre bonne volonté et je suis certain que nous pouvons nous donner un endroit où nous fixer en prenant en compte le côté financier de ce monde incertain & transitoire. Mais si vous faites un rejet de Chartwell, ou perdez confiance, ou protestez contre votre quotidien & vtre Pig, alors cela ne peut que mener à davantage d'instabilité, à une remise à plat des projets & à de nouvelles dépenses & nouveaux soucis….

… Lorsque nous reviendrons de Mimizan & Bayonne, nous serons j'y compte bien débarrassés à jamais de Tilden, Browne Mott & Jeff & Co. Et le printemps de 1924 couvrira de sa verdure les taches et les horreurs avec lsquelles ils ont défiguré nos jardins. Il faut que vous relanciez vos projets pour leur aménagement – modestes mais complets ; de façon à ce que nous puissions en discuter à mon retour – Dans l'intervalle je vais m'occuper du nerf de la guerre avec trois ou quatre heures d'écriture par jour….

Ma chérie à moi – mon cœur est rempli d'amour pour vous & vos chers chatons, & mon souhait le plus vif est de vous voir heureuse & prospère & à l'abri du besoin. Pour cela je vais effectivement travailler de toutes mes forces et éviter les imprudences de toutes sortes.

Écrivez-moi pour me donner de vs nouvelles, je vous en prie, & télégraphiez également tous les jours.

Votre dévoué
W

P.-S. J'ai passé une longue matinée à écrire & maintenant je vais me mettre à la peinture.

1. Nom du yacht du duc de Westminster.
2. WSC écrit « *numerous frogs* ». [*ndt*]
3. Le roi Alphonse XIII d'Espagne. « Spaghoni » était une plaisanterie entre WSC et CSC issue d'une chanson de music-hall édouardienne qui parlait d'un toréador appelé Spaghoni.

o De Clementine Hosey Rigge
3 septembre 1923 Westerham

Winston chéri,

Je suis de nouveau debout depuis aujourd'hui –

Ma gorge va beaucoup mieux¹. Plus de douleur – juste une gêne & une sorte d'irritation après avoir parlé – Je me demande si je retrouverai ma voix normale un jour ? Elle est désespérément cassée & rauque pour l'instant. J'ai posé la question au médecin & il m'a répondu qu'elle serait rétablie dans un mois ou deux, mais que c'était une chance que je ne sois pas chanteuse…. Je me sens beaucoup mieux, mais assez rompue & très vulnérable.

Je suis allée à Chartwell ce matin & j'ai été très déçue de voir qu'ils n'ont pas du tout commencé à travailler sur la nouvelle aile pour la nursery ; pas même un geste, comme de planter des piquets de délimitation – Ma dernière visite remonte à 10 jours & le seul progrès notable est l'arrachement des lauriers !….

Goonie & Jack [Churchill] & leurs 2 garçons ont passé la journée d'hier ici – Nous avons eu un temps superbe & je pense qu'ils se sont tous bien amusés. J'étais <u>extrêmement</u> contente de les voir.

J'espère que le temps sera propice à la peinture.

Cette pauvre Société des Nations² est à l'épreuve. J'espère qu'elle s'imposera & qu'elle ne sera pas la risée de tous – Je ne pourrais pas supporter que ce diable arrogant de Mussolini³ ait gain de cause sur tout. Mais comment la S des N pourrait-elle avoir un quelconque impact sans une marine & une armée derrière elle ?

Votre Clemmie
qui vous aime

1. CSC avait été victime d'une « amygdalite aiguë », un abcès aux amygdales qui avait dû être percé par le médecin local.
2. Le principe de la Société des Nations avait été adopté par les forces alliées à la Conférence de la paix de 1919. Elle vit officiellement le jour le 10 janvier 1920 et, en octobre de cette même année, elle transféra son quartier général à Genève, en Suisse.
3. Benito Mussolini (1883-1945), dictateur italien et fondateur du mouvement fasciste ; Premier ministre à partir de 1922. Surnommé « Il Duce ».

o De Clementine   Hosey Rigge
Mardi 4 septembre [1923]

   Mon Winston chéri
Des torrents de pluie aujourd'hui – Diana & Randolph sont tout de même allés monter à cheval – J'ai terminé La Foire aux vanités & je suis actuellement plongée dans un livre très inférieur de [H.A.] Vachell, Le Visage d'argile. Tilden est censé venir cet après-midi, mais le temps pourrait l'en dissuader –

Pauvres petits Japs – Le Kaiser & Mussolini semblent bienveillants & compatissants à côté du Tout-Puissant lorsqu'Il frappe autour de lui[1]. Et avec quelle rapidité aussi – En un jour, Il tue autant de gens que la Grande Guerre en six mois. Quelque part dans les Psaumes, il est dit « Un jour dans tes parvis vaut mille ans[2] » !!!

Les Tilden japonais (s'il en reste encore) vont s'en donner à cœur joie à reconstruire toutes les pagodes – Je devrais suggérer à notre Tilden à nous qu'il se dépêche à Chartwell & qu'il émigre ensuite à Tokyo[3]....

J'espère que le beau temps se maintient de votre côté....

                                                Votre Clemmie
                                                qui vous aime

   1. Plus de 100 000 personnes avaient péri dans un tremblement de terre au Japon le 1er septembre 1923.
   2. CSC s'est quelque peu emmêlée dans la citation (qui n'est pas vraiment pertinente dans le contexte). La référence exacte est la suivante : « Car un jour dans tes parvis vaut mieux que mille ailleurs » (Psaume 84:10).
   3. À cette époque, Clementine et Winston étaient passablement irrités par leur architecte, Mr Tilden (un syndrome courant lorsque les travaux se prolongent).

o De Winston   Flying Cloud
5 septembre 1923

   Ma chérie,
Nous avons eu bcp de réussite aux tables de jeu. Benny [duc de Westminster] avec une chance persistante & sans miser ts haut a gagné plus d'un demi-million de francs. Moi en jouant petit & sans audace je repars avec presque 30 000 [francs] de gains. Nous reprenons incessamment la mer pour Saint-Sébastien. Le temps est passé au gris aujourd'hui & il pleut à verse. Mais peut-être que demain le soleil m'autorisera à reprendre la peinture....

Tout continue à être ts agréable ici. J'écris & travaille au lit toute la matinée comme d'habitude. S'il y a du soleil je peins, & ensuite descends au « Bureau » [casino]. Cette *séance* dure généralement jusqu'à 3 h 30 du matin : mais cette nuit nous sommes allés au lit à 4 h !

J'ai absolument hâte de revenir et de vous revoir tous. J'espère qu'à Chartwell les travaux continuent d'avancer rapidement – ou relativement rapidement – sous vtre supervision.

Quel porc que ce Mussolini. Je vois que Rothermere le soutient ! Je suis entièrement en faveur de la Société des Nations. La pauvre, maintenant c'est une question de vie ou de mort pour elle....

Avec mon tendre amour ma chérie. Aucune lettre de vous ne m'est encore parvenue ; mais je suppose qu'elles vont bientôt me rattraper.

Dans quelques jours je fais demi-tour vers la maison....

Votre dévoué qui vous aime à jamais
W

Bien que les conservateurs aient très nettement remporté les élections législatives de novembre 1922, le nouveau gouvernement ne survécut pas très longtemps. En octobre, Stanley Baldwin engagea le Parti conservateur dans la voie d'une réintroduction des barrières douanières pour lutter contre le chômage. La résurgence de la question du protectionnisme divisa le Parti tory, mais provoqua la réunion des deux ailes du Parti libéral sous la direction d'Asquith, qui s'associa au Parti travailliste pour faire campagne en faveur du libre-échange.

Le Parlement fut dissous le 16 novembre 1923 et des élections législatives eurent lieu le 6 décembre, qui se soldèrent par une nette défaite du protectionnisme. Les conservateurs restaient à eux seuls le plus grand parti avec 258 sièges, mais les travaillistes (191) et les libéraux (159) l'empêchaient d'avoir une majorité absolue.

En janvier 1924, Ramsay MacDonald[1] forma le premier gouvernement travailliste de l'histoire. Lorsque Asquith décida de soutenir le nouveau gouvernement, Churchill, qui s'était présenté comme libre-échangiste libéral dans la circonscription de West Leicester (où il avait été battu), en arriva au point de rupture avec son parti.

Au Nouvel An de 1924, les Churchill passèrent une semaine ensemble à Paris, où ils séjournèrent dans l'appartement de Lord Derby. Winston se rendit ensuite à Mimizan pour chasser le sanglier avec Bendor Westminster, tandis que Clementine rendait visite à Consuelo et Jacques Balsan à Lou Sueil, leur maison d'Èze près de Cannes, où Winston espérait la rejoindre.

1. James Ramsay MacDonald (1866-1937). Il fut le premier travailliste de Grande-Bretagne à former un gouvernement (janvier-novembre 1924). En 1900, il avait été le premier secrétaire du Parti travailliste nouvellement créé et avait été élu au Parlement en 1906. Leader du Parti travailliste de 1911 à 1914 et de nouveau à partir de 1922, il devait servir un second mandat en tant que Premier ministre de 1929 à 1935.

o De Winston   The Woolsack
17 février 1924

Ma chérie,
Nous avons eu deux bonnes poursuites, mais pas de sanglier. Après quatre heures au galop je me sens fatigué, courbaturé & bien. Nous réessayerons demain.

Hier nous sommes allés à Biarritz en auto faire une descente sur le Casino. Nous n'avons pas joué gros, mais après quelques vicissitudes j'ai ramassé cinq *milles* [*sic*] [5 000 francs] & n'ai pas demandé mon reste....

Ma douce – je suis si content que vous soyez dans un panier aussi duveteux. Ne vous surmenez pas au tennis. Doubles & non Simples <u>s'il vous plaît</u>....

Mon petit caniche je vous aime. Je me sens très seul & parfois apeuré sans vous pour me donner un baiser ou un coup de coude.

Je vais aller voir Chartwell mercr (*Deo volente*) & vous ferai une description complète de l'avancement des travaux –

     Avec mon tendre amour ma douce Clemmie –
     Votre éternellement dévoué
     W

o De Winston   [2 Sussex Square]
Jeudi 21 février 1924

Ma très Chère,
Vous trouverez ci-joint un compte rendu sur les affaires qui nous occupent.

J'ai été occupé toute la matinée à dicter mon article, & je pars maintenant pour Chartwell....

Je vous ai télégraphié à propos de Randolph & du bébé. Tout va bien.

Hier soir j'ai dîné au Vineyard. Max [Beaverbrook], Ll.G. [Lloyd George], Rothermere – Vous allez encore crier au « Réverbère[1] ». Reste que ce fut très agréable – & nous avons regardé un film extrêmement amusant.

Avec mon tendre amour, ma chérie
Votre dévoué
W

1. Plaisanterie courante entre WSC et CSC : quand il passait du temps avec ce genre d'amis, elle les assimilait toujours à « des chiens autour d'un réverbère ».

o De Winston [dactylographié]   2 Sussex Square
20 février 1924 [joint à sa lettre du 21]

Je reviens à l'instant de Chartwell. Tout a avancé considérablement dans tous les domaines. Le salon a ses deux couches de plâtre, et la corniche est fixée. La salle à manger a reçu sa première couche, et la pose des vitres est terminée sur toutes les portes-fenêtres. Elles sont magnifiques et ajoutent énormément à l'esthétique de l'aile....

<u>Dehors</u>. Le mur de l'allée est achevé à l'exception des courbes externes, de même que les palissades....

Les porcs, poneys et vaches se portent bien. La nouvelle truie va très vite mettre bas, et j'espère pouvoir annoncer une grande famille. Vingt-quatre poussins ont éclos, et d'autres sont attendus bientôt....

J'ai trouvé les enfants en pleine forme, sauf Mary qui, comme vous le savez, a eu une petite grippe. Elle se remet bien... La grippe a également éclaté à Sandroyd, et Randolph l'a attrapée...

Demain il faut que je fasse mon deuxième article (✍ fait), et vendredi et samedi j'ai deux courts discours à préparer, mais j'espère malgré cela aller à Chartwell les deux après-midi.

Notre chasse a été très bonne le dernier jour à Mimizan. Nous avons débusqué pas moins de onze sangliers : *embarras de choix*. J'en ai vu sept qui étaient ensemble, y compris un très gros, et deux autres qui galopaient à part à travers les bois. Après une longue poursuite nous avons fini par abattre une laie. Elle a couru pendant vingt minutes à la même vitesse que les chevaux lancés au grand galop. J'ai vraiment passé du bon temps à Mimizan.... Je continue à lire pas mal sur la guerre, consommant en moyenne un livre par jour. Je crois que je vais rester ici jusqu'à votre retour, car je suis maintenant rempli d'idées qu'il faut coucher sur le papier.

Bien que Winston se soit éloigné des libéraux, il n'était pas encore prêt à réintégrer le Parti conservateur et, lorsqu'une élection partielle fut déclarée dans la circonscription de Westminster Abbey en mars 1924, il se présenta comme candidat antisocialiste indépendant ; il y avait également un candidat tory officiel.

Clementine était absente lorsque Winston avait pris sa décision, mais elle rentra à la fin du mois de février et participa activement à la campagne. L'élection partielle suscita beaucoup d'intérêt et de passion, et plusieurs conservateurs éminents apportèrent leur soutien à Churchill, mais il fut battu le 20 mars de 43 voix.

Déterminé à revenir au Parlement, Winston se mit immédiatement en quête de sièges possibles et il reçut plusieurs propositions dans les mois qui suivirent.

o De Clementine   Lou Sueil
24 février 1924

Mon chéri –

Votre télégramme concernant la circonscription de l'Abbaye m'a terriblement emballée. J'espère que tout se passera comme vous le souhaitez. – J'ai trouvé dans l'édition continentale du Daily Mail un extrait « de 3 cm de long » du discours que vous avez prononcé pour Shirley Kellogg[1], dans lequel vous creusez le fossé qui vous sépare du libéralisme officiel.

Mais ne laissez pas pour autant les tories vous avoir à trop bon compte – Ils vous ont très mal traité dans le passé & ils méritent qu'on le leur fasse sentir – Dois attendre Times pour compte rendu complet.

L'avancée des travaux à Chartwell semble considérable & il me tarde de voir cela.

Je suis profondément désolée que Mary ait attrapé la grippe après avoir eu la rougeole, & notre pauvre petit Randolph aussi, dans son école glaciale….

Je suis allée au Sporting Club 3 fois & j'ai perdu presque 3 000 francs, 1 000 francs à chaque fois, avec une admirable régularité ; aussi ai-je maintenant décidé de ne plus jouer. Mary Blandford a eu plus de chance – C'est une joueuse fougueuse & optimiste – assez semblable à vous….

Nous jouons beaucoup au mah-jong[2] ici –

Rien ne saurait être plus agréable & plus charmant que Consuelo [Balsan] & Balsan – Ils s'aiment énormément & l'atmosphère est des plus paisibles & des plus reposantes.

En dehors du monde de la politique, Poincaré[3] demeure une idole – Les Français l'adorent & le vénèrent…. Dans les Notes politiques, je vois que le Times se prononce impartialement pour accorder la circonscription de l'Abbaye à Sir George Lloyd[4], à Pretyman & à Jack Hills – Quels imbéciles que ces gens qui dirigent le Times pour aller s'imaginer que l'un quelconque de ces hommes pourrait contribuer à sortir le Parti tory du bourbier d'inefficacité & de stupidité dans lequel il s'est enfoncé jusqu'au cou –

Mon chéri, ne vous présentez pas sans être raisonnablement certain de l'emporter – Le mouvement au sein du Parti tory pour essayer de vous rallier vient seulement de naître & a besoin d'être allaité, nourri & éduqué pour parvenir à maturité – Et il y a, bien sûr, aussi des influences contraires. Aucun des dirigeants conservateurs ne souhaite votre retour, car ils se rendent compte que vous leur passeriez devant – Le Times, j'en suis sûre, est contre vous en ce moment ou, en tout cas, ne vous aide pas – Ne vaudrait-il pas mieux cultiver progressivement John Astor[5] ? J'ai l'impression que, même s'il n'est pas un génie, il serait au moins aussi utile que Beaverbrook. Le Times a autrement plus d'influence que le Daily Express….

Tout cela me remplit d'inquiétude – Je suis sûre qu'avec de la patience, tout finira bien ; mais ces tories stupides sont probablement si contents de Ramsay [MacDonald] actuellement à cause des 5 croiseurs[6] qu'ils n'auront pas encore ressenti la nécessité de vous avoir à leurs côtés pour combattre les travaillistes –

Peut-être votre heure viendra-t-elle lorsque les travaillistes auront obtenu une forte majorité à eux seuls & auront montré leur vraie nature – J'ai peur que ces ruminations ne paraissent pas très avisées, car je suis coupée de toute information sur ce qui se passe réellement.

Amour tendre,
Clemmie

1. Le 22 février, WSC présida un dîner donné par l'English-Speaking Union en l'honneur de l'ambassadeur des États-Unis, Frank Kellogg, et de son épouse. Mr Kellogg fut ambassadeur à Londres de 1923 à 1925.
2. Un jeu chinois qui se joue avec des « tuiles », comme les dominos. Il avait été introduit aux États-Unis vers 1919 et était très populaire à l'époque.
3. Raymond Poincaré (1860-1934), Président de la République et ministre des Affaires étrangères français de janvier 1922 à juin 1924.

4. Sir George (par la suite premier baron) Lloyd (1879-1941), député conservateur de 1910 à 1918 et de 1924 à 1925. Gouverneur de Bombay de 1918 à 1923. Haut-commissaire pour l'Égypte et le Soudan de 1925 à 1929.

5. John Jacob Astor, par la suite baron Astor de Hever (1886-1971). Frère cadet de Waldorf, second vicomte Astor (voir p. 101 n. 1). Député conservateur de 1922 à 1945. Principal actionnaire du *Times*, président du Press Club, du Newspaper Press Fund et de la Commonwealth Press Union. Célèbre pour ses activités publiques et de bienfaisance. Il avait épousé une veuve de guerre, Lady Violet Mercer Nairne, en 1916 ; ils vivaient à Hever Castle, à quelques kilomètres de Chartwell.

6. Le 21 février 1924, la Chambre des communes fut informée que, du fait d'un chômage important, notamment dans l'industrie navale, le gouvernement avait décidé de mettre en chantier cinq nouveaux croiseurs, comme l'avait prévu le précédent gouvernement conservateur.

o De Winston 2 Sussex Square
24 février 1924

Ma Chérie,

Dans cette élection partielle de Westminster Abbey, c'est comme si une tornade s'était abattue sur moi. Rothermere & Max [Beaverbrook] m'ont proposé le total soutien de leur presse ; & il m'a fallu annoncer immédiatement que je relevais le défi & me portais candidat. C'est une circonscription extraordinaire qui comprend – Eccleston Sq., la gare Victoria, Smith Sq., l'abbaye de Westminster, Whitehall, Pall Mall, Carlton House Terrace – une partie de Soho, le côté sud d'Oxford Street, les théâtres de Drury Lane & Covent Garden ! C'est bien sûr l'une des plus précieuses chasses gardées du Parti tory....

Il doit y avoir au moins une centaine de députés qui y votent en qualité de résidents, & je n'aurai aucune difficulté à rassembler un comité de soutien de premier choix & ts représentatif. [Sir Edward] Grigg, L. Spears & d'autres députés libéraux vont faire campagne pour moi, & il est possible qu'E[dward] Grey (un résident) me donne son appui. [Reginald] McKenna aussi – je crois. Et puis j'espère avoir une lettre d'AJB [Balfour], résident lui aussi – Globalement c'est une Occasion excessivement prometteuse, & si cela marche je devrais conserver le siège pendant longtemps....

Comme il me l'avait proposé, j'ai eu une longue conversation de nature extrêmement cordiale avec Baldwin hier. De toute évidence il veut tout faire pour obtenir mon retour & ma coopération. Leurs yeux sont pleinement ouverts sur les dangers à venir. MacDonald fait forte impression dans le pays, & il ne fait pas de doute qu'il s'attire de nombreux partisans – principalement aux dépens des libéraux.

J'ai informé Ll.G. [Lloyd George] de mes résolutions. Il m'a répondu que je n'agissais que selon mes convictions & ne m'a pas fait le moindre reproche....

Bien sûr si je me présentais comme Cons. ce serait certainement une promenade de santé. Mais je ne peux pas, & cela vaut bcp mieux pour tous les intérêts que nous protégeons que j'entraîne les libéraux modérés dans mon sillage.

Je ne crois pas que vous ayez la moindre raison de modifier vos projets. Si vous êtes là d'ici au 3 ou 4 mars vous y serez à temps pour le combat – s'il y en a un....

Avec mon tendre amour ma douce Chatte – Amusez-vous bien & revenez en forme pour entrer dans la mêlée.

Votre dévoué
W

Après les efforts de l'élection, Clementine était épuisée et, à la mi-avril, elle alla passer quelque temps chez sa mère à Dieppe, pour Pâques, en compagnie de sa sœur Nellie et de Bertram Romilly.

Dans l'intervalle, Winston s'occupa du déménagement à Chartwell. Il est sans doute extrêmement significatif que Clementine se soit absentée à un moment où la plupart des femmes auraient considéré leur présence comme totalement indispensable – et auraient été incapables de renoncer à l'émotion et à l'excitation d'emménager dans une nouvelle maison.

Elle avait travaillé dur à superviser et à suivre les travaux de Chartwell – et cela avait sans aucun doute également contribué à son épuisement –, mais son refus fondamental de croire au « rêve de Chartwell » a certainement joué un rôle au plus profond d'elle-même dans son absence à ce moment-là.

o De Winston　　　　　　　　　　　　　　　　　　　　　　　　Chartwell
17 avril 1924

Ma Chérie,

C'est la première lettre que j'écris de cet endroit, & c'est normal qu'elle vous soit destinée. Je suis au lit dans votre chambre (que j'ai provisoirement annexée) & qui est meublée sobrement mais confortablement avec le meilleur de ce qui était chargé dans vos deux camions de déménagement. Nous venons d'avoir deux jours magnifiques. Les enfants ont travaillé comme des esclaves ; & le sergent Thompson[1], Aley[2], Waterhouse[3], un jardinier & 6 hommes constituent une puissante équipe d'ouvriers. Le temps étant délicieux nous passons toute la journée dehors à travailler dur dans des vêtements sales & ne prenons un bain qu'avant le dîner. Je viens de prendre le mien dans votre salle de bain *de luxe*. J'espère ne pas heurter votre *amour-propre* ce faisant ! La domesticité se compose du personnel de la nursery renforcé par Lily – l'aide-cuisinière. Je bois du champagne à tous les repas & des tonnes de bordeaux & d'eau de Seltz entre deux, & la cuisine bien que simple est excellente. Le soir nous mettons le gramophone (dont nous avons privé Mary) & faisons des parties de mah-jong avec vtre jeu de pacotille.

Toute la journée d'hier et d'aujourd'hui nous avons engazonné & nivelé le *plateau* [la pelouse principale]. La tondeuse à moteur sert de rouleau.... J'espère avoir terminé demain.

Vos marches sont presque finies au centre de la terrasse. La pose des fenêtres de la façade avant du sous-sol va bon train.... Le parquet du salon est achevé et à demi raboté....

Tout s'épanouit maintenant que ce beau temps tant attendu est enfin là.

Rien ne manque dans cette verdure sereine –
Hormis la Chatte qui en est la Reine.

J'espère bien ma chérie que vous passez tous de bons moments & que vous récupérez vraiment. Comme j'aimerais que vous soyez ici.... Vous ne pouvez imaginer la taille de ces pièces tant que vous ne les avez pas meublées. Vtre chambre est une magnifique charmille aérienne. Revenez dès que vous vous sentirez assez bien pour la partager. Ne passez pas par Londres. J'enverrai l'auto vous attendre à Newhaven & si vous télégraphiez un jour à l'avance tout sera prêt pour vous.

J'ai eu une conversation qui m'a satisfait avec Jackson [président du groupe parlementaire conservateur]. Il va essayer de s'arranger pour que j'aie St George[4]. Le Parti libéral est dans tous ses états. Ils sont dégoûtés de la situation vers laquelle on les a dirigés & ensuite laissés sans personne pour les diriger. Il y a chez eux une profonde acrimonie contre les travaillistes, qui taillent des croupières aux libéraux dans toutes les circonscriptions. Combien de fois je me retrouve accusé de me tromper en mettant les gens en garde contre leurs folies quand il en est encore temps. Peut-être avez-vous la même expérience dans la sphère domestique !

Avec mon tendre amour ma douce Clemmie. Continuez je vous en prie de m'envoyer des câbles, & pensez de temps en temps à vtre dévoué

paterfamilias porcus
Vtre mari qui vous aime à jamais
W

...

1. Le policier détaché auprès de Churchill comme garde du corps.
2. Le chauffeur de WSC jusqu'en 1928, année où il fut embauché par Brendan Bracken, pour qui il travailla jusqu'à la mort de ce dernier en 1958.
3. Edmund Waterhouse, jardinier en retraite du précédent propriétaire de Chartwell, le colonel Campbell-Colquhoun. WSC lui demanda de continuer à habiter dans son logement de fonction, et lorsque les Churchill emménagèrent à Chartwell il devint chef jardinier, de 1924 à septembre 1926, date où il prit définitivement sa retraite.
4. La circonscription de St George, Westminster, qui jouxtait celle de Westminster Abbey.

Dans sa réponse au récit exubérant qu'avait fait Winston de ses premiers jours à Chartwell, Clementine se montra quelque peu désenchantée : elle était consciente de manquer quelque chose, mais même cette lettre est empreinte de doute et, malgré un engagement touchant d'implication personnelle, elle trahit son manque d'enthousiasme véritable.

Pourtant quels qu'aient pu être ses doutes profonds et ses angoisses, à son retour début mai, elle se lança de tout cœur dans la décoration et l'aménagement de la maison, faisant de cette dernière un endroit charmant et merveilleux à habiter.

o De Clementine   16 rue des Fontaines
21 avril 1924   Dieppe

Mon Winston chéri

Votre longue lettre décrivant tout ce que vous êtes en train de faire à Chartwell m'a fait extrêmement plaisir. Je l'ai lue & relue & elle m'a donné envie d'être là-bas avec vous.

Si, à l'avenir, vous pouvez y passer des jours heureux & paisibles, cela compensera tous les efforts que vous y avez investis –

J'ai reçu de gentilles lettres de tous les enfants – Ils sont merveilleusement heureux. Ils vont s'attacher énormément à la maison & ce serait triste d'avoir à s'en séparer – Je ferai tout ce que je peux pour vous aider à la conserver –

Dieppe est vieux & triste, & je ne comprends vraiment pas que Mère ait pu s'y installer. Pour moi, c'est un endroit hanté, délabré & sinistre. Ma sœur Kitty y est morte de la fièvre typhoïde & Bill y est enterré dans le cimetière au sommet de la colline.

Je me souviens que nous sommes arrivés ici assez soudainement l'été de mes treize ans – Nous habitions à Seaford, près de Newhaven, & Mère craignait que mon père n'essaie à nouveau d'obtenir notre garde, à Kitty & à moi….

C'est bizarre de penser que si Mère n'avait pas décidé de venir à Dieppe à cette occasion, Kitty & Bill seraient peut-être encore en vie tous les deux aujourd'hui –

Je dis Bill aussi bien que Kitty, car c'est ici que Mère a commencé à jouer régulièrement pour la première fois & c'est ici que Bill a été exposé au jeu dès l'enfance. C'est aussi ici qu'il avait l'habitude, adulte, de venir le week-end pour des expéditions au Casino lorsqu'il était en permission de la marine –

Je suis allée au Casino avec Nellie l'autre soir & j'ai été choquée par la manière imprudente dont Mère & Nellie jouaient toutes les deux. Nellie avec intelligence & panache, Mère de manière superstitieuse & tâtonnante. Cela m'a donné la nausée. J'avais honte à les regarder & je suis rentrée me coucher….

Je n'avais aucune idée de l'emprise que ce maudit chemin de fer avait sur elles deux…. La fin lugubre & solitaire de Bill n'avait en rien modifié leur comportement – Je ne me sens pas justifiée à les critiquer, car je n'ai jamais été moi-même tentée par le jeu. À mes yeux, ce n'est qu'une folie malsaine –

Nellie n'est pas retournée au casino depuis ce soir-là. Je n'ai rien dit, mais elle a vu que j'avais été choquée.

Mère, qui est maintenant très vieille & très faible, descend en chancelant chaque après-midi pour jouer – une heure seulement, je crois – Mais elle joue & rejoue 2 000 francs banco, sans sourciller. J'ai observé son mode de vie & j'ai calculé que, son revenu étant de 800 £ par an, elle vit sur 300 £ & se sert du reste pour jouer. Elle habite dans une modeste pension, plutôt que dans l'une de ses deux jolies petites maisons, pour 26 francs par jour tout compris !

Je ne suis pas ravie d'être ici, mais je me repose – Je me rends compte que je suis terriblement & incroyablement fatiguée & l'air vivifiant me fait dormir comme une masse. Je rentrerai vendredi & j'irai directement à Chartwell, comme vous me le suggérez....

Votre Clem
qui vous aime

Clementine et ses enfants passèrent de nouveau une partie des vacances d'été avec les « Jagoon » – cette fois-ci au « fin fond du pays de Galles[1] », où Jack Churchill et Goonie avaient loué une maison.

1. *The Wilds of Wales*, selon l'expression de Clementine. [ndt]

o De Winston [dactylographié]   Chartwell Manor
19 août 1924

Ma chérie,

...

Depuis votre départ nous avons eu des visiteurs, à savoir, Freddie Guest, Ll.G. [Lloyd George] et [Sir Roger] Keyes. Chacun a passé une nuit dans la Henri VIII [la principale chambre de visiteurs]. J'ai eu une longue conversation très satisfaisante avec Ll.G., et nous nous sommes sentis plus proches politiquement que nous ne l'avions jamais été depuis qu'il a participé à l'accession au pouvoir des Socialistes....

Mon déjeuner avec Rosebery[1] a été délicieux.... Il est parfaitement *au fait* de l'actualité[2], et en bien meilleure santé qu'il y a deux ans. Il veut que nous allions chez lui pour la réunion d'Édimbourg (à Dalmeny[3]), et peut-être que tout bien pesé ce ne serait pas mal d'avoir un QG libéral, d'autant qu'il s'agit de libéralisme impérialiste.

Tout le monde s'active frénétiquement autour de votre chambre. Les badigeonneurs, les spécialistes de la teinture du chêne, les menuisiers et les plâtriers travaillent d'arrache-pied du matin au soir. J'espère que tout vous ira à votre retour. Ils font tout pour cela.

Les travaux de la digue[4] avancent.... l'eau monte progressivement. Ce soir, nous en sommes à plus de deux mètres....

Par ailleurs l'ancien lac est pratiquement à sec. Il y a en moyenne une trentaine de centimètres de boue, et je vais m'y attaquer de pied ferme avec mes wagonnets pour l'évacuer. L'équipe, désormais renforcée, comprend neuf hommes en tout. Thompson [le garde du corps] et moi avons passé notre temps à patauger dans la plus immonde boue noire jamais vue, avec l'odeur la plus pestilentielle, pour faire disparaître ce magma infect. Les poules d'eau et les grèbes ont migré en bloc vers le nouveau lac et pris leurs quartiers dans les buissons des hauteurs....

J'ai reçu une proposition officielle de Mr Blain, qui dirige la commission électorale de la section conservatrice de la circonscription du West Essex [Epping]. Je vais le faire venir à déjeuner.... Cela paraît être l'un des sièges les plus sûrs du pays. Mais on ne peut jamais rien dire[5]....

Ma bien-aimée – ce sera un grand plaisir de vous avoir de nouveau ici lundi. La maison semble ts vide sans vous. Avec mon tendre amour,

Votre dévoué
W.

1. Le cinquième comte de Rosebery (voir p. 62 n. 1), ancien Premier ministre et ministre des Affaires étrangères libéral.
2. Churchill écrit simplement « *He is thoroughly* au fait ». [*ndt*]
3. Dalmeny House, South Queensferry, West Lothian, propriété du comte de Rosebery près d'Édimbourg surplombant l'estuaire de la Forth.
4. La digue en construction dans la vallée en contrebas de la maison donna naissance à deux lacs alimentés par une source, la Chart [en anglais « *the Chart well* », d'où le nom de la propriété, *ndt*].
5. WSC reçut l'investiture officielle de la section conservatrice d'Epping le 22 septembre 1924.

o De Clementine
20 août 1924

Tan-y-Graig
Pentraeth, Anglesea

Mon Winston chéri

... J'aimerais tant avoir des nouvelles de la maison – Mais je serai bientôt de retour maintenant – Je me demande où en sont les travaux ? Si mon manteau de cheminée est arrivé, si des améliorations ont été apportées à la cheminée de la salle à manger & si votre « lac » se remplit de manière satisfaisante. J'aurais dû demander à Miss Fisher[1] de me tenir au courant....

J'ai écrit à Moppet [Whyte] pour lui demander de faire en sorte que Randolph me retrouve à Londres lundi de façon à ce que nous puissions nous occuper de son « trousseau[2] ».

Votre Clemmie
qui vous aime

1. Lettice Fisher, secrétaire particulière de WSC de 1923 à 1929.
2. En septembre 1924, Randolph, alors âgé de 13 ans, fut admis à Eton College, Windsor, dans la division de Mr Sheepshanks. Arthur Charles Sheepshanks (1884-1961) fut Assistant Master (en lettres classiques) à Eton College de 1918 à 1938 et Principal de 1922 à 1938.

o De Winston [dactylographié]   Chartwell Manor
22 août 1924

Ma chérie,

J'ai emmené Randolph aux Durdans[1], et nous avons encore eu un très agréable déjeuner avec Lord Rosebery. Il a pris la peine de rechercher dans sa bibliothèque un livre extrêmement intéressant intitulé Paradoxes and Puzzles, écrit par Paget et publié il y a quelque quarante-cinq ans[2], qui contient la plus efficace défense du duc de Marlborough face aux accusations à propos de l'Expédition de Brest[3] que j'aie jamais vue. Paget tourne en ridicule le manque d'exactitude de Macaulay[4], et le condamne à plusieurs reprises non seulement pour ses erreurs mais pour sa déformation volontaire des faits, etc. Cela a orienté mes pensées très sérieusement en direction du grand projet littéraire que tant de gens sont enclins à vouloir me mettre sur le dos[5]....

Tout avance bien dans votre chambre... Ils installent le nouveau manteau de cheminée. Je ne sais pas s'il sera prêt pour lundi.

Il y a 2 mètres 20 d'eau derrière la digue, et elle continue de monter....

Nous avons tous hâte de vous voir revenir lundi. Ma très chère ce sera un grand réconfort de vous avoir de nouveau ici. J'espère bien que vous avez eu du bon temps.

Avec mon amour le plus profond –

Votre dévoué
W

1. The Durdans était la résidence de Lord Rosebery à Epsom, dans le Surrey.
2. John Paget, *Paradoxes and Puzzles, Historical, Judicial and Literary*, Édimbourg, 1874.
3. Marlborough était accusé d'avoir trahi auprès des partisans du roi déposé Jacques II, allié de Louis XIV, le secret de l'expédition anglaise projetée en 1694, parallèlement à la bataille de Camaret. [*ndt*]
4. L'historien Thomas Babington Macaulay (premier baron Macaulay, 1800-1859), qui était très hostile à Marlborough.
5. La biographie de son célèbre ancêtre John Churchill, premier duc de Marlborough (1650-1722), que WSC devait entreprendre au cours des années 1930.

Le 25 septembre à Édimbourg, Winston prononça un discours d'une importance cruciale lors d'un rassemblement bondé et enthousiaste de conservateurs écossais au Usher Hall, dans lequel il déclara qu'il n'existait pas de « fossé infranchissable » entre les principes des conservateurs et ceux des libéraux – et que la menace était le socialisme.

Clementine devait être amèrement déçue de ne pas être aux côtés de Winston, mais elle ne se sentait pas bien.

o De Clementine   Chartwell
Jeudi. 17 h [25 septembre 1924]

Mon Winston chéri

Je suis tous vos mouvements en pensée &, dans un peu moins de 2 heures, vous allez être tous réunis pour votre grand rassemblement qui, je l'espère, sera pour vous un brillant succès – et vous aidera dans la nouvelle voie dans laquelle vous vous engagez –

J'ai pris la chambre & entamé une « cure de repos » de quatre jours ! J'ai fait appeler le docteur Ward ce matin. Il a pris ma tension, qu'il a trouvée très basse....

J'attends avec impatience les journaux de demain matin....

Mary envoie à Papa un « daiser ».

Votre Clemmie
qui vous aime

Suite à la chute du gouvernement Ramsay MacDonald, de nouvelles élections législatives eurent lieu en octobre 1924 – les troisièmes en trois ans. Les résultats (le 29 octobre) donnèrent une majorité décisive aux conservateurs (419 sièges) sur les travaillistes (151 sièges), qui subissaient un recul important. Les libéraux n'obtenaient que 42 sièges. Stanley Baldwin forma son second gouvernement.

Churchill, bien que soutenant sans réserve le Parti conservateur et étant soutenu par ce dernier, se présenta comme constitutionnaliste à Epping et l'emporta avec une majorité de 9 763 voix. Il allait représenter la circonscription sans discontinuer pendant les quarante ans de vie parlementaire qui lui restaient[1]. Lorsqu'il forma son nouveau gouvernement, Baldwin proposa à Churchill le poste de chancelier de l'Échiquier.

Le 30 novembre, Winston célébra son cinquantième anniversaire.

1. La circonscription fut par la suite renommée la Wanstead and Woodford Division of Essex.

Chapitre XIII

AU NUMÉRO 11

Winston et Clementine passèrent leurs premières fêtes de Noël et du Nouvel An à Chartwell avec leurs enfants, les « Jagoon » et les Romilly.

Dans la seconde moitié de janvier, ils emménagèrent au 11 Downing Street (la résidence officielle du chancelier de l'Échiquier). La maison du 2 Sussex Square fut vendue.

La première semaine de janvier, Winston se rendit à Paris pour participer aux négociations sur les dettes de guerre internationales. À l'issue de discussions intenses, toutes les parties s'accordèrent à reconnaître que le règlement auquel il était parvenu était remarquable.

Le 28 avril, il présenta son premier budget, qui incluait le retour de la Grande-Bretagne à l'étalon-or. Il avait lui-même eu des doutes à l'origine quant à cette politique, mais elle avait déjà obtenu l'accord de principe du Trésor, soutenu par le chancelier travailliste. Churchill fut critiqué, alors et par la suite, pour le budget de 1925, mais à l'époque la doctrine d'un retour à l'étalon-or faisait l'objet d'un large consensus.

◊ De Clementine						2 Sussex Square
8 janvier [1925]

Mon Winston chéri

...

Votre départ de la gare de Victoria, illustré par les clichés d'un Pig *débonnair*, votre arrivée avec la liste de ceux qui sont venus vous accueillir.... Somme toute, vous êtes la coqueluche du moment – Je ne vois pas comment vous allez <u>réussir</u> à faire face à <u>tout</u> ce que l'on attend de vous....

Je suis très occupée à établir la liste des meubles qui vont aller à Downing Street...

J'ai invité Venetia [Montagu] à déjeuner au Claridge mardi – Elle s'en va demain. Elle avait l'air si pâle & anéantie. Si vous avez cinq minutes, écrivez-lui & remerciez-la pour la jolie boîte de jade & d'émail d'Edwin[1] qu'elle vous a envoyée avec cette charmante lettre. Je me souviens l'avoir toujours vue sur sa table....

Votre Clemmie
qui vous aime.

1. Son mari, Edwin Montagu, était décédé le 15 novembre 1924. Cette magnifique boîte est maintenant en ma possession.

o De Winston   Ambassade de Grande-Bretagne
10 janvier 1925 Soir   Paris

Ma Clemmie chérie,

J'ai enfin un quart d'heure à moi ! Nous avons fait de sérieux progrès, & ce soir après des arguties ts ardues sur des sujets aussi compliqués que les règles du mah-jong quand on vous les donne pour la première fois, nous sommes parvenus à des accords pratiquement unanimes sur tous les points importants. Demain et lundi les experts vont passer à la rédaction conformément à nos accords ; mardi nous présenterons nos travaux à la conférence plénière avec le soutien des six gdes puissances sans exception & merc^{di} midi (sauf accident) je prends le chemin du retour....

J'ai à peine bougé de l'ambassade en dehors de la succession de conférences & de *conciliabules* & d'entretiens qui ont occupé toute la journée. J'ai eu un entretien avec Herriot[1] dans sa chambre de malade. Le pauvre – il m'a paru mal en point & rongé par le souci & la phlébite. Nous nous sommes bien entendus. Demain je dois rencontrer le Président Doumergue[2] dans la matinée ; déjeuner avec l'Imbroglio [Daisy Fellowes] – aller voir les « All Blacks » jouer contre la France l'après-midi, & rendre visite à Clemenceau le soir & dîner avec Loucheur. Hier soir & ce soir grands dîners à l'ambassade....

J'ai eu des batailles épiques avec les Yanks & les ai fait reculer pouce par pouce pour atteindre un chiffre raisonnable. À la fin, nous nous battions pour des bagatelles comme 100 000 £ ! Cependant il n'y a jamais eu de mauvaise volonté & j'ai désormais trouvé un excellent arrangement avec eux qui sera annoncé mardi avec le reste. Je pense que dans l'ensemble j'ai bien réussi. J'ai certes reçu bcp de compliments. Mais il ne faut pas tp se fier à cela.

... Je n'ai qu'une envie – c'est de revenir à Chartwell. Je suppose que j'y constaterai bcp de progrès à mon retour. Le cottage, les rayonnages pour les livres, le bûcher, la Loggia : je serai bien content d'aller de nouveau en faire le tour. Transmettez mon plus tendre amour à tous les chatons. J'espère qu'ils sont sages & vont bien. À vous de même ma chérie – vtre lettre m'a ravi. J'aurais aimé écrire plus tôt. Mais je sais que vous comprendrez.

Avec mon tendre amour & beaucoup de baisers
Votre dévoué à jamais
W

P.-S. J'écrirai à Venetia [Montagu] une fois revenu.

1. Édouard Herriot (1872-1957), président du Parti radical de 1919 à 1940, fut président du Conseil de juin 1924 à avril 1925 et en juillet 1926.
2. Gaston Doumergue (1863-1937), président de la République (le premier à être protestant) de 1924 à 1931.

o De Winston   Treasury Chambers[1]
8 mars 1925   Whitehall

Ma chérie,
Nous revenons du Zoo, où j'ai emmené Diana et Sarah. Le nouvel aquarium est merveilleux. L'avez-vous vu ? Il y a des nouveaux poissons qui viennent d'arriver de Java, longs d'environ huit centimètres et entièrement ceints de bandes jaunes et blanches de la plus extrême luminosité.... Bien d'autres choses, dont les Mappin Terraces[2], leur ont bcp plu. Nous avons vu des tas d'ours, et deux d'entre eux ont fait de la lutte pendant de longs moments magnifiques. Je crois que les enfants se sont bien amusées.

Hier j'ai rendu ma visite hebdomadaire à Chartwell.... La deuxième arche du Palanquin [la loggia] est achevée. Encore une quinzaine de jours et j'espère que l'ensemble sera terminé.... J'ai rapporté quatorze douzaines d'œufs, et vingt douzaines ont été mises en conserve au vinaigre. Grand progrès du côté des crocus et des perce-neige. Tous les autres travaux avancent, mais très lentement, Hélas !... Tout notre temps va y passer si nous voulons être prêts pour Pâques.

Baldwin a remporté un très remarquable succès vendredi. Il a fait à peu près le seul discours qui pouvait redresser la situation, et il l'a fait exactement comme il le fallait.... Un puissant Parti conservateur avec une majorité écrasante et une direction modérée voire progressiste, c'est une combinaison que l'on n'a jamais réellement vue à l'œuvre auparavant....

Les impôts rentrent bien ; et si seulement je peux gagner mon combat contre l'Amirauté, je ne me retrouverai pas sans le sou. Dans quinze jours ils seront à même de me donner des chiffres définitifs sur lesquels m'appuyer, au lieu des vagues prévisions qui sont pour le moment tout ce qu'on a....

Nous nous faisons tous du souci pour le pauvre George Curzon[3], qui a une hémorragie de la vessie et doit subir une importante opération demain matin. J'ai téléphoné pour prendre des renseignements, et il m'a envoyé son secrétaire qui m'a fait un récit pas très rassurant.

La tâche est chaque jour plus lourde. Toute cette semaine j'ai une succession de délégations, et tous les matins mon courrier interministériel est rempli de dossiers ardus en rapport avec le Budget. J'ai décidé de ne pas m'attaquer au troisième volume[4] et de me retirer de l'arène littéraire, en tout cas pour quelque temps. Je ne peux pas y faire justice en plus de mes autres engagements. Par ailleurs les impôts ont presque tout mangé.

Philip [Sassoon] est venu hier soir et est tombé en extase devant le dessin de Sargent[5]. J'ai eu bien du mal à concilier la vérité et la politesse. Je voulais attirer son attention sur l'affreuse concavité de ma joue droite. Reste qu'il ne faut pas faire la fine joue sur les cadeaux.

Les enfants m'ont déclaré qu'ils allaient vous écrire aujourd'hui, mais ce sont peut-être de petits filous. (✎ Non – Sarah vient de livrer la marchandise.

Avec mon tendre amour ma chérie à moi. J'espère – & prie pour cela – que vous aurez du soleil, de la sérénité & de la joie.

Votre dévoué qui vous aime à jamais
W.

1. Locaux du Trésor, situés face au Parlement. [ndt]
2. Montagnes artificielles alors occupées par les ours du zoo. [ndt]
3. Lord Curzon mourut le 20 mars 1925.
4. Le volume III de *The World Crisis*, intitulé *1916-1918*. Ses tomes I et II furent tous deux publiés en 1927.
5. Ce dessin, actuellement dans l'entrée de Chartwell, représente WSC dans la tenue de cérémonie traditionnelle de chancelier de l'Échiquier.

◊ De Clementine   Lou Sueil
Mercredi 11 mars [1925]

Mon chéri

J'étais ravie de recevoir votre lettre –

Non, je ne suis jamais allée au nouvel aquarium du zoo – Il a l'air fantastique – Comme c'est gentil de votre part d'y avoir emmené les enfants.

J'avais compris, à la lecture de la presse, que Mr Baldwin avait remporté un succès personnel au sujet du Levy Bill [projet de loi sur les cotisations syndicales reversées au Parti travailliste] –

Je crois qu'il a les intérêts des travailleurs de ce pays sincèrement à cœur –

Mon adoré, ne vous laissez pas faire par l'Amirauté & ni fasciner, ni flatter, ni embobiner par Beatty [Premier lord naval]. Je peux vous assurer que le pays se soucie de lui comme d'une guigne. C'est peut-être très injuste envers notre seul héros de guerre, mais c'est un fait. Consuelo [Balsan] me raconte qu'il a déjeuné ici il y a quelque temps (lorsqu'il est venu voir Lady B[eatty], qui est assez bizarre & du genre folle). Il lui a dit « Je suis sur le chemin du retour pour livrer ma grande bataille contre Churchill » – Consuelo lui a répondu « Oh, il y a toutes chances pour que Winston gagne » – ce à quoi Beatty a rétorqué « Je n'en suis pas si sûr. » – Évidemment, je pense que remporter un formidable triomphe winstonien sur vos anciennes amours ne serait pas une bonne chose, mais ne vous laissez pas aller aux sentiments & n'ayez pas trop bon cœur. Beatty est avare & pingre comme tout, & il va marchander avec vous & vous rouler comme s'il vous vendait un mauvais cheval, et la Marine en est un, je le crains....

Avec beaucoup d'amour pour vous, mon chéri,
Clemmie

o De Winston   11 Downing Street[1]
15 mars 1925

Ma chérie –... Je suis fatigué & ai plutôt mal à la tête à la fin d'une longue semaine. J'espère bien que vous avez du repos, de la sérénité & du soleil & que vous allez revenir réellement requinquée. J'ai fignolé deux autres articles qui serviront en partie à payer l'Impôt sur le Revenu ; & peut-être que je réussirai à en pondre encore un cet après-midi ou demain matin.

Mary se porte comme un charme. Elle vient s'asseoir auprès de moi le matin & est parfois extrêmement gracieuse. Diana revient de l'école & nous prévoyons d'aller voir Randolph [à Eton] ensemble cet après-midi.

Quand pensez-vous être de retour ma très chère ? N'abrégez pas vos vacances si elles vous font du bien – Mais bien sûr je me sens moins vulnérable aux soucis et à la dépression quand vous êtes avec moi & que je peux m'ouvrir à vtre tendre cœur. Cela m'a donné tant de joie de vous voir reprendre des forces & vous faire à cette nouvelle demeure. La santé physique & mentale est le préalable au bonheur. Je suis <u>réellement</u> convaincu que vous avez fait de gds progrès depuis le début de l'année, malgré tout le travail & tous les fardeaux que je vous ai imposés. La chose la plus précieuse que j'aie dans l'existence, c'est vtre amour pour moi. Je me reproche mes nombreuses insuffisances. Vous êtes un roc & je dépends de vous & me repose sur vous. Revenez-moi donc dès que vous pourrez.

Votre dévoué qui vous aime à jamais
W

---

1. Résidence officielle du chancelier de l'Échiquier, qui communique avec le numéro 10, où réside le Premier ministre. [*ndt*]

Clementine avait prévu de rentrer le lundi 23 mars, mais elle fut appelée à Dieppe où sa mère était tombée gravement malade.

o De Winston   11 Downing Street
22 mars 1925

Ma chérie des chéries,

Je reçois vtre télégramme. Je compatis tellement avec vous – & la pauvre Nellie aussi. Vtre Mamma est une gde dame : & sa vie a été une noble vie. Quand je repense à tout le courage & à toute la ténacité & à toute l'abnégation dont elle a fait preuve tout au long de ces dures années où elle se débattait pour vous élever avec Nellie & Bill, je constate quelle authentique mère & quelle femme d'exception elle s'est révélée, & j'en suis d'autant plus heureux & fier de penser que son sang coule dans les veines de nos enfants.

Ma chérie je me lamente pour vous. Une vie vieillissante où les forces commencent à manquer & qui s'éloigne de nos rives [elle avait soixante-treize ans], après l'épuisement du bail attribué & après la disparition de la plupart de nos joies ne mérite pas la pitié humaine. Ce n'est là qu'un aspect de l'immense tragédie de notre existence ici-bas contre laquelle tant l'espoir que la foi se sont soulevés – Ce n'est là que ce qui nous attend & que nous attendons tous – à moins d'une rupture prématurée. Mais la perte d'une mère tranche un nœud dans le cœur et fait paraître la vie solitaire & d'une durée aléatoire. Je connais d'expérience ce sentiment d'amputation, l'ayant éprouvé il y a trois ans. Je souffre profondément de vtre douleur.

J'admirais & aimais énormément vtre Mère. C'était une belle-mère idéale. Jamais je ne permettrai qu'on parle de ce qui nous unissait avec moquerie – pour sa mémoire. Il me plaît de penser que peut-être aurait-elle fait de moi aussi quelqu'un de bien. En tout cas je suis sûr que notre mariage & notre vie commune ont été l'une des gdes satisfactions de son existence. Ma douce chérie je vous embrasse.

J'ai travaillé toute la journée (dimanche) sur les retraites & suis ts fatigué. Télégraphiez-moi s'il vous plaît pour me dire comment la situation évolue & si je peux faire quoi que ce soit.

Bonne nuit ma très chère,
Votre dévoué mari
W

◊ De Clementine   [Dieppe]
Dimanche dans la nuit [29 mars 1925]

Mon chéri

Mère est morte ce soir juste avant 9 heures. Un changement soudain s'est produit à 8 heures et demie, mais l'infirmière a pensé que Mère ne partirait pas avant demain matin – Et puis elle nous a quittés en quelques minutes – La lutte a été terrible &, par deux fois, nous avons pensé qu'elle surmonterait cette cruelle maladie –

Nellie vous envoie toutes ses amitiés. Votre très aimante

Clemmie

Merci de transmettre à Moppet [Whyte] la note ci-jointe, pour qu'elle m'envoie des vêtements noirs.

En mars 1926, Clementine et Goonie passèrent deux semaines à Rome chez l'ambassadeur de Grande-Bretagne, Sir Ronald Graham, et sa femme, Lady Sybil[1], *qui étaient des amis.*

1. Sir Ronald Graham (1870-1949), diplomate. Ambassadeur à Rome de 1921 à 1933. Il avait épousé en 1912 Lady Sybil Brodrick (décédée en 1934), fille du premier comte de Midleton ; elle était la petite-fille de la grand-tante de CSC, Mary, Lady St Helier (voir Introduction).

o De Clementine Ambassade de Grande-Bretagne
Samedi 20 mars [1926] Rome

Mon chéri

Depuis que nous sommes arrivées ici mercredi soir, nous avons vécu dans un tel tourbillon d'excitation à propos de la Rome antique, médiévale & moderne que c'est la première fois que j'ai un moment à moi....

Pour commencer par la Rome moderne, j'ai rencontré Mussolini[1] – Il est venu prendre le thé avec Sybil lors d'une visite tout à fait privée le lendemain de notre arrivée – Il est très impressionnant – assez simple & <u>naturel</u>, très digne ; il a un sourire charmant & d'extrêmement beaux yeux perçants, d'un brun doré, que l'on voit, mais que l'on ne peut pas regarder – Lorsqu'il est entré, tout le monde s'est levé (y compris les femmes), comme si c'était un roi – Impossible de faire autrement. Cela s'imposait – Il vous remplit d'une terreur agréable –

Vous avez immédiatement l'impression qu'il vous faut absolument faire quelque chose pour lui ou, tout au moins, vous empresser d'exaucer ses vœux.

Il adore la musique & joue lui-même du violon. Sybil avait organisé un délicieux petit concert à son intention – J'ai eu quelques minutes de conversation avec lui – Il vous fait part de son amitié & dit qu'il aimerait vous rencontrer. Je suis sûre que c'est un grand personnage – J'espère qu'il ne lui arrivera rien. Il avait l'air pâle & frêle, sans pour autant, je crois, être malade – Il est certain qu'il inspire une dévotion fanatique à ses partisans – Il s'adressera à 50 000 personnes la semaine prochaine lors d'un rassemblement en plein air – Ce sera le 5e anniversaire du « Fascismo » –

Goonie & moi avons décidé d'aller l'écouter – Nous ne comprendrons pas un mot, mais cela sera tout de même très intéressant – Il semble beaucoup apprécier les Graham.

Et maintenant pour ce qui est de la Rome antique – nous sommes allées aux bains de Caracalla – un spectacle stupéfiant. 40 000 personnes pouvaient s'y trouver en même temps. C'est plus grand qu'Olympie – Puis nous avons passé un après-midi formidable au Forum. Comme j'aurais aimé que vous soyez là – Vous auriez adoré. Ensuite nous avons escaladé le mont Palatin & avons admiré la vue d'en haut.

Ce matin, nous nous sommes rendues au Vatican, mais nous n'avons pas pu aller plus loin que la chapelle Sixtine. Elle a surpassé toutes mes attentes par sa beauté glorieuse, mais sombre.... J'ai aussi jeté un œil à Saint-Pierre, mais je ne m'y suis pas encore attaquée.

Hier soir, nous avons dîné avec les Volpi[2]. Très agréable. Demain ils nous emmènent à Tivoli voir la villa d'Hadrien.

Les nouvelles me parviennent au compte-gouttes, car je suis incapable de lire les journaux italiens. Mussolini a dit qu'il avait entendu une rumeur comme quoi vous alliez être nommé aux Affaires étrangères ! –

Amour tendre. Embrassez les chatons pour moi.

Clemmie

1. Voir p. 352 n. 3. Alors chef du gouvernement fasciste italien, il allait devenir le dirigeant absolu de l'Italie en novembre de cette même année.
2. Le comte Giuseppe Volpi (1877-1947), ministre italien des Finances de 1925 à 1928.

o De Clementine Ambassade de Grande-Bretagne
25 mars [1926] Rome

Mon chéri

Votre lettre est arrivée ce matin, à ma plus grande joie. Au milieu de ces endroits nouveaux & étrangers, c'était délicieux d'avoir des nouvelles de la maison....

Je viens de recevoir une magnifique photo signée de Mussolini ! Dessus il y a inscrit :

<u>A la Signora Winston Churchill</u>
<u>Devotamente</u>
<u>B. Mussolini</u>
<u>Roma 25 Marzo 1926</u>[1]

Toutes les femmes de l'ambassade sont mortes de jalousie.

Nous allons aller l'écouter dans un grand rassemblement en plein air ce dimanche, qui célébrera le 7ᵉ anniversaire du « militant Fascismo ». Il y aura 50 000 personnes présentes....

Goonie & moi arrivons à <u>Folkestone mercredi</u> soir, 7 avril, assez tard.... Pourriez-vous nous envoyer la grande voiture pour que nous puissions nous rendre directement à Chartwell.

Amour tendre
Clemmie

1. Sans doute Il Duce avait-il été charmé par CSC, mais il n'était pas non plus inutile de rendre un hommage appuyé à l'épouse en visite d'un homme politique britannique éminent, membre du Conseil restreint. La photographie fut brièvement exposée dans le salon de Chartwell comme un trophée de ces vacances romaines, mais fut rapidement condamnée à l'obscurité. Elle est toutefois conservée dans les archives de CSC.

o De Winston   Treasury Chambers
25 mars [1926]

Ma chérie,
J'ai là deux de vs chères lettres. La description de Mussolini est ts vivante. C'est sans aucun doute l'un des hommes les plus extraordinaires de notre temps. Je suis content que vous l'ayez rencontré & ayez pu vous faire une opinion personnelle de lui…. Je suis si content que vous vous plongiez dans la Rome antique. Le Moyen Âge & la Renaissance sont d'une importance ts mineure à côté de la longue splendeur Impériale. Tout mon intérêt va aux anciens. Si seulement ils avaient consacré un peu plus d'attention à la mécanique & à la science ils auraient peut-être survécu au choc de tous les barbares….

Austen [Chamberlain] n'est qu'un dindon & aujourd'hui je vais dans la Cité le voir se faire tordre le cou. Hier nous avons eu un débat sur les Dettes. Vous devriez lire mon discours. Il a été ts bien accueilli. Il y a un ts gd ressentiment ctre les É-U….

Clemmie chérie je serai si content quand vous serez de retour. Bien que mes journées soient remplies à chaque instant du lever au coucher, je me sens seul en vtre absence. Le vide du nid me rend mélancolique. Cependant, profitez bien de vtre excursion & revenez avec santé force & nouveaux centres d'intérêt auprès de celui qui vous aime à jamais, votre

                                                                    W

o De Winston   Treasury Chambers
28 mars 1926

Ma Bien-Aimée & Clemmie Chérie. Cette lettre devrait vous parvenir pour vtre Anniversaire & elle vous transmct mon amour le plus profond et mes souhaits les plus chers de bonheur en ce jour & dans les années à venir. Les Chatons vont tous écrire. Mary dit qu'elle a déjà écrit. Elle a également fait remarquer à Jack que « Maman s'ennuie avec moi donc elle est partie à Rome ». Elle est étonnante….

Quel portrait vous faites de Mussolini ! Je suis sûr que vous avez raison de le considérer comme un prodige. Mais comme le dit le vieil [Augustine] Birrell « Il vaut mieux lire ce qu'on dit d'une figure mondiale que de vivre sous sa férule »….

Avec mon tendre amour ma chérie des chéries – Amusez-vous bien dans un monde nouveau & j'en suis sûr enchanteur, mais n'oubliez pas que nous attendons tous avec impatience vtre retour dans vtre panier, après tant de déambulations sur des pavés antiques, médiévaux & ecclésiastiques.

Vtre dévoué qui vous aime à jamais
W

X X X

La grève générale de mai 1926 dura neuf jours et amena le pays au bord de la guerre civile. Les causes de la grève avaient leurs racines dans la dépression économique de l'après-guerre qui avait entraîné une chute des exportations et un chômage de masse. Parmi les secteurs les plus touchés se trouvait l'industrie du charbon où les mineurs faisaient face aux propriétaires des houillères.

À partir du 4 mai, il y eut dans le pays un arrêt complet des transports, de l'industrie lourde, des dockers, de l'imprimerie, du gaz et de l'électricité. Des milliers de volontaires, issus essentiellement de la classe moyenne, aidèrent le gouvernement à maintenir les principaux services et à assurer l'approvisionnement. Il y eut étonnamment peu de violence, mais la grève ébranla le pays au plus profond de lui-même.

Churchill et une petite équipe conduite par lui-même et un jeune membre du gouvernement, J.C.C. Davidson[1], produisirent et imprimèrent un journal de crise, la British Gazette. *Le 11 mai, plus de 2 millions d'exemplaires étaient distribués dans le pays. Clementine et un groupe d'amis assuraient un service de cantine pour les volontaires qui produisaient et imprimaient le journal.*

Le 11 mai, comme le gouvernement ne manifestait aucun signe de recul, Sir Herbert Samuel[2] se proposa comme médiateur et formula un ensemble de conditions acceptables pour le TUC [Trades Union Congress], qui avait dans un premier temps soutenu les mineurs, à la suite de quoi, le 13 mai, la confédération syndicale mit fin à la grève. Les mineurs, se sentant trahis, refusèrent de reprendre le travail et les propriétaires de houillères rejetèrent tout compromis. La grève des mineurs se prolongea jusqu'en décembre. Ils finirent par céder et retournèrent au travail avec des diminutions de salaire et un allongement de leur temps de travail.

À la fin de l'été, Clementine se rendit en Écosse, puis en France. Le Parlement étant en congé, Winston demeura à Chartwell, où il fut pleinement occupé par les travaux d'aménagement extérieur, la peinture, l'écriture et les visites qu'il recevait le week-end. Cependant le coût de fonctionnement de Chartwell, ajouté à celui de Londres, lui créait de toute évidence de lourds soucis et nous savons que Clementine exprimait déjà de semblables inquiétudes depuis un certain temps.

Au cours de ces semaines, il rédigea le mémorandum suivant.

1. J.C.C. (par la suite premier vicomte) Davidson (1889-1970). Chargé des relations entre le Parlement et l'Amirauté de 1924 à 1927.

2. Sir Herbert Samuel, par la suite premier vicomte Samuel (1870-1963). Homme d'État et philosophe. L'un des premiers membres du Conseil restreint à être d'origine juive. Député libéral. Ministre de l'Intérieur en 1916 et en 1931-1932 ; premier haut-commissaire de Grande-Bretagne en Palestine de 1920 à 1925 ; chef de file du groupe libéral au Parlement de 1931 à 1935.

o De Winston [dactylographié]   [Chartwell]
[fin de l'été 1926]

1. La première chose à faire, c'est de mettre Chartwell en location auprès d'un Agent à compter du Nouvel An....

Toutes les hypothèses qui suivent sont fondées sur une courte période de location l'an prochain, avec peut-être ensuite une période plus longue, si cela s'avère nécessaire : –

2. Martin [directeur de la ferme] part à la St Michel (29 septembre).

3. Tout le gros bétail roux sera vendu à Reading en octobre. Estimation – disons 150 £.

4. Toute la basse-cour et les porcs, sauf celui de Diana, disparaîtront à la fin décembre.

5. Tous les poneys, sauf Energy [le dernier des poneys de polo] et son petit, seront vendus dès qu'une offre raisonnable se présentera....

7. Au cours des trois prochains mois la famille restera à Chartwell, et absolument aucune dépense ne sera effectuée à Londres avant le 15 novembre.

Pendant ces trois mois la grosse voiture devra être utilisée le moins possible, c'est-à-dire pratiquement immobilisée. Il faudra qu'Aley s'occupe de la lumière électrique de façon à pouvoir prendre la suite de Martin à la fin septembre...

10. Quoi qu'il arrive pour la location, ni Chartwell ni Downing Street ne doit en aucun cas être ouvert pour moins d'un mois à la fois. Il faut que nous observions cette règle aussi incommode soit-elle.

11. Il vaudrait mieux que nous passions les vacances de Noël à Londres, et ne venions ici que pour pique-niquer en apportant à manger....

13. Le garçon d'écurie partira en même temps que les poneys, ou dès la fin de ces vacances, selon ce qui tombe le plus tôt.

14. <u>FACTURES</u>.

Miss Street dressera une liste à concurrence de 1 500 £ des factures les plus urgentes à régler au cours de la prochaine quinzaine....

Aucune facture ne doit être ajoutée à cette liste. Toute nouvelle facture qui survient doit m'être montrée.

Toutes les petites factures seront réglées mensuellement.

Il ne faudra rien acheter de coûteux, ni l'un ni l'autre, sans en parler ensemble.

<u>DÉPENSES MÉNAGÈRES</u>

Les dépenses du Ménage (nourriture, salaires, entretien et voiture) ont été en moyenne de – disons – 300 £ ces six derniers mois, mais de – disons – 477 £ au cours des deux mois écoulés. Nous ne pouvons pas nous permettre de dépenser plus de 250 £ en moyenne sur ces quatre postes....

Il faut essayer immédiatement les mesures suivantes : –

a. Plus d'achat de champagne. Sauf instructions particulières seul du vin blanc ou rouge, ou du whisky-soda sera servi au déjeuner, ou au dîner. Le Registre de Cave me sera montré toutes les semaines. On n'ouvrira plus de porto sans autorisation spéciale.

b. La consommation de cigares sera réduite à quatre par jour. Aucun ne sera mis sur la table ; sauf ceux qui seront sortis de mon étui. Il est très courant de n'offrir que des cigarettes.

c. Aucun fruit ne sera commandé sur le compte du ménage ; mais seulement acheté et payé par vous et moi pour des occasions spéciales.

d. Pas de crème sauf autorisation particulière.

e. Quand nous sommes seuls nous n'avons pas besoin de poisson. Deux plats et un dessert devraient suffire pour le dîner et un seul pour le déjeuner...

Le fait que nous fassions ces économies devrait permettre d'instaurer un régime plus strict dans la Salle à manger des Domestiques.

f. Nous ne devons recevoir que très rarement, voire jamais, en dehors de Jack et Goonie, en septembre.

La question de la réduction de la domesticité de trois membres lors de notre départ pour Londres est à étudier, lorsque les résultats de ces économies seront apparents.

Les frais de blanchisserie peuvent sans aucun doute être diminués, c'est-à-dire que deux chemises blanches par semaine devraient parfaitement me suffire pour dîner à la campagne. Il faut que Dimmer [le valet de WSC] fasse en sorte de réduire mon linge à laver d'un tiers, et je vais voir cela avec lui. Je vais, également, voir ce qu'il en est pour le cirage et autres fournitures qui, me dit-on, me sont destinées....

Il y a, sans aucun doute, beaucoup d'aspects des dépenses ménagères dont vous souhaiteriez discuter avec moi. Je suis tout prêt à accepter tout ce qui est nécessaire...

TRAVAUX NOUVEAUX.

Les poulaillers et les étables sont à démolir et à ne pas reconstruire –... Abattre les arbres et les buissons entre la maison et le lac, et replanter certains pommiers, c'est tout ce que nous devrions pouvoir entreprendre....

Comme beaucoup de résolutions drastiques qui s'évanouissent devant les nécessités personnelles ou les désirs naturels, ce document draconien fut considérablement révisé. On ne loua pas Chartwell, et je n'ai aucun souvenir d'une pénurie de nourriture ou de boisson, ni que mon père ait porté des chemises sales et froissées. La famille passa la plus grande partie de l'hiver à Londres et revint à Chartwell pour les vacances de Noël, où entre Noël et le Jour de l'an onze personnes signèrent le livre des visiteurs.

Cependant on n'entendit plus parler des vaches laitières, et le garçon d'écurie et les poneys disparurent. Les cochons virent leur nombre réduit (hors accroissement naturel) et les activités de la ferme se firent désormais plus modestes. Au Nouvel An de 1927, Winston, accompagné de son frère Jack et de Randolph (qui avait maintenant quinze ans et demi), partit pour un voyage combinant agrément et travail. Il emportait avec lui « ses devoirs » – en l'occurrence The World Crisis.

*Le groupe prit le train pour Gênes (via Paris) le 4 janvier 1927. De là, ils embarquèrent sur l'*Esperia *qui les amena à Malte, où ils furent reçus par un ancien ami et collègue de Winston, l'amiral de la Flotte Sir Roger Keyes*[1]. *De Malte, ils se rendirent brièvement à Athènes et, le 14 juillet, ils arrivèrent à Rome, où ils résidèrent chez Sir Ronald et Lady Sybil Gra-*

ham à l'ambassade de Grande-Bretagne. Lors de cette visite, Winston eut des entretiens avec le ministre italien des Finances, le comte Volpi, et deux brèves entrevues avec Mussolini. Winston et Randolph furent également reçus par le pape.*

   1. Commandant en chef de la flotte de Méditerranée de 1925 à 1928 ; voir p. 348 n. 5.

o De Winston   Esperia
6 janvier 1927

   Ma Chérie à moi,

   Nous partons à l'instant & je vous envoie ce petit mot par l'intermédiaire des Fascisti[1]. Ils n'ont pas arrêté de faire leur impressionnant salut, & le personnel de l'Esperia nous a réservé un accueil extrêmement cordial[2].

   J'ai travaillé sur les épreuves jusqu'à 2 h 30 du matin & de nouveau à partir de 8 h jusqu'à maintenant. L'ensemble a été déposé à l'Hôtel pour être mis à la poste demain (tout est fermé aujourd'hui) : sous la menace de rétorsion de la part de Mussolini s'il y a la moindre négligence. J'en suis désormais débarrassé à jamais pour le meilleur ou pour le pire. J'espère que cela va nous assurer deux années de tranquillité sans avoir à réviser nos projets pour Chartwell : & d'ici là j'aurai eu une autre idée....

   ... Demain Naples. J'aimerais que vous soyez là....

   Le pays donne une impression de discipline, d'ordre, de bonne volonté, de sourires sur les visages – Une école stricte mais heureuse – & sans bavardages entre les élèves. De grands bouleversements ont eu lieu depuis que vous & moi avons débarqué de ce même bateau il y a maintenant près de 6 ans....

   Je réécrirai de Naples.

                                                                Vtre dévoué à jamais
                                                                         W

   1. Membres du PNS (Parti fasciste) ; ils n'étaient pas toujours en uniforme, certains portaient des insignes.
   2. Les Churchill avaient voyagé sur l'*Esperia* en revenant du Moyen-Orient en 1921.

o De Winston 　　　　　　　　　　　　　　Admiralty House
10 janvier 1927 　　　　　　　　　　　　　　　　　　Malte

Ma chérie –

Nous avons eu une traversée calme jusqu'à Malte & tout a été très agréable. Le Professeur qui préside aux excavations de Pompéi nous a tout montré & expliqué.... Il nous a traduit toutes les inscriptions peintes sur les maisons. Une élection pour désigner les Édiles[1] était en cours lorsque le volcan est intervenu. Les professions de foi des candidats sont restées sans être annulées ni suivies d'effet pendant deux mille ans !

C'est un nouveau plaisir pour moi de montrer le monde à Randolph. Il est ts bien, ts bien élevé & semble assimiler les choses. C'est ou ce devrait être une expérience merveilleuse pour lui. Chaque jour quelque chose d'entièrement inédit & de captivant....

J'ai fait mon polo sans démériter ni me distinguer & j'y ai pris un tel plaisir[2]....

J'ai l'intention de rejoindre Bendor [Westminster] à Dieppe le 26 pour passer un jour ou deux à chasser le sanglier avant la reprise des réunions du Conseil restreint....

De toute façon nous nous retrouverons le 21 à Èze [chez les Balsan]....

Avec mon tendre amour ma chérie & je me demande vraiment si ce sera alors un petit ou un gros ronronnement ! Quoi qu'il en soit j'ai hâte de vous revoir & d'embrasser votre cher visage ma douce petite chatte.

　　　　　　　　　　　　　　　　　　　　　　　　　Votre dévoué
　　　　　　　　　　　　　　　　　　　　　　　　　　　　W

1. Les *aediles* étaient à l'origine deux magistrats plébéiens de Rome, qui étaient chargés des temples, des édifices, des marchés et des jeux.
2. Ce fut en fait la dernière fois que WSC joua au polo.

o De Winston 　　　　　　　　　　　　　　　　Dans le train
25 janvier 1927 　　　　　　　　　　　　　　[entre Èze et Paris]

Ma Clemmie chérie,

Seulement un petit mot pour vous dire à quel point je suis triste de vous avoir quittée & à quel point je me sens seul : & pour vous renvoyer un baiser d'amour profond & véritable. Cela a été délicieux de vous entendre dire que j'étais « le vin de vtre vie ». Eh bien je sais combien je suis indigne de jouer ce rôle & à quel point mes insuffisances sont nombreuses. Il faut que vous fassiez bcp la part des choses ma chérie & surtout que vous ne vous découragiez pas pour des riens. En ce moment nos affaires ne vont pas mal du tout. J'espère d'ailleurs qu'avec un peu de prudence & de prévoyance nous allons pouvoir avoir une ou deux années de sérénité, & consolider notre situation financière à Chartwell. Essayez de vous reposer & de récupérer à Lou Sueil & revenez revigorée.

Je vais vous envoyer un compte rendu détaillé des progrès de vtre jardin & autres travaux en cours à Chartwell ; & vous raconterai aussi la chasse à Eu.

Avec mon tendre amour
Vtre dévoué à jamais
W.

o De Winston
28 janvier 1927

Grand Hôtel
Dieppe

Ma chérie –

Benny [Westminster] m'a accompagné cet après-midi, où j'ai déposé une couronne sur la tombe de vtre Mama, & une sur celle de Bill. Les deux étaient ts bien entretenues – bien que naturellement en cette morne saison les plantes ne poussent pas.... Les sépultures militaires toutes proches sont désormais achevées, avec leurs alignements de pierres tombales & la haute Croix du Sacrifice. Nous avons fait quelques pas entre elles au hasard en lisant les inscriptions qui rappellent l'histoire que nous connaissons si bien.

Le déjeuner de Loucheur à Paris a pris des proportions considérables. Briand[1], Peret, Vincent Auriol[2], environ 15 députés représentant les éléments de premier plan de tous les partis – & des hommes politiques aux idées ts avancées. J'ai tenu une conversation générale dans mon meilleur français, & défendu nos exigences en matière de Dettes & les entretiens avec Mussolini avec une certaine vigueur. Tout cela dans la plus gde cordialité. J'avais vu Crewe[3] auparavant & avais réglé certaines affaires avec lui....

Hier nous sommes allés à la chasse aux chiffons [sangliers]. Il y a eu un moment spectaculaire lorsqu'un sanglier est apparu en quittant un lac où il s'était désaltéré & s'est mis à galoper entre nous. Le grillage métallique qui entourait un couvert l'a empêché de s'échapper. Il s'est retourné, aux abois. Le colonel Hunter a tiré plusieurs fois sans l'atteindre. Benny s'est avancé pistolet à la main – mais heureusement à cheval – pour tirer le coup mortel. Le pistolet, qui était en mauvais état, s'est enrayé. Le chiffon s'est mis à charger – il a frôlé le cheval, dispersé la compagnie & fini par réussir sa fuite pour s'échapper dans les profondeurs de la forêt. Demain nous remettons cela....

La fameuse Coco [Chanel][4] était là & elle m'a bcp plu – Une femme extrêmement capable & agréable – de loin la personnalité la plus forte à qui Bennie ait eu à faire jusqu'ici. Elle a passé la journée à la chasse sans faiblir, retournant à Paris en auto après le dîner, & aujourd'hui elle est occupée à enfiler & à retoucher des robes sur une succession infinie de mannequins. En tout, il faut qu'elle sorte 200 modèles en à peu près 3 semaines. Il faut en modifier certains dix fois. Elle le fait de ses propres doigts, épinglant, taillant, bouclant, etc.....

Je reviens par le bateau de nuit demain soir, de façon à avoir tout le dimanche à Chartwell. Les discours me *pèsent*. Pourquoi donc est-ce que j'accepte d'en faire ? J'irai chercher Diana pour qu'elle me tienne compagnie à Chartwell & la renverrai à l'école de bonne heure lundi....

Avec mon tendre amour ma douce Clemmie. Ayez une pensée indulgente pour vtre dévoué mari qui vous aime à jamais

W.

Écrivez à Londres.

1. Aristide Briand (1862-1932), homme d'État socialiste. Onze fois président du Conseil, ministre des Affaires étrangères de 1925 à 1932.
2. Vincent Auriol (1884-1966), homme d'État socialiste. Principal expert financier de la SFIO, secrétaire général du groupe à la Chambre de 1919 à 1936. Ensuite premier président de la Quatrième République, de 1947 à 1954.
3. Robert Crewe-Milnes, premier marquis de Crewe, ambassadeur de Grande-Bretagne à Paris de 1922 à 1928.
4. Gabrielle (« Coco ») Chanel (1883-1971), créatrice de haute couture, qui révolutionna la mode féminine dans les années 1920 en libérant les femmes des corsets et en concevant des vêtements simples et confortables, ainsi que des bijoux fantaisie ; célèbre également pour son parfum *Chanel N° 5*. Maîtresse du duc de Westminster de 1925 à 1930.

o De Clementine   Lou Sueil
Samedi 29 janvier [1927]

Mon Winston chéri

J'ai hâte de savoir comment vous allez, & que vous me racontiez toutes vos aventures à la chasse, et aussi que vous me disiez si Mlle « Coco » Chanel était à Dieppe & comment elle est !....

Il y a eu un « *va-et-vient* » soutenu dans cette maison – des Français très agréables qui se sont succédé....

Il ne fait aucun doute qu'ils sont beaucoup plus agréables & spirituels que les Anglais, mais ce n'est qu'un feu d'artifice & il ne reste rien après....

Mon très cher amour, j'espère que vous m'avez pardonné d'avoir été une telle rabat-joie lorsque vous étiez ici. Quand je suis arrivée et que je vous ai vu, un flot de bonheur s'est emparé de moi. C'est un grand défaut que j'ai de laisser les petites choses me harceler & me tourmenter. Je ne crois pas que les glandes de singe de Voronoff[1] puissent m'être bénéfiques ! Ce dont j'ai besoin, c'est d'une injection de jus de concombre ou de courgette !....

Votre Clemmie
qui vous aime

1. Le docteur Serge Voronoff, un physiologiste d'origine russe, spécialiste de la greffe de glandes animales et des effets des sécrétions glandulaires sur la sénilité. Son livre, *The Study of Old Age and my Method of Gland Grafting*, parut en 1927 [en français *Étude sur la vieillesse et le rajeunissement par la greffe*].

o De Clementine Lou Sueil
1er février 1927

Mon chéri

J'ai vraiment beaucoup aimé votre lettre de Dieppe.

Votre description de la poursuite du chiffon est passionnante. On dirait qu'il s'est joué de vous tous. À l'avenir, je n'aurai plus peur des revolvers....

Mais je trouve votre description de « Coco » encore plus excitante que celle du « chiffon ». Je dois dire que j'aimerais la connaître. Ce doit être un génie....

C'est gentil de votre part de vous être souvenu de Mama et de Bill....

... Margot [Asquith] a créé un certain émoi sur la Côte d'Azur en imposant sa présence à des hôtesses réticentes & embarrassées. Elle n'admet pas les refus & autres bêtises de la sorte ! Consuelo [Balsan] a décidé de filer à Paris pour éviter une visite qui se prolongerait. Ne plaisantez pas là-dessus, car cela pourrait revenir aux oreilles de ladite Margot. Mon chéri, je souhaiterais que vous n'ayez pas à subir le poids de ces trois discours, mais je sais qu'ils seront bons. À ce que je vois,

C.P. Scott [du Manchester Guardian] s'irrite du faible que vous avez pour « Pussolini ».

Votre très aimante

Votre chatte est de nouveau sereine & elle a le poil brillant.

o De Clementine Lou Sueil
Lundi [7 février 1927]

Mon chéri

J'espère que vous avez passé un week-end agréable & reposant à Chartwell après la dure épreuve des Midlands....

Les Oxford[1] sont ici depuis jeudi dernier – Notre vieil ami s'est montré extrêmement amical, mais il se fait vraiment très, très vieux. Son comportement maussade et désagréable envers vous au dîner que nous avions organisé est <u>certainement</u> dû à son seul manque de savoir-vivre, car il m'a parlé de vous très affectueusement & avec beaucoup d'admiration. Il m'a dit que sa contribution à la British Gazette (lors de la grève générale) n'avait été motivée que par son <u>penchant</u> pour vous !....

... Margot est aussi vive qu'une sauterelle, très amusante, mais totalement épuisante.

J'ai passé de bonnes vacances, mais maintenant j'ai envie de retrouver l'Angleterre, la maison et – Winston –

Votre très aimante
Clemmie

1. H.H. Asquith avait été fait premier comte d'Oxford et Asquith en 1925. Il mourut en 1928 à l'âge de 75 ans.

Le 15 juin, Clementine fut renversée par un bus alors qu'elle traversait la Brompton Road. Bien qu'elle n'ait pas été sérieusement blessée, elle fut gravement contusionnée et choquée. Les journaux relatèrent l'accident et le peintre Walter Sickert[1], qui avait connu Clementine et sa famille au début du siècle à Dieppe, força son chemin jusqu'au numéro 11 pour s'enquérir de son amie d'autrefois.

Clementine était ravie de le revoir et elle le présenta à Winston ; les deux hommes s'entendirent remarquablement et Sickert devint un habitué de Chartwell et de Downing Street. Les longues séances de peinture qu'ils eurent ensemble influencèrent fortement le style et la technique de Winston.

Le choc de son accident était plus grave qu'on ne l'avait pensé au départ, et le médecin de Clementine lui recommanda de partir six semaines pleines pour se rétablir complètement. À la troisième semaine de septembre, elle se rendit à Venise en compagnie de Diana (alors âgée de dix-huit ans).

1. Walter Richard Sickert (1860-1942), peintre britannique. Il fit du théâtre pendant trois ans et la scène lui inspira certaines de ses meilleures œuvres. Sickert fut l'élève de Whistler à la Slade School. Il passa beaucoup de temps en France et fut fortement influencé par Degas. Chef de file du Camden Town Group formé en 1920. Nommé à la Royal Academy en 1934, il démissionna en 1935. En 1926, il épousa Thérèse Lessore en troisièmes noces.

o De Clementine Grand Hôtel des Bains
Lundi [26 septembre 1927] Lido – Venise

Mon chéri

C'est divin ici. Il faut <u>absolument</u> que vous veniez. Je vous en prie, venez....

C'est tout pour l'instant. D'abord pour ne pas manquer la levée du courrier et puis – cette infâme plume d'hôtel –

Amour tendre – de Clemmie

Nous nous sommes baignées deux fois. Mer chaude et délicieuse. <u>Magnifiques brisants.</u>

J'aimerais faire un tour en gondole avec vous. Lorsque nous étions ici en voyage de noces, nous n'en avions pas fait, vous vous souvenez ?

o De Winston [dactylographié] Chartwell Manor
26 septembre 1927
<u>Bulletin de Chartwell</u>[1]
<u>Hebdomadaire – ou bihebdomadaire.</u>

...

Sickert est arrivé vendredi soir et nous avons travaillé dur sur certaines peintures et avons eu beaucoup de discussions. Je suis vraiment passionné par les perspectives qu'il m'ouvre. Je vois comment peindre des tableaux bien meilleurs que ce que j'avais cru possible auparavant. Il me donne vraiment un nouvel avenir comme peintre....

La digue continue à avancer et l'eau monte chaque jour de deux centimètres, même quand il ne pleut pas. J'espère en avoir fini cette semaine. Il ne me reste que quatre hommes.

Le Premier ministre [Stanley Baldwin] revient ce soir et je vais vraisemblablement aller le voir demain. Je saurai alors quels sont ses projets pour les réunions du Conseil restreint, etc. et vous câblerai pour vous dire avec certitude si je peux venir ou non. Je suis énormément attiré par l'idée de vous rejoindre au Lido et de faire de la peinture à Venise avec ma nouvelle méthode[2]. D'un autre côté chaque minute de mes journées ici passe délicieusement. Il y a un nombre énorme de choses que je veux faire – et il y a aussi bien sûr la dépense à prendre en considération. Néanmoins je balance....

1. Premier de ces « Bulletins de Chartwell », qui sont plus d'une centaine. Tous sont reproduits dans les *Companion Volumes* à la biographie, *Winston S. Churchill*, de Martin Gilbert.
2. En plus des longues séances avec WSC, Sickert lui envoya deux lettres « d'enseignement » à l'automne 1927, où il exposait principalement à son nouvel élève la technique de préparation des toiles. Il apprit également à WSC comment utiliser les photographies comme aide-mémoire et comme guides pour construire les peintures.

o De Clementine Grand Hôtel des Bains
Mercredi 28 septembre [1927] Lido – Venise

Mon Winston chéri,

Jusqu'à présent, je ne vous ai écrit qu'un petit billet, car je pensais que vous seriez peut-être en chemin pour Venise avant qu'une lettre ne puisse vous parvenir. J'ai maintenant reçu votre télégramme me disant que vous nous rejoindriez peut-être la semaine prochaine – J'espère <u>vraiment</u> que vous viendrez <u>pour de vrai</u>. D'abord ce serait une joie pour moi, et ensuite je pense que ce serait pour vous une pause délicieuse au soleil....

Je dois dire que mon *culte* pour Mussolini est quelque peu battu en brèche par la campagne d'affichage presque féroce qui sévit partout – On se croirait en période électorale, même si des élections seraient la dernière chose qu'il autoriserait. Il y a sa photo partout, parfois dans des postures tout à fait ridicules. La reproduction au pochoir de son visage sinistre apparaît dans les endroits les plus inattendus – sur les murs des toilettes & sur les piliers en porphyre des églises les plus anciennes.

On n'entend jamais son nom prononcé ni par les étrangers, ni par les locaux....

Au revoir, chéri. Baisers tendres à Sarah & à Mary –

Écrivez-moi, je vous en prie, & télégraphiez-moi pour me dire que vous arrivez

Votre Clemmie
qui vous aime

o De Winston   Chartwell Manor
27 septembre [1927] <u>minuit</u>

Ma chérie,

... Je vais me mettre en route pour Venise jeudi (ou au plus tard vendredi) pour arriver le 7 ou le 8. Entre-temps (cela va vous paraître curieux) je vais aller passer trois ou quatre jours chez Bendor [Westminster]. La retenue d'eau est au repos & se remplit doucement & il me promet une abondance de saumons & de cerfs. Je vais donc combler l'intervalle par une escapade au nord.... Ma douce j'ai été profondément touché par vtre lettre. Elle m'a réchauffé le cœur. Vtre amour pour moi dépasse tellement ce que je mérite....

Ma très chère Clemmie autorisez-vous six semaines complètes de pause. Tout ira bien ici : mais il faut que vtre repos soit vraiment du repos, & rechargez vs batteries.

Baldwin est venu déjeuner & il a été traité avec beaucoup de cérémonie par Mary. Comme les femmes admirent le pouvoir ! Le P.M. était extrêmement cordial. C'était très aimable de sa part de se déranger jusqu'à chez moi....

Bonne nuit ma tendre Clemmie – j'ai eu une longue journée et suis fatigué.... & la digue ici est ts exigeante –

Donc je vous transmets mon amour le plus profond – ainsi qu'à la chère Diana –

vtre dévoué à jamais
W

o De Clementine Grand Hôtel des Bains
Vendredi 30 septembre [1927] Lido – Venise

Mon chéri

Vous disiez l'autre jour que vous en aviez assez d'être un « Pig » & que vous souhaitiez maintenant devenir un « Lion » –

Eh bien, c'est un endroit tout à fait approprié pour cette transfiguration. Saint Marc <u>et</u> son lion sont les saints patrons de Venise & l'on peut voir partout des effigies en pierre, bronze, albâtre et matière colorée de cette noble bête. Et il n'y en pas deux de pareilles dans leurs formes ou leurs attitudes, aussi vous aurez de multiples modèles parmi lesquels choisir, ou vous pourriez même en dessiner un vous-même....

Votre lettre est arrivée ce matin & m'a fait très plaisir....

J'écrirai de nouveau – Il n'y a rien à peindre sur le Lido – Mais la baignade y est délicieuse –

Votre Clemmie
qui vous aime

Tout se passa comme prévu. Winston quitta l'Angleterre en compagnie du « Prof » (Lindemann) le 7 octobre et rejoignit Clementine & Diana à Venise pour une dizaine de jours, après quoi, le devoir les appelant, les deux hommes retournèrent en Angleterre. Un ou deux jours plus tard, Clementine et Diana partirent pour Florence.

o De Winston [dactylographié] Chartwell Manor
22 octobre 1927

BULLETIN DE CHARTWELL

... Je vais soutenir le Droit de vote des Flappers[1] conformément au principe bien connu selon lequel il faut devancer l'inévitable. Je crois que cela sera finalement une bonne chose, mais de toute façon on ne peut plus l'empêcher....

J'ai entamé une nouvelle controverse avec l'Amirauté en exigeant qu'il n'y ait pas de commandes de croiseurs cette année ni l'an prochain.... Je suis quasiment certain que la Commission de la défense et le Conseil restreint vont soutenir mon point de vue. Il y aura peut-être de fortes tensions avant la prise de décision, et je crois réellement que je suis obligé de me battre très durement sur cette question.... Il semble que je vais finir par l'emporter mais il ne faut pas le crier sur les toits. Au cours des prochains mois, je ne pourrai parler que de mendicité et de faillite.... Heureusement il y a des compensations et ce que nous perdrons d'un côté, nous le retrouverons peut-être de l'autre en gagnant au change. C'est exactement comme pour nos affaires privées, à plus grande échelle naturellement....

1. Référence à la première lecture du *Representation of the People (Equal Franchise) Bill*, qui donnait le droit de vote à 1 800 000 femmes de plus de 30 ans, 2 200 000 femmes de moins de 30 ans qui étaient mariées ou gagnaient leur vie et à 216 000 « femmes célibataires sans emploi », baptisées péjorativement « *flappers* » [midinettes, *ndt*].

o De Winston [dactylographié]　　　　　　　　　　Chartwell Manor
30 octobre 1927

À part deux réunions dans le district de Wanstead lundi la semaine d'Epping est terminée. J'ai tenu neuf réunions cette semaine en plus de Nottingham le vendredi d'avant, et j'ai donc eu ma dose. Cela ne s'est pas passé aussi mal que je l'appréhendais et finalement cela ne m'a guère coûté....

La bataille est entamée sur les arbitrages budgétaires. Adieu les dirigeables, la moitié de la cavalerie, et seulement un tiers des croiseurs. Je crois que tout va bien aller car les amiraux semblent se montrer bien plus raisonnables que jamais auparavant. Beatty ne me manque pas autant que je l'aurais cru ! Neville [Chamberlain][1] coûte 2 ½ millions de livres en plus et Lord « Useless » Percy[2] le même chiffre et nous allons sortir la grosse artillerie contre eux cette semaine. C'est vraiment intolérable la façon qu'ont ces ministères civils de dévorer toujours plus de terrain comme une horde de sauterelles dévastatrices....

Le Bulletin de Chartwell de cette semaine contient très peu. Le lac est pratiquement achevé et il monte de quelques centimètres chaque semaine....

La seule nouvelle truie qui reste a fait sept petits, donc nos quatre porcins sont tous désormais chefs de famille. Nous nous sommes débarrassés de trois vaches et veaux supplémentaires, ce qui a tout juste couvert les frais. Les douze apôtres (les porcs noirs) fouissent le sol avec un grand zèle et il n'y a aucun doute qu'ils vont déraciner les mûriers en quelques mois....

Nous serons en novembre mardi et pourtant les roses font des boutons avec autant d'espoir qu'en mai... Les Dahlias et les Chrysanthèmes font un beau tableau.... Hill [le chef jardinier] aimerait les rentrer à la maison mais il n'en a pas le cœur tellement ils sont beaux.

... Communiquez-moi SVP votre date probable de retour et dites-moi si je peux compter sur vous pour le banquet du Lord-maire....

1. Neville Chamberlain (1869-1940). Fils de Joseph Chamberlain et demi-frère d'Austen Chamberlain. Marié en 1911 à Annie Vere, fille du major W.U. Cole. Lord-maire de Birmingham en 1915-1916. Député conservateur à partir de 1918. Ministre de la Santé en 1923, 1924-1929 et 1931. Chancelier de l'Échiquier en 1923-1924 et de 1931 à 1937. Leader du Parti conservateur en 1937. Premier ministre de 1937 à mai 1940. Lord President of the Council de mai à novembre 1940.

2. Lord Eustace Percy (1887-1958), septième fils du septième duc de Northumberland, fait baron Percy en 1953. President of the Board of Education (ministre de l'Instruction publique) de 1924 à 1929. [Rebaptisé malicieusement « Useless » (bon à rien) par Churchill à partir de la proximité de prononciation, avec rime, entre « Useless » et « Eustace », *ndt*].

◊ De Clementine Hôtel Royal Grande-Bretagne & Arno
Vendredi 31 octobre [1927] Florence

Mon Winston chéri

Je suis vraiment ravie que les réunions publiques aient été un tel succès – De fait, la campagne s'est superbement bien passée ; cela récompense tous vos efforts & tout le mal que vous vous êtes donné – Je viens de recevoir une longue lettre de Lady Lloyd décrivant l'enthousiasme soulevé par vos discours – C'est une femme bonne et gentille –

Diana & moi faisons tous les jours le parcours habituel des musées & des églises de Florence....

Hier, nous avons déjeuné avec les Acton[1] – ce gros monsieur qui vous a si gentiment aidé avec vos problèmes de peinture lorsque vous étiez ici il y a 2 ans & qui vous a prêté son atelier. Cette fois-ci, les 2 fils étaient à la maison – Ce sont des jeunes gens déplaisants et inquiétants avec des sensibilités artistiques surdéveloppées[2] – Le jardin où vous avez peint était superbe dans le soleil d'automne....

Hier, c'était le 5e anniversaire de la marche sur Rome & il y avait une grande manifestation fasciste sur la Piazza en face du Palazzo Vecchio (ce vieux bâtiment majestueux dont vous avez peint la fontaine dans la cour).

Volpi est arrivé & a lu un message du Duce. Je pense qu'il devait y avoir 30 000 personnes sur la place. Nous avions des billets & nous avons tout vu d'une fenêtre en hauteur du Palazzo Vecchio – C'est extraordinaire la manière dont Mussolini non seulement maintient son pouvoir, mais capte aussi l'imagination & l'intérêt du public – Et il donne l'impression de ne jamais rechercher la popularité – Il opte toujours pour la solution la plus dure et la plus cruelle.

J'espère vraiment qu'il ne sera pas tué. Ils avaient installé 2 véhicules blindés hérissés de mitrailleuses au milieu de la place ! Imaginez faire cela en Angleterre pour maintenir l'ordre dans une réunion publique ! Lorsqu'il y a eu trop de monde sur la place, des femmes & des enfants ont grimpé dessus pour mieux voir.

Il y a beaucoup d'excitation, de spéculation, de consternation & une grande inquiétude à propos des nouvelles lois que Mussolini est <u>censé</u> préparer & qui (à ce que l'on dit) seront présentées à un parlement obséquieux l'an prochain. La première concerne les automobilistes & inflige 10 ans d'emprisonnement à toute personne qui aurait tué un piéton, & 5 si la personne est seulement blessée. Tous les chauffeurs de gens riches s'apprêtent à rendre leur casquette & leur veste le jour où la loi entrera en vigueur – Il y a aussi une série de nouvelles lois dont le but est de rendre les gens moraux par acte du Parlement. La rumeur est que Mussolini souhaite rester en bons termes avec le pape… & que ces lois (en plus de flatter la personnalité austère du Duce) sont destinées à gagner les faveurs du pontife & à jeter les bases d'une coopération avec lui. Elles sont si ridicules que j'ai peine à croire que la rumeur soit fondée, mais elle est partout –

1) L'amour est interdit sauf entre mari & femme – Les amants, s'ils sont découverts, seront punis, même s'ils sont tous les deux célibataires

2) Un homme ne peut vivre avec sa femme que dans le but d'avoir un enfant

3) La vente de contraceptifs est interdite.

On raconte qu'il va y avoir un exode massif en Italie !

Je suppose que vous allez bientôt regagner Downing Street ? J'envoie donc cette lettre là-bas.

Votre Clemmie
qui vous aime

1. Arthur Mario Acton et sa femme Hortense (née Mitchell) de la villa Pietra à Florence. Personnalités bien connues de la scène littéraire et artistique et de la bonne société florentine.

2. L'un des deux « jeunes gens inquiétants » était Harold Acton (1904-1994), qui hérita de la villa. Écrivain et esthète ; figure de premier plan de la société cosmopolite de Florence et hôte d'innombrables visiteurs. Fait chevalier en 1974. Auteur de plusieurs livres sur l'histoire italienne, il publia également *Memoirs of an Aesthete* (1948) et *More Memoirs of an Aesthete* (1970) [traduits en français sous le titre de *Mémoires d'un esthète* (2 vol.)], et *Nancy Mitford: A Memoir* (1975).

La famille passa Noël et le Nouvel An à Chartwell, et au début du mois de janvier 1928, Winston emmena Randolph en Normandie chasser le sanglier dans la forêt d'Eu avec le duc de Westminster.

En février, Clementine fut victime d'une inflammation mastoïdienne qui la rendit gravement malade. Le 12 février, elle subit deux opérations à dix heures d'intervalle (à domicile, au numéro 11, comme c'était l'usage à l'époque). Le 13 février, Winston écrivit à Randolph à Eton : « Nous avons eu une journée éprouvante aujourd'hui. Deux opérations séparées, l'une à 14 h 30 et l'autre à minuit ! Son merveilleux courage a étonné les médecins, qui sont pourtant endurcis. Si tu es plus tard un homme que rien n'effraie – ce dont je ne doute pas – tu sauras d'où cela te vient[1]. »

Clementine fut malade pendant plusieurs semaines, et parfois démoralisée. Winston passa beaucoup de temps avec elle et elle me raconta par la suite qu'il lui lisait des passages des Psaumes ; sa maladie les rapprocha énormément.

Consuelo Balsan avait immédiatement télégraphié à Clementine, l'invitant à passer sa convalescence à Lou Sueil, mais ce ne fut qu'à la fin du mois de mars qu'elle se sentit suffisamment rétablie pour voyager. Elle emmena Diana avec elle.

Pendant l'absence de Clementine, Winston fut aux prises avec les derniers ajustements du projet de réforme des impôts locaux qu'il souhaitait introduire dans le nouveau budget. La dérégulation qui devait remplacer le système existant avait pour principal objectif d'alléger les charges qui pesaient sur l'industrie et l'agriculture britanniques et de réduire le nombre des chômeurs, qui était alors d'un million. Les membres du Conseil restreint et les autres membres du gouvernement étaient très partagés, mais, le 4 avril, le Conseil dans son ensemble se prononça en faveur du projet. Ce fut un Winston ravi et triomphant qui télégraphia la bonne nouvelle à Clementine.

1. Extrait de *His Father's Son: The Life of Randolph S. Churchill* par W.S. Churchill, 1996, p. 50.

o De Winston   Treasury Chambers
4 avril [1928]

Ma chérie à moi,

J'ai honte de ne pas avoir écrit plus tôt. Ces derniers jours n'ont été qu'une épuisante succession de Conseils restreints, de Commissions &

de discussions personnelles. Mais désormais tout est réglé : accord complet [sur les impôts locaux] ou à tout le moins sur les ¾ de ce que je visais. Maintenant j'ai assez travaillé comme cela & je pars à Chartwell pour me changer les idées. On se rend compte tout d'un coup qu'on ne veut pas rester une minute de plus à un endroit.

Deux de vos lettres viennent de me parvenir – j'ai bcp aimé ce que vous écrivez dans la première. Je suis toujours « présent » ; mais je sais bien que ts souvent mes dossiers & mes joujoux ont fait de moi un piètre compagnon. Quoi qu'il en soit ma chérie il n'y a que vous – & les chatons qui comptiez pour moi dans le monde ; & en dépit de l'inquiétude suscitée par votre maladie j'ai été content d'avoir le sentiment que vous vous reposiez sur moi & que je pouvais un peu vous aider & vous réconforter. Je suis sûr que vous prenez bien soin de vous-même : pas de fatigue ; beaucoup de repos allongée ; au lit de bonne heure, etc. Ne laissez pas les contingences extérieures vous torturer l'esprit....

Ce soir, depuis Chartwell, je vous enverrai un « Bulletin »....

Votre dévoué qui vous aime à jamais
W
...

o De Winston [dactylographié]   Chartwell Manor
5 avril 1928

Bien-aimée Clemmie,

BULLETIN DE CHARTWELL

...

Que d'idioties dans le Daily Mail autour du scrutin sur le Vote des Flappers. Personne ne songeait qu'il y aurait un scrutin, car on savait qu'il n'y avait qu'une dizaine de députés qui avaient le courage de leurs convictions. Tout cet épisode montre bien à quel point Rothermere est dépourvu de la moindre influence sur la Chambre des communes. Je suppose que dans votre retraite de la Côte d'Azur ses titres imbéciles ont pu vous donner une perspective faussée. Personne n'y a prêté la moindre attention, et je crois que les Ministres ne lisent plus son journal. En tout cas la question n'a pas été soulevée une seule fois au cours de ces nombreux Conseils restreints où nous avons passé nos journées....

Les Conseils restreints sur ma grosse affaire [les impôts locaux] ont été interminables et difficiles. Neville [Chamberlain] extrêmement obstiné et, à mon avis, déraisonnable. Mais il a fait de son point de désaccord une question d'*amour-propre* et comme je tenais au projet beaucoup plus que lui j'ai dû céder. Ce n'était pas un point très important, et la substance de mon plan est intacte. Le grand avantage, c'est que nous sommes complètement unis et que l'ensemble du Conseil soutient vraiment le projet....

✎ Toujours vtre dévoué qui vous aime à jamais
W

o De Winston   Chartwell
8 avril 1928

Ma Clemmie chérie,
Je viens de recevoir des commentaires très satisfaisants sur la scolarité de Randolph. Je joins les lettres de Sheepshanks[1], Birley[2] & Routh[3]. Il ne fait aucun doute qu'il se développe rapidement, & dans des directions qui lui permettront de faire son chemin dans le monde – par l'écrit & par la parole – en politique, au barreau ou dans le journalisme. Il y a ds son caractère des traits ts étranges qui font presque peur. Son esprit est libre & gagne en force chaque jour. C'est ts bizarre de le voir discuter. Il traverse une phase d'Agnosticisme forcené, & hier soir lors d'une discussion avec Grigg[4] il a fait mieux que défendre sa triste position – La solide logique de son esprit, le courage de sa pensée, & la nature brutale & parfois repoussante de ses répliques m'ont fait une profonde impression. Il en est à un stade bcp plus avancé que moi au même âge, & absolument hors du commun – pour le meilleur ou pour le pire.

Aujourd'hui nous sommes tous allés au terrain de golf & j'ai fait 18 trous avec Grigg sous un soleil printanier parfaitement délicieux. En arrivant au long trou qui surplombe la vallée, vous m'avez tellement manqué. Je me souvenais de tous les coups de notre partie – celle d'avant votre maladie – & regrettais vivement que nous ne soyons pas de nouveau en train de jouer ensemble. Je me suis acheté un jeu de clubs & un sac – de façon à ce que tout soit prêt pour vous – ma chérie.

Tout est ts confortable dans la maison & semble marcher avec la plus gde facilité. Butterworth a envoyé l'à-valoir supplémentaire de 1 500 £ sur The Aftermath[5] : & j'ai envoyé mes 2 premiers articles (1 000 £) en Amérique – si bien que nous pouvons voir venir. Mais août sept. & oct. vont être des mois de gros travail sur le livre.

Le discours de présentation du Budget est à moitié terminé. J'espère bien que vous serez de retour pour l'entendre....

... ma très chère je pense si souvent & si tendrement à vous & à la gloire & au réconfort que vous avez été pour moi dans ma vie & à votre douce nature que j'aime tant, & à votre constante beauté qui fait mes délices.

Avec mon plus tendre amour
Votre dévoué à jamais
W
X X X X

P.-S. Je regrette que vous ne vous rapprochiez pas au lieu de vous éloigner.

1. Arthur Charles Sheepshanks. Voir p. 364 n. 2.
2. Robert Birley (1903-1982), futur éminent directeur d'Eton College, de 1949 à 1963. Fait chevalier en 1967.
3. C.R.N. Routh (1896-1976), professeur d'histoire et de lettres classiques à Eton College de 1923 à 1957, connu sous le nom de « Dick ».
4. Percy James Grigg (1890-1961), chef de cabinet des chanceliers de l'Échiquier successifs de 1921 à 1930. Fait chevalier en 1932. Ministre de la Guerre dans le gouvernement Churchill de 1942 à 1945.
5. « Les suites ». Volume IV de *The World Crisis*.

o De Clementine Villa dell'Ombrellino[1]
13 avril 1928 Bellosguardo, Florence

Mon chéri,

Votre adorable lettre (avec le bulletin de Randolph) est arrivée aujourd'hui & je l'ai lue avec joie – Je suis si contente à propos de Randolph. Il sera sans aucun doute une source d'intérêt, d'anxiété & d'excitation dans nos vies. J'espère vraiment qu'il nous gardera toujours dans son cœur....

Alice [Keppel] se porte bien. Elle est toujours aussi gentille & aimable, & vous envoie toutes ses amitiés. Je commence vraiment à reprendre le dessus – Je me suis sentie mieux ces deux derniers jours & j'en suis tellement reconnaissante –

Votre Clemmie
qui vous aime tendrement –

Je suis si heureuse que vous ayez pensé à moi au trou de la « vallée »....

1. Résidence de Mrs Keppel en Italie.

o De Winston [dactylographié]   Chartwell Manor
15 avril 1928

    Ma Clemmie chérie,

Je passe mes journées à me battre avec le Discours du Budget. Il va faire 15 ou 16 000 mots et au tarif des articles rapporterait une belle somme. Il est prêt à peu près aux trois quarts. Mais le nombre de questions difficiles qui restent à trancher sans ambiguïté – Oui ou Non est très élevé ; on ne cesse de balancer et d'hésiter et de se retourner dans tous les sens comme pour trouver une position confortable dans un lit jusqu'aux derniers jours qui précèdent l'événement. Mais j'ai désormais atteint le stade où des réponses définitives d'une grande importance doivent être fournies. C'est source de fatigue et d'anxiété bien qu'il y ait un côté enivrant.

    Tout est arrangé pour les places [dans la galerie du public à la Chambre] et il ne vous reste plus qu'à revenir et prendre votre siège. En fin de semaine je monte à Newcastle pour une grande réunion publique afin de bien faire entrer les nouvelles dispositions dans les têtes dans un grand centre industriel. J'emmène Randolph mais nous serons de retour à Chartwell le dimanche matin.

    Les champs sont magnifiques à voir. Les jonquilles sont toutes en fleur, les moutons ayant soigneusement évité de les grignoter. Une véritable avalanche d'agneaux nous est tombée dessus dimanche dernier, pas moins de cinq étant nés entre le déjeuner et le dîner. Nous avons maintenant huit agneaux… Ils sont très mignons dans le verger et je suis sûr que vous serez ravie quand vous les verrez. Ils sont actuellement vautrés devant mes fenêtres au milieu des jonquilles….

    Je ne vais pas retourner à Londres avant mardi car ici je peux bien mieux travailler que dans ce centre d'effervescence et d'agitation appelé Westminster.

    Je vais présenter le Budget jeudi au Conseil restreint mais tout ce qui a de l'importance est réglé, il ne reste plus qu'à laisser le coup partir. Plaise à Dieu qu'il tape dans le mille.

    Transmettez des salutations appropriées à Alice de ma part. Je suppose que vous avez du soleil….

    … Les cygnes blancs ont maintenant pondu neuf œufs. Ils les couvent non pas seulement chacun leur tour mais également ensemble, côte à côte. J'ignorais totalement qu'ils faisaient cela….

    Le jardin fait de gros progrès et mai devrait le voir en plein éclat. Les rhodos roses et écarlates du jardin aquatique sont à leur sommet….

Avec mon tendre amour mon petit cœur et pardonnez mon bulletin dicté.

Votre dévoué à jamais
W

En fait, Clementine jugea préférable de terminer sa convalescence en Italie et ne rentra que fin avril.

Diana accompagna son père à la Chambre des communes et assista à sa présentation du budget, qui valut à Churchill des félicitations au plus haut niveau.

o De Winston [dactylographié]   Chartwell Manor
7 août 1928

Ma chérie,

Tout a avancé ici, et beaucoup de choses se sont passées dans le zoo. Les cygnes noirs ont pondu deux œufs et les couvent assidûment. Le cheval et le poulain et la truie ont tous remporté le deuxième prix à l'Exposition. Il n'y avait qu'un autre couple cheval-poulain, ce qui rend l'événement pareil aux exploits de Randolph à la boxe ! Malgré tout Arnold [le directeur de la ferme] est revenu avec 3 £. Cinq nouvelles vaches sont arrivées. Elles sont grosses comme des éléphants et l'une d'entre elles a immédiatement eu un magnifique veau tout blanc. Douze petits porcelets sont nés, et d'autres sont annoncés. Les travaux ont commencé sur la maison des enfants, et j'espère avoir des résultats à vous montrer quand vous viendrez.

Le prof [Lindemann] m'a accompagné en voiture pour aller voir Randolph dans son Camp [le centre de préparation militaire des officiers à Eton] dimanche, et le Général commandant la Division nous a invités tous trois à déjeuner. Hélas, on nous a informés avec grand embarras à notre arrivée qu'il était consigné dans le Camp pour être allé en haut de la colline la nuit précédente avec d'autres camarades pour regarder de loin la parade militaire de Windsor. Nous nous sommes donc dérangés pour rien. Cependant, nous avons vu Randolph dans son camp dans un état d'extrême indignation contre les autorités.... Il était tout beau dans son uniforme... Il arrive demain avec, je suppose, le peu d'ardeur militaire qui lui reste. Il se met en situation de refus de toutes les formes habituelles de consentement et d'esprit de coopération, et en l'occurrence il a été très déçu par le résultat.

J'ai abattu un assez gros travail, et Miss Fisher aussi !... Près de 3 000 mots ces deux derniers jours ! Il faut que je conserve ce rythme sans discontinuer, si nous voulons finir le 31 octobre ; et je ne vous cache pas que ce n'est pas chose facile. Mais cela ne dépasse pas mes capacités....
Il est bien certain que rien ne me convient mieux que de rester sagement ici sans avoir beaucoup de visiteurs. Je suis entièrement d'accord avec vous sur ce point....

Avec mon tendre amour ma très chère
Votre
W
…

o De Winston [dactylographié]   Chartwell Manor
10 août 1928

Ma Clemmie chérie,

…

Vous verrez dans les journaux que le P.M. n'a pas estimé judicieux de faire ce que j'en suis sûr il voulait faire – me laisser assurer l'intérim, si bien que Hogg[1] a été contraint de renoncer à sa tournée au Canada. Tout cela révèle quel grave handicap pèse sur moi à l'intérieur du parti à cause de mes mises en garde contre le Protectionnisme[2]. Je ne regrette nullement les mesures que j'ai introduites pour son propre bien ; mais bien sûr tous les puissants intérêts qui feraient de l'argent grâce au Protectionnisme maintiennent constamment la pression et la moitié du Parti tory est religieusement convertie aux droits de douane. [Dans la marge :] ✍ Je me sens vraiment ts largement indépendant de tous ces gens-là....

Avec mon tendre amour ma très chère
De vtre mari qui vous aime
W
…

1. Sir Douglas Hogg, ensuite vicomte Hailsham (1872-1950), à l'époque lord-chancelier et chargé de l'intérim du Premier ministre en août-septembre 1928 pendant l'absence de Baldwin, à l'étranger.
2. Au cours de l'été 1928, la question d'un retour au protectionnisme ressurgit au sein du Parti conservateur. Cela mit WSC, libre-échangiste de longue date, en porte-à-faux vis-à-vis de certains de ses collègues.

o De Winston [dactylographié]   Balmoral Castle[1]
25 septembre 1928

Ma chérie à moi,

Me voilà arrivé – pas du tout fatigué par ce cahotant voyage. La réunion publique[2] s'est bien passée, avec un gd enthousiasme et les perspectives de victoire sont bonnes. J'ai pris le Scottish Express à minuit 45 à Rugby ; & fait le reste en auto depuis Perth ce matin – magnifique parcours. Il n'y a personne ici à part la Famille, la Maison & la Reine [*sic* : la princesse] Elizabeth[3] – qui a 2 ans. Cette dernière est un vrai personnage. Elle a un air d'autorité & de sagacité étonnant chez un tout-petit....

Le Roi va bien – mais il vieillit. Il ne fait plus de chasse à courre mais sort dans les collines « en attendant qu'on lui rabatte le gibier », & il arrive qu'un cerf fasse son devoir de fidèle sujet. Lui & la R me demandent bcp de vos nouvelles.

Miss F[isher, sa secrétaire] ne va arriver que tard dans la soirée avec les gros bagages. J'attends avec gde impatience ma libération samedi de cette captivité honorable & luxueuse.

Reposez-vous bien, & ne vous faites pas de souci pour les problèmes domestiques. Qu'ils explosent s'ils le veulent. Tout ira bien. Les serviteurs sont là pour nous éviter les ennuis, & il ne faut pas les laisser troubler notre paix intérieure. Il y aura toujours à manger, & le sommeil viendra même si les lits ne sont pas faits. Il n'y a rien de pire que de se faire du souci pour des broutilles. Les grandes choses ne sont pas aussi irritantes : & si on les règle comme il faut tout le reste suit.

Je suppose que tout va bien pour les bébés cygnes. Le froid va bcp les mettre à l'épreuve. Cependant Dieu est responsable à la fois pour les petits cygnes & pour le changement de temps, & c'est à lui de régler le problème. Notre participation consiste à interdire l'accès au Renard en achevant la clôture grillagée. Le reste relève d'une sphère dont il serait impie de trop se mêler....

Avec mon tendre amour
Votre dévoué
W

1. WSC effectuait alors son séjour ministériel protocolaire au château de Balmoral.
2. WSC avait pris la parole la veille au soir, le 24 septembre, à Cheltenham, où des élections législatives partielles étaient en cours.
3. S.A.R. la princesse Elizabeth (née en 1926), la future reine Elizabeth II, dont Winston Churchill devait devenir le Premier ministre de 1952 à 1955.

o De Clementine   Chartwell
25 septembre [1928]

Mon chéri

Un compte rendu plutôt maigre de votre discours dans le Times, mais ce qui y figure m'a semblé bon – J'espère de <u>tout cœur</u> que l'effort ne vous a pas épuisé....

Je ne peux pas vous dire combien les cygnes noirs & leurs petits étaient adorables ce soir, paradant sur le grand lac au milieu des autres oiseaux aquatiques, & ils m'ont laissée les approcher d'assez près – J'ai essayé de leur donner à manger, mais ils n'ont pas voulu du pain que je leur avais apporté. Je suppose qu'ils ont pensé que c'était mauvais pour les enfants !....

                                                                     Amour tendre
                                                                          Clemmie

...

o De Winston   Balmoral Castle
27 septembre 1928

Ma chérie,

...

Je reviens à l'instant d'une journée de travail ts dure passée à traquer le cerf de 10 h à 17 h 30 sans aucune pause. J'ai tué un beau dix-cors – mais en ai raté un autre parce que j'étais trop essoufflé.

Demain nous allons chasser la grouse. Heureusement j'ai apporté mes fusils & mes cartouches. Le R[oi] est vraiment ts aimable avec moi & tous les jours il me laisse goûter au meilleur du sport des souverains. Hier nous avons eu une conversation extrêmement intéressante à la suite de notre pique-nique du midi sur les Garanties, la Dissolution de Baldwin en 1923, le dépit de Curzon de ne pas être P.M., etc. Le Roi soutient solidement son Gouvernement et approuve entièrement mes critiques sur Ll.G. [Lloyd George]. Je l'ai défendu jusqu'à un certain point. S.M. partage également mes opinions sur les Yankees & a exprimé les mêmes dans un vocabulaire pittoresque.

Pour Cheltenham c'est magnifique[1]. Je joins un télégramme ts bien tourné envoyé par le nouvel élu.

Je suis absolument épuisé mais c'est bon pour la santé.

                                 Avec mon tendre amour ma chérie à moi
                                                 De vtre dévoué à jamais
                                                                    W

1. Lors de l'élection partielle de Cheltenham, le 26 septembre 1928, le siège fut conservé par le candidat conservateur, Sir Walter Preston, avec une majorité de 3 760 voix.

À la fin de l'automne, Clementine fut victime d'une septicémie déclenchée par une infection des amygdales. Elle fut gravement malade et se rendit dans une clinique à Northampton, le Preston Deanery Hall, pour y suivre un régime curatif extrêmement strict.

o De Winston Treasury Chambers
7 novembre 1928

Ma chérie à moi,

Je vous ai envoyé un télégramme ce matin & espère que vous avez trouvé des quartiers confortables. Je suppose que vous allez m'écrire tout cela demain. Je suis sûr que l'ennui & le traitement assommant constitueront un ts faible prix à payer pour recouvrer une parcelle raisonnable de santé....

La session s'ouvre dans le plus gd calme. P.M. presque muet – un peu comme pour Coolidge[1] et Hoover[2]. C'est étonnant de voir ce qui se passe en ces temps de politique de masse. Tout se vaut. Toute la dramatisation & tous les affrontements personnels de la vie parlementaire d'autrefois ont disparu – peut-être à jamais.

Hoover a donc remporté la partie – j'ai le sentiment que ce n'est pas bon pour nous. Pauvre vieille Angleterre – elle est lentement mais sûrement reléguée dans l'ombre. J'ai un discours pas mal du tout pour demain. Vous le lirez peut-être.

Je ne ménage pas ma peine.

Votre mari qui vous aime à jamais
W

1. Calvin Coolidge (1872-1933), républicain, 30ᵉ président des États-Unis, de 1923 à 1929, qui déclina l'invitation à se représenter à l'élection présidentielle de 1928 et soutint Herbert Hoover.
2. Herbert Hoover, républicain, élu 31ᵉ président des États-Unis le 7 novembre, avec 444 voix de grands électeurs contre les 87 du démocrate Albert Smith. Il resta en fonctions jusqu'en 1932.

o De Winston [dactylographié]   Treasury Chambers
14 novembre 1928

Ma chérie à moi,

Mon sang à moi aussi n'a fait qu'un tour devant les propos de Coolidge. Pourquoi ne peuvent-ils pas nous laisser tranquilles ? Ils ont fait rendre gorge à l'Europe jusqu'au dernier sou ; ils disent qu'ils ne vont pas nous aider ; ils pourraient au moins nous laisser nous occuper de nos affaires. Je suis absolument d'accord avec ce que vous écrivez.

J'ai eu des journées très chargées à essayer de faire avancer le livre tout en ayant des tas d'engagements et de problèmes politiques à régler....

Rothermere, après avoir donné l'ordre à ses organes de presse de démolir le Projet de loi sur les Impôts locaux[1], est parti se dorer au soleil en Égypte. Les malheureux journaux ont horreur de ce genre de tâche qui va à l'encontre de leurs convictions et de leurs sympathies mais qu'ils sont contraints de faire par un patron impérieux, mal informé, agité et aigri.... Nous ferons passer le Projet de loi. C'est une grande mesure de réforme sociale et qui vaut largement la peine qu'on se batte pour elle en ces jours où dominent les caquetages sans intérêt....

✍ Vous avez sans doute vu pour Diana Mitford[2]. J'ai félicité Walter[3] comme il se devait.

Ma très chère je souffre en pensant à l'austérité qu'on vs impose : & ce que vous me dites de vtre poids et de vs forces m'afflige. Cependant vous en êtes à plus de la moitié – & vous êtes entre des mains ts compétentes....

                          Avec mon plus tendre amour
                               Vtre dévoué à jamais
                                     W

Ne vous inquiétez de rien mais faites-moi venir si vous le jugez nécessaire.

---

1. Projet adopté en deux temps, avec le *Rating and Valuation (Apportionment) Act* du 3 août 1928 et le *Local Government Act* du 27 mars 1929. Aux termes de ces deux lois, l'agriculture devait être exemptée d'impôts locaux à compter d'octobre 1929 et l'industrie dégrevée de 75 %.

2. Diana Mitford (1910-2003), fille du deuxième Lord Redesdale et cousine de CSC. En 1929, elle épousa Bryan Guinness, fils de Walter Guinness (voir note ci-dessous). Ils divorcèrent en 1934 et en 1936 elle épousa Sir Oswald Mosley (voir p. 327 n. 1).

3. Walter Guinness (1880-1944), fait premier baron Moyne en 1932. Titulaire de divers portefeuilles gouvernementaux ; ministre de l'Agriculture et de la Pêche de 1925

à 1929. Adjoint au ministre d'État au Caire de 1942 à 1944, où il fut assassiné par des terroristes juifs.

o De Clementine   Preston Deanery Hall
Mercredi [14 novembre 1928]

Mon chéri

Hier, après le retour de Diana à Londres, il m'est arrivé quelque chose de très désagréable & effrayant... J'ai eu un étourdissement & des fourmillements, puis une sorte d'évanouissement ou de crise cardiaque.... Heureusement l'infirmière était dans la pièce & m'a secourue aussi bien qu'elle a pu, & elle est ensuite allée chercher l'infirmière en chef –

Lorsque j'ai été suffisamment remise, on m'a donné du brandy.... Votre Chatte était très malheureuse &, si elle n'avait pas été totalement immobilisée, elle se serait précipitée pour rentrer à la maison. Mais lorsque le Dr Cameron est arrivé, il n'a pas eu l'air inquiet du tout – Il a dit que cela arrivait souvent & que c'était sans conséquence....

Ne vous inquiétez pas, car tout cela est du passé, & il m'a juré que je n'aurai pas de nouvelle crise.

Je suppose que vous êtes trop occupé, mais j'aimerais qu'une certaine personne vienne ici me voir quelques heures pour me tenir la patte....

Avez-vous entendu Ll[oyd] George hier – Quelle « andouille » que ce petit bonhomme. N'êtes-vous pas de cet avis ? Très bien en temps de guerre mais, en temps de paix, il prend toujours parti contre son propre pays – Je suppose que cette affaire de « Pacte[1] » est mort-née. Je pense que ce serait une bonne idée si vous preniez les Affaires étrangères – Mais je crains que votre hostilité notoire envers l'Amérique ne soit un obstacle – Il faudrait que vous essayiez de la comprendre & de la maîtriser pour faire en sorte qu'elle vous aime. Cela ne sert à rien de lui faire les yeux doux, ou même d'être courtois avec elle – Je pense que vous pourriez y parvenir....

Je vois que le vieux Cushendun[2] est de nouveau malade – Comment se fait-il que le P.M. ne nomme pas quelqu'un de jeune. Ce gentil capitaine Eden qui, je vois, a fait un bon discours....

Merci, mon chéri, pour les superbes fleurs

Votre Clemmie
qui vous aime

1. Le pacte Briand-Kellogg, signé le 27 août à Paris, un accord multilatéral qui visait à renoncer à la guerre comme instrument de politique nationale. Il allait se révéler inutile, car il ne prévoyait aucune sanction contre les États qui ne tiendraient pas leurs

engagements – même si de telles sanctions étaient prévues par la convention de la Société des Nations, à laquelle le pacte était associé.

2. Premier baron Cushendun, anciennement Ronald McNeil (1861-1936). Il avait été nommé ministre intérimaire des Affaires étrangères en août à la suite de la maladie de Sir Austen Chamberlain ; il occupa ce poste jusqu'en décembre 1928.

Le 15 avril 1929, Winston présenta son cinquième (et dernier) budget.

Des élections législatives eurent lieu le 30 mai après une campagne qui, singulièrement, se déroula sans incident. Malgré de solides résultats à l'intérieur comme à l'extérieur, les conservateurs furent sévèrement battus : plus d'un million de chômeurs et l'ombre de la grève générale avaient joué un rôle déterminant dans leur défaite. Le Parti travailliste obtint 288 sièges, les conservateurs 260 et les libéraux 59. Ramsay MacDonald forma son second gouvernement, mais de nouveau sans majorité absolue ; les travaillistes dépendaient du soutien des libéraux.

À Epping, Churchill l'emporta avec 4 967 voix d'avance sur le candidat libéral – mais il n'obtint pas non plus la majorité absolue.

Chapitre XIV

« À L'OUEST, REGARDEZ, LA TERRE S'ILLUMINE[1] ! »

Bien que sans poste gouvernemental, Winston ne fut certainement pas sans occupations : il se plongea immédiatement dans un nouveau projet littéraire d'envergure – la vie de son célèbre ancêtre, John, premier duc de Marlborough. Il décida également d'entreprendre un voyage de trois mois au Canada et aux États-Unis, en partie pour des vacances et en partie pour une série de discours et de conférences dans les grandes villes. Clementine, Randolph, son frère Jack, ainsi que le fils de ce dernier, Johnnie Churchill, devaient l'accompagner.

À sa grande déception, Clementine fut empêchée de prendre part à cet excitant voyage. Ses amygdales s'enflammèrent de nouveau et, le 4 juillet, on les lui enleva à l'hôpital. Sa convalescence fut longue et il n'était pas question pour elle de voyager.

---

1. Extrait du poème *Say not the struggle nought availeth* [Ne dites pas que le combat à rien ne sert] (1855) d'Arthur Hugh Clough (1819-1861).

o De Winston   Canadian Pacific
3 [août] 1929   S.S. Empress of Australia

Ma chérie à moi,

Ce n'est pas sans quelques pincements au cœur que j'ai regardé la silhouette de Diana & de Sarah s'évanouir sur le quai. Tous les départs vers l'étranger – même pour des voyages d'agrément – sont tristes. Le navire s'éloigne doucement de la côte & un gouffre de plus en plus grand s'ouvre entre soi et la citadelle de sa vie et de son âme. Mais par-dessus tout je souffrais de vous savoir esseulée & malheureuse & délaissée. Ma très chère c'eût été folie de votre part que d'entreprendre ce voyage trépidant avant d'avoir pleinement recouvré vos forces habituelles. Cela j'en suis convaincu & prie en ce sens viendra peut-être au bout de 6 ou 7 semaines de calme & de tranquillité véritables. Vous avez absolument raison de ne pas faire de projets tant que vous ne vous sentez pas remise. Mais <u>à ce moment-là</u> il y aura à coup sûr des tas de possibilités alléchantes. Prévenez-moi évidemment dès que l'une d'entre elles prendra forme dans vtre esprit et vous apparaîtra séduisante. N'excluez pas les États-Unis. N'hésitez pas à télégraphier souvent & en donnant des détails de vs projets et de vos bonheurs & malheurs....

Nous traversons lentement une Manche ts calme & ma lettre va partir de Cherbourg. J'ai l'intention d'abattre bcp de travail – Certainement 2 articles avant de débarquer : & de faire de copieuses lectures en vue du Marlb^ro [Marlborough].

Je pense à vous à chaque heure, où vous devez être et quelle mine vous devez avoir. Je suis impatient de vous voir souriante & sereine – prenant du recul sur les événements & retrouvant des forces. Envoyez-moi un message radiotélégraphié au milieu de l'océan pour me dire comment vous allez.

Avec mon tendre amour
Votre dévoué
W
x x x x x

o De Winston [dactylographié]
8 [9] août 1929

À bord du "EMPRESS OF AUSTRALIA"
✍ Rimouski [sur le Saint-Laurent]
9 août midi

Ma chérie,
Nous avons fait une traversée merveilleusement bonne avec un seul jour où cela bougeait désagréablement. Le bateau est confortable et bien aménagé, et nous avons des cabines splendides....

Nous venons de passer dans le détroit de Belle-Isle, et demain soir nous arrivons à Québec. Cela a été agréable ce matin de voir les côtes verdoyantes du Labrador après six jours de mer et de ciel gris.... Le Commandant a appelé les garçons à 6 h 30 du matin pour venir voir un gros iceberg – 50 m de haut – que nous avons longé d'assez près. Mais moi, ils ne m'ont pas réveillé, ce qui est dommage....

Nous sommes actuellement dans le grand bras de mer entre Terre-Neuve et l'embouchure du Saint-Laurent. Le temps est calme et ensoleillé, et il se réchauffe graduellement.

Je n'ai eu aucun mal à me distraire comme vous pouvez l'imaginer. J'ai rédigé un article sur John Morley[1], dont je suis assez content... Lorsqu'il me sera payé, tous nos besoins seront couverts de façon satisfaisante jusqu'à la fin octobre, où arrivent les gros versements pour « Les suites » [volume IV de The World Crisis].... Pour le reste, j'ai fait beaucoup de parties de Bésigue avec Jack [Churchill], et lui ai infligé les défaites les plus cruelles... J'ai essayé de faire respecter une certaine discipline à Randolph, en le faisant se lever et se coucher à des heures raisonnables, et en obtenant de lui qu'il passe du temps à lire. Je n'ai rencontré qu'un succès mitigé. Il y a une belle piscine à bord où les jeunes des deux sexes jouent au water-polo.... Je m'en tiens à l'eau chauffée....

J'ai lu pas mal sur « Marlborough ». C'est merveilleux d'avoir tous ces contrats réglés à la satisfaction de tous, et d'avoir le sentiment que deux ou trois années de travail agréable sont programmées et que, si elles aboutissent, elles seront récompensées....

Je n'ai encore rien fait pour préparer mes conférences. Il vaut mieux attendre de voir quelle sera l'ambiance à terre, et j'aurai tout le dimanche et le lundi matin avant mon intervention au déjeuner à Montréal. J'ai, bien sûr, quelques idées en tête....

✍ Ma chérie j'ai été plutôt triste par moments en pensant à vous qui broyez des idées noires à la maison. Envoyez-moi des messages. Je vous aime tant & cela me fait souffrir de penser que vous êtes esseulée. J'aimerais énormément faire de beaux projets pour octobre. Mais il faut que vous retrouviez la forme. Avec mon tendre amour ma douce Clemmie, de la part de vtre dévoué mari qui vous aime

W

...

---

1. Premier vicomte Morley de Blackburn (1838-1923), avocat, député libéral et écrivain. Deux fois Chief Secretary for Ireland (1886 et 1892-1895) ; Secretary for India (1905-1910) ; Lord President of the Council (1910-1914).

---

o De Winston [dactylographié] CANADIAN PACIFIC RAILWAY
12 août 1929 À Québec, voiture Mount Royal.
  Dans le train

Ma chérie,

Nous sommes arrivés ponctuellement à Québec, où nous avons été accueillis par des responsables du Canadien Pacifique et par Mr Beauchesne qui représente la British Empire Parliamentary

Association et dans une certaine mesure Mr MacKenzie King, le Premier ministre[1]. Nous sommes descendus au Château Frontenac, un hôtel formidable avec tout le confort moderne. Samedi, nous avons visité tout ce qu'il faut avoir vu, la Citadelle, l'Anse au Foulon et les plaines d'Abraham, où fut livrée la bataille qui décida du sort du Canada....

Dimanche nous avons déjeuné avec le Lieutenant-Gouverneur, un charmant Canadien français qui s'est autrefois distingué comme Juge. Il avait lu mes livres sur la guerre et s'est répandu en compliments. Un certain nombre de personnalités de Québec étaient présentes et elles se sont montrées très agréables....

... Un protocole extrêmement formel entoure le représentant de la Couronne et nous nous étions habillés en dimanche pour l'occasion....

En fin d'après-midi... nous sommes montés dans une voiture décapotée pour aller faire une trentaine de kilomètres à l'aventure. Je voulais voir le pays de près et brouter l'herbe et mâcher les branches. Nous avons vu des collines et des forêts où l'homme avait à peine mis le pied, toutes sortes d'arbres dans un enchevêtrement hérité des premiers temps de la terre et d'adorables ruisseaux rappelant ceux d'Écosse qui cascadaient vers les rivières....

Au cours de notre première matinée nous avons eu la visite d'un certain Mr Larkin, gros bonnet de la Bethlehem Steel Corporation, envoyé spécialement après un voyage de vingt-quatre heures par Mr Schwab[2] avec ses salutations les plus cordiales. Mr Schwab met son wagon privé à notre disposition pendant toute notre tournée aux États-Unis ! Cela résout tous nos problèmes. Nous avons timidement suggéré de payer les frais de traction mais cette idée a été écartée avec des regards peinés. Il est sûr que cela nous procurera énormément de commodité et de confort....

✍ Le Vice-P. du C.P. m'a prêté sa Sténographe [secrétaire] pour la durée du voyage. C'est une véritable aubaine car je ne vois pas comment je pourrais m'occuper de la correspondance, des appels téléphoniques, etc. sans cette aide.

Randolph se conduit ts bien. Il « étudie » quotidiennement pendant plusieurs heures. Je ne le lâche pas & essaye de le faire se lever pour le petit-déjeuner. Cependant même s'il s'endort avant minuit il ne se réveille pas avant 10 h. Ce n'est pas grave. Tout le monde vous embrasse.

Je réécrirai depuis Toronto, mais ici le courrier part ce soir.

> Toujours ma chérie à moi, avec mon plus profond amour
> Vtre dévoué
> W.
> ...

X X gros baisers X X à vous
& à Diana X X à Sarah X X
à Maria

P.-S. Nous sommes désormais dans notre voiture [du Canadien Pacifique] en route pour Montréal et traversons une vaste campagne luxuriante en suivant plus ou moins le cours du Saint-Laurent. Cette voiture sera notre logement pendant trois mois, donc nous avons défait toutes nos valises et accroché nos vêtements comme il faut. Lorsque nous quitterons le train nous ne prendrons qu'une petite valise chacun. La voiture est un merveilleux lieu d'habitation. Jack [Churchill] et moi avons de grandes cabines, chacune avec un vaste lit double et une salle de bain privative. Randolph et Johnnie ont quelque chose qui ressemble à un compartiment classique de wagon-lit. Il y a un beau salon avec à son extrémité une plateforme d'observation et une grande salle à manger que j'utilise comme bureau et où je suis en train de dicter....

> W

---

1. William Lyon MacKenzie King (1874-1950), chef de file du Parti libéral du Canada de 1919 à 1948 ; Premier ministre du Canada de 1921 à 1926, 1926 à 1930 et 1935 à 1938.

2. Charles Michael Schwab (1862-1939), magnat américain de l'acier. Président de la Bethlehem Steel Corporation de 1903 à 1939. WSC avait eu affaire à lui quand il était à l'Amirauté pendant la guerre de 1914-1918 : comme directeur général de l'Emergency Fleet Corporation, il avait construit 495 navires pour les Alliés.

o De Winston [dactylographié]   CANADIAN PACIFIC RAILWAY
15 août 1929   À Ottawa

Ma chérie,

Notre voyage se poursuit, très intéressant et stimulant, mais il est également, comme je vous l'ai câblé, extrêmement épuisant. J'ai fait deux discours de haute tenue, l'un à Montréal et l'autre aujourd'hui ici à Ottawa. Je leur ai consacré beaucoup de temps et d'efforts vu que je ne connaissais pas le climat et que le sujet est délicat[1]. Le public était très nombreux et débordait d'enthousiasme. J'ai été partout accueilli avec la plus grande chaleur. Des gens que je n'avais pas vus depuis trente ans, mais que j'ai croisés lors de mon périple, sont venus me serrer la main par groupes de deux ou trois à chaque endroit. Aujourd'hui un ancien Sergent du Génie, qui m'avait aidé en 98... à dresser mes plans pour la bataille d'Omdurman lors de la « Guerre du Fleuve[2] » m'a arrêté dans la rue, s'est présenté et m'a offert un coffret d'excellents cigares à fumer pendant le voyage. Il avait de modestes moyens et j'en ai été grandement touché....

... J'engrange peu à peu les informations et me constitue une batterie d'arguments et d'idées. Cela va faciliter la rédaction des discours à venir. Il a fallu que j'en rajoute trois, à Regina, à Edmonton et à Calgary, mais je ne crois pas avoir à les préparer.

L'immensité du pays et des progrès qu'il fait apparaît chaque jour plus impressionnante.... L'attachement sentimental vis-à-vis de l'Angleterre est merveilleux. Les États-Unis étendent leurs tentacules dans toutes les directions, mais la personnalité et l'Esprit National canadiens deviennent si puissants et si fortement identitaires que je ne pense pas que nous ayons à craindre pour l'avenir....

Randolph s'est impeccablement comporté et c'est un compagnon exemplaire. Je crois qu'il a fait bonne impression sur tout le monde. Il prend un intérêt d'une grande finesse à tout, et sait remarquablement critiquer et apprécier les discours que je fais et les gens que nous rencontrons. Jack et Johnnie sont absolument ravis. Je suis un peu fatigué ce soir après le discours et les soucis qu'il m'a donnés pour le préparer. Nous repartons ce soir après le dîner pour Toronto que nous atteignons à sept heures demain matin....

✎ Le 16

Je reviens de la Réunion publique de Toronto – Extraordinaire soirée. J'ai fait mon meilleur discours jusqu'ici. Ce soir nous partons pour Niagara, voyons les chutes à 7 h demain matin, et revenons ici pour un grand déjeuner – et ensuite départ pour les 36 heures de trajet vers Winnipeg. Encore des discours – c'est trop !

Ma chérie – mon tendre amour – je pense souvent à vous & aux Chatons & espère que vous êtes tous heureux & que vous allez bien. Ne manquez pas d'écrire et de câbler, & pardonnez-moi d'utiliser la sténo [lettres dactylographiées], je ne pourrais pas vous raconter tout cela autrement.

Toujours votre mari qui vous aime
W...

P.-S. Montréal a acheté 600 exemplaires de ma W/Cr [*La Crise mondiale*] et mon contrat prévoit que je touche 1 dollar sur chaque. Si cela continue nous allons faire des bénéfices inattendus.

1. Dans ses discours au Canada, WSC traitait des affaires impériales et internationales, y compris du sujet très controversé du libre-échange à l'intérieur de l'empire, mais en évitant de parler des questions politiques locales.
2. Churchill, qui avait participé en 1898 à Omdurman (Soudan) à la dernière charge de cavalerie de l'armée britannique, en avait tiré un livre à succès paru en 1899, *The River War: An Historical Account of the Reconquest of the Soudan*. Le fleuve en question est le Nil. [*ndt*]

o De Clementine Chartwell
20 août [1929]

Mon Winston chéri

J'ai été contente de recevoir votre lettre décrivant votre voyage en mer. Cela avait l'air d'être très confortable pour les aînés & terriblement amusant (dans la piscine) pour les garçons.

Diana & moi sommes allées à Lympne, où tout était toujours aussi beau & luxueux – Les aviateurs réservistes… voltigeaient dans tous les sens (un peu bas, à mon sens) & étaient reçus avec hospitalité par Philip [Sassoon]….

Maintenant vous voulez certainement des nouvelles de Chartwell. Le morceau de mur qui va jusqu'à la route est terminé. Il est du plus bel effet & en rien trop haut….

… [Arnold, le responsable de la ferme] est très courtois & serviable, & en votre absence je m'entends très bien avec lui ! Je suppose que, comme l'a expliqué le Christ, on ne peut servir à la fois « Dieu et Mammon[1] ». Maintenant que vous êtes parti, je suis devenue Dieu, ce qui est agréable & compense quelque peu votre absence.

Madame L'Honoré[2], notre tutrice française, est arrivée – C'est quelqu'un d'extrêmement stimulant qui n'arrête pas de nous faire éclater de rire. Elle donnera une leçon tous les jours à Diana, Sarah & Mary pendant les quatre semaines à venir – Et qui plus est, elle babille toute la journée dans un adorable français parisien, & corrige toutes les erreurs qui peuvent être faites….

Aujourd'hui, je vais à Dieppe voir Nellie – Je descendrai à l'hôtel ; sa petite maison[3] est pleine, car les garçons sont de retour pour les vacances – Ma conscience me tourmentait à son sujet, & il faut que j'aille voir comment elle se porte, cette pauvre chérie –

Votre Clemmie
qui vous aime

1. Évangile selon saint Matthieu 6:24 ou saint Luc 16:13.
2. Mme Gabrielle L'Honoré, une Française extrêmement charmante et douée qui vint à Chartwell trois ou quatre années de suite, habituellement pendant les vacances d'été, pour nous enseigner le français (à moi, en particulier).
3. Nellie Romilly avait hérité de la maison de Lady Blanche.

o De Winston [dactylographié]   Canadian Pacific Railway
22 août 1929   (Montréal)

Ma Clemmie chérie,

J'avais l'intention de commencer ma lettre pendant que nous suivions toujours les rives nord du lac Supérieur, mais nous avons voyagé à un tel rythme, j'ai eu à parler si souvent, & à rencontrer tellement de monde, que je n'ai pas vu passer les cinq jours.

Pour commencer nous avons traversé les régions assez peuplées et soigneusement cultivées du Québec et de l'Ontario. Ensuite, en quittant Toronto pour notre long parcours de près de deux mille kilomètres à destination de Winnipeg, nous sommes passés au milieu d'une région énorme de collines rocheuses couvertes de bouleaux et de pins, semée d'innombrables lacs de toute taille....

À Winnipeg débute la ceinture du maïs qui s'étend vers l'ouest et vers le nord sur quelque treize mille kilomètres carrés (un kilomètre carré fait trois fois la surface de Chartwell !).... À partir de là, nous entrons dans un océan de champs verdoyants à perte de vue, d'un côté comme de l'autre rien pour saluer l'œil que du maïs qui ondule sous le vent avec de loin en loin de minuscules corps de ferme. Ils ont un nouvel engin appelé « Moissonneuse-batteuse » [introduite en 1928] qui non seulement coupe le maïs, mais le bat...

Demain nous arrivons à Edmonton, la Capitale de l'Alberta, et après quittons la ceinture du maïs pour gravir les pentes des montagnes Rocheuses. Cette région, vingt Suisse concentrées en une seule, est la seule qui nous sépare encore de la magnifique et luxuriante Côte Pacifique.

Il a fallu que j'accepte pas moins de dix discours publics, dont six sont passés... Les réunions publiques ont toutes été bondées jusqu'à laisser des gens dehors et tous ceux qui comptent, de quelque parti, milieu ou religion que ce soit, y ont assisté.... J'ai particulièrement soigné mes premiers discours, mais désormais je me nourris d'eux comme pendant une campagne électorale.

À Winnipeg nous avons été pris en charge par un certain Mr Richardson, qui est le principal négociant en céréales. Parfait spécimen de l'homme d'affaires du nouveau monde... Nous avons vu la Bourse au blé de Winnipeg où des courtiers hurlaient et gesticulaient à mesure que les télégrammes venus du monde entier enregistraient les fluctuations incessantes des cours du blé....

J'avais presque oublié de vous dire que nous avons passé une matinée aux chutes du Niagara maintenant plus de trois mille kilomètres derrière nous, que le niveau du fleuve était exceptionnellement haut, que les chutes étaient magnifiques et que nous les avons vues sous leur meilleur jour... et que nous avons traversé le grand tourbillon dans un frêle téléphérique soutenu par des câbles de six cents mètres de long. Cela faisait plutôt peur mais c'était en réalité parfaitement sans danger.

Cela fait désormais notre septième nuit de suite dans le train et demain ce sera la huitième. La voiture est très confortable. Bien que les baignoires soient très courtes, en se mettant sur le dos avec les pattes en l'air, on peut quand même faire une bonne trempette....

Avec mon tendre amour ma chérie,
de la part de votre quelque peu harassé
mais toujours dévoué
W.

o De Winston   Banff Springs Hotel
27 août [1929]   Banff, Alberta

Ma chérie, je n'ai pas cessé de regretter que vous ne soyez pas là. Il y a eu des journées qui vous auraient enchantée au-delà de la mesure, & des paysages à voir & des gens pour plaire à ma Chatte. En revanche il y a eu bcp plus d'autres jours qui vs auraient tout simplement épuisée. Nous n'avons jamais arrêté de voyager, de partir, d'arriver, de faire les valises, de les défaire, rarement deux nuits dans le même lit sauf dans le train ; & là huit nuits de suite. Vacarme du train, vacarme de l'auto, vacarme des gens, vacarme des discours ! J'en ai fait 9 & en ai encore 2. Cela a été un maelstrom : & en arrivant ici hier soir après deux trajets en auto de 130 km avec un long discours à Calgary entre deux, j'ai décrété une pause. Donc nous séjournons ici 36 heures dans ce magnifique hôtel avec tt le confort

– une piscine de plein air maintenue à 32°, & des chevaux – & pour la première fois je vais essayer de peindre un tableau. Je suis allé au lit à 10 h absolument éreinté : & je viens seulement de me réveiller à 7 h 30 !

J'ai été merveilleusement reçu au Canada. Jamais au cours de ma longue vie on ne m'a accueilli avec un intérêt & une admiration aussi authentiques que dans l'ensemble de ce vaste pays. Tous les partis & toutes les catégories de la population se sont joints à cet accueil… Je suis profondément touché…

Je suis ts attiré par le pays. Des progrès immenses sont en cours. Il y a des fortunes à faire dans bcp de directions. Une vague de fond pousse partout au mouvement. J'ai décidé que si N. Ch. [Neville Chamberlain] est porté à la tête du P.C. [Parti conservateur] ou quelqu'un du même acabit, je me retire de la politique & vois si je ne peux pas rendre votre vie & celle des chatons un peu plus confortable avant de mourir. Un seul objectif m'attire encore, & s'il était rendu inaccessible je quitterais ce sinistre terrain pour aller vers de frais pâturages. Comme le dit Daniel Peggotty[1], « Il y a de vastes terres au-delà des mers. » Cependant le moment de la décision n'est pas venu….

J'ai hâte d'avoir des nouvelles de Chartwell ; & je compte bien recevoir encore une lettre de ma chérie dans un jour ou deux.

Randolph va faire un adulte ts costaud. Son cou [et] ses cuisses se musclent à vue d'œil. Je crois qu'il sera grand & fort. Il parle tellement bien. Si adroit, si posé, si raffiné…. Il dort dix & parfois 12 heures par jour – oubli profond. Je suppose que c'est son esprit & son corps qui grandissent en même temps. Je l'aime bcp. Une adorable lettre de Sarah, & un petit mot charmant de Mary sont bien arrivés.

Avec mon plus tendre amour ma chérie à moi de la part de votre mari dévoué qui vous aime

W

Gros baisers à toutes XXX XXX XXX XXX

1. Pêcheur du port de Yarmouth dans *David Copperfield* de Charles Dickens.

o De Clementine   Chartwell
31 août 1929

Mon chéri

L'anniversaire de Mary approche & de grandes préparations ont lieu en secret –

J'espère que vous lui enverrez un télégramme qui lui parviendra le jour magique...

La vie est très paisible & sans incident ici. Le temps est magnifique – Madame L'Honoré est un extraordinaire succès. Elle ressemble à Madame de Pompadour, détourne tous les jeunes prétendants de Diana, & réussirait à faire apprendre le français à un orang-outang sourd & muet...

Votre Clemmie
qui vous aime

o De Winston [dactylographié]   CANADIAN PACIFIC
1er septembre 1929   RAILWAY COMPANY
                                               En route vers Vancouver

Ma Clemmie chérie,

J'ai des nouvelles qui intéresseront Mary. D'abord, nous avons rencontré des <u>ours</u>. Nous roulions tranquillement quand soudain au sortir d'une courbe on a vu des ours s'approcher d'assez près. C'était en fait une ourse accompagnée de deux gros oursons. Nous avons garé l'auto à côté d'eux. L'ourse s'est dressée sur ses pattes de derrière dans une position qui semblait à première vue menaçante, mais il s'est avéré qu'elle n'était pas du tout hostile, mais qu'en fait elle quémandait simplement des biscuits, ce pourquoi elle avait l'habitude d'arrêter les voyageurs qui empruntaient cette route. Hélas nous n'avions pas de biscuits....

Le surlendemain Jack [Churchill], qui faisait du cheval près du lac Louise, a vu un ours nettement plus gros et beaucoup moins habitué aux humains, mais après s'être dressé sur ses pattes arrière il a fait demi-tour et s'est éloigné en galopant à toute vitesse, au grand soulagement de Jack....

Après la réunion publique de Calgary, qui a connu un franc succès, nous avons fait les 130 kilomètres jusqu'à Banff en auto... Nous y sommes restés une journée avant de repartir faire un circuit d'environ cinq cents kilomètres en auto sur trois jours. Nous avons passé la première nuit à Radium Hot Springs... Ce sont des eaux semblables à celles qu'on vous a récemment prescrites. Nous nous sommes baignés le soir et le matin dans la piscine de plein air, qui est presque aussi chaude qu'un vrai bain chaud.... La deuxième nuit nous avons couché au lac Émeraude, après un joli parcours qui suit les flancs de collines déchiquetées, traverse des torrents bouillonnants et passe au milieu de gorges magnifiques. Le lac Émeraude a une couleur extraordinaire, davantage Turquoise ou Jade qu'Émeraude.... J'ai peint trois tableaux qui donnent une très piètre idée de la grande beauté de l'endroit.

Le troisième jour nous avons poussé jusqu'au lac Louise, en visitant au passage la vallée de la Yoho. Le paysage est grandiose et fort impressionnant.... Le soir nous avons atteint le lac Louise, où il y a un autre hôtel énorme.... Encore un Lac vert de grande étendue entouré par d'énormes précipices et avec un merveilleux alignement de sommets enneigés et de glaciers en son centre.... Cette journée... je l'ai passée à peindre un tableau qui donne une petite idée des coloris, et après cela nous sommes tous montés vers les glaciers à cheval.... Il n'existe pas de scène de montagne plus parfaite bien qu'elle ne soit qu'à deux heures de cheval d'un hôtel Ritz. Rien d'étonnant à ce que le lac Louise devienne l'un des endroits touristiques les plus célèbres de ce continent !

Aujourd'hui nous faisons notre dernier trajet en train dans la voiture. En ce moment nous longeons le Fraser, un large et tortueux torrent d'eau claire Verte qui dévale, comme nous, vers l'océan Pacifique. Ce soir nous atteignons Vancouver où hélas il faut que j'inaugure une Exposition et fasse un discours... J'ai accepté à contrecœur d'en faire un autre à Victoria [sur l'île de Vancouver], car on dit que c'est la plus anglaise de toutes les villes canadiennes, avec une importante colonie d'officiers en retraite de l'Armée et de la Marine à qui leurs pensions donnent apparemment un meilleur niveau de vie ici qu'en Angleterre.

✍ Au revoir ma chérie jusqu'à Victoria d'où j'écrirai de nouveau. Je viens de revenir de l'inauguration de l'Exposition – 2 discours – 20 000 personnes
fidélité & amitié touchantes....

Toujours vtre dévoué qui vous aime à jamais
W

o De Winston [dactylographié]　　　　　　　　　　　　New Place
12 septembre 1929　　　　　　　　　　　　　　　Burlingame, Californie

Ma Clemmie chérie,

Depuis la dernière fois où j'ai écrit nous avons tellement souvent été en mouvement que j'ai pris du retard dans mon compte rendu. Et maintenant il y a tant à vous dire que cela prendrait presque un volume....

Nous avons atteint Victoria sur l'île de Vancouver (qui a la taille de l'Angleterre) après une traversée sur un bateau doté de tout le confort au milieu d'un archipel d'adorables îlots. Victoria est une ville anglaise avec en plus un climat magnifique. Sentiments, végétation, mœurs, tout fait revivre le meilleur de l'Angleterre.

Le Lieutenant-Gouverneur est un vieil Écossais formidable, Mr Randolph Bruce, qui a débarqué il y a quarante ans avec 1 £ en poche et est maintenant très riche. Il nous a reçus comme des princes. Nous avons été accompagnés à table par un Cornemusier des Highlands, qui a joué pendant tout le repas, et tout le monde nous a fait des amabilités. J'ai pris la parole pendant une heure devant une tablée énorme, 700 ou 800 auditeurs, la crème de Victoria. C'est le Doyen qui a proposé les remerciements – un imbécile d'Homme d'Église aux penchants Socialistes, qui m'a posé un certain nombre de questions impertinentes et n'en finissait pas de débiter des âneries, si bien que j'ai chargé Randolph de répondre et lui, dans un bref discours polémique de cinq minutes admirablement tourné, a renversé les rôles vis-à-vis du Doyen, pour le plus grand plaisir du public qui en est resté bouche bée.... Je n'aurais pas pu faire aussi bien moi-même.

◊ De Clementine   Westerham
12 septembre 1929

AI ETE CONTENTE D'ENTENDRE VOTRE VOIX. J'ESPERE QUE NOUS AURONS ENCORE DE NOMBREUX ANNIVERSAIRES A CELEBRER [LE 12 SEPTEMBRE ETAIT L'ANNIVERSAIRE DE LEUR MARIAGE], LE PROF [LINDEMANN] SEMBLE AVOIR DES INQUIETUDES POUR L'AVENIR ACADEMIQUE DE RANDOLPH S'IL NE RENTRE PAS POUR LE DEBUT DES COURS A OXFORD, AMOUR TENDRE,

CLEMMIE

o De Winston   Santa Barbara
19 septembre [1929]

Absol^t confidentiel

Ma chérie,

J'ai essayé de tenir mon récit à jour mais nous avons bcp bougé – continuellement et mon compte rendu devra s'y adapter.

Cela a été délicieux d'entendre votre voix à S. Francisco. Je pouvais vous imaginer toutes rassemblées dans l'arrière-cuisine ? – & Maria – c'est elle que j'ai le mieux entendue. J'aurais aimé pouvoir me pencher pour déposer un baiser sur vos chères lèvres – Hélas, 11 000 km !

Je suis ts content que vous preniez la maison de Venetia [Montagu] pour la durée de la session parlementaire. N'hésitez pas à engager un ou deux domestiques supplémentaires. Maintenant que nous sommes dans l'Opposition nous devons rassembler un petit peu les collègues & les députés au déjeuner & au dîner. De plus j'ai désormais quelques hommes d'affaires qui sont importants. Ce serait bien si nous pouvions souvent avoir des déjeuners de 8-10 convives, & des dîners de même taille deux fois la semaine. Il faudrait que vous ayez du personnel en conséquence.

Maintenant ma chérie il faut que je vous dise que j'ai bénéficié d'une bonne fortune énorme & extraordinaire côté finances. Sir Harry McGowan[1] m'avait demandé – avec pas mal d'insistance – avant mon départ s'il pourrait au cas où l'occasion se présenterait acheter des actions pour mon compte sans consultation préalable. Je lui avais répondu que je pouvais toujours trouver 2 ou 3 000 £. Dans mon esprit il s'agissait d'un plafond de placements c'est-à-dire d'un achat immédiat des actions. De toute évidence il a pris cela comme le plafond jusqu'où j'étais prêt à monter en matière d'achats <u>spéculatifs</u> à découvert. Donc il a fait des opérations dix fois plus élevées que mon échelle habituelle, & comme je vous l'ai dit il a fait un bénéfice sur notre compte joint de 2 000 £ en Actions & Obligations des compagnies d'Électricité. Avec mon approbation il a réinvesti cette somme en titres de Columbia Gas & Electric & les a revendus avec un bénéfice supplémentaire de 3 000 £. Il a donc en main 5 000 £ à mon compte, & comme il a des sources d'information importantes sur ce vaste marché américain, d'autres possibilités pourraient se manifester. Depuis que j'ai quitté l'Échiquier les rentrées suivantes ont constitué le fruit de la bonne fortune & du labeur ; –

	£
À-valoir sur les 20 000 £ de Marlborough	6 000
Bénéfices sur les placements américains avant départ	1 300
= = depuis	900
Bénéfices de McGowan	5 000
Hausse des actions Sherwood, de 17s. 6d. à 22s. 6d.	2 000

Article pour Answers	225
= journaux juifs	300
3 articles sur Rosebery, Morley & Trotsky pour Nash	1 350
À-valoir de Butterworth sur les Droits d'auteur exigibles le 30 oct.	1 700
Contrat pour articles sur la tournée américaine (pas encore faits)	2 750
Discours à venir devant le Club Économique de Worcester Massachusetts	300
	21 825 £

Nous avons donc là récupéré véritablement une petite fortune en quelques semaines.... Cette « masse de manœuvre » est de la plus grande importance, et il ne faut pas l'écorner.

Mais même en dehors de cela il y a assez d'argent pour que nous puissions être confortablement installés cet automne, & vous devriez pouvoir vous occuper de l'aile de la nursery sans problème. Donnez suite à vos projets & faites en sorte que tout soit prêt pour que nous emménagions pour de bon à mon retour. Avec mon tendre amour ma chérie à moi – C'est pour moi un soulagement que de sentir quelqu'un derrière moi, & derrière vous tous.

Je vous écrirai plus tard à propos de notre visite chez Hearst[2].... Après une semaine dans son intimité j'aime bien Hearst. C'est un homme ts sérieux qui ne parle pas sans savoir – & un homme politique d'expérience aux convictions ts largement démocratiques & pacifistes. Ses journaux se vendent à 15 millions d'exemplaires par jour, & ses revenus se montent à 4 millions de £ par an. Les mauvaises langues disent que sa demeure ressemble au Casino de Monte-Carlo juché sur le rocher de Gibraltar – mais elle vaut bien mieux que cela.

Mrs Hearst était là. Je me suis ts bien entendu avec elle. Elle a bcp apprécié sa visite chez nous[3] : [et] a fait les plus gds éloges sur vous.... Elle a modifié tous ses plans pour pouvoir nous recevoir. Elle n'a pas la tâche facile : mais avec 5 fils & un ménage à part il faut trouver des solutions de compromis, ce qui n'est pas impossible....

Mard 17 nous avons quitté le ranch des montagnes & Hearst nous a tous emmenés à Los Angeles – Où il dirige le monde du cinéma, possède un autre palais & une femme illégitime, Marion Davies[4]. Je pensais que 5 jours d'Hollywood cela ferait un peu trp : j'ai donc accepté l'invitation que m'avait faite Mr McAdoo de venir passer 2 jours chez lui à

Santa Barbara (ici). C'est l'ancien candidat démocrate à la Présidence face à Coolidge en 1925, & S[ecrétaire] d'É[tat] pendant la guerre et le mandat de Wilson. Son épouse – une femme charmante – est la fille du Président Wilson.... Ils ont ouvert leur résidence de campagne spécialement pour nous <u>pour deux jours</u> ou deux semaines si nous avions le temps – et puis ils ont disparu. Et donc nous sommes tout seuls. Demain nous retournons à Los Angeles. Je pourrais écrire pendant des heures – mais il faut que j'arrête maintenant – avec mon plus tendre amour ma chérie de la part de votre dévoué

W

...

1. Sir Harry McGowan (1874-1961), fait premier baron McGowan en 1937. Industriel. Ensuite président d'Imperial Chemical Industries (1930-1950).
2. William Randolph Hearst (1863-1951). Patron de presse et collectionneur américain. Célèbre pour avoir introduit les titres sur cinq colonnes, la profusion des images et le journalisme à sensation. Son ranch de San Simeon en Californie renfermait une collection d'art et de mobilier du Moyen Âge et de la Renaissance. On rapporte qu'il servit de modèle pour le personnage principal du film d'Orson Welles, *Citizen Kane* (1941).
3. Les Hearst étaient venus à Chartwell en septembre 1928.
4. Marion Davies (1900-1961) fut longtemps la maîtresse de Hearst. Elle débuta sa carrière professionnelle de danseuse avec les Ziegfield Follies en 1918 et joua plus tard dans de nombreux films.

o De Winston Barstow
29 septembre [1929]

Ma Clemmie chérie,
... Nous traversons actuellement le désert de Californie dans le wagon privé de Mr Schwab, & nous avons fait un arrêt de 2 heures dans cette oasis. Nous avons quitté le train pour aller prendre un bain à l'hôtel, & comme il y fait tellement bon & frais je vais vous écrire un certain nombre de choses qu'il est plus sage de ne pas dicter.

Hearst a été quelqu'un de ts intéressant à rencontrer, & je me suis pris à l'apprécier – un grand enfant grave aux idées simples – doublées à n'en point douter d'un horrible caractère – qui s'amuse avec les joujoux les plus coûteux. Revenus énormes constamment dépassés par ses dépenses. Toujours occupé à faire construire & à collectionner des œuvres d'art sans gde discrimination : deux demeures magnifiques, deux femmes charmantes ; complète indifférence à l'opinion publique, fermes convictions libérales & démocratiques, tirage quotidien à 15 millions d'exemplaires, hospitalité à l'orientale, extrême courtoisie personnelle (en tout cas envers nous) & l'allure d'un pasteur quaker – ou mieux peut-être d'un pasteur mormon.

Je vous ai déjà parlé de Mrs H. (la légitime) & la manière dont elle a su se rendre agréable. Elle va me recevoir à dîner à N.Y. & s'occuper des garçons quand ils y passeront. À Los Angeles (prononcer le « g » dur) nous sommes entrés dans le domaine de Marion Davies ; & sommes tous tombés sous son charme. Elle n'est ni d'une beauté saisissante ni autrement impressionnante. Mais sa personnalité est ts attirante ; *naïve, puérile, bon enfant*. Elle travaille à ses films toute la journée & se retire dans son palais sur l'océan pour se baigner & recevoir le soir. Elle nous a priés d'utiliser sa demeure comme si c'était la nôtre. Mais nous n'avons goûté à son confort & à sa vie de luxe qu'avec modération, en y passant deux nuits après de grands dîners en notre honneur. Nous avons souvent déjeuné le midi dans son bungalow au milieu des studios – une espèce de petite chapelle à l'italienne ts élégante où Hearst passe ses journées à diriger ses journaux par téléphone, & à se battre avec son ministre des Finances particulier – un exécutant harassé sans cesse obligé de trouver de l'argent & qui menace quotidiennement de démissionner.

Nous sommes devenus gds amis avec Charlie Chaplin[1]. C'est impossible de lui résister. Les garçons ont été fascinés par lui. C'est un comique merveilleux – bolcho côté politique – à la conversation délicieuse. Il nous a rejoué son nouveau film de façon extraordinaire. Ce sera sa gde tentative pour prouver que le cinéma muet, tragique ou comique, est supérieur aux nouveaux films parlants. Il est certain que si le pathétique & l'esprit malicieux continuent de compter il a de bonnes chances de gagner la partie.

La plupart du temps j'ai séjourné à l'hôtel Biltmore – le dernier cri en matière d'hôtellerie… Mr Page qui décrocha « l'honneur » de nous inviter – un chaleureux Banquier – a refusé de nous laisser payer quoi que ce soit…. J'ai rencontré toutes les personnalités importantes & j'ai entendu dire de tous côtés que mon discours & mes analyses (devant des cercles de dix à douze personnes) ont bcp fait plaisir…. J'ai offert un dîner & un déjeuner aux personnalités que j'appréciais le plus, la plupart d'origine britannique, & tous ardemment proanglais. (Avec gde difficulté j'ai réussi à extraire le montant de ces repas de ma Note & à les payer de ma poche)…. Ces huiles californiennes ne connaissent évidemment pas Hearst. Il évolue dans un monde à part. La première fois qu'ils sont entrés en contact avec lui ou le monde du cinéma c'est lors du déjeuner qu'il a donné pour moi. Ils le considèrent comme Satan. Mais quand ils l'ont entendu parler de l'Angleterre en termes amicaux, ils m'ont dit tous à quel point j'avais eu raison de séjourner chez lui & m'ont félicité pour ce beau travail....

Dimanche nous sommes allés en yacht à l'île de Catalina à 25 milles. Nous n'avons passé qu'une heure sur place. Des gens y vont pendant des semaines & des mois sans attraper un seul espadon – tout le monde me disait donc que c'était complètement inutile que je prenne la mer avec le bateau de pêche qui avait été mis à ma disposition. C'est pourtant ce que j'ai fait et j'ai attrapé un monstre en 20 minutes !

J'ai aussi fait la connaissance de Mr Van Antwerp & de sa femme. C'est... un gd ami de l'Angleterre [et] il a lu tous mes livres – un personnage entièrement à l'ancienne – Il va s'occuper d'une partie de mon argent pour moi. Son cabinet [d'agent de change] a les meilleurs renseignements sur le Marché américain & j'ai ouvert un compte chez lui en y déposant 3 000 £. Il va manier ces fonds avec les meilleures chances de succès. Tout cela paraît démontrer une gde confiance – mais je suis sûr que cela s'avérera judicieux.

Maintenant il faut que je me dépêche si je veux avoir mon train qui part à l'instant.

Au revoir ma douce Clemmie
Avec le tendre amour de votre dévoué
W

1. Charlie Chaplin (1889-1977), acteur et metteur en scène de cinéma d'origine britannique, qui atteignit la célébrité mondiale dans les films muets où il jouait un vagabond avec une courte moustache, un chapeau melon et une canne. Suspect politiquement aux États-Unis dans le cadre de la chasse aux sorcières anticommuniste de McCarthy des années 1950, il s'installa en Suisse. Fait chevalier en 1975. Le film auquel WSC fait allusion est vraisemblablement *Les Lumières de la ville* (1931).

La « Troupe des Churchill », selon l'expression de Winston, arriva à New York le 6 octobre et fut reçue par Bernard Baruch[1]. Winston s'occupa de ses affaires et de ses projets littéraires. Randolph et Johnnie quittèrent New York le 9 octobre pour rentrer à Oxford. Le 18 octobre, Winston télégraphia à Clementine avant d'aller visiter quelques-uns des champs de bataille les plus célèbres de la guerre de Sécession.

1. Bernard M. Baruch (1870-1965), financier américain et vétéran de la politique (démocrate). Il avait rencontré WSC lorsque ce dernier était ministre de l'Armement en 1918 et Baruch commissaire de l'American War Industries Board. Ils étaient devenus de grands amis et devaient le rester toute leur vie.

◊ De Winston   New York
18 octobre 1929

SUIS TRES NEGLIGENT POUR ECRIRE. GROSSE PRESSION TRAVAIL. TOUT CONTINUE ETRE SATISFAISANT. AI DECROCHE VINGT-DEUX NOUVEAUX ARTICLES DANS HEBDOMADAIRES TOUS ECHEANCE JUIN AUX CONDITIONS HABITUELLES. MENSUELS EN PLUS TOUS IMPLIQUANT GROS TRAVAIL EN RENTRANT. BONNE CONVERSATION MACDONALD[1]. REMERCIEZ DIANA CHARMANTE LETTRE. ESPERE ITALIE AGREABLE. GRANDE HATE RETOUR CINQ NOVEMBRE. VERRONS ENSEMBLE POUR AILE. ... DEPART CE SOIR WASHINGTON, RICHMOND, PHILADELPHIE, RETOUR VINGT-QUATRE NOVEMBRE. CABLEZ LETTRE COMPLETE DU WEEK-END. TENDRE AMOUR. ADRESSE BARUCH NEW YORK.

W

1. Le Premier ministre, Ramsay MacDonald (voir p. 354 n. 1), fêta son 63e anniversaire alors qu'il était à New York. WSC lui rendit visite pour le féliciter.

Winston rentra à New York le jeudi 24 octobre – qui allait prendre le nom de « Jeudi noir » – le jour même où la Bourse de New York s'effondra, déclenchant le « grand crash » du 29 octobre.

Lors de ses pérégrinations au Canada et aux États-Unis, Winston avait spéculé à la Bourse de New York (comme en témoignent ses lettres) ; dans la débâcle, ses pertes s'élevèrent à plus de 10 000 £ [soit environ 336 000 £ de 2012].

Le 30 octobre, il prit le bateau du retour. Le 5 novembre Clementine vint à sa rencontre à la gare. Sans plus attendre, sur le quai, il lui avoua la mauvaise nouvelle.

Comme ils s'étaient engagés à louer la maison de Venetia Montagu (au 62 Onslow Gardens, à Londres SW7) pour novembre et décembre, ils s'en tinrent à leurs plans. Mais au cours des deux années qui suivirent, ils logèrent fréquemment au Goring Hotel près de Grosvenor Gardens, SW1, ou louèrent des maisons meublées pour des périodes de quelques mois.

L'hiver de 1929, Chartwell vit sa voilure réduite. Les meubles du manoir furent recouverts de draps ; seul le bureau resta ouvert pour que

Winston puisse y travailler. Wellstreet Cottage, la charmante petite maison (qu'il avait construite pour y loger un majordome) devint notre refuge de « crise ». Nana Whyte [Moppet Whyte] et moi nous y installâmes et mes parents venaient nous rejoindre en fin de semaine ; je m'en souviens comme d'un endroit très douillet.

Chapitre XV

« EXCLU DU VOYAGE[1] »

L'année 1930 fut dans l'ensemble sédentaire pour Winston et Clementine et l'on ne connaît pas de lettres échangées entre eux à cette période.

En 1930 et 1931, la question politique prédominante était celle de l'Inde. En 1929, alors que Winston était toujours en Amérique, Baldwin et le Cabinet fantôme conservateur décidèrent de soutenir la politique du gouvernement travailliste visant à accorder à l'Inde le statut de dominion[2]. Churchill était en profond désaccord avec ce projet. Une autre raison de son éloignement grandissant du Parti tory était la résurgence, une fois de plus, de l'épineuse question du protectionnisme qui résultait de la situation économique – la question même qui l'avait conduit à quitter les tories et à rejoindre les libéraux quelque vingt-cinq ans auparavant. Ce fut cependant la question indienne qui poussa Churchill à démissionner du « Comité des affaires » de Baldwin (le Cabinet fantôme) le 27 janvier 1931, mettant ainsi fin à sa participation au Cabinet fantôme conservateur.

Randolph, qui avait maintenant dix-neuf ans, et qui était à peu près à mi-parcours de ses études à Oxford, fut invité à faire une tournée de conférences aux États-Unis, une offre séduisante qu'il accepta – en dépit des tentatives renouvelées de son père et de ses mentors à Oxford pour l'en dissuader. En octobre 1930, il quitta Oxford, ayant obtenu un congé d'un trimestre. Il ne devait jamais reprendre ses études universitaires.

Le 21 décembre, Clementine lui écrivit :

> J'ai eu une inspiration. Papa m'a très gentiment proposé une toute petite voiture comme cadeau conjoint de Noël & d'anniversaire. Mais j'ai pensé que, si l'idée te plaisait, je pourrais dépenser cet argent pour vous rendre une visite éclair, à toi & à New York ?
>
> Puis-je sauter dans un bateau un jour fin janvier ou début février & venir à New York pour une semaine ?... Cela me plairait énormément.

... J'adorerais venir t'écouter faire tes conférences. Je suis très impatiente et excitée rien qu'à la pensée. Cela amuse Papa, & il est plutôt outré à l'idée que j'aille en Amérique sans lui ! Mais je crois que je préfère y aller seule plutôt que dans les bagages d'un homme célèbre[3] !

Ayant reçu une réponse enthousiaste de son fils, Clementine prit les dispositions nécessaires à son voyage et, le 8 février, elle s'embarqua sur le SS Europa, *un paquebot allemand en partance pour New York.*

1. Peut-être d'après la célèbre comédie britannique de 1957, *Not Wanted on Voyage.* [ndt]
2. Ce statut permettait à la Grande-Bretagne de continuer à nommer un vice-roi et de contrôler les questions militaires et de défense. Les Indiens devaient gérer leurs propres affaires aux niveaux national et provincial au bout de quelques années.
3. Cité par Winston S. Churchill [fils de Randolph et petit-fils de WSC], *His Father's Son: The Life of Randolph S. Churchill*, 1996, p. 75.

o De Clementine   D. « EUROPA »
12 février 1931

Mon Winston chéri

Nous avons 24 heures de retard à cause du brouillard & des vents forts – Mais tout le monde s'accorde à dire qu'il est préférable d'avoir un commandant vigilant, qui avance lentement par temps de brouillard – J'ai cru voir un iceberg il y a quelques instants, mais je n'ai pas réussi à avoir un avis d'expert sur le sujet. Si le bateau avait été plus petit, j'aurais probablement été malade, mais ce superbe monstre parvient à frayer son chemin où qu'il aille....

À mon avis, on ne devrait jamais recommencer à affronter les Allemands – Je suis certaine qu'ils gagneraient – En fait, on ne les a pas battus en 1918 – Ils ont juste été étouffés par le nombre. Ce bateau est une énorme œuvre de propagande – Le commandant est un type formidable avec une barbe & des favoris qui ne sont pas sans rappeler Tirpitz[1] – Je me demande ce qu'il a fait <u>lui</u> pendant la Grande Guerre ? Peut-être a-t-il coulé le Lusitania[2] ? Je suis assise à côté de lui à sa table, mais je n'ose pas le lui demander – De l'autre côté, il y a une certaine baronne Hindenburg (une cousine du grand homme), qui se rend en Amérique pour des conférences sur Hindenburg[3] & l'Allemagne moderne....

Vous excuserez mon écriture déplorable, ce bateau tangue violemment...

<u>Vendredi 13 fév</u>.... Je vais bientôt voir Randolph. L'idée m'enchante & m'enthousiasme plus que je ne saurais le dire. Je vous télégraphierai & vous écrirai dès que j'aurai eu une longue conversation avec lui.

Winston chéri, je vous aime énormément – J'espère que vous allez bien et que vous êtes heureux, mais que je vous manque un petit peu

– J'espère que les questions politiques vont graduellement prendre la tournure que vous souhaitez. J'ose penser que ce sera le cas – Je manque cruellement de nouvelles. La petite gazette quotidienne qu'ils publient chaque jour à bord ne contient que des nouvelles allemandes & américaines. Les seuls événements anglais qu'ils ont publiés en une semaine sont la nomination de Lord Bessborough[4] au Canada & la naissance des jumeaux de Mrs Wise, la meurtrière, à la prison de Holloway.

Mon amour tendre à vous tous, & demandez à Mrs Pearman[5] de copier les passages utiles de cette lettre & de les envoyer à Sarah[6] à Broadstairs, & à Diana[7] à Londres. Embrassez tendrement Mary pour moi, mon seul enfant encore à la maison.

Votre dévouée
Clemmie

1. Alfred Friedrich von Tirpitz (1849-1930), amiral allemand ; planifia la campagne sous-marine lors de la Première Guerre mondiale.
2. Le paquebot britannique *Lusitania* avait été coulé par les Allemands au sud des côtes irlandaises le 7 mai 1915, entraînant la perte de 1 198 vies humaines.
3. Le maréchal Paul von Hindenburg (1847-1934), soldat allemand et homme d'État. Commandant suprême pendant la Première Guerre mondiale ; président de l'Allemagne de 1925 à 1933.
4. Vere Brabazon Ponsonby, neuvième comte de Bessborough (1880-1956). Il venait juste d'être nommé gouverneur général du Canada.
5. Violet Pearman (1901-1941), secrétaire particulière principale de WSC de novembre 1929 jusqu'à 1938, date à laquelle elle dut renoncer à son poste pour raisons de santé, bien qu'elle ait continué à travailler à temps partiel. Elle mourut en mars 1941 à l'âge de 40 ans.
6. Sarah, 16 ans, était en dernière année à la North Foreland Lodge [pensionnat de jeunes filles], à Broadstairs dans le Kent.
7. Diana, 21 ans, étudiait à la Royal Academy of Dramatic Art (RADA) à Londres.

La lettre de Clementine qui suit révèle ce qui avait motivé, en partie du moins, son désir de rendre visite à Randolph. Clementine et Winston avaient en effet eu vent de rumeurs concernant l'intérêt que Randolph portait à une certaine « jeune fille de Cleveland dans l'Ohio ».

o De Clementine
Mardi 17 février [1931]

FLORIDA SPECIAL
New York – Palm Beach – Miami
Dans le train pour Palm Beach

Mon chéri – J'ai tant de choses à vous raconter.

L'*Europa* est arrivé à quai tôt samedi dernier &, avant 8 h, Randolph était à bord, la mine superbe et l'air radieux – Sa joie de me revoir m'a vraiment touchée, & j'étais très émue – Vous aviez raison de penser que les conférences n'avaient pas entièrement mobilisé ses pensées ces 4 derniers mois. Avant même que nous ayons passé 2 heures ensemble, Randolph m'avait avoué qu'il aimait une jeune fille de Cleveland dans l'Ohio & qu'il avait l'intention de l'épouser s'il parvenait à la convaincre. Il lui avait déjà fait plusieurs fois sa demande & avait été éconduit, mais la semaine dernière, elle s'était montrée plus favorable à l'idée, & avait répondu que, si elle me trouvait à son goût <u>moi</u>, & <u>moi</u> de même, &, si elle vous trouvait à son goût, et vous de même, elle pourrait y réfléchir –

Je l'ai rencontrée & j'ai reçu son approbation… Elle sera en Angleterre en juin. Vous & elle aurez alors la possibilité de vous évaluer mutuellement.

Je vais maintenant vous raconter à quoi elle ressemble, & ce que j'ai pu… découvrir sur elle & sur ses antécédents – Il s'agit de Miss Katherine [Kay] Halle & elle a 27 ans. Son père est juif (mais pas Mrs Halle). Il possède un énorme grand magasin à Cleveland, & c'est un homme riche – Il a un fils & 4 filles, dont Katherine est l'aînée. Mr Baruch m'a appelée hier soir & m'a dit que, grâce à une enquête secrète, il avait découvert que les Halle étaient une famille solide & respectable, & que les enfants avaient été bien élevés – Et maintenant son apparence. Elle est grande, avec une silhouette <u>magnifique</u>, un visage intelligent et raisonnable, <u>sans être joli</u> – Un beau teint clair, des cheveux blonds, & de belles mains. Elle n'est pas du tout cosmopolite (contrairement aux Américains que l'on rencontre habituellement). Elle donne l'impression d'être sérieuse dans sa manière de voir les choses & quelque peu provinciale dans sa façon d'être…. J'ai eu plusieurs longues conversations avec Randolph à propos de tout cela. J'ai fait valoir leur grande différence d'âge – 8 ans – Il a répondu que quelqu'un de plus jeune l'ennuierait, & qu'il avait besoin d'une femme qui ne se laisserait pas rudoyer, ni dominer – Je lui ai demandé comment il subviendrait à ses besoins, à quoi il a répondu que vous seriez probablement disposé à continuer de lui verser sa rente de 400 £ par an, qu'il était sûr qu'il pourrait gagner au moins 1 000 £ par an, & qu'il pensait qu'elle disposait de son côté de, disons, 1 000 £ par an – Je lui ai fait remarquer que pendant les 4 mois qui s'étaient écoulés depuis son départ, il avait dépensé à <u>lui seul</u> 1 000 £, ce qui correspond à 3 000 £ par an pour une seule personne – Il a répliqué qu'il était sûr qu'il pouvait gagner assez d'argent pour subvenir aux besoins de 2 personnes, & que le fait d'être marié le pousserait à faire de réels efforts. Je lui ai dit que je pensais qu'il était trop jeune pour se marier – Il a répondu qu'il ne pouvait pas vivre sans femmes dans sa vie, qu'il n'approuvait pas le recours aux prostituées, que des aventures avec des femmes mariées pourraient le conduire tout droit au tribunal des divorces, & que des aventures avec des jeunes filles pourraient le conduire au pied de l'autel avec la mauvaise personne, qu'il se sentait désespérément seul, qu'il lui fallait une compagne, & que s'il parvenait à vaincre les réticences de Miss Halle il l'épouserait à coup sûr. Je lui ai demandé « Quand ? » – Et il a répondu « en octobre prochain ».

Cela peut paraître étrange, mais je ne pense pas que ce soit une si mauvaise chose si elle est vraiment quelqu'un de bien – De toute façon, ce serait de la folie de s'opposer à l'idée car il pourrait être tenté de précipiter les choses. Il peut se passer beaucoup de choses d'ici octobre, & Miss Halle pourrait ne pas se sentir à la hauteur. Je pense qu'elle est très attachée à Randolph, mais elle est assez hésitante & inquiète[1].

Les journaux se sont emparés de la rumeur, mais j'ai réussi à éviter les reporters. Il y a eu plusieurs entrefilets disant que j'étais venue d'Angleterre pour mettre fin à tout cela – C'est <u>vraiment</u> une étrange coïncidence que je sois arrivée le jour même où toute la presse parlait de l'affaire.

L'autre chose que j'avais à vous dire vous paraîtra terne à côté de cette étonnante nouvelle – J'ai entendu Randolph faire une conférence dimanche devant une salle comble & enthousiaste – Franchement, ce n'était pas bien <u>du tout</u>, & c'est <u>très mal</u> de sa part car, s'il voulait bien se donner un peu de peine, il pourrait être vraiment bon. Mais il sait que cela passe avec la majorité des gens, donc il ne se donne aucun mal, & c'est très dommage…. Il fait la même conférence partout, aussi devrait-elle être parfaite maintenant. Il y a des passages extrêmement drôles et même spirituels, & il a une élocution & une présence des plus fascinantes. Le public semble envoûté – mais je crois que cela est surtout dû à son physique & à son monumental aplomb !

… Randolph a faim. Il s'impatiente & voudrait aller déjeuner, aussi je m'arrête là –

Amour tendre de Clemmie
& de Randolph aussi

1. Randolph et Kay Halle ne se marièrent pas, mais ils restèrent des amis dévoués.

o De Winston [dactylographié] Chartwell
26 février 1931

Ma chérie à moi,
Votre lettre écrite sur le bateau m'est parvenue samedi dernier.... J'ai absolument hâte de lire ce qui a suivi quand vous avez débarqué, tout sur Randolph, ses conférences, ses finances, ses fiançailles supposées....

Depuis ma dernière lettre j'ai eu une réunion avec la section locale de la circonscription au grand complet à Winchester House. Tous ont été affectueux, enthousiastes et unanimes. Je vous enverrai le compte rendu intégral paru dans le Daily Mail. Il ne fait aucun doute que l'essence même du Parti conservateur est de mon côté, et qu'une grande partie de l'insatisfaction de ses membres vis-à-vis de S.B. [Stanley Baldwin] m'attire leurs grâces par ricochet. Le lendemain mes pas m'ont conduit à la Réunion trimestrielle de la National Union [du Parti conservateur]. Je n'avais jusqu'ici jamais pénétré dans ce temple de l'orthodoxie tenu par la direction du parti, et je suppose qu'il y a six semaines[1] on m'y aurait battu froid. Au lieu de cela, ils m'ont accueilli avec des acclamations sans fin, bouleversant leur ordre du jour et modifiant l'horaire de leur déjeuner afin de voter à l'unanimité une motion appelant le gouvernement à la fermeté en Inde.... Rothermere a désormais, je crois, clairement décidé de mener campagne tambour battant en ma faveur. Tous ses journaux partout dans le pays publient des articles dithyrambiques et des entrefilets approbateurs, et le Daily Mail et l'Evening News en rajoutent dans leur soutien....

Hier soir nous avions Charlie Chaplin à dîner. Jack [Churchill] et Johnnie étaient venus de Londres et sont restés à coucher. Bracken et Boothby[2] ont fait le trajet en auto pour participer au dîner. Mary [neuf ans et demi] avait reçu la permission de rester à table pour l'occasion et elle a semblé absolument fascinée par Charlie. Il a été merveilleusement accueilli dans tout le pays et traité avec bien plus d'honneurs que tout personnage royal. Il s'est rendu extrêmement agréable, et nous a fait des numéros infiniment drôles de très bon cœur. Je suis désolé de ne pas pouvoir aller à sa première [*Les Lumières de la ville*] vendredi, mais le Président de la Chambre m'a invité à sa réception. Diana était là aussi, ravissante, et elle s'est très bien entendue avec le grand homme....

C'est étonnant quand on considère les six semaines passées à quel point ma situation a changé. Chaque discours que j'ai fait, chaque action que j'ai effectuée, a reçu un accueil totalement inattendu. Les tournants ont été le premier discours sur l'Inde et mon retrait du Cabinet fantôme.

Tout peut désormais arriver si l'opinion a le temps de prendre de l'ampleur. Mais je serai très heureux même dans le cas contraire.

✍ J'espère recevoir ts bientôt une autre lettre de vous ma chérie. Je me sens bien ici & heureux – mais bien sûr les articles & les discours sont un gd poids pour l'esprit. Il faut constamment faire de gros efforts. C'est peut-être bon pour la santé. Les marchés ont un peu progressé. Les impôts sont effroyables. Avec mon tendre amour & mille baisers.

Votre dévoué qui vous aime à jamais
W
…

1. Avant sa démission du Cabinet fantôme.
2. Robert Boothby (1900-1986), fait pair à vie en 1958. Député conservateur de 1924 à 1958. Chef de cabinet de Churchill (alors chancelier de l'Échiquier) de 1926 à 1929.

o De Clementine Carlton Hotel
Dimanche 1ᵉʳ mars [1931] Washington

Mon chéri

Je m'aperçois que je ne vous ai pas écrit depuis une semaine, mais il n'y avait pas grand-chose à raconter sur notre séjour à Palm Beach.

Le temps était extrêmement décevant – froid, venteux, avec ces 2 derniers jours des déluges de pluie tropicale, mais malgré tout glacée....

Hier, nous avons déjeuné à l'ambassade de Grande-Bretagne, un magnifique bâtiment de brique rouge construit par Lutyens que vous avez dû payer lorsque vous étiez aux Finances – Je me souviens que vous aviez été passablement irrité par la dépense....

Aujourd'hui nous déjeunons avec Mrs Longworth (anciennement Alice Roosevelt)[1]. J'attends ce moment avec impatience car on me dit qu'elle est extrêmement amusante....

<u>Plus tard dans la journée</u>

Nous revenons tout juste du déjeuner avec Mrs Longworth. C'est une femme absolument charmante, qui a été très gentille avec nous – Il y avait énormément d'invités, & j'ai eu du mal à identifier tout le monde. Viola Tree[2] était là. Elle joue ici ce soir, & nous allons aller la voir & souper avec elle après....

<u>Confidentiel</u> Je crois que Mr Baruch fait <u>effectivement</u> preuve d'une certaine *froideur* à l'encontre de Randolph, à cause j'imagine d'un flirt

que le Lapin a eu avec une certaine dame que Mr Baruch considère comme sa propriété – Randolph pense que Mr Baruch les a fait suivre !! Quoi qu'il en soit, il est au courant de ce qui s'est passé – Il n'en a jamais pipé mot à Randolph, ou à moi, mais il s'est plaint auprès de la dame, qui l'a répété à Randolph – Elle s'est montrée très indiscrète, pour ne pas dire déloyale, & a décrit dans le plus grand détail toutes ses transactions physiques & financières avec Mr B. Je vous raconterai le reste lorsque nous nous reverrons, d'ici là brûlez s'il vous plaît ce passage de ma lettre &, je vous en prie, ne dites pas au Lapin que c'est moi qui vous en ai parlé, sauf s'il se confie à vous –

Mr Baruch avait promis de nous retrouver ici, & de s'occuper de nous pendant notre visite, mais il ne s'est pas présenté – en fait, il nous a plutôt laissé tomber – C'est un drôle de personnage, passablement rancunier – Randolph le décrit en argot yankee comme un « *cagey old Bird* » [un vieux cachotier]....

Amour tendre de
Clemmie

1. Mrs Alice Longworth (1884-1980), fille de Theodore Roosevelt, 26ᵉ président des États-Unis (décédé en 1919). Épousa Nicholas Longworth en 1906 ; éditorialiste au *Ladies' Home Journal* ; membre du Comité national républicain en 1932.
2. Viola Tree (1844-1938), actrice, fille de Sir Herbert Beerbohm Tree, acteur et directeur de théâtre (1853-1917). En 1912, elle épousa Alan Parsons (1887-1933), fonctionnaire, puis critique dramatique et éditorialiste.

o De Clementine The Ambassador
Lundi [Jeudi] 5 mars [1931] New York

Mon chéri, Nous voici de nouveau (depuis avant-hier) à New York, qui est la patrie d'élection de Randolph ! Je dois dire que moi aussi j'adore cette ville – Nous sommes très confortablement installés dans ce somptueux hôtel. Son aimable propriétaire a consenti à nous recevoir à moitié prix, car votre Chatte écossaise préférait aller dans un hôtel meilleur marché, & il a dit qu'il ne pouvait pas supporter l'idée de nous perdre !...

... La nourriture est incroyablement chère, & terriblement mauvaise, sauf dans un ou deux *cafés*, mais heureusement nous sommes invités. Un certain Mr Mortimer Schiff m'a prêté une somptueuse Rolls Royce. Je ne suis pas sûre de beaucoup l'apprécier – Mais c'est malgré tout très aimable de sa part....

La dernière lettre que je vous ai envoyée était de Washington – Nous y avons passé une autre journée & avons déjeuné de nouveau avec

Mrs Longworth, cette fois au Sénat – C'est à peu près la seule femme avec une personnalité marquée que j'aie rencontrée jusqu'à présent ; les autres sont juste des portemanteaux & des masques peints, <u>tout à fait</u> ravissantes mais niaises & ternes....

Hier soir, j'ai dîné avec Mrs Cornelius Vanderbilt & je suis allée à l'opéra – Elle m'a parlé de F.E. [Smith/Birkenhead][1]. Elle semblait lui avoir été très attachée.

Mon chéri, j'étais si contente de recevoir votre très chère lettre... Elle a animé mon cœur d'un frisson de bonheur – Je suis heureuse comme un pinson ici, mais je souhaiterais être à vos côtés, et partager votre joie à la remontée régulière de votre baromètre – Je suis tout cela d'ici, chaque bond, chaque frémissement –

Amour tendre de
votre
Clemmie

Je vois 18 gratte-ciel de mes fenêtres – On ne devrait pas les appeler d'un nom aussi horrible – Je pense qu'ils sont tout à fait magnifiques.

---

1. F.E. Smith, premier comte de Birkenhead, était mort le 30 septembre 1930, à l'âge de 58 ans. WSC fut extrêmement peiné de sa disparition.

Clementine rentra au début du mois d'avril 1931.

La grande crise américaine de 1929 avait eu des effets à long terme : en mai 1931, le nombre des chômeurs en Grande-Bretagne avait atteint 2,5 millions et, en juillet, la situation était si désastreuse que les investisseurs étrangers paniquèrent, déclenchant une ruée sur l'or. En août, le gouvernement [travailliste] de Ramsay MacDonald démissionna, mais MacDonald forma immédiatement un gouvernement d'Union nationale, incluant des ministres travaillistes, conservateurs et libéraux. Des mesures d'urgence furent prises, et les élections législatives du 27 octobre 1931 donnèrent une écrasante majorité aux conservateurs, qui remportèrent 473 sièges. MacDonald resta Premier ministre.

À Epping, Churchill doubla pratiquement sa majorité, mais sa démission du Cabinet fantôme de Stanley Baldwin (en janvier 1931) lui interdisait toute participation au nouveau gouvernement.

Winston se consacra donc à ses affaires personnelles. Le dernier volume de ses mémoires de guerre, **The World Crisis, The Eastern Front,** *parut le 2 novembre et, un mois plus tard, il se rendit aux États-Unis pour une* tournée intensive de quarante conférences, avec l'intention de recouvrer une partie de ses pertes financières de 1929.

Winston, Clementine et Diana embarquèrent sur l'*Europa* le 5 décembre, pour atteindre New York le 11. Deux jours plus tard, dans la soirée, Winston fut renversé par une voiture alors qu'il traversait la 5ᵉ avenue pour rendre visite à Bernard Baruch. Il fut victime d'un choc sévère et de multiples contusions, et contracta une pleurésie ; s'il n'avait pas porté un lourd pardessus doublé de fourrure, il aurait pu être tué. Il demeura alité à l'hôpital, puis à son hôtel jusqu'après Noël. Clementine et Diana l'emmenèrent ensuite à Nassau, aux Bahamas, pour sa convalescence.

Ce fut une période déprimante pour Winston : il continuait à souffrir de graves douleurs aux bras et aux épaules suite à l'accident, et il ressassait ses pertes pendant la grande crise, et le déclin de son pouvoir politique.

Il se força néanmoins à reprendre le dessus et, de retour à New York à la fin janvier 1932, il continua sa tournée de conférences. En février, il voyagea à travers tous les États-Unis, prenant la parole chaque jour dans un endroit différent.

Lorsque Clementine fut certaine que Winston était suffisamment remis pour soutenir le rythme et les efforts de sa tournée, elle embarqua sur le RMS Berengaria et rentra en Angleterre.

o De Clementine Cunard RMS « BERENGARIA »
Jeudi 18 février [1932]

Mon chéri

Le bateau est vraiment agréable – vieux, mais confortable, & avec des stewards extrêmement gentils & attentionnés.

Hier, on m'a transférée de ma cabine très confortable pour m'installer dans une « suite somptueuse ». Au début, je n'étais pas sûre de ne pas préférer mes anciens quartiers douillets – Mais comme c'était censé être un honneur, j'ai émigré, & votre Chatte en est toute flattée.... La seule chose qui me manque, c'est un peu de compagnie, car je me sens un peu seule dans toute cette splendeur....

J'ai quelque peu avancé dans le livre sur Stonewall Jackson[1] que m'a prêté Sir Ronald Lindsay[2]. C'est extrêmement long, quelque 800 pages, & pas vraiment humain, car cela traite principalement de stratégie militaire....

Amour tendre à vous deux, mon chéri – J'espère avoir de vos nouvelles.

Votre
Clemmie

1. Thomas Jonathan (« Stonewall ») Jackson (1824-1863), général de l'armée confédérée pendant la guerre de Sécession. Le livre en question était *Stonewall Jackson and the American Civil War* de G.F.R. Henderson (1898).
2. Sir Ronald Lindsay (1877-1945), diplomate. Ambassadeur à Washington de 1930 à 1939.

Clementine arriva en Angleterre le 23 février 1932 et, à peu près un mois plus tard Winston, qui avait terminé sa série de conférences, prit lui aussi le chemin du retour.

Il y a ensuite un trou de presque deux ans dans leur correspondance. Winston et Clementine menaient des vies actives entre Londres[1] et Chartwell et passaient leurs vacances ensemble.

Diana suivit cinq trimestres de cours à la Royal Academy of Dramatic Art (RADA), mais sa carrière d'actrice ne « décolla » jamais vraiment. En décembre 1932, elle épousa John Bailey[2], fils du vieil ami sud-africain de Winston, Sir Abe Bailey. Leur mariage ne devait pas durer : ils divorcèrent en 1935. Randolph était devenu journaliste. Il avait été engagé pour écrire une série d'articles dans le Sunday Graphic, *ainsi qu'une rubrique hebdomadaire dans le* Sunday Dispatch *(des journaux qui appartenaient tous les deux à Lord Rothermere). En 1931 et 1932, Sarah était à Paris dans une école pour « jeunes filles de bonne famille » dirigée par les mesdemoiselles [sic] Ozanne. Elle fit ses débuts officiels en 1933, et fut présentée à la Cour. J'étais externe à la Manor House School de Limpsfield.*

La controverse sur la question indienne était toujours à son paroxysme, mais un nuage plus sombre – et plus proche – pointait maintenant à l'horizon. En mars 1932, Adolf Hitler[3] et son Parti national-socialiste remportèrent 40 % des voix aux élections présidentielles en Allemagne. Une seconde élection fut nécessaire, en avril, pour confirmer la réélection du maréchal von Hindenburg, et les élections au Reichstag en juillet firent des nationaux-socialistes le plus grand parti d'Allemagne.

À Westminster, en mai, en dépit de l'ascension fulgurante d'Hitler, qui exigeait dans ses vociférations la révision des traités et le réarmement de l'Allemagne, le ministre des Affaires étrangères, Sir John Simon, se prononça en faveur d'un désarmement rapide et total[4]. Au cours du débat, Churchill appela à la prudence.

Janvier 1933 débuta sur une note économique et sociale sombre : le chômage en Grande-Bretagne avait atteint les trois millions. Le 30 janvier, Hitler arriva au pouvoir comme chancelier du Reich. Le 14 octobre, l'Allemagne se retira de la Conférence sur le désarmement, qui avait de nouveau été réunie, et le 21 octobre elle quitta la Société des Nations. Depuis mars déjà, Churchill s'en prenait aux propositions de désarmement qui met-

traient l'Allemagne au même niveau que la France, et dénonçait l'insuffisance des capacités de défense de la Grande-Bretagne.

Pour la première « étape » de leurs vacances d'été de 1934, Winston et Clementine avaient des projets séparés. En août, Winston se rendit sur la Côte d'Azur chez leur vieille amie, Maxine Elliott[5]. Clementine opta pour des vacances écossaises, nous emmenant, Sarah et moi, avec elle, tandis que Winston partait avec Randolph. Il travailla assidûment au troisième volume de Marlborough *(le deuxième volume devait paraître en octobre 1934).*

Le 12 décembre 1933, Winston et Clementine avaient célébré leurs noces d'argent.

1. En 1932, les Churchill prirent un bail à long terme sur un penthouse au numéro 11 de Morpeth Mansions, près de Victoria, qui allait être leur pied-à-terre londonien jusqu'au déclenchement de la guerre en 1939.
2. Par la suite Sir John Milner Bailey, second baronnet (1900-1946).
3. Adolf Hitler (1889-1945), dictateur allemand nazi, né en Autriche. Dirigeant (Führer) du Parti nazi à partir de 1921. Publia son « credo », *Mein Kampf* (2 vol.), en 1925 et 1927. Devint chancelier du Reich allemand le 30 janvier 1933. Succéda à Hindenburg à la tête de l'État le 2 août 1934.
4. La Conférence mondiale sur le désarmement s'était déjà réunie à Genève en février 1932.
5. En 1923, après avoir vendu Hartsbourne, où les Churchill lui avaient souvent rendu visite, Maxine avait déménagé à Paris. En 1930, elle avait fait construire le château de l'Horizon, près de Cannes, où elle vécut pendant les dix dernières années de sa vie et reçut somptueusement.

o De Winston
22 août 1934

Château de l'Horizon
Golfe-Juan (A.-M.)

Clemmie chérie,

Il y a une semaine je partais. C'est incroyable comme elle m'a semblé longue par rapport à Chartwell. Je passe bcp de bon temps & j'ai fait pas mal de peinture, & en ai désormais complètement terminé avec mes épreuves du Vol. II. J'espère que Miss Hamblin vous les a envoyées. Nous restons un petit groupe.... Randolph a bcp de succès. Ses bonnes manières font l'objet de gds éloges, et il a été charmant avec tout le monde. Diana sera là le 25. Maxine est ravie de la recevoir en plus de R & moi. Le Prof [Lindemann] arrive le 28 et ensuite nous remontrons sur Paris en auto en 5 étapes. Je ferai de la peinture en cours de route selon les occasions qui se présenteront.

À l'heure actuelle, vous aurez fait vos propositions à Walter [Lord Moyne][1] – je suppose. D'après votre lettre nous semblions en parfait accord sur les plans....

J'ai été dégoûté par la façon dont le D.M. [*Daily Mail*] met Hitler en valeur. R[othermere] est sincèrement pacifiste. Il veut que nous soyons ts solidement armés et effroyablement obséquieux en même temps. Il espère ainsi éviter de voir une nouvelle guerre. Quoi qu'il en soit c'est une attitude plus sensée que nos hommes politiques socialistes. Ils souhaitent que nous restions désarmés & injurieux jusqu'à l'excès.

J'ai été content de voir que tant d'électeurs ont eu le courage de refuser de faire de ce gangster [Hitler] un autocrate à vie.

     Avec le tendre amour ma si douce chatte
       de votre mari dévoué à jamais
           W
           …

---

1. CSC avait reçu une invitation pour tous les deux de la part de Lord Moyne (Walter Guinness, voir p. 404 n. 3) à effectuer une croisière sur son yacht à moteur, le *Rosaura*. Ils avaient le choix entre deux itinéraires et optèrent d'un commun accord pour la Méditerranée orientale.

---

o De Clementine   Gosford House[1]
22 août [1934]   Longniddry, East Lothian

Mon Winston chéri

Avant toute chose, il faut que je vous dise combien j'ai été absorbée & enthousiasmée par votre livre.

Je n'ai lu que 11 chapitres (je lis avec lenteur & difficulté, mais je suis appliquée !), mais bien que les grands événements restent à venir, vous y préparez le lecteur grâce à la statue que vous ciselez de Marlborough –

J'ai l'impression de le connaître maintenant – Ce n'est pas surprenant que Sarah [sa femme] l'ait aimé & n'ait aimé que lui. Il est vraiment olympien – Sa patience & son discernement sont étonnants….

Je suis très heureuse ici, & je pense que Sarah l'est aussi. Son petit chien est mignon & il ne fait pas trop de « Bêtises[2] » !

J'ai grand plaisir à vous imaginer en train de peindre des scènes étincelantes, inondées de soleil – Les représentez-vous toujours froides & pâles *à la* [William] Nicholson ?….

Dites au Lapin que je l'embrasse. J'espère qu'il va bien….

            Votre Clemmie
            qui vous aime

1. L'une des demeures du onzième comte de Wemyss (1857-1937) et de sa femme, Mary Wyndham (épousée en 1883) ; ils avaient transformé Gosford House en un « hôtel de campagne ».

2. Le chien de Sarah, un cadeau de son prétendant, était un épagneul chocolat, appelé (non sans raison) Bêtises (en anglais *Trouble*).

o De Winston   Château de l'Horizon
25 août 1934

Ma chérie,
Si la première semaine m'a semblée longue la deuxième a filé à toute vitesse. Dans quelques jours nous entamons le chemin du retour. J'ai peint quatre tableaux et en ai commencé un autre. Je crois qu'ils vous surprendront. J'en ai fait un nouveau du sanctuaire de Notre-Dame de Vie, *à la* [William] Nicholson – tt en lumière. Si toutefois il vous plaît, ce sera pour vtre chambre dans l'Appartement en remplacement d'un autre. C'est je crois le meilleur que j'aie jamais fait....

Hier j'ai reçu une proposition ts alléchante de George Riddell[1] – rédiger 30-35 000 mots sur ma Vie jusqu'ici pour le News of the World : tarif 3 000-3 500 £. Ce sera ts facile à faire, et cela rendra l'année prochaine aussi bonne que cette année....

J'espère régler pas mal de factures à la fin de l'année, & ensuite nous devrions réellement pouvoir mettre une somme conséquente de côté.

Mais il y a une effroyable quantité de travail qui m'attend....

Je ramènerai mon contingent de la famille à la maison auprès de vous le 4. D'ici là nous penserons à vous Sarah & Mary – la moitié junior avec tendresse....

        Toujours vtre dévoué mari qui vous aime à jamais
                                                W

1. George Riddell (1865-1934), président de *News of the World* depuis 1903. Fait chevalier en 1909 et baron en 1920.

o De Clementine   Gosford House
26 août [1934]

Mon chéri
J'ai déjà lu XXI chapitres de votre livre & j'ai dépassé Blenheim depuis longtemps.

Je pense vraiment que ce second volume surpasse le premier. J'espère que vous en êtes très content & fier....

J'ai aussi lu la prose de Randolph dans le [*Sunday*] Dispatch !!....

Les journaux du dimanche ne parlent que des Churchill & de leurs œuvres. Les extraits de Marlborough, la rubrique de Randolph, Searchlight[1], la nouvelle que vous & lui jouez à la roulette (vous n'en avez rien dit à votre pauvre Pussy Cat !), vous « intensément » et lui « de manière effervescente » ! Gladys Marlborough[2], d'après l'un de ces torchons, se fait maintenant appeler « Mrs Spencer » & vit avec 80 épagneuls Blenheim[3] dans une petite ferme de l'Oxfordshire – Mes faits & gestes ne sont pas rapportés, mais pour votre information, j'ai joué au golf, de manière assez médiocre (dont une fois avec Margot [Asquith]), j'ai fait beaucoup de « tourisme », ce qui me plaît énormément, & j'ai écouté tous les commérages contradictoires qui font rage à propos de cet établissement & de sa direction....

Tendres baisers à vous & à Diana & Randolph
Votre Clemmie
...

1. « Coup de projecteur » (littéralement « La Torche » ou « Le projecteur »). [*ndt*]
2. Gladys Mary Deacon, née à Boston, Massachusetts (1881-1977), veuve de « Sunny », neuvième duc de Marlborough, qui l'avait épousée en 1921 après l'annulation de son mariage avec Consuelo Vanderbilt. Ils s'étaient séparés en 1933. Le duc était mort d'un cancer le 30 juin 1934.
3. Variété de King Charles nommée en l'honneur du premier duc de Marlborough qui en faisait l'élevage à Blenheim. [*ndt*]

o De Winston   Château de l'Horizon
[non daté, vraisemblablement le 27 août 1934]

Ma chérie,

Je suis si content que vous ayez pris du plaisir à la lecture de M. [*Marlborough*], et tout ce que vous en dites est du plus gd intérêt....

C'est exact que j'ai joué au Casino, mais au Chemin de Fer, et ai tout le temps perdu, mais pas sur une grande échelle. Randolph a lui aussi perdu & a arrêté de jouer. J'ai écrit aujourd'hui un article sur l'Autobiographie de Philip Snowden[1] qui payera mes frais : & les valeurs boursières ont bien progressé en mon absence.

Demain à neuf heures nous partons à deux voitures – l'une, celle du Prof [Lindemann] – pour Grenoble en suivant la route Napoléon. J'ai relu l'histoire dans Houssaye[2]. Cela a représenté une épopée extraordinaire. « *Jusqu'à Grenoble j'étais aventurier. À Grenoble [je suis] devenu prince.* » Il faut vraiment que j'écrive un Napoléon avant de mourir. Mais les tâches s'accumulent & je me demande si j'en aurai le temps & la force....

Bien qu'en vacances pour mon plaisir j'ai abattu pas mal de travail.... Et la relecture des épreuves du livre a été laborieuse. Mais cela m'a agréablement changé les idées, & j'espère revenir l'an prochain si tout va bien....

J'envoie ma lettre par Mrs P [Violet Pearman, secrétaire] avec mon plus tendre amour.

J'ai hâte de revenir à la maison et de réunir de nouveau toute la famille

Je suis votre dévoué mari qui vous aime
W

1. Philip Snowden (premier vicomte Snowden, 1834-1937). *Autobiography* en 2 vol. parue en 1934.

2. Henri Houssaye (1848-1911), historien français, auteur de plusieurs livres sur l'époque napoléonienne. L'ouvrage auquel il est fait allusion ici est vraisemblablement *The Return of Napoleon*, traduction anglaise parue en 1934 de *1815 : La première Restauration ; Le retour de l'île d'Elbe ; Les Cent-Jours* (1893-1905).

Comme prévu, à la fin de septembre, Winston et Clementine entreprirent une croisière avec Lord Moyne sur son yacht, le Rosaura. *Ils visitèrent le Liban, la Syrie et la Palestine. Ils prirent ensuite l'avion pour Le Caire (où Winston peignit les pyramides) et rejoignirent le bateau à Alexandrie. Ils débarquèrent à Naples et furent de retour en Angleterre le 21 octobre.*

Chapitre XVI

« MAIS LÀ-BAS SE TROUVE UNE ÎLE[1]... »

Lord Moyne, qui avait invité Winston et Clementine pour leur croisière d'été en Méditerranée, projetait une expédition infiniment plus longue, et avec un but scientifique précis : il s'était engagé à capturer vivants pour le zoo de Londres quelques spécimens de varans à l'apparence de dragons qui peuplaient l'île de Komodo, l'une des petites îles de la Sonde, dans les Indes orientales néerlandaises (l'actuelle Indonésie). Il invita Winston et Clementine à l'accompagner sur le Rosaura *pour ce voyage qui devait durer quatre mois.*

En plus du fait qu'il n'aurait pas supporté d'être enfermé dans un bateau pour une croisière aussi longue, il était impossible pour Winston d'envisager un tel éloignement de la scène politique. Il était par ailleurs totalement absorbé par son travail sur la vie de Marlborough.

Même s'il envisageait cette séparation avec un grand désarroi, Winston se rendait peut-être aussi compte que, dans leur vie commune, les souhaits et les projets de Clementine avaient presque toujours été subordonnés aux siens. Aussi – non sans tristesse – il concéda qu'elle devait accepter l'invitation de Walter Moyne.

Clementine quitta Londres par le train pour se rendre à Messine par voie terrestre, où elle devait embarquer sur le MY Rosaura.

1. « *But there's an island yonder* » Allusion à un poème de William Paton Ker (1855-1923), qui occupa la chaire de poésie à Oxford à partir de 1920.

o De Clementine
Mardi 18 décembre [1934]

Dans le train
Excusez le tremblotement

Première entrée du journal
Mon chéri,

...

Lorsque mon train s'est éloigné de Victoria & que je vous ai tous vus rassemblés sur le quai, j'ai pensé à l'immense amour que j'avais pour vous tous, & par-dessus tout & plus que tout, pour <u>vous</u>, mon tendre Winston chéri. Vous étiez tous si adorables & beaux ensemble à la gare, & j'ai pensé à la chance que j'avais d'avoir une telle famille. Ne soyez pas fâché contre votre chatte vagabonde. Elle est partie pour la jungle la queue en l'air, mais elle rentrera bientôt retrouver son panier pour s'y lover confortablement….

Amour tendre de votre petite chatte itinérante.
…

o De Clementine M.Y. Rosaura
Samedi 22 décembre 1934 R.Y.S.[1]

Mon chéri adoré
… Allongée sur mon lit, je contemple les photos de ma famille disposées sur la commode le long du mur opposé. Je n'emporte en général pas de photos avec moi, mais mon absence sera si longue cette fois-ci que j'ai pensé que je ne pourrais pas m'en passer….

Mr et Mrs Lee Guinness[2] [d'autres invités] sont tous les deux mal portants – sans être alités, mais ils ne sont venus que pour la croisière & s'ils trouvent les tropiques trop éprouvants, ils reprendront un grand paquebot à Singapour pour rentrer. Lui est inventeur (les bougies K & G, etc.) & il a une grosse usine – Je crois qu'il me plaira – Très simple & calme – intéressé par les machines, & par sa femme, « Posy[3] » – N'est-ce pas un nom ravissant ? Elle a la langue acérée, elle est amusante, spirituelle, irrespectueuse & extrêmement intelligente –

Lorsque j'ai reçu votre télégramme hier m'annonçant « Battu Lords 238 à 62 », j'ai d'abord cru que vous aviez gagné – J'avais compris que vous aviez battu le gouvernement à la Chambre des lords par 238 à 62 !

Je me suis précipitée pour vous envoyer un câble disant « Vive la Chambre des lords » – Puis j'ai relu votre télégramme, & je me suis aperçue qu'hélas, c'était le contraire[4] – J'ai eu juste le temps de l'annuler, mais j'avais déjà annoncé aux Guinness que nous avions remporté une « fameuse victoire » –

Je ne comprends pas comment j'ai pu me tromper – Je suppose que j'ai pris mes désirs pour des réalités, & aussi parce que vous m'aviez dit que vous ne télégraphieriez qu'en cas de victoire. Bon, tant pis. Cela a été un vrai coup.

La mer est vraiment mauvaise, mais je vais & je viens – « Posy » est prostrée, les femmes de chambre aussi, & Mr Guinness ne peut pas faire face à un vrai repas....

J'ai... commencé une énorme tapisserie que Venetia [Montagu] m'a fait prendre. J'ai avec moi 144 bobines de fils de soie pour sa confection & j'ai calculé que même si je brode toute la journée & n'attrape pas un seul papillon ou dragon, je n'ai aucune chance de la terminer avant mon retour ! Je vais quand même voir ce que je peux faire d'ici Rangoun[5]....

Wow – En ce moment, vous êtes tous en train de vous retrouver à Blenheim[6] & j'aurais aimé être des vôtres. J'espère que je recevrai des nouvelles de tout le monde, & tous les potins aussi.

> Amour tendre de votre
> Clemmie
> Wow et rewow

1. « Royal Yacht Squadron », yacht-club de Cowes, port d'attache du *Rosaura*. [ndt]
2. Kenelm Lee Guinness était un cousin de Walter Moyne.
3. Petit bouquet champêtre. [ndt]
4. WSC avait télégraphié à CSC (le 19 décembre 1934) les résultats d'un amendement antigouvernemental proposé par Lord Salisbury au moment de la présentation du rapport sur le futur *Government of India Act* à la Chambre des lords, le 15 décembre.
5. Elle ne fut jamais terminée !
6. C'était le début d'un nouveau règne : le neuvième duc de Marlborough (Sunny) était décédé le 30 juin 1934 et son fils aîné, le marquis de Blandford (Bert), lui avait succédé. Ce dernier et sa femme, Mary (née Cadogan), avaient aimablement « accueilli » le groupe de Chartwell à Blenheim pour Noël : WSC, les quatre enfants, les « Jagoon » et le « Prof » (Lindemann).

o De Clementine   M.Y. Rosaura
Samedi 29 décembre 1934   Golfe d'Aden

Mon chéri

Hier, nous avons passé la journée à Aden. Cela a été un jour « de désordre & de tumulte[1] »..., après plusieurs journées d'incertitude où nous ne savions pas si nous allions ou non nous rendre à Ceylan....

Selon une source d'information, en plus de la malaria, il y a aussi une grippe d'un type très virulent.... Les Lee Guinness sont tous les deux invalides ; & ils sont uniquement venus pour la croisière. Ils avaient prévu de débarquer à Colombo et de passer quelques jours à visiter l'intérieur de l'île &, lorsque le yacht continuerait sa route jusqu'à Rangoun avec Mr Philip[2] & moi-même à bord pour notre rendez-vous avec Walter[3], ils devaient prendre un grand paquebot pour l'Angleterre, où les pauvres doivent tous les deux être opérés....

C'est la raison pour laquelle nous nous sommes arrêtés à Aden – Ils [les Guinness] ont décidé de débarquer ici & d'attendre le passage d'un bateau.... Nous sommes descendus à terre pour nous renseigner auprès de l'agence maritime – Un paquebot était attendu l'après-midi même.... Puis – littéralement à la dernière minute de la dernière demi-heure – ils ont annoncé qu'ils avaient décidé de rester sur le yacht après tout & qu'ils prendraient le chemin du retour à Rangoun ou à Singapour ! Cela pourrait vous donner l'impression que ce sont des compagnons de voyage réticents & pénibles, mais c'est vraiment un couple charmant, même s'ils sont un peu bizarres.

Je suis contente qu'ils continuent avec nous car, bien q. j'apprécie ce que j'ai pu voir de Mr Philip, je ne le connais pas bien du tout, & passer 10 jours en *tête à tête* avec un étranger est (je suppose, car je n'en ai jamais fait l'expérience) plus éprouvant que la solitude totale –

En dépit de tout cela, nous avons réussi à visiter Aden.... J'ai été ébahie par la beauté de la population indigène & leurs vêtements aux couleurs éclatantes. Ils sont très noirs. Les plus noirs d'entre eux, toutefois, sont des Somaliens venus de l'autre côté du Golfe.

<u>Dimanche 30 déc</u>.

Nous venons juste de quitter la terre – Socotra – de vue jusqu'à ce que, dans 5 jours, nous apercevions la petite île de Minikir (latitude 8, longitude 73).... Je ne me rendais pas du tout compte que les distances étaient si énormes. 3 jours de Port-Saïd à Aden – 36 heures d'Aden à l'entrée du golfe d'Aden &, hier à midi, nous étions à 3 000 milles de notre prochaine escale, Rangoun.... J'apprécie beaucoup la vie en mer – Elle est loin d'être monotone & on a toujours l'impression qu'il y a des tas de choses à faire – En ce moment, je lis un excellent ouvrage intitulé The Dragon Lizards of Komodo, d'un explorateur américain, W. Douglas Burden – Il faut absolument que vous le lisiez.... Nous nous baignons & jouons au water-polo dans la piscine, & je joue parfois au trictrac avec Posy, qui est diablement forte....

<u>31 déc., océan Indien</u>.

Il souffle un vent de mousson qui est assez éprouvant. Cela a commencé hier matin & cela n'a pas cessé d'empirer depuis. Je ne me suis pas laissée abattre, mais il est difficile de dormir du fait des mouvements du bateau & du bruit assourdissant du vent & des vagues.... La nuit dernière, j'ai pris un médicament pour dormir, & j'ai réussi à dormir 5 heures – et ce matin, je me sens fraîche comme une rose & j'ai pris le petit-déjeuner sur le pont avec de l'écume qui volait partout autour de moi &, de temps en temps, de gros paquets de mer qui s'abattaient sur le pont....

Jour de l'an 1935

La mousson s'est éloignée, le ciel est bleu, moutonné de minuscules nuages floconneux – il y a toujours de la houle, mais le capitaine pense qu'elle pourrait faiblir.

Oh mon chéri, je pense tellement à vous, & à la manière dont vous avez enrichi & élargi ma vie. Je vous ai beaucoup aimé, mais j'aurais voulu être une épouse plus amusante. Comme ce serait bien si nous étions à nouveau jeunes tous les deux....

Mercredi 2 janvier

La houle s'est calmée & il fait de nouveau beau. Mais nous sommes tous assez déçus par l'océan Indien. Au mieux, pour l'instant, on dirait la Manche par un beau jour d'été....

La mer Rouge, bordée par les montagnes arides & découpées d'Arabie, donne en revanche une tout autre impression – Beaucoup de poissons volants hier & 2 bateaux à vapeur au loin.... Aucune nouvelle radio de la Grande-Bretagne depuis le 27 – cela fait une semaine – Je ne supporte pas de ne pas savoir ce que fait Ramsay [MacDonald] ! Au fait, aurez-vous jamais le temps de lire cette lettre sans fin. Je crains que vous n'ayez à imiter votre père, & qu'il vous faille donner à Mary une demi-couronne pour en lire la fin[4]. Ce serait une mauvaise idée – car elle contient quelques petites choses agréables, rien que pour vous.

Je suis jalouse du chat jaune. Est-ce qu'il fait la sieste sur votre lit ?....

Jeudi 3 jan.

...

Il y a bon nombre de bateaux britanniques dans ces eaux qui arborent le drapeau hollandais, & qui emploient des équipages hollandais car les salaires sont plus bas. Plutôt mesquin, non ?.... Nous nous dirigeons maintenant vers Madras, où nous déposerons les Lee Guinness. Nous y serons (si Dieu le veut) le samedi 5 à 13 h ; le temps de remplir les réservoirs, & nous poursuivrons notre route pour notre rendez-vous à Rangoun la nuit même....

Samedi 5 janvier

Nous atteindrons Madras aujourd'hui à l'heure du déjeuner – Toute la journée d'hier, nous avons contourné Ceylan, dont la côte montagneuse est féerique – À 22 milles du rivage, un moustique porté par un fort vent de terre est entré par le hublot du capitaine ! Il a été immédiatement exécuté, car soupçonné d'être porteur de malaria....

Je viens juste de recevoir votre câble à propos de Hazel[5] – Cela m'attriste de penser que cet être lumineux, gai, affectueux & beau, qui apportait tant de plaisir & d'animation partout où elle allait, repose maintenant, austère & froide. Je vais écrire à John [Lavery]. Je crains qu'il ne lui survive plus très longtemps maintenant.

Faites ce que vous pouvez pour le réconforter. Rappelez-vous combien il a été bon envers nous pendant la guerre, lorsque nous habitions à Cromwell Road. J'allais parfois m'asseoir avec lui le soir lorsque j'étais inquiète à votre sujet, & vous êtes allé peindre dans son atelier à votre retour de Flandre....

Je regrette beaucoup que les Guinness s'en aillent. Lorsque Posy sera rentrée, elle vous écrira ou vous téléphonera pour vous donner de mes nouvelles. Je suis sûre que vous l'aimerez beaucoup. Elle est très drôle & pleine de vie, bien que souvent butée. Je me demande si vous la trouverez jolie ? Je pense qu'elle a un effet dévastateur sur le cœur des hommes, vous voilà donc averti !...

Amour tendre à vous tous
Clemmie

1. « *Alarums and excursions* », expression empruntée au théâtre de Shakespeare. [ndt]
2. Terence Philip (vers 1892-194?), célibataire de 42 ans qui était directeur de la succursale londonienne de Knoedler's, marchands d'art à New York. Né en Russie, où son père était négociant, il y avait passé une grande partie de sa jeunesse et parlait couramment le russe. À la fin des années 1930, il émigra à New York et travailla à la galerie Wildenstein jusqu'à sa mort précoce au cours de la Seconde Guerre mondiale.
3. Leur hôte, Lord Moyne, et Lady Broughton (voir p. 469 n. 2) devaient prendre l'avion pour rejoindre le *Rosaura* à Rangoun.
4. Une allusion à Lord Randolph Churchill qui, s'ennuyant ferme dans un dîner entre hommes alors qu'un voisin lui racontait une longue histoire, aurait donné au serveur un souverain en lui disant « Soyez gentil, asseyez-vous et écoutez la fin de cette histoire à ma place. »
5. Hazel Lavery, épouse de Sir John Lavery, était décédée le 3 janvier 1935. Son mari mourut en 1941.

o De Winston Chartwell
31 décembre 1934

> Ma chérie à moi,
> ... Il est en effet prudent d'éviter Ceylan car cette épidémie de malaria est extrêmement grave et dangereuse. Si vous faites escale aux îles Andaman, il faut éviter les forçats. Lord Mayo, vice-roi des Indes, a été assassiné par l'un d'entre eux au siècle dernier. Je vous ai radiotélégraphié tout cela aujourd'hui.
> Donc je suppose que vous êtes actuellement au beau milieu de l'océan Indien, « si lumineux, si calme, si radieusement bleu » comme le dit Kipling ; & que les tours d'hélice se succèdent, tcheug, tcheug, tcheug, à travers ses eaux placides. Ou bien est-ce la mousson ?...
> Tout s'est ts bien passé à Blenheim. J'ai fait bcp de parties de Bésigue avec B & M [Bert & Mary Marlborough] & me suis en fait retrouvé un petit peu gagnant. Les enfants s'y sont bien plu – surtout Mary [Churchill]. Blandford [Bert] s'est montré plus sérieux & courtois que par le passé. Nous sommes tous invités à « revenir » l'an prochain, & B a insisté pour que vous soyez là cette fois. Personnellement j'ai passé la plupart du temps dans mes appartements – ceux que vous connaissez – à lire les lettres de Marlborough, & à dicter des « épisodes » pour le film[1]. Nous avons tous eu un peu mal au ventre, & le temps dehors [était] froid désagréable & pluvieux...
> Diana a été ts gentille & réservée. Elle a bcp gagné en dignité & en charme. Je l'adore. Il est prévu que Moppet [Whyte] l'accompagne au Tribunal en janvier[2]. J'irais volontiers, mais tout le monde est d'accord pour dire que cela attirerait les flashes des photographes, etc., alors qu'autrement tout cela passera vraisemblablement inaperçu.
> Sarah est actuellement partie faire une tournée de visites. Elle a suscité bcp d'admiration à Blenheim. Randolph vient de revenir après trois jours de chasse avec Bendor [Westminster] que j'avais arrangés pour lui, bien que je n'aie pas pu y aller moi-même. Il repart aujourd'hui et je vais me retrouver tout seul. Mais je suis absorbé par la campagne de Ramillies [victoire de Marlborough sur les Français en 1706] & vais continuer le mur du côté du cottage de Hill[3], donc je ne vais pas chômer.
> Ma chérie à moi je me suis senti si triste quand je suis revenu à la maison après avoir vu le dernier geste d'au revoir de votre chère main blanche par la fenêtre du train. Nous ne nous reverrons pas avant 4 mois, et vous voir disparaître ainsi a constitué un spectacle mélancolique. Vous me manquez bcp & je me sens sans protection. Mais je ne

me suis pas senti le droit d'essayer de vous priver d'un merveilleux voyage que vous preniez de toute évidence à cœur....

... Demain je vais vous envoyer un « Bulletin de Chartwell » qui vous donnera des informations locales & politiques.

Avec le tendre amour ma douce chatte chérie
de vtre mari dévoué à jamais
W
...

---

1. En septembre 1934 le producteur de cinéma Alexander Korda (voir p. 456 n. 1) avait demandé à WSC d'écrire le scénario d'un film sur le règne de George V, à temps pour le jubilé d'argent de 1935.
2. Le jugement de divorce fut prononcé le 12 février.
3. Le cottage du chef jardinier de Chartwell, en haut des terres de la propriété, près de la route.

o De Winston [dactylographié]   Chartwell
1er janvier 1935

Ma Chérie à moi,

Je vous adresse le Bulletin de Chartwell N° 1[1] que je conclurai, comme le célèbre bulletin de Napoléon après son désastre de Russie, avec « La santé de l'Empereur est excellente. »

Le niveau de la piscine a été rehaussé de quarante centimètres. Elle se remplit peu à peu à partir de la source en passant par l'ancien filtre et elle est absolument claire et limpide du fait que les algues sont au repos pendant l'hiver.

J'ai prévu de faire venir dans quelques jours au tarif de 25 £ la semaine une grosse excavatrice qui est actuellement à l'œuvre pas loin d'ici. En une seule semaine elle va en faire davantage que quarante hommes. Il n'y a aucune difficulté pour l'acheminer à pied d'œuvre car elle est montée sur chenilles et peut franchir les terrains les plus détrempés sans rien détériorer. Sa première tâche sera de creuser votre « saut-de-loup »....

Après cela l'excavatrice transformera la péninsule [du lac en contrebas du manoir] en îlot en perçant une trouée large comme la longueur de ma chambre ou à peu près. La terre récupérée sera charriée sur des wagonnets pour aller combler le grand fossé derrière les séchoirs à houblon de Mr Pilbrow[2], qui m'a bien volontiers donné son autorisation. On dit que l'excavatrice est capable de faire tout cela en une semaine....

J'ai commencé à prolonger le mur de brique avec les poteaux intermédiaires surmontés de boules décoratives jusqu'au cottage de Hill, et j'en suis déjà aux trois quarts de la première baie. J'élimine toutes les broussailles et autres déchets pour créer un joli petit carré d'herbe où ne resteront que les arbres les plus présentables. Je crois que vous aimerez bien quand vous verrez le résultat.

J'ai dit à Southon [le menuisier] de mettre une série de rayonnages supplémentaire pour les livres dans ma chambre....

Les gens de cinéma sont venus de Londres jeudi dernier et nous avons passé des heures à discuter en cherchant de l'inspiration. Je ne doute pas que le film sera un succès commercial et que j'en tirerai au moins 10 000 £. Ce qui m'inquiète beaucoup plus, c'est s'il sera digne du sujet [le roi George V] et digne de son célèbre auteur [WSC]. C'est une tâche vraiment très difficile, mais plusieurs cerveaux fertiles et expérimentés y travaillent sans discontinuer, et je leur ai donné des idées en abondance....

J'ai encore réglé 800 £ de factures et l'ensemble de nos dettes ne se monte plus qu'à 1 500 £.... Quoi qu'il en soit nous avons fini l'année mieux que jamais auparavant et les perspectives financières de l'année à venir sont beaucoup plus favorables que tout ce que nous avons connu jusqu'ici. Si nous évitons tout nouveau gros investissement et faisons des économies chaque fois que possible, nous devrions être dans une situation convenable l'an prochain à la même époque. Ce serait important pour vous s'il m'arrivait quelque chose ou que je ne puisse plus faire rentrer de l'argent....

Au moment où j'allais m'attabler devant mon dîner de la Saint-Sylvestre dans la solitude, croyais-je, j'ai remarqué un autre couvert, et voilà que Diana a fait son entrée, absolument ravissante. Elle était venue toute seule de Londres pour me tenir compagnie, ce que j'ai jugé très gentil de sa part....

J'ai un peu avancé malgré beaucoup d'interruptions dans les premiers chapitres de Marlborough, volume III. Quel petit malin il était. Il s'abaisse toujours pour vaincre[3]. Son long apprentissage de courtisan lui avait enseigné comment faire des courbettes et s'accommoder du deuxième ou troisième choix faute de mieux. Il avait bien moins d'orgueil que la moyenne des gens. Cela a beaucoup favorisé ses façons de voir le monde et contribué à hisser l'Angleterre vers les hauteurs qu'elle n'a jamais quittées. Mais quand il tombait dans une mauvaise passe et était dépouillé de son pouvoir, c'est assez pitoyable de le voir prier les souverains qu'il avait vaincus et presque ruinés de l'aider à conserver ses biens. Jamais personne n'a été aussi parfaitement adapté aux objectifs pour lesquels ses services étaient requis que ce héros et trompe-la-mort vaillant, fier, affable, patient et si nécessaire prêt à ramper. C'est seulement sur le champ de bataille et dans son amour pour Sarah qu'il s'élève jusqu'au sublime. Reste que Mars et Vénus sont deux des divinités les plus importantes du monde céleste classique.

Je suppose que vous ne devez plus être bien loin de la pointe de la grande péninsule indienne. Je suis très content que vous n'alliez pas à Ceylan. Du fait de leurs expériences inconsidérées en matière de gouvernement autonome ils ont abandonné tout leur système d'hygiène publique et ont donc cette peste. Imaginez ce qui arrivera en Inde lorsqu'on mettra fin à une administration avisée, scientifique, incorruptible !

Avec le tendre amour ma chérie à moi de vtre
mari dévoué & qui vous aime à jamais
W

1. Cette série de Bulletins de Chartwell, numérotés de 1 à 12 et allant du 1er janvier au 13 avril 1935, fut publiée sous forme de recueil (annoté par Martin Gilbert) par l'International Churchill Society en 1989.
2. Mr Pilbrow était le propriétaire de la ferme Chartwell (plus de 120 hectares) dans la vallée qui jouxtait la propriété des Churchill.
3. Allusion à la pièce d'Oliver Goldsmith, *She Stoops to Conquer* (1773). [ndt]

o De Clementine   M.Y. Rosaura
Dimanche 6 janvier 1935   Baie du Bengale

Mon chéri

Hier nous avons atteint Madras – Dès que nous sommes arrivés à quai, une avalanche d'indigènes a envahi le yacht....

Nous avons fait le tour de la ville en voiture & visité le bazar indigène, l'aquarium, les marchés de bouche, un énorme temple (dans lequel nous n'avons pas été autorisés à entrer), la poste (afin d'expédier votre lettre par avion) & enfin nous avons inscrit nos noms sur le livre de leurs Excellences à Government House....

Au Roxy, le cinéma local, ils jouaient un film intitulé « 100 % Pure » [*The Girl From Missouri*] avec Jean Harlow, qui est le type même de la star américaine voluptueuse & ultra-blonde. Je me suis laissée dire que le film était indécent – Je ne peux rien imaginer de plus dommageable au prestige de la Grande-Bretagne que d'autoriser la projection de ce genre de film.... Nous avons parcouru les bazars indigènes pendant plus de 3 heures & n'avons pas croisé un seul Blanc. Les pauvres ici semblent extrêmement polis & donnent l'impression d'être satisfaits de leur sort....

Nous avons dîné tous les quatre chez « Spencer's »…. Puis Terence Philip & moi sommes retournés seuls au yacht après avoir pris congé des Guinness, qui vont s'acheminer à travers l'Inde jusqu'à Bombay pour prendre le bateau du retour....

Pardonnez mon écriture épouvantable, mais c'est le temps qui est épouvantable. Beaucoup de gros temps, & aussi des pluies torrentielles – Cela ressemble à la mer du Nord, mais dans une version chaude & étouffante – J'espère que ce ne sera pas comme cela jusqu'à Rangoun....

<u>Mercredi 9 janvier 7 h 30 du matin à Rangoun</u>

Nous y voilà enfin – Hier après-midi, le temps a changé – Les vagues se sont calmées & la mer est presque devenue d'huile – C'était très agréable & reposant après tout ce temps passé à tituber & à se cogner partout. Nous venons de jeter l'ancre, juste à temps pour notre *Rendez Vous*.... Dans quelques minutes, dès que j'aurai réussi à réveiller Terence Philip, nous partirons <u>faire</u> Rangoun & ensuite nous irons en voiture jusqu'à l'aérodrome, à 25 kilomètres de là, retrouver nos compagnons de voyage venus en avion....

Plus tard.

L'avion avait 1 h 30 de retard. Apparemment ils ont fait un excellent voyage – Ils sont descendus aussi frais que des roses. Je n'ai pas encore lu mes lettres – Terence Philip & moi avons visité la grande pagode d'or en attendant Walter – Plus tard – Nous levons l'ancre dans une demi-heure, aussi dois-je poster cette lettre.

Amour tendre
Clemmie

◊ De Clementine [MY *Rosaura*]
[13 janvier 1935]

AI ATTRAPE SEPT PAPILLONS MAGNIFIQUES SUR ILE DESERTE. DEMAIN SUMATRA. BAISERS

CLEMMIE

◊ De Winston [Chartwell]
14 janvier 1935

AI ATTRAPE TROIS MAGNIFIQUES FILMS ICI. RAVI POUR LES PAPILLONS. TOUT VA BIEN ICI. FILM AVANCE. GROS COURRIER PART 20. N'HESITEZ PAS RADIO. TENDRE AMOUR

WINSTON

o De Clementine M.Y. Rosaura
Jeudi 17 janvier 1935
6 h 30 du matin. À l'approche de Singapour

Mon Winston adoré

Sumatra mérite un « Wow »…. Nous avons débarqué au nord à Port Belawan & sommes allés en voiture jusqu'au lac Toba à 240 kilomètres à l'intérieur des terres. Il est situé à une altitude de 900 mètres dans les collines…. Nous avons traversé des paysages d'une variété étonnante : d'abord la jungle la plus dense que l'on puisse imaginer, avec des fleurs éclatantes qui ressemblaient à des orchidées en grands bouquets ; puis des cultures très nombreuses & méticuleuses, des forêts de palmiers & d'hévéas &, lorsque nous nous approchions du lac, de vastes landes & des collines arrondies qui se succédaient comme dans le Yorkshire ou en Écosse. Nous avons vu des plantations soignées de riz, de tapioca, de thé, de café, de tabac. La route qui les traverse est la mieux tracée, la mieux entretenue & la plus parfaitement bitumée qui soit, avec un revêtement de velours. Tout au long de ces kilomètres, la route était bordée de larges accotements recouverts d'herbe tondue de près par des engins mécaniques ; le contraste entre la jungle sauvage de part et d'autre & ces bandes entretenues à la perfection de chaque côté de la route est vraiment saisissant. Les indigènes sont des Malais, amicaux mais d'une laideur véritablement repoussante ; ils sont très différents des

Birmans, dont les femmes sont si graciles & jolies, avec leurs petits visages en forme de cœur.

... Nous avons vu un homme qui marchait sur le bas-côté avec 6 ou 7 chiens attachés au bout d'une ficelle – J'ai pensé qu'ils faisaient partie de la meute locale, & qu'on les « promenait ». En fait, ils allaient au « marché aux chiens » pour être vendus comme viande – Les indigènes les considèrent comme un mets très délicat....

Hier, nous avons accosté à Malacca (qui nous appartient) & je ne vous dis pas le contraste avec l'île hollandaise de Sumatra – Toutes les maisons (excepté celles habitées par de riches Chinois) avaient besoin d'être repeintes, des entassements d'ordures partout, tout était minable & miteux. Nous étions vraiment déprimés....

Nous approchons maintenant de Singapour & je vais monter sur le pont pour assister à l'arrivée –

Mon chéri, je vous aime tellement, & je pense constamment à vous & à tout ce que vous êtes et faites. Je laisse cette lettre ouverte au cas où je pourrais ajouter quelque chose lorsque j'aurai vu mon courrier. Si elle doit partir telle quelle, je vous envoie tout l'amour que j'ai dans mon cœur.

Clemmie

Plus tard

Miaou – Des lettres de mes fidèles Mary & Moppet [Whyte], mais rien de la patte de mon Pig....

o De Winston [dactylographié] Chartwell
18 janvier 1935

Chérie,

BULLETIN DE CHARTWELL N° 2

...

J'ai terminé deux nouvelles baies du mur qui longe la route et monté deux boules sur les poteaux. La moitié de la troisième baie est faite. Il n'en reste plus que deux.

L'excavatrice est arrivée. Elle ne se déplace sur ses chenilles qu'avec la plus grande difficulté sur ce terrain mouillé. Mais quand elle se met au travail c'est tout simplement merveilleux. Elle n'a commencé à creuser votre saut-de-loup qu'hier midi et il était achevé dès ce midi.... Elle avale presque une tonne de terre à la fois et la régurgite où elle veut dans un rayon d'une dizaine de mètres. Elle pousse également de gros monticules de terre sur le côté ou vers l'avant comme un éléphant avec sa trompe, et soulève de gros rochers enfouis comme si c'était des noix. Demain nous allons entamer la transformation de la péninsule en îlot. J'ai loué un chemin de fer de chantier à cet effet pour 6 £ car j'ai pensé qu'il valait mieux avoir des rails plus larges et [plus] solides que mes petites bennes....

Dimanche dernier on est venu de Londres nous faire une démonstration du Photophone [cinéma]. Tous les domestiques et certains voisins y ont assisté. Nous avons vu trois films dont Henri VIII et La Grande Catherine....

Pendant ce temps j'ai travaillé très dur à mon propre petit film. J'ai prévu un grand nombre de péripéties et de dialogues, et je suis sûr que dès que je saurai réellement ce qu'ils veulent j'aurai des choses concrètes à leur apporter.... Korda[1] est venu dîner avec moi hier soir à l'appartement, et m'a dit qu'alors que j'avais apporté une grande quantité d'idées, il n'était pas du tout satisfait de la façon dont les gens de la technique s'en étaient servis. Autrement dit, cela n'allait pas du tout.... Il m'a confié que chaque film qu'il avait produit avait connu ses moments de désespoir. En fait Henri VIII a été réécrit douze fois....

Randolph s'est plongé à corps perdu dans l'Élection de Wavertree[2] en se portant candidat.... C'est là un plongeon absolument irréfléchi décidé sur un coup de tête. En ce moment Randolph et ses trois ou quatre amis de Manchester.... sont installés à l'hôtel Adelphi de Liverpool sans connaître un seul militant en leur faveur – haut placé ou à la base – dans la circonscription. Randolph doit tenir sa première réunion publique demain. Bien sûr avec le puissant soutien de l'antenne locale du Daily Mail et du Sunday Dispatch et avec la cause qu'il défend, qui est bonne, et avec sa personnalité et son sens politique il va indubitablement créer l'événement. Mais en toute vraisemblance tout ce qu'il réussira à faire, c'est enlever assez de voix au Conservateur pour faire passer le Socialiste. Tout bien pesé, cette affaire me contrarie et me donne du souci.... Randolph n'a aucune expérience des campagnes électorales et ne semble pas vouloir de conseils, et tout cela souffre d'un amateurisme total. Rameuter les foules dans les rues et se faire de la publicité dans les journaux pendant trois semaines pour ensuite ne recueillir qu'un nombre de voix dérisoire et perdre l'élection face au Socialiste ne peut avoir que des conséquences extrêmement néfastes....

1. Alexander Korda (1893-1956), producteur de cinéma né en Hongrie devenu sujet britannique en 1936. Korda tourna 112 films et fut fait chevalier en 1942.

2. L'une des circonscriptions de Liverpool. L'élection partielle fut provoquée par l'élévation à la pairie du député conservateur qui la représentait. Randolph décida de se présenter comme conservateur indépendant anti-*India Bill*, malgré la désignation préalable d'un candidat conservateur officiel.

o De Clementine [MY *Rosaura*]
Dimanche 20 janvier 1935 Côte sud-est de Bornéo

Mon Winston chéri

Nous sommes arrivés à Singapour le jeudi 17 au matin – C'est un endroit qui a l'air extrêmement prospère & imposant – Après avoir fait des courses & être allés chercher notre courrier (rien pour « cette pauvre petite minette à la fourrure si chaude[1] », etc.), l'amiral Mark-Wardlaw nous a fait faire un tour des chantiers navals – c'est un marin extrêmement sympathique, capable & expérimenté…. La cale sèche est magnifique à voir – Plus de 300 mètres de long – Ses murs de ciment font 9 mètres d'épaisseur, tout comme le fond ! Il devait y avoir six de ces cales, les unes à côté des autres – Une seule a été construite. Un bassin pour les petits navires, les destroyers, etc. a été terminé par une pente à mi-construction au lieu d'un mur en ciment de sorte qu'il ne contient que la moitié des bateaux environ qu'il était censé accueillir. Et avec cette économie de bouts de chandelle on n'a gagné que 100 000 £, je crois….

Le détroit entre l'île de Singapour et le continent peut accueillir l'intégralité de notre flotte, car il est profond & n'a pas besoin d'être dragué. Je pense que cela pourrait vous intéresser d'obtenir le plan des chantiers navals à l'Amirauté de façon à voir vraiment ce qui s'y fait. J'ai été enthousiasmée & j'aurais pu y passer encore de nombreuses heures malgré une chaleur de 33°. Mais j'ai été triste de voir combien tout cela avait été réduit….

J'ai demandé dans la principale librairie de Singapour s'il y avait une forte demande pour vos livres – Ils m'ont répondu que la version abrégée de The World Crisis s'était très bien vendue. Le second volume de Marlborough faisait mieux que le premier. Ils avaient vendu 12 séries complètes de Marlborough & en avaient 5 autres en commande. Je crois que c'est plutôt bien si l'on tient compte du fait que c'est très cher.

Walter a acheté 2 bébés « kinkajous » à Singapour – Ce sont des petits ours très drôles, maladroits, mais plutôt charmants. Ils vous suivent partout sur le pont.... Le singe les déteste & en est violemment jaloux....

> Amour tendre, mon chéri....
> de Clemmie

1. Extrait d'une comptine de Charles Welsh. [ndt]

o De Winston [dactylographié]   [Chartwell]
21 janvier 1935

BULLETIN DE CHARTWELL N° 3

L'excavatrice s'est attaquée à l'isthme ce matin et en a enlevé le tiers ou à peu près. Je crois que tout sera fini mercredi midi. Nous irions beaucoup plus vite si les gros wagonnets cessaient de sortir constamment de leurs rails, ce qui occasionne retards et frustration.

J'ai décidé de reconstruire le cottage de Howes [le chauffeur] au même endroit, mais situé un peu plus loin des bâtiments actuels de façon à améliorer leur luminosité.... Le type de cottage que nous allons construire coûterait normalement 700 £. Goodwin [un architecte local] estime pouvoir le construire... pour 340 £....

La campagne de Randolph débute ce soir. Il a retenu la mairie de Wavertree, qui ne contient que quatre cents personnes. Il fera certainement salle comble, les journalistes en prenant une bonne partie à eux seuls. Il n'a ni amis ni soutiens dans la circonscription sur qui il puisse compter en ce moment, mais Rothermere[1] lui procure un énorme renfort par le biais de tous ses journaux, qui sont très puissants dans la localité. Bendor [Westminster][2] a publié un communiqué en sa faveur, et a promis de présider une de ses réunions, et a versé 500 £ pour ses frais de campagne. Mr Watts, de Manchester, a donné 200 £. Je mets 200 £. Je ne doute pas que Rothermere fournisse le reste. Les dépenses des candidats sont limitées à 1 200 £, donc tout va bien. Tout dépend si la réunion de ce soir se passe bien et si Randolph fait bonne impression. Bien sûr dans ce genre d'action il a une personnalité qui en impose et on sent bien que le Lancashire a besoin des qualités de quelqu'un de valeur. Cette élection est déjà devenue un combat national. Je saurai ce soir à dix heures comment il s'en tire.... Je n'ai pas encore décidé si j'interviendrai en personne. L'India Defence League tient une réunion de son bureau demain après-midi pour décider de sa ligne de conduite. Je pense qu'ils se contenteront d'exprimer leur bienveillance en laissant leurs adhérents libres de faire comme bon leur semble. Mais bien sûr s'ils le soutiennent activement j'irai vraisemblablement dans le Nord moi-même....

Nous avons eu un coup dur pour le film. Il apparaît qu'une loi indique que si un film n'est pas composé entièrement ou principalement de bandes d'actualités, et qu'il dépasse les deux bobines, il doit être soumis à titre provisoire six mois avant d'être diffusé partout..., ce qui bien sûr serait beaucoup trop tard pour le Jubilé [début mai] et ne vaudrait plus la peine.... J'ai bien l'impression que l'entreprise va s'écrouler et que tout le travail que j'ai fourni, et qui a été extrêmement lourd, l'aura été en vain....

Tous les cygnes noirs s'accouplent, pas seulement le père et la mère, mais les deux frères et les deux sœurs s'y sont mis aussi. Les Ptolémées ont toujours procédé ainsi et cela a produit Cléopâtre. Quoi qu'il en soit je n'ai pas jugé de mon devoir d'intervenir.

Sarah est déjà partie épauler Randolph, et Diana va suivre ce soir, donc il aura au moins deux soutiens...

1. Lord Rothermere, propriétaire de journaux (voir p. 163 n. 3). À l'époque, son groupe, Associated Newspapers, comprenait le *Daily Mail*, le *Sunday Dispatch* et l'*Evening News*. Il possédait également le *Daily Mirror* et avait fondé le *Sunday Pictorial* et le *Glasgow Daily Record*.
2. Sa résidence d'Eaton Hall, à Chester, n'était pas loin.

o De Winston Chartwell
23 janvier 1935

Ma Clemmie chérie,

Dans votre lettre de Madras [aujourd'hui disparue] vous avez écrit certains mots, qui me sont ts chers, suggérant que j'ai enrichi vtre vie. Je ne peux pas vous dire le plaisir que cela m'a fait, parce que je me sens tellement redevable vis-à-vis de vous, si l'on peut tenir des comptes en amour. C'est gentil à vous de m'écrire ces choses-là, & j'espère, en priant pour cela, que je parviendrai à vous rendre heureuse & sereine au cours des années qui me restent, & à vous chérir ma douce aimée comme vous le méritez, & à vous laisser dans l'aisance quand je serai au bout du rouleau. Ce qu'ont représenté pour moi toutes ces années passées dans vtre cœur & en vtre compagnie, aucun mot ne peut l'exprimer. Le temps file, mais n'est-ce pas une joie de voir la taille sans cesse croissante du trésor que nous avons constitué ensemble, au milieu des tourmentes & des tourments de tant d'années agitées, & tragiques & terribles pour des millions de gens ?

Je vous ai envoyé des comptes rendus ts détaillés de tout ce qui s'est passé ici, & de la fougueuse aventure de Randolph. C'est plus commode pour moi de vous faire de longs récits de tout cela en les dictant au lieu de les écrire à la main. J'ai presque perdu l'art de réfléchir le stylo à la main. Ne soyez donc pas contrariée par cette habitude que j'ai prise quand il ne s'agit que d'informations, je vous en prie….

Transmettez mes amitiés à Walter & saluez vos compagnons de voyage de ma part. Cela fait maintenant 5 semaines que vous êtes partie, et cela paraît une éternité. Encore trois semaines & il ne restera plus que la moitié, & nous commencerons tous à compter les jours avant vtre retour….

Je suis désormais sur le point d'entamer mon ts dur combat sur l'Inde à la Chambre. Tout ou presque joue contre nous. Mais j'éprouve ts fortement le sentiment que je ne fais que mon devoir en exprimant mes convictions les plus sincères….

Avec mon amour le plus tendre & beaucoup beaucoup de baisers & une pensée constante pour vtre bien-être & sécurité

Votre mari dévoué
& qui vous aime à jamais
W

o De Winston [Chartwell]
23 janvier 1935

BULLETIN [DE CHARTWELL] N° 4

Randolph a eu un franc succès lors de sa réunion inaugurale. Il avait pris la mairie locale, celle de Wavertree, qui contient environ cinq cents places. Il ne savait pas une demi-heure auparavant s'il y aurait du monde ou pas.

… Cependant à son arrivée la salle était pleine à craquer et la foule débordait dans les rues. La tribune était également bloquée par des gens enthousiastes qui l'entouraient pour le soutenir. Il a fait un discours brillant. Ensuite il s'est rendu dans une salle supplémentaire presque aussi bondée que la première, et enfin plus d'une centaine de personnes l'ont accompagné sur deux bons kilomètres jusqu'à sa permanence afin de se faire inscrire pour donner un coup de main.

Le Daily Mail et le Morning Post ont monté tout cela en épingle à la une et même les journaux ennemis ont reconnu l'enthousiasme constaté et le sérieux de la candidature. Là-dessus le bureau de l'India

Defence League a décidé mardi de soutenir Randolph à fond.... C'est bien la première fois que nous proposons sans ambiguïté un candidat face à celui du Gouvernement lors d'une élection partielle, et il se peut que nous perdions certains adhérents à cause de cette décision. Ils semblaient même penser que le Gouvernement exclurait peut-être tous les adhérents de la Ligue du groupe parlementaire. Je ne crois pas qu'ils oseront. Quoi qu'il en soit tous étaient résolus à aller de l'avant, donc Randolph aura toute notre troupe à sa disposition... Je lui ai promis de venir faire le discours de clôture de sa campagne au Sun Hall le 5 février.

Inutile de dire que cette partielle va échauffer les esprits et donner lieu à des grincements de dents. D'un autre côté elle suscite l'enthousiasme et aura valeur de combat national... Un excellent directeur de campagne et beaucoup de gens expérimentés sont désormais sur place et on dit que toutes les salles de la permanence sont ouvertes.... Il n'y aura aucune difficulté pour organiser un chapelet de réunions, et Randolph aura un ou deux députés pour le soutenir chaque soir. Je lui ai dit de prévoir une réunion pour les cadres et les commerçants en centre-ville, ce qu'il va faire mercredi.... Bien sûr le camp adverse va rameuter le ban et l'arrière-ban ; mais les responsables de la section [conservatrice] de Liverpool sont impopulaires depuis longtemps... et leur candidat Mr James Platt est une nullité absolument déplaisante, qui ne connaît rien à la politique, mais dont la femme a des ambitions d'ascension sociale et une grosse fortune, ce qui a sans aucun doute <u>pesé sur le choix du comité de sélection</u> en sa faveur....

Bon, voilà où nous en sommes ce soir, et il faut laisser les choses suivre leur cours. Vous remarquerez que j'ai l'esprit beaucoup plus détendu que je ne l'avais a priori. Randolph est bien sûr au septième ciel. C'est exactement le genre de situation où il est comme un poisson dans l'eau et où il a tout particulièrement l'occasion de montrer ses talents....

Mon déplacement à Liverpool le 5 a modifié mes plans pour le débat au Parlement.... Donc je vais déposer une motion de rejet du projet de Loi en prononçant un important discours puis le mardi soir je prendrai le train de nuit pour Liverpool, où je resterai pour le scrutin et la proclamation des résultats. Comme ce serait bien si je pouvais ramener Randolph à Westminster avec moi. Hélas il ne faut pas se laisser bercer par les rêves. Ce qui est certain, c'est qu'au sortir de tout cela il aura acquis la stature d'une nouvelle personnalité politique indiscutable.

Tendre amour
W

◊ De Clementine [MY *Rosaura*]
[Dimanche 25 janvier 1935]

ATTENDS IMPATIEMMENT NOUVELLES PROCES DIANA. HIER MENADO. DEMAIN AMBON.
AMOUR TENDRE ET PENSEES LOINTAINES.

CLEMMIE

o De Winston 11, Morpeth Mansions
30 janvier 1935 Westminster, S.W.1.

Ma Clemmie Bien-aimée,
Mon cœur a été transpercé en lisant votre radiotélégramme « Lointaine Clemmie ». Je reste vraiment pantois en regardant la carte & en voyant les distances énormes que vous avez couvertes depuis la dernière fois où j'ai vu votre chère main nous dire au revoir à la gare Victoria : et cela m'angoisse de ressentir le poids de tout cet espace qui nous oppresse tous deux. Comme je serai content quand vous prendrez la direction du retour, & quand les courriers se rapprocheront, au lieu de se ralentir & de s'éloigner ! J'espère que vous n'avez pas de passage à vide ni le mal du pays, mais je sais ce que l'on ressent quand on est si loin de tout ce qu'on aime....

Votre mari dévoué & qui vous aime à jamais
W
...

o De Winston [dactylographié] Chartwell
31 janvier 1935

BULLETIN DE CHARTWELL N° 5

Chérie,
Je vous envoie des photographies que j'ai prises pour vous montrer ce que fait l'excavatrice....

Créer l'îlot s'est révélé beaucoup plus compliqué et plus long que prévu. Cela va prendre en tout une quinzaine. Mais les résultats seront agréables à l'œil, car je fais tout mettre en pente douce pour que vous puissiez voir la nouvelle pièce d'eau depuis la salle à manger....

Toute la famille à l'exception de Mary est montée à Liverpool pour l'élection, y compris Moppet [Whyte]. Mary est « parquée » chez les

Fox[1], où elle se plaît bien, mais je vais la faire revenir ici pour le dimanche.

J'ai prononcé mon discours radiodiffusé sur l'Inde mardi soir, et il a été jugé très réussi. Il est tombé à pic pour l'élection, car on a dit à tous les électeurs de Wavertree d'être devant leur poste.

… Le bureau de l'India Defence League a pris l'importante décision de soutenir Randolph…. Les rumeurs selon lesquelles le Gouvernement exclurait du groupe parlementaire tous les Députés qui soutenaient Randolph n'ont dissuadé personne d'aller à Wavertree…. Environ vingt-cinq Députés ont déjà assuré à Randolph qu'ils étaient de tout cœur avec lui et il a tous les orateurs qu'il veut…. Toutes les ressources dont nous disposons sont mises à profit…. Le point faible, ce sont les bénévoles qui font du porte-à-porte, car ils ne sont que quatre-vingts environ alors qu'il nous en faudrait au bas mot deux cents… Il [Randolph] a fait une impression extraordinaire et suscite un enthousiasme énorme. Toutes ses réunions font salle comble. Il en fait au minimum cinq par jour…. Le Daily Mail le suit à la trace, couvrant la circonscription de panonceaux et mettant en avant tous les points en sa faveur. Je pense qu'il va battre Platt, auquel cas la responsabilité d'avoir perdu le siège échoit au candidat qui a eu le score le plus faible…. Je n'ose espérer plus… Il ne fait aucun doute que cette élection aura indéniablement fait de lui un personnage politique important…

… Je monte à Eaton[2] lundi pour le dîner et j'y coucherai. Randolph nous rejoint pour souper et j'irai vraisemblablement prendre la parole au Constitutional Club de Manchester au cours du déjeuner le mardi 5, avant d'aller à la grosse réunion du soir. Cinq mille électeurs ont reçu une entrée pour le Sun Hall et deux mille cinq cents autres pour une vaste salle située dans la circonscription elle-même. La demande est extraordinaire et il ne fait aucun doute que ces réunions « Père et Fils » feront salle comble. Je me tiens soigneusement en coulisses d'ici là. Tous les sous-fifres du Gouvernement ont fait le voyage, mais hier soir l'Attorney General, Inskip[3], n'a rempli sa deuxième réunion qu'à moitié. Mais ils ont bourré les salles avec des permanents du parti venus de tout le nord du pays…. Bien avant que vous ne receviez ma lettre vous aurez entendu les résultats. Si Randolph recueille huit ou neuf mille voix, nous n'aurons pas subi de camouflet. S'il bat Platt, c'est une victoire. S'il est élu, c'est un présage.

… Ramsay [MacDonald][4] s'enfonce de plus en plus profondément dans la gadoue, et je ne crois pas que le malheureux puisse durer encore longtemps comme cela. Buchanan[5], le gauchiste de la Clyde à la Chambre des communes, l'a traité de « petit roquet », de « porc » et de « quelqu'un qui mérite d'être mené à la cravache ». Ces insultes de brute n'ont pas été relevées par le Président de séance et pas un seul membre de cette forte majorité – pas un seul Secrétaire d'État du Banc des Ministres, pas un seul représentant du Gouvernement chargé des relations avec la Majorité, ne s'est levé pour demander un rappel au règlement. Buchanan s'en est tiré sans avoir à retirer ses propos. Si j'avais été là je me serais certainement levé pour protéger ce pauvre homme d'un tel outrage en plein Parlement. Quelles larves au bout du rouleau faut-il que soient ses collègues et tous ceux qui s'accrochent à leurs basques pour permettre qu'on insulte ainsi leur Premier ministre au mépris de toute règle parlementaire sans que quiconque bouge pour le défendre !

Assez curieusement, malgré toutes ces querelles (peut-être à cause d'elles) les Ministres sont d'une extrême civilité. Je dîne demain au ministère des Affaires étrangères pour y rencontrer Flandin[6] et Cie au cours d'un banquet en son honneur, et hier soir j'ai donné un dîner au Claridge pour l'Ambassadeur du Portugal auquel Cunliffe-Lister[7] et d'autres ont participé. Jamais on n'aurait pu deviner qu'il y avait le moindre différend entre nous. Ils voient bien les terribles difficultés qui les attendent.

... Dans ma circonscription certains sont fort marris de voir que nous nous battons contre un candidat qui a le soutien du Gouvernement, et Hawkey[8] et Cie se démènent sans ménager leurs efforts pour repousser les attaques. Mais il ne fait aucun doute que nous avons la Section avec nous à au moins dix contre un....

La nouvelle cuisinière a appris à très bien faire le consommé madrilène[9] et Margaret[10] aussi. Je regrette la vieille Hongroise, mais tout se passe bien sur ce terrain....

Toujours votre mari dévoué qui vous aime
W
...

---

1. Des voisins très hospitaliers.
2. Eaton Hall, la résidence du duc de Westminster près de Chester.
3. Sir Thomas Inskip, ensuite premier vicomte Caldecote (1876-1947). Avocat et député conservateur. Ancien Solicitor General (conseiller de la couronne). Attorney General (ministre de la Justice) en 1928-1929 et de 1932 à 1936. Voir également p. 528 n. 3.
4. Ramsay MacDonald (voir p. 354 n. 1) était considéré comme un « vendu » aux yeux de la gauche travailliste pour avoir formé en 1931 un gouvernement d'Union nationale [avec les conservateurs et les libéraux, *ndt*].
5. George Buchanan (1889-1958), membre du Parti travailliste indépendant [ILP, à gauche des travaillistes, *ndt*]. Député travailliste des Gorbals (Glasgow) de 1922 à

1948. Nommé ministre au sein du gouvernement travailliste formé en 1945. [Glasgow et l'estuaire de la Clyde étaient un bastion des « rouges » (« Red Clydeside »). *ndt*]

6. Pierre-Étienne Flandin (1889-1958), député depuis 1914, président du Conseil de novembre 1934 à juin 1935.

7. Sir Philip Cunliffe-Lister, ensuite premier comte de Swinton (1884-1972). Secrétaire d'État aux Colonies de 1931 à 1935. Nommé secrétaire d'État à l'Armée de l'air en juin 1935.

8. Sir James Hawkey (1877-1952), vice-président (1922-1936), puis président (1927-1952) de la section d'Epping du Parti conservateur. Il fut un solide et fidèle soutien de WSC contre vents et marées. Sa femme et ses enfants devinrent également de vieux amis.

9. WSC n'aimait pas les soupes épaisses. Le consommé madrilène est à base de bouillon de poule à la tomate.

10. Margaret était la gouvernante et cuisinière de Morpeth Mansions (l'appartement londonien des Churchill).

○ De Clementine [suite du journal]   [MY *Rosaura*]
Samedi 2 février 1935   Côte est de l'Australie

Chéri, Nous avançons à toute vitesse depuis mercredi après-midi 30 janvier ; nous avons juste fait une pause à Thursday Island pour prendre le pilote qui nous guidera entre la barrière de corail & la côte est de l'Australie – La barrière s'étend (je crois) du nord jusqu'à Sydney sur presque 3 000 km – la distance au rivage varie de 1,5 à 5 km….

La côte semble abandonnée & désertée – pas une ville, pas un village, pas une maison, pas âme qui vive. Nous venons juste de passer le récif où le capitaine Cook[1] s'est échoué avec l'Endeavour – Il a nommé tous les lieux géographiques en fonction de ce qu'il y a vécu – Hope Islands – Tribulation Bay – Weary Bay [îles de l'Espérance, baie du Malheur et baie de la Lassitude] –

<u>Dimanche 3 février.</u>

Ce matin à 9 heures, nous étions à un peu plus de 1 500 km de Sydney – La barrière de corail est maintenant beaucoup plus éloignée du rivage (environ 40 km), & toute la journée nous nous sommes faufilés entre des îlots absolument ravissants & la côte…. Il fait très chaud, 30 ° à l'ombre sur le bateau &, me dit-on, près de 50 ° à l'ombre à l'intérieur des terres ! Au soleil sur le bateau, la température dépasse les 45 °…. Demain nous atteindrons Brisbane, à un peu moins de 600 km de Sydney….

<u>Soirée du mercredi 6 [février]</u>

J'ai passé toute la journée avec Streetie[2] – Sa sœur, qu'elle a soignée avec dévotion, est morte la semaine dernière – Aussi est-elle extrêmement triste.

Sydney est un endroit absolument ravissant –
Nous partons à l'instant pour la Nouvelle-Zélande –

Amour tendre
Clemmie

1. Le capitaine James Cook (1728-1779), explorateur britannique qui, en 1768, reçut le commandement d'une expédition dans le Pacifique sud. Naviguant sur l'*Endeavour*, avec Joseph Banks et d'autres scientifiques à bord, il fit escale à Tahiti, cartographia la Nouvelle-Zélande après en avoir fait le tour et, continuant sa route vers le nord, dressa des cartes détaillées de la côte est de l'Australie. Après avoir négocié avec succès la Grande Barrière de corail, l'*Endeavour* s'échoua au large de la côte du Queensland, mais Cook fit réparer le bateau et le ramena en Angleterre, où il fut de retour en juin 1771.

2. Margery Streete (voir p. 322 n. 2). Ancienne secrétaire particulière qui était retournée en Australie en 1933 pour s'occuper de sa sœur malade après onze ans passés auprès des Churchill. Très aimée de nous tous.

◊ De Winston [Chartwell]
7 février 1935

RANDOLPH BATTU APRES SUPERBE BATAILLE[1]. PAS GRAVE. AVEZ-VOUS VU CHIFFRES. ENVOYEZ-LUI MESSAGE. TENDRE AMOUR DE TOUS. WOW.

1. Les résultats de Wavertree, annoncés le 6 février en fin de soirée, étaient : travailliste, 15 611 ; conservateur d'Union nationale (Platt), 13 771 ; conservateur indépendant (Randolph Churchill), 10 575 ; libéral, 4 208. Majorité travailliste : 1 840. Randolph avait divisé les voix conservatrices, assurant ainsi la victoire au Parti travailliste.

◊ De Clementine Edge Cliff, Nouvelle-Galles-du-Sud
[8 février 1935]

VIENS JUSTE DE PASSER JOURNEE MAGNIFIQUE AVEC STREETIE. AI ACHETE AU ZOO PAIRE CYGNES NOIRS, DEUX WALLABIES ET UN OPOSSUM. PARTONS CE SOIR NOUVELLE-ZELANDE. BAISERS.

CLEMMIE

◊ De Winston [Chartwell]
9 février 1935
MENAGERIE BIENVENUE

WINSTON

o De Clementine M.Y. Rosaura
Vendredi 22 février 1935 Deep Water Cove – Bay of Islands N.Z.

Mon Winston chéri

Je ne peux pas vous décrire mon soulagement & ma joie quand, en arrivant à Auckland il y a deux jours, j'ai trouvé vos précieuses lettres, ainsi que celles de Sarah, Diana, Mary & Moppet [Whyte], & tout un sac plein de nouvelles qui m'attendaient.... Comme l'aventure de Wavertree a dû être tendue, passionnante & angoissante. J'aurais souhaité être là pour donner un coup de main – Winston chéri – J'espère que cela n'a pas bouleversé la donne à Epping. Je pense sincèrement que le Lapin aurait dû vous consulter avant de se précipiter dans la bataille. Il semble s'en être très bien tiré malgré tout....

Il me faut maintenant reprendre le récit de mes pérégrinations –

Après notre visite des montagnes & des bras de mer de l'île du Sud, nous sommes retournés à Wellington pour un jour et une nuit, avant de commencer notre exploration de l'île du Nord....

Nous avions l'intention de lever l'ancre le lendemain, mais nous avons été immobilisés par un terrible coup de vent. Aussi, bien q. nous pensions avoir épuisé les charmes de Wellington, il nous a fallu passer un autre jour sur place. Nous avons fait le tour en voiture du grand port naturel, visité le zoo (peu intéressant après celui de Sydney) à la recherche d'animaux aborigènes, & je suis allée jouer au tennis à Government House avec Lady Bledisloe[1]...

À la tombée de la nuit, la tempête faisait toujours rage, mais le capitaine nous a informés que prendre la mer serait « sûr, mais très inconfortable » ; aussi avons-nous voté & il a été décidé à l'unanimité de lever l'ancre sur le champ – La nuit a été absolument terrifiante ! L'hélice est sortie de l'eau à plusieurs reprises & le pauvre bateau tremblait de la proue à la poupe – Mais au matin, le soleil brillait, & nous nous sommes réveillés à l'ancre au large de Napier qui, il y a quatre ans presque jour pour jour, a été complètement détruite par un terrible tremblement de terre. Tous les bâtiments se sont effondrés sauf ceux d'une seule rue. – Environ 300 personnes y ont trouvé la mort....

Ici à Napier, nous avons abandonné le yacht pour une expédition de trois jours en auto à trav. l'île – Il [le *Rosaura*] a continué sa route jusqu'à Auckland pour nous y attendre. Le premier jour, nous avons traversé une région de montagnes très arides… & nous avons atteint, dans l'après-midi, ce que l'on appelle la « région thermale ». C'est un endroit tout à fait extraordinaire & merveilleux, mais une bizarrerie de la Nature – La croûte de la terre y est extrêmement fine & le centre en ébullition explose à travers sous forme de geysers, de bassins bouillonnants, de « fumerolles » & d'« évents »….

Si vous enfoncez un bâton dans le sol de 10 cm seulement, une fine volute de vapeur s'en échappe – Les cours d'eau fraîche sont pleins de truites. Vous pouvez en attraper une &, sans même la décrocher de l'hameçon, la précipiter dans l'eau bouillonnante de l'un de ces chaudrons naturels pour la faire cuire ! Et tout autour de grands rochers avec d'étranges zébrures rouges & verdâtres – Le soleil se couchait & nous étions seuls dans la vallée – Je me suis assise sur le sol bouillant & j'ai eu l'impression de sentir au-dessous de moi la respiration d'un monstre titanesque prêt à s'échapper….

Cette nuit-là, nous avons continué notre chemin jusqu'à Rotorua où il y a de l'eau douce, mais également des bassins d'eau chaude & des sources minérales. C'est le quartier général des Maoris, qui y vivent dans une « réserve » – C'est une autre vallée, assez semblable à celle que je viens de décrire, mais plus douce & moins infernale – L'eau bouillante est utilisée ici pour chauffer les huttes des indigènes & cuire leur pudding au suif… Ils ne transportent pas l'eau jusqu'à leur hutte pour cuisiner, mais se contentent de déposer les casseroles & les bouilloires dans un cours d'eau bouillonnant….

Le lendemain, nous sommes arrivés à un endroit du nom de Waitomo, où il y a des cavernes tout à fait étranges & merveilleuses – On se promène entre des stalagmites, & sous des stalactites qui gouttent & gouttent sans fin – Il faut 300 ans pour faire 5 centimètres carrés de stalactite & certains d'entre eux font plus de 6 mètres de long….

Nous avons passé la nuit à Waitomo & avons été très contents de retrouver Auckland & le yacht & oh joie – des nouvelles de la maison le lendemain….

Nous avons ensuite repris la mer & atteint cette étendue de côte sauvage & désolée, il y a 2 jours. C'est l'endroit où il faut être pour la pêche au gros – les espadons, les requins mako, les marlins, etc. Je dois vous dire que c'est ici même que Lady Broughton[2] s'est rendue dès son arrivée en N.Z., car elle est connue pour être une « canne » réputée, & c'est pour cela qu'elle est venue. Elle a du cran, mais nous l'avons retrouvée trempée & découragée. Il avait plu, plu & plu pendant 10 jours – sauf un jour où elle avait attrapé deux poissons, un espadon & un mako, mais de seulement 120 & 150 kg, ce qui, paraît-il, n'est rien du tout. L'endroit où elle dormait, une hutte isolée à flanc de colline, était infesté de rats, il n'y avait pas de verrou à la porte & elle entendait régulièrement des « pas furtifs » – Elle était très contente de retrouver le yacht – Je dois dire que c'est une femme courageuse & déterminée, mais tout cela me semble une dépense d'énergie assez mal employée !

Hier, on nous a envoyés, Terence Philip & moi, attraper un espadon – Je sais que vous savez comment on s'y prend, car je me souviens que vous en avez pêché un monstrueux en Californie....

Nous sommes partis dans une grosse chaloupe en emmenant avec nous un pique-nique conséquent.... Lorsque nous sommes arrivés en pleine mer, mon cœur est tombé au fond de mes bottes, ou plutôt il s'est soulevé & est resté coincé dans ma gorge. Mais avec l'exemple de Vera Broughton, & la mer pleine à ras bord de monstres marins sous la chaloupe qui roulait et tanguait, il n'était pas question que je baisse les bras.... Walter & Vera Broughton étaient aussi dans des chaloupes sur la mer grise & houleuse – Après 3 heures passées en mer, j'ai dit que je me sentais faible & que j'avais besoin de manger. Nous avons donc quitté la zone de pêche pendant une heure & nous nous sommes rendus dans une petite baie où nous avons déjeuné – Mais j'étais si mal que je n'ai pu boire qu'un peu de bordeaux & sucer quelques bonbons à la menthe très forts – Nous avons recommencé ensuite. Mais sans succès. Des pluies torrentielles – Nous sommes rentrés à 16 h, trempés & exténués. Ce matin Vera & Walter ont remis cela.

Il faut maintenant que je mette un point final à cette très, très longue lettre, car une chaloupe attend pour l'emmener à Russell, la ville la plus proche. Elle vous apporte tout mon amour....

Amour tendre & baisers
de
Clemmie

...

1. Épouse de Charles Bathurst, premier vicomte Bledisloe (1867-1958), gouverneur général de Nouvelle-Zélande de 1930 à 1935.
2. Vera Broughton, épouse de Sir Delves Broughton (1888-1942), dont elle divorça en 1940. Amie intime de Walter Moyne, d'une grande beauté, c'était une voyageuse intrépide et une passionnée de pêche en haute mer. Elle mourut en 1968.

o De Winston Chartwell
23 février 1935

Ma Chérie à moi,

...

Randolph s'est jeté dans la bataille de Norwood[1] avec un candidat à lui. Il a agi entièrement contre mon souhait et quitté ma table sous le coup d'une violente colère il y a trois jours. Le point faible de la bataille de Norwood est qu'il n'y a pas de Libéral qui se présente, les Libéraux (qui ont recueilli 7 000 voix en 1929) vont voter pour le candidat de Baldwin[2], et contre celui de Randolph[3]. Cela n'est pas venu je crois à l'esprit de R. Mais on ne peut pas du tout lui faire entendre raison ni même lui parler, et je vais le laisser se débrouiller.

Les 2 cygnes noirs se sont accouplés, ont fait un nid sur le nouvel îlot, & ont pondu plusieurs œufs. Ils chantent l'un pour l'autre ts harmonieusement tous les matins. Je me demande comment ils vont réagir devant les deux nouveaux que vous rapportez de Sydney. Et est-ce que les wallabies vont s'entendre avec les chèvres [de Mary] ! Cela va être presque aussi compliqué que la politique....

... On joue ici un film excellent intitulé Mascarade[4].... Cela vous plairait bcp. Diana – notre Diana – m'a emmené le voir & je l'ai trouvé charmant. Elle a fait de grands progrès & est si douce & gentille. Elle vient me rendre visite de temps en temps pour m'accompagner à Epping : & manifeste une affection de tous les instants pour son Papa. Elle a beaucoup appris.

Mary est venue me voir il y a un instant. Elle est partie à la chasse – Son plaisir du samedi. Elle est absolument passionnée, & c'est une véritable Nimrod[5] féminine....

... Mais à l'heure actuelle vous devez approcher des Dragons... Ne manquez pas de télégraphier les détails, & ne vous faites pas manger. Je serais trp loin pour jouer les Persée[6]....

Mille baisers ma ts douce chatte avec le tendre amour de
　　　　　　　　Votre mari dévoué qui vous aime à jamais
　　　　　　　　　　　　　W
　　　　　　　　　　　　　...

1. Une élection partielle était imminente à Norwood, dans le sud de Londres, presque immédiatement après Wavertree, et alors que les débats en commission sur l'Inde battaient leur plein, Randolph annonça son intention de présenter un candidat pour s'opposer encore une fois à la politique du gouvernement sur l'Inde.

2. Le candidat officiel du gouvernement était Duncan Sandys (1908-1987), qui rencontra Diana par la suite ; ils tombèrent amoureux et se marièrent le 16 septembre 1935, pour divorcer en 1960. Il fut député conservateur de 1930 à 1945, puis de 1950 à 1974. WSC avait de l'estime et de l'amitié pour lui et il lui confia plusieurs portefeuilles ministériels, en 1944-1945 et de 1951 à 1954. Sa carrière au gouvernement se poursuivit de 1955 à 1964. Il fut fait baron à vie en 1974.

3. Richard J. Findlay, qui avait été dans la RAF en 1918. Il avait brièvement adhéré à la British Union of Fascists en 1934.

4. *Maskerade in Wien*, film-opérette autrichien de Willi Forst (1934). [*ndt*]

5. « Nimrod » était le pseudonyme de C.S. Apperley (1777-1843), auteur anglais d'ouvrages cynégétiques qui consacra une grande partie de sa vie à la chasse à courre.

6. Dans la mythologie grecque, fils de Zeus (Jupiter) et de Danaé. Persée, entre autres hauts faits, délivra Andromède, qui avait été enchaînée à un rocher et était sur le point d'être dévorée par un monstre. Persée épousa ensuite Andromède.

o De Winston [dactylographié]   11, Morpeth Mansions
23 février 1935

Ma chérie,

BULLETIN DE CHARTWELL N° 6

...

L'excavatrice a pris bien plus longtemps que prévu pour transformer la péninsule en îlot. En réalité elle n'a rien fait du tout au cours des trois dernières semaines car elle est tombée en panne, et de surcroît, elle a été se fourrer dans un trou duquel on n'a pu l'extraire qu'avec les plus grandes difficultés. Toutefois ce n'est pas moi qui paye et elle va remarcher demain.... Les techniciens de la société propriétaire de l'engin avaient une telle volonté de l'extirper de son trou qu'ils y ont travaillé quarante heures de suite sans sommeil ni repos....

... Les répercussions des exploits de Randolph à Wavertree ont été énormes. Ils ne nous ont pas empêchés d'accroître nos forces lors du scrutin en deuxième lecture... D'un autre côté beaucoup de nos meilleurs amis au sein de nos circonscriptions en ont été gravement perturbés. Hawkey [président de la section conservatrice] a eu de grosses inquiétudes pour la circonscription d'Epping.... À côté de cela, celles de Chigwell et Harlow ont voté des motions de soutien et d'encouragement très résolues, et les grandes masses d'électeurs de Woodford et de Wanstead semblent parfaitement solides....

... Cependant la première chose c'est de laisser retomber l'ébullition. Ce sera peut-être difficile car Randolph est absolument incontrôlable.... Il paraît ne pas vouloir considérer d'autres intérêts que le sien et nous avons eu des mots à ce sujet. S'il décide de présenter le candidat de Norwood je suppose que l'India Defence League refusera de le soutenir, et il est certain que je me sentirai lié par la décision qu'elle prendra, quelle qu'elle soit. Je ne suis même pas sûr que Rothermere le soutiendra et son candidat pourrait faire un fiasco cuisant. Ce serait peut-être la meilleure issue. Je persiste à penser qu'il va se plier à mon avis. Dans le cas contraire il faudra laisser les événements suivre leur cours.

À la Chambre, nous avons entamé le stade de l'examen des propositions de la Commission sur l'Inde avant-hier et nous en avons encore pour trente-quatre jours de débats. Nous faisons bonne figure en séance mais le Gouvernement a mobilisé deux cent cinquante de ses fidèles qui ne se donnent même pas la peine d'écouter les arguments et votent contre nous comme un seul homme, avec une majorité écrasante, généralement gonflée par les Socialistes et invariablement par les Libéraux. Cela va être une guerre d'usure....

o De Clementine M.Y. Rosaura
Mardi 26 février 1935 En mer entre la N.Z. & les îles Loyauté

Mon Winston chéri,
Cela fait déjà 3 jours que j'ai envoyé mon dernier paquet de lettres – Celui-ci prendra longtemps à arriver, car je ne pense pas que cela serve à quoi que ce soit de le poster aux îles Loyauté ou aux îles Salomon.
Le temps à Bay of Islands était malheureusement épouvantable....
Vera Broughton n'en a pas moins attrapé 2 autres poissons, pour un score total de 4. Deux espadons & 2 requins. Le pauvre Walter n'a attrapé qu'un seul requin. Mais cela lui est égal, à lui – C'est l'homme le moins égoïste du monde & il ne pense qu'à faire plaisir à ses invités & à les distraire.
Terence & moi avons renoncé à la pêche après notre première tentative infructueuse par gros temps, & nous avons réussi à pique-niquer sur une île déserte le seul jour où il y a eu des moments ensoleillés. Nous nous sommes baignés & avons ramassé des coquillages et lu, & c'était très agréable....
Hier, nous avons passé la journée à la recherche de « tuataras » [sphénodons]. Ce sont de beaux lézards d'environ 60 cm de long, très rares, qu'on ne trouve qu'ici, sur une seule petite île inhabitée – Il est interdit de les exporter ; mais Walter a obtenu la permission... d'en rapporter une paire pour notre zoo....
L'île est un gros rocher aux parois escarpées, sauf à un endroit où l'on peut grimper en file indienne, un par un, en s'accrochant aux racines & aux aspérités de la roche. À mi-hauteur (à environ 30 m) le

chemin se transforme en une pente recouverte de jungle & le sommet est plat avec une végétation dense. Les lézards vivent sous les pierres & dans des trous dans la végétation. J'ai apprécié la première partie parce que j'aime l'escalade ; &, comme vous le savez, j'aborde toute excursion ou expédition avec entrain – Mon point faible est que je me fatigue très vite physiquement. J'ai été rapidement épuisée à force de grimper à quatre pattes dans la broussaille & j'ai voulu rebrousser chemin pour attendre les autres dans le canot au pied de la falaise... J'étais absolument <u>certaine</u> de pouvoir retrouver mon chemin – Mais je me suis rapidement aperçue que j'étais désespérément perdue. J'ai appelé, mais il n'y a eu aucune réponse. J'ai alors essayé de remonter vers l'endroit où j'avais quitté le groupe & je me suis rendu compte que je faisais des efforts en vain & que j'étais très fatiguée. Je me suis assise, j'ai réfléchi & je me suis reposée. Entre-temps, une grande tempête tropicale s'était approchée – Elle a éclaté au-dessus de l'île & j'ai rapidement été trempée en dépit du fait que je pouvais à peine apercevoir le ciel à trav. le treillis de branches entremêlées.... La tempête s'est éloignée & j'ai recommencé à errer à quatre pattes – Soudain, j'ai vu un des lézards, tout près, qui me regardait avec ses yeux d'agate – Il ne bougeait pas – Je me suis assise à côté de lui & nous nous sommes observés – Puis j'ai recommencé à appeler & j'ai pensé : Le lézard va déguerpir, mais il n'a pas bougé. Ils sont sourds comme des pots, mais ma voix ne portait pas très loin – ... Peu de temps après, le lézard s'est éloigné & m'a abandonnée. Et soudain, j'ai entendu la voix de Walter, très, très lointaine – Je ne pouvais pas dire dans quelle direction. Je lui ai répondu, mais j'avais l'impression qu'il ne m'entendait pas – Pourtant je me sentais rassurée – Peu après, j'ai entendu un fort craquement de branches & j'ai vu arriver l'officier en second – Je l'ai presque embrassé.

Il a donné un coup de sifflet ; c'était le signal qui avait été convenu avec Walter pour qui me retrouverait en premier. Il y avait environ 8 personnes à ma recherche à ce moment-là. Walter est arrivé blanc comme un linge – Je n'avais disparu que pendant 1 heure, mais cela paraissait beaucoup plus long dans ce bois dense & enchanté – Bien sûr, il n'y avait pas de réel danger, je suppose, mais je me suis vue allongée là, mourant de faim, aussi loin de vous qu'on peut l'être sur cette terre.

Entre-temps, plusieurs sphénodons avaient été capturés. Nous les avons examinés & avons gardé le plus beau couple, & nous avons libéré les autres[1]....

28 fév.

Chéri – Nous voici à Nouméa, en Nouvelle-Calédonie. C'est français ; ils nous l'ont piquée.

Un bateau de la messagerie maritime part dans une ½ heure pour Sydney, aussi se peut-il que vous receviez cette lettre plus rapidement que je ne le pensais.

Amour tendre
Clemmie

1. Un seul des sphénodons qui avaient été capturés survécut au voyage du retour. Il fut offert au zoo de Londres par Lord Moyne, mais ne vécut que cinq ou six mois.

o De Winston [dactylographié]   Chartwell
2 mars 1935

Ma chérie,
BULLETIN DE CHARTWELL N° 7
… Dans le monde animal il y a eu des pertes. Une des cinq « folles volantes » [oies] a été dévorée par les renards. On en a eu trois ou quatre dans les parages et c'est un miracle qu'aucune créature plus précieuse n'ait souffert. La femelle des cygnes noirs couve quatre, vraisemblablement cinq, œufs. Elle a eu la grande prudence de s'installer sur l'îlot…. et son mari passe ses jours à harceler tous les autres oiseaux, y compris ses propres enfants, qui ont beau se livrer à l'inceste mais ne montrent pas le moindre signe de fertilité…. La chatte[1] me traite avec les plus grands égards et veut toujours coucher sur mon lit (ce que je n'aime pas). Lorsque je dîne seul, et seulement dans ce cas, elle m'attend sur la table.

La partielle de Norwood, dont je vous ai entretenue dans ma dernière lettre, a absorbé tous les enfants en dehors de Mary. Randolph semble avoir accumulé un trésor de guerre considérable grâce à Lady Houston[2] et il paraît disposé à fonder une organisation qui présenterait des candidats non seulement aux élections partielles, mais contre les soutiens du Gouvernement aux prochaines législatives. Son programme semble être de faire passer les Socialistes partout où il le peut pour écraser MacDonald et Baldwin. Je n'ai pas besoin de m'appesantir sur la fureur que cela va causer et les conséquences défavorables pour mes affaires…. Il n'a plus rien pour son candidat à Norwood du puissant soutien que j'avais pu lui procurer à Wavertree. Pas un seul Député, je pense, ne se montrera à ses côtés à la tribune. L'India Defence League le laissera cruellement seul, et voilà que l'Evening News dont Rothermere lui avait promis l'aide vient de faire savoir qu'il abandonnait la partie....

Le parti de Randolph se compose d'une demi-douzaine d'amis de Wavertree.... complétés par Diana (dont la principale occupation actuelle est de faire campagne lors de partielles), Sarah (à mi-temps, en plus de sa danse[3]) et Moppet [Whyte] (infatigable).... Je crois que Randolph a plein d'argent, mais rien d'autre. Maintenant que la presse Rothermere l'a laissé tomber, il me semble qu'il se dirige vers un fiasco de très mauvais aloi qui lui ôtera tout prestige acquis à Wavertree. Cela lui fera vraisemblablement beaucoup de bien et un peu entendre raison en rabattant son caquet. De tous les autres points de vue, surtout du mien, cela fera de gros dégâts.

... De grands efforts ont été faits pour tenter de le convaincre de retirer son candidat qui est un aviateur ex-fasciste. Son nom est Findlay (et il ne vaut pas tripette).... Baldwin me racontait avant-hier dans les couloirs de la Chambre que Mrs B lui avait dit « Nos enfants sont comme autant de grenades dégoupillées. On ne sait jamais quand cela va exploser, ni dans quelle direction. » Je suppose que les parents doivent adopter cette attitude vis-à-vis de la nouvelle génération, qui va façonner le monde comme elle l'entend et non comme nous, nous l'entendons.

Le projet de Loi sur l'Inde en est actuellement à la discussion des propositions de la Commission et je passe toute la journée à la Chambre deux ou trois jours par semaine à prendre la parole trois ou quatre fois par jour. Je fais de courtes interventions de cinq, dix et quinze minutes, parfois une demi-heure, toujours sans notes, et je crois que je réussis assez bien à capter l'attention de la Chambre. J'acquiers une liberté et une facilité que jamais je n'ai possédées auparavant, et je parais capable de défendre mon point de vue, voire de porter un nombre de coups presque illimité au Gouvernement.... J'ai mené l'opposition avec un succès considérable lors des débats. Les scrutins vont dans l'autre sens, mais nous les [les fidèles du gouvernement] raillons en les accusant d'être des loufiats et des esclaves....

... C'est vraiment un mauvais gouvernement malgré la compétence de certains de ses membres. La raison c'est qu'il n'y a personne à sa tête et pas de cerveau qui prenne de la hauteur pour avoir une vision d'ensemble des affaires de l'État. Le système britannique fondé sur les décisions prises en Conseil restreint ne peut fonctionner sans l'autorité d'un Premier ministre. Le malheureux Ramsay [MacDonald] relève presque de la psychiatrie – « il serait beaucoup mieux dans une Maison de santé[4] ». Baldwin est rusé, patient et aussi extraordinairement paresseux, stérile et inefficace pour ce qui est de la chose publique. Partout où presque où ils mettent leur grain de sel ils font des bourdes. Les principaux Ministres ne peuvent tenir des réunions publiques où que ce soit dans le pays sans déploiement policier compliqué ni précautions prises par les sections locales du parti pour leur permettre de prendre la parole sans interruptions. Il est absolument certain que cela ne peut pas durer. Lloyd George aimerait bien sûr venir se joindre à eux pour reconstituer une sorte d'Union sacrée comme en temps de guerre, où je crois pouvoir dire qu'on me ferait une place. Mais je ne suis pas du tout enclin à associer mon nom à quelque gouvernement que ce soit d'ici aux législatives....

Je suis bien sûr très déçu de la façon dont toutes les perpectives de film se sont réduites, mais j'ai signé quelques autres contrats, dont un avec Colliers [le magazine américain], qui nous assureront des rentrées fort confortables cette année.

Votre mari qui vous aime
W

1. C'est curieux que mon père ait communément considéré comme femelle le magnifique chat roux castré baptisé Tango.
2. Lady Houston, Fanny Lucy (née Radmall) (1857-1936), veuve de Sir Robert Houston (son deuxième mari, mort en 1926). Ardente suffragiste. Contribua au financement d'expériences en aéronautique et fit notamment don de 100 000 £ pour le Trophée Schneider.
3. Sarah, qui visait une carrière sur les planches, poursuivait ses études à l'école de danse De Vos.
4. Allusion au refrain, « *You'd be far better off in a home* », d'une chanson à succès, *Far Better Off In A Home*. [ndt]

o De Clementine M.Y. Rosaura
7 mars 1935 Océan Pacifique

Mon chéri – Cela fait exactement une semaine que j'ai posté la dernière lettre que je vous ai écrite à Nouméa, sur l'une des îles de Nouvelle-Calédonie.... Depuis Nouméa, nous avons traversé un océan désert en faisant escale dans diverses îles – Nous n'avons plus de prise sur les choses, les eaux autour de certaines de ces îles n'ont pas été cartographiées, elles sont entourées de cruels récifs de corail & souvent on n'arrive pas à atteindre le fond.... Le capitaine Laidlaw [du *Rosaura*] est une tour inébranlable ; je loue et glorifie le Seigneur tous les jours pour l'en remercier. Les distances sont énormes, souvent 2 jours de mer entre les îles....

Au revoir <u>chéri</u>, le courrier part

Ce qui précède est un extrait d'un très long compte rendu descriptif d'une visite des passagers du Rosaura dans les îles Tomman, Rennell, Belona et Tulagi, résumé succinctement dans le télégramme de Clementine qui suit.

◊ De Clementine [MY *Rosaura*]
[7 mars 1935]

BAISERS DE CLEMMIE PERDUE DANS PACIFIQUE PARMI RECIFS DE CORAIL, SAUVAGES ET PERROQUETS CARMIN. COMMENT ALLEZ-VOUS, TOUS MES CHERIS ?

Lors de son passionnant voyage dans ces îles exotiques et chez ces peuples sauvages, Clementine eut pour fidèle compagnon Terence Philip[1]. Plus jeune d'environ huit ans, il était affable, beau garçon, charmant et cultivé. Il appréciait la compagnie des femmes plus âgées et était très demandé par les hôtesses londoniennes, pour lesquelles il était l'homme « disponible » idéal (et éternellement sollicité).

Clementine avait cinquante ans, mais elle était toujours mince, gracieuse et exceptionnellement belle. Pendant ces mois de voyage, comme on pouvait s'y attendre, elle développa pour lui une passion romantique. C'était une romance classique de vacances, qui ne survécut pas (et n'avait jamais été destinée à survivre) au retour à la vie normale.

Quand plus de trente ans après, j'écrivais l'histoire de sa vie, elle évoqua la question avec détachement et une touche de nostalgie amusée. Elle reconnut que Terence Philip n'était pas réellement « amoureux », mais, ajouta-t-elle, « il faisait en sorte que je l'apprécie », et elle résuma les choses de manière ironique par une phrase qui semblait venir directement du monde édouardien de sa jeunesse : c'était une vraie connaissance de ville d'eau *[en français].*

Après leur retour, Terence Philip vint plusieurs fois à Chartwell, mais sa vie cosmopolite et mondaine le reprit, tout comme Clementine retrouva elle aussi sa vraie vie – et Winston, son seul véritable amour.

1. Voir p. 448 n. 2.

o De Winston [dactylographié]　　　　　　　　　　　　　Chartwell
8 mars 1935

Ma chérie,

BULLETIN DE CHARTWELL N° 8

Dieu merci, l'excavatrice est partie. Nous avons réussi à tout nettoyer en une semaine. L'îlot sera ravissant, quand tout aura reverdi et que le lac sera rempli. La semaine prochaine, nous finissons le saut-de-loup, dans un style que vous aimerez j'en suis sûr. Certaines racines des arbres du verger sont infestées d'asticots mais on pourra les nettoyer et les éliminer dès qu'il fera sec. Le cottage de Howes [le chauffeur] est presque achevé, et il a énormément changé à l'intérieur....

Nouvelles des animaux. La femelle des cygnes noirs couve six œufs, à côté d'une petite cane qui en couve onze. Les deux chèvres broutent assidûment....

L'expédition de Randolph à Norwood tourne presque exactement comme je l'appréhendais. L'India Defence League a refusé de lui donner le moindre soutien et un seul député conservateur (un cinglé, qui plus est) est venu à la tribune à ses côtés. L'endroit est à moitié mort. Les journaux accordent très peu d'intérêt à la campagne, et l'espoir de Randolph, Sarah, Diana, Moppet et Cie semble se borner à récupérer la caution. Pour ce faire, il faudra qu'il récolte au moins 4 000 voix. Je crois que c'est à leur portée. Si c'est le cas ils feront vraisemblablement passer le Socialiste. Cela déchaînera bien sûr les foudres de l'ensemble du Parti conservateur, d'autant plus que la candidate Socialiste fonde sa campagne sur le pacifisme, et que le Gouvernement s'est enfin tardivement, timidement et médiocrement réveillé devant la montée rapide du péril allemand. Le projet de budget des trois armées augmente de 10 millions de livres. Les Socialistes déposent une motion de censure à la Chambre lundi en espérant mobiliser toutes les forces pacifistes du pays contre la défense nationale. Dans ces circonstances une victoire Socialiste, aussi explicable soit-elle, donnera lieu sur le Continent à une interprétation extrêmement venimeuse, et jouera son petit rôle limité pour faire empirer les choses.

Diana dit que Randolph a été très abattu par la façon dont les choses ont tourné et la disparition totale de l'enthousiasme qui l'avait porté à Wavertree. Mais qu'il travaille comme un nègre et rayonne de confiance devant son entourage. Je ne l'ai pas vu, pas plus qu'il n'a communiqué avec moi depuis qu'il a quitté ma table en rage.

Je me serais senti très solitaire si le projet de Loi sur l'Inde et le Parlement ne m'avaient pas autant accaparé....

La situation en Allemagne est de plus en plus sombre. Du fait que le Gouvernement a dit que son augmentation des dépenses militaires de dix millions [de livres] était liée au réarmement de l'Allemagne, Hitler a eu une crise de rage et il a refusé de recevoir Simon[1] qui était sur le point de lui rendre visite à Berlin. Il a allégué un coup de froid mais c'était un prétexte évident. Éconduire le ministre des Affaires étrangères britannique en lui fermant les portes de Berlin est un geste significatif qui donne la mesure de la confiance que peut avoir Hitler en la puissance de l'Armée et de l'Aviation allemandes.... Toutes les nations apeurées commencent à se serrer les coudes. Nous envoyons Anthony Eden[2] à Moscou et je ne peux qu'approuver. Les Russes, comme les Français et nous-mêmes, veulent qu'on les laisse tranquilles, et il faut que les nations qui veulent qu'on les laisse tranquilles pour vivre en paix se rassemblent pour leur sécurité mutuelle. L'union fait la force. Seule l'union fait la force.

Si la Grande Guerre reprend – car c'est de cela qu'il s'agit, dans deux ou trois ans, voire avant – ce sera la fin du monde. Comme j'espère, en priant pour cela, que l'on pourra nous épargner ces horreurs aussi vides de sens....

La cuisinière s'en va. Elle a rendu son tablier de sa propre initiative. Je suis bien content. Elle a le coup, et ce au plus haut point, pour donner le même goût, pas particulièrement bon, à tous ses plats. Je survis avec la soupe que Margaret me fait à Londres en secret et qui est délicieuse.

...

Votre mari qui vous aime à jamais
W

1. Sir John Simon (voir p. 166 n. 3), alors ministre des Affaires étrangères. Lors du remaniement du 7 juin 1935, il devint ministre de l'Intérieur et fut remplacé aux Affaires étrangères par Sir Samuel Hoare.
2. Alors Lord Privy Seal. Le 7 juin 1935 il fut nommé ministre sans portefeuille chargé des affaires de la Société des Nations, et le 23 décembre de la même année il succéda à Sir Samuel Hoare pour devenir le plus jeune ministre des Affaires étrangères depuis 1791.

o De Winston   Chartwell
9 mars 1935

    Ma chérie,

    Voici vtre lettre d'Anniversaire que je vous adresse en vous souhaitant bcp, bcp, bcp de jours heureux à la suite de ce 1er avril.... Cela a été une ts longue séparation pour nous, mais maintenant que « votre nez pointe vers l'écurie[1] », nous pouvons déjà penser au moment où nous en verrons la fin....

    La chatte est sur mon lit et me rappelle sa présence en ronronnant. Comme je voudrais que vous soyez là aussi, ma chérie à moi. Vtre télégramme sur les Perroquets carmin est arrivé hier. C'est certain que vous découvrez actuellement de merveilleux endroits mais « on n'est jamais si bien que chez soi »...

    Désormais, sur la route du retour, vous allez venir à la rencontre de votre courrier, au lieu de vous en éloigner. Il faut que vous lisiez intégralement les journaux, car il se passe tellement de choses.

                         Avec le tendre amour ma chérie des chéries
                           et mille baisers de votre mari dévoué
                                   qui vous aime à jamais
                                            W

    1. Citation probable de *The Antiquary*, 1816 (*L'Antiquaire*, 1817), de Walter Scott. [*ndt*]

o De Winston [dactylographié]   Chartwell
10 mars 1935

    Ma chérie,

BULLETIN DE CHARTWELL N° 9

    Randolph est venu passer le week-end et tout va bien entre nous. Il se sent évidemment tout penaud, mais sa force de caractère et son courage le blindent contre les multiples coups durs....

    Mary s'est fait embaucher dans la campagne électorale et elle a mis des adresses sur les enveloppes avec tout le reste de notre progéniture et Moppet l'après-midi de samedi dernier. Jamais on n'a vu une famille aussi engagée dans la politique. Je n'imagine pas que vos dragons puissent se battre avec la moitié de cette énergie....

Le carlin [de Mary] devient insupportable. Il fait au moins trois écarts de conduite par jour, et si ses actions tachent les tapis, ses protestations remplissent l'air quand on le châtie....

Les chiffres de la partielle de Norwood [14 mars 1935] sont les suivants –

Mr Duncan Sandys (Cons. U. Nat.)	16 147
Mrs Barbara Gould (Soc.)	12 799
Mr Richard Findlay (Cons. Ind.)	2 698
Majorité	3 348

Pas de renversement de majorité.

Le candidat de Randolph a donc perdu sa caution. Je ne crois pas qu'avec 2 700 voix le résultat soit tellement mauvais si l'on considère que personne ne lui a donné le moindre soutien et que Randolph a pratiquement eu à se battre tout seul en portant tout sur ses épaules.... C'est bien sûr un échec pour lui qui devrait lui enseigner la prudence et à ne pas avoir peur de collaborer avec les autres sans pour autant le décourager....

Selon des rumeurs persistantes, certaines justifiées je pense, Ramsay [MacDonald] s'en irait dans un avenir proche, et Baldwin refonderait le Gouvernement[1]. Il se dit dans les milieux bien informés qu'ils avaient espéré reporter ce changement jusqu'à l'achèvement des débats sur le projet de Loi sur l'Inde, et qu'ils souhaiteraient me faire revenir aux affaires. Je ne suis pas très chaud, et il y a des législatives plus que désespérées à l'horizon. Il faudrait tout bonnement assumer la disgrâce que le Gouvernement s'est attirée par toutes les occasions qu'il a manquées.... Les Ministres redoublent de civilité, mais je ne me suis absolument pas laissé griser par les possibilités, nombreuses et diverses, qui s'offrent à moi....

Nous avons une grande réunion publique à l'Albert Hall[2] jeudi prochain où je serai le principal orateur. Les billets se sont vendus comme des petits pains et je suppose que nous rentrerons dans nos frais (4 à 500 £) grâce aux recettes. Je dois prendre la parole sur l'Aviation mardi – extrêmement important – et sur le projet de Loi sur l'Inde mercredi, et donc une semaine bien chargée m'attend....

Ici, tous les travaux progressent normalement et dans la quizaine qui vient j'espère pouvoir notablement réduire le nombre d'ouvriers extérieurs. S'il fait sec la semaine prochaine je réengazonnerai votre verger au lieu de resemer....

L'une des génisses avait eu un écart de conduite avant d'arriver chez nous et elle va bientôt vêler. Je me propose malgré tout de la traiter comme notre fille.

Avec le tendre amour, ma chérie à moi
de votre mari qui vous aime à jamais
W

1. Stanley Baldwin succéda à Ramsay MacDonald comme Premier ministre le 7 juin 1935.
2. Le 21 mars 1935, organisée par l'India Defence League.

o De Clementine   M.Y. Rosaura
18 mars 1935   Komodo

Mon chéri

Nous sommes arrivés ici ce matin & avons maintenant atteint le point culminant de notre voyage.

La chasse aux dragons est ouverte – Il me semble peu probable que nous parvenions à capturer l'un de ces monstres <u>vivant</u>. Mais vous aurez la réponse longtemps avant que cette lettre ne vous parvienne. Il est extrêmement important que le dragon soit indemne – Si une seule de ses écailles est arrachée, le zoo en sera désolé car elles ne repoussent pas.

Ce matin, nous avons débarqué l'énorme piège en pièces détachées. Nous avons ensuite marché en file indienne dans des herbes qui nous arrivaient jusqu'à la poitrine pendant un km et demi jusqu'à la tanière de certains de ces lézards. C'est un bel endroit. À mi-hauteur sur une colline de velours vert se dresse un énorme rocher d'environ 150 mètres carrés – Au pied se trouvent deux cavernes profondes & nous pouvions distinctement apercevoir les traces de queue du monstre dans la poussière de l'entrée. Il était donc chez lui ! Nous étions un groupe d'environ 20 personnes, avec pour membres les plus capables de l'équipe, 2 officiers néerlandais extrêmement intelligents que nous avons détournés de leur mission au large de l'île de Florès – Leur rôle est d'encadrer les indigènes & de jouer les interprètes – Nous sommes aux petits soins pour eux, & je crois qu'ils apprécient l'aventure. Nous avons emmené avec nous sur la colline une chèvre vivante qui a été capturée plus tôt dans la matinée – La pauvre bête a été tuée pour servir d'appât. Je me suis éloignée rapidement, car je ne pouvais pas supporter de voir la mise à mort de cette petite créature bêlante. Le piège a été dressé à environ 100 m de la tanière. Le sol à l'intérieur a été recouvert d'herbe fraîche, l'appât accroché au fond, & la porte du piège réglée pour tomber comme la foudre divine lorsque le lézard toucherait l'appât. L'engin a été camouflé avec des branches & plusieurs jeunes arbres que l'on a transplantés. (Heureusement les dragons sont sourds, sinon ils auraient certainement entendu nos habiles préparatifs !)

Nous avons laissé un indigène derrière nous pour faire le guet. Il doit se précipiter jusqu'à la plage dès qu'il verra ou entendra le piège se refermer – Il sonnera alors de la corne, ou plutôt d'une énorme conque – La sirène du bateau hurlera & le groupe, même dispersé, apprendra la nouvelle, de même que tous les indigènes sur l'île….

<u>19 mars</u>

Walter & Vera Broughton sont partis à l'aube explorer l'intérieur de l'île. Ils ne m'ont pas emmenée avec eux, car ils craignaient que je n'aie pas la résistance suffisante en plein soleil. Les officiers hollandais sont allés recruter des indigènes etc.…

<u>Plus tard</u>. Walter & Vera sont revenus épuisés de leur marche, mais ils ont vu un bébé dragon de presque 1 m de long.

…

◊ De Clementine   M.Y. Rosaura
[22 ou 23 mars 1935]

DEUX DRAGONS CAPTURES, NE COMPRENDS PAS POUR NORWOOD. RANDOLPH LEADER NOUVEAU PARTI ? AMOUR TENDRE A TOUS.

CLEMMIE

◊ De Winston   [Chartwell]
24 mars 1935

RAVI NOUVELLES. NOUS FAISIONS SOUCI. BRAVO DRAGONS. NOUVELLES NORWOOD VOUS ATTENDENT BATAVIA. ENVOYEZ VOS PLANS VOYAGE RETOUR PAR RADIO. TENDRE AMOUR DE TOUS.

WOW

[Suite de la lettre de CSC commencée le 18 mars 1935]
Mardi 26 mars, soit une semaine plus tard –

La semaine passée a été enchantée, déconcertante & enthousiasmante –

J'avais l'intention d'écrire cette lettre sous forme d'un journal quotidien, mais je n'y suis pas parvenue – De cette manière, j'aurais pu vous communiquer l'excitation, le suspense, la chaleur, les déceptions répétées, l'odeur terrible des appâts pourrissants (qui, bien sûr, devaient toujours être approchés & surveillés avec le vent de face). D'un côté, ce monde de « gros gibier » directement sorti du « Boys' Own Annual[1] » et, de l'autre, l'enchantement de cette île, qui est la chose la plus belle que j'aie jamais vue, & peut-être l'un des endroits les plus ravissants, les plus étranges & les plus sauvages au monde. Les côtes découpées sont jalonnées de baies profondes & de lagons. Il y a d'innombrables plages paradisiaques – certaines d'un sable extrêmement fin (dont un rose fait de poussière de corail), d'autres de rochers sauvages, avec des jardins de corail beaucoup plus jolis que ceux de Nassau, & accessibles – Du moins si vous ne craignez pas d'être englouti par un polype géant ou chatouillé par un serpent de mer de 4 m de long… La mer grouille de poissons – Des poissons volants frétillants de diverses tailles…. À leur poursuite des bancs de mulets gris, & derrière eux de grands ailerons noirs comme ceux des requins – Et planant au-dessus de tout cela, de beaux oiseaux semblables à des albatros & de magnifiques hérons qui pêchent _et_ attrapent les poissons.

Les plages sont couvertes de coquillages exquis de toutes tailles, avec d'énormes amas de corail pourpre & de délicates branches de corail blanc. De magnifiques arbres ressemblant à des magnolias poussent sur la plage. À marée haute, leurs troncs peuvent se trouver à 2 m sous l'eau – À marée basse, on peut s'asseoir à l'ombre sur le sable au milieu des coquillages. L'île elle-même est faite de rochers recouverts de (ce qui semble être) un épais velours vert. Elle est montagneuse – Certains des sommets ont des formes chimériques &, dans le défilé, il y a des bois ravissants, mais hantés & impénétrables….

Mais quittons mon monde enchanté pour revenir à celui de la chasse – Résultat total de la semaine : 5 petits dragons, dont 2 ont été relâchés – Notre quota était de 2 & nous avons été autorisés à en garder 3[2] – Le plus long fait à peu près 2 m, & ils n'ont pas encore vraiment acquis leur apparence de dragon. Cela vient avec le grisonnement de l'âge…. Pour en attraper un gros, je crois qu'il faudrait rester ici deux mois –

Pourtant notre photographe, Mr Pereira, a vu un gros dragon de 4 m de long et l'a photographié qui s'éloignait avec la moitié d'un cochon dans sa gueule. Pour prendre de bonnes photos, lui & Vera Broughton sont restés tapis des heures durant dans les herbes hautes, sous un soleil de plomb, près du piège & à proximité d'animaux morts pourrissant à l'air libre –

J'ai passé une matinée étouffante à faire le guet & j'ai finalement opté pour l'autre vie – Mais j'ai tout de même entrevu un dragon préhistorique qui cherchait des crabes sur une plage de cailloux – J'ai aussi repéré de multiples traces de dragons que je signale à Walter à mon retour lorsque nous nous retrouvons pour les repas....
...

1. Recueil annuel d'un magazine mensuel pour jeunes garçons exaltant le goût de l'aventure. [*ndt*]
2. Dragons de Komodo. À son retour, Lord Moyne fit don des deux dragons au zoo de Londres. Ils vécurent tous les deux jusqu'en 1946, ce qui est considéré comme une bonne durée de survie. (Information en provenance des archives du zoo de Londres.)

[Suite de la lettre de CSC commencée le 18 mars 1935]
1er avril & anniversaire de Pussie Batavia

Mon chéri, Nous avons passé 2 jours captivants à Bali & 2 dans le sud de Java, & nous voici maintenant à Batavia ; c'est « La Fin du Voyage[1] » pour notre groupe. Car après-demain Walter s'envolera au loin avec cette lettre dans son bec. J'ai reçu votre lettre à propos de Norwood lors de l'escale à Bali. Quel gâchis – J'ai bien peur que cela ne réduise à néant le prestige acquis à Wavertree, & je suis vraiment peinée, mon chéri, que Randolph ait fait preuve de si peu d'égards envers vous, qui l'aimez tant & qui l'avez tant aidé & soutenu : le résultat que vous m'avez télégraphié est un vrai fiasco. J'ai peur que son obstination & sa stupidité dans cette affaire ne portent ombrage à votre position sur la question indienne en aliénant les gens. Mais on peut penser que cela ne durera pas ? Je suis tellement contente qu'il n'y ait pas de problème à Epping ; bien q. nous ayons maintenant, & c'est nouveau, une minorité acharnée contre nous sur place. J'ai hâte d'être de retour pour partager tout cela avec vous.

Bali est une île enchanteresse – Dans chaque village des temples ravissants enfouis dans le vert de la végétation – Des danseurs superbes. Les habitants y mènent une vie élyséenne. Ils travaillent environ 2 heures par jour – Le reste du temps, ils jouent sur des instruments de musique, dansent, font des offrandes aux dieux dans les temples, assistent à des combats de coqs & se content fleurette ! Idéal, n'est-ce pas ? Le sud de Java est beau, mais plus ordinaire, & les habitants sont moins enjoués....

Cette lettre est vraiment trop longue – Mais elle s'étend sur 15 jours. J'en recommencerai une nouvelle lorsque j'aurai reçu le courrier de Batavia.

Amour tendre
Clemmie

1. Pièce de R.C. Sheriff (1928). [*ndt*]

o De Winston [dactylographié]   Chartwell
5 avril 1935

BULLETIN DE CHARTWELL N° 10

Ici, tout est petit à petit nettoyé....

Nous sommes un peu en retard pour le hersage, mais le champ en face de la maison a été fait deux fois et fumé et roulé. J'ai acheté un tracteur qui parcourt le terrain quatre fois plus vite que les chevaux, et j'espère faire le parc la semaine prochaine....

Mary a attrapé la coqueluche et elle aboie avec grande régularité. Autrement, elle semble en pleine forme et trotte dans le jardin tous les jours... Elle sera vraisemblablement en pleine forme lorsque vous reviendrez.

Je me suis fait pas mal de souci pour Randolph. Il est revenu de Liverpool après une dizaine de semaines de campagne et d'activités politiques frénétiques, et il est allé se coucher avec une forte température.... Cela fait maintenant presque quinze jours qu'il est malade[1], avec de la fièvre pratiquement tout ce temps, mangeant très peu et le teint tout jaune. Mais le Docteur dit qu'il n'y a aucun danger ni aucune infection, et Randolph semble avoir bon moral, bien que la dépression fasse partie des symptômes de la jaunisse.... Pauvre garçon ! Je vais le voir tous les jours, mais il aussi d'autres visiteurs. Il s'est obstinément laissé pousser une barbe hirsute et hideuse qui me donne positivement mal au cœur quand je la regarde. Toutefois, il m'a promis de la couper quand il sera sur pied....

<u>Animaux</u>. La femelle des cygnes noirs devrait voir ses œufs éclore ce week-end. Trois des génisses ont vêlé.... J'ai interdit à tous les chiens l'accès à notre partie de la maison. Punch [le carlin de Mary] est dans la nursery. Trouble [l'épagneul de Sarah] est chez Arnold [le régisseur

de la ferme], et Harvey [le fox-terrier de Randolph] chez Howes. Je crois vraiment qu'il faudra que vous achetiez une nouvelle bande de tapis pour mon palier.

J'ai passé des moments très difficiles avec le projet de Loi sur l'Inde. Ils l'ont mis à l'ordre du jour quatre fois cette semaine, et il doit y avoir encore quatre jours la semaine prochaine.... Nous défendons très bien nos positions.... Mais ils vont le faire passer comme un rouleau compresseur et espérer que nous nous réconcilions tous ensuite avec de grandes embrassades. Je n'ai aucune idée de ce qui va se produire.

Bien sûr, ce qui a fait sensation dans le monde politique, c'est la déclaration d'Hitler[2] selon laquelle son armée de l'air est déjà aussi puissante que la nôtre. Cela anéantit complètement tout ce que Baldwin a pu dire et par ailleurs justifie toutes les déclarations que j'ai pu faire. Je suppose qu'en fait il est beaucoup plus puissant que nous. Ils vont à coup sûr bientôt avoir une aviation dix fois plus importante que la nôtre si bien que les propos de Baldwin disant que nous ne devrions pas être inférieurs à quelque pays que ce soit vont être démentis. Imaginez si notre Gouvernement Libéral avait laissé tomber le pays de cette façon avant la Grande Guerre ! J'espère revenir implacablement sur cette question le mois prochain et pas mal de ceux qui se sont opposés à moi sur l'Inde promettent désormais de me soutenir là-dessus....

Je suis très fatigué ce soir après cette dure semaine, mais il faut que je mette la dernière main à mes articles pour l'Evening Standard sur le règne du Roi George V. Le pauvre Marlborough reste à traîner sur le champ de bataille de Ramillies. Je ne crois pas que je pourrai le faire avancer plus loin avant le mois de juin, quand nous serons débarrassés du projet de Loi sur l'Inde.

Ma petite réception de ce week-end a été très réussie. Venetia [Montagu], Freda [Dudley Ward] et Diana D.C. [Duff Cooper] donneraient de l'animation à n'importe quoi, et j'ai cru comprendre qu'elles se sont toutes beaucoup amusées. C'était le 31 mars et le temps était glacial, mais malgré tout Venetia et Diana se sont baignées avec moi dans la piscine dont la température était proche des 27°. Elles ont déclaré avoir aimé. Je l'ai maintenant laissée refroidir parce que le temps s'est sévèrement détérioré....

Comme d'habitude Venetia a plumé tout le monde au bésigue, mais je n'ai perdu qu'un billet de dix livres.

1. Il était soigné au Mayfair Hotel.
2. Déclaration faite par Hitler lors de conversations avec Sir John Simon et Anthony Eden à Berlin entre le 24 et le 26 mars 1935.

o De Winston [dactylographié] [Chartwell]
11 avril 1935

BULLETIN DE CHARTWELL N° 11

La jaunisse de Randolph a causé beaucoup de souci, car elle n'a pas suivi le cours normal.... Ce matin sa température est normale... Il semble donc qu'il se remette de ce qu'il a pu avoir.... Il va passer encore au moins une semaine alité. Ensuite j'espère pouvoir le ramener à Chartwell pour Pâques.

La coqueluche de Mary guérit doucement.... Sarah, elle, exagère. Elle passe pratiquement quatre heures par jour à danser avant en plus d'aller au bal.... Je lui ai donc interdit d'aller au bal les soirs où elle s'entraîne pour sa danse. Elle l'a très bien pris et hier soir elle est allée se coucher à 9 heures. Je suppose que vous allez regretter qu'elle n'aille plus à aucun bal. Cependant vous réglerez cela en rentrant....

La justesse de mes déclarations sur l'aviation de novembre dernier apparaît chaque jour davantage, et celles de Baldwin qui les contredisaient volent en éclats. Il n'y a aucun doute que les Allemands sont déjà substantiellement supérieurs à nous pour l'aviation, et que leurs cadences de fabrication sont telles que nous ne pouvons les rattraper. Quel discrédit pour le Gouvernement que d'avoir été trompé, et d'avoir trompé le Parlement sur un sujet lié à la sécurité du pays.

o De Winston Chartwell
13 avril [1935]

Ma Clemmie chérie,

Quelles lettres merveilleuses vous écrivez ! Celle sur le Dragon vient de me parvenir. En fait c'est tout le récit de vtre croisière qui est captivant....

C'est magnifique de penser que quand vous recevrez la présente le 20, vous ne serez pas plus loin que Suez. Même Colombo semblait proche comparé aux endroits reculés du Pacifique. Nous avons tous hâte de vous embrasser à votre retour, et le Printemps va vêtir notre vallon de tous ses atours nuptiaux.

Vous êtes sans nul doute consciente que le Jubilé va absorber vtre première semaine à la maison. Nous sommes bien sûr tous deux invités à St Paul, & aurons je suppose une bonne vue. Il y aura d'autres cérémonies : reste que j'espère que nous pourrons malgré tout profiter de Chartwell....

Vous me trouverez à vous attendre sur le quai de Douvres : & un dernier courrier vous parviendra à Marseille.

Je pense beaucoup à vous ma Chatte chérie « à chaque petit instant[1] », et me réjouis que nous ayons passé notre vie ensemble ; et ayons encore l'espoir de vivre quelques années dans cette vallée de plaisirs. J'ai parfois un peu perdu le moral en matière politique et j'aurais aimé que vous soyez là pour me réconforter. Mais je sens bien que cela a été une gde expérience et une gde aventure pour vous, & que cela a ouvert de nouveaux horizons à vtre vie, & l'a bcp enrichie ; & donc je ne vous ai pas tenu rigueur de vtre longue excursion ; mais maintenant je veux vraiment que vous reveniez.

Avec le tendre amour ma douce Clemmie chérie à moi de votre mari qui vous aime à jamais
W

1. Allusion à la chanson *Every Little While* du film musical *Men of the Sky* (1931). [*ndt*]

o De Winston [dactylographié]   [Chartwell]
13 avril 1935

BULLETIN DE CHARTWELL N° 12

Il y a très peu de chose à dire depuis le dernier bulletin. Randolph va nettement mieux et il n'a qu'une très légère fièvre, moins de 37,2 °, pendant quelques heures tous les soirs…. Il a le moral au plus haut et de jeunes et jolies femmes viennent le voir. Il s'est laissé pousser une barbe qui lui donne un air parfaitement repoussant à mes yeux. Il déclare qu'il ressemble à Jésus-Christ. Pour moi au contraire il est sûr qu'il ressemble à mon pauvre père dans les dernières phases de sa maladie….

J'ai trouvé un terrain d'entente satisfaisant avec London Films et j'estime qu'ils ont très bien agi. En deux mots, ils me versent 2 000 £ par an pendant encore une année au titre des courts métrages, et un dédommagement de 5 000 £ pour l'abandon du film sur le Jubilé….

J'ai terminé les articles sur le Jubilé pour l'Evening Standard et je fais un article par semaine pour le Daily Mail.

Vous serez très contente de voir l'état de nos comptes à votre retour, car cette année toutes les factures ont été réglées chaque mois, et il ne reste plus que deux ou trois vieux machins….

La chèvre brune baptisée Sarah est morte par un triste concours de circonstances. Hill avait saupoudré l'herbe de nitrate d'ammoniaque.

Elle l'a mangé et elle en est morte. La chèvre à cornes blanches nommée Mary a survécu, grâce à une dose d'huile de ricin administrée à temps. Elle attend des petits.

Comme ces récits domestiques de la paisible Angleterre doivent vous apparaître insignifiants comparés à vos dragons et sphénodons. Mais je crois que c'est très important d'avoir des animaux, des fleurs et des plantes dans sa vie tant qu'elle dure....

Ici on ne parle que de remaniement après l'adoption du projet de Loi sur l'Inde. Quant à savoir si ce processus va conduire à ce que je reçoive une invitation je ne puis me prononcer, et à dire vrai je m'en moque....

À soixante ans je modifie ma technique oratoire, en grande partie avec Randolph comme professeur, et j'inonde maintenant la Chambre des communes d'un flot de paroles improvisées. Ils semblent ravis. Mais quel mystère que l'art de parler en public ! Il consiste seulement selon ma (longue) expérience à sélectionner trois ou quatre arguments et à les exprimer sur le mode de la conversation le plus naturel possible. L'effet littéraire que je recherche depuis quarante ans n'a apparemment aucun intérêt !...

Dans l'ensemble depuis votre départ la seule chose importante à noter c'est que l'Allemagne est désormais la plus grande puissance armée d'Europe. Mais je crois que les alliés se liguent contre elle et cela me donne l'espoir qu'elle soit maintenue à sa place sans tenter de plonger dans un conflit terrifiant. Rothermere me téléphone tous les jours. Son anxiété fait pitié. Il estime que les Allemands sont tout-puissants et que les Français sont corrompus et incompétents, et les Anglais perdus et condamnés. Il se propose de faire face à cette situation en rampant devant l'Allemagne. « Chère Allemagne, détruisez-nous, mais <u>en dernier</u> ! » Je m'efforce de lui inculquer une attitude plus vigoureuse....

Avec une fois de plus tout l'amour de
W

P.-S. Deux bébés cygnes noirs viennent d'arriver.

o De Clementine   M.Y. Rosaura
20 avril [1935]   Sucz

    Oh mon Winston chéri

Le courrier aérien va bientôt s'envoler & je vous envoie ce petit mot comme saint Jean-Baptiste, pour préparer le chemin devant moi, pour vous dire que je vous aime & que j'ai hâte d'être blottie dans vos bras.

« MAIS LÀ-BAS SE TROUVE UNE ÎLE... »

Dans une semaine exactement je serai à la maison. J'ai hâte d'être avec vous & de savoir tout ce que vous faites & tout ce que vous pensez.

Votre Clemmie
qui vous aime

Clementine fut de retour en Angleterre le 2 mai après un voyage en mer de 30 000 milles, juste à temps pour le jubilé d'argent du roi George V et de la reine Mary le 6 mai.

De tous les souvenirs qu'elle avait rapportés de son voyage, le plus charmant était une colombe de Bali, un amour de petit oiseau beige rosé, avec un bec et des pattes couleur corail. Elle vivait dans une cage d'osier qui ressemblait à un casier à homard et survécut deux ou trois ans. Clementine la fit enterrer sous le cadran solaire au milieu de l'enclos du jardin potager. Sur le piédestal sont gravés ces vers d'un poème de W.P. Ker, suggérés à Clementine par Freya Stark, auteur de livres de voyage :

CI-GÎT LA COLOMBE DE BALI

Il n'est pas bon de s'éloigner
Trop loin des hommes raisonnables,
Mais là-bas se trouve une île,
Je pense à elle de nouveau.

Chapitre XVII

L'HORIZON S'ASSOMBRIT

La seconde moitié de l'été 1935 vit les premiers signes annonciateurs d'une guerre à venir. En août, Mussolini menaça d'envahir l'Abyssinie et, le 24 août, le gouvernement britannique déclara que, si l'Italie mettait ses menaces à exécution, la Grande-Bretagne honorerait les obligations qu'elle avait contractées en signant le pacte de la Société des Nations. Le 3 octobre, les forces italiennes attaquèrent l'Abyssinie. Le 7, la SDN vota des sanctions économiques[1].

En novembre, il y eut des élections législatives (qui allaient être les dernières en dix ans). Churchill fit campagne pour le gouvernement, tout en insistant sur la nécessité du réarmement, tandis que Baldwin de son côté déclarait aux électeurs : « Je vous donne ma parole qu'il n'y aura pas d'armement massif. » Le 14 novembre, les élections se soldèrent par un extraordinaire triomphe pour les conservateurs[2].

En juillet, Baldwin avait demandé à Churchill de faire partie du sous-comité de recherche sur la Défense aérienne, une proposition qu'il avait acceptée ; cette nomination, et l'acceptation de son soutien lors des législatives, avaient conduit Winston à penser que sa rupture avec Baldwin était oubliée et il ne cacha pas sa déception et sa frustration lorsqu'il fut de nouveau exclu du gouvernement.

Il planifia alors de longues vacances pendant lesquelles il pourrait se concentrer sur le volume III de Marlborough, et trouver du soleil et des scènes à peindre. Winston et Clementine quittèrent l'Angleterre le 10 décembre pour Majorque, via Paris et Barcelone ; le Prof [Lindemann] les rejoignit en route.

Pendant leur voyage, on apprit la nouvelle honteuse d'un pacte secret entre Sir Samuel Hoare[3] *et Pierre Laval*[4]. *Des parties importantes de l'Abyssinie devaient être cédées à l'Italie si cette dernière renonçait à ses actions militaires. L'opinion publique, tant en France qu'en Angleterre, fut choquée. Hoare (qui avait conclu l'accord sans l'approbation du Conseil restreint) démissionna et fut remplacé en tant que ministre des Affaires étrangères par Anthony Eden.*

Dans l'intervalle, les Churchill étaient revenus à Barcelone, d'où Clementine repartit pour l'Angleterre le 19 décembre. Ma mère et moi passâmes Noël à Blenheim, et le 30 décembre nous nous lançâmes dans notre première expédition de ski, à Zürs-am-Arlberg, en Autriche. Winston passa un Noël assez triste à Tanger avec des amis et des connaissances, mais le temps était épouvantable.

1. L'Autriche, la Hongrie et l'Albanie, alliées de l'Italie, ne participèrent pas aux sanctions. N'y participèrent pas non plus l'Allemagne et les États-Unis, qui n'étaient pas membres de la SDN.
2. Les conservateurs obtinrent 432 sièges, les travaillistes 154 et les libéraux 21. Randolph, qui s'était présenté à West Toxteth (une circonscription de Liverpool détenue par les travaillistes) – mais cette fois comme candidat officiel du parti conservateur –, fut vaincu. Duncan Sandys, qui avait épousé Diana le 16 septembre, renouvela la victoire qu'il avait obtenue à l'élection partielle de Norwood. À Epping, WSC fut élu avec une majorité élargie.
3. Sir Samuel Hoare, par la suite vicomte Templewood (1873-1954). Ministre des Affaires étrangères (de juin à décembre 1935).
4. Pierre Laval (1883-1945). Il fut élu à la Chambre des députés en tant que socialiste, mais rejoignit la droite après la Première Guerre mondiale. Président du Conseil en 1931-1932 et ministre des Affaires étrangères en 1935-1936. Il participa au gouvernement de Vichy en 1940 en tant que vice-président du Conseil, puis président de 1942 à 1944, et collabora ouvertement avec les Allemands. Jugé pour haute trahison, il fut exécuté en 1945.

o De Winston
26 décembre 1935

El Minzah Hotel
Tanger

Ma chérie,

Une éternité semble s'être écoulée depuis vtre départ la semaine dernière. Nous n'avons pas eu une seule belle journée et je n'ai pas ouvert ma boîte de peinture. En revanche Marlborough avance & la bataille d'Audenarde est presque terminée[1].

Nous partons à l'instant pour Rabat où nous ferons étape sur la route de Marrakech, 700 km plus au sud. Ll.G. [Lloyd George] m'a dit au téléphone que le temps y était magnifique, & l'hôtel très bien. Donc nous partons vers le soleil. Rothermere & le reste de la compagnie… s'alignent sur nos déplacements & le potentat sait se rendre ts agréable. Nous jouons au Bésigue.

Ce n'est là qu'un griffonnage : car j'écrirai plus longuement ce soir. Avec mon tendre amour ma douce Clemmie, à vous & à tous….

Ton mari qui t'aime à jamais[2]
W

1. Remportée dans les Flandres par le duc de Marlborough sur le duc de Vendôme en 1708. [*ndt*]
2. Churchill emploie ici exceptionnellement le tutoiement archaïque anglais : « *Thine ever loving W* ». [*ndt*]

o De Winston   Hôtel Balima
26 décembre 1935   Rabat

Ma chérie,

J'ai interrompu ma lettre de ce matin car les voitures attendaient. Nous avons fait un trajet ts intéressant à travers cette contrée humide, verte, fertile, tempérée & peu peuplée....

Moi aussi j'ai jugé le discours de B[aldwin] extrêmement dommageable pour sa position & sa réputation. La nomination d'Eden [comme ministre des Affaires étrangères] ne m'inspire pas confiance. Je crois que l'importance de ses fonctions va exposer ses faiblesses. Austen [Chamberlain] aurait été bcp mieux ; & je me demande bien pourquoi il a été oublié. Le pauvre il reste toujours dans le jeu mais il ne gagne jamais !

Duncan [Sandys] & Diana devraient arriver mardi & je les emmène ensuite à Marrakech. Ll.G. dit que c'est un endroit délicieux....

Je passe énormément de temps sur Marlborough. Cela m'absorbe & chasse de mon esprit les pensées qui me remplissent malgré moi d'anxiété. J'ai hâte de lire vos nouvelles de Londres & de Blenheim. Je me suis senti un peu triste & esseulé quand j'ai eu le choc de voir que c'était la veille de Noël. Je suppose que vous et Maria êtes sur le départ pour la Suisse [Autriche]. J'espère bien que vous y trouverez ce que vous allez y chercher, & ne serez pas trop aventureuse sur vos skis. Je suis extrêmement impatient de savoir comment se sont déroulés les débuts de Sarah, & comment cela s'est passé pour vous toutes à Manchester[1]....

Plus je pense à la Question Européenne, plus je crains pour notre avenir – faiblement armés & au cœur de toutes les querelles ! Rothermere est bien sûr horriblement pessimiste. Il m'a montré un long télégramme amical qu'il a reçu d'Hitler. Tout cela c'est bien joli : mais R pense que c'est la France ou même l'Angleterre qu'Hitler va attaquer – pas la Russie. R vient nous rejoindre à Marrakech, & comme les journaux lui parviennent à une vitesse inaccoutumée nous serons constamment informés. Ce matin, R a parié 500 £ à Randolph qu'il ne serait pas capable de se passer d'alcool pendant toute l'année 1936. Randolph a pris le pari – ce qui est une bonne chose. C'est un beau geste de la part de R. Il dit que si Randolph gagne pour 1936 il lui pariera 1 000 £ en

1937. Rien ne pourrait être mieux pour la bourse ou la forme de Randolph.

Ma Chérie à moi, je pense énormément à vous ; et je regrette que vous ne soyez pas là pour me donner de petites caresses – car j'adore infiniment cela. Ma douce chérie je vous adresse mon amour le plus tendre et beaucoup beaucoup de baisers de la part de votre mari voyageur, en quête de soleil, aux idées plutôt noires

W
...

Ma chatte chérie je vous aime tant.
Embrassez Maria pour moi.

1. À la fin de sa formation à l'école de danse De Vos, Sarah obtint une audition devant le grand imprésario C.B. Cochran (1872-1951), qui la prit au sein de sa célèbre troupe, les « Young Ladies ». La revue de Cochran, *Follow the Sun*, ouvrit à Manchester juste avant Noël.

o De Clementine　　　　　　　　　　　　　　　　　　Chartwell
29 décembre 1935

Mon chéri

J'ai été très triste pour vous lorsque j'ai reçu votre télégramme m'apprenant qu'il « pleuvait des cordes » à Tanger. J'espère vraiment que les choses vont s'améliorer à Marrakech.

Je cours partout depuis que je vous ai quitté. Manchester tout d'abord pour assister à la première de Sarah. Ensuite Blenheim, & Mary & moi nous apprêtons maintenant à partir pour nos aventures alpines !

Vous auriez été vraiment fier de Sarah. Les danses exécutées par la troupe étaient difficiles & compliquées, & Sarah était certainement parmi les meilleures. Elle paraissait gracieuse & distinguée.

Blenheim a été très agréable & vous nous avez beaucoup manqué....

Amour tendre à vous, mon chéri. Où en est le Vol. III, & avez-vous peint de beaux tableaux –

Votre Clemmie
qui vous aime

Au cours de l'hiver 1935 survint une crise familiale qui allait assombrir l'année à venir. La vedette masculine de Follow the Sun *était Vic Oliver. Sarah et lui s'étaient rencontrés pour la première fois lorsque les répétitions pour le spectacle avaient commencé et ils étaient tombés amoureux. Sarah annonça bientôt à ses parents qu'ils souhaitaient se marier.*

Winston & Clementine étaient fortement opposés à cette union : Vic Oliver, né Victor von Samek, d'origine juive autrichienne, avait dix-huit ans de plus que Sarah et n'était pas encore divorcé de son épouse autrichienne.

La lettre qui suit a probablement été écrite alors que Clementine (et moi) attendions d'embarquer à Douvres, en route pour les Alpes.

o De Clementine   Port de Douvres
Lundi 15 h 15 [30 décembre 1935]

Mon chéri

Je vous écris ceci dans la voiture pendant que Howes enregistre mes bagages.

J'ai détesté vous quitter [à Barcelone]. <u>Je vous en prie</u>, écrivez à Sarah (mais sans vous montrer sévère). Souvenez-vous des effets de la lettre que vous avez écrite à Randolph il y a 5 ans. Il a failli épouser Miss Halle quand j'étais avec lui à New York.

Mais avant d'écrire, le plus important est d'obtenir de Mr Cochran le dossier de Mr Oliver....

Votre Clemmie
qui vous aime

o De Winston [dactylographié]   Marrakech
30 décembre 1935   Hôtel Mamounia

Ma Clemmie chérie,

Enfin le soleil ! Je croyais que nous ne le rattraperions jamais....

L'endroit est merveilleux, et l'hôtel l'un des meilleurs où je sois jamais descendu. J'ai une chambre et une salle de bain excellentes, avec un grand balcon de quatre mètres de profondeur, qui ouvre sur un panorama véritablement remarquable au-dessus des orangers et des oliviers, et des maisons et des remparts du vieux Marrakech, pour donner à l'ouest [en fait à l'est], comme une grande muraille de fond, sur les montagnes enneigées de l'Atlas – qui dépassent pour certaines les quatre mille mètres. La lumière sur les neiges au lever et au coucher du soleil, même à cent kilomètres de distance, vaut tous les paysages de neige que j'aie jamais vus.

Rothermere nous a rejoints avec ceux qui l'accompagnent et nous avons reçu un chaleureux accueil de Ll.G, qui est là depuis trois semaines avec un temps parfait, et se propose de rester jusqu'en février. Mrs Ll.G et Megan[1] arrivent le 8. Il est occupé à écrire son livre et il est absolument superbe et patriarcal. Comme Baldwin est bête, avec la terrible situation qu'il a sur les bras, de ne pas mettre ses ressources & son expérience au service de l'État.

Je peins un tableau depuis le balcon, parce que même si la vieille ville est pleine de lieux attirants, les foules, les odeurs et l'inconfort d'y installer mon chevalet m'ont repoussé.

Diana et Duncan sont en route et j'espère qu'ils vont arriver pour jeudi midi. Ensuite nous irons faire de longues expéditions....

Les Français ont une forte armée de cinquante mille hommes sur place et le général qui commande la division de onze mille hommes est venu me présenter ses respects. Je vais voir avec lui afin qu'il fasse le nécessaire pour que nous puissions aller dans les régions au-delà de l'Atlas. Les Français y maintiennent des troupes, et ils ne garantissent la sécurité des voyageurs que certains jours de la semaine. Il faut qu'ils mettent en place sentinelles et patrouilles, etc. Je crois qu'ils prendront bien soin de nous....

Comme j'aimerais que vous soyez là. L'air est doux et frais car nous sommes à cinq cents mètres d'altitude, et pourtant le soleil est chaud et la luminosité parfaite. C'est une ville assez grande avec huit mille Français et cent cinquante mille Maures. C'est de loin le meilleur endroit que j'aie rencontré jusqu'ici. Mais le pays tout entier est plein d'intérêt....

Nous recevons d'excellents journaux français et pouvons donc suivre la version française du drame politique qui se joue. Il ne fait aucun doute que nous y sommes plongés jusqu'au cou. Suite à ce vigoureux sursaut venu des profondeurs de l'opinion publique britannique [contre le pacte Hoare-Laval], les Français ont parcouru un long chemin avec nous contre Mussolini, et ils s'attendront à ce que nous leur rendions la pareille lorsque le péril bien supérieur venu d'Hitler se manifestera. Nous nous acheminons vers la pire position, absolument impliqués par l'honneur & par les traités dans presque toutes les querelles qui peuvent éclater en Europe, nos défenses négligées, notre Gouvernement moins capable que jamais de diriger le pays. Le régime Baldwin-MacDonald l'a très profondément meurtri, et pourrait bien mettre fin à sa glorieuse histoire. Et voilà que la seule chose qui semble compter actuellement c'est de tenter de trouver des sièges pour ces deux éclopés de

MacDonald[2] ! Heureusement que j'ai de quoi m'occuper sans perdre de temps à ruminer tout cela.

✍ Saint-Sylvestre. Ma bien-aimée je viens d'entendre vtre voix sur l'international. La Chatte faisait bcp de Miaous & je n'ai pas entendu gd-chose, mais c'était un geste ts tendre que de m'appeler à travers toutes ces distances & contrées étrangères. Tous mes vœux de bonheur pour l'année à venir.

Rothermere m'a proposé 2 paris. D'abord 2 000 £ si je ne buvais plus en 1936. J'ai refusé car je pense que la vie ne vaudrait pas la peine d'être vécue, mais 2 000 £ non imposables cela fait presque 3 500 £ & avec l'économie sur l'alcool, 500 £ = 4 000 £. Belle proposition. En revanche, j'ai accepté son second pari de 600 £ de ne pas boire de cognac ni autres alcools non dilués en 1936. Donc ce soir c'est ma dernière gorgée de cognac.

C'est ts aimable de la part de notre vieil ami de porter tant d'intérêt à la santé de Randolph & à la mienne. Je crois que vous serez contente.

Ma chatte bien-aimée, je vais vous réécrire ts bientôt. Je n'ai rien fait de la journée. Pas de Marl [*Marlborough*], seulement quelques touches de peinture & un peu de bésigue. Randolph veut bien sûr se présenter contre Malcolm M. [MacDonald]. Mais j'espère qu'il ne va pas pouvoir – parce que cela me mettrait des bâtons dans les roues & ne lui rapporterait rien. Je ne crois pas qu'il donne suite le moment venu.

Avec le tendre amour ma chérie à moi
de votre mari qui vous aime à jamais
W

P.-S. Gros baisers à Maria.

Duncan & Diana arrivent demain à Tanger & seront là 24 h après.

---

1. Megan Lloyd George (1902-1966), fille cadette de David Lloyd George. Députée libérale d'Anglesey de 1929 à 1943, puis de 1945 à 1951. Présidente de la Women's Liberal Federation en 1936 et en 1945.

2. Père et fils, Ramsay MacDonald (voir p. 354 n. 1) et Malcolm MacDonald furent tous deux battus aux législatives de 1935. Malcolm MacDonald (1901-1981) siégea pour Bassetlaw sous l'étiquette travailliste (Labour) de 1929 à 1931, puis travailliste soutenant le gouvernement d'Union nationale (National Labour) de 1931 à 1935 et fut député de la majorité d'Union nationale (National Government) de Ross & Cromarty de 1936 à 1945. Remplit diverses fonctions au gouvernement, auprès des ministères et dans le Commonwealth. WSC lui confia la charge prestigieuse de haut-commissaire au Canada en 1941.

Clementine commença à s'intéresser aux sports d'hiver alors qu'elle avait cinquante et un ans. Les trois années qui suivirent, elle m'emmena soit en Autriche, soit en Suisse pendant les vacances de Noël. Elle prolongeait habituellement son séjour lorsque je retournais en Angleterre pour reprendre le lycée.

o De Clementine Hôtel Zürserhof
Mardi 7 janvier 1936 Zürs

Mon chéri

...

L'idée de vous rejoindre au Maroc me plaît énormément. D'une part, mon Pig me manque beaucoup, mais d'autre part, je voudrais rester ici jusqu'au 21, et je suppose qu'à cette date vous songerez vous-même à rentrer ?...

La situation politique en Angleterre est déprimante ; cela me contrarierait vraiment que vous participiez au gouvernement Baldwin, sauf s'il vous donnait énormément de pouvoir et que vous soyez en mesure d'inspirer le gouvernement et de lui donner un nouveau souffle. Mais comme vous le dites vous-même, nous y sommes jusqu'au cou et on n'y peut plus rien maintenant. Tout ce que vous pourriez faire, c'est organiser nos forces armées. Les hésitants eux-mêmes qui font confiance à Baldwin se voient impliqués dans son jeu (& pas par choix politique, mais par confusion).

Au revoir, mon chéri.

Votre Clemmie
qui vous aime

o De Winston [dactylographié] Hôtel Mamounia
8 janvier 1936 Marrakech

Ma Clemmie chérie,

Bien sûr au cours de la semaine écoulée tout le monde ici n'a parlé que de la partielle de Ross & Cromarty [Écosse][1]. La section locale Unioniste [conservatrice] a unanimement et officiellement demandé à Randolph de se présenter contre Malcolm MacDonald.... Vous comprendrez à quel point une confrontation de cette nature est malencontreuse et dessert mes intérêts. « Churchill contre MacDonald ». S'il passe, cela semblerait très difficile que Baldwin m'invite à prendre l'Amirauté ou le portefeuille de coordination [de la Défense], et à faire ami-ami avec ses misérables soutiens à la Chambre. J'aurais donc grandement préféré que Randolph calme le jeu. Au lieu de cela il a envoyé son directeur de campagne là-bas pour tâter le terrain.

À part cela, il ne fait aucun doute que les pensées de tous les conservateurs de la circonscription vont naturellement vers lui. C'est une grande insulte pour une circonscription écossaise d'être utilisée comme un simple instrument au service des objectifs de Baldwin. En outre cette histoire de travaillistes soutenant le gouvernement d'Union nationale est une fumisterie…. Toute cette manœuvre n'est qu'un abus de la démocratie représentative, et je ne suis pas du tout étonné que les électeurs écossais soient furieux et se sentent insultés d'être considérés comme un dépotoir pour ces aventuriers, dont ne veut aucune circonscription anglaise. Comme je l'ai dit, j'aurais été très content si Randolph avait mis le holà à toute cette affaire, en ce qui le concerne lui. Mais en voyant l'insistance des Conservateurs de Ross & Cromarty dans leurs télégrammes, et les allusions dans la presse et sur les ondes, ainsi que les interventions de Rothermere, Beaverbrook et Lloyd George qui tous le poussent à y aller, je ne peux vraiment pas lui reprocher d'avoir accepté l'invitation officielle de la section locale Conservatrice.

Qui plus est, je ne crois pas la bataille perdue d'avance. Il y aura quatre candidats. Les Libéraux qui suivent Sir John Simon [et soutiennent le gouvernement d'Union nationale] vont se battre contre ceux qui suivent Sir Herbert Samuel [et s'opposent au gouvernement d'Union nationale], divisant les voix Libérales en deux camps à peu près égaux. Un bon candidat Socialiste va faire ce qu'il faut pour abattre Malcolm MacDonald à tout prix. Randolph qui sera dans cette arène le candidat le plus vivant, le plus dynamique, le plus présentable, et aussi le plus conséquent, pourrait très bien récolter les cinq ou six mille voix nécessaires pour remporter le siège. Comment Baldwin le prendra-t-il ? Va-t-il le considérer comme une déclaration de guerre en règle de ma part ? Je me suis bien sûr abstenu de me prononcer en quoi que ce soit, et Randolph va faire savoir qu'il agit entièrement de sa propre initiative.

Rothermere envoie Oliver Baldwin[2] dire du bien de Randolph, ce qu'il est apparemment prêt à faire, et du mal de Malcolm, ce qui fait bien sûr les délices de tous les autres Socialistes. Ainsi donc nous aurons le fils de Ramsay, le fils de Baldwin et le mien – tous trois à s'écharper dans cette lointaine circonscription….

Randolph est parti hier soir, et demain il prend l'avion de Casablanca à Barcelone, seule solution qui lui permette d'être à Dingwall [Ross & Cromarty] vendredi. Cela va être une bataille très suivie, qui aura à coup sûr la bienveillance des Conservateurs, et de tous ceux qui exècrent les

« sinécures » et les faux-semblants. En plus elle aura le soutien sans faille de la presse Rothermere-Beaverbrook....

Je juge le Gouvernement gravement affaibli par ce qui s'est passé à la suite de l'accord Hoare-Laval, et Baldwin lui aussi gravement affaibli. Je m'attends donc soit à ce que Baldwin cherche une occasion de s'éclipser soit à ce qu'il veuille un solide remaniement du gouvernement. La Conférence Navale[3] s'enlise et Monsell[4] va bientôt s'en aller. Ainsi tout réclame des décisions en même temps, et c'est le Destin qui décidera. J'ai pensé que vous aimeriez que je vous donne mon point de vue en détail sur cet événement intempestif.

Ici, c'est magnifique.... À mon avis l'hôtel dépasse tous ceux où je suis descendu sur la Côte d'Azur.... Le pays est magnifique avec son sol fertile rouge et noir, ses rivières qui regorgent d'eau, ses myriades d'habitants pittoresques, chacun digne d'en faire un tableau, les journées parfaites sans un nuage, le soleil lumineux, l'air translucide.... Nous sommes à cinq cents mètres d'altitude et l'air est vif, presque piquant dès qu'on quitte le soleil. Mais les rayons du soleil sont doux et tièdes, et bien que les jours soient courts, ils sont éclatants.

Esmond[5] vient nous rejoindre, et Rothermere est retourné au nord comme un père modèle pour aller le chercher à Tanger.... Il a eu la prévenance de faire en sorte que tous les journaux soient livrés ici par avion tous les jours pour moi et Lloyd George. C'est un grand avantage car si nous ne vivons pas avec notre Temps, nous n'avons que quarante-huit heures de retard par rapport à lui[6].

Je ne fais pas de projets et je me propose de rester ici jusqu'à ce que je m'ennuie. Je passe toute la journée à peindre et sur Marlborough (sauf pour boire et manger) sans alcools non dilués, conformément au pari. Randolph ne boit plus du tout, bien que cela ne semble pas lui avoir donné meilleur caractère.

J'ai eu une seule lettre de vous, mais j'aimerais bien avoir des détails complets de votre ski, et savoir si Mary fait des progrès ?.... Lloyd George reste ici jusqu'à la fin février. Sa routine quotidienne est simple. Il se réveille à cinq heures et travaille à son <u>histoire</u> (défense de rire) jusqu'au petit-déjeuner. Il joue au golf sur un excellent terrain voisin jusqu'au déjeuner. Il fait la sieste du déjeuner au thé. Sa petite TSF nous donne ce que la BBC appelle le bulletin d'informations, beaucoup de verbiage, mais avec quelques faits par-ci par-là. Il dîne tôt, puis va au lit à 22 h 15. Mon emploi du temps est un peu différent, mais tout aussi satisfaisant....

... Le monde semble divisé entre les nations qui ont confiance en elles et se comportent sans ménager les autres, et les nations qui ont perdu confiance en elles et se comportent avec stupidité. Mussolini échoue de plus en plus dans sa campagne d'Italie. Ce que je vous ai dit sur les Italiens qui ne savent pas se battre est douloureusement prouvé chaque jour. Ils gaspillent leurs richesses et leurs malheureuses alliances[7] dans une aventure absolument honteuse. Nul ne sait comment cela va finir. Je regrette beaucoup qu'Austen [Chamberlain] n'ait pas été mis aux Affaires étrangères. Je crois que vous allez désormais voir quel poids plume est Eden. La League of Nations Union[8] m'envoie des tas de lettres depuis ma circonscription en réclamant des mesures extrêmes, alors qu'ils nous ont préalablement désarmés, si bien que nous sommes une proie facile !

🐈 C'est vraiment bien d'avoir Diana & Duncan ici. Ils sont si heureux. Ils disent que c'est une deuxième lune de miel. C'est vrai que le Soleil, l'Amour, & n'avoir à se préoccuper ni des dépenses ni des questions ménagères, ce ne peut être que la belle vie ! Plus je pratique Duncan, plus je l'apprécie. Ils se lisent des livres politiques sous les palmiers pendant que je peins. Je crois que vous serez surprise de voir les tableaux que j'ai faits.... J'en ai maintenant <u>sept</u>....

J'attends impatiemment de vs nouvelles....

Avec mon tendre amour ma chatte chérie
Votre mari dévoué à jamais
W

P.-S. Je me demande si le chat roux me réclame !

1. Causée par la démission du député libéral soutenant le gouvernement d'Union nationale qui détenait le siège. La section libérale locale avait (conformément au règlement du gouvernement d'Union nationale) adopté Malcolm MacDonald (voir p. 499 n. 2) comme candidat.

2. Oliver Baldwin (1899-1958), fils aîné de Stanley Baldwin. Député travailliste de Dudley de 1929 à 1931, et ensuite de Paisley de 1945 à 1947. Succéda à son père comme deuxième baron Baldwin en 1947. Gouverneur des îles Sous-le-Vent de 1948 à 1950.

3. La Conférence navale de Londres, organisée en 1930 pour limiter les armes sur mer et réduire les tensions en Extrême-Orient, avait repris ses travaux le 6 janvier 1936. Le Japon s'en retira le 15 janvier. Le Traité naval de Londres, qui définissait les catégories de navires, autorisait les tonnages et les calibres de canons, et prévoyait la déclaration préalable de tout nouveau programme de construction, fut signé par la Grande-Bretagne, les États-Unis et la France le 25 mars, et par l'URSS le 1er octobre 1936.

4. Le vicomte Monsell (1881-1969), Premier lord de l'Amirauté de novembre 1931 à juin 1936.

5. Esmond Harmsworth (1898-1978), fils et héritier de Lord Rothermere, à qui il succéda comme deuxième vicomte en 1940. Président d'Associated Newspapers Ltd. de 1932 à 1971.

6. Churchill fait un jeu de mots sur « *to be behind the times* » (ne pas vivre avec son temps) et le titre du journal, *The Times*. Le jeu de mots était possible en français de l'époque, grâce à l'existence du journal *Le Temps*. [ndt]

7. Le 18 décembre 1935, Mussolini avait lancé un appel auprès de toutes les Italiennes pour qu'elles fassent don de leur alliance en or pour contribuer au financement de la campagne d'Abyssinie.

8. Puissante association de pacifistes, souvent travaillistes, qui soutenait la « sécurité collective » défendue par la Société des Nations (League of Nations) contre les volontés de réarmement et d'intervention de chaque pays pris séparément, notamment la Grande-Bretagne. [*ndt*]

o De Clementine Hôtel Zürserhof
11 janvier 1936 Zürs

Mon chéri

J'attends avec impatience des nouvelles de Randolph & de ses activités. Hier nous sommes allées en expédition…. Nous avions un guide charmant qui portait notre nourriture, nos manteaux, une trousse de 1ers soins, &, pauvre garçon, il a presque dû me porter moi aussi à la fin ! Je lui ai donné un beau pourboire, qu'il a tenté de refuser & il m'a dit « c'était un plaisir » ; ce qui me laisse penser que sa vie doit être plutôt monotone – Mon chéri, vous auriez bien ri, & vous auriez aussi été passablement en colère, si vous nous aviez vues toutes les deux accrochées sur les pentes abruptes comme des mouches sur un mur ! Mary est tombée 19 fois, nous les avons comptées, mais d'après elle, c'était « seulement 18 fois et demie » !

Aujourd'hui, je vais faire du traîneau car j'en ai vraiment assez des chutes !

Amour tendre de
Votre Clemmie
couverte de bleus & peinant, mais en rien vaincue

o De Winston [dactylographié] Hôtel Transatlantique
15 janvier 1936 Meknès

Ma Clemmie chérie,

Nous avons quitté Marrakech le 14 avec beaucoup de regrets, après dix-huit jours où nous n'avons pas vu le temps passer. Rothermere avait envoyé une auto pour nous emmener à Meknès, à 400 kilomètres au nord, où nous sommes toujours. L'hôtel est excellent, et il est situé sur les fertiles contreforts de l'Atlas, absolument magnifiques, mais il ne vaut pas Marrakech. Le temps est nettement plus froid, le soleil est moins doux et la végétation est plus espagnole qu'africaine. Il y a bien sûr la grande ville indigène de Fez que nous allons visiter demain ou après-demain. Rothermere et Esmond [Harmsworth] sont ici, très chaleureux envers nous, et très pessimistes sur tout....

Vous avez naturellement dû lire tout ce que les journaux disent de Randolph. Aujourd'hui il me télégraphie qu'un obscur journal écossais avance que je soutiens à fond sa candidature. Je n'ai pas envie de le désavouer et j'ai laissé couler.... Je ne veux pas prendre de décision sur cette affaire tant que je ne serai pas rentré, mais je suis enclin à penser que l'éventualité de mon entrée au Gouvernement n'est plus à l'ordre du jour à cause de l'hostilité que la campagne de Randolph doit susciter. Kismet[1] !

À Marrakech Ll.G [Lloyd George], notre cercle d'amis et moi avons dîné avec le Glaoui ou Pacha[2], et dégusté un interminable festin arabe gargantuesque avec nos doigts. C'est quelqu'un de très capable, qui mène grand train à Marrakech. Son fils de 21 ans vit à Télouet, au cœur de l'Atlas, à cent cinquante kilomètres de là. Nous sommes allés lui rendre visite en empruntant une superbe route avec des précipices de chaque côté, et nous avons été reçus dans son énorme château situé à peu près à la limite de la neige dans une sombre vallée. Nous avons été très bien accueillis et nous avons eu droit à un nouveau banquet arabe – mon dernier pour un bout de temps j'espère.... Ll.G. et moi avons rendu l'invitation du Glaoui en le conviant à un dîner à l'hôtel qui a été très réussi....

Je n'ai rien fait ces derniers jours parce que nous n'avons pas cessé de bouger. Marlborough n'a que peu avancé. J'ai quatre articles à faire et il faut que me débrouille pour m'en occuper sur le trajet du retour.

17 janvier

...

Nous voilà actuellement dans le train qui approche de nouveau de Marrakech sous un soleil une fois de plus tiède et lumineux....

C'est l'anniversaire de Ll.G [son soixante-treizième] et nous allons tous dîner ensemble pour fêter cela....

Je suis ravi d'apprendre que vous passez du bon temps à Zürs. C'est bien le moins en si agréable compagnie. Également de voir que vous et Mary faites des progrès dans l'art du ski. J'ai bien peur de devoir renoncer à toute tentation d'en faire autant....

... Je crains qu'ils [le gouvernement] n'aient reçu de graves nouvelles de l'Allemagne et de ses intentions agressives. Il est certain que notre Ambassadeur à Berlin a trouvé un Hitler très brusque quand il est allé lui parler d'un pacte aérien. Ils sont chaque minute plus forts. Ils ont choisi de faire donner leur presse avec véhémence contre les conversations militaires et navales franco-britanniques qui étaient nécessaires au vu de la menace italienne....

Rothermere, qui reçoit de longues lettres et des télégrammes d'Hitler et reste en contact étroit avec lui, pense que le 24 ou peut-être le 21, Hitler va faire une annonce extrêmement importante. Cela pourrait bien être que l'Allemagne va violer les Articles 46 et 47 du Traité et réoccuper la zone neutre [de la Rhénanie] avec des troupes et des places fortifiées. Cela soulèverait immédiatement une très grave question européenne, et personne ne peut dire ce qu'il en sortirait. Il est certain que la Société des Nations serait contrainte de déclarer l'Allemagne coupable « d'agression », et les Français seraient à même de réclamer notre aide spécifique pour faire respecter les sanctions. Ainsi les gens de la League of Nations Union qui ont tout fait pour nous voir désarmer pourraient se retrouver confrontés à de terribles conséquences. Baldwin et Ramsay, coupables d'avoir négligé nos défenses malgré toutes les mises en garde, pourraient bien craindre non seulement pour la population mais aussi pour leur propre peau.

La Conférence Navale a bien sûr échoué. C'est le Japon qui l'a brisée. Ce qu'il y a de bien, c'est que nous et les États-Unis travaillons la main dans la main et allons nous encourager mutuellement à renforcer nos marines. Pendant ce temps le Japon cherche à s'approprier de nouvelles provinces chinoises. Déjà plus de la moitié de leur budget total va en armements. Les chiffres que j'avais cités sur les dépenses d'armement de l'Allemagne commencent à être reconnus par la presse comme n'étant que trop réels. Il faut considérer ces deux nations prédatrices sous dictature militaire, l'Allemagne et le Japon, comme agissant d'un commun accord. Pas étonnant que l'ours russe tremble pour sa peau et cherche protection parmi les puissances capitalistes qu'il a laissé tomber pendant la guerre, et cherché à détruire au moment de sa fin. Quel – pour citer une phrase célèbre – « Quel effroyable enchaînement de circonstances[3]. » Comme c'est triste de voir que nous avons ce malheureux Baldwin et ses valets en possession absolue de tous les pouvoirs !...

C'est très agréable d'avoir la perspective d'une nouvelle semaine à peindre au soleil. Je crois bien que vous serez surprise par mes tableaux quand vous les verrez. Ils sont un cran au-dessus de tout ce que j'ai fait jusqu'ici. ✍ Encore un aujourd'hui ! Je fais les figures tellement mieux qu'avant. C'est que tous les gens d'ici aussi pauvres soient-ils sont des tableaux potentiels, & les foules avec leurs couleurs vives & variées sont comme des scènes de fête.

Ma chatte chérie – il faut que je vous amène ici. Je suis sûr que nous pourrions y passer des semaines heureuses ensemble sous le soleil, à un moment peut-être où tout serait sinistre & glacial en Angleterre.

Je vais ts bientôt réécrire. En attendant transmettez ma plus profonde tendresse à Maria, & dites-lui comme je suis content qu'elle fasse tant de progrès au ski.

Votre mari dévoué à jamais & qui vous aime
W
…

1. Du turc *qismet*, qui signifie sort, destin ou accomplissement d'une destinée.
2. Thami El Mezouari El Glaoui (1879-1956), principal pacha de Marrakech et sultan héréditaire de l'Atlas.
3. Citation de Daniel Webster (1782-1852), homme d'État et orateur américain.

Le 20 janvier 1936, le roi George V mourut et le prince de Galles lui succéda sous le nom d'Édouard VIII. Winston abrégea ses vacances marocaines et rentra le 23 janvier. Clementine prolongea son séjour de plusieurs semaines après m'avoir renvoyée à la maison avec sa femme de chambre pour la rentrée.

L'élection partielle de Ross et Cromarty eut lieu le 10 février, donnant une nette victoire à Malcolm MacDonald (National Labour); Randolph arriva en troisième position loin derrière le candidat travailliste, et le candidat libéral perdit son dépôt de garantie[1]. Les anti-churchilliens prirent un malin plaisir à la défaite de Randolph et à la déconfiture présumée de son père.

De manière générale, les affaires de la famille étaient source de tracas, comme le montre la lettre qui suit de Winston, écrite à la Chambre des communes au cours d'un débat.

1. Les résultats furent les suivants : National Labour (M. MacDonald) 8 949 voix, travailliste 5 967, conservateur (R. Churchill) 2 427 et libéral 738. Malcom MacDonald l'emporta avec une avance de 2 982 voix.

o De Winston   Chambre des communes
[Vendredi] 21 février 1936

Ma chérie,

L'entretien a eu lieu sa^{di} midi. Il [Vic Oliver] s'est déclaré tout à fait prêt à donner le nom & l'adresse de sa mère & de sa sœur. Son père était un fabricant de tissu connu à Brünn appelé Victor Samek. Il ne m'a pas fait l'impression d'être un mauvais bougre ; mais d'un commun pas possible. Citoyen autrichien, résidant aux États-Unis, & ici avec un visa temporaire & un passeport américain ; deux fois divorcé[1] ; dit avoir 36 ans. Horrible bouche : infâme accent traînant austro-yankee. Je ne lui ai pas tendu la main : mais lui ai fait subir un examen approfondi. Il m'a décrit Sarah [qui était présente] comme la « <u>jône feille</u> la plus intelligente & la plus charmante » qu'il ait jamais rencontrée. Il a ajouté qu'il ne leur viendrait pas à l'idée de se marier précipitamment, & « qu'il ne forcerait pas la porte de ma famille ctre ma volonté » : mais il a dit aussi qu'on les voyait toujours déjeuner ou souper ensemble, etc. : cela pourrait conduire à des interprétations malveillantes, & le mieux était de se fiancer.

Vous imaginez bien que je l'ai mis face aux réalités peu reluisantes. Je lui ai dit que s'ils se fiançaient, je serais contraint de faire immédiatement une déclaration publique qui serait douloureuse pour tous les deux. J'ai ensuite récapitulé l'ensemble des arguments ctre leur mariage ou leurs fiançailles. Et j'ai indiqué que s'ils acceptaient de ne pas se revoir et de ne pas communiquer pendant un an, & étaient alors toujours dans le même état d'esprit, je lèverais mes objections, sinon je ferais de mon mieux pour dissuader Sarah de sauter ce pas fatal. Sur quoi il s'est levé avec une gde émotion, non sans dignité, en répondant « Vous n'aurez pas à le faire. Je m'en chargerai tout seul. »

Sarah est redescendue avec lui & je ne l'ai pas vue depuis. Mais j'ai fait intervenir Diana auprès d'elle & j'apprends que l'idée de fiançailles est retombée : & dans mes conversations avec elle au téléphone elle semble calme & avoir assez bon moral. Je ne crois pas qu'il y ait lieu de s'inquiéter dans l'immédiat.

Je vais maintenant essayer de retirer Sarah de la revue [*Follow the Sun*], & de lui faire faire ses débuts sur la scène normale. Penelope Ward[2] travaille pour le théâtre de répertoire de Liverpool, & je vais me renseigner là-dessus auprès de Brendan [Bracken]. Cochran fera tout j'en suis sûr pour être utile.

Ma chérie je vous écris cela pendant que Bob Boothby s'adresse à la Chambre derrière moi. Mais je voulais vous donner un récit raisonné des événements....

Il n'y a aucun changement quant à l'incertitude qui plane sur mes affaires. De toute évidence B[aldwin] désire par-dessus tout éviter d'avoir à me faire entrer au Gouvernement. Il faut désormais que je le reconnaisse. Mais sa propre position est ts ébranlée, & les gros nuages s'amoncellent.

Comment cela va de votre côté ? J'espère vraiment que vous êtes heureuse, en bonne santé & faites des progrès : & que la neige ne va pas fondre prématurément.

Avec d'innombrables baisers & mon tendre amour
Votre mari dévoué & qui vous aime
W
...

1. Inexact. Vic Oliver n'avait été marié et n'avait divorcé qu'une seule fois avant de rencontrer Sarah.
2. Penelope Dudley Ward (1914-1982), l'une des deux filles de William et Freda Dudley Ward (voir p. 312 n. 2). Très belle et charmeuse. Actrice à succès sur la scène et à l'écran. Brendan Bracken était un grand ami de Freda Dudley Ward et de ses filles.

o De ClementineSporthotel Lorünser[1]
27 février 1936Zürs

Mon chéri, Votre lettre du 21 vient juste de me parvenir à midi – Le récit de votre entrevue avec Mr Oliver m'a de nouveau clouée d'horreur à la possibilité d'un tel mariage – Sarah n'est pas seulement envoûtée par le théâtre – Au Moyen Âge, on aurait dit qu'elle était ensorcelée – Mon chéri – Je suis ici sans faire quoi que ce soit pour éviter ce désastre ; mais j'ai l'impression que Sarah fera plus de cas de votre opinion à vous, & du temps & des efforts que vous lui consacrez, à elle & à son avenir. Comme les pauvres, je suis – « toujours avec elle[2] » – je suis d'accord avec le diagnostic que vous portez sur Mr Oliver – pas vraiment un mauvais bougre, mais d'un commun pas possible, etc. J'ai passé une soirée en sa compagnie, mais avant de savoir ce qui allait se passer – Aussi ne l'ai-je pas examiné d'un œil véritablement scrutateur. Mais même en tant que copain, j'ai été surprise du goût de Sarah.... Mon chéri – Je crois que Baldwin doit être fou pour ne pas faire appel à vous – Peut-être est-ce un cas de « Ceux que les dieux veulent détruire – – –[3] »

Pour ce qui est du ski, j'en suis arrivée à la conclusion que ce n'est pas un plaisir, mais un vice – Et j'en suis gravement atteinte. C'est incroyablement difficile & mon amour-propre est piqué au vif de ne pas progresser plus vite. Le temps est superbe. Soleil étincelant & ciel d'un bleu divin – Très chaud en milieu de journée – Glacial la nuit. Mais l'hôtel, bien q. plutôt fruste & modeste, est confortable et accueillant....

Votre Clemmie
qui vous aime

1. Après mon départ, CSC s'était installée dans un plus petit hôtel du village pour être près de ses connaissances.

2. Citation biblique : « *For the poor always you have with you; but me you have not always.* » (Évangile selon saint Jean 12:8 : « Des pauvres, vous en aurez toujours avec vous, mais moi, vous ne m'aurez pas toujours. ») [*ndt*]

3. Première partie d'un proverbe antique parfois attribué, probablement à tort, à Euripide : « *Those whom the gods wish to destroy they first make mad* » (« Ceux que les dieux veulent détruire, ils les privent d'abord de raison. ») [*ndt*]

o De Winston　　　　　　　　　　　　　　　　11, Morpeth Mansions
3 mars 1936

Ma chérie,

Dimanche quand nous sommes allés nourrir Jupiter [cygne blanc femelle] elle a refusé de manger dans ma main. Lundi elle était morte. Cela faisait 10 ans qu'elle était sur le lac & elle avait environ 3 ans quand elle est arrivée. Normalement ils ne vivent qu'une douzaine d'années. C'est donc parfaitement naturel.

Je vous envoie une lettre sur le Théâtre de Répertoire de Liverpool.... J'en ai parlé à Sarah & elle m'a dit qu'elle aimerait bcp y aller le plus tôt possible après la fin de la série de représentations de Follow the Sun. Elle a accepté l'idée de très bonne grâce.... Elle est venue déjeuner dimanche & semble avoir bon moral. Je lui ai demandé « Est-ce que quand tu m'as dit "pas d'inquiétude" cela tient toujours ? » Elle a répondu « Oh oui bien sûr. » Son comportement actuel me permet d'espérer que ce nuage va bientôt s'éloigner. Quand il le sera je dirai un mot aimable au monsieur. Toutefois ne faisons pas comme la fermière et le pot au lait et ne comptons pas nos poulardes avant qu'elles ne soient toutes revenues au poulailler. La question de la Défense ne peut plus attendre. Baldwin hésite toujours[1]. C'était Swinton (Cunliffe Lloyd Lister Greame)[2] son premier choix. Mais la grogne qui s'est exprimée sans aménité aux Communes lui a fait je pense prendre peur et l'a dissuadé de nommer un Pair. Samedi Bendor [Westminster] est venu déjeuner à Chartwell à l'improviste, très remonté en ma faveur. Il s'était renseigné auprès de Gwynne[3] du M.P. [*Morning Post*], qui lui avait dit « qu'il y avait tout lieu de penser que l'affaire allait se résoudre dans le sens qu'il souhaitait ». Et voilà que ce matin le D.T. [*Daily Telegraph*] sort avec les articles ci-joints, qui constituent la mise au point la pls positive à ce jour & la plus récente – & ce émanant d'une source gouvernementale généralement bien informée. Quoi qu'il en soit, il semble que je sois toujours *en jeu* [*sic*]. Je suppose que tout sera réglé aujourd'hui ou demain. Betty Cranborne[4] (que j'ai rencontrée hier soir en dînant chez Jack [Churchill] & Goonie) m'a raconté que Neville Ch[amberlain][5] lui avait dit la semaine dernière « Bien sûr si c'est une question d'efficacité militaire, Winston est sans conteste l'homme de la situation. » Toutes les autres possibilités sont successivement explorées & écartées. Hoare à cause de sa position au F.O. [Foreign Office] & du pacte Hoare-Laval ; Swinton & Hankey[6] & Weir[7] parce que Pairs ; Ramsay [MacDonald] parce que tout le monde peut voir que c'est une ruine ambulante ; Lord U. Percy[8] à cause de lui-même & de sa taille ; Neville parce qu'il se voit déjà PM. K[ingsley] Wood[9] parce qu'il vise l'Échiq, & de toute façon ne fait pas la différence entre un Général et une torpille marine à tête blanche[10] ; [sir Robert] Horne parce qu'il ne veut pas perdre ses 25 000 £ par an de jetons de présence – et ainsi de suite. Donc au bout du compte on pourrait bien en revenir à votre pauvre [croquis de porc].... Je n'ai pas l'intention d'en faire une maladie quoi qu'il arrive. Il y a une part de Destin.

Si je l'obtiens, j'œuvrerai fidèlement devant Dieu & les hommes pour la <u>Paix</u>, sans me laisser emporter par l'orgueil ou l'enthousiasme.

Si on ne veut pas de moi, nous avons bcp de choses pour nous rendre heureux, ma chère Clemmie bien-aimée. Je câblerai si quoi que ce soit « filtre ».

Votre mari qui vous aime à jamais
W

P.-S. Ce serait la tâche la plus lourde que j'aie connue. Ils sont <u>effroyablement</u> en retard.

---

1. La rumeur de la nomination d'un ministre de la Coordination de la défense circulait dans la presse et les milieux politiques. Le nom de WSC figurait en bonne place parmi les choix possibles. Finalement le portefeuille fut créé le 13 mars 1936 et il fut attribué à Sir Thomas Inskip (voir p. 464 n. 3).

2. Sir Philip Cunliffe-Lister, auparavant Philip Lloyd Greame, avait été fait vicomte Swinton le 29 novembre 1935. Voir p. 465 n. 7.

3. H.A. Gwynne, rédacteur en chef du *Morning Post*.

4. Elizabeth (née Cavendish) (1897-1982), épouse du vicomte Cranborne (Bobbety), ensuite cinquième marquis de Salisbury. Fille aînée de Lord Richard Cavendish, frère du neuvième duc de Devonshire, et de son épouse, Lady Moyra.

5. À l'époque chancelier de l'Échiquier (1931-1937).

6. Sir Maurice Hankey. À l'époque Secretary to the Cabinet (1919-1938). Il n'est en fait devenu baron qu'en février 1939.

7. William Douglas Weir (1877-1959), fait baron en 1918, puis premier vicomte Weir en 1938. Courtier maritime et pionnier de la construction automobile. Conseiller au ministère de l'Air de 1935 à 1939.

8. Lord Eustace Percy – surnommé ici encore Lord Useless (U.) Percy : voir p. 392 n. 2. [*ndt*]

9. Sir Kingsley Wood (1881-1943). Député conservateur de 1918 à 1943. Participa à plusieurs gouvernements. À l'époque ministre de la Santé (1935-1938). Chancelier de l'Échiquier dans le Cabinet de guerre de WSC, à partir de 1940.

10. Autre jeu de mots sur les noms propres : Churchill fait allusion à la fois à la « torpille Whitehead » (du nom de son inventeur) et aux cheveux blancs des chefs militaires (Whitehead = tête blanche). [*ndt*]

Clementine était toujours à Zürs lorsque, le 7 mars 1936, les troupes allemandes occupèrent à nouveau la zone démilitarisée de la Rhénanie, violant une fois de plus le traité de Versailles. La force d'occupation allemande avait pour ordre de se retirer en cas d'opposition, mais Hitler avait très justement anticipé les effets de l'esprit de pacifisme qui infectait les opinions publiques française et britannique et affaiblissait la détermination des gouvernements, qui n'opposèrent que des protestations à l'agression allemande.

Début mai, l'Abyssinie fut conquise et annexée à l'Italie. L'empereur Hailé Sélassié se réfugia en Angleterre. À la mi-juillet, une révolte éclata dans l'armée espagnole contre le gouvernement républicain de gauche ; le général Franco[1] prit la tête des nationalistes et une guerre civile brutale s'ensuivit avec de terribles atrocités de part et d'autre. La Grande-Bretagne, la France, l'Allemagne et l'Italie, et d'autres nations européennes, signèrent un accord de non-intervention en Espagne. Hitler et Mussolini passèrent outre et apportèrent une aide militaire massive à Franco, qui allait se révéler décisive dans la victoire nationaliste de 1939[2].

Le 24 août, Winston et Clementine rejoignirent Consuelo et Jacques Balsan à Saint-Georges-Motel, près de Dreux en Normandie, puis Winston se rendit dans le Midi chez Maxine Elliott au château de l'Horizon, tandis que Clementine rentrait à Chartwell.

1. Le général Francisco Franco (Bahamonde) (1892-1975), dictateur militaire espagnol. Il faisait partie des meneurs de la révolte nationaliste de juillet 1936 ; en 1939, ayant renversé le régime républicain, il se proclama chef de l'État (Caudillo).

2. L'opinion britannique était divisée. Les dirigeants, conservateurs et travaillistes, étaient opposés à toute intervention. Environ 2 000 citoyens britanniques rejoignirent les Brigades internationales et combattirent aux côtés des républicains.

o De Winston　　　　　　　　　　　　Château de l'Horizon
5 septembre 1936

> Ma chérie,
>
> J'ai passé la journée à peindre, comme tous les jours. J'ai découvert une magnifique rivière d'eau claire – le Loup – & un coin sauvage tranquille, & j'étudie l'eau claire. J'ai produit deux variantes que vous admirerez j'espère autant que moi[1] ! Wow ! Demain je vais déjeuner à Maryland chez Muriel [Warde] (qui est venue nous voir ici).... Après le déjeuner je m'attaquerai une fois de plus au petit port de Saint-Jean-Cap-Ferrat – vous savez que j'y ai fait plusieurs tentatives.
>
> Le temps a été beau & chaud, mais ce soir il y a davantage de vent & également des nuages & de la brume. Loelia [Westminster][2] est repartie hier & ici nous avons seulement Doris[3] [Castlerosse], une jeune actrice française (ts jolie mais pas ts demandée), le jeune frère de Lord Queensberry (qui a perdu une jambe à la guerre). Mais bcp de gens viennent comme d'habitude pour se baigner & déjeuner... (Je ne me souviens pas de tous – en fait d'aucun).... Je viens de terminer le premier de mes nouveaux articles pour le News of the W[orld]. J'ai l'intention d'en faire au moins trois avant de repartir. Ils sont ts lucratifs. Ce serait de la folie de ne pas les achever vu le nombre d'incertitudes.
>
> J'ai fait le nécessaire pour aller suivre les manœuvres [de l'armée française] à Aix-en-Provence le mercredi 9 & le 10. On doit m'envoyer une invitation officielle....
>
> Je me réjouis de voir que les Nationalistes espagnols gagnent du terrain. Ce sont les seuls à avoir la capacité d'attaquer. Les autres ne peuvent que mourir assis. Horrible ! Mais cela vaut mieux pour la sécurité de tous si les Communistes sont écrasés....
>
> 　　　　　　　　　Avec mon tendre amour ma douce Clemmie
> 　　　　　　　　　Toujours votre mari dévoué qui vous aime
> 　　　　　　　　　　　　　　　　Winston
> 　　　　　　　　　　　　　　　　　...

1. L'une des deux est désormais dans les collections de la Tate Gallery de Londres.
2. Née Loelia Ponsonby, fille unique du premier baron Sysonby, elle était devenue la troisième épouse du duc de Westminster en 1930. Ils se séparèrent en 1935, mais ne divorcèrent qu'en 1946.
3. Née Doris Delavigne, épouse du vicomte Castlerosse (ensuite sixième comte de Kenmare). Le mariage fut dissous en 1938, et elle mourut en 1942.

o De Clementine				Chartwell
8 septembre 1936

Mon Winston chéri

Quelle bonne idée vous avez eue d'aller dans le Midi, car ici nous avons un temps d'automne. J'ai fait éteindre la chaudière sous la piscine, car personne ne se baigne, mais le filtre continue à fonctionner de sorte que, sous la lumière pâle & intermittente du soleil, elle ressemble à une gigantesque aigue-marine....

... Mercredi nous avons « ouvert le jardin » – Le temps était superbe – La piscine venait d'être nettoyée & l'eau qui s'y déversait était cristalline. Au début j'ai pensé que nous n'aurions que très peu de visiteurs – Ils sont arrivés par petits groupes ; mais cela a bientôt été un filet régulier jusqu'à la fermeture – au total 526 personnes et 28 £ 18 [shillings] et 9 [pence] pour les hôpitaux. La moitié d'entre eux ont visité votre atelier...

... Sarah s'est montrée très gentille & affectueuse, mais je crains qu'il n'y ait aucune amélioration de ce côté [concernant Vic Oliver]....

							Votre Clemmie
							qui vous aime

Je déjeune à Lympne aujourd'hui. Philip [Sassoon] m'envoie son avion.

o De Winston				Domecy-sur-Cure
13 septembre 1936				Yonne

Ma chérie,

Je suis arrivé ici ce matin. C'est à 120 kilomètres de Dijon en voiture. Nous sommes au cœur de la France : la demeure de Flandin[1], sur les bords de la Cure, aux eaux claires et vigoureuses. Nous avons épuisé les sujets de conversation politique, & je me suis retiré au lit pour vous écrire.

Les onze jours que j'ai passés chez Maxine [Elliott] ont été ts agréables – Le temps magnifique, tout le confort, & j'ai peint six beaux tableaux, en plus des trois de Dreux. Je les envoie à la maison demain ou après-demain par Mrs P [Violet Pearman, sa secrétaire] : mais ne les déballez pas avant mon arrivée ; car je veux que ce soit moi qui aie l'honneur de vous les présenter....

Les manœuvres étaient ts intéressantes. J'ai parcouru le terrain toute la journée en voiture avec le Généralissime, le Général Gamelin[2], qui était communicatif sur les sujets sérieux. Il n'y avait rien à voir, car toutes les troupes étaient cachées dans des fossés ou sous des buissons. Mais pour quelqu'un avec des connaissances militaires c'était très instructif. Les officiers de l'armée française sont impressionnants de gravité & de compétence. On sent bien que la force de la nation réside dans son armée. Demain je vais à Paris, dîne & couche à l'Ambassade & ensuite je vais mardi sur la ligne de fortifications [la ligne Maginot]. L'attaché militaire & [Lord] Lloyd viennent avec moi. Ce sera un pèlerinage qui en vaudra la peine. Je resterai peut-être à Paris le 17, et ferai peut-être un petit « *discours* » aux journalistes, avant de revenir.

Tout va de mal en pis, sauf que les Nationalistes (comme ils insistent pour qu'on les appelle) [l'armée de Franco] sont en train de gagner. Secret. F[landin] pense que les Communistes français ont été payés lors des élections, non pas par la Russie, mais par l'Allemagne – afin d'affaiblir la France ! Assez cynique si c'est vrai. Cela expliquerait pourquoi Staline[3] a exécuté la vieille garde bolchevique : à savoir afin de briser les Communistes orthodoxes qui désobéissaient à ses ordres de ne pas perturber la France. Dans cette hypothèse il semblerait que les Russes tentent un mouvement vers la droite – & avec sincérité. Bien sûr il ne s'agit que de suppositions.

Ma chérie j'ai reçu vtre lettre, & eu gd plaisir à lire tout ce que vous dites sur Chartwell. Je me demande comment va Diana[4]. Cela doit être ts proche maintenant....

[en marge] Nets progrès pour l'indigestion.

Ma chérie j'espère que vous avez bien reçu mon câble & mes fleurs le 12 septembre. Comme le temps file ! Ma douce Clemmie, je vous dois tant. Avec mille baisers, je reste

Votre mari dévoué qui vous aime

...

1. Pierre-Étienne Flandin (voir p. 465 n. 6). Il avait cessé d'être ministre des Affaires étrangères en juin 1936.
2. Général Maurice Gustave Gamelin (1872-1958), chef d'état-major de l'armée française à partir de 1931, inspecteur général de l'Armée et vice-président du Conseil de guerre de 1935 à 1937.
3. Joseph Staline (1879-1953), chef communiste de l'URSS. Il élimina l'opposition à son idéologie lors de la « grande Purge » de 1936.
4. Diana attendait son premier enfant. Julian Sandys naquit le 19 septembre 1936.

◊ De Clementine
[Note au crayon non datée, sur papier sans en-tête]

J'adore vos magnifiques œillets –

Ronronnements... X X X

Alors que Winston était en voyage, un drame éclata dans la famille. Le 14 septembre, Sarah partit rejoindre Vic Oliver à New York, sans en avertir ses parents. La nouvelle, annoncée par Sarah dans une lettre à Clementine après son départ, et diffusée dans la presse des deux côtés de l'Atlantique, causa naturellement la plus grande détresse à sa mère.

Au cours de l'automne et de l'hiver, la saga du roi Édouard VIII et de Mrs Simpson[1] prit de l'ampleur. La liaison du roi avec Wallis Simpson était connue des hautes sphères de l'« establishment » et la presse étrangère en faisait état depuis plusieurs mois déjà, mais ce n'est qu'au début du mois de décembre que la chose commença à être évoquée dans les journaux britanniques, ouvrant la voie à une crise constitutionnelle majeure.

Le roi demanda conseil et soutien à Churchill, parmi d'autres. Winston le connaissait depuis sa jeunesse et lui était très dévoué. Il chercha par tous les moyens à gagner du temps, espérant qu'une solution pourrait être trouvée autre que l'abdication. L'une des idées qu'il évoqua fut celle d'un mariage morganatique[2], mais le Conseil restreint refusa d'accepter cette solution, qui n'aurait de toute façon pas été acceptable pour le Commonwealth.

Sur toute cette affaire, Clementine était en profond désaccord avec Winston – étant meilleure juge que lui de l'opinion et de l'humeur du pays. Elle se rendait compte que sa défense chevaleresque de la cause du roi nuisait à sa propre position politique à un moment où les gens commençaient à prendre au sérieux ses mises en garde concernant la défense de la nation et les dangers que représentaient les dictateurs.

1. Wallis Simpson (née Warfield), par la suite duchesse de Windsor (1896-1986), fille de Teakle Wallis Warfield de Baltimore. Femme du monde, américaine, deux fois divorcée, elle épousa Édouard, duc de Windsor (ex-roi Édouard VIII) en 1937.
2. Aurait permis au roi d'épouser Mrs Simpson, mais elle aurait conservé son statut de citoyenne ordinaire et les enfants nés de ce mariage n'auraient pas pu prétendre au trône. Le mariage morganatique était toutefois inconnu en Angleterre, bien que pratiqué par la royauté sur le continent, et un acte du Parlement aurait été nécessaire pour que cette solution puisse mettre fin à l'*impasse*.

o De Winston Eaton[1]
27 novembre 1936

Ma chérie,
Nous avons passé une bonne journée. J'ai tiré 112 oiseaux. Il semble bien qu'une année sans cognac ait amélioré ma vision.

Vous n'auriez pas été particulièrement amusée par les invités, ni par la chasse....

Max [Beaverbrook] m'a téléphoné pour me dire qu'il avait vu le monsieur [le roi Édouard VIII], & lui avait indiqué que le projet Cornouailles[2] était une idée à moi. Le monsieur était absolument pour. Tout dépend désormais de ce que va dire le Conseil restreint. Je ne vois pas d'autre issue.

Bonne nuit ma chérie. Je télégraphierai pour préciser si j'arrive tard demain ou tôt dimanche.

Avec mon amour le plus tendre
Votre mari qui vous aime à jamais
W

1. Eaton Hall, la résidence du duc de Westminster près de Chester.
2. Si l'idée d'un mariage morganatique avait pris, il avait été suggéré que Mrs Simpson prenne le titre de duchesse de Cornouailles.

L'année 1936 se termina en sourdine pour les Churchill : Winston fut mortifié par l'hostilité dont la Chambre fit montre à son égard lorsqu'il tenta de plaider (le 7 décembre) pour qu'aucune « décision irrévocable » ne soit prise en ce qui concernait le roi – il fut littéralement hué. Clementine et lui furent profondément affectés par l'abdication du roi le 11 décembre.

Sarah épousa Vic Oliver à New York la veille de Noël.

Noël et le Nouvel An furent plutôt calmes à Chartwell ; mais Diana et Duncan se joignirent à nous avec leur premier enfant, Julian, alors âgé de trois mois.

Chapitre XVIII

IL N'EST PIRE SOURD

Au tout début de l'année 1937, Winston se rendit chez Sir Philip Sassoon à Trent Park, près de Londres, tandis que Clementine partait pour Zürs.

Les premières lettres de cette année concernent principalement la mort tragique et soudaine de Ralph Wigram[1], âgé de quarante-six ans. Conseiller au ministère des Affaires étrangères, il faisait partie d'un petit groupe de militaires et de fonctionnaires qui, désespérant de la politique du gouvernement et du manque total de progrès en matière de réarmement, fournissaient à Churchill des informations sur la politique gouvernementale, des détails techniques sur l'armement, etc. (au péril de leur réputation et de leur carrière). Ces informations permettaient à Churchill de mener une campagne plus efficace pour inciter le gouvernement à l'action et convertir l'opinion publique à sa cause.

1. Ralph Wigram (1890-1936), conseiller au ministère des Affaires étrangères à partir de 1934 et directeur du Central Department. Il avait épousé en 1925 Ava Bodley (1897-1975), fille de l'historien J.E.C. Bodley.

o De Winston 2 janvier 1937	Trent New Barnet

Ma chérie,
Je crains que vous n'ayez fait une traversée peu confortable. Howes m'a dit qu'il y avait bcp de vent & de vagues, que le bateau était petit, bondé, français, & que vous n'aviez pas de cabine à vous. J'ai compati avec vtre mésaventure, mais heureusement c'est désormais du passé.

J'ai eu un grand choc & une profonde tristesse quand Vansittart[1] m'a appris par hasard au téléphone que le pauvre Ralph Wigram était mort subitement dans les bras de sa femme le jour de la Saint-Sylvestre. Pour moi, c'était quelqu'un d'une grande noblesse. Une flamme vive & régulière qui brûlait dans une lampe brisée, qui nous guidait vers la sécurité & l'honneur.

Brendan [Bracken] & moi allons lundi aux Obsèques qui ont lieu à Cuckfield près de Haywards Heath. Ensuite je le ramènerai à Chartwell avec Vansittart pour le déjeuner. Je vais prendre une couronne pour nous deux. La pauvre petite Ava est complètement déboussolée actuellement. Elle l'adorait & le retenait à la vie. Elle suivait les gdes questions du moment à travers lui. Désormais il ne lui reste que l'enfant drôlet[2]...

Les affaires du Roi[3] m'accaparent en permanence. J'ai un peu travaillé à Marl [*Marlborough*] & je barbouille aussi une petite toile dans la maison.

J'espère qu'à l'heure qu'il est vous êtes bien arrivée & bien installée à Zürs –

Avec tout mon amour le plus tendre
Votre mari qui vous aime
W

...

---

1. Sir Robert (ensuite premier baron) Vansittart (1881-1957), diplomate. À l'époque (1930-1938), directeur des services du ministère des Affaires étrangères.
2. Charles Wigram (1929-1951), fils unique de Ralph et Ava Wigram. Atteint de trisomie 21, il mourut à 21 ans.
3. L'ancien roi Édouard VIII, devenu duc de Windsor.

---

o De Clementine
Mardi 5 janvier 1937
4 h du matin

Flexenhotel
Zürs am Arlberg

Mon chéri,

J'ai été horrifiée & stupéfaite de lire dans le Times de samedi dernier l'« hommage » rendu par Vansittart à notre ami Ralph Wigram. Saviez-vous qu'il était malade ?... Je suis vraiment tellement désolée – Il était pour vous un ami fidèle & on voyait briller dans ses yeux l'étincelle d'un feu intérieur –

Sa pauvre petite femme doit être accablée de chagrin –

Dans cette période troublée, on s'étonne d'être toujours debout – la tête « ensanglantée, mais droite[1] » –

Je me demande si vous avez vu notre Sarah[2]. Je suis contente de l'avoir attendue. Elle n'a pas changé – toujours aussi virginale & réservée.

...

Votre Clemmie
qui vous aime

1. « *My head is bloody, but unbowed.* » Du poème *Invictus* de William Ernest Henley (1849-1903). [*ndt*]
2. Sarah et Vic Oliver avaient quitté New York pour l'Angleterre immédiatement après leur mariage la veille de Noël 1936. Ils étaient venus à Chartwell peu après leur arrivée pour rendre visite aux parents de Sarah (CSC avait retardé son départ pour Zürs afin de pouvoir les rencontrer).

o De Winston Chartwell
7 janvier 1937

Ma chérie,

Vtre deuxième lettre est arrivée ce matin. Je suis si content que vous ayez à la fois santé, neige & soleil.

Je suis allé à Cuckfield (Sussex) pour les obsèques du pauvre Wigram. La veuve était ravagée par le chagrin, & ce fut une expérience atroce. Vansittart & son épouse l'ont prise chez eux à Denham pour une dizaine de jours – une bonne action. Il semble qu'il n'y ait ni pension ni quoi que ce soit pour les veuves du Foreign Office [ministère des Affaires étrangères] : mais elle dit qu'elle peut s'en sortir avec ses propres ressources. Son avenir semble vide & limité[1]. Sinistre monde !

Après les obsèques j'ai ramené les Vansittart & d'autres membres du F.O. ici pour le déjeuner. Ivor C. [Spencer-Churchill][2], Brendan [Bracken] & P. Maze[3] étaient également là. Ce qui restait du personnel touché par la grippe s'est montré à la hauteur.

Sarah est venue déjeuner hier (Merc) & nous avons eu une bonne conversation. Elle était ts mignonne & affectueuse, & semble vouloir bcp rester en contact avec nous. Je lui ai dit ce que nous proposions sur le plan financier.... « Vic » – je suppose qu'il faut l'appeler comme cela – gagne environ 200 £ par semaine les 8 ou 10 semaines où il est ici. Ils ont un tarif spécial à l'hôtel. Mais quelle vie – au jour le jour, sans foyer, sans bébé !

J'ai trouvé Sarah sérieuse & gentille. Comme le malheureux D de W [duc de Windsor] elle a fait ce qu'elle aimait, & maintenant il faut qu'elle aime ce qu'elle a fait. Il va falloir que nous fassions ts attention à faire des exceptions pour elle. Elle parlait de vous avec gde affection.

J'ai fait pas mal de peinture à l'intérieur en utilisant une extrémité du salon – avec une bâche par terre. Deakin[4] est resté 4 jours ici & il m'a bcp aidé. Il fait preuve de davantage de qualités & de serviabilité que tous les autres....

Arnold [le responsable de la ferme] a attrapé une quinzaine de gros ides dorés avec son épuisette quand le lac du milieu était vide. Ce sont des poissons extraordinaires – près de 40 cm de long & l'épaisseur en proportion. J'en ai désormais 25 dans le bassin du jardin. Je leur ai dit de manger tout ce qu'ils veulent. Mais je suppose que leur boue & leurs herbes vont leur manquer[5].

Je vais… passer le week-end à Blenheim – pour peindre & consulter les archives. Je n'irai pas en Italie, & d'ailleurs je ne vais guère quitter le jardin d'ici à votre retour. Les jours passent vite, car j'ai tellement à faire. Marlborough à lui tout seul est ts lourd – mais il y a toujours des articles pour faire bouillir la marmite !

Ma chérie j'espère vraiment que vous & Mary allez bien vous amuser. Cela me rend si heureux quand je pense à vous en train de prendre du bon temps. Venetia [Montagu] devrait maintenant vous avoir rejointes. Racontez-moi tout cela.

Votre mari qui vous aime à jamais
W

1. En 1941 Ava Wigram épousa Sir John Anderson (voir p. 552 n. 7).
2. Lord Ivor Spencer-Churchill (1898-1956), fils cadet du neuvième duc de Marlborough.
3. Paul Maze (1887-1976), peintre franco-britannique né au Havre, qui vivait la plupart du temps en Angleterre. Il avait fait la connaissance de WSC en 1916 sur le front et ils étaient restés en contact. Leur amitié démarra véritablement en 1934, lorsque WSC écrivit la préface de son livre de mémoires de la guerre, *A Frenchman in Khaki*. WSC appréciait beaucoup ses conseils en matière de peinture et l'invitait souvent à Chartwell dans les années 1930. CSC ne partageait pas cette amitié et les visites cessèrent, sans que cela mette fin aux relations que les deux hommes entretenaient. Paul Maze soutenait à fond la démarche antiapaisement et profrançaise de WSC.
4. William (« Bill ») Deakin (1913-2005), attaché de recherche auprès de WSC de 1936 à 1939. Conduisit la première mission militaire auprès de Tito en 1943. Premier secrétaire de l'ambassade de Grande-Bretagne à Belgrade en 1945-1946. Directeur de recherche pour WSC de 1946 à 1949. Warden [directeur] de St Antony's College, Oxford, de 1950 à 1968. Épousa en secondes noces Livia Stela Nasta (« Pussy ») de Bucarest en 1943. Distinguished Service Order, 1943. Chevalier en 1975. Bill et Pussy étaient de grands amis personnels de WSC et CSC.
5. Ces poissons rouges géants et leur descendance restèrent ensuite dans ce bassin, où ils étaient une grande attraction. WSC les nourrissait généralement en leur donnant des vers vivants.

o De Clementine Flexenhotel
11 janvier 1937 Zürs am Arlberg

Mon chéri

Hier, nous avons été délivrés[1] & votre lettre du 7 janvier est arrivée, à ma plus grande joie. Je suis vraiment ravie que Sarah soit venue vous voir & que vous ayez eu une longue conversation avec elle….

Mon chéri, j'espère que vous n'êtes pas épuisé, entre Marlborough qui vous accapare & les articles alimentaires qui vous taraudent – Je regrette que vous n'aimiez pas la neige – Si vous la voyiez briller sous un soleil royal & un ciel bleu limpide, je crois que vous pourriez changer d'avis – Vous êtes un amour de nous permettre à Mary & à moi de profiter de ces vacances. Elle vous rejoindra mardi prochain & je continuerai jusqu'à Davos…

… Il y a énormément de touristes allemands ici & ils sont accueillis de manière très amicale. L'avis général est qu'ils prennent un peu de « répit » loin des tensions excessivement éprouvantes de leur pays.

Votre Clemmie
qui vous aime

1. Zürs avait été coupé du monde pendant plusieurs jours par de fortes chutes de neige et des avalanches.

◊ De Winston [dactylographié] 11 Morpeth Mansions
20 janvier 1937

Sarah et son mari sont venus déjeuner hier. Ils envisagent de louer un appartement. Il y en a un de libre sous celui de Randolph[1] avec un loyer moitié moindre que ce qu'ils payent à l'hôtel….

Nous ne lui avons pas encore donné de cadeau de mariage et je crois que s'ils décident vraiment de prendre un domicile fixe nous pourrions peut-être faire un geste pour les aider….

Hier, je suis monté à l'appartement pour faire mon article bimensuel. Cela ne marche pas mal du tout…. Il doit y avoir près de quarante journaux qui le reprennent dans tous les pays. Certains ne payent que deux ou trois guinées[2], mais cela finit par faire une somme….

Walter Monckton[3] est venu me voir aujourd'hui. Il va chez le D de W [duc de Windsor] vendredi en huit, et je dois le revoir auparavant. Il m'a dit que le D aimerait beaucoup que j'aille passer quelques jours auprès de lui, mais j'ai répondu qu'il fallait d'abord voir comment cela allait se passer pour les pensions de la liste civile, et que je serais ravi d'aller le voir si tout se déroulait bien. Mais il ne faut pas que je coure le risque d'indisposer le Comité sur les pensions civiles.

Herr von Ribbentrop[4] avait promis à la Chambre de commerce de Leeds de participer à son banquet annuel lundi, mais il les a laissés tomber à cause de préoccupations en Allemagne. Donc le Yorkshire Post qui gère apparemment leurs intérêts me presse avec véhémence de prendre sa place. Personne d'autre apparemment ne ferait l'affaire. (Ils n'ont pas pu avoir l'Aigle d'Allemagne, donc il leur faut le chiot de Blenheim. C'est du moins la façon dont je vois les choses !) J'ai par conséquent accédé à leurs souhaits. Ils disent qu'il va y avoir un nombre record de présents.

Le Parlement a siégé dans un état moribond. Je n'ai guère envie de prendre part à leurs débats....

1. À Westminster Gardens, Marsham Street, Londres SW1.
2. Une guinée valait 21 shillings, donc une livre et cinq pence en monnaie actuelle.
3. Sir Walter (ensuite vicomte) Monckton (1891-1965), avocat. Attorney General to the Duchy of Cornwall de 1932 à 1947 et de 1948 à 1951. Conseiller et ami du duc de Windsor. Député conservateur de 1951 à 1957. Ministre du Travail et du Service national de 1951 à 1955. Ministre de la Défense en 1955-1956. Paymaster General en 1956-1957.
4. Joachim von Ribbentrop (1893-1946). Homme politique et diplomate nazi. Conseiller d'Hitler en politique étrangère. Ambassadeur en Grande-Bretagne de 1936 à 1938. Ministre des Affaires étrangères d'Allemagne de 1938 à 1945. Jugé comme criminel de guerre à Nuremberg et pendu en 1946.

o De Winston
25 janvier 1937

11 Morpeth Mansions

Ma chérie,

Nous avons eu des pluies diluviennes et la vallée est gorgée d'eau....

Deux cygnes blancs sauvages sont arrivés ce matin. Ils resteront peut-être sur le lac. [en marge ✍ : (Non)] Un couple de cygnes noirs a fait son nid sur l'île et a pondu un certain nombre d'œufs. C'est très tôt pour eux et j'espère qu'ils ne vont pas être pris par des fortes gelées en février....

Duncan et Diana et Sarah et son mari sont tous venus déjeuner dimanche. Ici, tout est calme, et je crois que nous n'avons guère dépensé ce mois-ci....

Je vais me mettre en route pour mon discours à Leeds. Je me demande encore comment j'ai bien pu me laisser entraîner dans cette expédition. Cependant ils me disent que beaucoup plus de gens se sont inscrits pour venir m'écouter que pour l'Ambassadeur d'Allemagne ! Randolph me rejoint là-bas. Nous passerons la nuit chez une notabilité locale.

✍ Tout s'est bien passé.

◊ De Winston
27 janvier 1937

CABLEZ DATE RETOUR. VAIS PEUT-ETRE COTE D'AZUR ROTHERMERE POUR DIX JOURS PEINTURE. TOUT MON AMOUR.

WINSTON

◊ De Clementine   St Moritz
28 janvier 1937

REVIENS VERS 15 FEVRIER. CELA VOUS CONVIENT-IL. AMOUR TENDRE

CLEMMIE

◊ De Winston

TOUT A FAIT. PROJETS EN COURS. VOUS RAMENERAI PEUT-ETRE MOI-MEME. RENDEZ-VOUS PARIS TOUT CAS. DECRIVEZ EFFETS DE NEIGE POUR PEINTURE, SURTOUT SOLEIL. AMOUR TENDRE

W.

o De Clementine   Palace Hotel
Vendredi 29 janvier 1937   St Moritz

Mon chéri –
J'ai été remplie de joie à la lecture de votre télégramme m'annonçant que vous me rejoindriez peut-être ici pour quelques jours sur le chemin de la Côte d'Azur [en fait, en rentrant de la Côte d'Azur]. Oh, je vous en prie, venez – Cela me ferait tellement plaisir, & je crois vraiment que vous aimeriez cet endroit. L'air est comme du champagne & vous pourriez vous asseoir au soleil & peindre sans pardessus. Vous pourriez peindre des toiles féériques, pâles et éblouissantes – Les sapins alourdis par la neige étincelante sont trop beaux – La neige elle-même est d'un rose tirant sur le mauve & de toutes les nuances chaudes de blanc – Vous pourriez aussi faire un portrait de <u>moi</u> comme sur cette carte pos-

tale – N'ai-je pas l'air gigantesque devant les Alpes ? J'aimerais vraiment pouvoir les dompter !…

… Le Daily Mail (continental) dit que Baldwin est maintenant décidé à faire encore deux ou trois ans ! Je dois dire que, puisque le pays ne semble pas se formaliser de sa manière de gouverner par « tâtonnements », il peut tout aussi bien continuer avec son verbiage creux.

Amour tendre, mon chéri…

o De Winston
2 février 1937

BULLETIN DE CHARTWELL

… Je crois que le mois dernier ne nous a pas coûté grand-chose. Le vin a été très strictement surveillé et peu a été bu. Notre combustible pour le chauffage central nous est livré par commandes de cinq tonnes à 9 £ 11 shillings l'unité… La dernière a duré trois semaines au lieu de quinze jours, bien que le climat ait été rude et le temps dans l'ensemble horrible. Les téléphones indiquent aussi une réduction sensible.…

La création du nouveau terrain de croquet[1] avance par à-coups, car il y a eu un tel déluge que les ouvriers ont souvent été interrompus.

Randolph et moi partons demain matin de Gatwick par l'avion de 10 h 25 (si la météo le permet). Le vent de ce soir semble indiquer qu'il va y avoir de la tempête.… Mon intention, c'est de séjourner chez Rothermere jusqu'au soir du mardi 9 ou peut-être du mercredi 10, pour vous rejoindre le lendemain. Il faut que vous écriviez à La Dragonnière, Cap Martin. J'ai vraiment hâte de peindre vos magnifiques neiges colorées pour lesquelles Lavery, il y a des années, suscitait en moi un enthousiasme irrésistible.…

Mr Capon [l'agent immobilier].… m'informe qu'il y a une dame qui se promène dans les parages à la recherche d'une maison comme Chartwell, et parle même de Chartwell. Capon m'a dit qu'en aucun cas il ne donnerait de chiffre inférieur à 30 000 £. Si elle en mettait 25 000 sur la table, je conclurais illico. Si nous n'avons pas de bonne offre nous pouvons tout à fait continuer comme cela pendant encore un ou deux ans. Mais si nous en avons une, il ne faut pas la refuser, considérant que nos enfants sont presque tous élevés, et que je vis vraisemblablement ma dernière décennie.…

Selon des renseignements qui semblent presque absolument certains et que je tiens des sources les plus sûres à l'intérieur du Conseil restreint et de l'entourage intime de B[aldwin] il a décidé de partir après le Couronnement. Il l'a pratiquement annoncé à ses collègues. Neville [Chamberlain], qui fait déjà le travail dans les faits, va sans aucun doute ni question lui succéder. Ce sera un grand soulagement, qui simplifiera notablement nos affaires, de voir que toutes les incertitudes sont levées dans un sens ou dans l'autre le moment venu. En vérité, quel que soit le sens, je m'en moque un peu.

Le dîner chez Wolmer[2] a été très agréable et j'y ai rencontré Leathers[3], dont je vous ai parlé, qui est le principal dirigeant de Cory et a des liens avec mes petits Conseils d'administration. Si je ne suis pas requis au service de l'État il me donne de grands espoirs de fonctions de gestion dans des sociétés privées. Alors je pourrais rédiger mes livres plus lentement sans avoir à m'attaquer à une tâche véritablement gigantesque comme finir le vol. IV de Marlborough en 4 ou 5 mois simplement pour payer les dépenses courantes. Pour 1938-1939 nous avons l'Histoire des peuples de langue anglaise, qui doit rapporter 16 000 £, mais réclame une immense somme de lectures et de réflexion solitaire si l'on veut rendre justice à un sujet d'une telle ampleur.

Toujours vôtre
W

1. Sur la pelouse qui surplombe la Roseraie. (L'actuel terrain de croquet a été créé après la guerre, en remplacement du court de tennis.)
2. Roundell Cecil Palmer, vicomte Wolmer (1887-1971), fils aîné du deuxième comte de Selborne, à qui il succéda en 1942.
3. Frederick James Leathers, ensuite vicomte Leathers (1883-1965). Armateur et administrateur de différentes compagnies de navigation. Ancien ministre de la Marine marchande de 1915 à 1918. Membre du gouvernement Churchill en qualité de ministre des Transports militaires de 1941 à 1945.

En fait, Winston ne rejoignit pas Clementine à St Moritz. La neige – sauf lorsqu'elle était peinte de la fenêtre d'une pièce bien chauffée – n'était pas véritablement sa tasse de thé.

Le couronnement du roi George VI et de la reine Elizabeth eut lieu le 12 mai 1937. Stanley Baldwin se retira le 28 mai et fut remplacé comme Premier ministre par Neville Chamberlain. Dans la recomposition du gouvernement, il n'y eut pas de place pour Churchill.

À la mi-juillet, Clementine partit pour environ trois semaines dans un établissement de cure à Badgastein en Autriche.

o De Winston 　　　　　　　　　　The Manor House[1]
25 juillet 1937 　　　　　　　　　Stoke D'Albernon, Surrey

Ma Clemmie chérie,

Je croule sous le travail. Trois jours C d C [Chambre des communes] la semaine dernière ; le nouveau livre[2] dans les dernières douleurs de son accouchement ; des articles, & toujours Marlborough ; & maintenant encore un débat prévu mardi prochain sur les émoluments d'Inskip[3]. Je ne sais pas où je trouve tout ce dont j'ai besoin, mais la source coule sans obstacle : seul manque le temps pour y puiser l'eau.

Que cela tienne lieu d'excuse de ne pas avoir écrit, et n'allez pas croire que vous n'avez pas été constamment au centre de mes pensées. J'espère que vous profitez bien de la cure....

Ma chérie je vous envoie là uniquement un témoignage de mon amour le plus tendre. Le sentiment de gratitude à votre égard au plus profond de mon cœur pour tout ce que vous m'apportez est sans faille. Dieu vous bénisse ma douce chatte –

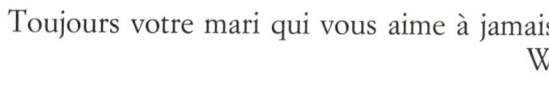

...

1. Résidence d'Edgar Vincent, premier vicomte d'Albernon (1857-1941).
2. *Great Contemporaries*, sorti en octobre 1937 (*Les Grands Contemporains*, 1939).
3. Sir Thomas Inskip (voir p. 464 n. 3). Ancien Attorney General. À l'époque, ministre de la Coordination de la défense (1936-1939).

o De Clementine 　　　　　　　　　　Haus Hirt
30 juillet 1937 　　　　　　　　　　　Badgastein

Mon Winston chéri – J'ai été très contente de recevoir votre chère lettre, mais attristée par le dessin émouvant du cochon qui supportait courageusement ce poids atterrant de 10 tonnes sur son pauvre dos. Je regrette que vous soyez aussi surmené, mon chéri....

Les épreuves de vos articles sont arrivées – Vos discours dans le Hansard[1] étaient splendides.

Venetia [Montagu] & Juliet [Duff][2] arrivent ici dans un jour ou deux – Je fais chaque jour une longue promenade avec Doktor Kommer[3], ou deux plus petites – L'air est très agréable – Mes yeux me posent des problèmes ; aussi en partant d'ici le 9 août, j'irai à Vienne voir un oculiste réputé, car à Londres le mien est vraiment trop négligent & désinvolte. À part cela, je me sens si bien que je pourrais sauter par-dessus la lune ; mais il est toutefois préférable de voir où l'on atterrit !

Votre Pussie qui vous aime
…

1. Publication des rapports des débats au Parlement. [ndt]
2. Lady Juliet Duff (1881-1965), veuve de Sir Robert Duff, deuxième baronnet (mort sur le champ de bataille en 1914). Une amie de CSC et WSC.
3. Dr Rudolf Kommer (décédé en 1943), bras droit du directeur de théâtre et imprésario autrichien Max Reinhardt. Surnommé « Kaetchen » par ses amis.

o De Winston   Chartwell
3 août 1937

Ma Chérie à moi,

….

Ce que vous me dites sur vos yeux m'inquiète, & si vous êtes près de Vienne il est bien certain qu'il faut que vous alliez voir leur meilleur praticien. Sinon il y en a de bons en Angleterre. Ce sont peut-être les eaux qui vous ont fait du mal. De toute façon il faut que nous tirions cela au clair, pour que vous puissiez sauter par-dessus la lune les yeux gds ouverts. Ma chérie !

Ici tout est paisible. Je travaille jour & nuit et M [*Marlborough*] avance à pas de géant – j'ai rédigé près de 20 000 mots rien que cette semaine. Deakin[1] arrive ce soir si bien que la cadence ne va pas ralentir.

Julian [Sandys, âgé presque d'un an] est ts mignon, mais il faudra que vous soyez de retour avant le 15 si vous voulez le voir….

Rien ne nous oblige à faire des projets définitifs de voyage à l'étranger avant votre retour.

Avec tout mon amour le plus tendre ma douce Clemmie
Toujours vtre mari qui vous aime
W
…

1. William Deakin, le principal assistant de recherche de WSC (voir p. 522 n. 4).

◊ De Clementine　　　　　　　　　　　　　　　　　　Londres

BON ANNIVERSAIRE MON AMOUR CHERI ET PUISSE LE DESTIN VOUS ETRE FAVORABLE

CLEMMIE

[Le 30 novembre, Winston avait eu soixante-trois ans.]

◊ De Clementine　　　　　　　　　　　　　　　Hôtel Lenzerhorn[1]
27 décembre 1937　　　　　　　　　　　　　　　Lenzerheide

Mon Winston chéri

Tout se passe très bien ici – Mary est très contente & apprécie la neige fraîche & poudreuse, & c'est une nouvelle lune de miel pour Duncan [Sandys] et Diana. Ils forment un couple très charmant tous les deux, & l'attention qu'il lui porte me fait l'aimer davantage – Je pense que, lorsqu'il est à Londres, il est tellement pris par sa « carrière » & l'excitation du Parlement qu'il n'a pas le temps de lui parler ou de s'amuser avec elle, & Diana est une jolie petite fleur fragile qui dépérit lorsqu'on la néglige....

La nuit de Noël, nous sommes tous allés à un bal dans l'un des grands hôtels & j'ai offert le champagne pour le dîner !...

Votre Clemmie
qui vous aime

1. Notre troisième séjour au ski ; cette fois-ci ma mère m'emmena en Suisse. WSC passa Noël et le Nouvel An à Blenheim.

o De Winston　　　　　　　　　　　　　　　　　　Chartwell
31 décembre [1937]

Ma Chérie à moi,

Je pars pour Blenheim aujourd'hui & donc au revoir Chart[well] pour quelques semaines.

J'ai bcp pensé à vous ma chatte chérie pendant les quinze jours depuis que vous êtes partie. J'espère bien que la Nouvelle Année vous apportera le bonheur, & que je pourrai y contribuer. Si vous n'en faites pas trop, le ski devrait vous donner santé & équilibre. Mais j'ai toujours peur quand on fait de l'exercice qui n'est pas habituel & à une altitude qui ne l'est pas non plus. Donc ménagez-vous tout au moins tant que vous ne serez pas en pleine forme & aguerrie.

Si à votre retour vous jugez que vous avez toujours envie d'aller à Bali[1], je m'en occuperai. Mais ce serait bcp mieux si vous aviez une amie pour vous tenir compagnie. Pourquoi pas Nellie ? Je n'aime pas l'idée de vous voir partir tte seule.

L'horoscope de Chicago indique que je vais « avoir une aventure sentimentale » en 1938 ou 39 ! Donc ne restez pas éloignée trop longtemps parce que ma seule idée c'est de la partager avec vous.

Je vous souhaite de tout cœur une heureuse Nouvelle Année. Je vous appellerai depuis l'appartement de Randolph dimanche soir avant de partir [pour la France].

Avec le tendre amour ma chérie
de votre mari dévoué & qui vous aime
W

1. CSC caressait l'idée d'un nouveau voyage exotique.

Après avoir passé le Nouvel An à Blenheim, Winston se rendit chez Maxine Elliott, au château de l'Horizon. En chemin, il s'arrêta quelques jours à Paris.

o De Winston   Ambassade de Grande-Bretagne
3 janvier 1938   Paris

<u>Secret</u>

Ma Clemmie chérie,

Blum[1] a déjeuné ici ce midi et nous avons eu une longue conversation, avec l'Ambassadeur[2]. Blum a commencé en reconnaissant la piètre condition de l'Aviation française & que je l'en avais averti il y a 18 mois. Il est difficile de persuader les gens de la réalité des faits avant qu'il ne soit trop tard.

Lorsque Chautemps[3] & Daladier[4] étaient à Londres, Neville [Chamberlain, désormais Premier ministre] leur a dit que nous fabriquions 350 appareils par mois. Ils ont été profondément impressionnés. Mais il apparaît maintenant que N.C. était mal informé, le véritable chiffre n'étant que la moitié ! En conséquence il y a un certain nombre de reproches qui circulent entre NC & le m. de l'Air. Ce qui s'est passé c'est que le pauvre Neville a cru le mensonge diffusé par le m. de l'Air à l'intention du public & ne connaissait pas les chiffres réels. Cela vous donne une idée du laxisme av leql nous sommes gouvernés sur ces questions essentielles. J'avais appris tout cela par un canal que vous pouvez deviner Ⓜ [Desmond Morton]⁵ et donc j'ai orienté la conversation dans cette voie & j'en ai eu pleine confirmation. Cela devrait faire réfléchir Neville. Il ne sait pas la vérité : & peut-être qu'il ne veut pas la savoir....

La rumeur selon laquelle j'allais entrer au gouvt a eu un grand écho chez les Français. Ils ont sorti des tas d'articles dithyrambiques – je vous envoie une copie de l'un d'entre eux....

Ma chérie comment allez-vous ?... J'espère que vous n'allez pas courir de risques inutiles, ni trop vous éloigner. J'ai eu une ts gentille lettre de Mary. Ne manquez pas de l'en remercier & de lui transmettre plein de gros baisers de la part de vtre mari qui vous aime à jamais

W

... Avec mon tendre amour ma douce chérie

1. Léon Blum (1872-1950), homme politique socialiste à la tête du « Front populaire » en 1936. Président du Conseil de juin 1936 à juin 1937, puis de mars à avril 1938. Interné en Allemagne pendant la Deuxième Guerre mondiale. Président du Conseil de décembre 1946 à janvier 1947.
2. Sir Eric Phipps (1875-1945), diplomate. Auparavant ambassadeur extraordinaire et plénipotentiaire à Berlin de 1933 à 1937. Ambassadeur à Paris de 1937 à 1939.
3. Camille Chautemps (1885-1963), homme politique socialiste. Président du Conseil de juin 1937 à mars 1938. Fit ensuite brièvement partie du gouvernement de Vichy, et fut condamné pour collaboration avec l'ennemi en 1946, cette sentence étant ensuite annulée.
4. Édouard Daladier (1884-1970), ministre de la Guerre et de la Défense de 1936 à 1938. Président du Conseil d'avril 1938 à mars 1940. Après la défaite, interné en Allemagne jusqu'en 1945.
5. Major Sir Desmond Morton (1891-1971), à cette date chef du centre de renseignement industriel de la Commission de la défense impériale (janvier 1929-septembre 1939). Il s'était lié d'amitié avec WSC en 1917-1918 et lui fournit d'importants renseignements secrets sur le réarmement de l'Allemagne au cours des années 1930. Grand joueur de tennis, il était toujours le bienvenu à Chartwell, dont il était voisin. Pendant la guerre, Churchill le chargea de faire la liaison avec les FFL et le général de Gaulle, ainsi qu'avec différents gouvernements en exil. Vers la fin de sa vie, cependant, Morton reprocha de plus en plus à WSC de négliger leur amitié.

o De Winston [dactylographié] [Paris]
[3 janvier 1938]

J'ajoute quelques notes en guise de bulletin.

Les fêtes du Nouvel An à Blenheim ont été très agréables. J'ai été meilleur au Bésigue.... J'en suis parti le dimanche pour dîner avec Randolph à l'appartement. Nous avons eu une réunion de famille dans les règles, Duncan et Diana sont arrivés juste à temps en provenance de vos contrées enneigées, Vic est monté depuis l'appartement du dessous... J'ai raté Sarah de peu car elle venait de partir pour Cambridge pour répéter. Elle joue le rôle principal dans Le Mystérieux Docteur Clitterhouse[1]. On lui a donné « la loge de la vedette ».... Tous semblaient penser qu'elle réussira à faire carrière dans le théâtre traditionnel....

Harraps, l'éditeur de Marlborough, me fait savoir qu'il ne peut pas accepter un volume de plus de 650 pages. J'en ai déjà l'équivalent de 750 tirées ou pratiquement achevées, si bien qu'il va falloir maintenant que je le raccourcisse, ce qui constitue une sorte d'automutilation difficile et douloureuse. Pourtant, je crois que le livre va y gagner car il est bien trop surchargé d'extraits, de lettres, etc. J'ai peiné là-dessus ces derniers jours.

Il vaudrait mieux que vous écriviez désormais au Château de l'Horizon, où je vais rester jusqu'au milieu du mois. Vous devez maintenant avoir une neige abondante et j'ai été très content d'entendre Diana dire que vous ne forcez pas.

Avec encore davantage d'amour
W

1. *The Amazing Dr Clitterhouse*, pièce de Barry Lyndon, 1936. [Adaptée à l'écran et distribuée en France en 1938 sous le titre *Le Mystérieux Docteur Clitterhouse, ndt*]

o De Winston   Château de l'Horizon
8 janvier [1938]

Ma Clemmie chérie,
Cela fait trois jours que je suis ici & que je n'ai pas mis le nez dehors, sauf pour aller dîner chez les Windsor.... Le premier jour il y avait de la neige à St Tropez ! Mais depuis, il s'est mis à faire plus beau & moins froid, même si le vent se lève en ce moment. Je n'ai pas encore déballé mes couleurs. La vérité c'est que je voulais du repos & également me débarrasser de mon rhume. Je continue de le traîner. Encore un jour ou deux et je sortirai au soleil. Demain je dîne avec Flandin[1] à Saint-Jean-Cap-Ferrat. Ces derniers temps il s'est quelque peu éloigné de la politique que je poursuis en matière d'Affaires Étrangères, & j'espère le ramener au bercail.

Ce soir ce sont les Windsor et Ll.G [Lloyd George] qui viennent dîner. Les premiers avnt fait savoir qu'ils aimeraient bien venir, &

Maxine [Elliott] était tt à fait prête à les inviter. Nous ne serons guère nombreux, mais cela n'en sera que mieux. Sur demande expresse, le petit singe restera enfermé !....

Mrs P [Violet Pearman, la secrétaire] arrive ici demain et donc je me sentirai moins désemparé que [quand] je suis tout seul. Le confort & les aménagements de la demeure sont parfaits. J'ai la ravissante chambre que vous aviez eue : & j'ai déplacé le lit pour avoir la lumière de côté quand j'écris.... Nous ne sommes que 4 dans la maison. La nièce de Maxine, Diana & son mari, un certain Mr Sheean[2]. Hier soir 14 au dîner.... Je suis resté loin du Casino. À Paris, l'Ambassade a été ts agréable. J'aime bcp Lady Phipps. Elle m'a maintes fois demandé de vos nouvelles, & quand il serait possible de vous persuader d'y aller.

Hier soir ma chérie je vous ai téléphoné à 19 h 30. Réponse – pas de chatte. Ai rappelé à 21 h Réponse Elle dormait. Je réessaye tout de suite....

Avec mon tendre amour ma chérie à vous & à Mary. J'espère que tt correspond bien à vos attentes. Prévenez-moi de vos déplacements.

Toujours vtre mari dévoué & qui vous aime à jamais
W
…

---

1. Pierre-Étienne Flandin (voir p. 465 n. 6). Ancien ministre des Affaires étrangères, de janvier à juin 1936.
2. Diana Forbes-Robertson, qui en 1935 avait épousé l'écrivain américain James Vincent Sheean (1899-1975). Dans son livre de souvenirs, *Between the Thunder and the Sun* (1943), Vincent Sheean donne des descriptions intéressantes des visites de WSC au château de l'Horizon.

◊ De Clementine Hôtel Lenzerhorn
8 janvier 1938 Lenzerheide

Mon chéri

…

Merci infiniment pour toutes vos adorables lettres.

J'ignorais qu'on vous avait fait votre horoscope ? Qui s'en est chargé ? Je vous en prie, n'ayez sous <u>aucun</u> prétexte d'aventure avec qui que ce soit d'autre que « cette pauvre petite minette à la fourrure si chaude »…. Il fait un froid pénétrant ici – 15 degrés au-dessous de zéro. Mais l'hôtel est confortable & bien chauffé. Je me suis fait mal à un muscle de l'épaule & c'est vraiment très douloureux ; aussi ai-je abandonné le ski pour deux jours.... J'ai peur que ce ne soit une névrite. Clarissa [Churchill][1] est arrivée avec Priscilla Bibesco[2], la fille d'Elizabeth, son portrait tout craché & tout aussi pénible qu'elle !

Amour tendre
de
Clemmie
...

1. Clarissa Churchill, née le 28 juin 1920, seule fille de Jack et de Goonie. En août 1952, elle épousa Anthony Eden, par la suite premier comte d'Avon, dont elle fut la seconde épouse.
2. Fille du prince Antoine Bibesco et de son épouse (née Lady Elizabeth Asquith).

o De Winston [dactylographié]   Château de l'Horizon
10 janvier 1938

Ma Clemmie chérie,

...

Le dîner où sont venus les Windsor a été très réussi. Ll.G était le seul invité qui ne soit pas resté à passer la nuit et Maxine ne cesse de déclarer qu'elle n'a trouvé de plaisir à aucun des dîners qu'elle a donnés chez elle depuis l'époque de Hartsbourne, où elle recevait hommes politiques et célébrités. Les W sont très pathétiques, mais également très heureux. Elle m'a fait excellente impression, et tout donne à croire qu'il vont être très heureux en ménage....

Le dîner avec Flandin a été très déprimant, la qualité des plats lamentable. Mais la description qu'il m'a faite de la France était extrêmement pessimiste. Même si l'on prend pleinement en compte l'état d'esprit qui anime ceux qui ne sont plus au pouvoir, et ce que nous dirions si un Gouvernement d'extrême gauche menait la danse à Londres, j'en suis sorti malgré tout très préoccupé par leur situation, et par conséquent la nôtre. Il semble que ces personnalités politiques françaises de droite pensent que l'Allemagne va imposer sa loi à l'Europe dans un proche avenir sans que personne lui dispute cette place. Tout est la faute des années 1932-1935 lorsque Ramsay [MacDonald], Baldwin et Simon refusaient catégoriquement aussi bien l'amitié avec l'Allemagne que les mesures contre son réarmement. Dans mille ans cela paraîtra incroyable aux historiens que les Alliés victorieux se soient livrés pieds et poings liés à la vengeance de l'ennemi qu'ils avaient terrassé.

On parle beaucoup de l'état lamentable de l'Armée de l'Air, sur lequel j'ai reçu bon nombre de renseignements issus des sources que vous savez. Je n'ai pas la moindre intention de dire quoi que ce soit sur le sujet dans les circonstances actuelles. Les Ministres prennent enfin conscience de tous ces faits que j'ai expliqués et prédits en détail il y a deux ou trois ans....

Il a fallu que je coupe près de 100 pages de Marlborough, qui était sous presse, et cela a été très long et très pénible, comme s'il s'agissait de s'amputer des doigts et des orteils ; mais je crois que le résultat sera beaucoup plus agréable à lire. J'ai hâte d'en finir avec ce livre, mais dans l'ensemble il est toujours loin de me satisfaire....

Je ne vais pas passer plus d'une semaine au grand maximum chez Daisy [Fellowes], et sauf si une occasion à ne pas manquer se présente, je rentrerai ensuite à la maison. Tenez-moi donc parfaitement au courant de vos projets....

✎ Toujours ma chérie votre mari qui vous aime à jamais.

W
...

P.-S.... Gros baisers à Mary de qui j'ai reçu une lettre délicieuse.

Le Times d'aujourd'hui (le 11) annonce que le vent du sud accroît les possibilités d'avalanches.

Faites bien attention, & n'entreprenez pas de longues expéditions hasardeuses.

o De Winston [dactylographié]　　　　　　　　　　　Cap Martin
18 janvier 1938　　　　　　　　　　　　　　　　　　Les Zoraïdes[1]

Ma Clemmie chérie,

J'ai été très content d'apprendre que vous aviez fait une bonne traversée[2], parce que j'ai lu partout qu'il y avait eu une grosse tempête quarante-huit heures auparavant.

J'ai pris la voiture hier pour pousser jusqu'ici avec toutes mes affaires et suis très confortablement installé. Ici, il n'y a que la famille....

Sur place tout le monde ne parle que de la crise ministérielle en France. Je suis très content de voir que les Communistes ne vont pas faire partie du Gouvernement ; même si moi, avec ma connaissance de la politique et de la France, cela ne m'aurait pas fait peur, l'impression produite en Europe aurait pu être une grave source de faiblesse....

Mes douze jours chez Maxine ont été extrêmement paisibles et agréables. Bien que j'aie passé toutes mes matinées au lit à corriger et à refondre les épreuves, cela ne m'a pas du tout épuisé....

Maxine a été très perturbée par mon départ et m'a fait promettre de revenir, et si possible avec vous.... Le dîner Windsor–Ll.G. a été très réussi, et le pauvre duc gai et charmant, bien qu'il ait été contraint comme tout le monde de se battre pour placer un mot dans la conversation....

Donc, ce qu'il faut décider, c'est si vous allez venir me rejoindre chez Maxine.... Ce serait magnifique si vous acceptiez de venir. Il y a à la fois un golf à Moujins [*sic*], et le vieux parcours, que tout le monde s'accorde à trouver excellent.... On dit – bien que je ne sois pas allé voir – que c'est magnifique d'aller peindre là-bas. Vous pourriez alors jouer au golf pendant que je peindrais.... Je suis sûr que je pourrais aussi organiser quelques parties de tennis pour vous....

✍ Ma chérie, j'espère pouvoir vous avoir au téléphone, et vais donc arrêter là avec mon amour le plus profond. Toujours votre mari qui vous aime,

W.
...

1. La villa de Daisy Fellowes.
2. CSC et Mary étaient revenues à la maison le 16 janvier.

Les plans dont il était question se réalisèrent. Clementine rejoignit Winston pour l'une de ses rares visites au château de l'Horizon. Ils rentrèrent ensemble en Angleterre début février.

Le 20 février, Anthony Eden démissionna du gouvernement à la suite d'un désaccord avec le Premier ministre et d'autres collègues du Conseil restreint sur la position du gouvernement vis-à-vis de l'Italie – il était partisan de plus de fermeté. Lord Halifax[1] lui succéda au ministère des Affaires étrangères.

Le 11 mars, les troupes allemandes traversèrent la frontière autrichienne et, le 13 mars, Hitler entra dans Vienne. L'Autriche fut incorporée au Reich allemand (Anschluss). Comme l'avait annoncé Churchill, la Tchécoslovaquie allait être la prochaine sur la liste.

Début juillet, Clementine se rendit à Cauterets, une ville d'eaux près de Lourdes, dans les Pyrénées françaises.

1. Edward Frederick Lindley Wood, troisième vicomte Halifax (1881-1959). Il épousa en 1909 Lady Dorothy Onslow, fille du quatrième duc d'Onslow. Député conservateur de 1910 à 1925, il occupa par la suite divers postes gouvernementaux. Vice-roi des Indes de 1926 à 1931. Lord Privy Seal de 1935 à 1937. Lord President of the Council [président du Conseil privé du Roi] en 1937 et 1938. Ministre des

Affaires étrangères de 1938 à 1940. Ambassadeur à Washington de 1941 à 1946. Fait premier duc d'Halifax en 1944.

o De Winston [dactylographié]   Chartwell
8 juillet 1938

    Ma Chérie à moi,
    Nous avons passé une journée épuisante dans l'ancien bâtiment. Vous ne reconnaîtrez pas l'intérieur quand vous reviendrez.... J'espère pouvoir commencer l'installation des boîtes en fer-blanc dans quelques jours[1]....
    Trois retours nous sont parvenus à propos des cygnes[2]. L'un, que nous avons tenté de reprendre sans succès jusqu'ici, était sur le chemin de Sundridge [peu éloigné]. Un autre a été signalé dans le Hampshire et un troisième sur un lac près de Dartford. Je doute beaucoup que nous parvenions à les attraper. C'est très ennuyeux.
    La roseraie est une véritable explosion de couleur. Jamais de ma vie je n'ai vu tant de roses. Comme il a plu toute la journée, je ne suis pas allé voir vos lys, mais j'irai demain....
    Le chat a dormi deux nuits dans l'atelier sous la table où est posée la cage de la colombe, et ce sans que la colombe soit le moins du monde effrayée, ce qui est tout à l'honneur du chat. Cela me rappelle la fameuse phrase de Brab[3] : « La femme de mon adjudant est sacwée pour moi. »
    ... Arms and the Covenant[4] n'a pas rencontré le succès escompté. Il s'en est vendu 4 000 exemplaires, mais le prix est élevé, et il n'est pas du tout certain qu'il faille prévoir une deuxième édition. La critique a été bonne et je suis content qu'on ait rassemblé et publié ces discours....
    Je suis resté entièrement seul ici ces trois derniers jours, sauf que [Desmond] Morton est venu dîner avec moi hier soir, et je n'ai personne de prévu avant de repartir à Londres pour le débat de lundi. Bernie Baruch est venu déjeuner avant de reprendre son avion, et je l'ai également invité à dîner à Londres (5 convives). Nous avons eu une bonne conversation.... Le Président [Roosevelt] est à fond derrière nous et fera tout en son pouvoir pour nous aider[5]. Baruch a convenu qu'aux États-Unis l'opinion n'a jamais été si bien disposée à notre égard. C'est vraiment dommage qu'on ne puisse pas aller plus loin à l'heure actuelle. Apparemment, il faut toujours un désastre avant qu'on puisse faire quoi que ce soit d'intelligent qui l'empêcherait....

Je dîne lundi chez Betty [Cranborne], qui reçoit les Eden [Anthony et Beatrice]. Elle est très remontée et, apparemment, Lord Salisbury[6] est à fond en faveur de mesures vigoureuses....

🖉 Ma Douce – Cela me chagrine d'apprendre que vous êtes fatiguée & esseulée ds vtre retraite[7]. Alors que vtre jardin est si joli & que ttes sortes de choses auxquelles vous portez de l'intérêt sont en pleine vie & en pleine croissance, c'est rageant que vous ne soyez pas ici. Mais je suis sûr qu'un dépaysement qui vous libère des contraintes domestiques au quotidien et vous permet de recharger vos batteries est une mesure de sagesse....

Je maintiens mon poids entre 2 et 3 kilos de moins. Mais cela semble difficile d'aller au-delà. Je ne relâche pas l'effort....

Avec mon tendre amour pour vous
ma Clemmie chérie
Votre mari qui vous aime à jamais
W

---

1. L'un des bâtiments de la cour des garages et des écuries : il était destiné principalement à héberger les archives sans cesse plus volumineuses de WSC.
2. Les cygnes noirs australiens étaient partis pour se dégourdir les ailes.
3. Général de division Sir John Brabazon (voir p. 107 n. 1). Ancien chef de corps de WSC en 1895. Très admiré par WSC et source de nombreuses anecdotes. Il n'arrivait pas à prononcer les « r ».
4. *Arms and the Covenant*, publié en 1938, reprend certains des discours les plus vigoureux et les plus prophétiques prononcés par WSC à partir de 1932. [L'ouvrage, qui fait référence à la nécessité de réarmer tout en s'appuyant sur le pacte de la Société des Nations (« The Covenant of the League »), n'a pas connu d'édition française. *ndt*]
5. Roosevelt avait introduit sa politique de redressement économique (le « New Deal ») en 1933, et en politique étrangère il s'efforçait de modérer la volonté d'agression de l'Allemagne.
6. Le beau-père de Betty Cranborne, quatrième marquis de Salisbury (1861-1947).
7. Ils avaient dû avoir une conversation téléphonique.

---

o De Clementine Gd. Hôtel d'Angleterre
12 juillet 1938 Cauterets

Mon chéri

Cela a été une grande joie de recevoir votre lettre –

Il me tarde de vous revoir. Le temps est maintenant superbe, un soleil brillant sur un fond d'air frais.

La « *cure* » est très complète & intensive. Elle prend 2 heures et demie le matin & ¾ d'heure l'après-midi.... Je suis ici depuis 8 jours –

les 5 premiers, je me suis sentie triste & mal en point, mais maintenant votre Chatte commence à se requinquer....

Je suis désolée, chéri, que vous soyez déçu par la vente du livre [*Arms and the Covenant*]. Je suis sûre que c'est le prix – Ce ne sont pas les riches qui veulent entendre que le gouvernement a totalement tort – les Tories ne veulent pas être forcés à réfléchir ! C'est trop pénible –

J'espère que vous avez un bel habit gris pour Versailles, etc. – J'attends vraiment tout cela avec impatience....

Votre Clemmie
qui vous aime

Clementine rejoignit Winston à Paris le 18 juillet à la veille de la visite officielle en France du roi George VI et de la reine Elizabeth. Bien que n'occupant aucun poste officiel dans son propre pays et étant politiquement au point mort, Winston était tenu en haute estime par les Français. Les Churchill furent chaleureusement reçus par leurs hôtes et assistèrent aux places d'honneur à toutes les cérémonies organisées lors de la visite royale.

Le 3 septembre parut le quatrième et dernier volume de la magistrale biographie de John, duc de Marlborough, par Winston Churchill.

Chapitre XIX

UNE PAIX SANS HONNEUR

L'été 1938 vit une montée continue de la tension entre l'Allemagne et la Tchécoslovaquie. Churchill maintenait sa pression sur le gouvernement et ses articles bimensuels dans le Daily Telegraph *assuraient un vaste public à ses opinions. Il n'y attaquait pas seulement la politique d'apaisement de la Grande-Bretagne, il y dénonçait aussi énergiquement la persécution croissante des juifs en Allemagne et en Autriche.*

En septembre, Hitler exigea l'incorporation dans le Reich de toutes les régions de la Tchécoslovaquie dont la population était à dominante allemande. La France et la Grande-Bretagne avaient alors, dans l'ensemble, compris qu'après leurs divisions et leur inefficacité face aux actes passés d'agression allemande, il était devenu nécessaire d'adopter une position ferme – même tardivement.

Chamberlain prit deux fois l'avion pour parlementer avec Hitler (les 15 et 22 septembre) ; à chaque fois, les exigences allemandes concernant la Tchécoslovaquie se faisaient plus dures, jusqu'à ce que le président Beneš[1] *les rejette et mobilise l'armée.*

En ces jours de crise, la Grande-Bretagne commença à s'alarmer de la menace croissante de guerre. La flotte fut mobilisée. Des tranchées furent creusées dans les parcs à Londres en prévision de raids aériens et des masques à gaz furent distribués.

Le 29 septembre, Chamberlain se rendit une nouvelle fois à Munich, où il rencontra Hitler, Mussolini et Daladier, le chef du gouvernement français. L'accord de Munich céda à l'Allemagne ce qu'elle avait exigé, sacrifiant brutalement les intérêts de la Tchécoslovaquie (qui n'avait pas participé aux discussions). La Grande-Bretagne et l'Allemagne signèrent un pacte solennel de ne plus jamais se faire la guerre.

Chamberlain croyait qu'il avait conclu un accord durable avec Hitler. Lorsqu'il rentra à Londres, il fut salué avec un soulagement et une gratitude hystériques. Il déclara qu'il avait assuré « une paix honorable... une paix durable ». Elle ne fut ni l'un ni l'autre.

Beaucoup de gens partageaient cette impression générale de soulagement – mais, pour Winston Churchill et ses partisans, l'accord de Munich était une trahison honteuse. La moitié des membres du Parlement qui prirent la parole dans les débats[2] s'opposèrent à l'accord. Duff Cooper[3], Premier lord de l'Amirauté, démissionna en signe de protestation.

Au cours de cet été tendu, Clementine reçut une proposition agréable : Lord Moyne (Walter Guinness) l'invita pour un second voyage sur le Rosaura *qui devait être entièrement différent de l'exotique chasse aux dragons de 1934-1935. Le gouvernement avait mis en place une Commission royale dont Lord Moyne était président pour enquêter sur les conditions sociales aux Antilles. Il avait proposé d'utiliser son yacht et d'y héberger, tour à tour, la moitié des membres de la commission, ainsi que quelques invités privés.*

Clementine avait eu des problèmes de santé cette année-là, aussi ce voyage arrivait-il à point nommé. Elle quitta l'Angleterre le 25 novembre 1938 sur le SS Carare *à destination de la Jamaïque où elle rejoignit son hôte sur le* Rosaura *le 9 décembre.*

1. Eduard Beneš (1884-1948). Père, avec Thomas Masaryk (1850-1937), du nouvel État de Tchécoslovaquie, créé par le traité de Versailles. Il avait succédé à Masaryk comme second président (1935-1938). Chef du gouvernement tchécoslovaque en exil à partir de 1939.
2. Les 3 et 5 octobre 1938.
3. Alfred Duff Cooper, par la suite premier vicomte Norwich (1890-1954), homme politique, diplomate et *homme de lettres*. PC, GCMG, DSO. Élu député en 1924, il devait occuper divers postes gouvernementaux, dont celui de ministre de l'Information en 1940-1941. Ministre à Alger de 1942 à 1944, il fut également le représentant de la Grande-Bretagne auprès du Comité français de libération nationale en 1943-1944. Ambassadeur en France de 1944 à 1947. C'était un homme d'érudition et de charme. Il écrivit divers ouvrages de littérature et d'histoire, notamment *Talleyrand* [*Talleyrand : un seul maître, la France*] (1932), *David* [*Le Roi David*] (1943) et *Operation Heartbreak* [*Opération Cœur-Brisé*] (1950), traduits en français. Son autobiographie *Old Men Forget* parut en 1953. En 1919, il avait épousé Lady Diana Manners (1892-1986), troisième fille du huitième duc de Rutland.

◊ De Clementine   [MY *Rosaura*]
2 décembre 1938

AI PERDU TOUTE NOTION TEMPS ET DATES SUR IMMENSITE DESERTE DE L'ATLANTIQUE. PAS D'ESCALE AVANT JAMAIQUE, MAIS COMME SIR RICHARD GRENVILLE AVONS PASSE LES ACORES PRES DE FLORES[1]. VŒUX ET SOUHAITS TARDIFS MAIS TENDRES POUR ANNIVERSAIRE.

CLEMMIE

1. Du poème *La « Revanche »* [le bateau de Grenville] par Alfred, Lord Tennyson – très apprécié de WSC :
*À Florès dans les Açores, Sir Richard Grenville faisait relâche
Lorsqu'une chaloupe, tel un oiseau agité, arriva de très loin à tire-d'aile :
« Navires de guerre espagnols au large ! Nous en avons compté cinquante-trois ! »...*

◊ De Clementine M.Y. Rosaura
Lundi 19 décembre 1938 Tortola, îles Vierges britanniques

Mon chéri

Porto Rico, où nous avons passé 2 jours la semaine dernière, est tout à fait ravissante à l'approche, aussi belle à sa manière que Naples vue de la mer – Government House est une imposante forteresse espagnole, sévère, qui domine la mer ; mais lorsqu'on y pénètre, l'endroit est gai & souriant, avec de superbes plantes tropicales sur ses terrasses qui ressemblent j'imagine aux jardins suspendus de Babylone. Une soirée magnifique y a été donnée en l'honneur de la Commission & nous avons tous dû serrer la main de centaines d'invités. Il y avait d'innombrables buffets, sans rien à manger, mais avec des océans de boissons glacées toutes alcoolisées, whisky soda, punch au rhum, cocktails, etc. ; de sorte que vers minuit, la tête [me] tournait quelque peu – Puis soudain, un dîner chaud est apparu – On nous a apporté, là où nous étions assis, une assiette remplie de diverses choses succulentes à grignoter, une serviette & une fourchette. Puis nous avons dansé – De la musique exotique indigène associée à l'air favori de Mary « The Lambeth Walk », qui venait juste d'arriver de Londres en passant par New York, & qui fait fureur....

... Cet après-midi, nous parcourrons à cheval cette petite île [Tortola], où il n'y a ni voitures ni routes.

Amour tendre
Clemmie

o De Winston [dactylographié] Chartwell
19 décembre [1938]

Ma Chérie,

On croirait que cela fait une éternité que vous êtes partie. Pourtant il ne s'est pas passé gd-chose d'important. J'ai mis les bouchées doubles en travaillant à l'Histoire des P.L.A. [*Histoire des peuples de langue anglaise*], & ce soir notre score atteint 180 000 [mots], soit 30 000 au-dessus du chiffre de 1 000 par jour depuis le 1ᵉʳ août. C'est ts laborieux ; & je prends tt cela en grippe, y compris la pression…. Ma vie se passe uniquement entre le cottage¹ & le livre (avec une sieste avant le dîner). J'ai dormi ici tous les soirs – – & ne suis allé à Londres que pour un ou deux Débats au Parlᵗ –

Je vous envoie des télégrammes fréquents : mais dans vos réponses vous ne me dites pas ce que je veux savoir – Comment cela va ? Est-ce que cela va mieux & êtes-vous plus d'attaque ? Comment va la voix ? Est-ce que le calme et le repos vous ont permis de recharger vos batteries ? Voilà ce que je veux savoir ! Et plus encore – M'aimez-vous ? Nos vies sont tellement entremêlées pour moi que je suis vos mouvements par la pensée à chaque instant & et en toutes circonstances. Je me demande ce que vous faites en ce moment….

Il y a une sacrée vague de froid : la température est exécrable. Tout est couvert de neige : le mortier gèle : je m'emmitoufle dans des chandails, avec des vêtements épais & des gants : on dit que cela va empirer. La nature couverte d'un manteau blanc à Noël ! Dieu veuille qu'il ne tourne pas au Rouge pour la Nouvelle Année !

Mary & moi partons à Blenheim samedi (veille de Noël), & nous allons au Cirque jeudi. Ensuite je reviens ici & pense y rester jusqu'au milieu du mois….

Je ne crois pas que la guerre soit imminente pour nous. Seulement de nouvelles humiliations, dont je me réjouis de n'être en rien responsable.

Chérie ne manquez surtout jamais de câbler tous les deux ou trois jours. Sinon je suis déprimé – & inquiet pour vous & vtre santé.

Vous serez vraisemblablement sous un chaud soleil quand vous recevrez ma lettre – Quel luxe !

Ma douce Clemmie
Bonne nuit & que Dieu vous garde
Toujours vtre mari dévoué qui vous aime
W
…

P.-S. Polly² est ts cruelle avec moi mais le chat est affectueux.

1. Orchard Cottage, au pied du verger [*orchard*], alors en construction. Sa vocation était de servir de « retraite » en temps de crise dans la maison principale.
2. Une perruche grise d'Afrique au tempérament agressif.

◊ De Clementine   M.Y. Rosaura
21 décembre 1938

MON CHERI MES PENSEES SONT AVEC VOUS PRESQUE TOUT LE TEMPS ET BIEN QUE ME PRELASSANT SOUS LE MERVEILLEUX SOLEIL DE CES MERS BLEUES VOUS ME MANQUEZ TERRIBLEMENT ET LA MAISON AUSSI.
BAISERS.

CLEMMIE

o De Winston [dactylographié]   Chartwell
29 décembre 1938

Ma Clemmie chérie
...
Je vous ai envoyé un câble à propos de la petite fille de Diana [Edwina]. Elle est arrivée sans prévenir, avait moins de huit mois et atteignait à peine les quatre livres. Elle, D, était parfaitement remise dans l'après-midi et elle a pu me recevoir assise dans son lit. Le bébé est minuscule mais parfaitement formé, et selon mes dernières informations, il se porte comme un charme.

Duncan [Sandys] et Randolph sont en train de constituer un nouveau parti pour faire éclater toutes les vieilles structures. L'idée, c'est d'avoir cent mille membres qui payent chacun une livre par an, mais après l'adhésion des cent premiers mille ils sont prêts à poursuivre même jusqu'à un million, ou plus si nécessaire. Seuls seront admis ceux qui participent aux préparatifs de guerre à un titre ou un autre ou qui ont fait la dernière guerre. Quiconque est en désaccord avec Randolph ou Duncan sera immédiatement exclu, et dans toutes les réunions ne pourront rester que ceux qui approuvent le programme sans réserve. Le programme n'a pas encore été mis au point. J'ai promis d'accepter la Présidence quand les cent premiers mille seront atteints. En attendant, Mary a adhéré, et s'est portée volontaire pour toute tâche.

Autrement il n'y a pas d'événements politiques qui vaillent la peine qu'on en parle.... J'en suis à la guerre des Deux-Roses. Elle est passionnante, et a été traitée beaucoup trop à la légère par nos contemporains. Les causes en étaient profondes, les arguments se valaient absolument, et d'immenses efforts ont été accomplis pour éviter le désastre qui a eu lieu. Je viens de finir le passage sur Jeanne d'Arc. Je pense que c'est elle la grande gagnante de toute l'histoire de France. Les femmes de premier plan de cette époque étaient plus remarquables et plus fortes que les hommes.

Nous sommes revenus de Blenheim le mardi, ne voulant pas abuser de l'hospitalité des Marlborough. Très confortable et très agréable. J'ai gagné 20 £ au bésigue avec Mary [Marlborough].... Randolph a été très aimable avec tout le monde, et nous avons échangé beaucoup de cadeaux....

Toutes les chèvres de Mary ont des petits en route, et on pense que la bonne date viendra en février. Nous aurons un régiment de chèvres à brouter sur nos pâturages... La perruche ne se conduit pas bien... Elle ne m'a pas mordu de nouveau parce que je ne lui en ai pas donné l'occasion.... La neige fond rapidement, et nous espérons en voir bientôt la fin. J'ai pratiquement fini de monter les briques du cottage.... Tout le reste paraît parfaitement normal ici. Je poursuis mon petit train-train machinalement, je lis les journaux et le courrier, je mange, je fais ma maçonnerie, je m'occupe de ma correspondance, je dors, je dîne et enfin je dicte jusqu'à trois heures du matin....

✎ Ma très chère Clemmie, Vous allez être triste d'apprendre que Sidney Peel[1] est mort. Je ne sais pas de quoi. Bcp de ceux que j'ai connus quand nous étions jeunes meurent à présent. C'est très étonnant d'atteindre la fin de sa vie & de se sentir exactement comme cinquante ans auparavant. Il faut toujours espérer une fin subite, avant la perte de ses facultés. Mais je termine ma lettre sur une note lugubre. Je me plais à vous imaginer sous vtre Soleil. Mais j'espère, en priant pour cela, que vtre équilibre & vtre force gagnent chaque jour du terrain....

Avec le tendre amour ma très chère
de votre mari dévoué à jamais
W
…

---

1. Sir Sidney Peel, fait premier baronnet en 1936 ; voir p. 33 n. 1. Éperdument amoureux de CSC quand elle avait 18 ans, jusqu'à son mariage ; ils avaient été deux fois fiancés secrètement.

◊ De Clementine
Dimanche 1er janvier 1939

M.Y. Rosaura
Îles Sous-le-Vent
Antigua – Antilles britanniques

Mon chéri
Nous sommes arrivés ici jeudi dernier, 29 décembre –

C'est une île ravissante – Sur la carte, elle a l'air presque ronde ; mais ses côtes sont en fait découpées de dizaines de baies protégées, avec des plages de sable fin & blanc – À la fin du XVIIIe siècle, des ouvrages défensifs puissants ont été construits dans quarante endroits différents pour se protéger des Français, & on peut voir les vestiges de ces vieux forts tout au long de la côte –

Il y a un vieux chantier naval historique & romantique dans une belle petite baie du nom de English Harbour – Rodney, Hood & Nelson sont tous passés par là – Elle n'est pas assez profonde pour les navires modernes, et la marine l'a abandonnée il y a environ 50 ans – Nelson a servi ici lorsqu'il était un jeune capitaine de 25 ans.... Pour passer le temps, il a épousé une jeune veuve qui vivait dans l'île voisine de Nevis. Il est repassé par Antigua en 1805 pour réparer ses bateaux après avoir pourchassé Villeneuve à travers l'Atlantique – Puis il l'a pourchassé dans l'autre sens & l'a eu à Trafalgar. C'est un bel endroit, mais triste et étrange avec les bâtiments désertés de l'arsenal qui tombent en ruine. Les vieux cabestans sont toujours là, pourrissant sur le sol avec leurs énormes cercles de fer. Il y a un minuscule quai pour de petits navires et de gros piliers de pierre qui servaient autrefois à soutenir le toit d'un gigantesque hangar à bateaux – entièrement emporté par un ouragan. J'ai été seule un moment... et je me suis demandé si j'allais voir les ombres des héros disparus & entendre les hommes dans les magasins et les ateliers[1].

<u>Mercredi 4 janvier.</u>

Nous sommes maintenant arrivés à Montserrat, une île petite, mais montagneuse & ravissante, qui est très verte & luxuriante. Elle a été ravagée par deux ouragans en 4 ans, et un tremblement de terre.

Mon chéri – Savez-vous que je manque cruellement de nouvelles de vous. Mary, Horatia [Seymour][2], Moppet [Whyte] & Sarah m'ont écrit, mais hélas pas vous & j'en suis très malheureuse. Dans un télégramme, vous me dites que vous avez envoyé par avion une lettre qui devait partir le 20 décembre – Elle aurait dû me parvenir à Antigua avant notre départ. Et même si je l'avais reçue, mon chéri, cela faisait 4 semaines que j'avais quitté la maison – Ne pourriez-vous pas dicter à une secrétaire quelques mots chaque jour qu'elle m'enverrait deux fois par semaine – Ce n'est pas la peine d'écrire vous-même – Cela me dérangeait autrefois, mais maintenant je me suis habituée aux lettres dactylographiées, & de toute façon, je les préfère à pas de lettre du tout. Je me sens très isolée –

Votre Clemmie
qui vous aime, mais qui est bien triste

<u>Je vous en prie</u>, ne télégraphiez pas – Je déteste les télégrammes qui disent juste « Tout va bien temps pluvieux Baisers Winston. »

1. En 1954, CSC devint présidente d'une association qui fit restaurer l'arsenal.
2. Fille d'Horace Seymour (secrétaire particulier de Gladstone de 1880 à 1885). Son amitié avec CSC datait du début du siècle. Elle avait été l'une des demoiselles d'honneur de CSC. Très belle et intelligente, elle était une libérale convaincue. Elle ne se maria jamais et mourut en 1966.

◊ De Winston   [Chartwell]
4 janvier 1939

VOS LETTRES 19 DECEMBRE FAIT GRAND PLAISIR A MARY ET MOI. TOUT VA BIEN ICI. PARS CHEZ MAXINE [ELLIOTT] LE 7. CABLEZ SOUVENT. TENDRE AMOUR.

WINSTON

◊ De Clementine   M.Y. Rosaura
8 janvier 1939

DEBORDE DE JOIE A RECEPTION LETTRE. ME SENS MIEUX ET HEUREUSE QUAND JE PENSE A VOUS. MEFIEZ-VOUS CASINOS. AMOUR TENDRE.

CLEMMIE.

o De Winston   Château de l'Horizon
8 janvier 1939

Ma chérie à moi,

Me voilà donc sous un soleil radieux bien que le fond de l'air soit frais. Nous avons fait le voyage – le Prof [Lindemann] & moi – dans un nouvel avion Frobisher en 1 heure ¼, sans voir la mer ni le sol – rien que des nuages. Mais il semble que la météo n'ait pas d'importance : & l'atterrissage a été parfait.... Le trajet a été ts confortable & j'ai dormi comme un ange.

Maxine [Elliott] a été plus que ravie de me voir.... Les Windsor viennent dîner demain soir. Il y a beaucoup de simagrées pour savoir s'il faut faire la révérence à la dame. Les opinions se heurtent sans ménagement sur cette question[1]. Mais tous les échos concordent pour dire qu'ils sont absolument heureux et filent toujours le parfait amour. Je vous en reparlerai après.

J'ai l'intention de rester quinze jours ici et de travailler dur sur le livre. J'ai mené une vie de routine ininterrompue à Chartwell – & j'ai sous presse pas moins de 221 000 mots, c'est-à-dire que je suis en avance de 63 jours sur mon ts sévère programme de travail, selon leql je me suis imposé d'écrire 1 000 mots par jour à partir du 1er août. À ce rythme je devrais en avoir terminé d'ici mai, ce qui laisserait 7 mois pour fignoler. C'est une tâche redoutable ; mais une fois accomplie elle aboutira financièrement à une situation ts satisfaisante.

Mary est allée deux fois à la chasse & ne vit plus que pour cela. Elle a été ts mignonne et sa beauté s'épanouit. J'ai tout laissé en bon ordre.... Comme tjours je n'ai pas quitté Chartwell sans un petit pincement au cœur. Mais maintenant que je suis là je suis sûr que je vais y passer du bon temps.

Demain le Daily Herald commence à distribuer la nouvelle édition bon marché de La Crise mondiale publiée par Odham. Elle peut être proposée à 3 shillings et 9 pence pour chacun des deux volumes – miracle de la production en série. Ils pensent en vendre plus de 150 000 ! Cela me plaît d'avoir le sentiment que pour la première fois les couches laborieuses vont avoir ma version du récit.

J'ai eu une longue conversation avec Anthony [Eden] avant de quitter Londres ; il est décidé à ne pas participer au Gouvernement – & ils ne lui ont pas fait d'avances jusqu'ici. Mais il pourrait bien y avoir une grosse reconstruction après la visite de Chamberlain à Rome [le 11 janvier], & avant la fin du mois. Je ne peux imaginer qu'après tout ce que j'ai dit ils soient capables de me digérer – il faudrait que ce soit « avec les cornes et les sabots ». Mais je peux dire en toute sincérité que peu m'importe. Il vaudra bcp mieux attendre la situation qui ressortira des L[égislatives] – désormais vraisemblablement en octobre. En attendant, l'important c'est le livre....

J'ai reçu deux charmantes lettres de vous & j'ai également vu celles que vous avez envoyées à Maria. Vous semblez faire une croisière magnifique & intéressante & voir toutes sortes d'endroits hors des sentiers battus. En plus la Commission doit ajouter un plaisir intellectuel, & je ne doute pas que vous portiez de l'intérêt à ses travaux. Mais ce que vous ne dites ni ds vos lettres ni ds vos télégrammes c'est comment vous vous sentez. Est-ce que la voix va mieux, et avez-vous repris assez de forces pour vous permettre de tenir toute une journée ? En vérité ma chatte vous avez eu une année ts dure – l'orteil – la gorge – la queue,

& une faiblesse générale – C'est trop. Je fonde de grands espoirs sur ce périple en pensant qu'il va vous faire du bien pour longtemps. Mais tenez-moi donc au courant.

Cela m'attriste profondément d'apprendre qu'aucune lettre ne vous est encore parvenue. C'est là ma troisième, & j'ai honte de ne pas avoir débuté plus tôt. Je vais à présent vous écrire à chaque levée.

Au revoir ma Clemmie chérie.

      Toujours votre mari dévoué & qui vous aime,
                     W
                     ...

Je joins une sorte de bulletin qui complétera ma lettre.

1. WSC s'inclinait toujours devant elle et CSC faisait la révérence.

◊ De Winston [dactylographié]   Château de l'Horizon
8 janvier 1939

[addendum à la lettre précédente]

Secret

Clemmie chérie

J'ai passé une journée bien remplie et intéressante à Paris [sur le chemin de la Côte d'Azur]. J'ai déjeuné avec Reynaud[1] à Versailles où il se remettait de ses efforts et de ses triomphes en matière de finances françaises. La France entière est unie contre Mussolini. Reynaud m'a dit que s'il touchait à Djibouti[2] « la France se lancerait avec joie dans une nouvelle guerre ». Il y a chez eux un profond désir de s'en prendre à Mussolini pour l'humiliation qui leur a été imposée par Hitler [à Munich]....

L'après-midi j'ai eu une longue conversation avec l'Ambassadeur [Sir Eric Phipps] et Charles Mendl[3], et ensuite je suis allé voir Blum, qui m'a donné le plus d'informations. Tous confirment que l'Allemagne n'avait presque pas de troupes sur la frontière française pendant la crise. Et Blum m'a indiqué (secret) qu'il avait appris par Daladier en personne qu'aussi bien le général Gamelin que le général Georges[4] étaient convaincus qu'ils auraient pu percer les défenses allemandes, faibles et inachevées, et presque dégarnies, au plus tard au bout du quinzième jour, et que si les Tchèques avaient pu tenir ne serait-ce que pendant cette courte quinzaine, les armées allemandes auraient été contraintes de revenir pour contenir l'invasion. De l'autre côté il y a leur grande prépondérance dans les airs, et le point de vue de chacun dépend du poids qu'il y attribue. Je ne doute pas un seul instant qu'une attitude de fermeté de la part de l'Angleterre et de la France aurait empêché la guerre, et je suis persuadé que l'histoire va être encline à juger que si l'on en était arrivé au pire, nous aurions été dans une situation bien meilleure que celle où nous nous retrouverons peut-être dans un avenir proche.

Blum habite dans un appartement situé au-dessous de celui de Delbos[5], que l'on a fait venir *en déshabillé* pour se joindre à notre conversation. Tous deux sont très inquiets. Ils craignent que Mussolini ne soit déterminé à obtenir sa part du butin, Hitler ayant tout reçu jusqu'ici et lui rien, et ils sont convaincus qu'Hitler se sent lié à lui et le soutiendra…. Blum semble croire que ces deux crapules vont très bientôt repasser à l'action. À Londres, on a très peur qu'Hitler s'en prenne à nous, et nous présente ses exigences au lieu de se tourner vers l'est….

Pendant ce temps Chamberlain, en reprenant à son compte tout ce qu'a déclaré Roosevelt[6], a fait un grand bout de chemin vers ma position. Vous aurez peut-être remarqué qu'il a utilisé la formule exacte que je n'ai cessé de répéter ces deux dernières années, à savoir « Liberté et paix », et qu'il a mis, comme je l'ai toujours fait, « Liberté » en premier.

Tous les échos issus des coulisses soulignent sa grande déception vis-à-vis d'Hitler, et son désespoir en ce qui concerne l'apaisement. Pendant ce temps, toutefois, les irritants ratés de la DP [Défense passive] se perpétuent. Les tranchées des parcs publics sont remplies d'eau. Ils n'arrivent ni à les combler ni à les vider pour les rendre utiles. Bien plus, il a fallu qu'ils embauchent des gardiens spéciaux pour empêcher les enfants de se noyer dans ces auges boueuses. Les bénévoles de la DP sont mécontents et leurs effectifs fondent à cause du manque d'organisation. Bien qu'il ait été nommé ministre aussi récemment, Sir John Anderson[7] fait du patin à glace à St Moritz, et cela donne lieu à des commentaires incessants dans la presse. Il y a une absence totale de vigueur, et Chamberlain n'a pas la plus petite idée des négligences dont il est responsable. En fait, je ne crois pas qu'il y aurait grand intérêt à aller me mettre le poids de ces négligences sur le dos, en tout cas sans les pouvoirs qu'ils ne songeraient pas à m'accorder.

Duncan [Sandys] a lancé son Parti [Les cent mille] avec l'aide de Randolph, et tout le monde ou presque est revenu sur sa parole au dernier moment… Duncan en a été tout dépité, et Diana m'a téléphoné pour me dire qu'il n'avait pas fermé l'œil de la nuit. Mais je leur ai conseillé de marquer le pas et de laisser leur initiative mourir de sa belle mort maintenant qu'ils s'étaient jetés à l'eau, et surtout de ne pas battre publiquement en retraite...

J'apprends que le bébé continue à bien se porter. Au lieu de faire 1 kg 980, comme à la naissance, il pèse désormais 2 kg 120. Il gagne donc des forces plus rapidement que le mouvement politique lancé en même temps....

Avec mon tendre amour
Chérie
Votre dévoué
W

1. Paul Reynaud (1878-1966). À l'époque, ministre des Finances. Président du Conseil de mars à juin 1940.
2. Djibouti, alors capitale de la Côte française des Somalis et de l'actuelle république de Djibouti.
3. Sir Charles Mendl (1871-1958), attaché de presse à l'ambassade de Grande-Bretagne à Paris de 1926 à 1940.
4. Général Joseph Georges (1875-1951). Ancien chef d'état-major du maréchal Pétain, en 1925-1926 ; chef de cabinet dans le gouvernement Maginot en 1929. Nommé général en chef des armées en 1934.
5. Yvon Delbos (1885-1956), ancien ministre des Affaires étrangères, de juin 1936 à mars 1938.
6. Dans un discours devant le Congrès le 4 janvier 1939 le président Roosevelt avait appelé à organiser la défense contre les agressions tout en prônant la nécessité de « méthodes qui n'allaient pas jusqu'à la guerre ».
7. Sir John Anderson, ensuite premier vicomte Waverley (1882-1958). À l'époque, Lord Privy Seal et chargé de la défense passive. Ministre de l'Intérieur et ministre de la Sûreté intérieure en 1939-1940. Lord President of the Council de 1940 à 1943. Chancelier de l'Échiquier de 1943 à 1945. Sa première épouse mourut en 1920 et en 1941 il épousa Ava Wigram, la veuve de Ralph Wigram.

◊ De Winston [dactylographié] [Château de l'Horizon]
18 janvier 1939

...

Il y a eu un grand soleil pendant deux jours, mais depuis nous n'avons eu que du ciel gris et du vent glacial. Cela ne m'a pas perturbé, cependant, parce que j'ai passé toutes mes matinées au lit et que le livre a beaucoup avancé. Nous avons tenu une moyenne de quinze cents mots par jour, bien qu'il s'agisse théoriquement de vacances. J'aurai des tas de choses à vous donner à lire à votre retour.

Les Windsor viennent dîner ici, et nous allons dîner chez eux à notre tour. Ils ont une exquise petite villa juste à côté de La D^1. Tout y est impeccable et raffiné. Les domestiques en livrée rouge, et le petit monsieur lui-même toujours sur son 31, en kilt aux couleurs de Balmoral avec poignard et jabot, etc. Quand on pense qu'on avait du mal à lui faire mettre une jaquette avec une cravate quand il était prince de Galles, on mesure la transformation. Je dois dîner chez lui demain avec uniquement Rothermere. À coup sûr pour parler de ses projets de retour au pays. Ils ne veulent pas de sa venue, mais ils n'ont aucun pouvoir pour l'empêcher.

De même qu'à Chartwell je partageais mes journées entre la maçonnerie et la dictée, ici c'est entre la dictée et le jeu. Je joue longtemps, mais je fais attention, et jusqu'ici je suis largement gagnant. Cela m'amuse beaucoup de jouer, tant que c'est avec leur argent....

La visite à Rome de Chamberlain[2] n'a eu aucun effet nocif. C'est tout ce qu'on peut en dire. On peut se demander ce que tous ces gens-là vont inventer pour nous nuire. Les attentats à la bombe de Londres et de Manchester[3] viennent sans aucun doute des Irlandais qui tentent de mettre la main sur l'Ulster. Quelle illusion c'était pour Chamberlain que de croire qu'il pouvait faire la paix en cédant sur tout ! Tout laisse supposer un raidissement de sa part et de celle de son Gouvernement en matière de politique étrangère.... Il semble quasiment certain qu'il n'y aura pas de législatives avant novembre, ce qui est un grand soulagement, car elles tomberaient très mal actuellement....

Mes informations en provenance de Chartwell indiquent que la construction [d'Orchard Cottage] se poursuit comme il faut.... à mon retour tout sera prêt pour la couverture en tuiles, et ensuite il y aura la pose des planchers.... Ce sera un endroit délicieux une fois fini, et j'ai vraiment hâte de vous faire faire le tour du propriétaire quand vous reviendrez....

1. La Dragonnière, la propriété de Lord Rothermere au cap Martin.
2. Le 11 janvier 1939, Neville Chamberlain rendit visite à Mussolini, toujours profondément convaincu de l'importance des « contacts personnels » et du bien-fondé de sa politique d'apaisement ; leurs entretiens prolongés n'aboutirent à aucune décision.
3. Attentats qui causèrent des dommages considérables et firent une victime. Ils marquèrent le début d'une campagne de l'IRA (Armée républicaine irlandaise) pour forcer le gouvernement britannique à intégrer l'Irlande du Nord dans l'Eire.

◊ De Clementine   M.Y. Rosaura
19 janvier 1939   La Barbade

Mon chéri

Il y a quatre jours, j'étais assise à la bibliothèque publique de la Dominique (c'était avant de recevoir votre lettre) en train de lire les vieux numéros du Times, quand soudain j'ai vu Sidney Peel qui me regardait au milieu de la page des nécrologies – Une photographie de lui jeune, tel que je le connaissais – J'ai fermé les yeux ; le temps s'est arrêté, je suis revenue en arrière, et j'ai revécu ces quatre années pendant lesquelles je l'ai vu pratiquement tous les jours – Il était bon avec moi & il a rendu ma vie difficile & plutôt aride intéressante – Mais il m'était indifférent & je n'ai pas été gentille envers lui, ni même reconnaissante – Et puis vous êtes arrivé mon chéri, et alors j'ai vu la différence –

Je suis contente que vous m'en ayez parlé dans votre lettre, car lorsque j'ai appris la nouvelle, j'ai eu besoin de vous – Je voulais vous prendre dans mes bras et pleurer encore et encore –

Nous avons maintenant atteint La Barbade, & je pense que je vais bientôt rentrer. Ces îles sont belles en elles-mêmes, mais elles ont été profanées & souillées par l'homme.

Ce sont des collines vertes couvertes de végétation & d'arbres tropicaux qui sortent directement de la mer & les côtes sont bordées de maisons branlantes, hideuses et décrépites, qui n'ont pas été repeintes depuis des années, avec des toits rouillés en tôle ondulée – Un commerce stagnant, suffisamment de féculents pour maintenir la population en vie, mais sous-alimentée – 80 % de la population est illégitime, 70 % (dans plusieurs îles) souffre de syphilis et de pian. Les habitations des ouvriers agricoles sont de petits abris pleins de trous qui ont été bouchés avec des chiffons, ou rapiécés avec de vieux morceaux de fer-blanc – Il n'y a aucun sanitaire de quelque sorte que ce soit, pas même des latrines creusées dans la terre ; à certains endroits, les femmes doivent faire plus de 4 km pour aller chercher de l'eau – Dans beaucoup d'endroits, la proportion de médecins par rapport à la population est de un pour 30 000 personnes. Les salaires des travailleurs sont de 1 shilling par jour pour les hommes & 6 pence pour les femmes – Il y a beaucoup de chômage & aucun système d'assurance – Et dire que cela est un échantillon de l'Empire britannique sur lequel le soleil ne se couche jamais !

Je suis en train de lire La Conquête du Mexique[1] de Prescott – À la fin de sa vie, Cortés[2] a été traité avec froideur & ingratitude par le gouvernement espagnol. « Il devait découvrir, comme Christophe Colomb, qu'il était possible de trop mériter. » Aussi, comme vous le voyez, vous êtes en bonne compagnie. Et dites-moi, Winston, est-ce que nous glissons lentement vers la guerre ? sans l'intelligence nécessaire pour l'éviter, ni la volonté de s'y préparer – Dieu vous bénisse, mon chéri –

Votre Clemmie
qui vous aime

1. William Hickling Prescott (1796-1859), historien américain. Le livre en question, *History of the Conquest of Mexico*, était paru en 1843.
2. Hernán Ferdinand Cortés (1485-1547) conquit le Mexique au nom de l'Espagne.

Il y a, dans les dernières lettres de Clementine, une note de nostalgie récurrente. Loin de chez elle, sous le ciel bleu et sur les rivages bordés de palmiers, elle avait constamment à l'esprit les ombres menaçantes et angoissantes de la situation qu'elle avait pour quelque temps laissée derrière elle. Les conditions sociales sordides des îles antillaises qu'ils avaient visitées avaient eu un impact extrêmement déprimant sur elle. De plus, des tensions politiques affleuraient parmi les passagers du yacht. Un soir (le 24 janvier) à La Barbade, il y eut une véritable « explosion » déclenchée par une émission anglaise qui s'en prenait aux opinions antigouvernementales. Certains des passagers présents, avec à leur tête Lady Broughton, clamèrent leur approbation. Clementine décida qu'elle ne pouvait plus en supporter davantage. Après s'en être expliquée auprès de son hôte, elle quitta le yacht et réserva une cabine sur le SS Cuba qui devait lever l'ancre le lendemain.

En dépit des circonstances dans lesquelles elle avait quitté le Rosaura, *son amitié avec Walter Moyne demeura intacte.*

◊ De Winston [Chartwell]
30 janvier 1939

ENCHANTE VOUS VOIR REVENIR. TENDRE AMOUR DE TOUS.

WINSTON.

À la fin du mois de février 1939, les gouvernements britannique et français reconnurent le régime nationaliste du général Franco en Espagne. La guerre civile et ses combats sanglants prirent fin le 2 avril.

Le 15 mars, les troupes allemandes traversèrent la frontière tchécoslovaque ; la nuit même, Hitler était à Prague et, le lendemain, le protectorat allemand de Bohême et de Moravie fut proclamé.

Le 7 avril, Mussolini et ses forces armées envahirent et annexèrent l'Albanie.

Les opinions défendues par Churchill recueillaient maintenant un soutien croissant dans le pays. Au fur et à mesure que l'été avançait, les demandes se faisaient plus nombreuses pour qu'il fasse partie du gouvernement. Churchill lui-même ne prit aucune part à ces campagnes, mais il suivait de près les questions politiques et entretenait une correspondance privée avec les ministres.

Cet été-là, Winston passa la plus grande partie de son temps à Chartwell et continua à travailler à son histoire des peuples anglophones [History of the English-Speaking Peoples].

Du 14 au 17 août, il visita la ligne Maginot à l'invitation du gouvernement français.

o De Winston   Hôtel Ritz
14 août 1939   Paris

Ma chérie,

Mon voyage promet d'être à la fois agréable & instructif. Le gén. Georges, qui commandera l'Armée en cas de guerre, a tout abandonné pour me servir de guide. Il m'attendait au pied de l'avion & m'a emmené au restaurant du Bois[1] où nous avons déjeuné sous un soleil resplendissant ; & « parlé affaires » pendant longtemps. Je suis en plein accord avec les opinions qui prévalent ici. Rien ne se passera, croit-on, avant l'arrivée de la neige dans les Alpes qui mettra Mussolini à l'abri pendant l'hiver. Cela tendrait à indiquer début ou mi-septembre, ce qui laisserait encore 2 mois à Hitler pour s'occuper de la Pologne, avant la saison des boues qui sévit là-bas. Tout cela n'est bien sûr qu'hypothèses, mais en même temps ce n'est pas déraisonnable. Cela semble conforme au programme des Allemands, dans la mesure de ce qui a été publié.

Le Général vient me chercher ici dans quelques minutes pour m'emmener à la Gare de l'Est. Nous allons faire le trajet jusqu'à Strasbourg dans une micheline spéciale qui atteint des vitesses extrêmes et dînerons *en route*. Il est prévu que nous passions 2 ts longues journées sur la ligne....

Je crois que si vous avez des messages urgents le mieux serait de me les envoyer au Ritz. J'appellerai tous les soirs au cas où. Mais je ne sais pas exactement où je serai. Nous passons la nuit à Strasbourg : demain Colmar : & mercredi Belfort. Je serai de retour ici à 15 h jeudi. Je pense que tout cela va être ts intéressant....

Gardez tout cela pour vous.

Toujours vtre mari qui vous aime à jamais
Chérie vtre dévoué
W
…

UNE PAIX SANS HONNEUR

1. On peut supposer qu'il s'agit du Pré Catelan ou de la Grande Cascade. [*ndt*]

Ma mère et moi rejoignîmes mon père à Paris après sa visite de la ligne Maginot (le 17 août) et nous nous rendîmes ensemble chez Consuelo et Jacques Balsan à St-Georges-Motel. Mais ce séjour extrêmement agréable fut bref : Winston retourna en Angleterre le 23 août en raison de la détérioration de la situation. Nous suivîmes le lendemain.

Le 24 août, le pacte de non-agression germano-soviétique fut rendu public : le Parlement fut rappelé et la flotte reçut l'ordre de se mettre en état d'alerte ; le 31 août, on commença à évacuer les femmes et les enfants de Londres.

Le 1er septembre à l'aube, les forces allemandes envahirent la Pologne. Un ultimatum qui expirait à 11 h le 3 septembre fut envoyé à l'Allemagne. Aucune réponse n'ayant été reçue, la Grande-Bretagne déclara la guerre à l'Allemagne – suivie de peu par la France.

Le jour même, Winston Churchill fut nommé Premier lord de l'Amirauté, avec un siège au Cabinet de guerre.

Le Conseil de l'Amirauté envoya le message suivant à la flotte : WINSTON DE RETOUR.

Chapitre XX

DE NOUVEAU SUR LA BRÈCHE

À la fin du mois de septembre 1939, les Churchill étaient de nouveau installés à Admiralty House sur Whitehall[1].

L'événement familial le plus important de cet automne fut le mariage, le 4 octobre, de Randolph (devenu officier dans l'ancien régiment de son père, le 4ᵉ hussards) avec Pamela Digby, fille aînée de Lord et Lady Digby[2].

Lorsque la guerre fut déclarée, les gens se préparèrent mentalement à l'arrivée d'événements soudains et terrifiants, mais les mois qui suivirent furent marqués par une étrange inactivité sur terre et dans les airs, une période que l'on devait nommer par la suite la « drôle de guerre[3] ». L'atmosphère de transe qui régnait alors fut sérieusement ébranlée au début du mois d'avril 1940 lorsque l'Allemagne envahit le Danemark et occupa les principaux ports norvégiens. Le 14 avril, des troupes britanniques furent dépêchées en Norvège, mais la campagne qui suivit se solda par un échec, entraînant des troubles et des critiques au Parlement et dans le pays. À l'occasion d'un débat à la Chambre des communes (les 7 et 8 mai), Churchill défendit vigoureusement le gouvernement. Quarante et un députés conservateurs votèrent contre ce dernier et sa majorité s'effondra, passant de plus de 200 à seulement 81.

Chamberlain[4] tenta de former un nouveau gouvernement incluant des membres du Parti travailliste et du Parti libéral, mais ils refusèrent de collaborer avec lui. Lord Halifax et Churchill étaient tous les deux en lice pour le poste de Premier ministre. Le premier avait la faveur de Chamberlain, mais Halifax refusa, alléguant qu'il était impossible qu'un Premier ministre soit membre de la Chambre des lords en temps de guerre.

À l'aube du 10 mai, les forces hitlériennes attaquèrent les Pays-Bas, la Belgique et la France. Le soir même, le roi George VI invita Winston Churchill à former un nouveau gouvernement. Il mit en place une coalition nationale qui réunissait les trois principaux partis politiques.

Le 13 mai, Churchill s'adressa à la Chambre des communes pour la première fois en tant que Premier ministre : « Je n'ai rien d'autre à offrir que du sang, du labeur, des larmes et de la sueur... » [« I have nothing to offer but blood, toil, tears and sweat... »]

La fin du mois de mai et le début du mois de juin virent la chute de la France et l'évacuation quasi miraculeuse de nos forces des plages de Dunkerque – même si elles furent contraintes d'abandonner sur place armes et matériel.

En juin, Churchill prit plusieurs fois l'avion pour rencontrer ce qui restait du gouvernement français dans ses diverses positions de repli, tentant désespérément de maintenir la France dans la lutte. Le 22 juin, le maréchal Pétain, qui avait succédé à Reynaud comme président du Conseil, signa un armistice avec l'Allemagne : la Grande-Bretagne était désormais seule et menacée d'invasion.

Tout au long de ces semaines de crise, Churchill se montra extrêmement exigeant et dur vis-à-vis de lui-même – et des autres.

1. Ils n'occupèrent pas l'intégralité du bâtiment : les pièces d'apparat furent fermées et les deux étages supérieurs réaménagés pour servir de logement à la famille.
2. Pamela Digby (1920-1997), fille du onzième baron Digby et de Pamela (« Pansy ») Digby (née Bruce). Voir également p. 733 n. 2 de la lettre du 16 octobre 1953.
3. En mer, par contre, les hostilités avaient immédiatement commencé avec des attaques systématiques contre la marine marchande britannique par les sous-marins allemands et l'utilisation de mines magnétiques. Le 14 octobre, le navire de guerre *Royal Oak*, torpillé, coula à Scapa Flow et, le 13 décembre, à la suite de la féroce bataille du Rio de la Plata (en Uruguay), le *Graf Spee* se saborda dans l'embouchure du fleuve.
4. Neville Chamberlain (voir p. 392 n. 1). Il était Premier ministre depuis le 28 mai 1937.

o De Clementine ✉ 10 Downing Street
27 juin 1940[1]

Mon chéri,

J'espère que vous me pardonnerez si je vous dis quelque chose qu'à mon avis, il faut que vous sachiez.

Quelqu'un de votre entourage (un ami dévoué) est venu me voir & m'a dit que vous couriez le danger d'être universellement détesté par vos collègues & subordonnés du fait de vos manières rudes, sarcastiques & arrogantes – Il semble que vos secrétaires particuliers aient décidé de se conduire comme des écoliers, « d'accepter ce qui leur tombait dessus » & de disparaître hors de votre vue en haussant les épaules – À un niveau plus élevé, lorsqu'une suggestion est faite (à une conférence par exemple), vous avez la réputation d'être si méprisant que bientôt plus personne n'avancera aucune idée, bonne ou mauvaise. J'ai été surprise & chagrinée, car toutes ces années, j'ai été habituée à ce que tous ceux qui travaillaient avec & pour vous vous adorent – C'est ce que j'ai dit & il m'a été répondu « C'est sans doute la tension » –

Mon Winston chéri – je dois avouer que j'ai remarqué une détérioration dans votre attitude ; & vous n'êtes plus aussi gentil qu'autrefois.

C'est votre rôle de donner des ordres & s'ils sont mal exécutés – mis à part le roi, l'archevêque de Cantorbéry & le président de la Chambre –, vous pouvez virer tout le monde et n'importe qui – À ce pouvoir terrifiant, il vous faut donc associer civilité, gentillesse et, si possible, un calme olympien. Vous vous plaisiez à citer la maxime : « *On ne règne sur les âmes que par le calme* » – Je ne peux pas supporter l'idée que ceux qui servent le pays & vous-même ne vous aiment pas autant que je vous admire et vous respecte –

Et qui plus est, vous n'obtiendrez pas de meilleurs résultats en étant irascible & impoli. Une telle attitude ne peut <u>que</u> susciter l'antipathie ou une mentalité d'esclave – (La rébellion étant hors de question en temps de guerre !)

Je vous en prie, pardonnez votre Clemmie
dévouée & vigilante
qui vous aime

J'ai écrit cette note aux Chequers[2] dimanche dernier et je l'ai déchirée, mais la voici de nouveau.

1. Ceci est la seule lettre existante entre WSC et CSC pour l'année 1940.
2. Résidence officielle de campagne des Premiers ministres britanniques. Voir également p. 293 n. 1 (lettre du 6 février 1921).

Il n'existe pas de réponse à la lettre de Clementine. Peut-être en ont-ils parlé ensemble. Mais Winston a très certainement pris la chose à cœur car, même si, pendant ces années où il était au sommet de son pouvoir, il pouvait sans nul doute se montrer redoutable et déraisonnable, beaucoup de ceux qui ont travaillé pour lui, à tous les niveaux au cours de ces terribles années, ont exprimé publiquement non seulement leur admiration pour lui en tant que chef, mais aussi leur affection pour un homme qu'ils considéraient comme chaleureux et attachant.

Septembre 1940 vit les débuts du Blitz sur Londres et les bombardements nocturnes intensifs continuèrent jusqu'en novembre. À la mi-septembre, Winston et Clementine déménagèrent du 10 Downing Street[1] pour s'installer dans l'appartement de l'« Annexe », qui avait été spécialement aménagé au premier étage du bâtiment de Storey's Gate, dans d'anciens bureaux du gouvernement qui surplombaient Saint James Park. La structure d'ensemble du 10 était fragile et l'abri antiaérien d'une taille et d'une efficacité insuffisantes pour ses habitants et les gens qui y travaillaient. L'« Annexe », un bâtiment moderne et résistant en pierre et en béton, avait été renforcée et des volets en acier installés aux fenêtres. Elle se trouvait directement au-dessus du centre de Commandement souterrain[2].

Le 22 juin 1941, l'Allemagne envahit la Russie, donnant au conflit une dimension beaucoup plus vaste. Au cours du mois de juillet, les armées allemandes pénétrèrent très en avant en Russie, se livrant à des actes d'une cruauté épouvantable sur la population civile.

Churchill avait correspondu pendant deux ans avec le président Roosevelt (qui avait été réélu pour un troisième mandat en novembre de l'année précédente). Ils se comprenaient et avaient déjà noué des liens puissants, mais les deux chefs de gouvernement souhaitaient maintenant se rencontrer face à face.

Le 4 août, Churchill, accompagné de collègues et de militaires occupant des postes clés, quitta la Grande-Bretagne (pour ce qui allait être le premier de ses nombreux voyages transatlantiques pendant la guerre). Il embarqua sur le navire de guerre HMS *Prince of Wales* en direction de leur lieu de rendez-vous ultrasecret à Placentia Bay, au large de Terre-Neuve.

---

1. Où ils s'étaient installés à la mi-juin. Winston continua à travailler dans la salle du Conseil restreint et dans son bureau personnel jusqu'à ce que des raids aériens intensifs aient endommagé le bâtiment. Les Churchill continuèrent à utiliser le salon et la salle à manger du rez-de-chaussée qui avaient été renforcés pour des déjeuners et des dîners chaque fois que cela était possible.

2. Le centre de commandement souterrain (Central War Rooms) avait été installé en 1938 en prévision d'attaques aériennes massives. Renforcé de nouveau, il pouvait à partir de juillet 1940 fournir l'espace nécessaire en bureaux et salles de réunion pour accueillir le Cabinet de guerre et le Joint Planning Committee. On y avait installé des salles de cartes, des bureaux pour le chiffre et un standard téléphonique. Il y avait aussi quelques chambres de dépannage pour le personnel clé. WSC n'y dormit que trois fois pendant la guerre, préférant l'Annexe au-dessus, avec laquelle le centre communiquait directement. Les « Cabinet War Rooms », comme on les appelle aujourd'hui, sont ouvertes au public.

Peu avant le départ de Winston, Clementine, qui était quelque peu inquiète à propos de sa santé, lui écrivit la note suivante :

o De Clementine ✉   10 Downing Street
1ᵉʳ août 1941

Je pense très sérieusement que, pour ce voyage extrêmement important, vous devriez vous faire accompagner d'un médecin (Le médecin du bateau – n'en parlons pas – c'est comme le docteur Jones à bord de l'Enchantress) –

<u>Je vous en prie</u>, emmenez Sir Charles Wilson[1] –

Brendan [Bracken][2] est d'accord avec moi –

1. Cette fois-ci, WSC ne suivit pas les conseils de CSC, mais Sir Charles (fait premier baron Moran en 1943) devait par la suite accompagner WSC dans presque tous ses voyages. Charles Wilson (1882-1977) était alors médecin et doyen de la faculté de médecine au St Mary's Hospital de Paddington, à Londres. Président du Royal College of Physicians de 1941 à 1950. Il fut le médecin personnel de WSC jusqu'à la mort de ce dernier en 1965.
2. Brendan Bracken (1901-1958). À cette époque, ministre de l'Information (1941-1945). Journaliste né en Irlande, d'extraction modeste. Député en 1921, il occupa divers postes gouvernementaux avant de retourner à la presse. Fait premier baron Bracken en 1952, il ne se maria jamais. Grand ami de WSC depuis 1923. CSC n'appréciait ni son humour ni ses idées politiques, mais dans l'après-guerre elle en vint néanmoins à se reposer sur lui pour diverses affaires de famille.

Sachant que Winston serait absent pendant une quinzaine de jours, Clementine saisit l'occasion pour prendre un repos dont elle avait grand besoin.

En 1941, sa charge de travail avait beaucoup augmenté[1]. *Elle était souvent sollicitée en tant qu'épouse du Premier ministre et il y avait un flot continu d'invités à recevoir à Londres et aux Chequers ; cela ne l'empêchait pas de se consacrer également, avec une grande énergie et beaucoup de conscience professionnelle, à ses nouvelles responsabilités de guerre. Elle partit pour une brève cure de repos à Champneys, près de Tring dans le Buckinghamshire, un établissement de santé d'excellente réputation.*

Le voyage de Winston et l'endroit où il se trouvait faisaient, bien sûr, l'objet d'un secret total.

1. À partir de novembre 1939, présidente du Fulmer Chase Maternity Home pour les femmes des officiers des trois armées et, à partir de février 1941, présidente du Fonds de guerre de la Young Women's Christian Association (YWCA), qui fournissait

une aide sociale aux femmes travaillant pour la Défense. En octobre 1941, elle devait également prendre la présidence de l'Aide de la Croix-Rouge au Fonds russe.

De Winston[1] [HMS *Prince of Wales*
6 août 1941 en mer]

TUDOR N° 4

... TOUT VA BIEN. JOUR D'OISIVETE COMPLETE. AVONS RENCONTRE NOTRE NOUVELLE ESCORTE[2] ET NE SOMMES PLUS ISOLES. AVEC AMOUR. CABLEZ POUR DONNER NOUVELLES.

1. Aux Archives nationales britanniques (ex-Public Record Office), non encore répertorié.
2. À cause de la grosse mer qui ralentissait les destroyers escorteurs, le cuirassé *Prince of Wales* avait continué sa route seul : un silence radio complet s'était imposé avant qu'un destroyer escorteur ne le rejoigne le 6 août en provenance des eaux islandaises.

De Clementine[1] [Champneys, Tring][2]
7 août 1941

ABBEY N° 14

JE VAIS BIEN. TRES CONTENTE D'AVOIR DES NOUVELLES OFFICIELLES DE RANDOLPH[3]. MES PENSEES ET MON AMOUR VOUS SUIVENT. CLEMMIE

1. Aux Archives nationales britanniques, non encore répertorié.
2. Les télégrammes et autres informations du cabinet du Premier ministre (Private Office) étaient transmis à CSC à Champneys par des estafettes à moto à qui elle confiait également les réponses à communiquer par radio à WSC.
3. Randolph venait juste d'être nommé GSO2 (General Staff Officer), avec rang de major, et chargé de l'information de l'Armée au Caire ; il devait également être responsable de la censure de la presse.

o De Clementine [Champneys]
7 août 1941

Mon chéri

Mes pensées sont constamment avec vous –

Je viens juste de recevoir votre message que Mr Rowan m'a fait parvenir[1] par motocycliste – J'y apprends que vous avez passé une journée entière à ne rien faire ! J'ai du mal à le croire ; mais, si c'est vraiment le cas, j'espère que vous continuerez à vous reposer.

Cet « asile de fous » est confortable et bien géré – J'ai droit à des massages, à de l'ostéopathie, à des douches chaudes & froides, etc. etc. – mais rien à manger jusqu'à présent, que du jus de tomate & du jus de pamplemousse – C'est le quatrième jour & je commence à me sentir reposée de sorte que lorsque vous rentrerez à la maison, vous retrouverez une chatte complètement remise à neuf (à défaut d'être rajeunie)....

Le poste de Randolph tel qu'il est décrit officiellement semble enthousiasmant, & comporter d'énormes responsabilités – Ses fonctions ont l'air variées & nécessiteront du discernement, du jugement & du tact. Mais je pense que Randolph a ces qualités – Il faut que je lui écrive pour le féliciter....

J'espère vraiment, mon chéri, que ce voyage capital, en plus de rallier les Américains, vous permettra de vous reposer & de retrouver des forces –

Comme j'aimerais être avec vous sur ce beau navire – J'espère que vous goûtez souvent l'air sur le pont.

Baisers tendres, mon très cher amour
Clemmie
...

1. Leslie Rowan (1908-1972), KCB en 1949. Chef de cabinet de deux Premiers ministres, WSC de 1941 à 1945 et Clement Attlee de 1945 à 1947. Par la suite conseiller économique à l'ambassade de Grande-Bretagne à Washington, et Second Secretary au Trésor de 1951 à 1958. Président de Vickers Ltd de 1967 à 1971. Un homme brillant et charmant. En 1944, il épousa Judy Love, une ravissante auxiliaire du Women's Royal Naval Service (WRENS).

o De Clementine   Champneys
14 août 1941

Mon chéri –

Tôt ce matin, j'ai appris par ma radio que Mr Attlee[1] ferait une déclaration à 15 h au nom du gouvernement & que la même annonce serait faite simultanément à partir de la Maison Blanche à Washington Grande excitation et beaucoup de spéculations –

Il ne peut pas s'agir d'une déclaration de guerre de l'Amérique ? Car le Président a besoin de l'accord du Congrès ?

On m'a dit que les patients dans cette retraite (que je quitte cet après-midi) pariaient sur qui vous êtes allé voir du Président ou de Staline !

Je terminerai ma lettre après avoir entendu l'émission. Je retourne aux Chequers cet après-midi & un motocycliste viendra chercher cette lettre pour la valise.

Il me tarde de vous revoir, mon amour.

Je souhaite ardemment que votre voyage ait été fructueux & que vous & le Président vous appréciiez mutuellement.

Cet endroit m'a fait beaucoup de bien – Je me sens reposée & revitalisée – « Wow & encore Wow »….

Dimanche dernier, j'ai inspecté un très élégant peloton de Home Guards, commandé par un officier qui n'est autre que le Directeur de cet établissement – Ils s'entraînent très dur & se livrent à toutes sortes d'exercices, comme de ramper dans les bois la nuit & de s'emparer des villages locaux à la pointe de leurs baïonnettes.

<u>15 h 20</u>. Je viens juste d'entendre votre déclaration conjointe[2].
C'est <u>sensationnel</u>. Dieu vous bénisse.

Clemmie

…

1. Clement Attlee, par la suite premier comte Attlee (1883-1967). Député travailliste à partir de 1922 et leader de l'opposition depuis 1935. Il occupa divers postes dans les deux premiers gouvernements travaillistes. Lord Privy Seal [Garde du petit sceau] dans le gouvernement de coalition de 1940 à 1942 ; ministre des Dominions de 1943 à 1945 ; lord-président du Conseil de 1943 à 1945. Vice-Premier ministre à partir de 1942 ; Premier ministre de 1945 à 1951. Il épousa Violet Millar (décédée en 1964) en 1927.
2. La Charte de l'Atlantique, un document en huit points signé par WSC et Roosevelt à la Conférence de la baie de Placentia qui servit plus tard de base à la Déclaration des Nations unies. Elle fut considérée à l'époque comme un projet pour un monde meilleur et eut un effet de stimulation et d'encouragement.

Le 7 décembre 1941, les Japonais attaquèrent la base navale américaine de Pearl Harbor et bombardèrent les bateaux de guerre qui s'y trouvaient ; ils lancèrent également des attaques contre la Malaisie, les Philippines et Hong Kong. Le lendemain, la Grande-Bretagne et les États-Unis déclarèrent la guerre au Japon. Le 10 décembre, des avions japonais équipés de torpilles coulèrent deux navires de guerre britanniques au large de la Malaisie, le Prince of Wales[1] *et le* Repulse.

Le 11 décembre, l'Allemagne et l'Italie déclarèrent la guerre aux États-Unis.

Avec l'entrée en guerre des États-Unis, Churchill estima qu'une nouvelle rencontre avec le Président était devenue absolument nécessaire. Il quitta Londres par train avec ses collègues le 12 décembre pour se rendre à bord du cuirassé HMS Duke of York *à Gourock sur la Clyde. À son arrivée à Washington, Winston s'installa à la Maison Blanche. Parallèlement aux discussions que Churchill avait avec Roosevelt et les proches collaborateurs de ce dernier, de nombreuses autres réunions*[2] *eurent également lieu entre les chefs d'état-major britanniques et américains.*

1. Sur lequel WSC avait voyagé à l'aller et au retour de la Conférence de la baie de Placentia, ou Conférence de la Charte de l'Atlantique.
2. Dans le cadre de ce qu'on a appelé la Conférence « Arcadia » [nom de code de la Première Conférence de Washington, *ndt*].

o De Clementine 10 Downing Street
Vendredi 19 décembre 1941

Mon chéri

Cela fait une semaine que vous êtes parti & les seules nouvelles que j'ai reçues de vous se résument à une mer démontée qui vous retarde – au projet de prendre un avion aux Bermudes pour arriver à temps, & ensuite à l'annulation de ces plans.

J'espère que vous parvenez à vous reposer malgré le vent & le mauvais temps, et les graves soucis en Extrême-Orient – Comme nous sommes tous calmes – Hong Kong déjà menacée, Singapour à terme ? et peut-être, à un peu plus long terme, une invasion de Bornéo – de la Birmanie ? sans compter les coups portés à l'Amérique dans le Pacifique –

Et me voilà ici, accaparée par mon Fonds russe. Nous avons dépassé le cap du million de livres que nous nous étions fixé, & cela sans ce qui viendra des Journées du drapeau qui auront lieu non seulement à Londres, mais dans l'ensemble du pays. J'ai visité de nombreux dépôts dans tout Londres de l'aube au crépuscule – Partout les gens sont arrivés en courant – Ils sont si bons & si gentils, en particulier les gens âgés, & ils ont tous demandé de vos nouvelles.

Hier la permission de Mary[1] s'est terminée ; je les ai ramenées, elle & Judy, dans votre voiture & les ai déposées à la nuit tombante à leur nouveau cantonnement près d'Enfield – Dans l'obscurité naissante, on aurait dit un camp de concentration allemand. C'est un vaste terrain vague avec au loin, tout autour, des villas de banlieue. – Le camp est entouré d'une haute clôture métallique, avec des barbelés & des portails fermés....

Elles ont disparu dans l'obscurité & nous avons attendu car nous... ne les avions pas « embrassées en les quittant » – Nous avons attendu & attendu..., mais Mary était partie à la recherche de sa chambrée & je ne l'ai pas revue, ayant pensé qu'il était préférable de ne pas nous attarder davantage....

Bon, mon Winston bien-aimé – Dieu vous garde et vous inspire de bons plans avec le Président. Nous vivons dans un monde horrible en ce moment, avec l'Europe sous le joug des porcs nazis & l'Extrême-Orient sous celui de la vermine jaune japonaise.

Je vais passer Noël ici à l'Annexe & j'irai aux Chequers le samedi 27.

Amour & pensées tendres
Clemmie

1. Mary (19 ans) et sa cousine Judy Montagu (18 ans, fille de Veretia) s'étaient engagées dans l'ATS (Auxiliary Territorial Service) en septembre 1941, en tant que non-gradées ; après une formation technique, elles avaient été affectées à la même batterie antiaérienne (mixte) d'un site d'artillerie près d'Enfield, à la limite nord de Londres.

o De Winston [dactylographié] En mer
[non daté mais à l'évidence mais désormais
le 21 décembre 1941, à la Maison Blanche
avec complément le 24 décembre]

Ma chérie,

Hier, samedi, s'est achevée la semaine la plus longue que j'aie vécue depuis le début de la guerre. Nous avons eu une succession presque ininterrompue de tempêtes. Pendant une bonne partie du temps après avoir contourné la pointe de Bloody Foreland[1] au milieu de la zone la plus exposée aux sous-marins et aux Focke Wulf[2] nous ne pouvions pas filer plus de six nœuds sans abandonner notre escorte de destroyers. 36 heures durant nous sommes restés au plus à 5 ou 600 milles de Brest, avec ses escadrilles de bombardiers, et nous avons eu beaucoup de chance qu'aucun Focke Wulf ne nous repère dans une trouée entre les nuages. Il y a trois jours nous avons laissé nos destroyers derrière nous car ils ne pouvaient suivre dans cette grosse mer, et dans une demi-heure nous espérons rencontrer l'escorte de destroyers américains juste au nord des Bermudes. La météo est redevenue si exécrable que nous les laisserons sans doute derrière nous eux aussi pour ne pas ralentir, mais malgré cela nous parlons désormais de mardi après-midi pour l'arrivée probable à Annapolis[3]. Si cela se réalise, la traversée aura pris dix jours, ce qui représente un long bail dans des moments comme ceux-ci.

Je vais très bien et n'ai pas eu du tout le mal de mer, bien que j'aie pris deux doses de Nautamine le premier jour. Ces bateaux ne peuvent pas filer plus de 17 ou 18 nœuds dans une mer vraiment grosse. Personne n'est autorisé à aller sur le pont, et nous avons deux hommes qui se sont cassé le bras ou la jambe. J'ai une belle cabine proche de la passerelle en plus de mes appartements à l'arrière. Ils sont inutilisables à cause du bruit et des vibrations. Ici il fait frais, l'endroit est tranquille et éclairé par la lumière du jour. Je passe la majeure partie de la journée au lit, je me lève pour le déjeuner, je retourne aussitôt au lit ensuite pour faire la sieste et me relève pour le dîner. Je réussis à avoir beaucoup de sommeil mais j'ai abattu aussi beaucoup de travail pendant que j'étais éveillé. Les transmissions fonctionnent très bien pour ce qui est des télégrammes officiels et des renseignements secrets. Nous avons 27 spécialistes du chiffre à bord rien que pour ce service, et tous mes télégrammes à Auchinleck[4], entre autres, passent bien, mais en matière d'informations générales on ne sait guère que ce que la radio nous dit…

Nous formons une tablée très sympathique au moment des repas, et tout le monde est désormais habitué à ce que cela bouge. Un grand avantage, c'est le cinéma. Tous les soirs nous regardons un film. J'en ai vu de très bons. Celui d'hier soir, Arènes sanglantes[5], qui parle de toréadors, est le meilleur que nous ayons vu jusque-là. Le cinéma est un divertissement merveilleux, qui détourne l'esprit de tout le reste.

À propos de ce reste. Le pire qui soit arrivé est l'effondrement de la résistance d'Hong Kong ; même si on savait que c'était un avant-poste isolé, nous espérions qu'ils tiendraient sur l'île fortifiée pendant un bon nombre de semaines, voire de mois, mais là ils semblent au bord de la reddition après seulement quinze jours de lutte[6]. Les nouvelles ne sont pas non plus très bonnes en provenance de Malaisie. Du fait que nous avons perdu la maîtrise des mers, les Japonais ont des capacités de renfort illimitées, et nos hommes battent en retraite avec l'ordre de défendre la pointe sud et la Forteresse de Singapour, absolument cruciale. J'ai donné de nombreuses instructions pour que l'on déplace les troupes, les canons et l'aviation vers cette direction. Il faut nous attendre à souffrir lourdement dans cette guerre avec le Japon, et cela ne sert à rien aux critiques de demander « Pourquoi n'étions-nous pas prêts ? » alors que tout ce dont nous disposions était déjà entièrement engagé. L'entrée en guerre des États-Unis vaut très largement toutes les pertes subies en Orient. Reste que ces pertes sont très douloureuses et seront très difficiles à réparer.

D'un autre côté il y a aussi de bonnes nouvelles. Nous avons eu un beau tableau de chasse autour de Gibraltar, avec sept sous-marins détruits en une semaine. C'est un record. Il n'y a jamais eu un tel massacre, et cela devrait refroidir l'enthousiasme des survivants quand ils reviendront à leurs bases pour apprendre le nombre d'unités qui les accompagnaient qui ont été envoyées par le fond. Mais la meilleure de toutes c'est la poursuite de l'avance victorieuse d'Auchinleck. Avant la fin de l'année il sera à Benghazi[7] et bien parti pour continuer sa progression vers l'ouest. C'est sûr qu'il restera des poches de résistance à nettoyer, mais il y a tout lieu d'espérer que l'ensemble des forces armées de l'ennemi, qui totalise 100 000 Italiens et 50 000 Boches[8], sera tué ou fait prisonnier. Cela, au moins, ce serait de la belle ouvrage, et voilà qui apporte soulagement et encouragement dans une phase de doute. Il est très important pour les Américains que nous donnions la preuve que nos soldats savent se battre dans une guerre moderne et vaincre les Allemands à armes égales, voire en position d'infériorité, car c'est ce qu'ils ont réussi. Cela ajoute du poids à nos avis et à nos demandes.

Il y a une heure encore j'espérais pouvoir dîner avec le Président demain soir, lundi – et ce n'est toujours pas impossible – mais le vent continue de souffler très fort et depuis mon hublot je vois à chaque instant des paquets de mer terribles se briser sur l'étrave du bateau, en même temps qu'on entend le fracas qu'ils font en heurtant ses flancs. Nous naviguons de biais par rapport aux vagues[9] et parfois le navire roule très fortement. Cependant, une fois qu'on s'habitue au mouvement, on n'y prête plus la moindre attention.

Vous pouvez imaginer quelle hâte j'ai d'arriver et de me mettre au courant des dernières nouvelles et de savoir comment les Américains voient les choses et quelles sont leurs intentions. Aussi longue et non dépourvue de risques que la traversée ait été, je suis content de ne pas avoir tenté de prendre l'avion, bien qu'on vous fasse croire qu'il est possible de survoler l'Atlantique en 12 ou 14 heures. En Hiver c'est très rare. Il y a toutes sortes de difficultés et de dangers, et parfois il faut attendre 6, 8 ou 10 jours pour avoir une météo favorable, si bien qu'au bout du compte la tortue peut encore battre le lièvre. Toutes les options restent ouvertes pour le retour du fait que je suis le premier à ne pas vouloir prendre de décision ; et donc personne ne sait comment nous allons faire. Dès que je serai installé à la Maison Blanche je vous appellerai par le câble transatlantique. Je veux tout particulièrement savoir la taille de vos bas, de façon à ce que je puisse vous en rapporter quelques paires pour réduire les effets des tickets d'Oliver Lyttleton[10]...

J'ai lu deux livres, Brown on Resolution[11] et Forty Centuries Look Down[12]. Les deux vous plairaient, en particulier les premiers chapitres de Brown on Resolution, qui évoquent excellemment une charmante histoire d'amour. L'autre est un très bon récit des relations de Napoléon avec Joséphine, et de ses périples de différente nature vers l'Égypte et dans le pays. Je vais vous les rapporter tous deux.

Je suis passablement remonté à l'idée de voir encore une journée de plus s'ajouter à toutes les autres, mais il faut accepter l'inévitable. Être en bateau par ce temps c'est comme être en prison, avec en plus le risque de se noyer. Malgré tout, c'est peut-être une bonne chose de prendre du recul par rapport à la toile de temps en temps et considérer le tableau dans son ensemble....

J'espère que tout va bien pour le Fonds [d'aide à la Russie], et je suppose qu'il aura atteint le million de livres avant mon retour. J'espère que vous avez réussi votre tour de passe-passe et que l'illusion a fonctionné quand vous avez publié la photographie de moi en train d'épingler un petit drapeau à mon revers le jour de votre collecte le 17 [le 16][13].

✍ Je n'ai pas eu une minute à moi depuis mon arrivée ici [à la Maison Blanche] pour vous en parler. Tout est parfait ; & mes projets passent tous. Les Américains sont magnifiques par leur largeur de vues.

Avec mon tendre amour à vous et à tous – mes pensées iront à vous au cours de cette étrange veille de Noël –

Votre mari qui vous aime à jamais
W

1. Au nord-ouest de l'Irlande. [ndt]
2. Chasseurs allemands. Pour les sous-marins, Churchill écrit « *U-boats* ». [ndt]
3. Importante base navale américaine du Maryland, à seulement une cinquantaine de kilomètres de Washington. [ndt]
4. Le général (ensuite maréchal) Sir Claude Auchinleck (1884-1981) avait succédé au général Wavell comme commandant en chef au Moyen-Orient en juillet 1941.
5. En anglais *Blood and Sand*, film de Rouben Mamoulian (1941) adapté du roman de Vicente Blasco Ibáñez *Sangre y arena* (1908), avec Tyrone Power et Rita Hayworth. [ndt]
6. Hong Kong capitula le 25 décembre 1941.
7. Benghazi fut atteint le 24 décembre 1941.
8. Churchill écrit « Huns ». [ndt]
9. Afin de minimiser les risques de détection par les sous-marins.
10. Oliver Lyttleton KG, DSO, MC, ensuite premier vicomte Chandos (1893-1972). Ministre du Commerce en 1940-1941. Son système de tickets de rationnement pour les vêtements avait pris effet au 1er juin 1941.
11. De C.S. Forester (1899-1966), paru en 1929. Pas de traduction française.
12. De Frederick Britten Austin, paru en 1936. Pas de traduction française.
13. Dans le cadre des précautions prises pour la traversée de WSC, on avait pris une photo de lui en train d'acheter un petit drapeau à CSC pour alimenter son fonds d'aide à la Russie *avant* son départ pour les États-Unis. La journée de collecte était fixée au 16 décembre, et la photo parut comme prévu dans les journaux, faisant croire que WSC était à Londres ce jour-là.

Winston passa le Noël de 1941 à la Maison Blanche ; Clementine était à l'Annexe en compagnie de sa cousine Moppet [Whyte].

Le 26 décembre, Churchill s'adressa pour la première fois au Congrès des États-Unis. Cette nuit-là, en ouvrant une fenêtre très dure de sa chambre, il ressentit une douleur au-dessus du cœur et le long des bras, et se sentit essoufflé. Le lendemain matin, Sir Charles Wilson [Moran] diagnostiqua une crise cardiaque de faible intensité, mais décida de ne pas en parler à qui que ce soit, pas même à son patient[1]. C'était une décision prise de sang-froid et avisée. Sir Charles dit à Winston que sa circulation était « quelque peu paresseuse » et qu'il « devait essayer de lever un peu le pied au travail ». C'était bien sûr plus facile à dire qu'à faire.

Le 28 décembre, Churchill quitta Washington par le train pour Ottawa où, le 30 décembre, il s'adressa au Parlement canadien. Le 1ᵉʳ janvier 1942, il était de retour à Washington et le 5, il se rendit à Pompano près de Miami, en Floride, pour quelques jours de repos ; mais il n'arrêta pas de travailler.

Les nouvelles d'Extrême-Orient étaient graves : le 10 janvier, les Japonais envahirent les Indes orientales néerlandaises et la Birmanie, et poursuivirent vers le sud à travers la Malaisie.

---

1. Cet incident ne fut révélé au public qu'à la publication du livre de Lord Moran, *Winston Churchill: The Struggle for Survival*, 1966 (voir p. 16-17 ; entrée du 27 décembre 1941 de son journal). Le livre parut en français la même année sous le titre *Mémoires : vingt-cinq ans aux côtés de Churchill (1940-1965)*.

o De Clementine   10 Downing Street
29 décembre 1941

Mon Winston chéri

Je pense constamment à vous & j'essaie de me représenter & de comprendre la pièce dans laquelle vous jouez le rôle principal – ou plutôt semble-t-il – l'unique rôle – Je souhaite ardemment qu'après votre départ, la ferveur que vous avez réussi à faire naître ne disparaisse pas, mais qu'elle se transforme en actes pratiques & de large portée.

Les nouvelles de Malaisie sont inquiétantes ; & je vois maintenant que les Japonais ont atteint Medan à la pointe nord-est de Sumatra, juste en face de Penang. C'est l'un des endroits que nous avons visités avec Walter [Lord Moyne] lors de notre croisière dans les Indes orientales....

Malgré ses propres préoccupations, la Malaisie m'a fait un virement de 25 000 £ pour mon Fonds russe. J'en ai été extrêmement touchée....

Pas de nouvelle de Mary depuis la veille de Noël. Elle & Judy sont passées en coup de vent pour un bain chaud & un petit dîner. Sarah est totalement absorbée par la WAAF[1]...

J'ai appris qu'Anthony Eden[2] rentrait ce soir –

      Amour & pensées tendres, mon très cher,
          Votre Clemmie à vous

---

1. Cette année-là, Sarah et Vic Oliver se séparèrent et il retourna aux États-Unis. Sarah s'était engagée dans la Women's Auxiliary Air Force (WAAF) en octobre comme non-gradée. Elle suivit une formation à l'interprétation photographique (d'images aériennes) et, nommée lieutenant, elle fut affectée à l'unité d'interprétation photographique de Medmenham, dans le Berkshire, où elle passa le reste de la guerre à effectuer un travail secret et hautement qualifié.

2. Ministre des Affaires étrangères depuis la fin de 1940. Il revenait d'une mission en Russie.

---

o De Clementine   10 Downing Street
6 janvier 1942

Mon chéri

Randolph vient juste de débarquer, tout bronzé, en pleine forme & très heureux. Le résultat est que, comme j'ai bavardé avec lui, je n'ai plus le temps que de vous écrire trois lignes pour vous dire que je vous aime –

Je suis heureuse que vous vous éclipsiez au sud pour 3 jours de repos & de soleil –

Vous me manquez terriblement – Le temps semble s'être arrêté.

Je travaille dur à mon Fonds russe – Il a maintenant atteint 1 million ¼ !

              Amour tendre
               Clemmie

Churchill quitta Washington par les airs (en hydravion) le 14 janvier pour rentrer en Angleterre ; il arriva à Plymouth le 17 après un vol de presque dix-huit heures.

Le 19 février, le gouvernement annonça un certain nombre de changements : le Cabinet de guerre avait été réduit de neuf à sept membres (cinq parmi les sept restants en faisaient déjà partie) et Clement Attlee était nommé vice-Premier ministre (une création). Le principal changement était la nomination de Sir Stafford Cripps au Cabinet de guerre en tant que Lord Privy Seal et ministre chargé des relations avec la Chambre des communes. Lord Beaverbrook démissionna[1].

Le contexte de cette réorganisation est partiellement révélé dans la lettre de Clementine qui suit (acheminée par « courrier interne »). De toute évidence, la question avait été débattue entre elle et Winston, et Clementine avait « explosé ».

1. Lord Beaverbrook avait été ministre de la Production aéronautique (membre du Cabinet de guerre) à partir d'août 1940 et avait littéralement fait des miracles, mais c'était un collègue difficile. À la fin du mois de juin 1941, il était devenu ministre de l'Approvisionnement et, le 4 février 1942, ministre de la Production de guerre. Des tensions étaient apparues entre lui et Ernest Bevin, ministre du Travail, à propos de leurs domaines de compétence respectifs.

o De Clementine ✉ 10 Downing Street
Jeudi [probablement le 12 février 1942]

Mon chéri à moi

J'ai honte d'avoir ajouté à vos terribles soucis par la violence de mon attitude – Je vous en prie, pardonnez-moi.

Je vous supplie instamment de réfléchir à la question de savoir s'il ne serait pas préférable d'écarter <u>entièrement</u> Lord B[eaverbrook] dans votre remaniement.

C'est vrai que si vous le faites, il pourrait œuvrer contre vous (& il le fera) – dans votre dos au début & par la suite, ouvertement – Mais l'hostilité qui vient de l'extérieur n'est-elle pas préférable à l'intrigue, à la traîtrise & la dénigration [*sic*] de l'intérieur ? Vous auriez la paix à l'<u>intérieur</u> de votre gouvernement – au moins pendant quelques mois – & elle vous est <u>nécessaire</u> compte tenu de ce à quoi vous devez faire face & de ce que vous devez faire pour nous tous – Puisque vous avez déjà sollicité Sir Stafford [Cripps] (si j'ai bien compris), pourquoi ne pas miser sur lui –

La réaction violente & le comportement que vous décrivez (chez Lord B) résulte, je pense, de la perspective d'être confronté à une nouvelle personnalité, sans doute égale à lui-même en influence & certainement en intellect.

Mon chéri – Faites en sorte de vous débarrasser de ce microbe qui, selon certains, est dans votre sang – Exorcisez ce génie enfermé dans sa bouteille & vous verrez sans doute que l'air est plus clair & plus pur – Son énergie & ses grandes capacités vous manqueront, mais vous trouverez en Cripps de nouvelles forces. Et c'est égal que « vous n'ayez pas la même vision » tous les deux. Vous partagez les mêmes idées en temps de guerre, et quand la paix viendra – à ce moment-là, on verra. Mais il y a encore beaucoup de chemin à faire.

Votre dévouée
Clemmie

Au début du mois d'avril, Randolph s'engagea dans un détachement de parachutistes du Special Air Service (SAS) formé par le major David Stirling[1], avec la mission spécifique d'opérer dans le désert à l'arrière des lignes ennemies.

1. Major (puis Sir) David Stirling (1915-1990) DSO, OBE, l'aîné de trois frères remarquables. Scots Guards, 1939. Fondateur du Special Air Service (SAS) en 1941. Capturé et emprisonné à la forteresse de Colditz de 1943 à 1945. Vécut en Rhodésie du Sud de 1945 à 1959. Fait chevalier en 1990.

o De Clementine ✉   10 Downing Street
Samedi 11 avril 1942

Mon chéri

Je vous en prie, ne croyez pas que je sois indifférente parce que je n'ai pas réagi lorsque vous m'avez appris que Randolph avait envoyé un câble à Pamela lui annonçant qu'il s'était engagé dans une unité de parachutistes – J'ai bien peur de penser comme Pamela qu'il est préférable de ne pas intervenir ; mais sa décision me chagrine au plus haut point, car je sais que cela vous causera une terrible anxiété et, je peux même le dire, vous mettra au supplice –

Je pense que cette démarche impulsive de Randolph, qui vient d'une déception naturelle due à la perte d'un poste intéressant, est sincère, mais terriblement excessive – À coup sûr, il y a un juste milieu entre être officier d'état-major et parachutiste ? Il aurait pu regagner tranquillement & raisonnablement son régiment. Il aurait ainsi fait, à mon sens, son devoir d'homme digne & responsable vu qu'il a une très jeune femme et un bébé[1], sans parler d'un père qui porte sur ses épaules non seulement le poids de son propre pays, mais également, en ce moment, celui d'une Amérique qui n'est pas prête.

Je pense que sa décision est égoïste & injuste envers vous deux &, en ce qui concerne Pamela, on pourrait croire qu'elle l'a trahi[2] ou qu'elle l'a quitté –

Je suis vraiment tout à fait désolée qu'il ait perdu son poste, car il avait le talent & les capacités requises ; mais hélas – cela n'était pas suffisant pour contrebalancer ses écarts de conduite & l'hostilité qu'il suscite – Il ne sert à rien d'offenser tout le monde & de se mettre à dos les gens si on n'est pas vraiment indispensable et, si on l'est, c'est affligeant de se conduire de la sorte –

Mon chéri – Croyez-vous que cela servirait à quelque chose si je lui envoyais un câble affectueux le suppliant de réintégrer son régiment pour <u>vous</u> & de renoncer à ce projet qui, s'il s'y engage, l'obligera peut-être à continuer aux yeux des autres. Il a déjà quitté un groupement de commandos [le 8ᵉ], et s'il s'engage dans les parachutistes & qu'il abandonne ensuite pour, qui sait, quelque autre emploi d'état-major, on le considérera sans doute comme histrionique & instable.

Il m'écoute peut-être comme si je ne comptais pas pour lui, [mais] je sais qu'au fond, il me respecte³.

Votre pauvre Clemmie
qui vous aime

1. Le petit Winston, né le 10 octobre 1940.
2. Pamela avait, en fait, une aventure depuis le printemps 1941 avec Averell Harriman (voir également p. 582 n. 1). De toute évidence, CSC l'ignorait à l'époque.
3. Randolph avait d'ores et déjà intégré le groupe de David Stirling. Le 27 mai, alors qu'il revenait d'un raid sur Benghazi, loin de ses bases, le camion dans lequel il se trouvait se retourna. L'un des membres du groupe fut tué et plusieurs autres, dont Randolph, assez sérieusement blessés. Randolph passa plusieurs semaines à l'hôpital du Caire et fut ensuite mis en permission de convalescence et renvoyé en Angleterre jusqu'en octobre 1942.

o De Clementine ✉   10 Downing Street
Samedi 11 avril [1942]

<u>Plus tard</u>

Mon chéri –
Depuis ma longue lettre, j'ai eu une conversation téléphonique avec Pamela – Je l'ai appelée. Elle a l'air si calme & raisonnable, & <u>elle</u>, elle pense que tout va pour le mieux....

Entre le 17 et le 27 juin 1942, Churchill rendit visite au président Roosevelt à Washington. Alors qu'il était aux États-Unis, on apprit la nouvelle dévastatrice et humiliante de la chute de Tobrouk après une nouvelle offensive des forces allemandes d'Égypte. Le 1er juillet, elles étaient à moins de 350 km du Caire.

À la mi-juillet, un record de 40 000 tonnes de marchandises alliées fut coulé en une seule semaine dans l'Arctique et l'Atlantique.

Le 2 août, Churchill s'envola pour Le Caire en route pour Moscou.

o De Clementine   10 Downing Street
4 août 1942

Mon chéri

C'était à la fois spectaculaire & mystérieux d'être dans le noir sur cet aérodrome alors que votre monstre de bombardier vrombissant & grondant disparaissait dans l'obscurité de la piste en lançant des éclairs bleus – Il semblait mettre longtemps à décoller – Finalement nous avons vu son énorme forme sombre s'élever avec en fond les feux « masqués » de piste qui, je suppose, sont là pour guider les avions – On m'a assuré qu'ils étaient invisibles du ciel –

Hier la Chambre s'est réunie à huis clos quelques minutes pendant que Mr Attlee informait les députés de votre voyage & de son double objectif[1]. Le colonel [général de brigade] Harvie-Watt[2] me dit que l'annonce a été bien reçue....

... Ce week-end, je serai à Dytchley [Ditchley] chez les Tree[3]. J'ai donné une semaine de vacances à tous les domestiques, sauf à Lena, la grande femme de chambre [de l'Annexe] – elle & « Smoky » [le chat] s'occupent de moi....

Je crois en vous, mon chéri, & je prie pour que vous puissiez identifier & résoudre le problème de l'enlisement, ou de la paralysie au Moyen-Orient, ou qu'est-ce exactement ?

La première partie de votre voyage est moins spectaculaire & sensationnelle que votre visite à l'Ogre [Staline] dans sa tanière ; mais j'imagine que les résultats en seront probablement plus fructueux.

Nancy Astor s'est conduite, j'allais dire comme un « âne » (mais je ne veux pas la comparer à l'animal qui a porté le Christ en triomphe) – en faisant un discours désagréable & maladroit qui lui a mis tout le monde à dos[4] –

Tout mon amour & mes espoirs accompagnent cette lettre
Votre
Clemmie

1. Pour effectuer des changements majeurs dans le commandement militaire au Moyen-Orient et pour continuer sur Moscou, où il devait informer Staline qu'il serait impossible d'ouvrir un second front en Europe en 1942 [en déclenchant une offensive militaire qui allégerait la pression sur l'Armée rouge].

2. Général de brigade (puis Sir) George Harvie-Watt (1903-1989), avocat et député conservateur. Il commanda la 6e brigade antiaérienne en 1941. Alors chef de cabinet de WSC (1941-1945).

3. Ronald (« Ronnie ») Tree (1897-1976), américain de nationalité, mais né en Angleterre, député conservateur de Harborough dans le Leicestershire de 1933 à 1945, et sa femme, Nancy. Ronald Tree avait été un partisan convaincu de la politique de non-apaisement de WSC. Il occupa plusieurs postes de secrétaire privé parlementaire avant de vendre Ditchley en 1949 et d'émigrer aux États-Unis. Lui et Nancy divorcèrent peu après la Deuxième Guerre mondiale.

4. Le discours qu'elle avait prononcé à un rassemblement en faveur des Nations unies à Southport le 1er août avait suscité des critiques et un ressentiment général, principalement parce qu'elle y avait affirmé que les Russes ne se battaient pas pour les Alliés, mais pour eux-mêmes.

o De Winston [dactylographié] Ambassade de Grande-Bretagne
9 août 1942 Le Caire

Ma Chérie à moi,

J'ai tellement été accaparé par la tâche et les soucis depuis mon arrivée il y a une semaine que je n'ai pas trouvé un instant pour écrire.... Ma venue était absolument indispensable. Cette splendide armée, deux fois plus forte que l'ennemi ou peu s'en faut, est déconcertée et désorientée par ses défaites. Rommel[1] vit presque entièrement des véhicules, des vivres et du carburant qu'il nous a pris. Il vit au jour le jour ; la survie de son armée tient à un fil, mais pendant ce temps une sorte d'apathie et d'épuisement mental plutôt que physique a gagné nos troupes et seule une forte reprise en main et surtout la lueur de la victoire pourront les dissiper. Je me suis rendu sur le front mercredi ; j'ai vu nos positions à El-Alamein et à Ruweisat et partout j'ai été accueilli avec enthousiasme par les troupes qui sont bien sûr dispersées sur une immense étendue pour éviter les attaques aériennes.

J'ai passé toute la journée en voiture avec Auchinleck, Ramsden[2], Gott[3] et Coningham[4] (RAF). J'ai eu de longs entretiens avec Tedder[5] et son Amiral, avec le ministre d'État[6], avec Smuts[7] et Brooke[8] en permanence. Nous avons tous vu les gens nécessaires séparément et recueilli les opinions de tous les milieux utiles. Nous n'avions pas le moindre doute sur les changements que je prévoyais dans mon télégramme au Cabinet de guerre. Ils étaient indispensables à la victoire et [je] suis très content de voir qu'ils ont reçu l'aval du Cabinet sauf pour rebaptiser le Moyen-Orient en Proche-Orient. Smuts a été un conseiller magnifique. Nous avons pu travailler ensemble avec la plus grande facilité. Il m'a fortifié dans les cas où j'ai tendance à être trop tendre, c'est-à-dire quand il faut prendre des mesures sévères contre ceux que j'aime bien. Tout était réglé jeudi. J'avais fait un long parcours en voiture seul avec Gott, et sans lui faire la moindre proposition ou suggestion j'avais acquis la conviction qu'il était fort capable, qu'il avait un caractère d'une charmante simplicité, et qu'il n'était aucunement usé, comme on le faisait croire. On voit tout de suite si le courant passe avec quelqu'un. Imaginez ma douleur quand il a fallu que je télégraphie au Cabinet, alors même qu'il était en train de siéger, qu'il avait été tué.

Il s'est tué en se rendant au Caire en avion pour y prendre un bain et une nuit de repos. Bien que Chef de Corps il avait pris place en toute simplicité dans la navette ordinaire, un Bombay.... Cela me semble très démoralisant, et même sinistre, considérant que j'avais amené tous les responsables concernés à se faire à l'idée qu'il devait immédiatement se voir confier le commandement de la Huitième Armée. [dans la marge ✍ :] Vous devriez écrire à sa femme. Je vais le faire aussi de mon côté.... On voit là la main du destin. J'avais estimé qu'Alexander[9] avec ses remarquables qualités guerrières et Gott avec ses prouesses dans le désert et son autorité sur les troupes formeraient un tandem idéal. Cependant, l'ordre ne peut être que « on continue ». En la personne de Montgomery[10], qui devrait être là mardi, nous avons un soldat énergique et audacieux de la plus haute compétence, qui maîtrise parfaitement les spécificités de la guerre dans le Désert. S'il est désagréable avec son entourage il est également désagréable avec l'ennemi. Je suis persuadé que ces nouvelles dispositions vont bien fonctionner....

Hier j'ai passé six heures avec les quatre brigades blindées qui font toutes leurs préparatifs et constituent un groupe humain magnifique, bien entraîné, décidé et impatient de passer à l'action, mais avec seulement quelques chars pour s'exercer. Je leur ai raconté (au cours de sept discours) comment le Président m'avait donné des [chars] Sherman ; comment la Marine les acheminait à toute vapeur et comment dans quelques semaines ils formeraient la force blindée la plus puissante et la mieux équipée du monde pour sa taille. À un certain endroit ils venaient presque tous d'Oldham[11]. Ils ont fait preuve du plus grand enthousiasme. J'ai l'intention de voir toutes les unités importantes de cette armée, aussi bien à l'avant qu'à l'arrière, et de leur faire sentir l'ampleur des conséquences des opérations qui reposent sur eux et la gloire qu'ils peuvent en retirer. Plus j'étudie la situation sur place plus je suis sûr qu'il y a là une victoire décisive à remporter si seulement le commandement se montre à la hauteur.

Ici c'est les délices de Capoue. Le climat est enchanteur. Mon hôte et mon hôtesse [sir Miles et Lady Lampson[12]] sont charmants ; les mets d'avant-guerre. Mes pièces sont ventilées. Le merveilleux air du désert avec son soleil de plomb et sa brise rafraîchissante me revigore tellement qu'il semble que je n'ai pas autant besoin de sommeil que d'habitude. Bien sûr, malgré tout, je dors par petites tranches ce qui permet de récupérer excellemment.... J'ai invité tous les amis de Randolph à déjeuner, dont David Stirling, qui est arrivé après avoir tranquillement traversé les lignes allemandes, grand échalas à l'allure de dandy qui rappelle « c'était l'homme aux manières les plus douces qui eût jamais sabordé un navire ou tranché une gorge[13] »....

... Les Russes viennent d'arriver, ainsi que de Gaulle[14], mais Smuts, lui, est reparti, ce qui me désole. Il m'a promis de venir en Angleterre en septembre pour un séjour d'au moins un mois.... J'ai découvert Tom Mitford[15] hier dans les rangs de la Brigade Blindée et je vais l'inviter à dîner quand je serai revenu de cette nouvelle aventure.

Je pars à minuit lundi, je prends un bain à Téhéran et je devrais atteindre Moscou (*deo volente*) mardi avant la tombée de la nuit. C'est beaucoup plus court que je ne l'imaginais. J'appréhende cette partie de ma mission parce que je viens presque les mains vides, et compatis tellement avec ceux chez qui je me rends.

J'ai informé le Général Auchinleck hier par lettre des décisions prises[16]. Il vient me voir ici dans quelques minutes et il va falloir que je termine ma lettre sans même avoir eu le temps de la relire.

✍ Vos deux précieuses lettres [il n'en reste plus qu'une] sont arrivées. Envoyez donc qqe chose par tous les avions en partance. Vous pouvez montrer tous les passages de ma lettre que vous jugerez utiles à Attlee, à Anthony [Eden] & à ceux qui partagent nos secrets. Mais moins il y en aura mieux cela vaudra. Avec mon tendre amour ma chérie.

Vous devriez avoir ma lettre dans les 48 heures. J'espère qu'alors je serai à Moscou.

Toujours vtre mari qui vous aime à jamais
W
...

1. Feld-maréchal Erwin Rommel (1891-1944), commandant allemand de l'offensive en Afrique du Nord (surnommé « le Renard du désert »), battu à El-Alamein en 1942.

2. Général de division William Ramsden (1888-1969), CBE, DSO, MC. À cette date commandant du 30ᵉ corps du Moyen-Orient.

3. Général de corps d'armée à titre temporaire William Gott (1897-1942), DSO, CB, CBE ; King's Royal Rifle Corps.

4. Maréchal de l'armée de l'air (ensuite Sir) Arthur Coningham (1895-1948), DSO, DFC, MC. Né à Brisbane, il rejoignit le Royal Flying Corps en 1916. Affecté au Bomber Command pendant la Deuxième Guerre mondiale. À cette date, il commandait la Desert Air Force d'Afrique du Nord. Opérations en Sicile et en Italie en 1943. Commandant en chef des opérations alliées à la tête de la 2ᵉ Force tactique aérienne de 1944 à 1945.

5. Général d'armée aérienne Arthur Tedder, ensuite premier baron Tedder (1890-1967), GCB, commandant de la RAF au Moyen-Orient de 1941 à 1943. Ensuite adjoint au commandant suprême, le général Eisenhower, et très largement à l'origine de la réussite du Débarquement en 1944.

6. Richard G. Casey, ensuite baron Casey (1890-1976). Diplomate et homme politique libéral australien. À cette date, ministre d'État résident au Moyen-Orient et membre du Cabinet de guerre britannique de 1942 à 1943.

7. Jan Christian Smuts (1870-1950), PC, OM, CH, FRS. Chef des commandos boers au cours de la guerre d'Afrique du Sud de 1899 à 1902, il soutint les Alliés lors des deux guerres mondiales. Membre du Cabinet de guerre impérial en 1917-1918. Premier ministre d'Afrique du Sud de 1919 à 1924 et de 1939 à 1948. Invité au Cabinet de guerre britannique en 1943. Fait maréchal honoraire en 1941.

8. Général d'armée Sir Alan Brooke, ensuite premier vicomte Alanbrooke (1883-1963), KG, GCB, OM, DSO, chef de l'état-major impérial de 1941 à 1946. Président du comité des chefs d'état-major des trois armées à partir de 1942. Promu maréchal en 1944.

9. Général d'armée Sir Harold Alexander, ensuite comte Alexander de Tunis (1891-1969), KG, GCB, OM, DSO, MC. Commandant en chef au Moyen-Orient en 1942. Commandant en chef adjoint des forces alliées en Afrique du Nord en 1943. Commandant en chef suprême des Alliés en Méditerranée en 1944-1945. Promu maréchal en 1944.

10. À l'époque, général Sir Bernard Montgomery (1887-1976), récemment nommé commandant en chef de la 8ᵉ armée par Churchill avec mission de repousser l'Afrikakorps de Rommel, alors parvenu à la frontière égyptienne. La reconquête de la Libye, puis de la Tunisie, fut rendue possible par la victoire décisive d'El-Alamein en novembre 1942. Cette première grande victoire des armes britanniques depuis 1939 fit de lui un héros national. Il fut promu maréchal en 1944 et reçut le titre de vicomte Montgomery d'Alamein en 1946. De caractère entier, il se fit de nombreux ennemis, mais ses relations avec WSC se teintèrent d'une amitié durable après-guerre. CSC l'appréciait beaucoup et n'hésitait pas à le remettre à sa place quand il disait des sottises – venant d'elle, qu'il appréciait et admirait en retour, il s'exécutait de bonne grâce.

11. Ville du Lancashire, près de Manchester, première circonscription du député Churchill, de 1900 à 1905.

12. Sir Miles Lampson, ensuite premier baron Killearn (1880-1964), ambassadeur extraordinaire et plénipotentiaire auprès de l'Égypte et haut-commissaire pour le Soudan de 1936 à 1946. Il avait épousé Jacqueline Castellani en secondes noces en 1934.

13. Citation du *Don Juan* de Byron, chant III, strophe 41.

14. Qui avait eu un entretien orageux avec Smuts à propos des relations franco-britanniques au Levant. [ndt]

15. Thomas Mitford (1909-1945), fils unique du deuxième Lord Redesdale, cousin de CSC. Frère des célèbres sœurs Mitford. Tué au combat en Birmanie en 1945.

16. Dont celle de le remplacer.

> *Une fois ces changements clés effectués dans le commandement du Moyen-Orient, Churchill entama la seconde étape de ce voyage capital. Il s'envola du Caire pour Téhéran le 10 août, juste après minuit. Averell Harriman*[1] *l'accompagnait dans cette importante mission à Moscou.*
>
> *Lors de sa courte visite à Téhéran, Winston, dont le pseudonyme pour ce voyage était « Mr Green », télégraphia à « Mrs Green » et le 12 août, la délégation s'envola pour Moscou.*

1. W. Averell Harriman (1891-1986). Fils d'un multimillionnaire américain. Il avait commencé sa carrière publique en 1934. Émissaire du président Roosevelt en mars 1941 chargé de superviser la mise en place de la loi sur le prêt-bail en Grande-Bretagne et en URSS. Ambassadeur des États-Unis en URSS d'octobre 1943 à 1946. Gouverneur de l'État de New York de 1955 à 1958. Ambassadeur itinérant en 1961 et de 1965 à 1969. Épousa (1) Kitty Lawrence en 1915 ; divorça vers 1929 ; (2) Mary Norton Whitney en 1930, décédée en 1970 ; (3) Pamela Churchill en 1971, veuve de Leland Hayward, qu'elle avait épousé en 1960 (voir p. 733 n. 2, lettre du 16 octobre 1953). Averell Harriman était beau, courtois et extrêmement capable.

o De Clementine 10 Downing Street
12 août 1942

Mon chéri

Mrs Green vient juste de recevoir le message romantique qui lui annonce que vous prenez quelques heures de repos dans ce merveilleux jardin persan. Je suis contente que vous échappiez un bref instant aux soucis & à l'anxiété. J'attends la lettre annoncée. J'espérais qu'elle arriverait à temps pour que je puisse y répondre – Mais cette note doit partir dans quelques instants et je ne peux plus attendre....

Toutes mes pensées, mes souhaits & mes prières.

Votre Clemmie
qui vous aime

o De Clementine 10 Downing Street
19 août [1942]

Mon chéri

Je compte les jours & les nuits depuis que vous avez disparu dans l'obscurité – Dix-huit – Je prie pour que tout le travail que vous avez fait porte ses fruits. Je suppose que ceci vous parviendra avant que vous ne preniez votre envol pour rentrer ?

Je vous envoie mon amour tendre
Clemmie

Churchill et ses collaborateurs quittèrent Moscou le 16 août pour Le Caire via Téhéran, et arrivèrent le 24 août en Angleterre. Le général Douglas MacArthur dira de ce voyage : « Un vol de plus de 15 000 km dans des cieux hostiles et étrangers fait peut-être partie des obligations de jeunes pilotes, mais pour un homme d'État qui porte sur ses épaules les problèmes du monde, c'est un acte admirable de courage et de valeur[1]. »

Le 23 octobre 1942, la 8ᵉ armée commandée par le général Montgomery attaqua El-Alamein et, après douze jours de rudes combats, infligea une sévère défaite aux forces allemandes et italiennes sous le commandement de Rommel. 30 000 soldats ennemis furent faits prisonniers.

Le 15 novembre, les cloches (qui jusque-là ne devaient être sonnées qu'en cas d'invasion) résonnèrent dans toute la Grande-Bretagne pour célébrer cette grande victoire.

---

1. Cité par Martin Gilbert dans *Churchill: A Life*, 1991, p. 730. Le général Douglas MacArthur (1880-1964) était alors commandant suprême des forces américaines en Extrême-Orient.

Chapitre XXI

VOYAGES ET POURPARLERS

En janvier 1943, une rencontre eut lieu entre Roosevelt et Churchill à Casablanca, au Maroc[1]. Churchill quitta Londres le 12 janvier. Son nom de code pour le voyage était Air Commodore [Général d'aviation] Frankland.

1. La conférence, à l'origine, devait réunir les « Trois grands », mais Staline fut dans l'incapacité de quitter la Russie du fait des combats intenses qui se poursuivaient aux portes de Stalingrad.

o De Clementine   10 Downing Street
14 janvier 1943

Mon chéri

L'« Annexe » & le « N° 10 » sont mornes & vides sans vous – Smoky [le chat de l'Annexe] erre comme une âme en peine – Je l'ai invité dans ma chambre & il s'est soulagé le cœur en griffant mon couvre-lit en brocart &, lorsque je l'ai gentiment réprimandé, il m'a mordu l'orteil à travers.

J'ai déjeuné aujourd'hui au « Bucks » [Club] avec Cardie Montagu[1], Crinks[2] & Venetia [Montagu] – très agréable.

Tout est calme – jusqu'à présent, de ce <u>côté-ci</u> « le secret » est bien gardé….

Votre Clemmie
qui vous aime
…

Je reviens juste de prendre le thé avec Pamela & le petit Winston [deux ans et demi] – Tous deux étaient superbes & resplendissants.

1. Lionel Montagu, le plus jeune frère d'Edwin Montagu.

2. Harcourt (« Crinks ») Johnstone (1895-1945), député libéral ; un ami de Venetia Montagu.

o De Winston [dactylographié]   Casablanca
15 janvier 1943

Chérie,
Nous sommes arrivés ici mercredi matin après un voyage sans histoires.

L'endroit est, comme vous le savez, l'un des plus agréables du monde. Le temps est ensoleillé avec une averse de temps en temps et semblable à une belle journée de mai du point de vue de la température. L'hôtel est réquisitionné par l'Armée américaine, qui y tient table ouverte et ne laisse pas les Britanniques payer quoi que ce soit. L'Hôtel est entouré de villas qui forment cercle autour de lui. J'ai une villa qui est très bien, sauf pour ce qui était de l'eau chaude, mais le problème est désormais résolu.

Don Quichotte [Roosevelt], qui est arrivé hier soir, a une villa magnifique... où tout est de plain-pied.

Les repas sont très bons, surtout dans les domaines où nous avons des faiblesses. Il y a quantité d'œufs et d'oranges, mais bien sûr il faut se méfier des laitages et nous sommes donc contraints de prendre du lait en boîte. La plupart de nos vivres ont été importés d'Angleterre, mais la viande et les légumes frais sont en abondance. La campagne est verdoyante avec une herbe grasse dans les prairies et beaucoup de beaux arbres, dont des palmiers. Le cercle de villas est tout entier entouré d'un cercle de barbelés, où patrouillent en permanence des sentinelles américaines, et tout autour il y a encore un cercle de pièces de DCA.

Les deux États-majors ont passé la journée à collaborer, et le nôtre me fait des rapports à intervalles réguliers sur le déroulement des discussions. En ce moment, ils travaillent « off the record », comme on dit, et abordent à juste titre le problème sans a priori et sans engagement des deux côtés. Pendant ce temps, je passe ce qui équivaut jusqu'ici à d'excellentes vacances. Je lis le livre sur l'Angleterre contre Napoléon que vous m'aviez recommandé. Ce n'est pas mal, bien que la technique consiste à réduire les grandes questions au niveau des petites. J'ai fait beaucoup de parties de Bésigue avec Averell [Harriman], qui prétendait être complètement novice mais m'a infligé bon nombre de défaites.

Hier soir j'ai dîné avec le Don [Roosevelt] et les États-majors. Nous étions douze en tout. Dickie [Mountbatten][1] était là, ainsi qu'Harry

Hopkins[2], et le fils du Don, Elliott. J'ai eu une conversation avec lui avant le dîner, et après le dîner nous avons eu une discussion générale autour de la table.... Nous ne nous sommes séparés qu'à 2 heures, bien que j'aie plusieurs fois proposé de m'en aller.

Le Don n'était pas du tout fatigué par son voyage, qui avait pris quatre jours. Il a passé chaque nuit sur un croiseur différent. Il est résolu à voir toutes ses troupes et m'a promis de rester dix jours si nécessaire pour permettre de tout régler. Après tout, nous avons tout le monde sur place. Nous avons cette occasion extraordinaire. Si nous ne pouvons pas régler les choses maintenant comment pourrons-nous le faire une autre fois ?....

Je déjeune seul avec le Don, Harry Hopkins et Averell. Nous avons déjà abordé plusieurs points, en allant directement au fond des choses. Je crois qu'il a été ravi de me revoir, et je suis absolument convaincu de l'amitié qui règne entre nous. Sancho P. [Sancho Panza = Harry Hopkins] avait l'air dans une forme extraordinaire, deux fois plus qu'avant de se voir administrer la combinaison de fortifiants que sont les transfusions sanguines et les liens matrimoniaux.

Nous sommes complètement isolés du monde qui nous entoure. Même les domestiques ne sont pas autorisés à sortir du cercle sanctuarisé, mais selon le Don la radio allemande dit déjà que je suis ici avec les États-majors, ou bien à Marrakech. Je suppose que nous nous y retirerons dans quelques jours....

J'attends des nouvelles de la bataille sur le front de la Huitième Armée. J'ai tout lieu de croire qu'ils sont passés à l'attaque hier soir. Pendant ce temps ici de prime abord vous ne croiriez pas qu'il y a la guerre, car on pourrait être sur la Côte d'Azur. Toutefois il est sage de laisser les choses mûrir tranquillement et sans précipitation et de permettre aux points de vue opposés ou divergents [de] se fondre dans le même moule. Cela ne peut se faire qu'avec du temps et de la patience, mais jusqu'ici il semble que cela me change beaucoup de la corvée quotidienne des dossiers et des décisions. D'ailleurs, je ne crois pas qu'un jour ou deux à vide me feront du mal.

Toujours vtre mari qui vous aime
W

1. Lord Louis Mountbatten, ensuite amiral de la Flotte comte Mountbatten de Birmanie (1900-1979). Deuxième fils du prince Louis de Battenberg, qui prit le nom de Mountbatten en 1917. Cadet de la marine en 1913, aspirant en 1916. Commandant du destroyer *Kelly* en 1939. Chef des opérations combinées et membre du comité des chefs d'état-major en 1942-1943. Commandant suprême allié en Asie du Sud-Est de

1943 à 1946. Fait premier comte Mountbatten en 1947. Vice-roi des Indes en 1947. Gouverneur général des Indes en 1947-1948. Premier Sea Lord de 1955 à 1959. Amiral de la Flotte en 1956. Chef d'état-major de la Défense du Royaume-Uni de 1959 à 1965. Avait épousé en 1922 Edwina Ashley, petite-fille de Sir Ernest Cassel. Assassiné par des terroristes de l'IRA en République d'Irlande en août 1979.

2. Harry L. Hopkins (1890-1946), administrateur et travailleur social américain. Proche confident de Roosevelt depuis l'époque du New Deal, il résidait à la Maison Blanche. Suite au décès de sa deuxième femme, Barbara Duncan, en 1937, Eleanor Roosevelt prit leur fille de six ans, Diana, sous son aile. Au cours de la Seconde Guerre mondiale, en qualité d'assistant spécial de Roosevelt, il entreprit plusieurs missions importantes au Royaume-Uni et en URSS. En juillet 1942 il épousa en troisièmes noces Mrs Louise Macy. Homme de très grand charme, il avait une santé extrêmement fragile.

[non daté, vers les 19-22 janvier 1943]

CI-DESSOUS POUR LE CABINET PRIVE DE LA PART DE MARTIN[1].

PERSONNEL. LE GAL D'AVIATION FRANKLAND SOUHAITE QUE VOUS VOUS ASSURIEZ QUE MRS FRANKLAND ET LES DOMESTIQUES DESCENDENT DANS L'ABRI EN CAS D'ALERTE AERIENNE[2]

1. John Martin (1904-1991), chef de cabinet de WSC de 1941 à 1945. Fait chevalier en 1952. Assistant Under-Secretary of State de 1945 à 1956, puis Deputy Under-Secretary of State au Colonial Office de 1956 à 1965. Haut-commissaire britannique à Malte de 1965 à 1967.

2. Le 18 janvier 1943 une nouvelle série de bombardements avait débuté à Londres.

o De Winston [dactylographié]   Casablanca
24 janvier 1943

Ma très chère Clemmie Chérie,

Après dix jours de travail sans relâche pour les États-majors, et pas mal de travail pour moi et le Président, nous avons désormais couvert l'ensemble du vaste champ de la guerre et sommes parvenus à un parfait accord à la fois entre les deux pays et entre les responsables politiques et militaires. Cela impliquait non seulement la stratégie générale mais la répartition des ressources entre 5 ou 6 différents théâtres d'opérations aux quatre coins du monde ainsi que la chronologie et les priorités liées au programme d'action. [✍ C'est en tout point ce que j'espérais & proposais.]

Bien sûr j'ai vu constamment le Président et nous avons pris presque tous nos repas ensemble. Il est venu dîner ici un soir, et au préalable le Génie américain avait rapidement installé les plans inclinés spéciaux qui lui permettent de se déplacer. Nous avons passé une soirée très réussie et très agréable et lui avons montré notre Salle des Cartes[1] qui est parfaitement organisée et enregistre tous les mouvements, aussi bien des troupes que des navires, jour par jour, où qu'ils soient. Ensuite Harry Hopkins a fait venir cinq soldats nègres qui nous ont chanté les plus belles mélodies.

L'interlude comique a été fourni par la tentative d'amener de Gaulle devant l'autel où Giraud[2] l'attendait avec impatience depuis plusieurs jours ! Giraud a fait ici bien meilleure impression sur tout le monde qu'on ne s'y attendait. On a réussi à persuader de Gaulle de venir ici, après de fortes pressions de ma part, et il est arrivé avant-hier avec son entourage. Il se prend pour Clemenceau (après avoir laissé tomber Jeanne d'Arc pour l'instant), et voudrait que Giraud soit comme Foch, c'est-à-dire susceptible d'être limogé à tout moment selon le bon plaisir du Premier ministre Clemenceau ! Bon nombre de ces Français se haïssent bien davantage qu'ils ne haïssent les Allemands, et tous ceux que j'ai rencontrés sont bien plus intéressés par le pouvoir et les places que par la libération de leur pays. Lorsqu'un pays subit une catastrophe aussi effroyable que la France, tous les autres maux s'abattent sur lui comme des charognards.

Nous avons eu un temps exquis ici.... J'ai fait plusieurs promenades sur la grève et il y a un récif avec trois remblais de rochers d'où l'on peut observer le déferlement des splendides vagues qui viennent s'y briser....

Dickie Mountbatten a fait venir Randolph[3] de sa propre initiative, avec l'idée d'étendre le rayon d'action du groupe de David Stirling jusqu'au nouveau théâtre de Tunisie. J'ai été très content de le voir et d'avoir de longues conversations avec lui, ainsi que beaucoup de parties de Bésigue. Il va très bien, et le Président, qui a ses deux fils[4] ici, l'a invité à assister à plusieurs des Conférences sur la question de Gaulle-Giraud, où il a fait bonne figure [✎ Il refuse de parler de ses propres affaires, mais il a été enchanté de recevoir vos photos.]

J'attends incessamment la visite des Généraux Giraud et de Gaulle. Je crains que tout ce qu'ils seront capables d'établir c'est une sorte de liaison, mais peut-être qu'à partir de cela d'autres choses pourront se développer. [✎ (Plus tard : Ils se sont fait photographier ensemble en se serrant la main.)]

À midi le Président et moi devons tenir une Conférence de Presse, à laquelle tous les journalistes d'Afrique du Nord ont été conviés. Ils sont d'une humeur absolument exécrable [en marge : ✐ Nous avons réussi à les amadouer] et ont fait de leur mieux pour monter en épingle les turpitudes du monde politique en Afrique du Nord. Après la Conférence [de Presse] le Président et moi partons à Marrakech en voiture et nous pique-niquerons en route. Il s'en retourne demain avec un trajet de cinq jours en avion. Je m'envolerai vraisemblablement demain soir pour Le Caire, où je dois voir Alexander qui sort de ses entretiens avec Eisenhower[5], et également le Général « Jumbo » Wilson[6], qui arrivera de Perse. [✐ C'est un vol facile & simple au-dessus de l'Atlas pdnt 37 minutes & ensuite le Désert qui est de loin préférable à la mer.]

J'ai fait en sorte qu'Alexander soit nommé Commandant en Chef Adjoint auprès du Général Eisenhower [pour la campagne de Tunisie], avec la planification et la direction effectives de l'offensive principale. Wilson lui succédera à la tête des forces du Moyen-Orient.

L'entrée triomphale de la Huitième Armée à Tripoli nous a permis d'obtenir pratiquement tout ce que nous souhaitions de la part de nos amis américains. Il ne fait aucun doute que ces officiers de haut rang, qui ont passé pratiquement douze heures par jour en compagnie les uns des autres et parlent la même langue, ont eu l'occasion de faire connaissance d'une manière jamais atteinte entre Alliés.

J'ai reçu une gentille lettre de Mary. Remerciez-en-la beaucoup.

Mon indigestion va nettement mieux, et contrairement à tous les pronostics, mes douleurs articulaires au coude s'en vont toutes seules.

La levée va partir
Avec mon plus tendre amour
Votre mari dévoué qui vous aime
W.
…

1. WSC avait sa propre salle des cartes qui le suivait partout – même à bord des bateaux. La salle des cartes avait son personnel permanent, que dirigeait le capitaine de réserve (ensuite Sir) Richard Pim, de la Royal Navy, et elle fonctionnait vingt-quatre heures sur vingt-quatre.

2. Général Henri Giraud (1879-1949), figure militaire française brave et romantique. Fait prisonnier et évadé au cours des deux guerres mondiales. En novembre 1942 un sous-marin britannique l'emmena de la Côte d'Azur à Gibraltar, à temps pour l'opération « Torch » (le débarquement allié en Afrique du Nord, le 8 novembre 1942). Après l'assassinat de l'amiral Darlan le 24 décembre 1942, Eisenhower le nomma commandant sur place des FFL d'Alger. En 1943 il devint coprésident (avec de Gaulle) du Comité français de la libération nationale et commandant en chef de l'armée française, mais il démissionna de ces fonctions quelques mois plus tard suite aux manœuvres politiques de De Gaulle.

3. Randolph, remis de ses blessures (voir p. 576 n. 3), avait pris part à l'opération « Torch » avec la 1re armée et il était alors à Alger.

4. Elliott Roosevelt, officier de l'armée de terre, et Franklin Roosevelt, officier de marine.

5. Général Dwight D. Eisenhower (« Ike ») (1890-1969). Entré dans l'armée américaine en 1915. Commandant en chef des forces alliées en Afrique du Nord de 1942 à 1944. Commandant suprême des forces expéditionnaires alliées en Europe occidentale en 1944-1945. Chef d'état-major de l'armée des États-Unis de 1945 à 1948. Commandant suprême des forces de l'OTAN en Europe de 1950 à 1952. 34e président des États-Unis de 1953 à 1961.

6. Général Sir Henry Maitland (« Jumbo ») Wilson, ensuite maréchal baron Wilson (1881-1964), GCB, GBE, DSO. À cette date, commandant en chef de la zone Perse-Irak ; nommé commandant en chef au Moyen-Orient en 1943, puis commandant suprême des forces alliées en Méditerranée en 1944.

De Winston[1]   H.M.S. *Bulolo*
25 janvier 1943

AMIRAUTE « STRATAGEME » N° 238
SILENCE – TRES SECRET
SOMMES DANS VILLA DE CONTES DE FEES[2] A MARRAKECH. TEMPS MAGNIFIQUE. VAIS FAIRE UN PEU DE PEINTURE CET APRES-MIDI DE LA PORTE ROSE DEPUIS TOIT VILLA. MON AMI [ROOSEVELT] EST PARTI. SOMMES ARRIVES ICI EN AUTO HIER. 250 KILOMETRES, GARDES PAR SENTINELLES TOUT DU LONG. TOUS RECONNAISSENT JE N'AVAIS PAS EXAGERE BEAUTE DES LIEUX. ESPERE ETRE AUPRES DE VOUS CE WEEK-END.

WINSTON

1. Archives nationales britanniques (ex-Public Record Office), Cabinet Papers 120/77.
2. Cette « villa de contes de fées » était la villa Taylor, résidence du vice-consul des États-Unis. WSC fit par la suite cadeau du tableau – le seul qu'il ait peint pendant la guerre – au président Roosevelt.

Le 30 janvier, Churchill s'envola du Caire pour Adana en Turquie (pays neutre), où il devait s'entretenir avec le président Inönü. La rencontre avait le ferme soutien du président Roosevelt, mais Churchill avait dû surmonter une forte opposition de la part de ses collègues du Cabinet de guerre. Le but de la réunion était de persuader le président Inönü de soutenir les Alliés et, notamment, de faciliter l'installation de bases britanniques en Turquie.

De Winston[1] Chypre
1er février 1943

DU GAL D'AVIATION FRANKLAND A MRS FRANKLAND.

AVONS EU BEAUCOUP SUCCES EN TURQUIE OU ETIONS LOGES DANS TRAIN CONFORTABLE. AI ETABLI LIENS D'AMITIE AVEC LE PRESIDENT HOMME TRES CAPABLE ET AGREABLE. REPARTIS EN AVION CE SOIR POUR CHYPRE OU RESIDONS CHEZ GOUVERNEUR. INSPECTE LE QUATRIEME HUSSARDS DEMAIN MATIN ET ENSUITE DEPART POUR LE CAIRE AVANT RETOUR PAR ETAPES. RANDOLPH ENVOIE GROS BAISERS A TOUTES ET MOI AUSSI. W.S.C.

1. Archives nationales britanniques (ex-Public Record Office), Cabinet Papers 120/77.

Dans la dernière partie du voyage, WSC avait pour nom de code « Mr Bullfinch » [M. Bouvreuil].

De Clementine[1]
[2 février 1943]

TELESCOPE N° 390

DE MRS FRANKLAND AU GENERAL D'AVIATION FRANKLAND.

JE SUIS VOS MOUVEMENTS AVEC UN VIF INTERET. LA CAGE EST BALAYEE ET APPRETEE[2]. EAU FRAICHE ET GRAINES DE LIN SONT DISPOSEES DE MANIERE ATTRAYANTE, LA PORTE EST OUVERTE ET ON ESPERE QUE M. BOUVREUIL PRENDRA BIENTOT LE CHEMIN DU RETOUR.

1. Archives nationales britanniques (ex-Public Record Office), non encore répertorié.
2. « *Swept and garnished* ». Citation biblique (Évangile selon saint Matthieu 12:44). [*ndt*]

De Winston[1] Moyen-Orient [Le Caire]
3 février 1943

STRATAGEME N° 340

LAISSEZ CAGE OUVERTE POUR SAMEDI OU DIMANCHE. TOUT MON AMOUR.

1. Archives nationales britanniques (ex-Public Record Office), non encore répertorié.

De Winston[1] [Alger]
5 février 1943
STRATAGEME N° 357
LE BOUVREUIL ESPERE FAIRE UN GRAND SAUT JUSQU'A LA MAISON CE SOIR.

1. Archives nationales britanniques (ex-Public Record Office), Cabinet Papers 120/77.

o De Clementine 10 Downing Street
Vendredi soir [5 février 1943]

Mon chéri

Bienvenue à la maison. L'angoisse & la tension ont été terriblement éprouvantes.

Quelle bonne idée vous avez eue de vous arrêter en Turquie – Et comme je suis contente que vous ne vous soyez pas laissé dissuader d'effectuer cette étape supplémentaire dans votre voyage –

Je pense à vous traversant l'obscurité ténébreuse des cieux & je prie pour que l'atterrissage se passe bien –

Votre Clemmie
qui vous aime & qui vous attend
…

<u>Samedi matin</u> [6 février]. Dieu merci, ennui de moteur[1] découvert <u>avant</u> que vous ne partiez. Je viendrai à votre rencontre à la gare. Je vous en prie, laissez-moi monter dans le train avant que vous ne descendiez – Je préfère embrasser mon Bouvreuil en privé, sans que l'on me photographie en pleine action !

1. WSC et ses collaborateurs avaient fait un faux départ le soir du 5 février : l'appareil avait eu des problèmes d'allumage et ils avaient été contraints de passer une nuit supplémentaire à Alger. WSC fut de retour le 7 février.

À la Nouvelle Année, après la fatigue et la tension de ses divers voyages, Winston fut atteint d'une grave pneumonie. Il fut soigné à l'Annexe et des bulletins de santé furent publiés. Il se remit bien, mais les médecins insistèrent pour qu'il effectue son prochain voyage en bateau.

Le 4 mai 1943, il quitta Londres pour la Clyde où il embarqua sur le Queen Mary[1] *à destination des États-Unis, où il devait s'entretenir avec le Président.*

1. Le paquebot de luxe RMS *Queen Mary* fut utilisé pour le transport de troupes pendant la guerre. WSC et ses collaborateurs l'empruntèrent à plusieurs reprises.

o De Clementine   Dytchley[1]
Dimanche 9 mai 1943

Mon chéri

Les nouvelles de Tunis & de Bizerte[2] sont arrivées en Angleterre à minuit vendredi dernier. Mais je dormais & je ne les ai entendues qu'à 7 h à la radio hier. C'était terriblement excitant, mais aucune information sur le nombre de prisonniers pour l'instant. Je suppose qu'ils se sont enfuis dans la péninsule –

Sarah est venue dîner à l'improviste vendredi, ce qui m'a fait infiniment plaisir. Elle a été très silencieuse & mystérieuse, comme d'habitude, & n'a émis que quelques sons inarticulés.

Je me suis rendue à une réunion de la YWCA hier à Oxford & suis venue ici pour le week-end. La maison est pour la plus grande partie fermée, mais elle est toujours aussi plaisante & agréable....

Votre Clemmie
qui vous aime

1. La résidence de Mr et Mrs Ronald Tree dans l'Oxfordshire (les sources actuelles utilisent l'orthographe « Ditchley »). WSC, CSC et leur entourage y passèrent les nuits de pleine lune pendant la guerre, car les Chequers étaient considérés comme trop visibles du ciel et dangereux. Ronald Tree évoque ces souvenirs dans un livre intitulé *When the Moon was High,* paru en 1975.
2. Le 7 mai, le Premier haut commandement américain était entré dans Bizerte, et la Première armée britannique dans Tunis.

De Winston[1]
10 mai 1943

CRAYON N° 31
DU GAL D'AVIATION SPENCER A MRS SPENCER[2].
SIX NAVIRES DE GUERRE AMERICAINS NOUS ESCORTENT DESORMAIS ET TROIS AUTRES ARRIVENT DEMAIN MATIN.

TRAVERSEE CONTINUE ETRE TRES AGREABLE. BAISERS A TOUS.

1. Archives nationales britanniques (ex-Public Record Office), non encore répertorié.
2. Noms de code pour ce voyage.

De Clementine[1] [Londres]
11 mai 1943

ALCOVE N° 157
MESSAGE SUIVANT POUR LE GENERAL D'AVIATION SPENCER DE LA PART DE MRS SPENCER
AI TELLEMENT PENSE A VOUS ET ATTENDS AVEC IMPATIENCE NOUVELLE DE VOTRE ARRIVEE A BON PORT. QUELLES MAGNIFIQUES INFORMATIONS D'AFRIQUE DU NORD.

1. Archives nationales britanniques (ex-Public Record Office), non encore répertorié.

o De Clementine 10 Downing Street
13 mai [1943]

Mon Winston chéri

Comme j'aimerais être avec vous en cette heure de victoire – Pour que nous puissions nous réjouir ensemble & pour que je puisse vous dire tout ce que je ressens à propos de votre campagne d'Afrique du Nord. Vous devez être profondément ému par ces événements, même si vous les avez planifiés & si vous saviez par avance qu'ils pouvaient se réaliser –

Je suis inquiète de l'importance accordée par la presse (en particulier par le Times) à la présence dans votre entourage de Wavell[1] & de ses collègues de l'Air et de la Marine des Indes orientales.

J'ai tellement peur que les Américains n'en viennent à penser qu'il faille donner la priorité au Pacifique dans la prochaine phase de la guerre – J'ai découpé l'article du Times qui m'inquiète. À coup sûr, il faut que l'Europe soit libérée en premier.

Je me demande quelle impression Wavell a maintenant faite sur vous. Je ne l'ai jamais rencontré, mais je crois comprendre qu'il a personnellement beaucoup de charme. C'est agréable en des temps civilisés, mais de peu d'utilité dans une guerre totale....

16 « Ack-Ack » du ATS² ont été tuées à [Great] Yarmouth lors d'un raid aérien éclair³ : le foyer dans lequel les jeunes filles étaient rassemblées a été pulvérisé.

Dieu vous bénisse, mon chéri.

Mary est partie avec sa Batterie⁴ à Bude pour 15 jours d'entraînement au tir.

Votre Clemmie
qui vous aime

Viens juste d'apprendre l'énorme raid sur Duisbourg. Rassurez-moi et dites-moi que le front européen sera toujours prioritaire.

1. Général Sir Archibald Wavell, par la suite maréchal comte Wavell (1883-1950), PC, GCB, GCSI, GCIE, MC. Alors commandant en chef de l'armée des Indes, 1941-1943. Auparavant commandant en chef au Moyen-Orient, 1939-1941. Par la suite commandant suprême de la région sud-ouest du Pacifique, 1942. Vice-roi et gouverneur général des Indes de 1943 à 1947. Malheureusement, lui et WSC ne furent jamais sur la même « longueur d'onde ».
2. Auxiliary Territorial Service, dont faisait partie Mary, et dont fit également partie la future reine Elizabeth II. *Ack-Ack*, qui désigne ici les jeunes femmes du service, était le nom familier donné à la DCA. Il correspond à la double prononciation du A par les opérateurs radio pour *anti-aircraft*. [*ndt*]
3. Le 11 mai 1943. En fait, 26 ATS furent tuées dans leur foyer, ainsi que 12 hommes de diverses unités dans le quartier général du régiment voisin.
4. À la mi-avril, j'avais été affectée à la 481 Heavy (Mixed) Anti-Aircraft Battery de la Royal Artillery à Hyde Park à Londres, avec rang de lieutenant.

Le 13 mai 1943 fut un jour de triomphe et de réjouissance. Churchill reçut à Washington un télégramme du général Alexander qui disait : MONSIEUR LE PREMIER MINISTRE, IL EST DE MON DEVOIR DE VOUS INFORMER QUE LA CAMPAGNE DE TUNISIE EST TERMINEE ; L'ENNEMI A CESSE TOUTE RESISTANCE. NOUS SOMMES MAITRES DES COTES D'AFRIQUE DU NORD¹.

Le dimanche 16 mai, les cloches des églises sonnèrent de nouveau la victoire dans toute la Grande-Bretagne².

1. Churchill Papers CHAR 20/111.
2. Elles avaient sonné la première fois le 15 novembre 1942 pour célébrer la victoire d'El-Alamein.

o De Clementine   10 Downing Street
Samedi 15 mai 1943

Mon chéri

Je reviens juste du mariage de Sarah Churchill[1] à l'église St Margaret de Westminster. C'était très charmant, & très simple ; le petit Winston & Charles, le fils de Mary [duchesse de Marlborough][2] (dont je suis la marraine), portaient des petits costumes blancs de marins & ils ont remonté l'allée ensemble. Pendant la messe, Winston a estimé que c'était ennuyeux de rester debout ; il a attrapé le coussin d'un banc & l'a traîné jusque dans l'allée pour s'asseoir dessus...

Votre télégramme à la mariée est arrivé à Downing Street... on le lui a fait transmettre par téléphone à la réception & il a été très apprécié.

En parlant de télégrammes – celui que le Roi vous a adressé était splendide. J'en suis si heureuse. J'aurais tant voulu que vous soyez ici, mon chéri, pour que nous puissions sauter de joie à l'occasion de cette grande & glorieuse victoire. Et le télégramme d'Alexander vient juste d'être rendu public dans les journaux du soir....

J'ai l'impression que Randolph est en train de tenter un « *rapprochement* » avec Pamela[3]. Il a envoyé au jeune Winston un « airgraph[4] », où il lui dit à la fin « prends soin de ta mère » – Comme j'aimerais que ce soit le cas. Qui sait, cela arrivera peut-être.

Amour tendre, mon Winston chéri à moi,
Clemmie

1. Lady Sarah Spencer-Churchill (1921-2000), fille aînée du dixième duc de Marlborough. Elle épousait le lieutenant Edwin Russell de l'US Naval Reserve ; ils divorcèrent en 1966.
2. Né en 1940.
3. Le mariage de Randolph et de Pamela s'était rapidement détérioré, principalement à cause des dettes de Randolph et de son addiction à la boisson. Randolph avait également découvert la liaison de Pamela avec Averell Harriman.
4. Lettre photographiée sur microfiche et imprimée à destination ; un service postal aérien mis en place pour le courrier des troupes pendant la guerre. [*ndt*]

o De Clementine   Chartwell
20 mai 1943

Mon chéri

Votre discours au Congrès[1] a été grandiose, & un chef-d'œuvre de « délicatesse extrême » –

Cela m'a fait chaud au cœur d'entendre votre voix si forte, ferme & résolue.

Hier, je suis allée à St Paul avec les Attlee assister à une action de grâce pour la Tunisie – Le service a été bref & sobre, & la cathédrale était froide comme la charité, mais, lorsque nous avons refait surface dans la lumière brillante du soleil, avec les cloches qui sonnaient, les pigeons qui tournoyaient & les applaudissements des gentilles sténographes de la City qui, subodorant une cérémonie officielle, s'étaient attardées après leur travail, le sang a recommencé à circuler & le pouls s'est mis à battre au rythme des grands événements.

Le bébé de Diana[2] est venu au monde rapidement, en une heure. Médecin & infirmière sont arrivés juste à temps. Elle est radieuse & se porte bien, mais un travail aussi précipité l'a laissée quelque peu secouée & elle aura besoin que l'on prenne soin d'elle. Elle & Duncan sont au septième ciel. Je viens d'arriver au cottage pour y passer une semaine et profiter de ce temps de printemps paradisiaque – Chartwell a revêtu sa robe de mariée – C'est une mariée ravissante & négligée – « un doux désordre dans la robe fait poindre dans les vêtements une flamme de libertinage[3] ».

Nous avons passé quatre nuits sans sommeil à cause de raids agaçants – Des alertes à minuit, 2 h & 4 h, avec les aboiements & le fracas des canons du parc & des fusées du Prof [Lindemann][4].

La nuit dernière, ici, 2 grosses bombes, je ne sais pas où, ont fait trembler le petit cottage – On dit que c'est l'armée en bas dans la vallée qui laisse filtrer de la lumière & les attire – Et ici, des canons qui ne tonnent pas, mais murmurent au loin, & le vrombissement constant d'1 seul avion ennemi qui donne l'<u>impression</u> de tourner en rond sans fin !

Amour tendre, mon chéri
de
Clemmie
…

---

1. WSC s'était adressé au Congrès américain pour la seconde fois le 19 mai.
2. Celia Sandys, née le 18 mai. Son troisième et dernier enfant.
3. Robert Herrick (1591-1674), *Delight in Disorder* [*Du délice dans le désordre*].
4. Il y avait, dans presque tous les grands parcs de Londres, des batteries antiaériennes, qui comprenaient également des batteries de fusées.

De Winston[1] Washington
23 mai 1943

CRAYON N° 212
DU GAL D'AVIATION SPENCER A MRS SPENCER. PERSONNEL

VOS MAGNIFIQUES LETTRES ARRIVENT CHAQUE JOUR MAIS AI ETE TROP BOUSCULE POUR ECRIRE. AI PASSE QUELQUES JOURS A AMBASSADE POUR VOIR UN GRAND NOMBRE DE GENS, BRITANNIQUES ET AMERICAINS, QUI SONT IMPORTANTS. RETOURNE PASSER NUIT A MAISON BLANCHE CE SOIR POUR FINIR DE REGLER NOS AFFAIRES, QUI ONT BIEN MARCHE, AVEC NOTRE AMI.

VOUS DEVEZ PASSER DU BON TEMPS ET MARY AUSSI. MON AMOUR LE PLUS TENDRE A TOUS.

1. Archives nationales britanniques (ex-Public Record Office), non encore répertorié.

o De Winston [dactylographié] Dans l'avion
28 mai 1943 Gibraltar[1]

Ma Clemmie chérie,

Vous avez vraiment été formidable pour m'écrire. Il ne s'est guère passé de jour sans que j'aie une lettre de vous pour me donner tant de plaisir et de ravissement. Moi, de mon côté, j'ai été extrêmement négligent mais j'ai croulé sous les multiples tâches encore plus que d'ordinaire. Non seulement j'ai eu tous les gros dossiers pour lesquels j'étais venu, mais j'ai naturellement profité de tous les instants que le Président pouvait me consacrer, et il y en a eu énormément, et de plus j'ai entrepris de voir un grand nombre de gens, aussi bien des Britanniques que des Américains. Pour cela j'ai passé le week-end à l'Ambassade et n'ai pas accompagné le Président dans son SHANGRI-LA des forêts des monts Blue Ridge[2].

J'avais pris grand-peine de soigner le Discours sans qu'il me paraisse particulièrement réussi avant que je ne le prononce, mais il a indiscutablement fait l'effet d'un électrochoc.... Ils n'avaient jamais rien entendu qui ressemble aux points sur la situation que je fais devant le Parlement, et ils ont été ravis de recevoir les mêmes égards à cette occasion.

Un après-midi, une quarantaine de Sénateurs et de Membres [du Congrès] issus des deux partis, dont certains des principaux Isolationnistes, se sont rendus à l'Ambassade. Rien n'aurait pu excéder leur cordialité, qui était à l'évidence d'une parfaite sincérité.

Lors de mes longs entretiens avec le Président j'ai naturellement parlé de la politique américaine. S'il est sûr qu'après 12 années très lourdes il serait bien content de laisser tomber, ce serait douloureux de partir en pleine guerre et de tout laisser en plan. Pour moi ce serait un désastre de première grandeur. Il n'y a personne pour le remplacer, et tous mes espoirs d'avenir dans un cadre anglo-américain seraient flétris pour au moins la génération actuelle – vraisemblablement pour le reste du siècle. D'un autre côté, la Constitution stipule qu'il faut une élection et déjà, alors qu'on en est à vingt mois [novembre 1944], toutes les pensées se focalisent sur la question de savoir qui va détenir le pouvoir. Nous ne permettrions certainement pas que cela se passe comme cela chez nous, mais une Constitution écrite fait des esclaves de ses sujets et est dans le cas présent totalement inadaptée à la conduite de la guerre.

Harry Hopkins et sa femme[3] ont été extrêmement agréables et sympathiques, et ils sont de toute évidence très bien en cour. Cependant Mrs Roosevelt était partie pratiquement tout le temps, et je crois qu'elle a été vexée que le Président ne lui ait dit que quelques heures avant mon arrivée ce qui allait lui tomber dessus. Il ne lui confie pas de secrets parce qu'elle est toujours à faire des discours et à écrire des articles et il a peur qu'elle n'oublie ce qui est secret et ce qui ne l'est pas. Personne n'aurait pu être plus sympathique qu'elle ne l'a été les deux ou trois soirs où on l'a vue.

Tout le monde s'est plaint de voir que je ne vous avais pas emmenée, et m'a fait promettre que la prochaine fois il faut absolument que vous veniez.

Il faisait très chaud à Washington et si je n'avais eu une chambre spécialement climatisée cela aurait été très inconfortable....

Mon amitié avec le Président s'est trouvée grandement renforcée. Nous avons été sur la même longueur d'onde d'un bout à l'autre. Il n'est pas douteux que le discours que j'ai fait et qui montrait la réussite de nos efforts conjugués, et la part qui lui revenait, a consolidé sa position, et j'espère qu'il écoutera mes conseils et qu'il fera lui aussi des déclarations de cette nature de temps en temps. Il y a beaucoup d'autres initiatives extrêmement bénéfiques qu'il pourrait prendre, mais j'ai pris bien soin de ne pas m'aventurer hors de mon territoire légitime.

J'ai persuadé le Président de laisser le Général Marshall[4] venir avec moi afin que le travail que je vais entamer à Alger se déroule sans heurts, et qu'on ne puisse pas insinuer que j'ai exercé une influence unilatérale. J'ai une très haute opinion de Marshall. Il a rédigé un texte sur la stratégie globale avant-hier dans l'avion. C'est l'un des plus magistraux que j'aie jamais vus, et je suis pleinement en accord avec lui. Il ne fait aucun doute que c'est un gros cerveau et qu'il a une grande noblesse de caractère.

Beaucoup dépend des discussions qui vont s'ouvrir sous peu, et qui vont traduire en termes tactiques les décisions stratégiques et politiques que nous avons prises avec une belle unanimité.

Nous avons fait un vol absolument parfait en deux sauts, l'un de 7 & l'autre de 17 heures, et nous avons atteint ce merveilleux endroit [Gibraltar] hier à 17 h. Nous sommes arrivés quelques minutes trop tard pour poursuivre sur Alger avant le crépuscule mais le Général (Mason MacFarlane[5]) nous a installés confortablement et a fait donner toute son artillerie lors d'un exercice de DCA, ce qui était extrêmement impressionnant.

Je suis actuellement sur le départ pour aller visiter le Rocher et ses batteries, avant de regagner mon nouvel avion[6], qui attend après s'être très bien acquitté de sa mission lors de l'aller. Nous espérons rejoindre Alger après environ 2 h ½ de vol.

J'ai été ravi d'apprendre la bonne nouvelle pour Diana et de savoir que tout va bien de ce côté-là.

Je crains que vous n'ayez été dérangée dans votre sommeil ces dernières nuits. Mais la malveillance de l'ennemi n'a d'égale que sa faiblesse, tandis que nous lui assénons des coups vraiment massifs et effroyables....

J'ai été enchanté par la lettre du Roi et j'ai pensé que c'était charmant de sa part. Il faut que j'essaye de faire pondre quelques œufs supplémentaires à ma poule au caractère excessivement compliqué et susceptible[7].

Maintenant ils me pressent tous d'y aller, et il faut donc que je termine.

✍ avec beaucoup de baisers & mon tendre amour
votre mari qui vous aime à jamais
W

P.-S. Je vous rapporte diverses petites choses qui font plaisir dont 2 robes & Bernie B[aruch] y a ajouté quelques babioles –

1. Après ses entretiens avec le président Roosevelt, WSC décida de se rendre en Afrique du Nord pour y discuter des priorités du débarquement en Italie avec le géné-

ral Eisenhower (voir p. 591 n. 5). Il fit le trajet vers Alger en avion via Terre-Neuve et Gibraltar.

2. Actuellement Camp David. Shangri-La est un lieu paradisiaque imaginé par l'écrivain britannique James Hilton en 1933 dans son roman *Lost Horizon* (*Horizon perdu*, 2006). On dit que le président Roosevelt appréciait énormément cet ouvrage. [*ndt*]

3. Voir lettre du 15 janvier 1943 (p. 588 n. 2).

4. Général George Marshall (1880-1959). Militaire et diplomate. Chef d'état-major de l'armée des États-Unis de 1939 à 1945. Secrétaire d'État [aux Affaires étrangères] de 1947 à 1949. Secrétaire à la Défense en 1950-1951. Son programme de relèvement de l'Europe de 1947 est connu sous le nom de plan Marshall. Il reçut le prix Nobel de la paix en 1953.

5. Général de corps d'armée (ensuite Sir) Mason MacFarlane (1889-1953), KCB, DSO, MC. Gouverneur et commandant en chef de Gibraltar de 1942 à 1944.

6. Un bombardier Lancaster converti pour être utilisé par WSC et baptisé « Le York ».

7. WSC fait ici référence à ULTRA, source de renseignements (ultrasecrète) fondée sur le déchiffrage des messages cryptés par la machine allemande ENIGMA, dont des spécialistes polonais du chiffre avaient apporté certaines clés en Grande-Bretagne quand la guerre éclata. Ce décryptage était effectué en grande partie par des spécialistes des transmissions et du chiffre, ainsi que des mathématiciens universitaires, à Bletchley Park, dans le Buckinghamshire. Aucune fuite n'ayant jamais été à déplorer à Bletchley Park, WSC parla d'eux plus tard comme « mes poules aux œufs d'or qui ne caquetèrent jamais ».

o De Winston [dactylographié]   Alger
29 mai 1943

Ma Chérie à moi,

Nous sommes arrivés ici hier, sous bonne escorte, en provenance de Gibraltar, dans mon nouveau York, belle mécanique merveilleusement confortable il faut bien le dire. Le gros défaut c'est que le Frigidaire ne marche que quand l'avion est en vol. Donc, si on fait escale quelque part pour la nuit toutes les provisions se gâtent. On s'occupe du problème.

J'écris depuis la charmante villa de l'Amiral Cunningham[1] située sur les hauteurs qui surplombent le port d'Alger. Les fleurs et les arbres en fleurs sont splendides. Le soleil est éclatant et chaud, mais sans excès, et une délicieuse brise fraîche souffle de la mer. Hier le port était rempli de bateaux qui emmenaient 10 000 prisonniers allemands en Angleterre ou en Amérique (je ne sais pas et m'en moque un peu !).

De Gaulle doit arriver demain et tout le monde ici s'attend à ce qu'il fasse tout son possible pour créer la zizanie et mettre en avant ses ambitions personnelles. Il va se heurter à une rude coalition de forces s'il ne joue pas franc-jeu. Le Général Georges[2] est sur place. Je l'ai encouragé à s'enfuir de France et nous l'avons amené à Alger par des filières secrètes il y a deux jours. Cela m'a fait grand plaisir de le rencontrer avec Giraud aujourd'hui au déjeuner et en leur compagnie j'ai retrouvé certaines de mes illusions perdues sur la France et son Armée.

Randolph avait reçu l'ordre de venir m'attendre à l'aéroport et il a dîné avec tous les Généraux et potentats hier soir. Je ne l'ai jamais vu paraître autant en forme. Son bronzage et ses traits brûlés par le soleil lui donnent une mine resplendissante. Il a également perdu pas mal de poids et il respire la santé. Cela va me faire plaisir de l'avoir auprès de moi quelques jours.

Je n'arrive pas à trouver assez de mots pour vanter les charmes de ce décor et de ce climat et je crois que je peux légitimement m'octroyer quelques jours de repos ici pendant lesquels je ne vais pas perdre mon temps....

Toujours vtre mari qui vous aime à jamais
W

1. Amiral Andrew Cunningham, ensuite amiral de la Flotte premier vicomte Cunningham de Hyndhope (1883-1963), KT, GCB, OM, DSO. Commandant en chef du corps expéditionnaire naval en Afrique du Nord en 1942. Nommé commandant en chef en Méditerranée en 1943. Premier lord naval et chef d'état-major de la Marine de 1943 à 1946.
2. Voir p. 552 n. 4. Contact militaire et ami d'avant-guerre que WSC admirait.

Entre le 10 et le 24 août se tint la Première conférence de Québec (« Quadrant » de son nom de code) qui réunissait le président Roosevelt, Churchill et Mackenzie King (le Premier ministre du Canada). Clementine et moi (en tant qu'aide de camp) accompagnâmes Winston.

Une première rencontre des Trois grands (Roosevelt, Churchill et Staline) avait été programmée pour novembre à Téhéran[1]. Mais le Président et Churchill décidèrent qu'ils avaient besoin de s'entretenir au préalable et le 11 novembre, Churchill quitta l'Angleterre pour son rendez-vous avec Roosevelt.

1. Capitale de la Perse (Iran), qui avait été officiellement neutre jusqu'à la signature du traité d'alliance tripartite (Perse, Royaume-Uni et URSS) le 29 janvier 1942.

De Winston[1]
21 novembre 1943

GELE N° 57
DU COLONEL WARDEN A MRS WARDEN[2].

MAUVAIS COUP DE FROID DANS POITRINE DEPUIS CINQ JOURS DESORMAIS DEFINITIVEMENT MAITRISE. CELA ET MAUVAIS TEMPS M'ONT CONVAINCU DE POURSUIVRE PAR BATEAU ET ATTEINS ALEXANDRIE A L'INSTANT APRES TRAVERSEE SANS ENCOMBRE. COUVERTURE AERIENNE ET NAVALE S'EST RELAYEE D'UN BOUT A L'AUTRE SANS INCIDENT. ENCORE SOUS CHOC PERTE DE LEROS ETC[3]. HORRIBLE SE BATTRE LES MAINS LIEES.

RECU MAGNIFIQUE ACCUEIL DES OUVRIERS ARSENAL DE MALTE

BAISERS DE SARAH ET MOI. RANDOLPH AUPRES DE SON REGIMENT.

1. Archives nationales britanniques (ex-Public Record Office), non encore répertorié.
2. Noms de code pour ce voyage.
3. À la suite du débarquement allié en Italie continentale (3 septembre), de la reddition et de la signature d'un armistice avec l'Italie (8 septembre), un certain nombre d'îles du Dodécanèse tenues auparavant par les Italiens furent occupées par des forces britanniques. Les Allemands contre-attaquèrent, et Leros fut reprise après un valeureux combat le 17 novembre : 5 000 soldats britanniques furent faits prisonniers.

De Winston[1]
23 novembre 1943

GELE 99
DU COLONEL WARDEN A MRS WARDEN.
... SARAH ENVOYE LETTRE DETAILLEE. COUP DE FROID TERMINE ET TOUX DIMINUE. TEMPS DELICIEUX. VIENS D'EMMENER AMIRAL Q [ROOSEVELT] VOIR SPHINX.
TENDRE AMOUR. W.

1. Archives nationales britanniques (ex-Public Record Office), non encore répertorié.

o De Clementine   10 Downing Street
23 novembre 1943

Mon chéri,

J'ai peur que jusqu'à présent votre voyage n'ait été ni agréable ni reposant – Votre rhume vous aura à coup sûr fatigué & incommodé, & puis je sais que Leros a dû vous causer un profond mécontentement

– Mais n'oubliez jamais que, lorsqu'on écrira l'histoire, votre vision & votre formidable énergie, associées à votre patience & à votre magnanimité, contribueront toutes à votre grandeur. Aussi ne vous laissez pas aller à la colère – Je pense souvent à ce que vous dites, à savoir que la seule chose qui soit pire que les alliés est de ne <u>pas</u> avoir d'alliés du tout[1] !...

Je suis allée rendre visite l'autre jour à cette pauvre Madame Sikorska[2]. C'est une femme agréable & qui a dû être belle – Elle m'a montré une photographie de sa fille de 26 ans, qui est morte elle aussi dans le même accident d'avion.

Max [Beaverbrook][3] s'est montré très drôle à propos du conseil en votre absence – il semble qu'Archie [Sinclair][4] soit devenu un bavard incontrôlable, & le « Prof » [Lindemann][5] lui aussi est soudain devenu intarissable ! De sorte que les séances durent une éternité.

Aujourd'hui Mr Morrison[6] va informer la Chambre du sort des Mosley[7]. J'espère que tout se passera pour le mieux.

Anthony [Eden][8] vous transmettra cette lettre avec mon plus tendre amour. Je me sens plus seule cette fois-ci que toutes les autres fois, car j'ai maintenant goûté à l'excitation des voyages en temps de guerre en votre compagnie, et à tout ce qu'ils m'ont apporté[9].

Votre dévouée
Clemmie
...

1. WSC avait eu un grave désaccord avec le général Eisenhower concernant le soutien requis par les forces britanniques pour investir et occuper les îles du Dodécanèse. Le Président avait tranché et les demandes de WSC avaient été rejetées.
2. Épouse du général Wladyslaw Sikorski (1881-1943), militaire et homme d'État polonais. Commandant en chef des Forces polonaises libres et Premier ministre du gouvernement polonais en exil à Londres de 1940 jusqu'à sa mort le 4 juillet 1943, dans un accident d'avion au décollage à Gibraltar.
3. Lord Privy Seal (et membre du Cabinet de guerre) depuis le 24 septembre 1943.
4. Voir p. 125 n. 3. Ministre de l'Air depuis le 11 mai 1940 (sans siège au Cabinet de guerre).
5. Devenu premier baron Cherwell. Trésorier général depuis le 30 décembre 1942 (sans siège au Cabinet de guerre).
6. Herbert Morrison, par la suite baron Morrison de Lambeth (1888-1965). Député travailliste depuis 1923. Alors ministre de l'Intérieur (1940-1945). Par la suite, chargé des relations avec la Chambre des communes et Lord President of the Council (1945-1951) ; ministre des Affaires étrangères de mars à octobre 1951.
7. Sir Oswald Mosley (voir p. 327 n. 1), chef de file de la British Union of Fascists, et sa femme Diana (née Mitford, cousine de CSC) avaient été arrêtés en 1940 en vertu de l'ordonnance 18B et détenus à la prison de Holloway. Ils avaient été libérés le 20 novembre 1943 en raison de la mauvaise santé de Mosley et mis en résidence surveillée.

8. Ministre des Affaires étrangères depuis le 22 décembre 1940 (membre du Cabinet de guerre).

9. CSC avait accompagné WSC lors de son voyage au Canada et aux États-Unis pour la Première conférence de Québec (10-24 août 1943).

o De Winston [dactylographié]　　　　　　　　　　　　　Villa Casey[1]
26 novembre 1943　　　　　　　　　　　　　　　　　　　　Le Caire

Ma chérie,

Sarah[2] m'assure qu'elle vous a régulièrement tenu au courant des différentes étapes de notre voyage. Nous avons fait tout le trajet sans danger et sans histoires sur le RENOWN[3], mais beaucoup d'anges gardiens ont été mobilisés sur mer et dans les airs pour éloigner les forces du mal. Je suis complètement remis de mon coup de froid. Il m'a légué une sale toux qui apparaît le matin au réveil mais me laisse tranquille dans la journée.

Cela fait maintenant cinq jours que nous sommes là et pour l'instant nous ne nous sommes attelés qu'à l'aspect chinois de ce qui nous occupe[4]. Cependant, les choses ont bien avancé en coulisses pour ce qui est du rapprochement des Britanniques et des Américains autour des grandes et graves questions auxquelles nous sommes confrontés. Demain dès potron-minet nous partons pour CAIRE TROIS [Téhéran] et nous y resterons je l'espère trois ou quatre nuits. O.J. [l'Oncle Jo – Staline] nous rejoint le soir du 28. Nous n'avons pas pu nous attaquer à nos problèmes principaux sans savoir ce qu'il en pense et ce qu'il souhaite.

Rien ne pourrait dépasser la cordialité des relations entre moi et l'Amiral Q [Roosevelt], ni d'ailleurs entre toutes nos vastes délégations de Britanniques et d'Américains. Il est possible de concilier les divergences par des accords qui se traduisent en plans d'action....

Je me suis parfaitement entendu avec Madame Tchang Kaï-chek[5] et je retire toutes les remarques défavorables que j'ai pu faire sur elle. Elle m'a apporté de Chine un long rouleau, qui est un tableau peint par un grand artiste de la dynastie Ming....

Je brûle d'envie de participer au débat sur le décret 18B[6], et si j'étais actuellement à Londres je ferais voler tout ce fichu machin en éclats. Tant que Morrison présente le dossier comme accordant un traitement exceptionnel à Mosley naturellement il est sur un terrain difficile et les gens peuvent hurler au « favoritisme » ! Il ne perdrait pas grand-chose à mettre tout cela au rancart, ce qu'il pourrait faire en reprenant les arguments décisifs dont je lui ai fait part dans les différents télégrammes que vous aurez vus à l'heure qu'il est.

Racontez-moi comment l'opinion publique évolue sur différents sujets. Bien sûr je sais que l'on dit à Londres que j'ai été contrarié dans ma conduite de la guerre en Méditerranée ces deux derniers mois. Je serais mal placé pour le nier. Je ne peux prétendre avoir des arguments valables pour défendre ce qui s'est réellement passé. Je me suis battu les mains liées, mais désormais j'espère obtenir de meilleures conditions et m'assurer que les décisions nécessaires aux offensives à venir seront prises sur une échelle satisfaisante...

Je n'ai pas encore réussi à imprimer ma marque sur ce qui est en jeu ici autant que je l'espère et le veux, mais j'ai l'impression que les choses vont s'orienter dans la direction que je souhaite. Demain nous partons tellement tôt que je vais maintenant prendre une heure de sommeil avant le dîner avec le personnel de l'Ambassade du Caire.

✍ Avec mon tendre amour ma Clemmie chérie. Comme je regrette que vous ne soyez pas là avec moi pour voir tout ce spectacle varié.

Votre mari qui vous aime à jamais
W
...

---

1. Résidence de Richard G. Casey, ministre d'État résident au Moyen-Orient (voir p. 581 n. 6).
2. Sarah s'était vu accorder une permission par son unité de WAAF pour accompagner son père en qualité d'aide de camp ; c'était son premier voyage avec lui pendant la guerre.
3. WSC et son entourage n'avaient pas suivi la route directe et étaient passés par Gibraltar, Alger et Alexandrie.
4. Le généralissime Tchang Kaï-chek (1887-1975), homme d'État et soldat de Chine nationaliste, à l'époque président de la Chine, était au Caire pour des entretiens avec WSC et Roosevelt.
5. Madame Tchang Kaï-chek, née Mayling Soong (1897), épouse à la personnalité affirmée du généralissime depuis 1927. Fille cadette du négociant chinois et missionnaire méthodiste Charles Jones Soong, elle avait fait ses études aux États-Unis.
6. WSC avait une profonde répugnance pour ce décret, justifié uniquement par des considérations de sécurité nationale en 1940, qui permettait de mettre des gens en détention sans chef d'accusation ni procès.

---

o De Clementine   10 Downing Street
Vendredi 26 novembre 1943

Mon chéri

Hier Mr Morrison est venu déjeuner avec moi. Il avait l'air meurtri par ce qu'il subit dans l'affaire Mosley. J'ai eu beaucoup de peine pour lui, car je crois qu'il fait preuve d'un courage politique tout à fait supérieur. Les réactions[1] ont été surprenantes & diverses. Des foules à différents endroits de Londres, relativement importantes mais respectables ; j'ai croisé des centaines de gens qui traversaient Parliament Square en courant – de jolies jeunes filles & des hommes d'âge mûr, semblables à la foule d'un match de football –

J'ai réconforté ce pauvre Morrison aussi bien que je l'ai pu – il va devoir faire face à encore pas mal de choses avant d'émerger. Il a apprécié ma petite invitation à déjeuner...

J'ai aussi rencontré plusieurs fois Mr Bevin[2] qui m'a semblé quelque peu fâché contre Herbert Morrison.... La Batterie de Mary est plus que décimée par la grippe & Mary a dû convertir une salle de caserne en hôpital pour 20 filles qui souffraient d'une forte fièvre....

Amour tendre de
Clemmie

Smuts a rendu visite à sa Batterie & s'est montré charmant avec la troupe.

1. À la suite de l'annonce par le ministre de l'Intérieur le 18 novembre que les Mosley devaient être libérés et placés en résidence surveillée en raison des problèmes de santé de Mosley, 20 000 ouvriers avaient fait parvenir une pétition au 10 Downing Street et s'étaient réunis sur Whitehall pour protester. Le 23 novembre, alors que Mr Morrison défendait sa décision à la Chambre des communes, des centaines de manifestants s'étaient rassemblés à l'extérieur de la Chambre et leurs représentants faisaient pression sur les députés pour que la décision soit annulée. Un rassemblement de masse eut également lieu à Trafalgar Square le 28 novembre pour exiger que Mosley soit renvoyé en prison.

2. Ernest Bevin (1881-1951), homme politique travailliste. Fondateur et trésorier général de la Transport and General Workers Union entre 1921 et 1940. Ministre du Travail et du Service national (membre du Cabinet de guerre) de 1940 à 1945 ; à l'origine des « Bevin Boys » (conscrits choisis par tirage au sort pour effectuer leur service de guerre dans les houillères). Ministre des Affaires étrangères de 1945 à 1951.

De Winston [copie dactylographiée][1]   Téhéran
28 novembre 1943

GELE N° 508
DU COLONEL WARDEN A MRS WARDEN.
PERSONNEL ET ULTRASECRET.

ARRIVE SANS ENCOMBRE AU CAIRE 3 [TEHERAN] APRES SURVOL MONTAGNES. DOUX SOLEIL DANS JARDIN. CONTACTS TOUS TRES CORDIAUX. PAR COINCIDENCE MALENCONTREUSE AI PERDU VOIX SUITE A FICHU COUP DE FROID AU

COURS DE CET EVENEMENT QUELQUE PEU INHABITUEL. AMIRAL Q. [ROOSEVELT] A ETE CONVAINCU VENIR DANS NOTRE ENCLAVE COMMUNE ANGLO-RUSSE QUI EST PUISSAMMENT GARDEE CONTRE ENTREPRISES ALLEMANDES. ESPERE DONNER DINER TOUS COLLEGUES 30 NOVEMBRE. TOUT MON AMOUR.

W.

1. Original aux Archives nationales britanniques (ex-Public Record Office), Cabinet Papers 120/120.

o De Clementine [Londres]
[29 novembre 1943]

POUR LE COLONEL WARDEN DE LA PART DE MRS WARDEN

SUIS TERRIBLEMENT DESOLEE A PROPOS DE VOTRE VOIX. ESPERE QUE LE SOLEIL VOUS LA RENDRA. S'IL VOUS PLAIT SALUEZ AMIRAL Q DE MA PART. TOUT MON AMOUR ET MES TENDRES PENSEES POUR CET ANNIVERSAIRE[1] DES PLUS MEMORABLES. CLEMMIE.

1. WSC célébra son 69ᵉ anniversaire le 30 novembre au cours d'un dîner à la légation britannique de Téhéran auquel participèrent le président Roosevelt et le maréchal Staline, ainsi que leurs proches collaborateurs. Sarah et Randolph étaient également présents.

De Winston[1] [Téhéran]
29 novembre 1943

GELE N° 515
DU COLONEL WARDEN A MRS WARDEN.

VOIX REVENUE. AMBIANCE TRES CORDIALE MAIS PROBLEMES TRIANGULAIRES DIFFICILES. LES DEUX POTENTATS VIENNENT A MON DINER ANNIVERSAIRE EGALEMENT CAPITAINE WARDEN [RANDOLPH] ET CHEF DE SECTION OLIVER [SARAH]. TOUT MON AMOUR.

1. Archives nationales britanniques (ex-Public Record Office), Cabinet Papers 120/120.

De Winston[1] [Téhéran]
30 novembre 1943

GELE N° 530
DU COLONEL WARDEN A MRS WARDEN.
RAVI RECEVOIR DEUX AUTRES LETTRES DE VOUS. RESTONS ICI JUSQU'AU 2. AMBIANCE AUX REPAS SYMPATHIQUE MAIS CONFERENCES TRIANGULAIRES SOMBRES ET DEROUTANTES.

1. Archives nationales britanniques (ex-Public Record Office), Cabinet Papers 120/120.

De Winston[1] [Téhéran]
1er décembre 1943

GELE N° 544
DU COLONEL WARDEN A MRS WARDEN.
BEAUCOUP AIME VOS TELEGRAMMES ET LETTRES.
... TOUT LE MONDE TRES AIMABLE. RESTONS TOUS ICI JUSQU'AU 3. LES CHOSES ONT PRIS TRES BONNE TOURNURE. TENDREMENT A VOUS TOUTES.

1. Archives nationales britanniques (ex-Public Record Office), Cabinet Papers 120/120.

o De Clementine 10 Downing Street
2 décembre 1943

Mon chéri

Votre message m'informant que « les choses ont pris très bonne tournure » me comble de joie. Alléluia ! Alléluia !...

Ce matin à 7 h je vais allumer la radio qui je pense donnera la « nouvelle » – – – Je viens juste d'entendre l'annonce d'une conférence qui se tient « Quelque part en Afrique du Nord ». Elle est décrite comme exclusivement chinoise & le bulletin se termine en disant que vous, le Président & le Généralissime [Tchang Kaï-chek] étiez repartis pour des destinations inconnues – Quel soulagement ! (Je veux dire que la 1re partie du bulletin ait été communiquée au public, qui est avide de nouvelles.)

Le colonel Harvie-Watt[1] est passé hier soir pour m'informer des derniers développements dans le débat sur Mosley[2]. Il semblait tout à fait satisfait – Encore un soulagement.

Le général Smuts a vraiment été charmant hier au déjeuner. Bobbety[3] & Betty [Cranborne] sont venus, ainsi que Sir Stafford & Lady Cripps....

Le maréchal [Smuts] vous transmettra cette lettre – Sarah m'a envoyé des comptes rendus vraiment délicieux & pittoresques de vos faits & gestes & des siens....

Votre Pussy qui vous aime,
mais qui est « fatiguée du black-out & de l'hiver »
...

1. Voir p. 578 n. 2. Alors chef de cabinet de WSC.
2. 1er décembre 1943. L'amendement à l'Adresse [message au souverain] dont il était question fut rejeté par 327 voix contre 62.
3. Vicomte Cranborne. Alors ministre des Dominions.

Winston ne se sentait pas bien au cours de ce dernier voyage qui durait depuis déjà trois semaines, avec trois changements successifs de lieu, de climat et d'hébergement. La tension et les frustrations de la conférence des Trois grands à Téhéran, en particulier, avaient terriblement alourdi les charges qui pesaient déjà sur lui – à deux on s'amuse, à trois rien ne va plus.

À son retour au Caire après Téhéran, il était devenu tout à fait évident pour son entourage que Winston, qui souffrait par ailleurs du « mal égyptien[1] », était totalement épuisé. Il refusa cependant de renoncer à la tournée qu'il avait prévu de faire sur le front d'Italie avant de rentrer en avion. Clementine espérait qu'il prendrait quelques jours de repos.

1. En anglais « *gyppy tummy* », expression familière pour désigner un dérangement intestinal (*gyppy* étant l'abréviation d'*Egyptian*). [ndt]

De Winston[1] [Le Caire]
8 décembre 1943

GELE N° 426
DU COLONEL WARDEN A MRS WARDEN.
VAIS BEAUCOUP MIEUX. PROJETTE PARTIR D'ICI VENDREDI SOIR ET RESTER QUATRE OU CINQ JOURS AVEC EISENHOWER

A TUNIS ET ALEXANDER EN ITALIE. IL FAUT QUE JE RESTRUCTURE TOUS LES COMMANDEMENTS EN MEDITERRANEE. ENSUITE UNE JOURNEE A ALGER AVEC LES FROGS[2] ET ENFIN RETOUR EN ANGLETERRE PAR BATEAU SAUF SI TEMPS TRES TENTANT. ANTHONY [EDEN] REPART CE SOIR ET SERA DISPONIBLE POUR LE DEBAT AU PARLEMENT. DITES CE QU'IL FAUT AU VICE-PREMIER MINISTRE ET AUX AUTRES. REMERCIEZ MARY DE SA LETTRE.

1. Archives nationales britanniques (ex-Public Record Office), non encore répertorié.
2. Les Français. [*ndt*]

De Clementine[1] [Londres]
10 décembre 1943

GRAND N° 550.

NE VOUS PRESSEZ PAS DE RENTRER. REPOSEZ-VOUS BIEN APRES TOUTE CETTE EXCITATION, LE LOURD TRAVAIL ET LES EFFORTS ; NOUS NOUS RETROUVERONS CONFORTABLEMENT PLUS TARD EN FAMILLE AUX CHEQUERS [POUR NOEL].

TOUT MON AMOUR.

CLEMMIE

1. Archives nationales britanniques (ex-Public Record Office), Cabinet Papers 120/126.

Le 11 décembre, Churchill et ses collaborateurs s'envolèrent du Caire pour Tunis avec l'intention de passer la soirée en compagnie du général Eisenhower[1] avant de se rendre en Italie. En arrivant à la « Maison Blanche[2] », Winston se sentit si fatigué et mal en point qu'il se mit immédiatement au lit. Le lendemain, Lord Moran télégraphia pour qu'on envoie du Caire un pathologiste[3], un médecin[4] et deux infirmières.

1. Voir p. 591 n. 5. Alors commandant en chef des forces alliées en Afrique du Nord.
2. La villa d'Eisenhower sur la côte, près des ruines de l'ancienne Carthage.
3. Le colonel R.J.V. Pulvertaft.
4. Le général de brigade D.E. Bedford, médecin consultant en cardiologie au Middlesex Hospital de Londres, alors en poste au Moyen-Orient.

De Winston[1] [Carthage]
12 décembre 1943

GELE N° 463
DU COLONEL WARDEN A MRS WARDEN.

SUIS CLOUE AU LIT ICI A CARTHAGE AVEC PLUS DE 38 DE TEMPERATURE ET UN FORT MAL DE GORGE, DU, JE CROIS, A UN COURANT D'AIR DANS L'AVION. VAIS DONC RESTER ALITE POUR RECUPERER PENDANT DEUX OU TROIS JOURS. ALEX[2] EST REVENU ICI EN AVION ET NOUS AVONS TOUS LES RESPONSABLES SUR PLACE. JE ME SENS BIEN MALGRE LA MALADIE. LA VILLA EST A L'EXTREMITE D'UN PROMONTOIRE AVEC LA MER TOUT AUTOUR ET LE TEMPS EST ENSOLEILLE ET VIVIFIANT. SUIS SUR QU'IL VAUT MIEUX QUE J'ESSAYE DE ME REMETTRE ICI PLUTOT QUE DE REVENIR A LA MAISON AU PLUS VITE....

ESPERE ETRE DE RETOUR POUR NOEL.
TOUT MON AMOUR.

W.

1. Archives nationales britanniques (ex-Public Record Office), Cabinet Papers 120/120.
2. Général Alexander (voir p. 581 n. 9). À l'époque, commandant en chef des forces alliées en Italie.

De Clementine[1] [Londres]
15 décembre 1943

GRAND N° 599.
DE MRS WARDEN AU COLONEL WARDEN

CHERI, JE SOUHAITERAIS ETRE AVEC VOUS. JE SAIS QUE VOUS VOUS TIENDREZ TRANQUILLE ET QUE VOUS FEREZ TOUT CE QUE DIT LORD MORAN.... TOUT MON AMOUR.
CLEMMIE

1. Archives nationales britanniques (ex-Public Record Office), Cabinet Papers 120/126.

De Winston[1]   [Carthage]
15 décembre 1943

GELE N° 486
DU COLONEL WARDEN A MRS WARDEN.
SEMBLE N'Y AVOIR AUCUN DOUTE QUE J'AI UNE NOUVELLE ATTAQUE DE PNEUMONIE MAIS ON S'OCCUPE BIEN DE MOI ET JE FAIS CONFIANCE A MES M. ET B[2].
GROS BAISERS DE TOUS[3].

W.

1. Archives nationales britanniques (ex-Public Record Office), Cabinet Papers 120/120.
2. M&B étaient les initiales de May & Baker, le laboratoire pharmaceutique. WSC s'en servait pour désigner « Moran et Bedford ». Ce médicament relativement nouveau à base de sulfamides constitua le premier traitement efficace contre la pneumonie.
3. Sarah et Randolph se trouvaient sur place.

L'état de santé de Winston s'était beaucoup détérioré.

Sarah, qui regardait son père dormir, relate la scène suivante : « À un moment, il a ouvert les yeux et a dû voir l'inquiétude sur mon visage avant que je n'aie eu le temps de la dissimuler. Il m'a regardée sans un mot pendant quelques instants ; puis il a dit "Ne t'inquiète pas, cela n'a pas d'importance si je meurs maintenant, les plans de la victoire ont été arrêtés et ce n'est plus qu'une question de temps", et il est retombé dans un profond sommeil[1]. »

1. Sarah Churchill, *A Thread in the Tapestry*, 1967, p. 69.

De Winston[1]   [Carthage]
15 décembre 1943

GELE N° 494
[MESSAGE AU CABINET PRIVE DU 10 DOWNING STREET DE LA PART DE JOHN MARTIN :]
LE COLONEL WARDEN A DICTE LE MESSAGE SUIVANT POUR MRS WARDEN. IL FAUT TOUTEFOIS QUE JE VOUS AVERTISSE QUE LORD MORAN N'EST PAS D'ACCORD AVEC LA PREMIERE PHRASE. J'AI JUGE PREFERABLE DE NE PAS PERTURBER PATIENT EN ENTAMANT DISCUSSION SUR CE POINT.

[DEBUT DU MESSAGE A MRS WARDEN :]
LES ANALYSES DE SANG DE CE MATIN ONT ETE CONSIDEREES SATISFAISANTES CAR INDIQUANT REACTION SAINE MAIS PAS GRAVE. TEMPERATURE ENTRE 38 ET 39. DOCTEUR BEDFORD GRAND SPECIALISTE DE LONDRES SUR CIRCULATION ET THORAX ARRIVE CET APRES-MIDI, APPELE PAR MORAN AVANT-HIER. NOUS NE MANQUONS DONC PAS D'EXPERTS. SARAH ME LIT ORGUEIL ET PREJUGES. RANDOLPH EST REVENU, CE QUI M'A FAIT PLAISIR.

2. AU CAS OU J'IRAIS EN CONVALESCENCE A MARRAKECH CELA POURRAIT VALOIR LA PEINE D'ENVOYER UN PETIT ASSORTIMENT DE MATERIEL DE PEINTURE. LE *CHER MAITRE* [SIR WILLIAM NICHOLSON] VOUS CONSEILLERAIT SUR CE QUI EST NECESSAIRE. LES JOURNEES SONT LONGUES ET LASSANTES.

1. Archives nationales britanniques (ex-Public Record Office), Cabinet Papers 120/120.

Le 16 décembre, Clement Attlee, vice-Premier ministre, informa la Chambre des communes de l'état de santé de Churchill et un premier bulletin de santé fut publié.
Une rafale de télégrammes s'ensuivit.

De Clementine[1] [Londres]
16 décembre 1943

GRAND N° 691
MRS WARDEN AU COLONEL WARDEN.
SUIS TERRIBLEMENT AFFLIGEE QUE VOUS SOYEZ TRES FATIGUE ET MAL EN POINT ET ATTENDS ANXIEUSEMENT DE VOS NOUVELLES.... JE SUIS PEINEE PAR LA TOURNURE DES CHOSES MAIS RASSUREE DE VOUS SAVOIR ENTRE DE BONNES MAINS. JE SAIS QUE VOUS PRENDREZ GRAND SOIN DE VOUS.
AVAIS DEJA FAIT LE NECESSAIRE POUR VOUS ENVOYER DU MATERIEL DE PEINTURE POUR VOTRE CONVALESCENCE ET IL AURAIT DU PARTIR LA NUIT DERNIERE SI LE TEMPS L'AVAIT

PERMIS. J'ESPERE QU'IL PARTIRA CE SOIR AVEC LES AJOUTS DU *CHER MAITRE*.

CLEMMIE

1. Archives nationales britanniques (ex-Public Record Office), Cabinet Papers 120/127.

De Winston[1] [Carthage]
16 décembre 1943

GELE N° 700
DU COLONEL WARDEN A MRS WARDEN.

MALGRE LA NOUVELLE COMPLICATION APPARUE HIER SOUS LA FORME DE PALPITATIONS CARDIAQUES, JE PEUX ANNONCER AUJOURD'HUI QU'IL Y A UNE AMELIORATION PARFAITEMENT PERCEPTIBLE SUR TOUS LES POINTS ET SELON TOUTES LES ANALYSES. EN CE QUI ME CONCERNE J'AI PASSE LE CAP....

QUAND J'AURAI SURMONTE L'INCIDENT ACTUEL JE PROJETTE D'ALLER PASSER NOEL A MARRAKECH, OU IL Y A UNE BELLE VILLA DISPONIBLE ET OU LA METEO PREVOIT UN TEMPS CLAIR, DOUX ET ENSOLEILLE. SI VOUS POUVIEZ VENIR CE SERAIT MAGNIFIQUE....

SARAH FAIT DES PRODIGES AVEC ORGUEIL ET PREJUGES. DITES-MOI CE QUE VOUS PENSEZ DE L'IDEE DE VENIR.
TOUT MON AMOUR. W.

1. Archives nationales britanniques (ex-Public Record Office), non encore répertorié.

16 décembre 1943[1] [Carthage]

POUR MRS WARDEN [DE LA PART DE RANDOLPH ET SARAH]

PAPA A PASSE EXCELLENTE NUIT ET SON ETAT S'EST BEAUCOUP AMELIORE... POURQUOI NE PAS LE REJOINDRE A MARRAKECH QUAND IL SERA ASSEZ EN FORME POUR S'Y RENDRE. IL EN A PARLE PLUSIEURS FOIS.

NOUS NE DECOLLONS PAS D'ORGUEIL ET PREJUGES. IL DIT QUE VOUS RESSEMBLEZ TELLEMENT A ELIZABETH.

GROS BAISERS A VOUS ET A LA FAMILLE.

1. Archives nationales britanniques (ex-Public Record Office), Cabinet Papers 120/120.

16 décembre 1943[1] [Londres]

GRAND N° 627
MRS WARDEN A MRS OLIVER [SARAH].
 MERCI A TOUS LES DEUX POUR VOTRE TELEGRAMME.
 JE PARS VOUS REJOINDRE CE SOIR AVEC MISS HAMBLIN[2] ET JOCK COLVILLE[3] EN LIBERATOR A L 514. LE CODE DU DEPART EST PIP. IL VOUS SERA TELEGRAPHIE DES QUE NOUS AURONS REUSSI A DECOLLER.... JE VOUS DIS CELA POUR QUE VOUS SOYEZ AVERTIS A L'AVANCE, MAIS NE DITES RIEN SOUS AUCUN PRETEXTE A VOTRE PERE AVANT QUE JE N'ARRIVE CAR LES DETAILS DU VOYAGE POURRAIENT LUI CAUSER DES INQUIETUDES....
 BAISERS A TOUS.

CLEMMIE

1. Archives nationales britanniques (ex-Public Record Office), Cabinet Papers 120/127.
2. Employée des Churchill à Chartwell. Elle fut la secrétaire particulière de CSC à Londres pendant la guerre et l'accompagna au cours de plusieurs voyages officiels.
3. Secrétaire particulier de Winston depuis mai 1940. Jock était revenu au cabinet privé de WSC après avoir servi dans la RAF (il devait par la suite rejoindre son escadrille pour les opérations du débarquement).

Clementine et ses compagnons de voyage s'envolèrent cette nuit-là de Lyneham dans le Wiltshire à travers des tourbillons de brouillard, revêtus de combinaisons de vol molletonnées dans un Liberator non chauffé – et ils atterrirent à Tunis le lendemain après une escale à Gibraltar. À leur arrivée à la « Maison Blanche », ils trouvèrent Winston en bien meilleure santé.

17 décembre 1943[1] [Carthage]

GELE N° 712
CABINET PRIVE DE LA PART DE MARTIN.
 MESSAGE SUIVANT POUR OFFICIER SUBALTERNE MARY CHURCHILL.

TA MERE EST ICI. TOUT RESPIRE LA JOIE. AUCUNE INQUIE-
TUDE A AVOIR.
AVEC MON TENDRE AMOUR, PAPA.
MEME MESSAGE POUR MRS DUNCAN SANDYS.

1. Archives nationales britanniques (ex-Public Record Office), Premier Papers 4/74/3.

Des bulletins officiels furent publiés régulièrement. Le 23 décembre, Winston était en voie de guérison, mais son état de santé avait causé de graves soucis et il était encore loin d'être rétabli, bien qu'impatient de partir en convalescence à Marrakech.

o De Clementine ✉   [Maison Blanche, Carthage]
Veille de Noël 1943

Mon amour

Puis-je intercéder auprès de vous pour que le 27 soit notre <u>premier</u> jour de vol ? – <u>Non pas</u> à cause de votre état de santé, car je crois que la situation est parfaitement maîtrisée, mais pour des raisons de bonté de cœur....

... Noël est vraiment important pour la grande masse de l'humanité, & ceux qui n'ont pas la chance d'être ensemble comme nous tiennent à leurs petites célébrations avec leurs camarades, tandis qu'ils pensent à leur femme & à leurs enfants à la maison.

Clemmie

Winston accéda aux demandes de sa femme. Le déjeuner de Noël fut le premier repas qu'il prit en dehors de sa chambre. Il portait sa splendide robe de chambre molletonnée décorée de dragons bleus et or. Cinq commandants en chef et leurs collaborateurs avaient été invités par les Churchill, en plus du propre entourage de Winston.

Le lendemain de Noël, Randolph retourna au Caire et le 27 décembre, Winston, Clementine et leurs accompagnateurs s'envolèrent pour Marrakech. Sur place, les Américains, toujours aussi généreux et hospitaliers, avaient mis à leur disposition la villa Taylor, résidence du vice-consul des États-Unis, où Winston s'était déjà rendu en compagnie du président Roosevelt après la conférence de Casablanca.

Le 28 décembre, le 10 Downing Street publia la déclaration suivante : « La santé du Premier ministre continue à s'améliorer de façon tout à fait satisfaisante. Il n'est pas prévu de publier de nouveaux bulletins de santé. »

Nous avons alors tous rendu grâce à notre Seigneur[1].

1. Adapté de l'hymne de Martin Rinkart (1586-1649), *Now Thank we All our God* (*Remercions maintenant notre Seigneur*). [ndt]

Chapitre XXII

L'HEURE DE LA VICTOIRE

Winston passa la plus grande partie de janvier 1944 en convalescence à Marrakech, reprenant progressivement ses occupations et maintenant le contact avec les commandants et d'autres collaborateurs qui lui rendaient visite à tour de rôle. Clementine et lui rentrèrent en Angleterre le 18 janvier.

Au printemps et pendant l'été, les préparatifs ultimes de l'opération « Overlord » (le débarquement des forces alliées en Europe) étaient au centre des préoccupations de tous les commandants et planificateurs, et il régnait un sentiment d'urgence croissante.

La date prévue à l'origine pour le jour J – le 5 juin – dut être repoussée de 24 heures en raison du mauvais temps, ajoutant à l'anxiété et à la tension.

Le 4 juin, les Alliés entrèrent dans Rome.

o De Clementine ✉[1]   10 Downing Street
Lundi matin [5 juin 1944]

Mon chéri

Je pense si fort à vous en ce moment angoissant – si plein d'incertitude, qui m'empêche de me réjouir pour Rome ! J'attends avec impatience de vous retrouver au dîner –

Écrivez une gentille lettre à ce pauvre Roi[2] !

Amour tendre de
Clemmie

...

En route pour son hôpital

...

1. CSC avait dû quitter Londres à l'aube pour assister à une réunion du conseil d'administration au Fulmer Chase Maternity Home, pour lequel elle travaillait depuis 1939.

2. Il y avait eu un conflit entre WSC, ses principaux collaborateurs et, en fin de compte, le roi à propos du désir de WSC d'observer de près les opérations du débarquement à J+1. L'opposition à ce projet était, on s'en doute, forte, mais le roi mit fin au différend en faisant valoir qu'il lui revenait à lui d'être sur place en tant que chef des trois armées. Finalement, WSC se rendit en Normandie le 12 juin pour rencontrer le général Montgomery dans son quartier général mobile de campagne.

Ce soir-là, Winston et Clementine dînèrent tous les deux seuls. Après le dîner, il se rendit dans la salle des cartes, où elle le rejoignit juste avant d'aller se coucher. Il lui dit alors : « Vous rendez-vous compte que, lorsque vous vous réveillerez demain matin, vingt mille hommes auront peut-être perdu la vie[1] ? »

1. Propos rapportés par Gerald Pawle dans *The War and Colonel Warden*, 1963, p. 302. Heureusement, le nombre de soldats tués lors du débarquement ne fut pas aussi épouvantable qu'on ne l'avait craint. Environ 4 300 soldats britanniques et canadiens et 6 000 Américains trouvèrent la mort au cours des opérations (*The Oxford Companion to the Second World War*, 1995).

o De Clementine   Chequers
[Non daté, vraisemblablement le 16 ou 17 juin 1944]

Mary a appelé – Ils ont eu des alertes toute la journée &, il y a 2 heures, la batterie a fait feu. Ils n'arrivaient pas à voir la bombe volante[1] – C'était une cible non visible. Tout cela sous les regards d'une foule importante qui s'était rassemblée [à Hyde Park] pour assister à un match de baseball américain.

...

1. La nuit du 12 au 13 juin, les Allemands avaient lancé la première vague de leur « arme secrète » – un avion sans pilote avec une charge explosive de forte puissance. Officiellement connues sous le nom de « V-1 », ces horribles machines avaient instantanément été rebaptisées « *doodlebugs* » par leurs victimes désignées [du nom d'une famille d'insectes, *ndt*].

Le 10 août 1944, Churchill (sous le pseudonyme de « colonel Kent ») s'envola de Londres pour l'Italie afin de s'entretenir avec les commandants sur place. En chemin, il fit un saut chez Duff et Diana Cooper[1] à Alger où se trouvait Randolph. Ce dernier se remettait de blessures subies lorsque l'avion dans lequel il se rendait de Bari en Yougoslavie le 16 juillet s'était écrasé en flammes à l'atterrissage près du village de Topusko ; il faisait partie des 9 rescapés sur les 19 occupants de l'avion[2].

Winston avait avec lui une lettre pour Randolph de la part de sa mère concernant des affaires familiales qu'il ne lui donna pas.

1. Duff Cooper était depuis 1942 le représentant britannique à Alger.
2. Le 20 janvier 1944, Randolph avait été parachuté en Yougoslavie avec le général Fitzroy Maclean pour rallier le quartier général du maréchal Tito, chef des partisans. Début juillet, Maclean avait nommé Randolph chef de la mission militaire britannique en Croatie. Il s'y rendait pour prendre ses fonctions lorsque son avion s'était écrasé.

Général de brigade Fitzroy Maclean, par la suite Sir Fitzroy Maclean de Dunconnel, premier baronnet (1911-1996), KT, CBE. Diplomate, voyageur, écrivain et soldat. En poste à l'ambassade de Grande-Bretagne à Moscou en 1937-1938 ; auteur d'*Eastern Approaches*, publié en 1949. Député conservateur de 1941 à 1974. Envoyé spécial de WSC auprès de Tito et de ses partisans yougoslaves de 1943 à 1945. Sous-secrétaire d'État parlementaire et secrétaire des Finances au ministère de la Guerre entre 1954 et 1970. Il épousa, en 1946, Veronica Fraser, seconde fille du seizième baron Lovat et veuve du lieutenant de marine Alan Phipps. Sa femme et lui allaient devenir de grands amis personnels de WSC et de CSC.

o De Winston   En avion au-dessus de l'Algérie
[12 août 1944]

Ma Chérie à moi,

Je n'ai pas eu le cœur de transmettre vtre lettre à R quand je l'ai vu. Cela n'a duré qu'une heure ou à peu près. Nous n'avons ni l'un ni l'autre abordé les questions familiales. C'est un pauvre garçon esseulé et il est loin de pouvoir remarcher normalement pour l'instant. Nous avons parlé politique, en France & en Angleterre, d'un ton badin et complice qui n'empêchait pas les discussions sérieuses. Je suis sûr qu'il aurait été profondément ébranlé & que toutes ses rancunes rentrées se seraient déchaînées ctre moi. Pardonnez-moi de ne pas avoir fait ce que vous me demandiez. Là où les mots ne servent à rien, il est préférable de se taire. Cependant si vous souhaitez envoyer la lettre je la lui ferai suivre depuis l'Italie.

Jusque-là le vol se déroule magnifiquement. Le temps est chaud & il faut s'habiller très léger.

Nous devrions arriver à Naples dans environ 4 heures.

Avec mon tendre amour ma Clemmie chérie
Votre mari qui vous aime à jamais
Winston

De Winston[1] [Naples]
13 août 1944

CHAINE N° 22
    MESSAGE SUIVANT DU COLONEL KENT A MRS KENT.
    SUIS TOUJOURS A NAPLES POUR DISCUSSIONS AVEC TITO[2] ET LE BAN[3]. AVONS VILLA TRES CONFORTABLE, TEMPS TRES CHAUD. ME SUIS BAIGNE HIER A ISCHIA ET PARTONS CE MATIN NOUS BAIGNER ET DEJEUNER A CAPRI. REVENONS VOIR TITO FIN APRES-MIDI. PARS VERS LE NORD DEMAIN. TOUT VA BIEN. ESPERE QUE VOUS N'AVEZ PAS TROP BOMBARDEMENTS...
TENDRE AMOUR.

    1. Archives nationales britanniques (ex-Public Record Office), non encore répertorié.
    2. Maréchal Tito (Josip Broz) (1892-1980), dirigeant communiste yougoslave. Se fit un nom pendant la Deuxième Guerre mondiale comme chef des partisans contre les nazis. Instaura un gouvernement provisoire en 1943, puis une République fédérale en 1945. Premier communiste à être Premier ministre de Yougoslavie, en 1945, puis à compter de 1953 président du pays.
    3. Le ban de Croatie, le Dr Ivan Subasic, ancien gouverneur de Croatie, qui était devenu Premier ministre d'un nouveau gouvernement royal yougoslave constitué pour tenter de trouver un terrain d'entente avec le régime de partisans (communistes) de Tito.

o De Clementine 10 Downing Street
15 août 1944

Mon Winston chéri
    Je comprends tout à fait que vous n'ayez pas pu vous résoudre à donner ma lettre à Randolph & je suis contente que vous ne l'ayez pas fait, car cela aurait peut-être causé une nouvelle scène.
    Mais maintenant, il n'a eu aucune nouvelle de moi & cela pourrait lui donner l'impression que je boude – Je suis d'accord que « là où les mots ne servent à rien, il est préférable de se taire ». Mais j'espère que mes quelques mots très mesurés & modérés ne se révéleront pas totalement inutiles. Voyez-vous, on hésite à <u>dire</u> quoi que ce soit à Randolph parce qu'on veut éviter les scènes. Par conséquent, il ne connaît pas votre point de vue – Par exemple, je suis sûre qu'il sera surpris d'apprendre que cela nous ennuyait que le petit Winston ait eu à quitter les Chequers. Je pense sincèrement qu'on devrait le lui dire. À ce moment-là il y aurait peut-être une petite chance pour qu'il soit plus attentionné à l'avenir[1].

Accepteriez-vous de relire ma lettre à nouveau ? & de décider ensuite par vous-même s'il faut l'envoyer ou non –

S'il me faut revoir Randolph, je me sentirais moins embarrassée s'il avait lu ma lettre que s'il pensait que je n'avais jamais pris la peine de lui dire ce que je pensais par écrit –

Votre Clemmie
qui vous aime

1. Le mariage de Randolph et de Pamela s'était effondré, causant souci et détresse à WSC et CSC. De toute évidence, les arrangements prévus pour le « petit Winston » (« Baby Winston », âgé de presque quatre ans) n'avaient pas été tenus. Il semblerait que Randolph (qui était passé récemment en Angleterre) soit intervenu et ait blessé et fâché ses parents. Le « petit Winston » revint toutefois aux Chequers à la fin du mois d'août avec sa nounou.

o De Clementine 10 Downing Street
16 août 1944

Mon Winston chéri

Vous verrez dans la lettre ci-jointe combien le petit Winston est ravi du train mécanique. Je partirai des Chequers vendredi pour le voir, déjeuner avec les Melchett[1] & jouer au train. Je verrai aussi Pamela qui sera sortie de sa quarantaine[2]....

J'ai été affligée d'apprendre dans un compte rendu que m'a montré John Martin que le général de Gaulle avait abusé de votre courtoisie & s'était conduit avec l'impolitesse calculée dont il est coutumier[3] – Je vous en prie, ne vous laissez pas blesser par cela. Je me réjouis à la pensée que vous vous prélassez sous un soleil délicieux &, je l'espère, pas trop ardent.

Mr Winant[4] a passé une nuit aux Chequers le week-end dernier, & la nuit dernière, Edwina [Mountbatten][5], Mr Butters [un fonctionnaire] & moi-même avons accompagné Mr Morgenthau[6] pour une visite d'abris & de postes de premier secours. C'est un drôle de vieux bonhomme qui n'a plus vraiment les idées claires, & on a peine à l'imaginer tenant un simple stand de bulots – mais peut-être que c'est plus facile avec le Trésor, car il n'y a pas de concurrence ! Il s'est adressé par radio à l'Amérique la nuit dernière & leur a parlé des bombes volantes & de tous les dispositifs mis en place pour y faire face & remédier aux souffrances.

Amour tendre
de
Clemmie

1. À Colworth House dans le Bedfordshire, résidence de Henry Mond, second baron Melchett (1898-1949), président adjoint d'Imperial Chemical Industries de 1940 à 1947, et de sa femme Gwen (née Wilson, de Johannesburg en Afrique du Sud). Amis de WSC et CSC. Gwen était aussi une grande amie de RSC.
2. Pamela avait contracté la scarlatine alors qu'elle se trouvait à Colworth.
3. WSC avait invité de Gaulle à le rencontrer ; le général avait refusé.
4. John G. Winant (1889-1947), surnommé « Gil ». Ambassadeur des États-Unis à Londres depuis avril 1941 (jusqu'en 1946). Était devenu un grand ami de la famille.
5. Voir p. 329 n. 2. Alors surintendante en chef de la Red Cross and St John Ambulance Brigade.
6. Henry M. Morgenthau Jr (1891-1967), ministre américain du Trésor. À l'origine du plan controversé qui portait son nom pour la pastoralisation [ou désarmement industriel] de l'Allemagne d'après-guerre.

o De Winston [dactylographié]   Italie [Naples]
17 août 1944

PERSONNEL

Ma chérie,

Nous avons eu des journées très occupées mais aussi très agréables depuis notre arrivée. On nous avait préparé un lieu de résidence très confortable, anciennement la villa d'un riche fasciste désormais en camp de concentration. J'ai pu y voir ou y recevoir tous les principaux officiers de l'Armée, ainsi que Kathleen Harriman[1] et Dorothy Macmillan[2]. Les quelques jours que nous avons passés à Naples ont été agrémentés par une magnifique expédition dans l'île d'Ischia le premier soir, et à Capri le lendemain. J'ai trouvé la Grotte Bleue merveilleuse. Nous avons eu en tout quatre séances de baignade qui m'ont fait le plus grand bien. Je me sens grandement revigoré et suis bien moins fatigué que lors de mon départ d'Angleterre.

Le 14 j'ai pris l'avion pour Ajaccio avec deux membres de mon entourage. (Vous rappelez-vous quand nous sommes allés y voir la maison de Napoléon en 1910 ?) Le Général Wilson et l'Amiral John Cunningham[3] ont été contraints de rester sur le navire Quartier Général de façon à pouvoir aller à tout endroit où les choses tourneraient mal, mais j'ai pris la mer sur un destroyer.... La traversée prend cinq heures, et peu après une heure de l'après-midi nous nous sommes retrouvés au milieu d'un énorme chapelet de bateaux qui s'étalaient sur trente kilomètres de côtes avec le pauvre Saint-Tropez en plein centre.

Il était prévu que les bombardements se poursuivent toute la journée[4], mais le pilonnage aérien et naval avait pratiquement réduit les canons ennemis au silence à 8 heures. Cela a enlevé beaucoup de piquant à ma visite. Nous avons longé l'ensemble du front en voyant le panorama des superbes côtes d'où s'élevait de la fumée émanant des nombreux incendies occasionnés par les obus et des écrans de fumigènes déclenchés par les troupes qui débarquaient et les péniches qu'on halait sur la grève. Mais nous n'avons vu tout cela que de très loin. Si j'avais su à l'avance comment cela se passerait j'aurais demandé que le RAMILLIES m'envoie un canot, et alors j'aurais pu m'approcher bien davantage des plages elles-mêmes en toute sécurité.

J'ai attrapé un effroyable coup de soleil, mais sur le trajet du retour j'ai lu le roman Berlin Hôtel[5] que j'ai trouvé absolument formidable – l'un des meilleurs que j'aie lus « depuis des années ». Nous avons regagné le navire Quartier Général à Ajaccio vers 20 h, et y avons appris que tous les débarquements sauf un avaient réussi. Les trois Divisions Américaines étaient à terre et en sécurité sans pertes graves. Les plages ne sont plus sous le feu et le déchargement de véhicules et d'artillerie, etc., se poursuit tranquillement. Tout a marché comme sur des roulettes. Chacun est arrivé ponctuellement exactement au bon endroit. J'ai télégraphié au Président [Roosevelt] pour le féliciter de ce succès.

Si vous réfléchissez à ce que j'ai dit à plusieurs reprises sur les questions stratégiques vous verrez que les opérations d'Eisenhower ont constitué une diversion pour le présent débarquement et non le contraire comme l'imaginaient les Chefs d'État-Major américains. Plusieurs Divisions Allemandes sont reparties vers le nord, mais il y a toujours de puissantes forces en face de l'Armée. Je crois vraisemblable qu'Eisenhower prendra Paris avant que le Général Patch ne prenne Marseille[6]. Si on m'avait écouté ces armées actuellement déposées sur les côtes à 650 km de Paris seraient arrivées à Saint-Nazaire dans environ une semaine et auraient substantiellement élargi le front de notre avance avec la sécurité correspondante contre des mouvements allemands à l'est de Paris. Tout cela va apparaître de façon éclatante aux yeux des initiés. L'une des raisons de rendre publique ma visite était de m'associer à cette opération bien menée mais sans intérêt et sans lien avec les autres.

J'ai dit au Cabinet Privé de vous montrer la lettre insolente que de Gaulle m'a envoyée en réponse à mon geste de civilité qui lui proposait une rencontre, suite aux remerciements enthousiastes que Massigli m'avait adressés à propos de mon dernier discours à la Chambre. Naturellement dans des moments comme cela je ne les laisse pas influer sur mon jugement politique mais j'ai le sentiment que la France des gaullistes sera une France plus hostile à l'Angleterre que jamais depuis Fachoda[7].

Après notre retour d'Ajaccio nous avons passé une nouvelle nuit ici à Naples, où il y avait des gens à voir et de la correspondence à traiter. Vous aurez appris nos entretiens avec Tito dans la presse. Je crois que le vieux Ban et lui se sont presque trop bien entendus. Cela pourrait aboutir à voir Tito numéro un, le Ban numéro deux et le Roi[8] nulle part. Cependant, l'important c'est d'unir toutes les forces contre les Allemands. Malheureusement Tito utilise actuellement presque toutes les munitions que nous lui donnons pour combattre les Serbes. Cependant ces entretiens ont fait beaucoup de bien et ont conduit Tito, je l'espère, à être plus désireux de respecter nos souhaits.

Nous venons de partir en auto pour le champ de bataille du mont Cassin[9], où nous avons rendez-vous avec Alexander et Wilson, qui y sont déjà et vont nous offrir à déjeuner. Ensuite je prends l'avion avec Alexander pour son Quartier Général près de Sienne, où il a mis une résidence à ma disposition. J'ai l'intention d'y rester jusqu'au 21, où je m'envolerai pour Rome afin d'y rencontrer Papandréou[10], venu de Grèce, le Pape [Pie XII], Bonomi[11], Badoglio[12] et peut-être le vénérable Orlando.

Quels événements extraordinaires se déroulent en France ! Les opérations Eike-Monty apparaissent comme la plus grande bataille de la guerre et elles pourraient aboutir à l'anéantissement des forces allemandes en France. Une victoire de cette dimension aura des répercussions en maints endroits, l'une étant sans aucun doute le renforcement du respect mutuel entre les Russes et les démocraties Anglo-Américaines.

J'espère être de retour le 27. Cela ne laissera qu'une semaine avant que nous n'embarquions sur le QUEEN MARY pour OCTOGONE[13], anciennement QUADRANT. J'espère que vous et Sarah allez venir car elle n'a jamais vu cette partie du monde, et je sais que Mary n'accepterait pas de quitter sa batterie tant qu'elle reste mobilisée. Cette visite est la plus nécessaire que j'aie jamais rendue au Président depuis le début de la guerre car c'est là qu'il faudra parvenir à un arbitrage entre les différents points de vue qui s'opposent entre les États-Majors, et également entre le mien et ceux des Chefs d'État-Major américains. Nous avons trois armées sur le terrain. La première se bat sous Commandement américain en France, la deuxième, sous les ordres du Général Alexander, est reléguée à un vain rôle secondaire par l'insistance des États-Unis en faveur de ce débarquement en Provence. La troisième, sur la frontière birmane, lutte dans la contrée le plus insalubre du monde et dans les pires conditions imaginables pour sauvegarder le couloir aérien des

Américains au-dessus de l'Himalaya qui mène à leur Chine très surfaite. Les deux tiers de nos forces sont donc employées à tort et à travers pour faciliter la vie des Américains, et le tiers restant est aux ordres des Américains. En Birmanie les pertes des six premiers mois de l'année ont atteint 288 000 malades et 40 000 tués et blessés. Ce sont là des questions sérieuses et délicates qu'il faut aborder entre amis au cours de discussions personnelles prudentes et patientes. Je ne doute pas que nous parvenions à une bonne conclusion, mais vous comprendrez que la vie n'est pas très facile. Rien de tout cela ne doit vous dissuader de venir à la Citadelle [de Québec]. En fait, je pense que votre présence et celle de Sarah seraient autant un soutien qu'un plaisir.

✍ (Plus tard)

Nous sommes maintenant arrivés à Sienne & sommes ts confortablement installés – Alex est gai & charmant bien qu'il soit irrité de voir sa splendide Armée se faire mettre en pièces par la stratégie américaine. J'espère y remédier. Avec mon tendre amour

Votre mari qui vous aime à jamais
W
…

---

1. Kathleen Harriman, fille d'Averell Harriman.
2. Lady Dorothy Macmillan (1900-1960), née Lady Dorothy Cavendish, fille du neuvième duc de Devonshire. En 1920, elle avait épousé Harold Macmillan, qui en 1944 était ministre résident du quartier général allié d'Afrique du Nord-Ouest.
3. Alors commandant en chef et commandant des opérations navales alliées en Méditerranée, 1943-1946.
4. Opération « Anvil » (Enclume) : débarquement allié en Provence le 15 août. À la suite d'« Overlord » (débarquement en Normandie) de sérieux différends s'étaient fait jour entre les planificateurs et chefs d'état-major britanniques et américains sur la stratégie en Méditerranée. Les Britanniques voyaient en « Anvil » une perte de temps par rapport aux percées du général Alexander en Italie. Le point de vue du président et des chefs d'état-major américains prévalut, ce qui constitua un point bas dans les relations anglo-américaines de la période de guerre.
5. *Berlin Hotel* de Vicki Baum, 1944 (traduction française *Berlin Hôtel*, 1946).
6. Marseille fut libérée par des troupes françaises le 23 août. Le 25 août les troupes françaises entrèrent à Paris (où la Résistance s'était soulevée le 23).
7. Référence à l'incident du 18 septembre 1898 à Fachoda, dans le Soudan égyptien, l'un des conflits territoriaux qui opposèrent la Grande-Bretagne et la France en Afrique.
8. Le roi Pierre de Yougoslavie (1923-1970). Réfugié en Grande-Bretagne après l'invasion allemande de son pays, il y dirigeait le gouvernement royal en exil. Il était profondément opposé aux partisans communistes du maréchal Tito.
9. Ville et monastère d'Italie centrale (Monte Cassino), point clé de la ligne de défense allemande au cours de l'hiver pour bloquer l'avance alliée sur Rome, et théâtre de quatre mois de combats acharnés ; pris par les Alliés le 18 mai 1944.

10. Georges (Georgios) Papandréou (1888-1968), vétéran libéral de la vie politique grecque, anticommuniste résolu, qui dirigea le gouvernement grec en exil à partir de 1942. Premier ministre pour une courte période après son retour en 1944, puis en 1963 et en 1964-1965. Arrêté suite au coup d'État militaire de 1967.

11. Ivanoe Bonomi (1873-1951), homme politique italien antifasciste qui, en qualité de président du Comité de libération nationale de Rome, imposa la destitution du roi Victor-Emmanuel et de son Premier ministre, Badoglio (voir n. 12), lors de la libération de la ville en juin 1944. Premier ministre italien en 1944-1945. Élu président du Sénat italien en 1949.

12. Maréchal Pietro Badoglio (1871-1956), officier italien, nommé chef de l'état-major suprême en 1940, qui démissionna après l'échec de l'invasion de la Grèce par l'Italie en décembre 1940. Devint Premier ministre à la suite de l'arrestation de Mussolini en juillet 1943 et fut contraint de quitter ses fonctions par le Comité de libération nationale en juin 1944.

13. « Octogone », la deuxième conférence de Québec, en septembre 1944. La première, en août 1943, avait reçu le nom de code « Quadrant ».

o De Winston [dactylographié]   Italie
18 août 1944

Ma Clemmie chérie,

Alexander nous a accueillis hier près du mont Cassin et nous a fait faire le tour des différents points depuis lesquels on peut observer le champ de bataille, en nous donnant des explications en chemin. J'ai été fortement impressionné par la sauvagerie des obstacles montagneux dont on n'a pas idée tant qu'on n'est pas devant. Familier des opérations comme je le suis j'ai été à même de reconnaître de nombreux éléments clés. Ensuite le général Wilson est arrivé de Corse en avion, et nous avons pique-niqué en discutant sous un auvent dans une magnifique oliveraie qui surplombe ces plaines et ces vallées qui, bien que beaucoup plus verdoyantes, ressemblent singulièrement à la frontière du nord-ouest[1].

Après cela, nous nous sommes envolés pour le Quartier général, près de Sienne....

Alex loge dans sa roulotte comme le font la plupart de nos principaux Généraux au cours de cette guerre. Il est venu dîner avec moi hier soir et ce soir c'est moi qui vais dîner auprès de lui.

Je pars tout de suite voir un tronçon de la ligne où les combats continuent près de Florence[2]. Un orage accompagné de fortes pluies vient d'éclater et je ne sais pas jusqu'à quel point il va bouleverser nos projets. (Plus tard : Il les a fait capoter.)

Vous devriez demander au Cabinet Privé de vous faire voir les différents télégrammes qui sont échangés en ce moment sur le refus des

Russes soit d'aider soit d'autoriser les Américains à aider la population de Varsovie en lutte[3], qui va se faire massacrer et liquider en un rien de temps si l'on ne peut rien faire. Ces messages parlent d'eux-mêmes. S'il y a un massacre à Varsovie le monde entier va critiquer les Soviétiques, et ce avec encore davantage de liberté si la bataille qui se déroule en France s'avère, comme je l'espère, constituer un événement militaire bien plus important et bien plus intense que tout ce que la Russie a pu produire. Cet incident en Pologne m'affecte très douloureusement.

J'ai décidé de transmettre votre lettre à Randolph. J'espère le voir à Rome au cours des quelques jours que je vais y passer.

Avec tout mon amour
Votre mari qui vous aime à jamais
W

1. Des Indes britanniques, aujourd'hui frontière entre le Pakistan et l'Afghanistan, où Churchill avait fait ses premières armes. [ndt]
2. Florence fut prise par les forces du général Alexander le 19 août 1944.
3. WSC fait allusion au soulèvement de Varsovie, qui avait débuté le 1er août 1944 pour se poursuivre pendant 63 jours ; il s'agissait de tenter de s'assurer de la maîtrise de la ville avant qu'elle ne soit occupée par les armées soviétiques, qui se rapprochaient. Le gouvernement britannique parachuta des munitions et du matériel et WSC fit appel auprès de Staline pour qu'il vienne à l'aide des Polonais en révolte – appel qui ne rencontra qu'une glaciale indifférence. Les Soviétiques ayant refusé d'autoriser les Alliés à effectuer des vols de ravitaillement à partir de leurs bases, les forces des patriotes polonais furent contraintes à la reddition le 2 octobre. Des dizaines de milliers de Polonais furent tués pendant les combats, avant que les Allemands ne déportent systématiquement le reste de la population de Varsovie et ne détruisent la ville elle-même. L'armée soviétique occupa ensuite toute la Pologne.

De Winston[1]
18 août 1944

CHAINE N° 119
COLONEL KENT A MRS KENT.

PERSONNEL ET CONFIDENTIEL. RECU VOS DEUX LETTRES AVEC DOCUMENTS JOINTS. D'ACCORD AVEC VOS RAISONS POUR FAIRE SUIVRE VOTRE LETTRE [A RANDOLPH], ET L'AI FAIT. VOUS AI ENVOYE DEUX LONGUES LETTRES AUJOURD'HUI.

1. Archives nationales britanniques (ex-Public Record Office), non encore répertorié.

De Winston[1] [Italie]
28 août 1944
CHAINE 245
MESSAGE SUIVANT DU COLONEL KENT A MRS KENT. PERSONNEL ET CONFIDENTIEL.
  SUIS SUR LE DEPART ET ESPERE ETRE A L'ANNEXE MATIN DU 29. MON RETARD EST DU AU FAIT QUE J'ATTENDAIS DE VOIR LE DEBUT DE LA BATAILLE SUR LE VERSANT ADRIATIQUE DE L'ITALIE CE QUE J'AI FAIT A MA PLUS GRANDE SATISFACTION GUIDE PAR ALEXANDER[2].
  HATE DE VOUS REVOIR.

1. Archives nationales britanniques (ex-Public Record Office), non encore répertorié.
2. Le 26 août le général Alexander déclencha une nouvelle offensive. WSC était à ses côtés et il passa une journée comme il les aimait – au cœur de l'action.

Winston rentra d'Italie en Angleterre le 29 août en proie à une forte fièvre qui s'était déclarée soudainement ; on lui découvrit une petite tache sur un poumon. Il fut soigné à l'Annexe et aucun bulletin de santé ne fut publié. Seul un cercle restreint de personnes savait qu'il était malade. Quelques jours plus tard, il allait mieux.

Le 5 septembre, un Winston à peine rétabli, accompagné de Clementine et bien sûr de Lord Moran, quitta Londres avec ses collaborateurs pour se rendre à Greenock, où il devait embarquer sur le Queen Mary *pour Halifax et la seconde conférence de Québec (avec pour nom de code « Octogone »).*

Après avoir écouté la radio du navire tôt le matin du 7 septembre, Clementine fit parvenir la note suivante à Winston dans sa cabine.

o De Clementine ✉ [à bord du *Queen Mary*]
7 septembre 1944

  Chéri – Comment allez-vous ce matin ?
  Quel bulletin d'informations formidable ce matin ! Calais, Boulogne, Dunkerque, Le Havre, cernés de plus en plus près – 19 000 prisonniers à l'actif de ces pauvres Britanniques dont personne ne fait cas ! La

Moselle constitue-t-elle la frontière avec l'Allemagne ? parce que, si c'est le cas, nous sommes entrés dans le Reich[1].

Et puis, parallèlement à l'annonce concernant la Home Guard[2], les Américains (avec en vue, je suppose, l'élection présidentielle) annoncent eux aussi la démobilisation ! Hourra & Alléluia !

1. En fait la frontière allemande fut franchie par les Américains à Trèves le 11 septembre.
2. Le 5 septembre, le ministère de la Guerre avait annoncé que, bien que la Home Guard [volontaires assurant la défense territoriale, *ndt*] soit toujours nécessaire, des plans avaient été établis pour sa démobilisation le moment venu.

Les participants à « Octogone » et leurs accompagnateurs furent de retour en Angleterre le 26 septembre. Onze jours plus tard, Churchill reprenait ses voyages : il avait besoin de s'entretenir avec Staline sur plusieurs dossiers urgents. Tard dans la nuit du 7 octobre, il s'envola de Northolt pour Moscou accompagné par Anthony Eden (ministre des Affaires étrangères).

La lettre suivante de Winston a dû être écrite immédiatement après le décollage de Northolt, en pleine nuit, aux petites heures du 8 octobre. De toute évidence, il avait eu « des mots » avec Clementine.

o De Winston [En avion]
[8] octobre [1944] 1 h 30 du matin

Ma Chérie à moi,

Je ressasse nos échanges d'hier au déjeuner.

Je suis sûr que personne n'y a vu autre chose que l'explicitation de mon point de vue, et qu'il n'en est rien resté à la suite de cet excellent repas.

De toute façon, pardonnez-moi si je parais vous avoir manqué de respect en quoi que ce soit. Que vos pensées matinales se portent avec indulgence sur

vtre pénitent
& confus
mari qui vous aime à jamais
W
...

De Winston[1] [Moscou]
11 octobre 1944

CORDIAL N° 36
MESSAGE SUIVANT DU COLONEL KENT A MRS KENT.
   AMBIANCE GENERALE TRES DETENDUE MAIS BEAUCOUP DE POINTS DESAGREABLES A REGLER.... VAIS BIEN ET TEMPS MAGNIFIQUE AUJOURD'HUI. BAISERS A TOUS.

1. Archives nationales britanniques (ex-Public Record Office), Premier Papers 4/76/1.

o De Winston [copie][1]
13 octobre 1944

CORDIAL N° 62
MESSAGE SUIVANT DU COLONEL KENT A MRS KENT.
   ICI TOUT VA BIEN ET GRANDE CORDIALITE REGNE. VIE TOUJOURS LA MEME, ET NE SUIS ALLE AU LIT QU'A 4 HEURES CE MATIN. AI RESIDENCE A MOSCOU ET AUTRE A LA CAMPAGNE, LES DEUX AVEC UN LUXE DE DOMESTIQUES. PARS POUR LA RESIDENCE DE CAMPAGNE, A 45 MINUTES, CAR ALLONS AVOIR SOIREE TRANQUILLE CE SOIR. BAISERS A TOUS.

1. Archives nationales britanniques (ex-Public Record Office), Premier Papers 4/76/1.

o De Winston Moscou
13 octobre 1944

Bien-aimée,
Je suis à la Résidence de Campagne avec Averell[1] (que je viens de battre à plate couture au bésigue) & Kathleen [sa fille], qui écrit une série de missives. Ce petit mot juste pour vous dire à quel point je vous aime & regrette que vous ne soyez pas là. J'ai dit à Kathleen de vous rapporter tous les compliments qu'elle a entendus à votre propos. J'espère vraiment que vous êtes heureuse en compagnie de vtre & de ma Maria[2]. Donnez-lui toute mon affection. C'est formidable de recevoir les journaux de Londres le jour même vers 6 h du soir. Mais les esta-

fettes apportent également de lourds sacs postaux & entre les repas de 12 ou 14 plats & les réunions de toutes sortes je travaille dur. Je vais ts bien à part une petite Indi[gestion].

Les affaires vont bien. Nous avons réglé toute une série de choses sur les Balkans[3] & empêché tout un tas de querelles naissantes de prendre de l'importance. Les deux groupes de Polonais[4] sont arrivés & on les maintient séparés pour la nuit dans deux cages différentes. Demain nous les voyons l'un après l'autre. C'est leur meilleure chance de trouver un terrain d'entente. Nous ferons le maximum. J'ai eu des entretiens ts agréables avec le Vieil Ours [Staline]. Plus je le vois, plus je l'apprécie. Ici <u>désormais</u> ils nous respectent & je suis sûr qu'ils souhaitent collaborer avec nous – il faut que je tienne le Président au courant en permanence & c'est là le côté délicat.

Chérie vous pouvez écrire tout ce que vous voulez sauf des secrets militaires & cela me parviendra en quelques heures. Donc n'hésitez pas à m'envoyer une lettre écrite de vtre chère main.

Votre mari qui vous aime à jamais
W
…

Bises <u>spéciales</u> pour Mary, Sarah & les Sandys [Diana et sa famille].

1. Averell Harriman (voir p. 582 n. 1). Ambassadeur des États-Unis à Moscou de 1943 à 1946.
2. Pendant que WSC était en Russie, j'avais une permission d'une semaine, ce qui me permit de tenir compagnie à ma mère.
3. Staline et Churchill tombèrent d'accord sur une division proportionnelle à grands traits des intérêts et des sphères d'influence dans les Balkans : Roumanie, 90 % russes ; Grèce, 90 % britanniques ; Bulgarie, 75 % russes ; Yougoslavie et Hongrie, 50 % russes, 50 % britanniques.
4. En juillet 1944, Staline avait constitué un Comité polonais de libération nationale à Lublin, à l'est de la Pologne. Le 31 décembre 1944 le Comité de Lublin prit le nom de gouvernement provisoire de la République polonaise. Distinct du gouvernement polonais en exil à Londres de longue date, il lui était hostile.

o De Clementine 10 Downing Street
Dimanche 15 octobre 1944

Mon chéri,
Je viens juste d'écouter les nouvelles du matin à la « Radio » & il y avait une description très vivante de votre visite à l'Opéra de Moscou en compagnie du « Vieil Ours » – J'aurais aimé être témoin de cette

reconnaissance durement acquise du travail obstiné & sans répit que vous avez accompli –

Les trois chatons, Sarah, Diana & Mary, vous envoient leur amour tendre & dévoué.

Riga & Athènes[1] sont tombées comme des prunes mûres ; comme j'aimerais que nous puissions aussi arracher Rotterdam & Cologne – Je prie pour que nous ne soyons pas condamnés à un hiver de guerre de tranchées, dans la boue, au milieu des canaux des Pays-Bas.

Amour tendre. J'espère vous revoir bientôt[2].

Clemmie
…

1. Les Russes étaient entrés dans Riga (capitale de la Lettonie) le 13 octobre et, à la même date, les troupes britanniques avaient pénétré dans Athènes.
2. WSC rentra de Moscou le 22 octobre 1944.

La lettre et les télégrammes qui suivent évoquent la situation difficile qui sévissait en Grèce, et plus particulièrement à Athènes.

Les forces de guérilla grecques (en grande partie contrôlées par le Parti communiste) avaient joué un rôle majeur dans le combat contre les forces d'occupation allemandes. Mais lorsque celles-ci se retirèrent, les communistes (EAM et ELAS)[1] se préparèrent à prendre le contrôle du pays afin d'empêcher le retour du roi Georges II de Grèce et du gouvernement grec en exil de Georges Papandréou (libéral) – une manœuvre que Churchill était déterminé à contrecarrer. Un corps expéditionnaire britannique avait été envoyé en Grèce en octobre 1944 pour garantir l'autorité d'un gouvernement provisoire d'Union nationale sous la direction de Papandréou qui devait organiser des élections démocratiques.

La première semaine de décembre de violents combats éclatèrent dans les rues d'Athènes entre les communistes et les groupes promonarchistes. L'officier commandant les forces britanniques, le général Scobie[2], reçut l'ordre de nettoyer les rues et de rétablir l'ordre et l'autorité du gouvernement provisoire ; des renforts furent envoyés en toute hâte d'Italie.

1. L'association la plus redoutable de mouvements communistes de résistance politique (EAM) et armée (ELAS) en Grèce.
2. Général (par la suite Sir) Ronald Scobie (1893-1969), KBE, MC. Commandant en Grèce de 1944 à 1946.

o De Clementine ✉︎   10 Downing Street
4 décembre 1944

Mon Winston chéri

Je vous en prie – avant de vous être assuré de l'ensemble des faits, ne répétez pas à qui que ce soit aujourd'hui ce que vous m'avez dit ce matin, à savoir que les communistes à Athènes ont fait preuve de leur habituelle lâcheté en se servant des femmes & des enfants comme de boucliers humains – Car bien q. les communistes soient des gens dangereux & peut-être même sinistres, il semble que, sur le continent, ils aient aussi fait preuve de courage personnel dans cette guerre.

Je vous écris ceci uniquement parce qu'il se peut que je ne vous voie pas avant demain & je suis inquiète (peut-être trop inquiète).

Votre dévouée Clemmie,
qui vous aime

« *Tout savoir, c'est tout comprendre, tout comprendre, c'est tout pardonner*[1]. »

1. En français dans le texte. De Mme de Staël, *Corinne*, 1807, Livre XVIII, ch. 5.

L'intervention britannique à Athènes fut critiquée dans la presse nationale et au Parlement et elle suscita de nombreux commentaires hostiles dans la presse américaine[1]. *Dans un débat à la Chambre des communes le 8 décembre, Churchill défendit vigoureusement la politique et les actions du gouvernement et exigea un vote de confiance (qu'il remporta par 279 voix contre 30).*

La gravité de la situation politique et militaire en Grèce était telle qu'à la troisième semaine de décembre, Churchill décida qu'il devait intervenir sur place lui-même ; il s'envola donc pour Athènes la nuit du 24 décembre, emmenant Anthony Eden avec lui.

Le départ théâtral de mon père des Chequers au moment même où la famille se réunissait pour Noël nous causa à tous une grande déception. Ma mère – d'habitude si stoïque et habituée aux dures nécessités de ses fonctions – fut profondément bouleversée et pleura.

Churchill et ses collaborateurs atterrirent à l'aéroport d'Athènes après une escale à Naples[2]. *Il y avait là pour l'accueillir le général Alexander, Rex Leeper*[3], *le général Scobie et Harold Macmillan*[4]. *Churchill et son entourage immédiat s'installèrent pour la durée du séjour à bord de l'HMS Ajax dans la baie de Phalère.*

1. Conformément à l'« accord » conclu lors des pourparlers de Moscou (voir p. 635 n. 3), les Russes s'abstinrent scrupuleusement de tout soutien actif ou politique aux communistes grecs.
2. Le voyage s'était effectué dans l'avion américain C54 Skymaster qui venait d'être reconverti pour l'usage personnel de WSC – une grande amélioration par rapport au York.
3. Reginald (« Rex ») Leeper (1888-1968), diplomate. Alors ambassadeur de Grande-Bretagne à Athènes (1943-1946). Épousa Margaret Dundas en 1916. Fait chevalier en 1945.
4. Harold Macmillan, par la suite premier comte de Stockton (1894-1986). Député conservateur à partir de 1924 ; Premier ministre de 1957 à 1963. À l'époque, ministre résident au QG allié pour l'Afrique du Nord-Ouest (1942-1945). Épousa Lady Dorothy Cavendish en 1920 (voir p. 629 n. 2).

De Winston[1] [Pomigliano, près de Naples]
25 décembre 1944

MACON N° 2
MESSAGE SUIVANT DU COLONEL KENT A MRS KENT.
    GROS BAISERS ET AFFECTUEUSES PENSEES A TOUS CE MIDI. VRAIMENT DESOLE NE PAS VOIR SAPIN. VOYAGE TRES BIEN JUSQU'ICI ET POUVONS FAIRE TOUT LE TRAJET DANS LE GROS AVION.

1. Archives nationales britanniques (ex-Public Record Office), Cabinet Papers 120/169.

o De Winston [copie][1] [Athènes]
26-27 décembre 1944

MACON N° 8
ULTRASECRET – SILENCE
MESSAGE SUIVANT DU COLONEL KENT A MRS KENT.
[SECTION 1]
    AVONS EU JOURNEE UTILE ET POUR LE MOMENT IL NE FAUT PAS PERDRE ESPOIR DE RESULTATS IMPORTANTS. HMS AJAX TRES CONFORTABLE ET ON PEUT APERCEVOIR LES COMBATS AU NORD DU PIREE DE TRES PRES. AVONS DU MOUILLER UN MILLE PLUS LOIN CAR RECEVIONS TROP D'OBUS DE MORTIER DANS LES PARAGES. SUIS ALLE A L'AMBASSADE PAR LA

LONGUE ROUTE DU PIREE A ATHENES EN VEHICULE BLINDE AVEC FORTE ESCORTE ET FAIT DISCOURS DEVANT TOUTES LES FEMMES COURAGEUSES DU PERSONNEL DE L'AMBASSADE QUI SUBISSENT DANGER ET INCONFORT DEPUIS DES SEMAINES MAIS SONT D'HUMEUR TRES GAIE. MRS LEEPER LEUR SERT DE MODELE.
[SECTION 2]
AUREZ LU COMPLOT POUR FAIRE SAUTER QG HOTEL GRANDE-BRETAGNE. NE CROYEZ PAS QUE CELA M'ETAIT DESTINE. RESTE QU'UNE TONNE DE DYNAMITE A ETE MISE DANS EGOUTS PAR DES MAINS EXTREMEMENT EXPERTES AVEC UN MECANISME ALLEMAND, ENTRE LE MOMENT OU MON ARRIVEE A ETE CONNUE ET LE LEVER DU JOUR. AI SYMPATHISE AVEC ARCHEVEQUE[2] ET PENSE QUE CELA A PAYE DE L'INCLURE COMME NOUS L'AVONS FAIT, REMETTANT QUESTIONS CONSTITUTIONNELLES A PLUS TARD.
[SECTION 3]
CONFERENCE AU MINISTERE GREC DES AFFAIRES ETRANGERES D'UNE DRAMATIQUE INTENSITE. TOUS CES VISAGES GRECS HAGARDS AUTOUR DE LA TABLE ET ARCHEVEQUE AVEC ENORME CHAPEAU LE FAISANT MESURER JE DIRAIS PLUS DE DEUX METRES QUE NOUS AVONS PERSUADE DE PRESIDER. AMBASSADEURS ETATS-UNIS, RUSSIE ET FRANCE TOUS TRES CONTENTS ETRE INVITES. ENTENDREZ SUREMENT DISCOURS A LA RADIO, OU LES LIREZ DANS LES JOURNAUX DE MERCREDI. ELAS[3] EST ARRIVE EN RETARD, 3 EN TOUT. ILS PRESENTENT INDUBITABLEMENT BEAUCOUP MIEUX QUE LES ILLEGITIMES DE LUBLIN[4]. GOVT GREC A PROPOSE REMERCIEMENTS AVEC BEAUCOUP COMPLIMENTS A NOTRE ENDROIT POUR AVOIR FAIT DEPLACEMENT, APPROUVES PAR REPRESENTANTS ELAS, QUI ONT AJOUTE REFERENCE A GRANDE-BRETAGNE « NOTRE GRANDE ALLIEE » – TOUT CELA ALORS QUE LES COMBATS CONTINUAIENT ENTRE EUX PAS TRES LOIN DE LA.
[SECTION 4]
APRES MURE REFLEXION AI SERRE MAIN DES DELEGUES ELAS ET C'ETAIT CLAIR D'APRES LEUR REACTION QU'ILS ONT APPRECIE. CE SONT LES GRANDS CHEFS. NOUS LES AVONS MAINTENANT LAISSES ENSEMBLE CAR C'ETAIT UNE AFFAIRE GRECQUE. IL PEUT Y AVOIR RUPTURE A TOUT MOMENT.

ALLONS ATTENDRE UN JOUR OU DEUX SI NECESSAIRE POUR VOIR. DU MOINS AVONS FAIT DE NOTRE MIEUX. POUVEZ ENVOYER LETTRE PAR SAC MOSQUITO [RAF] PRESQUE CHAQUE JOUR. ESPERE SAPIN DE NOEL GRAND SUCCES. VOUS EMBRASSE ET TOUTE LA FAMILLE AUSSI. AYEZ LA GENTILLESSE DE MONTRER LES PASSAGES UTILES DU TELEGRAMME AUX COLLEGUES PROCHES.

   1. Original déposé aux Archives nationales britanniques (ex-Public Record Office), Cabinet Papers 120/169.
   2. L'archevêque Damaskinos (Georges Papandréou) (1891-1949), à qui WSC avait demandé de présider la conférence. Personnage neutre et populaire, régent de Grèce du 31 décembre 1944 au 28 septembre 1946, en l'attente de plébiscite et du retour du roi Georges II.
   3. La branche armée de l'EAM (voir p. 636 n. 1, commentaire).
   4. Voir p. 635 n. 4.

De Winston[1]   [Athènes]
28 décembre 1944

ULTRASECRET – SILENCE
MACON N° 23. PERSONNEL.
COLONEL KENT A MRS KENT.
   … DEVRIEZ DEMANDER CABINET PRIVE VOUS MONTRER LES LONGS COMPTES RENDUS QUE NOUS AVONS ENVOYES. AUJOURD'HUI MERCREDI A ETE JOURNEE INTERESSANTE ET PAS SANS PORTER FRUITS DANS L'ENSEMBLE. LES HAINES ENTRE CES GRECS SONT TERRIBLES. SACHANT QU'UN CAMP A TOUTES LES ARMES QUE NOUS LUI AVONS DONNEES POUR COMBATTRE LES ALLEMANDS ET L'AUTRE, BIEN QUE TROIS FOIS PLUS NOMBREUX, N'EN A PAS, IL EST EVIDENT QU'UN EFFROYABLE MASSACRE SUIVRAIT NOTRE DEPART....

   1. Archives nationales britanniques (ex-Public Record Office), Premier Papers 3/208.

o De Clementine [copie][1]   Londres
28 décembre 1944
LABEL N° 30
<u>PERSONNEL ET CONFIDENTIEL</u>
MRS KENT AU COLONEL KENT.
    AI ETE EMUE ET ENTHOUSIASMEE A LA LECTURE DE TOUT CE QUI S'EST PASSE LORS DE VOTRE SEJOUR A ATHENES. SUIS SI HEUREUSE QUE VOUS VOUS PORTIEZ BIEN ET ATTENDS AVEC IMPATIENCE VOTRE RETOUR. TOUT MON AMOUR,

                                                                    CLEMMIE.

1. Original au Public Record Office, Premier Papers 3/208.

De Winston[1]   [Athènes]
29 décembre 1944 1 h 15 du matin
MACON N° 28
MESSAGE SUIVANT DU COLONEL KENT A MRS KENT.
    RAVI RECEVOIR VOS MESSAGES. ME SENTAIS ESSEULE. ESPERE ETRE AUPRES DE VOUS POUR DINER DEMAIN. [IL L'A ETE...] TENDRE AMOUR.

1. Archives nationales britanniques (ex-Public Record Office), Cabinet Papers 120/169.

Au Nouvel An de 1945, avec l'armée allemande prise en étau dans ses propres frontières à l'est et à l'ouest, il devenait évident que la fin du conflit approchait. Churchill insista pour qu'une conférence soit organisée d'urgence avec Staline et Roosevelt afin de s'attaquer aux questions qui ne manqueraient pas de se poser dans le sillage de la victoire.

Les médecins du maréchal Staline lui ayant interdit de quitter l'Union soviétique, ce furent un président Roosevelt souffrant et un Churchill septuagénaire (le plus âgé des trois) qui firent le voyage jusqu'au lieu de rendez-vous de Yalta, en Crimée[1]*.*

Churchill s'envola le 29 janvier dans le Skymaster, de nouveau sous le nom de « colonel Kent » ; Sarah l'accompagnait comme aide de camp. Au cours de la nuit, Winston eut une forte poussée de fièvre. Aussi, au lieu de quitter le Skymaster lorsqu'il atterrit à 4 h 30 du matin le 30 janvier (à Malte), il resta à bord jusqu'à ce qu'il se sente mieux plus tard dans la matinée et soit en mesure de rejoindre le croiseur HMS Orion.

« Mrs Kent » fut tenue informée par télégramme.

1. Une station balnéaire sur la mer Noire que WSC, dans une conversation avec Sarah, avait surnommée « la Riviera des Enfers ». Martin Gilbert, *Churchill: A Life,* 1991, p. 819.

o De Clementine 10 Downing Street
Mardi 30 janvier 1944[45]

Mon chéri,

J'ai été grandement soulagée de recevoir le signal m'indiquant que vous aviez atteint Malte sans encombre malgré le blizzard qui vous suivait – Mais nous n'avons eu la nouvelle qu'à 9 h 30 du matin, bien que vous soyez arrivé à 4 h 30 – un vol de 7 heures ! Quelle merveilleuse différence cela fait de survoler la France plutôt que de faire le tour par l'Espagne, le Portugal & Gibraltar.

Je poursuis mes investigations à propos de cette <u>adorable</u> petite maison à Londres[1].... Il n'y a qu'un inconvénient que nous devons prendre en considération – Toutes les maisons environnantes ont été endommagées & nécessiteront des réparations – Ne faut-il pas prendre en compte le bruit des coups de marteau ?

J'espère que vous profiterez de ces deux jours de répit pour bien vous reposer & être frais pour faire face aux rudes épreuves de la Conférence. Veillez à ce que Sarah prenne soin d'elle-même – Elle avait l'air si pâle & épuisée hier soir. Il est tombé 15 cm de neige cette nuit, mais il fait beaucoup moins froid – La radio a annoncé ce matin que des camions de l'armée allaient commencer la distribution du charbon aujourd'hui ! Ils n'ont pas spécifié qui était à l'origine de cette initiative[2].

Votre Clemmie
qui vous aime

1. Juste avant son départ pour Yalta (le 25 juillet), CSC avait emmené WSC voir une maison à Kensington – au 28 Hyde Park Gate, SW7 – qui lui plut énormément. CSC s'était livrée pendant l'hiver à une discrète prospection car elle ne voulait pas qu'ils se retrouvent sans domicile à Londres à la fin de la guerre.
2. En janvier, il y avait eu une grave pénurie de charbon. La suggestion de CSC à WSC d'utiliser l'armée pour le transport du charbon était de toute évidence arrivée dans les bonnes oreilles.

De Winston[1] [Malte]
1ᵉʳ février 1945

JASON 32
MESSAGE SUIVANT DU COLONEL KENT A MRS KENT.
DE NOUVEAU EN FORME MAIS PASSE MON TEMPS AU LIT DANS CONFORTABLE CABINE SUR L'ORION. ME MANQUEZ BEAUCOUP. LE MONDE EST DANS UN ETAT EFFROYABLE. SEMBLONS AVOIR CHOISI PIRE ENDROIT POUR RENCONTRE. 16 COLONELS AMERICAINS LOGES DANS UNE SEULE PIECE. CEPENDANT PEUT-ETRE QU'IL Y AURA AMELIORATIONS DERNIERE MINUTE.

1. Archives nationales britanniques (ex-Public Record Office), non encore répertorié.

o De Winston [dactylographié] H.M.S. ORION [Malte]
1ᵉʳ février 1945

Ma Clemmie chérie,

1. J'ai été tellement content de recevoir votre lettre et une autre de Diana qui est arrivée hier matin. Sarah me dit qu'elle vous a écrit à toutes deux hier et aujourd'hui si bien que vous devriez avoir de nos nouvelles, qui sont maigres. J'ai eu une sérieuse alerte à l'aller, craignant d'avoir encore une attaque, car ma température est montée jusqu'à 39,5 pendant la nuit. Mais elle est retombée le lendemain sans désagréments et à présent je suis comme d'habitude.... Cela aurait vraiment paru stupide d'avoir fait toute cette distance et d'avoir donné tant de tracas à tout le monde pour ensuite ne pas être en état de prendre ma part de la tâche qui nous attend.

2. Hier j'ai eu le Général Marshall seul à déjeuner et eu une longue et agréable conversation avec lui sur des questions importantes. Aujourd'hui c'est l'Amiral King[1] qui m'a tenu compagnie. Mais bien sûr je n'ai pas autant de sujets de discussion avec lui qu'avec son *confrère* de l'armée de terre. Tous deux sont en grande forme et toutes les conversations lors des Séances ont été très cordiales et très agréables.

3. Hier soir j'ai participé à un grand dîner donné par le Gouverneur [de Malte] auquel Stettinius[2], Averell [Harriman] et Anthony [Eden] étaient également invités. Harry [Hopkins] est arrivé et ce soir, lui, Stettinius, Anthony et Cadogan[3] viennent dîner avec moi.

4. J'ai des quartiers très confortables ici, sur l'Orion, et j'ai passé le plus clair de mon temps au lit…. Le Commandant m'a demandé que l'on prenne une photo avec l'ensemble de l'équipage massé derrière moi en formant des colonnes qui montaient jusqu'au mât en passant par les tourelles et les superstructures…. Le fils d'Harry Hopkins[4] nous a rejoints et s'est mis lui aussi à prendre des photos en se mêlant aux autres photographes. Je suis resté à flâner sur le pont car le soleil maltais était très agréable, en contemplant les délicates formes d'un chaud ocre jaune des bâtiments démolis qui nous entourent de tout côté, car nous sommes dans l'une des criques.

5. J'ai presque fini le livre de Beverley Nichols… intitulé L'Inde secrète[5]. Je crois que vous feriez bien de le lire. C'est très bien écrit avec beaucoup de réflexion derrière. Il montre sans conteste l'Hindou sous sa vraie nature ainsi que la lamentable situation dans laquelle nous nous sommes mis en perdant confiance en notre mission. Cela m'a déprimé de lire sur l'Inde car je vois tellement de tempêtes horribles qui s'y préparent et qui, même au cours du peu de temps qui me reste ici-bas, pourraient bien nous rattraper. Depuis quelque temps j'ai un sentiment de désespoir quand je pense aux liens de la Grande-Bretagne avec l'Inde, et encore plus à ce qui se passera s'ils sont soudainement rompus. Pendant ce temps nous nous accrochons à ce vaste Empire, dont nous ne retirons rien, au milieu des critiques et des insultes croissantes du monde, et des gens de chez nous, et de la haine croissante de la population indienne, soumise à une propagande incessante et mortelle à laquelle nous ne savons pas répondre. Cependant mes idées noires se sont métamorphosées en regain de volonté de poursuivre la lutte aussi longtemps que possible en veillant à ce que le Drapeau ne soit pas amené tant que je serai à la barre. Je suis d'accord avec le livre et également avec sa conclusion – le Pakistan[6].

6. Je m'étonne de voir que le Président Socialiste des Commissions, le Major Milner [vice-président de la Chambre], a laissé passer à propos d'Anthony [Eden] et de moi en notre absence le langage utilisé par le petit groupe qui s'est montré insultant à propos de la Grèce. Chaque jour apporte la preuve que nous avons eu mille fois raison, et je vois dans le Times d'aujourd'hui, qui m'est parvenu il y a plusieurs heures, qu'ils ont tiré la leçon des faits. Il se peut que nous nous pliions aux souhaits de Sa Béatitude[7] et fassions un crochet de quelques heures à Athènes sur le trajet du retour. Les sévères malentendus qui sont apparus aux États-Unis, et dans les cercles dégénérés de chez nous, ne sont qu'un avant-goût des furies qui vont se déchaîner à chaque étape des

négociations sur la paix. Je suis sûr qu'en Grèce j'ai trouvé l'une des meilleures occasions d'agir avec sagacité que la guerre ait fait flotter devant moi au milieu de ses sinistres vagues.

7. Je prends la liberté de vous avouer que mon cœur est attristé par les récits qui décrivent les masses de femmes et d'enfants allemands qui fuient partout vers l'ouest sur les routes en colonnes de 60 kilomètres devant l'avance des Armées. Je suis évidemment convaincu qu'ils le méritent bien ; mais cela ne les ôte pas du regard. La misère du monde entier m'horrifie et j'ai de plus en plus peur que de nouvelles luttes ne se fassent jour à partir de celles dont nous sommes en voie de sortir vainqueurs.

8. Toutes les informations venues de MAGNÉTO (notre destination [Yalta]) continuent de prouver que pour leur première et plus importante action les Trois Grands ont réussi à choisir absolument le pire endroit du globe pour leur Rencontre. Seize <u>Colonels</u> américains à coucher dans la même chambre, cela donne une idée des conditions de logement que les membres de haut rang de notre expédition doivent attendre. Je vais proposer que nous continuions avec les effectifs les plus restreints et que nous déposions la plus grande partie de nos forces communes dans les navires que nous avons à Sébastopol. Parmi eux il y a le paquebot FRANCONIA, dont l'équipage provient en partie du Queen Mary et qui j'en suis sûr dispose de tout le confort. Cela ne prend <u>que</u> trois heures et demie depuis l'endroit où nous serons pour le rejoindre par une route en très mauvais état....

9. Randolph, qui devait de toute façon venir à Bari [depuis la Yougoslavie] pour se faire soigner les dents, va vraisemblablement passer ici demain[8]. Le Président arrive aux premières lueurs de l'aube et j'irai le voir dès qu'il le désirera. Nous ne parviendrons pas à destination avant la tombée de la nuit le 3. Ils disent qu'il y a des travaux énormes en cours pour réparer les routes et qu'il est parfaitement faisable de traverser les montagnes[9]. Le temps d'ici est infiniment supérieur à tout ce que l'on peut rencontrer en Grande-Bretagne bien qu'il y ait souvent des nuages. Gardez un œil sur la pénurie de charbon tant qu'elle dure, et continuez de les asticoter pour qu'ils donnent le nombre nécessaire de camions militaires, etc. J'espère pouvoir écrire de nouveau demain.

✍ Avec mon tendre Amour ma chérie
Vous me manquez beaucoup
Je me sens seul parmi ces foules
Votre mari qui vous aime à jamais
W

1. Amiral de la Flotte Ernest King (1878-1956), commandant en chef de la Flotte des États-Unis et chef des opérations navales de 1942 à 1945. Il était convaincu que la marine américaine pouvait gagner la guerre dans le Pacifique si on lui donnait des ressources accrues.
2. Edward R. Stettinius, Jr (1900-1949). À l'époque, Secrétaire d'État américain [aux Affaires étrangères], 1944-1945.
3. Sir Alexander Cadogan (1884-1968), OM. À l'époque (1938-1946), Permanent Under-Secretary of State for Foreign Affairs (le fonctionnaire le plus haut en grade du ministère des Affaires étrangères [ndt]).
4. Robert Hopkins, 22 ans, fils aîné d'Harry Hopkins.
5. Beverley Nichols (1898-1983), *Verdict on India*, 1944 (version française de Renée Jourdain, *L'Inde secrète*, Paris, J. Tallandier, 1946).
6. L'État du Pakistan – musulman – qui vit le jour lors de l'indépendance de l'Inde, en 1947.
7. L'archevêque Damaskinos (voir p. 640 n. 2), devenu régent de Grèce.
8. Randolph arriva le 2 février et vit WSC, mais il ne poursuivit pas jusqu'à Yalta.
9. Entre Sébastopol et Yalta, trajet de plus de six heures en voiture.

De Winston[1] [Malte]
2 février 1945

JASON N° 63
MESSAGE SUIVANT POUR MRS KENT DE LA PART DU COLONEL KENT.
MON AMI EST ARRIVE PLEIN DE SANTE ET D'OPTIMISME[2]. TOUT VA TRES BIEN. BEAU SOLEIL ET CHALEUR DOUCE. PARTONS A L'AUBE.

1. Archives nationales britanniques (ex-Public Record Office), Premier Papers 4/78/1.
2. WSC était bien le seul à penser de la sorte. Il existe de nombreux témoignages qui relatent le très fort choc de ceux qui virent le président en constant à quel point il avait changé depuis la deuxième conférence de Québec et de Washington (septembre-octobre 1944). WSC changea d'opinion avant la fin de la conférence.

o De Clementine 10 Downing Street
2 février 1945

Mon Winston chéri
Si j'avais eu connaissance de votre fièvre et des violents changements de température dans l'avion lors de votre voyage, j'aurais été malade de peur. J'espère que cela ne se reproduira pas, mais je crains que le trajet de 6 heures en voiture ne s'avère éprouvant, même si trouvez chaleur, calme & confort à l'arrivée. J'ai peur que votre personnel ne soit loin

de vous – J'espère que Miss Layton[1] et Miss Sturdee[2] n'auront pas à partager leurs chambres avec 16 colonels américains !....

Juste quelques mots à propos du charbon – Tout semble parfaitement maîtrisé....

Je crains que vos discussions ne soient difficiles. Je pense à vous constamment, mon chéri, & regarde souvent le Bouledogue[3] – Hier j'ai eu l'impression qu'il me faisait un clin d'œil.

Votre Clemmie
qui vous aime
...

Gentille lettre de Sarah.
3 fusées[4] en une seule matinée sur Chingford [dans la circonscription de WSC], mais pratiquement aucune victime.

1. Elizabeth Layton, l'une des secrétaires personnelles de WSC entre mai 1941 et 1945. Elle partit pour l'Afrique du Sud épouser Frans Nel, qu'elle avait rencontré à Londres après sa libération d'un camp de prisonniers de guerre. Elle écrivit un excellent livre sur la période où elle avait travaillé pour WSC, intitulé *Mr Churchill's Secretary*, qui parut en 1958.
2. Mina (« Jo ») Sturdee, secrétaire particulière de WSC entre 1942 et 1953. MBE en 1953. Épousa en 1962 le sixième comte d'Onslow (décédé en 1971).
3. Pendant la guerre, l'artiste français Camille Bombois (1883-1970) avait donné à CSC, comme témoignage de son admiration et de son soutien tacite à WSC, le portrait d'un bouledogue extraordinairement puissant avec une tache autour d'un œil et un regard particulièrement intense. Le tableau resta accroché dans le bureau de WSC à Chartwell de nombreuses années après la guerre. CSC le vendit chez Christie's en 1977.
4. Les premiers V-2 étaient tombés sur la région de Londres le 8 septembre 1944. Mis au point par les Allemands en même temps que les V-1, les V-2 avaient une trajectoire préétablie. La combustion s'arrêtait lorsque le missile atteignait la vitesse requise pour toucher sa cible ; sa vélocité était telle qu'aucune mesure d'anticipation défensive n'était possible.

o De Clementine Chartwell
3 février 1945

Mon Winston chéri

C'est merveilleux de recevoir votre lettre un jour après que vous l'ayez écrite. Je suis si heureuse que vous soyez rétabli & j'attends anxieusement la nouvelle de votre arrivée à Magnéto [Yalta]. Mon cœur a sombré lorsque j'ai appris qu'un des avions de la conférence s'était écrasé[1]. J'en suis profondément attristée. On m'a dit que la jeune épouse de Mr Loxley avait donné naissance à un enfant mort-né (la veille du terrible accident) – Aussi n'aura-t-elle pas même de bébé pour la réconforter. Et le charmant médecin d'Anthony [Eden] – vous vous souvenez, ce très grand monsieur – et beaucoup d'autres personnes de son entourage[2]. Dieu merci, Miss Sturdee n'était pas dans l'avion ; cela aurait pu être le cas.

Je vous envoie une lettre de Mary – Sarah m'a écrit deux lettres enchanteresses & passionnantes qui valent toutes les autres lettres comme littérature légère d'un très haut niveau –

Amour tendre & ne lâchez pas le Président....

Votre Clemmie

...

1. Le 2 février, l'un des avions qui transportaient les participants à la conférence s'écrasa au large de l'île de Lampedusa. Il y eut 7 rescapés sur les 20 personnes à bord.
2. Peter Loxley était un jeune fonctionnaire des Affaires étrangères. Parmi les victimes se trouvaient également le médecin d'Anthony Eden et l'un des membres de son service de sécurité.

De Winston[1] [Yalta]
4 février 1945 12 h 30

JASON N° 109

MESSAGE SUIVANT DU COLONEL KENT POUR MRS KENT PERSONNEL ET CONFIDENTIEL.

BIEN ARRIVE [3 FEVRIER] APRES BON VOYAGE ET LONG TRAJET EN VOITURE. SOLEIL ECLATANT ET PAS DE NEIGE. O.J. [« ONCLE JO » = STALINE] VIENT ME VOIR A 3 HEURES. TOUT VA BIEN. BAISERS DE SARAH.

1. Archives nationales britanniques (ex-Public Record Office), Premier Papers 4/78/1.

De Winston[1] ARGONAUTE[2]
6 février 1945

JASON N° 151

MESSAGE SUIVANT POUR MRS KENT DE LA PART DU COLONEL KENT.

TRES BEAU TEMPS ICI ET GRAND SOLEIL HIER. BEAUCOUP DE TRAVAIL LONG ET TRES LOURD. ENCORE VRAISEMBLABLEMENT CINQ OU SIX JOURS.

GROS BAISERS DE TOUS DEUX A TOUT LE MONDE.

1. Archives nationales britanniques (ex-Public Record Office), non encore répertorié.
2. Nom de code de la conférence de Yalta.

o De Winston [copie]¹ [Yalta]
12 février 1945

JASON N° 376
MESSAGE SUIVANT POUR MRS KENT DE LA PART DU COLONEL KENT. PERSONNEL ET CONFIDENTIEL.

ESPERE SEREZ SATISFAITE DU COMMUNIQUE PUBLIE DEMAIN MATIN. AVONS COUVERT BEAUCOUP DE TERRAIN ET SUIS TRES CONTENT DES DECISIONS ACQUISES. AI PASSE LA NUIT DERNIERE ET PASSERAI LA PROCHAINE SUR FRANCONIA² A SEBASTOPOL AVEC TOUT CONFORT. DEVONS VISITER BALACLAVA³ CET APRES-MIDI. ATHENES DEMAIN PAR AVION POUR UNE NUIT ET DE LA ALEXANDRIE LE 14 POUR DERNIERS ENTRETIENS AVEC PRESIDENT. ENSUITE PRES DES PYRAMIDES POUR RENCONTRER HAILE SELASSIE⁴ ET IBN SAOUD⁵, ETC.

ESPERE ENTAMER RETOUR 17 OU 18. TOUT VA BIEN. TOUT AU PLAISIR VOUS REVOIR WEEK-END AUX CHEQUERS.
TOUT MON AMOUR.

1. Archives nationales britanniques (ex-Public Record Office), Premier Papers 4/78/1.
2. Le paquebot *Franconia*, à quai à Sébastopol, servait de quartier général et de base pour de nombreux membres du personnel participant à la conférence. Voir la lettre de WSC du 1ᵉʳ février 1945.
3. Où WSC se rendit sur le champ de bataille. La bataille de Balaclava, célèbre pour la charge de la brigade légère, se déroula le 25 octobre 1854 au cours de la guerre de Crimée, contre les Russes.
4. Hailé Sélassié (prince Ras Tafari Mekonnen) (1892-1975), empereur d'Éthiopie de 1930 à 1974.
5. Ibn Saoud (Abdelaziz ben Abderrahmane Al Saoud) (1880-1953), roi d'Arabie Saoudite de 1932 à sa mort.

o De Clementine 10 Downing Street
12 février 1945

Mon chéri
...

John Peck[1] vient juste de m'apporter le texte de l'annonce extraordinaire[2] qui sera diffusée ce soir à la radio à 21 h 30. C'est vraiment épatant –

J'ai hâte de vous revoir, mon chéri – Sarah a écrit de si jolies longues lettres[3].

Hier, Peter Portal[4] et sa charmante épouse, Joan, ont déjeuné avec moi. Il était de très bonne humeur – Elle vient juste de rentrer d'une visite en France où elle avait été invitée par le général Vallin, l'homologue de Peter, et sa femme – Pendant une semaine, elle a rencontré des familles de soldats français & a été choquée par le dénuement et le froid qui régnaient partout chez les civils dans ces familles –

Les gens ici commencent à s'émouvoir des conditions de vie en France. En plus des aspects humanitaires, ne croyez-vous pas qu'il est dangereux qu'une nation tout entière ait faim, froid & soit sans emploi. Ne pensez-vous pas que vous pourriez influencer le général Marshall ou le Président pour qu'ils mettent à disposition suffisamment de camions pour <u>distribuer</u> la nourriture et le charbon qui sont déjà en France – Je sais que la guerre est prioritaire, mais si vous devez bientôt avoir recours aux soldats pour garder les lignes de communication & réprimer les révoltes, elle sera aussi générale qu'elle est longue – La pression monte dans les deux « Chambres » & la presse publie des articles qui sont parfois modérés et parfois exagérés. Du moins, j'ose espérer qu'ils sont exagérés. Je remarque dans la Déclaration qui doit être rendue publique ce soir qu'il y a un paragraphe promettant de l'aide – Mais il faudrait qu'elle arrive vite. Il y a semble-t-il une grande détérioration depuis le 11 novembre [1944] lorsque nous avons vu Paris en pleine exaltation – C'était il y a trois mois –

… avec mon amour,

Clemmie

…

1. John Howard Peck (1913-1995), le plus ancien des secrétaires particuliers assistants de WSC, de Dunkerque en 1940 à Potsdam en 1945. Fait chevalier en 1971. Ambassadeur de Grande-Bretagne à Dublin de 1970 à 1973.

2. Le communiqué officiel des résultats de la conférence de Yalta faisait mention de la division de l'Allemagne après la guerre, du tracé des frontières de la Pologne et de l'organisation de la conférence inaugurale des Nations unies à San Francisco (25 avril-26 juin 1945).

3. Des extraits des lettres de Sarah à sa mère qui décrivent superbement ce voyage et d'autres qu'elle fit avec son père ont été réunis dans son autobiographie, *Keep on Dancing*, parue en 1981.

4. Sir Charles (« Peter ») Portal, par la suite maréchal de la Royal Air Force, premier vicomte Portal de Hungerford (1893-1971), KG, GCB, OM, DSO, MC. Chef

d'état-major des forces aériennes de 1940 à 1945. Épousa Joan Welby en 1919. Sa femme et lui devinrent de grands amis de la famille Churchill.

o De Clementine   10 Downing Street
13 février 1945

    Mon Winston chéri

    Je déborde de joie, de gratitude & de fierté – Quel merveilleux résultat qui vaut une victoire militaire de première importance, ou n'importe quelle campagne victorieuse – Et tout cela, grâce à vous, j'en suis convaincue –

    Je suis sûre que vous serez triste d'apprendre que Fircroft, la maison de convalescence qui dépend de la maternité dont je m'occupe[1], a été ravagée par une fusée V2 qui est tombée à 100 m. Dieu merci personne n'a été tué, ni blessé, mais ces pauvres jeunes mamans & leurs petits bébés sont sans toit – pour l'instant. C'est arrivé dimanche dernier à 5 h du matin. Nous nous sommes précipitées là-bas immédiatement, Joan Portal [également membre du CA] et moi, & avons fait tout ce que nous avons pu. Le service de réparation est formidable – Lorsque nous sommes arrivées, il y avait 20 ouvriers qui réparaient le toit et enlevaient les portes & les fenêtres défoncées – La pluie s'engouffrait à l'intérieur – les plafonds étaient effondrés ou craquelés de toutes parts.

    Étrangement, la même nuit, une fusée a explosé en l'air à 800 m de Chartwell & des morceaux de métal sont tombés en pluie du ciel. Harris[2] & Moppet [Whyte] ont ramassé des quantités de fragments d'aluminium coupants partout dans le jardin, le tennis & la cour du garage.

    Les pauvres vaches se sont coupé les pieds ! mais s'en sont vite remises.

    L'estafette s'en va – Tout mon amour à vous & à ma Sarah adorée
                                                                               Clemmie

    1. Le Fulmer Chase Maternity Home pour les femmes des officiers des trois armées, dont Clementine dirigeait le conseil d'administration depuis 1939.
    2. Le nouveau chef jardinier de Chartwell. Il succédait à Albert Hill qui avait succombé à une leucémie en juin 1944 à l'âge de 49 ans, après dix-huit ans passés au service des Churchill.

Lorsque la conférence de Yalta se termina au matin du 11 février, Winston et Sarah refirent à l'envers les six heures de route jusqu'à Sébas-

topol pour se rendre à bord du Franconia, où ils se reposèrent pendant deux jours.

Le 14 février, le groupe s'envola pour Athènes en route pour Alexandrie afin de rendre visite à l'archevêque Damaskinos (devenu régent de Grèce). Randolph y rejoignit à nouveau son père.

Sept semaines auparavant, Churchill s'était déplacé dans un véhicule blindé dans une ville déchirée par la guerre civile. Il traversait maintenant Athènes avec le régent dans une voiture ouverte ; les gens se précipitaient pour saluer ce visiteur impromptu qui était immédiatement reconnu. Harold Macmillan[1] estima qu'il y avait environ 40 000 personnes sur la place de la Constitution. Churchill fit à la foule en liesse un discours improvisé empreint d'émotion.

Cette nuit-là, l'Acropole fut illuminée pour la première fois depuis l'occupation allemande, en son honneur.

Le lendemain, Churchill et son entourage s'envolèrent pour Alexandrie. De petits canots rapides l'attendaient pour l'emmener avec Randolph et Sarah à bord du USS Quincy où ils déjeunèrent avec le président Roosevelt. Churchill devait écrire plus tard à propos de leurs adieux : « le Président semblait serein et frêle. J'ai eu l'impression que son lien avec la vie était ténu. Je ne devais pas le revoir. Nous nous sommes dit adieu affectueusement[2] ».

Churchill s'envola ensuite pour Le Caire, où il resta trois jours.

1. Voir p. 638 n. 4. Extrait de ses *War Diaries* [*Journaux de guerre*], 1984 (14 février 1945).
2. Notes dictées par WSC, Churchill Papers, CHUR 4/363. De retour aux États-Unis, le président Roosevelt mourut subitement à Warm Springs en Géorgie, le 12 avril 1945.

De Winston[1] [Le Caire]
16 février 1945

JASON N° 558
MESSAGE SUIVANT POUR MRS KENT DE LA PART DU COLONEL KENT.

ATHENES MERVEILLEUSE EXPERIENCE. JAMAIS VU UNE TELLE FOULE EN LIESSE. SUIS ACTUELLEMENT PRES DES PYRAMIDES ET RECOIS POTENTATS.

PREVOIS VOUS REJOINDRE DIMANCHE APRES-MIDI SI TEMPS LE PERMET....

TRES GROS BAISERS DE TOUS.

1. Archives nationales britanniques (ex-Public Record Office), Premier Papers 4/78/1.

De Winston[1] [Le Caire]
17 février 1945
JASON N° 577
MESSAGE SUIVANT POUR MRS KENT DE LA PART DU COLONEL KENT.
    CONDITIONS METEO EN ANGLETERRE CONDUISENT A RETARDER RETOUR AU MOINS D'UNE JOURNEE, MAIS PEUT-ETRE DEUX. ENTRETIENS EXTREMEMENT INTERESSANTS AVEC UN EMPEREUR[2], DEUX ROIS[3] ET UN PRESIDENT[4].
BAISERS A TOUS.

    1. Archives nationales britanniques (ex-Public Record Office), Premier Papers 4/78/1.
    2. Hailé Sélassié (voir télégramme du 12 février).
    3. Le roi Ibn Saoud d'Arabie Saoudite (voir télégramme du 12 février) et le roi Farouk 1er (1920-1965), roi d'Égypte de 1937 à 1952, année où il fut contraint d'abdiquer.
    4. Choukri al-Kouwatli (1891-1967), président de la Syrie de juillet 1943 à mars 1949 et de 1955 à l'union avec l'Égypte, 1958-1961.

Churchill et son entourage prirent le chemin du retour dans le Skymaster aux petites heures du 19 février. Du fait d'un épais brouillard, ils furent détournés sur Lyneham, dans le Wiltshire. De là, Winston fit trois heures de route jusqu'à Reading, où il attendit Clementine dans le bureau du directeur de l'Hôtel de la gare. Ma mère m'écrivit le 21 février qu'elle l'avait trouvé confortablement installé dans un fauteuil, « sirotant un whisky soda. Il se porte à merveille – bien, bien mieux que lorsqu'il est parti pour cette conférence éprouvante et difficile entre toutes ».

Chapitre XXIII

ENTRE DEUX MONDES

En avril 1945, Clementine effectua, à l'invitation du gouvernement et de la Croix-Rouge soviétiques, une tournée de bienfaisance de cinq semaines en Russie au titre du fonds d'aide de la Croix-Rouge à la Russie[1]. Mabel Johnson[2] et sa secrétaire personnelle, Grace Hamblin, étaient du voyage.

Le 27 mars, Winston se rendit à Northolt pour accompagner Clementine et ses deux collaboratrices jusqu'au Skymaster en partance pour Le Caire, première étape de leur voyage vers Moscou.

1. En mai 1945, le fonds avait atteint 7 millions de livres et continuait d'augmenter.
2. Secrétaire du Comité d'aide de la Croix-Rouge à la Russie ; une proche collaboratrice de CSC qui devint une grande amie.

o De Clementine Le Ministre résident au Moyen-Orient
28 mars 1945 Le Caire

Mon chéri

Ned & Joan Grigg[1] sont la gentillesse même – Ned a vu Lord Wavell[2] lors de son passage ; & dit que Wavell ne veut pas causer de problèmes, mais qu'il a un plan pour impliquer le [parti du] Congrès dans la guerre contre le Japon – Il n'a que faire de Gandhi[3]....

Nous partons ce soir –

Votre dévouée
Clemmie

1. Sir Edward Grigg (voir p. 158 n. 1), alors ministre résident au Moyen-Orient, 1944-1945.
2. Field marshal Sir Archibal Wavell (voir p. 596 n. 1, lettre du 13 mai 1943), qui était de passage au Caire avant de rentrer en Inde, où il était vice-roi et gouverneur général, 1943-1947.

3. Mohandas Karamchand (Mahatma) Gandhi (1869-1948), président de l'Indian National Congress (Parti du Congrès). Organisa des grèves de la faim et une campagne de désobéissance civile contre le pouvoir britannique en Inde ; il fut arrêté et emprisonné à plusieurs reprises. Assassiné par un fanatique hindou en janvier 1948.

o De Clementine   Bureau du Ministre résident (M.O.)
Vendredi saint, 30 mars 1945   Le Caire

Mon chéri,

Hier soir, pendant le dîner & alors que nous étions tous prêts à reprendre l'avion, il y a eu un bulletin météorologique défavorable & le voyage a été reporté de 24 heures, ce qui est quelque peu éprouvant.

La gentillesse de Joan & de Ned Grigg & leur accueil chaleureux ont rendu notre séjour ici agréable & reposant – Cela ne m'a pas empêchée de faire beaucoup de choses ! J'ai visité le principal YWCA de la ville ; ... aujourd'hui [Isabel Catto][1] m'emmène à Tel el-Kebir voir trois de ses clubs & foyers....

J'ai beaucoup aimé votre discours sur Ll.G. [Lloyd George][2]. Cela m'a remis en mémoire les bienfaits oubliés qu'il a fait pleuvoir sur les faibles & les humbles[3].

Votre Clemmie
qui vous aime

... J'ai aussi visité le grand hôpital militaire. Pauvres garçons, certains d'entre eux n'avaient pas revu leur maison, leur fiancée ou leur femme depuis plus de 3 longues années et ½. Mais ils souriaient –

1. Isabel Catto (1912-1997), fille du premier baron Catto. Alors responsable des établissements de la YWCA [Young Women's Christian Association] au Caire et dans ses alentours ; présidente de la World YWCA de 1955 à 1963. Elle devint une grande amie de CSC.
2. Le comte Lloyd George était décédé le 26 mars 1945 à l'âge de 82 ans. Le 28 mars, WSC prononça un éloge émouvant en son honneur à la Chambre des communes.
3. Expression biblique, « *Meek and lowly in heart* » (Évangile selon saint Matthieu 11:29). [*ndt*]

Clementine célébra son soixantième anniversaire au Caire. Avant son départ, Winston lui avait offert une magnifique broche en forme de cœur incrustée de diamants.

o De Clementine　　　　　　　Le Ministre résident au Moyen-Orient
Dimanche de Pâques, 1ᵉʳ avril [1945]　　　　　　　　　　　Le Caire

Mon Winston chéri

Votre adorable télégramme d'anniversaire m'a été transmis ce matin à l'église par Lord Killearn [l'ambassadeur britannique] – Il m'a fait tellement plaisir. Je <u>crois</u> qu'on a une <u>chance</u> de décoller ce soir. On a eu un « Hanseen » [*khamsin*], un grand vent qui envoie quelquefois le sable à plus de 2 000 m d'altitude de sorte que cela ressemble à un brouillard sablonneux & bien sûr les avions ne peuvent pas voler....

Je me suis prise d'une grande amitié à la fois pour Ned & pour Joan Grigg – Je crois qu'ils forment un excellent contrepoids à notre ambassadeur qui est quelque peu porté sur la boisson !....

... Il y a un avion sur le point de décoller pour l'Angleterre, aussi rien de plus sauf tout mon amour pour vous & pour Sarah – Sa nouvelle liberté me fait vraiment très plaisir[1].

　　　　　　　　　　　　　　　　　Votre dévouée Clemmie
　　　　　　　　　　　　　　　　　　　　qui vous aime

...

1. Sarah avait obtenu un jugement provisoire le 28 mars 1945 dans sa procédure de divorce d'avec Vic Oliver.

Depuis la conférence de Yalta, la menace d'une domination soviétique en Europe de l'Est était devenue une indéniable réalité. Les relations entre la Grande-Bretagne et l'Union soviétique étaient si tendues sur la question polonaise[1] *que Winston avait de réelles inquiétudes à l'idée de laisser Clementine partir pour la Russie. Mais sa visite était aussi l'occasion de remplacer les habituelles mines renfrognées par des sourires.*

À son arrivée, il y avait pour l'accueillir M. et Mme Maisky[2]*, Sir Archibald Clark Kerr, notre ambassadeur*[3]*, et Averell Harriman, l'ambassadeur des États-Unis.*

1. Le 27 mars, 14 dirigeants polonais représentant tous les partis non communistes avaient été arrêtés après avoir été conduits dans un établissement militaire soviétique près de Varsovie sous promesse de sauf-conduit ; ils furent par la suite internés à Moscou et jugés à la mi-juin 1945.
2. Ivan Mikhailovich Maisky (1884-1975), ancien ambassadeur à Londres de 1932 à 1943, et sa femme Agnes. CSC avait eu de nombreux contacts avec Madame Maisky en relation avec son fonds d'aide à la Russie. « Agnes » pouvait être assez brusque –

la délicatesse ne faisait pas partie de ses traits de caractère – mais CSC avait pris l'habitude de lui rendre la pareille et elles devinrent amies.

3. Sir Archibald Clark Kerr, par la suite premier baron Inverchapel (1882-1951). Ambassadeur en URSS de 1942 à 1946.

o De Winston [Foreign Office]
2 avril 1945

MAGNIFIQUES ECHOS DE VOTRE DISCOURS ET VOTRE ACCUEIL RECUS ICI. EN CE MOMENT ETES LA SEULE LUEUR DES RELATIONS ANGLO-RUSSES. TOUT MON AMOUR. VOUS FAIS SUIVRE LETTRE DE MARY.

o De Winston [Foreign Office]
4 avril 1945

RAVI DE RECEVOIR VOS DEUX LETTRES DU CAIRE ET TOUS LES ECHOS DE VOTRE ACCUEIL. VEUILLEZ SVP TELEGRAPHIER QUOTIDIENNEMENT. JE DEMANDE A AMBASSADEUR DE ME TENIR INFORME DE VOS CONTACTS A MOSCOU. AI ETE EXTREMEMENT ACCAPARE PAR DIVERSES SITUATIONS ET N'AI PAS EU LA POSSIBILITE D'ECRIRE MAIS TELEGRAPHIERAI DE NOUVEAU DEMAIN. SUIS SUR QUE VOUS COMPRENDREZ QUE COMME TOUS CES TELEGRAMMES SONT CODES ET DECODES JE NE LES RALLONGE PAS EN AJOUTANT LES EXPRESSIONS MISES DANS LETTRES.

W.

o De Clementine Moscou
5 avril 1945

VISITE PROGRESSE FAVORABLEMENT. TRES AGREABLE. MARDI, AI ETE RECUE TRES AIMABLEMENT AU KREMLIN PAR M. MOLOTOV[1]. IL A FAIT ALLUSION AUX DIFFICULTES ACTUELLES MAIS A DIT QU'ELLES PASSERONT ET QUE L'AMITIE ANGLO-SOVIETIQUE DEMEURERA. SUIS ALLEE A L'OPERA HIER. MERCREDI AI VISITE UNE USINE ET AI PARTICIPE A UN BANQUET SPLENDIDE EN MON HONNEUR DONNE PAR M. ET MADAME MOLOTOV. C'ETAIT EXCITANT. ARCHIE [CLARK KERR] EXTREMEMENT AGREABLE ET TRES UTILE. ET HIER LE

GENERAL CATROUX² EST VENU PRENDRE LE THE. AMOUR TENDRE, CLEMMIE.

 1. Vyacheslav Mikhailovich Molotov (V. N. Skriabin) (1890-1986), homme d'État communiste soviétique. Président du Conseil des commissaires du peuple (Premier ministre) de 1930 à 1941 ; ministre des Affaires étrangères de 1939 à 1949 et de 1953 à 1956.
 2. Général Georges Catroux (1879-1969), militaire français éminent et diplomate. Alors ambassadeur de France en URSS, 1945-1948.

o De Winston   Londres
6 avril 1945

SUR VOTRE TELEGRAMME DU 5 AVRIL :
SUIS SOULAGE QUE TOUT SE PASSE BIEN POUR VOUS. AMBASSADEUR VOUS MONTRERA TELEGRAMMES. VOUS PRIE DE TOUJOURS PARLER DE MON VIF DESIR DE POURSUIVRE AMITIE ENTRE PEUPLES BRITANNIQUE ET RUSSE ET DE MA VOLONTE D'Y ŒUVRER AVEC PERSEVERANCE. VOTRE DELICIEUSE LETTRE DU 30 MARS EST ARRIVEE... TOUT MON AMOUR

W.S.C.

o De Winston [dactylographié]   10 Downing Street
6 avril 1945

Ma Clemmie chérie,
Depuis que vous avez été emportée dans le tourbillon de la nuit, j'ai passé des heures extrêmement difficiles. Avec le temps consacré à m'occuper de Bernie Baruch et de tous les Premiers ministres des Dominions, en plus de toutes les tâches qui m'assaillent, je n'ai pas trouvé une minute pour écrire. Nous sommes vendredi, et je viens juste de finir mon petit somme et je pars pour les Chequers, où Smuts passe le week-end avec moi.... J'ai fait en sorte que Sarah soit de service à mes côtés les week-ends où vous ne serez pas là, pour veiller au confort de nos différents hôtes officiels.

Mardi dernier Smuts a dîné seul avec moi à l'Annexe. Mercredi j'ai invité à dîner au N° 10 un bon nombre de convives liés à la finance, dont le chancelier de l'Échiquier¹, le Gouverneur de la Banque [d'Angleterre]², Lord Keynes³, Max [Beaverbrook] et Brendan [Bracken], pour entendre ce que Baruch avait à dire, et qui a beaucoup de poids.... Mes amis susmentionnés ont été d'accord avec une bonne partie de ses propos « revigorants ». Mais je n'arrête pas de me poser toutes sortes de questions empoisonnantes. Comment allons-nous équilibrer notre Budget ? Comment allons-nous placer nos exportations là où on veut d'elles ; et comment allons-nous compenser par les échanges tous les placements à l'étranger que nous avons liquidés ; et comment allons-nous acheter les denrées qui nous manquent, etc. ?....

Le Président [Roosevelt] m'a fait parvenir plusieurs messages par Baruch, et maintenant qu'Harry [Hopkins] est malade et que Byrnes[4] a démissionné, mon malheureux ami est très seul et, selon ce qu'on m'en dit, privé d'une grande partie de sa vigueur. Parmi les télégrammes que je reçois de lui, il est évident que beaucoup émanent en fait de son entourage. Cependant hier il a rédigé un télégramme, que peut-être Archie [Clark Kerr] vous a montré, comme je lui ai dit de le faire, qui se termine indubitablement sur une note qui rappelle le feu qui autrefois brûlait en lui et traite du sujet le plus explosif que j'aie jamais vu dans les relations diplomatiques. J'ai dit à Archie de vous tenir parfaitement au courant, mais il est inévitable que cela prenne fin quand vous quitterez Moscou. Vous n'aurez pas accès au chiffre, et pas mal de tout cela est de la dynamite. Il en va de même pour les lettres. Je n'ose pas écrire en toute liberté parce que je ne sais pas comment les lettres seront acheminées de Moscou. Mes télégrammes seront également transmis *en clair* depuis l'Ambassade. Or vous connaissez l'ampleur de nos difficultés à propos de la Pologne, de la Roumanie, et de cette nouvelle querelle sur ces insinuations de négociations. J'ai bien l'intention de persévérer, mais c'est très difficile.

Ce qui m'intrigue c'est la contradiction. Il ne fait aucun doute que votre visite donne lieu à un plaisir sincère. Gousev[5] est passé au ministère des Affaires étrangères hier ; Anthony [Eden] pensait que c'était pour entamer une longue diatribe, mais au lieu de cela il a consacré de longs moments à transmettre un message de son Gouvernement qui faisait votre éloge et celui de votre activité, en demandant s'ils pouvaient vous proposer l'ordre du Drapeau Rouge du Travail, ce qui a bien sûr été approuvé...

J'ai également eu à faire face à une bagarre entre nos États-majors et les Américains, à laquelle j'ai participé avec des télégrammes au Président, à propos d'un changement de plans qu'Eisenhower a introduit sur le Front de l'ouest... Les seules fois où je me dispute avec les Américains c'est quand ils ne nous donnent pas assez l'occasion de nous couvrir de gloire. C'est certes très douloureux pour moi de voir nos armées tellement plus petites que les leurs. J'ai toujours souhaité conserver la parité, mais comment faire contre une nation si puissante et une population presque triple de la nôtre ?....

J'espère que la progression de Montgomery va vider les Boches[6] de Hollande, et que nous y enverrons bientôt de la nourriture. En tout cas cela fait une semaine complète qu'il n'y a pas eu de bombes ni d'explosions[7]. J'ai rapatrié les réunions du Conseil restreint au N° 10[8], et y ai également pris un ou deux repas. Je donne des ordres pour la remise en état de cette résidence, autrement nous ne pourrons jamais l'utiliser cette année....

On a récupéré un unique gros poisson rouge au fond du bassin à Chartwell. Tous les autres ont été volés, ou bien mangés par une loutre. J'ai mis Scotland Yard sur l'affaire pour retrouver le voleur. Je crains que nous ne revoyions jamais nos malheureux poissons...

La plupart des membres de mon Gouvernement sont partis ou sur le point de partir dans différents pays sous un prétexte ou un autre.... Je suis pour ma part en pleine forme, mais je n'ai pas trouvé une minute à consacrer aux deux ou trois livres de chevet qui m'attendent. En fait j'ai pris beaucoup de retard dans mes Dossiers courants ce week-end.

Il a aussi fallu que je m'occupe des questions du Parti [conservateur]. Nous avons quelque 540 candidats déjà choisis, et il est fort possible que les Élections aient lieu fin juin ou en juillet. Tout le monde se résigne devant cette perspective désagréable.

Hier soir j'ai offert un dîner... de trente-cinq convives dans la grande salle à manger du N° 10 aux représentants des Dominions, aux membres du Cabinet de guerre, aux Chefs d'État-major, entre autres. Tout le monde était d'une humeur joviale... Il ne fait aucun doute que le vent de la Victoire est grisant. Tous ces hommes venus des quatre coins de l'Empire arrivent les yeux brillants d'admiration, et n'ont que des éloges pour notre conduite pendant ces terribles années. Le sentiment que la fin approche peut-être en Europe enflamme tous les esprits, et nous donnera, j'en suis sûr, l'élan nécessaire pour surmonter toutes les tâches et toutes les incertitudes qui nous attendent....

Mercredi prochain Le Roi vient le soir, et ce sera je suppose le dernier de nos dîners du Cabinet de guerre[9], que je crois pouvoir qualifier de célèbre. Le mercredi suivant Mary Marlborough [épouse du dixième duc, « Bert »] m'a invité à dîner au Buck's Club, où l'ambiance sera aux réjouissances.

Je crains que ma lettre ne présente mes activités d'une façon totalement décousue. Comme le note Mark Twain dans son journal : « Me suis levé, lavé, suis allé me coucher. » Avec le recul des jours qui passent, il semble n'y avoir guère plus.

Pourtant regardez les questions qui vont inévitablement se poser et le nombre de décisions qu'il va falloir que je prenne tout seul pour la formation du nouveau Gouvernement[10], avec tous les crève-cœur que cela implique pour moi. Cependant pour l'instant tout le monde semble parfaitement prêt à s'entendre dire s'il sort ou s'il rentre et où il va....

J'envoie un appel aux députés et aux candidats pour qu'ils reviennent et quittent tous les fronts sauf s'ils sont réellement engagés dans des combats....

– – –

Lundi matin.
9 avril

Pendant le week-end j'ai reçu beaucoup de bonnes nouvelles de vous venues de Moscou, et Clark Kerr télégraphie que votre visite là-bas a fait le plus grand bien à un moment extrêmement difficile.... J'espère que vous allez être raisonnable et ne pas en faire trop. Insistez pour avoir des journées de repos. Ils comprendront. Autrement la gentillesse pourrait vous tuer. La Presse soviétique fait un grand battage autour de votre visite....

Je crois qu'il ne fait guère de doute que le Gouvernement va se désagréger incessamment[11]. Bevin a fait un discours très hostile (auquel Brendan [Bracken] a répondu aujourd'hui), et il est évident qu'il ne veut plus collaborer avec nous. D'une manière générale, les hommes de Parti ont hâte de s'en prendre les uns aux autres, et les choses en sont au point que la vie au sein du Conseil va devenir désagréable et risque de mener à l'inefficacité. Les avancées prodigieuses que nous avons faites en Allemagne pourraient bien précipiter la rupture. J'envisage les Législatives à la mi-juin, avec l'annonce de la dissolution en mai....

✎ Ma chérie à moi je pense constamment à vous & je suis si fier de vous. Vtre personnalité atteint les gdes masses & touche leur cœur. Avec tout mon amour & une suite ininterrompue de baisers.

Je reste à jamais vtre mari dévoué
W

...

1. Sir John Anderson (voir p. 552 n. 7), chancelier de l'Échiquier de 1943 à 1945.

2. Thomas Catto, premier baron Catto (1879-1959), gouverneur de la Banque d'Angleterre de 1944 à 1949.

3. John Maynard Keynes, premier baron Keynes (1883-1946), économiste distingué. Chef de la délégation britannique à la conférence de Bretton Woods, qui institua le Fonds monétaire international.

4. James Francis Byrnes (1879-1972), Secrétaire d'État américain (aux Affaires étrangères) de 1945 à 1947.

5. Feodor Tarassovitch Gousev (1905-1987), qui succéda à Maisky comme ambassadeur d'URSS en Grande-Bretagne en 1943.

6. Churchill écrit « the Boche ». [ndt]

7. La dernière (1 050e) fusée V-2 atteignit l'Angleterre le 27 mars 1945, jour où sa base de lancement fut détruite par un bombardement aérien allié.

8. Les réunions du Conseil avaient eu lieu dans les Cabinet War Rooms souterraines tant que subsistait un risque de bombardement. Voir p. 562 n. 2.

9. En 1944-1945 le roi dîna avec WSC et ses collègues du Cabinet de guerre dans la salle à manger fortifiée du rez-de-chaussée du N° 10 à six reprises, qui sont commémorées sur une plaque apposée dans la pièce.

10. Il était prévu qu'à la suite de la victoire en Europe un nouveau gouvernement « chargé d'expédier les affaires courantes » soit constitué par WSC, en qualité de chef de file du Parti conservateur majoritaire, en attendant les élections législatives.

11. WSC avait espéré le maintien de l'unité politique jusqu'à la défaite de tous nos ennemis, mais il admettait désormais que le gouvernement de coalition du temps de guerre serait dissous dès la victoire en Europe (qui approchait alors rapidement).

Au cours de la semaine qu'elle passa à Moscou avant d'entamer sa tournée, Clementine s'acquitta d'un programme chargé de visites dont le point culminant fut sa rencontre avec le maréchal Staline. Elle lui remit un stylo à encre en or comme cadeau de la part de Winston : « mon mari me demande de vous faire part de son espoir qu'il vous servira à lui écrire de nombreux messages amicaux ». Ma mère m'a raconté qu'il avait accepté le cadeau en souriant, mais qu'il lui avait répondu : « Je n'écris qu'avec un crayon^1... »

La nuit du 8 avril, Clementine et ses compagnons de voyage embarquèrent à bord du train spécial mis à leur disposition par le gouvernement soviétique pour un périple de presque un mois.

1. De Clementine Churchill, *My Visit to Russia*, un fascicule publié par Hutchinson en 1945 et vendu au profit de son fonds d'aide à la Russie (« Mrs Churchill's Aid to Russia Fund »).

o De Clementine   Leningrad
[9 ou 10 avril 1945]

LENINGRAD EST SANS DOUTE LA PLUS BELLE VILLE QUE J'AIE JAMAIS VUE. SOMMES INSTALLEES DANS UNE VILLA RAVISSANTE EN BANLIEUE ET ALLONS ENTAMER NOTRE TOURNEE. NOS SOIREES TRANQUILLES TOUS LES DEUX ME MANQUENT. MERCI DE FAIRE SUIVRE TOUS MES TELEGRAMMES A MARY PAR LA POSTE ET DE LUI DIRE QU'ELLE EST CONSTAMMENT DANS MES PENSEES. TOUT MON AMOUR.

CLEMMIE

o De Clementine   Leningrad
[11 avril 1945]

HIER NOUS AVONS VISITE UN INSTITUT SCIENTIFIQUE SPECIALISE DANS LA SANTE DES ENFANTS. DANS L'HOPITAL ATTENANT NOUS AVONS VU DE NOMBREUX ENFANTS QUE L'ON TENTAIT DE RAMENER A LA SANTE APRES LA LONGUE FAMINE DU SIEGE DE LENINGRAD[1].... LA NEVA EST TOUJOURS RECOUVERTE D'UNE FINE COUCHE DE GLACE MAIS LE TEMPS EST SPLENDIDE.... LE MAIRE NOUS A RENDU VISITE ET A PORTE UN TOAST A VOTRE SANTE. APRES QUOI, IL NOUS A EMMENEES AU BALLET.... LES FUSEES ONT-ELLES CESSE ? BAISERS.

CLEMENTINE

1. Du 8 septembre 1941 au 27 janvier 1944.

o De Winston   [Foreign Office]
13 avril 1945

TRES CONTENT DE VOIR QUE VOTRE VISITE A LENINGRAD ETE SI AGREABLE ET INTERESSANTE. DECORATION MARY PARUE AU J.O. AVEZ PEUT-ETRE VU QUE LE MALHEUREUX TOM MITFORD[1] EST MORT DE SES BLESSURES, ET BASIL DUFFERIN[2] ETE TUE. ICI TOUT EST CALME SAUF LA POLITIQUE. AVEC MON AMOUR. VIENS D'ENTENDRE TRISTE NOUVELLE DE LA MORT DU PRESIDENT ROOSEVELT[3].

1. Thomas Mitford (voir p. 581 n. 15), seul fils du second baron Redesdale, mort en Birmanie.
2. Basil Hamilton-Temple-Blackwood, quatrième marquis de Dufferin et Ava (1909-1945).
3. WSC reçut la nouvelle de la mort du président à minuit le 12 avril.

Clementine apprit la nouvelle de la mort du président Roosevelt l'après-midi du 13 avril lors d'un bref passage à Moscou, en route vers Stalingrad ; elle se rendit à l'ambassade de Grande-Bretagne et eut une courte conversation téléphonique avec Winston avant de reprendre son périple.

o De Winston   Londres
14 avril 1945

... VOUS NE M'AVEZ TOUJOURS PAS ENVOYE LE RECIT DE VOTRE ENTRETIEN AVEC STALINE. TOUTES MES FELICITATIONS POUR VOS DECORATIONS[1]. AU DERNIER MOMENT AI DECIDE NE PAS ALLER AUX OBSEQUES DE ROOSEVELT EN GRANDE PARTIE A CAUSE DE CE QUI SE PASSE ICI. ANTHONY [EDEN] Y EST ALLE A MA PLACE. AI RECU TRES SYMPATHIQUE TELEGRAMME DU PRESIDENT TRUMAN[2] ENTAMANT NOS RELATIONS DANS LES MEILLEURES CONDITIONS. W.S.C.

1. CSC fut reçue dans l'ordre du Drapeau Rouge du Travail et Miss Johnson se vit décerner la médaille du Travail.
2. Harry S. Truman (1884-1972), 33e président des États-Unis, de 1945 à 1952. Élu sénateur démocrate du Missouri en 1934, vice-président en 1944. Devint président à la mort de Roosevelt, en avril 1945, et fut réélu pour un deuxième mandat en novembre 1948.

o De Clementine   Kislovodsk
[17 avril 1945, 13 h 50]

M. PIGALEV LE PRESIDENT DU CONSEIL DE STALINGRAD VOUS TRANSMET SES SALUTATIONS ET VOUS FAIT PART DE SES VŒUX SINCERES D'AMITIE ENTRE NOS DEUX PAYS.... LA POPULATION NORMALE DE STALINGRAD EST D'UN DEMI-MILLION ET IL Y A ENCORE TROIS CENT MILLE PERSONNES QUI VIVENT ICI. ON A RECONSTRUIT DEUX GRANDES USINES QUI PRODUISENT DE L'ACIER ET DES TRACTEURS ET EMPLOIENT

ENVIRON TRENTE MILLE PERSONNES. ILS ONT RECONSTRUIT QUELQUES ECOLES QUI FONCTIONNENT AVEC DEUX GROUPES D'ELEVES QUI SE RELAYENT. LA CAPACITE HOSPITALIERE EST EXTREMEMENT LIMITEE MAIS ILS RECONSTRUISENT LES HOPITAUX AUSSI VITE QUE POSSIBLE. NOUS AVONS VU UN VILLAGE PREFABRIQUE EN COURS D'EDIFICATION QUI ACCUEILLERA VINGT MILLE PERSONNES. ILS RECONSTRUISENT LEURS VILLES AVEC LE MEME ESPRIT DE DETERMINATION QUE CELUI AVEC LEQUEL ILS ONT COMBATTU LES ALLEMANDS[1].... TOUT MON AMOUR.

CLEMMIE

1. La bataille de Stalingrad dura du 13 septembre 1942 au 2 février 1943.

o De Clementine   Kislovodsk
[17 avril 1945, 20 h 08]

NOUS SOMMES ARRIVEES DANS LE CAUCASE ET FAISONS ETAPE DANS UNE JOLIE VILLE DE CURE SITUEE DANS UNE HAUTE VALLEE ENTRE DEUX CHAINES DE MONTAGNES.... ELLE A ETE OCCUPEE PAR LES ALLEMANDS PENDANT CINQ MOIS AU COURS DESQUELS ILS ONT MIS A MORT DE NOMBREUX MEDECINS ET SCIENTIFIQUES DE RENOM. ON M'A DIT QU'ILS AVAIENT EMPORTE CERTAINS DES APPAREILS DE RADIOSCOPIE FINANCES PAR MON FONDS. JE LES REMPLACERAI BIEN ENTENDU ET J'ESSAYERAI AUSSI DE FAIRE FACE A CERTAINS DE LEURS AUTRES BESOINS.... BAISERS.

CLEMMIE

o De Clementine   Kislovodsk
[18 avril 1945]

HIER SOIR, NOUS SOMMES ALLEES AU THEATRE LOCAL OU ON JOUAIT UNE COMEDIE VIVE ET AMUSANTE.... LE PUBLIC S'EST MONTRE ENTHOUSIASTE DANS SON ACCUEIL ET NOUS A LANCE DES BOUQUETS DE VIOLETTES DE LA GALERIE. NOUS AVONS PASSE LA MATINEE A VISITER DES SANATORIUMS PLEINS DE SOLDATS DE L'ARMEE ROUGE GRAVEMENT BLESSES. LA VILLE ENTIERE EST LA POUR NOUS ACCUEILLIR A CHACUNE DE NOS SORTIES ET JE SUIS EN PERMANENCE

ETONNEE ET TOUCHEE PAR TANT D'ENTHOUSIASME.... JE VEUX QUE VOUS SACHIEZ QUE CE SENTIMENT IMMENSEMENT CHALEUREUX EST DE TOUTE EVIDENCE GENERAL.... BAISERS.

CLEMMIE

o De Winston Londres
19 avril 1945

SARAH ET MOI AVONS ASSISTE AU SERVICE RELIGIEUX POUR ROOSEVELT A ST PAUL, TRES IMPRESSIONNANT. ICI TEMPS BEAU ET PRINTANIER. TOUT LE MONDE S'EN ETONNE AUTANT QUE DE LA RAPIDITE DE L'INVASION DE L'ALLEMAGNE. MA TACHE A ETE TRES LOURDE, MAIS LA CHAMBRE DES COMMUNES ME TRAITE BIEN.... VOUS ENVOIE GROS BAISERS DE TOUS.

o De Winston [Foreign Office]
20 avril 1945

RAVI DE RECEVOIR VOTRE TELEGRAMME DE KISLOVODSK ET D'APPRENDRE TOUTE LA GENTILLESSE MANIFESTEE A VOTRE ENDROIT PAR PEUPLE RUSSE. DANS L'AMITIE DE NOS DEUX PEUPLES RESIDE LE PLUS GRAND ESPOIR DU MONDE. ICI SOMMES TOUS CHOQUES PAR REVELATIONS HORRIBLES DE CRUAUTE ALLEMANDE DANS CAMPS DE CONCENTRATION. GENERAL EISENHOWER M'A INVITE A ENVOYER DELEGATION PARLEMENTAIRE. AI ACCEPTE AUSSITOT ET ELLE PART DEMAIN. ILS VONT ALLER SUR PLACE ET CONSTATER LES HORREURS PAR EUX-MEMES – MACABRE MISSION.... NELLIE PROFONDEMENT INQUIETE POUR GILES[1], QUI A ENCORE ETE DEPLACE DANS ENDROIT SECRET AVEC LES AUTRES. GROS BAISERS DE NOUS TOUS.

1. Giles Romilly (1916-1967), fils aîné de Nellie Romilly.

o De Clementine   Rostov-sur-le-Don
[20 ou 21 avril 1945]

HIER NOUS AVONS VISITE ESSENTUKI ET PYATIGORSK, DEUX AUTRES VILLES DE CURE. LE CAUCASE TOUT ENTIER EST REMPLI D'HOPITAUX ET DE SANATORIUMS POUR RAMENER LES BLESSES DE L'ARMEE ROUGE A LA SANTE.... LES ALLEMANDS ONT DETRUIT TRES PEU DE BATIMENTS MAIS A PYATIGORSK ILS ONT FUSILLE CINQ MILLE CIVILS DONT CENT MEDECINS ET SCIENTIFIQUES ET DE NOMBREUSES FEMMES ET ENFANTS ET ILS ONT AUSSI BRULE UNE IMPORTANTE BIBLIOTHEQUE DE REFERENCE QUI CONTENAIT CENT CINQUANTE MILLE LIVRES. ICI AUSSI, LA POPULATION NOUS A ACCUEILLIES EN GRAND NOMBRE.... IL SEMBLE QUE LES EVENEMENTS SOIENT SUR LE POINT D'ATTEINDRE LEUR CONCLUSION A L'OUEST MAIS NOUS N'AVONS PAS DE NOUVELLES PLUS PRECISES. BAISERS.

CLEMMIE

o De Winston   Foreign Office
21 avril 1945

VIENS DE PASSER LA JOURNEE A BRISTOL A DECERNER DES DOCTORATS HONORIFIQUES[1] A BEVIN ET A.V. ALEXANDER[2]. FOULE FORMIDABLE ET EN LIESSE. AI AUSSI ETE FAIT CITOYEN D'HONNEUR DE LA VILLE. BEAUCOUP DE QUESTIONS SUR VOTRE CIRCUIT. LA GUERRE VA TRES VITE EN ALLEMAGNE MAIS C'EST AUX CHEFS SUR LE TERRAIN DE NOUS PREVENIR QUAND LA FORCE DE RESISTANCE DE L'ENNEMI SERA ANEANTIE ET QUAND SERA VENU LE TEMPS DE POURCHASSER LES CRIMINELS DE GUERRE... NOUS NE VOULONS PAS DE REJOUISSANCES PREMATUREES ET IL NE FAUT JAMAIS OUBLIER LA LUTTE AVEC LE JAPON QUI NOUS ATTEND. UNE INTENSE REVULSION A SUIVI LES REVELATIONS DES BRUTALITES ALLEMANDES DANS LES CAMPS DE CONCENTRATION. ILS N'ONT PAS EU LE TEMPS DE FAIRE DISPARAITRE LES TRACES. RAVI DE VOIR QUE VOTRE CIRCUIT CONTINUE D'ETRE UN SUCCES. L'APPAREIL [UN SKYMASTER] SERA A VOTRE DISPOSITION A PARTIR DU 1er MAI. TOUT MON AMOUR. WINSTON.

1. WSC était chancelier honoraire de l'université de Bristol depuis 1929.
2. Albert Victor Alexander, ensuite premier comte Alexander de Hillsborough (1885-1965), député travailliste, soldat et prédicateur baptiste séculier. Premier lord de l'Amirauté de 1929 à 1931, de 1940 à 1945 et en 1945-1946. Ministre de la Défense de 1947 à 1950. Président du groupe des pairs travaillistes à la Chambre des lords à partir de 1955.

o De Clementine   Rostov-sur-le-Don
[21 avril 1945]

HIER NOUS AVONS TOUS PRIS UN JOUR DE REPOS A PYATIGORSK.... NOUS SOMMES MAINTENANT ARRIVES A ROSTOV... QUI HELAS A ETE TRES GRAVEMENT ENDOMMAGEE PAR LES ALLEMANDS. TOUS LES PONTS SUR LE DON ONT ETE DETRUITS ET NOUS AVONS TRAVERSE SUR UN PONT PROVISOIRE. LE PRINCIPAL OBJECTIF DE NOTRE VISITE ICI EST DE VOIR LES DEUX HOPITAUX QUE MON FONDS EQUIPE ACTUELLEMENT.... BAISERS.

CLEMMIE

o De Winston   Chequers
23 avril 1945

JACK [CHURCHILL], QUI ETAIT ALLE A WEYMOUTH AVEC PEREGRINE [SON FILS CADET], A EU UNE CRISE CARDIAQUE AU YACHT-CLUB HIER. IL VA MIEUX ET HORDER[1] QUI EST ALLE L'EXAMINER S'EST OCCUPE DE LE FAIRE RAMENER A LONDRES EN AMBULANCE DEMAIN.... SON ETAT EST SERIEUX MAIS IL Y A UN BON ESPOIR DE STABILISATION....

2. NELLY EST VENUE ME VOIR PROFONDEMENT INQUIETE POUR GILES, QUI AVEC LORD LASCELLES[2] ET D'AUTRES PERSONNAGES DE MARQUE[3] A ETE DEPLACE DE SON CAMP DE PRISONNIERS EN ALLEMAGNE QUELQUES HEURES AVANT L'ARRIVEE DES LIBERATEURS AMERICAINS ET EMMENE VERS UNE DESTINATION INCONNUE, SANS DOUTE COMME OTAGE. IL N'Y A RIEN A Y FAIRE CAR CELA AJOUTERAIT AU DANGER QU'ILS COURENT SI NOUS MONTRIONS QUE CELA NOUS TIENT A CŒUR.

3. SARAH EST VENUE AVEC MOI A BRISTOL... ET EST ACTUELLEMENT ICI AUX CHEQUERS OU NOUS AVONS CAMROSE[4] ET WINANT[5] AVEC NOUS... ANTHONY [EDEN] CABLE

DE WASHINGTON QU'AVERELL [HARRIMAN] A FAIT UN VIBRANT ELOGE DE VOTRE ACTION A MOSCOU ET DIT QUE VOUS AVEZ APPORTE UNE CONTRIBUTION COURAGEUSE ET PLEINE DE TACT AUX RELATIONS INTERNATIONALES. ICI LE TEMPS SPLENDIDE CONTINUE. TOUT MON AMOUR.

WINSTON

1. Thomas Jeeves Horder, premier baron Horder (1871-1955), médecin renommé.
2. Vicomte Lascelles (1923-2011), fils du sixième comte de Harewood et S.A.R. la princesse Mary, neveu du roi George VI. Servit dans les Grenadier Guards au cours de la Deuxième Guerre mondiale, où il fut blessé et fait prisonnier. Succéda à son père en qualité de septième comte en 1947.
3. Prisonniers parents de personnalités publiques importantes qui avaient été isolés à Colditz comme ayant une possible valeur d'échange en tant qu'« otages ».
4. William Berry, premier vicomte Camrose (1879-1954). Président et rédacteur en chef du *Daily Telegraph* et de différents journaux et magazines. Proche collaborateur, ami et soutien de WSC.
5. Gil Winant, ambassadeur des États-Unis (voir p. 626 n. 4).

o De Clementine　　　　　　　　　　　　　　　　　　　　Sébastopol
[23 avril 1945]

AVONS [QUITTE] ROSTOV ET SOMMES MAINTENANT EN ROUTE POUR LA CRIMEE. LA JOURNEE D'HIER A ETE EXTREMEMENT INTERESSANTE. NOUS AVONS VISITE LE SECOND HOPITAL ET AVONS PARTICIPE A UNE CONFERENCE AVEC LES AUTORITES MEDICALES ET SANITAIRES ET NOUS SOMMES MIS D'ACCORD SUR UN GRAND NOMBRE DE POINTS.... AVONS ETE ASSAILLIS PAR DES FOULES AMICALES. PARTOUT NOUS VOYONS DES VISAGES SOURIANTS.... BAISERS. CLEMMIE.

o De Clementine　　　　　　　　　　　　　　　　　　　　Simferopol
[28 avril 1945]

VIENS JUSTE D'ENTENDRE LA SPLENDIDE NOUVELLE DE LA JONCTION DE L'ARMEE ROUGE AVEC LES ALLIES[1] ET SI J'EN JUGE PAR VOTRE DECLARATION A LA RADIO, IL SEMBLE QUE LA FIN SOIT PROCHE. AIMERAIS ETRE AVEC VOUS EN CES JOURS EXTRAORDINAIRES ET PENSE A VOUS CONSTAMMENT. TOUT MON AMOUR.

CLEMMIE

1. À Torgau sur l'Elbe le 26 avril 1945.

o De Winston Londres
2 mai 1945

1. RAVI DE TOUS VOS TELEGRAMMES. SKYMASTER PART CE SOIR POUR VOUS CHERCHER AVEC BEAUCOUP DE DOSSIERS ET DE MESSAGES.... RESTEZ A MOSCOU JUSQU'AU 10 SI VOUS VOULEZ MAIS ENSUITE JE SUIS CONTENT DE SAVOIR QUE VOUS RENTREZ A LA MAISON DIRECTEMENT.... PLUSIEURS CRISES ARRIVENT A LEUR DENOUEMENT ET COMME VOUS LE SAVEZ NOS DEUX GRANDS ENNEMIS SONT MORTS[1]. MES CHARGES ONT ETE EXTREMEMENT LOURDES CAR JE M'OCCUPE DES COMMUNES ET DES AFFAIRES ETRANGERES[2] EN PLUS DES TACHES QUOTIDIENNES NORMALES. MES HEURES DE TRAVAIL SONT INVRAISEMBLABLES MAIS JE VAIS TRES BIEN. IL SEMBLE QUE VOUS N'AYEZ PAS RECU MON TELEGRAMME PARLANT DE LA CRISE CARDIAQUE DE JACK [CHURCHILL] QUI M'A CAUSE BEAUCOUP D'INQUIETUDE. IL SE REMET... JE LE VOIS PRESQUE TOUS LES JOURS.

2. L'AMBASSADEUR VOUS MONTRERA MES ECHANGES DE TELEGRAMMES AVEC STALINE. NOS RELATIONS PERSONNELLES SONT ACTUELLEMENT TRES BONNES MAIS IL Y A BEAUCOUP DE DIFFICULTES COMME VOUS LE VERREZ. VEUILLEZ SVP EXPRIMER A STALINE PERSONNELLEMENT MES SENTIMENTS CORDIAUX EN PRECISANT QUE JE SUIS ABSOLUMENT RESOLU A PARVENIR A UNE PARFAITE ENTENTE ENTRE LE MONDE ANGLOPHONE ET LA RUSSIE, DONT LA PERPETUATION AU FIL DES ANS CONSTITUE LE SEUL ESPOIR POUR LE MONDE. AVEC MON TENDRE AMOUR.

WINSTON

1. Mussolini avait été exécuté par des partisans le 28 avril ; Hitler se suicida à Berlin dans le bunker de la chancellerie le 30 avril.
2. Le secrétaire d'État aux Affaires étrangères, Anthony Eden, était à San Francisco pour la conférence inaugurale de l'ONU.

o De Clementine   Odessa
[2 mai 1945]

SOMMES A ODESSA ET AVIONS L'INTENTION DE RESTER ICI DEUX JOURS, MAIS RESTERONS JUSQU'A CE SOIR POUR POUVOIR RENCONTRER DAVANTAGE DE NOS PRISONNIERS DE GUERRE[1] AVANT DE PARTIR POUR MOSCOU... C'EST UNE JOLIE VILLE MAIS ON VOIT PARTOUT LES MEMES MARQUES DOULOUREUSES DE DESTRUCTION.... NOUS VENONS JUSTE D'ENTENDRE QU'HITLER ETAIT MORT.... TOUT MON AMOUR. CLEMMIE.

1. Il y avait à Odessa quelque 250 prisonniers de guerre britanniques qui avaient été libérés par l'Armée rouge et attendaient leur rapatriement. [ndt]

o De Winston   Foreign Office
3 mai 1945

GILES [ROMILLY] LIBERE SAIN ET SAUF. JOHNNY DODGE[1] EST POUR SA PART REVENU. LA VICTOIRE DU [MARECHAL] ALEXANDER A CONDUIT A CE QU'UN MILLION D'ALLEMANDS SOIENT FAITS PRISONNIERS.

1. Beau-fils du cousin de WSC, Lionel Guest, fils du premier baron Wimborne.

o De Winston   [Foreign Office]
5 mai 1945

J'APPRENDS QUE VOUS DEVEZ ARRIVER A MOSCOU LE 5.... L'AMBASSADEUR A MA SANCTION POUR VOUS MONTRER LES TELEGRAMMES QUI EXPLIQUENT LA SITUATION. IL SEMBLE QUE VOUS AYEZ FAIT UNE TOURNEE TRIOMPHALE. SI SEULEMENT LES CHOSES POUVAIENT SE REGLER ENTRE VOUS ET LA POPULATION ORDINAIRE DE RUSSIE. CEPENDANT IL Y A BIEN D'AUTRES ASPECTS DE LA QUESTION EN DEHORS DE CEUX QUE VOUS AVEZ VUS SUR PLACE....

2. JACK [CHURCHILL] VA TRES MAL ET LES PROCHAINS JOURS SERONT CRITIQUES VOIRE DECISIFS.

3. C'EST ETONNANT QUE L'OPINION PUBLIQUE NE SOIT PAS PLUS OPTIMISTE. AU COURS DES TROIS DERNIERS JOURS NOUS

AVONS APPRIS LA MORT DE MUSSOLINI ET D'HITLER ; ALEXANDER A FAIT UN MILLION DE PRISONNIERS DE GUERRE ; MONTGOMERY EN A FAIT 500 000 AUTRES HIER ET NETTEMENT PLUS D'UN MILLION AUJOURD'HUI ; TOUTE L'ALLEMAGNE DU NORD-OUEST, LA HOLLANDE ET LE DANEMARK DOIVENT SE RENDRE DEMAIN A L'AUBE, AVEC TOUTES LES TROUPES ET TOUS LES NAVIRES, ETC. ; LE LENDEMAIN LA NORVEGE, ET JE CROIS QUE LES SOUS-MARINS VONT ABANDONNER LA LUTTE ; ET NOUS SOMMES TOUS ACCAPARES ICI PAR LES PREPARATIFS DE LA JOURNEE DE LA VICTOIRE EN EUROPE. EN MEME TEMPS JE N'AI GUERE BESOIN DE VOUS PRECISER QUE DERRIERE CES TRIOMPHES SE TAPISSENT LE POISON DE LA POLITIQUE ET LES MORTELLES RIVALITES INTERNATIONALES. DONC A VOTRE PLACE JE REPARTIRAIS APRES AVOIR REMERCIE MES HOTES AVEC LA PLUS GRANDE AFFABILITE DE LEUR HOSPITALITE. NE TRAINEZ PAS AU-DELA DU 7 OU DU 8 SAUF POUR CAUSE DE METEO. NE PARTEZ EN AUCUN CAS AVEC UNE METEO DEFAVORABLE....

o De Clementine   Moscou
5 mai 1945

SOMMES TOUT JUSTE DE RETOUR A MOSCOU ET AI TROUVE TOUS VOS TELEGRAMMES DONT AUCUN N'AVAIT PU M'ETRE TRANSMIS, DE SORTE QUE JE N'APPRENDS QU'AUJOURD'HUI LA TRES GRAVE MALADIE DE JACK QUI M'ATTRISTE PROFONDEMENT. LES ECRASANTES VICTOIRES D'ALEXANDER ET DE MONTGOMERY ME REMPLISSENT DE JOIE. J'AI HATE D'ETRE AVEC VOUS, MAIS NOUS AVONS QUELQUES OBLIGATIONS A REMPLIR ET QUELQUES POINTS A REGLER APRES QUOI JE M'ENVOLERAI JOYEUSEMENT VERS L'ANGLETERRE.... MALGRE TOUTE CETTE GLOIRE MILITAIRE, JE SAIS QUE VOUS VIVEZ DES MOMENTS HARASSANTS ET PARFOIS TRISTES. JE TELEGRAPHIERAI CHAQUE JOUR.

Le 7 mai, Clementine et Mabel Johnson reçurent leurs décorations des mains de M. Shvernik, premier vice-président du Soviet suprême de l'URSS.

C'était un déchirement pour Clementine que d'être séparée de Winston en ces heures de gloire. En Grande-Bretagne, le 8 mai fut célébré comme le jour de la victoire en Europe (VE Day).

o De Clementine   Moscou
8 mai 1945
  MON CHERI TOUTES MES PENSEES SONT AVEC VOUS EN CE JOUR SUPREME. RIEN DE TOUT CELA N'AURAIT PU ARRIVER SANS VOUS. TOUT MON AMOUR. CLEMMIE.

Le 8 mai, un service religieux impromptu fut organisé à l'ambassade de Grande-Bretagne à Moscou par Mr Frank Roberts[1] (en l'absence de l'ambassadeur). Au déjeuner qui suivit, il y avait parmi les invités Madame Catroux, la femme de l'ambassadeur de France et Monsieur et Madame Herriot[2] ; Herriot venait juste d'être libéré par les troupes russes de sa prison en Allemagne.

  1. Par la suite Sir Frank Roberts (1907-1998), GCMG, GCVO. Ministre britannique à Moscou de 1945 à 1947. Sous-secrétaire d'État adjoint aux Affaires étrangères de 1951 à 1954 ; ambassadeur en Yougoslavie de 1954 à 1957, en URSS de 1960 à 1962, et en RFA de 1963 à 1968. Auteur de *Dealing with Dictators*, paru en 1991.
  2. Édouard Herriot, ancien président du Conseil (voir p. 369 n. 1, lettre du 10 janvier 1925). Il était resté en France après la capitulation. Mis en résidence surveillée, il fut par la suite déporté en Allemagne. Libéré par les troupes russes en avril 1945.

o De Clementine   Moscou
8 mai 1945
  MON CHERI, ICI A L'AMBASSADE DE GRANDE-BRETAGNE, NOUS AVONS TOUS ECOUTE VOS PAROLES SOLENNELLES. DIEU VOUS BENISSE. M. HERRIOT EST ICI ET VOUS ENVOIE SES SALUTATIONS DEVOUEES.
  ALLELUIA. TOUT MON AMOUR. CLEMMIE.

Le soir du 9 mai – le jour de la victoire en Russie – Clementine fit une intervention à Radio Moscou.

Le 11 mai, elle et ses compagnes de voyage prirent congé de leurs hôtes et s'envolèrent pour l'Angleterre dans le Skymaster. Sarah et moi allâmes à sa rencontre (j'avais été rapatriée d'Allemagne en toute hâte pour être avec mon père à VE+1). Winston était lui aussi à Northolt pour l'accueillir (juste à temps – le Skymaster avait dû faire deux ou trois tours d'attente avant de pouvoir atterrir !).

Chapitre XXIV

À QUELQUE CHOSE MALHEUR EST BON

Le gouvernement de coalition démissionna le 23 mai 1945 et Churchill fut nommé à la tête du nouveau gouvernement (conservateur) de transition chargé d'expédier les affaires courantes jusqu'à ce que les résultats des élections législatives à venir soient connus.

Les élections eurent lieu le 5 juillet, à la suite de quoi il y eut une période d'attente de presque trois semaines pour permettre la collecte des votes de quelque trois millions de militaires, hommes et femmes, dans le monde entier.

Pendant cette pause, Winston, Clementine et moi allâmes passer quelques jours de vacances en France. Winston se rendit ensuite à Potsdam pour la conférence des Trois grands (17 juillet-2 août).

De Winston[1] [Potsdam]
15 juillet 1945

    CIBLE N° 25
    SUIS ARRIVE APRES VOL SECOUE POUR TROUVER DELICIEUX TEMPS ESTIVAL, PLUS CHAUD QU'A HENDAYE. AI UNE MAGNIFIQUE RESIDENCE SURPLOMBANT UN GRAND LAC ET ENTOUREE DE FORETS DE TOUS COTES. BIEN QUE NOUS NE SOYONS PAS TRES LOIN DE BERLIN PAS DE TRACES DE DEVASTATION....

    MON PLUS TENDRE AMOUR. W.

---

1. Archives nationales britanniques (ex Public Record Office), Cabinet Papers 120/193.

De Winston[1] [Potsdam]
18 juillet 1945

LES PREMIERS JOURS DE FORTE CHALEUR ONT ETE SUIVIS DE CIEL GRIS ET D'UNE CHUTE DE 8 DEGRES.

TOUT S'EST BIEN PASSE A L'OUVERTURE POUR L'INSTANT MAIS BIEN SUR NOUS N'AVONS ABORDE AUCUNE DES QUESTIONS SERIEUSES. SOMMES ASSIEGES DANS NOTRE ENCEINTE IMPENETRABLE PAR UNE NUEE DE JOURNALISTES FURIEUX DE NE PAS POUVOIR NOUS ENVAHIR. C'EST IMPOSSIBLE DE SE CONSACRER A DES AFFAIRES D'ETAT SANS SILENCE ET SANS SECRET.

... MARY[2] M'EST D'UN GRAND SOUTIEN. MON TENDRE AMOUR. W.

1. Archives nationales britanniques (ex-Public Record Office), Cabinet Papers 120/193.
2. Je lui servais d'aide de camp.

Churchill rentra à temps pour le résultat des élections le 26 juillet. À midi, il était clair que ce serait une victoire écrasante pour le Parti travailliste[1]. *À 19 h, Churchill se rendit au palais de Buckingham et remit sa démission au roi et, à 19 h 30, le roi invita Clement Attlee à former un nouveau gouvernement.*

Après les élections, les Churchill déménagèrent du 10 et de l'Annexe aussi rapidement que possible. Chartwell était inhabitable et l'achat du 28 Hyde Park Gate n'avait pas encore été finalisé ; Diana et Duncan (Sandys) leur prêtèrent leur appartement à Westminster Gardens.

Dans l'intervalle, « Alex »[2], *toujours gentil et prévenant, mit à leur disposition une villa sur les rives du lac de Côme. Clementine ne souhaitant pas abandonner la tâche qu'elle s'était fixée de remettre Chartwell en état, ce fut Sarah qui accompagna Winston. Il s'envola pour l'Italie avec son entourage*[3] *dans le Dakota d'Alex le 2 septembre.*

1. Les résultats furent les suivants : 393 sièges pour les travaillistes, 213 pour les conservateurs et 12 pour les libéraux. Les travaillistes avaient une majorité de 146 sièges. Les deux candidats de la famille furent battus – Randolph à Preston et Duncan Sandys à Streatham. WSC, quant à lui, l'emporta à Woodford (anciennement Epping) avec une majorité de 17 000 voix sur son unique opposant, un indépendant ; les principaux partis politiques n'avaient pas présenté de candidats contre lui.
2. Maréchal Alexander depuis 1944, alors commandant suprême des forces alliées en Méditerranée. (Voir p. 581 n. 9.)

À QUELQUE CHOSE MALHEUR EST BON

3. Faisaient également partie du voyage Lord Moran, Elizabeth Layton, la secrétaire de WSC, Sawyers, son domestique, et deux détectives.

o De Winston [dactylographié]   Lac de Côme
3 septembre 1945

Ma Clemmie chérie,

Ici, c'est vraiment l'un des endroits les plus agréables et les plus délectables où je me sois jamais trouvé. Il s'agit d'un petit palais presque entièrement couvert de marbre à l'intérieur. Il donne sur le lac, avec des escaliers pour la baignade qu'on atteint par un ascenseur. Il a bien sûr été entièrement modernisé, et a dû être terminé juste avant la guerre, par l'un des riches *commerçants* de Mussolini qui ont pris la fuite... Toutes les dispositions imaginables ont été prises pour notre plaisir et notre confort. Sarah et moi avons des appartements splendides qui occupent un étage entier, avec des baignoires en marbre et l'eau chaude et froide qui coule à flots.

... Hier nous avons traversé les montagnes en auto jusqu'au lac de Lugano, où j'ai trouvé un assez beau sujet de tableau. J'ai bien débuté et espère y retourner demain, en laissant passer une journée. J'ai repéré un autre endroit pour cet après-midi. Ces sujets dépeignant des rives de lac courent le grand risque de dégénérer en « images de carte postale », même s'ils sont exécutés avec maestria.

✍ Je ne cesse de penser à vous. J'espère vraiment que vous ne vous laisserez pas épuiser par la lourde tâche d'emménager dans ces 2 maisons. Prenez tout le repos voulu, je vous en prie.

Avec mon amour le plus profond
Votre mari dévoué
W
...

o De Winston [dactylographié]   Lac de Côme
5 septembre 1945

Ma chérie,

Cela fait trois jours de suite que nous avons un beau soleil, et j'ai deux grands tableaux en cours, l'un représentant le lac de Lugano et l'autre celui d'ici à Côme....

Alex arrive demain, et j'ai vraiment hâte de le voir. Je n'ai que des éloges à faire sur le mal qu'il s'est donné pour rendre mon séjour agréable en utilisant son autorité. Par exemple, je suis gardé par le 4ᵉ Hussards. 24 hommes et deux officiers[1] ont fait plus de 600 kilomètres (je rougis de le dire) depuis l'Autriche pour assurer ma protection personnelle ici...

... Les hommes ont tous été triés sur le volet, mais ils avaient tous grande envie de venir et ils sont particulièrement impeccables et intelligents. Mon aide de camp le Commandant Ogier – il n'a que 24 ans – est extrêmement attentionné et il est infatigable pour organiser les expéditions de peinture et de baignade avec pique-nique au déjeuner. Hier soir le Général Heydeman, qui commande la 2ᵉ Région militaire, est venu dîner. La résidence est théoriquement son QG, bien qu'il ne l'ait jamais utilisée et la garde pour le Maréchal...

Une ambiance de tranquillité absolue et de bonne humeur imprègne ces lacs et vallées magnifiques, que les ravages de la guerre ont épargnés. Pas un seul signe visible dans la campagne, dans les maisons ou le comportement et l'apparence des habitants, pour suggérer que des événements violents aient pu se produire dans le monde. Je suis, bien sûr, immédiatement reconnu, même par un petit groupe de très jeunes filles au milieu des montagnes, et partout on m'applaudit avec des bravos, on me demande des autographes, et ainsi de suite. Les sentiments de la population à l'égard de l'Armée britannique semblent excellents, et j'ai cru comprendre que tout fonctionne sans heurt. Certes, bien sûr, les Italiens savent parfaitement se rendre agréables. Dans ces montagnes, ils forment une belle race, avec énormément de blonds, hommes ou femmes. Les enfants sont bien nourris, et personne ne semble avoir souffert en quoi que ce soit. On voit souvent les Partisans dans leur demi-uniforme les armes à la main. On me dit que dans la région ils étaient très puissants et déterminés, et qu'il n'y avait presque pas d'Allemands, si bien qu'en plus leur action a été couverte de succès. Les gens ont l'air d'avoir gagné la guerre (si guerre il y a eu), et ils me font le V de la victoire avec enthousiasme. Tout ce qu'ils veulent c'est un grand afflux de touristes pour que leur bonheur et leur prospérité soient complets. En attendant ils ont à la place de grands centres de séjour en permission implantés dans les hôtels pour les officiers et les hommes de troupe britanniques, américains, néo-zélandais et sud-africains. Sur la route qui passe près de la maison il y a un grand panneau avec « *American Bar – English spoken* ».

Cela m'a fait un bien infini de venir ici et de reprendre ma peinture. Je me sens mieux en moi-même, et rien ne vient m'inquiéter. Nous n'avons pas reçu de journaux depuis mon départ d'Angleterre, et je n'ai plus la moindre envie d'en tourner les pages. C'est bien la première fois depuis des années que je suis complètement en dehors du monde. La Guerre contre le Japon étant finie² et la paix et la victoire complètes acquises, je ressens une grande impression de soulagement qui va croissant, d'autres que moi étant confrontés aux effroyables problèmes de l'après-guerre. Sur leurs épaules et leur conscience repose le fardeau de la responsabilité de ce qui se passe en Allemagne et en Europe centrale. Peut-être en effet « qu'à quelque chose malheur est bon³ » après tout….

Je suis impatient de savoir comment vous progressez sur vos deux fronts, et si Whitbread⁴ continue de vous donner satisfaction, et quand les prisonniers allemands vont arriver⁵… Comment vont les poules Beaverbrook⁶ ? Ont-elles déjà pondu ?…. Je crains que vous ne soyez très proche de la fin des magnolias aux senteurs de citron.

Le soleil commence à se montrer par instants à travers les nuages, et nous allons donc peut-être avoir un après-midi de peinture.

✍ Chérie une chose ennuyeuse m'est arrivée. Qd j'étais tt petit je me suis fait une hernie & il a fallu que je porte un bandage. J'ai cessé de le mettre avant d'aller à Harrow & j'ai réussi à bourlinguer 60 ans comme cela. Malgré tout elle est revenue ces dix derniers jours. Cela ne fait pas mal, mais il a fallu me remettre un bandage que je devrai porter en dehors du lit pour le restant de mes jours⁷ – Charles [Moran] a fait venir un chirurgien militaire de Rome en avion & il est auprès de nous depuis 3 jours.

J'espère que vous vous reposez bien & que vous ne prenez pas les choses trop au sérieux. Je n'ai toujours pas reçu de lettres ni de journaux & je n'ai pas la moindre idée de ce qui se passe –

Toujours vtre mari qui vous aime
W

…

Sarah fait la joie de <u>tous</u>

---

1. Le commandant John Ogier et le lieutenant (ensuite capitaine) A.D.D. (« Tim ») Rogers. Tim devint un grand ami et nous rendit souvent visite à la maison par la suite.

2. Le Japon capitula le 14 août 1945.

3. Ce sont là les paroles de réconfort plutôt sombres que ma mère adressa à mon père à propos du résultat des élections. En anglais : « *a blessing in disguise* », à quoi Churchill aurait répondu « *It certainly seems very well disguised.* » [ndt]

4. Henry Whitbread, qui travailla pour WSC à Chartwell pendant 18 ans, avant et après la guerre, comme factotum d'extérieur ; il faisait partie de ceux qui lui avaient enseigné l'art de monter les briques. Ancien adjudant de compagnie, et socialiste déclaré, il avait toute l'affection de WSC, qui se reposait beaucoup sur lui.

5. Comme lors de la Première Guerre mondiale, de nombreux prisonniers allemands travaillaient dans des fermes en attendant leur rapatriement.

6. Max Beaverbrook avait offert des poulardes et un coq à WSC/CSC pour contribuer au ravitaillement de Chartwell.
7. En fait WSC fut débarrassé de sa hernie après une opération réussie en juin 1947.

☐ De Clementine   67 Westminster Gardens
6 septembre [1945]

Mes Winston & Sarah chéris

Toujours pas de lettre de l'un ni de l'autre, & je suppose que la mienne prendra tout aussi longtemps pour vous parvenir –

Mais je n'en suis pas moins informée par la presse que vous avez peint 2 tableaux au bord du lac à proximité de votre « villa de trois étages » & que vous sortez parfois en bateau à moteur & que vous vous promenez dans une voiture jaune, & que votre vie privée est respectée, & qu'il y a des gardes autour de la villa, & que vous avez eu des entrevues secrètes avec des royalistes italiens, & qu'il n'y a rien de vrai dans toutes ces rumeurs, & que vous vous asseyez parfois sur la terrasse & que vous discutez avec votre « médecin Lord Moran » & votre « fille Sarah » !

Les ouvriers ont commencé à réparer le toit, etc. de la nouvelle maison [28 Hyde Park Gate], & la presse (l'Evening Standard) s'est introduite de force à l'intérieur & a photographié les pièces & menacé de révéler ce que les travaux vous avaient coûté[1] [dans la marge : je n'arrive pas à comprendre comment ils l'ont découvert] ; mais j'ai téléphoné & je leur ai demandé de ne rien publier & ils y ont renoncé –

Les gens semblent déçus des lenteurs de la démobilisation, mais résignés....

Votre Clemmie
qui vous aime

1. Il y avait une limite aux sommes dépensées pour la réparation des maisons.

o De Winston [dactylographié]   Lac de Côme
8 septembre 1945

Ma Chérie à moi,

Alex et son aide de camp.... viennent de partir après être restés deux jours auprès de nous. J'espère qu'Alex reviendra le week-end prochain. Il a sans aucun doute trouvé beaucoup de plaisir à peindre, et il a produit un très bon tableau si l'on considère que cela fait six ans qu'il n'a pas touché à un pinceau. J'ai désormais quatre tableaux, trois de grand format, bien avancés, et je crois honnêtement qu'ils sont meilleurs que tous ceux que j'ai pu faire jusque-là. J'ai transmis votre message à Alex et il en a été ravi.

La peinture a été pour moi un grand plaisir, et j'ai réellement oublié toutes mes contrariétés. C'est un remède merveilleux, parce qu'on ne peut pas vraiment penser à quoi que ce soit d'autre. Nous sommes samedi, et cela fait une semaine que nous sommes partis. Nous avons reçu des journaux qui vont jusqu'à mercredi. Je les ai regardés en diagonale, et il ne fait aucun doute que nous allons aborder des temps plutôt difficiles. Je n'arrive pas à me persuader que le Gouvernement en fait assez en matière de démobilisation, ni encore moins pour faire redémarrer notre commerce. Je ne sais vraiment pas comment nous allons pouvoir rembourser nos dettes, et il est déjà difficile de voir comment nous allons pouvoir survivre financièrement. Même si nous étions tous unis au sein d'une Coalition, rassemblant toutes les forces de la nation, il se pourrait bien que la tâche soit au-dessus de nos capacités. Cependant, tout cela semble déjà très éloigné de moi sur ce superbe lac, où presque tous les jours sont remplis de soleil et le temps [est] clair et frais....

Si l'on considère à quel point les jours ont été agréables et délicieux, je ne peux pas dire qu'ils ont passé rapidement. Cela semble faire une éternité que je suis arrivé, bien que chaque journée ait été pleine d'intérêt et d'activité. J'ai transformé mon énorme salle de bain en atelier avec des chevalets improvisés, et toute la matinée Alex et moi y avons essayé de mettre les touches finales à nos tableaux d'hier....

Il m'a engagé à rester ici aussi longtemps que j'en ai envie, mais... je suppose que dans une dizaine de jours je serai très désireux de revenir à la maison. Sarah m'a procuré de grandes joies, et elle s'entend bien avec tout le monde. Nous pilotons les hors-bords à tour de rôle. Ils constituent un moyen merveilleux de se déplacer sur le lac, et sont bien moins dangereux que les horribles routes en lacets sur lesquelles les Italiens foncent parfois à toute vitesse sans tenir leur droite dans leurs voitures et leurs camions.

Charles [Moran] joue au golf presque tous les jours. Il y a un très joli terrain ici et il fait des compétitions acharnées avec lui-même ou contre Bogey. Le dévouement avec lequel il s'occupe de moi est profondément touchant....

✍ Ma chérie je pense bcp à vous, & hier soir quand je pilotais le hors-bord pour rentrer il m'est revenu à l'esprit ce que vous me chantiez il y a des années, In the gloaming[1]. Quelle douce chanson & quelle belle mélodie, & comme vous la chantiez magnifiquement dans tout son pathétique. Mon cœur palpitait d'amour en vous sentant proche de moi par la pensée. J'ai des sentiments si tendres pour vous ma chérie, & plus les décors & les jours sont charmants & agréables, plus j'aimerais que vous soyez ici à les partager en me donnant un baiser.

Vous voyez que j'ai presque oublié comment on écrit à la main. Est-ce que mes gribouillis ne sont pas horribles ?

Miss Layton vient d'apprendre de son « petit ami » en Afrique du S. qu'elle doit s'y rendre… immédiatement si possible pour l'épouser. Elle est aux anges…

Toujours vtre mari qui vous aime
W
…

1. Chanson traditionnelle britannique (« Au crépuscule »). [ndt]

☐ De Clementine   67 Westminster Gardens
11 septembre 1945

Mon chéri

Je suis vraiment désolée à propos du bandage herniaire – J'espère qu'il est confortable & ne vous cause pas de soucis. Avez-vous fait un effort ou vous êtes-vous étiré de manière inconsidérée – Et serez-vous quand même en mesure de faire ces exercices qui préviennent si bien les indigestions ? Je vous en prie, prenez bien soin de vous –

J'ai une grande nouvelle. Mary est de retour d'Allemagne pour de bon & a demandé une affectation à Londres ou dans les environs….

Je suis si heureuse de voir dans votre lettre que vous profitez de la beauté des lacs & du confort & de l'élégance de la villa – J'ai reçu une lettre extrêmement amusante de Sarah qui décrivait sa salle de bain couleur abricot, tapissée de miroirs –

Les travaux avancent plutôt lentement, mais je l'espère sûrement, tant à Chartwell qu'à Londres – Whitbread est zélé & minutieux & souriant – Les poules de Max [Beaverbrook] sont magnifiques & ont pondu quelques œufs (très peu) d'un goût exquis, mais tout petits – à peu près de la taille d'un œuf de pigeon…. Mais Moppet [Whyte] dit qu'ils seront bientôt plus gros & plus nombreux –

Toujours pas de prisonniers allemands, ils arriveront après les moissons. Ce sera merveilleux lorsque le camouflage du lac sera parti & le fil barbelé aussi….

Je dois me dépêcher, car votre courrier va partir. Je vous envoie 2 bouteilles de cognac, comme vous me l'avez demandé. J'espère que c'est celui que vous vouliez ?....

Votre Clemmie
qui vous aime

o De Winston [dactylographié]   Lac de Côme
18 septembre 1945

Ma Chérie à moi,

J'espère que vous ne m'en voudrez pas de modifier mes projets. Il a fait si beau et cela semble tellement fait pour durer que l'occasion était trop belle de passer encore quatre ou cinq jours au soleil pour pouvoir résister à la tentation. Alexander a été ravi que son avion ramène Moran et Sarah en Angleterre et revienne pour moi…

Ces 18 jours m'ont vraiment fait un plaisir énorme. J'ai été complètement absorbé par la peinture, et je m'y suis plongé jusqu'à m'écrouler de fatigue. Je n'ai donc eu le temps ni de ronger mon frein ni de me faire du souci, et cela a été une bonne chose d'observer les événements de loin. Je crois que vous serez contente de la série de tableaux, huit en tout, [✎ au-dessus de la ligne : (désormais neuf !)] que j'ai faite. Je les envoie à la maison avec Sarah, qui vous donnera toutes les dernières nouvelles. J'espère que vous pourrez les laisser dans leur emballage jusqu'à mon arrivée, car je brûle d'envie de vous les présenter moi-même un par un, à vous et à Mary. Si bien sûr vous ne tenez plus, je vous pardonnerai. Je suis certain que vous jugerez qu'ils marquent un grand progrès, surtout les derniers. Je suis convaincu qu'au bout de quelques mois supplémentaires de pratique régulière, je réussirai à peindre beaucoup mieux qu'avant….

Montag[1] vient juste de partir, après avoir passé quatre jours avec nous. Ses commentaires sont très précieux. Je ne suis pas entièrement d'accord avec son style, et ce qu'il fait lui-même en peinture est décevant, mais il a des connaissances énormes et on ne peut pas peindre en sa présence sans apprendre….

Je me suis beaucoup lié d'amitié avec les deux jeunes officiers du 4e Hussards. Le Lieutenant, Tim [Rogers], est un sacré personnage, un Irlandais du Sud, passionné par les chevaux[2]. Il va partir en éclaireur devant nous à chaque étape du voyage et nous trouver un endroit pour coucher[3]. Nous suivrons derrière, en faisant un arrêt à chaque fois qu'un paysage m'inspirera. Mon entourage est désormais très réduit. Je n'ai que Sawyers[4] et le Sergent Davies [policier en civil]. Nous sommes tous des hommes, et cela ne va donc pas être difficile pour nous de nous débrouiller tout au long du trajet. Nous avons toutes les voitures que nous voulons à notre disposition...

✍ Sarah a été une grande source de joie. Elle est si prévenante, diplomate, amusante & gaie. Mon séjour ici aurait été gâché ss elle.

Toujours vtre mari qui vous aime
W
...

1. Charles Montag (1880-1956), peintre et amateur d'art d'origine suisse qui passait la plupart de son temps à Paris à organiser des expositions d'art français et à conseiller des collectionneurs privés. WSC fit sa connaissance en 1915, et au fil des ans Montag accompagna souvent WSC dans ses vacances de peinture et lui donna des conseils par lettre. Ils restèrent amis jusqu'à sa mort en 1956.

2. Son père, et lui ensuite, étaient propriétaires des célèbres haras Airlie, près de Dublin. Lorsque WSC constitua son écurie de course Tim lui fut d'un grand secours.

3. L'idée de WSC était de rejoindre Cannes depuis Gênes en voiture avant de repartir en Angleterre, en suivant la Riviera avec un entourage beaucoup plus réduit et en s'arrêtant en chemin pour peindre.

4. Frank Sawyers, valet de chambre et majordome de WSC de 1939 à 1946. Il suivit WSC partout pendant la guerre, et malgré son apparence quelque peu timorée il endura vaillamment toutes les vicissitudes qu'il rencontra. Il s'occupait de WSC comme une nounou dévouée et se vit décerner la médaille de la Défense dans la liste des personnalités recommandées pour une décoration par WSC à l'occasion de sa démission, en août 1945.

☐ De Clementine   67 Westminster Gardens
Vendredi 21 septembre 1945

Mon Winston chéri

C'était merveilleux de voir Sarah aussi bronzée & en forme ; mais je suis contente que vous ayez prolongé vos vacances & que vous voyagiez tranquillement en voiture le long de cette côte que vous aimez tant – J'ai hâte de voir les tableaux, mais je ne cède pas à la tentation d'y jeter un coup d'œil avant que vous arriviez....

Mary a maintenant un travail à... Londres, où elle s'occupe de la démobilisation des ATS. Elle a commencé il y a deux jours, mais elle peut passer nous voir le soir....

Votre Clemmie
qui vous aime

o De Winston [dactylographié]   Villa Sous le Vent[1]
24 septembre 1945   Antibes

Ma chérie,

Voici un petit compte rendu de mes activités.

Nous avons rejoint Gênes en quatre heures de voiture [depuis Côme] en traversant des paysages adorables avec une vue particulièrement frappante de Pavie au-delà du Tessin et nous sommes arrivés à la nuit tombée pour y trouver le colonel britannique responsable de la région installé dans le palais de marbre qui appartenait à Pirelli[2].... Il est perché sur un promontoire rocheux qui surplombe la mer et le lieu de baignade où j'ai trouvé une magnifique eau claire du vert le plus pâle à essayer de peindre. J'ai travaillé dur pendant deux jours pour rendre l'illusion de la transparence et vous jugerez en voyant le résultat dans quelle mesure j'y suis parvenu.

Le temps était délicieux et cela me semblait très stupide de rentrer à la maison le 24. En conséquence, nous avons envoyé Tim Rogers (Lt.) et le commandant John Ogier au-devant de nous en reconnaissance dans l'État neutre de Monaco. Leur rapport a été plus que positif et le directeur de l'hôtel qui n'est qu'à moitié plein a été ravi de nous recevoir à des conditions raisonnables.... Chacun des ponts importants qui enjambaient les vallées qui mènent à la mer a été réduit en poussière par les bombardements ou l'artillerie navale et il a fallu que nous fassions toutes sortes de crochets. Néanmoins nous avons fait la route en cinq heures pour arriver à Monte-Carlo, où tout baigne dans le luxe. La place située devant l'hôtel et le Casino est absolument déserte et elle semble morte mais les *Monégasques* sont venus en foules pour me souhaiter la bienvenue avec le plus grand enthousiasme chaque fois que l'occasion se présentait. Nous avons pris nos repas sur la véranda qui fait face au Casino mais je n'ai jamais franchi les 80 pas qui me séparaient de cette institution que rien ne peut détruire....

Le Général Eisenhower a envoyé son aide de camp m'accueillir à mon arrivée, en me demandant de poursuivre jusqu'à sa villa à Antibes qui était inoccupée si ce n'est par le personnel au grand complet. Je m'y suis donc installé après deux jours passés à Monte-Carlo. Mes deux jeunes officiers et moi sommes actuellement dans ce magnifique endroit où nous avons tout le confort et un service impeccable. Dans quatre ou cinq jours je me propose de retourner à Monte-Carlo et d'y rester jusqu'au 5 ou 6 octobre, date à laquelle je reviendrai pour tenir quelques réunions du Cabinet fantôme[3] et fixer la politique de l'opposition avant la rentrée parlementaire....

Quand Alex sera de retour à la fin du mois il faudra l'inviter avec Margaret à venir déjeuner avec nous dans la nouvelle maison. Après le repas nous lui montrerons les tableaux de Côme ainsi que la nouvelle série en cours d'exécution sur la Côte d'Azur. Il veut absolument les voir. J'ai fait vernir et encadrer le tableau qu'il a fait et l'ai envoyé au GQG. Il est très bien et les heures qu'il a passées dessus lui ont donné énormément de plaisir.

J'ai toute une série de journaux qui vont jusqu'au 21 et je les parcours.... J'étais sûr que la conférence des ministres des Affaires étrangères[4] déboucherait sur une impasse totale, mais je n'avais pas vraiment prévu que les Russes auraient l'audace de venir revendiquer une ou plusieurs anciennes colonies italiennes de la rive méditerranéenne de l'Afrique pour en faire des bases navales et aériennes... Je ne vois pas personnellement d'objection sérieuse à ce qu'ils aient ces endroits s'ils acceptent d'être raisonnables par ailleurs... Cependant, je ne doute pas que ces revendications vont jeter le trouble un peu partout. La Bolchevisation des Balkans se poursuit sans ralentir et tous les gouvernements d'Europe centrale, orientale et méridionale sont sous la férule soviétique, à la seule exception d'Athènes. Voilà un charbon ardent que j'ai sauvé du feu à Noël [1944]. L'échec de la conférence aura, bien sûr, des conséquences négatives. Les Russes n'ont nul besoin d'un accord & le temps joue pour eux parce qu'ils consolident tout simplement leur position dans tous ces pays sur lesquels ils ont désormais la haute main. Je considère que l'avenir est sombre et menaçant au plus haut point. Il doit se produire des choses horribles pour des millions d'Allemands chassés de Pologne et de Tchécoslovaquie qui arrivent dans les zones d'occupation britanniques et américaines. On ne sait pas grand-chose de ce qui se passe derrière le rideau de fer russe, mais il est évident que les Polonais et les Tchécoslovaques reçoivent autant de mauvais traitements qu'on pouvait l'imaginer...

Les sujets de discussion ne manqueront pas quand nous nous réunirons à nouveau [entre dirigeants conservateurs]. En attendant, ce repos qui me change les idées me fait le plus grand bien et je n'ai plus jamais besoin de dormir au milieu de la journée. Même quand mes nuits ne durent pas plus de 5, 6 ou 7 heures, cela semble superflu. Cela donne mieux que tout la mesure du poids dont mes épaules ont été déchargées...

Avec mon tendre amour
Votre dévoué
W
...

1. La villa du général Eisenhower.
2. Giovanni Pirelli (1848-1932) ou l'un de ses deux fils. Il avait fondé la manufacture de pneumatiques italienne qui porte son nom.
3. WSC était désormais leader de l'opposition.
4. La conférence des ministres des Affaires étrangères des puissances alliées (RU, EU, URSS, France et Chine) réunie à Londres du 11 septembre au 2 octobre 1945.

Lorsque Winston rentra en Angleterre la première semaine d'octobre, le 28 Hyde Park Gate était prêt pour l'accueillir ; ce devait être son dernier domicile londonien. À la fin de l'automne, ils retournèrent à Chartwell (réaménagé pour faire face aux restrictions de l'après-guerre).

En septembre, Sarah fut démobilisée de la WAAF. Vic Oliver et elle étaient divorcés depuis mars de l'année précédente et elle reprit sa carrière d'actrice. Randolph et Pamela divorcèrent en décembre 1945.

Il n'y eut apparemment aucune lettre en 1946. Les Churchill voyagèrent et passèrent leurs vacances ensemble.

En novembre 1946, Chartwell fut acheté par un groupe de donateurs anonymes[1] et remis au National Trust avec la stipulation que Winston et Clementine pourraient y demeurer jusqu'à la fin de leur vie.

En 1946-1947, Winston acquit la ferme de Chartwell (dans la vallée) et celle de Parkside, toutes les deux adjacentes à Chartwell ; il acheta également la ferme de Bardogs à Toys Hill, ainsi qu'un jardin maraîcher à French Street, à proximité. Il cultivait maintenant un total d'environ 200 hectares.

Mary fut démobilisée en avril 1946 et épousa Christopher Soames[2] le 11 février 1947.

Le 23 février, Jack Churchill, l'unique frère de Winston, à qui il était très attaché, mourut à l'âge de soixante-sept ans. (Sa femme Goonie avait succombé à un cancer en 1941.)

1. Ce fut Lord Camrose (voir p. 670 n. 4), un ami et un conseiller de longue date, qui, horrifié d'apprendre que WSC envisageait de vendre Chartwell à cause de son coût d'entretien, rassembla un groupe d'amis et d'admirateurs qui rendirent possible ce projet imaginatif et généreux. Ce ne fut que beaucoup plus tard que les noms de ces bienfaiteurs furent connus. Ils sont inscrits sur une plaque à Chartwell.
2. Christopher Soames (1920-1987). Militaire de formation, il servit au Moyen-Orient, en Italie et en France jusqu'en 1945. Député conservateur de Bedford de 1950 à 1966. Chef de cabinet de WSC de 1952 à 1955. Il occupa différents postes au gouvernement avant de devenir ministre de la Guerre de 1958 à 1960 et de l'Agriculture de 1960 à 1964. Ambassadeur en France de 1968 à 1972. Dernier gouverneur de la Rhodésie du Sud avant son indépendance en 1979-1980. Il occupa également de hautes fonctions dans plusieurs grandes entreprises privées.

□ De Clementine Hôtel du Pavillon[1]
11 août 1947 Auray [à proximité du golfe
du Morbihan en Bretagne]

Mon Winston chéri

Ces quelques lignes pour vous dire tout mon amour – Je vois dans les journaux français que vous vous en êtes pris au Gouvernement –

Le temps est parfait, les lits confortables, la nourriture délicieuse, les sanitaires déplorables ! & pas d'eau chaude à part un filet à 7 h du matin. Le pays est sauvage & beau – les hôtels (très peu nombreux) sont bondés, avec 3 ou 4 occupants par chambre....

... Hier nous sommes allés à Lorient & nous avons aperçu au loin les appontements des sous-marins allemands, 15 en tout, visibles du pont sur lequel nous étions –

[Le] Havre a été détruit dans sa totalité & en allant à Rennes, nous avons traversé Lisieux, Falaise & de nombreux villages gravement touchés par la guerre....

Votre Clemmie
qui vous aime

J'aimerais me sentir plus forte pour pouvoir profiter de tout ceci 10 fois plus.

1. CSC effectuait un voyage en voiture en France avec Sylvia Henley, cousine et amie de CSC, et des membres de sa famille.

o De Winston Chartwell
11 août 1947

Ma Chérie à moi,

...

En revenant de la Chambre vendredi j'ai remarqué qu'on moissonnait un champ, & j'ai donc rejoint Christopher [Soames][1] avec mon fusil. Une minute après j'avais abattu un lapin du premier coup – alors que je n'avais pas tiré depuis neuf ans ! Je m'en vais de ce pas pour voir comment se passe le nettoyage de Bardogs. Jamais ferme aussi petite n'a hébergé de telles masses de fumier. Le temps est magnifique & je n'ai aucune envie d'être happé par Londres....

Mr Graebner[2] & Mrs Longwell de Life & Times [Time-Life] sont venus déjeuner ici hier (dimanche). Ils ne sont pas venus les mains vides et ils nous ont apporté des Cigares, du Cognac, du jambon de Meissner & plein de chocolat pour vous. Nous avons réglé pas mal d'affaires. Je travaille jour & nuit au livre avec Bill D.[3] et il avance à grands pas. Il faut que je fasse place nette avant la bataille [parlementaire] à venir.

Ma chérie j'espère vraiment que vous passez du bon temps au soleil & que vous vous baignez & prélassez. « Oubliez tous vos soucis[4]. » Ce qui nous attend peut-être ne peut pas être pire que toutes les épreuves que nous avons traversées ensemble. Je vous adresse mon plus tendre amour. Vous ne quittez jamais mes pensées.

Vtre dévoué mari qui vous aime
W.
...

1. Mon mari, remercié de l'armée pour raisons médicales, prit la direction des fermes de WSC. Nous habitâmes dans le charmant bâtiment attenant à la cour de la ferme pendant les dix premières années de notre mariage.
2. Walter Graebner, représentant à Londres de Time-Life. Henry Luce, le propriétaire de *Life*, avait acheté les droits de publication des bonnes feuilles des mémoires de guerre de WSC aux États-Unis ; cette publication débuta en avril 1948. W. Graebner fit paraître *My Dear Mister Churchill* en 1965.
3. William (Bill) Deakin (voir p. 522 n. 4), combattant aguerri aux côtés de Tito et des partisans yougoslaves, était de retour et avait repris son travail auprès de WSC – cette fois comme coordinateur de l'équipe qui l'assistait pour la rédaction de ses mémoires de guerre.
4. Début d'une strophe de l'un de ses cantiques préférés, *Fight the good fight with all thy might* (1863).

☐ De Winston [dactylographié]   Chartwell
13 août 1947

Ma Chérie à moi,

Les esprits se sont échauffés quand le Gouvernement a voulu demander un chèque en blanc.... Je me propose de parler à la radio samedi soir, sur un ton que, je crois, vous approuverez....

Ici l'horizon est plutôt sombre et ce pauvre nabot d'Attlee est pressé de tous côtés. Je n'ai aucun sentiment d'animosité à son encontre. C'est Aneurin Bevan[1] qui mène la danse pour accroître son pouvoir à travers une politique d'extrême gauche. Si cela se confirme, nous devons inévitablement nous attendre à une crise politique qui viendra s'ajouter à l'effondrement économique, pire que jamais, et contre lequel le Gouvernement n'a aucun plan de redressement....

La moisson se déroule avec beaucoup d'ardeur à la tâche et avec un temps parfait. La plupart des champs sont déjà fauchés, et les moyettes sont pour certaines disposées en faisceaux. Christopher est excellent et il y passe toutes ses journées. Les laitues du jardin clos se sont vendues 200 £, alors qu'elles ne nous reviennent qu'à 50 £. Il se pourrait donc que le jardin rapporte assez pour couvrir les dépenses qu'il occasionne, voire pour contribuer aux recettes de la ferme.... Les serres regorgent de beaux concombres. Le raisin prend bien sa couleur noire et un flot continu de pêches et de brugnons est expédié à Londres. J'en prends un par jour moi-même – « *le droit du seigneur* ».

La Mule [Sarah] a promis de venir me voir et de rester un jour ou deux. Je suppose que ses projets à Hollywood sont tombés à l'eau à cause de la taxe du Gouvernement sur les films américains. On dirait que cela s'est fait de la pire manière – pour susciter la plus extrême irritation en Amérique tout en ne procurant qu'un minimum d'économies de dollars à la nation britannique. C'est vraiment une bande d'horribles imbéciles....

✍ Chérie je viens <u>tout juste</u> d'apprendre (13 août) que vous reveniez le 17 au lieu du 25. Formidable !.... Vous trouverez la maison toute pimpante & joyeuse.

Toujours vtre dévoué
W
...

---

1. Aneurin (« Nye ») Bevan (1897-1960), fils de mineur gallois. Député travailliste à partir de 1929. Il inaugura le National Health Service en qualité de ministre de la Santé (1945-1951). Ensuite principal porte-parole travailliste pour les Affaires étrangères et adjoint au leader du Parti travailliste.

À la mi-décembre 1947, Winston se rendit à Marrakech[1] pour un séjour d'un mois où il partagea son temps entre un travail intensif de rédaction et des séances de peinture ; il emmena Sarah avec lui. Clementine resta en Angleterre et passa Noël avec Christopher et moi à la ferme.

1. Un contrôle des changes draconien était en vigueur et, lorsqu'il travaillait sur ses livres à l'étranger, WSC était invité, avec son entourage, par ses éditeurs, Time-Life International et le *New York Times*. Il ne contrevenait par conséquent pas à la réglementation britannique sur les sorties de devises.

o De Winston [dactylographié]   Hôtel de la Mamounia
12 décembre 1947   Marrakech

Ma Chérie à moi,

Sarah vous aura raconté nos festivités à Paris[1]. On y regrette sincèrement le départ de Duff [Cooper] et il est bien certain que beaucoup jugeront que l'on ne gagne pas au change avec son successeur....

Le vol a été en tout point parfait et nous avons été accueillis ici comme il convient par les autorités françaises. Le temps est froid quand on n'est pas au soleil, mais quand on y est il est radieux et doux. Il faudra que je fasse très attention à ne pas attraper froid....

Cet après-midi j'ai peint une heure ou deux sur le toit de l'hôtel d'où l'on a deux ou trois belles vues et je n'ai pas l'intention de sortir des lieux pendant plusieurs jours. Sarah et Bill [Deakin] sont allés faire des excursions en ville et dans les quartiers arabes.... À en juger par mes premiers débuts d'aujourd'hui, je crois que je vais peindre mieux que jamais auparavant. Cependant les jours sont très courts, car l'effet du soleil ne se fait pas sentir avant 14 h 30 et la nuit tombe à 17 h avec le froid.... Les montagnes de l'Atlas sont magnifiques et resplendissent toujours autant dans la lumière du soir.

Les Marocains ont le plaisir de voter pour la première fois, mais il est clairement entendu que le pouvoir suprême revient au gouvernement militaire.

D'ici, l'Angleterre et la politique semblent très éloignées. Je continue à être angoissé par l'avenir. Je ne vois vraiment pas comment notre pauvre île va gagner sa vie quand il y a tant de difficultés autour de nous et tant de malveillance et de divisions chez nous. Cependant j'espère effacer tout cela de mon esprit pendant quelques semaines....

✍ Avec mon tendre amour ma très chère Clemmie. J'espère vraiment que vous serez heureuse & en paix avec vous-même, et que vous penserez souvent à vtre mari qui vous aimc à jamais

                                                              W
                                                              ...

---

1. Ils se rendirent à Marrakech en passant par Paris, où ils participèrent à la soirée d'adieux de Duff et Diana Cooper. Il était ambassadeur à Paris depuis 1944. Son successeur était Sir Oliver Harvey, diplomate de carrière (p. 716 n. 1).

☐ De Clementine   28 Hyde Park Gate
16 décembre 1947

Mon Winston chéri

Je suis heureuse que vous ayez du soleil – Ici nous sommes emmitouflés dans la bruine & le brouillard, <u>mais</u> le temps est relativement chaud & humide. Même si je m'inquiète du froid piquant qui descend de l'Atlas – je me souviens que l'air y est délicieux (comme du champagne) & je crois qu'il vous fera du bien <u>à condition</u> que vous ne preniez pas froid.

Je vous en prie, faites très attention à ce que cela n'arrive pas. La seule chose importante dans l'organisation de votre journée est l'heure à laquelle vous rentrez – Pour bien faire, ne faudrait-il pas que ce soit aux environs de quatre heures ?....

J'ai dîné avec les jeunes Birkenhead[1] afin de rencontrer Mr Marshall[2]. Les convives étaient vraiment très agréables. J'étais assise entre le « général » Marshall & Lord Camrose & il y avait également Lady Camrose, Oliver Stanley[3], Bob Laycock[4] & sa ravissante « Angie », ainsi que Patricia Sherwood, une autre fille de Lord & Lady Camrose.

La conférence[5] s'était terminée de manière désastreuse une demi-heure auparavant, mais Mr Marshall n'y a pas fait référence une seule fois. Il a beaucoup parlé de vous & du président Roosevelt, avec qui il semble avoir eu de nombreux désaccords et qu'il ne consultait pas toujours – Il a dit qu'il – le Président – avait pour habitude de concentrer son esprit comme un rayon de lumière sur l'un des aspects de la question à traiter, en laissant tout le reste à l'extérieur dans l'obscurité – Il n'aimait pas que son attention soit attirée sur des aspects qu'il ne maîtrisait pas ou qu'il avait négligés par manque de temps, par indolence, ou par absence d'intérêt – Remarquez bien, ce ne sont pas les mots qu'il a effectivement utilisés, seulement leur substance, & je crois qu'il y a beaucoup de choses qu'il n'a pas dites.

La Chambre des communes était recueillie, triste et respectueuse pour Mr Baldwin[6] – Gallacher[7] s'est exprimé avec une véritable émotion. Il semblerait que même les communistes ont des entrailles....

Hier je suis allée prendre le thé avec le petit Winston [âgé de sept ans] – Il est charmant avec sa Mama, & j'ai passé une heure de bonheur dans l'appartement de Pamela.... À la nouvelle année, j'emmènerai Winston voir l'Île au trésor....

Mary & Christopher [Soames] m'ont invitée chez eux pour Noël, et le samedi nous recevrons tous les enfants du domaine de Chartwell (il y en a 23), ainsi que leurs mères pour le thé avec un magicien – J'ai peur que vous ne parveniez pas à déchiffrer cette longue lettre de mon écriture qui n'est pas toujours claire, mais Sarah pourra vous la lire à haute voix.

Votre Clemmie qui vous aime
...

1. Frederick Winston Smith, second comte de Birkenhead (1907-1975), et sa femme Sheila (née Berry, fille du premier vicomte Camrose).
2. Le général George Marshall, à l'origine du plan Marshall, 1947 (voir p. 602 n. 4).
3. Oliver Stanley (1890-1950). Député conservateur de 1924 à 1945. Occupa divers postes gouvernementaux avant et après la Seconde Guerre mondiale.
4. Général de division (par la suite Sir) Robert Laycock (1907-1968), KCMG, CB, DSO. Militaire brillant et séduisant. Chef des opérations combinées de 1943 à 1947 ; colonel commandant le Special Air Service à partir de 1960 ; gouverneur et commandant en chef à Malte de 1954 à 1959. Il épousa en 1935 Angela Dudley Ward, fille de Freda Dudley Ward.
5. La conférence des grandes puissances sur l'Allemagne, qui s'était ouverte à Londres le 25 novembre, avait interrompu ses travaux le 16 décembre à la suite d'un désaccord sur les demandes de réparation de l'URSS.
6. Le comte Baldwin de Bewdley (voir p. 338 n. 2) était décédé le 14 décembre 1947.
7. William Gallacher s'était présenté contre WSC à Dundee en 1922 (voir p. 340 n. 3).

o De Winston [dactylographié] Hôtel de la Mamounia
18 décembre 1947 Marrakech

Ma Clemmie chérie,

Cela fait aujourd'hui une semaine que nous sommes là. Le temps est magnifique et de plus en plus doux…. À 10 heures du matin il est possible de rester au lit, comme moi actuellement, avec les portes-fenêtres grandes ouvertes sur le balcon. J'ai travaillé très dur, en fait un peu trop dur. Mon emploi du temps : Réveil autour de 8 h, travail sur le Livre jusqu'à 12 h 30, déjeuner à une heure, peinture de 14 h 30 à 17 h, où il fait froid et le jour décline, somme de 18 h à 19 h 30, dîner à 20 h, partie d'oklahoma[1] avec la Mule – qui s'était vu gratifier d'une cagnotte de 28 £ mais s'est fait complètement plumer (je lui en ai donné une autre, mais elle dit qu'elle refuse de l'accepter). Vers 22 h ou 23 h, reprise du travail sur le Livre. Là j'ai plutôt été un vilain garçon ; les heures du coucher ont été successivement une heure du matin, puis deux, trois, trois, trois et deux heures, mais une quantité énorme de travail a été abattue et le Livre II est pratiquement terminé. Je ne resterai pas à veiller si tard à l'avenir.

La peinture ne s'est pas trop mal passée mais je n'ai que ces deux courtes heures et demie de bonne lumière du jour. Trois barbouillages sont en route.

Nous avons suivi exactement le même emploi du temps chaque jour, mais je pense que nous allons faire un pique-nique samedi. Hier le Comte d'Hauteville (c'est le Colonel qui commande toute la région à la fois sur les plans civil et militaire) et sa femme sont venus déjeuner avec nous. Ce sont des personnes de qualité.... Nous allons déjeuner chez elles dimanche. Ce soir nous dînons avec le Glaoui[2]. Il a le même âge que moi. Il nous a fait livrer de copieux cageots de pamplemousses, d'oranges et de mandarines et d'énormes terrines de beurre, de jambon et de miel, avec un panier de dattes.... J'ai invité Mrs Deakin[3] à venir nous rejoindre pour Noël, ce qui va me permettre de garder Bill au moins jusqu'au Nouvel An....

Les gens de l'hôtel sont très attentionnés ; le seul défaut a été la chaleur insuffisante de l'eau de la baignoire, mais ils s'en occupent. Les plats et les vins sont au-delà de toute critique. D'une manière générale j'ai adopté les lieux et suis très content d'être ici, et également de me dire que j'ai tout le temps devant moi, loin du monde politique britannique qui me détourne l'esprit, et du sentiment oppressant que les nuages noirs s'amoncellent au-dessus du pays.

✍ Ne manquez pas de me parler de Chartwell. Dictez-moi un Bulletin de Chartwell, avec un supplément de Christopher [Soames]. J'espère que tout va comme vous le voulez. (Faites preuve de miséricorde !)...

> Avec mon tendre amour ma très chère Clemmie
> & tous les vœux que mon
> cœur peut transmettre pour vtre santé,
> vtre paix intérieure & vtre bonheur.
> Toujours vtre dévoué mari qui vous aime
> W
> ...

1. Jeu de cartes américain (proche du rami) que la famille Churchill et ses invités avaient beaucoup de plaisir à pratiquer à l'époque.
2. Thami El Mezouari El Glaoui, pacha suprême de Marrakech (voir p. 507 n. 2).
3. « Pussy » Deakin, épouse de Bill Deakin, principal assistant de recherche de WSC.

o De Winston [dactylographié]   Hôtel de la Mamounia
24 décembre 1947   Marrakech

Ma Clemmie chérie,
Le temps continue d'être magnifique, sans aucun nuage. L'air est froid, et à l'ombre ou quand le soleil commence à baisser il est mordant. Je fais très attention à bien me couvrir et ne peins jamais après 5 heures. J'ai cinq [✍ au-dessus de la ligne : désormais six] tableaux à mon actif. Ils sont vraiment d'une facture bien meilleure, moins empruntée, plus aérée et ils font preuve d'une plus grande maîtrise que ceux que j'ai peints il y a douze ans[1] (et que j'ai aussi auprès de moi). Je crois qu'ils vous intéresseront....

... Les progrès que j'ai faits [sur les mémoires de guerre] sont immenses. Le Livre I est pratiquement terminé ainsi que le Livre II [du volume I]. Je pense que j'en serai débarrassé hormis quelques corrections mineures d'ici à la fin de l'année. Je n'aurais jamais réussi à faire tout ce travail si je n'étais pas venu m'enterrer ici, où il n'y a aucune contrariété, si ce n'est que les vingt-quatre heures sont trop courtes. Comme je vous l'ai souvent répété, ce n'est pas de repos que j'ai besoin, mais de changement, pour me requinquer.

Je suis si content que vous ayez eu l'occasion de rencontrer le Général Marshall au cours de cet intéressant dîner. Je crois que nous sommes bien liés d'amitié avec lui. Cela fait longtemps que j'ai beaucoup de respect pour ses qualités véritablement exceptionnelles, sinon comme stratège, du moins comme organisateur d'armées, homme d'État et surtout homme tout court. Cripps[2] me semble adopter une conception bien plus responsable de ses fonctions que son prédécesseur, l'horrible Docteur[3], et son discours sur les Crédits Royaux[4] a été digne et courageux. Je ne crois pas que le Débat ait fait du mal. Tout sera oublié, et ils obtiendront leur supplément de 5 000 £ par an....

    Avec mon plus profond amour, ma douce & chère Clemmie.
        Votre mari dévoué à jamais
                W
                ...

1. Lors de sa première visite à Marrakech en 1935-1936.
2. Sir Stafford Cripps avait succédé à Hugh Dalton [Dr Hugh Dalton] comme chancelier de l'Échiquier le 13 novembre 1947.
3. Dr Hugh Dalton, ensuite baron Dalton (1887-1962), chancelier de l'Échiquier de 1945 à 1947. Démissionna à la suite d'une révélation qu'il avait faite sur la teneur du budget à venir à un chroniqueur parlementaire.
4. La liste civile. Suite au mariage en novembre de la princesse Elizabeth avec le lieutenant de marine Philip Mountbatten, duc d'Édimbourg, Sir Stafford Cripps avait proposé

le 17 décembre à la Chambre des communes que la somme de 25 000 £ soit ajoutée à la liste civile. Un amendement visant à la ramener à 20 000 £ avait été repoussé.

◻ De Clementine   Ferme de Chartwell
Lendemain de Noël, 26 décembre [1947]

Mon chéri

Me voici dans la ferme de Mary & de Christopher [Soames], qui est agréable & confortable, & où je suis reçue avec une extrême hospitalité.

Nous avons passé une journée de Noël heureuse & paisible & nous avons bu à votre santé & à celle de Sarah avant de nous attaquer à une dinde dodue....

... Mardi dernier, j'ai emmené Edwina & Julian [Sandys] au Grand Cirque d'Olympia & ils ont adoré. C'était le 9ᵉ anniversaire d'Edwina. C'est une très jolie petite fille & je crois qu'elle pourrait devenir une « beauté » un jour. Diana est venue également & nous avons passé un après-midi délicieux.

Votre seconde lettre est arrivée il y a deux jours ; & je suis heureuse de savoir que vous êtes brossé dans le bon sens du poil – Tout le monde ici renifle & tousse & je suis vraiment contente que vous échappiez à l'hiver anglais pendant ces quelques semaines....

Votre Clemmie
qui vous aime
...

En dépit des protestations de Winston qu'il s'habillait chaudement et ne peignait jamais après 17 h (c'était trop tard – le froid glacial des montagnes de l'Atlas mord comme un loup), il prit froid au Nouvel An et attrapa une bronchite. Lord Moran prit l'avion pour le Maroc et Clementine fit de même le 3 janvier. Heureusement, Winston se remit rapidement.

o De Winston   [Chartwell]
15 juin 1948

Chérie,

Vous avez indiscutablement promis le 12 sept. 1908 « D'aimer, Honorer, & Obéir ».

Voici donc MAINTENANT les Ordres

17 h 15 Vous venez ici vous <u>reposer</u>. E.Y.H. [les lettres de la plaque d'immatriculation] va vous ramener & vous attend.
19 h 30 Dîner
20 h 30 Trajet jusqu'au 28 [Hyde Park Gate]
21 h 40 Coucher & <u>lecture</u>.

Donnés au GQG de Chartwell

Le Tyran

o De Winston ✉
12 septembre 1948

La Croë[1]
Cap d'Antibes

Ma Bien-aimée,
Je vous adresse ce petit témoignage, mais comme il est insuffisant pour exprimer ma gratitude envers vous et tout ce que vous avez fait pour me rendre possibles la vie & tout ce que j'ai pu accomplir, ainsi que tout le bonheur que vous m'avez donné dans un monde d'obstacles & de tempêtes.

Votre dévoué mari qui vous aime
à jamais
W
…

1. Lors de leur 40ᵉ anniversaire de mariage WSC et CSC séjournaient chez le duc et la duchesse de Windsor.

Le mémorandum qui suit fut rédigé par Clementine en sa qualité de présidente du Chartwell Literary Trust[1].

1. Le Chartwell Literary Trust avait été mis en place par WSC pour permettre à ses enfants et petits-enfants de bénéficier des droits de ses mémoires de guerre. CSC en était la présidente, avec le « Prof » (devenu Lord Cherwell) et Brendan Bracken comme coadministrateurs.

□ De Clementine [dactylographié]
5 octobre 1948

<u>À W.S.C. de C.S.C.</u>
J'aimerais discuter avec vous du projet que nous avons d'acheter une maison pour Randolph par l'intermédiaire du Chartwell Literary Trust.

Randolph et moi avons vu quatre maisons. La première était tout à fait convenable et nous a glissé entre les mains car notre offre était trop basse....

Des trois maisons restantes, une seule est d'un bon rapport qualité-prix et constituerait par conséquent un investissement acceptable pour le Fonds. J'ai d'abord pensé qu'elle était trop grande pour Randolph jusqu'à ce qu'il m'explique qu'il avait l'intention de se remarier et qu'il souhaitait également avoir la place nécessaire pour recevoir le petit Winston. Si nous prenons en considération le remariage possible de Randolph, il faut aussi envisager qu'il puisse y avoir un bébé.... Puis-je dire au Prof [Lindemann, maintenant Lord Cherwell] et à Brendan [Bracken] que vous êtes d'accord pour me laisser négocier cette maison[1] ?

1. Au 12 Catherine Place à Westminster, Londres SW1, où June et Randolph habitèrent pendant quelque temps.

Le 2 novembre, Randolph épousa une très belle jeune fille, June Osborne[1]. Arabella, leur seul enfant, naquit à la fin du mois d'octobre 1949.

Juste avant le Nouvel An de 1949, Winston, Clementine et Sarah allèrent passer une quinzaine de jours à l'Hôtel de Paris à Monte-Carlo. Sarah, à cette époque, était profondément amoureuse d'Antony Beauchamp[2], qui fut invité à se joindre à la famille. Aucun de ses deux parents n'aimait véritablement Antony, bien que Clementine ait à ce moment-là – et par la suite – fait des efforts pour apprendre à l'apprécier. Winston, quant à lui, lui fut résolument hostile dès le départ. La note relativement sombre de Clementine reflète la tension et l'embarras que causait la présence d'Antony.

1. June Osborne (1922-1980), fille du colonel Rex Osborne, DSO, MC, de Malmesbury dans le Wiltshire. Randolph et June divorcèrent en 1961. Souffrant d'un cancer inopérable en phase terminale, elle mit fin à ses jours le 7 juin 1980.
2. Antony Beauchamp (1918-1957), fils de Florence Entwistle, la photographe « Vivienne » ; il changea de nom lorsqu'il entama sa propre carrière de photographe mondain. Lors de la Deuxième Guerre mondiale, il fut photographe/artiste de guerre et accompagna la 14e armée en Birmanie. Sarah et lui se marièrent en octobre 1949. Leur union battit rapidement de l'aile.

☐ De Clementine ✉ Hôtel de Paris
[non daté, début janvier 1949] Monte-Carlo

Winston

Les choses ne semblent pas très bien se passer au sein de notre groupe & je me demande s'il y a un moyen de remédier au problème –

Antony Beauchamp est arrivé dimanche dernier [le 2 janvier] et Sarah serait gênée d'avoir à lui demander de partir avant même qu'il n'ait passé une semaine ici.

Personnellement je trouve l'atmosphère de Monte-Carlo triste et déprimante & j'aimerais rentrer à la maison, et partir d'ici, disons dimanche – ou samedi [9 ou 8 janvier].

Sarah serait d'accord pour vous tenir compagnie jusqu'à ce que vous rentriez mercredi prochain [12 janvier][1] & elle en serait ravie –

Clemmie

1. En fait, il semble qu'ils soient tous rentrés ensemble.

Les deux lettres qui suivent sont des exemples classiques de l'habitude qu'avait Clementine de coucher par écrit ses arguments lorsqu'elle avait quelque chose de spécial à dire à Winston, même lorsqu'ils étaient sous le même toit.

Il y avait une certaine nervosité dans les cercles conservateurs à cette époque pour différentes raisons ; on se méfiait en particulier des échanges fréquents que Churchill avait avec Beaverbrook sur la politique du parti. Winston et Clementine devaient se rendre aux États-Unis au printemps de 1949, où Winston avait d'importantes conférences de prévues. Ensuite Max Beaverbrook nous avait tous invités à le rejoindre à la Jamaïque dans sa maison près de Montego Bay.

☐ De Clementine ✉ 28 Hyde Park Gate
5 mars 1949

Mon chéri

Je suis vraiment très ennuyée à propos de la Jamaïque. Je dois vous sembler rabat-joie, et à Mary & à Christopher aussi, j'en ai peur. Mais comme je vous l'ai dit dans ma lettre d'hier (que j'ai peut-être déchirée avant que vous n'ayez pu prendre connaissance de son contenu) je crois qu'en ce moment de doute et de découragement chez vos partisans, le fait d'accepter l'invitation de Max [Beaverbrook] ne ferait qu'aggraver la situation. Cela apparaîtrait comme cynique, et insultant pour le parti[1] –

Vous me taquinez souvent en me traitant de « rose » [socialiste, *ndt*], mais croyez-moi, c'est vraiment ce que je me sens. Cela ne me dérangerait pas que vous renonciez à la direction du parti lorsque les choses iront bien dans le pays, mais je ne peux pas supporter qu'on vous accepte à contrecœur, en murmurant derrière votre dos – J'essaie modestement de vous aider – les déjeuners politiques ici, les visites à Woodford, la correspondance de votre circonscription – Mais je me suis de temps à autre sentie refroidie & découragée par le sentiment grandissant que vous en faites tout juste assez pour conserver le pouvoir. Cela n'est pas suffisant en ces temps difficiles et angoissants –

Mon chéri – Je vous en prie, emmenez Mary avec vous en Amérique – Cela lui ferait tellement plaisir et je pense que c'est extrêmement important qu'elle & Christopher puissent être ensemble & partager toutes les expériences possibles alors qu'ils sont jeunes et passionnés – Je ne désespère pas que vous renonciez à la Jamaïque, mais je ne tenterai pas de vous en dissuader. Je sais seulement que, vu mes convictions, je ne pourrais pas me résoudre à y aller.

Votre Clemmie
qui vous aime

1. Clementine s'inquiétait de l'attitude désinvolte de Beaverbrook face aux terribles problèmes que connaissait la Grande-Bretagne dans l'après-guerre. Les conservateurs voyaient également d'un mauvais œil les retombées néfastes des discours de Beaverbrook sur la popularité du parti. [*ndt*]

Winston tint compte du point de vue de Clementine et s'excusa auprès de Max Beaverbrook en alléguant qu'il lui était impossible de s'éloigner aussi longtemps des affaires.

Nous partîmes tous sur le Queen Elizabeth *le 18 mars. Winston fit un discours à New York et continua jusqu'à Washington, où il rencontra le président Truman.*

Churchill devait parler au Massachusetts Institute of Technology (MIT) à Boston le 1ᵉʳ avril en présence du Président, mais celui-ci fut empêché par des circonstances imprévues. Winston décida donc de retourner à New York immédiatement après son discours au lieu de rester un deuxième jour comme prévu. Clementine et Randolph, qui étaient avec lui, lui adressè-

rent un mémorandum commun ; de nouveau Winston suivit leur conseil et il s'en tint au programme annoncé.

□ De Clementine/RSC ✉ [Boston, Mass.]
[non daté, avant le 1ᵉʳ avril 1949][1]

Nous espérons que vous ne vous offusquerez pas de ce que nous avons à vous dire. Lorsque le président Truman s'est excusé, vous auriez tout à fait pu décider de ne pas rester la seconde journée. Avec élégance, cependant, vous avez annoncé que vous vous en tiendriez au programme prévu afin de contribuer au succès de l'événement, et incidemment pour montrer que vos propres plans ne dépendaient en rien de ceux du président Truman.

Ayant décidé de rester, ne va-t-il pas de soi que vous devez vous conformer au programme tel qu'il a été arrêté, même si cela vous ennuie ? Des efforts énormes ont été faits pour le banquet de demain soir et il semble qu'il était inévitable qu'il ait lieu aussi tôt. Le pays a été ratissé pour trouver les mets et les vins les plus fins et nous sommes tous les deux certains que cela ne sera pas aussi terrible le moment venu qu'on ne pourrait l'imaginer à l'avance.

Si vous deviez renoncer à vous y rendre, cela gâcherait toute la soirée....

1. L'original de la lettre n'a pas été vu par moi-même. Cité d'après Martin Gilbert, *Winston S. Churchill*, vol. VIII, *Never Despair*, 1988, p. 465.

Des élections législatives étaient prévues pour 1950, mais les vacances d'hiver des Churchill à Madère furent brutalement interrompues par l'annonce de la dissolution du Parlement le 11 janvier, avant les élections qui avaient été fixées au 23 février. En tant que leader de l'opposition, Churchill retourna immédiatement en Angleterre en hydravion, mais Clementine resta sur place quelque temps encore avant de rentrer par bateau le 20 janvier.

o De Winston [dactylographié] ✉ Chartwell.
19 janvier 1950

Ma Chérie,
Bienvenue à la maison ! Et quelle somme de travail et de tâches vous attend ! Je n'ai pensé à rien d'autre qu'à la politique au cours de la

semaine qui a suivi mon retour, en particulier le Manifeste Tory sur lequel nous avons eu de longues discussions. Un jour, nous sommes restés neuf heures dans la salle à manger du N° 28.

Les Socialistes tirent les Élections vers les enjeux les plus matérialistes. Tout traitement audacieux de questions d'intérêt public est très dangereux. Les Libéraux présentent plus de quatre cents candidats, dont sept au grand maximum seront élus, en dehors des soixante autres qui collaborent avec nous.

Les Sondages Gallup que je vous ai montrés sur le graphique ont fait une grosse chute. Au lieu d'avoir neuf points d'avance nous n'en avons que trois. C'est dû je crois à Noël et au fait qu'aucun des méfaits de la Dévaluation[1] ne s'est vraiment manifesté pour l'instant et qu'ils restent seulement à venir. Le nombre de sièges que les « divorces » entre les Libéraux vont nous amener est impossible à mesurer. Tout baigne dans l'inconnu. Cependant il n'y aurait plus de piment dans l'existence si nous connaissions la fin dès le début....

J'ai un programme immense mais pas plus que je ne peux porter....

Vous serez ravie de voir l'admirable discours d'ouverture de Randolph[2]. On dit désormais que Foot[3] va décamper vers un siège plus sûr. [Ce qu'il ne fit pas.] Randolph vient passer le week-end. June reste dans la circonscription pour mener campagne avec Arabella [âgée de dix-huit mois].

Cela m'a profondément attristé d'apprendre ce matin de la bouche de Christopher [Soames] qu'il a un ulcère du duodénum[4].... Le médecin espère qu'il sera en état de se battre. Sinon, il faudra que Mary prenne le relais.

Je suis content que vous ayez eu une traversée de retour confortable, mais ç'aurait été désastreux si je n'avais pas été sur place ici au cours de cette semaine difficile où il y avait tant de graves décisions à prendre, non sur ce qu'il faut <u>faire</u> – cela, ce serait facile – mais sur ce qu'il faut <u>dire</u> à notre pauvre population déboussolée. J'ai beaucoup d'angoisse pour le pays parce que quel que soit le vainqueur il n'aura devant lui qu'amertume et dissensions, tels des gens qui se battent comme des sauvages sur un petit radeau qui s'en va en pièces. « Que Dieu vous épargne tous », c'est là ma prière[5].

Revenez vite m'embrasser à la maison
Votre mari qui vous aime à jamais
W

1. Le gouvernement travailliste avait dévalué la livre le 18 septembre 1949.

2. Randolph avait été adopté comme candidat conservateur et libéral-national pour le siège de Plymouth (Devonport) tenu par les travaillistes.
3. Michael Foot (1913-2010), journaliste et homme politique. Député travailliste de Plymouth (Devonport) de 1945 à 1955, puis d'Ebbw Vale de 1960 à 1983, avec différents portefeuilles ministériels. Leader de l'opposition de 1980 à 1983. Grande figure de la gauche, il avait travaillé avec Randolph au *Evening Standard* et ils étaient en bons termes (conflictuels cependant) et devaient rester amis jusqu'au bout.
4. Christopher Soames avait été adopté comme candidat conservateur de la circonscription de Bedford, où le député travailliste avait une faible majorité. Il récupéra suffisamment pour pouvoir contester le siège et le faire redevenir conservateur avec une avance de 2 000 voix. Il le conserva jusqu'en 1966.
5. Résultats des élections législatives de 1950 : travaillistes : 315 ; conservateurs : 298 ; libéraux : 9 ; divers : 3. Dans les faits, cela donnait une majorité de 5 travaillistes (en excluant le Speaker [président de la Chambre], qui ne prend pas part aux votes).

Au printemps, Clementine partit faire le tour de l'Italie en compagnie de sa secrétaire, Penelope Hampden-Wall[1].

1. Penelope Hampden-Wall fut la secrétaire de CSC de 1948 à janvier 1951.

o De Winston   28 Hyde Park Gate
18 avril 1950

Ma Chérie à moi,

Randolph, June & le petit W sont venus passer la soirée. Tout s'est bien déroulé, mais il y a une tension évidente. Elle n'a jamais paru plus jolie, mais elle est au bord des larmes. J'ai trouvé que R se comportait en « seigneur et maître ». Cependant je crois qu'ils ont l'intention d'essayer encore une fois.

Je suis si désolé que vous ayez eu un temps décevant. J'espère vraiment que vous avez apprécié le dépaysement & l'absence de préoccupations domestiques, & que vous reviendrez toute requinquée. Je viens de passer une dizaine de jours paisibles à Chart, & je me suis entièrement plongé dans ma tâche d'achèvement du Vol. IV... Je n'ai pas eu la moindre occasion de toucher un tube de peinture. J'ai béni la présence de Mary & Christopher [Soames], qui sont souvent venus manger. Les jours ont filé comme l'éclair, & me voilà donc de retour ici au 28 [Hyde Park Gate] avec la discussion budgétaire à venir et la crise qui nous attend tapie au coin du bois, et le Dîner de la Primrose League[1] & celui de la [Royal] Academy[2] qui planent comme des vautours au-dessus de ma tête.

J'ai beaucoup pensé à vous ma douce chérie et ce sera une grande joie de vous voir revenue. Vos fleurs poussent magnifiquement sur le balcon [terrasse] de Chartwell & ici le cerisier est en pleine floraison. Toutes les dispositions que vous aviez prises ont parfaitement fonctionné en vtre absence et <u>personne</u> n'aurait pu avoir son petit confort mieux que vtre P. [Pig ou Pug].

> Avec mon tendre amour
> Votre mari qui vous aime à jamais
> W

P.-S. Le Bulletin de Chartwell ci-j^t vous donnera davantage de nouvelles. J'espère vous voir avant la fin de la semaine. X X X

1. La Primrose League fut fondée par Lord Randolph Churchill en 1883 pour en faire un organisme chargé de récolter des fonds pour le Parti conservateur et de soutenir son action, en mémoire de Benjamin Disraeli, dont la fleur favorite était la primevère (*primrose* en anglais).
2. Il s'agit de la Royal Academy of Arts, dont Churchill avait été fait membre au titre de sa peinture. [*ndt*]

Un nouvel élément d'importance dans la vie de Winston fait son apparition dans le Bulletin de Chartwell mentionné dans sa dernière lettre, à savoir les courses de chevaux.

Enflammé par l'amour de Christopher pour les chevaux et le turf, Winston avait lui-même fait son entrée dans le monde des courses. En 1949, il avait enregistré à son nom les couleurs de Lord Randolph Churchill[1] *et fait l'acquisition d'un poulain français gris, Colonist II, qui gagna 13 courses et rapporta de grosses sommes en primes à son heureux propriétaire, avant d'être vendu comme étalon en 1951. Sous la supervision générale de Christopher, Winston eut bientôt de nouveaux chevaux à l'entraînement*[2]. *Quelque temps après, il fit l'acquisition d'un petit haras à Newchapel Green, à Lingfield dans le Surrey (non loin de Chartwell), où il éleva des chevaux de course avec un remarquable succès*[3]. *En 1950, il eut le grand honneur d'être fait membre du Jockey Club.*

1. Rose, avec manches et toque chocolat. Lord Randolph avait été un fervent amateur de courses et possédait une jument, l'Abbesse de Jouarre, qui remporta les Oaks d'Epsom en 1889. Le cheval était joyeusement connu dans le monde des parieurs et des bookmakers sous le nom d'« Abscess on the Jaw » [abcès à la mâchoire].
2. L'entraîneur de WSC était Walter Nightingall, dont les écuries se trouvaient à Epsom.
3. Le haras de Newchapel (acheté en 1955) était dirigé par le commandant A.E. Carey Foster, vétérinaire brillant qui était en grande partie responsable avec Christopher de l'achat et de l'élevage des chevaux de WSC. Parmi les chevaux renommés qui furent élevés à Newchapel, il y eut notamment High Hat et Vienna.

o De Winston [dactylographié]
Avril 1950

BULLETIN DE CHARTWELL

...
Les chutes d'eau et les filtres fonctionnent tous parfaitement. Comme le coke n'est pas rationné ce serait possible de chauffer la piscine cette année, mais cela voudrait dire reconstruire la cheminée, ou du moins la remettre à mi-hauteur – 2 mètres 50... De plus, moi je ne peux pas me baigner, et je n'ai donc touché à rien...

Tous les poissons, petits et gros, et les dix cygnes noirs vont bien et vous adressent leurs compliments. Le père cygne est tombé amoureux d'une de ses filles, et je crois qu'ils ont l'intention de faire leur nid sur l'île....

Samedi dernier j'ai fait la tournée des fermes avec Christopher. J'ai été très impressionné par les améliorations effectuées et par la netteté de tout....

Une amélioration encore plus grande est en cours dans la qualité des deux troupeaux de vaches laitières. À Bardogs il y a quarante-cinq veaux qui ont entre un et dix-huit mois. Tous sont de race et auront une valeur bien supérieure à celle de leurs prédécesseurs. Douze jersiaises sont en lait, et elles paraissent toutes belles et en grande forme.... Le troupeau de shorthorns [de Chartwell Farm] s'améliore constamment lui aussi et tout le déchet [cheptel sans valeur] a été éliminé....

Le 29 avril sera une grande date pour nous. Colonist II est engagé dans la Course « Winston Churchill » de Hurst Park, et le même jour Cyberine, sa sœur, y fait pour sa part sa première sortie. J'espère que vous viendrez voir ces deux chevaux courir avec moi. Jusqu'ici tout cela a rapporté des bénéfices substantiels, et l'ensemble pourrait se revendre au moins deux ou trois fois plus cher que ce que nous y avons mis. En plus il y a douze cents livres de gains placés chez Weatherby's[1]. Bien sûr, je ne m'attends pas à ce que Colonist II gagne la Course Winston Churchill. Il y affrontera les meilleurs chevaux du monde[2]...

Je me suis complètement abstrait de la politique ces dix derniers jours dans un effort pour livrer le Volume IV en bon état le 1er mai.... S'il n'y a pas d'Élections Législatives avant octobre j'espère avoir suffisamment avancé dans le Volume V pour pouvoir percevoir le cinquième versement d'à-valoir. Mais personne ne peut dire ce qui va arriver. Cripps [le chancelier de l'Échiquier] dévoile son Budget demain et nous pourrons peut-être en déduire certaines indications sur la tactique du Gouvernement....

Je vous envoie une coupure du MANCHESTER GUARDIAN que j'ai trouvée très intéressante sur l'Allemagne. C'est incroyable les folies que Bevin[3] a pu commettre. Il n'y a que lui qui aurait pu réussir à se disputer en même temps avec les Allemands et les Français, avec les Russes et les Américains, avec les Arabes et les Juifs. Je ne crois pas que ce malheureux puisse tenir encore longtemps dans ses fonctions, quoi qu'il arrive.

... Dans l'ensemble, je pense que la situation internationale s'assombrit quelque peu, et on prédit que l'année en cours va connaître une intensification de la « guerre froide » au moins de la part des Soviétiques. Nous n'y pouvons rien.

✍ Avec tout mon amour,
W

1. Célèbre banque privée des milieux hippiques. [*ndt*]
2. En fait, Colonist remporta la course – ainsi que 12 autres pour WSC ! CSC ne montra jamais d'enthousiasme pour ses activités hippiques, mais elles procurèrent beaucoup de plaisir et d'intérêt à Winston. Au moment de sa mort il avait totalisé 70 chevaux gagnants.
3. Ernest Bevin (voir p. 608 n. 2), ministre des Affaires étrangères jusqu'en mars 1951. Il mourut un mois plus tard.

◻ De Clementine ✉   28 Hyde Park Gate
Mercredi matin, 22 novembre 1950

Mon chéri,
Cela me fait de la peine que la reine Juliana[1] se soit sentie blessée personnellement, & offensée en tant que représentante de son pays, par votre absence à Douvres (le Lord Warden of the Cinque Ports[2] est la première personne chargée d'accueillir les souverains étrangers à leur arrivée sur les rivages d'Angleterre).

Je suis également en partie à blâmer pour avoir trop facilement accepté (ou peut-être même suggéré ?) que vous renonciez à vous rendre au Guildhall [à Londres] aujourd'hui pour participer à son accueil par la ville. Je crains que cette défection moins importante n'attire maintenant l'attention.

Cela me chagrinerait si nous devions perdre l'affection de la reine Juliana, & tout particulièrement celle de sa mère[3], qui est venue exprès en avion jusqu'ici en votre honneur & vous a donné la précieuse cassette de lettres de Marlborough[4] – Et vous êtes aussi le parrain de cette petite fille[5] à demi aveugle qu'ils ont eue et qu'ils chérissent par-dessus tout.

Pensez-vous, chéri, être en mesure de lui présenter vos respects ou, si c'est impossible, de lui écrire de votre « patte » pour lui dire que vous êtes désolé.

Ne dites pas que vous êtes trop vieux ! car vous êtes aussi jeune qu'un coq de combat, & le monde entier est au courant de votre voyage en avion de Copenhague à Londres & du fait que vous avez continué sur Newmarket, et ensuite Blackpool[6].

Ce n'était qu'un faux-pas, car vous êtes <u>vraiment</u> le premier des monarchistes & vous avez la plus haute estime pour la tradition, le respect des formes & le protocole –

Votre
Clemmie…

1. La reine Juliana (1909-2004). Reine des Pays-Bas de 1948 à 1980, date à laquelle elle abdiqua en faveur de sa fille Beatrix (née en 1939). Elle se rendit en visite officielle en Grande-Bretagne du 21 au 24 novembre 1950.

2. WSC avait été nommé Lord Warden of the Cinque Ports par le roi George VI en 1941, un poste honorifique accordé par les souverains aux membres de la famille royale ou à d'anciens ministres [*ndt*].

3. La reine Wilhelmine (1880-1962), reine des Pays-Bas de 1890 à 1948, date à laquelle elle abdiqua en faveur de sa fille Juliana (voir note 1 ci-dessus). Elle trouva refuge en Grande-Bretagne en 1940 après l'occupation de la Hollande par l'Allemagne.

4. Un ensemble de lettres d'une valeur inestimable entre John Churchill, premier duc de Marlborough, et le Grand pensionnaire Antonie Heinsius de Hollande pendant la guerre de Succession d'Espagne, 1702-1714.

5. La princesse Christina, née en 1947. En 1975, elle épousa Jorge Guillermo de New York.

6. WSC et CSC s'étaient rendus au Danemark à l'invitation du roi et de la reine du 9 au 12 octobre 1950. De retour à Northolt, WSC avait immédiatement pris un autre avion pour Newmarket, où il assista à la victoire de Colonist II dans les Lowther Stakes. Plus tard ce même jour, il avait repris l'avion pour Blackpool où se tenait la conférence du Parti conservateur. Tous ces déplacements avaient été largement rapportés dans la presse.

Winston se rendit de nouveau à Marrakech pour Noël et le Nouvel An afin de travailler et de peindre. Clementine passa Noël à Londres – mais ne manqua ni de compagnie ni de distractions. Elle prit l'avion pour le rejoindre à la première semaine de janvier 1951.

☐ De Clementine   28 Hyde Park Gate
Mardi 19 décembre 1950

Mon chéri,

Je suis assise dans l'atelier du numéro 27[1] où j'aide à la décoration de l'arbre de Noël qui fait 4 m de haut – Il va être magnifique. Penelope [sa secrétaire] & Bullock [le chauffeur][2] font presque tout le travail, en équilibre sur une échelle –

Le jour de Noël, nous serons 20 à table pour le déjeuner & nous penserons à vous & boirons à votre santé. Les invités sont Duncan [Sandys] & Diana & leurs 3 enfants, la mère de Duncan & son beau-père, Mildred & Freddie Lister, Randolph & June, Nellie, Giles & Mary Romilly, Peregrine [son neveu], notre voisine & locataire, Mollie Long, Sylvia Henley, ses deux filles & son gendre. L'arbre sera illuminé & les cadeaux distribués dans l'après-midi après le discours du Roi.

Le petit Winston est arrivé & demain Pamela me l'amènera pour le thé & nous irons tous voir « The Crazy Gang » – Rufus [le caniche] se porte bien & il est heureux, mais vous lui manquez….

Votre Clemmie
qui vous aime

1. Les Churchill avaient acheté le 27 Hyde Park Gate peu après la guerre. Le mur mitoyen avait été percé et on y avait installé des bureaux et un atelier qui servait de lieu de stockage. Les deux étages supérieurs avaient été transformés en duplex et loués.

2. Joe Bullock, chauffeur à temps partiel de 1946 à 1965. Mis à la disposition de WSC « sur demande » avec une berline Humber par Sir William Rootes, par la suite premier baron Rootes (1894-1964), président de Rootes Motor Ltd.

☐ De Clementine   28 Hyde Park Gate
23 décembre 1950

Mon chéri

J'espère que cette lettre vous parviendra le matin du 25 – Elle vous apporte tout mon amour et mes pensées pour Noël.

J'aime vous imaginer en train de profiter du soleil du <u>matin</u> et de la <u>mi-journée</u> & pas, je l'espère, de celui de <u>l'après-midi</u> que je redoute pour vous, car il baisse si rapidement –

Le lumbago disparaît progressivement grâce au traitement & j'espère que quand je vous retrouverai, je serai une Chatte active & bondissante, plutôt qu'une Chatte estropiée.

Miaou
Tout mon amour
Clemmie

o De Winston [dactylographié]   Hôtel de la Mamounia
25 décembre 1950   Marrakech

Ma Clemmie chérie,

...

Nous avons fait un dîner magnifique chez le Glaoui. Les d'Hauteville[1] y étaient ainsi que Miss Sturdee [une secrétaire] et Miss Gemmell [une secrétaire][2]. Tout le monde a été ravi de tremper ses doigts dans le plat en se rappelant avec plaisir que les doigts ont été inventés avant les fourchettes. Le Glaoui a mon âge mais il est très alerte. Il fait semblant de ne parler ni français ni anglais, mais je suis convaincu qu'il comprend tout ce qui se dit, du moins en français. Après le dîner il y a eu des danses – trois troupes de cinq chacune avec des tam-tams... Je n'ai jamais vu de la danse, de la musique, ni la figure humaine présentées sous un jour si laid – les femmes avec une expression d'ennui sur leur visage qui martelaient le sol de leurs pieds, les hommes dans le même goût mais en plus repoussant. Tous étaient vêtus de courtepointes et de couvertures – ils ressemblaient à des balles de chiffons.... La musique n'est que braiments, glapissements et tam-tam, et le chant, continu de bout en bout, un magistral concentré de dissonances....

J'ai fait quelques heures de peinture tous les jours. Nous sommes allés à Ourika où la rivière sort des montagnes, et les galets – vous connaissez.... Pendant ce temps j'ai avancé le tableau en travaillant dans l'atelier à partir de photographies. J'ai un autre tableau en cours....

Tout le monde a passé une très bonne soirée hier à fêter le réveillon de Noël. Je suis arrivé à l'heure prévue – minuit moins le quart – et on m'a présenté à l'assemblée, qui applaudissait très fort, au son de Lilli Marlene. (Je suis terrifié à l'idée qu'encore une fois l'air ne me quitte plus. J'ai plusieurs antidotes de prêts.)...

Ma journée est extrêmement paisible et je ne fais absolument rien de ce que je n'ai pas envie de faire. La nourriture est tout ce qu'il y a de mieux. J'ai découvert les huîtres de Marennes – excellentes. Je prends au moins huit ou neuf heures de sommeil. Le temps est frisquet et il y a trop de nuages. Cependant j'espère avoir une période de soleil pas seulement dans le jardin, mais aussi au pied de l'Atlas....

La chose qui se déroule encore le mieux c'est la chose pour laquelle c'est le plus nécessaire – à savoir le livre. Ce soir cela fait huit jours que je suis là, et huit chapitres du Volume VI, Livre 12, ont été envoyés à l'Imprimeur....

J'espère de tout cœur que tout va bien à Chartwell. Les petits poissons, les Black Molly[3], les ides dorés des bassins (mais ils ne mangent pas en ce moment), les cygnes noirs (j'espère que les lacs ont dégelé et qu'ils peuvent retourner à leurs divers domaines). Je pense à eux tous, et puis il y a le chat mal élevé et boudeur, et le pauvre vieux Rufus. J'espère qu'il a hurlé tout son soûl et qu'il a fini par se résigner à mon absence.

Beaucoup dépend pour nous de l'issue de la bataille qui va s'engager en Corée[4]. J'espère qu'ils ont préparé une ligne défensive comme il faut en travers de la péninsule, avec des champs de mines et des barbelés et des mitrailleuses, bien disposées avec une bonne artillerie prévue à l'arrière....

✍ J'espère que ce récit vous fera plaisir. Je suis venu ici pour Jouer, mais jusqu'ici tout n'a été que <u>Travail</u> dans des conditions matérielles agréables.

Vous avez mon amour le plus profond. Je prie vraiment pour que tout aille bien pour vous : j'ai hâte de revenir à la maison. Mais ici il n'y a rien pour me distraire & je peux faire des progrès confondants sur l'essentiel de ce qui m'occupe.

Transmettez mon amour à tous
& ayez confiance en votre mari dévoué
& qui vous aime à jamais
W

P.-S. Mes paupières se ferment – Bonne nuit.

1. Voir la lettre de WSC du 18 décembre 1947.
2. Cecily Gemmell (« Chips ») fut la secrétaire particulière de WSC de 1947 à 1952.
3. Après la guerre, WSC se prit de passion pour les poissons tropicaux et il accumula un nombre considérable d'aquariums dans son bureau de Chartwell. Lorsqu'il redevint Premier ministre de 1951 à 1955, l'ensemble de « l'élevage aquatique » fut transféré aux Chequers. (Actuellement il y a dans le bureau de Chartwell un aquarium « symbolique » avec des poissons tropicaux, pour commémorer cet intérêt.)
4. La guerre de Corée dura de 1950 à 1953. Cette escalade dans la guerre froide fut déclenchée en juin 1950, lorsque des troupes nord-coréennes pénétrèrent en Corée du Sud en franchissant le 38e parallèle (frontière artificielle instaurée en 1945 pour des

motifs purement militaires par les États-Unis et l'URSS, qui avaient retiré leurs troupes en 1949).

À la mi-mai 1951, Clementine subit une importante opération gynécologique. Tout se passa bien, mais son état nécessitait une longue période de convalescence qu'elle entama à Chartwell et poursuivit en France à Hendaye, une ville de bord de mer près de Biarritz, où je l'accompagnai.

◻ De Winston [dactylographié] [Chartwell]
3 août 1951

Ma Chérie,
Sale journée à Goodwood[1]. Nightingall [l'entraîneur] n'aurait pas dû proposer d'engager COLONIST dix jours seulement après ses efforts dans le Prix du Festival. Ce cheval était indiscutablement surmené. En plus il a perdu un fer au début de la course et s'est blessé, même si ce n'est pas grave.... WHY TELL commençait seulement à être dressé pour le champ de courses... et quand la barrière s'est levée, le pauvre chou s'est tourné du mauvais côté et il est parti cinquante longueurs derrière les autres....

La Session parlementaire est terminée, Dieu merci, mais personne ne sait ce qui va se passer ensuite. Cette incertitude est ennuyeuse, car on ne peut pas faire de projets précis pour la ferme, etc.

Je suis plongé dans le Volume V, que j'essaye de livrer à temps pour que le Club du Livre du Mois, qui tire à 350 000 exemplaires en Amérique, puisse le retenir en novembre.... L'édition britannique du Volume IV sort aujourd'hui, ou plutôt demain, le 4 août, et il fait l'objet de comptes rendus dans tous les journaux d'aujourd'hui.... J'envoie cent exemplaires du livre à nos amis. Je réécris presque les premiers chapitres du Volume V au fur et à mesure que je m'y attaque. Cela prend quatre ou cinq heures pour chaque, et il y en a vingt dans chaque livre. Vous concevrez qu'il ne me reste pas beaucoup de temps pour mes autres occupations – les poissons, à l'intérieur comme à l'extérieur, la ferme, le rouge-gorge (qui a pris la poudre d'escampette)[2]. Reste que je dors beaucoup, en moyenne environ neuf heures sur vingt-quatre....

Je suis absolument décidé à aller à Deal et à Douvres pour y être fait Citoyen d'honneur le matin et l'après-midi du 15 août, puis à prendre le bateau avec Christopher [Soames] après minuit, dans l'idée de vous rejoindre, vous et Maria, à l'hôtel Lotti à Paris... le 16. Ensuite, train de nuit pour Annecy....

1. Hippodrome du Sussex. [*ndt*]
2. Pendant plusieurs mois un rouge-gorge résida dans le jardin aquatique. Il venait régulièrement manger dans la main de WSC, ce qui le ravissait au plus haut point. Il existe un court documentaire de ces touchantes relations.

◻ De Clementine Hôtel Esqualduna
Dimanche 5 août 1951 Hendaye

Mon Winston chéri,

Comme vous devez être fier et heureux de l'accueil chaleureux et enthousiaste de The H of F. [*Hinge of Fate*, le volume IV de ses mémoires de guerre]. J'ai commencé par la version continentale du Daily Mail, et ensuite le Times, le journal lui-même et son Supplément Littéraire. Et j'ai avec moi le livre à lire en tant que livre, & non plus sous forme d'extraits.

Mary & moi sommes heureuses ici ; & en ce moment nous nous prélassons au soleil (pas un soleil très chaud, mais oh ! combien agréable après six jours de nuages menaçants...).

Randolph est à Biarritz & arrive bientôt pour déjeuner avec nous dans un « *bistro* » que nous avons découvert en ville –

La nourriture y est délicieuse ; on ne peut pas en dire autant de celle de notre hôtel – mais les chambres sont spacieuses & il n'y a rien entre mon lit & l'Amérique, sauf l'océan Atlantique qui nous endort parfois en nous berçant & tonne & rugit d'autres fois à la manière de grands canons –

Randolph a posté votre lettre la nuit dernière ; & je suis désolée de vos revers aux courses – Miaou....

Amour tendre de
Clem...

Nous nous sommes tous retrouvés à Paris au Lotti comme prévu et avons continué notre voyage en train jusqu'à Annecy où le temps était si épouvantable qu'après une semaine, nous avons décampé en masse pour Venise où nous avons passé des vacances heureuses et mémorables.

Chapitre XXV

DE RETOUR AU 10

Le gouvernement travailliste se débattant avec une majorité de seulement six députés depuis février 1950, le Premier ministre, Clement Attlee, appela à de nouvelles élections législatives, qui eurent lieu le 25 octobre 1951. Les conservateurs l'emportèrent avec une avance de 17 sièges[1].

Le soir du 26 octobre, Winston Churchill fut une fois de plus nommé Premier ministre. Alors qu'il formait son gouvernement, Clementine lui envoya la note qui suit.

1. Les résultats furent les suivants : conservateurs 321, travaillistes 295, libéraux 6, nationalistes irlandais 2 et travaillistes irlandais 1. Côté famille, Christopher Soames et Duncan Sandys furent tous les deux réélus, le premier à Bedford, et le second à Streatham. Randolph, qui affrontait Michael Foot pour la seconde fois à Plymouth (Davenport), fut de nouveau battu.

◻ De Clementine ✉   Chartwell
Lundi soir [29 octobre 1951]

Mon chéri –
Ne soyez pas fâché contre moi – Mais d'abord – ne croyez-vous pas qu'il serait plus sage de confier un poste moins important à Duncan [Sandys] – sec[aire] d'État à la Guerre [ministre de la Guerre] est une position vraiment éminente – de plus, ne serait-il pas mal avisé de l'avoir <u>directement</u> sous vos ordres comme ministre de la Défense[1]. Si quoi que ce soit devait mal tourner, ce serait délicat & compliqué – d'abord d'avoir à défendre votre gendre, & ensuite de devoir le renvoyer, si par malheur il avait fait une erreur[2] –

Pardonnez-moi, je ne pense qu'à votre bien-être, votre bonheur et votre dignité.

...

1. Jusqu'en mars 1952, WSC cumula les fonctions de Premier ministre et de ministre de la Défense (comme pendant la guerre).
2. Duncan Sandys fut nommé ministre de l'Approvisionnement le 31 décembre 1951, un poste d'un rang inférieur à celui de ministre de la Guerre.

À Noël, il y eut une grande fête de famille aux Chequers, et le 31 décembre Winston partit pour les États-Unis et le Canada à bord du Queen Mary accompagné d'un entourage important.

☐ De Clementine   10 Downing Street
8 janvier 1952

Mon Winston chéri,

Cela fait maintenant dix jours que je vous ai dit au revoir à la gare de Waterloo. Je suis très heureuse de sentir que les choses vont bien et prennent forme –

Je vais maintenant vous raconter ce qui m'a tenue occupée –

Je suis retournée aux Chequers le dimanche matin après votre départ & j'ai continué à m'occuper des invités de Noël qui étaient restés – le 2, je suis retournée au « N° 10 » – et j'ai depuis eu des contacts agréables avec Randolph.... Et hier je suis rentrée d'un week-end délicieux avec Mary & Christopher [Soames] à la Ferme. J'ai inspecté la petite maison de Page [le régisseur], qui a été magnifiquement rénovée pour la femme du nouveau régisseur. J'ai aussi rendu visite à vos poissons tropicaux qui se portent bien & resplendissent de couleurs. Aujourd'hui, j'ai des invités à déjeuner....

J'ai hâte d'être à Paris chez les Harvey[1] – Je prends le ferry la nuit du dimanche 13 et je rentre la nuit du mercredi qui suit –

Tout ceci n'est qu'une liste aride qui ressemble à la page arrachée d'un agenda !

Mais je vous envoie, mon cher ami, mon amour et toutes mes pensées.

Votre dévouée
Clemmie

1. Sir Oliver Harvey, par la suite premier baron Harvey de Tasburgh (1893-1968), ambassadeur de Grande-Bretagne en France de 1948 à 1954.

DE RETOUR AU 10

◻ De Clementine Londres
18 janvier 1952

MARY ET MOI AVONS ECOUTE VOTRE DISCOURS[1] ENSEMBLE AVEC EMOTION. NOUS VOUS ENVOYONS TOUTES LES DEUX NOTRE AMOUR.
CLEMMIE

1. WSC s'était adressé au Congrès américain le 17 janvier 1952.

○ De Winston 4 East 66th Street[1]
20 janvier 1952 [New York]

Ma Chérie

Sir Roger Makins[2] repart en Angleterre aujourd'hui & je vous envoie ce petit mot par lui pour vous dire à quel point vous avez été présente dans mes pensées & à quel point je vous aime.

Je viens d'achever ce qui semble être la quinzaine la plus fatigante aussi loin que ma mémoire remonte ; & passe 48 heures tranquilles ici à récupérer. Je n'ai jamais rencontré un tel tourbillon de gens & de problèmes, et les deux discours[3] ont été des épreuves ts dures & ts exigeantes. J'embarque sur le Q.M. [*Queen Mary*] le 22 à minuit pour revenir.

Beatrice Eden[4] est venue dîner hier soir. Elle paraît tt aussi jeune et avenante que la dernière fois où je l'ai vue il y a une dizaine d'années. Elle n'a pas su m'expliquer son attitude mentale intelligiblement malgré ts ses efforts. Elle dit qu'Anthony n'a pas de cœur – Elle-même ne semble pas en avoir bcp. Elle vient en Angleterre en mars. Elle est vraiment indéchiffrable...

L'Élection Présidentielle [de novembre 1952] va maintenant divertir les Américains au cours des neuf mois d'inquiétude à venir. Cela va être leur tour d'avaler pilule sur pilule comme nous le faisons depuis 2 ans. Mais je suppose que les Russes ont leurs ennuis eux aussi. En tout cas je l'espère.

J'ai tellement hâte de vous revoir lundi en huit. Si nous dînions seuls tous les deux au N° 10 ?

Avec mon tendre amour ma Clemmie chérie.

Votre mari qui vous aime à jamais
W

...

1. L'appartement de Bernard Baruch (voir p. 424 n. 1).
2. Sir Roger Makins, ensuite premier baron Sherfield (1904-1996), entré au ministère des Affaires étrangères en 1928. À l'époque, Deputy Under-Secretary of State (1948-1952). Ambassadeur aux États-Unis de 1953 à 1956.
3. Le 14 janvier, à Ottawa, WSC prit la parole lors d'un banquet en son honneur offert par le gouvernement du Canada.
4. Beatrice et Anthony Eden avaient divorcé en 1950, après quoi elle s'installa aux États-Unis. Elle mourut en 1957.

o De Winston
21 janvier 1952

4 East 66th Street
[New York]

Chérie,

C'est magnifique (comme je l'ai câblé) que vous veniez m'attendre à Southampton.... Il n'y a qu'une seule affaire urgente qu'il faudra peut-être que je règle avant de partir soit en train soit en voiture. Elle pourrait se régler d'elle-même auparavant. Le télégramme à Tommy Lascelles ci-joint vous expliquera pourquoi il pourrait y avoir urgence[1]....

Sarah a vraiment été excellente hier – pour l'émission inaugurale[2]... Elle en fait 4 par mois – dont une fois où elle est la seule actrice. Le cachet est de 2 000 $ chaque !... Elle paraît ts heureuse & elle est très en beauté !

Je serai véritablement ravi de revenir. Je n'ai pas le souvenir de 3 semaines qui aient pris aussi longtemps à passer, malgré toutes les amabilités & tous les compliments.

Avec mon amour le plus profond
Votre mari qui vous aime
W
...

1. Le télégramme, envoyé le 20 janvier à Sir Alan Lascelles, secrétaire particulier du roi George VI, devait porter sur la santé déclinante du roi. Le roi avait un cancer des poumons (bien que cela n'ait pas été rendu public), et on lui avait enlevé le poumon gauche en septembre 1951. S'y ajoutait la menace d'infarctus, qui planait sur lui depuis 1948, et les mois qui suivirent son opération furent lourdement chargés d'inquiétude pour ceux qui étaient « dans le secret ».
2. Sarah et Antony Beauchamp travaillaient désormais aux États-Unis. Elle venait d'entamer une série de dramatiques télévisées commanditée par la société Hallmark (création et distribution de cartes de vœux).

Winston et son entourage arrivèrent le 29 janvier à Southampton, où Clementine et moi l'attendions sur le quai.

DE RETOUR AU 10

Le 6 février, le roi George VI mourut à Sandringham dans son sommeil. Au cours de l'été, Clementine eut des problèmes de santé et fut obligée d'annuler tous ses engagements pendant près de trois mois. Le 7 juillet, elle prit l'avion pour Rome avec Mary, duchesse de Marlborough, et fit un séjour dans un établissement de cure à Monte Catini, près de Florence.

□ De Clementine [Aérogramme B.O.A.C.]
7 juillet 1952 En vol

Mon chéri

Nous serons à Rome dans une demi-heure. Un voyage merveilleux à plus de 5 000 m – Un ciel miraculeux de beauté, des pics alpins menaçants, une nourriture délicieuse – Je vous aime.

Nous avons survolé cette pauvre petite ville de Dieppe, l'Arc de Triomphe, Dijon, le lac de Genève, Turin, & nous nous approchons rapidement de Rome –

Amour tendre
de
Clem Pussie Bird
…

o De Winston [dactylographié] 10 Downing Street
Juillet 1952

Max [Beaverbrook] est venu dîner avec moi au N° 10 l'autre soir. Nous étions seuls et j'ai eu une conversation très agréable avec lui. Il insiste pour commander l'ascenseur[1] au plus tôt afin qu'il soit prêt à installer dès que cela nous arrangera de commencer les travaux d'agencement....

On m'a montré les plans, dont vous avez discuté avec le ministère des Travaux publics, pour remettre en service les Salons de Cérémonie et la salle à manger du N° 10[2].... Il y a quelques améliorations mineures que suggère le ministère des Travaux publics. Je pense que c'est une idée géniale et qu'il faut le faire dans l'intérêt public, car c'est bien dommage que ces pièces ne soient pas utilisables. Il faudrait vraiment que nous les ayons pour l'année du Couronnement[3]. Regardez tous les hauts personnages que j'ai été obligé de recevoir dans notre malheureuse petite mansarde. Je suis sûr qu'ils sont surpris par la différence entre les locaux et le menu....

1. L'ascenseur de Chartwell était un cadeau de Max Beaverbrook.
2. Pendant le séjour des Attlee au N° 10 un appartement complet en lui-même avait été créé au deuxième étage ; les salons de cérémonie du premier étage n'étaient utilisés que pour des réceptions, où tout était pris en charge par les services de l'État.
3. Lorsque les Churchill retournèrent au N° 10 en 1951, CSC était extrêmement réticente pour modifier les « dispositions Attlee ». Mais l'appartement était tout à fait inadapté pour autre chose que de toutes petites réceptions, et avec le couronnement qui s'annonçait elle donna son accord pour que des plans soient dressés de concert avec le ministère des Travaux publics afin de restaurer la disposition d'origine.

☐ De Clementine Grand Hôtel & La Pace
9 juillet 1952 Montecatini Terme

Mon Winston chéri,

Le Times d'hier vient juste de nous parvenir avec la nouvelle de la première victoire d'Eisenhower à Chicago[1]. J'espère que cela augure bien de la suite.

Mary & moi avons entamé nos « cures » – Elles commencent à 7 h 30 le matin dans un établissement majestueux entouré d'un joli jardin....

Il fait très, très chaud mais nous tenons bon....

Les fleurs sont ravissantes & bizarrement la végétation n'est pas du tout brûlée. Il y a des cigales & des grenouilles qui forment un chœur permanent –

La nourriture est délicieuse, mais une grande modération est recommandée....

Votre Clemmie
qui vous aime
...

1. Le général Eisenhower (voir p. 591 n. 5) venait juste de remporter une victoire dans un litige de procédure concernant la désignation de candidats contestés à la Convention républicaine de Chicago. Le 11 juillet, il obtint l'investiture de son parti pour la présidence.

o De Winston 10 Downing Street
11 juillet 1952

Ma Clemmie chérie,

Vtre lettre « écrite à 5 000 mètres » a été ts bienvenue et j'ai hâte de savoir comment vous allez & comment tout se passe.... Vous faites des parties d'okla[homa] avec Mary ? J'espère sincèrement qu'il ne fait pas trop chaud. Ici cela s'est rafraîchi & il y a des nuages.

Encore une semaine de dur labeur qui s'achève & je pars pour Chartwell dans une heure. Comme j'aimerais savoir que je vais vous y trouver ! J'ai une impression d'esseulement et vous me manquez souvent, et j'aimerais vous sentir tout près. Je vous aime bcp ma chère douce Clemmie. Mais je suis sûr que vous aviez besoin de cette pause « hors temps de travail » pour retrouver tonus & énergie. J'attends vtre compte rendu avec la plus grande impatience....

Les perspectives sont ts sombres – avec toute notre force, majesté, rayonnement & puissance mis en péril par la Facture écrasante qu'il faut payer chaque semaine. Je n'ai jamais vu les choses aussi ennuyeuses & emmêlées. Mais il faut persévérer.

Je suis soulagé qu'Ike devance Taft[1]. Une fois l'élection américaine passée nous pourrons peut-être aller vraiment de l'avant. Soit Ike soit le Démocrate[2] serait ts bien. Une combinaison Taft-MacArthur[3] serait ts mauvaise....

... Mes amitiés à Mary Marl[borough] et croyez-moi toujours

Vtre mari dévoué qui vous aime
W
X X X X
...

1. Robert Taft (1889-1953), sénateur de l'Ohio républicain de droite à partir de 1939, était comme en 1944 et 1948 candidat à l'investiture présidentielle. Isolationniste, il avait déclaré pendant la guerre qu'il préférerait une victoire de l'Allemagne à une intervention des États-Unis. Il n'obtint pas l'investiture de son parti.

2. Adlai Stevenson (1900-1965), gouverneur de l'Illinois de 1949 à 1953, candidat démocrate à la présidence battu deux fois par le républicain Eisenhower, en 1952 et en 1956.

3. Général d'armée Douglas MacArthur (1880-1964), commandant des forces armées des États-Unis en Extrême-Orient à partir de 1941. Commandant en chef des forces alliées dans la zone Pacifique sud-ouest à compter d'avril 1942. Commandant suprême des puissances alliées au Japon et commandant en chef des forces de l'ONU en Corée jusqu'en 1951, date à laquelle le président Truman le releva de son commandement. Il ne réussit pas à obtenir l'investiture républicaine pour la présidence en 1952.

☐ De Clementine Grand Hôtel & La Pace
Samedi 12 juillet 1952 Montecatini Terme

Mon chéri, hier soir j'ai entendu la voix de Sarah de Rome[1] – Elle m'envoie votre lettre, qui n'est pas encore arrivée – Je suis vos faits et gestes dans le Continental Daily Mail & le Times.... L'excitation suscitée par la convention est maintenant retombée, mais elle a été déroutante

& contradictoire – Je m'aperçois que les quelques Américains qui sont ici auraient autant aimé avoir Taft, mais ils ont changé d'avis alors que c'était <u>terminé</u> ! S'ils avaient été à Chicago, ils auraient pu le faire <u>avant</u> la fin – Même Mary M[arlborough] se répandait partout en louanges sur Taft & n'arrêtait pas de dire quel homme accompli c'était & quel piètre orateur était cet Eisenhower.

Vous m'en direz tant – ! J'avais fait une prière avant et j'ai aussi remercié Dieu après –

Votre Clemmie
qui vous aime

...

Il fait 38 ° aujourd'hui, mais je me suis habituée à la chaleur extrême & j'aime plutôt cela –

1. Sarah et Antony étaient en route pour Capri, où CSC devait les rejoindre à leur invitation.

o De Winston Chartwell
21 juillet 1952

Ma Chérie à moi,

La fin de la Session parlementaire approche et elle apportera du soulagement à une tension ts rude & inquiétante. Au sein de notre cercle nous passons notre temps à échafauder des plans d'équilibre budgétaire. Les problèmes sont un véritable casse-tête à cause de leur nombre & de leur imbrication. Que réduire, avec toutes les horribles conséquences de ce choix. Les Dépenses Alimentaires, Militaires, de Logement ? ou bien les trois ? Nous avons indiscutablement hérité d'une situation effroyable ! Au-delà de toutes les malveillances partisanes il y a une prise de conscience des faits. Mais la nation est divisée en 2 appareils de parti qui cherchent chacun à affaiblir l'autre sans relâche.

L'absence d'Anthony [Eden] ajoute à mon fardeau. Il a eu une sévère attaque de jaunisse & a perdu une dizaine de kilos. Son médecin veut qu'il se repose encore une semaine & je le pousse à obéir. Salisbury[1] me casse les pieds – santé fragile, affaires privées, et en plus de cela un état d'esprit défaitiste. Cependant j'espère pouvoir apporter une solution satisfaisante à tout cela....

X X X

Je crains que vous n'ayez été accablée par les fortes chaleurs d'Italie ma chérie. J'espère sincèrement que quand vous rejoindrez Sarah &

Antony vous ne vous fatiguerez pas trop & que souffleront des brises plus rafraîchissantes…. Vous me manquez bcp & je suis souvent esseulé & déprimé. Vtre délicieuse lettre qui m'est parvenue hier m'a donné une gde joie. Depuis, je n'ai cessé de me demander comment dessiner une Clem Pussy Bird. Je joins une audacieuse tentative.

Avec le tendre amour ma très chère
de votre mari dévoué
W

1. Bobbety (ex-vicomte Cranborne, devenu 5ᵉ marquis de Salisbury. Voir p. 611 n. 3.

☐ De Clementine Ambassade britannique
25 juillet 1952 Rome

Mon chéri,

Mary M[arlborough] vous transmettra cette lettre et tout mon amour –

Je pars cet après-midi pour Naples, où Sarah & Antony m'attendent…

Je ne sais pas encore si Mr Stevenson a été désigné par les démocrates pour porter leurs couleurs – Vu de l'extérieur, il semble être de loin leur meilleur candidat –

Hier soir, j'ai fait un petit bout de chemin sur la Via Appia – Mais elle a été dénaturée ; la vieille route pavée avec les sillons creusés par les roues des chars romains a été asphaltée & au-dessus les alouettes ont laissé la place à une forêt de fils télégraphiques.

Votre Clemmie
qui vous aime
…

o De Winston Chartwell
4 août 1952

Ma Chérie à moi,

C'est avec un intense soulagement que je suis revenu ici avec 10 semaines devant moi d'ici à la rentrée parl. Le mois dernier a été ts éprouvant. Mais désormais nous avons une chance de faire bouger les choses en essayant d'élaborer des projets plus efficaces. Nous avons réduit ce déficit en devises qui nous torture de quelque 125^m de livres et avons fait un nouveau pas vers la solvabilité. Cela paraît vraiment très cruel que nous ne recevions aucun coup de chapeau pour sauver le pays de la Faillite. Et même cela nécessitera une vigilance prolongée. Anthony Eden est de retour[1] & j'ai bcp souffert de son absence. Il paraît maigre & j'ai bien peur qu'il ne soit fragile. Malgré tout nous allons avoir des vacances – ou du moins un peu de changement....

La querelle entre Attlee & Bevan s'enflamme ts joliment & c'est un plaisir de voir les journaux remplis de commentaires sur les divisions entre Socialistes et non plus uniquement sur nos défaillances....

Duncan [Sandys, ministre de l'Approvisionnement] a été ts bien & tout le monde reconnaît qu'il a gagné sa place parmi les chefs de file de notre camp.

Le terrain est trop dur pour faire galoper mes chevaux, mais nous espérons participer à quelques courses en sept^e & oct^e. Les poissons (dedans comme dehors) vont bien & ils sont beaux. C'est toujours moi qui les nourris. Cette besogne n'est pas malvenue après un excès de politique....

Pardonnez ces gribouillis décousus, que je mets dans le sac postal pour qu'ils vous parviennent à Rome mardi.

Je vous aime tant & j'ai hâte de vous voir revenir, vous me manquez – Nous ne ferons absolument rien d'autre que de rester à ronronner.

Votre mari dévoué &
qui vous aime à jamais
W
...

Gros baisers à Sarah.

1. Quelques jours après cette lettre Anthony Eden et Clarissa Churchill (la seule fille de Jack, âgée de 32 ans) vinrent à Chartwell annoncer leurs fiançailles à Churchill. Dès son retour d'Italie CSC s'occupa d'organiser la réception pour le mariage, qui eut lieu le 14 août au N° 10.

Le couronnement de la reine Elizabeth II eut lieu le 2 juin 1953. Mais depuis le début de l'année, il y avait eu de nombreuses autres réjouissances et événements d'importance auxquels Winston et Clementine avaient pris part et, depuis la fin avril, une double charge de travail et de responsabilités s'était abattue sur Winston du fait de la grave maladie d'Anthony Eden[1].

DE RETOUR AU 10

Le surmenage de Winston ne fut pas sans conséquence. Le 23 juin, à la fin d'un dîner au 10 donné en l'honneur de Signor de Gasperi, le Premier ministre italien, Winston venait juste de terminer un discours improvisé, bref mais brillant, et la compagnie se dirigeait vers les salons lorsqu'il eut une attaque. Sur le moment, les symptômes n'étaient pas clairs, et Christopher (Soames) l'aida à s'asseoir. Apprenant l'état d'épuisement du Premier ministre, de Gasperi fut extrêmement compréhensif et prit congé rapidement, suivi des autres invités. Mon père avait des difficultés d'élocution et tenait à peine debout, mais nous parvînmes à le ramener jusqu'à sa chambre à l'étage, où son état sembla s'améliorer considérablement.

Lord Moran lui rendit visite tôt le lendemain matin et diagnostiqua une attaque ; mais Winston semblait mieux et étonnamment, il présida une réunion du Conseil restreint où aucun de ses collègues ne remarqua quoi que ce soit[2]. Le lendemain (jeudi 25 juin), les effets de l'attaque se firent plus visibles et il fut décidé qu'il serait préférable qu'il se rende à Chartwell pour davantage de discrétion.

Churchill devait partir le 30 juin pour les Bermudes, où une conférence (annoncée publiquement) entre le président Eisenhower et les Premiers ministres français et britannique devait avoir lieu : il fallait donc prendre une décision. Le samedi 27 juin, un communiqué fut publié annonçant que Churchill « avait besoin d'un repos complet et qu'il était contraint de renoncer à son voyage aux Bermudes et d'alléger son programme pendant au moins un mois[3] ». Aucune explication médicale ne fut fournie.

Dans l'intervalle, la santé de Winston s'était détériorée et Lord Moran envisagea la possibilité qu'il ne survive pas au week-end. Cependant, après un jour ou deux, son état s'améliora de manière visible et il commença à recouvrer la santé (bien que par à-coups), au grand soulagement et à l'étonnement des quelques personnes de son entourage immédiat qui étaient au courant de la situation.

Sa maladie ne manqua évidemment pas de soulever la question de sa retraite. Winston se fixa lui-même une échéance pour en décider – le congrès du Parti conservateur à Margate en octobre, au cours duquel il devait faire un discours important en tant que leader du parti : il saurait alors.

Le 24 juillet, il était suffisamment rétabli pour qu'on le conduise aux Chequers, à trois heures de route, et il reprit progressivement ses occupations politiques et littéraires. Le 18 août, huit semaines après son attaque, Churchill présida une réunion du Conseil restreint à Londres ; mais ses progrès étaient irréguliers et il était extrêmement fatigué et souffrait de crises de dépression.

Clementine était en première ligne et son anxiété concernant les intentions politiques de Winston était grande. Elle eut aussi à cette époque la malchance de tomber et de se fêler plusieurs côtes – ce n'était pas grave, mais très douloureux.

La reine avait invité Winston et Clementine à l'accompagner aux courses à Doncaster pour le Prix de St Leger. Ils devaient ensuite se rendre avec elle et le prince Philip à Balmoral par le train royal. Ses médecins, comme Clementine, étaient d'avis que l'expédition serait trop fatigante – et pourrait de fait compromettre sa guérison. Winston (aux Chequers) et Clementine (au 10) eurent « des mots » à ce sujet. Winston l'appela plus tard le même soir pour s'excuser. Le lendemain, elle lui écrivit la lettre qui suit.

1. Eden avait été opéré de calculs le 12 avril 1953. L'opération s'était mal passée, le laissant gravement malade. Il était aux États-Unis pour une nouvelle opération lorsque Churchill eut son attaque le 23 juin de la même année. Il n'était donc pas à même de prendre la relève. [*ndt*]

2. Harold Macmillan nota dans son journal le 2 juillet : « Je n'ai à coup sûr rien remarqué en dehors du fait qu'il était très blanc. Il parla peu, mais très distinctement... » (*Tides of Fortune*, 1969, p. 516).

3. Signé par Lord Moran et Sir Russell Brain, éminent neurologue.

□ De Clementine   10 Downing Street
3 septembre 1953

Mon Winston chéri,
C'était gentil de m'appeler hier soir pour me dire des mots d'amour & me demander pardon – J'aimerais pouvoir vous persuader de renoncer à Doncaster & Balmoral.

<u>D'abord Doncaster</u>. Vous allez être observé par des foules affectueuses, mais inquiètes & curieuses – Il vous faudrait beaucoup d'efforts pour marcher d'un pas normal – Le chemin jusqu'au paddock sera peut-être long, & vous devrez fréquemment être debout. Même si vous restez assis en présence de la Reine en compagnie restreinte – cela se remarquerait si vous restiez assis en public alors qu'elle-même est debout.

<u>Ensuite Balmoral</u> –
Votre santé s'améliore régulièrement quoique lentement ; mais je crains que vous ne soyez pas encore suffisamment rétabli pour une nuit de train, etc. Et ce ne serait pas une bonne idée de faire une rechute

avant le discours de Margate ; vous devez au contraire ménager vos forces pour cet événement important, & pour le Parlement....

Je serai avec vous cet après-midi –

Votre dévouée
Clemmie

Pour la petite histoire, Winston et Clementine se rendirent tous les deux aux courses ! C'était le 12 septembre – leur 45e anniversaire de mariage. Ce fut un jour heureux et ils prirent plaisir à la visite à Balmoral qui suivit. Et – bien qu'il ait été fatigué – l'excursion donna à Winston un regain d'énergie.

Le 17 septembre, Winston alla passer deux semaines à La Capponcina au Cap d'Ail (la villa de Lord Beaverbrook). Clementine resta en Angleterre soigner ses côtes fêlées. Christopher et moi partîmes avec mon père pour lui tenir compagnie.

o De Winston Cap d'Ail
18 septembre [1953]

Chérie,

Tout ici est magnifique & inondé de soleil. Il y règne un sentiment de paix & de tranquillité. Il y a tout sauf vtre présence. Les enfants se baignent, & je me suis plongé dans Coningsby[1]. Je vais me frotter à une toile cet après-midi. Ce ne sont pas les dossiers officiels qui manquent....

Avec mon plus tendre amour Chérie. Ne vous faites aucun souci pendant un certain temps mais réfléchissez de nouveau à la possibilité de venir ici quand les enfants partiront....

Avec tout mon amour
Votre mari qui vous aime
W
...

1. *Coningsby*, roman de Benjamin Disraeli (1844).

□ De Clementine Chequers
20 septembre 1953

Mon Winston chéri,

J'ai été très contente de recevoir votre lettre si peu de temps après votre arrivée – J'espère que vous prenez du bon temps à peindre & à vous prélasser au soleil, & que Mary & Christopher font de belles baignades....

Nellie [Romilly] est ici & nous jouons au croquet – Demain nous allons à Stratford-sur-Avon voir Richard III et la Mégère Apprivoisée – une tragédie sombre et sanglante suivie par un numéro de clowneries.

Votre Clemmie
qui vous aime.

Nous venons juste de déjeuner avec Randolph – très agréable.

o De Winston   Cap d'Ail
21 septembre [1953]

Ma Chérie à moi,

Les jours passent rapidement & tranquillement. C'est tout juste si je suis sorti du jardin, & pour l'instant je n'ai même pas eu le courage de peindre pendant les heures d'ensoleillement.... Je ne pense pas que j'aie fait beaucoup de progrès, bien que comme d'habitude je mange, boive & dorme bien. Je pense énormément à vous en ressentant à quel point je vous aime. Les chatons [Mary et Christopher Soames] sont ts gentils avec moi, mais de toute évidence ils ne croient guère à mon avenir. J'ai accompli mes tâches quotidiennes et ai continué à suivre l'évolution de ce triste monde aux problèmes inextricables, et j'ai dicté environ 2 000 mots en vue d'un discours possible pour Margate afin d'essayer de voir ce que je peux en faire devant un public choisi quand il sera fini. Je continue à réfléchir à l'avenir et je ne veux pas prendre de décision tant que je ne suis pas absolument sûr que c'est la bonne....

Esmond[1] est venu déjeuner hier en toute amitié & il n'est pas du tout irrité par le spectacle qu'a donné le pauvre Randolph – repris mot pour mot comme vous n'aurez pas manqué de le voir dans le torchon de Bevan[2].... O'Brien[3] le Président du TUC est venu aujourd'hui. C'est quelqu'un de sensé et je lui ai administré une bonne dose de Démocratie Tory – médecine qui vaut bien votre Libéralisme.

Pardonnez ce gribouillis rédigé au lit avec une pointe Bic minuscule. Je peux mieux faire, mais j'écris si rarement de ma propre patte. <u>Continuez à m'aimer s'il vous plaît</u> ou bien je serai ts malheureux. Je suppose que Nellion et vous allez maintenant prendre la route pour Stratford....

Racontez-moi tout cela. Je suis impatient d'avoir de vos nouvelles. Mettez ce griffonnage au feu. Il est pire que mon état réel.

Toujours votre mari qui vous aime
& ne baisse pas les bras
W

P.-S. Tout mon amour une fois de plus & avec un meilleur stylo – comme celui que vous aviez offert à OJ [Oncle Joe – Staline] quand il vous a répondu qu'il écrivait toujours au crayon....

1. Esmond Harmsworth, qui avait succédé à son père en qualité de deuxième vicomte Rothermere en 1940. Voir p. 503 n. 5.
2. Lors du déjeuner littéraire de Foyle's [la plus grande et la plus célèbre librairie de Londres à l'époque, *ndt*], Randolph avait lancé une violente attaque contre les patrons de presse (en s'en prenant tout particulièrement à Lord Rothermere, propriétaire du *Daily Mail*) et certains rédacteurs en chef qu'il accusait de diffuser de la pornographie. Son discours fut publié dans *Tribune* [la revue de la gauche travailliste bévaniste] le 18 septembre 1953.
3. Tom O'Brien (1900-1970), secrétaire général du NATKE (syndicat des salariés du théâtre et du cinéma) à partir de 1932 et président du Congrès des syndicats (TUC) en 1952-1953. Fait chevalier en 1956.

☐ De Winston   Cap d'Ail
23 septembre 1953

ME SUIS ENFIN PLONGE DANS PEINTURE. ESPERE QUE VOUS AVEZ EU MA LETTRE. TOUT MON AMOUR. W

☐ De Clementine   Chequers
24 septembre 1953

Mon Winston chéri,

Lorsque vous recevrez cette lettre, Christopher & Mary vous auront quitté, & Jock & Meg [Colville][1] seront arrivés pour vous tenir compagnie –
Votre lettre ne m'est parvenue que ce matin car, lorsque vous n'êtes pas ici, il n'y a bien sûr pas d'allers & retours de voitures – Je souhaiterais, mon très cher, que vous ne vous sentiez pas aussi triste et déprimé – J'ai l'impression qu'à notre âge, on a besoin d'un peu de temps pour s'acclimater à l'air doux et relaxant de la Côte d'Azur – Ce serait probablement bien si vous pouviez y rester un mois – Mais ce n'est pas possible –

Ce sera merveilleux de vous accueillir à votre retour & je prends toutes les dispositions nécessaires pour que nous passions le week-end à Chartwell, car je sais que c'est ce que vous souhaitez....

Randolph a déjeuné ici. Il passe quelque temps avec moi. Je crois qu'il n'a aucune idée de ce que nous pensons tous de sa grossière sortie – Il est d'une compagnie tellement agréable lorsqu'il est de bonne humeur, & nous avons fait des parties de croquet très disputées hier & aujourd'hui qui nous ont bien amusés tous les deux. Je vous envoie une lettre de lui....

Tout mon amour, chéri –
Votre dévouée
Clemmie
...

1. John Colville et sa femme Meg étaient devenus des amis fidèles de WSC et CSC. Jock écrivit plusieurs ouvrages, notamment *Action This Day – Working with Churchill* (1968) et *The Fringes of Power: Downing Street Diaries 1939-55* (1985). Il fut également le principal instigateur du Churchill College de Cambridge, fondé par WSC en 1958.

o De Winston   Cap d'Ail
25 septembre 1953

Ma chérie,

Mary & Christopher partent & ils vont vous apporter ma lettre. Je suivrai le 30. C'était magnifique de vous parler au téléphone bien que j'aie eu tant de mal à entendre.... Je me suis plongé dans la peinture et je sens indiscutablement en moi la force & la vigueur nécessaires pour être aussi mauvais que par le passé. C'est un soulagement parce que c'est une gde distraction et un petit perchoir pour un oiseau fatigué....

Rien ne pourrait être pls confortable que cette villa [La Capponcina], et tout est organisé à la perfection. Je n'ai quitté le jardin que deux fois, et les jours passent ts vite. Je continue à réfléchir au chemin à suivre. Comme toujours il y a du pour et du contre des deux côtés. C'est un peu comme si un ministre de l'Intérieur hésitait à s'accorder un sursis.

Je suis tellement content que vous alliez à Chartwell ce soir. Ne manquez pas de me donner toutes les nouvelles locales – y compris sur le petit chat jaune[1], auprès duquel j'avais l'impression de faire des progrès grâce à la grouse matinale[2].

J'espère sincèrement ma chérie que vous avez trouvé l'interlude reposant et agréable. Je dois avouer que j'ai passé pas mal de temps plongé dans mes pensées. Cependant l'heure de l'action va bientôt sonner.

J'aimerais que vous soyez là car je ne peux pas m'empêcher de me sentir esseulé.

Votre mari qui vous aime à jamais
W
...

P.-S. J'ai commencé Le Père Goriot en français.

1. L'un des successeurs du « Mr Kat » tant adoré. WSC a toujours eu des chats roux à Chartwell, et le National Trust fait actuellement en sorte qu'il y ait toujours un chat « jaune » en résidence.
2. En saison, WSC prenait souvent de la grouse froide au petit-déjeuner – et il la partageait.

Winston rentra de France le 30 septembre et se concentra sur le fameux discours dont dépendrait son avenir. Le 10 octobre, il s'adressa pendant cinquante minutes aux conservateurs réunis à Margate et aux médias du monde entier (car les rumeurs sur son état de santé s'étaient multipliées). Son allocution et sa performance lui valurent un succès éclatant et on ne reparla plus de « retraite ».

o De Winston　　　　　　　　　　　　　　　10 Downing Street
13 octobre 1953

Ma chérie,

J'espère sincèrement que vous passez du bon temps[1]. Les Français ne sont pas contents de moi – et d'ailleurs je ne m'attendais pas à ce qu'ils le soient[2]. Mais je ne crois pas qu'ils vont se venger sur vous. Le Pug [Lord Ismay][3] sera sûrement d'accord. Duffie [Duff Cooper, ancien ambassadeur en France] sera contre.

Le Chaton a une conduite admirable & respecte les formes comme à son habitude ! Rufus se résigne petit à petit à sa présence. Dans l'ensemble la situation domestique est paisible....

Je me sentais seul hier soir mais Pitblado[4] est venu dîner. Je lis Les Dynastes[5] & commence à entrer dans le récit.

Bon et long Conseil restreint ce matin – C'est curieux comme les choses paraissent bien moins redoutables autour de la table du Conseil que dans les journaux.

Avec tout mon amour ma Clemmie bien-aimée de la part de

Votre mari dévoué
W

1. CSC séjournait à Paris chez les Ismay, qui étaient devenus des amis proches.
2. Dans son discours de Margate, WSC avait salué le retour de l'Allemagne « parmi les grandes puissances du monde ».
3. Général Hastings (« Pug ») Ismay (1887-1965), fait premier baron Ismay de Wormington en 1947. Chef d'état-major du ministre de la Défense (WSC) de 1940 à 1945. Il avait épousé Laura (« Darry ») Clegg en 1921. À l'époque, les Ismay résidaient à Paris, où il était secrétaire général de l'OTAN (1952-1957).
4. David Pitblado (1912-1997), chef de cabinet du Premier ministre (Attlee et Eden) en 1951 et en 1956. Co-chef de cabinet du Premier ministre (avec John Colville) auprès de WSC de 1951 à 1955. Fait chevalier en 1967.
5. *The Dynasts*, poème épique de Thomas Hardy en trois parties (1903, 1906, 1908).

o De Winston 10 Downing Street
16 octobre 1953

Ma Chérie à moi,

Je pars à l'instant à Chartwell, mais reviens dimanche pour offrir un dernier déjeuner aux Ministres des Affaires étrangères[1]. Leurs discussions semblent bien se dérouler, mais il se passe beaucoup de choses ennuyeuses, & mardi prochain le Parl^t se réunit de nouveau pour nous aider.

Tout est réglé pour le Prix Nobel [de littérature]. 12 100 £ non imposables. Pas si mal !

Je crois qu'il faudra que nous allions un ou deux jours à Stockholm en décembre pour y séjourner auprès du Roi & de la Reine.

J'écris dans la salle du Conseil & le petit chat maintient le papier à lettres à plat pour moi. Vous me manquez bcp. Un soir j'ai pris mon dîner au lit car la seule compagnie dont j'avais envie c'était la vtre. J'espère que vous vous plaisez bien et que vous trouvez les journées intéressantes.

Je vais dîner avec Mary [à Chartwell Farm] ce soir & demain, et elle déjeune avec moi d'une tourte au poulet samedi. Pamela C[hurchill][2] est venue déjeuner hier. Quelle femme agréable ! Je ne l'avais pas vue depuis des années. Elle m'a dit qu'elle vous avait vue au dîner chez Pug [Ismay].

Avec mon tendre Amour ma chérie
De la part de vtre mari dévoué
W
...

1. Les ministres des Affaires étrangères de Grande-Bretagne, des États-Unis et de France s'étaient réunis à Londres du 16 au 18 octobre 1953.

2. Pamela et Randolph avaient divorcé en 1945, et à cette époque elle résidait à Paris. En 1960, elle épousa Leland Hayward, producteur de cinéma et imprésario américain. Il mourut en 1971 et la même année elle épousa Averell Harriman (voir p. 582 n. 1), décédé en 1986. Pamela Harriman fut ambassadrice des États-Unis en France de 1994 jusqu'à sa mort subite en 1997.

o De Winston ✉   10 Downing Street
20 octobre 1953

Ma chérie – Bienvenue à la Maison ! Je me repose au lit, avant ma réapparition à la C des C & la séance de questions[1]. Je suis le régime de Margate y compris un Moran, comme il me l'a conseillé[2].

J'espère sincèrement que vous vous êtes débarrassée de votre rhume : Si je suis endormi quand vous arriverez, vous seriez gentille de me laisser jusqu'à 14 h 30, où je m'habillerai pour être à la Chambre à 15 h. Les Questions sont à 15 h 15. Mais il est vraisemblable que je serai réveillé en ayant hâte de vous voir. Avec mon tendre amour.

W
...

1. Le 20 octobre WSC retourna à la chambre des Communes pour la première fois depuis son attaque, pour répondre aux questions adressées au Premier ministre.
2. Un « Moran » était le nom donné par WSC à une pilule stimulante spéciale prescrite par Lord Moran, à prendre avant un discours important.

La conférence des Bermudes (qui avait été annulée en raison de son attaque) fut reprogrammée pour la première semaine de décembre. Le 30 novembre, Winston célébra son 79ᵉ anniversaire et, le lendemain, il quitta Londres pour les Bermudes – un vol de 17 heures. Christopher (Soames) l'accompagnait en tant que chef de cabinet[1]. Malheureusement, les nouvelles dates de la conférence entraient en conflit avec la remise annuelle des prix Nobel par le roi de Suède à Stockholm. Il n'y avait aucun doute sur les priorités et les Suédois se montrèrent extrêmement compréhensifs. Une invitation spéciale fut adressée à Clementine, lui demandant de recevoir le prix de littérature à la place de son époux et je fus invitée à l'accompagner.

1. Christopher remplissait en fait cette fonction auprès de WSC depuis 1950, date à laquelle il avait été élu au Parlement. Il l'occupa officiellement de 1952 à 1955.

☐ De Winston [Bermudes]
[2 ou 3 décembre 1953]

EXCELLENT VOYAGE. TOUT VA BIEN. CHEVRE[1] SPLENDIDE. BISES. W.

1. Le détachement d'honneur chargé de l'accueil de WSC était fourni par les Royal Welch Fusiliers, dont la mascotte était une chèvre blanche.

☐ De Clementine 10 Downing Street
5 décembre 1953

Mon Winston chéri,
Bien que ce soit ma première lettre, j'ai pensé à vous constamment depuis que vous vous êtes envolé à minuit le 1er décembre – Je viens juste de recevoir un télégramme de vous me disant que le travail est « lourd ». Je prie ardemment pour qu'il soit également fructueux. Les journaux ont publié de très bonnes photographies de vous (l'air en forme & enjoué) en train d'accueillir Monsieur Laniel[1] & par la suite le général Eisenhower....

J'ai reçu plusieurs lettres des invités me disant combien ils avaient apprécié votre fête d'anniversaire –

J'espère que vous êtes sage et que vous tenez compte des conseils de Charles [Moran], & que vous les suivez.

Amour tendre, mon chéri,
Clemmie

...

1. Joseph Laniel (1889-1975), Premier ministre français de juin 1953 à juin 1954.

☐ De Clementine 10 Downing Street
8 décembre 1953 14 h

Mon chéri,
Mary & moi partons pour Stockholm dans dix minutes & j'ai tout juste le temps de vous envoyer quelques lignes par la « valise » qui part cet après-midi.

J'espère que, maintenant que le lourd travail de la conférence est terminé, vous profiterez un peu du soleil & que vous vous reposerez avant de reprendre l'avion. Il est très difficile de juger de ce qui a été accompli en lisant les journaux – L'impression générale est que les Français ont été tout aussi pénibles, odieux & récalcitrants que d'habitude – Je suis sûre que vous avez eu raison d'insister pour que cette conférence ait lieu.

J'ai hâte de vous retrouver samedi.

Votre Clemmie
qui vous aime
…

Après cette année extrêmement dramatique et éprouvante, nous fûmes heureux de nous retrouver tous ensemble aux Chequers pour un Noël radieux.

Chapitre XXVI

LE TEMPS DU DÉPART

Clementine avait vaillamment fait face aux événements de 1953 – les célébrations du couronnement et les semaines de profonde anxiété qui avaient suivi l'attaque de Winston ; mais à la fin de l'année elle commença elle-même à éprouver des douleurs au bras et à l'épaule droite. On diagnostiqua une névrite. Au printemps de 1954, sa maladie était devenue extrêmement douloureuse et, à la fin du mois de mai, elle se rendit à Aix-les-Bains pour une cure de trois semaines. Sa secrétaire, Grace Hamblin, qui souffrait de problèmes rhumatismaux, partit avec elle.

☐ De Clementine
22 mai 1954

Hôtel des îles Britanniques
Aix-les-Bains

Mon Winston chéri

Nous sommes ici depuis exactement 48 heures, mais j'ai l'impression que cela fait beaucoup plus longtemps. Dans un jour ou deux, nous serons installées dans la routine & alors le temps s'envolera.

… J'ai lu Le Figaro & Le Monde (hier & aujourd'hui) – Je vois que les choses ne vont pas bien du tout, & que vous avez été obligé de faire une déclaration à la Chambre reprochant à la France de ne pas nous avoir tenu informés des contacts séparés qu'ils avaient eus avec Washington – J'espère que vous n'avez pas été affecté par les remarques acerbes publiées dans l'histoire officielle de l'Amirauté[1] – Je suppose que les amiraux ont pris un certain plaisir à se plaindre ; mais on comprend tout de même (et Le Monde partage cet avis) qu'ils ne s'en seraient pas mieux tirés sans vous ! Soyez un aigle & « laissez les petits oiseaux chanter[2] »…

… Il fait un froid de loup ; pire qu'en Angleterre ; mais je viens juste d'apercevoir une pâle lueur de soleil intermittent.

Le traitement est des plus épuisants ; mais je me suis laissé dire que dans une semaine nous y serions habituées – L'établissement thermal (même en cette période creuse de l'année) est plein à craquer de gens malades & d'invalides qui font pitié de sorte que l'on a honte de ses propres petits maux & problèmes....

Merci mon chéri de faire passer cette lettre à Mary & Diana & Sarah, etc.

Votre très aimante
Clemmie

On me traite avec politesse & grand respect, mais il est clair que les gens de toutes conditions sont profondément contrariés par l'Angleterre & de fait par tout ce qui leur arrive !...

1. Stephen Roskill, *War at Sea*, 2 vol., 1954 et 1957.
2. Allusion à Shakespeare, « *The eagle suffers little birds to sing* », *Titus Andronicus*, acte IV, scène IV. [*ndt*]

---

o De Winston [dactylographié]   10 Downing Street
25 mai 1954

Chérie

Le week-end aux Chequers a été un grand succès. Diana [Sandys][1] admirable. Jock [Colville] en particulier a été énormément frappé par sa longue conversation avec elle.... Anthony [Eden] et Clarissa ont passé un bon moment mais, comme vous le savez probablement, la pauvre est trop faible pour retourner à Genève[2]. Les Médecins ont diagnostiqué des problèmes de duodénum. J'ai eu des entretiens très fructueux avec Anthony et nous sommes presque en plein accord sur les questions de Genève, bien que naturellement je veuille prendre garde à surtout ne pas rompre avec les Américains. Ce sont les seuls à pouvoir défendre le monde libre même s'ils vont chercher Dulles[3] pour ce faire....

... Lundi nous discutions des Indemnités Parlementaires à la Chambre[4]. Tout s'est déroulé comme je l'espérais et l'avais prévu. On dit que le Parti Tory est très remonté, mais ils semblent très aimables dans le Fumoir et sachant qu'ils étaient libres de faire absolument comme ils voulaient et qu'ils se voient offrir un joli paquet [500 livres], je crois que leur bouderie morale ne durera pas. Je vais essayer de faire retirer de l'ordre du jour de vendredi le débat sur les Accords de Québec[5] (qui a donné lieu à la querelle que vous connaissez à la

Chambre), comme Attlee m'a appelé spécialement et publiquement à la Chambre à le faire.... Aujourd'hui après toute l'agitation autour des Indemnités Parlementaires, sur lesquelles je me suis abstenu de prendre la parole, j'ai reçu Billy Graham[6] pendant une demi-heure. Il m'a fait très bonne impression et son tout dernier triomphe est d'avoir converti l'Archevêque de Cantorbéry... Je pense qu'il trouve dans l'anti-Communisme un excellent allié aux États-Unis pour le salut des âmes. Après cet entretien très agréable j'ai eu le Duc de Windsor à déjeuner ; il a l'air en pleine forme et a été parfaitement aimable. Les historiens américains sortent des documents pas jolis..., mais cela n'aura pas de conséquences nocives, et je suppose qu'ils ne les citent que pour ajouter un peu de sensationnalisme à leurs livres, qui sans cela seraient profondément ennuyeux. En parlant d'historiens de la Guerre, j'ai un tas d'arguments irréfutables contre l'historien de l'Amirauté[7]. Il fait partie de ces Officiers de Marine à la retraite qui pensent que les hommes politiques ne devraient être à l'Amirauté en temps de Guerre que pour endosser la responsabilité des échecs sur mer, et décerner des récompenses aux Officiers de Marine dans les rares cas où ils remportent des succès.

Jeudi, il faut hélas que je parle devant les Sections Féminines à l'Albert Hall....

C'est une corvée que j'appréhende, et je ne vous cache pas que la rédaction d'un texte original me pèse bien davantage qu'autrefois, alors qu'en même temps l'idée de faire écrire mes discours par quelqu'un d'autre me déplaît toujours autant...

Hélas, j'ai joué deux fois de malchance. Les œufs des cygnes noirs ont éclos mais un seul petit a survécu et nage auprès de ses parents.... Ce n'est sûrement pas le renard le coupable. Malgré tout même un seul qui se fait promener sur le dos de sa Mama constitue un joli spectacle. L'autre malheur est plus grave : RED WINTER, le cheval irlandais que je possède pour moitié, a un coup de froid et ne sera vraisemblablement pas en état de participer à la course dotée de 6 000 £ qui était une des priorités de notre calendrier jeudi prochain....

J'ai demandé à Miss Portal[8] de prendre tout cela en sténo pour moi car il m'aurait été totalement impossible d'écrire à la main au cours de ces journées exceptionnellement chargées.

1. En 1953, Diana avait eu une grave dépression nerveuse.
2. Les Eden passaient alors la plupart de leur temps à Genève, où se tenait la conférence sur l'Indochine et la Corée.
3. John Foster Dulles (1888-1959), Secrétaire d'État américain [aux Affaires étrangères] depuis 1953.

4. Lors d'un scrutin sans consignes de vote tenu le 24 mai, une résolution visant à faire passer les indemnités annuelles des députés de 1 000 à 1 500 £ fut adoptée par 280 voix contre 166. WSC s'attira les foudres de l'opposition en la bloquant le 24 juin, mais un compromis fut trouvé le 8 juillet : les députés recevraient deux livres par jour où le Parlement siégeait, qu'ils soient ou non présents (soit 288 £ de plus par an).

5. Signés en 1944 et aux termes desquels la Grande-Bretagne et les États-Unis s'engageaient à ne jamais avoir recours à l'arme atomique l'un contre l'autre ni contre une tierce partie sans le consentement de l'autre.

6. William Franklin (Billy) Graham (1918-), le télévangéliste américain qui attirait les foules depuis la fin des années 1940 au cours d'énormes rassemblements dans le monde entier.

7. Le capitaine Stephen Roskill (1903-1982), spécialiste d'histoire navale, par la suite Fellow de Churchill College, Cambridge.

8. Jane Portal, une des secrétaires de Churchill de 1949 à 1955. Nièce à la fois de R.A. Butler [ministre de l'Éducation en 1944] et de Lord Portal d'Hungerford [chef d'état-major de la RAF pendant la guerre]. Elle épousa Lord Williams d'Elvel en 1975.

o De Winston [dactylographié]   10 Downing Street
28 mai 1954

    Ma Chérie

Votre deuxième lettre est arrivée hier matin. J'ai été profondément intéressé par les détails que vous donnez sur votre traitement. Il semble très sévère.... J'espère, et prie pour cela, que vous faites des progrès. Comment va notre Hambling [Grace Hambling] ? Est-ce qu'on lui donne des doses plus ou moins fortes qu'à vous ?

... Il y a plus que des remous dans le Parti Tory sur les indemnités des Députés, et il ne fait pas de doute que c'est très impopulaire.... Au cours du Congrès des Sections Féminines mercredi, il y a eu une explosion, et la seule malheureuse femme (épouse de député) qui a plaidé en faveur de l'augmentation s'est fait non seulement interrompre mais <u>huer</u>, ce qui est inhabituel dans les réunions féminines. Quand je suis allé à l'Albert Hall le lendemain (hier) j'ai abordé la question et j'ai été accueilli avec énormément de bienveillance et de respect, même si cela ne leur plaisait pas. J'avais apporté le plus grand soin à la rédaction de mon discours, et il est bien certain qu'il est passé haut la main. J'ai parlé pendant 42 minutes, et je n'étais pas du tout fatigué (parce que j'avais pris l'un des comprimés de Charles[1])....

J'ai commencé à dicter ma lettre en allant à Kempton où courait PRINCE ARTHUR, & l'ai finie en revenant. On lui donnait de bonnes chances, ... mais il s'est fait dépasser par la masse et n'est arrivé que quatrième....

La police a maintenant présenté son rapport sur la mort ou la disparition des petits cygnes. Ils disent que les coupables étaient des corneilles noires.... Les gros poissons rouges du bassin du jardin menacent de frayer, et demain je fais venir l'expert du Zoo pour qu'il recommande la meilleure façon de s'attaquer à ce problème très épineux....

Je vous écris depuis mon lit à Chartwell, après un petit somme. Je vous réécrirai dimanche & dans l'intervalle je vous transmets mon amour le plus profond.

Votre mari qui vous aime à jamais –
W

Exactement 96 kilos sur vtre appareil
mais plutôt mal en point & avec ts mal aux yeux

1. Les « Moran », comme WSC les appelait (voir p. 733 n. 2).

o De Winston [dactylographié]   Downing Street
31 mai 1954

Ma chérie

Nous avons passé un week-end épatant. Mrs Landemare[1] s'est distinguée comme d'habitude. Violet [Asquith/Bonham Carter] était de bonne compagnie, et Mary a fait en sorte que tout soit réussi. Sarah est venue déjeuner et dîner hier et Antony [Beauchamp, son mari] seulement le soir. Nous avons regardé trois films...

Les choses ne se passent pas trop bien là où vous êtes (à G[enève]), bien qu'il y ait encore de l'espoir d'aboutir à quelque chose. Les Frogs [Français] obtiennent absolument tout ce qu'ils veulent pour rien, et nous, nous n'obtenons rien de ce que nous voulons absolument. Je crois que mon voyage en avion [vers les États-Unis] va peut-être être indispensable. En attendant ici les indemnités ou les remboursements de frais des députés, parce que la question n'est pas encore tranchée, suscitent beaucoup de tracas...

Je pense que nous avons pris les meilleures dispositions possibles pour le frai. Le spécialiste du Zoo a donné sa pleine approbation. Vincent[2] a planté un grand nombre de petites herbes aquatiques qui fleurissent en saison dans les galets situés entre les marches de la partie la moins profonde, proposant ainsi aux gros poissons une séduisante verdure pour leur lune de miel qui ne va pas tarder...

J'ai hâte de recevoir votre prochaine lettre, et j'espère que vous aurez des résultats encourageants à y annoncer....

✍ Tout mon amour ma très Chère. Je pense souvent à vous au milieu des préoccupations quotidiennes.

Votre mari qui vous aime à jamais
W
...

1. Mrs Georgina Landemare, cuisinière des Churchill. Dans les années 1930, elle venait à Chartwell pour des week-ends spéciaux, mais à partir du début de la guerre elle y resta à plein temps. Elle prit officiellement sa retraite en 1953, mais venait encore en renfort à l'occasion en 1954.
2. Victor Vincent, chef jardinier de Chartwell de 1948 à 1979.

o De Winston [dactylographié]   10 Downing Street
5 juin 1954

Ma Chérie à moi,

J'ai été ravi de recevoir votre télégramme me disant que vous revenez à la maison le 12. J'en déduis que cela veut dire que tout s'est déroulé selon vos attentes. J'espère vous accueillir à l'Aéroport avant de vous emmener aux Chequers....

Mercredi (le 2) a été une journée chargée. Conseil restreint jusqu'à midi et demi. Six ou huit Ministres voulaient aller au Derby, et je leur ai dit de se mettre « en position de départ »…. J'y suis allé aussi et ai déjeuné avec le comte[1] et la comtesse de Derby... Le soir, nous avons eu une nouvelle réunion du Conseil pendant deux heures pour discuter des Indemnités Parlementaires, qui sont au centre d'une querelle énorme – et mesquine – au sein du Parti Tory....

Après cela je suis allé présider le banquet du centenaire de Balaclava du Quatrième Hussards en qualité de Colonel honoraire. Tout le monde a été plein d'attentions pour moi. Ogier et Tim Rogers[2] étaient là tous deux.

J'ai eu une autre journée animée aujourd'hui. Anthony [Eden] est revenu et nous a fait un compte rendu détaillé des noires perspectives contradictoires de Genève, où les Français sont bloqués et les Américains font beaucoup de difficultés…. Nous avons consacré deux heures en Conseil à cette sombre situation avant de passer aux ennuis plus sordides mais pas moins déroutants rencontrés à propos des Indemnités Parlementaires. Anthony est resté à déjeuner avec moi ensuite et je crois que nous avons une entente absolument parfaite sur tous les sujets.

Je me suis ensuite précipité à Hurst Park où nous avions décidé à la dernière minute d'engager PRINCE ARTHUR dans le Prix « Winston Churchill ».... Pendant une seconde palpitante à une centaine de mètres de l'arrivée il a pris la première place ; il a fini troisième, mais même cela couvre les frais qu'il occasionne pendant pas mal de mois (144 £ 5 sh.) Cela m'a procuré beaucoup d'émotions et je suis très content d'y être allé....

Je suis actuellement sur le trajet du retour vers Chartwell.... Les enfants se sont énormément plu à Frinton[-on-Sea], et Maria a consenti à laisser Christopher [Soames] revenir s'occuper de moi.... Je reste à Chartwell jusqu'à mardi, où je retournerai à Hurst Park voir PIGEON VOLE participer à une course d'importance secondaire ; il a une bonne chance de gagner. Ensuite Audience [auprès de la reine], puis Dîner de l'English-Speaking Union avec un discours radiodiffusé de neuf minutes. Il faut que je reparte à Londres le 10 pour la cérémonie du Salut au Drapeau....

✍ Dimanche 6 juin,

Chérie, je me réjouis de savoir que vous revenez samedi pour passer le week-end aux Chequers....

Toujours votre mari qui vous aime à jamais
Winston
...

---

1. 18ᵉ du nom. Le derby d'Epsom, toujours couru le premier mercredi de juin à l'époque, fut fondé par son ancêtre 12ᵉ du nom en 1780. [*ndt*]

2. John Ogier et Tim Rogers, officiers du 4ᵉ hussards détachés pour s'occuper de WSC lors de ses vacances en Italie en septembre 1945. Voir lettre du 5 septembre 1945 (p. 681 n. 1).

☐ De Clementine
8 juin 1954

Hôtel des îles Britanniques
Aix-les-Bains

Mon chéri,

Le Monde s'inquiète de vos relations avec le Parti tory – Il relate en détail le pour & le contre de l'augmentation des indemnités parlementaires – Et son sentiment est que vous êtes au-dessus de ces considérations mesquines & que vous ne vous intéressez qu'aux grands problèmes qui affectent l'humanité tout entière. L'article conclut en disant qu'en une semaine vous avez eu la malchance de perdre à la fois Sir John Mellor[1] et l'un de vos cygnes noirs ; & que vous étiez très affecté par la perte du jeune oiseau[2] – (J'ai pensé que cela vous ferait bien rire.)

Fin de la cure aujourd'hui, hourra ! Il me faut maintenant me remettre de la cure elle-même qui n'a pas été de tout repos ! J'ai hâte de vous retrouver samedi.

Amour tendre
Clemmie

1. Sir John Mellor, deuxième baronnet (1893-1986). Député conservateur de Sutton Coldfield dans le Warwickshire, il avait renoncé à sa fonction de responsable de la majorité au Parlement le 2 juin pour protester contre la proposition d'augmentation des indemnités parlementaires.
2. L'un des cygnes noirs s'était enfui. Il fut par la suite retrouvé en Hollande.

En août 1954, Clementine se rendit sur la Côte d'Azur en compagnie de Rhoda Birley[1]. Sir Oswald était décédé en 1952, mais Rhoda demeurait une amie et une compagne charmante.

1. Veuve de Sir Oswald Birley (1880-1952). Portraitiste distingué, Birley avait peint WSC quatre fois, dont la première en 1946. Lui et sa femme Rhoda, elle-même peintre (décédée en 1981), étaient devenus de grands amis de WSC et de CSC.

☐ De Clementine　　　　　　　　　　　　　　　　Ste Maxime-sur-Mer
3 août 1954　　　　　　　　　　　　　　　　　　　　　　　Beauvallon

VENONS D'ARRIVER. ENDROIT SUPERBE. TEMPS DELICIEUX. BAISERS DE RHODA ET CLEMMIE.

☐ De Winston　　　　　　　　　　　　　　　　　　　　[Chartwell]
3 août 1954

RAVI TOUT SOIT BEAU ET TOUT AILLE BIEN. ICI TEMPS DOUX. MON RHUME VA MIEUX. GROS BAISERS DE WINSTON ET DE LA GARNISON DE CHARTWELL.

☐ De Clementine　　　　　　　　　　　　　　　　Ste Maxime-sur-Mer
4 août 1954　　　　　　　　　　　　　　　　　　　　　　　Beauvallon

OU EN EST LE RHUME CHERI ? SURTOUT NE PAS REGARDER LA NOUVELLE LUNE A TRAVERS DU VERRE[1]. AMOUR. CLEMMIE

1. Une pratique censée porter malheur. [*ndt*]

□ De Winston [Chartwell]
5 août 1954

RHUME MIEUX. PAS DE LUNE VISIBLE. ESPERE TOUT VA BIEN. BAISERS. WINSTON.

□ De Winston [Chartwell]
8 août 1954

PAS DE NOUVELLES. MAUVAIS TEMPS. RHUME PERSISTE. CHYPRE STUPIDE. TOUT VA BIEN. ESPERONS AVEZ DU SOLEIL. TOUT MON AMOUR.

W.

o De Clementine Golf Hôtel
9 août 1954 Beauvallon s/Mer

Mon Winston chéri,

Votre télégramme avec les tristes nouvelles vient juste d'arriver – J'aimerais pouvoir vous donner un peu de notre soleil ; bien que pour dire la vérité il n'y en ait pas des masses....

Rhoda & moi nous sommes lancées (dans notre petite voiture brinquebalante) à la recherche d'une villa pour vous l'an prochain !....

Embrassez Mary pour moi & Charlotte Clementine[1]. Vous trouverez ci-joint une recette pour Christopher.

Rhoda est une amie du capitaine Cousteau[2], le célèbre explorateur sous-marin – Son quartier général est à Toulon & nous irons lui rendre visite dans un jour ou deux sur son célèbre bateau, La Calypso, qu'il utilise pour ses recherches. Sa femme plonge avec lui & il semble que Rhoda elle aussi ait l'intention de plonger. Je ne pense pas me joindre à eux – On porte un poumon sur le dos & on peut descendre jusqu'à 100 m sous l'eau sans tuyau d'air & y rester pendant 2 heures – Demandez à miss Gilliatt[3] [secrétaire de WSC] d'appeler vite pour qu'on vous envoie son livre, Le Monde du silence, par le capitaine Cousteau.

Cette lettre est pour toute la « garnison de Chartwell » & vous apporte mon amour le plus tendre –

Clemmie

...

1. Charlotte Clementine Soames (notre quatrième enfant) était née à la ferme de Chartwell le 18 juillet 1954.
2. Jacques-Yves Cousteau (1910-1997), officier de marine français et explorateur sous-marin, inventeur du scaphandre autonome [ou poumon aquatique] et de la télévision sous-marine. Fondateur du Groupement de recherches sous-marines de la marine nationale française et commandant depuis 1950 du navire de recherches océanographiques *La Calypso*.
3. Elizabeth Gilliatt, secrétaire particulière de WSC de 1946 à 1955.

o De Winston [Chartwell]
10 août 1954

Ma Chérie,

Ici je passe le plus clair de mon temps au lit et ne sors que pour aller nourrir les poissons. Gabriel [le chat siamois de CSC] s'entend ts bien avec tout le monde sauf son rival roux. Il me fait bcp d'amitiés & Rufus est extrêmement beau. Mon rhume est maintenant tombé sur ma poitrine & s'est transformé en toux, et Charles [Moran] (qui vient presque tous les jours) le surveille de près....

La Hamblin [Grace Hamblin] vient de me donner le dernier bulletin de santé de la pauvre Nellion[1]. L'hôpital dit qu'ils sont satisfaits de ses progrès sous l'effet des rayons. Elle peut sortir l'après-midi & Tribe [le chauffeur] est à sa disposition. On juge qu'il vaut mieux qu'elle passe la nuit à l'hôpital.... Je lui envoyé mes vœux & des fleurs.

Je ne fais rien, et cela me plaît. C'est agréable de ne pas avoir de projets en dehors de ceux que l'on fait au jour le jour & mieux encore d'une heure à l'autre....

En ce moment on ne peut trouver de consolation dans le règne animal. Tous les lapins de Chartwell sont morts[2] & maintenant les pauvres renards n'ont plus rien à manger, et donc ils s'attaquent aux porcelets et bien sûr ils ont dévoré les rares faisans. On dit qu'ils vont dépérir & migrer & qu'alors il ne restera personne pour s'occuper des scarabées et des rats. Christopher [Soames] peint un sombre tableau.

D'un autre côté les Cygnes vont bien, & les gens du Zoo sont venus hier leur couper les ailes pour les empêcher de partir s'ils n'apprécient pas ce qui se passe autour d'eux. Christopher et moi avons investi presque 1 000 £ à nous deux dans 8 porcs « Landrace » suédois – qui vont selon lui nous rapporter une fortune. Ils résident à Bardogs et ont des formes remarquables...

Leurs jambons sont ts admirés et ils ne sont que 1 200 sur notre Cheptel porcin de 5 millions. On dit que le Mâle vaut 5 ou 6 Cents livres, et dans deux ans nous espérons faire fortune....

Ma chérie à moi je passe beaucoup de temps à broyer du noir, et je ne suis pas toujours d'humeur gaie. Mais cela me réjouit tout de même le cœur de penser à vous au soleil et je <u>prie</u> pour que Paix & Bonheur gouvernent vtre âme. Ma bien-aimée chérie revenez bientôt revigorée & revivifiée, et si possible rapportez le Soleil en plus de votre charmant sourire.

W

P.-S. Je ne signe pas en utilisant mon portrait habituel, car je ne crois pas pouvoir rivaliser avc la lignée Landrace.

1. Nellie Romilly, la sœur de CSC. Elle avait un cancer et mourut le 1er février 1955.
2. La myxomatose, maladie fatale aux lapins, faisait alors rage dans le sud de l'Angleterre.

◻ De Winston [Chartwell]
11 août 1954

VOTRE LETTRE DU 9 ARRIVEE. PAS DE PLONGEE SVP. GROS BAISERS. W.

◻ De Clementine Golf Hôtel
Vendredi 13 août 1954 Beauvallon s/Mer

Mon Winston chéri,
Cela a été une joie de recevoir votre lettre. J'avais grand faim de nouvelles….

Demain nous allons à Marseille plonger avec le capitaine Cousteau ; mais nous ne descendrons pas plus profond que 10 mètres car il est très difficile de nager en profondeur sans être lesté – (J'espère que vous lisez son livre ?) On porte une combinaison en caoutchouc pour se prémunir contre le froid. Nous allons voir des pieuvres, mais je n'encouragerai aucune familiarité de leur part….

… Rhoda vous fait ses amitiés

Votre Clemmie
…

o De Winston ✉   10 Downing Street
19 août 1954

Bienvenue à la Maison, Ma Chérie

J'espère que vtre voyage a été agréable et qu'en plus il vous a fait le plus grand bien. Nous vous attendons avec impatience ce soir. Ici tout va bien sauf le temps.

Hier j'ai déjeuné avec Mary & les enfants. Une petite famille magnifique. Jeremy [né en 1952] est un vrai petit prodige. Je n'ai jamais vu un enfant comme lui. Ils forment un cercle familial adorable qui a illuminé mes années de crépuscule....

Nous avons acheté un porc Landrace de plus pour 300 £ mardi au cours d'une vente où beaucoup partaient à 700 £ ou plus. Une portée rapporte 2 000 £. Christopher [Soames] s'est pris d'enthousiasme et il se peut qu'il tienne là une affaire juteuse....

Osbert Peake[1] est venu dîner & passer la nuit d'hier et Christopher et moi avons eu une conversation de 4 heures avec lui pleine d'enseignements sur les PR [pensions de retraite], qui constituent l'élément dominant du Programme Conserv[ateur] de l'an prochain....

Peake n'aime pas du tout que les vieux (en tant que catégorie) vivent trop longtemps et il jetait sur moi un œil critique.... Je me sentais ts coupable. Mais j'ai répliqué en l'emmenant dans mon bureau pour lui montrer les 4 liasses d'épreuves de l'Histoire des Peuples de L.A. qui font rentrer 50 000 dollars par an dans notre île rien qu'en ce qui me concerne. « Ce n'est pas vous qui subvenez à mes besoins. C'est moi qui subviens aux vôtres. » Cela l'a plutôt désarçonné....

Impatient de vous revoir ma Bien-aimée
Votre mari dévoué
Winston

---

1. Osbert Peake, ensuite premier vicomte Ingleby (1897-1966). À cette date, ministre des Pensions et des Assurances nationales (1953-1955).

Dès que Churchill avait été nommé Premier ministre à nouveau en 1951, la question s'était posée de savoir combien de temps il resterait au pouvoir. Après sa grave attaque de 1953, il s'était rétabli de manière étonnante et, lorsqu'il était au mieux, il conservait ses exceptionnelles facultés. Cependant, il n'était plus l'homme qu'il avait été et il existait un fort sen-

timent au sein du gouvernement, y compris parmi ses collègues du Conseil restreint, qu'il lui fallait fixer une date pour son retrait afin de permettre à son « héritier présomptif », Anthony Eden, et à la nouvelle équipe de se préparer pour les élections législatives prévues avant la fin de 1955.

Winston lui-même hésitait : il était profondément convaincu qu'il restait des questions de politique internationale non résolues que lui seul pouvait traiter et, tout au long de l'année 1954, il continua à reporter sa décision. En juin, il annonça à Eden qu'il passerait la main à l'automne, mais, en juillet, il changea d'avis (bien qu'il ait été pleinement conscient que certains de ses collègues les plus proches pensaient qu'il devait se retirer). Le 24 août, il écrivit à Eden pour lui dire qu'il avait l'intention de rester Premier ministre jusqu'aux élections de 1955. Winston savait que Clementine déplorerait profondément ce nouveau report ; cela faisait longtemps qu'elle souhaitait qu'il se retire et elle était elle-même lasse et loin d'être en bonne santé. Il lui envoya une copie de sa lettre à Eden accompagnée de la note suivante.

☐ De Winston ✉   10 Downing Street
25 août 1954

Ma Chérie à moi,

Je n'ai pas voulu vous perturber en vous envoyant la copie ci-jointe hier. Harold [Macmillan, ministre des Affaires étrangères] estimait qu'il fallait que je l'envoie. C'est fait. J'en assume la pleine responsabilité. Mais j'espère que vous m'accorderez votre amour.

Votre mari qui vous aime à jamais
W

Lorsqu'elle était aux Chequers, Clementine avait l'habitude en descendant le matin de « passer voir » Winston qui travaillait habituellement au lit jusqu'au déjeuner. Cette note qu'il lui envoie indique combien elle était tendue – et peut-être beaucoup trop susceptible – en cette période difficile.

o De Winston ✉   Chequers
25 août 1954

Ma bien-aimée Clemmie chérie,

Je vous prie d'excuser mon écart de conduite de ce matin. J'étais préoccupé par le message que je dictais pour Ike. Je voulais simplement que la Portal [Jane] ne reparte pas dans les Bureaux et qu'elle attende dans la pièce voisine pendant notre conversation. J'étais sous le charme du tendre sourire avec lequel vous me souhaitiez le bonjour, & j'aurais voulu vous embrasser. J'ai tout gâché par ma maladresse & ma gaucherie. Je chéris vos visites du matin & je vous supplie de faire preuve de votre noblesse & de votre générosité coutumières à l'égard de votre fort repentant & très honteux, mais affectueux & plein d'espoir

W

P.-S. Vous avez été si épanouie & resplendissante ici et j'ai rendu grâce à Dieu de vous voir tellement plus solide. Je vais essayer de mieux faire.

La lettre qui suit nous montre Clementine dans une disposition plus indulgente.

o De Clementine ✉ Chequers
[Septembre 1954]

Une Pétition...
Le « petit salon blanc » est le boudoir <u>réservé</u> des dames & le salon privé de l'épouse du Premier ministre.
Serait-il possible au Premier ministre, lorsqu'il converse avec des hommes, d'utiliser :
1) le « bureau du Premier ministre » (en face de la salle à manger) ou
2) la grande galerie de l'étage ?

[WSC écrivit sur cette note :]
J'essayais seulement d'attraper une grosse souris pour ma Chatte...
Je ne le ferai plus.

Dans son discours au congrès du Parti conservateur le 9 octobre, Churchill ne donna aucune indication concernant ses projets de retrait et, le 18 octobre, il remania son gouvernement.
Clementine n'avait jamais véritablement accepté le dernier mandat de Winston comme Premier ministre ; si elle faisait bonne figure en public, en privé son moral était souvent au plus bas (une situation aggravée par

sa névrite qui empirait depuis la fin de 1953) et elle était terriblement susceptible et difficile. Winston lui-même pouvait être insupportable et se comportait parfois en enfant gâté, mais il y avait maintenant aussi des moments où Clementine le harcelait impitoyablement et se montrait déraisonnable et cruelle. Bien qu'il y ait eu quelques scènes explosives, Winston faisait généralement preuve d'une patience exceptionnelle, reconnaissant qu'il lui avait imposé cette longueur supplémentaire. Tous les deux avaient à cœur de réparer les dommages.

Le message qui suit est un « rameau d'olivier » adressé à Clementine par Winston – très probablement glissé sous sa porte.

o De Winston ✉   10 Downing Street
[non daté, vraisemblablement 1954]

    Chérie –
    Avec mon plus tendre amour.
    Je regrette tellement d'avoir été désagréable pendant le dîner.
    Mon cœur n'était rempli que d'amour mais mes pensées se sont égarées.

                                Votre mari qui vous aime à jamais
                                              W

Le 30 novembre, Winston célébra son 80ᵉ anniversaire, et ce fut véritablement un jour de célébration pour le pays – comme pour notre famille. Cette année-là nous passâmes notre dernier Noël aux Chequers.

o De Winston ✉   Chequers
25 décembre 1954

    Ma Bien-aimée Chérie,
    Achetez-vous avec cela [un gros chèque] quelque chose qui vous fait envie, et gardez le reste pour un Noël sans

                                                         Tout mon amour
                                                                W

Le 8 mars 1955, Churchill confirma à Eden qu'il démissionnerait le 5 avril. Le 11 mars, il reçut un télégramme de Sir Roger Makins (ambassadeur de Grande-Bretagne à Washington) l'informant que le président Eisenhower avait suggéré une rencontre à trois à Paris début mai, entre Churchill, le chancelier Adenauer[1] et lui-même. Le Président évoquait également la possibilité par la suite d'une éventuelle réunion avec les dirigeants russes. Ce changement apparent de situation conduisit Churchill à informer Eden (le 13 mars) que la date qu'ils avaient fixée en avril devait maintenant être considérée comme suspendue.

1. Konrad Adenauer (1876-1967), chancelier de la république fédérale d'Allemagne de 1949 à 1963.

o De Winston [dactylographié]   10 Downing Street
15 mars 1955

Très Secret
À brûler ou Mettre sous clé

Ma Clemmie Chérie,
Le Conseil restreint s'est réuni [le 14 mars] pour avaliser la réponse à envoyer au long télégramme de Makins que je vous ai montré. Cependant, Anthony [Eden] n'avait pas réussi à rédiger un avant-projet, et la conversation est partie dans tous les sens, à la suite de quoi il a demandé si cela modifiait en quoi que ce soit les dates prévues d'un commun accord. J'ai fait valoir qu'une discussion de ces questions en Conseil était sans précédent, et la plupart des Ministres semblaient très embarrassés. J'ai précisé que je serais guidé par ce que je jugeais être mon devoir et rien d'autre, et que tout Ministre qui n'était pas d'accord pouvait toujours présenter sa démission. Les pauvres membres du Conseil, qui pour la plupart n'étaient pas dans le secret des dieux[1], semblaient intrigués et inquiets. Bien sûr, comme vous le savez, une seule chose m'a influencé, et c'est la possibilité d'arranger en accord avec Ike une rencontre au sommet avec les Soviets dans un proche avenir. Sinon je suis tout à fait prêt à transférer mes responsabilités. J'ai pensé que ce message de Makins offrait une nouvelle chance, et c'est pour cela que je l'explore. Le Conseil s'est terminé là-dessus, et il fallait que je me concentre sur mon discours. Plus tard dans la journée Winthrop Aldrich[2] a apporté un message de Washington au Foreign Office aux termes duquel Ike n'était pas disposé à par-

ticiper lui-même à une rencontre avec la Russie. Est-ce que cela faisait ou non référence à une rencontre au sommet à une date ultérieure, ce n'est toujours pas clair. Cela pourrait ne s'appliquer qu'à la rencontre immédiate des Quatre Grandes Puissances dont parle la note de Makins, mais si je comprends bien il ne s'agirait que d'entretiens au niveau des ministres des Affaires étrangères, comme pour tous les échecs précédents. Nous allons avoir une nouvelle réunion aujourd'hui pour décider de la réponse à donner à l'Amérique. Bien sûr, s'il apparaît qu'en aucune circonstance Ike ne participera à une rencontre au sommet dans un proche avenir, cela me délivre de mon devoir de continuer, et me permet de nourrir les affamés[3]. Cela va bientôt se régler....

J'espère sincèrement que le repos vous fait du bien[4], et je vous tiens au courant.

Avec tout mon amour
Votre mari qui vous aime à jamais
W

1. C'est-à-dire qu'une date, le 5 avril, avait été arrêtée entre WSC et Eden.
2. Winthrop Aldrich (1885-1974), ambassadeur des États-Unis en Grande-Bretagne de 1953 à 1957.
3. Apparemment Anthony Eden – affamé de pouvoir.
4. CSC était aux Chequers, pour essayer de se débarrasser d'un accès de névrite.

Lorsqu'il devint évident que le président Eisenhower refusait de s'impliquer dans une rencontre avec les Russes, Winston n'avait plus aucune raison pour revenir sur la date prévue pour son retrait.

Tous ceux d'entre nous qui étions proches de lui comprenions parfaitement qu'il soit aussi déprimé et triste au fur et à mesure que la date approchait. Bien que ma mère ait été profondément soulagée qu'une décision ait enfin été prise, elle savait ce que cela devait signifier pour Winston. Dans mon journal du 19 mars, j'ai noté cette remarque qu'elle m'a faite : « C'est une première mort – et pour lui une mort qu'il lui faudra vivre. »

Il y avait de nombreuses dispositions matérielles à prendre....

□ De Clementine [dactylographié] ✉ Chequers
25 mars 1955 [vendredi]

AU PREMIER MINISTRE de la part de C.S.C.

Ce week-end sera le dernier que nous passerons aux Chequers et où nous y coucherons. Il nous faudra dire au revoir à tout le monde ici et je suis sûre que vous souhaiterez faire un petit discours.

Nous avions prévu de passer le week-end suivant à Londres du fait de la fête d'anniversaire que vous donnez pour moi le vendredi 1er avril et parce que la Reine vient dîner lundi. J'ai bien sûr prévu d'être à Londres toute la journée de lundi pour faire en sorte que tout soit aussi parfait que possible. Je me demandais si vous voudriez venir déjeuner ici aux Chequers le dimanche 3, après quoi nous pourrions faire nos adieux et retourner à Downing Street ? Si vous le souhaitez, nous pourrions inviter quelques personnes à dîner là-bas le samedi 2 et également le dimanche 3.

Je vous envoie cette note afin que vous ayez le temps d'y réfléchir avant que nous ne nous retrouvions ici demain soir.

Clemmie

o De Winston [dactylographié [10 Downing Street]
& annoté de sa main] ✉
31 mars 1955

AVRIL
Dimanche 3................. Chequers au déjeuner.
       [Lundi 4][1]
Mardi 5...................... 18 h 30 Audience.
                              Annonce de ma démission à la radio ce même soir.
Mercredi 6................... Déjeuner au N° 10.
                              Mrs Pamela Churchill à déjeuner.
       16 h 00   Réception pour le personnel
       17 h 00-18 h 00   Sir Winston part pour Chartwell

Pendant que se déroule le programme ci-dessus le nom du successeur est annoncé, vraisemblablement au cours de l'après-midi du mer. 6. La lettre à Mr John Harvey[2] qui aura pu lui être envoyée quelques heures plus tôt sera ouverte par lui, et rendue publique par moi aux journaux (s'il y en a³) & à la radio jeudi matin. Serait-il possible que je reçoive à dîner Christopher [Soames] et Mary à Chartwell le mercredi soir ? Cinéma ?

Je ne veux pas être à Londres le jeudi ou le vendredi, ni partir pour l'Aéroport de Londres⁴ en passant par Downing Street, je serai beaucoup importuné par des gens qui veulent me dire au revoir, et on me demandera d'aller à la Chambre des communes voir le 1922 Committee [comité des députés conservateurs de base], etc. [en marge ✍ : On pourrait même me forcer à venir à la C des C] Alors que je me propose tout simplement de disparaître et de demeurer dans une stricte intimité à Chartwell jusqu'au moment où je monterai dans l'avion pour la Sicile. On peut adapter tout cela pour tenir compte de vos préférences. Il n'y a pas la moindre raison pour que vous partiez d'ici [le N° 10] avant le samedi matin. Cependant ce serait magnifique si vous acceptiez de venir à Chartwell dès que vous le pourrez le jeudi ou le vendredi, et si nous pouvions aller à l'aéroport ensemble en partant de là…

Il me faut au moins deux jours à Chartwell car j'ai toutes les questions financières et les affaires de la ferme à régler… : [en marge ✍ : De plus je veux être en dehors de Londres.]

<u>Dispositions pour le transfert du N° 10.</u>

Il est possible d'étiqueter beaucoup de choses avant le samedi 9 mais il ne faut rien déménager. Je ne souhaite pas être dans les lieux car il se peut que mon Successeur désire réunir le Conseil restreint. Je me propose de l'informer que la Salle du Conseil sera à sa disposition le jeudi, si cela peut convenir. Comme Mr Pitblado [le chef de cabinet] reste il sera à la disposition du Successeur…. Je me propose de suggérer à mon successeur que nous libérions entièrement les locaux le vendredi 15, la Salle du Conseil & les bureaux étant à sa disposition dans l'intervalle.

W.
…

---

1. WSC ne fait aucune référence dans ce compte à rebours dicté sans fioritures au grand dîner organisé par Clementine et lui en présence de la reine et du prince Philip le soir du lundi 4 avril. (Il ne faut pas chercher de raisons cachées à cette omission – son esprit était nécessairement occupé par le bon ordonnancement de questions de moindre importance et pour l'essentiel de nature domestique.)

2. John Harvey (1920-2008), président de la section conservatrice de la circonscription de WSC de 1954 à 1956.

3. Une grande grève des travailleurs de la presse, qui dura près d'un mois, avait débuté le 25 mars. Seul le *Manchester Guardian* continua de paraître.

4. WSC et CSC avaient prévu de prendre des vacances en Sicile immédiatement après sa démission.

Toutes ces dispositions – et l'on ressent combien il en coûtait à Winston de fixer de manière aussi incisive les dernières étapes précédant son départ – furent respectées avec minutie et de bonne grâce.

Après la réception donnée pour ses collaborateurs personnels au numéro 10, Winston prit le chemin de Chartwell en voiture.

À un jeune reporter qui l'attendait à son arrivée, il déclara : « C'est toujours agréable de rentrer chez soi. »

Chapitre XXVII

EN QUÊTE DE SOLEIL

Les vacances en Sicile ne furent pas un succès en dépit de l'agréable compagnie du Prof (Lindemann, désormais Lord Cherwell) et de Jock Colville. Il pleuvait des cordes la plupart du temps et la névrite de Clementine ne lui laissait aucun répit. Ils pensaient rester trois semaines, mais ils rentrèrent après une quinzaine de jours.

En leur absence, les élections législatives avaient été fixées au 26 mai[1].

Pendant tout l'été, Clementine fut épuisée et gravement déprimée. Aux tensions du dernier mandat de Winston en tant que Premier ministre s'était ajoutée la douleur continue de sa névrite à l'épaule et au bras droits. Elle souffrait en plus du poignet gauche qu'elle s'était fracturé lors d'une chute en juin. En août, elle se rendit à St Moritz, en Suisse, pour suivre la cure qui lui avait été recommandée. Sa secrétaire, Heather Wood[2], *l'accompagna et je la rejoignis plus tard pour lui tenir compagnie.*

---

1. Aux législatives, les conservateurs furent réélus avec une majorité accrue : conservateurs 345 sièges, travaillistes 227, libéraux 6 et Sinn Féin 2. Les conservateurs avaient 60 voix de majorité.
2. Secrétaire de CSC de juin 1953 à mars 1956.

□ De Clementine Suvretta House
5 août 1955 St Moritz

Mon chéri, C'était très gentil de votre part de m'accompagner à l'aéroport. C'est heureuse que j'ai entamé mes efforts laborieux pour recouvrer la santé....

Je me suis installée confortablement à l'hôtel de la gare [à Zurich] pour 2 heures avant d'entreprendre le voyage assez ennuyeux de 5 heures jusqu'à St Moritz (avec un changement) – Le dîner dans le train était délicieux & nous avons été extrêmement bien accueillies dans ce très confortable hôtel –

La douleur est considérable, mais supportable ; je me suis fait une injection[1] mais j'espère bientôt pouvoir m'en passer – Demain, j'ai rendez-vous avec le médecin du centre de cure pour voir s'il peut faire disparaître ma névrite grâce à l'application de tourbe magique ou par des bains d'essence de pin –

Tout mon amour, mon chéri
Votre dévouée
Clemmie.

J'ai l'intention de passer la journée dans ma chambre afin de m'accoutumer à l'altitude –

1. Le médecin de CSC lui avait prescrit des injections de péthidine qu'elle s'administrait elle-même pour soulager sa douleur.

o De Winston Chartwell
5 août [1955]

Chérie,

Monty [Montgomery] est venu déjeuner aujourd'hui. Il a été ts amusant & il m'a demandé de vos nouvelles en exigeant tous les détails. Je lui ai dit tout ce qu'il y avait à dire. Nous sommes tous descendus à la Piscine avec Jeremy[1] qui a eu bcp de succès.

J'attends impatiemment de recevoir des nouvelles de vous & j'espère en avoir lundi. Il se pourrait ts bien que vous ayez une rechute pendant quelques jours et qu'ensuite les accès de douleur diminuent.... En tout cas ne Désespérez pas. Je vous en conjure. Je suis <u>sûr</u> que vous allez trouver un remède. Je sais que ce sera peut-être dur, mais vous avez du courage dans les veines.

C'est là la troisième lettre que j'essaye de vous écrire en échouant à chaque fois. Je vous aime tant et suis décidé à persévérer.

Ce sera plus facile quand j'aurai l'une de vos chères lettres de votre main comme point de départ.

Toujours votre mari qui vous aime
W

1. Notre deuxième fils, Jeremy Soames (alors âgé de trois ans et demi), était l'un des filleuls de Monty.

☐ De Clementine   Suvretta House
8 août 1955   St Moritz

Mon chéri,

Merci pour les télégrammes ; & j'espère bientôt recevoir une lettre de vous –

Je commence à me sentir mieux et j'en remercie Dieu....

... Le paysage ici est magnifique, mais quelque peu austère à mon goût ; des lacs en enfilade surplombés de montagnes sévères dont les sommets sont généralement entourés de nuages, mais qui se dressent parfois sur un fond de ciel bleu intense. <u>Quand</u> le soleil brille, c'est vraiment délicieux, très chaud, et l'air est comme du champagne –

J'espère chéri que vous êtes heureux

Votre dévouée Clemmie
qui vous aime

Cet après-midi Mr Einstein[1] m'emmène explorer le col de la Bernina....

---

1. Lewis Einstein, un Américain veuf et âgé, extrêmement courtois. Il habitait Paris, mais venait régulièrement à St Moritz. CSC et lui s'étaient liés d'amitié.

o De Winston   Chartwell
8 août [1955]

Ma chérie, j'ai été tellement content de recevoir votre lettre.... Maintenant qu'elle est là je prends ma plume pour y répondre, assisté par Toby[1] qui est sur la feuille de papier et insiste pour laper l'encre de mon stylo afin de vous envoyer un message personnel.... C'est un merveilleux petit oiseau. Il picorait et gribouillait avec son bec et ce que j'ai écrit jusqu'ici est tout autant son œuvre que la mienne. Il vient de repartir dans sa cage (à mon chevet) et donc je vais peut-être pouvoir mieux écrire (j'ai également rempli mon stylo).

Cela a de toute évidence fait plaisir à Monty d'être ici et il m'a donné une lettre à vous transmettre. Il m'a demandé s'il pouvait revenir le dimanche 11 septembre. Vous pourriez ts bien être de retour & <u>cela ne serait pas trop tôt</u>.... (Toby est revenu sur ma main). Il s'agit vraiment d'un message commun et donc je l'ai fait signer....

Ma très Chère, vous avez tout mon amour. Ne manquez pas de m'écrire & ne perdez pas espoir.

Votre mari qui vous aime à jamais
W

1. Un serin bleu, offert à WSC par Dido Cairns, la sœur de Christopher [Soames], à Noël en 1954. C'était tout un personnage, qui occupait une grande place dans la vie de WSC.

o De Winston   Chartwell
10 août [1955]

Chérie,
Votre lettre du 8 m'est parvenue ce matin. Je suis enchanté d'apprendre que vous vous sentez mieux. C'est vraiment une bonne nouvelle au bout de seulement trois jours. Tenez-moi au courant de ce que dit le médecin de là-bas à la suite des analyses de sang, et également ce qu'il prescrit....

J'ai travaillé à mon livre[1], & Christopher [Soames] et Mary ont fait toutes sortes de projets pour remplir les 11 jours (qui débutent demain) et je dois dire que cela semble alléchant. Violet [Asquith/Bonham Carter] vient samedi, et aujourd'hui nous recevons les Ismay....

Antoine & Cléopâtre [les Eden] ont choisi le 10 septembre pour leur visite.... Ils ne restent qu'une journée. J'espère sincèrement que vous serez de retour en pleine forme. Monty déjeune le 11 septembre & j'essaye de les persuader de rester pour se joindre à nous.

Avec mon tendre amour ma très chère Clemmie
Votre mari dévoué
W.

Toby a signé

1. L'*Histoire des peuples de langue anglaise*, 4 vol., 1956-1958. Commencée au milieu des années 1930 à la suite de *Marlborough* [voir lettre du 2 février 1937, *ndt*], et pratiquement terminée quand éclata la guerre. Elle fut mise de côté jusqu'à l'achèvement des mémoires de guerre de WSC, et de nouveau interrompue par son mandat de Premier ministre en 1951. Il entama la révision de certains chapitres lors de la convalescence qui suivit son attaque de 1953, et il la reprit pour y mettre la dernière main dans les 48 heures qui suivirent sa démission en 1955.

☐ De Clementine Suvretta House
Samedi 13 août 1955 St Moritz

Mes chéris (Le pluriel inclut Toby !)

Je suis partie avec les <u>8</u> premiers chapitres de votre livre [l'*Histoire des peuples de langue anglaise*]. J'ai commencé à les lire avant-hier & j'ai presque terminé. Je suis enthousiaste – Je pense que les gens ordinaires vont adorer le livre & qu'ils vont maintenant « se passionner » pour l'histoire comme ils l'ont fait pour la peinture[1]. Envoyez-moi s'il vous plaît d'autres chapitres par l'intermédiaire de Mary – Il faut absolument que je lise la suite....

Je suis si reconnaissante, et tellement excitée, car c'est le premier matin où je ne souffre pratiquement plus – Je crois que les enveloppements de tourbe ont maintenant un effet <u>bénéfique</u> sur moi – Les deux premières applications s'étaient soldées par des gonflements & des douleurs....

Chéri, j'espère que vous allez bien – J'ai l'impression que vous êtes heureux, entouré et choyé par tant de personnes qui vous aiment....

Votre dévouée
Clemmie

1. CSC fait allusion à *Painting as a Pastime* publié en 1948. Un certain nombre de gens s'étaient mis à la peinture après avoir lu ce charmant petit livre.

☐ De Clementine Suvretta House
16 août 1955 St Moritz

Mon chéri,

...

Mr Einstein, une connaissance qui nous emmène, Heather Wood & moi, nous promener en voiture, a commencé à nous faire des reproches à propos de Chypre[1] Il dit que nous nous sommes mal comportés envers les Grecs sur la question il y a bien des années dans nos efforts pour faire plaisir aux Turcs – Il a accompagné ses remarques de nombreuses dates & il a mentionné divers incidents. J'étais assez fâchée car j'avais le sentiment que je ne pouvais pas lui dire la seule chose qui me venait à l'esprit, à savoir « Bien sûr les Américains voudraient toujours que nous renoncions à tout » –

Au lieu de cela, j'ai répliqué avec dignité (je l'espère) « Si vous voulez bien résumer brièvement votre thèse par écrit, je vous donnerai ma réponse ! » Il s'est également montré critique à propos des Dardanelles & de Singapour ! J'en ai conclu qu'il nous était hostile & j'ai décidé de laisser tomber mon prochain rendez-vous avec lui. Mais vous pourriez peut-être m'envoyer un bref argumentaire pour justifier notre souveraineté sur Chypre.

Une Clem Bird furieuse

1. Chypre (population 80 % de Grecs orthodoxes, 20 % de Turcs musulmans) traversait une période de troubles depuis 1954. Les Chypriotes grecs souhaitaient une union avec la Grèce (*enosis*), à laquelle la minorité turque s'opposait fermement. Pour préserver les intérêts de la Grande-Bretagne au Moyen-Orient, le gouvernement Eden décida que Chypre devait rester britannique. Face aux activités terroristes et à l'agitation générale, l'état d'urgence fut décrété en 1955 et une importante force militaire britannique fut envoyée sur place pour maintenir l'ordre.

o De Winston   Chartwell
20 août 1955

Ma chérie,

Mary revient aujourd'hui & reste auprès de moi[1]. Elle repart lundi & vous apportera toutes les nouvelles…

Votre lettre datée du 18 vient de me parvenir. Elle me dit ce que je voulais entendre. Il y a eu une amélioration notable au cours de la quinzaine passée. Cela va de toute façon dans le bon sens, et je crois que vous avez raison de repousser vtre retour….

Je ne serais pas ts tendre avec Einstein. Nous avons <u>préservé</u> la Grèce de l'inclusion derrière le Rideau de Fer par nos efforts personnels. Chypre n'a jamais reçu d'engagement de notre part disant que nous la remettrions entre les mains des Grecs, qui ne l'ont jamais possédée. Bien que je ne prétende pas qu'il s'agisse d'un argument décisif, nous avons entamé un plan de retrait [de troupes] d'Égypte qui repose sur ntre base de Chypre, & ce n'est vraiment pas le moment que nous pourrions choisir pour le compromettre. Que les Grecs nous traînent dans la boue, cela me laisse parfaitement froid – ou plutôt cela m'échauffe les oreilles. Je vais voir si je peux rédiger quelques éléments supplémentaires à donner à Mary.

Avec mon tendre amour ma ts chère. Je me débats avec mon livre – extrêmement aiguillonné par vtre approbation –

Avec tout mon amour & bcp de baisers
Votre mari dévoué & qui vous aime
W

P.-S. Je fais mes récoltes quotidiennes dans la nouvelle Land Rover

1. Je revenais d'un séjour dans le Nord avec Christopher, nos enfants étaient sur la côte, et la Ferme était vide.

□ De Clementine   Suvretta House
24 août 1955   St Moritz

Mon chéri, c'est une grande joie d'avoir Mary à mes côtés.

Hier nous sommes allées faire une promenade en voiture avec Mr Einstein – Nous lui sommes toutes les deux tombées dessus à propos de Chypre (avec l'aide de votre lettre), après quoi il est devenu tout à fait accommodant.

– – – Je viens juste de vous avoir au téléphone....

Je continue la cure & je me sens plus forte, mais je ne peux pas marcher plus de 500 m, ce qui me mortifie –

Je m'apprête à lire les nouveaux chapitres que vous m'avez fait parvenir – J'adore votre livre –

Mon Winston chéri, prenez soin de vous –

Votre dévouée Clemmie
qui vous aime
...

le 25

Mary vient juste de prendre une leçon de tennis avec un très bon professionnel....

Dieu vous bénisse mon chéri, et nous bénisse tous les deux –
Clemmie

o De Winston [dactylographié]   Chartwell
28 août 1955

Ma chérie,

Je suis si content que ma lettre ait pu avoir une certaine utilité dans les discussions avec Mr Einstein. Ce n'est pas le grand Einstein, qui est mort au début de l'année. J'aurais dû m'en douter.

Christopher [Soames] part cet après-midi. Sa visite a été très agréable. Nous sommes allés aux courses de Windsor hier, et avons remporté une belle victoire [avec Pinnacle]….

Je vous ai envoyé deux nouveaux chapitres hier. Je suis si content que le livre vous plaise. Cela m'encourage beaucoup. Vous avez désormais la totalité du Livre II, qui se termine sur « La Peste Noire », qui réduisit la population du monde d'au moins un tiers à une époque où il était loin d'être surpeuplé. Dites-moi donc où vous en êtes…

Permettez-moi de reprendre vtre dernière ligne. Dieu vous bénisse ma chérie, et qu'il nous bénisse tous deux.

Winston

□ De Clementine St Moritz
[27 août 1955]

HOURRA POUR PINNACLE. PENSEES AFFECTUEUSES POUR VOUS DEUX.

CLEMMIE ET MARY

À la mi-septembre, Winston et Clementine séjournèrent à la villa La Capponcina au Cap d'Ail, qui leur avait été prêtée par Max Beaverbrook. Clementine resta jusqu'à la mi-octobre avant de rentrer, car sa névrite persistait.

o De Winston [dactylographié] La Capponcina
26 octobre 1955 Cap d'Ail

Ma chérie,

Le temps est très agréable – calme et ensoleillé. Le seul changement c'est qu'il fait un peu plus frais. Je suis très content que Sarah revienne vendredi….

Demain je suis convié à déjeuner par [Emery] Reves[1] et Madame R. au Restaurant de St Pol [de Vence], celui je crois où vous êtes allée l'autre jour, et je vais aller voir la Chapelle Matisse ensuite.

✍ Chérie, vos informations sur ce qu'a dit le Médecin sont ts vagues. Sarah m'apportera peut-être des détails. J'envoie cette lettre par l'intermédiaire de Hodge[2] & de Kelly[3] qui repartent en Angleterre aujourd'hui, si bien qu'elle devrait vous parvenir ce soir, & plus vite qu'un télégramme. Je vais indiscutablement mieux & suis sûr d'être capable de faire correctement tous les discours – dans certaines limites[4]....

Le temps passe assez vite ici. Je suis allé au casino tous les soirs & la Presse n'en a pas dit un mot, & je continue à jouer à partir de mes gains. Quand ils s'arrêteront, j'arrêterai moi aussi.

Ma chérie à moi, je pense tellement à vous & à la vie heureuse que nous allons mener. Comme date pour rentrer le 15 nov. me satisfait pleinement. Ce sera intéressant de se replonger dans les questions politiques....

Sarah va m'apporter des nouvelles de Diana[5]. Actuellement je n'en ai aucune. Elle m'est ts chère.

Je crains que ma lettre ne soit ts décousue, mais je sais que vous l'accueillerez avec indulgence & je l'espère plaisir.

Avec toujours mon tendre amour ma très chère & plein, plein de baisers.

Votre mari dévoué
W

1. Emery Reves (1904-1981), d'origine hongroise, devenu citoyen britannique en 1940. Directeur d'une agence spécialisée dans la diffusion d'articles politiques à Berlin, puis à Paris, il rencontra WSC en 1937 et s'occupa de la promotion de ses articles en Europe. Persécuté pour ses origines juives, il passa la plus grande partie de la guerre aux États-Unis, où il publia *The Anatomy of Peace*. Après la guerre, il s'occupa des droits américains des mémoires de guerre de WSC. Il en acheta les droits mondiaux, ainsi que ceux de l'*Histoire des peuples de langue anglaise*. Depuis 1949, Reves avait pour compagne un mannequin américain, femme vive et belle, qu'il épousa en 1964. WSC fit de nombreux séjours dans leur villa de Roquebrune entre 1956 et 1959, mais généralement sans Clementine qui n'aimait pas la Côte d'Azur et désapprouvait ces arrangements domestiques.

La correspondance entre WSC et Emery Reves (*Winston Churchill and Emery Reves: Correspondence 1937-1964*) fut publiée en 1997, avec des notes et une préface de Martin Gilbert.

2. Alan Hodge (1915-1979), corédacteur en chef du mensuel *History Today*, dirigeait l'équipe de jeunes historiens qui épaulaient WSC lors de la mise au point du texte définitif de l'*Histoire des peuples de langue anglaise*.

3. Denis Kelly, jeune avocat, avait assisté WSC en 1946 pour la rédaction de ses mémoires de guerre. Il fit de même pour l'*Histoire des peuples de langue anglaise*.

4. WSC avait subi un « spasme de l'artère coronaire » le 2 juin à Chartwell. Pendant plusieurs jours les effets lui causèrent une gêne réduite, mais il était assez bien remis le 8 juin pour aller siéger au nouveau Parlement ; cependant il appréhendait les discours – et il y en avait plusieurs à l'horizon.

5. L'été avait vu un retour de la maladie mentale et nerveuse de Diana.

☐ De Clementine   28 Hyde Park Gate
27 octobre 1955

Mon chéri

Je suis tellement contente d'avoir reçu votre adorable longue lettre ; et Sarah vous apportera celle-ci. Elle fera un voyage agréable avec Bill Deakin [le principal assistant de recherche de WSC] & s'amusera beaucoup avec vous et lui –

J'ai l'impression que votre long séjour dans le climat bienfaisant du midi de la France vous a fait du bien –

Christopher est enchanté car Anthony E[den, Premier ministre] l'a abordé dans le hall des Députés et lui a laissé entendre que son avenir allait être rose (même si ce n'était pas aussi explicite) – Il (Anthony) lui a longuement expliqué pourquoi le remaniement ministériel avait été repoussé[1]....

Ma névrite va mieux, mais j'ai attrapé un très gros rhume ; aussi je reste dans mon joli petit studio tout emmitouflée –

Votre Clemmie
qui vous aime
...

1. Christopher Soames fut nommé sous-secrétaire d'État à l'Air le 20 décembre 1955.

o De Winston [dactylographié]   La Capponcina
9 novembre 1955

Ma Chérie,

J'ai hâte d'être de retour lundi et de vous revoir tous. Je crois que vous me trouverez plus en forme, et je suis certain que je m'en sortirai bien vendredi au Hawkey Hall [dans sa circonscription]....

Nous avons entrepris d'aller en reconnaissance pour trouver une maison[1], mais sans résultat. Donc ne vous faites pas de souci en lisant quoi que ce soit dans le Nice-Matin.

Pourriez-vous organiser un dîner lundi soir. Ce serait bien d'inviter Anthony M.B. [Montague Browne][2] et sa femme, et évidemment j'aimerais bien voir Randolph et June, ainsi que Mary et Christopher s'ils sont libres.

Je laisse mon discours jusqu'à mon retour. Le Gouvernement semble bien se sortir de ses difficultés au Parlement, mais c'est difficile d'en juger depuis là où je suis.

✍ Ma Chérie à moi, je pense tellement à vous & espère avec confiance que vous faites des progrès. Je vous aime bcp ma très chère Clemmie & suis sûr que vous partagez ces sentiments qui viennent du fond de mon cœur.

Votre mari dévoué
W
…

1. WSC caressait le projet d'acquérir une villa sur la Côte d'Azur, où il souhaitait désormais passer de plus en plus de temps. Cette perspective effrayait CSC : deux résidences en Angleterre lui semblaient plus que suffisantes. Bien sûr, dès que WSC posait le pied dans une propriété envisageable la presse locale en faisait état.

2. Anthony Montague Browne (1923-2013) intégra le ministère des Affaires étrangères en 1946. Secrétaire particulier de WSC, alors Premier ministre, de 1952 à 1955, il fut détaché auprès de lui avec les mêmes fonctions de 1955 à 1965.

☐ De Clementine ✉   28 Hyde Park Gate
14 novembre 1955

Mon chéri,

J'aurais aimé être à l'aéroport pour vous accueillir, mais je veux être fraîche pour ce soir & je vous attendrai par conséquent ici.

Le temps m'a semblé long sans vous et j'ai hâte de vous retrouver.

Votre Clemmie
qui vous aime
…

Début janvier 1956, l'état de santé de Clementine était si préoccupant qu'elle fut admise au University College Hospital pour des examens complets. Cela ne devait durer que quelques jours, mais elle fut contaminée par des streptocoques et resta hospitalisée pendant près de trois semaines. À cette même époque, Winston fit le premier de ses nombreux séjours à La Pausa, la très belle villa d'Emery et de Wendy Reves à Roquebrune[1], un voyage qui avait été prévu avant que Clementine ne tombe gravement malade.

À la mi-février, Clementine entreprit un voyage de convalescence en mer jusqu'à Ceylan en compagnie de Sylvia Henley qui sortait également de maladie.

Winston espérait vraiment attirer Clementine à La Pausa pour sa convalescence, mais elle préféra prendre ses propres dispositions.

1. Construite à l'origine par le duc de Westminster (« Bendor ») pour Coco Chanel.

o De Winston   La Pausa
17 janvier 1956

Ma chérie,

Cela m'a donné tellement de plaisir & de soulagement de recevoir de bonnes nouvelles de vous. Les choses semblent aller si mal et c'est ts éprouvant d'être loin – Mais ce matin, quand j'ai été réveillé à neuf heures et demie pour entendre le Docteur Rosenheim me dire que votre température était normale, j'ai été rempli de joie.

J'ai passé les trois quarts du temps au lit depuis mon arrivée & ne suis descendu que pour les repas. Reves & Wendy sont extrêmement obligeants. Ils invitent les gens que j'apprécie et personne d'autre. Certains m'ont écrit, & donc hier soir nous avons eu Daisy Fellowes & son jeune ami Hamish Edgar. Daisy est tte fringante.... Elle est merveilleusement bien conservée & elle nous a tous épatés. Son jeune ami vient jouer au bésigue avec moi cet après-midi à 4 h....

... Mercredi nous allons tous déjeuner ou dîner chez R.A.B. [Butler][1] si le temps (en ce moment uniformément nuageux) le permet. Jeudi nous allons faire de la peinture, des natures mortes ou des scènes de jardin selon l'ensoleillement.

Ma chérie à moi, je vous transmets tout mon amour....

De tout mon cœur
Votre mari qui vous aime
W

(de ma propre patte)

1. Richard Austen Butler (1902-1982), connu sous le nom de « Rab ». Député, puis grand ministre conservateur (à l'Intérieur, à l'Échiquier, aux Affaires étrangères entre 1951 et 1963), il joua un grand rôle dans la renaissance du parti après sa défaite électorale de 1945. Méfiant avant la guerre vis-à-vis de Churchill, car il soutenait la politique d'apaisement de Chamberlain, il devint un de ses admirateurs et ils entretenaient d'excellentes relations. C'était lui aussi un peintre amateur de talent.

o De Winston   [La Pausa]
17 janvier 1956

Ma Chérie,

Tous les enfants repartent chez eux aujourd'hui par un itinéraire ou un autre. Arabella[1] & Celia[2] ont ttes deux été ts mignonnes avec moi. Diana vous racontera tt cela. Elle semble aller ts bien & être maîtresse d'elle-même. Randolph a amené Onassis[3] (celui qui a le gros yacht) à dîner hier soir. Il m'a fait bonne impression. C'est quelqu'un de ts capable avec une forte personnalité & il nous a appris des choses sur les Baleines. Il m'a baisé la main !

Je viens de passer une autre matinée au lit sur le Livre. J'ai mis un peu le nez dehors hier, mais aujourd'hui le soleil a vraiment commencé à se montrer & je vais aller faire un tour dans le jardin après le déjeuner....

Cela me donne tellement de chagrin & d'inquiétude de savoir que votre gorge n'est toujours pas entièrement dégagée et que vous avez eu de la fièvre....

Ma Chérie à moi j'aimerais tant vous embrasser à cet instant. Je vous adresse mon amour dans ma lettre. Vous voyez que je l'ai écrite de ma propre patte & que personne ne l'a lue. Les enfants vont vous l'apporter.

Avec tout mon amour
Votre dévoué
W

1. Arabella Churchill (1949-2007), enfant unique de Randolph et de June.
2. Celia Sandys, fille cadette de Diana et de Duncan (voir p. 598 n. 2).
3. Aristote (« Ari ») Onassis (1906-1975), armateur grec né en Turquie. Constitua la compagnie maritime privée la plus importante du monde, et fut le pionnier de la construction de superpétroliers dans les années 1950. Son premier mariage (1946) avec Athina Livanos (1929-1974 ; voir p. 803 n. 3) se termina en 1960 par un divorce. Après une longue liaison avec la cantatrice Maria Callas, Onassis épousa en 1968 Jacqueline Kennedy, veuve du président Kennedy.

☐ De Clementine   Londres
17 janvier 1956

MERCI MON CHERI POUR VOS DEUX LETTRES TENDRES. JE COMMENCE JUSTE A PRENDRE LE VIRAGE ET ESPERE GAGNER LA COURSE. ENVOYEZ-MOI S'IL VOUS PLAIT CENT DE VOS MEILLEURS JE REPETE MEILLEURS CIGARES POUR LE PROFESSEUR ROSENHEIM. BAISERS. CLEMMIE.

☐ De Winston
17 janvier 1956

ME REJOUIS VOUS SAVOIR MIEUX. AI ENVOYE CIGARES. AVEC MON AMOUR. WINSTON

o De Clementine   28 Hyde Park Gate
29 janvier 1956

Mon chéri, J'ai honte de ne pas vous avoir écrit plus tôt. Mais j'étais si malade & lasse que j'étais incapable de tenir un stylo ou de lire un livre. Mais maintenant je me sens vraiment mieux. Cela fait juste 6 jours que j'ai quitté cet hôpital d'une tristesse indicible –

Votre Pamela [Lytton[1]] vient juste de déjeuner avec moi. Elle était ravissante & exquise en dépit de son intense douleur – Nous avons échangé les noms de nos médicaments & je lui ai suggéré d'exiger de la péthidine de son médecin – Quant à moi, je vais essayer l'un de ses antidouleurs.

Lorsque j'en saurai plus à propos de Ceylan, je vous le dirai.

                                   Votre dévouée Clemmie Cat
                                           qui vous aime
                                                     ...

P.-S. Je suis choquée à l'idée que le gouvernement ait (peut-être) l'intention de « brouiller » Radio Athènes[2]. Je ne peux rien imaginer d'aussi inefficace – Et dire que tout du long nous avons reproché à la Russie de nous « brouiller », nous – C'est une chance que le gouvernement ait un long mandat devant lui, sinon je pense que Gaitskell[3] les sortirait. Et je ne crois pas que Sir John Harding[4] soit de taille à faire face à ce brigand génial de Makarios[5].

  1. Pamela Plowden, épouse du second comte de Lytton (voir p. 33 n. 3).
  2. Bien qu'à l'époque le gouvernement n'ait ni confirmé ni réfuté le brouillage des émissions grecques anglophobes à destination de Chypre, il fut par la suite admis à la Chambre des communes (le 28 mars) que ces brouillages avaient effectivement eu lieu et qu'ils s'étaient avérés « efficaces ».
  3. Hugh Gaitskell (1906-1963), leader du Parti travailliste depuis 1955. Ancien chancelier de l'Échiquier (1950-1951).
  4. Maréchal Sir John Harding, par la suite premier baron Harding de Petherton (1896-1989) ; gouverneur et commandant en chef à Chypre de 1955 à 1957.
  5. Makarios III (Mikhail Khristodoulou Mouskos) (1913-1977), homme politique chypriote, et archevêque grec orthodoxe depuis 1950. Suspecté de collaboration avec l'organisation de résistance grecque chypriote EOKA, il fut exilé aux Seychelles par les Britanniques en 1956-1957. Par la suite, président de la république de Chypre de 1960 à 1977.

o De Winston   La Pausa
30 janvier 1956

Ma chérie,
Partant de l'idée que vous avez finalement décidé d'entamer votre voyage avec Sylvia [Henley] le 17 [février], je reviendrai à la maison le 10 pour vous accompagner lors de votre départ…

J'avais espéré pouvoir vous persuader de venir passer votre convalescence ici & vous y faire rencontrer Wendy qui est une personne absolument charmante. Mais je pense qu'avec Sylvia & le soleil de Ceylan votre projet est judicieux, et le temps d'ici en février est couci-couça (impropre à la consommation hier & aujourd'hui), et une fois que vous aurez dépassé le golfe de Gascogne vous aurez une belle croisière de convalescente. Méfiez-vous bien de Ceylan & ne vous y croyez pas en Angleterre.

Prévenez-moi de tout changement parce que mes projets dépendent des vôtres, ma Chérie à moi. Je passe le plus clair de mes journées au lit, & ne me lève que pour le déjeuner et le dîner. Je me suis fait embaucher dans un cours sur Manet, Monet, Cézanne & Cie par mes hôtes qui sont tous deux versés dans la peinture moderne, et la pratiquent dans l'atelier…. Ils ont aussi une sorte de phonographe magnifique qui passe en continu du Mozart et autres compositeurs de renom, et tout ce que l'on veut sur des disques qui durent dix fois plus longtemps. Je reçois en fait une éducation artistique dispensée par de ts agréables professeurs.

Chérie, sauf avis contraire de votre part nous nous revoyons le 10 au N° 28 [Hyde Park Gate].

                                                  Avec tout mon amour
                                                     Votre mari dévoué
                                                                        W
                                                                        …

□ De Clementine   P & O Himalaya
Dimanche 19 février 1956

Mon chéri
Demain nous serons à Gibraltar. Nous avons passé le golfe de Gascogne avec une mer pratiquement plate –

Mais Sylvia & moi n'avons pas quitté nos cabines – Sylvia parce qu'elle est épuisée par les masses de pénicilline qu'elle prend…. Je suis restée en bas pour lui tenir compagnie. Nous sommes toutes les deux très heureuses ensemble, mais nous attendons avec impatience d'atteindre un climat chaud –

Je pense souvent à vous mon chéri et j'admire votre philosophie & la dignité dont vous faites preuve en politique –

Auriez-vous la gentillesse d'examiner & de soupeser la proposition suivante – Que je rentre directement à la maison après avoir débarqué à Tilbury le 11 avril & que vous me rejoigniez à Chartwell le jour même, ou un jour ou deux plus tard.

D'ici là, vous aurez passé un mois de plus dans le midi de la France, et l'Angleterre est ravissante en avril – « Oh être en Angleterre maintenant qu'Avril est arrivé », comme l'écrit Rupert Brooke [en fait Robert Browning !]. Si M. Onassis vous invitait vous & vos amis, vous pourriez faire une petite croisière à Pâques avec Mr Reves et Wendy, & Mary & Christopher [Soames], etc. Mais d'une certaine manière, je ne veux pas être redevable à cet homme riche & puissant & que la nouvelle soit claironnée. De même, bien qu'à un moindre degré, je ne souhaite pas venir à « La Pausa », même si j'aimerais rencontrer « Wendy » un jour. – D'autre part, je voudrais poursuivre ce voyage aussi longtemps que possible, & je ne suis pas très attirée par l'idée de débarquer à Marseille & de me trimballer en train ou en voiture jusqu'à Monte-Carlo pour être reçue par ce _ménage_ non conventionnel[1] & embarrassant – Je vous en prie, pardonnez-moi, mais on ne peut pas apprendre de nouveaux tours à un vieux singe – Mais je suis <u>vraiment</u> heureuse que vous soyez là-bas et que vous profitiez du soleil qui ne saurait tarder.

Chéri je vous aime beaucoup….

Sylvia est plongée dans votre livre & elle est enchantée.

Votre dévouée Clemmie
qui vous aime
…

---

1. Emery Reves et Wendy Russell ne se marièrent qu'en 1964, mais les Churchill, de même que leur personnel et leur _milieu_, avaient coutume de les appeler Mr et Mrs Reves.

o De Winston 28 Hyde Park Gate
27 février 1956

Ma Chérie à moi,

Ce n'est pas facile de vous suivre à la trace avec une lettre qui vous attende à vos différentes escales, et j'ai donc télégraphié. J'espère sincèrement que vous allez mieux toutes deux et que l'océan Indien a été d'une chaleur douce. Je suis votre périple vers le sud tout en pensant à vous....

J'ai passé le long week-end à Chartwell seul la plupart du temps. Les éléments ne m'ont autorisé à mettre le nez dehors qu'une seule fois. J'ai fait cependant le tour des bassins – huit centimètres de glace – pour descendre ensuite à la Ferme... & ils sont tous [les Soames et les invités qui séjournaient chez eux] venus dîner & regarder le film samedi. Ts bon, d'ailleurs, Les Quatre Plumes blanches[1], avec quantité de belles images de la bataille d'Omdurman. Cela m'a rafraîchi la mémoire, même s'il n'y avait aucun souci d'exactitude.

J'avais fait le nécessaire pour mon retour à Roquebrune le lundi 5 mars... J'ai soif de chaleur, et Chartwell même avec Mary & Christopher & Dido[2] ne compense pas le paysage de neige que révèle ma fenêtre. Il semble cependant que le dégel a commencé ici aussi & va je suppose continuer.

Je suis revenu ce matin pour passer à l'attaque au cours du Débat sur les Affaires étrangères qui sont dans le brouillard. Demain & mercredi, le sujet c'est la Défense. Je voterai avec le Gouvernement....

Je vous écrirai pour vous proposer de débarquer à Marseille [au retour] en amenant Sylvia passer quelques jours à La Pausa. J'espère qu'elle a bien aimé le Vol. I. C'est, j'en suis sûr, un bon juge.

Avec le tendre amour ma Clemmie chérie de vtre vieux [pig] mal en point

Votre mari dévoué
W

1. *The Four Feathers*, film de son ami Alexander Korda (1939). Rappelons que Churchill avait frôlé la mort à la bataille d'Omdurman en 1898. [*ndt*]
2. Dido Cairns (1918-1997), sœur aînée de Christopher Soames, qui épousa le major Hugh Cairns MC en 1939 (il mourut en 1996). Christopher et elle étaient très unis, et WSC et CSC l'aimaient beaucoup (voir également lettre du 8 août 1955, p. 760 n. 1).

o De Winston La Pausa
3 [mars] 1956

Ma chérie,

Me voilà arrivé, en compagnie de Diana [Sandys] & d'Anthony [Montague Browne], avec tt le confort mais occupé à soigner un mal de gorge avec l'aide du Dr Roberts[1], qui est ts bien. (J'ai eu recours à lui la dernière fois, vous vous en souvenez certainement.) Dans l'intervalle vous devriez avoir atteint Colombo & être j'espère déjà installée sans tracasseries. J'attends une lettre….

J'ai passé des journées intéressantes à Londres, & j'y ai bcp vu Christopher & Maria ainsi que le P.M. [Anthony Eden]. Il est dans une passe difficile & l'horizon est sombre de quelque côté qu'on se tourne. Le débat sur la Défense a été un fiasco lamentable….; la condition de l'armée de l'air ; l'état de la marine ; tout cela est ts préoccupant. W.M. [Walter Monckton][2] n'a pas été à la hauteur de cette tâche difficile – entièrement nouvelle pour lui ; et Nigel Birch[3] s'est fait huer à juste titre.

Christopher [désormais sous-secrétaire d'État à l'Armée de l'air] entre en piste lundi prochain & va j'en suis sûr s'imposer. Il a là une belle occasion de le faire.

Je vous livre mes impressions glanées depuis mon siège de coin[4], qu'Hinchinbroke[5] me garde fort respectueusement, et que je viens occuper au moment critique.

J'ai amené Toby [son serin] ici ! Il peut repartir à la maison au moment que je choisirai. Il n'y a plus de dispositions restrictives en Angleterre désormais – et je l'ai donc emmené. Il reste un peu sur son quant-à-soi, mais je crois que c'est seulement le changement de décor….

Il faut maintenant que je ferme ma lettre ma très chère Clemmie.

Votre mari dévoué à jamais,
W
…

1. Le Dr John Roberts, ancien de la RAF, qui avait un cabinet anglais à Monte-Carlo et qui soignait toujours WSC quand il était sur la Côte d'Azur. WSC et CSC l'aimaient beaucoup tous les deux. Lord Moran n'avait pour lui que mépris – et, je le soupçonne, jalousie.

2. À cette date, ministre de la Défense (de décembre 1955 à octobre 1956). Voir p. 524 n. 3.

3. Nigel Birch, ensuite baron Rhyl (1906-1981). À cette date, secrétaire d'État à l'Armée de l'air (décembre 1955-janvier 1957).

4. Le vénérable siège qu'occupait WSC dans les années 1930 : celui qui faisait le coin du premier rang et de l'allée centrale, côté majorité.

5. Victor Montagu, vicomte Hinchinbroke (1906-1995), titre de courtoisie sous lequel il siégea comme député conservateur de 1941 à 1962. Ami de Diana, il venait souvent à Chartwell au début des années 1930. Il succéda à son père, en qualité de 10e comte de Sandwich, en 1962, mais renonça à la pairie à vie deux ans plus tard.

☐ De Clementine The Temple Trees
Lundi 5 mars 1956 Colombo

Mon chéri, Nous sommes arrivées ici samedi & nous sommes logées chez Sir John Kotelawala[1] dans la maison d'hôtes qui se trouve dans son jardin – Nous ne l'avons pas encore vu car il est en campagne quelque part dans le pays ; mais un secrétaire capable & courtois s'occupe de nous – Demain nous serons reçues par le Gouverneur général – Nous partons dans l'après-midi pour Kandy – – –

Plus tard. Nous revenons tout juste du zoo, dont on dit qu'il est l'un des plus beaux au monde – Les animaux ont le poil luisant & sont bien soignés & c'est un amoncellement de fleurs – Il y a des éléphants de toutes tailles, y compris des bébés de 75 cm de haut qui sont nourris au biberon.

Au revoir mon chéri, je vous écrirai bientôt de nouveau –

Votre Clemmie
qui vous aime
...

Il y a une terrible sécheresse, et il fait très chaud.

1. Colonel Sir John Kotelawala (1897-1980), Premier ministre et ministre des Affaires extérieures de Ceylan de 1953 à 1956.

☐ De Clementine Pavillon du Roi
10 mars 1956 19 h Kandy

Mon chéri –
Nous voici à mi-chemin entre Polonnaruwa & Colombo. Ce soir, nous serons reçues chez le Gouverneur général, Sir Oliver Goonetilleke[1] (il est absent) – Il nous a accordé une audience à Queen's House à Colombo le jour de notre arrivée – C'est un homme agréable & je crois avisé. Il m'a confié un message spécial pour que vous le transmettiez à Anthony Eden. Il pense qu'il est désastreux que, bien que nous ayons un commandant en chef de la marine à Trincomalee (qui a l'un des plus grands ports naturels au monde), nous n'ayons aucun navire sur place. C'est ce qu'il dit ! L'Inde est très proche et Nehru[2] observe la situation d'un œil intéressé. Renseignez-vous à ce sujet, s'il vous plaît.

Votre Clemmie
qui vous aime
...

1. Sir Oliver Goonetilleke (1892-1978), gouverneur général de Ceylan de 1954 à 1962.
2. Jawaharlal Nehru (1889-1964). Études à Harrow et Trinity College, Cambridge. Emprisonné 18 ans pour dissidence de 1921 à 1946. Président à plusieurs reprises de l'Indian National Congress [Parti du congrès]. Il fut le premier Premier ministre et ministre des Affaires étrangères de l'Inde après son indépendance en 1947.

o De Winston   La Pausa
11 mars 1956

Ma Chérie,

Cela m'a fait tellement plaisir de recevoir vtre lettre du 5 & de me rendre compte que seuls 5 ou 6 jours nous séparent....

Ici actuellement les nuages sont revenus & c'est tout juste si j'ai mis le nez dehors depuis mon arrivée. Peut-être que le soleil se réserve pour vtre débarquement le 5 avril à Marseille. Les Reves seront ravis de vous donner l'hospitalité, à vous et à Sylvia [Henley].... Ici c'est ts confortable & Wendy sait être absolument charmante. Je travaille à mon livre dans le lit tous les matins.... C'est la meilleure façon de terminer la besogne, j'en suis sûr....

... Diana séjourne en ce moment avec nous jusqu'au 13 et Christopher [Soames] & Mary prévoient d'arriver le 27. Et nous pouvons faire en sorte de repartir tous ensemble à la maison après les vacances parlementaires de Pâques. Si toutefois cela ne vous chante pas j'aurai fait de mon mieux.

Je suis content que le « Zoo » ait tant d'attraits, mais je crois qu'il vaudrait mieux ne pas – je répète Ne Pas – rapporter plus de trois éléphants de 75 cm à Chartwell !...

               Avec mon plus tendre & mon plus profond Amour
                        Votre mari dévoué
                                 W

... J'ai eu de la toux & un mal de gorge mais je me suis remis grâce au Dr Roberts & à la pénicilline.

□ De Clementine   Mount Lavinia Hotel
16 mars 1956   Ceylan

Mon chéri, J'ai reçu votre lettre suggérant que Sylvia & moi-même débarquions à Marseille pour vous rejoindre, vous, Mr Reves & Wendy, à La Pausa.

Fondamentalement je vais mieux.... Mais je crois vraiment que j'ai besoin de rentrer à la maison directement.... Aussi vous attendrai-je avec beaucoup d'impatience soit à Hyde Park Gate, soit à Chartwell. J'aurai beaucoup de choses à vous raconter à propos de cette île – Les riches sont maintenant lourdement imposés, mais le sort des pauvres est pitoyable. Les élections sont menées en fonction d'intérêts personnels non dissimulés –

Nous sommes reçues de manière somptueuse par le Premier ministre, Sir John Kotelawala – Nous avons un jeune fonctionnaire à notre service, qui est notre « Ombre » –

Les corbeaux ici & partout sont très menaçants. Ils sautent pratiquement sur votre plateau de petit-déjeuner & se battent avec vous pour votre tranche d'ananas.

Votre Clemmie
qui vous aime
...

☐ De Winston   La Pausa
31 mars 1956

TOUS MES VŒUX DE BONHEUR EN CE JOUR[1]. REFLECHISSEZ BIEN AVANT DE DECIDER DE NE PAS VENIR ICI A PARTIR DE MARSEILLE. NOUS POUVONS RENTRER A LA MAISON ENSEMBLE EN AVION LE 10 OU LE 11. TOUT MON AMOUR.

W

1. CSC eut 71 ans le 1er avril.

☐ De Clementine   En mer
Dimanche de Pâques [1er avril] 1956   S.S. Stratheden
Suez

Mon chéri,

Votre lettre m'est parvenue à Aden – J'ai été si contente de la recevoir....

J'ai passé un anniversaire agréable et tranquille et j'ai reçu un adorable télégramme de Randolph, June & Arabella –

J'apprends par la radio du bateau que vous êtes maintenant maire de Roquebrune[1] – Je me demande si vous vous êtes rendu à la mairie ou si la municipalité est venue à la villa comme cela avait été le cas à la Capponcina [lorsque WSC avait été fait maire de Cap d'Ail]....

Amour tendre
Clemmie

1. WSC fut reçu par la *municipalité* de Roquebrune lors d'une cérémonie charmante et ensoleillée. Il était accompagné par ses hôtes, et par Christopher et moi-même qui séjournions également à La Pausa.

□ De Clementine [SS] Stratheden
3 avril 1956
SUIS VRAIMENT DESOLEE CHERI MAIS NE PEUX PAS REFAIRE LES VALISES EN TRIANT LES VETEMENTS CHIFFONNES ET INAPPROPRIES, AUSSI JE RENTRE DIRECTEMENT A LA MAISON. TOUT MON AMOUR.

CLEMMIE

o De Winston ✉ 28 Hyde Park Gate
12 avril 1956
Ma Chérie,
« Bienvenue au bercail. » J'ai hâte de vous revoir & de vous embrasser. Vous me trouverez occupé à mettre la dernière main à mon discours[1]....

Votre mari qui vous aime à jamais
W

1. Pour une réunion de la Primrose League à l'Albert Hall, qu'il présidait.

Clementine retourna pour la plus grande partie du mois d'août à St Moritz, qui lui avait été extrêmement bénéfique l'année précédente.
La tension montait à propos de Suez.

o De Winston [dactylographié] 28 Hyde Park Gate
30 juillet 1956
Ma Chérie à moi,
Christopher [Soames] avait parfaitement raison pour ce qui est des voyages en avion. Il avait téléphoné à qui de droit et on l'avait informé

que les nuages, qui étaient à 2 000 mètres en Angleterre, plafonnaient à 1 000 mètres aux alentours de Düsseldorf. Nous sommes partis au milieu de bourrasques, que l'avion a subies avec quelques secousses, et avons atteint notre destination en une heure cinquante....

Nous avons été reçus à Düsseldorf avec la plus extrême courtoisie, et avons tous été invités à déjeuner avec les Commissaires de course à l'hôtel.... Les chevaux français se sont montrés très bons. Le paddock a été envahi par la foule, qui se pressait autour de notre cheval, le faisant dégouliner de sueur bien avant qu'il ne parvienne sur la piste. Nous avons eu une tempête de grêle et de pluie qui a duré dix minutes avant la course et qui a rendu le terrain encore plus boueux qu'il ne l'était après les fortes pluies. Comme vous le savez la forme de Prétendant dépend en grande partie du terrain sec, mais là il dérapait à chaque mètre. Le cheval irlandais monté par Lester Piggott était juste derrière nous en queue de course.

Cela a été un bon moment, malgré tout. Les Allemands payaient les frais, et l'Ambassadeur, qui était venu nous accueillir, nous a accompagnés le reste du temps....

Je pars pour le déjeuner chez la Reine, et ensuite je vais à la Chambre. Eden m'a dit qu'il voulait me voir, car il a beaucoup de choses à raconter. Personnellement, je pense que la France et l'Angleterre devraient agir de concert avec vigueur, et si nécessaire par la force des armes, tandis que l'Amérique surveille la Russie de près[1]. Je ne crois pas que les Russes aient la moindre intention de se laisser entraîner dans une guerre d'importance. Nous pourrions asseoir nos droits dans le monde arabe, et la France a toutes les raisons d'être mécontente de l'attitude et de l'action de Nasser vis-à-vis de l'Algérie.

J'espère sincèrement que vous allez prendre un repos réparateur et vous accoutumer à l'altitude, et que vous allez vous remettre du voyage inconfortable et du long trajet en auto très fatigant.

Avec tout mon amour
Votre mari dévoué à jamais
W

---

1. Les forces du président Nasser récemment élu à la tête de l'Égypte s'étaient emparées du canal de Suez le 26 juillet 1956.

☐ De Clementine   Palace Hotel
1ᵉʳ août 1956   St Moritz

Mon chéri,
Votre lettre vient juste d'arriver avec toutes sortes d'informations intéressantes....
Votre voyage en avion à Düsseldorf a été une aventure courageuse, & je suis triste que la fortune ne vous ait pas souri....
J'ai peur qu'A.E. [Anthony Eden] n'attende la décision de l'Amérique qui, pour la 3ᵉ fois, n'arrivera que très tardivement sur le terrain.
J'espère que vous pourrez l'influencer.
Le temps ici est superbe même si l'air est vif, & j'aimerais que vous soyez avec moi pour en profiter – Le soleil est chaud & haut entre 9 h et 15 h – Après, le froid s'abat sur ce monde d'altitude –
Je suis toujours très fatiguée, mais je suis sûre que dans quelques jours je serai remise –
Hier, j'ai fait une brève promenade en voiture avec mon vieux camarade, Mr Einstein, mais nous étions tous les deux trop épuisés pour en profiter !....

Avec mon cher amour
Clemmie
...

o De Winston [dactylographié]   Chartwell
3 août 1956

Ma Chérie à moi,
Votre lettre du 1ᵉʳ est arrivée ce matin du 3, ce qui n'est pas mal du tout. Demain c'est le 4 août[1], date qui jadis avait une grande importance dans nos mémoires....
Transmettez mes compliments à Mr Einstein. Je suis très content qu'il soit là pour vous tenir compagnie....
Je suis satisfait de la politique qui est menée à propos de Suez. Nous allons faire notre maximum. Anthony [Eden] m'a exposé tous les faits, et j'ai même envisagé de faire un discours, mais tout s'est si bien déroulé lors des débats de jeudi que cela n'aurait pu constituer qu'un risque inutile. Comme je suis bien informé, je ne peux pas révéler de secrets dans une lettre envoyée par courrier ordinaire, mais j'ai le sentiment que vous pouvez avoir l'assurance qu'il n'y aura pas lieu de se plaindre de ce que

nous tentons de faire. Les Français sont très partants, et c'est bien de savoir qu'ils sont à nos côtés, et que les Américains et nous sommes d'accord. Nous avons adopté une position qui va réellement donner un statut international au canal, et de plus assurer son avenir bien au-delà de 1968. Anthony a dit à mon Anthony [Montague Browne] de se tenir pleinement informé auprès de Downing Street, et de fait je lis d'épaisses liasses de télégrammes tous les jours....

✍ Ma très chère Clemmie, persévérez bien pour retrouver vs forces & nous pourrons faire des projets ensemble. Avec tout mon amour.

Votre mari dévoué
W
...

1. Date de la déclaration de guerre en 1914.

□ De Clementine
9 août 1956

Palace Hotel
St Moritz

Mon chéri, Je me suis rassurée & réconfortée en relisant votre lettre du 3 août – Car pour ce qui est de Suez, la situation me paraît déconcertante et en voie de détérioration....

Expliquez-moi, s'il vous plaît, pourquoi Israël n'a pas été convié à la Conférence[1]. J'ai écouté Anthony [Eden] la nuit dernière – J'avais du mal à bien entendre, mais je crains d'avoir été déçue par ce que j'ai <u>effectivement</u> pu comprendre – C'était un discours sans inspiration....

Pas de changement pour la jambe & le pied, mais j'espère une amélioration d'un jour à l'autre. Ma chambre a un balcon, ce qui est agréable.

Votre dévouée Clemmie
qui vous aime
...

1. La première conférence de Londres sur Suez, qui débuta le 16 août 1956.

○ De Winston [dactylographié]
11 août 1956

Chartwell

Ma Chérie à moi,

Le temps est affreux. Nous avons eu une seule belle journée, sans le moindre nuage du lever au coucher du soleil....

Comme vous, je me fais du souci à propos de la situation au Proche-Orient. Je suppose que la raison pour laquelle ils n'ont pas fait venir les Israéliens [à la conférence de Londres] c'est qu'ils craignaient qu'ils ne se révèlent incontrôlables. Mais ils sont là en coulisse, et je ne doute pas que si la guerre éclate ils y participeront. On ne peut jamais être tout à fait sûr qu'un certain nombre de « volontaires » ne seront pas mêlés aux Égyptiens, qui ont en main les avions et les chars russes. Il est indubitable que cela entraînerait des combats sérieux, mais je crois que nous aurons assez de troupes sur place. Naturellement, je suis inquiet de ces palabres, qui devaient se terminer fin août au plus tard. Personnellement, je ne vois pas comment les conclure et y mettre fin, et je ne suis pas sûr que Selwyn Lloyd[1] soit l'homme qu'il faut pour cela. Cependant, il n'y a rien d'autre à faire que de poursuivre ce calendrier. Le Président [Eisenhower] a parfaitement raison de dire que s'il reste en dehors l'Amérique contrebalancera la Russie. L'unité de l'Islam est remarquable. Il ne fait aucun doute que la Libye, à qui nous avons versé 5 000 000 £ par an, tout comme la Jordanie, où c'était plus de 10 000 000 £, nous manifestent ouvertement leur hostilité. Vous serez revenue avant que quoi que soit de sérieux se produise....

Je suis si content que vous ayez du soleil. C'est vraiment sinistre de regarder par la fenêtre pleine de gouttes de pluie pour voir la grisaille des brumes qui enveloppent les collines du Kent. J'ai beaucoup lu sur Disraeli, parce qu'il faut que j'aie un chapitre sur Disraeli et Gladstone qui suive la partie sur la guerre de Sécession aux États-Unis....

Tout mon amour
Vtre mari dévoué
W
...

---

1. John Selwyn Lloyd, ensuite baron Selwyn-Lloyd (1904-1978), à l'époque ministre des Affaires étrangères (1955-1960).

o De Winston ✉   28 Hyde Park Gate
12 septembre 1956

Ma Chérie à moi,
Ces quelques Fleurs pour saluer notre 48ᵉ anniversaire de mariage !

Tout mon amour
W

o De Winston [dactylographié]   La Pausa
24 septembre 1956

Ma très chère,

…

Ici tout est paisible et j'ai plaisir à dire que toute l'équipe travaille dur sur le livre….

Je porte l'appareil auditif de Bernie [Baruch] tous les jours quand je suis avec de la compagnie et je trouve que c'est un grand soulagement. Il est intact et en parfait état et je crois que je vais m'habituer à l'utiliser. Je suis tout à fait d'accord pour dire que c'est indispensable.

Je n'ai pas encore attaqué la peinture, bien qu'il y ait un beau soleil. Le Préfet et son épouse viennent dîner jeudi prochain. Pour l'instant personne de l'extérieur n'est venu nous voir.

J'ai eu une lettre d'Anthony [Eden] pour me remercier des cigares, qui par ailleurs montre qu'il a un moral d'acier. Je suis si content qu'ils aillent au Conseil de sécurité immédiatement…. Je dois dire que je suis très content que le fardeau ne repose pas sur mes épaules.

Je passe toute la matinée au lit, et je suis très satisfait de l'avancement du livre [l'*Histoire des peuples de langue anglaise*], et je crois que vous serez à la fois satisfaite et surprise par la direction que prend l'ouvrage.

✎ Ma Chérie à moi, C'est un tel plaisir de recevoir vos lettres – Votre écriture est si vigoureuse et vous parvenez à les tourner avec une force qui montre que vs ennuis et leurs conséquences sont peu à peu relégués au second plan….

Avec mon tendre amour
Votre mari dévoué
W
…

Toby [le serin] vous transmet ss salutations, ci-jointes…

□ De Clementine   28 Hyde Park Gate
9 octobre 1956

Mon chéri – Le « Prof » [Lindemann/Lord Cherwell] m'a appelée pour me dire combien il avait été heureux de vous rendre visite & que, pendant les cinq jours qu'il avait passés à La Pausa, le temps avait été superbe. J'en suis vraiment très heureuse –

J'ai honte & je suis mortifiée par le procès en diffamation qu'a intenté Randolph[1] – J'ai bien peur qu'il ne perde, ce qui lui coûtera cher ; s'il gagne, je suppose que les dommages et intérêts ne dépasseront pas le penny symbolique –

Sinon, le « Prof » me dit que vous ne portez pas votre appareil auditif. Vraiment – j'espère bien que vous allez le faire.

Mary & moi avons décidé d'aller à Kempton Park avec Christopher [Soames] voir courir votre cheval.

Amour tendre, mon chéri, de
Votre Clemmie
...

1. Randolph avait intenté un procès en diffamation contre le journal *The People* [tabloïde fondé en 1881, *ndt*] pour l'avoir traité de « plumitif vendu » dans un article paru pendant les élections législatives de 1955. À la barre des témoins, Randolph réduisit l'avocat de la défense en charpie et le jury lui attribua 5 000 £ de dommages et intérêts (soit environ 65 000 £ dans les années 1990), en plus de ses frais de justice.

o De Winston [dactylographié]　　　　　　　　　　　　　　La Pausa
12 octobre 1956

Ma Chérie à moi,

Je suis si content que vous alliez avec Mary à la course de chevaux de samedi. J'espère qu'il ne va pas pleuvoir et que Le Prétendant va combler nos espoirs[1]. Vous pourriez peut-être dire à Christopher de m'envoyer un télégramme, ou encore mieux de m'appeler au téléphone, quoi qu'il arrive.

Il fait très beau. Hier nous avons eu l'une des plus belles journées que j'aie connues ici. J'avais convié mes hôtes et leurs invités à déjeuner au Vistaero, qui est en fait une magnifique villa perchée sur un sommet d'où la vue plonge au moins trois cents mètres plus bas. Après notre retour je suis allé faire mon tour de jardin habituel....

J'admets que j'ai été étonné de voir Randolph gagner son procès, ainsi que du montant des dommages et intérêts. C'est parfaitement vrai que ce n'est pas un « plumitif vendu », mais je n'aurais pas cru qu'un jury ferait si fermement la subtile distinction entre son vocabulaire et celui du People. Il semble avoir bien fait ce qu'il fallait à la barre. Je lui ai écrit une lettre de félicitations.

J'ai été si content d'apprendre de votre propre bouche que vous êtes remise des nombreux maux qui vous poursuivaient. J'espère sincèrement que cela va durer.

Avec mon plus profond amour
Je reste
Votre mari dévoué
W

(plus comme une souris qu'un porcelet)

1. Le Prétendant arriva premier, devançant le cheval de la reine, High Veldt, d'une demi-longueur lors des courses de Cumberland Lodge à Kempton Park, le 13 octobre 1956.

Le 20 octobre 1956, alors qu'il était à La Pausa, Winston perdit connaissance pendant 20 minutes à la suite d'une convulsion cérébrale. Aucun bulletin ne fut publié bien que la rumeur ait couru qu'il avait des problèmes de santé. On laissa entendre qu'il souffrait d'un refroidissement. Clementine se rendit en France pour être à ses côtés. Le 28 octobre, cependant, il était suffisamment rétabli pour rentrer en avion. Même s'il n'eut pas d'effets visibles durables, l'incident marqua un nouveau déclin dans la santé et le moral de Winston.

Chapitre XXVIII

« TOUT DROIT, JUSQU'AU BOUT DE LA ROUTE[1] »

Winston passa la plus grande partie des mois de janvier, février et mars 1957 avec Emery et Wendy Reves à La Pausa. Cette fois-ci, Clementine le rejoignit pour l'un de ses rares séjours à la villa.

1. « *Keep Right on to the End of the Road* ». Titre d'une chanson écrite par Sir Harry Lauder, artiste écossais de renommée internationale, après la mort de son fils à la guerre de 1914-1918. WSC était l'un de ses grands admirateurs. [*ndt*]

o De Winston   La Pausa
24 janvier 1957

Ma chérie,
Je vous transmets le reçu ci-joint de Lloyd's attestant qu'ils ont acheté en mon nom pour quelque 29 900 £ d'actions libres de droits de succession à ma mort. Je vous lègue par la présente cette somme comme promis en espérant que vous vivrez longtemps pour en profiter....

Je suis ts content de pouvoir grâce à mes propres efforts vous témoigner de cette façon de mon amour & de ma gratitude envers vous.

Votre mari dévoué à jamais
Winston S. Churchill

□ De Clementine   28 Hyde Park Gate
26 janvier 1957

Mon chéri –
Comment puis-je vous remercier du soin attentionné & affectueux que vous prenez de moi –

Mr Moir [notaire] est venu me voir ce matin & je lui ai confié les papiers.

Vous pouvez être sûr que je ne gaspillerai pas cette généreuse donation. Demain dimanche, je vais à la ferme de Chartwell rendre visite à Mary, au Chimp[anzé] [Christopher Soames] & aux enfants....

Votre très dévouée Clemmie
qui vous aime tendrement
...

o De Winston   La Pausa
[17 mars 1957]

Chérie – C'est une honte – La Maison dont je vous avais parlé dans ma lettre était proposée par l'agence à <u>trente</u> millions de francs ; mais maintenant que mon nom a été prononcé devant le propriétaire – un escroc de prince italien, il a fait passer le prix à <u>quarante-sept</u> millions. Bien sûr je refuse tout en bloc dans ces conditions. Nous sommes donc Gros-Jean comme devant une fois de plus.

Anthony [Montague Browne] va aller voir 2 Maisons à Cannes aujourd'hui. Il y en a une à 25 millions et une autre entièrement de plain-pied. Mais je ne suis pas ts tenté par Cannes.

C'est ts agréable de penser que je serai de retour à la maison dans 60 heures. Ma Chérie à moi, j'ai tellement hâte de dîner auprès de vous.

Avec le tendre amour de
Winston

Winston rentra à temps pour célébrer le 72ᵉ anniversaire de Clementine le 1ᵉʳ avril.

En mai, il fit un discours devant la Primrose League à l'Albert Hall [de Londres] et assista au banquet de la Royal Academy. Le 19 mai, il s'envola de nouveau pour Roquebrune. Clementine préféra rester en Angleterre, où elle avait d'agréables projets en perspective.

o De Winston   La Pausa
21 mai 1957

Chérie –
Nous sommes bien arrivés. Aujourd'hui il n'y a pas un seul nuage en vue & il fait bon.... Je vais me lever pour aller faire de la peinture

dans une demi-heure.... Sarah et A.M.B. [Anthony Montague Browne] sont très contents & vont vous écrire de leur côté....

Wendy a évidemment été déçue d'apprendre que vous n'alliez pas venir, mais qu'elle vous verrait à La Capponcina en septembre. Hier j'étais mort de fatigue et j'ai bien dormi.

Votre visite la veille au soir de mon départ m'a été ts précieuse. Ne laissez pas l'idée que je suis « pingre » vous agiter l'esprit[1]. En réalité je saisis toutes les occasions légales de vous transmettre de l'argent d'une manière qui puisse éviter la ponction de 67 % que l'État prélèvera presque certainement à ma mort, & je vais continuer tant que j'en serai capable. Votre vie de dévouée tendresse envers moi a apporté à la mienne à la fois bonheur et réussite.... La tâche accomplie m'a épuisé & j'espère ne pas voir mon patrimoine diminuer quand ses effets prendront fin.

Je ne souhaite qu'une chose c'est d'avoir une vie paisible pendant les années qui me restent – s'il s'agit bien d'années. Mais vous, ma très chère, vous avez vraisemblablement devant vous une période radieuse. Soyez donc heureuse & ne laissez pas de fausses impressions sur moi assombrir & déformer votre esprit.

Avec tout mon amour et une infinité de baisers X X X
Je reste
Votre mari qui vous aime
W

1. CSC l'avait peut-être « tanné » pour avoir de l'argent afin de régler les factures en suspens. Comme nous l'avons vu, WSC n'avait vraiment pas été « pingre » dans les détails pratiques qu'il avait prévus pour elle sur le long terme. Entre autres dispositions, il lui légua tous ses papiers d'après 1945 (les Churchill Papers), dont elle fit don à son tour au Churchill College de Cambridge. Il lui légua également les droits d'auteur sur ses tableaux.

□ De Clementine   28 Hyde Park Gate
Mardi 28 mai 1957

Mon chéri,

...

La visite à Hatfield[1] a été très agréable, et Betty [Salisbury] vous envoie ses chaleureuses amitiés – J'ai été enchantée de rencontrer Adlai Stevenson après tout ce que l'on avait entendu à son propos.... J'étais assise à côté de lui & sa conversation a été des plus intéressantes. Les hommes sont restés une heure dans la salle à manger après que les femmes se soient retirées...

Mr Stevenson s'est montré prudent dans son approche des relations anglo-américaines, mais j'ai eu l'impression qu'il pensait que nous et les Français avions fait notre chemin dans le monde – Je pense qu'il partage en gros le même point de vue que Violet Bonham Carter [Asquith] à propos de Suez (et de Chypre), mais il n'est ni véhément ni volubile. Il m'a demandé si je connaissais votre point de vue – Je lui ai dit que vous désapprouviez totalement la manière dont ces affaires avaient été menées. – Puis il a fait allusion à la froideur qu'il ressentait en Angleterre à l'égard de l'Amérique – Aussi j'ai pu lui faire part de vos sentiments chaleureux envers son pays & lui dire que nous ne devrions pas nous laisser diviser par les intrigues des Russes pour nous brouiller....

Il a fait un froid glacial ici ; mais le vent cruel est en train de tomber – J'espère comme vous que le soleil va bientôt briller –

Votre Clemmie
qui vous aime très fort
...

1. Hatfield House dans le Hertfordshire, demeure ancestrale du marquis de Salisbury.

o De Winston   La Pausa
1er juin 1957

Ma chérie

Je suis ts content d'avoir ces nouvelles de vtre visite à Hatfield & de la conversation avec Adlai [Stevenson]. S'il prenait la succession d'Ike [Eisenhower] ce serait ss aucun doute ts bien accueilli en Angleterre. Mais ce sont les Américains qui doivent faire leur choix !

En ce 1er juin, je vous écris un jour de gloire[1]. Le temps s'améliore un petit peu – j'ai fait de la peinture pendant 2 heures ½ hier. Aujourd'hui j'ai invité toute la compagnie à déjeuner....

Wendy m'a semblé contrariée d'apprendre que nous allons à la Capponcina en sept., mais son sourire est revenu quand je lui ai dit que c'était seulement pour un mois & que nous reviendrions ensuite.

Vous serez en toute probabilité partie en Irlande[2] avant ma prochaine lettre. J'espère que vous apprécierez vtre séjour là-bas. Parlez-moi des Irlandais. Ils m'inquiètent. Ils viennent en Angleterre en grand nombre au lieu de bâtir l'avenir de leur propre pays....

Quel plaisir de remporter deux courses le même jour ! Tout un événement pour un débutant. Christopher est ts doué pour les chevaux

& le haras³ s'est étoffé & a pris de la valeur : & pour l'instant il est rentable.

Toujours votre mari qui vous aime
W
…

1. Allusion à la victoire navale britannique sur la France du 13 prairial an II (1ᵉʳ juin 1794) au large d'Ouessant. En hommage, le mois suivant, l'auteur Sheridan faisait représenter à Londres une pièce portant le nom de *The Glorious First of June*.
2. Pour y séjourner auprès de Sir Alfred et Lady Beit à Russborough, dans le comté de Wicklow. Clementine Beit était la cousine de CSC et la fille de Lady Helen (Ogilvy) Mitford. Voir aussi p. 165 n. 2.
3. Situé à Newchapel Green, Lingfield, Surrey. Voir p. 706 n. 3.

◻ De Clementine Stour¹
Le glorieux 1ᵉʳ juin – 1957 East Bergholt, Suffolk

Mon chéri,

Je suis arrivée ici hier après-midi avec Sylvia [Henley] –

Randolph a fait d'extraordinaires améliorations – Il faut que vous reveniez voir la maison.

Aujourd'hui il fait vraiment chaud – un temps délicieux – Aussi je sais que le beau temps est enfin arrivé jusqu'à vous.

Randolph va juste m'emmener faire une petite balade dans les environs. Je retourne à Hyde P. Gate cet après-midi & la maison ici se remplira alors pour le week-end….

Votre Clemmie
qui vous aime
…

1. En 1955, Randolph avait acheté Stour, une ravissante maison à East Bergholt dans le Suffolk. À la surprise générale, il s'enthousiasma pour la vie à la campagne et se passionna notamment pour le jardinage. Il devait résider à Stour jusqu'à ce qu'il y meure en 1968.

◻ De Clementine 28 Hyde Park Gate
4 juin 1957

Mon chéri,

Comme cadeau d'anniversaire de notre part à tous les deux, j'ai envoyé à Randolph une paire de chaises de jardin pour la terrasse devant sa maison, avec la vue paisible de l'église de Dedham si souvent peinte par Constable – Il est enchanté.

Ce matin, j'ai reçu un appel téléphonique de Clarissa du tout petit cottage où elle et Anthony [Eden] se sont retrouvés après tant d'épreuves et de tribulations[1] – Leur courage et leur dignité dans l'adversité font je crois une très forte impression –

Nous avons eu une vague de chaleur glorieuse – mais hélas – elle n'a duré que 3 jours – ou était-ce 4 ? Et maintenant il fait sombre & froid de nouveau – J'ai tellement envie de vous revoir, mon chéri – votre nouvelle baignoire sera installée aujourd'hui. J'espère que vous pourrez vous y ébrouer confortablement !

Votre Clemmie
qui vous aime
…

1. Le 9 janvier 1957, Anthony Eden avait démissionné pour des raisons de santé et il avait été remplacé par Harold Macmillan. Les Eden n'avaient pas de maison à part un petit cottage, le Rose Dower, à Broad Chalke dans le Wiltshire, qui appartenait à Clarissa.

o De Winston   La Pausa
5 juin 1957
Jour du derby [d'Epsom]

Chérie

…

Je suis plongé dans Les Hauts de Hurlevent[1]. Il ne fait pas de doute que sa célébrité est méritée. On voit bien que c'est un bon livre. J'en suis aux ¾.

Ici nous avons principalement des nuages & je passe mes matinées au lit. Mais au cours des quelques apparitions du soleil j'ai peint 2 paysages qui valent la peine que je les rapporte pour vous les montrer.

Christopher [Soames] vient après-demain (vendredi) & j'ai hâte de le voir et d'entendre les nouvelles qu'il a….

J'ai lu ce que vous dites sur Clarissa & Anthony [Eden] et je suis d'accord. Ils supportent leur sort avec courage….

Les Français n'en finissent pas avec leurs atermoiements sur la formation de leur nouveau gouvernement & leur gros déficit. L'Algérie est dans une situation invraisemblable…. Les hommes politiques doivent se complaire dans leur « Crise ». J'espère qu'ils vont s'en sortir & battre les terroristes algériens.

Je vous envie d'avoir une vague de chaleur. Le monde est tombé dans la même confusion que sa population en ce qui concerne le temps, et c'est un soulagement de trouver refuge dans la littérature victorienne, quand la seule autre possibilité serait de regarder des perspectives absolument sinistres par la fenêtre....

Ma très chère, je crains que mon amour ne s'exprime à partir de sombres pensées. La seule chose qui me réjouisse ce matin c'est la nouvelle baignoire dont vous parlez. J'ai hâte de m'y vautrer.

Avec mon tendre amour ma chérie. Votre mari dévoué
W

...
XXXXXXXXXX pour vous

1. Roman d'Emily Brontë (*Wuthering Heights*), 1847.

Winston rentra la deuxième semaine de juin et passa le reste de l'été en Angleterre. Il avait un programme chargé. Outre la cérémonie annuelle de la Jarretière à Windsor et une expédition aux courses, il avait plusieurs discours à prononcer. Il devait s'adresser aux électeurs de sa circonscription, et il avait deux discours de prévus à Londres, le premier à un grand rassemblement de « United Europe » à l'Albert Hall et le second à l'American Bar Association au Guildhall.

Le 3 juillet, le « Prof » (Lindemann/Lord Cherwell) mourut dans son sommeil. Winston et Clementine furent profondément affectés par sa disparition. Ils avaient été amis pendant plus de trente ans. Tous deux assistèrent à ses obsèques à Christ Church à Oxford.

Winston et Clementine passèrent le mois de septembre ensemble à La Capponcina ; le 1ᵉʳ octobre, Winston se rendit à La Pausa et Clementine rentra en Angleterre.

□ De Clementine   28 Hyde Park Gate
8 octobre 1957

Mon chéri,
...
Que pensez-vous du satellite terrestre[1] ? J'en ai entendu parler à la radio – Cela m'a semblé de mauvais augure – Comme le « Prof » avait raison à propos de la supériorité technique des Russes. J'ai lu que la base du satellite s'était détachée, mais que les deux parties tournaient séparément à toute allure & que la base perdait progressivement de la vitesse – Je pense que cela est extrêmement ennuyeux & très alarmant !

Jeudi je vais à Birmingham poser la première pierre d'un nouveau bâtiment de la YWCA – Je serai reçue à déjeuner par le Lord-maire avant la cérémonie....

Trois de nos petits-enfants ont attrapé la grippe asiatique (ou d'Asie) : Edwina, Celia et Winston.

Votre Clemmie
qui vous aime
...

1. L'Union soviétique avait lancé le premier satellite autour de la Terre, *Spoutnik*, le 4 octobre 1957.

o De Winston   [La Pausa]
[non daté, vraisemblablement le 11 octobre 1957]

Chérie,
Votre lettre vient d'arriver. Je vous envoie la réponse par Anthony [Montague Browne]. Elle devrait vous parvenir aujourd'hui....

Le Satellite en lui-même, etc. ne m'afflige pas. Ce qui est déconcertant c'est la preuve de l'avance qu'a la Science soviétique, comparée à l'américaine. Le Prof [Lindemann/Lord Cherwell] a été comme toujours vigilant et actif. Il y a eu de nombreux avertissements mais nous nous sommes irrémédiablement laissé distancer en matière d'enseignement technique[1], & le peu que nous avons tend à se disperser ensuite en essaimant en Amérique & dans les Dominions. Nous sommes à l'ère de la machine, & quelle place y avons-nous ? Certes nous possédons toujours <u>la Qualité – de Premier Plan</u>. Mais ce sont les effectifs qui font défaut. Le terreau indispensable a disparu. Nous devons continuer à nous battre ; & en nous tournant vers l'Union avec l'Amérique....

J'ai peint deux (2) tableaux, dont un n'est pas mal.

> Avec le tendre amour & une infinité de baisers X X
> de votre mari dévoué
> W
> ...

1. Ce furent les profondes inquiétudes de WSC au sujet du retard des sciences et techniques britanniques face à celles de la Russie qui le poussèrent, avec le soutien et les encouragements de Lindemann et de Jock Colville, à créer le Churchill College de Cambridge en 1958 – fondation pour les sciences, les techniques et l'ingénierie. Il y fit don de 25 000 £ prélevées sur la souscription lancée à l'occasion de ses quatre-vingts ans (Eightieth Birthday Presentation Fund).

Dès le milieu des années 1950, Sarah avait commencé à avoir des problèmes d'alcoolisme, mais qui ne s'étaient jamais encore manifestés en public. En août 1957, Antony Beauchamp se suicida, et bien qu'ils aient été séparés depuis presque deux ans, Sarah fut profondément affectée par sa mort. De retour à Hollywood où elle avait des contrats de films pour la télévision, elle vécut seule la plupart de l'hiver dans un bungalow au bord de la mer à Malibu, qui lui permettait d'accéder facilement aux studios de Los Angeles. Le 14 janvier 1958, la presse britannique rapporta que Sarah avait été arrêtée et inculpée pour ivresse publique et il y eut des photographies et des comptes rendus déplaisants de l'incident dans les journaux. Lors du procès qui suivit quelques jours plus tard, elle plaida coupable et fut condamnée à 50 $ d'amende. Winston était à La Pausa. Il fut très contrarié – mais ma mère, elle, fut effondrée.

o De Winston [dactylographié]   La Pausa
18 janvier 1958

Ma chérie,

Le manchon[1] a beaucoup de succès ici. Je l'utilise à tous les repas, et dans l'ensemble il remplit bien ses fonctions. Il fait ts froid.

... J'ai passé la plupart de mes journées au lit, mais je vais m'asseoir au soleil pendant une heure ou deux, de 14 h 30 à 16 h 30. C'est très agréable, avec un ciel radieux.

Je suis d'accord quand vous dites que Sarah s'en est aussi bien tirée que possible.... Je vous tiendrai au courant de toute correspondance avec elle. Personnellement j'espère qu'elle aura la possibilité de venir ici dès qu'elle en aura terminé avec ses engagements sur place [aux États-Unis]....

Nous avons encore eu une belle journée aujourd'hui – la troisième de suite, et pour le moment les perspectives sont bonnes. J'espère que vous aurez la possibilité de venir, ne serait-ce que pour quelques jours....

Je lis un roman russe[2], qui a fait du bruit en Amérique car il critique le monde russe et a pourtant été autorisé par le gouvernement russe à se faire publier avec un tirage de trente mille exemplaires pour distribution en Russie. C'est un pas dans la bonne direction, et il faut suivre tout cela attentivement....

✍ ... [Sarah] a tout arrangé pour venir la première semaine de février.

Avec tout mon amour ma chérie des chéries,
Tout dévoué à vous
W

1. CSC avait offert un magnifique manchon de fourrure à WSC, car il souffrait énormément du froid aux mains.
2. *Le Docteur Jivago*, de Boris Pasternak, 1957. (Traduction anglaise, 1958.)

☐ De Clementine   28 Hyde Park Gate
25 janvier 1958

Mon chéri,

Je viens juste d'envoyer un télégramme à Wendy pour lui demander si je pouvais venir à La Pausa le 18 février pour une semaine.

J'ai vu dans le Daily Mail que 1 221 personnes avaient visité votre exposition en une seule journée à Kansas City[1], & que c'était un record. J'en suis vraiment heureuse....

J'ai déjeuné avec Pamela Churchill l'autre jour pour dire au revoir au jeune Winston [qui avait presque dix-huit ans] avant qu'il ne retourne à Eton. Il commence maintenant à grandir, & il a une voix d'homme, basse & plutôt séduisante –

J'ai emmené Edwina [Sandys, qui avait juste dix-neuf ans] & un groupe de ses amis au théâtre un autre soir & nous sommes tous revenus dîner ici – C'était très amusant & nous avons eu beaucoup de plaisir. Elle connaît des jeunes gens vraiment agréables & intelligents –

Ce soir, j'emmène Diana voir une pièce. J'ai tellement envie de vous revoir, chéri –

Votre Clemmie
qui vous aime
...

1. Une exposition itinérante de tableaux de WSC avait débuté à Kansas City le 21 janvier 1958 ; elle devait se poursuivre au Metropolitan Museum de New York et dans d'autres villes importantes des États-Unis avant de continuer en Australie et en Nouvelle-Zélande.

◻ De Winston [dactylographié] [La Pausa]
31 janvier 1958

Je vous envoie les lettres que j'ai échangées avec le Président[1] et dont je vous ai parlé au téléphone. Je ne vois pas ce que je pourrais faire d'autre. Ce sera une très courte visite en Amérique, une semaine seulement, dont trois jours et demi seront passés à la Maison Blanche et le reste auprès de Bernie [Baruch], soit à New York soit dans sa maison de campagne. J'espère sincèrement que vous pourrez m'accompagner, mais je comprendrais parfaitement que vous estimiez que l'entreprise ne justifie pas une double traversée de l'Atlantique en avion. J'espère et suppose cependant que vous allez venir.

Je suis assis dans le jardin sous le balcon. Nous n'avons eu qu'une seule journée de nuages, et tout le reste a été magnifiquement ensoleillé et pas froid du tout. Je parie qu'il va faire très bon ici en mars, et je ne fais pas de projets.

1. Le président Eisenhower avait invité WSC à lui rendre visite à la Maison Blanche, à Washington.

◻ De Clementine 28 Hyde Park Gate
12 février 1958

Mon chéri,
J'ai peur que Brendan [Bracken][1] ne soit très malade –
Mr Moir [le notaire] m'a dit qu'il était allé le voir à l'Hôpital de Westminster – J'ai écrit à Brendan pour lui remonter le moral & lui dire que j'espérais qu'il serait bientôt rétabli.... Vous devriez lui écrire, mais n'évoquez pas la gravité de sa maladie – Ne lui dites peut-être pas que je vous en ai parlé ?...

Pauvre Sarah – Plus on se querelle avec la presse, plus ils vous tourmentent. En fait, je ne suis pas persuadée que la variété américaine soit tellement pire que la nôtre –

Mon chéri, j'ai un mal de gorge terrible & je vais consulter le vieux docteur Barnett [son généraliste] – Je ne veux pas arriver en mauvaise forme mardi prochain –

Votre Clemmie
qui vous aime
...

J'ai eu une gentille petite lettre de Sarah[2], mais uniquement à propos de shampoing, & de votre tableau avec les oranges & les citrons, que j'aimerais vraiment voir.

1. Il avait effectivement un cancer et était très gravement malade.
2. Sarah était à La Pausa avec son père.

Le 18 février 1958, Winston contracta un rhume de poitrine qui se transforma rapidement en pneumonie. Par un heureux hasard, Clementine arriva à La Pausa au même moment pour la visite qu'elle avait prévue. Son séjour, qui devait durer une semaine, se prolongea un mois. Lord Moran se rendit sur place et des bulletins de santé furent publiés. Winston réagit bien au traitement, mais il fit une rechute en mars et ne fut pas suffisamment rétabli pour rentrer en Angleterre avant le 3 avril. Bien que très déçu, il était maintenant résigné à repousser la visite qu'il avait prévue aux États-Unis pour rencontrer le président Eisenhower.

Même si Winston s'en était bien remis, sa maladie l'avait laissé affaibli et, à partir de ce moment-là, il fut en permanence accompagné d'un infirmier[1].

1. Roy Howells, un homme charmant et doux qui demeura avec WSC jusqu'à son décès en janvier 1965. Ses souvenirs, *Simply Churchill*, furent publiés en 1965.

☐ De Clementine   28 Hyde Park Gate
2 juillet 1958

Mon chéri,
J'aime penser que vous passez des jours paisibles à Blenheim, animés par de féroces et excitantes batailles de bésigue –

La nuit dernière, j'ai appelé l'Hôpital de Westminster et j'ai parlé à l'infirmière de Brendan [Bracken].

Son état s'est détérioré depuis que vous l'avez vu (il a des nausées & d'autres maux), mais hier c'était plutôt un bon jour – Je lui ai envoyé (par l'infirmière) un message d'affection de notre part à tous les deux.

Peut-être pourriez-vous lui rendre une autre petite visite jeudi, après le déjeuner avec Violet Bonham Carter [Asquith] et avant de recevoir l'ambassadeur d'Israël à 17 h 30[1] ? J'ai dit à l'infirmière que nous appellerions jeudi.

> Votre dévouée Clemmie
> qui vous aime
> ...

1. WSC rendit visite à Brendan deux autres fois avant de retourner dans le midi de la France le 1er juillet, où il séjourna chez Max Beaverbrook à La Capponcina. La nouvelle de la mort de Brendan le 8 août 1958 l'attrista profondément ; ils avaient été amis pendant 40 ans.

o De Winston   La Capponcina
8 août 1958

Chérie,

Les jours passent avec monotonie, mais agréablement & rapidement. Plus d'une semaine s'est écoulée depuis mon arrivée. Je n'ai rien fait d'autre que de jouer au bésigue avec Anthony [Montague Browne] – plusieurs parties par jour ! – et j'ai gagné trente shillings...

Il fait ts chaud & ts beau, & le temps passe vite. Je <u>brûle</u> d'envie de vous avoir ici – je suis sûr que vous vous y plairiez. « Toby » [son serin] est sur mon lit en ce moment & j'ai fait construire une vaste cage qui lui sert de terrain d'exercice.

Nous avons été fortement ébranlés par la mort de Brendan – mais je suis sûr que c'est mieux pour lui. Son refus des commémorations dans son testament[1] nous [WSC et Max Beaverbrook] a fait résister à l'idée de l'aller-retour demain que nous avions envisagée.

Ma chérie à moi je suis plus qu'impatient de vous revoir. Je me réjouis de voir que les médecins ont des informations positives à donner, & que les progrès continuent régulièrement pour l'œil[2].

Affreux gribouillis, mais j'écris au lit & ai presque perdu l'art de la lisibilité.

> Toujours votre mari dévoué & qui vous aime
> W

1. Brendan Bracken avait laissé des instructions dans son testament disant qu'il ne voulait pas de cérémonie à sa mémoire et qu'il fallait détruire tous ses papiers.
2. CSC était débarrassée de son épuisante névrite depuis environ un an, mais au cours de l'été 1958 elle contracta un zona, qui affectait son visage, une paupière et un œil. Ce mal douloureux devait la poursuivre par à-coups pendant un certain temps.

□ De Clementine　　　　　　　　　　　　　　　　Chartwell
9 août 1958

    Mon chéri – Je pense souvent à vous –

    Brendan [Bracken] va beaucoup vous manquer et à Max [Beaverbrook] aussi – Soyez gentil de lui transmettre toutes mes condoléances.

    Je suis désolée qu'il n'y ait pas de cérémonie à sa mémoire – Tant de gens auraient aimé montrer par leur présence toute l'affection et le respect qu'ils lui portaient.

    Je suis en train de faire mes bagages & de quitter Chartwell, & je serai à Hyde Park Gate jusqu'à mon départ mardi (dès potron-minet !). Diana viendra de l'île de Wight passer lundi avec moi – C'est très gentil de sa part.

    … Je vous écrirai de Tanger[1] – En attendant, je demeure votre pauvre & dévouée

                                                                              Clemmie

    1. CSC allait rendre visite à Bryce et Margaret Nairn. Bryce Nairn CBE (1903-1978) était consul de Grande-Bretagne à Marrakech lors de la visite des Churchill en 1944 et ils étaient devenus de très grands amis. Margaret Nairn était une artiste peintre de talent. Les deux couples s'étaient rencontrés de nouveau après les législatives de juillet 1945 lors des vacances de WSC et CSC à Hendaye ; Bryce Nairn était alors consul à Bordeaux. En 1958, il était consul général à Tanger (1957-1963).

□ De Clementine　　　　　　Dans les airs entre Madrid & Gibraltar
12 août 1958　　　　　　　　　　　　　　　　[en route pour Tanger]

    Mon chéri, Le voyage se déroule merveilleusement bien & nous devons atterrir à Gibraltar dans environ 20 minutes –

    Je me tiens au courant de vos engagements mondains & de vos « *toilettes* » dans la presse quotidienne – Déjeuner, partie de cartes & Greta Garbo sur le yacht d'Onassis, tout de blanc vêtu !

    Sarah est rentrée de Zurich[1] hier soir avec 3 heures de préavis – Elle a dîné avec Diana & moi, & puis elle s'en est allée dans sa petite maison[2] – Elle est réapparue à 7 h 30 ce matin & les deux filles sont venues à l'aéroport pour me voir partir –

    Nous allons atterrir –

                                                          Au Revoir
                                                          Clemmie
                                                           …

1. Cette année-là, Sarah passa plusieurs mois à la clinique Bircher-Benner de Zurich à soigner son état général.
2. L'été de 1958, le Chartwell Trust (établi par WSC au bénéfice de ses enfants et petits-enfants) avait acheté une maisonnette pour Sarah dans Randolph Mews, à Londres W9.

☐ De Clementine Consulat général de Grande-Bretagne
18 août 1958 Tanger

Mon Winston chéri,

Cette petite lettre ne vous parviendra qu'un jour ou deux avant mon arrivée[1]. C'est un endroit des plus intéressants & j'adore être avec les Nairn, qui sont extrêmement gentils & intéressants....

Je viens d'apprendre des exécuteurs testamentaires de Brendan qu'il m'avait légué sa collection de chevaux de guerre en porcelaine[2] – Je suis touchée qu'il ait voulu me laisser un témoignage de son amitié –

Votre dévouée Clemmie
qui vous aime

1. CSC quitta Tanger en avion le 23 août pour rejoindre WSC à La Capponcina.
2. Une collection de figures équestres en porcelaine fabriquées à la manufacture de Potschappel, près de Dresde, en 1875. L'une représente Napoléon et les autres des membres de l'armée impériale française. Elles sont à Chartwell, dans la chambre de CSC.

Après avoir célébré leurs noces d'or le 12 septembre à La Capponcina, Winston et Clementine partirent pour la première de leurs nombreuses croisières sur le fabuleux yacht d'Ari Onassis, le Christina.
À la mi-octobre, Winston était de nouveau à La Pausa.

o De Winston La Pausa
14 octobre 1958

Ma chérie à moi,

... Ici tout est calme & tranquille. Cela fait six mois – selon leurs calculs – depuis ma dernière visite. Tous vous adressent les messages de circonstance. Je passe la matinée au lit – à lire un livre sur la Grèce antique qui n'est pas mal. Demain je vais essayer de peindre, et Murray[1] prépare le matériel. Mais je suis rempli de doutes, d'inertie & de paresse.

Je me demande ce que vous allez faire & quand vous allez vous mettre en route pour Chartwell. Voudriez-vous donner à manger aux poissons ? Ils apprécient bcp. Et aux cygnes noirs. Je ne leur ai jamais rendu visite cette fois. C'était trop mouillé pour la voiture [à travers champs], & je n'ai plus guère envie de marcher.

Vous avez tout mon amour le plus tendre ma très chère. Les derniers jours ou années de la vie sont gris et sans relief, mais j'ai la chance de vous avoir à mes côtés. Je vous transmets mon plus bel amour & une multitude de baisers.

Toujours votre dévoué
W

...

1. Edmund Murray, Detective Sergeant (1917-1996), chargé de la protection de WSC de 1950 à 1965. Personnage haut en couleur. Ancien de la Légion étrangère française. Peintre amateur lui-même, il aidait WSC à transporter et installer tout son attirail de peinture.

☐ De Clementine   28 Hyde Park Gate
16 octobre 1958

Mon chéri,

J'ai été si contente de recevoir votre lettre, bien que vous m'ayez semblé un peu triste. Ne laissez pas la tristesse vous envahir, mon très cher. J'espère que le soleil va revenir vite. Ici il fait beau, mais bien sûr pas aussi chaud que là où vous êtes....

Samedi prochain, je vais à Hamsell Manor[1] rendre visite à Mary & à Christopher [Soames] – lundi, je serai à Chartwell... Je m'occuperai de nourrir vos poissons, ainsi que les cygnes noirs.

J'ai été invitée à Paris pour assister au grand honneur qui vous est fait[2] – Et nous rentrerons ensemble.

J'ai fait reproduire une charmante photo de vous & de Tina[3] (parue dans un journal) & je vous l'envoie dans un cadre d'argent pour Tina – Je sais qu'elle va l'adorer....

Les jours s'envolent & bientôt j'espère vous retrouver sain & sauf.

Votre Clemmie
qui vous aime

1. En 1957, Christopher et moi et nos quatre enfants avions quitté la maison de Chartwell Farm (qui était devenue trop petite) pour nous installer à Hamsell Manor, à Eridge Green, près de Tunbridge Wells. C'était à environ 40 min de Chartwell en voiture. En octobre, WSC mit fin à ses activités agricoles et vendit Chartwell Farm, ainsi que Bardogs.
2. Le 6 novembre 1958, le général de Gaulle remit la Croix de la Libération à WSC. Créée par de Gaulle, c'était la plus haute distinction accordée à ceux qui avaient servi

dans les Forces françaises libres ou dans la Résistance. Seuls deux Britanniques la reçurent, le roi George VI et WSC.

3. Athina Onassis (« Tina ») (1929-1974), fille de l'armateur grec Stavros Livanos. Première femme d'Ari Onassis qui l'épousa en 1946 et dont il divorça en 1960. En 1961, elle épousa le marquis de Blandford (« Sunny »), par la suite 11e duc de Marlborough, dont elle fut la deuxième femme. Ils divorcèrent en 1971. La même année, elle épousa, en troisièmes noces, Stavros Niarchos, qui avait été marié auparavant avec sa sœur Eugénie (décédée en 1970). Tina mourut en 1974 d'une surdose de médicaments à l'âge de 45 ans. Elle était belle, vive, gentille et charmante, et WSC et CSC l'aimaient beaucoup tous les deux.

Le 6 mars 1959, Winston s'envola pour Nice et passa un mois à La Pausa en compagnie d'Emery et de Wendy Reves.

En mars, un « One Man Show » [consacré aux œuvres de WSC] ouvrit également ses portes à la Diploma Gallery (un honneur remarquable accordé par la Royal Academy à son académicien honoraire extraordinaire).

o De Winston [dactylographié]   La Pausa
8 mars 1959

Clemmie, ma Bien-aimée,

Je suis arrivé à bon port et ai été accueilli par le Préfet et Emery Reves. J'ai trouvé Nice et Roquebrune et tout ce qu'il y a entre elles deux enveloppé dans le brouillard et impénétrablement enseveli dans les nuages....

Wendy, qui était venue m'accueillir, a été ravie de recevoir votre lettre, et elle va sans aucun doute y répondre elle-même....

✍ Ma chérie, je pense énormément à vous & à nos ennuis. J'espère avoir bientôt une lettre me racontant ce qui s'est passé pour Sarah[1]. Je crois qu'ils l'ont traitée avec bcp de brutalité à Liverpool & qu'ils ont hérissé son tempérament impétueux. J'espère qu'elle saura vous convaincre que son mal est inhérent aux difficultés passagères que connaissent toutes les femmes lors de leur retour d'âge, & surtout qu'elle va persévérer dans son métier.

Je suis désolé du fardeau que cela vous impose, & espère que votre séjour auprès de Mary & Christopher vous soulagera. Ma très chère mes pensées vous accompagnent. Tout retombe sur vous : « Pauvre Petit Agneau ! » Avec tout mon amour je reste une épave (mais avec son pavillon qui flotte toujours au mât) & vous adresse le meilleur de mon amour et de nombreux baisers. J'attends votre lettre.

J'ai retrouvé Toby ici en bonne santé & il vient de se poser sur mon coude pour me rappeler qu'il faut que je vous parle de lui dans ma lettre, sinon il serait vexé.

Votre mari qui vous aime
Winston
X X X X X X X

1. Le 6 mars 1959 Sarah avait eu une amende de deux livres pour ivresse sur la voie publique. Elle tenait la vedette dans *Peter Pan*, qui avait ouvert à Londres avant Noël et était maintenant en tournée. Inutile de dire que la publicité faite à cette affaire était mortifiante.

☐ De Clementine 28 Hyde Park Gate
10 mars 1959

Mon chéri,

Je viens juste de rentrer d'une visite privée de votre exposition – Les deux salles étaient bondées, & tout le monde semblait enchanté – Je suis tellement contente – Je crois que vos tableaux seront une distraction pour beaucoup de gens en ce morne printemps....

Sarah est venue dîner dimanche soir, et Diana aussi – Sarah était silencieuse, digne & tout à fait sobre. Aucune allusion n'a été faite aux événements de Liverpool.

Je prie pour qu'elle puisse terminer ses engagements actuels (encore 3 semaines). Son médecin, à qui j'ai parlé au téléphone, est très inquiet pour sa santé – Il pense qu'elle peut tenir encore 10 jours, mais redoute un « autre incident » avant la fin de la tournée. Il l'a suppliée d'entamer une cure sérieuse lorsque son contrat actuel prendrait fin. Elle a répliqué qu'elle « préférait mourir ». Il lui a fait remarquer qu'elle n'aurait peut-être plus de propositions pour le cinéma ou le théâtre, ce à quoi elle a répondu qu'elle quitterait « la vie publique » & qu'elle peindrait & écrirait – Anthony [Montague Browne] l'a accompagnée à la gare pour ses représentations actuelles (à Wolverhampton) – Il l'a invitée à dîner dans un restaurant tranquille avant son départ. C'est un véritable ami.

Votre dévouée
Clemmie

□ De Clementine 28 Hyde Park Gate
11 mars 1959

    Mon chéri,

Je viens de lire votre lettre [du 8 mars] une seconde fois –

Ni l'avocat de Sarah, Mr Hardcastle (que j'avais dépêché en toute hâte pour lui venir en aide), ni son régisseur, Mr Patrick Desmond, ne pensent qu'elle ait été maltraitée à Liverpool. Tous deux lui sont dévoués & ont ses intérêts à cœur & ils m'ont dit que la police de Liverpool avait fait tout ce qu'elle avait pu pour cacher l'identité de Sarah & la convaincre de plaider « coupable », ce qui lui aurait permis de s'éclipser discrètement après avoir payé l'amende minimum....

Vous pensiez peut-être à l'incident d'Hollywood, il y a deux ans, lorsqu'elle avait été si honteusement maltraitée par la police américaine....

Mary & Christopher ont été invités à « dîner & passer la nuit[1] » à Windsor. Ce sera juste avant la naissance du bébé – J'espère que Mary ne fera pas « ses couches » au château –

                                      Votre dévouée
                                                Clemmie

1. Une visite ministérielle ; Christopher était alors ministre de la Guerre (depuis janvier 1958). La visite à Windsor eut lieu les 21 et 22 avril. Rupert Christopher Soames, notre cinquième et dernier enfant, naquit à Hamsell Manor le 18 mai.

o De Winston [dactylographié] La Pausa
13 mars 1959

    Ma chérie,

J'ai bien réfléchi à l'incident de Sarah et je finis par penser que tout s'est terminé aussi bien que possible. Je suis très content que Sarah doive passer encore trois semaines en province, et j'espère qu'elle se rendra compte du bien que cela lui fera si elle réussit à rétablir sa réputation par sa bonne conduite à l'avenir....

Nous avons été invités à déjeuner au Palais[1] lundi et avons tous trois accepté. Demain samedi nous déjeunons avec le Préfet. Le lendemain nous irons à bord du yacht [*Christina*], et vendredi nous déjeunons avec Daisy Fellowes.

✍ Il fait beau aujourd'hui mais il y a du vent. J'ai passé de longues heures au lit. Toby vient d'arracher avec son bec ce petit morceau de bleu [une plume] qu'il vous envoie avec tout son amour,

Et le mien ma très chère
Votre mari qui vous aime
Winston

1. Comme invités du prince Rainier et de la princesse Grace.

☐ De Clementine   28 Hyde Park Gate
13 mars 1959

Mon chéri,

Longtemps avant que cette lettre ne vous parvienne, vous aurez appris que 3 210 personnes avaient visité l'exposition hier jeudi lors de son ouverture au public – La foule était si grande qu'hier soir on a ajouté une troisième salle & vos tableaux ont tous été réaccrochés. Les commissaires de l'Académie sont terriblement excités & disent que c'est un record pour un « One Man Show ». L'année dernière, il y a eu une exposition de dessins de Léonard de Vinci avec seulement 1 172 personnes le jour de l'ouverture. Pauvre Léonard ! Je vous tiendrai informé si ces grandes foules se maintiennent –

Votre Clemmie
qui vous aime

Tous les gens que je rencontre sont choqués par le discours d'Ike affirmant qu'il ferait usage de la bombe à hydrogène contre la Russie plutôt que de recourir aux forces terrestres[1]. Je crois que nous allons bientôt regretter Dulles[2] !

1. Le président Eisenhower, en réaction aux manœuvres du Congrès pour rétablir les coupes dans le budget des forces armées, avait déclaré à Washington le 11 mars 1959 qu'il serait impossible de gagner une « guerre terrestre » en Europe et que les États-Unis seraient contraints d'opter pour d'« autres moyens » – même s'il reconnaissait aussi qu'une guerre nucléaire serait contre-productive.
2. John Foster Dulles (voir p. 739 n. 3), qui s'apprêtait à quitter le ministère des Affaires étrangères (avril 1959).

☐ De Clementine 28 Hyde Park Gate
14 mars 1959

Mon chéri, Je vois (à mon grand soulagement) dans le Times d'aujourd'hui qu'il fait enfin soleil dans le midi de la France & que la température est de 18° – Aussi j'aime à penser que vous vous prélassez au soleil.

À l'exposition de vos tableaux à la Royal Academy, on a installé en bonne place un très bon buste de vous en bronze par David McFall[1], le sculpteur qui avait affreusement raté votre statue de Woodford au départ, & dont tous les journaux avaient publié des photos déplorables – Il a retravaillé la tête de la statue & le résultat est très satisfaisant – Monty [Montgomery] la dévoilera le 3 octobre –

Amour tendre, mon chéri,
de votre dévouée
Clemmie

1. David McFall (1919-1988). Il exposa à la Royal Academy à partir de 1943. La statue de Woodford dont il est question était une statue en pied de WSC.

o De Winston [dactylographié] La Pausa
16 mars 1959

Ma très chère Clemmie,

Vos deux lettres du 13 et du 14 sont toutes deux arrivées, et leur contenu me ravit....

Wendy a trouvé un nouveau remède contre mon habitude de laisser tomber des aliments sur le devant de ma veste. Elle m'a offert un fermoir en or qui fixe solidement la serviette de table à ma veste. Il suffit de le mettre en place sur ma veste pour prévenir tout risque. Elle me l'a donné à mon arrivée, et je l'utilise régulièrement avec un plein succès....

Nous avons eu deux jours de temps magnifique, et j'ai fait un tour de jardin les deux fois. Hier Paul Maze[1] et sa femme sont venus déjeuner. Il a beaucoup parlé de peinture, et il va venir en faire avec moi....

Je pense qu'il vaudrait mieux ne fêter votre Anniversaire que le dimanche 12 avril, à Chartwell. Je choisis dimanche parce que dans ce cas Sarah pourra venir. De plus cela me donnera plus de temps pour faire tout le nécessaire après mon retour le lundi 6. Dites-moi si cela vous convient.

Avec mon Tendre Amour ma chérie
Votre affectueux mari qui vous aime
W

1. Paul Maze (1887-1979), artiste peintre d'origine française installé en Angleterre, parfaitement bilingue. WSC fit sa connaissance sur le front en 1916, mais leur véritable amitié datait de 1934, lorsque WSC rédigea la préface de ses mémoires, *A Frenchman in Khaki*. WSC appréciait ses conseils au plus point en matière de peinture, et Maze fut souvent invité à Chartwell au cours des années 1930. Mais CSC ne partageait pas le point de vue positif de son mari à son endroit et les visites s'arrêtèrent au bout d'un moment. Malgré tout, WSC et Maze restèrent en contact. Ce dernier soutenait à fond la politique antiapaisement et la position profrançaise de WSC.

o De Clementine 28 Hyde Park Gate
16 mars 1959

Mon chéri,

Sarah a dîné avec moi hier soir, dimanche. Nous étions seules – Elle a été agréable et affectueuse, mais j'ai vu qu'elle n'allait pas bien. La semaine dernière la pièce se jouait à Wolverhampton, cette semaine elle est à Birmingham – Après cela, Nottingham & ensuite Bristol. Ce sera, je crois, la dernière étape. Je prie pour qu'elle puisse tenir le coup – À Bristol, tous les étudiants de l'université dont vous êtes chancelier vont aller voir Peter Pan. J'espère que Sarah sera à la hauteur ce soir-là....

Vos tableaux ont attiré des foules record. En 4 jours, jeudi, vendredi, samedi & dimanche (une demi-journée), 12 283 personnes ont visité l'exposition. Elles sont restées en moyenne 50 minutes.

Dimanche après-midi, la queue s'étendait jusque sur Piccadilly – Il est arrivé une procession de manifestants contre la bombe à hydrogène qui se rendaient à un rassemblement – Ils se sont mêlés à la queue des gens qui allaient voir vos tableaux – Cela a beaucoup amusé les commissaires de l'Académie !....

Mon œil me donne pas mal de souci ; aussi j'ai pris rendez-vous mercredi avec un nouvel oculiste, Mr Rycroft[1]. J'espère vraiment qu'il pourra faire quelque chose pour moi.

Baisers de
Votre dévouée
Clemmie

1. Benjamin Rycroft (1902-1967), éminent chirurgien ophtalmologiste. Fait chevalier en 1960.

De retour à Londres, Winston eut une nouvelle convulsion (une attaque légère) le 13 avril. Ses médecins lui déconseillèrent vivement tout discours public, mais il était déterminé à s'adresser à ses électeurs comme convenu lors d'une réunion qui avait été prévue à Woodford le 20 avril – ce qu'il fit dûment. Il parla pendant vingt-deux minutes devant une salle bondée, annonçant à ses électeurs à la fin de son discours[1] qu'il était prêt une fois de plus à les représenter aux prochaines législatives – une déclaration qui fut accueillie par des applaudissements tumultueux.

Puis début mai, il accomplit le voyage aux États-Unis qu'il avait différé, pour rendre visite au président Eisenhower. Il partit avec Anthony Montague Browne et son valet infirmier ; il refusa spécifiquement que Lord Moran l'accompagne, car il était fermement opposé à l'idée d'apparaître comme un invalide.

À Washington, il resta trois jours à la Maison Blanche, où le Président le reçut avec attention et gentillesse. Au cours de son séjour, il fit un ou deux brefs discours et tous furent impressionnés par sa résistance et sa bonne forme.

Après Washington, Churchill rendit visite à Bernie Baruch à New York et il rentra en avion le 11 mai. Comme on peut s'en douter, nous avions été sur des charbons ardents en Angleterre tout le temps qu'avait duré l'expédition.

1. Depuis peu, les discours de WSC étaient en grande partie écrits pour lui par Anthony Montague Browne ; mais les pensées exprimées étaient essentiellement les siennes et il relisait attentivement les brouillons et les corrigeait en y ajoutant souvent quelques inimitables touches winstoniennes.

o De Winston [dactylographié] La Maison Blanche
5 mai [1959] Washington

Ma très chère Clemmie,

Des nouvelles de moi. Tout va bien & le Président est un véritable ami. Nous avons eu un dîner extrêmement agréable hier soir, & j'ai rattrapé mon sommeil en retard en dormant <u>onze</u> (11) heures. On m'a invité à rester au lit toute la matinée & je vais voir Mr Dulles[1] après le déjeuner. Anthony [Montague Browne] vous enverra davantage de détails. Je vous adresse mon amour le plus profond chérie.

Votre mari qui vous aime
W

1. John Foster Dulles, qui venait de quitter ses fonctions de Secrétaire d'État américain pour prendre sa retraite, était gravement malade et il mourut des suites de son cancer le 24 mai 1959.

☐ De Clementine   28 Hyde Park Gate
5 mai 1959

Mon chéri,
Ce matin à 7 h, j'ai entendu votre voix, forte, claire & résonnante, saluer le Président et les États-Unis.

J'espère que cette visite vous apportera un grand plaisir & que vous vous sentirez bien –

J'ai pensé que vous aviez l'air en forme lorsque je vous ai dit au revoir à bord de cet avion sensationnel[1] – J'ai regardé le « décollage ». L'avion s'est élancé tout droit dans le ciel à 45° & on m'a dit qu'avant même qu'il ait atteint la fin de la piste, vous étiez déjà à 500 m du sol –

Je vous joins les derniers chiffres de votre exposition. Avant votre retour, on devrait avoir <u>dépassé</u> les 100 000 –

Toby trottine partout sur cette lettre. Il dit que si vous ne revenez pas bientôt, il me préférera à vous. Bel oiseau, mais infidèle !

Votre Clemmie
qui vous aime
...

1. C'était le premier voyage de WSC dans un jet – le De Havilland Comet.

☐ De Clementine   28 Hyde Park Gate
7 mai 1959

Mon chéri,
Pas un seul mot de vous & d'Anthony depuis le bref message m'informant que vous étiez bien arrivés –

Néanmoins je suis vos faits et gestes dans la presse –

Je suis vraiment contente que vous ayez rendu visite à Mr Dulles & au général Marshall[1], & comme cela a dû être amusant de prendre l'hélicoptère ! Il y a une charmante photographie de vous dans une voiturette de golf électrique conduite par le Président dans sa ferme à la campagne.

Ce matin, je suis allée voir mon oculiste – Il constate des progrès lents & réguliers, & espère pouvoir opérer la paupière affaissée à la mi-juillet (lorsque toute trace du zona aura disparu)[2].

« TOUT DROIT, JUSQU'AU BOUT DE LA ROUTE »

Je vous envoie beaucoup d'affection.
J'adore l'idée que vous viviez cet interlude heureux.

Votre dévouée
Clemmie
…

1. Le général George Marshall (voir p. 602 n. 4), qui était gravement malade après une attaque et incapable de parler ; il mourut le 16 octobre 1959.
2. CSC fut opérée avec succès d'une chute de paupière à la fin août 1959.

Les élections législatives eurent lieu le 8 octobre 1959. Les conservateurs l'emportèrent pour la troisième fois, avec 365 élus, ce qui leur donnait une majorité accrue, de 100 députés. Les travaillistes obtinrent 258 sièges, les libéraux 6 et il y eut un seul député indépendant. Harold Macmillan resta Premier ministre. Churchill fut réélu à Woodford avec une majorité de 14 797 voix – une baisse d'un peu plus de 1 000 voix par rapport à 1955, qui reflétait probablement un certain mécontentement parmi ceux de ses partisans qui pensaient qu'il aurait déjà dû prendre sa retraite.

Âgés respectivement de quatre-vingt-quatre et soixante-quatorze ans, Winston et Clementine menèrent leur quinzième campagne électorale ensemble. Ce devait être la dernière.

Chapitre XXIX

L'ALLONGEMENT DES OMBRES

Je n'ai connaissance d'aucune lettre échangée entre mes parents en 1960 – ils ne se quittèrent pratiquement pas de toute l'année. Ils partirent tous les deux en croisière sur le Christina *avec Ari Onassis, une première fois à la Nouvelle Année et une deuxième fois pendant l'été.*

À la mi-novembre 1960, peu de temps avant son quatre-vingt-sixième anniversaire, Winston fit une chute dans sa maison de Londres. Il se heurta la tête et le dos et se brisa une vertèbre cervicale. Il ne fut pas hospitalisé, mais il n'était pas suffisamment bien pour assister au mariage de l'aînée de ses petites-filles – Edwina Sandys – avec Piers Dixon[1] *juste avant Noël. Il réapparut néanmoins à la Chambre des communes à la fin janvier 1961.*

En février, Winston se rendit à l'Hôtel de Paris à Monte-Carlo, comme cela était maintenant son habitude, une visite qui fut assombrie par la disparition de Toby, son serin bien-aimé, qui s'était enfui par une fenêtre ouverte.

---

1. Piers Dixon (1928-), fils de Sir Pearson Dixon, diplomate. Ambassadeur de Grande-Bretagne en France de 1960 à 1964. Edwina et lui divorcèrent en 1973. Ils eurent deux fils.

□ De Clementine   28 Hyde Park Gate
15 février 1961

Mon chéri –

Je suis triste pour vous à propos de Toby – Je continue à espérer contre toute attente qu'on le retrouvera sain et sauf – [Hélas, il ne le fut jamais.]

J'ai été très touchée que vous m'écriviez de votre propre « patte » –

Ici, je me bats pour aller mieux – Injections, rayons thermiques pour mon oreille réfractaire, etc. On y arrivera au bout du compte –

CONVERSATIONS INTIMES

Hier on se serait cru en plein été – Je pense à vous constamment

Votre dévouée Clemmie
qui vous aime

Clementine était en assez mauvaise santé à cette époque. Des problèmes cliniques mineurs combinés à de l'anxiété, de la dépression et une fatigue nerveuse générale l'obligèrent à passer pratiquement tout le mois de mars au St Mary's Hospital de Paddington, dans l'aile Lindo. Winston abandonna le soleil de Monte-Carlo pour lui rendre visite peu de temps avant d'embarquer sur le Christina *à Gibraltar pour une croisière – cette fois-ci aux Canaries et aux Antilles –, qui devait se terminer à New York. Clementine était d'accord pour qu'il parte, sachant qu'il serait heureux en compagnie d'amis, et bien entouré*[1].

1. Les autres invités étaient Anthony et Nonie Montague Browne et leur fille Jane, âgée de presque 8 ans, ainsi que Lord et Lady Moran. WSC était également accompagné de deux infirmiers.

o De Winston S.Y. Christina
20 mars [1961]

Ma Clemmie chérie,
Ce petit mot de ma main pour vous tenir au courant – <u>écrit entièrement par moi</u> ! Et pour vous dire combien je vous aime. Nous avons parcouru sans relâche des mers sans fin – avec un <u>calme parfait</u> pendant des semaines et des semaines…. Le moment est venu pour moi de vous montrer que je possède toujours le don de l'écriture & continue de l'utiliser. Mais je ne veux pas le pousser trop loin.

Toujours votre dévoué
W

o De Winston S.Y. Christina
31 mars 1961

AVONS CROISE AGREABLEMENT DANS LES GRENADINES ET ANTHONY ET CLARISSA [EDEN][1] SONT VENUS DEJEUNER A BORD. FAISONS ACTUELLEMENT ROUTE VERS LA JAMAIQUE ET HAITI. SI CELA VOUS CONVIENT JE ME PROPOSE DE PRENDRE L'AVION DU RETOUR LE 13 AVRIL. PASSERONS PAR

NEW YORK² CE QUI CONSTITUE LE VOL LE PLUS COURT. TOUT MON AMOUR. WINSTON

1. Les Eden résidaient la plupart du temps sur la petite île de Bequia, dans les Grenadines. Anthony Eden devait être fait comte d'Avon en juillet de la même année.
2. Cela devait être la dernière visite de WSC aux États-Unis. Le *Christina* fit escale deux jours à New York, sur la Hudson River. WSC resta à bord. Bernard Baruch, alors âgé de 90 ans, vint lui rendre visite.

o De Winston   S.Y. *Christina*
3 avril 1961

NORMAN BROOK¹ A DINE AVEC NOUS HIER A KINGSTON. SOMMES ACTUELLEMENT DANS LA BAIE DE MONTEGO. AI TELLEMENT HATE DE VOUS REVOIR ET ESPERE BEAUCOUP AVOIR DES NOUVELLES. AVEC MON TENDRE AMOUR. WINSTON

1. Sir Norman Brook, PC, GCB, ensuite premier baron Normanbrook (1902-1967). À l'époque, Secretary of the Cabinet, 1947-1962 ; secrétaire adjoint au Trésor et directeur de la fonction publique en métropole, 1956-1962.

Clementine s'était montrée encore moins bonne correspondante que Winston pendant cette séparation ; mais ses quatre semaines à l'hôpital, suivies de quelques séjours agréables de convalescence dans sa famille et chez des amis, avaient contribué à l'amélioration de son état général et, lorsque Winston rentra par avion de New York le 14 avril, il la trouva beaucoup mieux et « les batteries rechargées ».

Winston allait faire de fréquents, mais généralement courts séjours sur la Côte d'Azur, occupant la belle suite du dernier étage de l'Hôtel de Paris qui avait été mise à sa disposition par Ari Onassis. Pour son séjour de juin 1961, il n'y a de Clementine qu'une seule note (lui souhaitant la bienvenue à son retour) : soit elle n'écrivit pas, soit les lettres ont été perdues.

o De Winston   [Hôtel de Paris]
[non daté, vers le 6 juin 1961]   Monte-Carlo

Ma Chérie à moi,

J'écris, comme promis, pour vous saluer avec tout mon amour et des baisers. Vous reconnaîtrez l'écriture, puisque c'est la mienne. C'est un exploit.

Nous sommes arrivés sans encombre, et je suis assis dans le lit à regarder la vue que vous connaissez si bien. Le soleil est éclatant et va peut-être continuer ainsi. Je l'espère.

Cet après-midi je sors en auto faire une excursion dans les montagnes et j'ai hâte d'y être.

Je vous envoie cette lettre avec tout mon amour et espère qu'elle vous fera plaisir.

Tous mes baisers
À vous pour toujours
W

o De Winston [Hôtel de Paris]
[non daté, juin 1961] Monte-Carlo

Ma chérie, je vous écris une lettre de ma propre patte, sous un soleil magnifique. Nous allons tous nous y prélasser sur le balcon. Je me dépêche de vous adresser ce témoignage de ma dévotion – Comme j'aimerais que vous soyez là.

Avec mon tendre amour
W

Winston avait conservé son appétit pour la vie : en juin, il rentra à la maison de Monte-Carlo pour quatre jours afin d'assister à la course de l'un de ses chevaux à Ascot.

□ De Clementine ✉ 28 Hyde Park Gate
13 juin 1961

Bienvenue à la maison, mon chéri –
Je vous y attends.

Clemmie

o De Winston   Hôtel de Paris
25 juin 1961   Monte-Carlo

Ma Clemmie chérie,

J'ai vraiment hâte d'être de retour à la maison [le 26]. Nous avons eu un temps merveilleux ici, mais il semble que ce n'était pas mal non plus pour vous. Rien ne vaut l'Angleterre quand le temps décide de se mettre au beau. J'ai énormément envie de revenir & de rester assis au soleil.

Ici nous avons passé de bons moments. Tous les jours nous avons exploré la campagne en grimpant vers une forteresse ou une autre. Il y en a partout & les Français sont fiers de leurs fortifications dans cette région qui a connu beaucoup de combats.

<u>Pour l'instant</u>, je n'ai <u>pas</u> rendu de visite au Casino. Mais je crois que je vais y aller avant de partir.

Avec mon tendre amour ma chérie. Je suis impatient de vous embrasser.

Vous êtes un doux petit canard.

                                                                                                    Winston

o De Winston   Hôtel de Paris
[non daté, août 1961]   Monte-Carlo

Ma très chère Clemmie,

Encore une lettre de ma propre patte. Tout est ts plaisant et les jours passent tout seuls. Nous réglons doucement de vieilles dettes d'amitié sous forme de déjeuners & de dîners. J'ai bcp de mal à écrire une lettre convenable – et m'extasie devant la cadence à laquelle mes amis accomplissent leurs tâches quotidiennes. C'est extraordinaire qu'ils puissent si bien y réussir.

Mais en l'occurrence j'ai écrit ce qui est du moins l'expression de mon amour, Chérie. Quand j'étais jeune j'écrivais assez bien, mais là je suis au bout du rouleau.

Vous avez mon amour le plus profond

                                                                          Votre dévoué
                                                                             Winston

P.-S. Je m'étonne tous les jours de voir le développement de mon homonyme[1]. C'est un garçon merveilleux. Je suis si content d'avoir pu le connaître.

1. Winston, fils de Randolph, qui avait alors près de 21 ans et était étudiant à Christ Church, Oxford.

o De Winston [Monte-Carlo][1]
[non daté, décembre 1961 ?]

Ma chérie,
Me voici la plume à la main avec une grande feuille de papier devant moi. Je pense que je pourrais écrire une lettre complète tournée d'une main sûre sans difficulté ; et je crois que je vais m'y remettre.

Nous sommes maintenant à mi-parcours de notre séjour & comptons déjà les jours qui nous séparent des belles briques rouges de Chartwell. Je suis un scribouillard infâme & plus j'essaie d'écrire une lettre plus elle paraît horrible. Je vous aime vraiment bcp ma Clemmie chérie, mais je crois que j'ai perdu l'art d'écrire, & quand la page est terminée j'ai absolument honte de toutes les compétences qui me restent comme auteur, mais je suis sûr que vous serez contente de recevoir ma lettre. Multiples baisers X X X X

Winston

1. WSC séjournait à Monte-Carlo du 1er au 13 décembre. Anthony Montague Browne et Diana Sandys lui tenaient compagnie.

Winston et Clementine passèrent le Noël de 1961 à Chartwell en compagnie de membres de la famille. Ce devait être notre dernier Noël à Chartwell.

Au Nouvel An de 1962, il y eut un « courrier interne » avec les vœux de Clementine.

□ De Clementine ✉ Chartwell
[1er janvier 1962]

Une très bonne année, Winston chéri, et tout mon amour

Clemmie

À la fin du mois de juin 1962, Winston se rendit à l'Hôtel de Paris à Monte-Carlo avec l'intention d'y passer plusieurs semaines, mais deux jours après son arrivée, il fit une chute dans sa chambre et se cassa le col du fémur. On l'opéra et on le plâtra le jour même à l'hôpital de Monaco. Il déclara à Anthony Montague Browne : « Souvenez-vous, je veux mourir en Angleterre. Promettez-moi que vous ferez le nécessaire[1]. » Anthony appela le Numéro 10 et le Premier ministre (Harold Macmillan) envoya un Comet sanitaire de la RAF. Au grand effarement des médecins français, Winston rentra en Angleterre le 29 juin, le lendemain de son accident. Clementine, qui avait été tenue régulièrement informée, souhaitait également le retour de Winston – et le soutenait fermement dans sa décision, bien que consciente des risques inhérents à un départ aussi précipité.

À son retour, Winston fut transféré directement de l'aéroport au Middlesex Hospital, où il devait passer presque deux mois.

1. Anthony Montague Browne, *Long Sunset*, 1995, p. 312.

☐ De Clementine   Londres
28 juin 1962

CHERI JE SUIS AFFLIGEE MAIS TELLEMENT SOULAGEE QUE VOUS RENTRIEZ A LA MAISON EN AVION DEMAIN. BAISERS TENDRES ET AFFECTUEUX. CLEMMIE

☐ De Clementine   28 Hyde Park Gate
24 juillet 1962

Mon chéri,
Je reviens juste de la Garden-party [au palais de Buckingham].
La Reine s'est enquise de vous & vous transmet ses vœux de bon rétablissement.
J'ai vu Anthony & Clarissa [Eden], qui se réjouissent de vous voir demain.

Votre Clemmie
qui vous aime

CONVERSATIONS INTIMES

Lorsque Winston rentra chez lui au 28 Hyde Park Gate, Clementine avait effectué des changements majeurs dans la maison pour faire face à ses problèmes de mobilité. La chambre de Winston était désormais au rez-de-chaussée et un ascenseur avait été installé pour qu'il puisse descendre à la salle à manger au niveau du jardin. Lorsqu'il faisait beau, il adorait s'asseoir dans le jardin.

Bien que Winston se soit remarquablement remis – il assista à un dîner de l'Other Club le 1er novembre – cet accident marquait clairement une nouvelle étape dans son lent déclin. Ses lettres en témoignent tristement. À partir de 1961, sa main manque parfois d'assurance – et ses lettres sont moins nombreuses et plus courtes –, mais, après s'être brisé le col du fémur, son écriture devient erratique. Ces notes brèves sont pleines d'affection et de sollicitude – même si elles se révèlent parfois quelque peu confuses – et le message y transparaît clairement. Clementine elle-même, bien que son écriture soit restée déliée et audacieuse, était devenue une piètre correspondante : sa longue et épuisante bataille contre sa névrite et les problèmes de santé qui avaient suivi y avaient contribué.

o De Winston   [Hyde Park Gate]
3 octobre [1962]

Chérie,
Veuillez SVP me dire comment vous allez. J'espère que cela va & que vous serez bientôt de nouveau en pleine forme.

À vous pour toujours
Pig

o De Winston   [Hyde Park Gate]
[octobre 1962]

Chérie,
J'espère que tout va bien & que nous pourrons nous retrouver demain. Je me suis senti très seul & me réjouirai de nous voir réunis sous le signe de la gaieté et de l'amour. Ma très chère je me mets à votre disposition avec l'intention de faire une promenade dans le parc main dans la main.

Avec une abondance de baisers
Et mon amour éternel
W

o De Winston [Hyde Park Gate]
[non daté, mais daté par CSC
8 avril 1963]

    Ma Chérie à moi,
    Ceci simplement pour vous adresser mon amour le plus tendre et des baisers <u>répétés cent fois</u>. Je suis un scribouillard d'une parfaite médiocrité, mais ma plume est guidée par mon cœur.

À vous pour toujours & à jamais
W

Mon père ayant décidé de se rendre à Monte-Carlo, ma mère passa Pâques 1963 avec nous à Hamsell Manor. Lors de sa visite, elle discuta avec Christopher d'un sujet qui lui causait de graves soucis depuis un certain temps – à savoir le départ de mon père de la Chambre des communes. Il était hors de question qu'il puisse mener une autre campagne électorale et, avec les législatives de 1964 à l'horizon, les responsables de son comité électoral à Woodford, bien que loyaux envers lui, ressentaient un besoin de plus en plus pressant de lui nommer un successeur. Winston cependant refusait généralement d'aborder la question, qui lui répugnait profondément. À la suite de sa discussion avec Clementine, Christopher adressa à son beau-père une lettre argumentée.

o De Clementine 28 Hyde Park Gate
19 avril 1963

    Mon Winston chéri,
    Merci infiniment pour votre lettre affectueuse.
    Je suis vraiment contente que vous profitiez de cet agréable interlude, mais j'attends avec beaucoup d'impatience votre retour le 25 – J'espère, chéri, que vous réfléchissiez sérieusement à la lettre que Christopher vous a écrite – Il me l'a lue avant de l'expédier & je suis d'accord avec tout ce qu'il dit.
    Je ne vois pas comment vous pourriez être candidat l'an prochain sans faire campagne & vous battre pour votre siège – Et ce serait gentil de prévenir votre comité exécutif maintenant, avant qu'ils ne deviennent trop nerveux –

Tout mon amour, chéri,
Clemmie

Winston rentra de France le 25 avril et Clémentine alla l'accueillir à l'aéroport. Le lendemain cependant, elle avait contracté une infection et fut dans l'incapacité d'être présente lorsque Mr et Mrs Moss vinrent déjeuner (cette dernière était maintenant présidente du comité de soutien de Winston). Anthony Montague Browne était également présent.

☐ De Clementine ✉   28 Hyde Park Gate
Vendredi 26 avril [1963]

Mon chéri,

J'ai un très fort mal de gorge – & je suis contagieuse, aussi je ne descendrai pas aujourd'hui.

Vous savez que votre Présidente, Mrs Moss, vient déjeuner aujourd'hui & espère une décision de votre part –

N'oubliez pas que vous avez promis à votre Comité exécutif que vous laisseriez la place à un homme plus jeune aux prochaines législatives –

Je suis vraiment désolée d'être aussi mal en point alors même que vous venez de rentrer. J'ai été tellement heureuse de vous voir hier, mon chéri.

Votre Clemmie
qui vous aime
...

Bien que Mrs Doris Moss (que Winston et Clementine aimaient beaucoup tous les deux) ait parlé à Winston de son retrait peu de temps auparavant, elle repartit une fois de plus sans réponse positive de sa part. Mais la discussion n'avait pas été inutile et Winston – quoique à contrecœur – s'inclina. Quelques jours plus tard, le 1er mai, il écrivit à Mrs Moss pour lui dire qu'il ne se présenterait pas à Woodford aux prochaines élections. C'était pour lui une décision amère.

o De Winston   Chartwell
[Juin 1963]

Ma Chérie,

Il n'y a aucun doute sur ce [qui] plairait le plus à Lady Dunn[1]. Parmi tous les cadeaux de mariage possibles elle voudrait par-dessus tout se voir offrir un de mes tableaux & vous en avez 500 sous la main qui s'offrent à votre choix.

Toujours votre mari qui vous aime
W

1. Le 7 juin, Max Beaverbrook épousa Lady Dunn (Christophor), veuve de Sir James Dunn. Winston devina aussitôt ce qui ferait le meilleur cadeau pour elle.

À la mi-juin, Winston retourna à Monte-Carlo et, le 21 juin, il embarqua sur le Christina *pour une croisière dans les îles grecques. C'était son huitième voyage avec Ari Onassis sur son fabuleux bateau, et ce devait être le dernier.*

☐ De Clementine   Chartwell
15 juin 1963

Mon Winston chéri,

Le lendemain de votre départ, l'été s'en est allé & il faisait un froid vraiment glacial – maintenant, un peu de soleil est revenu ; mais pas assez.

J'espère que vous êtes en bonne forme et heureux –

Peu après avoir reçu cette lettre, vous allez embarquer sur le Christina, ce bateau splendide, en agréable compagnie.

Sylvia Henley est ici avec moi et me tient compagnie ce week-end. Aujourd'hui nous sommes allées à Hamsell déjeuner avec Christopher et Mary.

Amour tendre
de
Clemmie

o De Winston [dactylographié]   Hôtel de Paris
18 juin 1963   Monte-Carlo

Clemmie chérie,

Merci mille fois de votre lettre, que j'ai reçue aujourd'hui. J'espère sincèrement que vous vous reposez bien et que le temps est meilleur.

Ici dans l'ensemble nous avons eu du soleil, et je fais une promenade en voiture tous les jours avec Anthony [Montague Browne]. Nous sommes aussi allés nous asseoir dans le jardin de Max [Beaverbrook] [à La Capponcina] un après-midi, et le chat blanc s'est assis auprès de nous.

Jock et Meg [Colville] et Nonie [Montague Brown] viennent nous rejoindre demain, et je crois que nous allons lever l'ancre jeudi soir ou vendredi.

Cela a évidemment été très agréable et très divertissant de loger dans ces appartements d'un confort princier. Je regrette vraiment que vous ne soyez pas venue occuper l'une ou l'autre des chambres... ✍ J'espère sincèrement que vous finirez par venir – je ne baisse pas les bras.

Avec tout mon amour & une abondance de baisers X X X X X
Votre dévoué
W

Au retour de Winston, il y eut une note pour l'accueillir à son arrivée à l'aéroport.

□ De Clementine   Chartwell
4 juillet 1963

Mon chéri,
Le temps m'a semblé long sans vous –
Je vous attendrai sur le seuil de la maison.

Votre dévouée
Clemmie

o De Clementine ✉
12 septembre 1963

Mon Winston chéri
Aujourd'hui cela fait 55 ans
que nous sommes mariés
12 septembre 1908
12 septembre 1963

Votre Clemmie
qui vous aime

Bien que la question de la circonscription ait été réglée, la tension et les soucis qu'elle avait causés avaient eu des répercussions sur Clementine. Au fur et à mesure que l'été avançait, son état de santé déclina sérieusement. Elle se faisait également du souci à propos de Winston, qui était de plus en plus fragile. Il avait eu une légère attaque le 12 août (un caillot) dont il était bien remis, mais chacun de ces incidents imprimait sa marque sur sa vitalité et sur ses forces.

En septembre, Clementine se montra de plus en plus déprimée, épuisée et agitée, et il fut décidé qu'elle devait s'éloigner momentanément de Chartwell.

□ De Clementine [dactylographié] ✉
17 septembre 1963

Winston.

Comme j'ai été mal en point depuis si longtemps et réellement malade depuis un mois, les médecins veulent que je m'éloigne pour me changer les idées. Aussi vais-je partir vendredi pour passer une quinzaine de jours chez Mary à Hamsell.

Votre Clemmie
qui vous aime

o De Winston [dactylographié]
[22 septembre 1963]

Ma chère Clemmie,

Merci mille fois de votre télégramme. Je vous envoie seulement ce petit mot pour rompre mon silence, et pour espérer que vous vous remettez bien grâce aux bons soins de la Famille, et pour vous adresser mon amour le plus tendre.

À vous à jamais
W

o De Winston [dactylographié] [Chartwell]
27 septembre 1963

Ma chérie,

Nous nous réjouissons qu'il y ait davantage de soleil aujourd'hui, et je me délecte à l'avance de la visite d'un bon nombre d'amis qui arrivent les jours prochains et que j'aurai grand plaisir à accueillir. J'espère vraiment que vous serez bientôt rétablie et pleine d'allant, et je suis très impatient de vous revoir.

À vous à jamais
W

◻ De Clementine   Hamsell Manor
28 septembre 1963

Mon chéri,
Merci pour votre gentille lettre qui est arrivée par courrier exprès. Je suis si contente que vous ayez des visites agréables –
J'attends avec impatience, mon amour, de vous retrouver la semaine prochaine.

Clemmie

o De Winston [dactylographié]   [Chartwell]
30 septembre 1963

Ma chérie,
Je suis content que vous soyez sur le point de revenir et très heureux que vous ayez choisi vendredi pour votre retour. Je serai ravi de vous revoir, et espère que cela marquera le début d'une période de véritable bonheur et m'offrira quelques journées qui, comme les suivantes, seront douces et heureuses.

Avec tout mon amour
Votre dévoué
W

1963 fut une année tragique pour notre famille. En juillet, le mari de Sarah, Henry Audley[1], qu'elle avait épousé un peu plus d'un an auparavant, mourut subitement à Grenade, en Espagne.
La nuit du 19 au 20 octobre, Diana décéda à Londres d'une surdose de somnifères[2]. Lorsque arriva cet événement tragique, Clementine était à l'Hôpital de Westminster pour soigner son état mental, qui avait empiré à la fin de l'été. Ni elle ni Winston ne furent en mesure d'assister aux funérailles de Diana, mais tous deux furent présents à l'office

à sa mémoire qui eut lieu à l'église St Stevens de Walbrook le 31 octobre, en compagnie de très nombreux amis et membres de la famille.

Les notes qui suivent ont certainement été écrites à cette époque.

1. Henry Touchet Tuchet-Jessen, 23ᵉ baron Audley (1918-1963), que Sarah avait épousé en 1962. Elle était sa seconde épouse et c'était son troisième mari. Ils semblaient vraiment heureux ensemble.

2. Duncan Sandys et Diana avaient divorcé en 1960 après presque 25 ans de mariage. Duncan avait épousé Marie Claire, vicomtesse Hudson, en 1962.

o De Winston Chartwell
[non daté, fin octobre 1963]

Ma chérie,

Pour répondre à votre belle lettre [non conservée] et pour vous adresser l'expression de mon chagrin à la vue du vôtre. Clemmie, vous ne pouvez pas l'éviter en ces temps douloureux. Je suis sûr que vous souffrez davantage. Je joins le meilleur de mon amour, & la lutte pour y parvenir.

À vous pour toujours
W

□ De Clementine ✉ 28 Hyde Park Gate
Mardi [22 ou 29 octobre 1963]

Mon Winston chéri

Merci pour votre gentille note –

Le médecin est passé & je dois rester 2 ou 3 jours au lit –

Sylvia [Henley] vient déjeuner avec vous demain & adorerait faire une partie de bésigue.

Amour affectueux
Clemmie

□ De Clementine ✉   Chartwell
[Non daté]

Un petit message d'amour de Clemmie
Je suis tellement désolée d'être clouée au lit & de ne pas pouvoir être avec vous

La dernière lettre que nous avons de ce long dialogue est de Clementine au printemps de 1964. Elle avait en grande partie recouvré la santé et était maintenant capable de faire face à la vie.

Toutes les suggestions émises dans son mémorandum à Winston furent mises en œuvre.

□ De Clementine [dactylographié] ✉
18 avril 1964

Winston

Le gouvernement et les membres de l'opposition ont réfléchi à la meilleure manière de célébrer la fin de votre temps au Parlement. Ils proposent que des Remerciements vous soient votés. La motion serait adoptée à l'unanimité par la Chambre et un comité spécial, constitué du Premier ministre et des chefs de file de l'opposition et du Parti libéral, se présenterait ici, à Hyde Park Gate, pour vous en remettre une copie.

Cela vous convient-il ?

Clemmie

Winston Churchill se rendit à la Chambre des communes pour la dernière fois le 27 juillet 1964 ; il avait été membre du Parlement pratiquement sans interruption pendant plus d'un demi-siècle.

Le 28 juillet, une délégation conduite par le Premier ministre, Sir Alec Douglas-Home, et à laquelle participaient le leader de l'opposition, Harold Wilson, et celui du Parti libéral, Jo Grimond, se rendit chez Sir Winston

Churchill pour lui remettre la motion qui avait été votée plus tôt dans la journée par la Chambre des communes nemine contradicente :

« *Que cette Chambre souhaite saisir cette occasion de célébrer la retraite prochaine du très honorable Gentleman député de Woodford en rendant publiques son admiration et sa gratitude sans limites pour les services qu'il a rendus au Parlement, à la nation et au monde ; se souvient par-dessus tout de l'inspiration qu'il a insufflée aux Britanniques lorsqu'ils étaient seuls, et de ses qualités de chef jusqu'à ce que la victoire soit obtenue ; et exprime sa reconnaissance et ses remerciements au très honorable Gentleman pour les éminents services qu'il a rendus à cette Chambre et à la nation.* »

Cette petite cérémonie, qui n'en était pas moins historique, prit place dans la salle à manger du 28 Hyde Park Gate en présence de Clementine et de certains de leurs enfants et petits-enfants. Ce fut la fin discrète, mais appropriée, d'un long, long parcours.

Winston Churchill mourut le 24 janvier 1965 dans sa quatre-vingt-onzième année. La reine lui accorda des funérailles nationales à la cathédrale St Paul. Il repose dans le cimetière de l'église de Bladon, juste à l'extérieur des murs du parc de Blenheim Palace où il était né.

Clementine mourut le 12 décembre 1977 dans sa quatre-vingt-treizième année. Ses cendres furent déposées dans la tombe de Winston.

Le cimetière de Bladon est maintenant un lieu de pèlerinage.

Le sommeil après le labeur, le port après la tempête,
Le repos après la guerre, la mort après la vie sont d'un grand réconfort[1].

1. Edmund Spenser, *The Faerie Queene* [*La Reine des fées*], livre 1 c. IX, xl.

INDEX DES NOMS DE PERSONNES

A

Abdullah, émir de Transjordanie : 303
Abingdon, Montagu Bertie, 7e comte d' : 42
Acton, Arthur Mario : 393
Acton, Harold (sir) : 393
Acton, Hortense : 393
Adenauer, Konrad : 752
Ahmad Shah Quajar, shah de Perse : 334
Aitken, Max : voir Beaverbrook, William Maxwell Aitken
Alderley, Stanley d' : 28, 62
Aldrich, Winthrop : 752
Alexander, Albert V, par la suite comte Alexander de Hillsborough : 668-669
Alexander, Harold, maréchal, par la suite comte Alexander de Tunis : 579, 581, 590, 596-597, 612-613, 628-632, 637, 672-673, 678, 685
Alexander, lady Margaret (Bingham), par la suite comtesse Alexander de Tunis : 27
Aley (chauffeur) : 360
Alice (domestique) : 398
Allan, Maud : 116
Allenby, maréchal sir Edmund, 1er vicomte : 322
Alphonse XIII, roi d'Espagne : 349
Anderson, sir John, par la suite 1er vicomte : 551
Annie (domestique) : 293
Arnold (régisseur de la ferme) : 399, 413, 486, 521
Ashley, Edwina : 328-329, 588
Asquith, Arthur (« Oc ») : 116
Asquith, Elizabeth, par la suite princesse Bibesco : 169, 535
Asquith, Herbert Henry, par la suite 1er comte d'Oxford et Asquith : 34, 169, 194
Asquith, Margot (Tennant), par la suite comtesse d'Oxford et Asquith : 99, 105, 107, 169, 385-386, 441

Asquith, Raymond : 157
Asquith, Violet, par la suite Bonham Carter, puis baronne Asquith de Yarnbury : 106-107, 116, 164, 199, 741, 760, 790, 799
Astor, John Jacob, par la suite 1er baron Astor de Hever : 101, 357-358
Astor, Nancy, vicomtesse : 100-101, 577
Astor, Waldorf, 2e vicomte : 100-101, 358
Attlee, Clement, par la suite 1er comte Attlee : 565-566, 573, 577, 580, 598, 615, 678, 691, 715, 720, 724, 732, 739
Auchinleck, maréchal sir Claude : 569-571, 578, 580
Audley, Henry Touchet-Jesson, 23e baron (gendre de WSC) : 826-827
Auriol, Vincent : 383-384
Avon, 1er comte d' : voir Eden, Anthony
Avon, comtesse d' : voir Eden, Clarissa

B

Badoglio, maréchal Pietro : 628, 630
Bailey, (sir) John Milner : 437-438
Bailey, sir Abe : 437
Baldwin, Oliver, par la suite 2e comte Baldwin de Bewdley : 501, 503
Baldwin, Stanley, par la suite 1er comte de Baldwin de Bewdley : 337-338, 346-348, 353, 358, 366, 369, 371, 388-389, 400, 402, 427, 432, 435, 470, 474-475, 481-482, 487-488, 493, 498, 500-503, 506, 509-510, 526-527, 535, 694-695
Balfour, A.J., par la suite comte Balfour : 17, 34, 57, 77, 85, 95, 97, 193, 226, 237, 242, 296, 358
Balsan, colonel Jacques : 286, 316-317, 353, 357, 382, 385, 394, 512, 557
Balsan, Consuelo (Vanderbilt, par la suite duchesse de Marlborough [1e épouse du

9ᵉ duc], puis Mme Jacques Balsan) : 45, 56, 286, 316-317, 353, 357, 371, 385, 394, 441, 512, 557

Band (serviteur) : 145

Barnes, Reginald, général de division sir : 269, 271

Barnett, Dr : 798

Barry, colonel Stanley L. : 153

Barrymore, Ethel : 34

Baruch, Bernard (« Bernie ») : 424, 430, 433-434, 436, 538, 659-660, 718, 783, 797, 809, 815

Battenberg, prince Louis de, par la suite amiral de la Flotte Louis Mountbatten, 1ᵉʳ marquis de Milford Haven : 100, 133, 140, 148, 587

Bayly, amiral d'escadre Lewis : 140

Beatty, David, amiral de la Flotte et 1ᵉʳ comte : 140, 318-319, 371, 391

Beatty, Ethel (Marshall Field), lady : 330

Beauchamp, Antony (gendre de WSC) : 700-701, 718, 741, 795

Beauchamp, Dr : 76

Beauchamp, William Lygon, 7ᵉ comte : 226

Beauchesne, Mr (de la British Empire Parliamentary Association) : 409

Beaverbrook, William Maxwell (« Max ») Aitken, 1ᵉʳ baron : 188, 208, 241, 316-317, 320, 333, 345, 347-348, 355, 357-358, 501-502, 517, 574, 605, 659, 681-682, 684, 701-702, 719-720, 727, 764, 799-800, 823-824

Bedford, général de brigade D.E. : 612

Beit, Alfred : 791

Beit, Clementine (Mitford) lady : 791

Beneš, Edvard : 541

Bertie, lady Gwendeline : voir Churchill, lady Gwendeline

Bessborough, Vere Brabazon Posonby, 9ᵉ comte de : 429

Bessie (domestique) : 302, 310, 313, 326

Bevan, Aneurin : 691-692, 724, 728

Bevin, Ernest : 574, 608, 662, 708

Bibesco, Elizabeth, princesse : voir Asquith, Elizabeth

Bibesco, Priscilla : 535

Birch, Nigel, par la suite baron Rhyl : 774

Birdwood, sir William, par la suite maréchal et 1ᵉʳ baron : 256, 270, 275

Birkenhead, 1ᵉʳ comte de : voir Smith, F.E.

Birkenhead, Frederick Winston, 2ᵉ comte de : 694

Birkenhead, Sheila (Berry), comtesse de (épouse du 2ᵉ comte) : 695

Birley, Rhoda, lady : 744

Birley, Robert : 396

Birrell, Augustin : 214

Blain, Mr (président de la section conservatrice de West Essex) : 364

Blandford, John, marquis de, par la suite 11ᵉ duc de Marborough : 803

Bledisloe, Alina (Cooper-Smith), vicomtesse (2ᵉ épouse du 1ᵉʳ vicomte) : 467

Blum, Léon : 531-532, 550-551

Blunt, Wilfrid Scawen : 31, 60

Bombois, Camille : 647

Bonar Law, Andrew : 120, 149, 201, 203, 208, 212, 214, 219-221, 261, 267, 283, 296, 321, 337, 347, 350

Bonham Carter, Maurice (« Bongey ») : 106

Bonham Carter, Violet : voir Asquith, Violet

Bonomi, Ivanoe : 628, 630

Boothby, Robert, par la suite lord Boothby : 432

Borden, sir Robert Laird : 104

Botha, général Louis : 79

Botha, Mrs : 80

Bourke Cockran, William : 59

Brabazon, général de division sir John (« Brab ») : 107

Bracken, Brendan : 361, 432, 508-509, 520-521, 563, 659, 662, 699-700, 797-800

Brain, sir Russell : 726

Briand, Aristide : 383

Bridgeman, Emily, lady (épouse de l'amiral sir Francis Bridgeman) : 140

Bridges, G. T. M., général de corps d'armée sir : 169-170, 174

Briggs, Charles, vice-amiral : 97-98

Brindley, Mr (collègue de CSC aux cantines) : 290

Brockie, A., adjudant-chef : 29

Brook, sir Norman, par la suite baron Normanbrook : 815

Brooke, sir Alan, par la suite 1ᵉʳ vicomte Alanbrooke : 578

Broughton, Vera, lady : 448, 468-469, 472, 483, 485, 555

Bruce, Randolph : 419

Buchanan, George : 463-464

Bullock, Joe : 710

INDEX DES NOMS DE PERSONNES

Burden, Mrs (joueuse de tennis américain) : 446
Butterworth, Thornton : 321, 396, 421
Byrnes, James : 660

C

Cadogan, sir Alexander : 643
Cairns, Dido (Soames) : 760, 773
Callaghan, George, amiral de la Flotte sir : 136
Callaghan, lady : 140
Cameron, Dr : 405
Campbell-Bannerman, sir Henry : 34
Camrose, William Berry, 1er vicomte : 669
Capon, Mr : 526
Carden, amiral sir S.H : 147
Carey-Foster, commandant A.E. : 706
Carlisle, Rosalind, comtesse de (épouse du 9e comte) : 38
Carson, sir Edward, par la suite baron Carson : 122-123, 257
Casey, Richard, par la suite baron Casey : 581, 607
Cassel, sir Ernest : 57, 214, 225, 329, 588
Castlereagh, Robin, vicomte, par la suite 8e marquis de Londonderry : 288
Castlerosse, Doris (Delavigne), vicomtesse : 513
Catroux, Georges, général : 659
Catto, Isabel : 656
Catto, Thomas, 1er baron : 663
Cavan, Frederic Lambart, maréchal et 10e comte de : 154-155, 168-169, 172, 178, 186
Cawley, sir Frederick : 245, 247, 250
Cazalet, famille (de Fairlawne) : 309
Cazalet, par la suite Cazalet-Keir, Thelma : 333
Cazalet, Victor : 332
Cecil (Salisbury), famille : 16, 112
Chamberlain, Annie (Mrs Neville Chamberlain) : 392
Chamberlain, Joseph : 29
Chamberlain, Neville : 391, 395, 416, 527, 531, 541, 549, 551, 553, 559
Chamberlain, sir Austen : 122, 376, 495, 503
Chanel, Gabrielle (« Coco ») : 384, 767
Chaplin, Charlie : 423, 432
Chautemps, Camille : 531
Cherwell, 1er vicomte : voir Lindemann, F.A.

Christina, princesse (des Pays-Bas) : 709
Churchill, Clarissa (nièce) : voir Eden, Clarissa
Churchill, Diana (« Puppy Kitten »/« P.K. » ; fille), par la suite Mrs Duncan Sandys : 55, 58, 60-61, 63-65, 68-70, 76-77, 80, 85, 97, 103, 115
Churchill, John George (« Johnnie »/« Johnny ») (neveu de WSC) : 407, 432
Churchill, John Strange (« Jack ») : 18, 42, 56-57, 88, 98, 115, 124, 137, 145-147, 151, 168, 202, 256, 270, 275, 280, 309, 320, 342, 344, 351, 363, 409, 411, 417, 432, 511, 669, 671-672, 689
Churchill, June (Osborne) (belle-fille) : 700
Churchill, lady Gwendeline (Bertie) (« Goonie ») (belle-sœur de WSC) : 18, 42, 124, 309, 320, 342, 351-363, 511
Churchill, lady Randolph (« Jennie »), (mère de WSC) : 27, 29, 46, 48, 306
Churchill, lord Randolph (père de WSC) : 27, 242, 706
Churchill, Mary (« Maria »), par la suite lady Soames (fille) : 24-25, 449, 694, 698, 705, 716, 728, 772, 784, 788, 802
Churchill, Pamela (belle-fille), par la suite Mrs Leland Hayward, puis Mrs Averell Harriman : 733, 754, 796
Churchill, Peregrine (« Pebbin ») : 341
Churchill, Randolph Spencer (« le Chumbolly ») : 78, 409
Clark Kerr, sir Archibald, par la suite 1er baron Inverchapel : 657-658, 660, 662
Clemenceau, Georges : 271-272, 285, 289, 368, 589
Clough, Arthur Hugh : 407
Cochran, Charles B. : 496-497, 508
Collins, Michael : 322, 335
Colville, sir John (« Jock ») : 617, 729-730, 732, 738, 757, 795, 824
Colville, lady Margaret (Egerton) (« Meg ») : 729
Coningham, maréchal de l'armée de l'air, par la suite sir Arthur : 578
Connaught et Strathearn, duc de (prince Arthur) : 89
Connaught et Strathearn, duchesse de (princesse Louise) : 89
Cook, capitaine James : 466
Coolidge, Calvin : 403

Cooper, Duff, par la suite 1er vicomte Norwich : 542
Cooper, lady Diana (Manners) : 542
Corday, Charlotte : 263
Cornwallis-West, Jennie : voir Churchill, lady Randolph
Cortés, Hernán Ferdinand : 555
Coué, Dr Émile : 330
Cousteau, Jacques, capitaine : 745-747
Cox, Percy, général de division sir : 298
Cranborne, Elizabeth (« Betty »), vicomtesse : voir Salisbury, Elizabeth (épouse du 5e marquis)
Cranborne, vicomte : voir Salisbury, Robert-Cecil (« Bobbety »), 5e marquis
Creedy, Herbert James : 176
Crewe, Margaret (Primrose), marquise de : 27
Crewe, Robert Crewe-Milnes, 1er marquis de : 27, 29, 33, 80, 192, 383
Cripps, dame Isobel (lady Cripps) : 611
Cripps, sir Stafford : 573-574, 697, 707
Cromer, Evelyn Baring, 1er comte de : 39, 130, 140-141, 345
Cunliffe-Lister, Philip : voir Swinton, Philip
Cunningham, amiral Andrew, par la suite amiral de la Flotte, 1er vicomte Cunningham de Hynhope : 602
Cunningham, amiral sir John : 626
Curzon, George, par la suite 1er marquis Curzon de Kedleston : 173, 176, 178, 190, 203, 208, 212, 219, 222, 225, 227, 230, 233, 267, 295, 298-299, 327, 370, 402

D

D'Hauteville, comte : 696, 711
D'Hauteville, comtesse : 711
Daladier, Édouard : 531-532, 541, 550
Dalmeny, Archibald Primrose, lord, par la suite 6e comte de Rosebery : 363
Dalton, Dr Hugh : 697
Dalziel, sir Henry, par la suite 1er baron : 242-243, 250, 255
Damaskinos, archevêque : 640
Davidson, J. C. C., par la suite 1er vicomte : 377
Davies, E. A. (inspecteur de police) : 686
Davies, Marion : 421, 423

De Gaulle, Charles, général : 532, 580, 589-590, 625-627, 802
De Robeck, amiral sir John : 148, 150
Deacon, Gladys : 441
Deakin, (sir) William (« Bill ») : 522, 529, 691
Deakin, Livia (« Pussy ») (lady) : 696
Delbos, Yvon : 551
Derby, Edward John Stanley, 18e comte de : 192, 742
Derby, Edward Stanley, 17e comte de : 181, 192, 353
Derby, Isabel, comtesse de (épouse du 18e comte) : 742
Desborough, Ethel (Fane) (« Ettie »), baronne : 40
Desborough, William Henry Grenfell, 1er baron : 40
Desmond, Patrick : 805
Devonshire, Evelyn, duchesse de : 82
Digby, Edward Kenelm, 11e baron : 559
Digby, Pamela (Bruce) (« Pansy »), baronne : 559
Dillon, John : 132
Dimmer (valet) : 380
Disraeli, Benjamin : 706, 727
Dixon, Piers : 813
Dodge, Johnny : 672
Douglas-Home, sir Alec (par la suite baron Home du Hirsel) : 828
Doumergue, Gaston : 368
Dudley Ward, Freda (Birkin), par la suite Marquesa de Casa Maury : 312, 487, 509
Dudley Ward, Penelope : 509
Dudley Ward, William : 312
Duff, lady Juliet : 529
Dufferin et Ava, Basil Hamilton-Temple Blackwood, 4e marquis de : 665
Dulles, John Foster : 738-739, 806, 809-810
Dunn, Christofor, lady : 822

E

Earle, sir Lionel : 33, 103
Eden, Anthony, par la suite 1er comte d'Avon : 479, 494-495, 503, 535, 537, 539, 549, 573, 580, 605, 612, 633, 637, 643-644, 648, 660, 665, 669, 722, 724, 738, 742, 749, 752, 774-775, 779-781, 783, 792, 814-815, 819

INDEX DES NOMS DE PERSONNES

Eden, Beatrice (Beckett) (1re épouse d'Anthony Eden) : 539
Eden, Clarissa (Churchill), Mrs Anthony Eden, par la suite comtesse d'Avon : 535, 792, 814, 819
Edgar, Hamish : 768
Édimbourg, duc d' : 697
Edith (domestique) : 56
Ednam, Eric (Ward), vicomte, par la suite 3e comte de Dudley : 283
Ednam, Rosemary (Leveson-Gower), vicomtesse : 283
Einstein, Lewis : 759, 761-763, 780
Eisenhower, Dwight D., général, par la suite président des États-Unis (« Ike ») : 581, 590-591, 602, 605, 612, 627, 660, 687, 689, 720-722, 725, 734, 752-753, 782, 790, 797-798, 806, 809
Elgie, miss (gouvernante des enfants) : 312
Elizabeth II, reine (antérieurement princesse Elisabeth) : 401, 596, 724
Elizabeth, reine, épouse du roi George VI, par la suite Elizabeth, reine-mère : 527, 540
Elliott, Maxine : 174, 438, 512, 514, 531, 534, 548, 587, 591
Ellis-Griffith, sir Ellis Jones : 78
Enver Pacha : 67
Esher, Reginald Brett, 2e vicomte : 182
Essex, Adèle (Grant), comtesse de : 293, 301, 314, 316-317, 364
Eugène de Savoie, prince : 67

F

Farouk Ier, roi (d'Égypte) : 653
Fellowes, Mrs Reginald (« Daisy »/« L'Imbroglio ») : 368, 536-537, 768, 805
Findlay, Richard J. : 471, 475, 481
Fisher, John Arburthnot, amiral de la Flotte, par la suite 1er baron : 148-150, 209, 226, 229, 231, 241-242, 244, 250, 255, 260, 272, 400
Fisher, Lettice : 364
Flandin, Pierre-Étienne : 464-465, 514-515, 533-535
Foch, Ferdinand, maréchal : 271-272, 589
Foot, Michael : 704
Forbes Robertson, Diana (Mrs Vincent Sheean) : 534
Fowler (chauffeur) : 346
Fox, Charles James : 59
Franco, général Francisco (Bahamonde) : 512, 515, 555
François-Ferdinand, archiduc : 131
Frankland, général d'aviation (nom de code WSC) : 585
Fraser, sir Hugh : 342
Freeman-Mitford, Algernon Bertram (« Bertie »), par la suite 1er baron Redesdale : 31
French, sir John, par la suite 1er comte d'Ypres : 143-144, 146, 148, 152, 155, 166-167, 169-173, 175-178, 180-181, 183, 185-188, 197, 200, 262-263, 321, 689
Frewen, Clara (Jerome) (tante de WSC) : 170
Furse, Jean, par la suite lady Furse : 195
Furse, William, général de brigade, par la suite général de corps d'armée sir : 193-194, 207, 212-213, 239, 249

G

Gaitskell, Hugh : 770
Gallacher, William : 340, 694
Galles, Edward, prince de, par la suite roi Édouard VIII, puis SAR duc de Windsor : voir Windsor, SAR duc de
Gamelin, Maurice, général : 515, 550
Gandhi, Mohandas Karamchand (Mahatma) : 655
Garbo, Greta : 800
Garvin, James Louis : 162-163, 189, 208, 226, 229, 233, 241, 250, 254-255, 296, 342, 344
Gasperi, Alcide de : 725
Geddes, sir Eric : 318-320
Gellibrand, miss : 313
Gemmell, Cecily (« Chips ») : 711-712
George V, roi : 75, 89, 307, 328, 450-451, 487, 491, 507
George VI, roi (antérieurement prince Albert) : 97, 527, 540, 559, 670, 709, 718-719, 803
Georges II, roi (de Grèce) : 636, 640
Georges, Joseph, général : 550, 552, 556, 602
Gertrude (domestique) : 313
Gilbert, (sir) Martin (biographe officiel de WSC) : 13, 23, 147, 150, 178, 225, 243, 250, 339, 388, 452, 583, 642, 703, 765

Gilliatt, Elizabeth : 745
Giraud, Henri, général : 589-590, 603
Gladstone, Herbert, 1er vicomte : 62, 548, 782
Glaoui, El (El Hadji T'Hami) : 505, 507, 696, 711
Goodenough, Margaret : 88
Goodwin (architecte) : 458
Goonetilleke, sir Oliver : 775
Gott, William, général de corps d'armée à titre temporaire : 578-579, 581
Gould, Barbara : 481
Goulding, sir Edward (« Paddy »), par la suite 1er baron Wargrave : 208
Grace, princesse (de Monaco) : 806
Graebner, Walter : 690
Graham, Billy : 740
Graham, lady Sybil (Brodrick) : 381
Graham, sir Ronald : 373-374
« Green Mr » : 582
« Green Mrs » : 582
Greenwood, Hamar, 1er vicomte : 297, 300
Grey, sir Edward, par la suite 1er vicomte Grey de Fallodon : 85, 116, 136, 342, 358
Griffith, Arthur : 322, 334
Grigg, Joan, lady, par la suite baronne Altrincham : 655-657
Grigg, Percy James : 397
Grigg, sir Edward (« Ned »), par la suite 1er baron Altrincham : 157-158, 358, 396, 655-657
Grimond, Joseph (« Jo ») : 828
Guest, Alice : 86, 227
Guest, Amy : 104, 288
Guest, Frederick Edward (« Freddie ») : 42, 53, 63, 74, 92, 104, 288, 313-314, 316, 344, 363
Guest, Henry lieutenant-colonel : 42, 74
Guest, Ivor Bertie, 1er baron Wimborne : 110, 150
Guest, Ivor Churchill, par la suite 2e baron Wimborne, puis 1er vicomte Wimborne : 74, 86, 227, 349
Guillaume II, empereur : 61
Guinness, « Posy » (Mrs Kenelm Guinness) : 444-448, 453
Guinness, Bryan, par la suite 2e baron Moyne : 404
Guinness, Kenelm Lee : 444-448, 453
Guinness, Walter : voir Moyne, Walter
Gwynne, H.A. : 510

H

Haig, sir Douglas, par la suite maréchal et 1er comte : 177, 182, 184-186, 193, 197, 229, 271, 276-277, 279
Hailé Sélassié (prince Ras Tafari, empereur d'Abyssinie, par la suite Éthiopie) : 649, 653
Haldane, général sir James Aylmer : 28
Haldane, Richard Burdon, 1er vicomte : 82
Halifax, Edward Frederick Lindley Wood, 3e vicomte : 537, 559, 632
Halle, Katharine (« Kay ») : 430-431, 497
Hamblin, Grace : 438, 655, 737, 740, 746
Hamel, Gustav : 124
Hamilton, général de division sir Ian : 29, 147, 150, 254, 287, 302, 665
Hamilton, Jean, lady : 287, 302
Hampden-Wall, Penelope : 705
Hankey, sir Maurice, par la suite 2e baron : 511
Harcourt, Lewis (« Lulu »), par la suite 1er vicomte : 44
Harcourt, Mary, par la suite vicomtesse : 44
Hardcastle, Mr (avocat) : 805
Harding, maréchal sir John, par la suite 1er baron Harding de Petherton : 770
Harlow, Jean : 452, 471
Harmsworth, Esmond, par la suite 2e vicomte Rothermere : 503, 505, 729
Harriman, Averell : 582, 586, 643, 657, 733
Harriman, Kathleen : 626
Harriman, Pamela : voir Churchill, Pamela
Harris (jardinier) : 651
Hartigan, Dr Thomas : 331-332, 338
Harvey, John : 754
Harvey, sir Oliver, par la suite 1er baron Harvey de Tasburg : 716
Harvie-Watt, George, général de brigade, par la suite sir : 577-578, 611
Hawkey, sir James : 464
Hearst, Mrs Randolph : 421
Hearst, William Randolph : 421
Henley, Anthony, général de brigade : 75
Henley, Sylvia : 32, 74-75, 690, 710, 767, 776, 791, 823, 827
Herrick, Robert : 598
Herriot, Édouard : 369, 674
Heydeman, Cecil A., général de division : 680
Higson, capitaine : 111
Hill, Albert : 392, 489, 651
Hills, John Waller (« Jack ») : 357

Hinchinbroke, vicomte (Victor Montagu) : 774
Hindenburg, baronne : 428
Hindenburg, maréchal von : voir von Hindenburg, Paul
Hitler, Adolf : 437-439, 479, 487, 495, 498, 505-506, 512, 524, 537, 541, 550-551, 555-556, 671
Hoare, sir Samuel, par la suite vicomte Templewood : 479, 493-494, 511
Hodge, Alan : 764
Hodgson, Mr (pasteur à Dieppe) : 306
Hodgson, nourrice (« Hodgy Podgy ») : 84
Hogg, sir Douglas, par la suite 1er vicomte Hailsham : 400
Holland, Arthur E. A. (« Tom »), général de corps d'armée sir : 193-194, 205, 207, 212-213, 239
Hood, Samuel, amiral, par la suite 1er vicomte : 547
Hoover, Herbert : 403
Hopkins, Harry : 587-589, 600, 643-644, 646, 660
Hopkins, Louise (Mrs Harry Hopkins) : 600
Hopkins, Robert : 646
Hopwood, sir Francis, par la suite 1er baron Southborough : 88
Horder, Thomas, 1er baron : 669
Horne, sir Robert : 309, 511
Horner, famille : 281, 308
Houssaye, Henri : 441
Houston, Fanny (Radmall), lady : 474
Howard, lady Dorothy, par la suite baronne Henley (épouse du 6e baron) : 38-39
Howells, Roy : 798
Howes, Sam : 458, 478, 487, 497, 519
Hozier, colonel, sir Henry : 30
Hozier, famille : 60
Hozier, Kitty (sœur de CSC) : 30, 32
Hozier, lady Blanche (Ogilvy) (mère de CSC) : 30-32, 35
Hozier, Nellie (sœur de CSC) : voir Romilly, Nellie
Hozier, William (« Bill ») : 30, 305
Hunt, Mr (maçon et charpentier) : 322
Hunter, Charles F., colonel : 384
Hunter, Charles, commandant, sir : 182

I

Ibn Saoud (Abdul Aziz, roi d'Arabie Saoudite) : 649, 653

Inönü, Ismet (président de la Turquie) : 591
Inskip, sir Thomas : 463-464, 511, 528
Isabelle (nounou) : 287
Ismay, général Hastings (« Pug »), par la suite 1er baron : 731-732, 760
Ismay, Laura (« Darry »), par la suite baronne Ismay : 732, 760

J

Jackson, colonel Francis Stanley : 360
Jackson, Thomas Jonathan (« Stonewall ») : 436
Jeffreys, George, lieutenant-colonel : 156
Jellicoe, John Rushworth, amiral de la Flotte, 1er comte : 136-137, 140, 144-145
Jerome, Clara (grand-mère de WSC) : 27
Jerome, Jeanette (« Jennie ») : voir Churchill, lady Randolph
Jerome, Leonard (grand-père de WSC) : 27
Jeune, lady : voir St Helier, lady
Johnson, Mabel : 655, 673
Johnstone, Harcourt (« Crinks ») : 586
Joynson-Hicks, William : 39
Juliana, reine (des Pays-Bas) : 708-709

K

Kellogg, Frank : 357
Kellogg, Shirley : 356
Kelly, Denis : 764-765
Kemp, lieutenant (officier des transmissions) : 235
« Kent, colonel » (nom de code de WSC) : 622
« Kent, Mrs » (nom de code de WSC) : 641-642
Keppel, Alice (Mrs George Keppel) : 121, 397
Keppel, Violet : voir Trefusis, Violet
Ker, William Paton : 491
Kerr, Philip, par la suite 11e marquis de Lothian : 177
Keyes, sir Roger, par la suite amiral de la Flotte, 1er baron : 347-348, 363, 380
Keynes, John Maynard, 1er baron : 659, 663
Killearn, 1er baron : voir Lampson, sir Miles
King, Ernest, amiral de la Flotte : 646
King, William Mackenzie : voir Mackenzie King, William
Kipling, Rudyard : 449

Kitchener, Horatio Herbert, maréchal, par la suite 1er comte : 28, 82-83, 108, 144, 147-148, 150, 166, 173, 176, 179, 209, 242
Kommer, Dr Rudolf : 528
Korda, sir Alexander : 450, 456, 773
Kotelawala, colonel sir John : 775
Kouwatli, Choukri al- (président de la Syrie) : 653

L

L'Honoré, Gabrielle : 413-414, 417
Laidlaw, capitaine (du *Rosaura*) : 476
Laking, Francis Henry, 1er baronnet : 88
Lampson, Jacqueline (Castellani), lady, par la suite baronne Killearn : 580-581
Lampson, sir Miles, par la suite 1er baron Killearn : 580-581
Landemare, Georgina : 741
Laniel, Joseph : 734
Larkin, Mr (de la Bertlemen Steel Corporation) : 410
Lascelles, George, vicomte, par la suite 6e comte de Harewood : 328
Lascelles, George, vicomte, par la suite 7e comte de Harewood : 670
Lascelles, sir Alan (« Tommy ») : 718
Laval, Pierre : 493-494
Lavery, Hazel, lady : 448
Lavery, sir John : 237, 300, 448, 526
Lawrence, T. E. (« Lawrence d'Arabie ») : 298-299
Laycock, Angela (Dudley Ward) (« Angie ») : 695
Laycock, Robert, général de division (sir) : 694-695
Layton, Elisabeth, par la suite Mrs Frans Nel : 647, 679, 684
Leathers, Frederick James, par la suite vicomte Leathers : 527
Lee de Fareham, Arthur, 1er vicomte : 293
Lee de Fareham, Ruth (Moore), vicomtesse : 293
Leeper, (sir) Reginald (« Rex ») : 637-638
Leeper, Margaret (Mrs Rex Leeper) : 638
Lefèvre, André : 289
Lena (domestique) : 577
Lénine, Vladimir Ilyich : 323, 332
Leslie, colonel sir John (« Jack »), 2e baronnet : 45
Leslie, Leonie (Jerome), lady : 45

Leveson-Gower, lady Rosemary, : 283
Lily (aide-cuisinière) : 360
Lindemann, Frederick Alexander, par la suite 1er vicomte Cherwell (« le Prof ») : 390, 399, 438, 441, 445, 493, 548, 598, 605, 700, 757, 783, 793-795
Lindsay, sir Ronald : 437
Lipsett, Louis James, général de brigade : 259
Lister, Frederick, colonel : 710
Lister, Mildred (Mrs Frederick Lister) : 710
Lloyd George, (lady) Megan : 499
Lloyd George, David, 1er comte Lloyd George de Dwyfor (« Ll.G. ») : 16, 53-54, 56, 82, 85, 89, 100, 105, 113, 117, 149, 162-163, 189-196, 200-203, 214, 216-222, 224, 255, 261, 267-268, 271, 283, 285, 291, 293, 307-309, 313, 316, 318-324, 329-331, 337-338, 340-342, 344-346, 355, 359, 363, 402, 476, 494, 501-502, 505, 533, 656
Lloyd George, Margaret (Mrs David Lloyd George, 1re épouse) : 498
Lloyd, Selwyn, par la suite baron Selwyn-Lloyd : 782
Lloyd, sir George, par la suite 1er baron : 358
Londonderry, Charles Stewart Vane-Tempest-Stewart, 6e marquis de : 288
Londonderry, Edie (Chaplin), marquise de (épouse du 7e marquis) : 326
Londonderry, Robin Vane-Tempest-Stewart, 8e marquis : voir Castlereagh, Robin
Long, Mollie : 710
Longwell, Mrs (de Time-Life) : 690
Longworth, Alice (Roosevelt) : 433-435
Loucheur, Louis : 273, 278, 280, 368, 383
Loxley, Mrs Peter : 647
Loxley, Peter : 647-648
Lyttleton, Alfred : 57, 81
Lyttleton, Oliver, par la suite 1er vicomte Chandos : 570
Lytton, Neville, 3e comte de : 33
Lytton, Pamela (Plowden), comtesse de (épouse du 2e comte) : 33, 99, 770
Lytton, Victor, 2e comte : 33, 99

M

MacArthur, Douglas, général : 583, 721
Macaulay, Thomas Babington, 1er baron : 365

INDEX DES NOMS DE PERSONNES

MacDonald, Malcolm : 499-501, 503, 507
MacDonald, Ramsay : 353-354, 357-358, 366, 406, 425, 435, 447, 463-464, 474-475, 481-482, 498-499, 507, 511, 535
MacFarlane, général sir Mason : 601
Mackenzie King, William : 411, 603
Maclean, Fitzroy, général de brigade, par la suite sir Fitzroy Maclean de Dunconnel : 299, 324, 623
Maclean, John Bayne, lieutenant-colonel : 301
Maclean, sir Donald : 325
Macmillan, Harold, par la suite 1er comte de Stockton : 629, 637-638, 652, 726, 749, 792, 811, 819
Macmillan, lady Dorothy : 626, 629
Mahdi, le (Mohammed Ahmed) : 28
Maisky, Agnes : 657
Maisky, Ivan Mikhailovich : 657, 663
Makarios III, archevêque : 770
Makins, sir Roger, par la suite 1er baron Sherfield : 717-718, 752-753
Manners, lady Diana : voir Cooper, lady Diana
Margaret (cuisinière et gouvernante) : 464, 479
Mark-Wardlaw, contre-amiral : 457
Marlborough, Charles, 9e duc de (« Sunny ») : 42-43, 45, 48, 56, 113-114
Marlborough, Consuelo (Vanderbilt), duchesse de (épouse du 9e duc) : voir Balsan, Consuelo
Marlborough, Frances (Vane-Tempest-Stewart), duchesse de (épouse du 7e duc) (grand-mère de WSC) : 278
Marlborough, Gladys (Deacon), duchesse de (2e épouse du 9e duc) : 441
Marlborough, John (Churchill), 1er duc de : 154-155, 365, 407
Marlborough, John Albert, 10e duc de (« Bert ») (préalablement marquis de Blandford) : 449
Marlborough, John Winston Spencer-Churchill, 7e duc de (grand-père de WSC) : 27
Marsh, sir Edward (« Eddie ») : 43
Marshall, George, général : 601-602, 643, 650, 694-695, 697, 810-811
Martin (régisseur de ferme) : 378-379
Martin, (sir) John : 13, 588, 625
Mary, princesse (Princesse royale) : 328, 670

Mary, reine (épouse de George V) : 328, 491
Masterton-Smith, sir James : 124-125, 151, 225, 347-348
Mayo, Richard Bourke, 6e comte de : 449
Maze, Paul : 521-522, 807-808
McAdoo, William, G. : 421
McDavid, Jock, lieutenant : 225, 227, 261-262
McFall, David : 807
McGowan, sir Harry : 420, 422
McKenna, Reginald : 163
Melchett, Gwen, baronne : 626
Melchett, Henry Mond, 2e baron : 626
Mellor, sir John : 744
Mendl, sir Charles : 550
Middleton, William (« Bay »), capitaine : 31
Millar, Gertie : 81
Milner, commandant James, par la suite 1er baron Milner de Leeds : 644
Minto, Mary, comtesse de : 82
Moir, Anthony : 787, 797
Molotov, Vyacheslav (V. M. Skriabin) : 659
Monckton, sir Walter, par la suite 1er vicomte Monckton de Brenchley : 524
Monsell, Bolton Eyres, 1er vicomte Monsell : 503
Montag, Charles : 686
Montagu, Edwin : 62, 212, 368
Montagu, Judy, par la suite Mrs Milton Gendel : 568
Montagu, Venetia : 32, 62, 88, 98, 111
Montague Browne, Anthony : 766-767, 773, 781, 788-789, 794, 799, 804, 809, 818-819, 822
Montague Browne, Jane : 814
Montague Browne, Noel (« Nonie »), (Mrs Anthony Montague Browne, par la suite lady Sargant) : 814, 766, 823, 824
Montgomery, Bernard, général, par la suite maréchal et 1er vicomte Montgomery d'Alamein (« Monty ») : 579, 581, 583, 622, 661, 758, 807
Moore, Archibald, amiral sir : 98
Moran, Charles, 1er baron (sir Charles Wilson) : 563, 572, 612, 614, 632, 679, 681-683, 685, 698, 725-726, 733-734, 741, 746, 774, 798, 809, 814
Moran, Dorothy, baronne : 741, 814
Morel, E. D. : 340-341
Morgenthau, Henry M. Jr : 625

Morin, Charles (nom d'artiste de WSC) : 295-296
Morley, John 1er vicomte : 409, 421
Morrison, Herbert : 605-608
Morton, commandant sir Desmond : 532
Mosley, Diana (Mitford), lady (2e épouse de sir Oswald Mosley) : 605, 608
Mosley, lady Cynthia (Curzon) (1re épouse de sir Oswald Mosley) : 327
Mosley, Oswald, par la suite sir (6e baronnet) : 326-327, 404, 605-608, 611
Moss, Charles : 822
Moss, Doris (présidente du comité électoral de WSC à Woodford) : 822
Mountbatten, Edwina : 328
Moyne, Walter Guinness, 1er baron : 404, 438-439, 442-443, 445, 448, 469, 474, 485, 542, 555, 572
Murray d'Elibank, Alexander (« Alick »), baron : 209
Murray, Edmund, inspecteur de police : 801-802
Mussolini, Benito : 351-353, 374-377, 381, 383, 388, 392-393, 493, 498, 503-504, 512, 541, 550-551, 553, 555-556, 630, 671, 679

N

Nairn, Bryce : 800-801
Nairn, Margaret : 800-801
Napoléon Ier : 450, 570, 586, 626
Nasser, Gamal Abdel, colonel, par la suite président de l'Égypte : 779
Nehru, Jawaharlal : 775-776
Nelson, Horatio, 1er vicomte : 547
Nicholson, sir William : 439-440
Nightingall, Walter : 706, 713
Northcliffe, Alfred Harmsworth, 1er vicomte : 148, 150, 163, 166, 296, 329, 332-333
Norwich, 1er vicomte : voir Cooper, Duff
Nunburnholme, baronne : 76
Nunburnholme, Charles, 2e baron : 76

O

O'Brien, (sir) Tom : 728-729
Ogier, commandant John : 680-681, 687, 742-743

Oliver, Vic (Victor von Samek, gendre) : 497
Onassis, Aristote (« Ari ») : 769
Onassis, Athina (« Tina ») (Livanos), par la suite marquise de Blandford : 769
Osborne, June (belle-fille) : voir Churchill, June
Ozanne, « les Mesdemoiselles » : 437

P

Page, James Rathwell : 423, 716
Pankhurst, Emmeline : 105
Papandréou, Georges : 630, 640
Parkinson, Dr : 176, 259
Patteson, Cyril, commandant (« le Canari ») : 274, 277
Pearman, Violet : 429
Peck, John : 650
Peel, Sidney Cornwallis, colonel sir : 33, 546, 554
Percy, lord Eustace, par la suite 1er baron : 391-392, 511
Pereira, Mr (photographe sur le *Rosaura*) : 485
Peret, Raoul : 383
Pétain, Philippe, maréchal : 271-272, 552, 560
Philip, prince, duc d'Édimbourg : 697, 726, 755
Philip, Terence : 448, 453, 469, 477
Phillips, Dr : 58, 94-95
Phipps, Frances (Ward), lady : 534
Phipps, sir Eric : 532, 550
Pie XII, pape : 628
Pierre, roi (de Yougoslavie) : 628-629
Piggott, Lester : 779
Pilbrow, Mr (voisin à Chartwell) : 450
Pirelli, Giovanni : 687
Pirrie, William James, 1er vicomte : 92
Pitblado, (sir) David : 731-732, 755
Platt, James : 461, 463, 466
Plowden, Pamela : voir Lytton, Pamela, comtesse de
Poincaré, Raymond : 357
Porch, Montagu : 307, 318
Portal, Jane : 739-740, 750
Portal, Joan, vicomtesse : 650-651
Portal, sir Charles (« Peter »), par la suite maréchal de la Royal Air Force et 1er vicomte Portal de Hungerford : 650, 740

Preston, sir Walter : 403
Pretyman, Ernest George : 357

R

Rainier, prince (de Monaco) : 806
Ramsden, William, général de division : 581
Rawlinson, Henry, général 1er baron : 271-272, 290
Reading, Rufus (Isaacs), 1er marquis de : 296, 378, 653
Redesdale, 1er baron : voir Freeman-Mitford, Algernon Bertram
Redmond, John Edward : 78, 132, 153
Reves, Emery : 764-765, 768, 772, 776, 787, 803
Reves, Wendy : 764, 767-768, 772, 776, 787, 803
Reynaud, Paul : 552
Reynolds, George : 43
Richardson, Mr (négociant en grains canadien) : 415
Riddell, sir George, par la suite 1er baron : 440
Ridley, Matthew White (« Mat »), 2e vicomte : 96
Ridley, Rosamond (Guest) (« Rosie »), vicomtesse : 96
Roberts, (sir) Frank : 674
Roberts, Dr John : 773, 776
Robertson, William, maréchal sir : 199
Robinson, Geoffrey : 126
Rodney, George, amiral, par la suite 1er baron : 547
Rogers, A. D. D., lieutenant (par la suite capitaine) (« Tim ») : 681, 685, 687, 742-743
Romilly, Bertram (beau-frère de CSC) : 157, 288, 359
Romilly, famille : 367
Romilly, Giles (neveu de CSC) : 710
Romilly, Mary (Mrs Giles Romilly) : 710
Romilly, Nellie (Nellie Hozier, sœur de CSC) (« La Nellinita »/« Nellion ») : 30, 359, 414, 710, 728
Rommel, Erwin, maréchal : 578, 580-581, 583
Roosevelt, Eleanor (Mrs Franklin D. Roosevelt) : 600
Roosevelt, Elliot : 591
Roosevelt, Franklin Delano (président des États-Unis) : 538-539, 551-552, 562, 566, 576, 582, 585-586, 588, 591, 601-603, 606-607, 609, 618, 627, 641, 652, 660, 665, 694
Roosevelt, Franklin Jr : 591
Rose, Mlle (gouvernante des enfants) : 310
Rosebery, Archibald Philip Primrose, 5e comte de : 27, 61-62, 64, 363-365, 421
Rosenheim, Dr : 768
Roskill, capitaine Stephen : 738, 740
Rossetti, Christiana : 220
Rothermere, Harold Sidney Harmsworth, 1er vicomte : 162-163, 208, 238, 330, 343, 353, 355, 358, 395, 404, 432, 437, 458-459, 472, 475, 490, 494-495, 498-499, 501-506, 526, 553, 729
Rothschild, Mrs Leopold : 329
Routh, C. R. N. : 397
Rowan, (sir) Leslie : 564
Runciman, Walter, par la suite 1er vicomte Runciman de Duxford : 112-113, 190, 192
Russell, Wendy : voir Reves, Wendy
Rutland, Violet : 330
Ryan, John Dennis : 280
Rycroft, (sir) Benjamin : 808

S

Salisbury, Elizabeth (« Betty ») (Cavendish), marquise de (épouse du 5e marquis) : 511, 611, 789
Salisbury, James Gascoyne-Cecil, 4e marquis de : 539
Salisbury, Robert Gascoyne-Cecil (« Bobbety »), 5e marquis de : 611, 722
Salisbury, Robert Gascoyne-Cecil, 3e marquis de : 28
Samson, Charles Rumney : 112
Samuel, sir Herbert, par la suite 1er vicomte : 377-378, 501
Sandys, Celia, par la suite Mrs Kenneth Perkins (petite-fille) : 598
Sandys, Diana : voir Churchill, Diana
Sandys, Duncan Edwin, par la suite baron Duncan-Sandys (gendre) : 471, 481, 494-495, 515, 530, 545, 551, 618, 635, 678, 710, 715-716, 724, 769, 818, 827
Sandys, Edwina, par la suite Mrs Piers Dixon, puis Mrs Richard Kaplan (petite-fille) : 698, 796, 813
Sandys, Julian (petit-fils) : 529, 698

Sargent, John Singer : 370
Sassoon, sir Philip : 146, 193, 286, 316, 318, 328-330, 342, 346, 370, 413, 514, 519
Sawyers, Frank : 679, 686
Schiff, Mortimer : 434
Schwab, Charles Michael : 410-411, 422
Scobie, Ronald, général (sir) : 636-637
Scott, C. P. : 110-111, 162, 241, 250, 252-255, 386
Scovell, Mr (partenaire de CSC au tennis) : 325
Scrymgeour, Edwin : 341
Seely, John (« Jack »), général de division, par la suite 1er baron Mottistone : 197
Seldon, lieutenant (instructeur de vol) : 118
Seymour, Horatia : 547
Sheean, James Vincent : 534
Sheepshanks, Arthur Charles : 364, 396-397
Sheffield, 4e baron : voir Stanley d'Alderley, (Edward) Lyulph
Sheridan, Clare : 170
Sheridan, William : 170
Sherwood, Patricia : 420, 694
Shvernik, M. (du Soviet Suprême) : 673
Sickert, Walter : 386-388
Sikorska, Madame : 605
Sikorski, Wladyslaw, général : 605
Simon, sir John, par la suite 1er vicomte : 166, 190-191, 280, 437, 479, 487, 501, 535
Simpson, Wallis : voir Windsor, duchesse de
Sinclair, sir Archibald (« Archie »), par la suite 1er vicomte Thurso : 124-125, 175, 186, 194, 197-198, 202-203, 210, 212, 218, 224, 227, 232-234, 239-240, 249, 251-253, 256, 324, 343, 605
Smillie, Robert : 59
Smith, Albert (« Al ») : 403
Smith, Frederick Edwin (« F. E. »), par la suite 1er comte de Birkenhead : 17, 42-44, 46, 55, 83, 114, 178-179, 181, 184, 186, 203, 208, 213, 217, 220-221, 241, 250, 261, 299, 303, 320, 323, 326, 339, 358, 435, 695
Smith, Margaret (Mrs F. E. Smith), par la suite comtesse de Birkenhead : 46
Smuts, Jan Christian, maréchal : 578-581, 608, 611, 659
Snowden, Philip, 1er vicomte : 441
Soames, Christopher, par la suite baron Soames (gendre) : 689-690, 694, 696, 698, 704-705, 713, 715-716, 725, 728, 733, 743, 746, 748, 755, 760, 764, 766, 772-773, 776, 778, 784, 788, 792
Soames, Jeremy (petit-fils) : 758
Soames, Mary : voir Churchill, Mary (fille)
Southon, Robert (maçon) : 451
Soveral, marquis de : 88
Spears, (préalablement Spiers), Edward Louis, général de division sir : 171, 337, 339, 358
Spencer-Churchill, famille : 16
Spencer-Churchill, lady Sarah : 597
Spencer-Churchill, lord Ivor : 521-522
« Spencer, général d'aviation » (nom de code de WSC) : 585
« Spencer, Mrs » (nom de code de WSC) : 441
Speyer, lady : 135
Speyer, sir Edgar : 135
Spiers, Edward Louis : voir Spears, Edward Louis
St Helier, lady (Mary Stewart-Mackenzie, par la suite lady Jeune) : 28, 32, 34-35, 374
Staline, Joseph : 515, 565, 577-578, 585, 603, 606, 609, 631, 633, 635, 641, 663, 729
Stanley d'Alderley, (Edward) Lyulph, 4e baron, par la suite 4e baron Sheffield (grand-oncle de CSC) : 61-62, 88
Stanley, le très révérend Monseigneur Algernon : 50
Stanley, Oliver : 694-695
Stanley, Sylvia : voir Henley, Sylvia
Stanley, Venitia : voir Montagu, Venetia
Stark, Freya : 491
Steel, Gerald Arthur : 106, 182
Stettinius, Edward Jr : 643, 646
Stevenson, Adlai : 721, 723, 789-790
Stirling, David, commandant (sir) : 116
Street, Margery (« Streetie ») : 379, 465
Sturdee, Nina (« Jo »), par la suite comtesse d'Onslow : 647-648, 711
Subasic, Dr Ivan (ban de Croatie) : 624
Sutherland, Eileen, duchesse de (épouse du 5e duc) : 310
Sutherland, George Sutherland-Leveson-Gower, 5e duc de (« Geordie ») : 310-311, 322
Sutherland, Millicent, duchesse de (épouse du 4e duc) : 283

INDEX DES NOMS DE PERSONNES

Swinton, Philip Cunliffe-Lister, vicomte, par la suite 1er comte de : 464, 510

T

Taft, Robert, sénateur : 721
Tchang Kaï-chek, généralissime : 607
Tchang Kaï-chek, Madame : 607
Tedder, Arthur, général d'armée aérienne, par la suite 1er baron : 578
Tennant, Frances : 116
Tennant, Harold John : 182
Tennyson d'Eyncourt, Eustace : 235
Tennyson, Alfred, lord : 543
Thompson, Walter H. (inspecteur de police) : 285-286, 339, 360, 363
Tilden, Philip : 341-343, 348, 350, 352
Tito, maréchal (Josip Broz) : 10, 522, 623-624, 628-629, 691
Tree, Nancy : 578, 594
Tree, Ronald : 578, 594
Tree, Viola : 434
Trefusis, Violet : 121
Tribe (chauffeur) : 746
Trotter, Gerald, général de brigade : 252
Truman, Harry S. (président des États-Unis) : 665, 702-703, 721
Tudor, Henry, général de brigade, par la suite sir : 228-229, 232
Twain, Mark : 292, 661

V

Van Antwerp, William C. : 424
Vanderbilt, Consuelo, par la suite duchesse de Marlborough : voir Balsan, Consuelo
Vanderbilt, Mrs Cornelius : 435
Vane-Tempest, lord Henry : 293
Vane-Tempest-Stewart, lady Frances : voir Marlborough, Frances
Vansittart, sir Robert, par la suite 1er baron : 520
Vickers, Horace Cecil : 345
Vincent, Victor : 741-742
Volpi, Giuseppe, comte : 375, 381, 392
von Hindenburg, Paul, maréchal : 428-429, 437
von Ribbentrop, Joachim : 523-524
von Samek, Victor : voir Oliver, Vic
von Tirpitz, Alfred, amiral : 428-429
Voronoff, Dr Serge : 385

W

Waley Cohen, sir Robert : 347-348
Walshe, Henry, général de brigade : 198, 203, 212, 225, 249
Ward, Dr : 366
Ward, Eric : voir Ednam, Eric
Ward, Rosemary : voir Ednam, Rosemary
Warde, Muriel (Wilson) : 34
Warde, Richard, commandant : 34
« Warden, colonel » (nom de code de WSC) : 603-604, 608-611, 613-616
« Warden, Mrs » (nom de code de WSC) : 603-604, 608-611, 613-616-617
Warrender, George, vice-amiral sir : 125, 140
Waterhouse, Edmund : 360-361
Watts, Mr (de Manchester) : 458
Wavell, Archibald, général sir, par la suite maréchal et 1er comte : 571, 595-596, 655
Webb, Beatrice : 54
Webb, Sidney : 54
Webster, Daniel : 507
Weir, William Douglas, baron, par la suite 1er vicomte : 511
Welldon, James, évêque : 51
Wemyss, Hugo Charteris, 11e comte de : 440
Wemyss, Mary (Wyndham) comtesse de : 440
Wemyss, Rosslyn (« Rosie »), par la suite amiral de la Flotte et baron Wester Wemyss : 173-174
Westminster, Hugh Grosvenor (« Bendor »), 2e duc de : 81, 289, 352-353, 382-384, 389, 394, 449, 458, 464, 510, 513
Westminster, Loelia (Ponsonby), duchesse de (3e épouse du 2e duc) : 351, 513, 517, 767
Westminster, Violet (Nelson), duchesse de (2e épouse du 2e duc) : 349
Weygand, Maxime, général : 271-272
Whitbread, Henry : 681, 684
Whyte, Maryott (« Moppet »/« Nana ») : 364, 373, 426, 449, 455, 462, 467, 475, 547, 572, 651, 684
Wigram, Ava, par la suite vicomtesse Waverley : 520
Wigram, Charles : 520
Wigram, Ralph : 519-521
Wilhelmine, reine (des Pays-Bas) : 709
Wilson, Henry (« Jumbo »), général sir, par la suite maréchal baron Wilson : 591, 626, 628, 630

Wilson, Muriel : voir Ward, Muriel
Wilson, sir Charles : voir Moran, Charles
Wilson, Thomas Woodrow (président des États-Unis) : 285-286, 422
Wimborne, 1ᵉʳ baron : voir Guest, Ivor Bertie
Wimborne, 2ᵉ baron, par la suite 1ᵉʳ vicomte : voir Guest, Ivor Churchill
Wimborne, Cornelia (Spencer-Churchill), baronne (épouse du 1ᵉʳ baron et tante de WSC) : 110
Wimborne, Frederick Edward (« Freddie ») : 74
Winant, John Gilbert (« Gil ») : 625-626, 670
Windsor, duchesse de (Wallis Simpson) : 516, 533, 535, 537, 548, 552
Windsor, SAR duc de (préalablement roi Édouard VIII) : 87, 344, 516, 521, 523, 533, 535, 537, 548, 552, 739
Winterton, Edward Turnour, 6ᵉ comte : 77-78
Wodehouse, John (« Jack »), par la suite 3ᵉ comte de Kimberley : 334, 337-338, 344
Wodehouse, Margaret, par la suite comtesse de Kimberley : 344
Wolmer, Roundell Cecil Palmer, vicomte, par la suite 2ᵉ comte de Selborne : 527
Wood, Heather : 757, 761
Wood, sir Kingsley : 512

Y

Young, Hilton, commandant : 344

Achevé d'imprimer en octobre 2013
par Normandie Roto Impression s.a.s., 61250 Lonrai
N° d'impression : 134001
Dépôt légal : novembre 2013
ISBN : 979-10-210-0087-2
Numéro d'édition : 3650
Imprimé en France